Uni-Taschenbücher 630

Eine Arbeitsgemeinschaft der Verlage

Birkhäuser Verlag Basel · Boston · Stuttgart
Wilhelm Fink Verlag München
Gustav Fischer Verlag Stuttgart
Francke Verlag München
Harper & Row New York
Paul Haupt Verlag Bern und Stuttgart
Dr. Alfred Hüthig Verlag Heidelberg
Leske Verlag + Budrich GmbH Opladen
J. C. B. Mohr (Paul Siebeck) Tübingen
R. v. Decker & C. F. Müller Verlagsgesellschaft m. b. H. Heidelberg
Quelle & Meyer Heidelberg
Ernst Reinhardt Verlag München und Basel
K. G. Saur München · New York · London · Paris
F. K. Schattauer Verlag Stuttgart · New York
Ferdinand Schöningh Verlag Paderborn · München · Wien · Zürich
Eugen Ulmer Verlag Stuttgart
Vandenhoeck & Ruprecht in Göttingen und Zürich

Rudolf Bultmann

Theologie
des Neuen Testaments

9. Auflage, durchgesehen und ergänzt
von Otto Merk

J. C. B. Mohr (Paul Siebeck) Tübingen

Rudolf Bultmann: 20. August 1884 in Wiefelstede (Old.) geboren. Studium in Tübingen, Berlin und Marburg. 1910 Promotion. 1916 ao. Professor in Breslau. 1920 als Nachfolger Wilhelm Boussets o. Professor in Gießen. Von 1921 bis zur Emeritierung im Jahre 1951 o. Professor in Marburg. Am 30.7.1976 in Marburg gestorben.

1. Auflage: 1. Lieferung 1948
         2. Lieferung 1951
         3. Lieferung 1953
2., durchgesehene Auflage 1954
3., durchgesehene und ergänzte Auflage 1958
4. Auflage. Unveränderter Nachdruck der 3., durchgesehenen und ergänzten Auflage 1961
5., durch einen Nachtrag erweiterte Auflage 1965
6., durchgesehene Auflage 1968
7., durchgesehene, um Vorwort und Nachträge erweiterte Auflage, herausgegeben von Otto Merk 1977 (UTB 630)
8., durchgesehene, um Vorwort und Nachträge wesentlich erweiterte Auflage, herausgegeben von Otto Merk 1980 (UTB 630)
9. Auflage, durchgesehen und ergänzt von Otto Merk 1984

CIP-Kurztitelaufnahme der Deutschen Bibliothek

Bultmann, Rudolf:
Theologie des Neuen Testaments / Rudolf Bultmann. –
9. Aufl. / durchges. u. erg. von Otto Merk. – Tübingen : Mohr, 1984.
  (UTB für Wissenschaft : Uni-Taschenbücher ; 630)
  ISBN 3-16-144903-7
NE: Merk, Otto [Bearb.]; UTB für Wissenschaft /
Uni-Taschenbücher

Printed in Germany. Einbandgestaltung: Alfred Krugmann, Stuttgart. Satz: Laupp & Göbel, Tübingen. Druck: Presse-Druck, Augsburg.

VORWORT

Das Buch ist in allem Wesentlichen das alte geblieben. Hinzu-
gekommen sind einzelne ergänzende Hinweise, darunter auch solche auf die in den Höhlen am Toten Meer entdeckten Texte. Sie
bezeugen die Existenz einer jüdischen Sekte, vermutlich die der
Essener, die ich nach dem Hauptfundort einfach die Qumran-
Sekte nenne. Die Entdeckung dieser Texte hat mich nicht zu
stärkeren Eingriffen in meine Darstellung veranlaßt. Ihre Bedeutung für die Interpretation des NT wird m. E. vielfach überschätzt. Sie bestätigen doch, was Forscher wie W. Bousset längst
gesehen haben, daß das Bild des Judentums zur Zeit Jesu kein
so einheitliches war, wie es nach den rabbinischen Texten erscheinen könnte. Das bezeugen ja auch apokryphe Schriften wie
die Henoch-Bücher und die Test. Patr., dazu die mit den Qumran-Texten zusammengehörige Damaskus-Schrift. Einzelne Parallelen zwischen dem NT und den Qumran-Texten beweisen kein
Abhängigkeitsverhältnis, sondern sind Analogiebildungen innerhalb des bewegten Judentums jener Zeit. Die bedeutsamste Analogie dürfte die sein, daß sich die christliche Urgemeinde ebenso
wie die Qumran-Sekte als das wahre Israel der Endzeit verstand,
was aber keineswegs eine Abhängigkeit jener von dieser beweist.
Auch etwaige (übrigens dürftige oder zweifelhafte) Parallelen in
der Gemeinde-Organisation sind nur analoge Bildungen.

Reichlich ergänzt sind die Literaturhinweise, und für deren
Vervollständigung bin ich der selbstlosen Hilfe meines Kollegen
und Nachfolgers, W. G. KÜMMEL, zu ganz besonderem Dank verpflichtet.

Marburg, im Mai 1958

RUDOLF BULTMANN

VORWORT ZUR 9. AUFLAGE

Als wenige Monate vor seinem Heimgang der Nestor der Neutestamentlichen Wissenschaft, Herr Professor D. Dr. RUDOLF BULTMANN D. D. (20. 8. 1884–30. 7. 1976) mir seine „Theologie des Neuen Testaments" zur weiteren Betreuung übertrug, war es selbstverständlich, daß nur ein reprographischer Nachdruck (mit ursprünglichen Seitenzahlen) des damals in 6 Auflagen vorliegenden Werkes in Frage kommen konnte. Das mußte auch für die 7. und 8. Auflage (1977, 1980) bei aller Erweiterung durch Nachträge bestimmender Gesichtspunkt bleiben und gilt im Grundsätzlichen auch für die vorliegende neue Auflage. Von der Sache her darf – wie schon zur 7. Auflage ausgeführt – unumwunden von diesem Werk, das die Summe der Lebensarbeit von RUDOLF BULTMANN darstellt, gesagt werden: Es ist ein Standardwerk neutestamentlicher, ja gesamttheologischer Forschung in unserem Jahrhundert, dessen Konzeption es seinem Verfasser ermöglichte, mit fachwissenschaftlicher Akribie die Botschaft der neutestamentlichen Zeugen in den Horizont der durch das Kerygma eröffneten Verantwortung in Glauben und Denken zu stellen, die menschliche Existenz in der Zuordnung von Christentum und Humanum lebengestaltend zu bewähren hat.

Gleichwohl erwies es sich über 35 Jahre nach der Ausgabe der ersten Lieferung (1948) und über 30 Jahre nach dem Erscheinen der vollständigen 1. Auflage (1953) als sinnvoll und berechtigt, die ohnehin von der 2. Auflage an (1954) gelegentlich von RUDOLF BULTMANN vorgenommenen Ergänzungen der Literatur im Hauptteil insgesamt durch eine Revision und Aktualisierung der Literaturangaben zu ersetzen. Dies geschieht in der vorliegenden 9. Auflage in der Weise, daß die von RUDOLF BULTMANN den einzelnen größeren Gesamtabschnitten und Paragraphen vorangestellte Literatur im Rahmen des verfügbaren Platzes durchgesehen und unter Beibehaltung der für Bultmanns Darstellung maßgebenden Standardwerke der älteren Forschung erneuert wurde[1].

Insgesamt war es möglich, die ursprünglichen Seitenangaben (und Zeilen) bis auf verschwindend geringe Ausnahmen zu erhalten[2].

R. BULTMANNS eigene Literaturangaben vor den einzelnen Gesamtabschnitten und Paragraphen, zusammengeschlossen mit dem von ihm und Herrn Prof. Dr. W. G. KÜMMEL D. D. gestalteten Nachtrag (von der 5.–8. Auflage 1965–1980 auf S. 612–619 bzw. 612–621), bilden nunmehr einen I. ANHANG (in der 9. Aufl. 1984 S. 601–626). Lediglich die den ,,Epilegomena" zugehörenden Nachträge zu S. 596 (bisher S. 619–621) sind in den Hauptteil an den vom Autor angegebenen Stellen eingefügt, so daß das Hauptwerk jetzt bis S. 600 reicht.

Der II. Anhang (S. 627–742) bezieht sich auf die ,,Nachträge (1965–1983/84)". Er gliedert sich, wie schon in der 7. und 8. Auflage, in: I. Rezensionen von R. Bultmann, Theologie des Neuen Testaments; II. Exegetische Werke Rudolf Bultmanns (1965–1976); III. Neuere Gesamtdarstellungen der Theologie des Neuen Testaments (1965–1983/84); IV. Literatur zu S. 1–600 für die Jahre 1965–1983/84 (in chronologischer Anordnung). – Ein Hinweis auf Nach- und Neudrucke schon früher zitierter Literatur in Aufsatzsammlungen, Neuauflagen usw. erfolgt in den Nachträgen absprachegemäß nur, wenn jetzt eine tiefergreifende Neugestaltung oder Erweiterung vorliegt. Entsprechend wird bei aus Aufsatzsammlungen genannter Literatur nicht die Erstveröffentlichung angeführt. (Abkürzungen werden – ohne gesondertes Abkürzungsverzeichnis – in Anlehnung an das vorliegende Werk vorgenommen,

---

[1] Gelegentlich geraffte Titelangaben ohne Anführung von Untertiteln, Reihen, Erscheinungsorten usw. können durch die Nachträge zu den betreffenden Abschnitten in aller Regel ausführlich zur Kenntnis genommen werden.

[2] Folgende leichte Verschiebungen innerhalb der Seiten haben sich gegenüber den früheren Auflagen ergeben:
S. *41:* Z. 1.2 v.o. auf S. 40; *S. 51:* Z. 1 v.o. auf S. 50; *S. 140:* Z. 1 v.u. auf S. 141; *S. 172 u. 173:* im Haupttext je eine Zeile höher gerückt; *S. 172:* Z. 1 v.u. auf S. 173; *S. 253:* Z. 1 v.o. auf S. 252; *S. 279:* Z. 1–5 v.u. und *S. 280:* Z. 1–5 v.o. sind in Kleindruck umgesetzt; *S. 280:* Z. 1–4 v.u. auf S. 281; *S. 281:* Z. 1–3 v.u. auf S. 282; *S. 282:* Z. 1–2 v.u. auf S. 283; *S. 283:* Z. 1 v.u. auf S. 284; *S. 417:* Z. 1 v.o. auf S. 416; *S. 574:* Z. 1 v.u. auf S. 575; *S. 585:* Überschrift zeilenmäßig etwas anders zusammengeschoben; *S. 596f.:* Z. 1 v.o. auf S. 595 u. Einschiebungen im Kleindruck. Einige bibliographische Auflagenänderungen, die R. BULTMANN in seinen Nachträgen anführte, konnten durch diese Maßnahme in den Hauptteil übernommen werden; zu den Ergänzungen auf S. 596 s.o.

im übrigen sinngemäß und in üblicher Weise. – Einige Druckverse-
hen in früheren Auflagen, für deren Aufspüren ich auch manchem
freundlichen Hinweis zu danken habe, wurden stillschweigend ver-
bessert). Die Einarbeitung von Literatur war bis etwa 1. Juli 1984
möglich. – Die Register wurden an den Schluß des Bandes gestellt.

Anlaß für diese behutsame Neugestaltung im Hauptteil des Werkes ist nach manchen Vorerwägungen, Überlegungen und Anre-
gungen ein Schreiben von Frau Professorin ANTJE BULTMANN
LEMKE vom 31. Juli 1983, in dem sie namens der Familie Bultmann
Herrn Verleger GEORG SIEBECK den klärenden Hinweis gab, ,,daß
eine Revision der Literaturnachweise zu Beginn der Kapitel der
N.T. Theologie nicht nur wünschenswert, sondern dringend notwendig ist" und daß ihr Vater ,,auch in diesem Fall für eine den
Studenten nützliche Ausgabe plädieren würde. Durch die Anhänge
ist ja das ursprüngliche Material bewahrt".

Das entspricht einem Anliegen schon des jungen RUDOLF BULT-
MANN, das er im Zusammenhang einer Rezension aussprach: ,,der
Erklärer ... weiß, daß neue Funde das Bild, das wir uns jetzt
machen, auf einmal verändern können... Dies Moment ist nicht
leicht zu hoch zu werten; es tötet in dem gewissenhaften Leser
Leichtfertigkeit und Allwissenheit; es hält das Gefühl wach, daß
wir dauernd weiter arbeiten müssen, daß auch unser historischer
Stoff ein lebendiger ist" (Die Christliche Welt, 25, 1911, S. 593). Es
entspricht diese Auffassung zugleich dem Gesamtwerk RUDOLF
BULTMANNs. Die Durchsicht der Forschung in den letzten zwei
Jahrzehnten, die in den Nachträgen selbstverständlich nur in einer
repräsentativen Auswahl geboten werden kann, zeigt vielfach ein
erneutes Bemühen um Fragestellungen, die RUDOLF BULTMANN
in seinem Hauptwerk zur Diskussion gestellt hat. Es zeigt sich
darüber hinaus, wie erfreulich unabgeschlossen das kritische Gespräch mit einem Gelehrten geblieben ist, der in unserem Jahrhundert prägend und ausstrahlend gewirkt und der wissenschaftlich
Weichen gestellt hat, weil er sich in methodischer Vorbildlichkeit
und präziser Sachlichkeit nicht durch ephemere Fragestellungen
und theologische Modeströmungen von der Sache des Neuen Testaments als der uns existentiell unbedingt angehenden Botschaft
hat abbringen lassen.

Wir verdanken RUDOLF BULTMANNS unmittelbaren Schülern
wesentliche Einsichten in das Denken ihres Lehrers. Sie haben das
notwendige Gespräch mit ihm aufgenommen und in neuen Fragestellungen vertieft. Wenn jetzt eine 9. Auflage der ,,Theologie des
Neuen Testaments" erscheinen kann, dann ist dies nicht zuletzt

auch eine Frucht ihres Wirkens, Forschens, Lehrens, die für eine jüngere Generation hilfreich und weiterführend ist.

Einige Hinweise auf Veröffentlichungen verdeutlichen mehr, als hier in Worten gesagt werden kann: WALTER SCHMITHALS, Die Theologie Rudolf Bultmanns, Tübingen (J. C. B. Mohr [Paul Siebeck]) [1966] ²1967; GÜNTHER BORNKAMM, In memoriam Rudolf Bultmann, New Testament Studies 23, 1976/77, S. 235–243. – ERICH DINKLER, Die christliche Wahrheitsfrage und die Unabgeschlossenheit der Theologie als Wissenschaft. Bemerkungen zum wissenschaftlichen Werk Rudolf Bultmanns, in: Gedenken an Rudolf Bultmann, hrg. v. O. KAISER, Tübingen (J. C. B. Mohr [Paul Siebeck]) 1977, S. 15–40. – HANS JONAS, Im Kampf um die Möglichkeit des Glaubens. Erinnerungen an Rudolf Bultmann und Betrachtungen zum philosophischen Aspekt seines Werkes, ebd., S. 41–70. – WALTER SCHMITHALS, Rudolf Bultmann (1884–1976), in: Theologische Realenzyklopädie, Bd. VII, 1981, S. 387–396.

Einen vielfältigen Überblick vermittelt der Sammelband ,,Rudolf Bultmanns Werk und Wirkung", hrg. v. B. JASPERT, Darmstadt (Wissenschaftliche Buchgesellschaft) 1984, auf den in den Nachträgen aus drucktechnischen Gründen nur noch teilweise Bezug genommen werden konnte.

In allen diesen Veröffentlichungen wird eines immer wieder deutlich: RUDOLF BULTMANN hat die Auseinandersetzung mit seinem Werk stets lebhaft begrüßt und den Fortgang der Forschung mit regem Interesse bis in das hohe Alter hinein verfolgt. Möchten wir uns durch sein Lebenswerk – und nicht zuletzt durch seine ,,Theologie des Neuen Testaments" –, herausgefordert zur Zustimmung wie zum Widerspruch, in jene Zucht kritischen Denkens nehmen lassen, der sich RUDOLF BULTMANN in Verantwortung für Theologie und Kirche zeitlebens verpflichtet wußte.

In vielfach abzustattenden Dank schließe ich in bleibendem Gedenken Herrn Prof. D. ERICH DINKLER ein und nenne stellvertretend für viele Frau Prof. ANTJE BULTMANN LEMKE für ihre stete Bereitschaft des Mitbedenkens im Geiste alter Marburger Tage, Herrn Verleger GEORG SIEBECK für seine unermüdlich freundschaftliche Mithilfe, Herrn FRIEDRICH DANNWOLFF (im Verlag J. C. B. Mohr) und die Mitarbeiter der Druckerei für die vorzügliche Zusammenarbeit, Herrn Pfr. JÜRGEN THIEDE und Herrn Vikar ROLAND GEBAUER, meine Mitarbeiter, für freundliche Mitdurchsicht und Literaturbeschaffung. Für kritische und vorwärtsdrängende Anstöße weiß ich mich den Herren Kollegen Prof. Dr. ERICH GRÄSSER und Prof. Dr. EBERHARD JÜNGEL sehr verbun-

den. Nicht zuletzt danke ich den Kommilitoninnen, Kommilitonen
und jungen Pfarrern, die ihrerseits diese nun vorliegende Neugestaltung der ,,Theologie des Neuen Testaments" erbaten und Ar-
gumente dafür in erfrischendem Engagement eingebracht haben.

Erlangen, den 20. August 1984
– am Tage des 100. Geburtstages
von Rudolf Bultmann   OTTO MERK

INHALTSVERZEICHNIS

ERSTER TEIL. VORAUSSETZUNGEN UND MOTIVE
DER NEUTESTAMENTLICHEN THEOLOGIE

I. DIE VERKÜNDIGUNG JESU

II. DAS KERYGMA DER URGEMEINDE

ZWEITER TEIL. DIE THEOLOGIE DES PAULUS UND DES JOHANNES

I. DIE THEOLOGIE DES PAULUS

Seite

B. Der Mensch unter der πίστις
1. Die δικαιοσύνη θεοῦ

2. Die χάρις

C. Der Glaube

DRITTER TEIL. DIE ENTWICKLUNG
ZUR ALTEN KIRCHE

I. ENTSTEHUNG UND ERSTE ENTWICKLUNG
DER KIRCHLICHEN ORDNUNG

II. DIE ENTWICKLUNG DER LEHRE

III. DAS PROBLEM
DER CHRISTLICHEN LEBENSFÜHRUNG

ABKÜRZUNGEN

(Für die Schriften des NT und der apostol. Väter sind die üblichen Abkürzungen gebraucht)

Bauer	= Walter Bauer, Wörterbuch zu den Schriften des NT[5] 1958.
Ev. Theol.	= Evangelische Theologie
Hdb. z. NT	= Handbuch zum NT, herausgegeben von H. Lietzmann.
I. G.	= Inscriptiones Graecae 1873 ff.
IBL	= Journal of Biblical Literature.
Journ. of Rel.	= The Journal of Religion.
NKZ	= Neue Kirchliche Zeitschrift.
NTSA	= New Testament Studies.
RAC	= Reallexikon für Antike und Christentum
Rech. sc. rel.	= Recherches de Science religieuse.
RGG	= Die Religion in Geschichte u. Gegenwart.
RHPhrel.	= Revue d'Histoire et de Philosophie religieuses.
SA	= Sitzungsberichte der . . . Akademie der Wissenschaften. Der Ort der betr. Akademie ist hinter SA angegeben (Berlin, Heidelberg usw.). Zitiert sind nur Abhandlungen der phil.-hist. Klasse.
StTh	= Studia Theologica.
Str.-B.	= Strack-Billerbeck, Kommentar zum NT aus Talmud u. Midrasch.
ThBl	= Theol. Blätter.
ThLZ	= Theol. Literaturzeitung.
ThR	= Theol. Rundschau.
ThStKr	= Theol. Studien u. Kritiken.
ThWB	= Theol. Wörterbuch zum NT.
ThZ	= Theol. Zeitschrift (Basel).
ZKG	= Zeitschrift für Kirchengeschichte.
ZNW	= Zeitschrift für die Neutestamenliche Wissenschaft.
ZsystTh	= Zeitschrift für systematische Theologie.
ZTh	= Theologische Zeitschrift.
ZThK	= Zeitschrift für Theologie und Kirche.
ZZ	= Zwischen den Zeiten.

ERSTER TEIL

VORAUSSETZUNGEN UND MOTIVE DER NEUTESTAMENTLICHEN THEOLOGIE

I. DIE VERKÜNDIGUNG JESU

SCHWEITZER, A., Geschichte der Leben-Jesu-Forschung ([2]1913) [7]1984 (Taschenbuchausgabe [3]1977). – PIPER, O. A., Das Problem des Lebens Jesu seit Schweitzer, FS. O. Schmitz, 1953, 73–93. – KÜMMEL, W. G., Jesusforschung seit 1950, ThR, N.F. 31, 1965/66, 17–46.289–315. – DERS., Ein Jahrzehnt Jesusforschung (1965–1975), ThR, N.F. 40, 1975, 289–336; 41, 1976, 197–258.295–363; 43, 1978, 105–161.233–265; 45, 1980, 40–84.293–337. – DERS., Jesusforschung seit 1965: Nachträge 1975–1980, ThR, N.F. 46, 1981, 317–363; 47, 1982, 136–165.348–383. – SCHWEIZER, E., Jesusdarstellungen und Christologien seit Rudolf Bultmann, in: Rudolf Bultmanns Werk und Wirkung, hrg. v. B. JASPERT, 1984, 122–148.

BOUSSET, W., Jesus, (1904) [4]1922. – HEITMÜLLER, W., Jesus 1913. – BULTMANN, R., Jesus (1926) [5]1983 (hrg. v. W. SCHMITHALS). – SCHMIDT, K. L., Art. Jesus Christus, RGG[2], III, 1929, 110–151. – DIBELIUS, M., Jesus, (1939) [4]1966 (mit Nachtrag v. W. G. KÜMMEL). – BORNKAMM, G., Jesus von Nazareth, (1956) [13]1983. – CONZELMANN, H., Art. Jesus Christus, RGG[3], III, 1959, 619–653. – PERRIN, N., Rediscovering the Teaching of Jesus, 1967 (= Was lehrte Jesus wirklich?, 1972). – SCHWEIZER, E., Jesus Christus im vielfältigen Zeugnis des Neuen Testaments, (1968) [5]1979. – BRAUN, H., Jesus, (1969) [3]1972. – ROLOFF, J., Das Kerygma und der irdische Jesus, (1970) [2]1973. – BLANK, J., Jesus von Nazareth, 1972. – TRILLING, W., Die Botschaft Jesu, 1978. – HOLTZ, T., Jesus aus Nazareth, (1979) 1981.

KÜMMEL, W. G., Die Theologie des Neuen Testaments nach seinen Hauptzeugen, (1969) [4]1980, 20–85. – JEREMIAS, J., Neutestamentliche Theologie. 1. Teil. Die Verkündigung Jesu, (1971) [3]1979. – GOPPELT, L., Theologie des Neuen Testaments. 1. Jesu Wirken in seiner theologischen Bedeutung, hrg. v. J. ROLOFF, (1975) [3]1980, 52–299.

Vorbemerkungen

1. Die Verkündigung Jesu gehört zu den Voraussetzungen der Theologie des NT und ist nicht ein Teil dieser selbst. Denn die Theologie des NT besteht in der Entfaltung der

Gedanken, in denen der christliche Glaube sich seines Gegenstandes, seines Grundes und seiner Konsequenzen versichert. Christlichen Glauben aber gibt es erst, seit es ein christliches Kerygma gibt, d. h. ein Kerygma, das Jesus Christus als Gottes eschatologische Heilstat verkündigt, und zwar Jesus Christus, den Gekreuzigten und Auferstandenen. Das geschieht erst im Kerygma der Urgemeinde, nicht schon in der Verkündigung des geschichtlichen Jesus, wenngleich die Gemeinde in den Bericht über diese vielfach Motive ihres eigenen Kerygmas eingetragen hat. Erst mit dem Kerygma der Urgemeinde also beginnt das theologische Denken, beginnt die Theologie des NT. Zu seinen geschichtlichen Voraussetzungen gehört freilich das Auftreten und die Verkündigung Jesu; und in diesem Sinne muß die Verkündigung Jesu in die Darstellung der neutestamentlichen Theologie einbezogen werden.

    2. Quelle für die Verkündigung Jesu sind die synoptischen Evangelien. Für ihre historische Verwendung gilt die sog. Zwei-Quellen-Theorie, d. h. für Mt und Lk ist Mk (der uns freilich in einer späteren Redaktion vorliegt) die eine Quelle, eine andere eine Sammlung von Sprüchen Jesu (Q). In den Synoptikern ist zudem durchweg zwischen alter Tradition, Gemeindebildung und evangelistischer Redaktion zu scheiden. Die kritische Analyse kann in dieser Darstellung nicht gegeben werden; sie liegt vor in meinem Buche „Die Geschichte der synoptischen Tradition" [2] 1931. Im folgenden sind die Stellen aus Mk ohne Hinzufügung von „par." zitiert, wo die Mt- und Lk-Parallelen keine selbständige Überlieferung bieten; zu den Stellen aus Mt und Lk ist ein „par." gefügt, wenn es sich um Überlieferung handelt, die Mt und Lk aus Q entnommen haben. Eben dies soll durch das „par." gekennzeichnet werden.

§ 1. DIE ESCHATOLOGISCHE VERKÜNDIGUNG

WEISS, J., Die Predigt Jesu vom Reiche Gottes, (1892) [3]1964 (hrg. v. FERD. HAHN). – KÜMMEL, W. G., Verheißung und Erfüllung, (1945) [3]1956. – GRÄSSER, E., Das Problem der Parusieverzögerung in den synoptischen Evangelien und in der Apostelgeschichte, (1957) [3]1977. – LUZ, U., Art. βασιλεία κτλ., EWNT I, 1980, 481–491. – KLEIN, G., Art. Eschatologie. IV. Neues Testament, TRE, X, 1982, 270–299 (bes. 271–274). – HARNISCH, W. (Hrg.), Gleichnisse Jesu. Positionen der Auslegung..., 1982. – DERS. (Hrg.), Die neutestamentliche Gleichnisforschung..., 1982. – MERKLEIN, H., Jesu Botschaft von der Gottesherrschaft, 1983. Dazu die zu I S. 1 genannte Literatur.

1. Der beherrschende Begriff der Verkündigung Jesu ist der Begriff der Gottesherrschaft (βασιλεία τοῦ θεοῦ). Ihr unmittelbar bevorstehendes Hereinbrechen, das sich schon jetzt kund tut, verkündigt er. Die Gottesherrschaft ist ein eschatologischer Begriff. Er meint das Regiment Gottes, das dem bisherigen Weltlauf ein Ende setzt, das alles Widergöttliche, Satanische, unter dem die Welt jetzt seufzt, vernichtet und damit, alle Not und alles Leid beendend, das Heil heraufführt für das Volk Gottes, das auf die Erfüllung der prophetischen Verheißungen wartet. Das Kommen der Gottesherrschaft ist ein wunderbares Geschehen, das sich ohne Zutun der Menschen allein von Gott her ereignet.

Mit solcher Verkündigung steht Jesus im geschichtlichen Zusammenhang der jüdischen End- und Zukunftserwartung. Und zwar ist deutlich, daß ihn nicht das Bild der in gewissen Kreisen des jüdischen Volkes noch lebendigen nationalen Hoffnung bestimmt, die sich die von Gott heraufgeführte Heilszeit als Wiederaufrichtung des alten, im Lichte des Ideals verklärten Davidreiches vorstellt. Kein Wort Jesu redet vom Messiaskönig, der die Feinde des Volkes zerschmettern wird; kein Wort von der Herrschaft des Volkes Israel über die Erde, von der Sammlung der zwölf Stämme oder von dem Glück im reichen, vom Frieden gesegneten Lande. Vielmehr steht Jesu Verkündigung im Zusammenhang mit der Hoffnung anderer Kreise, die vor allem durch die apokalyptische Literatur bezeugt wird, einer Hoffnung, die das Heil nicht von einer wunderbaren Änderung der geschichtlichen, der politischen und sozialen Verhältnisse erwartet, sondern von einer kosmischen Katastrophe, die allen Bedingungen des jetzigen Weltlaufs ein Ende macht. Voraussetzung dieser Hoffnung ist die pessimistisch-dualistische Anschauung von der satanischen Verderbtheit des ganzen Weltgefüges; und ihren Ausdruck findet diese Anschauung in der speziellen Lehre von den zwei Äonen, in die der Weltlauf geteilt ist: der alte Äon geht seinem Ende entgegen, und unter Schrecken und Nöten wird der neue Äon anbrechen. Der alte Weltlauf mit seinen Perioden ist von Gott determiniert, und wenn der von ihm bestimmte Tag da ist, wird das Weltgericht von ihm oder seinem Vertreter, dem „Menschensohn", der auf den Wolken des Himmels kommt, gehalten werden; die Toten werden auferstehen, und gute wie böse Taten der Menschen werden ihren Lohn erhalten. Das Heil der Frommen aber wird nicht in nationalem Wohlsein und Glanz, sondern in paradiesischer Herrlichkeit bestehen. Im Zusammenhang dieser Erwartungen steht die Verkündigung Jesu. Freilich fehlt in ihr alle gelehrte und phantastische Spekulation der Apokalyptiker. Jesus blickt nicht wie jene auf die schon abgelaufenen Weltperioden zurück und stellt keine Berechnungen an, wann das Ende kommen wird; er heißt nicht, nach Zeichen in der Natur und in der Völkerwelt ausspähen, an denen die Nähe des Endes erkennbar wird. Und er verzichtet auf alle Ausmalung des Gerichtes, der Totenauferstehung und der künftigen Herrlichkeit. Alles wird verschlungen von dem einzigen Gedanken, daß Gott dann herrschen wird; und nur wenige Einzelzüge des apokalyptischen Zukunftsbildes finden sich bei ihm wieder.

Vom Gegensatz dieses und jenes Aeons ist kaum die Rede. Die Stellen, die von den υἱοὶ τοῦ αἰῶνος τούτου (Lk. 16, 8; 20, 34 f.) und von der Belohnung der Nachfolge im kommenden Aeon (Mk 10, 30) reden, sind sekundär. Echte Überlieferung mag die Wendung von der συντέλεια τοῦ αἰῶνος (Mt 13, 49) sein, sekundär freilich in der Gleichnisdeutung Mt 13, 39 f. und Mt 24, 3. Der καιρὸς οὗτος im Sinne der Gegenwart, die vor dem eschatologischen Ende steht, ist Lk 12, 56 wohl ursprünglich, sekundär jedoch Mk 10, 30 im Gegensatz zum ἐρχόμενος αἰών.

Aber deutlich ist, daß Jesus der Gewißheit ist: diese Weltzeit ist abgelaufen. Die Zusammenfassung seiner Predigt in dem Wort: πεπλήρωται ὁ καιρὸς καὶ ἤγγικεν ἡ βασιλεία τοῦ θεοῦ (Mk 1,15) ist sachgemäß. Jesus ist überzeugt, daß der gegenwärtige Weltlauf unter der Herrschaft des Satans und seiner Dämonen steht, deren Zeit jetzt abgelaufen ist (Lk 10, 18). Er erwartet das Kommen des „Menschensohnes" als des Richters und Heilbringers (Mk 8, 38; Mt 24, 27 par. 37 par. 44 par.; [Mt 10, 23; 19 28]; Lk 12, 8 f. [= Mt 10, 32 f.]; 17, 30?) [1]. Er erwartet die Auferstehung der Toten (Mk 12, 18—27) und das Gericht (Lk 11, 31 f. par. etc.). Er teilt die Vorstellung von der Feuerhölle, in die die Verdammten geworfen werden (Mk 9, 43 bis 48; Mt 10, 28). Für die Seligkeit der Gerechten hat er die einfache Bezeichnung ζωή (Mk 9, 43. 45 etc.). Wohl kann er von dem himmlischen Mahl reden, da man mit Abraham, Isaak und

---

[1] In eckigen Klammern stehen mutmaßliche Gemeindebildungen oder von den Evangelisten redigierte Worte, Lk 17, 30 ist vielleicht ursprünglich.

Jakob zu Tische liegen wird (Mt 8, 11), oder auch von der Hoffnung, den Wein aufs neue zu trinken in der Gottesherrschaft
(Mk 14, 25); aber er sagt auch: „Wenn sie von den Toten auferstehen, freien sie weder, noch werden sie gefreit, sondern sind
wie die Engel im Himmel (Mk 12, 25).

2. So übernimmt Jesus zwar das apokalyptische Zukunftsbild, jedoch mit starker Reduktion. Das Neue und Eigene aber
ist die Sicherheit, mit der er sagt: „J e t z t i s t d i e Z e i t
g e k o m m e n ! D i e G o t t e s h e r r s c h a f t b r i c h t
h e r e i n ! D a s E n d e i s t d a !" Diesen Sinn haben die
Worte:

> „Heil den Augen, die sehen, was ihr seht!
> Denn ich sage euch:
> Viele Propheten und Könige wollten sehen, was ihr seht,
> und haben es nicht gesehen.
> Sie wollten hören, was ihr hört,
> und haben es nicht gehört!" (Lk 10, 23 f. par.).

Jetzt ist nicht die Zeit zu trauern und zu fasten; jetzt ist die
Zeit der Freude wie zur Zeit der Hochzeit (Mk 2, 18 f.). Deshalb
ruft er den Wartenden jetzt das „Heil euch!" zu:

> „Heil euch Armen, denn euer ist die Gottesherrschaft!
> Heil euch, die ihr jetzt hungert, denn ihr sollt satt werden!
> Heil euch, die ihr jetzt weint, denn ihr sollt lachen!"
> (Lk 6, 20 f.).

Die Herrschaft des Satans bricht jetzt zusammen; denn „ich
sah den Satan wie einen Blitz vom Himmel fallen" (Lk 10, 18).

Wohl gibt es Z e i c h e n d e r Z e i t; freilich nicht solche,
nach denen die apokalyptische Phantasie ausspäht. Denn „die
Gottesherrschaft kommt nicht so, daß man sie berechnen kann;
und man kann auch nicht sagen: siehe hier oder da! Denn siehe,
die Gottesherrschaft ist (mit einem Schlage) mitten unter euch!"
(Lk 17, 21). „Und sagt man zu euch: siehe hier! siehe da!, so
geht nicht hin und lauft nicht hinterdrein. Denn wie der Blitz
aufzuckt und von einem Ende des Himmels zum andern leuchtet,
so wird es mit dem Menschensohn sein an seinem Tage" (Lk
17, 23 f.).

Für die wahren Zeichen der Zeit ist freilich das Volk blind; es
kann wohl die Zeichen des Himmels, Wolken und Wind, deuten
und weiß, wann es regnen oder wann es heiß werden wird, —

warum vermag es die Zeichen der Gegenwart nicht zu begreifen?
(Lk 12, 54—56). Wenn der Feigenbaum ausschlägt und seine
Blätter treibt, so weiß man: der Sommer ist nahe; so soll man
aus den Zeichen der Zeit erkennen, daß das Ende vor der Tür
steht (Mk 13, 28 f.).

Aber was sind die Zeichen der Zeit? Er selbst! S e i n A u f -
t r e t e n u n d W i r k e n , s e i n e V e r k ü n d i g u n g !

> „Die Blinden sehen, und die Lahmen gehen,
> Die Aussätzigen werden rein und die Tauben hören,
> Die Toten stehen auf, und den Armen erklingt die Botschaft
>   vom Heil" (Mt 11, 5 par.).

Man kann fragen, ob diese Worte nur die Gewißheit aussprechen, daß sich die prophetischen Heilsweissagungen (Js 35, 5 f.;
29, 18 f.; 61, 1) demnächst erfüllen werden, oder ob Jesus meint,
daß ihre Erfüllung schon jetzt in seinen eigenen Wundertaten
anhebt. Das letztere ist das Wahrscheinliche. Denn Jesus weist
zwar die an ihn gerichtete Forderung ab, sich durch ein „Zeichen vom Himmel" zu legitimieren (Mk 8, 11 f.); aber er sieht
doch darin die Gottesherrschaft schon hereinbrechen, daß er in
der ihn erfüllenden Gotteskraft die Dämonen zu vertreiben beginnt, auf die er wie seine Zeit mannigfache Krankheiten zurückführt: „Wenn ich durch den Finger Gottes die Dämonen aus-
treibe, so ist ja die Gottesherrschaft zu euch gelangt!" (Lk 11, 20
par.). „Es vermag keiner in das Haus eines Gewaltigen einzu-
dringen und es zu plündern, wenn er nicht zuvor den Gewaltigen
gebunden hat" (Mk 3, 27), — also sieht man, daß, wenn er dem
Satan seine Beute entreißt, ein Stärkerer über den Satan gekommen ist.

D a s a l l e s b e d e u t e t n i c h t , d a ß d i e G o t t e s -
h e r r s c h a f t s c h o n G e g e n w a r t i s t ; e s b e s a g t
a b e r , d a ß s i e i m A n b r u c h i s t . Der Mensch kann
den gottgesetzten Gang der Ereignisse nicht beschleunigen, sei es
— wie die Pharisäer meinen — durch strenge Einhaltung der Gebote und durch Bußübungen, sei es — wie die Zeloten wähnen —
durch Vertreibung der Römer mit Waffengewalt. Denn „so
steht es mit der Gottesherrschaft, wie wenn einer Samen aufs
Land wirft. Er schläft und steht auf im Wechsel von Nacht und
Tag, und der Same sprießt und wächst in die Höhe, er weiß nicht
wie. Von selbst trägt die Erde Frucht, erst Halm, dann Ähre,

dann reifen Weizen in der Ähre. Wenn aber die Frucht reif ist, dann sendet er die Schnitter, denn die Ernte ist da" (Mk 4, 26 bis 29). *Der Mensch tut etwas, er wirft den Samen*

Aus diesem Gleichnis von der von selbst wachsenden Saat, in dem das „von selbst" die Pointe ist, darf nicht geschlossen werden, daß die Gottesherrschaft (bzw. das „Reich Gottes") eine in der Geschichte wachsende Größe ist; es setzt vielmehr voraus, daß ihr Kommen ein von allem menschlichen Tun unabhängiges Wunder ist. So wunderbar wie das Wachsen und Reifen der Saat, das sich ohne des Menschen Zutun und Verstehen vollzieht. Jesus und seinem geschichtlichen Kreise liegt es ja fern, das Wachsen der Saat als einen natürlichen Entwicklungsvorgang anzusehen. Man kann sich den Sinn des Gleichnisses deutlich machen, wenn man daneben ein ähnliches 1. Klem 23 überliefertes Gleichnis stellt, das die Sicherheit des Eintreffens des göttlichen Gerichtes veranschaulichen soll: „O ihr Toren, vergleicht euch einem Baum, z. B. einem Weinstock! Zuerst wirft er die alten Blätter ab, dann entstehen junge Triebe, dann Blätter, dann Blüten, darauf die Herlinge, dann ist die reife Traube da. Ihr seht, wie schnell die Baumfrucht zur Reife gelangt. Wahrhaftig, rasch und plötzlich wird Gottes Ratschluß zur Vollendung kommen . . ."

Auch die Gleichnisse vom Senfkorn und Sauerteig (Mk 4, 30—32 bzw. Mt 13, 31 f. par.) reden nicht von einer allmählichen Entwicklung des „Reiches Gottes" in der Geschichte. Ihre Pointe ist der Gegensatz von der Kleinheit des Anfangs und der Größe des Endes; über den Prozeß, der vom Anfang zum Ende führt, wollen sie nicht belehren. Beginn wie Vollendung der Gottesherrschaft sind wunderbar, und wunderbar ist das Geschehen, das die Vollendung herbeiführt. Als der Beginn wäre dann das Auftreten und Wirken Jesu verstanden, — wenn nämlich die Gleichnisse wirklich vom Beginn und der Vollendung der Gottesherrschaft reden. Das ist freilich unsicher; die verwandten Gleichnisse im Hirten des Hermas (mand. V 1, 5 f.; XI 20 f.) vom Wermuttropfen, der einen ganzen Krug voll Honig bitter macht, und vom Hagelkorn, dessen Fall großen Schmerz verursachen kann, haben ganz anderen Sinn; jenes soll zeigen, wie die Übung in der Geduld durch einen Anfall von Jähzorn zunichte gemacht wird; dieses soll die Macht des göttlichen Geistes illustrieren. So wäre es möglich, daß die Gleichnisse vom Senfkorn und Sauerteig ursprünglich vom einzelnen Menschen handelten und ihn belehren wollten, welches große Ende aus kleinen Anfängen erwachsen kann, sei es warnend, sei es tröstend.

Wie in diesen Gleichnissen besagt die einleitende Formel (*ὁμοία ἐστίν* bzw. *ὡμοιώθη ἡ βασιλεία τῶν οὐρανῶν*) in den sog. Himmelreichsgleichnissen des Mt (13, 44. 45; 18, 23; 20, 1; 22, 2; 25, 1) nicht, daß die im Gleichnis genannte Größe mit der Gottesherrschaft verglichen werden soll, sondern daß das Gleichnis eine irgendwie die Gottesherrschaft betreffende Wahrheit lehrt, z. B. daß die Gottesherrschaft vom Menschen das Opfer fordert; denn wenn es Mt 13, 45 heißt: „Die Herrschaft des Himmels gleicht einem Händler", so ist klar, daß der Händler nicht ein Abbild der Gottesherrschaft ist, sondern daß sein Tun das durch die Gottesherrschaft geforderte Verhalten abbildet. Übrigens geht die einleitende Formel, wenigstens mehrfach, auf die Redaktion des Evangelisten zurück; sie fehlt in der Lk-Parallele (14, 16) zu Mt 22, 2, wie sie sich in den Sondergleichnissen des Lk überhaupt nicht findet. — Zur Interpretation der Gleichnisse überhaupt vgl. Ad. Jülicher, Die Gleichnisreden Jesu I ² 1899, II ² 1910; R. Bultmann, Die Geschichte der synopt. Trad.⁴, 1958, 179—222 (dort mehr Literatur). – Joach. Jeremias, Die Gleichnisse Jesu⁶, 1962. - Eta Linnemann, Gleichnisse Jesu, 1961. – W. Michaelis, Die Gleichnisse Jesu, 1956.

3. Alles, was der Mensch angesichts der hereinbrechenden Gottesherrschaft tun kann, ist: sich bereithalten oder sich bereit machen. Jetzt ist die Zeit der Entscheidung, und Jesu Ruf ist der Ruf zur Entscheidung. Die „Königin des Südens" kam einst herbei, um die Weisheit des Salomo zu hören; die Niniviten taten Buße auf die Predigt des Jona hin, — siehe, hier ist mehr als Salomo! siehe, hier ist mehr als Jona!" (Lk 11, 31 f. par.). „Heil dem, der nicht Anstoß nimmt an mir!" (Mt 11, 6 par.).

Im Grunde ist also er selbst in seiner Person das „Zeichen der Zeit". Indessen ruft der geschichtliche Jesus der Synoptiker nicht wie der johanneische Jesus zur Anerkennung, zum „Glauben" an seine Person auf. Er proklamiert sich nicht etwa als den „Messias", d. h. den König der Heilszeit, sondern er weist auf den „Menschensohn", der kommen wird, voraus als auf einen anderen. Er in seiner Person bedeutet die Forderung der Entscheidung, insofern sein Ruf Gottes letztes Wort vor dem Ende ist und als solches in die Entscheidung ruft. Jetzt ist es letzte Stunde; jetzt gilt es: entweder — oder! Jetzt fragt es sich, ob einer wirklich Gott und seine Herrschaft will oder die Welt und ihre Güter; und die Entscheidung muß radikal getroffen werden. „Keiner, der die Hand an den Pflug legt und rückwärts schaut, taugt für die Gottesherrschaft!" (Lk 9, 62). „Folge mir nach und laß die Toten ihre Toten begraben!" (Mt 8, 22 par.). „Wer zu mir kommt und haßt nicht Vater und Mutter, Weib und Kinder, Brüder und Schwestern, ja auch sich selbst, der kann mein Jünger nicht sein." (Lk 14, 26 par.). „Wer nicht sein Kreuz trägt und mir nachfolgt, der kann mein Jünger nicht sein" (Lk 14, 27 par., bzw. Mk 8, 34).

Er selbst hat sich von den Verwandten losgesagt; „wer den Willen Gottes tut, der ist mir Bruder und Schwester und Mutter" (Mk 3, 35). Und so hat er offenbar eine Schar von Menschen durch sein Wort aus Heimat und Beruf herausgerissen, die ihn als seine „Jüngerschaft" d. h. Schülerschaft auf seinem Wanderleben begleitet (Mk 1, 16—20; 2, 14). Indessen hat er nicht einen Orden oder eine Sekte, geschweige denn eine „Kirche" gegründet und nicht allen zugemutet, Haus und Familie zu verlassen.

Das Wort vom Bau der „Kirche" (ἐκκλησία) Mt 16, 18 ist wie Mt 16, 17—19 überhaupt eine spätere Bildung der Gemeinde; vgl. Gesch. d. synopt. Trad. ², 147—150. 277 f.; Theol. Bl. 20 (1941), 265—279. Über die Diskussion des Problems berichtet ausgezeichnet O. L i n t o n, Das Problem der Urkirche in der neueren Forschung, 1932. Seither vgl.: R. N. F l e w, Jesus and his Church, 1938. – J o s. B u c h. B e r n a r d i n, The Church in the NT (Anglican Theol. Rev. 21, 1939, 153– 170). – F r e d. C. G r a n t, The Nature of the Church (ibid. 190—204). – B. S c o t t E a s t o n, The Church in the NT (ibid. 22, 1940, 157—168). – F r a n z- J. L e e n h a r d t, Études sur l'Église dans le NT, 1940. – Bes. N. A. D a h l, Das Volk Gottes, 1941. – W. G. K ü m m e l, Kirchenbegriff und Geschichtsbewußtsein im der Urgemeinde und bei Jesus (Symb. Bibl. Upsal. I), 1943. – D e r s., Jesus u. die Anfänge der Kirche, Stud. Theol. 7 (1954), 1—27. – A. O e p k e, Der Herrenspruch über die Kirche Mt 16, 17—19 in der neuesten Forschung, Stud. Theol. 2 (1948), 110—165. – E r. F a s c h e r im Artikel „Petrus" in Pauly-Wissowa-Kroll: Realenzykl. der Klass. Altertumswiss. XIX, 1353—1361. – O. C u l l m a n n, Petrus ², 1960. – O. K u ß, Bemerkungen zu dem Fragenkreis: Jesus u. die Kirche im NT, Theol. Quartalschr. 1955, 28—55. 150—183. – A. V ö g t l e, Messiasbekenntnis und Petrusverheißung, Bibl. Zeitschr. 1957, 252—272; 1958, 85—103.

Alle aber werden vor die Entscheidung gestellt, woran sie ihr Herz hängen wollen: an Gott oder an die Güter der Welt. „Sammelt euch keine Schätze auf Erden! . . . Denn wo dein Schatz ist, da ist auch dein Herz!" (Mt 6, 19—21 par.). „Niemand kann zwei Herren dienen!" (Mt 6, 24 par.). Wie gefährlich ist der Reichtum! „Leichter kommt ein Kamel durch ein Nadelöhr als ein Reicher in die Gottesherrschaft!" (Mk 10, 25). Die meisten Menschen haften an irdischen Gütern und Sorgen; und wenn es gilt, sich zu entscheiden, dann versagen sie, — wie die Parabel vom Gastmahl zeigt (Lk 14, 15—24 par.). Es gilt, sich klar zu machen, was man will, zu welchem Kraftaufwand man fähig ist, wie für einen Turmbau oder einen Kriegszug die Mittel vorher überschlagen werden müssen (Lk 14, 28—32). Es gilt aber, für die Gottesherrschaft zu jedem Opfer bereit zu sein, — so wie der Ackersmann, der einen Schatz findet, alles dran gibt, um ihn in seinen Besitz zu bekommen, oder wie der Händler alles verkauft, um die eine köstliche Perle zu erwerben (Mt 13, 44—46).

„Will dich deine Hand verführen, so hau sie ab!
Es ist dir besser, verstümmelt ins Leben einzugehen, als mit
zwei Händen in die Hölle fort zu müssen.
Will dich dein Auge verführen, so reiß es aus!
Es ist dir besser, einäugig in die Gottesherrschaft einzugehen,
als mit zwei Augen in die Hölle geworfen zu werden"
(Mk 9, 43. 47 bzw. Mt 5, 29 f.).

Diese Absage an die Welt, diese „Entweltlichung", ist aber
nicht etwa Askese, sondern die schlichte Bereitschaft für Gottes
Forderung. Denn was dieser Absage positiv entspricht und worin
also die Bereitschaft für die Gottesherrschaft besteht, ist die Erfüllung des Willens Gottes, wie Jesus ihn im Kampf gegen die
jüdische Gesetzlichkeit deutlich macht.

§ 2. DIE AUSLEGUNG DER FORDERUNG GOTTES

Außer der zu I S. 1 u. zu § 1 S. 2 genannten Literatur: SJÖBERG, E., Gott
und die Sünder im palästinischen Judentum, 1939. – BORNKAMM, G., Der
Lohngedanke im Neuen Testament (1946), in: DERS., Studien zu Antike
und Urchristentum. Ges. Aufs. II, 1959, 69–92. – WILDER, A. N., Eschatology and Ethics in the Teaching of Jesus, [2]1950. – BRAUN, H., Spätjüdisch-
häretischer und frühchristlicher Radikalismus II, 1957. – KÜMMEL, W. G.,
Art. Sittlichkeit. V. Im Urchristentum, RGG[3], VI, 1962, 70–79 (bes.
70–73). – NEUHÄUSLER, E., Anspruch und Antwort Gottes, 1962. – NIS-
SEN, A., Gott und der Nächste im antiken Judentum, 1974. – MERKLEIN,
H., Die Gottesherrschaft als Handlungsprinzip, 1976. – HÜBNER, H., Art.
νόμος κτλ., EWNT II, 1981, 1158–1172 (bes. 1165–1167). – SMEND,
R.–LUZ, U., Gesetz, 1981 (bes. 58–86). – SCHRAGE, W., Ethik des Neuen
Testaments, 1982, 21–115. – STRECKER, G., Die Bergpredigt, 1984.

1. Als Auslegung des Willens, der Forderung Gottes ist Jesu
Verkündigung ein großer P r o t e s t   g e g e n   d i e   j ü d i -
s c h e   G e s e t z l i c h k e i t, d. h. gegen eine Frömmigkeit,
die im geschriebenen Gesetz und in der dieses auslegenden Tradition den Willen Gottes ausgesprochen sieht, und die sich bemüht, durch die peinliche Erfüllung der Vorschriften des Gesetzes das Wohlgefallen Gottes zu erringen. Hier sind weder Religion und Sittlichkeit voneinander unterschieden, noch sind die
Gebote der Gottesverehrung und die Forderungen der Ethik von
den Vorschriften des Rechtes geschieden, was seinen charakteristischen Ausdruck darin findet, daß die „Schriftgelehrten" zu-

gleich Theologen, Volkserzieher und Juristen sind. Was Religion und Sittlichkeit verlangen, wird vom Gesetz vorgeschrieben, und andrerseits gelten bürgerliches Recht und Strafrecht als göttliches Gesetz. Die Folge ist nicht nur, daß eine Menge von gesetzlichen Bestimmungen, die den Sinn, den sie unter früheren Lebensbedingungen hatten, verloren haben, in Kraft bleiben und durch künstliche Interpretation für die Gegenwart zurechtgebogen werden müssen; nicht nur, daß für neue Lebensbedingungen aus dem alten Gesetz durch künstliche Ableitung Bestimmungen, die der Gegenwart entsprechen, herausgeholt werden müssen. Die Folge ist auch nicht nur, daß eine Fülle von kultischen und rituellen Geboten als Forderung Gottes oder als sittliche Forderung gelten und die eigentlichen Forderungen des Guten vielfach überschatten. Die Folge ist vor allem, daß das Motiv zur sittlichen Tat verdorben wird. Nicht nur, insofern weithin der Vergeltungsgedanke zum Motiv wird, sondern auch dadurch — und das ist das für das Judentum Charakteristische —, daß der Gehorsam, den der Mensch Gott und der Forderung des Guten schuldet, als ein rein formaler verstanden wird, d. h. als ein Gehorsam, der die Forderung des Buchstabens erfüllt, der dem Gebot gehorcht, weil es geboten ist, ohne nach dem Warum, dem Sinn der Forderung, zu fragen. Und wenn auch manche Schriftgelehrten dagegen protestieren, daß der Vergeltungsgedanke als Motiv des Gehorsams gilt, wenn sie einen Herzensgehorsam verlangen, der nicht nur aus Furcht, sondern auch aus Liebe zu Gott das Gebot erfüllt, so kann doch der Gehorsam so lange kein radikaler, echter Gehorsam sein, als der Mensch nur gehorcht, weil es geboten ist, und also etwas anderes tun würde, wenn etwas anderes geboten wäre, bzw. jeweils das Betreffende nicht tun würde, wenn es nicht im Gebot begegnen würde. Radikaler Gehorsam ist nur möglich, wo der Mensch die Forderung versteht und von sich aus bejaht. Und allein von solchem Gehorsam hat es Sinn zu sagen, daß er in der Erfüllung der sittlichen Forderung Gottes ̣Forderung erfüllt; denn Gott verlangt radikalen Gehorsam. Der Fehler der jüdischen Gesetzlichkeit zeigt sich endlich in Folgendem. Ein juristisches Gesetz kann nie, wie die sittliche Forderung, alle individuellen Lebenssituationen umfassen; es bleiben vielmehr naturgemäß viele Fälle frei, für die kein Gebot oder Verbot besteht; damit aber bleibt nicht nur Raum für alle jeweiligen Lüste und Leidenschaften,

sondern auch — und das ist wieder für das Judentum charakteristisch — für überpflichtige Leistungen. Grundsätzlich kann
sich der Mensch unter einer gesetzlichen Forderung seiner Pflichten, die ja als einzelne Leistungen des Tuns oder Verzichtens
gelten, abschließend erledigen und behält dann Raum für über-
schüssige Leistungen. So ist im Judentum die Anschauung von
den „guten Werken" ausgebildet, die über die geforderte Gesetzeserfüllung hinausgehen (wie Almosen und Liebeswerke mancher
Art, freiwilliges Fasten u. dergl.), und die Verdienste im eigentlichen Sinne begründen und daher auch Übertretungen des Gesetzes sühnen können. Daran wird klar, daß der Gehorsamsgedanke nicht radikal gedacht ist.

2. Auf diesem Hintergrunde erscheint J e s u V e r k ü n d i-
g u n g d e s W i l l e n s G o t t e s a l s e i n g r o ß e r P r o-
t e s t. In ihr erneuert sich der Protest der großen alttestamentlichen Propheten gegen die kultische Gottesverehrung ihrer Zeit
unter veränderten Bedingungen. Hatten jene die Forderung von
Recht und Gerechtigkeit als die Forderung Gottes der Kultusfrömmigkeit des Volkes gegenübergestellt, so fordert Jesus gegenüber dem formalen Gehorsam, der weithin die Erfüllung der
rituellen Vorschriften als die Hauptsache ansieht, den echten,
radikalen Gehorsam. Er erhebt nicht wie die Propheten die
Forderung von Recht und Gerechtigkeit; denn diese, einst für
das israelitische Volksleben entscheidende, Predigt, hat jetzt,
da es ein eigentliches Volksleben kaum mehr gibt, ihren Sinn
verloren. Geblieben ist dem Judentum als Ergebnis des prophetischen Wirkens das kodifizierte Recht, das aber jetzt nicht mehr
in erster Linie der Ordnung des Volkslebens dient, sondern das
Verhältnis des Einzelnen zu Gott regelt. Und dagegen eben erhebt sich der Protest Jesu, daß das Verhältnis zu Gott als ein
Rechtsverhältnis aufgefaßt wird. Gott verlangt radikalen Gehorsam, er beansprucht den Menschen ganz. Dabei versteht es
sich für Jesus von selbst, daß Gott vom Menschen das Tun des
Guten fordert, daß die sittliche Forderung die Forderung Gottes ist; insofern bilden auch für ihn Religion und Sittlichkeit eine
Einheit. Aber ausgeschieden sind aus den Forderungen Gottes
alle kultischen und rituellen Bestimmungen, so daß neben der
Sittlichkeit das rein religiöse Verhältnis zu Gott, in dem der
Mensch nur als Bittender und Empfangender, als Hoffender und
Vertrauender steht, frei wird.

Die Antithesen der „Bergpredigt" (Mt 5, 21
bis 48) stellen dem Recht den Willen Gottes gegenüber: „Ihr
habt gehört, daß zu den Alten gesagt ward, . . . Ich aber sage
euch . . .!" Ihr Sinn ist der: Gott beansprucht den Menschen
nicht nur so weit, als das Handeln durch formulierte Gebote bestimmt werden kann, wie es dem Recht einzig möglich ist, so
daß der Eigenwille des Menschen darüber hinaus frei wäre. Nicht
erst Totschlag, Ehebruch und Meineid, die das Gesetz erfassen
kann, sind von Gott verboten, sondern schon Zorn und Schelt-
wort, böse Lust und Unwahrhaftigkeit (Mt 5, 21 f. 27 f. 33—37).
Es kommt vor Gott also nicht erst auf das Was des Tuns an,
auf die Materie, das Konstatierbare, sondern schon auf das Wie,
auf den Willen des Menschen. Wie die Gesetze über Totschlag,
Ehebruch und Meineid in diesem Sinne eine Radikalisierung
erfahren, so werden andere Gebote, die einst den Sinn einer
Einschränkung der Willkür hatten, nunmehr aber als Konzessionen verstanden werden, die einen Spielraum des Erlaubten
abgrenzen, vom Gesichtspunkt des Gotteswillens aus überhaupt
aufgehoben: die Bestimmung über die Ehescheidung, das *ius
talionis*, die Beschränkung der Liebesforderung auf den „Nächsten" (Mt 5, 31 f. 38—41. 43—48). Gott fordert den
ganzen Willen des Menschen und kennt keine Er-
mäßigung.

> „Kann man Trauben lesen von den Dornen,
> 　oder Feigen von den Disteln?
> Jeder Baum wird an seiner Frucht erkannt;
> 　ein guter Baum kann keine schlechten Früchte bringen"
> 　　　　　　　(Lk 6, 43 f. bzw. Mt 7, 16. 18).

> „Das Auge ist des Leibes Licht.
> Wenn dein Auge hell ist,
> 　so wird dein ganzer Leib im Hellen sein.
> Wenn aber dein Auge nichts taugt,
> 　so wird dein ganzer Leib im Finstern sein"
> 　　　　　　　　　　　(Mt 6, 22 f. par.).

Der Mensch, der als ganzer gefordert ist, hat keine Freiheit
Gott gegenüber; er hat sich, wie das Gleichnis von den anvertrauten Talenten lehrt (Mt 25, 14—30 par.), für sein Leben als
ganzes zu verantworten. Er hat vor Gott keine Ansprüche zu erheben, sondern gleicht dem Sklaven,

der nur seine Schuldigkeit zu tun hat und tun kann (Lk 17, 7
bis 10). *Es geht um die mündige Verantwortung des Menschen*

Dies Gleichnis hat seine Parallele in dem Wort des vorchristlichen Rabbi
Antigonus von Socho: „Seid nicht wie Knechte, die dem Herrn dienen
unter der Bedingung, Lohn zu erhalten; seid vielmehr wie Knechte, die
dem Herrn dienen nicht unter der Bedingung, Lohn zu erhalten" (Pirqe
Aboth 1, 3). In der Forderung des bedingungslosen Gehorsams stimmen
Jesus und der Rabbi überein. Daß der Gehorsamsgedanke bei Jesus
radikal gefaßt ist, ergibt sich aus dem Zusammenhang seiner sittlichen
Verkündigung. *richtig: Keiner hat reine Weste*

Der Mensch muß werden wie ein Kind, das die Bereitschaft
hat, sich schenken zu lassen, und nicht die Berufung auf Recht
und Verdienste kennt (Mk 10, 15). Die Hochmütigen, die auf
ihre Verdienste pochen, sind Gott ein Greuel (Lk 16, 15), und
der tugendstolze Pharisäer muß hinter dem schuldbewußten
Zöllner zurückstehen (Lk 18, 9—14). So weist Jesus die Rech-
nerei mit Verdienst und Lohn ab: Gott lohnt den Arbeiter, der
in letzter Stunde noch Hand angelegt hat, ebenso wie den, der
den ganzen Tag über gearbeitet hat (Mt 20, 1—15). Und so lehnt
er es ab, in dem Unglück, das Einzelne getroffen hat, eine Strafe
für ihre besonderen Sünden zu sehen; keiner ist besser als der
andere (Lk 13, 1—5). *Falsch: alle sind gleich schlecht*

Freilich ist es für Jesus gewiß, daß Gott treuen Gehorsam be-
lohnt; hinter der Forderung steht die Verheißung; und angesichts seines Kampfes gegen das Vergeltungsmotiv muß man seine
Stellung so charakterisieren, daß er gerade denen Lohn verheißt, die nicht um des Lohnes willen gehorsam sind. Jedoch
sind seine Aussagen nicht frei von Widerspruch, wenn er den
V e r g e l t u n g s g e d a n k e n doch gelegentlich als Motivierung der Forderung verwendet, — sei es der Hinweis auf den
himmlischen Lohn (Mt 6, 19 f. par.; Mk 10, 21 und sonst), sei es
die Drohung mit dem Feuer der Hölle (Mt 10, 28 par.; Mk
9, 42. 47 und sonst). Indessen löst sich dieser Widerspruch wohl
so, daß das Lohnmotiv nur der primitive Ausdruck dafür ist,
daß es dem Menschen in seinem Tun um sein eigentliches Sein
— um sein Selbst, das er nicht schon ist, sondern erst werden
soll — geht. Dieses zu gewinnen, ist auch das legitime Motiv
seines sittlichen Handelns und seines echten Gehorsams, in dem
er der paradoxen Wahrheit inne wird, daß er, um zu sich selbst
zu kommen, sich der Forderung des Guten, der Forderung Got-

tes, hingeben muß, — oder entsprechend, daß er in solcher Hingabe sich selbst gewinnt. Diese paradoxe Wahrheit lehrt das Wort:

„Wer sein Leben gewinnen will, der wird es verlieren,
Und wer es verlieren will, der wird es gewinnen"

(Lk 17, 33).

Dieses Wort ist von Mk und von Q überliefert. Bei Mk ist 8, 35 zu dem „wer es verlieren will" gefügt: „Um meinetwillen und um des Evangeliums willen." In der Parallele dazu lesen Mt 16, 25 und Lk 9, 24 nur „um meinetwillen", und sie haben wohl nur dies in dem ihnen vorliegenden Mk-Text gefunden. Danach hat auch Mt 10, 39 in der Q-Parallele zu Lk 17, 33 das „um meinetwillen" eingefügt. Auch Joh kannte das Wort, und zwar ohne jeden Zusatz, so daß er die Form von Lk 17, 33 als ursprüngliche bestätigt, wenn er sagt: „Wer sein Leben liebt, der verliert es, und wer sein Leben haßt in dieser Welt, der wird es für das ewige Leben bewahren" (12, 25), — wobei er seinerseits das „in dieser Welt" und das „für das ewige Leben" hinzugefügt hat.

3. Wie ist aber von da aus J e s u S t e l l u n g z u m AT zu beurteilen? Ohne daß er seine Autorität bestreitet, scheidet er kritisch zwischen den alttestamentlichen Forderungen. Freilich hat Mose die Ehescheidung gestattet, jedoch nur „mit Rücksicht auf eure Herzenshärtigkeit". Der eigentliche Wille Gottes ist das keineswegs; er will vielmehr die Untrennbarkeit der Ehe (Mk 10, 2—9).

„Wehe euch, ihr Schriftgelehrten und Pharisäer! Ihr verzehntet Minze, Dill und Kümmel und laßt dahinten das Schwerste im Gesetz: das Recht und die Barmherzigkeit und die Treue. Dieses sollte man tun und jenes nicht lassen. Ihr blinden Führer, die ihr die Mücke seiht und das Kamel verschluckt!" (Mt 23, 23 f.). Sind die Worte „Dieses sollte man tun und jenes nicht lassen" wirklich ein ursprünglicher Bestandteil des Weherufes (sie fehlen in der Lk-Par. 11, 42 im Cod. D), so zeigen sie, daß Jesus eine reformerische Polemik gegen die alttestamentliche Gesetzgebung fern liegt. Auf jeden Fall aber zeigen die Verse eine selbstverständlich-souveräne Haltung gegenüber dem AT, eine Haltung, die kritisch zwischen Wichtigem und Unwichtigem, dem Wesentlichen und dem Gleichgültigen unterscheidet. Das entspricht den übrigen Worten Jesu, die das AT betreffen.

In der Tat hat Gott im AT gesagt, was er will. Wer nach Gottes Willen fragt, wird auf die sittlichen Forderungen des AT verwiesen, wie der Reiche mit seiner Frage: „Was muß ich tun, um das ewige Leben zu ererben?" oder der Schriftgelehrte mit der Frage nach dem höchsten Gebot (Mk 10, 17—19; 12, 28 bis 34). Freilich muß sich der Reiche sogleich überführen lassen, daß seine bisherige Gebotserfüllung Einbildung ist, da er nicht fähig ist, alles hinzugeben, nicht radikal gehorsam sein kann.

Daß Jesus die Autorität des AT nicht polemisch bestritten hat, beweist das spätere Verhalten seiner Gemeinde, die am alttestamentlichen Gesetz treu festhielt und mit der Paulus deswegen in Konflikt geriet. Sie hat ihren Standpunkt — sei es dem Paulus, sei es anderen hellenistischen Missionaren gegenüber — in die Jesus in den Mund gelegten Worte gefaßt, die von der Unvergänglichkeit auch des kleinsten Gesetzesbuchstaben reden und ausdrücklich sagen, daß Jesus nicht gekommen sei, das Gesetz aufzulösen, sondern es zu erfüllen (Mt 5, 17—19), — angesichts anderer Jesusworte und angesichts des tatsächlichen Verhaltens Jesu unmöglich ein echtes Wort; vielmehr eine Gemeindebildung aus der späteren Kampfzeit. Aber das ist allerdings klar, daß diese konservative Haltung der Gemeinde nicht möglich gewesen wäre, wenn Jesus die Geltung des AT bestritten hätte. Dessen Autorität steht ihm in gleicher Weise fest wie den Schriftgelehrten, und im Gegensatz zu ihnen weiß er sich nur in der Art, wie er das AT versteht und anwendet. Auch d i e f r o m m e n B r ä u c h e d e s J u d e n t u m s , Almosengeben, Beten und Fasten, hat er nicht bekämpft, aber freilich dagegen protestiert, daß sie in den Dienst persönlicher Eitelkeit gestellt und so zur Lüge werden (Mt 6, 1—4. 5—8. 16—18).

Die Antwort auf die Fastenfrage Mk 2, 19 lehnt nicht grundsätzlich das Fasten ab, sondern besagt, daß beim Anbruch der messianischen Freudenzeit der Trauerbrauch des Fastens (der also als solcher nicht bestritten wird) keinen Sinn hat. Der ursprüngliche Sinn der Worte vom neuen Flicken auf dem alten Kleid und vom jungen Wein in den alten Schläuchen (Mk 2, 21 f.) ist nicht mehr sicher erkennbar. Es könnte etwa auch gemeint sein, daß in der messianischen Zeit die alten Trauerbräuche sinnlos geworden sind.

Vollends fehlt in Jesu Worten jede Polemik gegen den T e m p e l - k u l t. Dieser hatte ja zu seiner Zeit auch seinen ursprünglichen Sinn im wesentlichen verloren; denn das Judentum war nicht mehr eine kultische Religion, sondern eine Religion der Observanz. Der Tempelkult wurde treu vollzogen, und an den großen Festen wird auch eigentlich kultische Frömmigkeit wieder lebendig geworden sein. Im allgemeinen aber wird der Tempeldienst mit seinen Opfern als Gehorsamsakt vollzogen, da er

nun einmal im Gesetze geboten war. Die Synagoge mit ihrer Interpretation
des das tägliche Leben bestimmenden Gesetzes hatte den Tempeldienst
in den Hintergrund gedrängt; die Schriftgelehrten waren für das Volk
die Autoritäten an Stelle der Priester geworden. So hat denn das Judentum, getragen von der Synagoge und den Schriftgelehrten, den Fall des
Tempels ohne Bruch überstanden. Mt 5, 23 f. wird die Beteiligung am
Tempelkult als selbstverständlicher Brauch vorausgesetzt. Es mag ein
echtes Jesuswort sein, während Mt 17, 24—27 eine spätere Legende ist,
die aber beweist, daß die christliche Gemeinde die Tempelsteuer zahlte,
wie auch in den Act. erhaltene Nachrichten zeigen, daß die Gemeinde
im Tempelbezirk Zusammenkünfte hatte.

Tatsächlich ist die alttestamentliche Gesetzgebung, soweit
sie aus kultischen und rituellen Vorschriften besteht, durch Jesus aus den Angeln gehoben worden. Wie er sich über das Sabbatgebot hinwegsetzt, so richtet sich seine Polemik g e g e n
d e n g e s e t z l i c h e n R i t u a l i s m u s , der eine äußerliche Korrektheit erzielt, die mit einem unreinen Willen Hand in
Hand gehen kann. So zitiert er den Propheten (Js 29, 13):

„Dieses Volk ehrt mich mit seinen Lippen,
Ihr Herz aber ist weit weg von mir.
Nichtig verehren sie mich mit ihrem Lehren von Menschen-
geboten" (Mk 7, 6 f.).

„Wehe euch, ihr Schriftgelehrten und Pharisäer, ihr Heuch-
ler!
Ihr reinigt das Äußere, Becher und Schüssel,
Inwendig aber seid ihr voll Raub und Gier!
Wehe euch, ihr Schriftgelehrten und Pharisäer!
Ihr gleicht getünchten Gräbern, von außen hübsch anzu-
sehen,
Inwendig aber voll Totengebein und aller Unreinheit.
So erscheint auch ihr vor den Leuten gerecht,
Inwendig aber seid ihr voll Heuchelei und Frevel!"
(Mt 23, 25—28 par.).

Wie kann man Almosengeben, Beten und Fasten mißbrauchen, um vor den Leuten groß dazustehen (Mt 6, 1 —4. 5 f.
16—18)! Ist das Fasten nicht Ausdruck echter Trauer, so ist es
sinnlos (Mk 2, 18 f.). Wie kann man Gottes Gebot, die Eltern zu
ehren, außer Kraft setzen, indem man das Kultusgebot für
wichtiger erklärt (Mk 7, 9—13)! Sinnlos sind die Reinheitsge-
setze; denn „es gibt nichts, was von außen in den Menschen

hineinkommt, das ihn verunreinigen könnte; sondern was aus
dem Menschen herauskommt, das ist es, was ihn verunreinigt"
(Mk 7, 15). „Der Sabbat ward um des Menschen willen und nicht
der Mensch um des Sabbats willen" (Mk 2, 27). Und wenn solche
Erkenntnis auch hier und da bei den Schriftgelehrten aufblitzt, so
zieht doch erst Jesus daraus die Konsequenz mit der Frage:

„Darf man am Sabbat Gutes tun oder Böses?
Ein Leben retten oder töten?" (Mk 3, 4) —

d. h. ein Drittes, ein heiliges Nichtstun, gibt es nicht. Ein Nichtstun, wo ein Tun der Liebe gefordert ist, wäre ein Bösestun. Und
so ist Jesus ein „Freund der Zöllner und Sünder" (Mt 11, 19
par.; Mk 2, 15—17); er muß sich einen „Fresser und Weinsäufer"
schelten lassen (Mt 11, 19), und er kann einen Samariter als
Vorbild hinstellen (Lk 10, 30—36).

4. Und was ist positiv der Wille Gottes? D i e F o r d e r u n g
d e r L i e b e. Das Gebot „Du sollst deinen Nächsten lieben
wie dich selbst!" gehört als zweites mit dem ersten zusammen:
„Du sollst den Herrn, deinen Gott, lieben von ganzem Herzen
und von ganzer Seele und mit ganzer Kraft" (Mk 12, 28—34).
Es gibt keinen Gehorsam gegen Gott, der sich nicht in der konkreten Situation der Begegnung mit dem Nächsten bewähren
müßte, wie Lukas (10, 29—37) mit sachlichem Recht deutlich
macht, indem er zum Gespräch über das höchste Gebot Jesu
die Beispielerzählung vom „barmherzigen Samariter" stellt.

Die Liebesforderung überbietet jede Rechtsforderung; sie
kennt nicht Grenze und Beschränkung; sie gilt auch gegenüber
dem Feinde (Mt 5, 43—48). Die Frage: „Wie oft muß ich meinem Bruder vergeben, wenn er gegen mich sündigt? Ist es genug siebenmal?" erhält die Antwort: „Ich sage dir: nicht siebenmal, sondern siebzigmal siebenmal" (Mt 18, 21 f. par.).

Die Liebesforderung bedarf keiner formulierten Bestimmungen;
das Beispiel des barmherzigen Samariters zeigt, daß der Mensch
wissen kann und wissen muß, was er zu tun hat, wenn er den
Nächsten seiner Hilfe bedürftig sieht. In dem „wie dich selbst"
des Liebesgebotes ist wie die Unbegrenztheit, so auch die Richtung des Liebeshandelns vorgezeichnet.   *Fehlschluß*

Der Verzicht auf jegliche Konkretisierung des Liebesgebotes
durch einzelne Vorschriften zeigt, daß Jesu Verkündigung des
Willens Gottes keine Ethik der Weltgestaltung ist. Vielmehr ist

sie als **e s c h a t o l o g i s c h e E t h i k** zu bezeichnen, insofern
sie nicht auf eine innerweltliche Zukunft, die nach Plänen und
Entwürfen für eine Ordnung des menschlichen Lebens gestaltet
werden sollte, blickt, sondern den Menschen nur in das Jetzt
der Begegnung mit dem Nächsten weist. Sie ist, indem sie die
Forderung des die menschliche Gemeinschaft ordnenden Rechtes überbietet und vom Einzelnen den Verzicht auf sein Recht
fordert, eine Ethik, die den Einzelnen unmittelbar vor Gott verantwortlich macht.

5. Daher wird auch **d i e E i n h e i t v o n J e s u e s c h a
t o l o g i s c h e r u n d s i t t l i c h e r V e r k ü n d i g u n g**
verständlich, — wie sich auch sagen läßt: zwischen Jesus als
Propheten, der das Hereinbrechen der Gottesherrschaft verkündigt, und als Rabbi, der das Gesetz Gottes auslegt. *Falsch*

Falsch wird diese Einheit verstanden, wenn man die Gottesherrschaft als eine geistige oder geschichtliche Größe versteht,
als die Herrschaft Gottes in der Seele oder in der Geschichte,
die sich als die Herrschaft der Forderung des Guten vollzieht
und sich so in der sittlichen Haltung des Charakters oder in der
sittlichen Ordnung der Gemeinschaft verwirklicht. Dabei wäre
nicht nur der Begriff der Gottesherrschaft umgedeutet, sondern
auch der Sinn der Forderung mißverstanden, die weder auf die
Bildung des Charakters noch auf die Gestaltung der menschlichen
Gemeinschaft abzielt. *Eschatologie zielt auf Ethik!*

Auch geht es nicht an, daß man unter dem Eindruck einer
Spannung zwischen der eschatologischen und der sittlichen Verkündigung Jesu die eine von beiden dem geschichtlichen Jesus
abspricht und für spätere Gemeindebildung erklärt. Man kann
nicht sagen, daß Jesus nur ein Sittenlehrer gewesen sei, der eine
„bessere Gerechtigkeit" gelehrt habe, und daß ihm erst die Gemeinde die eschatologische Botschaft vom Hereinbrechen der
Gottesherrschaft in den Mund gelegt habe. Denn es ist wohl zu
verstehen, daß in der Gewißheit des hereinbrechenden Endes
der Ursprung der Gemeindebildung liegt, nicht aber, daß diese
Gewißheit erst das Produkt einer Gemeinde sein soll. Vielmehr
zeigt die Überlieferung, daß in der Gemeinde bange Sorge wegen
des Ausbleibens der erwarteten Gottesherrschaft erwacht, wie sie
in den Jesus in den Mund gelegten Worten Lk 12, 35—38; Mk
13, 31. 33—37 zum Ausdruck kommt. Vor allem aber zeigt die
Bewegung, die Jesus hervorgerufen hat, und seine Kreuzigung

durch den römischen Statthalter, daß er als messianischer Prophet aufgetreten ist. Ebensowenig kann man zwar seine eschatologische Verkündigung als die historisch echte halten, seine sittliche Predigt aber als sekundäre Gemeindebildung ansehen. Denn abgesehen davon, daß es nicht verständlich sein würde, wie die Gemeinde den, den sie für den Messias hielt, zum Rabbi gemacht haben sollte: die ängstliche Gesetzestreue der Gemeinde zeigt, daß aus ihr die radikalen Worte über das Gesetz und die Gesetzesbeobachtung nicht entstanden sein können.

Die Einheit der eschatologischen und der sittlichen Verkündigung läßt sich so angeben, daß die Erfüllung des Willens Gottes als die Bedingung für die Teilnahme am Heil der Gottesherrschaft bezeichnet wird. Nur darf dabei „Bedingung" nicht in einem äußerlichen Sinne aufgefaßt werden als eine willkürlich geforderte Leistung, an deren Stelle etwa auch eine andere gefordert sein könnte — als eine Bedingung also, die nicht in innerem Zusammenhang mit der Gabe steht, für deren Empfang sie die Voraussetzung bildet — etwa gar, indem Jesu Interpretation der göttlichen Forderung als „Interimsethik" verstanden wird, ihre Imperative also als Ausnahmegebote angesehen werden, die nur für die letzte kurze Spanne Zeit vor dem Ende der Welt gelten. Es ist vielmehr deutlich, daß diese Imperative in radikalem Sinne als absolute Forderung gemeint sind, die eine von der zeitlichen Lage unabhängige Geltung haben. Weder die Forderungen der „Bergpredigt" noch die Kampfworte gegen die gesetzliche Moral werden durch den Hinweis auf das drohende Weltende motiviert. Aber gerade das Wissen um die absolute Gültigkeit der göttlichen Forderung begründet das radikale Urteil über „dieses böse und ehebrecherische Geschlecht" (Mt 12, 39 par.; Mk 8, 38), das reif ist für das göttliche Gericht — das Urteil also, das in der eschatologischen Verkündigung zum Ausdruck kommt. Dann aber ist klar: die Erfüllung des Willens Gottes ist in d e m Sinne die Bedingung für die Teilnahme am Heil der Gottesherrschaft, daß sie nichts anderes bedeutet als die echte Bereitschaft, den echten und ernsten Willen dafür. Das kommende Heil ist die Gottesherrschaft, die die Entscheidung des Menschen für Gott gegen alle weltlichen Bindungen fordert. Deshalb ist nur der bereit für dieses Heil, der sich im konkreten Augenblick für Gottes Forderung entscheidet, die ihm im Nächsten begegnet.

Diejenigen, die im Bewußtsein ihrer Armut, die klagend und hungernd auf das Heil warten, sind die gleichen, die barmherzig, reines Herzens und friedfertig sind (Mt 5, 3—9). Wer die Gottesherrschaft will, der will auch das Gebot der Liebe erfüllen, und sein Wille ist nicht, indem er es als eine Bedingung erfüllt, im Grunde auf etwas anderes gerichtet, zu dessen Erlangung nur er den Gehorsam leistet. Es besteht also ein innerer Zusammenhang: beide, die eschatologische Verkündigung wie die sittliche Forderung, weisen den Menschen auf sein Gestelltsein vor Gott, auf Gottes Bevorstehen; sie weisen ihn in sein Jetzt als in die Stunde der Entscheidung für Gott.

6. So wird denn angesichts der faktischen Verfassung der Führer des Volkes und der großen Menge des Volkes selbst, angesichts der Erstarrung der Frömmigkeit im Ritualismus wie angesichts des Leichtsinns und der Welt- und Selbstliebe, Jesu Verkündigung zum W e h e r u f u n d B u ß r u f.

„Wehe euch, ihr Schriftgelehrten und Pharisäer! . . ."
(Mt 23, 1 ff. par.; Mk 12, 38 ff.).

„Wehe euch, ihr Reichen; denn ihr habt euren Trost dahin! Wehe euch, die ihr jetzt satt seid; denn ihr werdet hungern! Wehe euch, die ihr jetzt lacht; denn ihr werdet klagen und jammern!"   (Lk 6, 24—26).

„Die Zeit ist erfüllt, die Gottesherrschaft ist genaht! Tut Buße!", so lautet zusammengefaßt der Ruf Jesu (Mk 1, 15). Aber „dieses Geschlecht" der Zeitgenossen ist ein „ehebrecherisches und sündiges" (Mk 8, 38; Mt 12, 39). Man sagt „ja" zu Gottes Forderung und tut hinterdrein nicht, was er verlangt (Mt 21, 28—31). Man will nicht „Buße tun", nicht umkehren von dem verkehrten Wege (Lk 11, 31 f. par.), und so wird das Gericht hereinbrechen über die Sünder (Lk 13, 1—5), und alle Unheilsweissagungen werden sich erfüllen (Mt 23, 34—36 par.), speziell die über Jerusalem (Mt 23, 37—39 par.) und seinen Tempel: kein Stein, der nicht zerbrochen werden wird! (Mk 13, 2). Nur bei den Verachteten, bei den Zöllnern, Sündern und Dirnen ist Bereitschaft zur Buße; an sie, und nicht an die „Gerechten", weiß sich Jesus zuerst gesandt (Mk 2, 17); sie, die zuerst „nein" gesagt haben, kehren um (Mt 21, 28—31), und Gott hat mehr Freude an einem Sünder, der Buße tut, als an neunundneunzig Gerechten (Lk 15, 1—10). Denen, die im echten Sinne auf Gottes Herrschaft warten, den Hungernden und Klagenden, denen, die sich arm wissen, gilt die Verheißung des Heils (Lk 6, 20 f. bzw. Mt 5, 3—6).

§ 3. DER GOTTESGEDANKE JESU

Literatur zu I S. 1. Außerdem: KÜMMEL, W. G., Die Gottesverkündigung Jesu und der Gottesgedanke des Spätjudentums (1945), in: DERS., Heilsgeschehen und Geschichte. Ges. Aufs. 1933–1964, 1965, 107–125. – SCHRAGE, W., Theologie und Christologie bei Paulus und Jesus auf dem Hintergrund der modernen Gottesfrage, EvTh 36, 1976, 121–154. – Jesus – Ort der Erfahrung Gottes, hrg. v. B. CASPER, [2]1977. – HAMMERTON-KELLY, R., God the Father. Theology and Patriarchy in the Teaching of Jesus, 1979.

1. Versteht man die Einheit der eschatologischen und der sittlichen Verkündigung Jesu, so hat man damit auch die Antwort auf die Frage nach dem eigentlichen Sinn der eschatologischen Botschaft gefunden, nämlich auf die Frage des in ihr wirksamen G o t t e s g e d a n k e n s. Denn angesichts der Tatsache, daß sich die Verkündigung vom Hereinbrechen der Gottesherrschaft nicht erfüllt hat, daß sich also Jesu Erwartung des nahen Endes der alten Welt als eine Täuschung erwiesen hat, erhebt sich die Frage, ob nicht seine Gottesvorstellung eine phantastische war.

Oft möchte man freilich dieser Frage entgehen durch die Auskunft, Jesus habe die Gegenwart der Gottesherrschaft in seiner Person und in der sich um ihn sammelnden Anhängerschaft gesehen. Aber eine solche Anschauung läßt sich durch kein Jesuswort bestätigen [1], und sie widerspricht dem Sinne des Begriffes βασιλεία τοῦ θεοῦ. Es ist vielmehr deutlich, daß Jesus das Hereinbrechen der Gottesherrschaft als ein wunderbares, die Welt umgestaltendes Ereignis erwartet — wie das Judentum und wie später seine Gemeinde. Eine Polemik gegen diese seiner Zeit selbstverständliche Anschauung oder eine Korrektur derselben findet sich in seinen Worten nirgends.

Es liegt aber so, daß p r o p h e t i s c h e s B e w u ß t s e i n stets Gottes Gericht und ebenso die von Gott heraufgeführte Heilszeit für die nächste Zeit erwartet, wie es bei den großen Propheten des AT deutlich sichtbar ist. Und zwar deshalb, weil für das prophetische Bewußtsein die Souveränität Gottes, die Unbedingtheit seines Willens als so überwältigend erscheint, daß demgegenüber die Welt versinkt und an ihrem Ende zu sein scheint. Das Bewußtsein, daß die Stellung des Menschen zu Gott über sein Schicksal entscheidet, und daß seine Entschei-

---

[1] Auch nicht durch Lk 17, 21. Über den Sinn dieses Wortes s. o. S. 5.

dungsstunde befristet ist, kleidet sich in das Bewußtsein, daß die
Entscheidungsstunde für die Welt da ist. Das Wort, das der
Prophet in Gottes Auftrag zu sprechen sich bewußt ist, erscheint
als das letzte Wort, durch das Gott zur definitiven Entscheidung
ruft.

So auch bei Jesus. Die Gewißheit, den unverbrüchlichen Wil-
len Gottes zu kennen, der das Gute unabdinglich vom Menschen
fordert, und dessen Verkündigung den Menschen vor das Ent-
weder-Oder von Heil oder Gericht stellt, gibt ihm das Bewußtsein, am Ende der Zeit zu stehen. Nicht aus Weltüberdruß und
Jenseitssehnsucht oder aus phantastischer Spekulation ist seine
Verkündigung erwachsen, sondern aus dem Wissen um die
Nichtigkeit der Welt und die Verderbtheit der Menschen vor
Gott und aus dem Wissen um Gottes Willen. Der darin lebendige
Gottesgedanke und das darin enthaltene Verständnis der mensch-
lichen Existenz ist das Entscheidende in der eschatologischen
Verkündigung, nicht der Glaube an das zeitliche Bevorstehen
des Weltendes.

2. G o t t ist für Jesus im Sinne der alttestamentlichen Tradition d e r S c h ö p f e r, der die Welt mit seiner Fürsorge
verwaltet, der die Tiere nährt und die Blumen schmückt, ohne
dessen Willen kein Sperling tot zur Erde fällt, und der auch alle
Haare unseres Hauptes gezählt hat (Mt 6, 25—34 par.; 10, 29 f.
par.). Alles bange Sorgen und alle Hast, sich Güter zu erwerben,
um das Leben zu sichern, sind also sinnlos, ja frevelhaft. Dem
Willen des Schöpfers ist der Mensch preisgegeben; er kann weder
seiner Länge eine Elle zusetzen, noch ein einziges Haar seines
Hauptes weiß oder schwarz machen (Mt 6, 27 par.; 5, 36). Meint
er, sich durch erworbenen Besitz gesichert zu haben und der
Ruhe genießen zu können, so hat er vergessen, daß er noch in
dieser Nacht sterben kann (Lk 12, 16—20). Ebenso Vertrauen
auf Gott wie Bewußtsein der Abhängigkeit ist also vom Menschen gefordert.

Darin unterscheidet sich Jesu Gottesgedanke nicht grundsätzlich von dem des AT's und des Judentums. In der Frömmigkeit des Judentums ist freilich die Kraft des Schöpfungsglaubens,
der in Theologie und Bekenntnis immer streng festgehalten
wurde, geschwächt; Gott ist in die Ferne gerückt als der jenseitige himmlische König, und man vermag sein Walten in der
Gegenwart kaum noch zu spüren. Für Jesus ist Gott wieder

ein Gott der Nähe geworden. Er ist die gegenwärtige
Macht, als Herr und als Vater jeden umfangend, begrenzend
und fordernd. Das findet seinen Ausdruck in der Anrede des
Gebetes. Gegenüber den prunkvollen, pathetischen, oft litur-
gisch schönen, oft auch überladenen Gebetsanreden des Judentums — etwa im 18-Bitten-Gebet, das der fromme Jude dreimal täglich zu sprechen hat: ,,Gott Abrahams, Gott Isaaks, Gott
Jakobs! Höchster Gott, Gründer von Himmel und Erde! Unser
Schild und Schild unserer Väter!" [1] — die schlichte Anrede
,,Vater!" — wie denn überhaupt das ,,Vater-Unser" durch
schlichte Knappheit vor den jüdischen Gebeten ausgezeichnet
ist (Mt 6, 9—13 bzw. Lk 11, 2—4). Gott ist nahe; er hört und versteht die Bitten, die zu ihm dringen, wie der Vater die Bitte seines
Kindes versteht (Mt 7, 7—11 par.; vgl. Lk 11, 5—8; 18, 1—5).

In die Nähe gerückt ist Gott aber auch
als der Fordernde, dessen Wille nicht im Gesetzesbuchstaben und in seiner schriftgelehrten Auslegung erst gesucht
werden muß. Die durch Gesetz und Tradition aufgerichtete Distanz ist beseitigt, und das unsichere Fragen nach dem, was
verboten und was erlaubt ist, hat ein Ende. Unmittelbar in seiner Situation, in der Begegnung des Nächsten, erfährt der Mensch,
was Gott von ihm will. Und so steht Gott vor jedem auch als
der Richter, dem er Verantwortung schuldet. ,,Ich sage euch
aber: für jedes nichtsnutzige Wort, das die Menschen reden,
müssen sie Rechenschaft ablegen am Tage des Gerichts!" (Mt
12, 36). ,,Fürchtet euch nicht vor denen, die den Leib töten, die
Seele aber nicht töten können! Fürchtet vielmehr den, der Leib
und Seele verderben kann in der Hölle!" (Mt 10, 28 par.).

Der Gott der Forderung und des Gerichtes ist aber auch der
Gott der Vergebung; und wer umkehrt zu ihm, der
kann seiner vergebenden Güte gewiß sein. Die Schriftgelehrten
schließen das Gottesreich zu vor den Menschen durch ihre Gesetzlichkeit (Mt 23, 13 par.); gerade Jesu Bußruf öffnet den Zugang, und es bedarf keiner langen Bußgebete, wie sie für das
Judentum charakteristisch sind. Der Zöllner, der seine Augen
nicht zum Himmel zu erheben wagt, der an seine Brust schlägt
und spricht: ,,Gott sei mir Sünder gnädig!" ist gerechtfertigt
(Lk 18, 9—14). Der ,,verlorene" Sohn spricht nur ,,Vater, ich

---

[1] Vgl. bes. 4. Esr. 8, 20 ff.

sündigte gegen den Himmel und gegen dich; ich bin nicht mehr wert, dein Sohn zu heißen", — und dann umfängt ihn die väterliche Güte (Lk 15, 11—32). Die Hochmütigen und Selbstgerechten sind Gott ein Greuel (Lk 16, 15; 18, 9—14); aber am Sünder, der sich reuevoll bekehrt, hat Gott seine Freude (Lk 15, 1—10). Vergebung ist aber nur dann wirklich empfangen, wenn sie das Herz gütig macht, wie die Parabel vom „Schalksknecht" lehrt (Mt 18, 23—35; vgl. Lk 7, 47), und nur wer zu vergeben bereit ist, kann ehrlich um Gottes Vergebung bitten (Mt 6, 12. 14 f.). Gottes Vergebung macht den Menschen neu; und wer neu we den will, empfängt sie.

3. Jesus redet nicht mehr wie die alten Propheten von den Offenbarungen Gottes in der Volks- und Völkergeschichte. Und wenn er auf Gottes kommendes Gericht hinweist, so denkt er nicht wie jene an Katastrophen in der Weltgeschichte, so wenig wie für ihn die Gottesherrschaft sich in der Errichtung eines mächtigen und glänzenden israelitischen Reiches vollzieht. Seine Predigt richtet sich nicht primär wie die prophetische Predigt an das Volk als Ganzes, sondern a n d i e E i n z e l - n e n. Das Gericht wird nicht über die Völker, sondern über die Einzelnen ergehen, die vor Gott Rechenschaft ablegen müssen; und das künftige Heil wird die Einzelnen beglücken. Gericht und Heil sind eschatologische Vorgänge im strengen Sinne, d. h. Vorgänge, mit denen der alte Weltlauf und die Geschichte überhaupt aufhören.

In diesem Sinne ist J e s u G o t t e s g e d a n k e e n t - g e s c h i c h t l i c h t, und der unter diesem Gottesgedanken gesehene Mensch ist entgeschichtlicht; d. h. das Verhältnis von Gott und Mensch ist den Bindungen an die Weltgeschichte entnommen. Ist das schon im Judentum — im Unterschied von der alttestamentlichen Prophetie — mehr oder weniger der Fall, so ist doch im Gegensatz zum Judentum in einem anderen Sinne J e s u G o t t e s g e d a n k e r a d i k a l v e r g e s c h i c h t - l i c h t. Für das Judentum ist Gott entgeschichtlicht als der in die Ferne gerückte, im Himmel thronende Gott, dessen Weltregiment durch Engel ausgeübt wird, und dessen Bezug zum Menschen durch das Gesetzbuch vermittelt ist. Und für das Judentum ist der Mensch entgeschichtlicht, indem er durch den Ritus aus der Welt ausgegrenzt wird und innerhalb der rituell reinen Gemeinde seine Sicherheit findet. Durch ihre Gesetzlichkeit stellt die jüdische Gemeinde ihre Entweltlichung künstlich her. Für Jesus dagegen wird der Mensch entweltlicht durch den ihn direkt treffenden Ausspruch Gottes, der ihn aus jeder Sicherheit herausreißt und ihn vor das Ende stellt. Und Gott ist entweltlicht, indem sein Handeln als eschatologisches Handeln verstanden wird: er holt den Menschen aus den weltlichen Bindungen heraus und stellt ihn direkt vor sein Auge. Die Entgeschichtlichung oder Entweltlichung Gottes wie des Menschen ist also dialektisch zu verstehen: gerade der jenseits der Weltgeschichte stehende Gott begegnet dem Menschen in seiner je eigenen Geschichte, im Alltag, in dessen Gabe und Forderung; der entgeschichtlichte d. h. entsicherte Mensch ist auf die konkrete Begegnung mit dem Nächsten gewiesen, in der er echt geschichtlich wird.

§ 4. DIE FRAGE NACH DEM MESSIANISCHEN SELBSTBEWUSSTSEIN JESU

WREDE, W., Das Messiasgeheimnis in den Evangelien, (1901) [4]1969. – HOLTZMANN, H. J., Das messianische Bewußtsein Jesu, 1907. – BULTMANN, R., Die Frage nach dem messianischen Bewußtsein Jesu und das Petrus-Bekenntnis (1919), in: DERS., Exegetica, 1967, 1–9. – DERS., Die Geschichte der synoptischen Tradition, ([2]1931) [9]1979, 263–281 (dazu: DERS., Ergänzungsheft, bearb. v. PH. VIELHAUER u. G. THEISSEN, [4]1971, 87–93). – EBELING, H. J., Das Messiasgeheimnis und die Botschaft des Marcus-Evangelisten, 1939. – SCHWEIZER, E., Erniedrigung und Erhöhung bei Jesus und seinen Nachfolgern, (1955) [2]1962. – SJÖBERG, E., Der verborgene Menschensohn in den Evangelien, 1955. – CULLMANN, O., Die Christologie des Neuen Testaments, (1957) [5]1975. – HAHN, FERD., Christologische Hoheitstitel, (1963) [4]1974. – FULLER, R. H., The Foundations of New Testament Christology, 1965. – BALZ, H. R., Methodische Probleme neutestamentlicher Christologie, 1967. – HENGEL, M., Der Sohn Gottes, (1975) [2]1977. – HOWARD, V., Das Ego Jesu in den synoptischen Evangelien, 1975. – BLEVINS, J. L., The Messianic Secret in Markan Research, 1901–1976, 1981. – HAHN, FERD., Art. υἱός κτλ., EWNT III, 1983, 912–937 (bes. 916–927). – DERS., Art. Χριστός κτλ., EWNT III, 1983, 1147–1165. S. auch die zu § 5 S. 35 und die zu I S. 1 genannte Lit.

Zur „Menschensohn"-Frage im bes.: DALMAN, G., Worte Jesu, I., (1898) [2]1930, 191–219.383–397. – BOUSSET, W., Kyrios Christos, ([2]1921) [5]1965, 5–13. – OTTO, R., Reich Gottes und Menschensohn, (1934) [3]1954 (dazu: R. BULTMANN, ThR, N.F. 9, 1937, 1–35). – VIELHAUER, PH., Gottesreich und Menschensohn in der Verkündigung Jesu (1957), in: DERS., Aufsätze zum Neuen Testament, 1965, 55–91. – TÖDT, H. E., Der Menschensohn in der synoptischen Überlieferung, 1959. – HAHN, FERD., Christologische Ho-

heitstitel, (1963) ⁴1974, 13–53. – VIELHAUER, PH., Jesus und der Menschen-
sohn (1963), in: DERS., Aufsätze zum Neuen Testament, 1965, 92–140. –
COLPE, C., Art. ὁ υἱὸς τοῦ ἀνθρώπου, ThW VIII, 1969, 403–481. – *Jesus
und der Menschensohn*. Für Anton Vögtle, 1975 (Einzelaufsätze). – HAHN,
FERD., Art. υἱός κτλ., EWNT III, 1983, 912–937 (bes. 927–935). – KÜM-
MEL, W. G., Jesus der Menschensohn?, 1984.

1. Die Gemeinde der Jünger Jesu hat seinen Anspruch, daß
sich an der Stellung zu ihm das Schicksal entscheidet, so aufgefaßt, daß sie in ihm selbst den erwarteten Messias sah, bzw.
ihn selbst als den kommenden „Menschensohn" erwartete. Meist
ist man der Ansicht, daß dieser Glaube der Urgemeinde seinen
Grund im Selbstbewußtsein Jesu habe, daß er also tatsächlich
meinte, der Messias bzw. der „Menschensohn" zu sein. Diese
Ansicht ist aber von erheblichen Schwierigkeiten belastet. Sie
stimmt zwar mit der Auffassung der Evangelisten überein; es
fragt sich jedoch, ob diese nicht ihren Glauben an die Messianität Jesu erst dem Überlieferungsstoffe aufgeprägt haben. Für
die Diskussion der Frage ist es von Bedeutung, daß man sich
klar macht: die etwaige Feststellung der Tatsache, daß Jesus
sich als den Messias bzw. „Menschensohn" gewußt habe, würde
ein historisches Faktum feststellen, keinen Glaubenssatz beweisen. Vielmehr ist die Anerkennung Jesu als dessen, in dem
Gottes Wort entscheidend begegnet, mag sie ihm den Titel „Messias" oder „Menschensohn" beilegen oder ihn als „Herrn" bezeichnen, ein reiner Glaubensakt, der von der Beantwortung der
historischen Frage, ob Jesus sich für den Messias gehalten habe,
unabhängig ist. Diese Frage kann nur der Historiker beantworten — soweit sie überhaupt beantwortbar ist; und von seiner
Arbeit kann der Glaube als persönliche Entscheidung nicht abhängig sein.

Als historische Argumentation tritt denn auch
die Erwägung auf: der Glaube der Gemeinde an die Messianität
Jesu (um vom Unterschiede der Begriffe „Messias" und „Menschensohn" abzusehen; beide meinen ja den eschatologischen
Heilbringer) sei nur verständlich, wenn sich Jesus selbst als Messias gewußt und sich — wenigstens den „Jüngern" gegenüber —
als solchen ausgegeben habe. Aber es ist die Frage, ob diese Argumentation recht hat. Denn ebenso möglich ist es, daß der
Glaube an Jesu Messianität mit und aus dem Glauben an seine
Auferstehung erwachsen ist. Die Szene des Messiasbe-
kenntnisses des Petrus (Mk 8, 27—30) bietet kei-

nen Gegenbeweis — im Gegenteil! Denn sie ist eine von Markus
in das Leben Jesu zurückprojizierte Ostergeschichte, genau wie
die Geschichte von der Verklärung Jesu (Mk 9, 2—8).
Legende ist der Bericht von der Taufe Jesu (Mk 1, 9—11),
so gewiß sich die Legende an das historische Faktum der Taufe
Jesu durch Johannes angeknüpft hat. Er ist nicht in biogra-
phischem Interesse, sondern im Interesse des Glaubens erzählt
und berichtet Jesu Weihe zum Messias. Er stammt aus der Zeit,
in der man schon das Leben Jesu als messianisches ansah, während die Verklärungsgeschichte als ursprüngliche Auferstehungs-
geschichte seine Messianität von der Auferstehung an datiert.
Legende ist die Versuchungsgeschichte (Mk 1, 12 f.
bzw. Mt 4, 1—11 par.), die über die Art der Messianität Jesu bzw.
über die Art des christlichen Messiasglaubens reflektiert. Le-
gendarisch gefärbt ist die Geschichte vom Einzug Jesu
in Jerusalem (Mk 11, 1—10), und Legende hat sich vielfach über die Erzählung von der Passion Jesu gebreitet;
denn für die Gemeinde, die den Gekreuzigten als den Messias
verehrte, stand es natürlich alsbald fest, daß er auch als der
Messias gekreuzigt worden sei.

Daran, daß das Leben und Wirken Jesu, gemessen am traditionellen Messiasgedanken, kein messianisches war, läßt im übrigen die synoptische Tradition keinen
Zweifel, und Paulus hat es wie andere auch nicht als messianisches verstanden, wie das von ihm Phl 2, 6—11 zitierte Christuslied beweist, in dem das Leben Jesu als das Leben eines bloßen
Menschen, ohne messianischen Glanz, aufgefaßt wird. Ebenso
zeigen Rm 1, 4, wo Paulus offenbar eine traditionelle Formel verwendet, und Act 2, 36, daß man in der ältesten Gemeinde die
Messianität Jesu von seiner Auferstehung ab datiert hat. In der
Tat: „Messias" ist die Bezeichnung des eschatologischen Herr-
schers; das Wort bedeutet „der Gesalbte" und hat den einfachen Sinn von „König" gewonnen [1]. Jesus aber ist nicht als
König aufgetreten, sondern als Prophet und Rabbi — als Exorzist, mag man hinzufügen. Nichts von der Macht und Herrlichkeit, die nach jüdischer Vorstellung den Messias charakterisiert,

---

[1] Vgl. die Umschreibung durch βασιλεύς Mk 15, 2. 9. 18. 26. 32;
Joh 1, 49; Ps Sal 17, 23 usw. Dazu P. Volz, Die Eschatologie der jüdi-
schen Gemeinde im neutestamentl. Zeitalter, 1934, 173 f.; W. Staerk,
Soter I, 1933, 48 ff.

ist im Leben Jesu verwirklicht — auch nicht etwa in seinen Exorzismen und sonstigen Krafttaten. Denn Wunder sind nach jüdischem Glauben wohl ein Charakteristikum der messianischen Zeit, aber der Messias wird nicht als Wundertäter vorgestellt. Auch wenn man angesichts der Worte Jesu vom „Menschensohn" sagt, Jesus habe sich unter dem Messias weniger oder gar nicht den davidischen König vorgestellt, sondern vielmehr jene himmlische Gestalt des Richters und Heilbringers, von dem die Apokalyptik redet, steht die Sache nicht anders; denn als Weltrichter und supranaturaler Heilbringer ist Jesus nicht aufgetreten.

2. Hat also, wie nicht selten gefragt wird, Jesus d e n t r a - d i t i o n e l l e n M e s s i a s b e g r i f f u m g e p r ä g t? ihn „vergeistigt" in dem Sinne, daß er in seinem Wirken durch das Wort sein herrscherliches Amt ausübte? Das könnte nur die Überlieferung lehren. Aber wo zeigt es sich in ihr? Wo findet sich in Jesusworten Polemik gegen den herkömmlichen Messiasbegriff? Sie findet sich so wenig, wie sich eine Kritik an der jüdischen Vorstellung von der Gottesherrschaft findet!

Man könnte höchstens das Stück von der D a v i d s o h n f r a g e Mk 12, 35—37 anführen, in der eine Kritik an der Auffassung vom Messias als Davidsohn vorzuliegen scheint: der Messias sei nicht der Nachkomme Davids, denn David selbst habe ihn als seinen Herrn bezeichnet. Damit ist nun jedenfalls keine Umprägung des Messiasbegriffes im Sinne gegeben, daß ein Leben und Wirken als Prophet und Lehrer als ein messianisches zu gelten habe, und von einer „Vergeistigung" ist keine Rede. Vielmehr wird gesagt, daß Rang und Würde des Messias zu gering bezeichnet sind, wenn er als Davidsohn angesehen wird. Was ist dann der nicht ausgesprochene, vorschwebende Messiasbegriff, von dem aus der Titel „Davidsohn" kritisiert wird? Es könnte der apokalyptische Begriff des himmlischen „Menschensohnes" sein. und es wäre nicht unmöglich, daß solche Kritik auf Jesus oder auf die Gemeinde zurückginge. Es wäre freilich dann schwer verständlich, daß sich in der Gemeinde die Anschauung, daß Jesus Davidide war, durchgesetzt hat (vgl. die Stammbäume Jesu Mt 1, 1 ff.; Lk 3, 23 ff.; Rm 1, 3 und die unbefangenen Berichte von der Anrede Jesu als Davidsohn Mk 10, 47; Mt 9, 27 usw.). Oder schwebt als Gegenbegriff der Titel „Gottessohn" vor?[1] Dieser könnte dann nur im Sinne des hellenistischen Christentums als Bezeichnung des übernatürlichen Ursprungs gemeint sein; denn im jüdisch-christlichen Sinne ist er nur wie „Messias" eine Bezeichnung des Königs (vgl. W. S t a e r k, Soter I 89 und z. B. Mk 14, 61; Lk 1, 32; 4, 41 usw.). Dann aber stammt das Stück aus der hellenistischen Gemeinde. Sollte der Sinn von

---

[1] So die Auffassung Barn 12, 10 f.; s. W. W r e d e, Vorträge und Studien, 1907, 171 ff.

Mk 12, 35—37 aber der sein, daß der Messias beides zugleich ist: Davidide und Menschensohn (Schniewind), so hat das Stück erst recht keine Bedeutung für die Frage nach dem messianischen Charakter des Lebens Jesu. – Anders O. CULLMANN, Christologie des NT passim, bes. 132 f. – E. LOHMEYER, Gottesknecht und Davidsohn [2], 1953, 74 f. – R. P. GAGG, Jesus und die Davidsohnfrage, ThZ 7 (1951), 18—30.

3. Kann von einer Umprägung und „Vergeistigung" des Begriffes „Messias" als des Königs der Heilszeit keine Rede sein, so bleibt nur die oft gewählte Auskunft, daß Jesus sich als den gewußt habe, der zum künftigen Messias bestimmt sei; sein Messiasgedanke sei der „futurische" gewesen. Dafür ließen sich nur die Worte Jesu anführen, in denen er vom kommenden „Menschensohn" spricht (Mk 8, 38 bzw. Lk 12, 8 f. par; Mt 24, 27. 37. 44 par.; Lk 11, 30?). Er redet in ihnen freilich vom Menschensohn in dritter Person, ohne sich mit ihm zu identifizieren. Daß die Evangelisten — ebenso wie die Gemeinde, die diese Worte überlieferte — diese Identifikation vollziehen, ist keine Frage; aber darf das auch für Jesus selbst behauptet werden?

Jedenfalls enthält die synoptische Überlieferung keine Worte, in denen Jesus gesagt hat, er werde dereinst (demnächst) wiederkommen. (Das Wort παρουσία, das das Kommen des „Menschensohnes" bezeichnet, ist auch in der altchristlichen Zeit nie als „Wiederkunft", sondern korrekt als „Ankunft" verstanden worden. Erst der Apologet Justin im zweiten Jahrhundert redet von der πρώτη und δευτέρα παρουσία Dial. 14, 8; 40, 4 und von der πάλιν παρουσία Dial. 118, 2). Und wie würde Jesus das Verhältnis seines Wiederkommens als „Menschensohn" zu seiner jetzigen geschichtlichen Wirksamkeit gedacht haben? Er müßte damit gerechnet haben, daß er vor dem letzten Ende, vor dem Hereinbrechen der Gottesherrschaft, von der Erde fortgenommen und in den Himmel erhoben würde, um dann von dort auf den Wolken des Himmels zur Ausrichtung seines eigentlichen Amtes zu kommen. Aber wie hätte er seine Entfernung von der Erde gedacht? Als wunderbare Entraffung? Von solch phantastischer Vorstellung findet sich in seinen Worten keine Spur. Also als Fortgang durch den natürlichen Tod? Auch davon sagen seine Worte nichts. Also durch einen gewaltsamen Tod? Aber konnte er mit einem solchen als mit einer sicheren Tatsache rechnen, wie das Bewußtsein, zum Amt des kommenden

Menschensohnes erhöht zu werden, dann doch voraussetzen würde? Gewiß, seine L e i d e n s w e i s s a g u n g e n (Mk 8, 31; 9, 31; 10, 33 f.; vgl. Mk 10, 45; 14, 21. 41) sagen seine Tötung als eine göttlich vorbestimmte voraus. Aber kann ein Zweifel daran sein, daß sie alle *vaticinia ex eventu* sind? Zudem: sie reden ja gar nicht von seiner Parusie! — während umgekehrt die Parusieweissagungen (Mk 8, 38; 13, 26 f.; 14, 62; Mt 24, 27. 37. 39. 44 par.) nicht vom Sterben und Auferstehen des ,,Menschensohnes'' reden. Es ist deutlich: die Weissagungen der Parusie und die von Tod und Auferstehung haben ursprünglich nichts miteinander zu tun, d. h. in den Worten, die vom Kommen des ,,Menschensohnes'' reden, ist gar nicht daran gedacht, daß dieser ,,Menschensohn'' in Person schon da ist und erst durch den Tod entfernt werden muß, um dann vom Himmel wieder kommen zu können.

Man beachte, wie unausgeglichen mit der Leidens- und Auferstehungsweissagung Mk 8, 31 auf sie die Parusieweissagung 8, 38 folgt. In den Versen Mk 9, 1. 11—13 ist nur die Parusie vorausgesetzt (V. 12 b ist eine Interpolation nach Mt 17, 12 b), während die Verklärungsgeschichte 9, 2—10, die der Evangelist zwischen diese ursprünglich zusammengehörigen Verse geschoben hat, nur den Auferstehungsgedanken enthält. Erst Mt 17, 12 b bringt das Motiv des leidenden ,,Menschensohnes'' in den Zusammenhang der über die Parusie reflektierenden Worte, und ebenso kombiniert Lk 17, 25 das Leidensmotiv mit der Parusieweissagung (vgl. Lk 17, 23—25 mit Mt 24, 26—27). — eine ganz sekundäre Kombination.

Nun ist ferner nicht zu bezweifeln, daß die Parusieweissagungen älter sind als die Leidens- und Auferstehungsweissagungen; Q kennt nur erst jene und noch nicht diese. Diese werden überhaupt erst Bildungen der hellenistischen Gemeinde sein, in der der Titel ,,Menschensohn'' nicht mehr in seinem ursprünglichen Sinne verstanden wurde, während die Parusieweissagungen alt und wohl ursprüngliche Jesusworte sind.

Die s y n o p t i s c h e n M e n s c h e n s o h n w o r t e zerfallen in drei Gruppen: sie reden 1. vom kommenden, 2. vom leidenden und auferstehenden, 3. vom gegenwärtig wirkenden ,,Menschensohn''. Die dritte Gruppe (Mk 2, 10. 28; Mt 8, 20 par.; 11, 19 par.; 12, 32 par.) verdankt ihre Entstehung nur einem Mißverständnis der Übersetzung ins Griechische. Im Aramäischen war in diesen Worten das ,,der Sohn des Menschen'' überhaupt nicht messianischer Titel, sondern hatte den Sinn von ,,Mensch'' oder von ,,ich''. Diese Gruppe scheidet also aus. Die zweite Gruppe enthält die in Q noch fehlenden *vaticinia ex eventu*; allein die erste

Gruppe enthält älteste Überlieferung. Die zu ihr gehörigen Worte reden vom ,,Menschensohn" in dritter Person. – Das sekundäre Sondergut des Mt und Lk braucht hier nicht berücksichtigt zu werden; es ist bezeichnend, daß für die späteren Evangelisten der ursprüngliche Sinn des Titels verloren geht und das Wort ,,Menschensohn" so sehr zu einer Selbstbezeichnung Jesu wird, daß Mt sowohl ein überliefertes ,,Menschensohn" durch ein ,,ich" ersetzen kann (10, 32 f. gegen Lk 12, 8 f., vgl. Mk 8, 38; vgl. Mt 16, 21 mit Mk 9, 31; Mt 5, 11 mit Lk 6, 22), wie umgekehrt ein ,,ich" durch ,,Menschensohn" (16, 13 gegen Mk 8, 27).

In den Leidensweissagungen ist freilich der jüdische Messias-Menschensohn-Begriff umgeprägt — oder besser: eigentümlich bereichert worden, sofern das Judentum die Vorstellung eines leidenden, sterbenden und auferstehenden Messias oder ,,Menschensohnes" nicht kannte. Aber diese Neuprägung des Begriffes ist nicht von Jesus selbst, sondern von der Gemeinde *ex eventu* vorgenommen worden. Man versucht freilich den Gedanken des leidenden ,,Menschensohnes" in die Anschauung Jesu zurückzutragen, indem man annimmt, Jesus habe sich als den deuterojesajanischen ,,Gottesknecht", der für die Sünder leidet und stirbt, gewußt und habe die Vorstellungen vom ,,Menschensohn" und vom ,,Gottesknecht" zum einheitlichen Bilde des leidenden, sterbenden und auferstehenden ,,Menschensohnes" verschmolzen. Dagegen sprechen schon die gegen die Geschichtlichkeit der Leidensweissagungen zu erhebenden Bedenken. Zudem zeigen die überlieferten Jesusworte keine Spur davon, daß er sich als den ,,Gottesknecht" von Jes 53 gewußt habe [1].

Die messianische Deutung von Jes 53 ist erst in der christlichen Gemeinde gefunden worden, und zwar offenbar nicht einmal sogleich. Die im Lichte des Weissagungsbeweises erzählte Passionsgeschichte zeigt den Einfluß bes. von ψ 21 und 68, aber erst in Lk 22, 37 eine Einwirkung von Js 53. und in Mt 8, 17 dient Jes 53, 4 sogar als Weissagung nicht auf den leidenden, sondern auf den die Kranken heilenden Messias. Erst Act 8, 32 f.; 1. Pt 2, 22—25; Hbr 9, 28 erscheint der leidende Gottesknecht von Jes 53 deutlich und sicher in der *interpretatio christiana*; sie mag älter als Paulus sein und steht vielleicht hinter Rm 4, 25, einem wohl von Paulus zitierten Wort. Ob bei dem $\varkappa\alpha\tau\grave{\alpha}$ $\tau\grave{\alpha}\varsigma$ $\gamma\rho\alpha\varphi\acute{\alpha}\varsigma$ 1. Kr 15, 3 an Jes 53 gedacht ist, läßt sich nicht sagen. Bedeutsam ist, daß Paulus selbst nirgends die Gestalt des ,,Gottesknechtes" anführt. In den Leidensweissagungen der Synopt. ist offenbar nicht an Jes 53

---

[1] **Hans Walter Wolff** möchte freilich diesen Nachweis führen in seiner Hallenser Dissertation: Jesaja 53 im Urchristentum [3], 1952. Er ist schwerlich gelungen.

gedacht; denn warum wäre nirgends darauf Bezug genommen? — Später
folgen dann 1. Klem 16, 3—14; Barn 5, 2. — Die Synagoge hat, soweit
sie Jes 53 messianisch verstanden hat, gerade das Leiden und Sterben des
Gottesknechtes nicht auf den Messias gedeutet, sondern auf das Volk
(oder noch anders); vgl. Str.-B. II 284; P. Seidelin, ZNW 35 (1936),
194—231. – Neuerdings ist die Anschauung, daß sich Jesus als den jesajan.
Gottesknecht gewußt habe, bes. von Bieneck, Cullmann (s. o. zur Lit.)
und J. Jeremias (ThWB V 709—713) vertreten worden, ohne dadurch
an Überzeugungskraft zu gewinnen. E. Lohmeyer, Gottesknecht und
Davidsohn [2], 1953, meint, daß die Bezeichnung Gottesknecht in dem Kreise
galiläischer Frömmigkeit auf Jesus übertragen worden sei und dann die
ganze evangel. Überlieferung geprägt habe. Phantastisch ist seine Bestimmung des Verhältnisses von ,,Gottesknecht" und ,,Menschensohn".

4. Daß das Leben Jesu ein unmessianisches war, ist bald nicht
mehr verständlich gewesen — wenigstens in den Kreisen des
hellenistischen Christentums, in denen die Synopt. ihre Gestaltung gefunden haben. Daß Jesus Christus der Gottessohn sich
als solchen auch in seinem irdischen Wirken ausgewiesen habe,
erschien als selbstverständlich, und so wurde d e r e v a n g e-
l i s c h e B e r i c h t v o n s e i n e m W i r k e n i n d a s
L i c h t d e s m e s s i a n i s c h e n G l a u b e n s g e s t e l l t.
Der Widerspruch dieser Auffassung zu dem Überlieferungsstoff
kommt in der· T h e o r i e v o m M e s s i a s g e h e i m n i s
zum Ausdruck, die dem Mk-Evg. seinen eigentümlichen Charakter gibt: Jesus hat als der Messias gewirkt, aber seine Messianität sollte verborgen bleiben bis zur Auferstehung (Mk 9, 9). Den
Dämonen, die ihn erkennen, wird Schweigen geboten; Schweige-
gebote erfolgen auch nach anderen Wundern, wie nach dem
Messiasbekenntnis des Petrus (8, 30) und nach der Verklärung
(9, 9). Ebenso dient das Motiv des Jüngerunverstandes der Geheimnistheorie: die Jünger erhalten zwar geheime Offenbarung,
verstehen sie aber nicht. Ohne Widersprüche ließ sich diese von
W. Wrede in ihrer Bedeutung aufgewiesene Geheimnistheorie
natürlich nicht durchführen, so daß man das Mk-Evg. mit Recht
durch die paradoxe Bezeichnung als das Buch der ,,geheimen
Epiphanien" (Dibelius) charakterisiert hat.

Der Versuch, das Messiasgeheimnis nicht als die Theorie des
Evangelisten, sondern als Geschichte zu verstehen (Schniewind),
scheitert daran, daß es seinen Sitz in den redaktionellen Sätzen
des Evangelisten und nicht in der alten Überlieferung hat. Diese
Auffassung würde zudem voraussetzen, daß Jesus einerseits die

Anschauung vom Wirken des Messias vergeistigt hat (wenn eben. sein gegenwärtiges Wirken schon als ein geheim-messianisches gelten soll), andrerseits, daß er sich als den „Menschensohn" gewußt, dessen Geheimnis dereinst bei seiner Wiederkunft gelüftet werden wird. Aber dagegen erheben sich die genannten Schwierigkeiten, Jesus die Vorstellung zuzuschreiben, er sei der künftige „Menschensohn".

II. DAS KERYGMA DER URGEMEINDE

WEIZSÄCKER, C., Das apostolische Zeitalter der christlichen Kirche, (1886) [3]1901. – DOBSCHÜTZ, E. v., Probleme des apostolischen Zeitalters, 1904. – KNOPF, R., Das nachapostolische Zeitalter, 1905. – JÜLICHER, A., Die Religion Jesu und die Anfänge des Christentums bis zum Nicaenum, in: P. HINNEBERG (Hrg.), Die Kultur der Gegenwart I,4,1: Die christliche Religion mit Einschluß der israelitisch-jüdischen Religion, (1906) [3]1922, 41–128. – ACHELIS, H., Das Christentum in den ersten drei Jahrhunderten, (1912) [2]1925. – WEISS, J., Das Urchristentum, hrg. u. erg. v. R. KNOPF, 1917. – BOUSSET, W., Kyrios Christos, ([2]1921) [5]1965 (mit Geleitwort v. R. BULTMANN). – DODD, C. H., The Apostolic Preaching and its Developments, 1936. – LOHMEYER, E., Galiläa und Jerusalem, 1936. – KÜMMEL, W. G., Kirchenbegriff und Geschichtsbewußtsein in der Urgemeinde und bei Jesus, (1943) [2]1968. – BULTMANN, R., Das Urchristentum im Rahmen der antiken Religionen, (1949) [2]1954 (auch in: rowohlts deutsche enzyklopädie, Bd. 157/158, 1962). – GOPPELT, L., Die apostolische und nachapostolische Zeit, in: K. D. SCHMIDT-E. WOLF, Die Kirche in ihrer Geschichte I A, (1962) [2]1966. – KÜMMEL, W. G., Art. Urchristentum, RGG[3], VI, 1962, 1187–1193. – CONZELMANN, H., Geschichte des Urchristentums, (1969) [5]1983. – LOHSE, E.-VÖGTLE, A., Geschichte des Urchristentums, in: R. KOTTJE-B. MOELLER, Ökumenische Kirchengeschichte, Bd. I, 1970, 1–69. – KÖSTER, H.-ROBINSON, J. M., Entwicklungslinien durch die Welt des frühen Christentums, 1971. – KÖSTER, H., Einführung in das Neue Testament, 1980, 428–785. – KRAFT, H., Die Entstehung des Christentums, 1981. – SCHNEEMELCHER, W., Das Urchristentum, 1981. – KÜMMEL, W. G., Das Urchristentum, ThR, N.F. 48, 1983, 101–128.

Vorbemerkung

Da die Act nur ein unvollständiges und von der Legende gefärbtes Bild von der Urgemeinde bieten, läßt sich ein geschichtliches Bild, soweit möglich, nur auf dem Wege der Rekonstruktion gewinnen. Als Quellen dienen 1. die vom Verfasser der Act verwertete Tradition, soweit sie sich durch kritische Analyse der Act feststellen läßt; 2. Angaben, die sich in den paulinischen Briefen finden; 3. die synoptische Tradition; sie ist zuerst in der Urgemeinde gesammelt und natürlich auch ausgewählt und z. T. gestaltet worden, so daß in ihr die in der Urgemeinde wirksamen Motive zur Erscheinung kommen müssen.

§ 5. DAS PROBLEM DES VERHÄLTNISSES DER VERKÜNDIGUNG DER URGEMEINDE ZUR VERKÜNDIGUNG JESU

WEISS, J., Jesus im Glauben des Urchristentums, 1910. – DODD, C. H., History and the Gospels, 1938. – KÄSEMANN, E., Das Problem des historischen Jesus (1954), in: DERS., Exegetische Versuche und Besinnungen, Bd. I, (1960) ⁶1970, 187–214. – BRAUN, H., Der Sinn der neutestamentlichen Christologie (1957), in: DERS., Gesammelte Aufsätze zum Neuen Testament und seiner Umwelt, (1962) ³1971, 243–282. – BULTMANN, R., Das Verhältnis der urchristlichen Christusbotschaft zum historischen Jesus, (SHA.PH. 1960/3, 1960), in: DERS., Exegetica, 1967, 445–469. – FUCHS, E., Zur Frage nach dem historischen Jesus. Ges. Aufs. II, (1960) ²1965 (bes. 21–54.143–167.168–218.377–404). – ROBINSON, J. M., Kerygma und historischer Jesus, (1960) ²1967. – KÄSEMANN, E., Sackgassen im Streit um den historischen Jesus, in: DERS., Exegetische Versuche und Besinnungen, Bd. II, 1964, 31–68. – KÜMMEL, W. G., Jesusforschung [s. zu I, S. 1], bes. ThR, N.F. 31, 1965/66, 15–46.289–315; N.F. 40, 1975, 289–336. – KERTELGE, K. (Hrg.), Rückfrage nach Jesus, (1974) ²1977 (Einzelaufsätze). – WEISS, H.-F., Kerygma und Geschichte, 1983. – SCHWEIZER, E., Jesusdarstellungen und Christologien seit Rudolf Bultmann, in: Rudolf Bultmanns Werk und Wirkung, hrg. v. B. JASPERT, 1984, 122–148.

Naherwartung

1. Die Urgemeinde hat, wie die synoptische Tradition zeigt, die Verkündigung Jesu wieder aufgenommen und weiterverkündigt. Und sofern sie das getan hat, ist Jesus für sie der Lehrer und Prophet. Aber er ist für sie mehr: er ist zugleich der Messias; und so verkündigt sie — und das ist das Entscheidende — zugleich ihn selbst. Er, früher der T r ä g e r der Botschaft, ist jetzt selbst in die Botschaft einbezogen worden, ist ihr wesentlicher I n h a l t. A u s   d e m   V e r k ü n d i g e r   i s t   d e r V e r k ü n d i g t e   g e w o r d e n — aber in welchem Sinne? das ist die entscheidende Frage!

Klar ist zunächst, daß Jesus, wenn er als der Messias verkündigt wird, a l s   d e r   k o m m e n d e   M e s s i a s, d. h. a l s d e r   „M e n s c h e n s o h n" verkündigt wird; man erwartet nicht seine W i e d e r kunft als Messias, sondern seine A n - kunft als Messias; d. h. für die Urgemeinde gilt sein dahintenliegendes Wirken auf Erden noch nicht als messianisches Wirken (s. § 4, 3 und 4).

Das bedeutet aber, daß sich die Verkündigung von Jesus als dem Messias bzw. „Menschensohn" a n   s i c h   d u r c h a u s

im Rahmen der jüdischen eschatologischen
Hoffnung hält. Wenn Gott den Jesus von Nazareth, den
Lehrer und Propheten, den die Römer gekreuzigt haben, auferweckt und zum Messias gemacht hat, wenn er ihn zum „Menschensohn" erhöht hat, der auf den Wolken des Himmels kommen wird, um Gericht zu halten und das Heil der Gottesherrschaft zu bringen, so ist damit freilich die unbestimmte mythische Gestalt des Messias bestimmt und anschaulich geworden;
der Mythos ist auf einen konkreten geschichtlichen Menschen
übertragen worden, und die Folge wird sein, daß die Kraft der
Zuversicht unermeßlich gewachsen ist. Aber weder ist damit
schon das Zukunftsbild grundsätzlich neu gestaltet, noch ist das
Gottesverhältnis neu verstanden. Denn dieses ist ja dann noch
nicht durch das Verhältnis zur Person Jesu begründet, sondern
nur in einem äußerlichen Sinne vermittelt, wenn Jesus nichts
weiter ist als der auch vom Judentum erwartete Richter und
Heilbringer. Er wäre nur sozusagen der Garant dafür, daß sich
alte Wunschträume demnächst verwirklichen werden.

2. Den Wunschträumen war freilich eine Schranke dadurch
gesetzt, daß Jesus der Verkündiger der radikalen Forderung Gottes gewesen war und dieser auch
in der Verkündigung der Gemeinde blieb. Für das Wie seiner
Messianität konnte es nicht gleichgültig sein, daß d e r der Messias ist, der zugleich als Prophet und Lehrer den Willen Gottes
mit unentrinnbarer Klarheit auslegte. Und insofern die Verkündigung vom Heil „Evangelium" heißen kann, ist in der Tatsache,
daß der Prophet und Lehrer zugleich der Messias ist, von vornherein der Bezug des Evangeliums auf das Gesetz begründet,
der allmählich erst in das Licht klarer Erkenntnis tritt. Aber
begründet ist Jesu Messianität nicht darin, daß er Prophet
und Lehrer ist. Denn mag sich seine Verkündigung in ihrem Radikalismus noch so sehr gegen die jüdische Gesetzlichkeit richten, ihr Inhalt ist doch nichts anderes als echter alttestament-
lich-jüdischer Gottesglaube, radikalisiert im Sinne der Verkündigung der großen Propheten. Und wenn sie auch über diese
noch hinausgeht in der Individualisierung des Gottesverhältnisses, weil sie nicht erst das Volk, sondern schon den Einzelnen
unmittelbar vor Gott stellt, und weil sie nicht in der Zukunft
des Volkes, sondern in der Herrschaft Gottes das eschatologische
Heil erblickt, so ist sie doch auch darin nur die Erfüllung der

Tendenzen, die die Predigt der großen Propheten tragen. Die Begriffe von Gott, Welt und Mensch, von Gesetz und Gnade, von
Buße und Vergebung sind in Jesu Lehre nicht neu gegenüber
dem AT und dem Judentum, so radikal sie auch gefaßt sein mögen. Und seine kritische Gesetzesinterpretation steht ebenfalls
trotz ihres Radikalismus innerhalb der schriftgelehrten Diskussion, wie seine eschatologische Verkündigung innerhalb der jüdischen Apokalyptik. Nur so ist es auch zu verstehen, daß bei
Paulus und Johannes die Lehre des geschichtlichen Jesus keine
oder so gut wie keine Rolle spielt, — während andrerseits das
moderne Judentum Jesus als Lehrer durchaus würdigen kann [1].

3. Die messianische Bedeutung Jesu ist für die Urgemeinde
auch nicht dadurch begründet, daß er als „P e r s ö n l i c h -
k e i t" aufgefaßt worden wäre, die als eindrucksvolle Kraft hinter seiner Lehre steht; daß er als der, in dem die Frömmigkeit,
der Gehorsam, die er fordert, selbst lebendig sind, diejenigen,
die für seine Wirkung offen sind, faszinierend und begeisternd
zur „Nachfolge" entflammt. Und so ist die Urgemeinde auch
weit davon entfernt, seinen Gang ans Kreuz als Tat dessen aufzufassen, der sich heroisch für seine Sache opfert. Nicht die
Macht seiner „Persönlichkeit", mag sie faktisch noch so groß
gewesen sein, ist es, worauf die Gemeinde schaut — auch nicht
etwa d a s G e h e i m n i s s e i n e s W e s e n s, in dem das
„Numinose" Gestalt gewonnen hätte. Mag er als Wundertäter,
als Exorzist, erschreckend, „numinos", gewirkt haben — die
Sätze, die dergleichen sagen oder andeuten, gehören freilich der
Redaktion der Evangelisten an und sind nicht alte Überlieferung
—, im Kerygma der Gemeinde spielt das keine Rolle; sie hat
Jesus als den Propheten und Lehrer und darüber hinaus als
den kommenden „Menschensohn" verkündigt, aber nicht als
den $\vartheta\varepsilon\tilde{\iota}o\varsigma$ $\dot{\alpha}v\dot{\eta}\varrho$ der hellenistischen Welt, der freilich eine „numinose" Gestalt ist; erst mit dem Wachsen der Legende auf
hellenistischem Boden ist Jesu Gestalt der des $\vartheta\varepsilon\tilde{\iota}o\varsigma$ $\dot{\alpha}v\dot{\eta}\varrho$ ange-
glichen worden. Die alttestamentlich-jüdische Welt kennt weder
Heroen im Sinne des Griechentums, noch *homines religiosi* im
Sinne des Hellenismus. So hat denn auch für das Kerygma des
Paulus wie des Johannes, wie überhaupt für das NT die Persönlichkeit Jesu keine Bedeutung; ja, die Tradition der Urgemeinde

---

[1] Vgl. Gösta Lindeskog, Die Jesusfrage im neuzeitlichen Judentum, 1938. – Martin Buber, Zwei Glaubensweisen, 1950.

hat auch nicht etwa unbewußt ein Bild seiner Persönlichkeit
bewahrt; jeder Versuch, es zu rekonstruieren, bleibt ein Spiel
subjektiver Phantasie.

4. Es versteht sich von selbst, daß die Urgemeinde nicht auf
d i e   E i n z i g a r t i g k e i t   d e r   g e s c h i c h t l i c h e n
S t e l l u n g   u n d   W i r k u n g dessen reflektiert, dessen „Ankunft" als „Menschensohn" demnächst aller Weltgeschichte ein
Ende machen wird. Aber auch darin ist ihr Glaube an ihn als
den Messias nicht begründet, daß sie seine geschichtliche Erscheinung in dem Sinne versteht, wie das AT und das Judentum von geschichtlichen Personen und Ereignissen als von Gna-
dentaten Gottes reden. Sein Auftreten und Wirken wird nicht
als ein für die Geschichte Israels entscheidendes Ereignis verstanden wie etwa die Berufung des Mose, der Auszug aus Ägypten und die Gesetzgebung am Sinai, oder wie die Erweckung
von Königen und Propheten.

Es könnte scheinen, daß dazu Ansätze vorliegen, wenn im Sinne der
jüdischen Messiasdogmatik der Messias Jesus und der „erste Erlöser"
Mose parallelisiert werden (Joh 6, 31 f. 49 f.; Act 3, 22), oder wenn die
Situation der christlichen Gemeinde mit der Israels in der Wüste verglichen wird (1. Kr 10, 1—11; Hbr 3, 7—4, 11), ja auch, wenn der Messias-
Menschensohn als Davidide gilt. Aber abgesehen von dem letzten Gedanken handelt es sich um theologische Reflexionen, die schwerlich auf
die Urgemeinde zurückgehen und jedenfalls erst später bezeugt sind. Vor
allem aber handelt es sich dabei gar nicht um die Parallelisierung geschichtlicher Personen und Vorgänge, vielmehr wird die alttest. Geschichte
als Vorabbildung des Geschehens der eschatologischen Zeit gedeutet.

Jene Personen und Ereignisse gewinnen ihre Bedeutung vermöge ihrer Wirkung auf die Volksgeschichte; und sie gewinnen
ihren Sinn — als Akte der Offenbarung oder der Gnade Gottes
— für den Einzelnen vermöge seiner geschichtlichen Zugehörigkeit zum Volke. Gott hat je am Einzelnen getan, was er an den
Vätern, am Volke als Ganzes getan hat, wie das z. B. in der jüdischen Pascha-Liturgie ausdrücklich gesagt wird. Auf Jesus
aber wird weder in der Urgemeinde, noch überhaupt im NT
zurückverwiesen als auf eine Tat Gottes, durch die er — wie durch
Abraham, Mose oder David — das Volk begnadet hat. Natürlich!
denn die Bedeutung Jesu als des Messias-Menschensohnes liegt
ja überhaupt nicht in dem, was er in der Vergangenheit getan
hat, sondern in dem, was man für die Zukunft von ihm erwartet. Und wird diese Erwartung einmal durch das eschatologische
Enddrama erfüllt sein, so wird dieses Ereignis nie zur Vergangen-

heit werden, auf die man dankbar und Vertrauen schöpfend zurückblickt, wie auf den Durchzug durchs Rote Meer, sondern es wird Gottes letzte Tat sein, durch die er der Geschichte ein Ende setzt.

5. Nun ist deutlich, daß für Paulus und noch radikaler für Johannes Jesus, und zwar sein Kommen, sein Kreuz und seine Auferstehung bzw. Erhöhung, den Sinn eschatologischen Geschehens hat. Wie aber steht es für die Urgemeinde, für die der Sinn der Messianität freilich auch der eschatologische, die Messianität aber eine erst zukünftige ist? Würde sich die Bedeutung Jesu für die Urgemeinde darin erschöpfen, daß sie ihn als den kommenden „Menschensohn" erwartet, so wäre sie eine jüdische Sekte und wäre nicht als christliche Gemeinde zu bezeichnen. Auch um deswillen nicht, daß sie den Gekreuzigten als den Auferstandenen verkündigt. Denn solange wenigstens die Auferstehung keinen anderen Sinn hat als den des Beweises für die Erhöhung des Gekreuzigten zum „Menschensohn", ist sie noch nicht als ein die jüdische Eschatologie sprengendes Ereignis verstanden. Und daß die Urgemeinde in der Gefahr stand, eine jüdische Sekte zu bleiben, zeigt der Kampf des Paulus gegen ihr Verständnis der durch Jesu Kommen, Sterben und Auferstehen geschaffenen Situation. Jedoch: so wenig die Urgemeinde ein Verständnis der Person und Geschichte Jesu als des eschatologischen Geschehens im Sinne des Paulus explizit entwickelt hat, so sehr hat sie ihn implizit doch in diesem Sinne verstanden, indem sie sich selbst als die eschatologische Gemeinde verstand.

§ 6. DIE URGEMEINDE
ALS DIE ESCHATOLOGISCHE GEMEINDE

Lit. zu § 1,3 (S. 9) und zu II (S. 34). – DAHL, N. A., Das Volk Gottes, 1941. – ROLOFF, J., Art. ἐκκλησία κτλ., EWNT I, 1980, 998–1011. – Zu 3: DINKLER, E., Die Taufaussagen des Neuen Testaments, in: Zu Karl Barths Lehre von der Taufe, hrg. v. F. VIERING, 1971, 60–153 (bes. 62 ff.). – JEREMIAS, J., Die Abendmahlsworte Jesu, (1935) ⁴1967. – Zu 4: SCHWEIZER, E., Das Herrenmahl im Neuen Testament (1954), in: DERS., Neotestamentica, 1963, 344–370. – DELLING, G., Art. Abendmahl. II. Urchristliches Mahl-Verständnis, TRE, I, 1977, 47–58.

1. Daß sich die Urgemeinde als die Gemeinde der Endzeit weiß, bezeugt Paulus wie die synoptische Tradition. In dem von der Gemeinde Jesus in den

Mund gelegten Wort Mt 16, 18 f. ist die Jüngerschaft Jesu als die „Gemeinde" bezeichnet, deren Leiter die Schlüssel des Himmelreichs besitzt, die also gleichsam die Vorhalle der — demnächst erscheinenden — Gottesherrschaft ist, und die von den Mächten der Unterwelt, deren Ansturm gegen die Gemeinde Gottes zu den verhängten Ereignissen der Endzeit gehört, nicht überwältigt werden wird. Sie ist die „kleine Herde", der Gott die Herrschaft schenken wird (Lk 12, 32). Ihre Repräsentation findet sie in den „Z w ö l f e n", die, wenn die Gottesherrschaft erschienen ist, auf zwölf Thronen sitzen werden, Israels Stämme zu regieren (Mt 19, 28 bzw. Lk 22, 29 f.). Je weniger es wahrscheinlich ist, daß die Zwölf von Jesus berufen worden sind, um so charakteristischer sind sie für das eschatologische Bewußtsein der Gemeinde; denn sie sind die „Zwölf" ja nicht als „Apostel", sondern als die eschatologischen Regenten[1].

2. Zeugnis für das eschatologische Bewußtsein ist weiter die Tatsache, daß sich die Jüngerschaft Jesu nach den Ostererlebnissen in Galiläa alsbald nach J e r u s a l e m begab als dem Mittelpunkt der kommenden Gottesherrschaft; hier wartete die Gemeinde auf die Erfüllung der Verheißungen. Beweis sind weiter vor allem die Bezeichnungen der Gemeinde und ihrer Glieder, die durch Paulus bezeugt werden. Versteht sich die Jüngerschaft als „G e m e i n d e", so eignet sie sich damit den Titel der alttestamentlichen Gottesgemeinde, des קְהַל־יְהֹוָה, an. Dieser Titel bezeichnet einerseits Israel als das Volk Gottes und war andrerseits schon zum eschatologischen geworden; denn das Judentum erwartet die Sammlung des in der Gegenwart zerstreuten Israel, das Offenbarwerden der in der Gegenwart verborgenen Gemeinde, von der Endzeit. Indem sich die Urgemeinde eben als „Gemeinde", genauer als „Gemeinde Gottes" bezeichnet, sagt sie, daß in ihr die Hoffnungen der Apokalyptiker ihre Erfüllung gefunden haben. Ihre Glieder tragen dementsprechend die eschatologischen Titel „die Auserwählten" und „die Heiligen".

Über die Diskussion, welches aramäische Wort dem ἐκκλησία des griechischen NT zugrunde liegt, vgl. die zu § 1, 3 (S. 9) genannte Lit., dazu bes. L e o n h. R o s t , Die Vorstufen von Kirche und Synagoge im AT. 1938. Um das lexikographische Problem hat sich bes. K. L. S c h m i d t

[1] Über die Frage, ob die „Zwölf" eine Analogie in den Qumran-Texten haben, s. B o R e i c k e , ThZ 10 (1954), 107 f. Dagegen H. B r a u n , Spätjüd.-häret. und frühchristl. Radikalismus I, 1957, 19, 1. – Eine Analogie zwischen der Qumran-Sekte und der christlichen Urgemeinde liegt jedoch darin vor, daß jene sich auch als das wahre Israel der Endzeit versteht.

(Festgabe f. Ad. Deißmann, 1927, 258—319) bemüht, der als aramäisches Wort nicht קְדָלָא (hebr. קָהָל), sondern כְּנִשְׁתָּא (hebr. כְּנֶסֶת) feststellen möchte, — schwerlich mit Recht. Sachlich entspricht das ἐκκλησία (τοῦ θεοῦ) jedenfalls dem קְהַל (-יהוה). In LXX steht für קָהָל meist ἐκκλησία (bezeichnenderweise aber nicht, wenn es sich um einen heidnischen קָהָל handelt!), und zwar vor allem in Deut. (was wegen der Parallelität der christlichen Gemeinde mit der Sinai-Gemeinde bedeutsam war) und in den für das Selbstbewußtsein der christlichen Gemeinde bedeutsamen Psalmen. Nie ist in LXX עֵדָה mit ἐκκλ. übersetzt, vielmehr steht für עֵדָה, zwar nicht durchweg, aber weit überwiegend συναγωγή, womit gelegentlich auch קָהָל wiedergegeben wird. Auch in Sir. scheint ἐκκλ. nur für קָהָל nie für עדה zu stehen. In den Ps. Sal. sind ἐκκλ. als Bezeichnung für Israel (als das Volk Gottes) und συναγωγή als Bezeichnung der einzelnen Gemeinden (daher im Plur., während ἐκκλ. nur im Sing. erscheint) deutlich geschieden. Philon gebraucht für die Sinai-Versammlung und den קְהַל-יהוה Deut 23, 1 ff. nur ἐκκλ., συναγωγή nur für das Synagogengebäude. — Zu den Titeln ἅγιοι und ἐκλεκτοί s. bes. K ü m m e l, Kirchen-begriff usw. (zu § 1, 3 S. 9) 16 ff. — Nicht unmöglich ist, daß sich die Glieder der Urgemeinde die „A r m e n" nannten, welche Bezeichnung schon in den Psalmen mit „fromm" synonym wird. So werden auch in Ps. Sal. die Frommen, die das eigentliche Israel bilden, die „Armen" genannt. Und so heißen nach Orig. c. Cels. 2, 1 (I 126, 19) und Epiph. 30, 17, 2 (I 356, 2) die Judenchristen die אֶבְיוֹנִים. Dieser Titel würde also die Urgemeinde auch als das „Israel Gottes" charakterisieren und insofern ein eschatologischer sein. Aber ob der Titel schon in der Urgemeinde gebräuchlich war, ist unsicher und zum mindesten nicht (wie K. Holl, H. Lietzmann, E. Lohmeyer u. a. meinen) aus Gal 2, 10: μόνον τῶν πτωχῶν ἵνα μνημονεύωμεν zu erschließen; denn Rm 15, 26 redet von den πτωχοὶ τῶν ἁγίων, zeigt also, daß die πτωχοί nur ein Teil der Gemeinde sind und daß somit πτωχός den soziologischen Sinn hat und nicht religiöser Terminus ist. Über die Frage, ob sich auch die Essener bzw. die Mitglieder der Qumran-Sekte die „Armen" genannt haben, s. K. E l l i g e r, Studien zum Habakuk-Kommentar vom Toten Meer, 1953, 86 f. 220—222. 277; H. B r a u n, Spätjüd.-häret. und frühchristl. Radikalismus I, 1957, 59, 5; 124, 2. - A. B u r g s m ü l l e r, Der 'am ha-'arez zur Zeit Jesu, Diss. Marburg 1964. – Über die Frage der Gütergemeinschaft in der Urgemeinde und den Qumran-Texten s. Sh. E. J o h n s o n, ZAW 66 (1954), 110 bzw. in: The Scrolls and the NT, 1957, 131. - S. auch die Lit. zu § 8.

3. Ohne Zweifel ist in diesem Sinne auch d i e T a u f e zu verstehen. Daß sie in der Urgemeinde von Anfang an als Aufnahmeritus vollzogen wurde, dürfte sicher sein; denn Paulus setzt voraus, daß alle Christen getauft sind (Rm 6, 3; 1. Kr 12, 13). Der Sinn der Taufe kann aber wohl kein anderer gewesen sein als der der Johannestaufe, die Jesus und seine ersten „Jünger" selbst empfangen hatten; d. h. die Taufe war ein mit der Buße verbundenes Bad der Reinigung für die kommende Gottesherrschaft, also ein Initiationsritus der eschatologischen

Gemeinde, ähnlich der jüdischen Proselytentaufe, die ein Reinigungsbad war, das (in Verbindung mit der Beschneidung) den
Getauften zum Gliede der israelitischen Gemeinde machte. Von
dieser freilich dadurch unterschieden, daß es sich bei der christlichen Taufe um die Eingliederung in die eschatologische Gemeinde handelt; vor allem aber wohl dadurch, daß die Proselytentaufe von der rituellen Unreinheit befreit, während die christliche Taufe wie die des Johannes — dementsprechend, daß
Sündenbekenntnis und Buße ihre Voraussetzung ist — offenbar
die Reinheit von Sündenschuld verspricht. Denn das εἰς ἄφεσιν
ἁμαρτιῶν, das nach Mk 1, 4 die Johannestaufe charakterisiert,
dürfte auch von Anfang an für die christliche Taufe gelten (vgl.
Act 2, 38). Insofern solche Reinigung als durch ein Tauchbad bewirkt angesehen wurde, hat die Taufe in der Urgemeinde schon
(wie die Johannestaufe) sakramentalen Charakter gehabt, ist
also vollständig als eschatologisches Sakrament, das zum Gliede
der heiligen Gemeinde der Endzeit macht, zu bezeichnen. Wie
früh dazu noch die Anschauung kam, daß die Taufe den Täufling in eine sakramentale Beziehung zur Person Jesu als des
„Menschensohnes" bringt, ihn diesem zueignet und ihn unter
den Schutz seines „Namens" stellt, läßt sich nicht mehr erkennen. Wenn Paulus voraussetzt, daß εἰς τὸ ὄνομα τοῦ Χριστοῦ
getauft wurde (1. Kor 1, 13), so dürfte das auf den Brauch der
hellenistisch-christlichen Gemeinden zurückgehen. Aber vielleicht wurde der Taufe schon früh exorzistische Wirkung (vermöge der Nennung des ὄνομα Ἰησοῦ Χριστοῦ?) zugeschrieben;
seit wann auch die positive Wirkung, den „Geist" zu verleihen,
ist zweifelhaft; es dürfte erst hellenistisch-christliche Anschauung sein.

Die Analogie, die zwischen der urchristlichen Taufe und der jüdischen
Proselytentaufe besteht, besagt nicht, daß jene aus dieser entstanden sei;
es wäre sonst ja auch zu erwarten, daß sie nur an Heiden vollzogen worden
wäre. Sicher bezeugt ist die Proselytentaufe erst seit dem Ende des ersten
christlichen Jahrhunderts; sie könnte älter sein, doch läßt sich das nicht
erweisen. Ihren Ursprung hat die christliche Taufe jedenfalls nicht in ihr,
sondern in der Johannestaufe. — Am besten orientiert über diese Fragen
Jos. Thomas, Le mouvement baptiste en Palestine et Syrie 1935, 356
bis 391. – N. A. Dahl, The Origin of Baptism, Norsk Teol. Tidsskr. 56 (1955),
36—52.

4. Auch die gemeinsamen Mahlzeiten (das
„Brotbrechen") erhalten ihren Charakter durch das eschatologi

Liebeskommunismus

sche Bewußtsein der Gemeinde. Nach der in Act 2, 42—47 offenbar verarbeiteten Tradition herrschte an diesen Mahlzeiten ἀγαλλίασις, „Jubel"; damit dürfte die Stimmung eschatologischer Freude gemeint sein [1]. Und man wird sich nach den Tischgebeten, die Did 9 und 10 überliefert sind, eine Vorstellung von der Feier machen dürfen, wenngleich wir nicht wissen können, ob und in welchem Umfang diese Gebete auf die Urgemeinde zurückgehen [2]. Da es indessen christlich bearbeitete jüdische Tischgebete sind, sie also deutlich aus judenchristlicher Tradition stammen, werden sie als charakteristisch für die Act 2, 42 genannten προσευχαί gelten dürfen. Sie zeigen, wie bei den Mahlzeiten eschatologische Stimmung die Gemeinde erfüllte. Nächst dem Dank für die in Jesus geschenkten Gaben (hier begegnen in der Formulierung spezifisch hellenistische Wendungen) ist der Hauptinhalt der Gebete die Bitte um die eschatologische Vollendung: „Gedenke, Herr, Deiner Gemeinde, daß Du sie rettest von allem Bösen und sie vollendest in Deiner Liebe! Führe sie zusammen von den vier Winden, sie die geheiligte, in Dein Reich, das Du ihr bereitet hast! . . . Es komme der Herr [3], und es vergehe die Welt!" (Did 10, 5 f.).

Über die Parallelität der urchristl. Mahlzeiten zu denen der Qumran-Sekte s. K. G. K u h n, Ev. Theol. 1950/51, 508—527 bzw. in: The Scrolls and the NT 1957, 65—93. – O. C u l l m a n n, JBL 64 (1955), 215.

5. Wie Jesus im Weichen der Dämonen vor dem in ihm wirkenden Geist das Hereinbrechen der Endzeit spürt (Mk 3, 28 f.; Mt 12, 28? vgl. Lk 11, 20), und wie für Paulus das in der Gemeinde wirksame πνεῦμα die ἀπαρχή (Rm 8, 23), der ἀρραβών (2. Kr 1, 22; 5, 5) der bevorstehenden Vollendung ist, so weiß die Urgemeinde, daß ihr d e r G e i s t geschenkt ist, die Gabe der Endzeit, der nach jüdischer Anschauung seit den letzten Propheten von Israel gewichen ist, dessen Austeilung für die Endzeit aber verheißen ist. Von diesem Geist getrieben stehen wieder Propheten auf, wie sie Act 11, 28; 21, 9. 10 ff. bezeugt sind, und von Paulus wie von der Did als selbstverständlich in der Gemeinde vorausgesetzt werden. In der Kraft dieses Geistes geschehen Wundertaten (Mt 10, 8; Mk 6, 13; Act 11, 28; 21, 10 f.), wie es auch für Paulus selbstverständlich ist (1. Kr 12, 9. 28 f.).

---

[1] S. ThWB I 19 f.

[2] S. M. D i b e l i u s, ZNW 37 (1938), 32—41 bzw. in: Botschaft u. Geschichte II, 1956, 117—127.

[3] So ist wohl nach dem koptischen Text statt ἡ χάρις zu lesen.

In Zeiten der Verfolgung gibt der Geist das rechte Wort vor dem Gericht (Mt 10, 19 f. bzw. Mk 13, 11). Ob die Äußerungen des Geistes in Ekstase und Glossolalie, die später in hellenistischen Gemeinden eine so große Rolle spielen (1. Kr 14), auch schon in der Urgemeinde auftraten, kann man bezweifeln. Der legendarischen Pfingsterzählung Act 2, 1—13 scheint, wie V. 13 verrät, der Bericht eines solchen Ereignisses zugrunde zu liegen [1].

6. Ohne Zweifel wurde in der Urgemeinde auch d e r W e i s - s a g u n g s b e w e i s aus dem AT geführt, sei es aus erbaulichen, sei es aus missionarischen oder vor allem apologetischen Motiven. Die Weissagungen des AT gelten aber als solche für die Endzeit; die Gewißheit ihrer vollzogenen und jetzt sich vollziehenden Erfüllung setzt also wiederum das eschatologische Bewußtsein der Gemeinde voraus. 1. Kr 10, 11 ist das Prinzip des Weissagungsbeweises deutlich formuliert (vgl. das δι' ἡμᾶς 1. Kr 9, 10 und vgl. Rm 15, 4). Welche Sätze des immer anwachsenden Weissagungsbeweises auf die Urgemeinde zurückgehen, läßt sich natürlich nicht mehr feststellen. Die 1. Kr 15, 3 ff. zitierte παράδοσις bezeugt durch das κατὰ τὰς γραφάς — eine bei Paulus sonst nicht begegnende Formel — den Weissagungsbeweis für die vor Paulus liegende Zeit; und die synoptische Tradition lehrt, wie man früh begann, Jesu Person und Wirken, zumal seine Passion, im Lichte des Weissagungsbeweises zu verstehen.

7. Der Glaube an das unmittelbar bevorstehende Ende beherrscht auch d i e M i s s i o n der Urgemeinde; er spiegelt sich wider in den Jesus in den Mund gelegten „Aussendungsreden". Eilig müssen die Boten durch das Land ziehen, um Israel zur Buße zu rufen (Mt 10, bes. V. 7. 9 ff.); sie werden nicht fertig werden mit allen Orten Israels, bis der „Menschensohn" kommt (Mt 10, 23).

8. Solcher Glaube wird endlich bezeugt durch Q, die auf die Urgemeinde zurückgehende Sammlung von Herrenworten. Vorangestellt ist diesen die eschatologische Täuferpredigt; es folgen dann die vom eschatologischen Bewußtsein getragenen Makarismen; den Schluß bilden Worte, die von der Parusie handeln.

---

[1] Die Vermutung liegt nahe, daß der letzte Satz des vom Verf. der Act in c. 4 verarbeiteten Quellenberichtes 4, 31 ursprünglich lautete: καὶ ἐπλήσθησαν ἅπαντες τοῦ ἁγίου πνεύματος καὶ ἐλάλουν γλώσσαις; vgl. 10, 45 f.

§ 7. DIE BEDEUTUNG JESU FÜR DEN GLAUBEN DER URGEMEINDE

Lit. s. zu II (S. 34) und zu § 5 (S. 35). – SCHWEIZER, E., Erniedrigung und Erhöhung bei Jesus und seinen Nachfolgern, (1955) [2]1962. – CULLMANN, O., Die Christologie des Neuen Testaments, (1957) [5]1975. – HAHN, FERD., Christologische Hoheitstitel, (1963) [4]1974. – MERKLEIN, H., Die Auferweckung Jesu und die Anfänge der Christologie…, ZNW 72, 1981, 1–26. – FRIEDRICH, G., Die Verkündigung des Todes Jesu im Neuen Testament, 1982. – HAHN, FERD., Art. Χριστός κτλ., EWNT III, 1983, 1147–1165.

1. So stellt sich die Urgemeinde für die religionsgeschichtliche Betrachtung als eine eschatologische Sekte innerhalb des Judentums dar; von anderen Sekten und Richtungen nicht nur dadurch unterschieden, daß sie als den kommenden „Menschensohn" den gekreuzigten Jesus von Nazareth erwartet, sondern vor allem dadurch, daß sie sich schon als die berufene und erwählte Gemeinde der Endzeit weiß. Wenn sie Jesus als den Messias-Menschensohn verkündigt, so bedeutet das deshalb nicht, daß zur alttestamentlichen Tradition und zur Verkündigung Jesu noch ein Plus, ein Stück, hinzukommt. Vielmehr ist das Kerygma von Jesus als dem Messias das Primäre und Grundlegende, das allem Anderen — der alten Tradition und der Verkündigung Jesu — erst seinen Charakter gibt. Alles Frühere erscheint in einem neuen Lichte — und zwar seit dem O s t e r - g l a u b e n a n d i e A u f e r s t e h u n g J e s u und auf Grund dieses Glaubens. Erscheint aber Jesu Person und Wirken im Lichte des Osterglaubens, so bedeutet das, daß seine Bedeutung weder in der Lehre lag, die er vorgetragen hatte, noch in einer Modifikation der Messiasidee. Es bedeutet vielmehr, daß J e s u G e k o m m e n s e i n s e l b s t d a s e n t s c h e i - d e n d e E r e i g n i s war, durch das Gott seine Gemeinde berufen hat, daß es selbst schon eschatologisches Geschehen war. Ja, das ist der eigentliche Gehalt des Osterglaubens, daß Gott den Propheten und Lehrer Jesus von Nazareth zum Messias gemacht hat.

2. W i e w e i t d i e s e E r k e n n t n i s , daß Jesu Gekommensein das entscheidende eschatologische Geschehen ist, i n d e r U r g e m e i n d e e x p l i z i t g e w o r d e n i s t , ist eine andere Frage. Sätze wie die des Paulus, daß, als die Zeitenfülle gekommen war, Gott seinen Sohn sandte (Gl 4, 4),

daß kraft des Todes Jesu das „Alte" vergangen ist und (alles)
neu ward (2. Kr 5, 17), liegen der Urgemeinde noch fern samt
ihren Konsequenzen, daß nun die Epoche des Gesetzes vorbei,
das Gesetz also erledigt ist usw. Und daß die Urgemeinde das
klare Bewußtsein hatte, der neue Äon sei schon angebrochen
(Kümmel), dürfte eine Übertreibung sein. Das Warten auf das
bevorstehende dramatische Endereignis, auf die Parusie Jesu
als des „Menschensohnes", beherrscht, wie die synoptische Tradition zeigt, das Bewußtsein der Gemeinde, und das Gekommensein und Wirken Jesu ist als eschatologisches Geschehen noch
nicht klar erkannt. Erst implizit ist diese Erkenntnis im eschatologischen Selbstverständnis der Gemeinde vorhanden, und
erst Ansätze zu ihrer Entfaltung zeigen sich, die zudem Hemmungen unterliegen.

 Daß die Erkenntnis implizit gegeben war, zeigt sich zunächst
daran, daß wie für Jesus selbst, so für die Gemeinde nicht das
Was der Verkündigung das Entscheidende war. Er hatte einst
die Entscheidung für seine Person als der Träger des Wortes
Gottes gefordert (§ 1, 3); die Gemeinde hat jetzt diese Entscheidung gefällt. Jesu Entscheidungsruf impliziert eine Christologie,
freilich weder als eine Spekulation über ein Himmelswesen noch
als Konstruktion eines Messiasbewußtseins, sondern als Explikation der Antwort auf die Entscheidungsfrage, des Gehorsams,
der in ihm Gottes Offenbarung anerkennt. Solche Christologie
ist in der Urgemeinde insoweit explizit geworden, daß sie Jesus
versteht als den, den Gott durch die Auferweckung zum Messias gemacht hat, und daß sie ihn als den kommenden „Menschensohn" erwartet. Denn eben darin zeigt sich, daß sie seine Sendung
als Gottes entscheidende Tat verstanden hat. Indem sie ihn als
den Kommenden erwartet, versteht sie sich selbst als die durch
ihn berufene Gemeinde der Endzeit. Für sie ist faktisch — einerlei, wie weit ins klare Bewußtsein erhoben — das Alte vergangen
und die Welt neu geworden.

 In der synoptischen Überlieferung zeigt sich die Tatsache, daß
Jesu Wirken als entscheidendes Ereignis erfaßt wurde, in einer
Reihe von Herrenworten, zumal solchen, die von s e i n e m
G e k o m m e n - o d e r G e s e n d e t s e i n reden. Es sind
schwerlich (wenigstens in der Mehrheit) ursprüngliche Herrenworte, vielmehr Gemeindebildungen; und soweit sie schon in der
palästinensischen Urgemeinde entstanden sind (was sich nicht

in jedem Falle sicher erkennen läßt), bezeugen sie, wie diese
rückblickend die Erscheinung Jesu und ihren Sinn als ein Ganzes
erfaßt, eben als göttliche „Sendung", durch die die Gemeinde
berufen, ihr Schicksal bestimmt, ihre Probleme entschieden worden sind. Er ist „gekommen", nicht die Gerechten, sondern die
Sünder zu rufen (Mk 2, 17). Er „ward gesandt" zu den verlorenen
Schafen des Hauses Israel (Mt 15, 24). Er ist „gekommen", ein
Feuer auf die Erde zu werfen (Lk 12, 49). Sein „Kommen" bedeutet nicht Frieden, sondern Schwert (Mt 10, 34—36 par.),
d. h. eschatologische Entscheidungs- und Scheidungsstunde. Wer
ihn aufnimmt, nimmt den auf, der ihn „gesandt hat" (Mk 9, 37
bzw. Mt 10, 40); wer ihn verwirft, verwirft den, der ihn „gesandt
hat" (Lk 10, 16). Andere verwandte Worte werden in anderem
Zusammenhang noch zur Sprache kommen [1]. Wie seine Sendung
das Schicksal für Jerusalem bedeutet, ist in dem Worte Lk
13, 34 f. par. zum Ausdruck gebracht, ursprünglich wohl eine
jüdische Weissagung, die von der „Weisheit" handelte, vielleicht
einst von Jesus selbst zitiert, von der Gemeinde aber ihm in den
Mund gelegt und neu verstanden: er ist es, der vergeblich Jerusalems „Kinder" sammeln wollte, so daß es nun preisgegeben
wird [2].

3. Die Entscheidung für Jesu Sendung, die seine „Jünger"
einst durch ihre „Nachfolge" gefällt hatten, mußte von neuem
und radikal gefällt werden infolge der Kreuzigung Jesu. D a s
K r e u z stellte gewissermaßen die Entscheidungsfrage noch
einmal; denn so wenig es das Was seiner Verkündigung in Frage
stellen konnte, so sehr das Daß — seine Legitimation, die Behauptung, daß er Gottes Bote mit dem letzten, entscheidenden
Wort sei. Die Gemeinde mußte das Ärgernis des Kreuzes überwinden und hat es getan im Osterglauben.

Wie sich diese Entscheidungstat im einzelnen vollzog, wie der Osterglaube bei den einzelnen „Jüngern" entstand, ist in der Überlieferung
durch die Legende verdunkelt worden und ist sachlich von keiner Bedeutung. Mk 14, 28; 16, 7 lassen erkennen, daß die „Jünger" nach der
Verhaftung Jesu nach Galiläa geflohen waren, und daß hier Petrus als
erster die Auferstandenen schaute, was durch 1. Kr 15, 5 bestätigt wird.
Davon ist auch Lk 24, 34 eine Spur erhalten, und darauf geht wohl Lk
22, 31 f. zurück (s. Gesch. d. synopt. Trad. [2], 287 f.). Dieses grundlegende

---

[1] Vgl. zu den „Ich-Worten" Gesch. d. synopt. Trad. [2], 161—176.
[2] Vgl. Gesch. d. synopt. Trad. [2], 120 f.

Ereignis spiegelt sich in den Erzählungen vom Messiasbekenntnis des Petrus Mk 8, 27—29, von der Verklärung Mk 9, 2—8 (§ 4, 1) und vom Fischzug des Petrus Lk 5, 1—11 wie in den Worten von Petrus als dem Felsen Mt 16, 17—19 (§ 1, 3). Legende sind die Geschichten vom leeren Grabe, von dem Paulus noch nichts weiß. Nach 1. Kor 15, 5—8, wo Paulus die Erscheinungen des Auferstandenen, wie die παράδοσις sie bot, aufzählt, bedeutet die Auferstehung zugleich die Erhöhung; sie wurde erst später als eine zeitweilige Rückkehr in das Leben auf Erden gedeutet, woraus dann die Geschichte von der Himmelfahrt erwuchs (Lk 24, 50—53; Act 1. 3—11). Die Erscheinungen des Auferstandenen werden sich nicht auf Galiläa beschränkt haben, sondern sich auch nach der Rückkehr der Jüngerschaft nach Jerusalem dort ereignet haben (Lukas berichtet nur von solchen). Wie sich die 1. Kr 15, 5—8 aufgezählten Erscheinungen auf Galiläa und Jerusalem verteilen, kann man nicht wissen, und es ist eine bloße Vermutung, daß die Erscheinung vor fünfhundert Brüdern (1. Kr 15, 6) mit dem Pfingstereignis identisch sei. — Über diese Fragen vgl. aus der neueren Literatur: L y d e r B r u n, Die Auferstehung Christi in der urchristl. Überlieferung, 1925; S e l b y V e r n o n Mc Casland, The Resurrection of Jesus, 1932; M a u r i c e G o g u e l, La foi à la résurrection de Jésus dans le Christianisme primitif, 1933; K i r s o p p L a k e in The Beginnings of Christianity V (1933), 7—16; E m. H i r s c h, Die Auferstehungsgeschichten und der christl. Glaube, 1940; W. G r u n dm a n n, ZNW 39 (1940), 110—121; P a u l A l t h a u s, Die Wahrheit des Kirchl. Osterglaubens², 1941. - W. M i c h a e l i s, Die Erscheinungen des Auferstandenen, 1943. - H. v. C a m p e n h a u s e n, Der Ablauf der Osterereignisse und das leere Grab. SA Heidelb., phil.-hist. Kl., 1952, 4. - K. H. R e n g s t o r f, Die Auferstehung Jesu, 1952. - H. G r a s s, Ostergeschehen und Osterberichte, 1956.

Mit dem Osterglauben war ein V e r s t ä n d n i s d e s K r e uz e s gefordert, durch welches das Ärgernis des Fluches, der den Gekreuzigten nach jüdischem Urteil getroffen hatte (vgl. Gl 3, 13), überwunden, ja verwandelt wurde; das Kreuz mußte seinen Sinn im Zusammenhang des Heilsgeschehens haben. Wieweit in der Urgemeinde ein solches Verständnis entwickelt wurde, ist nicht deutlich zu sehen. Der Schriftbeweis, der Jesu Leiden und Sterben als göttliche Bestimmung erklärt in der Art von Lk 24, 26 f., mag für ein Stadium der urgemeindlichen Reflexion charakteristisch sein: οὐχὶ ταῦτα ἔδει παθεῖν τὸν Χριστὸν καὶ εἰσελθεῖν εἰς τὴν δόξαν αὐτοῦ; καὶ ἀρξάμενος ἀπὸ Μωϋσέως καὶ ἀπὸ πάντων τῶν προφητῶν διηρμήνευσεν αὐτοῖς ἐν πάσαις ταῖς γραφαῖς τὰ περὶ ἑαυτοῦ. Es wäre damit freilich der Anstoß des Kreuzes nur erst in negativem Sinne beseitigt, solange es nur unter das göttliche δεῖ gestellt wird, und sein positiver Sinn wäre noch nicht deutlich geworden. Immerhin wäre in der Überwindung des σκάνδαλον zur Geltung gekommen, daß im Kreuze

Christi die Maßstäbe jüdischen Urteils und die menschlichen Vorstellungen von messianischem Glanz zerbrochen sind, und so ist in der Anerkennung des Gekreuzigten als des Messias implizit ein neues Verständnis des Menschen vor Gott enthalten.

Aber man kann wohl noch etwas mehr sagen. Geht in der dem Paulus überkommenen παράδοσις nicht nur das κατὰ τὰς γραφάς, sondern auch das ὑπὲρ τῶν ἁμαρτιῶν ἡμῶν auf die Urgemeinde zurück? Dann wäre also schon in der Urgemeinde Jesu Tod als ein Sühnopfer aufgefaßt worden![1] Dafür sprechen auch zwei Stellen aus Paulus, an denen er sich sichtlich an traditionelle Formulierungen anlehnt, ja vielleicht (jedenfalls teilweise) zitiert. Ein solcher Satz ist Rm 3, 24 f., in dem nur die spezifisch paulinischen Wendungen als Zusätze herauszuheben sind: δι-καιούμενοι (δωρεὰν τῇ αὐτοῦ χάριτι) διὰ τῆς ἀπολυτρώσεως τῆς ἐν Χριστῷ Ἰησοῦ, ὃν προέθετο ὁ θεὸς ἱλαστήριον (διὰ πίστεως) ἐν τῷ αὐτοῦ αἵματι εἰς ἔνδειξιν τῆς δικαιοσύνης αὐτοῦ διὰ τὴν πάρεσιν τῶν προγεγονότων ἁμαρτημάτων ἐν τῇ ἀνοχῇ τοῦ θεοῦ. Die Be-zeichnung Christi als des ἱλαστήριον begegnet bei Paulus nur hier; Paulus pflegt sonst auch nicht (außer Rm 5, 9 und, wiederum der Tradition folgend, in bezug auf das Abendmahl 1. Kr 10, 16; 11, 25. 27) vom αἷμα Christi zu reden, sondern vom σταυρός. Endlich ist ihm die hier vorliegende Vorstellung von der göttlichen δικαιοσύνη, die eine Sühne für die vordem be-gangenen Sünden verlangte, sonst fremd. Es liegt also offen-bar ein Satz der Tradition vor, der vielleicht auf die Urgemeinde zurückgeführt werden darf. Ebenso steht es mit Rm 4, 25, einem Satze, der in seiner Form (synthetischer Parallelismus membr.) den Eindruck eines Zitates macht. Vielleicht ist dieses Wort im Anklang an Js 53 formuliert und würde dann wahrscheinlich machen, daß man auch in Js 53 schon in der Urgemeinde eine Weissagung auf die Passion Jesu gefunden hatte, wenngleich diese Entdeckung nicht schon in der allerersten Zeit erfolgte (s. § 4, 3).

Daß Jesu Tod als Sühnopfer für die Sünden gedeutet wurde, liegt an sich dem jüdischen Denken nicht fern. Denn in diesem ist der Gedanke von der sühnenden Kraft des Leidens des Gerechten, zumal des Märtyrers, entwickelt worden. Vgl. Str.-B. II 275f. 279—282; W. Bousset, Die Rel. des Judent.³, 198 f.; G. F. Moore, Judaism I 547—549; E. Sjö-

---

[1] O. Cullmann, Petrus, 1952, 69—72, meint diese Anschauung auf Petrus zurückführen zu dürfen.

berg, Gott und die Sünder im paläst. Judentum, 1939, 174 f. 222. Der Gedanke eines (für die Sünder) leidenden Messias ist freilich dem Judentum zur Zeit Jesu gänzlich fremd; vgl. G. D a l m a n , Der leidende und der sterbende Messias der Synagoge, 1888; W. S t a e r k , Soter I 1933, 78—84; S t r. - B. I 273—299; G. F. M o o r e l. c. 551 f. Anders J o a c h. J e r e m i a s , Jesus als Weltvollender, 1930. – E. L o h s e , Märtyrer und Gottesknecht[2], 1964.

4. Indem die Gemeinde den Propheten und Lehrer als den kommenden ,,Menschensohn" erwartet und im Lichte des Osterglaubens Jesu irdisches Wirken neu versteht, g e w i n n t s e i n e G e s t a l t a u c h e i n e d i e G e g e n w a r t b e - s t i m m e n d e M a c h t. Der künftige Heilbringer und Herrscher übt vom Himmel aus, in den er erhöht wurde, in gewisser Weise schon jetzt sein königliches Regiment aus. Wenn man seine Worte sammelt, so geschieht das nicht nur wegen ihres Lehrgehaltes, sondern weil es seine, des künftigen Königs, Worte sind. Nach rabbinischer Vorstellung wird der Messias, wenn er erschienen ist, auch als Lehrer der Thora auftreten [1] — Jesu Gesetzesauslegung besitzt die Gemeinde schon und hört in dem ,,Ich aber sage euch!" ihn als den Messias reden. Schon besitzt man in seinen Worten die Weisheit und Erkenntnis, die nach dem Glauben der Apokalyptiker der Messias einst spenden wird [2]. Neue Herrenworte erwachsen aus solcher Überzeugung, Worte, die in Streitfragen eine Entscheidung fällen sollen, wie: ,,Denkt nicht, daß ich gekommen bin, das Gesetz oder die Propheten aufzulösen! Ich bin nicht gekommen aufzulösen, sondern zu erfüllen . . .'' (Mt 5, 17—19). ,,Ich ward gesandt nur zu den verlorenen Schafen des Hauses Israel" (Mt 15, 24). Worte, die bezeugen, daß man alles, was man jetzt als Schicksal erfährt oder als Aufgabe begreift, als von ihm geschickt und geboten versteht. ,,Glaubt nicht, daß ich gekommen bin, Frieden auf die Erde zu bringen — vielmehr das Schwert! . . . '' (Mt 10, 34—36 par., s. o. 2). ,,Fürchte dich nicht, du kleine Herde; denn der Vater beschloß, euch die Herrschaft zu geben" (Lk 12, 32). Er ist es, der die Boten sendet, die den Ruf vom Nahen der Gottesherrschaft ins Land tragen sollen (Mk 6, 7 ff. bzw. Mt 9, 37 ff. par.). In seinem Namen reden die Propheten: ,,Siehe, ich sende euch wie Schafe unter die Wölfe" (Mt 10, 16 par.). ,,Siehe, ich habe euch die Vollmacht gegeben, über Schlangen und Skorpione

---

[1] Vgl. P. S e i d e l i n , ZNW 35 (1936), 194 ff.; P. V o l z , Die Eschatologie der jüd. Gemeinde, 1934, 218.   [2] Vgl. P. V o l z l. c.

zu schreiten, und nichts soll euch etwas anhaben" (Lk 10, 19);
— wie wir ja auch in der Apk Beispiele dafür finden, daß christliche Propheten im Namen des Erhöhten reden (vgl. Apk 3, 20,
16, 15). Der „Heilandsruf", der den „Mühseligen und Beladenen"
Erquickung verheißt (Mt 11, 28 f.), dürfte aus einer alten Weisheitsschrift stammen; vielleicht hat schon die Urgemeinde dieses
Wort Jesus in den Mund gelegt. Aus der Urgemeinde stammen
sicher die Worte, in denen der Auferstandene mit königlicher
Geste dem Petrus die Leitung der Gemeinde — die er sogar als
s e i n e Gemeinde bezeichnet — überträgt (Mt 16, 17—19); und
ebenso die Verheißung an die Zwölf, daß sie einst die Regenten
der Stämme Israels sein sollen (Mt 19, 28 bzw. Lk 22, 28—30).
Es versteht sich leicht, daß Regeln der Gemeindedisziplin, wie
sie im Laufe der Zeit notwendig werden, als seine Verfügungen
gelten (Mt 18, 15—18). Ja, die Urgemeinde scheint schon ein
jüdisches Wort, das von der Gegenwart Gottes bei Zweien, die
sich um das Verständnis der Thora bemühen, redet, umgewandelt zu haben zu dem Worte: „Wo zwei oder drei vereint
sind auf meinen Namen, da bin ich in ihrer Mitte" (Mt 18, 20). —
Auch ist es nicht ausgeschlossen, daß man den Namen Jesu in
Erinnerung an seine Dämonenbannungen als wirksames Mittel
zu Exorzismen und anderen Wundertaten benutzte. Stammt
Mk 9, 38—40 (das freilich im Urmarkus gefehlt haben dürfte)
aus urgemeindlicher Tradition, so wäre das ein Zeugnis dafür;
das Gleiche gilt für Act 3, 6.

5. Die T i t e l , die die Gemeinde Jesus beigelegt hat, um
seine Bedeutung und Würde zu bezeichnen, sind der Tradition
des jüdischen messianischen Glaubens entnommen, der freilich
Motive verschiedener Herkunft in sich vereinte. Alle diese Titel,
mag ursprünglich auch ihr Sinn verschieden gewesen sein, stimmen darin überein, daß sie den eschatologischen Heilbringer
meinen. Selbstverständlich ist, daß Jesus den alten Titel des
„M e s s i a s" d. h. gesalbten Königs erhielt, wie nicht nur die
synoptische Tradition bezeugt, sondern wie es auch Paulus deutlich voraussetzt. Nur aus diesem Grunde konnte dann ja im hellenistischen Christentum der Doppelname Ἰησοῦς Χριστός erwachsen[1].

---

[1] O. Cullmann, Die Christologie des NT, 1957, 11—49, meint als eine
der ältesten, freilich unzulängliche, Christologie diejenige nachweisen zu
können, die Jesus als den „Propheten" bezeichnete. – S. auch die Bücher von
B i e n e c k , T ö d t und H a h n und die übrige zu § 4 genannte Literatur.

Nach dem Zeugnis der synoptischen Tradition war in der Urgemeinde freilich der beherrschende Titel der des „M e n s c h e n -
s o h n e s", der aus der apokalyptischen Hoffnung stammt und
in ihm ein überirdisches, präexistentes Wesen meint, das am
Ende der Zeit vom Himmel herabkommen wird, Gericht zu halten und das Heil zu bringen (§ 1, 1), während der Messiastitel, aus
der nationalen Hoffnung stammend, den König (aus dem Geschlecht Davids) bezeichnet, der als bloßer Mensch gedacht ist,
wie sehr sein Auftreten und Wirken auch durch Gottes supranaturales Eingreifen geleitet und bestimmt sein mag.

Aus der nationalen Tradition und sachlich mit „Messias"
gleichbedeutend ist der Titel „D a v i d s o h n". Dieser scheint
in der Urgemeinde keine große Rolle gespielt zu haben, da er in
der synoptischen Tradition relativ selten erscheint (in Q fehlt
er ganz). Andrerseits muß Paulus ihn als geläufigen vorgefunden
haben. Denn für ihn selbst hat der Titel zwar keine Bedeutung,
er nimmt aber auf ihn Bezug Rm 1, 3 und zwar in einem Satz,
der sich offenbar an eine ihm überlieferte Formel anlehnt; er will
sich dadurch der ihm fremden römischen Gemeinde als Apostel,
der die rechte Lehre vertritt, ausweisen. Die Formel dürfte, gelöst aus der paulinischen Satzkonstruktion und befreit von den
paulinischen Zusätzen, gelautet haben:

(Ἰησοῦς Χριστός) ὁ υἱὸς τοῦ θεοῦ,
ὁ γενόμενος ἐκ σπέρματος Δαυίδ,
ὁ ὁρισθεὶς υἱὸς θεοῦ ἐν δυνάμει ἐξ ἀναστάσεως νεκρῶν [1].

Ob und wie weit die beiden unter sich differierenden Stammbäume Mt 1, 1—17 und Lk 3, 23—38, die Jesu Davidsohnschaft
nachweisen sollen, auf die Urgemeinde zurückgehen, läßt sich
nicht sagen. Stammt Mk 12, 35—37 aus der Urgemeinde, so
hätte sich in ihr möglicherweise auch Kritik an der Übertragung
dieses Titels auf Jesus erhoben (§ 4, 2). Aber jedenfalls hat sich
der Titel alsbald durchgesetzt, verschwindet jedoch recht früh.

Den messianischen König meint auch der Titel „S o h n G o t -
t e s", den Rm 1, 3 gleichfalls als einen schon vor Paulus traditionellen bezeugt. Ob „Sohn Gottes" schon im Judentum als
Messiastitel gebräuchlich war, ist unsicher und umstritten; nach-
gewiesen ist er als solcher nicht. Doch muß es durchaus als mög-

---

[1] Auch 2. Tim 2, 8 dürfte auf eine alte Formel zurückgehen; vgl. H.
W i n d i s c h , ZNW 34 (1935), 213—216.

lich gelten, da Ps 2, der den König mit der altorientalischen Adoptionsformel als Sohn Gottes bezeichnet, wie in der christlichen Gemeinde, so schon im Judentum messianisch gedeutet wurde. Klar aber ist, daß dieser Titel weder im Judentum noch in der christlichen Gemeinde den mythologischen Sinn haben konnte wie später im hellenistischen Christentum, daß er also nicht den Messias als ein von Gott erzeugtes supranaturales Wesen bezeichnete, sondern einfach eine Königstitulatur war. Sind die Stellen bei den Synoptikern, in denen Jesus Gottes Sohn genannt wird, auch meist sekundär und hellenistisch-christlicher Herkunft bzw. vom betr. Evangelisten formuliert, so geht doch die Verklärungsgeschichte mit ihrem οὗτός ἐστιν ὁ υἱός μου ὁ ἀγαπητός (Mk 9, 7) auf alte Tradition zurück. Ist sie ursprünglich eine Ostergeschichte (§ 4, 1), so dürfte sie zusammen mit Rm 1, 3 beweisen, daß die Urgemeinde Jesus als den Sohn Gottes bezeichnet hat, der er eben durch die Auferstehung geworden ist. Aber freilich hat sie den irdischen Jesus nicht, wie später die hellenistische Gemeinde, für einen „Gottessohn" gehalten; und die Legende von Jesu Geburt aus der Jungfrau ist ihr noch unbekannt, wie auch Paulus sie nicht kennt.

In den Apokalypsen des 4. Esr. und syr. Bar. findet sich der Messiastitel „K n e c h t   G o t t e s", der keinen anderen Sinn hat als „Messias" oder „Sohn Gottes". Er stammt aus dem AT, wo bevorzugte, von Gott mit besonderem Auftrag gewürdigte Fromme, wie Abraham und Mose, und die Propheten so genannt werden, ebenso auch Könige, und besonders haftet der Titel an David, für den er traditionell wurde; und so begegnet er auch Lk 1, 69; Act 4, 25; Did 9, 2 (hier zusammen mit der gleichen Bezeichnung Jesu). Es ist also leicht verständlich, daß auch der Messias als Davidide diesen Titel erhielt. In der näheren Beschreibung des messianischen „Gottesknechtes" könnte gelegentlich Deut.-Jes. eingewirkt haben; freilich nicht der stellvertretend für die Sünder leidende Gottesknecht von Js 53, denn dieser wurde von der jüdischen Exegese auf das Volk Israel gedeutet; auch ist der Gottesknecht der Apokalyptiker keine Leidensgestalt, sondern der messianische Herrscher und Richter. Möglich wäre jedoch der Einfluß von Js 42, 1 ff. oder 49, 1 ff.; denn die 42, 6; 49, 6 dem Gottesknecht beigelegte Würde, das „Licht der Völker" zu sein, ist äth. Hen. 48, 4 auf den „Menschensohn" übertragen, ist also zum messianischen Charakteristikum geworden. — Das Urchristentum hat den Titel übernommen; ob schon die Urgemeinde, wissen wir freilich nicht, da er in der synoptischen Tradition nicht begegnet; nur Mt hat ihn 12, 18 ff. in einem seiner Reflexionszitate (Js 42, 1 ff.) hineingebracht. Er findet sich dann Act 3, 13. 26; 4, 27. 30, an den beiden letzten Stellen in einem Gebet der Gemeinde; dann in den Mahlgebeten Did 9, 2 f.; 10, 2 f. und im römischen Gemeindegebet 1. Klem 59, 2 ff.; er scheint also jedenfalls früh in den liturgischen Sprachschatz der Gemeinde aufgenommen worden zu sein. — Vgl. außer B o u s s e t , Kyrios Chr. [2] 56 f.; W. S t a e r k , Soter I 24 ff. 77 ff.: Ad. v. H a r n a c k , Die Bezeichnung Jesu als „Knecht Gottes" und ihre Geschichte in der alten Kirche (Sitzungsber. d. Preuß. Akad. d. Wiss., Phil.-hist. Kl. 1926, 28); P. S e i d e l i n , ZNW 35 (1936), 230 f.; O. C u l l - m a n n , Christologie des NT, 50—81; E. H a e n c h e n , Die Apostelgeschichte, 1956, 169, bes. A. 4; J. J e r e m i a s , ThWB V 680—713.

Die paulinischen Briefe zeigen, daß Jesus in der hellenistischen Gemeinde als κύριος bezeichnet und kultisch verehrt wurde. Seit W. Boussets Kyrios Christos (1913, [2] 1921) besteht Streit darüber, ob das darauf zurückgeht, daß schon die Urgemeinde Jesus als den Herrn bezeichnet und als solchen angerufen hat. Bousset, der es energisch bestritten hat, dürfte Recht behalten. Jedenfalls aber hat die Urgemeinde, selbst wenn sie Jesus ihren Herrn genannt haben sollte, ihn nicht kultisch verehrt; der Kyrioskult ist erst auf hellenistischem Boden entstanden.

Das Judentum hat jedenfalls den Messias nie als „Herrn" bezeichnet. Im jüdischen Sprachgebrauch ist überhaupt das absolute „der Herr" nicht denkbar. „Herr" in der Anwendung auf Gott erhält immer eine nähere Bestimmung; es heißt: „der Herr des Himmels und der Erde", „unser Herr" und ähnlich. In der Anwendung auf Jesus wäre also höchstens ein „unser Herr" u. dgl. möglich. Die älteste Schicht der synopt. Überlieferung redet nicht von Jesus als dem Herrn; in Q erscheint der Titel nie, bei Mk nur in der legendären Geschichte 11, 3, während charakteristischerweise Lk das absolute ὁ κύριος in der Erzählung häufig gebraucht. Die auch in der alten Überlieferung begegnende Anrede κύριε beweist nichts; denn sie ist nur die Wiedergabe der aramäischen Anrede des Schülers („Jüngers") an den Lehrer (den „Meister"): „mein (bzw. unser) Herr", wie denn bei Mk und Mt κύριε und ῥαββί als Anrede Jesu wechseln. Der eschatologische Gebetsruf μαραν ἀθά (מָרָנָא תָא = „unser

Herr, komm!"), der sich 1. Kr 16, 22 findet, stammt gewiß aus der Urgemeinde, aber er ist gleichfalls kein Beweis dafür, daß diese Jesus als
den Herrn angerufen hat; denn er kann ursprünglich Gott gegolten
haben, wenn er auch später auf Jesus bezogen wurde (vgl. Apk 22, 20).
Und wenn im hellenistischen Christentum als Bezeichnung der Christen
die Wendung οἱ ἐπικαλούμενοι τὸ ὄνομα τοῦ κυρίου ἡμῶν 'Ι. Χριστοῦ
üblich geworden ist (1. Kr 1, 2; vgl. Act 9, 14. 21; 22, 16; 2. Tim 2, 22),
so beweist das nichts für die Urgemeinde. — Vgl. zu dieser Frage außer
Boussets Kyrios Christos: P. W e r n l e , Jesus und Paulus, ZThK 25
(1915), 1—92; P. A l t h a u s , Unser Herr Jesus, NKZ 1915, 439—457.
513—545; W. H e i t m ü l l e r , Jesus und Paulus, ZThK 25 (1915), 156
bis 179; W. B o u s s e t , Jesus der Herr, 1916; W e r n e r F o e r s t e r ,
Herr ist Jesus, 1924; E. L o h m e y e r , Kyrios Jesus, 1928 (hier auch
ausländische Literatur verzeichnet); W o l f W. G r a f B a u d i s s i n ,
Kyrios als Gottesname im Judentum und seine Stellung in der Religionsgeschichte I—IV, 1929; E. v. D o b s c h ü t z , Κύριος 'Ιησοῦς, ZNW 30
(1931), 97—123. – E. L o h m e y e r , Gottesknecht und Davidsohn [2], 1953. –
O. C u l l m a n n , Christologie des NT, 200—244. – Ed. S c h w e i z e r , Der
Glaube an Jesus den Herrn in seiner Entwicklung von den ersten Nachfolgern
bis zur hellenist. Gemeinde, Ev. Theol. 17 (1957), 7—21.

In seinem Buch „Galiläa und Jerusalem" (1936) hat E. L o h m e y e r
die These entwickelt, die er seither in anderen Untersuchungen und bes.
in seinem Markus-Kommentar durchgeführt hat, daß es auf palästinen-
sischem Boden eigentlich zwei Urgemeinden gegeben hat, oder wenigstens
zwei charakteristisch verschiedene Richtungen: die galiläische und die
jerusalemische. Für die galiläische Gemeinde oder Richtung sei die Anschauung von Jesus als dem „Menschensohn" bezeichnend, für die jerusalemische die von ihm als dem „Messias"; aus der galiläischen Gemeinde
stamme aber auch der κύριος-Titel. — Es wird richtig sein, daß es in der
palästinensischen Gemeinde verschiedene Richtungen gab, — schwerlich
jedoch von Anfang an; sie werden sich erst allmählich herausgebildet
haben. Es ist vielleicht auch richtig, daß nach den Ostererlebnissen in
Galiläa nicht die ganze Anhängerschaft Jesu von dort nach Jerusalem
übersiedelte, und daß es neben der jerusalemischen Gemeinde auch eine
galiläische gab, wenngleich diese schwerlich die Bedeutung hatte, die Lohmeyer ihr zuschreibt. Paulus jedenfalls rechnet nur mit der jerusalemischen
Gemeinde, in der ja zunächst die Zwölf an der Spitze standen, bis dann
der Herrenbruder Jakobus die Leitung gewann, — alles Personen, die aus
Galiläa stammten und doch die galiläische Tradition repräsentierten.
Jedenfalls erscheint es als unmöglich, die beiden Titel „Messias" und „Menschensohn" als Ausdruck zweier verschiedener theologischer Anschauungen von Jesus und damit als Kennzeichen zweier verschiedener Gemeinden
oder Richtungen aufzufassen. Beide bezeichnen in gleicher Weise den
eschatologischen Heilbringer, und der alte Messiastitel, einst Ausdruck
der national-israelitischen Hoffnung, war nicht mehr auf diese engere Bedeutung festgelegt, sondern konnte ebenso auf den von der Apokalyptik
erwarteten himmlischen Heilbringer übertragen werden, wie entsprechend
umgekehrt das Heil, das dieser bringt, nicht der nationalistischen Züge zu
entbehren braucht. In den Bilderreden des äthiop. Henoch wechseln

„Menschensohn" und „Messias" als Titel der gleichen Gestalt; im 4. Esra
ebenfalls; in diesem letzteren erscheint auch der messianische Titel
„Knecht Gottes", und zwar wird er ausdrücklich dem „Menschensohn"
beigelegt (13, 32. 37. 52), während syr. Bar. 70, 9 der „Messias" als der
„Gottesknecht" bezeichnet wird. Im übrigen wird im syr. Bar. der „Messias" durchaus als der supranaturale Heilbringer der Apokalyptik gezeichnet, ohne daß er den Titel „Menschensohn" trägt. So läßt sich denn
auch in der synopt. Tradition nicht bemerken, daß die verschiedenen
Bezeichnungen „Messias" und „Menschensohn" Ausdruck verschiedener
Auffassungen der Person Jesu wären, und vollends ist deutlich, daß Paulus, der den apokalyptischen Menschensohntitel nicht verwendet, die Bezeichnung Χριστός (soweit sie bei ihm Titel und nicht Eigenname ist)
nicht im Sinne der nationalen Hoffnung, sondern der Apokalyptik gebraucht.

§ 8. ANSÄTZE
ZUR AUSBILDUNG KIRCHLICHER FORMEN

Lit. zu II (S. 34). – LIGHTFOOT, R. H., Locality and Doctrine in the
Gospels, 1938. – SCHWEIZER, E., Gemeinde und Gemeindeordnung im Neu-
en Testament, 1959. – HAHN, FERD., Der urchristliche Gottesdienst, 1970.
– ROLOFF, J., Art. Apostel/Apostolat/Apostolizität. I. Neues Testament,
TRE, III, 1978, 430–445. – „Soziallehre": TROELTSCH, E., Die Soziallehren
der christlichen Kirchen und Gruppen, 1912. – MEEKS, W. A. (Hrg.), Zur
Soziologie des Urchristentums, 1979. – THEISSEN, G., Studien zur Soziolo-
gie des Urchristentums, (1979) [2]1983. – „Mission": HAHN, FERD., Das
Verständnis der Mission im Neuen Testament, (1963) [2]1965. – KERTELGE,
K. (Hrg.), Mission im Neuen Testament, 1982. – „Hellenisten": HENGEL,
M., Zwischen Jesus und Paulus…, ZThK 72, 1975, 151–206. – WALTER,
N., Apostelgeschichte 6.1 und die Anfänge der Urgemeinde in Jerusalem,
NTSt 29, 1983, 370–393.

1. Welche Konsequenzen hat die Urgemeinde aus ihrem eschatologischen Bewußtsein für ihre praktische, alltägliche Haltung,
zumal für ihr Verhalten gegenüber dem Judentum, seinen Institutionen und seinen Vertretern, gezogen? Wie weit hat sie
die ganze Lebenswirklichkeit im Lichte des eschatologischen Geschehens gesehen?

Selbstverständlich meint die eschatologische Gemeinde nicht
eine neue Religionsgemeinschaft — also ein neues historisches
Phänomen — zu sein und g r e n z t s i c h n i c h t a l s n e u e
R e l i g i o n g e g e n d a s J u d e n t u m a b. Sie hält am
Tempel und seinem Kult fest. Nach Act 2, 46 pflegt sie sich im
Tempelbezirk zu versammeln; nach Mt 5, 23 f. hat sie an den
Opferbräuchen festgehalten, wie ja auch Jesus nicht gegen den

Tempelkult polemisiert hatte (§ 2, 3). Und wie die Legende Mt 17, 24—27 bezeugt, daß die Gemeinde trotz des Wissens um ihre innere Geschiedenheit von der alten jüdischen Gemeinde die Tempelsteuer entrichtet hat, so bezeugt Mk 13, 9 bzw. Mt 10, 17, daß sie sich der synagogalen Rechtsprechung unterstellt weiß. Als Gemeinde der Endzeit versteht sie sich als das wahre Israel, für welches die Verheißungen des AT jetzt ihre Erfüllung finden (§ 6, 6), welches der Zielpunkt der Heilsgeschichte des Volkes Israel ist.

Aber darin ist nun d a s P r o b l e m gegeben: wieweit ist das wahre Israel wirklich als eschatologische Größe verstanden, wieweit nur als Auslese aus dem historischen Volk? Wieweit ist das Subjekt der Heilsgeschichte, Israel, als eine ihrem Sinne nach von vornherein eschatologische Größe verstanden — wie Paulus es tut —, wieweit als das empirisch-historische Volk? Wird die Urgemeinde von der Idee des erwählten Volkes abstreifen, was nur das historische Volk charakterisiert? In welchem Sinne wird das Geschichtsbewußtsein des AT aufgenommen werden?

2. Die Frage wird akut als d i e F r a g e n a c h d e r G e l - t u n g d e s G e s e t z e s. Ist das alttestamentliche Gesetz verbindlich für die Glieder der eschatologischen Gemeinde? Und ist also Gesetzesgehorsam die Bedingung für die Teilnahme am eschatologischen Heil? Auf diese Frage scheint zunächst keine klare Antwort gegeben worden zu sein; ja, die Frage scheint zunächst überhaupt nicht deutlich gestellt worden zu sein. Praktisch muß doch eine relative Freiheit den kultisch-rituellen Forderungen des Gesetzes gegenüber bestanden haben. Denn konnte man Jesu kritische und polemische Worte gegen die jüdische Gesetzlichkeit bewahren, ohne sich an ihnen zu orientieren? Konnte man seine Worte gegen die Lohnrechnerei und den Hochmut der gesetzlich Korrekten weiter überliefern und gleichzeitig die Teilnahme am Heil unter die Bedingung der gesetzlichen Leistung stellen? Freilich ist der von Paulus aufgedeckte Gegensatz: Werke des Gesetzes oder Glaube, in der Urgemeinde nicht explizit geworden. Vielmehr zeigt ihre Haltung gegenüber dem hellenistischen Christentum, zumal gegen Paulus, daß eine Freiheit vom Gesetz nicht erreicht war. Vermutlich hat eine Rückentwicklung stattgefunden und haben Ängstlichkeit und Gesetzestreue allmählich Platz gegriffen, wie es später bei den judenchristlichen Sekten vollends der Fall war. Das geht wohl

teils auf den persönlichen Einfluß des Herrenbruders Jakobus
zurück, teils ist es eine Reaktion gegen die Kritik an Gesetz und
Kultus, die sich aus der hellenistischen Gemeinde erhob. Man
erschrak vor den Konsequenzen, die hier gezogen wurden, und
so entstand das berühmte Jesus in den Mund gelegte Wort:
„Denkt nicht, daß ich gekommen bin, das Gesetz oder die Propheten aufzulösen! Ich bin nicht gekommen aufzulösen, sondern
zu erfüllen! Denn wahrlich ich sage euch: bis der Himmel und
die Erde vergangen sind, soll kein Jota und kein Häkchen vom
Gesetz vergehen . . ." (Mt 5, 17 f.). Und wenn der als der Klein-
ste in der Gottesherrschaft gelten soll, der eines der geringsten
Gebote auflöst (5, 19), so ist das offenbar im Blick auf die Hellenisten, vielleicht auf Paulus selbst, gesprochen.

Die Unsicherheit und Unklarheit ist aber wohl dadurch ge-
fördert worden, daß sich mit der Frage nach dem Gesetz als
Heilsweg eine andere Frage vermischte. Denn das Gesetz war
ja nicht nur Heilsweg, und seine Erfüllung hatte nicht nur den
Charakter einer verdienstlichen Leistung. Es war ja auch die
Gabe Gottes, die dem auserwählten Volk seinen Rang und seine
Würde gab. Die Heilsgeschichte war die Geschichte des Volkes
Israel, die eschatologische Gemeinde war das wahre Israel. Die
Erfüllung des Gesetzes war deshalb insofern die Bedingung für
die Teilnahme am Heil, als sie die Bedingung für die Zugehörigkeit zum Volke Israel war. Und es ist nun deutlich, daß die Urgemeinde an dieser Bedingung festgehalten hat. Wie sehr sie
sich auch (wenigstens in den Anfängen) unter dem Einfluß der
Herrenworte der jüdischen Gesetzlichkeit gegenüber kritisch verhalten haben mag, und wie sehr sie mit dem jüdischen Verdienst-
gedanken gebrochen haben mag — sie hielt am Gesetz fest als
an einem Charakteristikum des auserwählten Volkes, das zu repräsentieren sie sich bewußt war.

Es zeigt sich zunächst daran, daß von Jerusalem aus d i e
H e i d e n m i s s i o n nicht als Aufgabe erfaßt wurde. Das Jesus
in den Mund gelegte Wort: „Geht nicht den Weg zu den Heiden
und betretet keine Stadt der Samariter! Geht vielmehr zu den
verlorenen Schafen des Hauses Israel" (Mt 10, 5 f.) zeigt, daß
es in der Urgemeinde mindestens eine Richtung gab, die die
Heidenmission überhaupt ablehnte, wie auch das Wort Mt 10, 23
nur eine Verkündigung für die Juden voraussetzt. Vielleicht hat
es hier verschiedene Meinungen gegeben, vielleicht hat eine Ent-

wicklung stattgefunden.. Jedenfalls lehren die legendarischen Geschichten vom Zenturio zu Kapernaum (Mt 8, 5—10 par.) und von der Syrophönizierin (Mk 7, 24—30), die beide das gleiche Motiv variieren, einerseits, daß bald auch Heiden in die Heilsgemeinde aufgenommen wurden, andrerseits, daß das nur ausnahmsweise und zögernd geschah. Und das Gleiche läßt die Act 10, 1 ff. verarbeitete Tradition von dem Zenturio Cornelius zu Cäsarea erkennen. Vor allem aber zeigt der Galaterbrief wie die in Act 15 zugrunde liegende Tradition, daß von den Heiden, die sich der eschatologischen Heilsgemeinde anschließen wollten, die Übernahme des Gesetzes, vor allem die Beschneidung, verlangt wurde. Das bedeutet aber: Bedingung für die Teilnahme am Heil ist die Zugehörigkeit zum jüdischen Volk als einer empirisch-historischen Größe. Hier kommt es denn auch zum Konflikt, zuerst in Jerusalem innerhalb der Gemeinde zwischen der alten Anhängerschaft Jesu und den hellenistischen Judenchristen, dann zwischen der Urgemeinde und Paulus.

Hellenistische Juden, die nach Jerusalem zurückgekehrt waren und dort ihre eigenen Synagogen hatten (Act 6, 9), standen von vornherein dem Gesetz freier gegenüber. Es ist verständlich, daß, wenn sich solche der christlichen Gemeinde anschlossen, aus ihren Kreisen Kritik an Gesetz und Tempelkult laut wurde, wie es für den zu ihnen gehörigen Stephanus bezeugt wird (Act 6, 11. 13 f.). Hinter der Erzählung von der Wahl der „sieben Männer" (Act 6, 1 ff.) verbirgt sich offenbar der Konflikt, zu dem es in der jerusalemischen Gemeinde gekommen ist. Denn jene Sieben sind nicht „Diakonen" gewesen, sondern sind, wie ihre Namen (6, 5) zeigen, Vertreter der h e l l e n i s t i s c h e n R i c h t u n g. Auch zeigt das von Stephanus und später von Philippus Erzählte, daß ihr Amt keineswegs der Tischdienst war, sondern daß sie Wortverkündiger gewesen sind. Das Auftreten dieser hellenistischen Christen führte zu einer Empörung der jüdischen Gemeinde, die sich offenbar nicht gegen die alte christliche Urgemeinde richtete, der aber die Hellenisten zum Opfer fielen. Stephanus wurde gesteinigt, seine Gesinnungsgenossen vertrieben, und damit war das Problem zunächst auch für die Urgemeinde niedergeschlagen. Es erhob sich aber alsbald wieder, als sich — und z. T. gerade infolge der Mission der Vertriebenen (Act 8, 4 ff.; 11, 19 ff.) — heidenchristliche Gemeinden bildeten, für die die Übernahme des Gesetzes und vor allem der Beschnei-

dung nicht mehr als Bedingung für den Eintritt in die Gemeinde
und für die Teilnahme am messianischen Heil galt[1].

In der Auseinandersetzung mit Paulus und Barnabas auf dem
„A p o s t e l k o n v e n t", über den Gl 2, 1—10 berichtet[2], hat
die Urgemeinde dann das Recht des gesetzesfreien Heiden-
christentums anerkannt. Als völlig gleichberechtigt wurden die
Heidenchristen aber offenbar nicht angesehen, wie daraus hervorgeht, daß es in Antiochia und vermutlich auch anderwärts
wegen der Frage der Tischgemeinschaft in gemischten Gemeinden zu neuen Konflikten kam (Gl 2, 11 ff.). Um den Streit zu
schlichten, wurden in Jerusalem Bestimmungen erlassen, die
von den Heidenchristen gewisse Konzessionen forderten; es ist
das sog. Aposteldekret (Act 21, 25)[3].

In seiner Monographie „Apostel und Jünger" (1921) versuchte R o l.
S c h ü t z nachzuweisen, daß das gesetzesfreie hellenistische Christentum die frühere Stufe sei, nämlich die in Galiläa, Samaria und in der
Dekapolis auf Grund der Predigt Jesu erwachsenen Gemeinden, während
die gesetzestreue Gemeinde in Jerusalem eine spätere Bildung sei. Diese
durch eine fragwürdige literarkritische Analyse der Act begründete Anschauung läßt sich nicht halten. — Über „das Problem des hellenist.
Christentums innerhalb der Jerusalemer Urgemeinde" handelt W. G r u n d -
m a n n , ZNW 38 (1939), 45—73 auf Grund einer verfehlten Quellen-
scheidung nicht überzeugend. — Über die verschiedenen Richtungen und
die Stellung des Petrus, Jakobus und Paulus innerhalb der Auseinandersetzung vgl. H. L i e t z m a n n , Zwei Notizen zu Paulus, Sitzungsber.
d. Preuß. Ak. d. Wiss., Phil.-Hist. Kl. 1930 VIII; E m . H i r s c h , Paulus
und Petrus, ZNW 29 (1930), 63—76; G e r h. K i t t e l , Die Stellung des
Jakobus zu Judentum und Heidenchristentum, ZNW 30 (1931), 145—157;
W. G r u n d m a n n , Die Apostel zwischen Jerusalem und Antiochia,
ZNW 39 (1940), 110—137.

3. Auch im übrigen ist d i e A u s b i l d u n g d e s K i r -
c h e n b e g r i f f e s in der Urgemeinde natürlich gehemmt
durch die Bindung an die jüdische Gemeinde. Die Kirche als eschatologische Gemeinde hat noch keine ihr entsprechende Dar-

---

[1] Einen Zusammenhang zwischen den „Hellenisten" und der Qumran-
Sekte vermutet schwerlich mit Recht O. C u l l m a n n , JBL 74 (1955), 220
bis 224, bzw. in: The Scrolls and the NT 25—30; ebenso in: Les Manuscrits
de la Mer Morte 1957, 61—74.

[2] Ein Parallelbericht liegt Act 15 vor; aber die hier zugrunde liegende
Quelle erzählte von einer anderen Versammlung und Beschlußfassung,
nämlich von der, deren Ergebnis das sog. Aposteldekret war.

[3] S. vor. Anm.

stellung in einem eigenen Kult gefunden, da die Gemeinde sich
nicht vom Tempelkult gelöst hat. Nur Ansätze dazu sind vorhanden, da die Gemeinde ja nicht nur im Tempelraum, sondern
auch in Privathäusern zusammenkam (Act 2, 46); — ob als ganze
oder in einzelnen Gruppen (vgl. Act 12, 12), darüber fehlen die
Nachrichten; aber mit dem Anwachsen der Gemeinde und zumal nach der Aufnahme hellenistischer Glieder können es doch
wohl nur noch Zusammenkünfte von Gruppen gewesen sein.
Daß man sich hier gemeinsam durch Auslegung der Schrift erbaut und sich die Worte Jesu ins Gedächtnis gerufen hat, wird
sich von selbst verstehen. Es ist auch nicht unmöglich, daß sich
die Urgemeinde einen eigenen Synagogengottesdienst einrichtete,
wie es ja in Jerusalem eine Reihe von Synagogen für die verschiedenen Gruppen des Judentums gab; doch wissen wir davon
nichts.

Ein Ansatzpunkt für die Entwicklung eigener kultischer Formen war natürlich auch d i e T a u f e (§ 6, 3) und waren erst
recht d i e g e m e i n s a m e n M a h l z e i t e n (§ 6, 4), aber
eben nur ein Ansatzpunkt. Denn kann man diese Mahlzeiten gewiß auch Feiern der Gemeinde nennen, so handelt es sich doch
offenbar nicht um eigentlich kultische Feiern, geschweige um das
Sakrament des „Herrenmahles", wie es in den paulinischen bzw.
hellenistischen Gemeinden gefeiert wurde, und dessen Liturgie
wir aus Mk und Paulus kennen. Es handelt sich vielmehr um die
tägliche Hauptmahlzeit zur Sättigung, die feierlich ausgestaltet
wurde. Wird sie als „Brotbrechen" bezeichnet (Act 2, 42. 46), so
geht daraus hervor, daß sie äußerlich den jüdischen Mahlzeiten
glich, die mit dem Akt des Brotbrechens und dem dieses begleitenden Segensspruch begannen. Daß Brotbrechen und Segensspruch zusammengehören, zeigen auch die christlichen Berichte
(Mk 6, 41; 14, 22; Lk 24, 30; Did 9, 3; 14, 1). Natürlich konnte
dabei auch Wein getrunken werden, wenn er zur Verfügung
stand, aber kultische Bedeutung hatte er nicht; sonst könnte
das Mahl nicht einfach das „Brotbrechen" heißen. Der Ursprung
dieser Mahlfeiern liegt ohne Zweifel in der Tischgemeinschaft, zu
der einst Jesus und seine „Jünger" verbunden gewesen waren;
eine spezielle Beziehung zum letzten Mahle Jesu liegt aber dabei
nicht vor; sie findet sich erst beim „Herrenmahl" der hellenistischen Gemeinden.

Zur Unterscheidung der beiden Formen des Abendmahles, der palä-
stinensisch-urgemeindlichen und der hellenistisch-paulinischen, vgl.
H. L i e t z m a n n , Messe und Herrenmahl 1926; O. C u l l m a n n ,
La signification de la Sainte-Cène dans le Christianisme primitif 1936.
Über die das Abendmahl betreffenden Fragen und ihre Diskussion in der
neueren Literatur hat ausführlich und lehrreich E. L o h m e y e r in kritischer Auseinandersetzung gehandelt Th. R. N. F. 9 (1937), 168—227.
273—312; 10 (1938), 81—99. Auch er unterscheidet die beiden Typen,
glaubt jedoch beide schon in der Urgemeinde zu finden, und will sie auf
die beiden Richtungen, die er hier feststellen zu können meint (§ 7, 5),
verteilen: das ,,Brotbrechen" sei die ,,galiläische" Tradition, während
für die ,,jerusalemische" Richtung das Abendmahl bezeichnend sei, das
als gestiftet im letzten Mahle Jesu gilt und in dem das Gedenken an den
Tod Jesu den Mittelpunkt bildet. Diese Anschauung hat L. auch entwickelt
in dem Journ. of Bibl. LVI, III (1937), 217—252. – S. auch E d. S c h w e i-
z e r , Das Herrenmahl im NT, ThLZ 79 (1954), 577—592.

4. D i e L e i t u n g d e r G e m e i n d e lag zunächst in der
Hand der ,,Z w ö l f"; jedoch handelt es sich dabei nicht um ein
eigentliches Gemeindeamt, an dessen Einrichtung man zunächst,
getragen von der Erwartung des nahen Endes, natürlich nicht
gedacht hat. Die ,,Zwölf" sind als die künftigen Fürsten der
12 Stämme Israels (§§ 6, 1. 7, 4) weniger eine Institution als eine
Repräsentation der endzeitlichen Gemeinde als des wahren Israel.
Praktisch haben sie offenbar als Wortverkündiger in und außerhalb der Gemeinde gewirkt und auf Missionswegen Jerusalem
zeitweilig oder auch ganz (wie Petrus) verlassen. Die beherrschende Autorität war zunächst P e t r u s , wie Mt 16, 17—19;
Lk 22, 31 f. und die Rolle, die Petrus sowohl überhaupt in der
synoptischen Tradition wie bei Paulus spielt, bezeugen. Neben
ihm müssen bald der Zebedaide J o h a n n e s und der Herrenbruder J a k o b u s eine führende Stellung gewonnen haben;
Paulus redet von den Dreien als den στῦλοι (Gl 2, 9; vgl. 1, 18 f.).
Als Petrus dann Jerusalem verlassen hatte und Johannes (vermutlich etwa 44) mit seinem Bruder Jakobus hingerichtet worden war, blieb der Herrenbruder Jakobus die maßgebende Autorität (Act 12, 17; 21, 18).

Ein eigentliches Gemeindeamt sind die ,,Ä l t e s t e n" , die
man nach jüdischem Muster offenbar schon relativ früh wählte
— wann wissen wir nicht. Sie begegnen zuerst in dem Quellenstück Act 11, 30, und in dem Quellenstück 21, 18 sind sie neben
Jakobus genannt. Daß in Act 15 (wie 16, 4) die ,,Apostel und
Ältesten" als die Leiter der Gemeinde erscheinen, kann auf die

Redaktion des Verfassers zurückgehen. Vermutlich hat Jakobus im Ältestenkollegium den Vorsitz gehabt.

Die entscheidende Frage ist die: welches ist d i e s a c h - g e m ä ß e I n s t i t u t i o n für die Leitung der eschatologischen Gemeinde? Ohne Zweifel kann sie nur i n d e r W o r t - v e r k ü n d i g u n g b e g r ü n d e t sein, wie es denn für Paulus klar ist, daß Gott mit der „Versöhnung" zugleich die διακονία τῆς καταλλαγῆς, den λόγος τῆς καταλλαγῆς gestiftet hat (2. Kr 5, 18 f.). Diese διακονία, dieser λόγος war in der Urgemeinde zunächst und vor allem die Sache der „Zwölf" — natürlich nicht sofern sie die künftigen zwölf Fürsten der Heilszeit waren, sondern weil sie Wortverkündiger und Hüter der Tradition waren. Denn da die Gemeinde nicht durch die Personen, die sie umschließt, begründet ist als Verein oder Genossenschaft, sondern sich in Gottes Tat begründet weiß, bedarf sie wie die alttestamentlich-jüdische Gemeinde der T r a d i t i o n , in der die sie begründende Geschichte erhalten und vergegenwärtigt wird. Diese Tradition ist sekundär die Überlieferung der Verkündigung Jesu, primär aber die Überlieferung des spezifisch christlichen Kerygmas — jene nur im Rahmen dieser. Die legendarische Geschichte von der Ergänzungswahl für das Zwölferkollegium bringt den Sachverhalt ganz richtig zum Ausdruck: „Es muß nun einer von den Männern, die mit uns gezogen sind in der ganzen Zeit, in der der Herr Jesus bei uns ein- und ausging, vom Anfang an seit der Taufe des Johannes bis zu dem Tage, da er emporgehoben ward von uns fort — es muß einer von diesen Zeuge seiner Auferstehung mit uns werden" (Act 1, 21 f.). Und 1. Kr 15, 3—7 wie auch 11, 23 zeigen, daß sich ein Kerygma, in dem die Tradition vom Heilsgeschehen fixiert ist, herausbildet. Es ist die für die Zukunft bedeutungsvolle Frage, ob und wie das Wort der Tradition als die Kirche konstituierender Faktor erfaßt wird.

Die Tradition fordert Kontinuität, also S u k z e s s i o n , die keine institutionelle und sakramental vermittelte zu sein braucht. Auch bei Paulus (vgl. 1. Kr 12, 28) und noch Eph. 4, 11 f. ist die Sukzession eine freie, d. h. sie ist nicht institutionell geregelt, sondern dem freien Walten des Geistes überlassen. Zunächst ist der Apostel dadurch berufen, daß er „den Herrn — d. h. den Auferstandenen — gesehen hat" (1. Kr 9, 1); sodann ist er legitimiert durch sein ἔργον, sein Missionswerk (1. Kr 9, 1), und das

bedeutet zugleich: er ist ausgewiesen durch „standhafte Geduld
in jeder Weise, durch Zeichen, Wunder und Krafttaten" (2. Kr
12, 12; vgl. 1. Th 1, 5; 1. Kr 2, 4 f.; Rm 15, 19; Hbr 2, 4). Erst
in den Past. zeigt sich der Gedanke der apostolischen Sukzession
als einer Institution, der Brauch der Ordination durch Handauflegung. Schwerlich liegt ein Ansatz dazu in der Urgemeinde
vor in der Verengerung des Begriffs „Apostel" auf die „Zwölf".
Denn wohl ist der Apostelbegriff durch den Gedanken der Tradition und damit des göttlichen Auftrags und der Legitimation
bestimmt. Aber er ist noch nicht auf einen numerus clausus eingeschränkt; denn Paulus nennt alle Missionare ἀπόστολοι (1. Kr
9, 5; Rm 16, 7; 2. Kr 11, 5. 13; 12, 11 f.), und derselbe Sprachgebrauch findet sich noch Act 14, 4. 14; Did 11, 4—6.

K a r l H o l l hat in seinem Aufsatz „Der Kirchenbegriff des Paulus
in seinem Verhältnis zur Urgemeinde" behauptet, daß in der Urgemeinde
das Apostolat eine rechtliche Institution, und zwar auf die Zwölf beschränkt, gewesen sei. Mit Recht dagegen W i l h. M u n d l e, ZNW 22
(1923), 20—42; W. G. K ü m m e l, Kirchenbegriff usw. (s. zu II), 6 f. —
Vgl. auch F e r d. K a t t e n b u s c h, Die Vorzugsstellung des Petrus
und der Charakter der Urgemeinde in Jerusalem, Festgabe für K a r l M ü l l e r
1922, 322—351. – S. auch die S. 39 zu § 6 genannte Lit. und J. D a n i é l o u,
RHPhrel. 35 (1955), 110—113. – Im übrigen s. § 52, 3 zum Apostolat.

Wohl aber findet der Traditions- und Sukzessionsgedanke zunächst einen charakteristischen Ausdruck darin, daß J e r u -
s a l e m a l s d a s Z e n t r u m d e r G e s a m t g e m e i n d e
gilt, und zwar offenbar nicht nur im eigenen Bewußtsein der
Urgemeinde. Er ist ebenso bezeugt durch Paulus wie durch den
Verfasser der Acta. Paulus legt allen Wert darauf, daß die heidenchristlichen Gemeinden, denen dieser Gedanke an sich fern
liegen mußte, den Zusammenhang mit Jerusalem festhalten.
Und unter diesem Gesichtspunkt ist die Bestimmung des „Apostelkonvents", daß die heidenchristlichen Gemeinden für die
Armen in Jerusalem Gelder aufbringen (Gl 2, 10), von besonderer Bedeutung. Wie Paulus sich um diese Kollekte bemüht
hat, zeigen 1. Kr 16, 1—4; 2. Kr 8—9; Rm 15, 25—28. Denn die
Kollekte hat nicht nur den Sinn einer einfachen Wohltat, sondern den eines Glaubensaktes, sofern sie den Zusammenschluß
mit der Heilsgeschichte dokumentiert. Sie ist weder „ein frommes Werk gegenüber dem Kreise der Jerusalemer Charismatiker
und Asketen" (Er. Peterson RGG ² III 464), noch eine Kirchen-
steuer (K. Holl l. c.). Wenn in Act der jerusalemischen Gemeinde

die rechtliche Befugnis der Aufsicht über alle christlichen Gemeinden zugeschrieben wird, so ist das sicher legendär. Barnabas, der nach Act 11, 22 von Jerusalem zur antiochenischen Gemeinde entsandt wird, ist in dem 11, 19—26 zugrunde liegenden Quellenbericht offenbar nicht ein jerusalemischer Inspektor
gewesen, sondern hat (als hellenistischer Judenchrist, vgl. Act
4, 36) selbst zu den aus Jerusalem vertriebenen, die Gemeinde
in Antiochia gründenden Hellenisten gehört.

Gegen H o l l s Behauptung von einem rechtlichen Anspruch der
jerusalemischen Gemeinde auf Aufsicht und Herrschaft über die späteren
Gemeinden s. K ü m m e l l. c. 9. 25. 53 f. (Anm. 85).

5. Natürlich bedurfte d a s i n n e r g e m e i n d l i c h e L e
b e n mit wachsender Mitgliederzahl und fortschreitender Zeit
einer g e w i s s e n R e g e l u n g, die nicht von Fall zu Fall dem
Ältestenkollegium überlassen bleiben konnte; aber die Quellen
lassen davon kaum etwas erkennen. Daß zunächst in der Hand
des Petrus, dann in der Hand der Gemeinde — und das heißt
doch wohl: der Ältesten — die Macht „zu binden und zu lösen"
d. h. eine Disziplinargewalt lag, bezeugen Mt 16, 19; 18, 18, und
Mt 18, 15—17 gibt Regeln für Streitfälle in der Gemeinde. Das
über Jesu Vollmacht zur Sündenvergebung handelnde Stück
Mk 2, 5 b—10, das in die alte Wundergeschichte 2, 1—12 eingeschoben ist, dürfte in der Urgemeinde entstanden sein, die
damit ihr Recht auf Sündenvergebung beweist, indem sie es
auf Jesus zurückführt; ihre Legitimation ist ihre Kraft zu Wunderheilungen [1].

Daß die Apostel-Missionare das Recht auf Unterhalt durch
die Gemeinden haben (1. Kr 9, 1 ff.), was ausdrücklich auf ein
Herrenwort zurückgeführt wird (1. Kr 9, 14; Mt 10, 10 par.),
kann nicht als kirchenrechtliche Bestimmung angesehen werden;
es entspricht jüdischem Brauch und ist, wie Gl 6, 6 zeigt, nicht
auf die Apostel beschränkt.

Es versteht sich von selbst, daß in einer eschatologischen Gemeinde, die auf das nahe Ende dieser Welt wartet, nicht besondere und feste Formen wirtschaftlichen Gemeinlebens ausgebildet wurden. Was man auf Grund von Act 2, 45; 4, 34 ff. manchmal als die Gütergemeinschaft der Urgemeinde bezeichnet, ist
in Wahrheit die lebendige Liebesgemeinschaft. Von einem eigentlichen Kommunismus kann nicht die Rede sein; denn ein sozia-

---

[1] S. Gesch. d. synopt. Trad. [2] 12 f.

les Programm und eine Organisation der Produktion fehlen.

Sind so zu allen institutionellen Formen, die der eschatologischen Gemeinde eine ihr angemessene Gestalt in der geschichtlichen Welt geben, nur Motive und Ansätze vorhanden, so ist andrerseits die Gefahr noch vermieden, daß die Kirche als eine Heilsanstalt aufgefaßt wird, die kraft ihrer Institutionen und Sakramente das Heil vermittelt. Als eschatologische Gemeinde ist sie zwar die Erfüllung der Verheißungen, aber zugleich die auf die Zukunft wartende.

Die F r a g e n , die für die Zukunft erwachsen, sind die folgenden: Wie wird sich der eschatologisch-transzendente Charakter der Gemeinde gegenüber der Bindung an das jüdische Volk durchsetzen, ohne daß die Bindung an die Heilsgeschichte zerrissen wird? Wie wird der Traditions- und Sukzessionsgedanke seine Ausprägung finden? Wird das Wort der konstituierende Faktor bleiben? Und welche Institutionen werden geschaffen werden, durch welche Tradition und Gemeindeleben ihre Ordnung erhalten? Wie wird bei alledem das Verhältnis der Gemeinde zur Person Jesu aufgefaßt werden?

In der paulinischen Anschauung von der Gesetzesfreiheit, von der διακονία bzw. dem λόγος τῆς καταλλαγῆς, vom σῶμα Χριστοῦ und dem Sein ἐν Χριστῷ wird die erste Antwort gegeben werden.

III. DAS KERYGMA DER HELLENISTISCHEN GEMEINDE VOR UND NEBEN PAULUS

Lit. zu II (S. 34). – BAUER, W., Rechtgläubigkeit und Ketzerei im ältesten Christentum, (1934) [2]1964 (mit einem Nachtrag v. G. STRECKER). – FULLER, R. H., The Foundations of New Testament Christology, 1965, bes. 62 ff. 86 ff. 203 ff. – MARSHALL, I. H., Palestinian and Hellenistic Christianity..., NTSt 19, 1972/73, 271–287. – S. auch Lit. zu „Dritter Teil", S. 446.

Vorbemerkungen

1. Geschichtliche Voraussetzung für die paulinische Theologie ist nicht einfach das Kerygma der Urgemeinde, vielmehr das der hellenistischen Gemeinde, durch deren Vermittlung jenes erst an Paulus gelangte. Seine Theologie setzt schon eine gewisse Entwicklung des Urchristentums voraus, die es genommen hatte, nachdem die christliche Botschaft die Grenzen des palästinensischen Judentums überschritten hatte und Gemeinden hellenistischer Christen — Juden- wie Heidenchristen — erwachsen waren.

Die nächste Aufgabe muß es also sein, ein Bild von diesem vor-paulinischen hellenistischen Christentum zu entwerfen.

Aber das vorpaulinische hellenistische Christentum ist von vornherein keine ein-heitliche Größe gewesen, sondern differenzierte sich alsbald, je nachdem Einflüsse der Synagoge oder heidni-scher Religionen — zumal der gnostischen Strömung — wirk-sam waren. Deshalb kommt es natürlich nicht in jeder seiner Formen als Voraussetzung der paulinischen Theologie in Be-tracht, und deshalb erschöpft sich seine Bedeutung auch nicht darin, Vorstufe für Paulus zu sein. Es lebte neben Paulus weiter und entwickelte sich teils auf eigenen Wegen, teils dann auch unter paulinischem Einfluß. Seine einzelnen Typen entfalten sich und finden zum Teil bedeutende Repräsentation wie — ohne paulinischen Einfluß — in der johanneischen Theologie, oder — unter Einwirkung des Paulus — in Ignatius von Antiochia.

Hier soll nun ein Bild von dem vor- und nebenpaulinischen Christentum in möglichster Breite gegeben werden. Dabei wird aber auch die nachpaulinische Zeit berücksichtigt werden, wenn es sich darum handelt, theologische Motive aufzuzeigen, die zwar erst in späterer Zeit in den Quellen bezeugt sind (das könnte rein zufällig sein), ja, die vielleicht sogar erst später wirksam wurden, die aber von vornherein mit der Situation — mit dem Eintritt des Christentums in die hellenistische Welt und der daraus er-wachsenden Problematik — gegeben waren. Das ganze Feld der Bedingungen und Möglichkeiten muß sichtbar gemacht werden, auf dem sich selbständige und bedeutende theologische Erscheinungen erheben und aus dem allmählich die theologischen und kirchlichen Bildungen der alten Kirche erwachsen.

2. Für die Darstellung des vor- und neben-paulinischen hellenistischen Christentums stehen direkte Zeugnisse kaum zur Verfügung; die sog. katho-lischen Briefe stammen alle aus späterer Zeit. Das Bild ist also im wesentlichen durch Rekonstruktion zu gewinnen. Welcher Mittel hat sich die Arbeit zu bedienen? Zur Verfügung stehen 1. einige wenige Angaben der Acta, die in der c. 6—8 und 11, 19—30 verwendeten (antiochenischen?) Quelle enthalten sind. Die Arbeit ist angewiesen 2. auf Rückschlüsse aus den paulinischen Briefen. Natürlich bietet sich

zunächst das als Material, was Paulus selbst als παράδυσις bezeichnet wie 1. Kr 11, 23 ff.; 15, 1 ff., wobei jeweils zu fragen ist,
wieweit solche παράδοσις zurückgeht. Darüber hinaus aber dürfen Sätze und Termini als Überlieferung angesprochen werden,
die den Charakter des für Paulus Selbstverständlichen, allgemein Anerkannten haben, die er nicht neu einführt, beweist und
verteidigt; also etwa Würdetitel Christi, eschatologische Sätze,
der Gebrauch des AT und die Methode seiner Auslegung, Aussagen über die Sakramente und Ähnliches. Endlich sind 3. R ü c k -
s c h l ü s s e a u s a n d e r e n , s p ä t e r e n Q u e l l e n gestattet und geboten, aus Quellen vor allem, die einen unpaulini-
schen Typus hellenistischen Christentums vertreten wie Hebr,
Barn, 1. Klem, Jak und das Kerygma Petri. Auch hier kommen
formelhafte Wendungen, Sätze allgemein anerkannten Charakters in Betracht. Wo solche mit entsprechenden Wendungen und
Sätzen aus Paulus übereinstimmen, sind sie nicht nur Zeugnis
für andere vor und neben Paulus vorhandene urchristliche Typen,
sondern auch für ein gemeinchristliches Kerygma, in dem alle
Formen übereinstimmen. Bestätigend kommt unter Umständen hinzu die Übereinstimmung solcher Sätze mit Motiven der
hellenistisch-jüdischen Propaganda, deren Konkurrentin nicht
nur, sondern deren Erbin auch die christliche Mission weithin
war. Dafür sind 1. Klem und der Hirt des Hermas, aber auch
Jak Zeugnisse.

§ 9. DIE PREDIGT VON GOTT UND SEINEM GERICHT, VON JESUS CHRISTUS, DEM RICHTER UND RETTER, UND DIE FORDERUNG DES GLAUBENS

SEEBERG, A., Der Katechismus der Urchristenheit, (1903) [2]1966 (mit
einer Einführung v. FERD. HAHN). – NORDEN, E., Agnostos Theos, (1913)
[4]1956. – DIBELIUS, M., Paulus auf dem Areopag (1939), in: DERS., Aufsätze
zur Apostelgeschichte, hrg. v. H. GREEVEN, (1951) [4]1961, 29–70. – CULL-
MANN, O., Die ersten christlichen Glaubensbekenntnisse, 1943. – BULT-
MANN, R., Anknüpfung und Widerspruch, (1946), in: DERS., Glauben und
Verstehen. II., (1952) [5]1968, 117–132. – ELTESTER, W., Schöpfungsoffenba-
rung und natürliche Theologie im frühen Christentum, NTSt 3, 1956/57,
93–114. – WILCKENS, U., Die Missionsreden der Apostelgeschichte, (1961)
[3]1974. – RESE, M., Formeln und Lieder im Neuen Testament..., VuF 15,
Heft 2: Neues Testament, 1970, 75–95. – CAMPENHAUSEN, H. v., Das

Bekenntnis im Urchristentum, ZNW 63, 1972, 210–253. – VIELHAUER, PH., Geschichte der urchristlichen Literatur, (1975) ²1978, 9–58. – PAULSEN, H., Das Kerygma Petri und die urchristliche Apologetik, ZKG 88, 1977, 1–37 (bes. 33 ff.). – SYNOFZIK, E., Die Gerichts- und Vergeltungsaussagen bei Paulus, 1977 (bes. 91–94). – HAHN, FERD., Das Bekenntnis zu dem einen Gott im Neuen Testament, in: Das Menschenbild des Nikolaus von Kues und der christliche Humanismus, Festgabe für R. Haubst, 1978, 281–291. – HOLTZ, T., ,,Euer Glaube an Gott". Zu Form und Inhalt von 1Thess 1,9f., in: Die Kirche des Anfangs, für Heinz Schürmann, 1978, 459–488. – DUPONT, J., Le discours à l' Aréopage (Ac 17,22–31) lieu de rencontre entre christianisme et hellénisme, Biblica 60, 1979, 530–546. – BECKER, J., Art. Buße. IV. Neues Testament, TRE, VII, 1981, 446–451. – DEICHGRÄBER, R.-HALL, S. G., Art. Formeln. Liturgische. II. Neues Testament und Alte Kirche, TRE, XI, 1983, 256–265. – Zu 5: SCHLATTER, A., Der Glaube im Neuen Testament, (1885) ⁶1982 (hrg. v. P. STUHLMACHER). – CONZELMANN, H., Die Mitte der Zeit, (1954, 191–197) ⁶1977, 204–210. – BULTMANN, R. u. a., Art. πιστεύειν κτλ., ThW VI, 1959, 174–230 (bes. 197–230). – STUHLMACHER, P., Das paulinische Evangelium. I., 1968. – BURCHARD, C., Formen der Vermittlung christlichen Glaubens im Neuen Testament…, EvTh 38, 1978, 313–357. – MERK, O., Art. κηρύσσω κτλ., EWNT II, 1981, 711–720. – STRECKER, G., Art. εὐαγγελίζω κτλ. u. Art. εὐαγγέλιον κτλ., EWNT II, 1981, 173–176.176–186. – BARTH, G., Pistis in hellenistischer Religiosität, ZNW 73, 1982, 110–126.

1. Die christliche Missionspredigt in der Heidenwelt konnte nicht einfach das christologische Kerygma sein; sie mußte vielmehr beginnen mit der Verkündigung des einen Gottes. Denn nicht nur ist es die herrschende jüdische und judenchristliche Vorstellung, daß der eine wahre Gott der Heidenwelt unbekannt sei und daß heidnische Religion Vielgötterei und Götzendienst sei, sondern in der Tat erreichte die christliche Mission zunächst solche Schichten, in denen der Polytheismus noch eine lebendige Macht war.

Vorangegangen war mit der monotheistischen Predigt die jüdische Mission. Schon in der späteren alttestamentlichen Literatur beginnt die Polemik gegen die heidnischen Religionen und die Kritik an der Verehrung der vielen Götter und an der Art ihrer Verehrung, zumal ihrer bildlichen Darstellung. Das zeigen die Redaktion der zweiten Hälfte des Jesaiabuches und das Buch Daniel wie die in LXX in dasselbe eingeschobene Erzählung von Bel und dem Drachen; ebenso der apokryphe Brief des Jeremias und vor allem die Sap. Sal. Diese aber zeigt zugleich, wie das hellenistische Judentum bei seiner Kritik des Heidentums die in der hellenistischen Aufklärung selbst ent-

wickelte Kritik am naiven Polytheismus und seinen Kulten
ebenso übernahm wie positive Gedanken hellenistisch-philoso-.
phischer Religiosität: Gottes Weltregiment durch die ,,Weis-
heit‘‘ wird nach Analogie der stoischen Anschauung von der
διοίκησις des κόσμος durch das πνεῦμα vorgestellt. Wenn das
4. Makk.-Buch seine Märtyrergeschichte unter das Thema stellt:
εἰ αὐτοκράτωρ ἐστὶν τῶν παθῶν ὁ λογισμός (1, 13), so benutzt
es einen stoischen Satz. Vor allem ist bei Philon die gesamte grie-
chisch-philosophische Tradition in den Dienst der jüdischen
Propaganda gestellt.

Der alttestamentlich-jüdische G o t t e s b e g r i f f wird dabei vielfach modifiziert oder verdeckt durch den Gottesgedanken
der griechisch-philosophischen Tradition, der durch den Gedanken der kosmischen Gesetzlichkeit bestimmt ist. Die natürliche Theologie der Stoa mit ihren Gottesbeweisen wird übernommen und damit auch der Aufweis der πρόνοια Gottes im
Weltgeschehen und der Nachweis der göttlichen Theodizee. Gottes Forderung wird als rationales Sittengesetz entwickelt; der
Begriff der Tugend (ἀρετή), dem AT fremd, und die Vorstellung
von einem System der Tugenden greifen Platz und damit auch
der Gedanke der Erziehung und Methoden der Erziehung.

All das setzt sich in der christlich-hellenistischen Missionspredigt fort, wenngleich zunächst nur in der Übernahme einzelner Motive und mit charakteristischen Modifikationen.

2. In den Grundzügen läßt sich d i e h e l l e n i s t i s c h -
c h r i s t l i c h e M i s s i o n s p r e d i g t und ihre dem Ge-
meindeglauben seine Prägung gebende Sprache folgendermaßen
charakterisieren.

Die Welt des Heidentums gilt als in ἄγνοια und πλάνη versunken.

Paulus, der 1. Th 4, 5 die alttest. Charakteristik der Heiden als (τὰ
ἔθνη) τὰ μὴ εἰδότα τὸν θεόν (Jr 10, 25; ψ 78, 6) aufgreift, redet Gl 4, 8 f. die
galatischen Heidenchristen an: ἀλλὰ τότε μὲν οὐκ εἰδότες θεὸν ἐδουλεύσατε
τοῖς φύσει μὴ οὖσιν θεοῖς · νῦν δὲ γνόντες θεόν . . . Act 17, 30 redet von der
vorchristlichen Zeit als den χρόνοι τῆς ἀγνοίας, wie denn die Areopagrede
an die Altarinschrift ἀγνώστῳ θεῷ (17, 23) anknüpft. Eph 4, 18 charakterisiert die ἔθνη als ἐσκοτωμένοι τῇ διανοίᾳ ὄντες, ἀπηλλοτριωμένοι τῆς ζωῆς τοῦ
θεοῦ διὰ τὴν ἄγνοιαν τὴν οὖσαν ἐν αὐτοῖς, und 1. Pt 1, 14 mahnt zu einem
Wandel μὴ συσχηματιζόμενοι ταῖς πρότερον ἐν τῇ ἀγνοίᾳ ὑμῶν ἐπιθυμίαις.
Die Ἕλληνες werden Ker Pt 2 als ἀγνοίᾳ φερόμενοι καὶ μὴ ἐπιστάμενοι τὸν
θεόν gekennzeichnet, und von ihren früheren Sünden heißt es ibid. 3:
ὅσα ἐν ἀγνοίᾳ τις ὑμῶν ἐποίησεν μὴ εἰδὼς σαφῶς τὸν θεόν. (Solche Aussagen

sind typisch und vererben sich weiter; für die Apologeten vgl. Justin apol. I 12, 11; Aristid. 17, 3 p. 27, 15 Geffcken; Athenag 28 p. 147, 10 f. Geffcken; s. auch M. Dibelius zu 1. Tim 1, 13 im Hdb. z. NT).

Ähnlich ist von der *πλάνη* der Heiden die Rede Rm 1, 27; 2. Pt 2, 18; 2. Klem 1, 7; die Heidenchristen waren einst *πλανώμενοι* Tit 3, 3 oder *ὡς πρόβατα πλανώμενοι* 1. Pt 2, 25. Vgl. Hbr 5, 2; doch sind die hier genannten *ἀγνοοῦντες καὶ πλανώμενοι* vielleicht nicht speziell die Heiden, sondern die Sünder überhaupt.

Den christlichen Glauben annehmen heißt deshalb: „Gott" oder „die Wahrheit erkennen." *ἀλήθεια*

Γινώσκειν (*τὸν*) *θεόν* gebraucht für die Bekehrung zum christlichen Glauben Paulus (Gl 4, 9) wie z. B. 1. Klem 59, 3; 2. Klem 17, 1 (vgl. 3, 1); Herm sim IX 18, 1 f. — Besonders gerne wird *ἐπίγνωσις* und *ἐπιγινώσκειν* in diesem Sinne gebraucht; und Obj. ist dann nicht nur Gott (so Herm sim IX 18, 1 u. sonst), sondern häufiger die *ἀλήθεια*. Christ werden heißt *εἰς ἐπίγνωσιν ἀληθείας ἐλθεῖν* (1. Tim 2, 4) oder *λαβεῖν τὴν ἐπίγνωσιν τῆς ἀληθείας* (Hbr 10, 26) oder *ἐπιγινώσκειν τὴν ἀλήθειαν*. In diesem Sinne finden sich *ἐπιγινώσκειν* und *ἐπίγνωσις* auch Kol 1, 6; Tit 1, 1; 2. Pt 1, 3; 2, 20 f.; 2. Klem 3, 1; Ker Pt 3; Herm sim IX 18, 1. Nach 1. Klem 59, 2 hat Gott die Gemeinde berufen *ἀπὸ ἀγνωσίας εἰς ἐπίγνωσιν δόξης ὀνόματος αὐτοῦ*. Das entspricht dem Sprachgebrauch des hellenistischen Judentums; vgl. ThWB I 706, 22 ff.

Ἀλήθεια ist in diesem Zusammenhang die rechte Lehre, der rechte Glaube im Gegensatz zu *ἄγνοια* und *πλάνη*, so daß Paulus seine apostolische Tätigkeit als *φανέρωσις τῆς ἀληθείας* bezeichnen kann (2. Kr 4, 2), was sachlich damit gleichbedeutend ist, daß Gott durch ihn die *ὀσμὴ τῆς γνώσεως αὐτοῦ* verbreitet (2. Kr 2, 14). Der christliche Glaube heißt 1. Pt 1, 22 *ὑπακοὴ τῆς ἀληθείας* (vgl. Gl 5, 7). Die Predigt des Evg. kann *λόγος τῆς ἀληθείας* genannt werden (2. Kr 6, 7; Kol 1, 5; Eph 1, 13 u. ö.). Auch das entspricht dem hellenistisch-jüdischen Sprachgebrauch; vgl. ThWB I. 244, 32 ff.

Daß Paulus seine Missionspredigt mit der **Verkündigung des einen Gottes** begann, läßt 1. Th 1, 9 erkennen, wo er die Thessalonicher daran erinnert: *πῶς ἐπεστρέψατε πρὸς τὸν θεὸν ἀπὸ τῶν εἰδώλων δουλεύειν θεῷ ζῶντι καὶ ἀληθινῷ*; ebenso die Erinnerung an die einstige Verehrung der *ἄφωνα εἴδωλα* (1. Kr 12, 2) oder der *φύσει μὴ ὄντες θεοί* (Gl 4, 8). Wie der monotheistische Glaube charakteristisch und konsequenzenreich ist für die ganze Gemeinde, zeigt 1. Kr 8, 4—6: das Bewußtsein *ὅτι οὐδὲν εἴδωλον ἐν κόσμῳ καὶ ὅτι οὐδεὶς θεὸς εἰ μὴ εἷς* führt bei den „Starken" zu einem leichtsinnigen Verhalten gegenüber heidnischen Kultmahlen.

Solche Predigt des Monotheismus ist natürlich nicht für Paulus speziell charakteristisch. Er setzt darin die Propaganda des

hellenistischen Judentums fort, und aus dessen Schriften darf
man sich die urchristliche Missionspredigt, für die uns ja die
direkten Quellen fehlen, anschaulich machen.

Vgl. Ps.-Aristeas 132 ff.: προϋπέδειξε γὰρ (ὁ νομοθέτης ἡμῶν) πρῶτον
πάντων, ὅτι μόνος ὁ θεός ἐστι καὶ διὰ πάντων ἡ δύναμις αὐτοῦ φανερὰ γίνεται.
Als der Richter schaut Gott alles, was auf Erden geschieht, und keiner
bleibt ihm verborgen. (Es folgt dann eine Polemik gegen den Polytheismus und eine Apologie des Gesetzes.) — Philon beschließt seine Erklärung der Schöpfungsgeschichte mit der Zusammenfassung: Fünf Dinge
sind es, die Mose durch die Schöpfungsgeschichte lehrt: 1. ὅτι ἔστι τὸ
θεῖον καὶ ὑπάρχει . . . 2. ὅτι θεὸς εἷς ἐστι . . . 3. ὅτι γενητὸς ὁ κόσμος . . .
4. ὅτι εἷς ἐστι ὁ κόσμος . . . 5. ὅτι καὶ προνοεῖ τοῦ κόσμου ὁ θεός (Opif.
mundi 170—172).

Ebenso reden neben und nach Paulus die anderen christlichen Missionare. Beispiele dafür sind die Reden, die der Verf.
der Act den Paulus in Lystra und in Athen halten läßt (Act 14,
15—17; 17, 23—30). Zu den Anfangsgründen des Christentums
gehört nach Hbr 6, 1 die πίστις ἐπὶ θεόν (vgl. 1. Pt 1, 21).

Dementsprechend heißt es Herm mand 1 (wo jüdische·Tradition verarbeitet ist): πρῶτον πάντων πίστευσον, ὅτι εἷς ἐστιν ὁ θεὸς ὁ τὰ πάντα κτίσας
καὶ καταρτίσας καὶ ποιήσας ἐκ τοῦ μὴ ὄντος εἰς τὸ εἶναι, τὰ πάντα χωρῶν,
μόνος δὲ ἀχώρητος ὤν. πίστευσον οὖν αὐτῷ καὶ φοβήθητι αὐτόν. Nach Ker
Pt 3 sendet Jesus die Apostel aus εὐαγγελίσασθαι τοὺς κατὰ τὴν οἰκουμένην ἀνθρώπους γινώσκειν ὅτι εἷς θεός ἐστιν, und so erklingt der Ruf (2):
γινώσκετε οὖν ὅτι εἷς θεός ἐστιν, ὃς ἀρχὴν πάντων ἐποίησεν, καὶ τέλους ἐξουσίαν
ἔχων. Fernere Beispiele sind 2. Klem 1, 4 ff.; Arist. Apol. 15, 3 p. 23, 20 ff.
Geffcken; Ps-Clem hom 15, 11 p. 150, 10 ff. Lag. — Texte zur Gotteslehre sind zusammengestellt bei Alfr. Seeberg, Die Didache des Judentums 11—23. Vgl. auch O. Cullmann, Die ersten christl. Glaubensbekenntnisse, 1943.

Formelhafte Wendungen, feste Prägungen werden aus der alttest.-
jüdischen oder aus der hellenistischen Aufklärungs-Theologie übernommen,
gehen neue Verbindungen ein oder entstehen auch neu. Das philonische
ὅτι εἷς ἐστιν ὁ θεός (s. o.) begegnet wie Herm mand 1 und Ker
Pt 2 f. (s. o.): Jak 2, 19; Ign Mg 8, 2 und ähnlich Rm 3, 30; 1. Kr 8, 6;
Eph 4, 6; 1. Tim 2, 5; 1. Klem 46, 6. Vgl. auch Er. Peterson, Εἷς Θεός
1926; H. Lietzmann, ZNW 21 (1922), 6 f. — Ein stehendes Gottesattribut ist μόνος, das schon dem AT und Judentum geläufig ist, sich
aber auch in der griechischen Antike findet (s. Bultmann, Das Joh-Evg
204, 2); vgl. 1. Tim 1, 17; 6, 15 f. und die Doxologien Rm 16, 27; Jud
25. Es wird bes. gerne mit ἀληθινός verbunden: Joh 17, 3; 1. Klem
43, 6 u. sonst (a. a. O. 378, 2 und H. Lietzmann, ZNW 21 (1922), 6 f.).
Dieses, das gleichfalls aus der alttest.-jüd. Tradition stammt (אֱלֹהֵי אֱמֶת
bzw. אֱמֶן), findet sich natürlich auch allein bzw. in anderen Verbindungen;
vgl. 1. Joh 5, 20; Apk 6, 10 u. sonst (s. ThWB I 250, 14 ff.). 1. Th 1, 9 ist

es mit ζ ῶ ν verbunden, ebenfalls ein alttest.-jüd. Gottesattribut (חַ אֵל),
das Paulus auch 2. Kr 3, 3; Rm 9, 26 (Zitat) verwendet; vgl. weiter
[2. Kr 6, 16]; 1. Tim 3, 15; Act 14, 15; Hbr 3, 12; 9, 14; 10, 31; 12, 22;
Ign Phld 1, 2; 2. Klem 20, 1; Herm vis II 3, 2; III 7, 2; sim VI 2, 2; im
Gegensatz dazu sind die heidnischen Götter νεκροί 2. Klem 3, 1; vgl.
Sap 15, 17.

Das Wesen Gottes wird als das des S c h ö p f e r s beschrieben, oft in alttest.-jüd. Wendungen. „Du bist es, der den Himmel
und die Erde und das Meer und alles, was in ihnen ist, geschaffen
hat", heißt es in voller liturgischer Sprache in dem Gebet Act
4, 24, ebenso in der Rede 14, 15, in der dann V. 17 das Schöpfertum Gottes weiter beschrieben ist. Ähnlich Apk 10, 6; 14, 7;
noch prunkvoller Herm vis I 3, 4. Kürzer: σὺ ἔκτισας τὰ πάντα
Apk 4, 11; Did 10, 3, wie denn Gott als der τὰ πάντα κτίσας
Eph 3, 9 oder als der ζωογονῶν τὰ πάντα 1. Tim 6, 13 charakterisiert wird; oder mit stärkerem Ausdruck: ὁ ζωοποιῶν τοὺς
νεκροὺς καὶ καλῶν τὰ μὴ ὄντα ὡς ὄντα Rm 4, 17 (vgl. Herm mand
1, s. o. und Herm sim V 5, 2; VI 4). Die Schöpfung aus dem
Nichts wird, hellenistisch-jüdischer Tradition entsprechend, auch
Herm vis I 1, 6; mand I 1; 2. Klem 1, 8 betont.

Vgl. weiter die ausführliche Beschreibung des Schöpferwaltens Gottes
1. Klem 20; 59, 3; 60, 1. Mit Gottes Bezeichnung als κ τ ί σ τ η ς wird
gerne die als π α τ ή ϱ verbunden: 1. Klem 19, 2; 62, 2, und natürlich
begegnet πατήϱ auch allein oder in anderen Verbindungen: 1. Kr 8, 6; Eph
3, 14 f.; 4, 6; Did 1, 5; 1. Klem 23, 1; 29, 1; 2. Klem 14, 1; Ign Rm inscr.,
mit δ η μ ι ο υ ϱ γ ό ς verbunden 1. Klem 35, 3 (dieses auch 1. Klem 20, 11;
26,1; 33,2; 59, 2). Zu πατήρ tritt π α ν τ ο κ ρ ά τ ω ϱ als Attribut Mart
Pol 19, 2 (wie später im röm. und im jerus. Symbol), das auch zu θεός
(1. Klem prooem.; 2, 3; 32, 4; 62, 2; Pol Phil inscr.) oder zu δεσπότης
gefügt wird (Did 10, 3); als Attribut des βούλημα Gottes erscheint es
1. Klem 8, 5, seines ὄνομα 1. Klem 60, 4; Herm vis III 3, 5, und selbständig bzw. als Apposition zu θεός steht es Apk 1, 8; 4, 8; 11, 17 usw. (9mal).
— Häufig sind auch partizipiale Charakteristika wie ὁ κ τ ί σ α ς (s. o.),
ὁ π ο ι ή σ α ς (Did 1, 2; 1. Klem 7, 3; 14, 3; Barn 16, 1), ὁ π λ ά σ α ς
(1. Klem 38, 3; Barn 19, 2). — Da der Weltschöpfer auch der Regent
der Welt ist, so heißt Gott in solchen Zusammenhängen nicht selten
ὁ δ ε σ π ό τ η ς (Act 4, 24; Apk 6, 10), ὁ δεσπότης τῶν ἀπάντων (1. Klem
8, 2; 32, 2; 52, 1, mit δημιουργός verbunden 1. Klem 20, 11; 33, 2). Außerdem begegnen z. B. δυνάστης (1. Tim 6, 15), βασιλεὺς τῶν αἰώνων (1. Tim
1, 17), βασιλεὺς τῶν βασιλευόντων καὶ κύριος τῶν κυριευόντων (1. Tim 6, 15),
ὁ τοῦ παντὸς κόσμου κυριεύων (Barn 21, 5). — Über diese und ähnliche
Bezeichnungen Gottes als des Schöpfers s. W. B o u s s e t , Kyrios Chr.[2]
291 f.; H. L i e t z m a n n ZNW 21 (1922), 6 f. — Über die entsprechenden
jüdischen Gottesbezeichnungen: W. B o u s s e t , Die Religion des Judentums [2] 1926, 359 f. 375 ff.

Daneben dienen hellenistische (stoische) Formeln, um Gottes
Schöpfertum und Weltherrschaft zu beschreiben. Gott wird gepriesen, *ὅτι ἐξ αὐτοῦ καὶ δι' αὐτοῦ καὶ εἰς αὐτὸν τὰ πάντα* (Rm
11, 36); er ist der, *ἐξ οὗ τὰ πάντα καὶ ἡμεῖς εἰς αὐτόν* (1. Kr 8, 6),
der, *δι' ὃν τὰ πάντα καὶ δι' οὗ τὰ πάντα* (Hbr 2, 10), *ὁ ἐπὶ πάντων καὶ διὰ πάντων καὶ ἐν πᾶσιν* (Eph 4, 6, wo die kosmologische
Formel aber wohl in ekklesiologischem Sinne verstanden werden
soll). Eine andere Formel, die Gottes Immanenz und Transzendenz zugleich ausdrücken soll, ist das *πάντα χωρῶν, μόνος δὲ
ἀχώρητος ὤν* Herm mand I 1 (s. o.) bzw. *ὁ . . . ἀχώρητος ὃς τὰ
πάντα χωρεῖ* Ker Pt 2, die auch im hellenist. Judentum variiert
wird.

Die hellenistischen Parallelen dazu bei H. L i e t z m a n n zu Rm 11, 36
und bei M. D i b e l i u s zu Kol 1, 16 f. im Handb. z. NT und bei E d. N o r -
d e n, Agnostos Theos 1913, 240—250. 347 f.; ferner bei M. D i b e l i u s
zu Herm mand I 1 im Ergänzungsbd. zum Hdb. z. NT.

Die „n a t ü r l i c h e   T h e o l o g i e" der Stoa mit ihrem
Gottesbeweis — die menschliche Vernunft erschließt aus der
sichtbaren Welt den unsichtbaren Schöpfer, aus den Werken
den Werkmeister — wird von Paulus Rm 1, 19 f. übernommen
und in noch größerem Umfang von dem Verfasser der Act in
der dem Paulus in den Mund gelegten Areopagrede 17, 23 ff.:
die Ordnung der Epochen und der Erdzonen beweist Gottes Welt-
regierung. Erst recht beschreibt 1. Klem 20 nach stoischem Vorbild das göttliche Weltregiment (*διοίκησις*), das sich in der Gesetzmäßigkeit des Naturlaufs kundtut. Im Beweis für die Totenauferstehung begegnet 1. Klem 24, 5 auch der Begriff der göttlichen *πρόνοια*, der im NT noch fehlt, weil der Gedanke hier
nicht an der Natur, sondern an der Geschichte interessiert ist,
und weil deshalb statt des Begriffes der „Vorsehung" der der
göttlichen Determination (*προγινώσκειν, προορίζειν* u. dgl., vgl.
Rm 8, 29 f. usw.) bestimmend ist. Aber wie das hellenistische
Judentum den Begriff der *πρόνοια* übernommen hatte, so übernimmt ihn alsbald auch das Christentum, und wir können nicht
wissen, ob es nicht schon vor oder neben Paulus geschah. Zum
ersten Zeugnis nach 1. Klem gesellt sich Herm vis I 3, 4, wo der
Begriff *πρόνοια* mit alttestamentlichen Begriffen, die Gottes Walten beschreiben, verkoppelt ist. Paulus selbst hat jedenfalls schon
den Begriff der *φύσις* übernommen (1. Kr 11, 14) samt den
Wendungen *παρὰ* bzw. *κατὰ φύσιν* (Rm 1, 26; 11, 24), in denen

das stoische Verständnis des Menschen als eines in den kosmischen Zusammenhang eingefügten Wesens sich dokumentiert. Und daß das auch neben ihm geschah, zeigen Jak 3, 7; Ign Eph 1, 1; Tr 1, 1 (mit der Antithese κατὰ χρῆσιν — κατὰ φύσιν); Barn 10, 7; ja 2. Pt 1, 4 sogar durch die Wendung ἵνα . . . γένησθε θείας κοινωνοὶ φύσεως. Auch andere dem AT noch fremde anthropologische Begriffe der popularphilosophischen Tradition sind schon von Paulus übernommen worden wie συνείδησις (Rm 2, 15; 1. Kr 8, 7 usw.), τὰ καθήκοντα (Rm 1, 28) und ἀρετή im Sinne von „Tugend" (Phl 4, 8), die auch außerhalb seiner bezeugt sind (συνείδησις wie in Past, Hbr, 1. Pt Act, so in 1. Klem, bei Ign, Did 4, 14; Barn 19, 12; ἀρετή 2. Klem 10, 1, Herm mand I 2; VI 2, 3 u. ö.; κατὰ bzw. παρὰ τὸ καθῆκον 1. Klem 3, 4; 41, 3; καθηκόντως 1. Klem 1, 3; ebenso τὰ ἀνήκοντα Did 16, 2; 1. Klem 35, 5; 45, 1; 62, 1; Barn 17, 1). Die hellenistische Weise, Gottes Wesen via negationis zu beschreiben, wird von der christlichen Sprache schnell angeeignet, indem sie die mit α priv. gebildeten Adjektive benutzt wie ἀόρατος (Rm 1, 20; Kol 1, 15 f.; 1. Tim 1, 17; Hbr 11, 27; Ign Mg 3, 2; Herm vis I 3, 4; III 3, 5; 2. Klem 20, 5) und ἄφθαρτος (Rm 1, 23; 1. Tim 1, 17). Ign Pol 3, 2 sind ἄχρονος, ἀόρατος, ἀψηλάφητος und ἀπαθής gehäuft, und Ker Pt 2 findet sich die ausführliche Beschreibung des Wesens Gottes: ὁ ἀόρατος ὃς τὰ πάντα ὁρᾷ, ἀχώρητος ὃς τὰ πάντα χωρεῖ, ἀνεπιδεὴς οὗ τὰ πάντα ἐπιδέεται καὶ δι᾽ ὃν ἐστιν· ἀκατάληπτος, ἀέναος, ἄφθαρτος, ἀποίητος ὃς τὰ πάντα ἐποίησεν λόγῳ δυνάμεως αὐτοῦ. Davon begegnet das ἀχώρητος auch Herm mand I 1, während das ἀνεπιδεής ein charakteristisch griechisch-hellenistisches Motiv aufgreift, das ebenso Act 17, 25; 1. Klem 52, 1 und dann in der Apologetik variiert wird. In alledem war natürlich das hellenistische Judentum schon vorausgegangen.

Endlich sei hier noch darauf hingewiesen, daß schon die Areopagrede Act 17, 28 f. den hellenistischen Gedanken der Gottesverwandtschaft des Menschen aufgenommen und gar durch ein Zitat aus dem stoischen Dichter Aratos zum Ausdruck gebracht hat, und daß das griechische Gottesattribut μακάριος schon 1. Tim 1, 11; 6, 15 begegnet.

3. Nach jüdischer Auffassung besteht ein u r s ä c h l i c h e r Z u s a m m e n h a n g z w i s c h e n d e m h e i d n i s c h e n P o l y t h e i s m u s u n d G ö t z e n d i e n s t u n d d e r V e r s u n k e n h e i t d e r H e i d e n w e l t i n S ü n d e

und Laster. Diese Anschauung hat auch Paulus übernommen; Rm 1, 24—32 erscheinen die heidnischen Laster als Folge bzw. als göttliche Strafe für die Ursünde des Götzendienstes. Und so versteht es sich für die urchristliche Anschauung von selbst, daß heidnisches Leben ein Wandel in Sünden ist, der in Lasterkatalogen beschrieben wird, wie sie schon das hellenistische Judentum aus der ethischen Paränese des Hellenismus übernommen hatte (Rm 1, 29—31; 1. Kr 6, 9 f.; Gl 5, 19—21; Kol 3, 5. 8; Eph 4, 31; 5, 3 f.; 1. Tim 1, 9 f.; 1. Klem 35, 5; Polyk Phl 2, 2; 4, 3 usw.). Wie Paulus Rm 6, 17 f.; 1. Kr 6, 9—11 das Einst und Jetzt der Heidenchristen als die Zeit der Sünde und der Gerechtigkeit einander gegenüberstellt, so entsteht sehr schnell ein Schema der urchristlichen Predigt, in dem dieser Gegensatz von Einst und Jetzt variiert wird (Kol 1, 21 f.; 3, 5 ff.; Eph 2, 1 ff. 11 ff.; Tit 3, 3 ff.; 1. Pt 1, 14 f.; 2, 25; 2. Klem 1, 6 ff.).

Der Ruf zum Glauben an den einen wahren Gott ist deshalb zugleich der Ruf zur Buße (μετάνοια). Am Eingang zum Christentum steht verbunden mit der πίστις ἐπὶ ϑεόν (s. o. 2) die μετάνοια ἀπὸ νεκρῶν ἔργων d. h. die Buße bzw. Umkehr von den sündigen Werken (Hbr 6, 1). Und entsprechend läßt der Verf. der Act den Paulus vor Agrippa sagen: ἀπήγγελλον μετανοεῖν καὶ ἐπιστρέφειν ἐπὶ τὸν ϑεόν ... (26, 20). Wie die „Bekehrung" zu Gott und die Buße eine Einheit bilden, zeigt auch Apk 9, 20 f. (vgl. 16, 9. 11). Der spezifisch christliche Abschluß der Areopagrede setzt mit der Wendung ein: τοὺς μὲν οὖν χρόνους τῆς ἀγνοίας ὑπεριδὼν ὁ ϑεὸς τὰ νῦν ἀπαγγέλλει τοῖς ἀνϑρώποις πάντας πανταχοῦ μετανοεῖν (Act 17, 30) und im Rückblick auf seine Mission charakterisiert sich der Paulus der Act als διαμαρτυρόμενος ... τὴν εἰς ϑεὸν μετάνοιαν (20, 21). Bei Paulus selbst spielt der Begriff der μετάνοια nur eine verschwindende Rolle (Rm 2, 4; 2. Kr 12, 21; dagegen 2. Kr 7, 9 f. von der Buße des Christen), was später seine Erklärung finden wird. Sonst aber erscheint die μετάνοια als grundlegende Forderung, wie außer den genannten Stellen noch etwa Ign Eph 10, 1 und besonders Kg Pt 3 zeigen kann: ὅσα ἐν ἀγνοίᾳ τις ὑμῶν ἐποίησεν μὴ εἰδὼς σαφῶς τὸν ϑεόν, ἐὰν ἐπιγνοὺς μετανοήσῃ, πάντα αὐτῷ ἀφεϑήσεται τὰ ἁμαρτήματα. Das geht endlich noch aus zwei Tatsachen hervor. Einmal daraus, daß die Buße, die den Weg zum Heil erschließt, selbst als Gabe Gottes bezeichnet werden kann, wie Act 11, 18: ἄρα

καὶ τοῖς ἔθνεσιν ὁ θεὸς τὴν μετάνοιαν εἰς ζωὴν ἔδωκεν (vgl. 5, 31),
1. Klem 7, 4, wo vom Blute Christi gesagt wird: παντὶ τῷ κόσμῳ μετανοίας χάριν ὑπήνεγκεν (vgl. 8, 5) und Barn 16, 9, wo es
von Gott heißt: μετάνοιαν διδοὺς ἡμῖν (vgl. Pol Phl 11, 4; Herm
sim VIII 6, 1 f.). Sodann daraus, daß schon sehr früh die Frage
nach der Möglichkeit wiederholter Buße erörtert wird. Wird diese
Hbr 6, 4—6 für unmöglich erklärt, so weiß sich der Verfasser des
Hirten des Hermas durch eine Offenbarung dazu berufen, der
christlichen Gemeinde noch einmal und zum letzten Male die
Buße zu predigen.

Der Ruf zur Buße gründet aber darin, daß G o t t   d e r   S c h ö p -
f e r   z u g l e i c h   d e r   R i c h t e r   ist; und zwar vollzieht er
sein Gericht nicht (oder jedenfalls nicht nur und nicht haupt-
sächlich) jeweils im Schicksal des Sünders — ein Gedanke, der,
wie er dem Judentum geläufig, so auch dem Heidentum nicht
fremd ist —, sondern er wird demnächst über die ganze Welt
Gericht halten. Die christliche Predigt vom einen wahren Gott
ist deshalb zugleich e s c h a t o l o g i s c h e   V e r k ü n d i -
g u n g , die Predigt vom bevorstehenden W e l t g e r i c h t .
Stimmt sie darin mit der jüdischen Apokalyptik überein (im
hellenistischen Judentum war dieses Motiv zurückgetreten), so
liegt ihre Eigentümlichkeit einmal darin, daß sie das Weltgericht
als ein nahe bevorstehendes verkündigt, und sodann darin, daß
sie den Vollzug dieses Gerichtes bzw. die Befreiung von dem
vernichtenden Urteil des Gerichtes an die Person Jesu bindet.

Wie die monotheistische Predigt, der Ruf zur Buße und die
Verkündigung des eschatologischen Gerichtes eine Einheit bilden, zeigt Act 17, 31, wo der auf die Verkündigung des einen
Gottes folgende Ruf zur Buße (s. o.) begründet wird: καθότι
ἔστησεν ἡμέραν ἐν ᾗ μέλλει κρίνειν τὴν οἰκουμένην ἐν δικαιοσύνῃ ἐν
ἀνδρὶ ᾧ ὥρισεν· Ebenso bezeugt 1. Th 1, 9 f. die Zusammengehörigkeit der monotheistischen und der eschatologischen Predigt:
πῶς ἐπεστρέψατε πρὸς τὸν θεὸν ἀπὸ τῶν εἰδώλων δουλεύειν θεῷ ζῶντι
καὶ ἀληθινῷ, καὶ ἀναμένειν τὸν υἱὸν αὐτοῦ ἐκ τῶν οὐρανῶν, ὃν
ἤγειρεν ἐκ νεκρῶν, Ἰησοῦν τὸν ῥυόμενον ἡμᾶς ἐκ τῆς ὀργῆς τῆς ἐρχομένης. Zu den Elementen des Christentums gehört nach Hbr 6, 2
außer der μετάνοια und der πίστις ἐπὶ θεόν (außer der Lehre von
Taufe und Handauflegung) die Lehre von der ἀνάστασις νεκρῶν
und dem κρίμα αἰώνιον. Charakteristisch heißt es auch Hbr 11, 6:
πιστεῦσαι γὰρ δεῖ τὸν προσερχόμενον θεῷ, ὅτι ἔστιν καὶ τοῖς ἐκζη-

bevorstehendes Gericht

τοῦσιν αὐτὸν μισθαποδότης γίνεται. Und wenn Herm mand I auf
das πρῶτον πάντων πίστευσον ὅτι εἷς ἐστιν ὁ θεός . . . (s. o. 2)
folgt: πίστευσον οὖν αὐτῷ καὶ φοβήθητι αὐτόν, φοβηθεὶς δὲ ἐγκρά-
τευσαι, so ist darin der Hinweis auf den Richter enthalten.

Wie die Verkündigung des bevorstehen-
den Gerichtes alle Schriften des NT durchzieht, ist un-
nötig auszuführen. Eine besondere Bewandtnis hat es nur mit
dem Evangelium und den Briefen des Joh; aber wenn hier der
Gerichtsgedanke eine eigenartige neue Deutung gefunden hat,
so beweist das nur, wie fest er als solcher in das Gefüge des
christlichen Gedankengutes hineingehörte. In der traditionellen
Auffassung, nämlich als der Gedanke des bevorstehenden Welt-
gerichtes als eines gewaltigen eschatologischen Dramas, erscheint
er ebenso bei Paulus wie in der deuteropaulinischen Literatur,
in Act wie in Hbr und Jak, ausgestaltet in gewaltigen Bildern
in Apk und gegen Zweifel verteidigt in 2. Pt. Bemerkenswert und
charakteristisch dafür, wie sehr sich Paulus mit solcher Verkündigung im Rahmen der gemeinchristlichen Predigt bewegt, ist
es, daß er sich nicht scheut, in wenigstens scheinbarem Widerspruch zu seiner Lehre von der Rechtfertigung allein aus Glauben, vom Gericht nach den Werken zu reden (1. Kr 3, 13—15;
4, 5; 2. Kr 5, 10; Rm 2, 5 ff.; 14, 10; dagegen ist Rm 2, 16
Glosse). So zieht sich denn auch die Mahnung zur Bereitschaft,
die Warnung vor dem Lässigwerden durch das ganze NT. Denn
es gilt: ὁ καιρὸς συνεσταλμένος ἐστίν d. h. die Frist bis zum Ende
ist nur noch kurz (1. Kr 7, 29); ἡ νὺξ προέκοψεν, ἡ δὲ ἡμέρα ἤγγικεν
(Rm 13, 12; vgl. Hbr 10, 25; Jak 5, 8); πάντων δὲ τὸ τέλος ἤγγικεν (1. Pt 4, 7); ὁ καιρὸς ἐγγύς (Apk 1, 3; 22, 10; vgl. Ign Eph
11, 1). Alles hängt daran ἕως τέλους bewahrt zu bleiben (1. Kr
1, 8), μέχρι (bzw. ἄχρι) τέλους treu zu bleiben (Hbr 3, 6. 14; 6, 11;
Apk 2, 26), — οὐ γὰρ ὠφελήσει ὑμᾶς ὁ πᾶς χρόνος τῆς πίστεως
ὑμῶν, ἐὰν μὴ ἐν τῷ ἐσχάτῳ καιρῷ τελειωθῆτε (Did 16, 2).

Richter

Auch im einzelnen zeigt die in allen Schichten gleiche Terminologie,
daß es sich um gemeinchristliche Gedanken handelt. Gott heißt der
κριτής (Jak 4, 12; 5, 9), der κριτὴς πάντων (Hbr 12, 23), der
δίκαιος κριτής (Herm sim VI 3, 6). (Über Christus als Richter s. u.) Von
seinem κρίνειν ist die Rede (Rm 2, 16; 3, 6; Act 17, 31; Hbr 10, 30;
Barn 4, 12) bzw. vom κρίνεσθαι durch ihn (2. Th 2, 12; Jak 2, 12; 5, 9;
1. Klem 13, 2; 2. Klem 18, 1); von seiner κρίσις (2. Th 1, 5; 1. Tim 5, 24;
Hbr 9, 27; 10, 27; Jak 2, 13; 5, 12; Jud 6; 2. Pt 2, 4. 9; 3, 7; Apk 14, 7;
18, 10; Ign Sm 6, 1; Pol Phl 7, 1; Barn 1, 6), von der μέλλουσα bzw.

ἐπερχομένη κρίσις (2. Klem 18, 2; Herm vis III 9, 5); vom κ ρ ί μ α als
dem eschatologischen Gericht (1. Pt 4, 17); es heißt das κρίμα τοῦ θεοῦ
(Rm 2, 2 f.), das κρίμα μέλλον oder αἰώνιον (Act 24, 25; Hbr 6, 2). Vom
κρίμα ist auch die Rede als vom eschatologischen Urteilsspruch oder der
Verurteilung (Gl 5, 10; Jak 3, 1; Jud 4; 2. Pt 2, 3; Apk 17, 1; 18, 20;
1. Klem 21, 1; Ign Eph 11, 1) und in diesem Sinne von den μέλλοντα
κρίματα (1. Klem 28, 1).

In Anlehnung an den alttest. Ausdruck vom „Tage Jahves" ist von
der ἡ μ έ ρ α des Gerichtes in verschiedenen Wendungen die Rede: es ist
die ἡμέρα ὀργῆς καὶ ἀποκαλύψεως δικαιοκρισίας τοῦ θεοῦ (Rm 2, 5; ὀργῆς
auch Apk 6, 17) oder die ἡμέρα κρίσεως (2. Pt 2, 9; 3, 7; Barn 19, 10;
21, 6; 2. Klem 16, 3; 17, 6), bzw. die ἡμέρα, ἐν ᾗ κρινεῖ ὁ θεός (Rm 2, 16)
oder auch einfach nach Joel 3, 4 die ἡμέρα Gottes (Act 2, 20; 2. Pt 3, 10.
12; über die ἡμέρα τοῦ κυρίου ᾽Ιησοῦ Χρ. s. u.), oder ἡ μεγάλη ἡμέρα τοῦ
θεοῦ τοῦ παντοκράτορος (Apk 16, 14), oder endlich ἐκείνη ἡ ἡμέρα (2. Th 1, 10;
2. Tim 1, 12. 18; 4, 8), ἡ μεγάλη ἡμέρα (Jud 6, vgl. Apk 6, 17; Barn 6, 4)
und ganz abgekürzt ἡ ἡμέρα (1. Kr 3, 13; 1. Th 5, 4; Hbr 10, 25; Barn
7, 9). — Statt ἡμέρα heißt es auch ὥ ρ α τῆς κρίσεως (Apk 14, 7) oder
ὥρα θερίσαι (Apk 14, 15) oder ἐσχάτη ὥρα (1. Joh 2, 18).

Wie von der ἡμέρα ὀργῆς geredet werden kann, so kann das eschatologische Gericht auch einfach als die ὀργή (Rm 5, 9), die ἐρχομένη oder
μέλλουσα ὀργή (1. Th 1, 10 Ign Eph 11, 1), die ὀργὴ τοῦ θεοῦ (Kol 3, 6;
Eph 5, 6; Apk 19, 15; vgl. Apk 11, 18; 14, 10; 16, 19) bezeichnet werden.

In den Mahnungen zur Bereitschaft kehren die bildlichen Wendungen
vom γ ρ η γ ο ρ ε ῖ ν (1. Th 5, 6; 1. Kr 16, 13; Kl 4, 2; 1. Pt 5, 8; Act
20, 31; Apk 3, 2 f.; 16, 15; Did 16, 1; Ign Pol 1, 3; vgl. Barn 4, 13) bzw.
ἐγερθῆναι (Rm 13, 11) oder ἐγείρειν (intrans., Eph 5, 14) und vom ν ή -
φ ε ι ν (1. Th 5, 6. 8; 1. Pt 1, 13; 4, 7; 5, 8; Ign Pol 2, 3; Pol Phl 7, 2;
2. Klem 13, 1) wieder und ebenso das Bild vom κ λ έ π τ η ς , um das
unvermutete Kommen des „Tages" zu veranschaulichen (1. Th 5, 2. 4;
Apk 3, 3; 16, 15; 2. Pt 3, 10). Dazu kommt noch manche aus der alttest.
Hoffnung oder der jüd. Apokalyptik traditionelle Wendung. Bemerkenswert ist dabei, daß der Begriff der β α σ ι λ ε ί α τ ο ῦ θ ε ο ῦ nur noch
selten gebraucht wird. Paulus hat ihn nur Rm 14, 17; 1. Kr 4, 20; 6, 9 f.;
15, 50; Gl 5, 21; (1. Th 2, 12); davon sind 1. Kr 6, 9 f.; 15, 20; Gl 5, 21
sicher traditionelle, mehr oder weniger fest geprägte Sätze, die Paulus zitiert
oder variiert; vielleicht auch Rm 14, 17; 1. Kr 4, 20. Dazu kommt in der deuteropaulin. Literatur 2. Th 1, 5; Kol 4, 11; Eph 5, 5. Außerdem im NT:
Act 1, 3; 8, 12; 14, 22; 19, 8; 20, 25; 28, 23. 31; (Jak 2, 5). Über die βασιλεία Christi, die Eph 5, 5 mit der Gottes kombiniert ist, s. u. Dann in den
Mahlgebeten Did 9, 4; 10, 5; ferner (und zwar oft in Zitaten) 1. Klem
42, 3; 2. Klem (5, 5; 6, 9); 9, 6; 11, 7; 12, 1 ff.; Barn 21, 1; Ign Eph 16, 1;
Phld 3, 3; Pol Phl 2, 3; 5, 3; Herm sim IX 12, 3 ff.; 13, 2; 15, 2 f.; 16, 2 ff.;
20, 2 f.; 29, 2. In der hellenistischen Sphäre wird dieser Begriff durch
den der ζωή (αἰώνιος) verdrängt, neben dem auch der der ἀφθαρσία gebraucht wird Rm 2, 7; 1. Kr 15, 42. 50. 53 f.; Eph 6, 24; 2. Tim 1, 10;
Ign Eph 17, 1; Mg 6, 2; Phld 9, 2; Pol 2, 3; 2. Klem 14, 5; 20, 5.

Von der Predigt des Gerichtes Gottes ist die von der A u f -
e r s t e h u n g d e r T o t e n unabtrennbar; denn auch die
Toten werden zur Verantwortung gezogen für ihre einstigen
Taten. Eng verbunden ist nach Hbr 6, 2 unter den Anfangsgründen des christlichen Glaubens mit dem *κρίμα αἰώνιον* die
ἀνάστασις νεκρῶν. Die Leugnung der *ἀνάστασις* ist zugleich die
der *κρίσις* (Pol Phl 7, 1; 2. Klem 9, 1). Der Verfasser der Acta
empfindet deutlich das Neue, Unerhörte solcher Predigt für
heidnische Ohren, wenn er von Athen erzählt, daß die Predigt
des Paulus das Mißverständnis hervorgerufen habe: *ξένων δαιμονίων δοκεῖ καταγγελεὺς εἶναι*, und zwar: *ὅτι τὸν ᾿Ιησοῦν καὶ τὴν
᾿Ανάστασιν εὐηγγελίζετο* (17, 18), und wenn er nachher die Hörer
die Rede des Paulus unterbrechen läßt, als sie auf das Thema
der Auferstehung kommt: *ἀκούσαντες δὲ ἀνάστασιν νεκρῶν, οἱ μὲν
ἐχλεύαζον, οἱ δὲ εἶπαν· ἀκουσόμεθά σου περὶ τούτου καὶ πάλιν* (17, 32).
Das Gleiche ergibt sich aus Paulus selbst, für den es selbstverständlich ist, daß die *ἀνάστασις νεκρῶν* ein Kernstück des christlichen Glaubens ist — gibt es sie nicht, so sind Kerygma und
Glaube nichtig: (1. Kr 15, 12—34). Für seine korinthischen Hörer freilich ist diese Botschaft so unglaublich, daß er den Beweis
für ihr Recht führen muß. Aber auch in der thessalonischen Gemeinde ist dieses Stück seiner Predigt, das er doch bei seiner
Mission in Thessalonich nicht übergangen haben kann, wirkungs-
los verklungen, so daß er die Gemeinde der Auferstehung aufs
neue versichern muß (1. Th 4, 13—18). Ausführlich beweist
1. Klem 24—26 die Wirklichkeit der Auferstehung, und sie ist,
ob ausdrücklich erwähnt oder nicht, überall dort vorausgesetzt,
wo vom Gericht die Rede ist.

4. D e r R i c h t e r d e r W e l t ist Gott, wie er der Schöpfer ist. Dieser innere Zusammenhang, der auch im Judentum
betont ist (4. Esr 5, 56—6, 6 usw.), wird gelegentlich hervorgehoben wie Ker Pt 2: *γινώσκετε οὖν ὅτι εἷς θεός ἐστιν, ὃς ἀρχὴν
πάντων ἐποίησεν, καὶ τέλους ἐξουσίαν ἔχων*.

Vgl. auch Ker Pt 3: die Apostel sollen predigen, *ὅτι εἷς θεός ἐστιν*,
indem sie zugleich kundtun *τὰ μέλλοντα, ὅπως οἱ ἀκούσαντες καὶ πιστεύσαντες σωθῶσιν, οἱ δὲ μὴ πιστεύσαντες ἀκούσαντες μαρτυρήσωσιν, οὐκ ἔχοντες ἀπολογίαν εἰπεῖν· οὐκ ἠκούσαμεν*. Der Schöpfer ist zugleich der Richter,
wie 1. Klem 20—23 ausführt; und an das Thema der göttlichen Welt-
regierung und der darauf folgenden Paränese schließt sich das eschatologische Thema der Totenauferstehung mit entsprechender Paränese
c. 24—28 an.

So wird denn bei Paulus Gott als der Weltrichter genannt
1. Th 3, 13; Rm 3, 5; 14, 10; sonst 1. Pt 1, 17; Jak 4, 12; 5, 4;
Apk 11, 17 f.; 20, 11 ff. usw. (vgl. die S.78f. genannten Stellen).
Aber an diesem Punkte kommt nun das christologische Motiv
in das Kerygma hinein: neben Gott oder an Gottes Stelle erscheint J e s u s C h r i s t u s a l s W e l t r i c h t e r; er vertritt gewissermaßen Gott in dessen Auftrage, wie es Act 17, 31
formuliert ist: καθότι ἔστησεν ἡμέραν ἐν ᾗ μέλλει κρίνειν τὴν οἰκουμένην ἐν δικαιοσύνῃ ἐν ἀνδρὶ ᾧ ὥρισεν. Meist ist das Denken nicht
um einen Ausgleich der Vorstellungen bemüht. Unvermittelt
stehen bei Paulus neben den Aussagen über Gottes Richtertum
diejenigen über Christus als Weltrichter (1. Th 2, 19; 1. Kr 4, 5);
wie vom βῆμα Gottes (Rm 14, 10) kann Paulus vom βῆμα τοῦ
Χριστοῦ reden (2. Kr 5, 10). Auch Christus heißt der δίκαιος
κριτής (2. Tim 4, 8); er wird richten (Barn 5, 7; 15, 5), wie denn
auch statt von der βασιλεία Gottes von seiner βασιλεία geredet
wird (Kol 1, 13; 2. Tim 4, 1. 18; 2. Pt 1, 11; 1. Klem 50, 3; Barn
4, 13? 7, 11; 8, 5 f.; von Paulus vorausgesetzt 1. Kr 15, 24).
Über einen Ausgleich der Vorstellungen wird auch hier nicht
reflektiert; eine einfache Kombination liegt Eph 5, 5 vor: ἐν τῇ
βασιλείᾳ τοῦ Χριστοῦ καὶ θεοῦ. Allmählich wird die Vorstellung
vom Weltrichteramt Christi beherrschend. Wie schon Rm 14, 9
sagt: εἰς τοῦτο γὰρ Χριστὸς ἀπέθανεν καὶ ἔζησεν, ἵνα καὶ νεκρῶν
καὶ ζώντων κυριεύσῃ, so bildet sich eine Formel heraus: Christus
ist der μέλλων κρίνειν ζῶντας καὶ νεκρούς (2. Tim 4, 1; Barn 7, 2),
der ἑτοίμως ἔχων κρίνειν ζῶντ. καὶ νεκρ. (1. Pt 4, 5), der ὡρισμένος
ὑπὸ τοῦ θεοῦ κριτὴς ζώντων καὶ νεκρῶν (Act 10, 42), der κριτὴς
ζώντων καὶ νεκρῶν (Pol Phl 2, 1; 2. Klem 1, 1), — bis zum Satz
im Symbolum Romanum: ὅθεν ἔρχεται κρῖναι ζῶντας καὶ νεκρούς.
C h r i s t u s also gehört in das eschatologische Kerygma
hinein, jedoch nicht nur als der Richter, sondern eben damit
zugleich als d e r R e t t e r für diejenigen, die zur Gemeinde
der Glaubenden gehören. Diese Predigt gehört nach 1. Th 1, 9 f.
unmittelbar mit der Verkündigung des einen Gottes zusammen;
die Thessalonicher haben sich „bekehrt", dem „lebendigen und
wahren Gott" zu dienen (s. o. 2) καὶ ἀναμένειν τὸν υἱὸν αὐτοῦ ἐκ
τῶν οὐρανῶν, ὃν ἤγειρεν ἐκ τῶν νεκρῶν, Ἰησοῦν τὸν ῥυόμενον ἡμᾶς ἐκ
τῆς ὀργῆς τῆς ἐρχομένης. Und wenn Paulus Phl 3, 20 sagt: ἡμῶν
γὰρ τὸ πολίτευμα ἐν οὐρανοῖς ὑπάρχει, ἐξ οὗ καὶ σωτῆρα ἀπεκδεχόμεθα κύριον Ἰησοῦν Χριστόν, so ist das um so sicherer die

Berufung auf einen gemeinchristlichen Satz, als die Wendung bei Paulus, der den Titel σωτήρ für Christus sonst nicht verwendet, singulär ist. Und ausdrücklich beruft sich Paulus auf die Tradition, wenn er 1. Th 4, 15—18 die eschatologische Erscheinung Christi zum Heile für die Gläubigen schildert. Die Erwartung der παρουσία oder ἐπιφάνεια des σωτήρ Christus Jesus ist ein selbstverständliches Stück der christlichen Hoffnung (Tit 2, 13), so daß σωτήρ zu einem formelhaft gebrauchten Titel Christi wird.

Im Gebrauch des Titels σ ω τ ή ρ wirken freilich auch andere Einflüsse mit, einmal die alttest. Tradition, in der Gott als σωτήρ bezeichnet wird (so noch im NT in den Past., Lk 1, 47; Jud 25), sodann der hellenistische Sprachgebrauch, in dem sowohl Mysterien- und Heilgötter wie göttlich verehrte Herrscher den Titel tragen. S. W. Bousset, Kyrios Chr. ² 240—246, wo auch die reiche Literatur zu dieser Frage genannt ist, und M. Dibelius, Exk. zu 2. Tim 1, 10 (Handb. z. NT 13², 1931, 60—63). Einseitig ist die alttest. Tradition betont von O. Cullmann, Christologie des NT 245—252. – In eindeutig oder wahrscheinlich eschatologischem Sinne erscheint der Titel Phl 3, 20; Tit 2, 13; Act 5, 31; 13, 23. – Die Hoffnung auf die π α ρ ο υ σ ί α Christi bezeugen 1. Kr 15, 23; 1. Th 2, 19; 3, 13; 4, 15; 5, 23; sodann 2. Th 2, 1. 8; Jak 5, 7 f. (wo aber ursprünglich die παρουσία Gottes gemeint ist); 2. Pt 1, 16; 3, 4. In gleichem Sinne reden von seiner ἐπιφάνεια 2. Th 2, 8 (hier kombiniert: τῇ ἐπιφανείᾳ τῆς παρουσίας αὐτοῦ); 1. Tim 6, 14; 2. Tim 4, 1. 8; Tit 2, 13; 2. Klem 12, 1; 17, 4, während die ἐπιφάνεια des σωτήρ 2. Tim 1, 10 ebenso wie seine παρουσία Ign Phld 9, 2 von Jesu geschichtlicher Erscheinung gebraucht wird. Zu ἐπιφάνεια s. Elpidius Pax, ΕΠΙΦΑΝΕΙΑ, 1955. – Vgl. auch die Bezeichnung Christi als ἡ ἐλπὶς ἡμῶν 1. Tim 1, 1; dazu M. Dibelius im Handb. z. NT.

Entspricht die Gestalt Christi als des eschatologischen Richters und Retters auch der Gestalt des „Menschensohnes" in der jüdischen Apokalyptik und in der palästinischen Urgemeinde (§ 5, 1), so geht doch d e r T i t e l υἱὸς τοῦ ἀνθρώπου im hellenistischen Christentum verloren und findet sich im NT außer bei Johannes, wo er einen besonderen Sinn hat, nur noch Act 7, 56 (Apk 1, 13; 14, 14 liegt kein Gebrauch des Titels vor). So kann der Ausdruck υἱὸς τοῦ ἀνθρώπου Barn 12, 10; Ign Eph 20, 2 dem Titel υἱὸς τοῦ θεοῦ entgegengesetzt werden, um die bloße Menschlichkeit Jesu zu bezeichnen. — Auch d e r T i t e l ὁ Χ ρ ι σ τ ό ς geht allmählich verloren, und χριστός wird zum Eigennamen, wie Χριστός denn später im lateinisch sprechenden Christentum nicht mehr übersetzt, sondern als Christus übernommen wird. Als Titel war ὁ Χριστός für die hellenistische

Welt nicht verständlich,.und eine etwaige sachlich entsprechende Wiedergabe durch ὁ βασιλεύς kam nicht in Frage, schon deshalb nicht, weil βασιλεύς keinen soteriologischen Sinn hatte; auch hätte es die Predigt dem Mißverständnis ausgesetzt, politisches Programm zu sein (βασιλεύς freilich Or. Sib. III 652: V 108).

Χριστός wird als Eigenname besonders gerne in der Verbindung Ἰησοῦς Χριστός gebraucht. Als Titel findet sich Χρ. noch relativ häufig in Act (neben Ἰ. Χρ.), ebenso in Apk, Joh, 1. u. 2. Joh. Auch in (Kol und) Eph, wo freilich manchmal schwer zu entscheiden ist, ob das Χρ. wirklich als Titel gemeint ist. Paulus gebraucht Χρ. nur selten als Titel. Ihm eigentümlich ist Χριστὸς Ἰησοῦς, neben dem er seltener Ἰ. Χρ. gebraucht. In beiden Verbindungen aber ist das Χρ. Eigenname, wie das häufige ὁ κύριος ἡμῶν Ἰ. Χρ. zeigt: für Paulus ist nicht Χρ., sondern κύριος der Titel Jesu. Das paulinische Χρ. Ἰ. hält sich neben dem üblichen Ἰ. Χρ. in der von Paulus abhängigen Literatur bis ins Symb. Rom.

Im Gegensatz zum „Menschensohn" der Apokalyptik und in Übereinstimmung mit dem „Menschensohn" der Urgemeinde aber ist der eschatologische Richter und Retter Jesus Christus kein anderer als der gekreuzigte Jesus von Nazareth, den Gott von den Toten erweckt und zu seiner eschatologischen Rolle bestimmt hat. Zum Kerygma der hellenistischen Gemeinde gehört also von vornherein die Botschaft von der Auferwekkung oder Auferstehung Jesu, wie die 1. Kr 15, 1 ff. angeführte παράδοσις ausdrücklich bezeugt, einerlei ob oder wieweit ihre Formulierung auf die Urgemeinde zurückgeht. Dem entspricht es, daß Paulus, als er 1. Th 1, 9 f. (s. o.) von der Erwartung Christi als des kommenden Retters redet, ihn ausdrücklich charakterisiert als den, ὃν ἤγειρεν (ὁ θεὸς) ἐκ τῶν νεκρῶν. Und nach Act 17, 31 hat Gott den Beweis dafür, daß Christus zum Weltrichter bestimmt ist, dadurch geführt, daß er ihn von den Toten auferstehen ließ (vgl. 1. Klem 42, 3 von den Aposteln: πληροφορηθέντες διὰ τῆς ἀναστάσεως τοῦ κυρίου ἡμ. Ἰ. Χρ.) Daß Gott ihn von den Toten erweckt hat, ist ein Satz, der offenbar ganz früh zu mehr oder weniger fest formulierten Bekenntnissätzen gehört hat. Denn ohne Zweifel spielt Paulus Rm 10, 9 auf eine Bekenntnisformel an:

ὅτι ἐὰν ὁμολογήσῃς ἐν τῷ στόματί σου κύριον Ἰησοῦν
καὶ πιστεύσῃς ἐν τῇ καρδίᾳ σου, ὅτι θεὸς αὐτὸν ἤγειρεν ἐκ
νεκρῶν, σωθήσῃ.

Und entsprechend mahnt 2. Tim 2, 8 μνημόνευε Ἰησοῦν Χριστὸν ἐγηγερμένον ἐκ νεκρῶν, ἐκ σπέρματος Δαυὶδ κατὰ τὸ εὐαγγέλιόν μου. Ebenso ist Pol Phl 12, 2 Objekt des Glaubens „unser Herr Jesus Christus und sein Vater, der ihn von den Toten erweckt hat". Christlicher Glaube ist die πίστις an die ἐνέργεια τοῦ θεοῦ τοῦ ἐγείραντος αὐτόν (Χριστόν) ἐκ νεκρῶν (Kol 2, 12; Eph 1, 20), und die Gottescharakteristik ὁ ἐγείρας αὐτὸν ἐν νεκρῶν wird formelhaft (außer Kol 2, 12; Eph 1, 20; Gl 1, 1; 1. Pt 1, 21; vgl. Rm 8, 11; 1. Kr 6, 14; 2. Kr 4, 14; vgl. noch Ign Tr 9, 2; Sm 7, 1; Pol Phl 1, 2; 2, 2 f.).

Ein innerer ursächlicher Zusammenhang zwischen der Auferstehung Christi und der allgemeinen Totenauferstehung ist nur in einem anderen Gedankenkreise, der bei Paulus und Ignatius von ausschlaggebender Bedeutung ist (s. § 15, 4 c), Gegenstand der Reflexion. Vielfach, z. B. in den Reden der Acta, ist davon noch kaum die Rede, und die Auferstehung Christi gilt wesentlich als seine Beglaubigung (17, 31 s. o.). Immerhin ist in der Bezeichnung Christi als des ἀρχηγὸς τῆς ζωῆς 3, 15; 5, 31 die Bedeutung seiner Auferstehung für die Gläubigen angedeutet (s. H. Conzelmann, Die Mitte der Zeit, 1954, 178 f.). Und so wird man durchweg wohl den Gedanken voraussetzen dürfen, daß — wie es 1. Pt 1, 3. 21 etwa formuliert ist — unsere Hoffnung in der Auferstehung Christi begründet ist, daß der Auferstandene — so Apk 1, 18 — die Schlüssel des Todes und des Hades hat, daß er durch seinen Tod bzw. durch seine Auferstehung den Tod zunichte gemacht hat (Hbr 2, 14 f.; Barn 5, 6 f.). Nach 1. Klem 24, 1 hat Gott durch die Erweckung Christi „den Anfang" mit der Auferstehung der Toten gemacht, ohne daß dabei der Gedanke von 1. Kr 15, 20 ff. vorläge. Auch Paulus kann sich ja gelegentlich mit dem bloßen „Wie — so" begnügen: wie Gott Christus auferweckt hat, wird er auch uns auferwecken (1. Kr 6, 14; 2. Kr 4, 14), ohne daß der innere Zusammenhang aufgezeigt würde.

Nach ältester Anschauung fällt die Auferstehung mit der Erhöhung in die himmlische Herrlichkeit zusammen (§ 7, 3); sie bleibt auch bei Paulus und neben ihm herrschend. Aber ob die Erhöhung nun als mit der Auferstehung identisch oder ihr erst folgend (wie z. B. Lk 24, 36 ff.; Barn 15, 9; Ign Sm 3) gedacht ist, auf jeden Fall gehört sie mit der Auferstehung aufs engste zusammen; und wie der Glaube an diese seine Ausprägung in formelhaften Sätzen findet, so auch die Gewißheit jener. Gott hat Jesus Christus „erhöht" (Phl 2, 9 f.; Act 2, 33; 5, 30 f.; vgl. Joh 3, 14; 12, 32. 34), und so „sitzt" er denn „zur Rechten Gottes" (Rm 8, 34; Kol 3, 1; Eph 1, 20; 1. Pt 3, 22; Act 2, 33; 7, 55 f.; Hbr 1, 3. 13; 8, 1; 10, 12; 12, 2; vgl. 1. Klem 36, 5; Barn 12, 10; Pol Phl 2, 1), wie ihn schließlich das Symb. Rom. den καθήμενον ἐν δεξιᾷ τοῦ πατρός nennt.

Daß ein B e w e i s f ü r d i e A u f e r s t e h u n g geführt worden
ist, teils durch Berufung auf die Augenzeugen, teils mittels der Schrift
des AT, zeigen für das erstere 1. Kr 15, 5 ff. und Act 1, 22; 2, 32; 3, 15;
10, 40 f., für das zweite das κατὰ τὰς γραφάς 1. Kr 15, 4; Lk 24, 27; Act
2, 30 ff.; 13, 34 ff.

Es versteht sich von selbst, daß die Predigt, die den Auferstandenen verkündigte, in irgendeiner Weise auch v o m
i r d i s c h e n J e s u s u n d s e i n e m T o d e reden mußte.
Daß der Auferstandene und Erhöhte nach seiner vorausgehenden Menschlichkeit als D a v i d s o h n charakterisiert wurde,
zeigen Rm 1, 3 f.; 2. Tim 2, 8, — beides formelhafte Sätze der
Tradition (§ 7, 5). Für die Heidenwelt konnte diese Charakteristik nicht eindrucksvoll oder bedeutsam sein; sie ist zwar für
Ignatius noch geläufig (Eph 18, 2; 20, 2; Tr 9, 1; Rm 7, 3;
Sm 1, 1), geht sonst aber verloren. Barn 12, 10 wird sogar gegen
Jesu Davidsohnschaft (§ 7, 5) protestiert. Um so eindrucks-
voller und bedeutsamer aber war es, daß d e r A u f e r s t a n -
d e n e d e r z u v o r G e s t o r b e n e, d e r G e k r e u -
z i g t e war. Auch hier bildeten sich schnell formelhafte Wendungen, wie ebenso wieder die παράδοσις 1. Kr 15, 3 f. zeigt, wie
die Charakteristik Christi Rm 4, 25: *Sünden*

dahingeben ὃς παρεδόθη διὰ τὰ παραπτώματα ἡμῶν *Gerechtsprechung*
  καὶ ἠγέρθη διὰ τὴν δικαίωσιν ἡμῶν,
offenbar ein dem Paulus schon überkommener Satz (§ 7, 3).

Besonders bei I g n a t i u s ist die Zusammengehörigkeit des πάθος
und der ἀνάστασις Christi oft betont. Beides zusammen gehört nach Eph
20, 1 zur οἰκονομία, zur göttlichen Heilsveranstaltung. Auf beides zusammen blickt nach Phld intr.; 8, 2; Sm 7, 2; 12, 2 der Glaube (s. auch Pol
Phl 9, 2). Zu beiden tritt, ihnen vorangehend, nach Mg 11, 1 noch die
γέννησις, nach Phld 9, 2 die παρουσία (ins irdische Leben) Christi.

Das zeigen auch die Jesus bei Mk (wie bei Mt und Lk) in den
Mund gelegten Vaticinia, die das hellenistische Kerygma in die
Verkündigung Jesu zurücktragen, die in schematischer Form
vom Tode (bzw. vom παραδοθῆναι, dem „Dahingegebenwerden",
wie 1. Kr 11, 23;) Jesu und seiner Auferstehung „nach drei Tagen" reden (Mk 8, 31; 9, 31; 10, 33 f.). Man hat in ihnen gleichsam ein Schema des christologischen Kerygmas und sieht besonders an der dritten etwas ausführlicheren Fassung, wie das
Schema in der Predigt ausgestaltet werden konnte. Eine etwas
anschaulichere Vorstellung von der konkreten Predigt kann man

sich sodann aus den ebenfalls recht schematischen Reden der
Acta machen (2, 14—36; 3, 12—26; 5, 30—32; 10, 34—43;
13, 16—41), in denen das Kerygma von Tod und Auferstehung
(und Erhöhung) Christi den Mittelpunkt bildet, gestützt durch
Schriftbeweise und seinerseits Grundlage für den Ruf zur Buße.
Der Hinweis auf die eschatologische Rolle Jesu ist dabei 3, 20 f.
als Verheißung gegeben, 10, 42 durch seine Charakteristik als
des ὡρισμένος κριτὴς ζώντων καὶ νεκρῶν.

Man sieht an den Reden der Acta auch, wie das Schema im
einzelnen Falle dadurch ausgestaltet werden konnte, daß aus
der Überlieferung vom Leben Jesu dieses oder jenes zur Veranschaulichung aufgenommen wurde. Daß sich Jesu Wirksamkeit an die des Täufers anschloß, sagen 10, 37 f.; 13, 23—25.
Auf Jesu Wundertaten wird 2, 22; 10, 38 f. Bezug genommen.
Daß die Erzählung der Passionsgeschichte durch den Bericht
von Einzelheiten ausgefüllt wurde, läßt die Wendung ὅτι ὁ
κύριος ᾿Ιησοῦς ἐν τῇ νυκτὶ ᾗ παρεδίδοτο (1. Kr 11, 23) erkennen,
die ja eine Orientiertheit über die Vorgänge dieser Nacht voraussetzt. Das Gleiche zeigt die Nennung des Pilatus Act 3, 13;
13, 28; und es wird bestätigt durch die Charakteristik Christi
Jesu als τοῦ μαρτυρήσαντος ἐπὶ Ποντίου Πιλάτου τὴν καλὴν ὁμο-
λογίαν 1. Tim 6, 13. Auch Ign nennt im Zusammenhang des
Leidens (und der Auferstehung) Jesu den Pilatus (Tr 9, 1;
Sm 1, 2; Mg 11, 1), und die Tradition läuft weiter bis zu dem τὸν
ἐπὶ Ποντίου Πιλάτου σταυρωθέντα καὶ ταφέντα des Symb. Rom.[1].

Wie für die Urgemeinde (§ 7, 3), so ist auch für die hellenistisch-christliche Mission und ihre Gemeinden schwer zu sagen, wieweit über den Tod Christi theologisch reflektiert
wurde, wieweit ihm positive Heilsbedeutung zugeschrieben
wurde. In den Anfängen wurde die Mission von den theologischen Motiven und Begriffen getragen, die aus der alttestamentlich-jüdischen Tradition stammen; doch sehr bald werden auch
Anschauungen und Begriffe wirksam, die aus dem hellenistischen Synkretismus, zumal den Mysterienreligionen stammen.
Diese sollen später zur Sprache kommen (§ 13 und § 15); zunächst soll die durch die alttestamentlich-jüdische Tradition

---

[1] Zur Rekonstruktion des christologischen Kerygmas s. M. Dibelius,
Die Formgeschichte des Evangeliums[2], 1933, 14—25, C. H. Dodd, The
Apostolic Preaching and its developments[6], 1950, und O. Cullmann, Die
ersten christl. Glaubensbekenntnisse, 1943.

bestimmte Gedankenbildung über den Tod Jesu, soweit sie erfaßbar ist, skizziert werden.

Die Deutung des Todes Jesu als eines S ü h n o p f e r s f ü r d i e S ü n d e n , die für die Urgemeinde zu vermuten war (§ 7, 3), ist ohne Zweifel auch in der hellenistisch-christlichen Mission vorgetragen worden; sie spricht sich in den zahlreichen Sätzen und Formeln aus, in denen das Leiden und der Tod Christi als ὑπὲρ ὑμῶν (bzw. πολλῶν, τῶν ἁμαρτιῶν, u. dgl.)[1] geschehen bezeichnet werden. Solche Sätze und Formeln sind über das ganze NT und die anschließende Literatur verstreut (sie fehlen nur in Act, Jak, Jud, 2. Pt, Did, 2. Klem und Herm); daran wird sichtbar, daß es sich dabei keineswegs um einen spezifisch paulinischen, vielmehr um einen gemeinchristlichen Gedanken handelt, wie denn das ὑπέρ ja auch seinen festen Sitz in der Abendmahlsliturgie hat. Zu diesem Gedankenkreis gehören die Sätze, in denen ausdrücklich vom Tode Jesu als Opfer oder von seinem für uns vergossenen Blut die Rede ist, oder wo Jesu Tod als Mittel der Sündenvergebung, der Befreiung von den Sünden, der Heiligung oder Reinigung u. dgl. bezeichnet wird. Und aus der gleichen Tradition stammen die Deutungen des Todes Jesu als Bundes- oder Paschaopfer. Bei ihnen ist noch deutlicher als in den anderen Fällen, daß der Tod Jesu primär in seiner Bedeutung für die Gemeinde, das „Volk" Gottes, nicht für das Individuum, gesehen wird — was charakteristisch für die hier bestimmende alttestamentlich-jüdische Tradition ist.

Für die Bezeichnung des Todes Christi als O p f e r (θυσία, προσφορά u. dgl.) s. Eph 5, 2; Hbr 7, 27; 9, 26. 28; 10, 10. 12; Barn 7, 3 u. a.; als Paschaopfer 1. Kr 5, 7, als Bundesopfer außer den Abendmahlstexten Hbr 13, 20. Vom B l u t e C h r i s t i handeln außer den Abendmahlsworten und den darauf bezüglichen Texten Rm 3, 25; 5, 9; Kol 1, 20; Eph 1, 7; 2, 13; 1. Pt 1, 2. 19; Act 20, 28; Hbr 9, 11 ff.; 10, 19 ff. 29; 13. 12. 20; Apk 1, 5; 5, 9; 7, 14; 12, 11; 19, 13; 1. Joh 1, 7; 5, 6—8; 1. Klem 7, 4; 12, 7; 21, 6; 49, 6; speziell von der „Besprengung" (ῥαντισμός) mit dem Blute Christi 1. Pt 1, 2; Hbr 9, 13; 10, 22; 12, 24; Barn 5, 1 (vgl. 8, 1. 3). (Die Ignatiusstellen haben anderen Charakter.) Der Gedanke der S ü h n e wird in den Begriffen ἱλαστήριον (Rm 3, 25), ἱλασμός (1. Joh 2, 2; 4, 10), ἱλάσκεσθαι (Hbr 2, 17) ausgesprochen. Daß durch Christi Tod S ü n d e n v e r g e b u n g beschafft ist, sagen z. B. Rm 3, 25 f.; Eph 1, 7; die Formulierung des Kelchwortes bei Mt 26, 28; Hbr 9, 11 ff.; Barn 5, 1; 8, 3. Der Begriff der B e f r e i u n g (ἀπολύτρωσις, λύτρωσις oder verbale

---

[1] Zusammenstellung der Formeln bei J. J e r e m i a s, ThWB V 707, A. 435.

Formulierungen) findet sich Rm 3, 24; 1. Kr 1, 30; Kol 1, 14; Eph 1, 7;
Hbr 9, 12. 15; 1. Klem 12, 7; Mk 10, 45; 1. Tim 2, 6; Apk 1, 5; Tit 2, 14;
1. Pt 1, 18 f.; Barn 14, 5 f. Ähnlich der Begriff des L o s k a u f s (1. Kr
6, 20; 7, 23; Gl 3, 13; 4, 5; Apk 5, 9; 14, 3 f.; 2. Pt 2, 1). Von den verschiedenen Aussagen über die R e c h t f e r t i g u n g gehören in diesen
Zusammenhang Rm 3, 24 f.; 1. Kr 6, 11 (vgl. 1, 30!); Herm vis III 9, 1.
Charakteristischer für die den Gedankenkreis beherrschende Opfer-
anschauung sind die Aussagen über die H e i l i g u n g 1. Kr 6, 11
(vgl. 1, 30!); Eph 5, 25 f.; Hbr 2, 11; 9, 13 f.; 10, 10. 29; 13, 12; 1. Klem
59, 3; Barn 5, 1; 8, 1; Herm vis III 9, 1. Ebenso über die R e i n i g u n g
Hbr 1, 3; 9, 13 f. 22; Tit 2, 14; Eph 5, 25 f.; 1. Joh 1, 7. 9; Herm sim
V 6, 2. Für Paulus charakteristisch scheint der Gedanke der V e r s ö h -
n u n g zu sein (Rm 5, 10 f.; 2. Kr 5, 18 ff.), der Kol 1, 20 f. und Eph 2, 16
in verschiedener Weise abgewandelt wird. — Daß es sich um die G e -
m e i n d e handelt, die durch Christi Opfer begründet ist, kommt —
abgesehen von der Deutung als Bundesopfer — ausdrücklich zur Geltung Tit 2, 14; 1. Pt 2, 9; 1. Klem 64, wo vom ,,Eigentumsvolk" oder
Hbr 2, 17; 7, 27; 13, 12; Barn 7, 5; 14, 6, wo vom Volk (λαός) die Rede
ist; von der ἐκκλησία reden Eph 5, 25 ff.; Act 20, 28. In anderen Wendungen erscheint der gleiche Gedanke Apk 1, 5 f.; 5, 9 f. (vgl. 1. Pt 2, 9).

Wie aus dem Kerygma immer genauere und festere Formeln heraus-
wachsen, die sich nach und nach zu Symbolen kristallisieren, so entwickelt sich aus ihm auch d i e l i t e r a r i s c h e F o r m d e s E v a n -
g e l i u m s , deren ältestes Zeugnis für uns das Markusevangelium ist.
Man kann wohl folgende Stufen der Entstehung des ,,Evangeliums"
nennen: 1. Der Keimpunkt ist das Kerygma von Tod und Auferstehung
Jesu, so daß man mit Recht gesagt hat, die Evangelien seien ,,Passions-
geschichten mit ausführlicher Einleitung"[1]. 2. Das knappe Kerygma
von Passion und Ostern forderte Veranschaulichung, wie 1. Kr 11, 23—26;
15, 3—7 zeigen, und ebenso Einordnung in den göttlichen Heilsplan; daher ebenso der Bericht über den Täufer wie Ausgestaltung durch den
Weissagungsbeweis. 3. Die christlichen Mysterien (darüber § 13) mußten im Leben Jesu als des kultisch verehrten κύριος begründet werden.
4. Auch eine Veranschaulichung des Wirkens Jesu war unentbehrlich,
da sein Leben, als ein göttliches begriffen, als Erweis seiner Autorität
diente, wie Act 2, 22; 10, 38 f. zeigen. Daher ist die Sammlung von Wundergeschichten und ihre Aufnahme in das ,,Evangelium" begreiflich.
5. Solcher Veranschaulichung dienen wohl auch die Apophthegmen, d. h.
die kurzen Erzählungen, deren Pointe ein Wort Jesu ist, und die z. T.
auch von Wundern berichten wie Mk 3, 1—6. 22—30 usw. Solche ziehen
andere nach sich, und die Apophthegmen als solche sind wieder ein Anlaß, mehr Herrenworte einzufügen. 6. Daß die Herrenworte, deren Tradition zunächst vom christologischen Kerygma getrennt war, mehr und

---

[1] M. K ä h l e r , Der sog. histor. Jesus und der geschichtl., bibl.
Christus, hrsg. von E. Wolf 1953, 60, 1. Vgl. A d. S c h l a t t e r , Der Glaube
im NT⁴, 1927, 477: ,,Für jeden Evangelisten war das Evangelium der Bericht über den Gang Jesu zum Kreuz"; s. auch J u l. S c h n i e w i n d , ThR,
NF 2 (1930), 179—188 und vgl. Gesch. d. synopt. Trad.³, 395—400.

mehr in das „Evangelium" aufgenommen werden (bei Mk noch zurückhaltend, während Mt und Lk das Kerygma und die Logien-Überlieferung zu einer Einheit verbinden), beruht darauf, daß neben der Missionspredigt die Gemeindepredigt immer mehr Gewicht gewann, und daß für die glaubende Gemeinde die Gestalt Jesu als des διδάσκαλος wieder bedeutsamer wurde. 7. Endlich mußte nicht nur die Paränese, sondern auch die Gemeindeordnung als im Leben Jesu begründet erscheinen (vgl. z. B. 1. Kr 7, 10; 9, 14). — Über die Entwicklung vom Kerygma zum Evangelium s. auch H. Conzelmann, Die Mitte der Zeit, 151 f.

5. Als technische Bezeichnung für die christliche Verkündigung erscheint im hellenistischen Christentum alsbald das Subst. τὸ εὐαγγέλιον und für die Tätigkeit des Verkündigens das Verb. εὐαγγελίζεσθαι im Med., zuweilen auch im Pass. sowohl mit persönlichem wie mit sachlichem Objekt. Doch kann auch das Subst. als nomen actionis gebraucht werden. Der Sinn von εὐαγγέλιον bzw. εὐαγγελίζεσθαι ist einfach „Botschaft", „Kunde" bzw. „verkündigen", „predigen". Der etymologische Sinn „gute Botschaft" bzw. „Gutes verkündigen" hat sich schon in LXX (und bei Philon) abgeschliffen, wenn er auch gelegentlich wieder hervortreten kann. Soll betont werden, daß es sich um gute Kunde handelt, so wird zu εὐαγγελίζεσθαι als Obj. ein ἀγαθά oder dgl. hinzugefügt (z. B. 3. Rg 1, 42; Is 52, 7 und danach Rm 10, 15). Deshalb kann εὐαγγελίζεσθαι auch da gebraucht werden, wo es sich gar nicht um gute Botschaft handelt (Lk 3, 18; Act 14, 15; Apk 10, 7; 14, 6). Auch zeigen sachliche Objekte, die zu εὐαγγελίζεσθαι (bzw. als Gen. obj. zu εὐαγγέλιον) gesetzt werden, daß nur die Bedeutung „verkündigen" vorausgesetzt ist (z. B. εὐαγγ. τὸν λόγον bzw. τὸν λόγον τοῦ κυρίου Act 8, 4; 15, 35); und zumal wird εὐαγγελίζεσθαι τὸ εὐαγγέλιον völlig synon. gebraucht mit κηρύσσειν, καταγγέλλειν, λαλεῖν oder διαμαρτύρεσθαι τὸ εὐαγγέλιον und entsprechend τὸ εὐαγγέλιον synon. mit τὸ κήρυγμα und ὁ λόγος.

In strengem Sinne terminus technicus ist εὐαγγέλιον (bzw. εὐαγγελίζεσθαι) nur dann, wenn es absolut d. h. ohne Angabe eines sachlichen Objekts gebraucht wird, um die inhaltlich bestimmte christliche Botschaft zu bezeichnen. Dieser bei Paulus und nach ihm ganz geläufige Gebrauch ist ohne jede Analogie sowohl im AT und im Judentum wie im heidnischen Hellenismus, und die viel verbreitete Ansicht, daß εὐαγγέλιον ein sakraler Terminus des Kaiserkults gewesen sei, läßt sich nicht halten. Der absolute Gebrauch scheint sich im hellenistischen Christen-

Keine Begründung ? vgl. Priene-Inschrift

tum allmählich, jedoch relativ rasch, entwickelt zu haben. In vielen Fällen ist *εὐαγγέλιον* durch einen Gen. obj. (z. B. *τῆς βασιλείας* Mt 4, 23; 9, 35 oder *τοῦ Χριστοῦ* Rm 15, 19; 1. Kr 9, 12 usw.) und *εὐαγγελίζεσθαι* durch ein sachliches Acc.-Obj. (z. B. *τὴν βασιλείαν τοῦ θεοῦ* Lk 4, 43, *τὸν Ἰησοῦν* und dgl. Act 5, 42; 8, 35; Gl 1, 15, *τὴν πίστιν* Gl 1, 23 usw.) bestimmt.

Ob der absolute Gebrauch älter als Paulus ist, läßt sich nicht mit Bestimmtheit sagen. Auf die Urgemeinde geht er offenbar nicht zurück; denn das Subst. *εὐαγγέλιον*, das in Q überhaupt fehlt, findet sich bei Mk nur in sekundären Bildungen, bei Mt z. T. nach Mk, z. T. in eigenen Bildungen; bei Lk fehlt es; doch findet es sich in Act zweimal. Darunter im technischen Sinne, also absolut gebraucht, Mk 1, 15; 8, 35; 10, 29; 13, 10; 14, 9; Mt 26, 13; Act 15, 7. Das Verb. *εὐαγγελίζεσθαι* wird im Pass. einmal in Q (Mt 11, 5 = Lk 7, 22) nach Jes 61, 1 gebraucht, fehlt in Mk und Mt, findet sich aber in Lk und Act häufig, freilich im technischen Sinne nur Lk 9, 6; (20, 1); Act 8, 25. 40; 14, 7. 21; 16, 10. Außerhalb der Synopt., der Acta und des Paulus findet sich der techn. Gebrauch von *εὐαγγέλιον* im NT nur in der deuteropaulin. Literatur (2. Th, Kol, Eph, Past); der von *εὐαγγελίζεσθαι* 1. Pt 1, 12; 4, 6; Hbr 4, 2. 6. Nicht selten (bes. bei Paulus) ist der Gen. subj. bzw. auct. *τοῦ θεοῦ* hinzugefügt. *Εὐαγγέλιcν* fehlt überhaupt außer in Lk: in Joh, 1.—3. Joh, Hbr, Jak, Jud, 2. Pt, Apk (hier nur das Wort in anderem Sinne 14, 6); *εὐαγγελίζεσθαι* fehlt außer in Mk und Mt: in Joh, 1.—3. Joh, Past, Jak, Jud, 2. Pt, Apk. — In der Literatur der folgenden Zeit fehlt Subst. und Verb. im Hirten des Herm., das Subst. findet sich absolut gebraucht Did 8, 2; 11, 3; 15, 3 f.; 1. Klem 47, 2; 2. Klem 8, 5; Barn 5, 9; Ign Phld 5, 1 f.; 8, 2 (Text unsicher); 9, 2; Sm 5, 1; 7, 2; das Verbum mit ergänzendem Inf. 1. Klem 42, 3, mit Acc.-Obj. Barn 8, 3, abs. 1. Klem 42, 1 (pass.), im Med. Barn 14, 9 (Zitat von Js 61, 1); Pol Phl 6, 3.

Ganz entsprechend hat sich auch der technische Gebrauch von *κ ή - ρ υ γ μ α* (*κ η ρ ύ σ σ ε ι ν*) entwickelt. *Κηρύσσειν*, das als Objekte auch *τὴν βασιλείαν* (Lk 9, 2; Act 20, 25; 28, 31) oder *τὸν Χριστόν* u. dgl. (Act 8, 5; 9, 20; 1. Kr 1, 23; 2. Kr 4, 5 usw.) haben kann, wird absolut im technischen Sinne gebraucht Mk 3, 14; Act 10, 42; Rm 10, 14 f.; 1. Kr 9, 27; 1. Klem 42, 4; Barn 8, 3; Herm sim IX 16, 5; 25, 2; *κήρυγμα* hat in dem unechten Schluß Rm 16, 25 den Gen. obj. *Ἰησοῦ Χριστοῦ*; ähnlich Herm sim IX 15, 4: *τοῦ υἱοῦ τοῦ θεοῦ*; es wird absolut gebraucht 1. Kr 1, 21; 2, 4; 15, 14; 2. Tim 4, 17; Tit 1, 3; Herm sim VIII 3, 2; IX 16, 5. — Die gleiche Entwicklung macht *ὁ λ ό γ ο ς* durch. Es wird oft durch Gen. obj. bestimmt wie *τῆς βασιλείας* (Mt 13, 19), *τῆς σωτηρίας* (Act 13, 26), *τῆς χάριτος* (Act 20, 32), *τοῦ σταυροῦ* (1. Kr 1, 18), *τῆς καταλλαγῆς* (2. Kr 5, 19), *τῆς ἀληθείας* (Kol 1, 5; Eph 1, 13; 2. Tim 2, 15; vgl. Pol Phl 3, 2; das unartikulierte *ἀληθείας* Jak 1, 18 dürfte Gen. qual. sein wie *ζωῆς* Phl 2, 16). Aber schließlich bezeichnet auch das absolute *ὁ λόγος* die christliche Verkündigung: 1. Th 1, 6; Gl 6, 6; Phl 1, 14 (v. 1); Kol 4, 3; 1. Pt 2, 8; 3, 1; Act 6, 4; 8, 4; 10, 36; 11, 19; 14, 25; 16, 6. 32;

17, 11; Barn 9, 3; 14, 5; 19, 10; Pol Phl 7, 2; Herm vis III 7, 3. Meist ist freilich der Gen subj. bzw. auct. τοῦ ϑεοῦ hinzugefügt.

Die Annahme der Botschaft heißt G l a u b e n , πίστις bzw. π ι σ τ ε ύ ε ι ν. Ausführlich ist Rm 10, 14—17 die πίστις als Annahme des Kerygmas charakterisiert; Objekt des Glaubens ist das κήρυγμα (1. Kr 1, 21; Herm sim VIII 3, 2 usw.), das εὐαγγέλιον (Mk 1, 15; Act 15, 7; 1. Kr 15, 2 usw.), das μαρτύριον (2. Th 1, 10; 1. Joh 5, 10), der λόγος (Act 4, 4; Eph 1, 13; Barn 9, 3; vgl. 16, 9: ὁ λόγος αὐτοῦ τῆς πίστεως), die ἀκοή = „Predigt" (Rm 10, 16; Joh 12, 38). Die Bedeutung dieses Aktes der gläubigen Annahme der Verkündigung, die den Glaubenden in die Gemeinde eingliedert, hat dazu geführt, daß der Glaubensbegriff eine Bedeutung gewann, die er weder im AT noch in anderen antiken Religionen hatte. Im Christentum erst ist der Glaubensbegriff zur beherrschenden Bezeichnung des Verhältnisses des Menschen zur Gottheit geworden, ist der Glaube als die das Leben durchherrschende Haltung des Frommen verstanden worden. Vorbereitet ist das in der Mission des Judentums wie heidnischer Religionen, die in der hellenistischen Welt Propaganda trieben. Denn erst in der Mission erwächst dieser Begriff des Glaubens als der Zuwendung zu einer neuen verkündigten Religion, während im AT wie in allen antiken Volksreligionen die Verehrung der Gottheit (bzw. der Gottheiten) des Volkes ja eine Selbstverständlichkeit ist.

Entsprechend der Eigenart der urchristlichen Botschaft bedeutet πίστις (πιστεύειν) im hellenistischen Christentum 1. den Glauben an den einen Gott (1. Th 1, 8 f.; Hbr 6, 1; 11, 6; Herm mand I 1; s. o. 2, S. 69 f.); 2. den Glauben an Gottes Heilstat in Christus (1. Kr 15, 11; Rm 4, 24), sei es, daß der Inhalt solchen Glaubens durch einen ὅτι-Satz angegeben wird (Rm 10, 9; 1. Th 4, 14; Joh 20, 31 usw.), sei es, daß er durch eine abkürzende Wendung wie πιστεύειν εἰς Χριστὸν ᾿Ιησοῦν (Gl 2, 16), εἰς τὸν κύριον (Act 14, 23; Herm mand IV, 3, 3), εἰς τὸ ὄνομα τοῦ υἱοῦ τοῦ ϑεοῦ (1. Joh 5, 13) u. dgl. angedeutet wird. Eben die Ausbildung dieser verkürzten Wendung πιστεύειν (πίστις) εἰς (bzw. πιστεύειν und πίστις mit Gen. obj.), die sowohl dem Griechischen wie dem AT (der LXX) fremd ist, ist bezeichnend; und ebenso ist bezeichnend, daß alsbald πιστεύειν (πίστις) im technischen Sinne absolut gebraucht wird. Πίστις kann, mit Er-

gänzung oder absolut gebraucht, ebenso den Glauben als den
Akt des Gläubigwerdens bezeichnen (1. Th 1, 8; Act 20, 21 usw.)
wie das Gläubigsein (1. Kr 2, 5; Did 16, 2; Barn 4, 9 usw.) und
die Haltung der Gläubigkeit (Rm 14, 1; 1. Th 1, 3 usw.). Und
ebenso bedeutet πιστεύειν (πιστεῦσαι) bald das Gläubigwerden
(Rm 10, 14; Act 18, 8 usw.), bald das Gläubigsein, bes. im Part.,
so daß οἱ πιστεύοντες oder οἱ πιστεύσαντες die Bezeichnung „die
Christen" ersetzen kann (2. Th 1, 10; Herm sim IX 19, 1 f. usw.).
Endlich kann πίστις, womit zunächst natürlich die *fides qua
creditur* bezeichnet wird, auch den Sinn der *fides quae creditur*
gewinnen (Rm 10, 8; Act 6, 7); die πίστις ist einfach das „Christentum" (1. Tim 4, 1. 6) und „christlich" heißt κατὰ κοινὴν
πίστιν (Tit 1, 4). — Außer dieser letzten Entwicklungsstufe sind
alle Möglichkeiten des Sprachgebrauchs schon vor Paulus ausgebildet worden und werden es neben ihm. Und erst auf dem
Hintergrund dieser Missionsterminologie hebt sich das eigenartige Glaubensverständnis des Paulus deutlich ab.

Jedoch hat der Glaubensbegriff im Urchristentum auch schon
abgesehen von Paulus eine E r w e i t e r u n g   u n d   B e r e i -
c h e r u n g   erfahren. Das ist zunächst daher leicht erklärlich,
daß πιστεύειν ja auch den Sinn von „vertrauen" haben kann,
und daß sich dieser Sinn gerne mit dem missionsterminologi-
schen Sinne verbindet. Wie πίστις und πεποίθησις Eph 3, 12;
1. Klem 26, 1; 35, 2 kombiniert werden, tritt πεποιθέναι an die
Stelle von πιστεύειν (1. Klem 58, 1; 60, 1; Herm sim IX 18, 5),
wie ja auch 1. Kr 2, 9; Phl 3, 4 ff. die Verwandtschaft von πιστεύειν und πεποιθέναι zeigen. Damit ist es dann aber gegeben,
daß auf das christliche, durch πίστις bezeichnete Gottesverhältnis das in der a l t t e s t a m e n t l i c h - j ü d i s c h e n   T r a -
d i t i o n lebendige Verständnis des Gottesverhältnisses Einfluß
gewinnt, das durch Verben wie הֶאֱמִין, בָּטַח, חָסָה, קִוָּה bezeichnet
wird, zumal die regelmäßige Wiedergabe von הֶאֱמִין eben πιστεύειν
ist (für die anderen Verben, zumal בָּטַח häufig πεποιθέναι), —
d. h. aber ein Verständnis des Gottesverhältnisses, das ebenso
als ein Verhältnis des Vertrauens und der Hoffnung wie der
Treue und des Gehorsams charakterisiert ist.

Besonders deutlich zeigt Hbr 11 den Nuancenreichtum des
πίστις-Begriffes unter diesen Einflüssen. Tritt in V. 3 und besonders in V. 6 der missionsterminologische Sinn von πίστις
hervor, so herrscht im allgemeinen der Sinn von πίστις als Ver-

trauen und Hoffnung (bes. V 9, f. 11. 13. 17), doch so, daß daneben auch immer der von Gehorsam und Treue zur Geltung
kommt (V. 5. 7. 8. 24 ff. 30 f. 33). Und so schlägt auch sonst der
Sinn von Vertrauen durch (z. B. Rm 4, 17—20; 1. Klem 26, 1;
35, 2; 2. Klem 11, 1), oder der von Hoffnung (bes. in 1. Pt, vgl.
1, 5—9. 21; ferner z. B. 1. Klem 12, 7; Barn 4, 8), von Treue
(2. Tim 4, 7; 1. Pt 5, 9; Apk 2, 13; 13, 10) und von Gehorsam,
der bei Paulus besonders betont ist, aber auch sonst zutage tritt
in dem mit πιστεύειν synonymen Gebrauch von πείθεσθαι (Act
17, 4; 28, 24) und in der Bezeichnung des Unglaubens als ἀπειθεῖν
(Act 14, 2; 19, 9; 1. Pt 2, 8; 3, 1; Joh 3, 36 usw.).

    Bezeichnet πίστις (πιστεύειν) auch ein persönliches Verhält-
nis zur Person Christi oder nur ein Gottesverhältnis auf Grund
der Tat Gottes in Christus? Ein persönliches Verhältnis zu
Christus ist jedenfalls durch die Wendung πιστεύειν εἰς αὐτόν
noch nicht ausgesagt, da diese Wendung nur die Verkürzung
für das πιστεύειν mit ὅτι-Satz (z. B. ὅτι ὁ θεὸς αὐτὸν ἤγειρεν ἐκ
νεκρῶν Rm 10, 9) ist. Und wie im AT bzw. in der LXX das Gottesverhältnis nie durch πιστεύειν εἰς beschrieben wird, so begegnen umgekehrt die LXX-Wendungen, die das Gottesverhältnis
bezeichnen, nämlich πιστεύειν c. Dat. und πιστεύειν ἐπί c. Dat.
fast nirgends zur Bezeichnung des Christusverhältnisses (mit
Dat. eigentlich nur bei Joh im Sinne von: ihm (seinen Worten)
Glauben schenken; mit ἐπί c. Dat. 1. Tim 1, 16). Selten wird
auch πιστεύειν ἐπί c. Acc., was sonst auch das Gottesverhältnis
ausdrücken kann, für das Christusverhältnis verwandt (Act
9, 42; 11, 17; 16, 31; 22, 19), und singulär ist das πίστιν ἔχειν
πρὸς τὸν κύριον ᾽Ιησοῦν Phm 5. So wird man urteilen müssen:
der urchristlichen Verkündigung ist zunächst der Gedanke des
Glaubens als eines persönlichen Verhältnisses zur Person Jesu
Christi fremd; kommt es alsbald zu einem solchen, so müssen
dafür neue Motive wirksam gewesen sein.

    Die F r a g e n , die sich beim Überblick über die Verkündi-
gung von dem einen Gott und seinem Gericht, von Jesus Christus als dem Richter und Retter stellen, sind die: wird der Glaube
an den einen Gott den Charakter einer aufgeklärten Weltanschauung annehmen, oder wird Gott als die die menschliche
Existenz bestimmende, den Willen des Menschen fordernde
Macht verstanden werden? Scheint durch die eschatologische
Predigt die Entscheidung im zweiten Sinne herbeigeführt zu

werden, so fragt es sich doch: wieweit entwächst der eschatologische Glaube der mythologischen Phantasie? Beschränkt er
sich darauf, ein bloßes Warten auf ein kommendes Ereignis zu
sein, oder wird er auch die Gegenwart im Lichte des eschatologischen Geschehens verstehen? In welcher Weise wird die Eschatologie festgehalten werden, wenn die Naherwartung des Endes nachläßt und aufhört? Weiter: Wird die Bedeutung Christi
auf die Rolle des künftigen Richters und Retters beschränkt
bleiben? In welcher Weise wird die theologische Reflexion seinen Tod und seine Auferstehung verstehen? Werden die theologischen Sätze den Charakter theoretischer Spekulation gewinnen und wird damit der „Glaube an ihn" zum bloßen Dog-
menglauben werden? Wie wird der Glaubensgedanke entfaltet,
und wie wird durch ihn das theologische Denken dirigiert werden?

§ 10. DAS KIRCHENBEWUSSTSEIN UND DAS VERHÄLTNIS ZUR WELT

Lit. zu 1 u. 2 s. zu § 1,3 (S. 9). – Zu 1: HAHN, FERD., KERTELGE, K.,
SCHNACKENBURG, R., Einheit der Kirche, 1979. – ROLOFF, J., Art. ἐκκλησία κτλ., EWNT I, 1980, 998–1011. – Zu 2: CAMPENHAUSEN, H. v., Die
Entstehung der christlichen Bibel, 1968 (bes. 28 ff.). – VIELHAUER, PH.,
Paulus und das Alte Testament, in: Studien zur Geschichte und Theologie
der Reformation, FS. E. Bizer, 1969, 33–62. – HOLTZ, T., Zur Interpretation des Alten Testaments im Neuen, ThLZ 99, 1974, 19–32. – HÜBNER,
H., Art. γραφή κτλ., EWNT I, 1980, 628–638. – KOCH, D.-A., Beobachtungen zum christologischen Schriftgebrauch in den vorpaulinischen Gemeinden, ZNW 71, 1980, 174–191. – Zu „Heilsgeschichte": CULLMANN, O., Heil
als Geschichte, (1965) ²1967. – KLEIN, G., Bibel und Heilsgeschichte...,
ZNW 62, 1971, 1–47. – KÜMMEL, W. G., Heilsgeschichte im Neuen Testament?, in: Neues Testament und Kirche. Für Rudolf Schnackenburg, 1974,
434–457. – LUZ, U., Art. Geschichte/Geschichtsschreibung/Geschichtsphi-
losophie. IV. Neues Testament, TRE, XII, 1984, 595–604. – Zu 3 u. 4:
HAHN, FERD., Die theologische Begründung urchristlicher Paränese,
ZNW 72, 1981, 88–99. – SCHRAGE, W., Ethik des Neuen Testaments, 1982
(bes. 116–130).

1. Die eschatologische Verkündigung der christlichen Missionare
war wenigstens für einen großen Teil der heidnischen Hörer in
der griechisch sprechenden Welt etwas Befremdendes — vor
allem die Botschaft von der Auferstehung der Toten. Die Darstellung der Act zeigt es 17, 18. 32 an, wenn sie die athenischen
Hörer beim Thema der ἀνάστασις aufmerken und Anstoß nehmen läßt (s. S. 80). Und ebenso zeigen 1. Th 4, 13 ff.; 1. Kr 15

das Neue und auch das Anstößige solcher Predigt. Indessen war doch die Verkündigung von einem bevorstehenden eschatologischen Drama, von einer kosmischen Weltwende wiederum auch für viele Hörer nichts grundsätzlich Neues und Unerhörtes. Aus dem Orient waren solche eschatologischen Vorstellungen längst in die hellenistische Welt eingedrungen. Freilich waren sie ihres ursprünglich mythologischen Charakters weithin entkleidet worden, sei es, daß sie etwa in der stoischen Lehre von den Weltperioden und der ἐκπύρωσις als des Endes einer jeden Periode den Charakter einer naturwissenschaftlichen Theorie gewonnen hatten; sei es, daß sie, wie im *Carmen saeculare* des Horaz oder in Vergils 4. Ekloge, die die Geburt des kommenden Weltheilandes besingt, zum dichterischen Bild für eine geschichtlich-politische Wende dienten.

Konnte also die eschatologische Predigt des Urchristentums als die Verkündigung einer kosmischen Wende weithin auf Verständnis rechnen, so waren die Bedingungen für ein Verständnis nicht gegeben, sofern nach urchristlicher Anschauung d a s b e v o r s t e h e n d e e s c h a t o l o g i s c h e G e s c h e h e n d e r S c h l u ß a k t e i n e r H e i l s g e s c h i c h t e — der Geschichte des auserwählten Volkes, des „wahren Israel" —, sofern es die Erfüllung der Verheißungen für das auserwählte Volk war. Wie konnte das urchristliche Bewußtsein, die eschatologische „Gemeinde" der Endzeit zu sein, für die sich die Verheißungen jetzt erfüllen, das Bewußtsein, das „wahre Israel" zu sein, in hellenistischen Gemeinden Fuß fassen?

Es handelt sich um eine entscheidende Frage, nämlich um d i e F r a g e d e s K i r c h e n b e g r i f f e s. Bedeutet das Heil, das die christliche Botschaft verkündigt, nur das Heil des Individuums, die Erlösung der einzelnen Seelen von sündlicher Befleckung, von Leid und Tod? Oder bedeutet es das Heil für die Gemeinschaft des Volkes Gottes, in das der Einzelne eingegliedert ist? Daß für die urchristliche Mission dieses Zweite selbstverständlich ist, bildet einen wesentlichen Unterschied von der Propaganda anderer orientalischer Erlösungsreligionen, und historisch gesehen liegt darin auch ein wesentlicher Grund für die Überlegenheit des Christentums über jene. Im Christentum steht der einzelne Gläubige innerhalb der Gemeinde, und die einzelnen Gemeinden sind zu der einen Gemeinde zusammengeschlossen. Und zwar ist das primäre Motiv des Zusammen-

schlusses nicht das praktische Bedürfnis der Organisation. Vielmehr ist die kirchliche Organisation primär aus dem Bewußtsein erwachsen, daß die Gesamtgemeinde vor den Einzelgemeinden besteht. Symptom dafür ist der Sprachgebrauch; *ἐκκλησία*
bezeichnet zuerst überhaupt nicht die Einzelgemeinde, sondern
das „Volk Gottes", die Gemeinschaft der Erwählten der Endzeit, so nicht nur in der Urgemeinde (§ 6), sondern auch im hellenistischen Christentum. Und wenn hier auch alsbald die Einzelgemeinde als *ἐκκλησία* bezeichnet wird und im Plur. von
ἐκκλησίαι geredet werden kann, so ist doch die Vorstellung dann
die, daß in der Einzelgemeinde die eine Gemeinde zur Erscheinung kommt.

Paulus folgt offenbar dem gemeinsamen hellenistischen Sprachgebrauch,
wenn er *ἐκκλ.* bald von der Gesamtgemeinde, bald von der Einzelgemeinde
gebraucht. Nach alttest.-urgemeindlichem Gebrauch nennt er die Gesamtgemeinde *ἐκκλησία τοῦ θεοῦ* 1. Kr 10, 32; 11, 22; 15, 9; Gl 1, 13.
Auch das bloße *ἡ ἐκκλησία* kann die Gesamtgemeinde bezeichnen 1. Kr
12, 28; Phl 3, 6. In Act findet sich der Sing. *ἐκκλ.* für die Gesamtgemeinde
mit Sicherheit nur 9, 31; vielleicht auch 20, 28 (*τοῦ κυρίου*); geläufig ist
er wie den Kol- und Eph-Briefen, so 1. Tim 3, 5. 16, in der Did (in den
Gebeten an Gott: *ἡ ἐκκλ. σου* 9, 4; 10, 5; außerdem 11, 11), dem Herm
(*ἡ ἁγία ἐκκλ. σου* sc. τ. θεοῦ vis I 1, 6; 3, 4, außerdem sim VIII 6, 4; IX
13, 1; 18, 2 f. (τ. θεοῦ) und zur mythischen Gestalt hypostasiert vis II
4, 1; III 3, 3; IV 1, 3; 2, 2; sim IX 1, 1 f.). Er findet sich ferner Barn
7, 11; 2. Klem 2, 1; 14, 1—4 und bei Ign, der die *ἐκκλ.* bald als *ἁγία* (Tr
pr.), bald als die Gottes (Tr 2, 3) oder J. Christi (Eph 5, 1) oder als die
Gottes und Christi (Phld pr.; Sm pr.) bezeichnet, aber auch ohne Zusatz
von der *ἐκκλ.* als der Gesamtgemeinde redet (Eph 17, 1; Phld 9, 1); bei
ihm findet sich auch zum erstenmal *ἡ καθολικὴ ἐκκλησία* (Sm 8, 2).

Daß die Einzelgemeinde eine Erscheinung der Gesamtkirche ist, zeigt
sich wohl in der in den Eingangsgrüßen mehrfach begegnenden Wendung:
τῇ ἐκκλησίᾳ (*τοῦ θεοῦ*) *τῇ οὔσῃ ἐν* . . . „an die Gemeinde Gottes, soweit
(sofern) sie sich befindet in . . ." (1. Kr 1, 2; 2. Kr 1, 1; Ign Eph; Mg;
Tr; Phld), statt deren es auch heißen kann: *τῇ ἐκκλ. τ. θεοῦ τῇ παροι-
κούσῃ* . . . (1. Klem pr.; Pol Phl pr.).

Die Vorstellung von der Priorität der Gesamtkirche vor der
Einzelgemeinde zeigt sich weiter in der Gleichsetzung der *ἐκκλησία* mit dem *σῶμα Χριστοῦ*, das alle Gläubigen umfaßt, wie sie
tatsächlich von Paulus 1. Kr 12 vollzogen ist, ausdrücklich dann
Kol 1, 18. 24; Eph 1, 22 f.; 5, 23 ff.; 2. Klem 2, 1; besonders
aber in den schon früh erwachsenen Spekulationen über die Präexistenz der *ἐκκλησία*, die also aller ihrer historischen Realisierung vorausgeht Eph 5, 32; 2. Klem 14; Herm vis II 4, 1
(vgl. I 1, 6; 3, 4).

Dieses K i r c h e n b e w u ß t s e i n steht ebenso hinter den aus Paulus wie den aus den Act erkennbaren Bemühungen der jerusalemischen Urgemeinde, eine Art von Aufsicht über die heidenchristlichen Gemeinden auszuüben, wie hinter den Bemühungen des Paulus selbst, den Zusammenhang der heidenchristlichen Gemeinden mit Jerusalem zu knüpfen und zu festigen. Unter diesem Gesichtspunkt ist die Bestimmung des „Apostelkonvents" Gl 2, 10, daß die heidenchristlichen Gemeinden für die Armen der jerusalemischen Gemeinde Mittel liefern sollen, historisch fast als die wichtigste Bestimmung des Konvents zu bezeichnen; denn die Gefahr, daß die Einheit der Gemeinden verlorengehe, war größer als die, daß sich die heidenchristlichen Gemeinden dem alttestamentlichen Gesetz verpflichten ließen. Daher denn auch der Eifer des Paulus um die Kollekte der Heidenchristen für Jerusalem (1. Kr 16, 1—4; 2. Kr 8—9; Rm 15, 26 f. 31).

2. Daß sich im hellenistischen Christentum faktisch ein Kirchenbewußtsein alsbald bildete und entwickelte, ist nicht nur den Bemühungen des Paulus zu danken, sondern lag auch daran, daß die heidenchristlichen Gemeinden zu einem Teile aus den hellenistischen Synagogengemeinden herauswuchsen, und vor allem daran, daß ihnen — ob jenes der Fall war, oder nicht — d a s A T a l s h e i l i g e s B u c h überliefert wurde. Ist der Einfluß des AT auch nicht in allen Gemeinden gleich groß gewesen, so war er doch im Durchschnitt wohl überall wirksam. Die neutestamentliche Briefliteratur zeigt — von den Joh-Briefen abgesehen —, daß durchweg eine gewisse Vertrautheit mit dem AT bei den Lesern vorausgesetzt wird, deren Umfang allerdings sehr verschieden sein kann. Das gleiche zeigen die apostolischen Väter, unter denen nur die Briefe des Ignatius sehr wenig Bezug auf das AT nehmen. Vielleicht hat es bald Florilegien gegeben, d. h. Sammlungen von alttestamentlichen Zitaten für einzelne Lehrpunkte, wie die Übereinstimmung mancher Zitatenkompositionen in verschiedenen Schriften beweist. Einzelne Schriften wie Hbr und Barn sind fast ganz der Auslegung des AT gewidmet.

Wenn es nun freilich auch ein Unterschied ist, ob das AT als Orakelbuch im Dienste des Weissagungsbeweises oder als ein Kodex von Sittenlehren und moralischen Exempla oder endlich als Dokument der Heilsgeschichte gelesen wird, so wirken doch die verschiedenen Motive zusammen in der Richtung,

daß in der christlichen Gemeinde ein Bewußtsein der S o l i -
d a r i t ä t   m i t   I s r a e l   u n d   s e i n e r   G e s c h i c h t e
entsteht. Abraham ist der „Vater" auch der Gläubigen aus der
Heidenwelt (Rm 4, 1. 12; 9, 7 f.; Gl 3, 7. 29; Jak 2, 21; 1. Klem
31, 2; Barn 13, 7; vgl. Hbr 2, 16; 6, 13), und die in der Welt zerstreuten christlichen Gemeinden sind das Volk der „zwölf
Stämme in der Diaspora" (Jak 1, 1; vgl. 1. Pt 1, 1; Did 9, 4;
10, 5; 1. Klem 59, 2). Sie sind das „Israel Gottes" (Gl 6, 16),
das „auserwählte Geschlecht" und das „Eigentumsvolk" (1. Pt
2, 9), das ἐκλογῆς μέρος (1. Klem 29, 1); sie sind in Wahrheit die
περιτομή (Phl 3, 3). So versteht es sich von selbst, daß die Glau-
benszeugen des AT ihre Vorbilder sind (Hbr 11); auf die Frommen des AT soll sich der Blick richten (ἀτενίσωμεν εἰς 1. Klem
9, 1); ihnen sollen sich die Christen zugesellen (κολληθῶμεν
1. Klem 31, 1; 46, 4). Hiob ist das Muster der Geduld und Frömmigkeit (Jak 5, 11; 1. Klem 17, 3), Lot und die Dirne Rahab
sind Beispiele der Gastfreundschaft (1. Klem 11 f.), Abraham
und David Vorbilder der Demut (1. Klem 17, f.) usw. Wenn
1. Klem 55 unbefangen neben die alttestamentlichen Vorbilder
solche aus der heidnischen Geschichte gestellt werden, so sieht
man, in welchem Maße die Gemeinde die alttestamentliche Geschichte sich schon zugeeignet hat. Ebenso aber bietet das AT
die warnenden und abschreckenden Beispiele des Ungehorsams
und Unglaubens der Wüstengeneration (1. Kr 10, 6 ff.; Hbr
3, 7 ff.), der Eifersucht des Kain, des Esau und anderer (1. Klem 4;
vgl. Hbr 12, 16). Es gilt eben: „Alles, was einst geschrieben
ward (im AT), das ward zu unserer Belehrung geschrieben, damit wir durch die Geduld und durch den Zuspruch der Schrift
die Hoffnung gewinnen" (Rm 15, 4; vgl. 1. Kr 10, 11 auch
Rm 4, 23 f.; 1. Kr 9, 9 f.; 2. Tim 3, 16).

Die homiletische Tradition der Synagoge wirkt in Belehrungen und
Mahnungen solcher Art nach, und es erscheinen im Urchristentum auch
alsbald zwei t y p i s c h e   F o r m e n   d e r   P r e d i g t, die sich schon
im Judentum finden: 1. Überblicke über die Geschichte des Gottesvolkes, die die göttliche Teleologie dieser Geschichte aufzeigen. Im NT
sind dafür Beispiele die Stephanusrede Act 7, 2—47 und die Rede des
Paulus im pisidischen Antiochien Act 13, 17—25 (41). 2. Aufreihungen
von Beispielen aus der Geschichte nach einem bestimmten Stichwort.
Solcher Art ist Hbr 11; kürzer Jud 5—7; viele Beispiele dieser Art enthält 1. Klem (4—6; 7—8; 9—10. 11—12; 51, 3—5).

Das Verhältnis der Gemeinde zur Geschichte Israels ist freilich ein eigentümlich dialektisches, weil der Gang des Geschehens von Israel bis zur Gegenwart keine kontinuierliche Geschichte ist, sondern gebrochen durch das eschatologische Geschehen in Christus. Die eschatologische Gemeinde ist also nicht einfach die historische Nachfolgerin und Erbin des empirisch-historischen Israel, sondern Erbin des gleichsam idealen Israel, des Gottesvolkes, das zu sein, das historische Israel zwar berufen war, das es aber faktisch nie wirklich gewesen ist. Denn wohl war es das erwählte Volk Gottes; aber die Erwählung schwebte gleichsam immer nur als Bestimmung und Verheißung über und vor ihm, bestimmte auch in der Folge göttlicher Führung in Segnung und Strafe seine Geschichte, hat sich aber doch nie realisiert — oder doch nur in Ausnahmen wie in Abraham, dem Glaubensstarken (Rm 4; Hbr 11, 8 ff. usw.), in David, an dem Gott Gefallen fand (Act 13, 22), und in dem der Hl. Geist redete (Act 1, 16; Rm 4, 6 usw.), in den Propheten und den Frommen, die der Gemeinde jetzt als Vorbilder dienen. Israel als Ganzes aber ist wegen seines Ungehorsams und Unglaubens und vor allem wegen seiner Verwerfung Jesu selber verworfen worden. Die christliche Gemeinde ist das wahre Volk Gottes (vgl. Mk 12, 1—11).

Aber dieser Gegensatz zum historischen Israel, der eschatologische Bruch der Geschichte, bedeutet ja nicht Diskontinuität der Heilsgeschichte, sondern gerade ihre Kontinuität. Die Erwählung des Gottesvolkes, die auf ihre Verwirklichung gleichsam wartete, realisiert sich jetzt in der christlichen Gemeinde, die im Gegensatz zu dem Ἰσραὴλ κατὰ σάρκα (1. Kr 10, 18) das Ἰσραὴλ τοῦ θεοῦ (Gl 6, 16) ist, dessen Glieder die echten Söhne Abrahams (s. o. und Rm 9, 7 ff.; Gl 4, 22 ff.) sind, mit denen Gott den neuen Bund geschlossen hat (2. Kr 3, 6 ff.; Hbr 8, 6 ff. und s. u.). Die Verwerfung des historischen Israels war ja, wie der Schriftbeweis lehrt, im AT von vornherein vorgesehen, der neue Bund geweissagt worden. Der Gottesdienst des alten Israel war eine schattenhafte Vorausdarstellung des christlichen Heilsgeschehens gewesen (Hbr 7—10).

Die Dialektik dieses Verhältnisses der christlichen Gemeinde zum historischen Israel kommt wie im Begriff des neuen Bundes, so im Gebrauch des Begriffes λαός zum Ausdruck. Das Wort λαός, in der nachhomerischen griechischen Literatur sel-

ten gebraucht, war in der LXX zur charakteristischen Bezeichnung Israels im Gegensatz zu den ἔϑνη geworden (so auch Lk
2, 32; Act 15, 14; 26, 17. 23). Es hatte Israel in dem doppelten,
noch ungeschiedenen Sinne bezeichnet als das historische Volk,
das zugleich das erwählte Gottesvolk ist. Die christliche Gemeinde eignet sich diese Bezeichnung an, indem nur noch der
zweite Sinn gültig bleibt.

Die Charakteristika des LXX-Sprachgebrauchs kehren im christlichen
Sprachgebrauch wieder: das bloße λαός im technischen Sinne (Hbr 2, 17;
13, 12; Herm sim V 6, 2 f.) das häufige ὁ λαὸς τοῦ ϑεοῦ (bzw. im Zusammenhang μου, σου oder αὐτοῦ: Hbr 4, 9; 10, 30; Apk 18, 4; 1. Klem 59, 4; Herm
sim V 5, 3 bzw. αὐτοῦ = τ. υἱοῦ τ. ϑεοῦ Herm sim IX 18, 4), das λαός
ἅγιος (nach Dt 7, 6 usw.: Barn 14, 6, vgl. ἔϑνος ἅγιον 1. Pt 2, 9), das
λαὸς περιούσιος (nach Ex 19, 5 usw.: Tit 2, 14; 1. Klem 64; vgl. λαὸς εἰς
περιποίησιν 1. Pt 2, 9; λαὸς κληρονομίας Barn 14, 4). Wendungen wie
ἔσονταί μοι εἰς λαόν (nach Jer 38, 33 (hbr. 31, 32): Hbr 8, 10; vgl. Apk
21, 3; Act 18, 10), λαβεῖν . . . λαὸν τῷ ὀνόματι αὐτοῦ (Act 15, 14), ἑτοιμά-
ζειν ἑαυτῷ λαόν (Barn 3, 6; 5, 7; 14, 6). Die Weissagung Hos 1, 10; 2, 23
(hbr. 2, 1. 25) vom Nicht-Volk, das zum Volk werden soll, ist Rm 9, 25;
1. Pt 2, 10 auf die Heidenchristen bezogen; ebenso 1. Pt 2, 9 die Verheißung von Ex 19, 5 f.

Die Idee des neuen Bundes, als dessen stiftendes
Opfer der Tod·Christi gilt, ist offenbar schon vor Paulus gefaßt
worden, wie die ihm überkommenen Worte der Herrenmahl-
Liturgie (1. Kr 11, 25) zeigen. Diese Idee, die ja bezeugt, daß die
Vorstellung vom eschatologischen Geschehen an der Gemeinde
als dem Gottesvolk orientiert ist (§ 9, 4; S. 84), ist dem Paulus
(2. Kr 3, 6 ff.; Gl 4, 24) gleichermaßen wichtig wie dem Verfasser
von Hbr (8, 6; 9, 15; 12, 24), der 8, 10 ff. die Verheißung des
dem λαός Gottes geltenden neuen Bundes von Jer 38, 31 ff.;
(hbr. 31, 30 ff.) ausführlich zitiert[1].

Eine besondere Rolle spielt die Bundesidee bei B a r n; freilich in
einer merkwürdigen Modifikation, insofern der Verf. behauptet, daß
Israel im Grunde nie einen Bund mit Gott gehabt habe, da es sich durch
seinen Götzendienst den ihm am Sinai zugedachten Bund von vornherein verscherzt hatte (4, 6—8; 14, 1 ff.). Er redet deshalb nicht von
„neuen" Bunde, sondern nur von dem einen Bunde (13 u. 14), der freilich
nicht dem πρῶτος λαός (13, 1) gegolten hat, sondern der christlichen Gemeinde als dem λαὸς καινός (5, 7; 7, 5).

---

[1] Die „Essener" der Damaskus-Schrift bezeichnen sich als die Gemeinde
des „neuen Bundes", während sie sich in den Qumran-Texten nur „Bund"
nennen, freilich mit dem Bewußtsein, die Gemeinde der Endzeit zu sein.
Eine Parallele zum Selbstbewußtsein der urchristlichen Gemeinde liegt zweifellos vor.

3. Das kirchliche Bewußtsein schließt ein B e w u ß t s e i n d e r E x k l u s i v i t ä t u n d A u s g e g r e n z t h e i t a u s d e r W e l t ein, das sich zunächst darin dokumentiert, daß die Attribute der eschatologischen Gemeinde (§ 6, 2) auch vom hellenistischen Christentum angeeignet werden. Die Gläubigen heißen die *ἐκλεκτοί* (Rm 8, 33; 2. Tim 2, 10; 1. Pt 1, 1; 2, 4 usw.) oder *κλητοί* (Rm 1, 6; 1. Kr 1, 24; Jud 1; Barn 4, 13) bzw. *κεκλημένοι* (Hbr 9, 15; 1. Klem 65, 2; Herm sim VIII 1, 1; IX 14, 5), oder die *ἅγιοι* (Rm 8, 27; 1. Kr 6, 2; Hbr 6, 10; 1. Klem 56, 1; Barn 19, 10 usw.) bzw. *ἡγιασμένοι* (1. Kr 1, 2; Act 20, 32; 26, 18 usw.), oft in Kombinationen wie *κλητοὶ ἅγιοι* (Rm 1, 7; 1. Kr 1, 2) und anderen (vgl. Apk 17, 14; 1. Klem pr.; Jud 1).

Die E x k l u s i v i t ä t ist selbstverständlich zunächst die g e g e n ü b e r i r g e n d w e l c h e n n i c h t c h r i s t l i c h e n K u l t e n. Davon ist, eben weil es sich von selbst versteht, selten die Rede. Das Entweder-Oder ist 2. Kr 6, 14—7, 1 formuliert. Gegen die *εἰδωλολατρία* als Teilnahme am heidnischen Kult kämpft 1. Kr 10, 1—22 [1]. Sonst wird die *εἰδωλολατρία* (bzw. der *εἰδωλολάτρης*) fast nur beiläufig neben anderen Lastern als etwas für den Christen nicht in Frage Kommendes genannt (1. Kr 5, 10 f.; 6, 9; Gl 5, 20; 1. Pt 4, 3; Apk 21, 8; 22, 15; Did 3, 4; 5, 1; Barn 20, 1); sie gehört eben zum *παρεληλυθὼς χρόνος* 1. Pt 4, 3; vgl. Barn 16, 7; 2. Klem 17, 1), und es ist charakteristisch, daß — wie übrigens schon im Judentum — der Begriff umgedeutet und auf andere Laster übertragen wird (Kol 3, 5; Eph 5, 5). Es gab freilich ängstliche Gemüter, die auch den Genuß von Götzenopferfleisch für verboten erklärten (Apk 2, 14. 20; Did 6, 3), und dieses Verbot ist auch die erste Bestimmung des sog. Aposteldekretes (Act 15, 20. 29; 21, 25). Aber diese Bestimmung hat sich nicht durchgesetzt, und Paulus, der 1. Kr

---

[1] Der Widerspruch zu 1. Kr 8, 7 ff., wonach die Beteiligung an heidnischen Kultmahlen nur aus Rücksicht auf die „Schwachen" verboten wird, erklärt sich wohl so, daß 1. Kr 10, 1—22 aus dem vorkanonischen (1. Kr 5, 9 erwähnten) Briefe des Paulus nach Korinth stammt. Offenbar hatte Paulus gehört, daß Gemeindeglieder an heidnischen Kultmahlen teilnahmen, und setzte voraus, daß diese Teilnahme als Verehrung der heidnischen Gottheiten gemeint sei. Die Betreffenden erwiderten, daß diese Voraussetzung falsch sei, und daß sie, die die *γνῶσις* besäßen, die *εἴδωλα* für nichtig hielten und also ruhig an jenen Mahlzeiten teilnehmen könnten. Darauf antwortet Paulus mit 8, 1—13; 10, 23—11, 1.

10, 23—11, 1 über diese Frage handelt, erklärt den Genuß von
εἰδωλόϑυτον für grundsätzlich erlaubt.

Verboten jedoch ist — wie schon im Judentum — jede Art
von Zauberei, *φαρμακεία* (Gl 5, 20; Apk 21, 8; 22, 15; Did 2, 2;
5, 1; Barn 20, 1) oder *μαγεία* (Did und Barn. a. a. O.); zur Zauberei gehört die Anrufung von Dämonen, die nach jüdisch-
urchristlicher Auffassung ja in Wahrheit die in der *εἰδωλολατρεία*
verehrten Wesen sind (1. Kr 10, 20 f.; Barn 16, 7 usw.).

4. Die kirchliche Exklusivität ist aber vor allem **d i e A u s -
g e g r e n z t h e i t a u s d e r W e l t a l s d e r S p h ä r e
d e r s i t t l i c h e n U n r e i n h e i t u n d S ü n d e**. Die
Gemeinde ist der heilige Tempel Gottes, abgesondert von allem
Weltlich-Sündigen (1. Kr 3, 16 f.; 2. Kr 6, 16; Eph 2, 21 f.;
Ign Eph 9, 1; Mg 7, 2); sie ist der *οἶκος πνευματικός* Gottes
(1. Pt 2, 5; vgl. 1. Tim 3, 15; Hbr 3, 6; 10, 21; Herm sim IX
13, 9; 14, 1). Die eschatologische Gemeinde gehört eigentlich
nicht mehr zur vergehenden Welt. Ihre Glieder haben hier keine
Heimat; ihr *πολίτευμα* (Bürgerrecht, Bürgertum) befindet sich
im Himmel (Phl 3, 20) ihre *πόλις* ist die zukünftige (Hbr 13, 14).
Hier in dieser Welt sind sie in der Fremde, auf der Wanderschaft.

Die Christen sind in dieser Welt *ἐπὶ ξένης*, wie Herm sim I 1 breit ausführt. Sie sind *παρεπίδημοι* (Fremdlinge, die vorübergehend zu Gaste
sind, 1. Pt 1, 1; 2, 11), *πάροικοι* (Beisassen, nicht Vollbürger 1. Pt 1, 17;
2, 11; 2. Klem 5, 1; später Diogn 5, 5; 6, 8, der in c. 5 das Thema ausführlich behandelt). Daher kann auch eine Ortsgemeinde als *παροικοῦσα*
an dem betr. Ort bezeichnet werden (1. Klem pr.; Pol Phl pr.). Das Grund-
motiv des Hbr kann als „Das wandernde Gottesvolk" bezeichnet werden
(so E. Käsemann in dem gleichbetitelten Buch 1939); es wird thematisch
Hbr 3, 7—4, 13 behandelt, indem die christliche Gemeinde mit dem Israel auf seiner Wanderschaft ins verheißene Land parallelisiert wird.
In anderer Weise wird die Fremdlingschaft mit der Situation Israels parallelisiert, wenn die Gemeinde als in der Diaspora befindlich bezeichnet
wird (Jak 1, 1; 1. Pt 1, 1).

So gilt es denn, zur Wanderschaft „die Lenden zu gürten"
(1. Pt 1, 13; Pol Phl 2, 1). **D i e P a r a d o x i e d e r c h r i s t -
l i c h e n S i t u a t i o n**, wie Paulus sie als die Situation zwischen einem „nicht mehr" und „noch nicht" Phl 3, 12—14 charakterisiert, kommt in solchen Wendungen zum Ausdruck. Paulus hat aber nur auf eine kurze Formel gebracht, was als die
christliche Situation in den verschiedensten Wendungen überall beschrieben wird.

Denn auf der einen Seite weiß sich das eschatologisch-kirchliche Bewußtsein als geschieden von der Welt, von „diesem Aeon", von der eigenen Vergangenheit und von der heidnischen Umgebung. Die Christen sind ja geheiligt und gereinigt (§ 9, 4, S. 88), da Christus den *καθαρισμὸς τῶν ἁμαρτιῶν* gewirkt hat (Hbr 1, 3). Durch die Taufe ist die Reinigung an allen Einzelnen vollzogen worden (Eph 5, 26); sie ist das Bad der Wiedergeburt und der durch den Hl. Geist gewirkten Erneuerung (*λουτρὸν παλιγγενεσίας καὶ ἀνακαινώσεως πνεύματος ἁγίου* Tit 3, 5). Wie für Paulus das Heilsgeschehen eine neue Schöpfungstat Gottes (2. Kr 4, 6) und der Christ ein neues Geschöpf ist (2. Kr 5, 17), so bedeutet es für Barn die Erfüllung der Verheißung *ἰδοὺ ποιῶ τὰ ἔσχατα ὡς τὰ πρῶτα*, nämlich eben eine neue Schöpfung, daß Gott uns durch die Sündenvergebung erneuert hat (*ἀνακαινίσας*), und neu schuf: *ἰδὲ οὖν ἡμεῖς ἀναπεπλάσμεθα* (6, 11. 13 f. vgl. 16, 8: *ἐγενόμεθα καινοὶ πάλιν ἐξ ἀρχῆς κτιζόμενοι*). Oder wie es 1. Pt 1, 23 heißt: wir sind *ἀναγεγεννημένοι*.

Wenn Gott freilich 1. Pt 1, 3 der *ἀναγεννήσας ἡμᾶς εἰς ἐλπίδα ζῶσαν* genannt wird, so kommt darin jene Paradoxie zur Geltung: wir sind, was wir sind, in der Hoffnung. Denn das ist die andere Seite der christlichen Situation: kann einerseits das christliche Dasein durch den Indikativ des Geheiligt- und Gereinigtseins beschrieben werden, so steht es doch, solange es sich noch in dieser Welt bewegt, unter dem Imperativ. Ist es einerseits von seiner Vergangenheit und Umwelt geschieden, so muß doch diese Scheidung stets neu verwirklicht werden. Die Reinen und Geheiligten werden gemahnt: *καθαρίσωμεν ἑαυτοὺς ἀπὸ παντὸς μολυσμοῦ σαρκὸς καὶ πνεύματος ἐπιτελοῦντες ἁγιωσύνην ἐν φόβῳ θεοῦ* (2. Kr 7, 1). Es gilt, das Leben nicht mehr zu gestalten (*συσχηματίζειν*) nach den Begierden der früheren heidnischen Zeit (1. Pt 1, 14), *μηκέτι περιπατεῖν καθὼς καὶ τὰ ἔθνη* (Eph 4, 17), sondern „heilig zu werden" und „den Wandel in Gottesfurcht in der Zeit der Fremdlingschaft zu führen" 1. Pt 1, 15—17). Gottes Wille ist die Heiligung; zu ihr hat er uns berufen (*ἁγιασμός* 1. Th 4, 3. 7). Es gilt, „sich unbefleckt zu erhalten von der Welt" (Jak 1, 27; 2. Pt 3, 14). Es gilt, „die Taufe rein und unbefleckt zu bewahren" (2. Klem 6, 9; vgl. 7, 6; 8, 6). Was grundsätzlich geschehen ist, gilt es praktisch zu realisieren: *νεκρώσατε οὖν τὰ μέλη τὰ ἐπὶ τῆς γῆς . . . ἀπεκδυσάμενοι τὸν παλαιὸν ἄνθρωπον σὺν ταῖς πράξεσιν αὐτοῦ καὶ ἐνδυσάμενοι τὸν νέον*

τὸν ἀνακαινούμενον . . . (Kol 3, 5. 9 f.), bzw. ἀποθέσθαι ὑμᾶς κατὰ
τὴν προτέραν ἀναστροφὴν τὸν παλαιὸν ἄνθρωπον . . . ἀνανεοῦσθαι
δὲ τῷ πνεύματι τοῦ νοὸς ὑμῶν καὶ ἐνδύσασθαι τὸν κοινὸν ἄνθρωπον
τὸν κατὰ θεὸν κτισθέντα . . . (Eph 4, 22—24). Die, die neue Ge-
schöpfe sind, müssen sich zurufen lassen: ἀνακτίσασθε ἑαυτοὺς
ἐν πίστει (Ign Tr 8, 1). Für die, die aus der Finsternis ins Licht
gerufen sind (1. Pt 2, 9), gilt es, ,,die Werke der Finsternis ab-
zutun und die Waffen des Lichtes anzulegen'' (Rm 13, 12 f.,
1. Th 5, 4 ff.). Inmitten eines verirrten und verkehrten Geschlechtes haben die Christen, untadelig und lauter, zu strahlen wie die Gestirne (Phl 2, 15) und sich von den Heiden durch
ihren guten Wandel abzuheben (1. Pt 2, 12). Es gilt, aus dem
,,Lager'' d. h. aus der Welt hinauszugehen zu Christus (Hbr
13, 13). Es gilt: καταλείψαντες τὴν παροικίαν τοῦ κόσμου τούτου
ποιήσωμεν τὸ θέλημα τοῦ καλέσαντος ἡμᾶς καὶ μὴ φοβηθῶμεν ἐξελθεῖν ἐκ τοῦ κόσμου τούτου (2. Klem 5, 1), und das bedeutet: ὁσίως
καὶ δικαίως ἀναστρέφεσθαι καὶ τὰ κοσμικὰ ταῦτα ὡς ἀλλότρια ἡγεῖσθαι καὶ μὴ ἐπιθυμεῖν αὐτῶν (2. Klem 5, 6, zum Begriff des ἀλλό-
τριον vgl. Ign Rm pr., Herm sim I 3. 11). Der künftige Aeon und
der jetzige sind Feinde, deshalb: δεῖ ἡμᾶς τούτῳ ἀποταξαμένους
ἐκείνῳ χρᾶσθαι (2. Klem 6, 3—5).

Daß in der Sphäre des Hellenismus schon früh d i e A s k e s e
zum Mittel der Ausgrenzung aus der Welt wurde, ist nicht verwunderlich; denn der Hellenismus kennt manche asketische Bewegung. Eigentliche Askese bedeutet es natürlich noch nicht,
wenn das Verbot, Götzenopferfleisch zu essen, erhoben wird
(Act 15, 20. 29; 21, 25; 1. Kr 8—10; Apk 2, 14. 20), sowenig wie
ein Fasten, das das Gebet verstärken (Act 13, 3; 14, 23; 1. Kr
7, 5 sekund. LA.; Did 1, 3) oder den Offenbarungsempfang vor-
bereiten soll (Act 13, 2; Herm vis ll 2, 1; Ill 1, 2 usw.), oder das
regelmäßige Fasten an zwei Wochentagen (Did 8, 1). Did 6, 3
kombiniert freilich das Verbot des Götzenopferfleisches mit
asketischer Enthaltung. Grundsätzliche N a h r u n g s a s k e s e
(Enthaltung von Fleisch und Wein) findet sich bei den ἀσθενεῖς
Rm 14, die Paulus nachsichtig behandelt. Wieweit die Enthal-
tungsforderungen der Kol 2, 16 ff. verurteilten Irrlehrer wirklich asketische und nicht bloß harmlose rituelle Gebote waren,
ist nicht deutlich; ersteres ist wohl bei den 1. Tim 4, 3 (vgl. Tit
1, 15) bekämpften Irrlehrern der Fall, die auch die geschlecht-
liche Askese propagieren. G e s c h l e c h t l i c h e A s k e s e

ist selbst für Paulus ein Ideal (1. Kr 7, 7). In den andeutenden Worten Did 6, 2 wird sie offenbar empfohlen, und sie ist wohl auch in dem änigmatischen Satz Did 11, 11 gemeint. Jedenfalls steht das Ideal der Keuschheit nach Apk 14, 1—5 ; 1. Klem 38, 2 ; 48, 5 ; Ign Pol 5, 2 hoch im Ansehen, und 2. Klem 12 ; 14, 3 wirbt dafür. Schon 1. Kr 7, 25. 36 f. ist eine besondere Form sexueller Askese, das Syneisaktentum, vorausgesetzt, d. h. jene „geist liche" Ehe, in der Asket und Jungfrau zusammenleben[1]. Ein anschauliches Bild davon gibt Herm sim IX 11. Die asketische Forderung des V e r z i c h t e s a u f d e n B e s i t z wird zu- nächst nicht erhoben, wenn auch das Mißtrauen gegen den Reich- tum groß ist (1. Tim 6, 6—10 ; Hbr 13, 5 ; Jak 5, 1—6 u. bes. Herm).

Natürlich werden solche Mahnungen immer wieder durch den H i n w e i s a u f d a s n a h e b e v o r s t e h e n d e E n d e d i e s e r W e l t bekräftigt (z. B. Rm 13, 11 f.; 1. Th. 5, 1 ff.; 1. Pt 1, 5 ff.; 4, 7 ; Hbr 10, 25 ff.; Did 16 ; Barn 21, 3 ; Ign Eph 11, 1 ; Pol 3, 2 ; Herm vis II 3, 4). Paulus erwartet ja die Parusie Christi mit den meisten seiner Zeitgenossen zu erleben (1. Th 4, 17 : ἡμεῖς οἱ ζῶντες, οἱ περιλειπόμενοι ; vgl. 1. Kr 15, 51), und er hat darin natürlich nicht allein gestanden. Mit der Zeit macht sich das Ausbleiben der Parusie jedoch bemerkbar, und jener Hinweis muß durch die Mahnung zur Geduld verstärkt werden (Jak 5, 7 ff.; Hbr 10, 36 ff.); ja, es muß sogar der Zweifel be- kämpft werden (2. Pt 3 ; 1. Klem 23 ; 2. Klem 11 f.). Die War- nung wird notwendig, sich nicht als ἤδη δεδικαιωμένοι zu fühlen, ἵνα μήποτε ἐπαναπαυόμενοι ὡς κλητοὶ ἐπικαθυπνώσωμεν ταῖς ἁμαρ- τίαις ἡμῶν (Barn 4. 9 f. 13). Die Mahnungen zum γρηγορεῖν und νήφειν (§ 9, 3 S. 79) verklingen nicht.

Befällt manchen die λήθη τοῦ καθαρισμοῦ τῶν πάλαι αὐτοῦ ἁμαρτιῶν (2. Pt 1, 9), so nimmt d i e M a h n u n g z u r V e r - w i r k l i c h u n g d e s c h r i s t l i c h e n S e i n s schärfe- ren Ton an: καθαρίσατε χεῖρας, ἁμαρτωλοί, καὶ ἁγνίσατε καρδίας, δίψυχοι (Jak 4, 8). Und während Hbr 6, 4 ff. warnt: ἀδύνατον . . . τοὺς . . . παραπεσόντας πάλιν ἀνακαινίζειν εἰς μετάνοιαν, mahnt 1. Joh 1, 7. 9 zum ständigen Bekenntnis der Sünde unter Hin-

---

[1] So auch J.-J. v o n A l l m e n, Maris et femmes, 1951, 14. – Anders frei- lich W. G. K ü m m e l, Neutest. Studien für Rud. Bultmann², 1957, der der Meinung ist, daß es sich 1. Kr 7, 36—38 um ein Brautpaar handelt.

weis auf das uns reinigende Blut Christi. Während es sich für
1. und 2. Klem von selbst versteht, daß die Buße ständig das
Christenleben begleitet, hat nach Herm Gott jetzt noch einmal
eine neue und letzte Möglichkeit der Buße eröffnet und damit
die Möglichkeit einer abermaligen *ἀνακαίνωσις* oder *ἀνανέωσις*
(vis III 8, 9; 13, 2; vgl. vis III 12, 3; sim VIII 6, 3; 14, 3). So
erklingt nun aufs neue die Mahnung: *καθάρισόν σου τὴν καρδίαν
ἀπὸ πάντων ματαιομάτων τοῦ αἰῶνος τούτου* (mand IX 4; sim V
3, 6; vgl. vis III 8, 11; mand IX 7; XII 3, 4; 6, 5; sim VII 2;
VIII 11, 3).

Es bilden sich s t e r e o t y p e F o r m e n d e r M a h n u n g heraus. Wie die Götter der Heiden *μάταιοι* sind (Act 14, 15 nach LXX-Sprach-
gebrauch), wie die heidnische *ἀναστροφή* eine *ματαία* ist (1. Pt 1, 18), ihr
περιπατεῖν ein Wandel *ἐν ματαιότητι* (Eph 4, 17; vgl. Rm 1, 21), wie ihre
διάνοια verfinstert ist *ὑπὸ τῶν ἐπιθυμιῶν τῶν ματαίων* (2. Klem 19, 2), so
dient der Begriff des *μ ά τ α ι ο ν* überhaupt zur Charakteristik des Weltlichen. 1. Klem mahnt zur Preisgabe der *κεναὶ καὶ μάταιαι φροντίδες* (7, 2)
oder der *ματαιοπονία* (9, 1), Pol Phl zum Verzicht auf die *ματαιότης τῶν
πολλῶν* (7, 2) oder der *κενὴ ματαιολογία* (2, 1). Barn ruft: *φύγωμεν ἀπὸ
πάσης ματαιότητος* (4, 10). Herm redet von der *ἐπιθυμία ματαία*, bzw. den
ἐπιθυμίαι μάταιαι τοῦ αἰῶνος τούτου (mand XI 8; XII 6, 5) und fordert die
Reinigung von den *ματαιώματα τοῦ αἰῶνος τούτου* (mand IX 4; sim V 3, 6).
Wie heidnischer Wandel ein Wandel in *ἐ π ι ϑ υ μ ί α ι* ist (Rm 1, 24;
Tit 3, 3; 1. Pt 1, 14 usw.), so sind *ἐπιθυμίαι* das Kennzeichen der Welt;
sie werden *κοσμικαί* genannt (Tit 2, 12; 2. Klem 17, 3) oder *σαρκικαί*
(1. Pt 2, 11; vgl. Gl 5, 16. 24; Eph 2, 3) bzw. *σαρκικαὶ καὶ σωματικαί*
(Did 1, 4). 1. Joh 2, 16 f. faßt beides zusammen: *πᾶν τὸ ἐν τῷ κόσμῳ,
ἡ ἐπιθυμία τῆς σαρκός . . . ἐκ τοῦ κόσμου ἐστίν. καὶ ὁ κόσμος παράγεται καὶ
ἡ ἐπιθυμία αὐτοῦ.* 1. Klem 28 nennt die *ἐπιθυμίαι μιαραί*. — Der Begierde
ist die Sorge verwandt. Wie Paulus davor warnt *μεριμνᾶν τὰ τοῦ κόσμου*
(1. Kr 7, 32—34), so 1. Klem 7, 2 vor den *κεναὶ καὶ μάταιαι φροντίδες*.
Die Sorgen verflechten in die *βιωτικὰ πράγματα* (Herm vis III 11, 3;
mand V 2, 2), bzw. die *βιωτικαὶ πράξεις* (Herm vis I 3, 1), in die *πραγματεῖαι τοῦ αἰῶνος τούτου* (Herm mand X 1, 4: vgl. vis III 6, 5; sim VIII
8, 1 f.; IX 20, 1 f.), und dem gelten die Mahnungen des Herm, dessen
Buch überhaupt eine Bußpredigt gegen die Verweltlichung des Christentums ist.
Auch d i e c h r i s t l i c h e H a l t u n g d e r W e l t gegen-
ü b e r wird i n s t e r e o t y p e n W e n d u n g e n beschrieben. Gerne
wird sie als ein *ἀ π έ χ ε σ ϑ α ι* charakterisiert: *ἀπὸ πορνείας* 1. Th 4, 3;
ἀπὸ παντὸς εἴδους πονηροῦ 1. Th 5, 22; *τῶν σαρκικῶν ἐπιθυμιῶν* 1. Pt 2, 11;
vgl. Did 1, 4; *πάσης ἀδικίας* Pol Phl 2, 2, oder nach einem Lasterkatalog
Pol Phl 5, 3 *ἀπὸ πάντων τούτων*; *ἀπὸ πάσης ἐπιθυμίας πονηρᾶς* Herm vis
I 2, 4; vgl. III 8, 4; mand XI 8; XII 1, 3; 2, 2; von den *ἔργα τοῦ διαβόλου*
mand VII 3 und in bezug auf einzelne Laster Herm mand II 4; III 5;
IV 1, 3. 9; V 1, 7; 2, 8; IX 12.

Wie Paulus Rm 13, 12 zum ἀποθέσθαι der ἔργα τοῦ σκότους mahnt, so heißt es Kol 3, 8: νυνὶ δὲ ἀπόθεσθε καὶ ὑμεῖς τὰ πάντα (es folgt ein Lasterkatalog); ähnlich Eph 4, 22 (s. o.). Vgl. ferner Eph 4, 25; 1. Pt 2, 1; Jak 1, 21; Hbr 12, 1; 1. Klem 13, 1; 57, 2; 2. Klem 1, 6. Verwandt ist ἀπο- τάσσεσθαι 2. Klem 6, 4 f.; 16, 2.

Das positive Korrelat zu dem ἀποθέσθαι ist Rm 13, 12 das ἐνδύσασθαι (der ὅπλα τοῦ φωτός), eine bildliche Wendung, die auch 1. Th. 5, 8; Eph 6, 11. 14 erscheint und als reine Metapher Kol 3, 12. Vom ἐνδύσασθαι des neuen Menschen im Gegensatz zum ἀπεκδύεσθαι des alten redet Kol 3, 8 ff., in Kombination mit der Metapher des ἀποθέσθαι, während Eph 4, 22—24 beide Wendungen vermischt. Besonders beliebt ist das (schon im AT und Judentum gebräuchliche) metaphorische ἐνδύεσθαι bei Hermas, z. B. mand I 2: ἀποβαλεῖς πᾶσαν πονηρίαν ἀπὸ σεαυτοῦ καὶ ἐνδύσῃ πᾶσαν ἀρετὴν δικαιοσύνης; vgl. weiter vis IV 1, 8; mand II 3 f.; V 2, 8; IX 7. 10; X 3, 1. 4; XI 4; XII 1, 1; 2, 4; sim VI 1, 2. 4; 5, 3; VIII 9, 1; IX 29, 3. Ebenso auch Ign Pol 1, 2.

Können die Christen charakterisiert werden als ἀποφυγόντες τῆς ἐν κόσμῳ ἐν ἐπιθυμίᾳ φθορᾶς, bzw. als ἀποφυγόντες τὰ μιάσματα τοῦ κόσμου (2. Pt 1, 4; 2, 20), so erhebt sich doch immer wieder die Mahnung zum φ ε ύ γ ε ι ν. Gegenstand der Flucht sind die εἰδωλολατρία 1. Kr 10, 14, die πορνεία 1. Kr 6, 18, die Laster der Habsucht 1. Tim 6, 11, die νεωτε- ρικαὶ ἐπθυμίαι 2. Tim 2, 22, allerhand Laster 1. Klem 30, 1, die ἀσέβεια 2. Klem 10, 1. — Gleichwertig damit werden ἀ π ο λ ε ί π ε ι ν (1. Klem 7, 2; 9, 1; 28, 1; Pol Phl 2, 1; 7, 1) und κ α τ α λ ε ί π ε ι ν (2. Klem 5, 1; 10, 1) gebraucht.

Zwei weitere T y p e n   c h r i s t l i c h e r   P r e d i g t (s. o. 2, S. 98) bilden sich heraus, in denen die Neuheit des christlichen Seins im Gegensatz zur weltlichen Vergangenheit nach dem Schema „einst — jetzt" beschrieben wird: 1. Einst war das Heil (der Heilsplan Gottes) verborgen; jetzt ward es offenbar. Das Motiv begegnet zuerst 1. Kr 2, 7 ff., dann Kol 1, 26 f; Eph 3, 4 f.; 9 f.; es klingt an 2. Tim 1, 9 f.; Tit 1, 2 f.; es ist der Paränese dienstbar gemacht 1. Pt 1, 20 und in eine Doxologie verwoben Rm 16, 25 f. (nicht-paulinisch!). Vgl. zu diesem Typus auch R. B u l t m a n n in Conicet. Neotest. XI (Festschr. f. Anton Fridrichsen), 1947, 10—12. — 2. Einst Heiden in Finsternis und Laster versunken — jetzt durch Gott erleuchtet und gereinigt. Dieses Motiv ist auch bei Paulus vorgebildet: Rm 6, 17 f.; 7, 5 f.; 11, 30; Gl 4, 3 ff., bes. 1. Kr 6, 9 ff. in Verbindung mit einem Lasterkatalog. So findet es sich auch Kol 3, 5 ff.; Tit 3, 3 ff.; vgl. 1. Pt 4, 3 f.; ohne den Lasterkatalog Eph 2, 1 ff. 11 ff.; 1. Pt 2, 25. An 2. Klem 1, 6 ff. kann man sehen, wie das Schema in der faktischen Predigt ausgefüllt wurde. Zu den genannten beiden Typen und anderen s. N. A. D a h l, in Neutest. Studien f. Rud. Bultmann[2], 1957, 3—9.

5. Das Kirchenbewußtsein und das Bewußtsein der eschatologischen Ausgegrenztheit aus der Welt läßt sich als die Anschauung eines D u a l i s m u s bezeichnen — es ist der eschatologische Dualismus der jüdischen Tradition. Enthält dieser auch in der Erwartung der großen kosmischen Endkatastrophe ein

kosmologisches Motiv, so ist er doch an der Kosmologie nicht
spekulativ interessiert. Es erwächst jedoch die Frage, ob die
Reinheit des eschatologischen Motivs durchgehalten wird, und
ob nicht kosmologische Spekulationen Platz greifen werden. Da
dem eschatologischen Bewußtsein eine negative Haltung gegenüber der Welt entspricht — die Haltung des ἀπέχεσθαι, des
φεύγειν usw. —, so erwächst weiter die Frage, ob die eschatologische Ausgegrenztheit aus der Welt sich als eine aus positivem
Besitz erwachsende innere Entweltlichung verstehen wird, oder
ob sie eine rein negative Haltung zur Welt sein wird, die aus der
Erwartung hervorgeht, daß der jetzt die Welt Fliehende für
seinen Verzicht durch künftige himmlische Güter reich entschä-
digt werden wird. In der gegebenen historischen Situation lag
für das Urchristentum weiterhin die Möglichkeit, daß sich das
eschatologische Bewußtsein der Ausgegrenztheit aus der Welt
mit anderen Motiven, die eine negative Haltung zur Welt begründen, mischte oder gar durch sie verdrängt wurde. S t o i -
s c h e   G e d a n k e n konnten einwirken und konnten den An-
knüpfungspunkt leicht an dem Kampf gegen die ἐπιθυμία und
an der Mahnung zum ἀπέχεσθαι und zum ἀλλότρια ἡγεῖσθαι gewinnen, ja die letzte Wendung zeigt — wenigstens als Terminus — schon stoischen Einfluß [1]. Ferner konnten M o t i v e
d e s   g n o s t i s c h e n   D u a l i s m u s wirksam werden, sogar in Verbindung mit stoischen, da für die Stoa wie für die
Gnosis die Sphäre des Fleisches und der Sinnlichkeit abgewertet
ist, wenngleich der „Geist", der den Gegensatz zur Sinnlichkeit bildet, hier und dort verschieden gedacht ist. Motive beider
Art konnten eine Askese begründen, die von der eschatologischen Entweltlichung grundsätzlich verschieden ist (s. o. 4). Wie
schon bei Paulus das asketische Motiv in eigentümlicher Verbindung mit dem eschatologischen wirksam ist (bes. 1. Kr 7),
so auch bei Herm, wenn er z. B. sim V 7, 1 mahnt: τὴν σάρκα
σου ταύτην φύλασσε καθαρὰν καὶ ἀμίαντον. Oder in 2. Klem, der
gleichfalls mahnt: τηρήσατε τὴν σάρκα ἁγνὴν καὶ τὴν σφραγῖδα
(die Taufe) ἄσπιλον (8, 4. 6), und der merkwürdige, nicht recht
klare Gedanken über die der σάρξ gegenüber zu übende ἐγκράτεια (15, 1) vorträgt (14, 3—5). Vor allem zeigt Ign solchen Einfluß. Aber davon wird später (§ 15) die Rede sein.

---

[1] Vgl. M. D i b e l i u s im Ergänzungsbd. zum Hdb. z. NT zu Herm
sim I 1. Sim I ist überhaupt im Stil der kynisch-stoischen Diatribe geschrieben.

Man wird sagen dürfen, daß zum K i r c h e n b e w u ß t -
s e i n , das das Bewußtsein der Ausgegrenztheit gegenüber der
Welt einschließt, d a s B e w u ß t s e i n d e r G n o s t i k e r ,
eine der Welt gegenüber fremde, in geheimnisvoller Einheit verbundene Gemeinschaft darzustellen, eine gewisse Analogie bildet. Und tatsächlich ist das kirchliche Einheitsbewußtsein des
Joh-Evg., wie später zu zeigen ist, von der Gnosis beeinflußt;
und auch Hbr beweist, wie eschatologisch-kirchliches und gnostisches Selbstverständnis sich verbinden können (§ 15). Aber
das Spezifische des kirchlichen Bewußtseins fehlt der Gnosis
doch; dieses unterscheidet sich von ihr durch das Wissen um die
Solidarität mit der Geschichte des Gottesvolkes und durch die
Bindung an das Dokument der Heilsgeschichte, das AT. In diesem Punkte besteht natürlich eine Analogie zu den Synagogen-
gemeinden; im übrigen aber ist das eschatologisch-kirchliche
Bewußtsein etwas durchaus Neues und Eigenes in der hellenistischen Welt. Es wird sich freilich wandeln, soweit das Bewußtsein, das *'Ισραὴλ τοῦ ϑεοῦ*, der *λαὸς τοῦ ϑεοῦ* zu sein, der
Vorstellung weicht, das *τρίτον γένος* gegenüber Griechen (Heiden)
und Juden zu sein. Der Ausdruck findet sich zum erstenmal
Ker Pt 2: *τὰ γὰρ 'Ελλήνων καὶ 'Ιουδαίων παλαιά, ἡμεῖς δὲ οἱ και-
νῶς αὐτὸν* (sc. *τὸν ϑεόν) τρίτῳ γένει σεβόμενοι Χριστιανοί.* Er bedeutet hier aber die Weise der Gottesverehrung und bezeichnet
noch nicht, wie später, die Christenheit [1]. Die nächste Frage aber
ist die, wie in der christlichen Gemeinde das aus dem Bewußtsein, das wahre Israel zu sein, erwachsende Problem des Verhältnisses zum Judentum gelöst werden wird, und wie die Autorität
des AT verstanden werden wird.

§ 11. DAS VERHÄLTNIS ZUM JUDENTUM UND DAS PROBLEM DES ALTEN TESTAMENTS

RENGSTORF, K. H., Das Neue Testament und die nachapostolische Zeit,
in: RENGSTORF, K. H. – KORTZFLEISCH, S. (Hrg.), Kirche und Synagoge,
Bd. I, 1968, 23–83. – CONZELMANN, H., Heiden–Juden–Christen. Auseinandersetzungen in der Literatur der hellenistisch-römischen Zeit, 1981. –
MÜLLER, P.-G., Altes Testament, Israel und das Judentum in der Theologie Rudolf Bultmanns, in: Kontinuität und Einheit. Für Franz Mußner,
1981, 439–472. – WENGST, K., Didache (Apostellehre). Barnabasbrief.
Zweiter Klemensbrief. Schrift an Diognet. Eingel., hrg., übers. u. erl. v.
K. WENGST, 1984 (bes. 119–136).

[1] S. darüber A d. v. H a r n a c k , Mission u. Ausbreitung [3] I 238
bis 267.

1. **Das Verhältnis zum Judentum** bedeutet für das hellenistische Christentum einmal das Verhältnis zu der Form des **Judenchristentums**, wie es von der **Urgemeinde** in Palästina vertreten wurde. Denn diese hatte sich ja vom Judentum nicht gelöst (§ 8, 1) und hatte das Band zwischen der eschatologischen Gemeinde und dem jüdischen Volk nicht zerschnitten. Es war für sie zunächst selbstverständlich, daß der Nichtjude, der zur Heilsgemeinde gehören wollte, sich beschneiden lassen und sich unter das Gesetz stellen, d. h. also Jude werden mußte (§ 8, 2). Im Gegensatz dazu erwuchs aus der Mission der hellenistischen Judenchristen ein Heidenchristentum, von dem die Beschneidung nicht gefordert war, und das sich nicht auf das Gesetz verpflichtete. Dieses gesetzesfreie Heidenchristentum hatte, vertreten durch Barnabas und Paulus, seine Anerkennung durch die Urgemeinde auf dem Apostelkonvent durchgesetzt (§ 8, 2). Daß trotzdem judenchristliche Eiferer für das Gesetz, die sog. Judaisten, in heidenchristlichen Gemeinden Propaganda für das Gesetz trieben und auch in das paulinische Missionsgebiet eindrangen — wie es der Galaterbrief bezeugt und der Philipperbrief andeutet —, braucht hier nicht weiter verfolgt zu werden, da es für die geschichtliche Entwicklung des alten Christentums und die Ausgestaltung seiner Theologie eine Episode geblieben ist, deren Bedeutung nur darin liegt, daß sie den Paulus zur theologischen Diskussion nötigte, der wir den Galaterbrief verdanken [1].

Etwas anders stellte sich offenbar die Frage nach dem Verhältnis zum Judentum in anderen hellenistischen Gemeinden, in denen die christliche Gemeinde aus der Synagogengemeinde herausgewachsen war — so in der römischen Gemeinde, aber vermutlich auch in manchen anderen. Hier war die Notwendigkeit einer **Diskussion mit dem Judentum selbst** gegeben, wie der Römerbrief des Paulus bezeugt, der ja nicht gegen „Judaisten" streitet und nicht wie der Galaterbrief durch das Eindringen gegnerischer Missionare veranlaßt ist, die die römischen Christen zur Übernahme der Beschneidung nötigen wollen, sondern der rein theoretisch das Prinzip des christlichen Glaubens in der Antithese zum Prinzip der jüdischen Gesetzes-

---

[1] W. Schmithals, ZNW 47 (1956), 25—67, vertritt freilich mit erwägenswerten Gründen die These, daß die „Häretiker" in Galatien nicht Judaisten, sondern judenchristliche Gnostiker waren.

religion entwickelt. Solche Diskussion mit dem Judentum brauchte überhaupt nicht aus einer praktischen Kampfessituation zu erwachsen, sondern war ebenso die notwendige Folge der **Selbstbesinnung des christlichen Glaubens** auf sein Wesen und seine Grundlagen. Von solcher theologischen Selbstbesinnung zeugen vor allem der Hebräer- und der Barnabasbrief. *Ausblenden gezell. Konfli ut Konstellatrionen*

Die **Frage** erwuchs ja aus der einfachen Tatsache, daß das hellenistische Christentum das AT übernommen hatte und seine Autorität anerkannte, aber gleichzeitig die Geltung des alttestamentlichen Gesetzes für die Christen bestritt. Wie war diese Bestreitung zu begründen? Wie mußte das Gesetz, das doch einen wesentlichen Teil des autoritativen Offenbarungsbuches bildet, interpretiert werden?

2. Die gesetzesfreie Haltung des hellenistischen Christentums ist keineswegs allein ein Ergebnis des Kampfes des **Paulus** gegen die „Judaisten", und erst recht ist seine Begründung der Gesetzesfreiheit nicht die **allein** herrschende gewesen oder geworden. Neben seiner Lösung des Problems bestanden **andere Möglichkeiten** und wurden faktisch auch realisiert. Ein Überblick über diese greift weit über die paulinische Zeit hinaus und muß es tun. Denn es ist klar, daß alle diese Möglichkeiten von vornherein in der geschichtlichen Situation gegeben waren; wo und wie bald sie realisiert wurden, läßt sich bei der Dürftigkeit der Quellen nicht sagen; und es ist nicht nur möglich, sondern auch wahrscheinlich, daß später bezeugte Gedanken schon vor Paulus und gleichzeitig mit ihm vorgetragen wurden. Erst ein Überblick über alle Möglichkeiten läßt den Sinn und die Bedeutung der paulinischen Lehre vom Gesetz deutlich erkennen und würdigen. Die wichtigsten Typen sind die folgenden:

a) Die **radikale Gnosis.** Die Gnosis ist nicht eine erst innerchristliche, innerkirchliche Erscheinung, die als eine spekulative christliche Theologie unter dem Einfluß griechisch-philosophischer Tradition charakterisiert werden dürfte — als „akute Hellenisierung" des christlichen Glaubens, wie einst Harnack meinte. Sie hat ihre Wurzeln in einer aus dem heidnischen Orient eindringenden dualistischen Erlösungs-Frömmigkeit und ist aufs Ganze gesehen eine Parallel- oder Konkurrenzerscheinung zur christlichen Religion. Beide Bewegungen, die

gnostische und die christliche, haben sich mannigfach beeinflußt,
und davon wird weiterhin noch die Rede sein. Sehr bald jedenfalls gab es eine christliche Gnosis, die in ihrer radikalen Form
das AT völlig verwarf und so das äußerste Extrem der zu über-
blickenden Möglichkeiten darstellt und eben deshalb hier zuerst
genannt wird.

Hier wird der Gott des AT, der Schöpfer der Welt und der
Geber des Gesetzes, vom Gott des christlichen Glaubens unterschieden, vom Erlösergott, dessen Offenbarer Christus ist. Auch
dabei sind noch manche Differenzierungen möglich, je nachdem,
ob der Gott des AT als ein dem höchsten Gott untergeordnetes,
seinen Intentionen folgendes Wesen vorgestellt wird, freilich von
beschränkter Macht, Weisheit und Güte, oder ob er als ein dem
höchsten Gott feindliches, eigenmächtig-ungehorsames Wesen,
ja als der Satan selber gedacht ist. Das AT mit seinem Gesetz
ist demgemäß entweder die antiquierte Kundgebung eines untergeordneten Gottes oder ein satanisches Gesetz. In jedem Fall
gilt es für den Christen nicht mehr. Aus solcher Anschauung
kann dann die Folgerung einer libertinistischen Ethik gezogen
werden, braucht es freilich nicht; denn auch für eine asketische
Ethik besteht hier die Möglichkeit.

b) Der Barnabasbrief. Diese nicht sicher zu datie-
rende, jedenfalls nach 70 und vor 140, aber sehr wahrscheinlich
nach 100 geschriebene Schrift behandelt das Problem des AT
thematisch und will sein rechtes Verständnis lehren, das erst
dem christlichen Glauben bzw. seiner γνῶσις erschlossen ist.
Denn die Juden — das ist die These des Verfassers — haben es
völlig mißverstanden: ἄγγελος πονηρὸς ἐσόφιζεν αὐτούς (9, 4; vgl.
10, 9). Israel hat nie einen Bund mit Gott gehabt; denn als Mose
mit den Gesetzestafeln vom Sinai herabkam und das Volk der
Sünde des Götzendienstes verfallen sah, zerschmetterte er die
Tafeln, „und so ward ihr Bund zunichte, damit der (Bund) des
Geliebten, Jesu, in unsere Herzen hineingesiegelt werde in der
Hoffnung des Glaubens an ihn" (4, 6—8; vgl. 13—14). Wie muß
nun das AT verstanden werden? Allegorisch; und zwar sind in
ihm zu finden 1. sittliche Weisungen; als solche sind die kultischen und rituellen Gebote zu deuten. Das Beschneidungsgebot meint die Herzensbeschneidung (c. 9); die unreinen Tiere,
die man nicht essen soll, bedeuten die schlechten Menschen, denen man sich nicht zugesellen soll (c. 10) usw. — Das AT ent-

hält 2. Weissagungen auf Christus und das christliche Heil
(c. 5—8). In kultischen Gesetzen wie in Erzählungen des AT
(z. B. den 318 Knechten Abrahams 9, 8) findet der Verfasser das
Kreuz Christi geweissagt; er liest aus den alten Texten die Verkündigung des Evangeliums (8, 3), die Wiederkehr Christi (7, 9),
die künftige Herrlichkeit der Gläubigen (6, 16 ff.) heraus usw.

Die eigentliche Frage nach dem Gesetz als Heilsweg, d. h. die
Frage der Gesetzlichkeit, die Frage nach dem guten Werk als
Bedingung für die Teilnahme am Heil, hat der Verfasser nicht
erfaßt. An Stelle der alttestamentlichen Gesetze sind die δικαιώματα κυρίου, die Rechtsforderungen des Herrn (2, 1; 10, 11;
21, 1), getreten, der καινὸς νόμος τοῦ κυρίου ἡμῶν 'I. Χριστοῦ
(2, 6), der zwar als ἄνευ ζύγου ἀνάγκης ὄν charakterisiert wird —
was aber nur in der Richtung ausgeführt wird, daß er keine
ἀνθρωποποίητος προσφορά fordert.

c) Der Hebräerbrief. Für ihn ist das AT als Ganzes
Weissagung auf Christus und sein Werk. Christus selbst redet
im AT (2, 12 f.: Ps 22, 23; Jes 8, 17 f.; — 10, 5—7: Ps 40, 7—9);
in Mose ist Christus vorabgebildet als πιστὸς ἐν ὅλῳ τῷ οἴκῳ αὐτοῦ
(3, 1—6), in Melchisedek als der Hohepriester (7, 1—10). Das
Hauptinteresse des Verfassers aber gilt der Interpretation des
alttestamentlichen Kultus. Gemeinsam ist ihm mit Barn die
Methode der allegorischen Deutung; aber im Gegensatz zu jenem steht ihm fest, daß die alttestamentlichen Gesetze einst in
ihrem Wortsinn gegolten haben, der erst durch Christus erledigt
worden ist. „Es erfolgt ja die Aufhebung eines früher gegebenen
Gebotes wegen seiner Schwäche und Nutzlosigkeit" (7, 18). Wozu aber war dann das von vornherein schwache und nutzlose Gesetz des AT überhaupt gegeben? Es enthielt „den Schatten der
künftigen Güter, nicht die Gestalt der Dinge selbst" (10, 1); es
bildet weissagend ab, was in Christus vollkommen erscheinen
sollte. „Denn das Gesetz stellt Menschen zu Hohenpriestern
auf, die mit Schwachheit behaftet sind; das Wort des (göttlichen) Eidschwurs aber, das nach dem Gesetze kam, einen für
die Ewigkeit vollendeten Sohn" (7, 28). Christi Opferblut bewirkt, was das Blut der alttestamentlichen Opfer nicht ver-
mochte (9, 15—28).

Wozu die ganze Veranstaltung einer Vorabbildung des Heilswerkes Christi, die in der Zeit vor Christus ja niemand verstehen
konnte, eigentlich geschehen sei, würde man den Verfasser, der

sich seiner Interpretation freut, wohl vergeblich fragen. Und
so wenig wie Barn hat er über das eigentliche Problem der Gesetzlichkeit reflektiert. Von den ethischen Geboten des AT redet
er nicht; aber er betont wiederholt, daß sich die Christen noch
viel mehr als die Juden, bzw. als Israel, vor jeder παράβασις und
παρακοή zu hüten haben, da sie ein ungleich strengeres Gericht
treffen wird als jene (2, 2 f.; 10, 28 f.; 12, 25). Charakteristisch
dafür, daß der Verfasser selbst gesetzlich denkt, ist seine Ablehnung der Möglichkeit einer wiederholten Buße (6, 4 ff.).

     d) D e r 1. K l e m e n s b r i e f. Er ist 95 oder 96 von der
römischen Gemeinde an die korinthische geschrieben. Ein Problem scheint für den Verfasser nicht zu existieren; er nimmt
vielmehr ganz naiv das AT als christliches Buch in Anspruch.
Daß die alttestamentlichen Kultus- und Ritualgesetze nicht
mehr gültig sind, versteht sich für ihn von selbst. Er bringt dafür
gelegentlich als Begründung den hellenistischen Gedanken:
ἀπροσδεὴς . . . ὁ δεσπότης ὑπάρχει τῶν ἁπάντων · οὐδὲν οὐδενὸς
χρῄζει εἰ μὴ τὸ ἐξομολογεῖσθαι αὐτῷ (52, 1). Doch ebenso steht
ihm fest, daß die Kultusgesetze einst gültige Gottesordnung
waren. Sie dienen ihm als Analogie zu den christlichen Gemeinde-
ordnungen (c. 40 und 41). Der Notwendigkeit des Allegorisie-
rens ist er enthoben, und nur einmal benutzt er diese Kunst,
wenn er das rote Seil, das die Dirne Rahab als Zeichen für die
Israeliten ans Haus hing, auf das Blut Christi deutet (12, 7 f.).
Die ihm eigentümliche γνῶσις (40, 1; 41, 4) ist vielmehr die Kunst,
das AT praktisch-erbaulich nutzbar zu machen. Es ist das ethische Musterbuch für die Christen, das zu den προστάγματα und
δικαιώματα des κύριος (bzw. die uns von Gott gegeben sind: 2, 8;
58, 2 und sonst) die ὑποδείγματα und ὑπόγραμμοι liefert, denen
die Christen nachahmen sollen.

     Und dabei hat der Verfasser Rm und 1. Kor gekannt! Aber
das paulinische Problem der Gesetzlichkeit empfindet er nicht.
Wie Paulus (Rm 4, 7) zitiert er Ps 32, 1 f.: μακάριοι, ὧν ἀφέθησαν αἱ ἀνομίαι κτλ. (50, 6 f.); aber die Frage des Paulus: ὁ μα-
καρισμὸς οὗτος ἐπὶ τὴν περιτομὴν ἢ καὶ ἐπὶ τὴν ἀκροβυστίαν; liegt
ihm fern. Einen Unterschied zwischen dem AT und dem Evangelium nimmt er nicht wahr, geschweige denn einen Gegensatz.
Die πίστις ist ihm eine Tugend neben anderen, speziell der Gastfreundschaft: διὰ πίστιν καὶ φιλοξενίαν ward dem Abraham im
Alter ein Sohn geschenkt, ward die Dirne Rahab gerettet
(10, 7; 12, 1).

e) **Ptolemaios an die Flora.** Ein Brief des Schülers Valentins, der ca. 140—160 in Rom wirkte, an eine Dame,
um sie über das rechte Verständnis des alttestamentlichen Gesetzes zu belehren. Dieses zerfällt nach ihm in drei Teile: 1. die
Gesetzgebung Gottes; 2. die Gesetzgebung des Mose, zu der z. B.
das Gesetz der Ehescheidung gehört, die nach Gottes Gebot
eigentlich nicht erlaubt ist, die aber Mose — wie der Verfasser
aus Mt 19, 6 ff. weiß — um der Herzenshärtigkeit der Menschen
willen gestattet hat; 3. die Verfügungen der Ältesten, die — wie
der Verfasser nach Mt 15, 3 ff. sagt — durch ihre παραδόσεις
Gottes Gesetz zunichte machen. Also: ὁ σύμπας ἐκεῖνος νόμος ὁ
ἐμπεριεχόμενος τῇ Μωϋσέως πεντατεύχῳ οὐ πρὸς ἑνός τινος νενομο-
θέτηται. Aber auch τὸ ἓν μέρος, ὁ αὐτοῦ τοῦ θεοῦ νόμος, διαιρεῖται
εἰς τρία τινά, nämlich 1. das reine, vollkommene Sittengesetz, das
Jesus nicht aufgelöst, sondern erfüllt hat, den Dekalog, 2. das
mit Bösem vermischte Gesetz, wie das der Wiedervergeltung, das
Jesus aufgehoben hat, 3. das Zeremonialgesetz, das Jesus in seinem geistigen Sinn, der durch Allegorese zu ermitteln ist, enthüllt
hat, und der nicht das rituelle, sondern das sittliche Verhalten
fordert. Freilich, der Gott, der dieses dreifältige Gesetz gegeben
hat, ist nicht der höchste Gott, sondern ein zwischen ihm und
dem Teufel stehendes Wesen, der nicht τέλειος, aber doch δίκαιος
zu nennen ist.

In dieser maßvollen Gnosis verbindet sich eigentümlich Sachkritik und historische Kritik. Die Sachkritik aber ist nicht am
Evangelium, sondern am Ideal einer geistigen Ethik orientiert,
und die Frage nach dem Heilsweg, nach dem Problem der Gesetzlichkeit, ist auch hier nicht aufgeworfen.

f) **Justin.** In seinem Dialog mit dem Juden Tryphon behandelt der Apologet Justin (ca. 100—165) die Frage nach dem
AT in einer Weise, die dann zur typisch kirchlichen Anschauung
geworden ist. Auch er teilt das alttestamentliche Gesetz in drei
Teile, die aber nur sachlich, nicht wie von Ptolemaios auch historisch unterschieden sind: 1. das ewige Sittengesetz: τὰ φύσει
καλὰ καὶ εὐσεβῆ καὶ δίκαια bzw. τὰ καθόλου καὶ φύσει καὶ αἰώνια
καλά (45, 3 f.), oder τὰ ἀεὶ καὶ δι᾿ ὅλου δίκαια, was als solches ἐν
παντὶ γένει ἀνθρώπων anerkannt wird (93, 1 f.; vgl. noch 67, 10).
Dieses Sittengesetz hat Christus, der καινὸς νομοθέτης (14, 3;
18, 3; er wird 11, 4 selbst ὁ καινὸς νόμος καὶ ἡ καινὴ διαθήκη bezeichnet) nicht abgeschafft; er hat aber seinen Gehalt in dem

Doppelgebot der Gottes- und Nächstenliebe zusammengefaßt (93). — 2. die im Gesetz enthaltene Weissagung auf Christus (εἰς μυστήριον τοῦ Χριστοῦ 44, 2), die durch Allegorese zu erheben ist. So ist mit dem Paschalamm natürlich Christus gemeint, dessen beide παρουσίαι durch die beiden Böcke des Versöhnungsfestes angezeigt sind (40, 1 ff.); die 12 Glöckchen, die den Hohenpriester zieren, bedeuten die 12 Apostel (42, 1); die fleischliche Beschneidung bildet die ἀληθινή περιτομή ab, ἣν περιετμήθημεν ἀπὸ τῆς πλάνης καὶ πονηρίας, und welche die Christen mit der Taufe empfangen haben (41, 4; 43, 2; 92, 4). — 3. das Kultus- und Zeremonialgesetz in seinem ursprünglichen und für Israel bzw. die Juden auch gültigen Sinne. Es war von Gott den Juden gegeben worden, teils εἰς σημεῖον, nämlich um dieses Volk von allen andern abzusondern und vor dem Götzendienst zu bewahren (16, 2; 19, 6; 23, 5), teils aber — weil das Volk widerspenstig und ungehorsam war, zu seiner Zucht und täglichen Mahnung (18, 2: διὰ τὰς ἀνομίας ὑμῶν καὶ τὴν σκληροκαρδίαν; vgl. 22, 11; 43, 1; 20, 1: ἵνα καὶ ἐν τῷ ἐσθίειν καὶ πίνειν πρὸ ὀφθαλμῶν ἔχητε τὸν θεόν; vgl. 92, 4). Für die Christen ist das Gesetz in diesem Sinne natürlich abgeschafft (vgl. z. B. 43, 1).

Man sieht: auch Justin hat das Problem der Gesetzlichkeit nicht angegriffen. Auch er zitiert (141, 2) Ps 32, 2: μακάριος, ᾧ οὐ μὴ λογίσηται κύριος ἁμαρτίαν, und er erläutert: τοῦτο δέ ἐστιν, ὃς μετανοήσας ἐπὶ τοῖς ἁμαρτήμασι τῶν παραπτωμάτων παρὰ τοῦ θεοῦ λάβῃ ἄφεσιν, eine Exegese, die sich nicht über die alttestamentlich-jüdische Anschauung erhebt.

3. Überblickt man diese Möglichkeiten und nimmt man hinzu, was sonst gelegentlich in der urchristlichen Literatur zum Thema gesagt wird, so ergibt sich Folgendes:

a) Das alttestamentliche Gesetz gilt als erledigt, soweit und sofern es kultisch-rituelle Forderungen enthält. Nicht der Opferkult erwirbt Gottes Gnade, und nicht die Reinheitsgebote machen rein. Das übliche Mittel, sich mit dem Kultus- und Ritualgesetz abzufinden, ist die Allegorese, die dieses Gesetz teils als eine Verkleidung des Sittengesetzes deutet (Barn, Ptolem, auch Justin), teils als Weissagung auf Christus interpretiert (Barn, Just). Eine spezielle Art solcher Interpretation ist auch die des Hbr, der den alttestamentlichen Kultus als die σκιὰ τῶν μελλόντων ἀγαθῶν versteht. Dabei variiert die Anschauung von

der Bedeutung des Gesetzes für die vergangene Zeit, auch soweit
nicht — wie in der Gnosis — sein göttlicher Ursprung bestritten
wird. Haben es die Juden nach Barn nie verstanden, so hat es
nach Hbr wie nach 1. Klem und Justin einst im Ernste gegolten. *Der Mensch / die Gemeinde als Tempel Gottes*

Die Frage ist nun aber, ob diese Erledigung nur verstanden
wird als die Abschaffung eines alten Kultus und Ritus oder als
d i e   E r l e d i g u n g   v o n   K u l t u s   u n d   R i t u s   a l s
H e i l s w e g   ü b e r h a u p t. Diese Frage ist zwar nirgends
klar gestellt worden; deutlich ist aber, daß überall — und zumal
in Hbr — die Anschauung preisgegeben ist, daß Gottes Gnade
durch vom Menschen dargebrachte Opfer gewonnen werden kann
und muß, und — was damit gegeben ist — daß die Gemeinde
nicht Personen von besonderer Qualität, d. h. Priester, bedarf,
um zwischen ihr und Gott zu vermitteln. Christi Opfer hat Gottes
Gnade ein für allemal wirksam werden lassen, und er ist der
Hohepriester der Gemeinde (Hbr 2, 17; 3, 1; 4, 14; 5, 1 ff.;
7, 1 ff.; 1. Klem 36, 1; 61, 3; 64; Ign Phld 9, 1; Pol Phl 12, 2).
Die Gemeinde selbst ist eine „heilige", eine „königliche Priesterschaft" (1. Pt 2, 5. 9; Apk 1, 6; 5, 10); sie bringt Gott πνευ
ματικὰς θυσίας dar (1. Pt 2, 5), und alle Einzelnen sind aufgerufen: παραστῆσαι τὰ σώματα ὑμῶν θυσίαν ζῶσαν ἁγίαν τῷ θεῷ, τὴν
λογικὴν λατρείαν ὑμῶν (Rm 12, 1). Witwen und Waisen aufzusuchen in ihrer Not und sich von der Welt unbefleckt zu bewahren, das gilt als θρησκεία καθαρὰ καὶ ἀμίαντος παρὰ τῷ θεῷ καὶ
πατρί (Jak 1, 27). Die echten Opfer sind das Lob Gottes, das die
Gemeinde derer, die seinen Namen bekennen, darbringt, und
dazu Wohltun und Mitteilen (Hbr 13, 15 f.; vgl. Justin dial
117, 2). So bedarf die Gemeinde keines Kultusgebäudes; sie ist
ja selbst der Tempel Gottes (§ 10, 4). Und ebenso kann auch der
Einzelne als Tempel Gottes bezeichnet werden, in dem der
Hl. Geist wohnt oder Gott selbst, und den er — durch sein sittliches Verhalten — rein zu halten hat (1. Kr 6, 19; Barn 4, 11:
γενώμεθα πνευματικοί, γενώμεθα ναὸς τέλειος τῷ θεῷ; Ign Eph 15, 3).
Dabei macht es sachlich keinen Unterschied, ob das σῶμα
(1. Kr 6, 19) oder die καρδία (Barn 6, 15; 16, 7—10) oder gar die
σάρξ (2. Klem 9, 3; Ign Phld 7, 2) als der ναός bezeichnet ist; der
Sinn ist insofern immer der gleiche, als durch das Bild die Forderung geistiger Verehrung Gottes, sittlicher Reinheit eingeprägt wird.

Spezifisch christlich sind diese Gedanken, sofern sie das positive Gegenstück zur Verwerfung einer Gottesverehrung durch das Opfer sind. Für sich genommen sind sie es nicht. Denn den Begriff des geistigen Opfers kennt schon das AT und ebenso das Judentum, das zumal, nachdem mit der Zerstörung Jerusalems der Tempelkult aufgehört hatte, die „Äquivalenztheorie" aus älteren Ursprüngen weiter entwickelt hatte, nach der vor allem Gebet und Wohltun das Opfer ersetzen. Erst recht ist dem heidnischen wie dem jüdischen Hellenismus die Spiritualisierung der Kultusbegriffe geläufig. Daß der Mensch — zumal seine Seele — ein Tempel Gottes ist, sagen die Stoiker und nach ihnen Philon; und daß die Gottheit durch Lobgebete als durch λογικαὶ θυσίαι verehrt wird, weiß auch der Hermetiker (Corp. Herm. I 31; XIII 18 f. 21).

Wird indessen dieser Standpunkt eines kultlosen Gottesdienstes konsequent festgehalten werden? Wird nicht die Verehrung Jesu Christi als des κύριος kultischen Charakter gewinnen? Sind nicht Taufe und Herrenmahl von vornherein Handlungen der Gemeinde, die kultischen Charakter haben, und wird dieser nicht weiter ausgebildet werden und schwerwiegende Konsequenzen nach sich ziehen? (§§ 12. 13.) Eine andere Ansatzmöglichkeit liegt in der Ausbildung einer christlichen Gemeindeordnung. Für die Mahnung: πάντα τάξει ποιεῖν ὀφείλομεν, beruft sich 1. Klem 40—42 auf die Kultusordnung des AT, die gebietet, „die Opfer und den kultischen Dienst (τάς τε προσφορὰς καὶ λειτουργίας) nicht aufs Geratewohl und in Unordnung zu verrichten, sondern zu festgesetzten Zeiten und Stunden". Deshalb gilt: „Ein jeder von uns . . . soll an seinem Platze Gott wohlgefällig sein mit gutem Gewissen, indem er nicht die festgesetzte Ordnung seines kultischen Dienstes (τῆς λειτουργίας αὐτοῦ) überschreitet, in Würde (ἐν σεμνότητι)". Hier bereitet sich die Ausbildung einer spezifisch kultischen Ordnung schon stärker vor als in der Mahnung des Paulus, daß in der Gemeindeversammlung alles εὐσχημόνως καὶ κατὰ τάξιν geschehen soll (1. Kr 14, 40), denn in 1. Klem handelt es sich um die Autorität der ἐπίσκοποι (und διάκονοι), der beamteten Leiter des christlichen Gottesdienstes. Es erhebt sich also die Frage: wird sich in der christlichen Gemeinde wieder ein Priesteramt herausbilden?

b) In seinem ganzen Umfang gilt das AT allgemein als Buch der Weissagungen, die in Christus teils schon erfüllt sind, teils ihrer Erfüllung entgegengehen. Die Methode, das AT in diesem Sinne auszulegen, nämlich mittels allegorischer Deutung, ist überall die gleiche; sie ist keine spezifisch christliche, sondern die vom Judentum, vor

allem dem hellenistischen, übernommene, das sie seinerseits
vom griechischen Hellenismus übernommen hatte, wo sie — besonders in der Stoa — als Methode, die alte Mythologie und die
alte Dichtung, wie Homer, zu interpretieren, entwickelt worden
war. Es macht für unseren Zusammenhang nichts aus, ob der
allegorische Textsinn als der einzige, oder als der tiefere, neben
dem Wortsinn bestehende Sinn gilt. Auch die Unterscheidung
von Allegorese und Typologie — erstere die Kunst, im Wortlaut
der Schrift Weissagung (wie überhaupt tiefere Wahrheiten) zu
finden, letztere die Interpretation von Personen, Vorgängen oder
Einrichtungen der Vergangenheit als weissagender Vorausabbil-
dungen — kann für unseren Zusammenhang außer Betracht
bleiben. Entscheidend aber ist die Frage, ob die Bedeutung des
AT für die christliche Gemeinde sich darin erschöpft, ein Orakelbuch zu sein. Sofern das AT so verstanden wird, ist es für die
Gemeinde ein — in der damaligen Zeit wirksames — Mittel der
Polemik und Apologetik im Kampf gegen und im Werben um
Juden und Heiden und damit zugleich ein Mittel, das Bewußtsein
der eigenen Sicherheit zu stärken. Aber wird damit nicht der
eigentliche Grund für die Kraft der evangelischen Botschaft und
für die eigene Sicherheit verlegt, indem ein Buchstabenglaube
an die Stelle echten Glaubens tritt, der das an das Gewissen und
Selbstverständnis sich wendende Wort von der Gnade Gottes
ergreift, — ergreift auf Grund innerlichen Überwundenseins und
nicht auf Grund rationaler Beweise?

Oder wird der Weissagungsbeweis eine historisch unvermeid-
liche und gefährliche, aber immerhin nebensächliche Rolle spielen, und wird die eigentliche Bedeutung des AT für die christliche Gemeinde darin bestehen, in ihr das Bewußtsein lebendig
zu erhalten, eschatologische Gemeinde, das Ziel der von Gott
geleiteten Geschichte zu sein? Es ist wieder d i e F r a g e d e s
K i r c h e n b e g r i f f e s (§. 10, 1): wird sich die Kirche verstehen als Gemeinschaft, die durch den Zusammenschluß von
Individuen auf Grund gleicher Erkenntnis allgemeiner Wahrheiten und gleicher praktischer Ziele konstituiert wird? Oder
als das „Volk Gottes", das durch Gottes Tat in Christus „berufen" ist? Für das Heidenchristentum wird die Gefahr nicht
groß sein, sich als jüdische Sekte zu verstehen; wohl aber, sich
einfach als „neue Religion" im Unterschied von Heiden und
Juden zu begreifen, als neue Religion, die auf einem Fortschritt

Gott als Befreier (Exodus), Offenbarer von Praxis

der Gotteserkenntnis beruht. Diese Gefahr kann gebannt werden durch den Besitz des AT, da dieses ein Verständnis Gottes lehrt, wonach Gott in der G e s c h i c h t e mit den Menschen handelt und der Mensch nicht durch frei schwebende Erkenntnis, sondern durch die geschichtlichen Begegnungen Gottes und seines eigenen Wesens inne wird. Denn für das AT ist Gott nicht das dem Denken und Forschen sich erschließende Weltgesetz, sondern d e r i m G a n g d e r G e s c h i c h t e s i c h o f - f e n b a r e n d e G o t t. Der Besitz des AT wird also ein Gegengewicht gegen die alsbald eindringenden Gedanken der „natürlichen Theologie" (§ 9, 2) sein. Der Gedanke, daß sich Gott in dem, was er t u t, offenbart, wird dank des AT erhalten bleiben, und von da aus wird auch die Möglichkeit gegeben sein, die Person Jesu und sein Kreuz zu verstehen. Denn von da aus kann und muß auch verstanden werden, was eschatologisches Geschehen ist, wenn dieses nicht nur den Charakter eines mythischen Geschehens behalten soll. Sofern der Gedanke von Weissagung und Erfüllung — wenngleich in primitiver Form — das Wissen von einem das geschichtliche Geschehen transzendierenden Sinn und Ziel der Geschichte einschließt, dient er mit dazu, der Gemeinde das Bewußtsein zu erhalten, eine in der Geschichte berufene, die Geschichte transzendierende, eschatologische Gemeinde zu sein. Das bedeutet aber zugleich: mit dem Besitz des AT ist der Kirche von vornherein das theologische Problem: Vernunft und Offenbarung mitgegeben.

c) S o w e i t d a s A T s i t t l i c h e G e b o t e e n t - h ä l t und sofern solche aus ihm mit Hilfe der Allegorese herausgelesen werden, b l e i b t s e i n e A u t o r i t ä t — von der radikalen Gnosis abgesehen — i n u n b e s t r i t t e n e r G e l - t u n g. In diesem Sinne kann seine Geltung durch die in der Gemeinde überlieferten autoritativen Herrenworte nur noch verstärkt werden und können diese gleichzeitig den vielfältigen ethischen Vorschriften des AT eine einheitliche Richtung und einen klaren Sinn geben, indem sie sie vom beherrschenden Liebesgebot aus verstehen lassen (Rm 13, 8—10; Gl 5, 14 bis Just Dial 93, s. o. 2 f.). Ja, es konnte auch zu einer Kombination der sittlichen Gebote des AT und der Herrenworte mit den Forderungen der griechischen, bes. der stoischen, Ethik und der bürgerlichen Moral des Hellenismus kommen. Denn es gibt ja Heiden, die φύσει τὰ τοῦ νόμου tun, weil sie, wie ihr Gewissen bezeugt, τὸ ἔργον τοῦ νόμου γραπτὸν ἐν ταῖς καρδίαις αὐτῶν tragen (Rm 2, 14 f.). So dringt der griechische Begriff der ἀρετή schon bald in die christliche Paränese ein (Phl 4, 8; 2. Pt 1, 5; 2. Klem 10, 1; Herm mand I 2; VI 2, 3; XII 3, 1; sim VI 1, 4; VIII 10, 3; s. auch § 9, 2). Wie hellenistische Tugend- und Lasterkataloge schon von Paulus — und natürlich nicht erst von ihm, wie der jüdische Hellenismus zeigt — übernommen waren, so rezipiert die deuteropaulinische Literatur das hellenistisch-stoische Schema der Haustafeln, und in den Past wird das Ideal des christlichen Lebens vielfach nach dem bürgerlichen Ideal der Rechtschaffenheit in der griechischen Welt gezeichnet und mit den Attributen der Grab- und Ehreninschriften charakterisiert.

Aber der ἀρετή-Begriff wird doch nicht zum beherrschenden Gedanken der christlichen Paränese; und das bedeutet zugleich: nicht der Gedanke des Ideals bestimmt die christliche Ethik. Vielmehr bleibt bestimmend der Gedanke, daß d a s G u t e d i e F o r d e r u n g G o t t e s ist, daß der Mensch vor Gott verantwortlich ist und vor Gottes Gericht Rechenschaft über seine Taten abzulegen hat. Dieses Verständnis wird nun freilich durch das AT nicht erst begründet, aber ständig wach gehalten, so daß der Besitz des AT das Gegengewicht wie gegen eine natürliche Theologie, so gegen eine natürliche Moral bildet; die Ethik bleibt theonom. Die Bekehrung des Heiden zum christlichen Glauben bedeutet für ihn wohl eine Befreiung vom „Götzendienst" und der Lebensangst, nicht aber vom göttlichen Anspruch, der vielmehr in höchstem Maße verschärft wird.

Dann aber entsteht die Frage, wie d a s V e r h ä l t n i s d e s f o r d e r n d e n G o t t e s w i l l e n s z u r g ö t t l i c h e n G n a d e, die das Evangelium verkündigt, verstanden wird. Gerade die Übernahme des AT mußte gefährlich werden und die Auffassung fördern, daß der Gehorsam unter Gottes Forderung der guten Tat als die Bedingung zur Teilnahme am Heil, daß die gute Tat als verdienstliches Werk verstanden wurde. Mit der Bezeichnung der göttlichen Forderung als νόμος ἐλευθερίας (Jak 1, 25; 2, 12), als καινὸς νόμος τοῦ κυρίου (Barn 2, 6) oder als der δικαιώματα und προστάγματα κυρίου (1. Klem 2, 8; 58, 2; Barn 2, 1; 10, 11; 21, 1) ist grundsätzlich nichts geändert gegenüber der jüdischen Gesetzlichkeit, wenn dieser καινὸς νόμος, diese δικαιώματα und προστάγματα den Charakter des Heilsweges haben. Christus erscheint als ein zweiter Mose, wenn er der

καινὸς νομοθέτης heißt (Just Dial 14, 3; 18, 3), oder wenn er selbst
als *νόμος καὶ λόγος* (Ker Pt 1), als *νόμος θεοῦ* (Herm sim VIII 3, 2),
als ὁ *καινὸς νόμος καὶ ἡ καινὴ διαθήκη* (Just Dial 11, 4) bezeichnet
wird. Ja, ist die Situation der Christen nicht noch viel verant-
wortungsvoller und gefährlicher geworden als die der alttestamentlichen und jüdischen Frommen? Wartet ihrer nicht ein
viel härteres Gericht, da sie die Gnade Gottes empfangen haben
(Hbr 2, 2 f.; 10, 28 f.; 12, 25)?

Was aber bedeutet dann die Gnade? Worin
besteht das in Christus geschenkte Heil? Etwa nur im Erlaß der
vor der Taufe begangenen Sünden, so daß nunmehr der Getaufte
auf sein eigenes Werk gestellt ist (Hbr 6, 4—6)? Das Problem
der nach der Taufe begangenen Sünden wird brennend, und es
wird grundsätzlich nicht dann gelöst, wenn Herm meint, auf
Grund göttlicher Offenbarung die Möglichkeit einer zweiten
Buße verkündigen zu dürfen, die nun aber unwiderruflich die
letzte ist. Die Stimmen von Hbr und Herm bleiben freilich vereinzelt. Für Paulus und überhaupt für die frühste Zeit stellt
sich das Problem noch nicht infolge der Naherwartung des
Endes; als es aber sichtbar geworden ist, wird es zur durchschnittlich herrschenden Auffassung, daß die in Christus wirksam gewordene Gnade Gottes auch weiterhin wirksam bleibt, und daß
also die Christen bei Übertretungen ständig zur Buße
gerufen werden können und müssen (so in Apk, 1. und 2.
Klem, bei Ign und Just, vgl. 2. Tim 2, 25; 2. Pt 3, 9; Did 10, 6;
15, 3). Wenn nun auch die christliche Zuversicht zur vergebenden
Gnade Gottes im Blick auf Christus unvergleichlich viel sicherer ist als das alttestamentlich-jüdische Vertrauen auf die Wirksamkeit der Buße, so bedeutet das immer noch keinen grundsätzlichen Unterschied gegenüber AT und Judentum, ehe nicht
das Verhältnis der Forderung Gottes bzw. der gehorsamen Tat
des Guten zur Gnade Gottes neu bestimmt worden ist. Kommt
die vergebende Gnade Gottes der menschlichen Tat ergänzend
zu Hilfe? Oder wird das menschliche Tun des Guten überhaupt
erst begründet durch die zurvorkommende Gnade Gottes? Das
Problem kann auch als das des Verhältnisses zwischen der Tat des Menschen, die Gottes Wohlgefallen gewinnt, und seinem Glauben, der die Gnade
Gottes ergreift, formuliert werden. Wird der Glaube, der die
Verkündigung annimmt und zum Beitritt in die Gemeinde führt,

nur als der erste Akt des christlichen Verhaltens verstanden, oder als die das ganze Leben durchherrschende Haltung des Christen? Bleibt er präsent nur im Charakter des Wissens um den Gegenstand des Glaubens, als das Wissen vor allem um die Existenz des einen Gottes, so daß sich die Erkenntnis von der Liebe scheiden kann (1. Kr 8, 1 ff.; 13, 2), oder daß es heißen kann: „auch die Dämonen glauben — und zittern" (Jak 2, 19)? So daß gefragt werden kann: „Was hilft es, wenn einer behauptet, Glauben zu haben, er hat aber keine Werke? Kann etwa der Glaube ihn retten?" (Jak 2, 14)? Und daß es von Abraham heißen kann, daß er nicht allein aus Glauben gerechtfertigt ward, sondern nur, „weil sein Glaube durch seine Werke erst ganz gemacht wurde" (Jak 2, 21 f.)? Oder wird ein neuer Gehorsam gerade auf das Geschenk der Gnade gegründet werden, so daß Gnade und Glaube die das ganze Leben bestimmenden Mächte sind? Gibt auf diese Frage einerseits die paulinische Lehre von der Rechtfertigung aus Glauben allein die Antwort, so andrerseits die Entstehung des kirchlichen Bußinstituts. Das Problem: Augustinismus und Pelagianismus ist schon im Ursprung des Christentums begründet.

§ 12. KYRIOS UND GOTTESSOHN

    Lit. zu II (S. 34), bes. BOUSSET, W., Kyrios Christos. – WEISS, J., Christus. Die Anfänge des Dogmas, 1909. – DIBELIUS, M., Art. Christologie: I. Chr. des Urchristentums, RGG², I, 1927, 1592–1607. – CULLMANN, O., Die Christologie des Neuen Testaments, (1957) ⁵1975. – FULLER, R. H., The Foundations of New Testament Christology, 1965 (bes. 182 ff. 203 ff.). – HURTADO, L. W., Forschungen zur neutestamentlichen Christologie seit Bousset..., Theologische Beiträge 10, 1979, 158–171. – Zu 1: HAHN, FERD., Der urchristliche Gottesdienst, 1970. – Zu 2: BERGER, K., Art. Gebet. IV. Neues Testament, TRE, XII, 1984, 47–60. – Zu 3: FITZMYER, J. A., Der semitische Hintergrund des neutestamentlichen Kyriostitels, in: Jesus Christus in Historie und Theologie. Neutestamentliche Festschrift für H. Conzelmann, 1975, 267–298. – HENGEL, M., Der Sohn Gottes, (1975) ²1977. – FITZMYER, J. A., ART. κύριος κτλ., EWNT II, 1981, 811–820. – HAHN, FERD., Art. υἱός κτλ., EWNT III, 1983, 912–937.

1. Daß die christlichen Gemeinden in der hellenistischen Welt, zu denen sich die Getauften zusammenschlossen, ihre gottesdienstlichen Versammlungen und Feiern hatten, versteht sich von selbst — nicht nur, soweit die Gemeinden aus Synagogen-

Unvollständiger neuzeitlicher logos- Fetischismus?

gemeinden herauswuchsen, sondern auch, soweit es überwiegend oder rein heidenchristliche Gemeinden waren. Wieweit aber sind solche Versammlungen und Feiern als kultische im strengen Sinne zu bezeichnen? Ist K u l t u s menschliches Handeln, das vor allem durch Opfer, aber auch durch andere Handlungen auf die Gottheit einwirkt, sie der Gemeinde gnädig und ihre Kraft für sie wirksam macht — ein Handeln ferner, das sich zu festgesetzten heiligen Zeiten, in heiligem Raume und nach heiligen Regeln oder Riten vollzieht — ein Handeln endlich, das durch Personen von besonderer Qualität, durch Priester, die zwischen der Gottheit und der Gemeinde vermitteln, vollzogen, oder, sofern die Gemeinde nicht nur rezeptiv dabei beteiligt ist, geleitet wird —, so können d i e V e r s a m m l u n g e n und F e i e r n d e r c h r i s t l i c h e n G e m e i n d e offenbar u r s p r ü n g - l i c h n i c h t a l s k u l t i s c h e bezeichnet werden. Denn im christlichen Gottesdienst dieser Zeit gibt es weder Opfer noch Priester, und er ist nicht an heilige Räume und Zeiten gebunden (§ 11, 3 a). Wie in den Synagogengottesdiensten wird in den Missionsgemeinden zunächst das Wort beherrschend gewesen sein, sowohl das Predigtwort, das von jedem, der dafür die Gabe hatte und sich dazu berufen fühlte, gesprochen werden konnte, wie das Wort des Gebetes und Gesanges — sei es Einzelner, sei es der ganzen Gemeinde. In manchen Gemeinden wird die Predigt in der Auslegung von Schriftworten bestanden haben, und die Verlesung eines Abschnittes des AT wird wenigstens in den aus der Synagoge herausgewachsenen Gemeinden ein regelmäßiger Bestandteil des Gemeindegottesdienstes gewesen sein, wenngleich man nicht annehmen kann, in allen Gemeinden. Denn für viele Gemeinden war es zunächst gar nicht möglich, sich in den Besitz — mindestens eines vollständigen — AT's zu setzen. Aber an Stelle des AT bzw. neben dasselbe traten wohl bald und überall apostolische Schreiben und Evangelien, zudem auch christlich bearbeitete jüdische Apokalypsen.

V o r l e s u n g (und doch wohl aus dem AT) ist ausdrücklich bezeugt 1. Tim 4, 13; 2. Klem 19, 1, indirekt Mk 13, 14 bzw. Mt 24, 15. Vorlesung apostolischer Schreiben 1. Th 5, 27; Kol 4, 16; Apk 1, 3. Nach Just Apol I 67, 3 werden vorgelesen τὰ ἀπομνημονεύματα τῶν ἀποστόλων (d. h. Evangelien) ἢ τὰ συγγράμματα τῶν προφητῶν.

Sind die christlichen Gottesdienste als Wortgottesdienste neben den Synagogengottesdiensten ein eigenartiges Phänomen in der hellenistischen Welt, so kann man doch n i c h t sagen, daß aus ihnen d a s K u l t i s c h e s c h l e c h t h i n a u s g e - s c h i e d e n ist; es ist nur s t a r k r e d u z i e r t. Das Opfer fehlt freilich schlechterdings, und in der apostolischen und nach- apostolischen Zeit ist das Herrenmahl noch keineswegs als Opfer verstanden worden; denn die Bezeichnung der Eucharistie als ϑυσία (Did 14, 1) oder als δῶρα (1. Klem 44, 4) ist bildlich ge- meint. Ebenso fehlt in der christlichen Gemeindeversammlung der Priester; auch die Taufe wird nach Did 7 wie nach Just Apol 61 nicht von besonders qualifizierten Personen vollzogen. Wenn aber der Sinn kultischen Handelns der ist, d i e P r ä s e n z d e r G o t t h e i t für die feiernde Gemeinde zu erwirken, so ist dieser Sinn auch für die christlichen Gottesdienste erfüllt, und das Handeln oder Verhalten der Gemeinde, in dem Gott gegenwärtig wird, ist dann auch als ein kultisches zu bezeichnen — mag auch der Unterschied bestehen, daß das gottesdienstliche Handeln und Verhalten in der christlichen Gemeinde die Gott- heit nicht erst herberuft, sondern schon auf ihrem Gegenwärtig- sein beruht. Sie ist gegenwärtig in dem „G e i s t", von dem sich die Gemeinde getragen weiß, von dem sich ihre Sprecher erfüllt wissen (vgl. 1. Kr 14, 25 u. s. § 14). Sie ist aber auch gegenwärtig in dem etwa verlesenen W o r t d e r S c h r i f t.

Die Mahnung Did 4, 1: τοῦ λαλοῦντός σοι τὸν λόγον τοῦ ϑεοῦ μνησϑήσῃ νυκτὸς καὶ ἡμέρας, τιμήσεις δὲ αὐτὸν ὡς κύριον erhält die charakteristische Begründung: ὅϑεν γὰρ ἡ κυριότης λαλεῖται, ἐκεῖ κύριός ἐστιν. Gehört dieser Satz (wie kaum zu bezweifeln) zu dem jüdischen „Katechismus", der in Did 2—6 verarbeitet ist, so zeigt er, wie auch der Synagogengottes- dienst durchaus kultischen Charakter hatte. Das wird auch dadurch be- zeugt, daß das Hervorholen der Tora-Rolle aus dem Schrein zur Vor- lesung und ihre Zurückbringung nach der Verlesung feierliche liturgische Akte waren. In der Tora-Rolle ist das Numen praesens verkörpert.

Auch darf ja der Begriff der kultischen Handlung nicht zu eng gefaßt werden. Sie ist nicht auf Opfer und rituelle Aktionen beschränkt, sondern umfaßt auch die Rezitation heiliger Texte, in erster Linie von G e b e t e n, und den Vortrag von G e - s ä n g e n, mit einem Wort, das was wir Liturgie zu nennen pfle- gen. Wir können nun zwar nicht sagen, wie schnell in den heiden- christlichen Gemeinden Gebete und Lieder, bzw. ihre Einfügung in eine gottesdienstliche Ordnung, feste liturgische Form ge- wonnen haben; daß es jedenfalls sehr bald der Fall war, wird sich zeigen. Dazu gewinnt ja auch das freie Gebet oder Lied des

Einzelnen im Rahmen der gemeindlichen Feier einen besonderen Charakter — eben kultischen. Und wenn auch die junge christliche Gemeinde keinen heiligen Raum und keine heiligen Zeiten kennt, so verlangen doch rein praktische Gründe die Wahl bestimmter Räume und regelmäßiger Zeiten; und daß diesen allmählich die Qualität kultischer „Heiligkeit" zuwächst, wird durch die Geschichte des Sonntags illustriert.

Ob schon Paulus den Sonntag als Tag der gottesdienstlichen Feier der Gemeinde kennt, wird durch 1. Kr 16, 2 (vgl. Act 20, 7) nicht sichergestellt. Jedenfalls ist er es alsbald geworden; und wenn er als solcher *κυριακή* (*ἡμέρα*) heißt (Apk 1, 10; Did 14, 1; Ign Mg 9, 1), und wenn an diesem Tage der Seher Apk 1, 10 seine Offenbarung empfängt, so zeigt sich daran schon, daß er als Tag besondere Qualität hat, selbst wenn seine Wahl als *ὀγδόη ἡμέρα* (Barn 15, 9) ursprünglich nur (wie die Wahl der christlichen Fasttage Did 8, 1) im Gegensatz zum jüdischen Brauch begründet gewesen sein sollte. Seine Auszeichnung erhält, wie es auch bei kultischen Akten zu geschehen pflegt, ihre Begründung in der Heilsgeschichte: es ist der Tag, an dem Jesus *ἀνέστη ἐκ νεκρῶν καὶ φανερωθεὶς ἀνέβη εἰς οὐρανούς* (Barn 15, 9; Ign Mg 9, 1). Im Lauf der Zeit werden dann die alttest. Sabbatgebote auf den Herrentag übertragen, und er ist ganz zum „heiligen" Tage geworden.

2. Daß die Gottheit, deren Präsenz in den christlichen Gemeindeversammlungen geglaubt und erfahren wird, deren Wort erklingt, und an die sich die Gebete wenden, der eine wahre Gott ist, zu dem sich die Heiden von den „Götzen" bekehrt haben, das versteht sich von selbst und wird ebenso durch die Gebete und Doxologien Apk 4, 8. 11; 7, 12; 11, 17 f.; 15, 3 f.; 19, 1 f. 7 f. wie durch das große Gemeindegebet 1. Klem 59—61 bezeugt. Aber wie Apk 5, 13; 7, 10 der Lobpreis Gott und dem „Lamme" erklingt, und wie 11, 15; 12, 10 Gott und *ὁ χριστὸς αὐτοῦ* gepriesen werden, so lautet die Schlußformel 1. Klem 61, 3: *σοὶ ἐξομολογούμεθα διὰ τοῦ ἀρχιερέως καὶ προστάτου τῶν ψυχῶν ἡμῶν' Ι. Χριστοῦ, δι' οὗ σοι ἡ δόξα κτλ.* Das heißt: auch Christus ist zur kultisch verehrten und im Kultus präsenten Gestalt geworden, und das ist für die eschatologische Gemeinde das eigentlich Charakteristische. Denn nach Phl 2, 10 f. hat das in Christus vollzogene Heilsgeschehen das Ziel: *ἵνα ἐν ὀνόματι 'Ιησοῦ πᾶν γόνυ κάμψῃ ἐπουρανίων καὶ ἐπιγείων καὶ καταχθονίων, καὶ πᾶσα γλῶσσα ἐξομολογήσηται ὅτι κύριος 'Ι. Χριστὸς εἰς δόξαν θεοῦ πατρός.*

Es ist das Charakteristische der eschatologischen Gemeinde des hellenistischen Christentums; denn erst in ihr ist die Gestalt Jesu Christi nicht nur die des eschatologischen Retters, sondern

auch die des kultisch verehrten „Herrn" (§ 7, 5). An Stelle der
aussterbenden Titel „Menschensohn" und „Christus" (= messianischer König)) tritt in den hellenistischen Gemeinden d e r
T i t e l κύριος.

Daß der κύριος-Titel in seiner Anwendung auf Jesus aus der LXX
stammt, in der er die übliche Wiedergabe von יהוה ist, ist höchst unwahr-
scheinlich. Umgekehrt ermöglichte die Bezeichnung Jesu als des κύριος,
daß κύριος-Aussagen der LXX auf ihn übertragen wurden. Aber allerdings
gewann nun durch diesen Vorgang die κύριος-Gestalt Jesu an Gehalt und
Gewicht (vgl. z. B. die Beziehung von Jes 45, 23 auf Christus Phl 2, 11;
von Jes 40, 13: 1. Kr 2, 16; von Jer 9, 22 f.: 2. Kr 10, 17; von Ex 34, 34:
2. Kr 3, 16). — Die Übertragung des κύριος-Titels auf Jesus ist auch nicht
(oder jedenfalls nicht primär) als Antithese gegen seine Verwendung im
Herrscherkult zu verstehen, wenngleich aus diesem das Adj. κυριακός
übernommen sein mag. — Vielmehr stammt die Bezeichnung Christi als
des κύριος aus dem religiösen Sprachgebrauch des Hellenismus und zwar
des orientalischen Hellenismus, in dem κύριος die Gräzisierung der typischen Bezeichnung Gottes als des „Herrn" war, verbreitet in Ägypten,
Kleinasien und bes. in Syrien, das aller Wahrscheinlichkeit nach Ur-
sprungsland des absoluten ὁ κύριος ist. — Dieser Ursprung des κύριος-
Titels kommt deutlich zum Vorschein in der Entgegensetzung des εἷς
κύριος Ἰ. Χριστός gegen die κύριοι πολλοί 1. Kr 8, 5 f. —

Κύριος ist in diesem Gebrauch (wie sonst außer der LXX) Appellati-
vum und bedarf also, damit man weiß, welche Gottheit gemeint ist, der
Ergänzung durch den Eigennamen (wo sich diese nicht im Zusammenhang von selbst versteht), im Christentum also durch Ἰ. Χριστός. Das
κύριος bezeichnet die betr. Gottheit primär nicht in ihrer göttlichen Hoheit
und Macht an sich, sondern in ihrem Verhältnis zum Redenden (es korrespondiert die Bezeichnung des Verehrers als δοῦλος), wie es charakteristisch zur Erscheinung kommt in dem häufigen ὁ κύριος ἡμῶν Ἰ. Χρ.
und in dem Χρ. Ἰ. ὁ κύριός μου Phl 3, 8 (vgl. Rm 14, 4; Eph 6, 9). Daß
im NT das κύριος so häufig ohne den hinzugefügten Eigennamen gebraucht wird, ist wohl nicht nur daher zu erklären, daß sich die Ergänzung
von selbst versteht, sondern auch daher, daß eben darin der LXX-Sprach-
gebrauch eingewirkt hat. Eben daher auch, daß Christus nicht nur der
κύριος seiner Verehrer (der Gemeinde) ist, sondern auch der κύριος πάντων
(Rm 10, 12), ja der Herr aller kosmischen Mächte (Phl 2, 11), der παντὸς
τοῦ κόσμου κύριος (Barn 5, 5); ebenso ein Ausdruck wie ὁ κύριος τῆς δόξης
(1. Kr 2, 8).

Daß n i c h t e r s t P a u l u s Christus den κύριος-Titel beigelegt hat, sondern daß er s c h o n v o r i h m i n d e r h e l -
l e n i s t i s c h e n G e m e i n d e gebräuchlich war, geht nicht
nur aus der Selbstverständlichkeit hervor, mit der er den Titel
verwendet, sondern ergibt sich auch aus einzelnen Beobachtungen.
Das Christuslied Phl 2, 6—11 ist nicht von Paulus für den Zusammenhang geschaffen, sondern ein von ihm übernommenes

Zitat (wie E. Lohmeyer gezeigt hat). Es ist nicht zu bezweifeln, daß Paulus Rm 10, 9 auf ein gemeinchristliches Bekenntnis Bezug nimmt, wenn er schreibt: ἐὰν ὁμολογήσῃς ἐν τῷ στόματί σου κύριον Ἰησοῦν κτλ. Eben dies ist also das charakteristisch christliche Bekenntnis: κύριος Ἰησοῦς (Χριστός), wie es denn auch 1. Kr 12, 3 als Kriterium für die Unterscheidung der Geister genannt ist. Und wenn Paulus 2. Kr 4, 5 versichert: „Nicht uns selbst verkündigen wir, sondern Christus Jesus als Herrn", und sich damit als echten Apostel ausweisen will, so ist klar, daß eben dies als die christliche Botschaft gilt: Christus als den κύριος verkündigen. So ist denn auch die auf Joel 2, 32 LXX zurückgehende Formel οἱ ἐπικαλούμενοι τὸ ὄνομα τοῦ κυρίου (Ἰ. Χρ.), die den kultischen Charakter des κύριος-Titels deutlich erkennen läßt, zu einer offenbar von Paulus schon vorgefundenen Bezeichnung der Christen geworden (1. Kr 1, 2; 2. Tim 2, 22; Act 9, 14. 21; 22, 16). Wenn Jak 2, 7 (wiederum mit Verwendung einer alttestamentlich-jüdischen Formel) von dem καλὸν ὄνομα als dem ἐπικληθὲν ἐφ' ὑμᾶς redet, so wird dieses ὄνομα kein anderes sein als das des κύριος (Ἰ. Χρ.), wie es denn bei Herm sim VIII 6, 4 heißt: τὸ ὄνομα τοῦ κυρίου τὸ ἐπικληθὲν ἐπ' αὐτούς, und wie die Christen sim VIII 1, 1 die ἐπικεκλημένοι τῷ (v. l. ἐν) ὀνόματι κυρίου bzw. sim IX 14, 3 die ἐπικαλούμενοι τῷ ὀνόματι αὐτοῦ genannt werden. Diese Formeln erweisen deutlich den kultischen Sinn des κύριος-Titels; das ἐπικληθῆναι erfolgt offenbar bei der Taufe, ebenso das erste ἐπικαλεῖσθαι (Act 22, 16), das sich aber in den Feiern der Gemeinde ständig wiederholt. Endlich ist der Eingangswunsch der paulinischen Briefe offenbar eine dem Paulus schon überkommene liturgische Formel: χάρις ὑμῖν καὶ εἰρήνη ἀπὸ θεοῦ πατρὸς ἡμῶν καὶ κυρίου Ἰ. Χριστου [1]. So ist es begreiflich, wenn der christliche Gottesdienst Act 13, 2 als ein λειτουργεῖν τῷ κυρίῳ (sc. Ἰ. Χρ.) bezeichnet wird.

Das ἐπικαλεῖσθαι des κύριος dürfte freilich nicht in liturgischen Gebeten, die sich direkt an Christus richteten, bestanden haben. Soweit wir sehen, sind solche Gebete durchweg nur an Gott gerichtet worden; denn schwerlich darf man in Joh 14, 14 ein Zeugnis für ein an Jesus gerichtetes Gemeindegebet sehen. Nur die apokryphen Apostelakten bezeugen für die

---

[1] Das hat E. Lohmeyer ZNW 26 (1927), 162 ff. gezeigt, dadurch, daß er den Unterschied der Formel vom paulinischen Sprachgebrauch nachwies.

alte kirchliche Zeit an Christus gerichtete liturgische Gebete. Das ἐπικαλεῖσθαι des κύριος wird vielmehr im Bekenntnis zu ihm und in Doxologien wie 2. Tim 4, 18; 1. Klem 20, 12; 50, 7, und wie sie Apk 5, 9 f. 12 dem „Lamme" dargebracht werden, bestanden haben. Ferner in einzelnen formelhaften Anrufungen wie in dem auf Christus bezogenen Maranatha (§ 7, 5), das Apk 22, 20 als ἔρχου κύριε Ἰησοῦ erscheint [1]. Oder in Gnadenwünschen, wie sie in den Briefschlüssen gebraucht werden, die für die Leser die χάρις τοῦ κυρίου Ἰ. Χριστοῦ wünschen (Gl 6, 18; Phl 4, 23; 1. Kr 16, 23; Apk 22, 21; 1. Klem 65, 2 usw.). Außerdem wird man in bestimmten Fällen den κύριος angerufen haben, mit seiner Wunderkraft einzugreifen.

Ein charakteristisches Beispiel dafür ist 1. Kr 5, 3—5, wo Paulus fordert, daß die Gemeinde den Frevler, der ausgeschieden werden muß, dem Satan übergeben soll. Und zwar soll das geschehen: ἐν τῷ ὀνόματι τοῦ κυρίου Ἰησοῦ συναχθέντων ὑμῶν καὶ τοῦ ἐμοῦ πνεύματος σὺν τῇ δυνάμει τοῦ κυρίου ἡμῶν Ἰησοῦ, und es bleibt sich gleich, ob man das ἐν τῷ ὀν. τοῦ κυρ. Ἰ. mit συναχθ. ἡμ. verbindet oder mit dem folgenden παραδοῦναι τὸν τοιοῦτον τῷ σατανᾷ. Jedenfalls soll in der Gemeinde durch Anrufung des ὄνομα des κύριος dessen δύναμις wirksam gemacht werden. Dieselbe Anschauung spricht aus der legendären Geschichte Act 1, 24: der κύριος soll durch das Los den rechten Mann zeigen, der in der Zwölferschar den ausgeschiedenen Judas ersetzt.

Mit der Anrufung des ὄνομα Christi 1. Kr 5, 3—5 gehört seine Verwendung im Exorzismus und überhaupt zu Wundertaten sachlich zusammen. Vielleicht ist schon in der Urgemeinde Jesu Name als exorzistisches Mittel benutzt worden (§ 7, 4), jedenfalls geschah es im hellenistischen Christentum, wie die Geschichte von den jüdischen Beschwörern, die sich die Kraft des ὄνομα τοῦ κυρίου Ἰησοῦ zunutze machen wollen, Act 19, 13—17 bezeugt. Ferner der redakt. Vers Lk 10, 17, wonach die zu Jesus zurückkehrenden Siebzig ihm melden: τὰ δαιμόνια ὑποτάσσεται ἡμῖν ἐν τῷ ὀνόματί σου. In diesem Sinne ist auch Mt 7, 22 die ältere Tradition (Lk 13, 26 f.) umgestaltet: οὐ τῷ σῷ ὀνόματι . . . δαιμόνια ἐξεβάλομεν καὶ τῷ σῷ ὀνόματι δυνάμεις πολλὰς ἐποιήσαμεν; so weiß es auch der Verf. der Act (3, 16; 4, 7. 10; 16, 18). — Exorzistische Formeln aber pflegen aus liturgischem Gut zu stammen, und daß das auch für die exorzistische Verwendung des ὄνομα Christi gilt, beweist Justin, der berichtet: κατὰ γὰρ τοῦ ὀνόματος αὐτοῦ τούτου τοῦ υἱοῦ τοῦ θεοῦ καὶ πρωτοτόκου πάσης κτίσεως καὶ διὰ παρθένου γεννηθέντος καὶ παθητοῦ γενομένου ἀνθρώπου καὶ σταυρωθέντος ἐπὶ Ποντίου Πιλάτου . . . καὶ ἀποθανόντος καὶ ἀναστάντος ἐκ νεκρῶν καὶ ἀναβάντος εἰς οὐρανὸν πᾶν δαιμόνιον ἐξορκιζόμενον νικᾶται καὶ ὑποτάσσεται (Dial 85, 2 vgl. 30, 3; 49, 8; 76, 6; 121, 3; 131, 5). Hier sieht man ja, wie die Sätze des liturgischen Bekenntnisses dem Exor-

---

[1] Im Mahlgebet Did 10, 6 bezeugt die koptische Überlieferung den Text: ἐλθάτω ὁ κύριος (statt χάρις), was vielleicht ursprünglich ist.

zismus dienstbar gemacht sind. Und wenn Justin (Dial 30, 3) konstatiert: ὡς καὶ ἐκ τούτου πᾶσι φανερὸν εἶναι ὅτι ὁ πατὴρ αὐτοῦ τοσαύτην ἔδωκεν αὐτῷ δύναμιν, ὥστε καὶ τὰ δαιμόνια ὑποτάσσεσθαι τῷ ὀνόματι αὐτοῦ καὶ τῇ τοῦ γενομένου πάθους αὐτοῦ οἰκονομίᾳ, so gilt das natürlich nicht erst für die Zeit Justins.

Vor allem aber hat d a s ἐ π ι κ α λ ε ῖ σ θ α ι des κ ύ ρ ι ο ς darin seinen liturgischen Ort, daß die an Gott gerichteten Gebete und Lobpreisungen „in seinem Namen" gesprochen werden (Eph 5, 20; vgl. auch 3, 21; Joh 14, 13; 15, 16; 16, 24. 26) oder Gott „durch ihn" dargebracht werden; denn, wie Paulus deutlich mit Bezug auf den liturgischen Brauch sagt: δι' αὐτοῦ τὸ ἀμὴν τῷ θεῷ πρὸς δόξαν δι' ἡμῶν (2. Kr 1, 20). So erklingt „durch ihn" der Dank an Gott (Rm 1, 8; 7, 25; Kol 3, 17) oder die Huldigung (Did 9, 4; 1. Klem 58, 2; 61, 3; 64; 65, 2). Auch die in den Briefen des Ign begegnende Formel: ἀσπάζομαι ἐν ὀνόματι Ἰ. Χριστοῦ wird aus dem liturgischen Sprachgebrauch stammen (Ign Rm pr; 9, 3; Sm 12, 2), und vermutlich auch das παρακαλεῖν διὰ τοῦ ὀνόματος τοῦ κυρίου ἡμ. Ἰ. Χριστοῦ (1. Kr 1, 10; Rm 15, 30; vgl. 2. Kr 10, 1). Wird der κύριος-Name genannt, so müssen alle Wesen sich huldigend beugen, Gott zur Ehre (Phl 2, 10 f.).

Direkt an Christus gerichtete Gebete sind offenbar außerhalb der Liturgie im persönlichen Leben gesprochen worden. Für sich persönlich hat Paulus den Herrn angerufen (2. Kr 12, 8), und er bittet ihn für das Heil der Gemeinde (1. Th 3, 12; so auch 2. Th 3, 3. 5. 16, wo in Parallelstellen 1. Th 3, 11; 5, 23 f. Gott steht).

3. Was vom κύριος-Namen gilt, das gilt auch von dem anderen ὄνομα, das Christus beigelegt ist: e r i s t d e r υ ἱ ὸ ς τ ο ῦ θ ε ο ῦ. Ist es nach Phl 2, 11 der κύριος-Name, durch den sein Heilswerk gekrönt wird, so ist das διαφορώτερον ὄνομα, das Gott dem Erhöhten geschenkt hat und das ihn über alle Engel erhebt, nach Hbr 1, 4 zweifellos der Sohnesname; und so heißt es Herm sim IX 14, 5: τὸ ὄνομα τοῦ υἱοῦ τοῦ θεοῦ μέγα ἐστὶ καὶ ἀχώρητον καὶ τὸν κόσμον ὅλον βαστάζει. So begegnen denn auch in den exorzistischen Formeln beide Namen (s. o.). Sie gehören zusammen, insofern das υἱὸς τοῦ θεοῦ das göttliche Wesen bezeichnet, das dem κύριος als einer im Kult verehrten Gestalt eigen ist, und insofern entsprechend das κύριος den Rang und die Funktion dessen angibt, der seinem Wesen nach υἱὸς τοῦ θεοῦ ist.

Ist der Titel κύριος erst in der hellenistischen Gemeinde Christus beigelegt worden, so brachte die Mission der hellenistischen Judenchristen den Titel des Gottessohnes schon mit; denn schon die Urgemeinde hatte Jesus so benannt (§ 7, 5). Aber freilich gewinnt der Titel, der ursprünglich den messianischen König bezeichnete, jetzt einen neuen Sinn, der für die heidnischen Hörer selbstverständlich war. Er bezeichnete jetzt das göttliche Wesen Christi, seine göttliche Natur, kraft deren er von der menschlichen Sphäre unterschieden ist; er behauptete, daß Christus göttlichen Ursprungs und von göttlicher $\delta \acute{v} v a \mu \iota \varsigma$ erfüllt sei.

Daß dies der selbstverständliche Sinn des Titels im Hellenismus ist, zeigt sich zunächst an einer doppelten Tatsache. Einmal daran, daß für hellenistisch-christliche Vorstellung das Heilsgeschehen gerade in dem paradoxen Geschehen besteht, daß eine ihrem Wesen nach göttliche Gestalt als Mensch erscheint und Menschenschicksal erleidet (vgl. das von Paulus zitierte Christuslied Phl 2, 6—11), so daß, was für die Urgemeinde ein $\sigma\varkappa\acute{a}\nu\delta a\lambda o\nu$ war, der $X\varrho\iota\sigma\tau\grave{o}\varsigma$ $\pi a\vartheta\eta\tau\acute{o}\varsigma$, für das hellenistische Christentum zwar ein $\mu\nu\sigma\tau\acute{\eta}\varrho\iota o\nu$, aber kein $\sigma\varkappa\acute{a}\nu\delta a\lambda o\nu$ mehr ist. Sodann daran, daß alsbald das Problem zu schaffen macht, wie die Menschheit des Gottessohnes gedacht werden könne, und daß (eben um jener Paradoxie des Heilsgeschehens willen) die Echtheit der Menschheit Christi gegen gnostische Irrlehre verteidigt werden muß. Dient die Bezeichnung „Sohn Gottes" auch einerseits dazu, Christus vom einen wahren Gott zu unterscheiden und ein Subordinationsverhältnis auszudrücken, so dient sie doch auch dazu — und das ist das Wesentliche —, seine Göttlichkeit zu behaupten. So ist es nicht verwunderlich, wenn 2. Klem 1, 1 beginnt: $o\emph{ὕ}\tau\omega\varsigma$ $\delta\varepsilon\emph{ῖ}$ $\emph{ἡ}\mu\emph{ᾶ}\varsigma$ $\varphi\varrho o\nu\varepsilon\emph{ῖ}\nu$ $\pi\varepsilon\varrho\emph{ὶ}$ $'I$. $X\varrho\iota\sigma\tau o\emph{ῦ}$ $\emph{ὡ}\varsigma$ $\pi\varepsilon\varrho\emph{ὶ}$ $\vartheta\varepsilon o\emph{ῦ}$; hatte doch schon Hbr 1, 1—14 Christi Erhabenheit über die Engel gelehrt und Christus als $\emph{ἀ}\pi a\emph{ύ}\gamma a\sigma\mu a$ $\tau\emph{ῆ}\varsigma$ $\delta\acute{o}\xi\eta\varsigma$ $(\tau o\emph{ῦ}$ $\vartheta\varepsilon o\emph{ῦ})$ $\varkappa a\emph{ὶ}$ $\chi a\varrho a\varkappa\tau\emph{ὴ}\varrho$ $\tau\emph{ῆ}\varsigma$ $\emph{ὑ}\pi o\sigma\tau\acute{a}\sigma\varepsilon\omega\varsigma$ $a\emph{ὐ}\tau o\emph{ῦ}$ bezeichnet (1, 3).

Das NT ist mit der Bezeichnung Christi als $\vartheta\varepsilon\acute{o}\varsigma$ noch sehr zurückhaltend. Außer Joh 1, 1, wo der präexistente Logos $\vartheta\varepsilon\acute{o}\varsigma$ genannt wird, und Joh 20, 28, wo Thomas dem Auferstandenen huldigt: $\emph{ὁ}$ $\varkappa\acute{v}\varrho\iota\acute{o}\varsigma$ $\mu o\nu$ $\varkappa a\emph{ὶ}$ $\emph{ὁ}$ $\vartheta\varepsilon\acute{o}\varsigma$ $\mu o\nu$, wird $\vartheta\varepsilon\acute{o}\varsigma$ von Christus — wenigstens nach wahrscheinlicher Exegese — nur 2. Th 1, 12; Tit 2, 13; 2. Pt 1, 1 ausgesagt [1]. Ignatius dagegen redet von Christus mit großer Selbstverständ-

---

[1] Die Doxologie Rm 9, 5 ist schwerlich auf Christus zu beziehen; Joh 1, 18 und 1. Tim 3, 16 ist $\vartheta\varepsilon\acute{o}\varsigma$ sekundäre Lesart.

lichkeit als von θεός (Tr 7, 1; Sm 1, 1; 10, 1); gewöhnlich sagt er: ('*I.
Χριστός*) ὁ θεὸς ἡμῶν (Eph pr; 15, 3; 18, 2; Rm pr (bis); 3, 3; Pol 8, 3).
Und daß es ihm gerade auf jene Paradoxie ankommt, zeigen die Wen-
dungen: ἐν σαρκὶ γενόμενος θεός (Eph 7, 2), θεὸς ἀνθρωπίνως φανερούμενος
(Eph 19, 3), die Rede vom αἷμα θεοῦ (Eph 1, 1), vom πάθος τοῦ θεοῦ μου
(Rm 6, 3), vom ἄρτος θεοῦ, ὅ ἐστιν σὰρξ 'I. Χριστοῦ (Rm 7, 3).

Daß die Verkündigung von Christus als dem υἱὸς τοῦ θεοῦ in
diesem Sinne verstanden wurde, ist nicht verwunderlich; d i e
G e s t a l t   d e s   G o t t e s s o h n e s   w a r   h e l l e n i s t i -
s c h e r   A n s c h a u u n g   v e r t r a u t und zwar in manchen
Differenzierungen. Einmal als Erbe der griechischen Tradition,
die den mythologischen Gedanken der Erzeugung durch Gott
auf Männer anwandte, die durch heroische Taten, geistige Leistungen oder als Wohltäter der Menschen gewöhnliches Menschen-
maß zu überragen schienen. Die hellenistische Zeit kennt eine
Reihe solcher θεῖοι ἄνδρες, die υἱοὶ θεοῦ zu sein beanspruchten
oder dafür gehalten wurden, z. T. auch als solche kultisch verehrt wurden. Bei ihnen fällt kein (oder kaum ein) Ton auf die
Paradoxie der Erscheinung des Göttlichen in menschlicher Gestalt; diese war für gemeingriechisches Denken, für das der
Geist des Menschen ein Göttliches ist, übrigens auch gar kein
Problem. Das Interesse liegt also nicht auf der (paradoxen) Tatsache der Menschlichkeit des Gottessohnes, sondern auf dem
durch charismatische Phänomene und Wundertaten ausgezeichneten βίος des Gottessohnes. Anders die Vorstellung von der
Gottessohnschaft, die im orientalischen Hellenismus als Erbe
alter orientalischer Mythologie verbreitet war: die Vorstellung
von Sohnesgottheiten, denen kultische Verehrung galt, und denen soteriologische Bedeutung zugeschrieben wurde. Von solchen in Mysterien verehrten Gottheiten erzählte der Mythos,
daß sie menschliches Todesschicksal erlitten hätten, aus dem
Tode aber wieder erstanden seien. In dem Schicksal dieser Gottheiten aber ist nach dem Glauben ihrer Verehrer das Heil begründet, das denen zuteil wird, die in der Mysterienweihe den
Tod und die Wiedererstehung der Gottheit miterleben. Mit solchen Gestalten, in denen alte Vegetationsgottheiten weiterleben, ist die Erlösergestalt des gnostischen Mythos (§ 15) verwandt — auf welchen geschichtlichen Zusammenhängen diese
Verwandtschaft auch immer beruhen mag —, insofern in ihr
jene Paradoxie der Menschwerdung einer göttlichen Gestalt

(einer Sohnesgottheit) und ihres menschlichen Schicksals besonders nachdrücklich ausgeprägt ist.

Die heidenchristliche Vorstellung von Christus als dem *υἱὸς τοῦ θεοῦ* differenziert sich, je nachdem welche Tradition in ihr bestimmend ist. Die synoptischen Evangelien zeigen im wesentlichen den ersten Typus, insofern sie Jesus als den Gottessohn zeichnen, der durch seine Wunder seine göttliche *ἐξουσία* offenbart. Es ist eine Vorstellungsweise, die auch von dem durch jüdische Tradition bestimmten Denken angeeignet werden konnte, wenn es, nach Analogie der Propheten und Davids, die göttliche *δύναμις* im Leben des *θεῖος ἀνήρ* auf den göttlichen Geist zurückführte. In diesem Sinne erzählt das Mk-Evg., nach dem Jesus durch den ihm in der Taufe geschenkten Geist zum Gottessohne wird; und die gleiche Anschauung spricht mit voller Deutlichkeit aus der abendländischen Textform von Lk 3, 22, nach der die himmlische Stimme lautet: *υἱός μου εἶ σύ, ἐγὼ σήμερον γεγέννηκά σε* Im Sinne dieser Denkweise nennt Act 2, 22 Jesus einen *ἀνὴρ ἀποδεδειγμένος ἀπὸ τοῦ θεοῦ . . . δυνάμεσι καὶ τέρασι καὶ σημείοις, οἷς ἐποίησεν δι' αὐτοῦ ὁ θεός.* Aber auch die mythologische Vorstellung von der Erzeugung des Gottessohnes durch die Gottheit, die nicht nur die griechische Tradition kennt, sondern die auch der babylonischen und vor allem der ägyptischen Königslegende geläufig ist, ist offenbar vom jüdischen Hellenismus in Ägypten übernommen und auf die Frommen des AT übertragen worden. So nimmt es denn nicht wunder, daß im hellenistischen Christentum früh die Legende von der jungfräulichen Geburt des vom *πνεῦμα ἅγιον* (Mt 1, 20) bzw. von der *δύναμις ὑψίστου* (Lk 1, 35) erzeugten Jesus auftaucht. Daß Paulus sie nicht kennt, beweist natürlich nicht, daß sie nicht schon vor ihm in anderen Kreisen verbreitet gewesen sein kann. Sie begegnet im NT nicht außerhalb des Mt und Lk, und die ihr entsprechende Auffassung vom *υἱὸς θεοῦ* ist von der Auffassung des zweiten Typus überflügelt worden, nach der Jesus Christus der Mensch gewordene präexistente Gottessohn ist. Sie ist für Paulus (wie für Joh) selbstverständlich, und daß sie nicht erst von ihm in das christliche Denken eingeführt wurde, beweist das vorpaulinische Christuslied Phl 2, 6—11. Diese Anschauung entspricht auch der Auffassung von der Paradoxie des Heilsgeschehens; aller Nachdruck liegt auf der Tatsache der Menschlichkeit und

dem menschlichen Schicksal des menschgewordenen Gottessohnes, und damit steht die Auffassung, daß sich Jesus in seinem irdischen Leben durch seine Wunder als Gottessohn erwiesen hat, eigentlich in Widerspruch, wie Phl 2, 6—11 ja deutlich zeigt. Dem Paulus ist denn auch diese Denkweise ganz
fremd.

Aber beide Christologien haben sich im hellenistischen Christentum zu einer spannungsvollen Einheit zusammengefunden.
Die synoptischen Evangelien mit dem Bild des wunderwirken-
den Gottessohnes sind erhalten geblieben. Bei Ignatius bildet
die Jungfräulichkeit der Maria und ihre Niederkunft mit dem
ϑάνατος τοῦ κυρίου die drei μυστήρια κραυγῆς (Eph 19, 1; vgl.
Sm 1, 1), obwohl gerade er sonst die Paradoxie der Präexistenz-
Christologie betont (s. o.).

Man muß aber noch einen d r i t t e n T y p u s der Gestalt
des Gottessohnes feststellen. Der Sohnesgottheit des gnostischen Mythos eignet vielfach nicht nur soteriologische, sondern
auch kosmologische Bedeutung; ja, diese wird überhaupt die
primäre sein und ist in Mythologien und religionsphilosophi-
schen Spekulationen auch selbständig entwickelt worden wie
von Philon, dessen kosmischer Λόγος der „Sohn" Gottes ist;
ähnlich in den hermetischen Schriften. Eine Parallelgestalt ist
die kosmische Figur der „Weisheit", die schon in die alttestamentliche Weisheitsliteratur eingedrungen und auch im Judentum, vor allem dem hellenistischen, Gegenstand der Spekulation geworden ist. Sehr früh ist diese Logos- und Weisheitsspeku-
lation ins hellenistische Christentum eingedrungen. Bereits 1. Kr
8, 6 erscheint Christus als der, δι' οὗ τὰ πάντα καὶ ἡμεῖς δι' αὐτοῦ,
in welcher Formel die kosmologische und die soteriologische
Rolle Christi verbunden sind. Ob Paulus der erste war, der C h r i -
s t u s d i e s e k o s m i s c h e R o l l e d e s S c h ö p f u n g s -
m i t t l e r s z u g e s c h r i e b e n hat, läßt sich nicht sagen;
aus der Selbstverständlichkeit, mit der er so redet, möchte man
eher schließen, daß er damit nicht allein stand. Ebenso aus der
Selbstverständlichkeit, mit der er Christus 2. Kr 4, 4 als die
εἰκὼν τοῦ θεοῦ bezeichnet; dieser Begriff gehört nämlich in den
Zusammenhang der kosmologischen Gottessohn-Spekulation und
erscheint so bei Philon und in der hermetischen und gnostischen
Literatur. Nach Paulus wird diese kosmologische Bedeutung
Christi vor allem Kol 1, 15 ff. vorgetragen, wo Christus als die

εἰκὼν τοῦ θεοῦ τοῦ ἀοράτου, als πρωτότοκος πάσης κτίσεως charakterisiert wird, ὅτι ἐν αὐτῷ ἐκτίσθη τὰ πάντα . . . καὶ τὰ πάντα ἐν αὐτῷ συνέστηκεν. Auch Eph kennt diese Spekulation, hat sie aber, womit Kol schon den Anfang machte, aus dem Kosmologischen ganz ins Ekklesiologische gewandt (1, 20 ff.). Daß Christus als der Gottessohn auch außerhalb des Paulus und seiner Schule als kosmische Gestalt gesehen wurde, bezeugt außer Joh 1, 1 ff. Hbr 1, 3, wo Christus als φέρων τὰ πάντα τῷ ῥήματι τῆς δυνάμεως αὐτοῦ charakterisiert wird, nachdem er vorher ἀπαύγασμα τῆς δόξης (τοῦ θεοῦ) καὶ χαρακτὴρ τῆς ὑποστάσεως αὐτοῦ genannt war, womit ja der Begriff εἰκών umschrieben ist. Ebenso Herm, der sim IX 12, 2 sagt: ὁ μὲν υἱὸς τοῦ θεοῦ πάσης κτίσεως αὐτοῦ προγενέστερός ἐστιν, ὥστε σύμβουλον αὐτὸν γενέσθαι τῷ πατρὶ τῆς κτίσεως αὐτοῦ, wobei natürlich Prov 8, 27 ff. vorschwebt. Vor allem aber kommt die kosmologische Rolle des Gottessohnes sim IX 14, 5 zum Ausdruck: τὸ ὄνομα τοῦ υἱοῦ τοῦ θεοῦ μέγα ἐστὶ καὶ ἀχώρητον καὶ τὸν κόσμον ὅλον βαστάζει. εἰ οὖν πᾶσα ἡ κτίσις διὰ τοῦ υἱοῦ ⟨τοῦ⟩ θεοῦ βαστάζεται κτλ.

§ 13. DIE SAKRAMENTE

Zu 1: KNOPF, R., Das nachapostolische Zeitalter, 1905, 271–290. – HEITMÜLLER, W., Im Namen Jesu, 1903. – DERS., Taufe und Abendmahl im Urchristentum, 1911. – REITZENSTEIN, R., Die Vorgeschichte der christlichen Taufe, 1929. – DELLING, G., Die Taufe im Neuen Testament, 1963. – KRETSCHMAR, G., Die Geschichte des Taufgottesdienstes in der alten Kirche (1964/66), in: Leiturgia, Bd. V, 1970, 2–348 (bes. 2–58). – CAMPENHAUSEN, H. V., Taufen im Namen Jesu, VigChr 25, 1971, 1–16. – DINKLER, E., Die Taufaussagen des Neuen Testaments, in: Zu Karl Barths Lehre von der Taufe, hrg. v. F. VIERING, 1971, 60–153. – BARTH, G., Die Taufe in frühchristlicher Zeit, 1981.
Zu 2: s. LIETZMANN, CULLMANN, LOHMEYER zu § 8,3 (S. 62). – KNOPF, R., (s. o.), 253–271. – HEITMÜLLER, W., (s. o.). – SCHWEIZER, E., Das Herrenmahl (1954), in: DERS., Neotestamentica, 1963, 344–370. – BORNKAMM, G., Herrenmahl und Kirche bei Paulus, (1956), in: DERS., Studien zu Antike und Urchristentum. Ges. Aufs. II, 1959, 138–176. – NEUENZEIT, P., Das Herrenmahl 1960. – FELD, H., Das Verständnis des Abendmahls, 1976. – DELLING, G., Art. Abendmahl. II. Urchristliches Mahl-Verständnis, TRE, I, 1977, 47–58. – MERKLEIN, H., Erwägungen zur Überlieferungsgeschichte der neutestamentlichen Abendmahlstraditionen, BZ, N.F. 21, 1977, 88–101.235–244. – FIEDLER, P., Probleme der Abendmahlsforschung, Archiv für Liturgiewissenschaft 24, 1982, 190–223. – FELMY, K. CHR., ,,Was unterscheidet diese Nacht von allen anderen Nächten?" Die Funktion des Stiftungsberichtes in der urchristlichen Eucharistiefeier nach

Didache 9 f und dem Zeugnis Justins, Jahrbuch für Liturgik und Hymnologie 27, 1983, 1–15.

1. Im Kultus der Gemeinde ist der κύριος ᾽Ιησοῦς Χριστός gegenwärtig. In die Gemeinde gelangt der Einzelne durch die T a u f e und tritt also damit in die Beziehung zum κύριος. Als Initiationsritus der eschatologischen Gemeinde, als sakramentales Bad, das von der Sündenschuld reinigt, war die Taufe aller Wahrscheinlichkeit nach in der Urgemeinde geübt worden (§ 6, 3), und so war sie durch die Mission den hellenistischen Gemeinden gebracht worden. Daß die Taufe die unerläßliche B e d i n g u n g f ü r d e n E i n t r i t t i n d i e G e m e i n d e und die Teilhabe am Heil ist, versteht sich von selbst und ist Act 4, 12 wenigstens indirekt ausgesprochen: καὶ οὐκ ἔστιν ἐν ἄλλῳ οὐδενὶ ἡ σωτηρία, οὐδὲ γὰρ ὄνομά ἐστιν ἕτερον ὑπὸ τὸν οὐρανὸν τὸ δεδομένον ἐν ἀνθρώποις ἐν ᾧ δεῖ σωθῆναι ἡμᾶς (sc. ἢ τὸ ὄνομα ᾽Ι. Χριστοῦ) — selbst wenn hier nicht an das bei der Taufe gesprochene ὄνομα gedacht sein sollte. Nach Did 9, 5 und Just Ap 66, 1 darf kein Ungetaufter die Eucharistie mitfeiern, und nach Herm sim IX 12, 4 f. wird keiner in die Gottesherrschaft eingehen, wenn er nicht „den Namen des Gottessohnes empfangen hat" d. h. getauft worden ist. Ja, nach Herm sim IX 16 können auch die alttestamentlichen Gerechten nur, nachdem sie getauft worden sind, am Heil teilbekommen; zu diesem Zweck haben die Apostel und Lehrer nach ihrem Tode in der Unterwelt gepredigt und getauft.

Was den R i t u s d e r T a u f e betrifft, so ist das Normale, daß sie als Bad, bei dem der Täufling ganz untertauchte, und zwar womöglich in fließendem Wasser, vollzogen wurde, wie die Andeutungen Act 8, 36; Hbr 10, 22; Barn 11, 11 erkennen lassen, und wie Did 7, 1—3 ausdrücklich sagt; nach dieser genügt im Notfall, daß der Kopf des Täuflings dreimal mit Wasser übergossen wird. Der Täufer nennt über dem Täufling den Namen des κύριος ᾽Ι. Χριστός, später die Namen des Vaters, des Sohnes und des Hl. Geistes (zuerst bezeugt Did 7, 1. 3; Just apol 61, 3. 11. 13; außerdem Mt 28, 19, wo aber vielleicht eine spätere Interpolation vorliegt). Daß das ὄνομα über dem Täufling gesprochen wurde, geht aus der Formel βαπτίζειν εἰς τὸ ὄνομα hervor (indirekt bezeugt 1. Kr 1, 13. 15; direkt Act 8, 16; 19, 5; Did 9, 5; Herm sim III 7, 3: statt εἰς: ἐν Act 10, 48, ἐπί Lk 24, 47; Act 2, 38; außer an diesen Stellen, die nur vom ὄνομα des κύριος reden, die vorhin genannten mit der trinitarischen Formel); es wird bestätigt durch die Formel τὸ ὄνομα τὸ ἐπικληθὲν ἐφ᾽ ὑμᾶς bzw. ἐπ᾽ αὐτούς (Jak 2, 7; Herm sim VIII 6, 4) und ausdrücklich ausgesprochen Just apol 61, 11. Dem entsprechen auch die Wendungen λαμβάνειν bzw.

φορεῖν τὸ ὄνομα (Herm sim IX 12, 4. 8; 13, 2. 7 bzw. IX 14, 5; 15, 2). — Der Täufling spricht seinerseits das Bekenntnis κύριος 'I. Χριστός und gehört damit zu den ἐπικαλούμενοι τὸ ὄνομα τοῦ κυρίου (§ 12, 2) — ob unmittelbar vor oder nach dem Taufbad? Ist die ὁμολογία von 1. Tim 6, 12, die vor vielen Zeugen abgelegt ist, das Taufbekenntnis, so hat man es sich gewiß der Taufe vorausgehend zu denken. Dazu würde auch gut passen, wenn dem Taufakt die Frage und ihre Beantwortung voraufgingen, die O. Cullmann (Urchristentum und Gottesdienst 79—88) aus Act 8, 36; 10, 47; 11, 17; Mt 3, 14; Ebionitenevg. bei Epiph. 30, 31 erschließen will, nämlich die Frage τί κωλύει; und die Antwort ἔξεστιν (oder οὐδὲν κωλύει). Wie bald sich solche rituellen Formen gebildet haben, läßt sich bei der Dürftigkeit der Quellen nicht sagen. Nach Just apol 61, 2 geht jedenfalls der Taufe das Versprechen des Täuflings, βιοῦν οὕτως (näml. den empfangenen Lehren entsprechend) δύνασθαι, voraus. Hat sich in der ältesten Zeit die Taufe gewiß oft unmittelbar an die unter dem Eindruck der Missionspredigt erfolgte Bekehrung angeschlossen (wie es etwa durch Act 2, 41; 8, 12; 16, 33; 18, 8 veranschaulicht wird), so ging später der Taufe ein Unterricht voraus, wie er Hbr 6, 2; Did 7, 1; Just apol 61, 2; 65, 1 vorausgesetzt ist. — Seit wann der Taufe ein Fasten (von ein oder zwei Tagen) vorausging, das Did 7, 4; Just apol 61, 2 nennen (hier auch das Gebet genannt), wissen wir nicht. Ebenso wissen wir nichts Genaues über den rituellen Akt der Handauflegung, der nach Hbr 6, 2; Act 19, 5 f. (vgl. 8, 17) zur Taufe gehörte; doch wird dieser von Anfang an ein regelmäßiger Bestandteil gewesen sein und etwa die Nennung des ὄνομα begleitet haben. — Daß nur Erwachsene getauft wurden, dürfte sich von selbst verstehen (trotz Joach. Jeremias, Hat die älteste Christenheit die Kindertaufe geübt? 1938). Der Täufer hatte keine ausgezeichnete Qualität (§ 12, 1); nur soll es nach Ign Sm 8, 2 nicht gestattet sein, χωρὶς τοῦ ἐπισκόπου zu taufen.

Der Sinn der Taufe wird durch verschiedene Motive bestimmt, die teils zusammen, teils nebeneinander wirken. In jedem Falle aber gilt sie als Sakrament d. h. als eine Handlung, die durch natürliche Mittel übernatürliche Kräfte wirksam macht, meist unter Verwendung gesprochener Worte, die die Handlung begleiten und durch das bloße Gesprochenwerden ihres vorgeschriebenen Wortlauts jene Kräfte entbinden; ja, die sakramentale Handlung kann sich auch ganz auf das Sprechen eines Wortes bzw. einer Formel beschränken. Das Sakrament beruht auf der Voraussetzung, daß — unter besonderen Bedingungen — übernatürliche Kräfte an weltlich-natürliche Gegenstände und an gesprochene Worte als ihre Träger und Vermittler gebunden sein können. Sind die Bedingungen erfüllt (ist z. B. die vorgeschriebene Formel korrekt gesprochen und dadurch die Materie „geweiht" d. h. mit der übernatürlichen Kraft

geladen), und wird die Handlung nach vorgeschriebenem Ritus
vollzogen, so werden die übernatürlichen Kräfte wirksam, und
die Handlung, die ohne diese Bedingungen eine rein welthaft-
natürliche wäre, wie ein Bad oder eine Mahlzeit, ist selbst eine
übernatürliche Begehung, die ein Wunder wirkt. Ist im primitiven Stadium der Religionsgeschichte kaum zwischen Magie
und sakramentalem Handeln zu unterscheiden, so wird der
Unterschied im Laufe der Geschichte immer größer, je nachdem, welche Bedingungen von denen erfüllt werden müssen, für
die das Sakrament wirksam werden soll — ob nur eine bestimmte
körperliche Verfassung oder auch eine seelische Bereitschaft
vorausgesetzt wird — und je nachdem, welche übernatürlichen
Kräfte wirksam gemacht werden sollen — ob solche, die nur der
Steigerung des physischen Lebens dienen, oder solche, die das
geistige Leben fördern; im letzteren Falle wird die Paradoxie
des Sakraments freilich gesteigert: wie können geistige Kräfte
an materielle Elemente als ihre Träger gebunden sein? Schließlich kann sich das Sakrament zum Symbol verflüchtigen, und
statt der wunderbaren Wirkung tritt eine psychologische ein.

Daß im Urchristentum das Sakrament keineswegs Symbol,
sondern eine wunderwirkende Begehung ist, ist deutlich — für
das Sakrament der Eucharistie am auffallendsten 1. Kr 11, 29 f.
(s. u.), für die Taufe 1. Kr 15, 29. Wenn man sich, wie es in Korinth geschieht, für die Toten taufen läßt, für sie also die übernatürlichen Kräfte, die das Sakrament spendet, wirksam werden
lassen will, so ist das Sakrament von einer magischen Handlung
nicht unterschieden. Daß Paulus und andere judenchristliche
Missionare diese Praxis nicht eingeführt haben, versteht sich
allerdings von selbst; und ebenso begreiflich ist es, daß sie — von
gnostischen Sekten noch länger geübt — von der Kirche ausgeschieden wurde. Aber es ist charakteristisch, daß Paulus den
Brauch ohne jede Kritik erwähnt; die ihm zugrunde liegende
Vorstellungsweise ist eben auch die seine wie überhaupt (von
Joh abgesehen) die urchristliche.

Als Wirkung der Taufe wird — ihrem Ursprung entsprechend
(s. o.) — zunächst d i e R e i n i g u n g v o n S ü n d e n , und
zwar, wie mehrfach ausdrücklich gesagt wird (2. Pt 1, 9; Herm
mand IV 3, 1; Just Ap 61, 10), von den in der Vergangenheit begangenen Sünden, erwartet. Es ist kein Zweifel, daß Paulus die
Reinigung durch die Taufe meint, wenn er 1. Kr 6, 11 nach der

Charakteristik der sündenvollen heidnischen Vergangenheit der Leser fortfährt: ἀλλὰ ἀπελούσασθε, ἀλλὰ ἡγιάσθητε, ἀλλὰ ἐδικαιώθητε ἐν τῷ ὀνόματι τοῦ κυρίου ᾿Ι. Χριστοῦ καὶ ἐν τῷ πνεύματι τοῦ θεοῦ ἡμῶν. Alle drei Verben beschreiben das sakramentale Reinigungsbad, und dabei ist das δικαιωθῆναι nicht in dem spezifischen Sinne der paulinischen Rechtfertigungslehre gemeint, sondern, dem ἁγιασθῆναι entsprechend, in dem gemeinchristlichen Sinne der Sündentilgung (§ 9, 4; S. 87). Daß Paulus hier die gemeinchristliche Anschauung von der Taufe vorträgt, zeigen auch die Parallelen — nicht nur in der deuteropaulinischen Literatur wie Eph 5, 26, wo der Sinn des Heilswerkes Christi beschrieben wird: ἵνα αὐτὴν (sc. τὴν ἐκκλησίαν) ἁγιάσῃ καθαρίσας τῷ λουτρῷ τοῦ ὕδατος ἐν ῥήματι; oder 1. Pt 3, 21, wo die Taufe erläutert wird als οὐ σαρκὸς ἀπόθεσις ῥύπου, ἀλλὰ συνειδήσεως ἀγαθῆς ἐπερώτημα εἰς θεόν, d. h. das Taufbad ist keine äußerliche Reinigung, sondern verschafft (durch die Reinigung von den Sünden) die Möglichkeit, im Bewußtsein der Reinheit Gott anzurufen (vgl. Hbr 9, 14; 10, 2. 22). Ebenso in der von Paulus kaum oder garnicht abhängigen Literatur. Die Taufe erfolgt εἰς ἄφεσιν ἁμαρτιῶν (Act 2, 38), so daß Saulus-Paulus den Befehl empfängt: ἀναστὰς βάπτισαι καὶ ἀπόλουσαι τὰς ἁμαρτίας σου, ἐπικαλεσάμενος τὸ ὄνομα αὐτοῦ (Act 22, 16). Die Christen sind nach Hbr 10, 22 ῥεραντισμένοι τὰς καρδίας ἀπὸ συνειδήσεως πονηρᾶς καὶ λελουσμένοι τὸ σῶμα ὕδατι καθαρῷ — wobei nur um des rhetorischen Parall. membr. willen das σῶμα von der καρδία isoliert ist; denn selbstverständlich ist das λελοῦσθαι nicht auf das σῶμα beschränkt, sondern gilt ebenso von den καρδίαι. Der καθαρισμὸς τῶν πάλαι ἁμαρτιῶν 2. Pt 1, 9 ist natürlich die in der Taufe empfangene Reinigung. Nach Barn 11, 11 καταβαίνομεν εἰς τὸ ὕδωρ γέμοντες ἁμαρτιῶν καὶ ῥύπου, καὶ ἀναβαίνομεν καρποφοροῦντες ἐν τῇ καρδίᾳ τὸν φόβον καὶ τὴν ἐλπίδα εἰς τὸν ᾿Ιησοῦν ἐν τῷ πνεύματι ἔχοντες; und nach 16, 8 f. werden wir durch die (in der Taufe empfangene) ἄφεσις τῶν ἁμαρτιῶν zum Tempel Gottes. „Als wir in das Wasser hinabstiegen", sagt Herm mand IV 3, 1, „empfingen wir die Vergebung unserer früheren Sünden" (vgl. Just Apol 61, 10).

Mit dem reinigenden Taufbad verbindet sich d i e N e n n u n g   d e s   ὀ ν ο μ α   τ ο ϳ   κ υ ρ ί ο υ. Es tritt damit zum ersten Motiv ein zweites, von dem schwer zu sagen ist, wann es sich mit dem ersten verbunden hat (§ 6, 3). Da die Anrufung des

ὄνομα nicht etwa, wie in der späteren Kirche, eine Epiklese ist,
die die Kraft Christi in das Wasser ruft, um diesem die Fähigkeit
des Reinigens und Heiligens zu verleihen, sondern da das ὄνομα
über dem Täufling genannt wird und diesem seine Kraft zuwendet, so ist seine Nennung im Grunde ein mit dem Taufbad
konkurrierendes selbständiges Sakrament. Doch ist, da die Wirkung beider einigermaßen koinzidiert, ihre Verbindung leicht
verständlich. Der Sinn der Nennung des ὄνομα ist zunächst
offenbar der, daß der Täufling zum Eigentum des κύριος ge-
stempelt und unter seinen Schutz gestellt wird. Das beweist
schon die Bezeichnung der Taufe als σφραγίς, die Paulus
offenbar voraussetzt.

Die Aussage, die 2. Kr 1, 22 von Gott gemacht wird: ὁ καὶ σφραγισάμενος ἡμᾶς καὶ δοὺς τὸν ἀρραβῶνα τοῦ πνεύματος ἐν ταῖς καρδίαις ἡμῶν, geht
ohne Zweifel auf die Taufe. Sollte Paulus für diese die Bezeichnung
σφραγίς nicht voraussetzen, so liegt dem σφραγισάμενος doch jedenfalls
die Vorstellung zugrunde, die dann zu jener Bezeichnung geführt hat.
Ebenso steht es mit Eph 1, 13: ἐν ᾧ (sc. τῷ εὐαγγελίῳ) καὶ πιστεύσαντες
ἐσφραγίσθητε τῷ πνεύματι τῆς ἐπαγγελίας τῷ ἁγίῳ und 4, 30: ... τὸ πνεῦμα
τὸ ἅγιον τοῦ θεοῦ, ἐν ᾧ ἐσφραγίσθητε εἰς ἡμέραν ἀπολυτρώσεως. 2. Klem
7, 6; 8, 6; Herm sim VIII 6, 3; IX 16, 3—7; 17, 4; 31, 1 ist dann die Bezeichnung der Taufe als σφραγίς ganz geläufig; und zwar ist bei Herm
ganz deutlich, daß die Taufe deshalb σφραγίς heißt, weil sie den Täufling
unter das ὄνομα stellt; die Wendung τὴν σφραγῖδα λαμβάνειν (sim VIII
6, 3; IX 16, 3; 17, 4) entspricht dem τὸ ὄνομα λαμβάνειν (s. o. S. 136 f.).—
Vielleicht wurde schon vor Paulus die Beschneidung im Judentum als
„Siegel" bezeichnet (vgl. Rm 4, 11, wo aber σφραγίς auch bloße Metapher
für „Bestätigung" sein könnte; ebenso Barn 9, 6); nachweisbar ist es
erst in späterer Zeit. Auch in den Mysterien war σφραγίς Terminus für
den Initiationsritus. Aber wenn der christliche Sprachgebrauch auch
von daher beeinflußt sein sollte, so ist doch der zugrunde liegende Sinn
des Terminus nicht verklungen. Daß σφραγίς im (profanen wie im) sakralen Sprachgebrauch das Eigentums- und Schutzzeichen bezeichnet, und daß
als solches das ὄνομα dient, hat W. Heitmüller, Neutest. Studien für
G. Heinrici, 1914, 40—59 gezeigt. E. Dinkler, Neutest. Studien f. Rud.
Bultmann [2], 1957, 110—129, hat wahrscheinlich gemacht, daß es im Judentum ein „Signum Crucis" gab als Zeichen der Versiegelung, das Buße, Skla-
ventum und eschatologischen Schutz einschloß. Das eschatologische Zeichen ist vom Christentum übernommen und vergeschichtlicht worden zum
σταυρὸς Χριστοῦ, auch Ders., Zur Geschichte des Kreuzsymbols, ZThK 48
(1951), 148—172. – Ders., Kreuzeszeichen und Kreuz, Jahrb. für Antike
und Christentum 5 (1962), 93—112.

Im Unterschied vom Taufbad, das als Reinigung den negativen Sinn der Beseitigung der Sünden der Vergangenheit hat,
hat die Nennung des ὄνομα doppelte Wirkung; sowohl die nega-

tive, indem es durch seine exorzistische Kraft (s. o. 2; S. 129 f.) die bösen Geister vertreibt (die ja weithin als die Verursacher der Sünden gelten), wie die positive, daß es den Getauften auch für die Zukunft unter den Schutz des *κύριος* stellt, ihn auch für die Zukunft vor den Einwirkungen der Dämonen — und d. h. auch vor den Sünden, freilich auch vor anderen Übeln — sichert. Diese Anschauung kommt Kol 1, 13 f. — denn mit Bezug auf die Taufe dürfte hier geredet sein — zu deutlichem Ausdruck: (Gott) *ἐρρύσατο ἡμᾶς ἐκ τῆς ἐξουσίας τοῦ σκότους καὶ μετέστησεν εἰς τὴν βασιλείαν τοῦ υἱοῦ τῆς ἀγάπης αὐτοῦ, ἐν ᾧ ἔχομεν τὴν ἀπολύτρωσιν, τὴν ἄφεσιν τῶν ἁμαρτιῶν.* Ebenso Barn 16, 7 f.: einst war unser Herz ein *οἶκος δαιμονίων*, kraft des *ὄνομα* des *κύριος* ist es zu einem Tempel geworden, in dem Gott wohnt. Mit dieser Vorstellung hängt es wohl auch zusammen, daß mit der Taufe bald ein Fasten verbunden wurde (s. o.); denn das Fasten ist ein Mittel zur Vertreibung der Dämonen (z. B. Mk 9, 29 v. 1.).

Eine positive und für die Zukunft bedeutsame Wirkung der Taufe besteht auch darin, daß s i e d e n H l. G e i s t v e r - l e i h t. Auch das ist gemeinchristliche Anschauung, von Paulus, der sich darauf wie auf Selbstverständliches beruft, vorausgesetzt (1. Kr 12, 13; 2. Kr 1, 22); ebenso Eph 1, 13; 4, 30 (s. o.). Nach Tit 3, 5 ist die Taufe ein *λουτρὸν* . . . *ἀνακαινώσεως πνεύματος ἁγίου* d. h. ein Bad der durch den Hl. Geist gewirkten Erneuerung. In der Taufe wird der Hl. Geist empfangen (Act 2, 38: vgl. 9, 17 f.), und eben darin sieht die Gemeinde den charakteristischen Unterschied von der Johannestaufe (Act 19, 1—6; vgl. Mk 1, 8). Wasser und Geist bewirken nach dem über- lieferten Text von Joh 3, 5 die Wiedergeburt. Die gleiche Vorstellung setzt Barn 11, 9—11 voraus, und Herm sim IX 13 wird in breiter Allegorie ausgeführt, daß es Bedingung für das Heil ist, von den zwölf Jungfrauen, die den Turm der Kirche bauen, und die als *ἅγια πνεύματα*, als *δυνάμεις τοῦ υἱοῦ τοῦ θεοῦ* gedeutet werden, mit ihren Gewändern bekleidet zu werden.

Nur eine scheinbare Ausnahme sind die Stellen Act 8, 14—17; 10, 44—48, an deren letzterer der Geistesempfang der Taufe vorausgeht. In Wahrheit wollen beide Stellen gerade die unlösbare Zusammengehörigkeit von Taufe und Geistesempfang lehren. Eine Taufe, die den Geist nicht verleiht, ist keine rechte Taufe und muß also durch den Geistesempfang ergänzt werden (8, 14—17). Die Verleihung des Geistes durch Gott bedeutet, daß dem Begnadeten die Taufe erteilt werden muß (10, 44—48).

Die Geistverleihung ist ein drittes Motiv, was auch dadurch kenntlich wird, daß sie an die besondere rituelle Handlung der Handauflegung geknüpft war, so wenigstens Act 8, 17; 19, 6 und vermutlich von Anfang an, sobald überhaupt die Geistverleihung mit dem Taufbad verbunden war. Seit wann das der Fall war, wissen wir freilich nicht, jedoch schwerlich schon in der Urgemeinde (§ 6, 3); da dort, wo die jüdische Tradition bestimmend war, das Wasserbad der Taufe kaum anders als in seinem negativen Sinne, d. h. als Reinigung, aufgefaßt werden konnte. Für Hbr 6, 2 gehört jedenfalls die Lehre von Taufe und Handauflegung zum überlieferten Gut. Ihrem Sinne nach steht die Geistverleihung (durch die Handauflegung) der Nennung des ὄνομα näher als der Reinigung durch das Wasserbad; und vielleicht war sie mit jener von vornherein verbunden. Dem würde es gut entsprechen, daß Eph 1, 13; 4, 30 die Versiegelung als eine durch das πνεῦμα bezeichnet wird; für das Bewußtsein des Verf. fallen also die Nennung des ὄνομα (= die Versiegelung) und die Geistbegabung zusammen. In der Tat sind ja die Vertreibung der Dämonen und die Erfüllung mit dem Hl. Geist Korrelate; und ebenso wird exorzistische Wirkung wie dem ὄνομα, so der Handauflegung zugeschrieben. Im allgemeinen Bewußtsein sind natürlich die miteinander wirkenden Motive nicht unterschieden worden; deshalb kann auch die Sündenvergebung mit der Namensnennung verknüpft werden und gesagt werden: ἄφεσιν ἁμαρτιῶν λαβεῖν διὰ τοῦ ὀνόματος αὐτοῦ (Act 10, 43), wobei wohl das ὄνομα a parte potiori für die Taufe überhaupt genannt ist.

Zu den drei Interpretationen des Taufsakramentes als Reinigung, als Versiegelung durch das ὄνομα und als Geistverleihung kommt nun aber noch eine bedeutsame vierte: die Taufe gibt teil am Tode und an der Auferstehung Christi. Diese Interpretation stammt zweifellos aus der hellenistischen Gemeinde, welche das ihr überlieferte Initiations-Sakrament nach Analogie von Initiations Sakramenten der Mysterienreligionen versteht, deren Sinn der ist, den Mysten teilzugeben am Schicksal der Kultusgottheit, die den Tod erlitten hat und wieder zum Leben erwacht ist — wie Attis, Adonis und Osiris[1].

---

[1] Über die Analogie des christlichen Sakraments zu dem der Mysterien wie über den Unterschied handelt lehrreich Herb. Braun, Libertas Christiana (Festschr. f. Delekat), 1957, 23—28.

Diese Interpretation, die den zunächst fehlenden Bezug der Taufe auf das Heilsgeschehen herstellt, ist deutlich eine sekundäre. Denn der Taufvorgang konnte ja in keiner Weise als Ab- oder Nachbildung der Ereignisse des Todes und der Auferstehung Jesu dienen. Wie Jesu Tod nicht ein Tod des Ertränkens gewesen war, so ist auch die Taufe im Urchristentum nicht nach lutherischer Weise als ein „Ersäuftwerden des alten Adam" vorgestellt worden. Jene Interpretation konnte sich nur deshalb an die Taufe heften, weil diese nun einmal das christliche Initiations-Sakrament war und nun im Sinne eines solchen nach hellenistischer Auffassung gedeutet wurde. Alttestamentlich-jüdischem Denken ist solche Interpretation fremd, denn es kennt nicht kultische Begehungen, die im Schicksal der Gottheit begründet sind und dieses vergegenwärtigen, sondern nur solche, die ihren Grund in der Geschichte des Volkes haben. Das Schicksal Jesu als kultbegründend zu verstehen und den Kult als die Feier zu deuten, die den Feiernden in die sakramentale Gemeinschaft mit der Kultgottheit bringt, derart daß deren Schicksal nun auch für ihn gültig ist — das ist ein hellenistischer Mysteriengedanke.

Dem entspricht es, daß die Wirkung der so verstandenen Taufe nicht in der Reinheit von den Sünden, dem Schutz des κύριος und der Geistverleihung gesehen wird, sondern in der Überwindung des Todes und im Gewinn des Lebens. Paulus gibt sich freilich Rm 6, 2 ff. Mühe, damit die Freiheit von der Sünde zu verknüpfen, indem er das durch die Taufe garantierte künftige ἐγερθῆναι als ein schon gegenwärtiges verstehen lehrt, das sich im sittlichen Wandel auswirkt (s. u. S. 312). Aber die künstliche Wendung dieses Verständnisses liegt in V. 4 am Tage: συνετάφημεν οὖν αὐτῷ διὰ τοῦ βαπτίσματος εἰς τὸν θάνατον, ἵνα ὥσπερ ἠγέρθη Χριστὸς ἐκ νεκρῶν . . . οὕτως καὶ ἡμεῖς — nun nicht, wie zu erwarten, wenn der Satz schlüssig sein sollte: ἐκ νεκρῶν ἐγερθῶμεν, sondern: ἐν καινότητι ζωῆς περιπατήσωμεν. Aber die in V. 5 hinzugefügte Begründung zeigt klar den Sinn, an den Paulus anknüpft: εἰ γὰρ σύμφυτοι γεγόναμεν τῷ ὁμοιώματι τοῦ θανάτου αὐτοῦ, ἀλλὰ καὶ τῆς ἀναστάσεως ἐσόμεθα. Das gleiche Verhältnis besteht zwischen V. 6 und V. 8.

Es geht aus Rm 6, 2 ff. also auch deutlich hervor, daß nicht erst von Paulus der Taufe diese Mysteriendeutung gegeben wurde, sondern daß sie schon vor ihm in hellenistischen Gemeinden üblich war, wie schon

das ἢ ἀγνοεῖτε V. 3 andeuten könnte. Das geht zudem daraus hervor, daß
Paulus, um den Ursprung des neuen sittlichen Wandels in der Taufe begreiflich zu machen, nicht an ihren Sinn als Geistverleihung anknüpft,
was man doch erwarten sollte, wenn man z. B. an Rm 8, 11 ff.; Gl 5, 25
denkt. Er knüpft vielmehr einfach an die Mysteriendeutung an, die er
voraussetzen darf. Die ihm eigentümliche Deutung der Taufe ist ja auch
eine noch andere, nämlich die durch gnostische Denkweise bestimmte,
daß der Getaufte dem σῶμα Χριστοῦ eingegliedert wird (1. Kr 12, 13;
Gl 3, 27 f.), wovon später die Rede sein wird. Endlich ergibt es sich aus
1. Kr 15, 29; denn welchen anderen Sinn hätte die von Paulus vorgefun-
dene Vikariatstaufe für die Toten, als eben den: auch den Verstorbenen
noch das durch Christi Auferstehung beschaffte Leben zuzuwenden ?

Dem paulinischen Gedanken, daß das durch die Taufe vermittelte Leben ein schon gegenwärtig wirksames ist, folgt seine
Schule: Kol 2, 12 ff. mit der Wendung, daß durch das συντα-
φῆναι αὐτῷ (sc. τῷ Χριστῷ) ἐν τῷ βαπτίσματι die Sündenvergebung
und die Befreiung von den Geistermächten begründet ist, woraus
dann 2, 16 ff. die Freiheit von kultischen und rituellen Sat-
zungen gefolgert wird: εἰ ἀπεθάνετε σὺν Χριστῷ ἀπὸ τῶν στοιχείων
τοῦ κόσμου, τί ὡς ζῶντες ἐν κόσμῳ δογματίζεσθε; (2, 20). Man sieht,
wie hier die verschiedenen Motive zusammenfließen. Enger an
Rm 6, 2 ff. angeschlossen ist Kol 3, 1 ff.: εἰ οὖν συνηγέρθητε τῷ
Χριστῷ, τὰ ἄνω ζητεῖτε . . . ἀπεθάνετε γὰρ . . . Ähnlich die Verwendung der Terminologie des Taufmysteriums Eph 2, 5 f., wo
freilich die Vorstellung ganz abgeblaßt ist, da zwar vom συνζω-
οποιεῖν τῷ Χριστῷ und συνεγείρειν geredet wird, aber nicht mehr
vom Sterben mit Christus (die Folie ist vielmehr das εἶναι νεκροὺς
τοῖς παραπτώμασιν). Der ursprüngliche Mysteriengedanke erscheint dagegen wieder (doch ohne ausdrückliche Nennung der
Taufe) 2. Tim 2, 11: εἰ γὰρ συναπεθάνομεν, καὶ συζήσομεν. Ähnlich in der Deutung der Turmallegorie Herm sim IX 16, 2: ἀνάγ-
κην . . . εἶχον δι' ὕδατος ἀναβῆναι, ἵνα ζωοποιηθῶσιν · οὐκ ἠδύναντο
γὰρ ἄλλως εἰσελθεῖν εἰς τὴν βασιλείαν τοῦ θεοῦ, εἰ μὴ τὴν νέκρωσιν
ἀπέθεντο τῆς ζωῆς αὐτῶν ⟨τῆς προτέρας⟩, — um so deutlicher eine
Bezugnahme auf traditionelle Taufinterpretation, als dem Hermas das Mysteriendenken sonst nicht eigen ist. Die Verbreitung
des Mysteriengedankens geht auch aus so kurzen Andeutungen hervor wie der Interpolation Joh 19, 34 b. 35: aus der Wunde des
Gekreuzigten floß (Blut und) Wasser. Der Sinn ist ja offenbar:
im Tode Jesu ist das Sakrament (des Herrenmahles und) der
Taufe begründet. Der gleiche Gedanke liegt in dem Satze Ign
Eph 18, 2: . . . ὃς ἐγεννήθη καὶ ἐβαπτίσθη, ἵνα τῷ πάθει τὸ ὕδωρ
καθαρίσῃ.

Es entspricht der Mysterieninterpretation der Taufe, daß als ihre Wirkung auch die Wiedergeburt bezeichnet wird, ein Sprachgebrauch, der in den Mysterien seine Parallelen hat. Die Taufe ist nach Tit 3, 5 ein λουτρὸν παλιγγενεσίας. Dies ist auch die Auffassung des überlieferten Textes von Joh 3, 3 ff., der vom ἄνωθεν γεννηθῆναι ἐξ ὕδατος καὶ πνεύματος, also von der Taufe, redet. Darin klingt ein apokryphes Herrenwort nach, das Justin Ap. 61, 4 zitiert: ἂν μὴ ἀναγεννηθῆτε, οὐ μὴ εἰσέλθητε εἰς τὴν βασιλείαν τοῦ θεοῦ, und zwar zitiert Justin das Wort, um die Auffassung der Taufe als ἀναγέννησις zu begründen (61, 3; 66, 1). So sind die Christen nach Just Dial 138, 2 (τὸ γένος) τὸ ἀναγεννηθὲν ὑπ᾽ αὐτοῦ (sc. τοῦ Χρ.) δι᾽ ὕδατος καὶ πίστεως καὶ ξύλου. Diese Ter- minologie klingt auch nach, wenn 1. Pt 1, 3 Gott bezeichnet wird als der ἀναγεννήσας ἡμᾶς εἰς ἐλπίδα ζῶσαν δι᾽ ἀναστάσεως ᾿Ι. Χρι- στοῦ ἐκ νεκρῶν. So können die Christen 1, 23 als ἀναγεγεννημένοι οὐκ ἐκ σπορᾶς φθαρτῆς κτλ. bezeichnet werden — worin wie für Paulus die Begründung ihres sittlichen Wandels liegt. Bei Paulus fehlt diese Terminologie, aber der gleiche Gedanke liegt in dem εἴ τις ἐν Χριστῷ, καινὴ κτίσις (2. Kr 5, 17); denn das εἶναι ἐν Χριστῷ kommt ja durch das βαπτισθῆναι εἰς Χριστόν (Gl 3, 27; Rm 6, 3; vgl. 1. Kr 12, 13) zustande. Entsprechend redet Barn 6, 11: ἐπεὶ οὖν ἀνακαινίσας ἡμᾶς ἐν τῇ ἀφέσει τῶν ἁμαρτιῶν (d. h. durch die Taufe), ἐποίησεν ἡμᾶς ἄλλον τύπον, ὡς παιδίων ἔχειν τὴν ψυχήν (vgl. 1. Pt 2, 2), ὡς ἂν δὴ ἀναπλάσσοντος αὐτοῦ ἡμᾶς. Ebenso 16, 8: λαβόντες τὴν ἄφεσιν τῶν ἁμαρτιῶν καὶ ἐλπίσαντες ἐπὶ τὸ ὄνομα ἐγενόμεθα καινοί, πάλιν ἐξ ἀρχῆς κτιζόμενοι.

Den gleichen Sinn hat auch die Bezeichnung der Taufe als φωτισμός bzw. als der Vorgang des φωτίζεσθαι. Der Myste- rienterminus φωτισμός begegnet als ausdrückliche Benennung der Taufe erst bei Just Ap. 61, 12 (das Verbum 61, 12 f.; 65, 1; Dial 39, 2: φωτ. διὰ τοῦ ὀνόματος τοῦ Χριστοῦ; 122, 1 ff.; 123, 2). Justin interpretiert ihn als ein φωτίζεσθαι τὴν διάνοιαν (ähnlich Dial 39, 2), während der Terminus ursprünglich nicht die „Er- leuchtung" des Geistes, sondern die Verwandlung in göttliches Wesen, das φῶς = ζωή ist, meint. Wie Hbr 6, 4 zeigt, ist der Ter- minus in diesem Sinne auch schon viel früher vom Christentum übernommen worden. Die ἅπαξ φωτισθέντες, von denen hier die Rede ist, können nach dem Zusammenhang nur die Getauften sein, und daß das φωτισθῆναι die Erfüllung mit göttlichen Kräf- ten ist, zeigt die weitere Charakteristik: γευσαμένους . . . δυνάμεις τε μέλλοντος αἰῶνος. Ebenso heißen die Getauften 10, 32 die φωτισθέντες. Ob die bildliche Verwendung des Ausdrucks Eph 1, 18; 3, 9; 2. Tim 1, 10 auf die Taufterminologie zurückgeht, mag fraglich bleiben.

Natürlich sind mit der Mysterieninterpretation der Taufe auch die anderen Interpretationen kombiniert worden. Wenn die Wirkung der als Reinigung von der Sünde verstandenen Taufe 1. Pt 3, 21 auf die ἀνάστασις 'I. Χριστοῦ, also auf das Schicksal der Kultgottheit, zurückgeführt wird, so sind zwei Deutungen zusammengeflossen. War der Bezug des Taufbades auf Jesu Tod gegeben, so konnte für ein in jüdischer Tradition sich bewegendes Denken, das Christi Tod als Opfer verstand (§ 9, 4), leicht die Vorstellung von der Besprengung mit dem Blute Christi mit derjenigen vom Reinigungsbad der Taufe vereint werden, wie es Hbr 10, 22 geschehen ist. Sündenvergebung und Erneuerung bzw. Wiedergeburt sind Barn 6, 11; 16, 18; Just Ap 66, 1 kombiniert, und Just Dial 39, 2 ist das φωτίζεσθαι auf das ὄνομα zurückgeführt und mit der Geistverleihung verbunden. Wiedergeburt und Geistverleihung sind Tit 3, 5; Joh 3, 5 vereint; entsprechend gehört zu den himmlischen Kräften, die das Taufsakrament nach Hbr 6, 4 f. spendet, in erster Linie der Geist.

Das Entscheidende, das mit der Mysterien-Interpretation der Taufe geschehen war, ist dieses, daß dem christlichen Initiations-Sakrament der Bezug zu Tod und Auferstehung Jesu, zum Heilsgeschehen, gegeben war, den es ursprünglich nicht hatte. Was Ign durch jenes ἵνα τῷ πάθει τὸ ὕδωρ καθαρίσῃ in änigmatischer Kürze ausdrückt, hat Barn 11 ausführlicher entwickelt: es gehören zusammen τὸ ὕδωρ (= die Taufe) und der σταυρός. Aus Ps 1, 3—6 folgert der Verfasser: πῶς τὸ ὕδωρ καὶ τὸν σταυρὸν ἐπὶ τὸ αὐτὸ ὥρισεν (sc. Gott). τούτο γὰρ λέγει· μακάριοι, οἳ ἐπὶ τὸν σταυρὸν ἐλπίσαντες κατέβησαν εἰς τὸ ὕδωρ. Wohl war damit die Gefahr gegeben, die christliche Existenz ganz auf die hellenistische Sakramentsmagie aufzubauen, statt sie als eschatologische zu verstehen. Aber andrerseits war damit auch die von Paulus ergriffene Möglichkeit gegeben, sie als eine durch Tod und Auferstehung Christi bestimmte zu interpretieren, das Sakrament also als eine aktuelle Vergegenwärtigung des Heilsgeschehens zu verstehen.

2. Außer dem Initiations-Sakrament der Taufe kennt das hellenistische Christentum noch ein Sakrament, das des Herren-

m a h l s , dessen Feier von der Gemeinde regelmäßig wiederholt wird.

Paulus nennt das Mahl *κυριακὸν δεῖπνον* (1. Kr 11, 20); herrschend
wurde die Bezeichnung *εὐχαριστία*, die sich in Did, bei Ign und Just findet
und die zunächst, wie Did deutlich erkennen läßt, die bei der Mahlfeier
gesprochenen Gebete, dann aber die ganze sakramentale Feier meint. Ign
kennt daneben die Benennung *ἀγάπη* (Sm 8, 2; Rm 7, 3 ? *ἀγαπᾶν* Sm 7, 1
= Liebesmahl halten), die auch Jud 12 begegnet. Ob *κλάσις τοῦ ἄρτου*
(Act 2, 42) bzw. *κλάζειν τὸν ἄρτον* (Act 2, 46; 20, 7. 11) je technische Bezeichnung des Herrenmahls gewesen ist, ist sehr zweifelhaft. Sofern dieses eine Mahlzeit war, konnte natürlich in bezug auf sie auch von *κλάζειν
τὸν ἄρτον* geredet werden (so 1. Kr 10, 16; Did 14, 1), ohne daß diese
Wendung als solche die sakramentale Mahlzeit meinte; an sich bezeichnet sie nur die Mahlzeit (z. B. Act 27, 35). Wie oft das Herrenmahl gefeiert wurde, und in welchem Verhältnis die Mahlfeiern zu den Wort-
gottesdiensten standen, läßt sich nicht mit Bestimmtheit sagen. Nach
Did 14, 1 feierte die Gesamtgemeinde die Eucharistie *κατὰ κυριακὴν κυρίου;* doch wird es außerdem Mahlfeiern in kleinen Kreisen gegeben haben.
Ob die Mahlzeit am „ersten Wochentag" Act 20, 7 das Herrenmahl ist,
muß zweifelhaft bleiben; von der Feier des „achten Tages" als dem Tage
der Auferstehung Jesu redet Barn 15, 9, ohne die Eucharistie zu erwähnen. Nach Just Ap 65 findet eine Eucharistie im Anschluß an die Tauffeier statt, und nach Ap 67 feiert die ganze Gemeinde die Eucharistie (die
nun keine eigentliche Mahlzeit mehr ist, s. u.) im Anschluß an den Wortgottesdienst an der *τοῦ ἡλίου λεγομένη ἡμέρα.* Kein Zweifel, daß Plinius in
seinem Briefe an Trajan (ep. X 96, 7), wenn er von dem Gottesdienst der
Christen und ihrer Mahlfeier berichtet, daß sie *stato die* stattfinden, den
Sonntag meint.

So lange die Eucharistie eine wirkliche Mahlzeit war (s. u.), wird sie
nur abends stattgefunden haben, worauf schon der Ausdruck (*κυριακὸν*)
δεῖπνον weist; ob in Verbindung mit einem Wortgottesdienst, wissen wir
nicht. Soweit die Gemeinden aus der Synagoge stammten oder ihrer Tradition folgten, werden die Wortgottesdienste jedenfalls am Morgen stattgefunden haben, während die Eucharistie am Abend gefeiert wurde (Plinius: *rursusque coeundi ad capiendum cibum*) [1]. Es werden verschiedene
Bräuche nach Orten und Zeiten geherrscht haben; und so wenig man
behaupten kann, daß Wortgottesdienst und Mahlfeier stets und überall
getrennt stattfanden, so wenig, daß die Mahlfeier stets und überall „Grund
und Ziel aller Versammlungen" war (Cullmann). Sicher ist nur durch
Justin Ap 67 bezeugt, daß im sonntäglichen Gottesdienst Wortverkündigung und Eucharistie kombiniert waren; aber hier ist die Eucharistie
nur noch liturgische Feier, keine eigentliche Mahlzeit mehr.

Im übrigen wissen wir, daß zur Eucharistie nur Getaufte zugelassen
wurden (Did 9, 5; Just Ap 66, 1). Nach Did 14 geht der Feier ein Sünden-

---

[1] Die Morgenfeier, die nach Plinius *ante lucem* stattfindet, dürfte nicht
der Wortgottesdienst, sondern die Tauffeier sein; s. H. L i e t z m a n n ,
Geschichtl. Studien für Albert Hauck 1916, 34—38.

bekenntnis voraus, und keiner darf teilnehmen, der in unversöhntem
Streit mit seinem Bruder lebte. Die Feier des Mahles war von Gebeten
begleitet (Did 9 f.; Just Ap 65, 3; 67, 2; Dial 41, 1).

Die liturgischen Worte, die das Herrenmahl zum
Sakrament machen, sind von Paulus und Mk im wesentlichen
übereinstimmend überliefert worden; Mt und Lk hängen von
Mk, Lk auch von Paulus ab.

Der Text 1. Kr 11, 23—25 ist gegenüber Mk 14, 22—24 offenbar ge-
glättet. Bei Mk stoßen sich im Kelchwort die zu τὸ αἷμά μου gesetzten
Attribute τῆς διαθήκης und τὸ ἐκχυννόμενον, besonders aber stößt sich das
τῆς διαθήκης mit dem μου und erweist sich dadurch als sekundärer Zusatz. Der Paulustext hat das ἐκχυννόμενον κτλ. beim Kelchwort gestrichen
und es dadurch ersetzt, daß er zum Brotwort das τὸ ὑπὲρ ὑμῶν fügt; den
Zusammenstoß von (τὸ αἷμά) μου mit διαθήκης vermeidet er durch die
Formulierung: τοῦτο τὸ ποτήριον ἡ καινὴ διαθήκη ἐστὶν ἐν τῷ ἐμῷ αἵματι. —
Der verschieden überlieferte und viel umstrittene Lk-Text (22, 14—20)
dürfte in keiner Form den Wert selbständiger Überlieferung haben.

Die Liturgie enthält drei Motive: 1. die eigentlich sakramentale Deutung der Handlung, die in dem doppelten τοῦτό
ἐστιν ausgesprochen ist, mit dem Brot und Wein als Fleisch und
Blut Jesu zum Genuß dargeboten werden; 2. das τῆς διαθήκης,
das Jesu Tod als das Opfer des (neuen) Bundes deutet; 3. das
ἐκχυννόμενον ὑπὲρ πολλῶν Mk 14, 24 bzw. das ὑπὲρ ὑμῶν 1. Kr
11, 24, das den Tod als Sühnopfer deutet für die Sünden, wie
Mt 26, 28 durch den Zusatz εἰς ἄφεσιν ἁμαρτιῶν richtig exege-
siert. Es kann wohl kein Zweifel sein, daß die erste Deutung die
ursprüngliche ist; denn die Handlung ist ja zuerst und vor allem
ein Mahl. Dann ist nicht nur das τῆς διαθήκης, das sprachlich
schon als Zusatz charakterisiert ist, sondern auch das ἐκχυννόμενον ὑπὲρ πολλῶν bzw. das ὑπὲρ ὑμῶν sekundäres Interpretament, und die ursprünglichen liturgischen Worte sind nur:

> τοῦτό ἐστιν τὸ σῶμά μου,
> τοῦτό ἐστιν τὸ αἷμά μου.

So lautet es denn auch bei Just Ap 66, 3, nur eingeführt durch
ein: τοῦτο ποιεῖτε εἰς τὴν ἀνάμνησίν μου. Das primäre Element
des Textes müssen doch die Worte sein, die die Handlung
deuten.

Was aber ist dann der ursprüngliche Sinn der
Handlung? Wenn sich die Feiernden durch den Genuß von
Brot und Wein den Leib und das Blut Jesu einverleiben, so ist
der Grundgedanke der der sakramentalen Kommu-
nio — der Kommunio der Feiernden mit dem κύριος. Dabei

ist die Frage, ob das Sakrament am gekreuzigten Fleischesleibe
Jesu oder am pneumatischen Leibe des Erhöhten teilgibt, falsch
gestellt. Der δόξα-Leib des Erhöhten ist mit dem am Kreuz ge-
töteten identisch. Das gerade ist der sakramentale Gedanke, daß
der getötete Leib der Kultgottheit zugleich der machterfüllte,
wirkungskräftige Leib ist. Das zeigt sich auch in der Warnung
1. Kr 11, 27: wer den sakramentalen Leib und das sakramentale Blut des κύριος unwürdig genießt, der macht sich an seinem
Tode schuldig. Und wenn es Rm 7, 4 heißt: καὶ ὑμεῖς ἐθανατώ-
θητε τῷ νόμῳ διὰ τοῦ σώματος τοῦ Χριστοῦ, so ist dieses σῶμα
der getötete Leib Christi, der als solcher (vermöge der Auferstehung) zugleich der wirkungskräftige δόξα-Leib ist.

Daß die sakramentale Kommunio der eigentliche Sinn des
Herrenmahles ist, zeigt auch 1. Kr 10, 16: τὸ ποτήριον τῆς εὐλογίας ὃ εὐλογοῦμεν, οὐχὶ κοινωνία ἐστὶν τοῦ αἵματος τοῦ Χριστοῦ;
τὸν ἄρτον ὃν κλῶμεν, οὐχὶ κοινωνία τοῦ σώματος τοῦ Χριστοῦ ἐστιν;
Die rhetorischen Fragen zeigen, daß Paulus diesen Sinn als den
für die Leser selbstverständlichen voraussetzt. Der folgende
V. 17 bestätigt das durch eine eigentümlich paulinische Wendung: „Weil es e i n Brot ist, sind wir, die Vielen, e i n Leib;
denn alle haben wir an dem e i n e n Brote teil"; d. h.: durch
die sakramentale Kommunio werden die Teilnehmer zu einem
σῶμα verbunden — wobei σῶμα nicht eine bildliche Bezeichnung
der Einheit ist, sondern das σῶμα Χριστοῦ meint. Die Einheit
der feiernden Gemeinde kann durch die Einheit des Brotes nur
begründet sein, wenn das Brot (wie V. 16 ja sagte) der Leib
Christi ist.

Die gleiche Auffassung ist in dem innerhalb des Joh-Evg.
sekundären Stücke Joh 6, 51 b—58 ausgesprochen; und zwar
kommt hier zugleich zum Ausdruck, welches die Wirkung des
Sakraments für die Teilnehmer ist: wer das Fleisch (σάρξ statt
σῶμα wie bei Ign und Just) und das Blut Jesu verzehrt, der gewinnt dadurch das Leben. Ign, der Phld 4, 1 das ποτήριον als
εἰς ἕνωσιν τοῦ αἵματος αὐτοῦ (sc. ’I. Χριστοῦ) bestimmt, und für
den Sm 7, 1 die εὐχαριστία die σὰρξ τοῦ σωτῆρος ἡμῶν ist, nennt
Eph 20, 2 ganz in diesem Sinne das eucharistische Brot: φάρμακον ἀθανασίας, ἀντίδοτος τοῦ μὴ ἀποθανεῖν, ἀλλὰ ζῆν ἐν ’I. Χριστῷ διὰ παντός (Unsterblichkeits-Medizin, Gegengift gegen das
Sterben). Und im gleichen Sinne sagt Just Ap 66, 2, daß die
Elemente der Eucharistie durch die Kraft des Gebetswortes zu

Fleisch und Blut Christi werden, und daß durch diese Nahrung: αἷμα καὶ σάρκες κατὰ μεταβολὴν τρέφονται ἡμῶν d. h. in übernatürliche Wesenheit verwandelt werden.

Wie die Taufe, so ist also auch das Herrenmahl im hellenistischen Christentum a l s S a k r a m e n t i m S i n n e d e r M y s t e r i e n verstanden worden. Der Gedanke der durch das sakramentale Mahl bewirkten Kommunio ist an sich noch nicht ein spezifischer Mysteriengedanke, sondern ist in primitiven und antiken Kulten weit verbreitet. In den Mysterien aber spielt er eine besondere Rolle; es handelt sich in ihnen um die Kommunio mit einer gestorbenen und wieder zum Leben erstandenen Gottheit, an deren Schicksal der Feiernde durch das sakramentale Mahl teilbekommt, wie wir es von den Attis- und Mithrasmysterien wissen. Daß das Sakrament des Herrenmahles in diesem religionsgeschichtlichen Zusammenbang steht, zeigt Paulus selbst; nicht nur, indem er das Herrenmahl τράπεζα κυρίου nennt, damit eine hellenistische Bezeichnung kultischer Gastmähler benutzend (1. Kr 10, 21; dazu H. Lietzmann im Handb. z. NT), sondern vor allem durch die Weise, wie er das ποτήριον und die τράπεζα κυρίου den heidnischen Opfermahlen gegenüberstellt: analog wie diese die Teilnehmer zu κοινωνοὶ τῶν δαιμονίων machen, bewirkt das Herrenmahl die κοινωνία mit dem κύριος. Und Justin erklärt das sakramentale Mahl der Mithrasmysten, bei dem unter Segenssprüchen Brot und ein Kelch mit Wasser gereicht werden, für eine dämonische Nachäffung der Eucharistie (Ap 66, 4).

Wie die Taufe, so ist auch das Herrenmahl nach der Mysteriendenkweise auf das Schicksal des κύριος als seinen stiftenden Grund zurückgeführt worden; und zwar speziell auf das letzte Mahl Jesu mit seinen Jüngern. Das besagen die einleitenden Worte 1. Kr 11, 23: „Der Herr Jesus, in der Nacht, da er dahingegeben ward . . .“ Und in diesem Sinne hat Mk den Bericht vom letzten Mahle zu einem ätiologischen Kultbericht ausgestaltet, indem er die eucharistische Liturgie in einen älteren überlieferten Bericht vom letzten Mahle Jesu als einem Paschamahle einarbeitete. Im Grunde ist durch die Rückführung des Kultusmahles auf das letzte Mahl Jesu als seine eigentliche Begründung der Tod des κύριος angegeben; denn Leib und Blut Jesu, die von ihm bei diesem Mahle ausgeteilt werden, sind natürlich (wie gerade die sekundären Interpretamente bestätigen) in mysteriöser Antezipation Leib und Blut des Gekreuzigten, Geopferten. Paulus läßt das deutlich in dem von ihm 1. Kr 11, 26 hinzugefügten Satze erkennen: ὁσάκις γὰρ ἐὰν ἐσθ.ίητε τὸν ἄρτον τοῦτον καὶ τὸ ποτήριον πίνητε, τὸν θάνατον τοῦ κυρίου καταγγέλλετε. Er faßt also die eucharistische Mahlzeit als ein δρώμενον nach Art der Mysterien-δρώμενα auf: die Feier stellt den Tod des κύριος dar. Und es ist charakteristisch, daß Ign das letzte Mahl Jesu gar nicht erwähnt; für ihn ist die eigentliche Einsetzung der Eucharistie die Passion Christi.

Leicht ist nun verständlich, daß auf das sakramentale Mahl auch die Lichter a n d e r e r D e u t u n g e n geworfen wurden. Es war von mannigfachen Gebeten begleitet, und in ihnen konnte das in der heiligen Handlung erfolgende καταγγέλλειν τὸν θάνατον τοῦ κυρίου im Worte weiter ausgebreitet werden. Daß solche Deutungen dann auch Aufnahme in die Liturgie fanden, ist nicht verwunderlich. Die Deutungen des Todes Jesu als Bundesopfers und als Sühnopfers waren ja geläufig (§ 9, 4; S. 87 f.); und wie leicht sich diese Gedanken einstellten, zeigen z. B. Joh 6, 51 b (ὑπὲρ τῆς τοῦ κόσμου ζωῆς), Ign Sm 7, 1 (Jesu eucharistische σάρξ als ὑπὲρ τῶν ἁμαρτιῶν ἡμῶν παθοῦσα) und Just Dial 41, 1. Stammen die Zusätze τῆς διαθήκης und τὸ (ἐκχυννόμενον) ὑπέρ aus der judenchristlichen Tradition, so haben die Sätze 1. Kr 11, 24 f., denen bei Mk keine parallelen entsprechen, ihren Ursprung in der heidenchristlichen Sphäre, nämlich das doppelte: τοῦτο ποιεῖτε εἰς τὴν ἐμὴν ἀνάμνησιν. Sie gehen offenbar darauf zurück, daß das Herrenmahl auch nach der Analogie hellenistischer Gedächtnisfeiern aufgefaßt wurde, in deren Stiftungsurkunden sich entsprechende Formeln finden (s. Lietzmann zu 1. Kr 11, 21 f. im Handb. z. NT). Auch nach Just Dial 41, 4 wird die Eucharistie εἰς ἀνάμνησιν τοῦ πάθους gefeiert. „Aus diesen Gedanken ist die sog. Anamnese der ältesten Liturgien erwachsen" (Lietzmann).

Im Laufe der Entwicklung ist d i e E u c h a r i s t i e a l s O p f e r aufgefaßt worden. Wenn sie freilich Did 14, 1 θυσία genannt wird, so ist das noch bildlich gemeint, bzw. die Eucharistie wird dadurch nur als kultische Handlung bezeichnet, die in der christlichen Gemeinde an die Stelle eigentlicher Opfer getreten ist. Auch Ign benutzt die Opferterminologie, wenn er bei Mahnungen zur Einheit der unter dem Bischof zusammengefaßten Gemeinde von dem θυσιαστήριον (Altar bzw. Altarraum) redet, innerhalb dessen das „Brot Gottes" gespendet wird (Eph

5, 2), oder von dem ἐν θυσιαστήριον, das es in der Gemeinde nur geben darf (Phld 4). In anderer Weise bereitet 1. Klem die Entwicklung vor, wenn für ihn die christlichen Kultusbeamten in Analogie zu den alttestamentlichen Priestern gestellt werden (40). Ausdrücklich nennt Just die Eucharistie ein Opfer (Dial 41, 3; 117, 1), wobei aber unklar bleibt, was als das Geopferte gedacht ist; es wird erst in der späteren Entwicklung eine Bestimmung erhalten.

Eine andere Entwicklung aber, und zwar Voraussetzung jener, vollzieht sich schon früher: d i e L ö s u n g d e s s a k r a m e n t a l e n M a h l e s v o n e i n e r e i g e n t l i c h e n M a h l z e i t. Daß ursprünglich das Herrenmahl im Rahmen einer wirklichen Mahlzeit stand, die zur Sättigung der Teilnehmer diente, bzw. selbst deren Rahmen bildete, bezeugt 1. Kr 11; in anderer Weise bezeugt Did diese Kombination (s. u.). Aber 1. Kr 11 zeigt auch, daß das zu Mißständen führte, so daß Paulus fordert, daß man die Sättigungsmahlzeit vor der sakramentalen Feier zu Hause einnehmen soll (V. 21. 34). Wie schnell es in den verschiedenen Gegenden zur Ausscheidung der Sättigungsmahlzeit aus der kultischen Feier kam, wissen wir nicht; bei Just ist sie jedenfalls vollzogen, und die Eucharistie ist mit dem Wortgottesdienst kombiniert worden (s. o.). Gemeinschaftliche Mahlzeiten wurden aber in den Gemeinden noch weiterhin gehalten, und an ihnen blieb der Titel ἀγάπη haften; sie waren Veranstaltungen der Geselligkeit und Wohltätigkeit.

Der früheste Zeuge für das Sakrament des Herrenmahles ist P a u l u s; aber er hat es sowenig geschaffen wie die Taufe, hat es vielmehr i m h e l l e n i s t i s c h e n C h r i s t e n t u m s c h o n v o r g e f u n d e n.

Wenn er 1. Kr 11, 23 die liturgischen Worte durch den Satz einführt: ἐγὼ γὰρ παρέλαβον ἀπὸ τοῦ κυρίου κτλ., so beruft er sich damit nicht, wie freilich vielfach angenommen wird, auf eine persönliche Offenbarung des κύριος, sondern auf die ihm überkommene Tradition, die sich vom κύριος herleitet. Der Vergleich von 1. Kr 11, 23—25 mit Mk 14, 22—24 zeigte ja, daß der paulinische Text die glättende Redaktion eines älteren ist; und die Analyse der liturgischen Sätze zeigte, daß diese Sätze eine Entwicklung voraussetzen, in der sich die verschiedenen Motive verbanden. Daß Paulus die liturgischen Worte schon vorfand, geht auch daraus hervor, daß sie von einer κοινωνία mit dem (Leib und) Blut des κύριος reden. Kann Paulus, für den σάρξ und αἷμα von der βασιλεία τοῦ θεοῦ ausgeschlossen sind (1. Kr 15, 50), diesen Text geschaffen haben? Auch redet er 1. Kr

10, 16 von der sakramentalen Kommunio als von etwas für die Christen Selbstverständlichem; das „wir" dieser Sätze ist doch offenbar das gleiche wie das von Rm 6, 2 ff.

Hat aber das hellenistische Christentum das sakramentale Mahl der Kommunio selbst geschaffen, oder ist es — analog wie die Mysteriendeutung der Taufe — die Interpretation eines überlieferten Brauches, nämlich der aus der Urgemeinde stammenden Gemeinschaftsmahle (§ 6, 4 und § 8, 3)? Sicher läßt sich diese Frage nicht beantworten. Es wäre aber verständlich, wenn jene Mahlzeiten, die nicht eigentlich kultische Feiern, sondern Ausdruck und Band der Gemeinschaft im Sinne der Tradition des Judentums und des geschichtlichen Jesus selbst waren, im hellenistischen Christentum zu sakramentalen Feiern umgestaltet worden wären. Das mag also als das Wahrscheinliche gelten. Jedenfalls aber muß man bedenken, daß die Entwicklung hier und dort verschieden laufen konnte. Aus Did scheint hervorzugehen, daß auch im hellenistischen Christentum mancherwärts jene Gemeinschaftsmahlzeiten weiter gefeiert wurden, ohne zum sakramentalen Herrenmahl weitergebildet zu werden.

Aus Did 9 und 10 ergibt sich das Bild einer Mahlfeier ganz im Sinne der jüdischen Tradition (§ 6, 4), in der jeder Bezug auf den Tod Jesu fehlt und von sakramentaler Kommunio keine Rede ist. Nun sind freilich die Worte von 10, 6 wohl als die Überleitung zur sakramentalen Eucharistie zu verstehen, deren Liturgie als allbekannt nicht mitgeteilt zu werden brauchte. Aber es ist dann ganz klar, daß zwei Feiern von ganz verschiedener Art sekundär kombiniert worden sind. Die in c. 9 und 10 vorausgesetzte Feier hat dann also zunächst für sich existiert, und von ihr hätte das Herrenmahl überhaupt erst den Titel Eucharistie übernommen, der als Bezeichnung des Herrenmahles ja verwunderlich ist. Vgl. zu Did 9 u. 10 M. Dibelius, ZNW 37 (1938), 32—41, bzw. in: Botschaft und Geschichte II, 1956, 117—127.

3. Aus dem in §§ 12. 13 dargestellten Tatbestand erwachsen eine Reihe von Fragen für die Zukunft. Zunächst die schon § 11, 3a erhobene Frage, ob sich in der christlichen Gemeinde wieder ein Opferkult und ein Priestertum entwickeln werden. Damit aber erhebt sich zugleich die Frage, ob der Kultus einseitig unter den Gesichtspunkt gerät, Heilsmittel zu sein, jener Auffassung des Ignatius von der Eucharistie als dem φάρμακον ἀθανασίας entsprechend (s. o. S. 149) — entsprechend also auch der Anschauung der helleni-

stischen Mysterienreligionen; — oder ob sein Sinn der bleibt, die
Selbstdarstellung der eschatologischen Gemeinde zu sein, für
welche das Heil als vorausgenommene Zukunft schon gegenwärtig ist.

Aber auch s o f e r n d a s H e i l a l s i m K u l t u s g e -
g e n w ä r t i g e s g i l t , f r a g t e s s i c h , w i e d i e s e
G e g e n w ä r t i g k e i t v e r s t a n d e n w i r d. Ist die
jenseitige Welt im Kultus präsent als ein zu erlebendes, zu ge-
nießendes Gut, dessen man im Enthusiasmus, in allerlei pneumatischen Phänomenen (§ 14) inne wird? Das bedeutet zugleich:
w i e r e g e l t s i c h d a s V e r h ä l t n i s v o n K u l t u s
u n d E s c h a t o l o g i e? Wird, wenn Christus als der gegenwärtige κύριος verehrt wird, die Erwartung des kommenden
lebendig bleiben? Oder wird sie verblassen und wird damit die
eschatologische Erwartung überhaupt in den Hintergrund gedrängt werden? Wird das Ende der Welt auf eine unbestimmte
Zukunft vertagt und damit die Zukunftshoffnung auf die individuelle ἀθανασία reduziert werden? Oder wird das Verständnis
des Kultus als der angemessenen Darstellungsform der eschatologischen Transzendenz der Gemeinde sich durchsetzen? In
der Weise, daß die Kultusgemeinde auch eine Demonstration
des Gerichtes Gottes über die Welt ist, wie Paulus es auffaßt
(1. Kr 14, 21 f. 23 f.)? In der Weise, daß der Kultus auch die
Infragestellung der Feiernden als irdischer Menschen ist und
sie auf das verweist, was sie noch nicht sind und *sub specie* des
eschatologischen Geschehens doch schon sind, und was sie auch
in ihrem Leben zur Darstellung zu bringen haben, um — wie
Paulus es formuliert — ὡς φωστῆρες ἐν κόσμῳ zu sein (Phl 2, 15).

Das enthält aber zugleich die Frage: i n w e l c h e s V e r -
h ä l t n i s w e r d e n K u l t u s u n d a l l t ä g l i c h e s L e -
b e n g e s e t z t w e r d e n? Steht der Kultus — und damit
die „Religion" — als etwas Unterbrechendes, Gelegentliches
innerhalb des profanen Lebens, als Sicherung für das Leben
nach dem Tode verstanden und ohne ein Verhältnis zur Gegenwart? Oder ist der ganze Mensch in seiner gegenwärtigen Alltäglichkeit durch den Kultus bestimmt? Und dieses etwa so,
daß die Lebensführung durch rituelle oder asketische Regeln
bestimmt wird (§ 10, 4)? Oder wird die Lebensführung auch
positiv durch den Kultus bestimmt werden in dem Sinne, daß
die Gemeinde wie der Einzelne als Tempel Gottes und seines

Geistes gelten und dies durch den sittlichen Wandel zu bewähren haben, so daß das ganze Leben zum Gottesdienst, zum „Kultus" oder zum „Opfer" wird (§ 10, 4 S. 103 f.; § 11, 3 a S.117 f.)? Ähnliche Fragen werden sich alsbald wieder erheben.

§ 14. DER GEIST

GUNKEL, H., Die Wirkungen des Heiligen Geistes nach der populären Anschauung der apostolischen Zeit und der Lehre des Apostels Paulus, (1888) ³1909. – BARRETT, C. K., The Holy Spirit and the Gospel Tradition, 1947. – SCHWEIZER, E., in: KLEINKNECHT, H. u. a., Art. πνεῦμα κτλ., ThW VI, 1959, (330–453), bes. Abschn. D.E.F., 387–450. – DAUTZENBERG, G., Urchristliche Prophetie. Ihre Erforschung, ihre Voraussetzungen und ihre Struktur im ersten Korintherbrief, 1975. – KREMER, J., Art. πνεῦμα κτλ., EWNT III, 1983, 279–291. – BERGER, K., Art. Geist/Heiliger Geist/ Geistesgaben. III. Neues Testament, TRE, XII, 1984, 178–196.

1. In der Taufe ist allen Christen der Geist geschenkt worden (§ 13, 1, S. 141); in der gottesdienstlichen Feier der Gemeinde erweist er sich als in ihnen lebendig (§ 12, 1, S. 125). Was ist unter dem Geist verstanden? In welcher Weise ist durch ihn die christliche Existenz bestimmt? Weder die Vorstellungen vom πνεῦμα noch die vom πνεῦμα-Besitz der Einzelnen sind ganz einheitlich.

Die Verschiedenheit der T e r m i n o l o g i e bedeutet freilich keine sachliche Verschiedenheit. Das Gleiche ist gemeint, ob von ἅγιον πνεῦμα (auf Grund des alttest.-jüdischen רוּחַ הַקֹּדֶשׁ) oder einfach von πνεῦμα geredet wird, oder ob es τὸ πνεῦμα (τοῦ) θεοῦ heißt. Da die Gabe des πνεῦμα durch das in Christus vollzogene Heilsgeschehen erwirkt worden ist, kann das πνεῦμα wie als Gottes, so auch als Christi Geschenk angesehen und daher auch vom πνεῦμα Χριστοῦ oder κυρίου geredet werden.

Was den π ν ε ῦ μ α - B e g r i f f betrifft, so ist die Grundanschauung allerdings eine einheitliche. Ihre Erfassung wurde vielfach durch die Übersetzung „Geist" irregeleitet. Πνεῦμα bedeutet nicht „Geist" im Sinne des platonisch-griechischen und idealistischen Verständnisses, nämlich nicht Geist im Gegensatz zum σῶμα als dem Träger des sinnlichen Lebens oder zur Natur. „Geist" in diesem Sinne, als Subjekt des „geistigen" Lebens, heißt griechisch ψυχή bzw. νοῦς oder λόγος. Vielmehr ist πνεῦμα die wunderbare göttliche Kraft, die im Gegensatz zu allem Mensch-

lichen schlechthin steht, wie es z. B. zum Ausdruck kommt,
wenn Paulus den Korinthern bestreitet, daß sie πνευματικοί sind
und sie angesichts ihres Verhaltens fragt: οὐκ ἄνθρωποί ἐστε
(1. Kr 3, 1—4), oder wenn Ign Eph 5, 1 seine Vertrautheit (συνή-
θεια) mit dem ephesinischen Bischof als οὐκ ἀνθρωπίνη, ἀλλὰ
πνευματική charakterisiert. Meist wird die Sphäre des Menschlichen, um ihren Gegensatz gegen das πνεῦμα zu kennzeichnen,
als σάρξ bezeichnet — ein Sprachgebrauch, der nicht dem Paulus eigentümlich, aber von ihm besonders ausgebildet ist, und
auf den hier nicht näher eingegangen zu werden braucht. Die
Äußerungen des πνεῦμα werden im Außerordentlichen, Geheim-
nisvoll- oder Unheimlich-Mächtigen gesehen, das sich im Verhalten eines Menschen ereignet und das als aus bloß menschlichen Vermögen und Kräften nicht erklärbar erscheint. Das
also konstituiert den Begriff des πνεῦμα: das Wunderbare,
und zwar sofern es sich in der Sphäre des
menschlichen Lebens — Tuns oder Erleidens — ereignet. Auf das πνεῦμα werden Wundertaten,
anormale psychische Phänomene zurückgeführt, jedoch auch
hervorleuchtende Erkenntnisse und Taten des Heroismus und
der sittlichen Kraft — solche gelten aber als pneumatisch nicht,
sofern sie Phänomene des „geistigen" oder sittlichen Lebens
sind, sondern sofern sie wunderbar sind.

Solche Phänomene heißen πνευματικά (1. Kr 12, 1 ? 14, 1) oder χαρίσματα
(Rm 12, 6; 1. Kr 12, 4. 9. 28. 30 f.; 1. Tim 4, 14; 2. Tim 1, 6; 1. Pt 4, 10;
1. Klem 38, 1; Ign Sm pr.; 2, 2). Als solche werden genannt der λόγος
σοφίας und der λόγος γνώσεως (1. Kr 12, 8); beides dürfte im χάρισμα der
διδαχή (des διδάσκειν) zusammengefaßt sein (Rm 12, 7; 1. Kr 12, 28 f.;
14, 26; vgl. Act 6, 10). Die 1. Kr 12, 9 genannte πίστις ist gewiß der wirkungskräftige Wunderglaube (vgl. 1. Kr 13, 2). Von ihm sind die χαρίσματα ἰαμάτων (1. Kr 12, 9. 28. 30) und ἐνεργήματα δυνάμεων (1. Kr 12, 10;
vgl. 12, 28 f.; Gl 3, 5; vgl. Rm 15, 18 f.; Hbr 2, 4; Act 6, 8) kaum genau
zu unterscheiden, wie überhaupt die Unterscheidung mancher verwand-
ter Gaben nicht zu genau genommen werden darf. Oft wird das χάρισμα
der προφητεία genannt (Rm 12, 6; 1. Kr 12, 10. 28, f.; 13, 2. 8 f.; 14, 5 f.;
1. Th 5, 20; Act 19, 6; vgl. die Apk als ganze, bes. z. B. 22, 9; ferner Ign
Phld 7). Wie sich dazu oder zum λόγος γνώσεως die ἀποκάλυψις (1. Kr
14, 6. 26. 30) verhält, ist kaum zu sagen. Besonders erstrebt ist von der
korinth. Gemeinde das auch von Paulus hochgeschätzte χάρισμα der
γλῶσσαι, der ekstatischen „Zungenrede" (1. Kr 12, 10. 28. 30; 14, 18. 26;
Act 19, 6; ist sie auch mit dem πνεῦμα, das nicht gelöscht werden soll,
1. Th 5, 19 gemeint ?), das seine Ergänzung in der ἑρμηνεία γλωσσῶν findet
(1. Kr 12, 10. 30). Endlich nennt Paulus das χάρισμα der διάκρισις πνευμά-

των (1. Kr 12, 10). — Diese Gaben, auf deren Aufzählung Paulus sich
1. Kr 12, 7—10 beschränkt, sind offenbar die allgemein als solche geltenden. Zu ihnen gehören noch die im ,,Geist" gesprochenen Gebete (1. Kr
14, 14 f.; Eph 6, 18? Jud 20; Mart Pol 7, 2 f.) und die im ,,Geist" gesungenen Lieder (ψαλμοί, ὕμνοι, ᾠδαί 1. Kr 14, 15. 26; Kol 3, 16; Eph 5, 18 f.),
während es eine Eigentümlichkeit des Paulus ist, daß er auch die ἀντι-
λήψεις, die κυβερνήσεις (1. Kr 12, 28), die διακονία und Verwandtes (Rm
12, 7 f.) zu den χαρίσματα rechnet. Dagegen ist es offenbar gemeinchristliche Anschauung, daß in wichtigen Entscheidungen das πνεῦμα den Menschen leitet (Act 13, 2. 4; 16, 6 f.; vgl. Gl 2, 2); und wenn Paulus die
Ehelosigkeit als ein besonderes χάρισμα ansieht (1. Kr 7, 7), so wird auch
das allgemeiner Anschauung entsprochen haben.

Auch darin besteht Übereinstimmung, daß das G e s c h e n k
d e s π ν ε ῦ μ α e s c h a t o l o g i s c h e G a b e , daß sein
Wirksamwerden in der Gemeinde eschatologisches Geschehen
ist. So hatte die Urgemeinde den Geist verstanden (§ 6, 5), und
ebenso tut es das hellenistische Christentum. Wenn Paulus das
πνεῦμα die ἀπαρχή (Rm 8, 23) oder den ἀρραβών (2. Kr 1, 22; 5, 5),
also das ,,Angeld" oder ,,Unterpfand" der künftigen Herrlichkeit, nennt (Eph 1, 13 f. folgt ihm darin), so spricht er nur die
gemeinchristliche Überzeugung aus. Nach Hbr 6, 4 f. haben die
Getauften, die am Hl. Geist teilbekamen, schon ,,die Kräfte des
kommenden Äons geschmeckt". Daran ist vielleicht auch Barn
1, 7 gedacht, wenn es heißt, daß Gott uns den ,,Vorgeschmack
der künftigen Dinge" gegeben hat (τῶν μελλόντων δοὺς ἀπαρχὰς
ἡμῖν γεύσεως). Jedenfalls ist klar, daß auch für Barn die Geist-
erfülltheit der Gemeinde (1, 2 f.) sie zum eschatologischen Tempel Gottes macht (16, 5 ff.). Die Ausgießung des Geistes an
Pfingsten ist die Erfüllung der Joel-Weissagung für die Endzeit (Act 2, 16 ff.). Und für 1. Pt versteht es sich nach 1, 3 ff.
von selbst, daß der ἁγιασμὸς πνεύματος (1, 2) die Geheiligten zu
Anwärtern des in Bälde erscheinenden eschatologischen Heiles
macht.

Demgegenüber bedeuten d i e D i f f e r e n z e n i n d e r
V o r s t e l l u n g s w e i s e relativ wenig; aber in ihnen kommt,
wie sich zeigen wird, doch ein wichtiger Sachverhalt zum Ausdruck.

Nach a n i m i s t i s c h e r D e n k w e i s e wird das πνεῦμα
als ein selbständiges Subjekt, eine persönliche Kraft vorgestellt,
die, wie ein Dämon, den Menschen überfallen und von ihm Besitz ergreifen kann, und die ihn zu Kraftäußerungen befähigt

oder treibt. Nach d y n a m i s t i s c h e r D e n k w e i s e dagegen erscheint das πνεῦμα als eine unpersönliche Macht, die den
Menschen gleichsam wie ein Fluidum erfüllt. Die eine wie die
andere Denkweise kann hier oder dort gelegentlich deutlich ausgeprägt sein; aber im allgemeinen ruht darauf kein Nachdruck,
und bei demselben Schriftsteller können beide Vorstellungsweisen durcheinander gehen.

Die a n i m i s t i s c h e Vorstellungsweise liegt z. B. Rm 8, 16;
1. Kr 2, 10—16; 14, 14 vor; ebenso Act 5, 32; 10, 19; 16, 6 f.; 20, 23; Ign
Phld 7, 1 f.; aber auch — wenngleich ganz zum Bilde verblaßt — Joh
14, 26; 15, 26; 16, 8. 13—15. Sie zeigt sich auch darin, daß im Plur. von
πνεύματα geredet werden kann, die in den einzelnen Personen wirken
(1. Kr 14, 12. 32; bes. in den Mandata des Herm); oder auch darin, daß
(wie ja auch im AT) von einem πνεῦμα die Rede ist, das eine spezielle
Wirkung hervorbringt (so das πνεῦμα κατανύξεως Rm 11, 8 nach Jes 29, 10;
ferner das πνεῦμα πραΰτητος 1. Kr 4, 21; vgl. weiter 2. Kr 4, 13; Gl 6, 1;
Eph 1, 17; 2. Tim 1, 7; Apk 19, 10). Vielfach besteht freilich gar nicht
mehr die ursprüngliche konkrete Vorstellung, sondern ist zur bloßen Rede-
form verflüchtigt (wie 1. Kr 4, 21; Gl 6, 1). — Die d y n a m i s t i s c h e
Vorstellung ist die gewöhnliche und liegt offenbar überall dort vor, wo
vom διδόναι bzw. δοθῆναι oder von der δωρεά oder auch vom ἐκχυθῆναι,
vom ἐπιχορηγεῖν des πνεῦμα u. ähnl. die Rede ist (Rm 5, 5; 2. Kr 1, 22;
5, 5; 1. Th 4, 8; Act 2, 38; 10, 45; Hbr 6, 4; — Tit 3, 6; Act 2, 17 f.;
10, 45; 1. Klem 2, 2; 46, 6; Barn 1, 3; — Gl 3, 5; Phl 1, 19). Sehr deutlich
ist diese Vorstellung auch Rm 8, 11 ausgeprägt, oder auch wenn das
πνεῦμα ἅγιον mit sachlichen Größen wie σοφία, πίστις, χαρά koordiniert
ist (Act 6, 3. 5; 11, 24; 13, 52); vor allem wenn πνεῦμα und δύναμις zu
einem Hendiadyoin verbunden sind (1. Kr 2, 4; 1. Th 1, 5; Lk 1, 17);
aber auch wenn von der δύναμις (τοῦ ἁγίου) πνεύματος geredet wird (Rm
15, 13. 19; Ign Sm 13, 1; vgl. auch Herm sim IX 1, 2: ἐνδυναμωθῆναι διὰ
τοῦ πνεύματος). Fast kann man sagen, daß πνεῦμα mit δύναμις synonym ist;
so durchaus, wenn Herm sim IX 13, 2 die ἅγια πνεύματα alsbald die δυνάμεις τοῦ υἱοῦ τοῦ θεοῦ heißen. Sehr bezeichnend ist es auch, daß Hbr 7, 16
der Gegensatz zu κατὰ νόμον ἐντολῆς σαρκίνης nicht, wie man nach dem
üblichen Gegensatz von σάρξ und πνεῦμα erwarten sollte, mittels des Begriffes πνευματικός gebildet wird, sondern κατὰ δύναμιν ζωῆς ἀκαταλύτου
lautet. Wie nun δύναμις und δόξα gleichbedeutend sein können (vgl. Rm
6, 4 mit 1. Kr 6, 14), so ist auch πνεῦμα mit δόξα als der himmlischen Lebenskraft verwandt; das σῶμα πνευματικόν (1. Kr 15, 44) ist das σῶμα τῆς
δόξης (Phl 3, 21); die Auferweckung des σῶμα πνευματικόν ist ein ἐγείρεσθαι
ἐν δόξῃ und ἐν δυνάμει (1. Kr 15, 43). Die verschiedenen Lesarten von
1. Pt 4, 14 illustrieren sehr schön die Verwandtschaft der Begriffe πνεῦμα,
δύναμις und δόξα. Die Synonymität von πνευματικόν und χάρισμα zeigt,
daß auch χάρις mit πνεῦμα synonym sein kann, bzw. daß χάρις als eine
pneumatische δύναμις aufgefaßt werden kann. Sowohl 1. Kr 15, 10; 2. Kr
12, 9; dann sehr deutlich Act 6, 8, wo πλήρης χάριτος καὶ δυνάμεως dem

πλήρης . . . πνεύματος ἁγίου 6, 5 entspricht. So auch Ign Mg 8, 2 (ἐμπνεό-μενοι ὑπὸ τῆς χάριτος αὐτοῦ); Rm pr.; Pol 1, 2 (vgl. Mart Pol 7, 3).

Beide Vorstellungsweisen sind dem AT nicht fremd, doch wird die erste als charakteristisch für das alttestamentliche Denken gelten müssen. Ebenso steht es mit einer anderen Differenzierung, die sich mit der ersten bis zu einem gewissen Grade deckt. Der Geist kann vorgestellt werden a l s d i e j e w e i l s i n b e s o n d e r e n S i t u a t i o n e n u n d A u g e n - b l i c k e n d e n M e n s c h e n e r g r e i f e n d e o d e r i h m g e s c h e n k t e M a c h t , einen vorübergehenden Zustand oder einmalige Handlungen veranlassend, oder a l s e i n e d e m M e n s c h e n d a u e r n d z u g e e i g n e t e , i n i h m g l e i c h s a m r u h e n d e K r a f t , die freilich bei besonde-ren Anlässen in Wirksamkeit tritt, die aber auch seiner ganzen Lebensweise einen besonderen Charakter, seinem Wesen eine übernatürliche Qualität verleiht. Die erste Vorstellungsweise ist die für das AT und Judentum bezeichnende, die zweite findet sich dort wohl auch in Ansätzen, ist aber charakteristisch für die hellenistische Welt, die ihrerseits freilich auch jene Denkweise kennt, zumal auch das Phänomen der Ekstase, in der die gött-liche Macht den Menschen für Augenblicke aus der Sphäre des Irdischen erhebt. Der typische Pneumatiker des Hellenismus jedoch ist der ϑεῖος ἀνήρ, der höheren Wesens ist als gewöhnliche Sterbliche, erfüllt von geheimnisvoller göttlicher Macht, die ihn zu wunderbaren Erkenntnissen und Taten befähigt. Die Bezeich-nung der Macht ist zwar in der Regel nicht πνεῦμα, sondern δύ-ναμις (auch χάρις); aber sachlich ist das Gleiche gemeint wie mit dem (dynamistisch verstandenen) πνεῦμα des Urchristentums.

2. Die Verschiedenheit solcher Motive erklärt gewisse Unaus-geglichenheiten oder Widersprüche in den hellenistisch-christ-lichen Vorstellungen vom Geist. Es herrscht einerseits die Über-zeugung, d a ß a l l e C h r i s t e n i n d e r T a u f e d e n G e i s t e m p f a n g e n h a b e n und dadurch in ein neues Wesen verwandelt worden sind (§ 13, 1, S. 141). Dieser Geistes-besitz, der für gewöhnlich sozusagen latent vorhanden ist, kann sich in wunderbaren Taten kundtun (Gl 3, 5); nach Paulus ist er vor allem die Kraft zum sittlichen Wandel. Das aber ist ein ihm eigentümlicher Gedanke; allgemein verbreitet ist offenbar die ja auch für Paulus selbstverständliche Anschauung, daß der Besitz des Geistes als der göttlichen Lebenskraft die Sicherheit

der Überwindung des Todes, d i e G e w i ß h e i t d e r A u f -
e r s t e h u n g u n d d e s e w i g e n L e b e n s verleiht (Rm
8, 10 f.; vgl. auch Gl 6, 8). Der Geist macht lebendig (2. Kr
3, 6); er ist ein πνεῦμα ζωοποιοῦν (1. Kr 15, 45; Joh 6, 63) bzw. τῆς
ζωῆς (Rm 8, 2). Der Auferstehungsleib ist ein σῶμα πνευματικόν
(1. Kr 15, 44). Der διακονία τοῦ θανάτου steht die διακονία τοῦ
πνεύματος gegenüber (2. Kr 3, 7 f.). Die „Versiegelung" durch
den Geist versichert des künftigen Heils (Eph 1, 13 f.; 4, 30),
dessen ἀπαρχή oder ἀρραβών eben der Geist ist (s. o.; vgl. auch
Hbr 6, 4 f.). Did 10, 3 dankt dafür, daß Gott der Gemeinde in
der Eucharistie geschenkt hat: πνευματικὴν τροφὴν καὶ ποτὸν καὶ
ζωὴν αἰώνιον. Wer in der Taufe den Geist empfangen hat, ist
nach Barn 11, 11 des ewigen Lebens sicher; und 2. Klem 14, 5
formuliert den Gedanken sogar so, daß das Fleisch an der ζωή
und ἀφθαρσία teilbekommt, wenn sich mit ihm der Geist verbunden hat. Der Bußengel des Hermas begründet seine Verheißung der himmlischen Herrlichkeit in Gemeinschaft mit dem
Gottessohn: ἐκ γὰρ τοῦ πνεύματος αὐτοῦ ἐλάβετε (sim IX
24, 4).

Anderwärts wird jedoch die Tatsache des allgemeinen Geistesbesitzes ignoriert, und zwar in mehrfacher Hinsicht. Zunächst
ist öfter davon die Rede, d a ß e s P e r s o n e n g i b t , d i e
i n b e s o n d e r e r W e i s e a l s G e i s t e s t r ä g e r , a l s
πνευματικοί, gelten oder sich dafür halten. Paulus unterscheidet
in der Gemeinde — entgegen dem Satze, daß alle Getauften den
Geist empfangen haben — πνευματικοί und ψυχικοί bzw. σαρκικοί (1. Kr 2, 13—3, 3). Ähnlich unterscheidet er die πνευματικοί
in der Gemeinde von solchen Christen, die sich etwas zu Schulden
kommen ließen, also nicht als πνευματικοί gelten können (Gl 6, 1).
Gleichen Sinn hat es, wenn er die τέλειοι von den anderen ab-
hebt (Phl 3, 15); denn nach 1. Kr 2, 6 (vgl. mit 2, 13 ff.) sind die
τέλειοι mit den πνευματικοί identisch. Diese Anschauung nun, daß
es als πνευματικοί ausgezeichnete Personen gibt, ist offenbar
nicht dem Paulus eigentümlich — einerlei, ob er diese Würde den
gleichen Personen zusprach, denen andere sie zuerkannten. Es
dürfte vor allem die Anschauung gnostisierender Christen sein
(§ 15); jedenfalls war sie verbreitet. Denn wenn Paulus sagen
kann: εἴ τις δοκεῖ προφήτης εἶναι ἢ πνευματικός (1. Kr 14, 37), so
setzt er einen Sprachgebrauch voraus, demzufolge der ekstatische
Glossolale (nur um einen solchen kann es sich im Zusammenhang

handeln) der πνευματικός schlechthin ist, obwohl doch auch die Prophetie eine Gabe des πνεῦμα ist.

Man muß fragen, ob in solcher Unausgeglichenheit nicht eine Differenz in der Anschauung von dem, was das πνεῦμα ist, zum Vorschein kommt. Offenbar ist das πνεῦμα nicht als die den Christen als solchen bestimmende Macht verstanden, wenn innerhalb der Gemeinde Einzelne als πνευματικοί von den Anderen unterschieden werden. Wie das zu begreifen ist, muß sich noch zeigen. Eher verträgt sich mit der Anschauung, daß alle Christen den Geist haben, die Vorstellung, d a ß m a n d e n G e i s t i n v e r s c h i e d e n e m M a ß e o d e r S t ä r k e g r a d e b e s i t z e n k a n n. Wenn einzelne Personen als πλήρεις πνεύματος καὶ σοφίας oder als πλήρεις πίστεως καὶ πνεύματος ἁγίου (Act 6, 3. 5; 11, 24) charakterisiert werden, so soll doch damit nichts anderes ausgesagt sein, als daß sie besonders reich und kräftig mit dem Geist begabt waren. Wie sich diese Vorstellung mit der von der Taufgnade verträgt, zeigt z. B. Barn 1, 2 f.; der Verfasser freut sich, daß die Leser die ἔμφυτος (durch die Taufe) δωρεᾶς πνευματικῆς χάρις in solchem Maße (οὕτως) empfangen haben, ὅτι ἀληθῶς βλέπω ἐν ὑμῖν ἐκκεχυμένον ἀπὸ τοῦ πλουσίου . . . κυρίου πνεῦμα ἐφ᾽ ὑμᾶς.

Verwandt damit ist die Anschauung, daß es nicht nur v e r - s c h i e d e n e G a b e n d e s G e i s t e s (μερισμοί des ἅγιον πνεῦμα Hbr 2, 4) gibt, sondern daß diese auch i h r e m W e r t e n a c h u n t e r s c h i e d e n sind; eine Anschauung, die Paulus als in Korinth geläufig voraussetzt (1. Kr 12 und 14), die er aber auch selber teilt, wenn er 1. Kr 12, 28 sozusagen eine Rangordnung der Geistesgaben skizziert, und wenn er mahnt: ζηλοῦτε δὲ τὰ χαρίσματα τὰ μείζονα. Im Grunde widerspricht das ja der Anschauung von dem allen Christen in der Taufe verliehenen Geist. Denn dieser bewirkt doch das Entscheidende, indem er die Christen zu neuen Geschöpfen macht; jene Vorstellung dagegen redet vom Geist als von der wunderbaren Kraft, die zu einzelnen besonders ausgezeichneten Taten oder Verhaltungen befähigt, und erblickt seine Wirkung in einzelnen πνευματικά bzw. χαρίσματα, so daß Paulus unter Umständen Anlaß hat, den einheitlichen Ursprung der verschiedenen Gaben zu betonen (1. Kr 12, 4 ff.).

Das πνεῦμα differenziert sich aber nicht nur in einzelnen Gaben, sondern e s e r w e i s t s e i n e W i r k s a m k e i t a u c h

in einzelnen Augenblicken. In besonderen Mo-
menten wird einer vom Geiste erfüllt (Act 4, 8. 31; 13, 9) oder
ist er des Geistes voll (Act 7, 55) oder wird er vom Geiste ent-
rückt (γίνεσθαι ἐν πνεύματι Apk 1, 10; 4, 2). Auch dabei ist die
Anschauung vom gemeinchristlichen Geistesbesitz ignoriert, wie
denn auch von jüdischen Frommen in gleicher Weise geredet
werden kann (Lk 1, 41; vom Täufer Lk 1, 15; von Jesus selbst
Lk 4, 1). Das Gleiche gilt für die Formel λαλεῖν (προσεύχεσθαι
u. dgl.) ἐν πνεύματι bzw. πνεύματι (1. Kr 12, 3; 14, 2. 14 ff.; Did
11, 7), womit ja keineswegs ein christliches Reden gemeint ist,
sondern ein Reden in momentaner Ergriffenheit durch den Geist.

Endlich ist es eigentümlich, daß — ebenfalls nicht im Ein-
klang mit der Taufanschauung — neben die gewöhnliche Auffassung, daß der Geist der Ursprung aller ausgezeichnet christlichen Phänomene ist, die andere treten kann, d a ß e i n B e -
m ü h e n o d e r g e e i g n e t e s V e r h a l t e n d e s M e n -
s c h e n d i e G a b e d e s G e i s t e s b z w. e i n e s p e -
z i e l l e G e i s t e s g a b e e r s t e r w i r k t , mindestens
vermehrt oder verstärkt. Das liegt ja schon in dem ζηλοῦν nach
den χαρίσματα oder πνευματικά (1. Kr 12, 31; 14, 1) und in der
Mahnung: ζητεῖτε ἵνα περισσεύητε (1. Kr 14, 12) oder: ζηλοῦτε τὸ
προφητεύειν (1. Kr 14, 39). So mahnt Barn 4, 11 einfach: γενώμεθα πνευματικοί (im Unterschied von der paradoxen Mahnung
Gl 5, 25!), während 2. Tim 1, 6 bescheidener aufffordert ἀναζω-
πυρεῖν τὸ χάρισμα τοῦ θεοῦ (wo freilich die spezielle Geistesgabe
des Lehramtes gemeint ist). Das Mittel, eine besondere Geistesgabe zu erlangen, ist nach 1. Kr 14, 13 das Gebet. Vorbereitung
für die Offenbarung durch das πνεῦμα ist Act 13, 2 das Fasten,
was traditioneller jüdischer Anschauung entspricht. Asketische
Haltung ist nach 2. Klem 14, 4 Voraussetzung des Geistesemp-
fangs. Dagegen hat nach 1. Klem 2, 2 die korinthische Gemeinde
dank ihrer musterhaften Haltung eine πλήρης πνεύματος ἁγίου
ἔκχυσις erfahren.

3. In der Unausgeglichenheit, ja Widersprüchlichkeit der einzelnen Vorstellungen spiegelt sich nun doch ein bedeutsamer
Sachverhalt, so daß man sie weithin geradezu als sachgemäß
bezeichnen kann.

Die Anschauung, daß alle Christen in der Taufe den Geist
empfangen, beruht nicht auf der Vorstellung, daß die einzelnen
Getauften beim Taufakte besondere pneumatische bzw. see-

lische Erlebnisse haben, so·sehr das gelegentlich der Fall gewesen
sein mag. Sie geht vielmehr im Grunde davon aus, d a ß d e r
G e i s t d e r G e m e i n d e g e g e b e n i s t , in die der
Einzelne durch die Taufe aufgenommen wird. Deshalb ist gerne
von dem der Gemeinde geschenkten Geist bzw. von seinen in ihr
wirksamen Gaben die Rede (1. Kr 1, 4 ff.; 1. Klem 2, 2; Barn
1, 2 f.; vgl. Herm mand XI 14). Wer die Gemeinde hintergeht,
betrügt den Hl. Geist (Act 5, 3), und was die Gemeinde (durch
ihre Leitung) beschließt und kundtut, ist zugleich Kundgabe
des Geistes (Act 13, 2; 15, 28). Für die Urgemeinde bestand hier
gar kein Problem; aber für die hellenistische Gemeinde erhebt
sich nun die Frage, wie sich die Teilhabe am Geist an allen Einzelnen realisiert. Haben sie den Geist nur im Glauben, d. h. in
der Überzeugung, daß sie in zunächst verborgener Weise nicht
mehr irdischen Wesens sind und kraft des ihnen einwohnenden
Geistes nicht mit dieser Welt vergehen, sondern an der demnächst erscheinenden himmlischen Welt und ihrer Herrlichkeit
in verwandelter Gestalt, in einem $\sigma\tilde{\omega}\mu\alpha$ $\pi\nu\epsilon\upsilon\mu\alpha\tau\iota\varkappa\acute{o}\nu$ teilnehmen
werden? Daß sie, falls sie vor der Parusie des $\varkappa\acute{\upsilon}\rho\iota\sigma\varsigma$ sterben, von
den Toten erweckt werden? Oder spüren sie schon jetzt den Be-
sitz des Geistes? Wirkt sich seine Lebenskraft schon jetzt in
ihnen aus?

Daß dieses letztere der Fall ist, ist gemeinchristliche Überzeugung, und es ist begreiflich, d a ß d i e W i r k u n g e n
d e s G e i s t e s v o r a l l e m i m G o t t e s d i e n s t , in
dem sich die eschatologische Gemeinde gegenwärtig darstellt,
e r f a h r e n w e r d e n . Alles, was ihr hier geschenkt wird,
versteht sie als Gabe des Geistes, zumal wenn es den Rahmen
des Gewohnten überschreitet: das belehrende Wort, das Weisheit und Erkenntnis spendet, so gut wie die Prophetie, die das
Geheimnis künftigen Geschehens enthüllt, aber auch offenbar
macht, was sich im Herzen verbirgt; Gebete und Lieder und vor
allem die ekstatische glossolalische Rede. Dabei ist freilich klar,
daß das Kriterium, nach dem beurteilt diese Äußerungen als
Geistesgaben gelten, nicht ihre Christlichkeit, sondern das
Außerordentliche ihres Kundwerdens ist, die sie begleitenden
oder bedingenden psychischen Phänomene. Ohne Zweifel ist
dabei immer die Angemessenheit des Inhalts solcher enthusia-
stischer Äußerungen — soweit sie nicht überhaupt unverständ-
lich sind — vorausgesetzt, aber nicht das ist es, was sie als $\pi\nu\epsilon\upsilon$-

ματικά oder χαρίσματα erscheinen läßt. Und der Spielraum zwischen dem Verständlichen, inhaltlich Bedeutsamen und dem unverständlich Ekstatischen wie inhaltlich Belanglosen ist weit zu denken. Das Gebet kann sich zwischen den Extremen bewußter, verstandesklarer Rede und glossolalischen Stammelns bewegen (1. Kr 14, 14 f.); es kann ein wortloses Seufzen (Rm 8, 26) oder ein ekstatisches Abba-Schreien (Rm 8, 15; Gl 4, 6) sein.

Aber die Wirkungen des πνεῦμα erstrecken sich über den Kreis dieser (wenigstens primär der kultischen Versammlung zugehörigen) Phänomene hinaus. In allen außerordentlichen Leistungen und Verhaltungen erweist sich seine Macht. Zunächst in der Mission, für die der Geist die Weisungen gibt (Act 13, 2. 4; 16, 6 f.) und deren Träger, der Apostel (1. Kr 12, 28), sich durch Wundertaten als Geistträger legitimiert (2. Kr 12, 12; vgl. Rm 15, 18 f.; 1. Kr 2, 4; 1. Th 1, 5; 1. Pt 1, 12; Hbr 2, 4; 1. Klem 42, 3). Prophetie und Lehre treten nicht nur innerhalb des Gottesdienstes momentan als Gaben jeweils Einzelner in Erscheinung, sondern sie können bestimmten Personen als ihren dauernden Trägern zu eigen sein (für beides vgl. 1. Kr 12, 28; Eph 4, 11; Act 13, 1; Did 11—13; für die Propheten auch Apk z. B. 22, 9; Herm mand XI, für die Lehrer Jak 3, 1; Barn 1, 8; 4, 9; Herm vis III 5, 1; mand IV 3, 1; sim IX 15, 4; 16, 5; 25, 2). Aber wie jedem Gemeindeglied die Gaben der Prophetie und Lehre geschenkt werden können, so auch die Kraft zu besonderen Taten, zu Krankenheilungen und anderen Wundern (1. Kr 12, 8 ff. 28 ff.). Wenn Paulus auch Gaben des „Dienstes" und der „Leitung" und mannigfacher Hilfeleistungen dazu rechnet, so ist das für ihn eigentümlich. Etwas anderes ist es, wenn später die Gemeindebeamten als Träger des (durch die Handauflegung vermittelten) Geistes gelten. — Für Paulus charakteristisch ist auch die Rückführung des sittlichen Wandels auf das πνεῦμα; außerhalb seiner und seines Einflusses wird das sittliche Verhalten einseitig unter den Imperativ gestellt. Merkwürdig sind die Ausführungen Herm sim IX 13, wo die „Jungfrauen", die den Turm der Kirche bauen (IX 2 ff.), und die nach 15, 2 f. Tugenden sind, als ἅγια πνεύματα bzw. als δυνάμεις τοῦ υἱοῦ τοῦ θεοῦ gedeutet werden. Doch liegt keine ernsthafte Begründung des sittlichen Wandels auf den Geist vor; erst recht nicht in den Mandaten des Herm, in denen die Vorstellung von guten Kräften als dem Menschen einwohnenden πνεύματα nur notdürftig mit der christlichen Vorstellung vom ἅγιον πνεῦμα verbunden ist.

Aufs Ganze gesehen liegt e i n e d o p p e l t e A u f f a s - s u n g v o m π ν ε ῦ μ α vor. Es ist einerseits die in der Taufe verliehene Kraft, die den Christen zum Christen macht; die ihn schon jetzt aus der vergehenden Welt herausnimmt und ihn für die kommende „versiegelt". Das πνεῦμα ist andrerseits eine jeweils dem Christen geschenkte Kraft, die ihn zu außerordent- lichen Leistungen befähigt. Wird nun Ernst damit gemacht, daß der in der Taufe geschenkte Geist wirklich die christliche Exi- stenz bestimmt und nicht nur in dem Sinne „geglaubt" wird, daß sein Besitz die Auferstehung bzw. ein ewiges Leben garan- tiert, so wird es s a c h g e m ä ß — ehe ein Denker wie Paulus das Problem erfaßt — z u d e n u n a u s g e g l i c h e n e n u n d w i d e r s p r ü c h l i c h e n A u s s a g e n kommen. Denn die Sätze, die den Geist als jeweils geschenkte und Außer- ordentliches wirkende Kraft auffassen, wollen ihn ja als die die christliche Existenz bestimmende Macht verstehen. In der Wi- dersprüchlichkeit kommt also zur Geltung, daß der Getaufte, der als solcher der kommenden Welt zugehört, in seinem vor- läufigen gegenwärtigen Dasein immer noch nicht der ist, der er sein soll und *sub specie Dei* auch ist —, daß aber gleichwohl seine Zugehörigkeit zum Kommenden seine gegenwärtige Existenz bestimmt. Und in jenem Widerspruch, daß einerseits das πνεῦμα im Christen der Ursprung eines neuen Verhaltens und Vermögens ist, und daß andrerseits sein Verhalten ihn zu stets neuer Be- gabung mit dem Geist qualifiziert und daß er nach pneumati- schen Gaben zu streben hat, kommt zum Ausdruck, daß die Macht des πνεῦμα nicht eine magisch (mechanisch) wirkende Kraft ist, sondern eine Umwandlung des Willens ebenso for- dert wie voraussetzt — wenngleich der paradoxe Tatbestand nur von Paulus deutlich erkannt ist (Gl 5, 25).

Es ist nun freilich die Frage, w i e d a s V e r s t ä n d n i s e i n e r i n d e r e s c h a t o l o g i s c h e n g ö t t l i c h e n M a c h t d e s π ν ε ῦ μ α b e g r ü n d e t e n u n d g e t r a g e n e n E x i s t e n z a u s g e b i l d e t w i r d. Es ist die Frage der Aus- gegrenztheit aus der Welt und des eschatologischen Dualismus (§ 10, 4 und 5). Insofern diese Ausgegrenztheit und der Gegen-

satz zur Welt als durch die Gabe des πνεῦμα begründet und dokumentiert geglaubt und erlebt werden, erheben sich Gefahren
für die Gemeinde. Wird die Wirksamkeit des Geistes in besonderen Krafttaten als eindeutigen Kennzeichen der Geistbegabung gesehen, so droht die christliche Existenz als die eines
θεῖος ἀνήρ im Sinne des Hellenismus aufgefaßt zu werden, und
die eschatologische Heilsgeschichte gerät in das Licht erbau-
licher Legende, eine Gefahr, die sich schon im NT zeigt, die aber
vollends in den apokryphen Apostelakten ihre Folgen zeigt. Damit zugleich erwächst die Überheblichkeit des Pneumatikers,
wie schon die Mahnungen 1. Kr 12 erkennen lassen. — Sind es
dagegen die subjektiven seelischen Erlebnisse, in denen das
Eigentliche der Existenz gesehen wird, und wird dementsprechend die Wirksamkeit des πνεῦμα in der Produktion psychischer Erlebnisse gesehen, so wird ein individualistisches Pneumatikertum entstehen, das sich freilich auch in Krafttaten do-
kumentieren kann, dessen Höhepunkt aber die Ekstase ist. Dann
wird das πνεῦμα nicht mehr als der Gemeinde verliehene Gabe
verstanden werden und nicht mehr als ἀπαρχή und ἀρραβών. Vielmehr wird die eschatologische Entweltlichung im Sinne der
Mystik interpretiert werden. Daß diese Gefahren bestanden,
zeigen vor allem 1. Kr 12—14 und 2. Kr. Ungeklärt zeigt eine
Empfindung dafür auch die dem Paulus offenbar aus der korinthischen Gemeinde gestellte Frage, welches das Kriterium sei,
vermöge dessen man göttliche und dämonische Ekstase unterscheiden kann (1. Kr 12, 2 f.). Die Ekstase als solche ist also
kein eindeutiges Phänomen.

§ 15. GNOSTISCHE MOTIVE

BOUSSET, W., Hauptprobleme der Gnosis, 1907 (dazu A. HARNACK,
ThLZ 33, 1908, 10–13). – DERS., Religionsgeschichtliche Studien. Aufsätze
zur Religionsgeschichte des Hellenistischen Zeitalters, hrg. v. F. VERHEU-
LE, 1979 (bes. 44–96.97–191.192–230). – REITZENSTEIN, R., Die hellenistischen Mysterienreligionen, (1910) ³1927 (= ⁴1980). – JONAS, H.,Gnosis und
spätantiker Geist. I. Die mythologische Gnosis, (1934) ³1964; II, 1. Von der
Mythologie zur mystischen Philosophie, (1954) ²1966. – BAUER, W., Recht-
gläubigkeit und Ketzerei im ältesten Christentum, (1934) ²1964 (mit einem
Nachtrag v. G. STRECKER). – STRECKER, G., Das Judenchristentum in den
Pseudoklementinen, (1958) ²1981. – BEYSCHLAG, K., Simon Magus und die
christliche Gnosis, 1974 (dazu: K. RUDOLPH, ThR, N.F. 42, 1977, 279–359).
– LÜDEMANN, G., Untersuchungen zur simonianischen Gnosis, 1975. – RU-

DOLPH, K. (Hrg.), Gnosis und Gnostizismus, 1975. – RUDOLPH, K., Die Gnosis. Wesen und Geschichte einer spätantiken Religion, (1977) ²1980. – *New Testament and Gnosis*. Essays in honour of R. McL. Wilson, ed. by A. H. B. LONGAN and A. J. M. WEDDERBURN, 1983 (Einzelaufsätze). – VAN DEN BROECK, R., The Present State of Gnostic Studies, VigChr 37, 1983, 41–71.

Vorbemerkung

Es war ein geschichtlich notwendiger Vorgang, daß das Evangelium von dem einen wahren Gott und von Jesus, dem Messias-Menschensohn — daß die eschatologische Botschaft von dem bevorstehenden Gericht und Heil, die zunächst von der Begriffssprache der alttestamentlich-jüdischen Tradition getragen waren, in der hellenistischen Welt in eine ihr vertraute Begrifflichkeit übersetzt wurden. Wie der Messias-Menschensohn, dessen Parusie man erwartete, zum kultisch verehrten κύριος wurde, ist § 12 gezeigt worden. Um seine eschatologische Bedeutung und damit überhaupt die eschatologische Botschaft und den mit ihr gegebenen eschatologischen Dualismus (§ 10, 5) für hellenistische Hörer überzeugend zum Ausdruck zu bringen, dazu boten die Gnosis und ihr Mythos eine weiten Kreisen verständliche Begrifflichkeit dar. So trat seither schon hier und dort die Gnosis in den Blick (§ 10, 5; § 11, 2, a und e; § 12, 3; § 14, 2), und es mußte teils auf die Verwandtschaft des christlichen Kerygmas mit ihr, teils auf den Gegensatz hingewiesen werden. Jetzt ist zusammenhängend darzustellen, wieweit das Verständnis der christlichen Botschaft im hellenistischen Christentum mittels der gnostischen Begrifflichkeit entfaltet wurde.

Ein solcher Vorgang vollzieht sich naturgemäß nicht ohne inhaltliche Beeinflussung. Und wie das hellenistische Christentum durch die Ausbildung des Kyrios-Kultes in den s y n k r e t i s t i - s c h e n P r o z e ß hineingezogen wurde, so erst recht durch die Ausbildung der Erlösungslehre unter gnostischem Einfluß. Das war in den verschiedenen Schichten und an den verschiedenen Orten in sehr verschiedenem Maße der Fall; und neben dem Einfluß der Gnosis steht auch ihre Abweisung; mitunter aber verbindet sich auch beides miteinander. Aufs Ganze gesehen könnte man versucht sein, das hellenistische Christentum als ein synkretistisches Gebilde zu bezeichnen, und darf das nur deshalb nicht, weil es nicht ein Konglomerat aus verschiedenen Stoffen ist, sondern bei allem Synkretismus im einzelnen von seinem Ursprung her das Motiv zu einem eigenständigen Ver-

ständnis von Gott, Welt und Mensch enthält. Die Frage ist aber
die, ob sich dieses Motiv siegreich durchsetzen und seine klare
Ausgestaltung in einer genuin christlichen Theologie gewinnen
wird. Hier sind zunächst einfach die problematische Situation
und die aus ihr erwachsenden Fragen darzustellen.

1. Die gnostische Bewegung bedeutete die ernst-
hafteste und gefährlichste Konkurrenz für die christliche Mission, und zwar infolge einer tiefgehenden Verwandtschaft. Das
Wesen der Gnosis besteht ja nicht in ihrer synkretistischen Mythologie, vielmehr in einem, der antiken Welt gegenüber, neuen
Selbst- und Weltverständnis, dessen Ausdruck nur die Mythologie ist. War für den antiken Menschen die Welt die Heimat gewesen — für das AT die Welt als Schöpfung Gottes, für die griechische Antike der von der Gottheit durchwaltete Kosmos —, so
ist in der Gnosis wie im Christentum zum erstenmal die grundsätzliche Verschiedenheit des menschli-
chen Seins von allem welthaften Sein zum
Bewußtsein gekommen und deshalb die Welt dem menschlichen
Ich zur Fremde geworden (§ 10, 4), ja, in der Gnosis zum Gefängnis. Diese denkt so radikal, daß ihr das Leben und Regen der
eigenen Sinne, Triebe und Willensregungen, durch die der Mensch
der Welt verhaftet ist, als fremd und feindselig erscheint — als
feindselig gegenüber dem eigentlichen Selbst des Menschen, das
sein Wesen in dieser Welt überhaupt nicht realisieren kann, für
das diese Welt ein Gefängnis ist, in das sein eigentliches, mit der
göttlichen Lichtwelt verwandtes und aus ihr stammendes Selbst
gefesselt ist durch die dämonischen Mächte der Finsternis.

Das Wissen um die himmlische Herkunft
des Selbst — der „Seele", wäre mißverständlich zu sagen;
denn die griechisch sprechende Gnosis unterscheidet das eigentliche Selbst, den aus der göttlichen Welt stammenden Licht-
funken, dessen Wesen $\pi\nu\varepsilon\tilde{v}\mu\alpha$ ist, von der $\psi v\chi\acute{\eta}$ als dem von den
dämonischen Mächten dem Selbst (wie auch das $\sigma\tilde{\omega}\mu\alpha$) über-
gelegten und es fesselnden Gewande, von der $\psi v\chi\acute{\eta}$ als der welthaften Vitalkraft der Sinne, Triebe und Willensregungen —, das
Wissen um die Weltfremdheit und himmlische Herkunft des
Selbst und um den Weg zur Erlösung aus dieser Welt — das ist
die entscheidende Erkenntnis, die $\gamma\nu\tilde{\omega}\sigma\iota\varsigma$,
von der die gnostische Bewegung ihren Namen trägt. Die Er-
lösung wird dem „Gnostiker", der zur Erkenntnis seines Selbst,

seiner himmlischen Heimat und des Weges zu ihr gelangt ist, geschenkt, wenn sich im Tode das Selbst von Leib und Seele trennt und befreit in die himmlische Lichtwelt emporsteigt.

Dieses Wissen gibt dem Gnostiker d a s B e w u ß t s e i n s e i n e r W e l t ü b e r l e g e n h e i t. Er, in dem der himmlische Lichtfunke lebendig ist, ist der Pneumatiker, der auf die Anderen verachtend herabschaut, die den Lichtfunken nicht in sich tragen und bloße Psychiker, Sarkiker oder Hyliker sind [1]. Er, der sich durch seine γνῶσις schon jetzt befreit weiß, dokumentiert diese Freiheit entweder durch Askese oder durch Libertinismus, vielleicht auch durch eine eigentümliche Verbindung beider. Er kann in meditativer Versenkung, die in der Ekstase gipfelt, das Glück der Lichtwelt, in die er nach dem Tode eingehen wird, schon jetzt genießen, und er vermag die Kraft des in ihm lebendigen πνεῦμα durch Wundertaten zu demonstrieren.

Die Geschichte des einzelnen Selbst ist aber eingegliedert in d i e G e s c h i c h t e d e s g a n z e n K o s m o s. Das einzelne Selbst ist nur ein Funke, ein Splitter des Lichtschatzes, der von den dämonischen Weltherrschern in der Welt der Finsternis festgehalten wird; und seine Erlösung ist nur ein Teilvorgang der Befreiung aller hier im Gefängnis gefesselten Lichtfunken, die durch wesenhafte Verwandtschaft (συγγένεια) unter sich und mit ihrem Ursprung verbunden sind. Die individualistische Eschatologie — d. h. die Lehre von der Befreiung des Einzel-Selbst im Tode und seiner Himmelsreise — steht im Zusammenhang einer kosmischen Eschatologie — d. h. der Lehre von der Befreiung aller Lichtfunken und ihrer Hinaufführung in die Lichtwelt, nach deren Vollendung die hiesige aus Licht und Finsternis gemischte Welt in das uranfängliche Chaos der Finsternis zurücksinkt, womit die dämonischen Weltherrscher ihr Gericht empfangen.

D e r g n o s t i s c h e M y t h o s schildert das kosmische Drama, in dem es zur Fesselung der Lichtfunken kam, und das sein jetzt schon beginnendes Ende in ihrer Befreiung finden wird. Der Anfang des Dramas, das tragische Ereignis der Urzeit, wird in den verschiedenen Varianten des Mythos verschieden erzählt; der Grundgedanke aber ist der gleiche: die dämonischen Mächte

---

[1] Die Dreiteilung der Menschen in Pneumatiker, Psychiker und Hyliker (Sarkiker) in der kirchlichen Gnosis ist sekundär.

bekommen eine aus der Himmelswelt stammende Lichtgestalt
in ihre Gewalt, sei es, daß das Lichtwesen durch seine Torheit
verführt, sei es, daß es im Kampfe überwältigt worden ist. Nichts
anderes als die Teile, die Splitter jener Lichtgestalt, sind die einzelnen Selbste der Pneumatiker, die also in ihrer Gesamtheit
diese Gestalt — vielfach als der „Urmensch" gedacht — konstituieren und zu dessen Gesamterlösung befreit und „gesammelt"
werden müssen. Da das Weltgebilde der dämonischen Mächte in
sich zusammensinken muß, wenn ihm die Lichtfunken entzogen
werden, wachen sie eifersüchtig über ihren Raub und suchen die
himmlischen Selbste durch den Lärm und Rausch dieser Welt
zu betäuben, trunken zu machen, einzuschläfern, damit sie ihre
himmlische Heimat vergessen.

D i e   E r l ö s u n g wird aus der himmlischen Welt gebracht.
Vom höchsten Gotte gesandt steigt wiederum eine Lichtgestalt,
der Sohn des Höchsten, sein Abbild (εἰκών), aus der Lichtwelt
herab und bringt die Gnosis. Er „weckt" die in Schlaf oder
Trunkenheit versunkenen Lichtfunken und „erinnert" sie an
ihre himmlische Heimat. Er belehrt sie über ihre Weltüberlegenheit wie über die Haltung, die sie der Welt gegenüber einzuneh-
men haben. Er stiftet die Weihen, durch die sie sich reinigen und
die erloschene oder entkräftete Lichtkraft wieder anfachen oder
stärken, durch die sie „wiedergeboren" werden. Er belehrt sie
über die nach dem Tode anzutretende Himmelsreise und teilt
ihnen die geheimen Formeln mit, kraft derer sie die Stationen
dieser Reise — vorbei an den dämonischen Wächtern der Ge-
stirnsphären — sicher passieren können. Und indem er vorangeht, bahnt er den Weg, der auch für ihn selbst, den Erlöser, Erlösung ist. Denn er ist hier auf Erden nicht in göttlicher Gestalt
erschienen, sondern verkleidet in das Gewand irdischen Wesens,
um so von den Dämonen nicht erkannt zu werden. Er hat damit
Not und Leid des irdischen Daseins auf sich genommen und muß
Verachtung und Verfolgung leiden, bis er Abschied nimmt und
erhöht wird zur Lichtwelt.

In welcher Weise die gnostische Religion in ihren einzelnen
Gruppen und Gemeinden Gestalt gewann, wie hier und dort
Lehren und Riten ausgebildet und entwickelt wurden, ist eine
sekundäre, hier nicht zu verfolgende Frage. Wir besitzen von
g n o s t i s c h e n   G e m e i n d e n — vor allem aus der ältesten Zeit — wenig Kunde. Die gnostische Bewegung hat sich

jedenfalls in allerlei Taufsekten im Jordangebiet konkretisiert und hat auch jüdische Kreise in ihren Bereich gezogen. Sie hat offenbar in Vorderasien manche lokalen Kulte erfaßt und ist — in der Form von Mysteriengemeinden — mit ihnen in einem synkretistischen Prozeß verschmolzen, indem z. B. der Erlöser mit dem phrygischen Mysteriengott Attis identifiziert wurde. In solcher Weise ist die Bewegung auch in die christlichen Gemeinden eingedrungen, oder es haben auch gnostische Gemeinden christliche Motive aufgenommen. Aber die Wirkung der Gnosis reicht über den Kreis konkreter Kultusgemeinden hinaus; ihre Gedanken sind auch in den Spekulationen hellenistischer Religionsphilosophie bis zum Neuplatonismus wirksam geworden — so auch bei dem jüdischen Religionsphilosophen Philon von Alexandria.

2. Soweit die christliche Verkündigung der alttestamentlichjüdischen und urgemeindlichen Tradition treu blieb, sind e n t - s c h e i d e n d e G e g e n s ä t z e z u r G n o s i s sofort deutlich. Jener Tradition entsprechend hielt die Verkündigung in der Tat durchweg daran fest, daß d i e W e l t d i e S c h ö p - f u n g d e s e i n e n w a h r e n G o t t e s ist, daß also der Gott der Schöpfung und der Erlösung e i n e r sind. Damit ist zugleich ein Gegensatz in der A n t h r o p o l o g i e gegeben. Denn für die genuin christliche Anschauung ist der Mensch mit Leib und Seele Geschöpf Gottes, und von seinem leib-seelischen Sein ist nicht noch als sein eigentliches Wesen ein präexistenter himmlischer Lichtfunke zu unterscheiden. Es geht daher auch nicht durch die Menschheit von vornherein jene Scheidung zwischen denen, die den Lichtfunken im Inneren tragen, den Pneumatikern, die — gnostisch gesprochen — φύσει σωζόμενοι sind, und den ψυχικοί oder σαρκικοί, denen das himmlische Selbst fehlt, wenngleich diese gnostische Unterscheidung in anderer Weise akzeptiert wurde (s. u.). Entsprechend besteht fast durchweg ein Gegensatz in der E s c h a t o l o g i e , insofern das christliche Kerygma den Gedanken der Himmelsreise des Selbst vermöge der γνῶσις und der sakramentalen Weihen nicht kennt, sondern die Auferstehung der Toten und das Gericht lehrt. Immerhin nimmt hier Joh eine Sonderstellung ein, und überhaupt ist die christliche Vorstellung von der Aufnahme der Gerechten in den Himmel und von der himmlischen Seligkeit stark beeinflußt worden. Die Differenzen ziehen einen Gegensatz in

der C h r i s t o l o g i e nach sich, da die Gnosis die reale Menschheit Jesu nicht anerkennen kann. Diese ist für das präexistente
Himmelswesen nur Verkleidung; und wo sich die Gnosis die
christliche Tradition aneignet, muß sie, wenn sie nicht dabei
bleibt, Jesu Fleisch und Blut für einen Scheinleib zu erklären,
den Erlöser vom geschichtlichen Menschen Jesus unterscheiden
und etwa behaupten, daß jener sich (in der Taufe) vorübergehend mit diesem verbunden habe, um ihn vor der Passion
wieder zu verlassen.

D e r K a m p f g e g e n d i e G n o s i s besteht teilweise
in der bloßen Warnung vor den μωραὶ ζητήσεις, den λογομαχίαι,
den μῦθοι und γενεαλογίαι, den ἀντιθέσεις τῆς ψευδωνύμου γνώσεως (1. Tim 1, 4; 4, 7; 6, 4. 20; 2. Tim 2, 23; 4, 4; Tit 1, 14;
3, 9). Gnostische Lehrer sind auch in recht blasser Weise Herm
sim VIII 6, 5; IX 19, 2 f.; 22, 1 ff. bekämpft. Anderwärts aber
findet sich energische Polemik und Bestreitung oder Widerlegung spezifisch gnostischer Sätze. Zuerst ist in den christlichen Gemeinden offenbar der Gegensatz in der E s c h a t o -
l o g i e u n d C h r i s t o l o g i e empfunden worden. Schon
1. Kr 15 ist eine große Polemik gegen die gnostisierende Richtung in Korinth, die behauptet: ἀνάστασις ἐκ νεκρῶν οὐκ ἔστιν.
Paulus mißversteht die Gegner freilich darin, daß er bei ihnen
die Anschauung voraussetzt, mit dem Tode sei alles aus (15, 19.
32). Das war, wie schon der Brauch der Vikariatstaufe (15, 29)
zeigt, natürlich nicht der Fall; sie haben nur die realistische
Auferstehungslehre der jüdisch-urchristlichen Tradition bestritten [1]. Diese Anschauung konnte sich auch in den Satz kleiden:
ἀνάστασιν ἤδη γεγονέναι, d. h. die Auferstehungslehre konnte
spiritualisiert werden (2. Tim 2, 18; vgl. aber auch Joh 5, 24 f.
und Eph 5, 14).

Der in 1. Klem 23—26 ausführlich vorgetragene Beweis für
die Auferstehung ist offenbar nicht durch gnostische Gegner-
schaft veranlaßt, so wenig wie die Bekämpfung des Zweifels
an der Parusie 2. Pt 3, 1—10, sondern durch allgemeine Zweifel.
Dagegen sind es gnostische Lehrer, die nach Pol Phl 7, 1 ἀνάστα-

---

[1] Es scheint, daß Paulus, inzwischen besser belehrt, 2. Kr 5, 1—5 die
gnostische Anschauung bekämpft, das Selbst des Menschen werde im
Tode vom Leibe (und von der Seele) befreit und steige im Zustande der
„Nacktheit" in die Himmelswelt empor. Vgl. R. BULTMANN, Exegetische
Probleme des zweiten Korintherbriefes, 1963. Anders E. KÄSEMANN in:
Exegetische Versuche und Besinnungen I, 1960, 135—157.

σις und κρίσις leugnen; und solche hat auch 2. Klem 9, 1 im Auge bei seiner Warnung: καὶ μὴ λεγέτω τις ὑμῶν, ὅτι αὕτη ἡ σάρξ οὐ κρίνεται οὐδὲ ἀνίσταται. Auch die warnende Einschärfung der Gewißheit der Parusie 2. Klem 10—12 wird durch die Gnosis motiviert sein. Dasselbe bezeugen dann später Just Ap I 26, 4; Dial 80, 4; Iren I 23, 5; II 31, 2.

Für die echte Menschheit Christi kämpfen gegen die Gnostiker 1. Joh 2, 22; 4, 2. 15; 5, 1. 5—8; 2. Joh 7. Dabei scheint sich 1. Joh 5, 6 speziell gegen den gnostischen Satz zu wenden, daß sich der in der Taufe mit Jesus vereinigte Erlöser vor der Passion von ihm getrennt habe. Ähnlich führt Ignatius den Kampf gegen die gnostische Christologie, die ihm in der Form begegnet, daß Christus nur einen Scheinleib gehabt habe (Eph 7, 2; 18—20; Mg 11; Tr 9 f.; Sm 1—3. 7); ebenso Polykarp (Pol Phl 7, 1).

Weniger scheint zunächst der Gegensatz in der Gottes- und Schöpfungslehre zur Geltung gekommen zu sein, der für die späteren Ketzerbestreiter einen Hauptpunkt bildet. Das wird daher zu erklären sein, daß die Gnosis zuerst wahrscheinlich durch Vermittlung eines synkretistischen Judentums in die christlichen Gemeinden eindrang, in einer Form also, in der dieser Gegensatz nicht hervortrat. Auch wird dazu beigetragen haben, daß sich das gnostische Urteil über die Welt, wie sie faktisch ist, von dem christlichen nicht so sehr unterschied; für beide gilt, daß die Welt vom Satan beherrscht ist und gänzlich ἐν τῷ πονηρῷ κεῖται (1. Joh 5, 19). Polemik gegen gnostische Lehren, die aus der Lichtwelt die niedere Welt der Finsternis in stufenweisen Emanationen entstehen lassen, liegt wohl vor, wenn 1. Joh 1, 5 versichert: ὁ θεὸς φῶς ἐστιν καὶ σκοτία ἐν αὐτῷ οὐκ ἔστιν οὐδεμία. Unklar ist infolge der nur andeutenden Formulierung Jud 8—11; es scheint Polemik gegen die gnostische Auffassung von der Engelwelt als einem Reiche feindlicher (durch die Gnostiker überwundener) Mächte vorzuliegen. Gnostisierende Christen sind wohl Apk 2, 2. 6. 14—16. 20—24 in den „Nikolaiten" und den mit ihnen offenbar identischen Anhängern der Prophetin „Jezabel" bekämpft. Wenn diese sich die γνῶσις der βάθη τοῦ σατανᾶ zuschreiben (2, 24), so dürften damit theogonische und kosmogonische Spekulationen gemeint sein. Jedenfalls richten sich 1. Tim 4, 3—5; Tit 1, 14 f. gegen das dualistische Weltverständnis der Gnosis und die aus ihm gefolgerten asketischen Regeln.

3. Es ist nun wohl zu beachten, daß die Gnosis hier überall
nicht etwa als eine fremde, heidnische Religion bekämpft wird,
zu der abzufallen Christen in Gefahr sind. Vielmehr wird sie nur
soweit in den Blick gefaßt, als sie e i n e i n n e r c h r i s t -
l i c h e E r s c h e i n u n g ist. Und ebenso ist deutlich, daß die
bekämpften Gnostiker keineswegs die christlichen Gemeinden
als ein Missionsgebiet auffassen, das sie vom Christentum zur
Gnosis bekehren wollen. Sie sind vielmehr der Meinung, Christen
zu sein und eine christliche Weisheit zu lehren — und so erscheinen sie auch den Gemeinden. Von den Vertretern der alten Tradition werden die gnostischen Apostel freilich als Eindringlinge
empfunden, und der Verfasser der Act läßt 20, 29 Paulus weis-
sagen: ἐγὼ οἶδα ὅτι εἰσελεύσονται μετὰ τὴν ἄφιξίν μου λύκοι βαρεῖς
εἰς ὑμᾶς . . . Aber V. 30 läßt er ihn fortfahren: καὶ ἐξ ὑμῶν αὐτῶν
ἀναστήσονται ἄνδρες λαλοῦντες διεστραμμένα τοῦ ἀποσπᾶν τοὺς
μαθητὰς ὀπίσω ἑαυτῶν. Für Paulus sind die Apostel, die in Korinth eine pneumatisch-gnostische Bewegung entfacht haben,
wohl Eindringlinge — aber nicht in die christlichen Gemeinden
überhaupt, sondern in s e i n e Gemeinde, über die als seine
Gründung nur ihm die Kompetenz zusteht. Daß sie der Gemeinde
als c h r i s t l i c h e Apostel gelten, ist völlig deutlich, wenngleich sie für Paulus Satansdiener sind, μετασχηματιζόμενοι εἰς
ἀποστόλους Χριστοῦ (2. Kr 11, 13). Sie verkünden Christus, freilich nach Paulus einen ἄλλος Ἰησοῦς, ὃν οὐκ ἐκηρύξαμεν (11, 4).
In den Gemeinden von Ephesus, Pergamon und Thyatira sitzen
bzw. saßen die Apk 2 bekämpften Irrlehrer offenbar als — wenigstens von einem Teil der Gemeinden — anerkannte Lehrer, als
Apostel und Propheten.

Natürlich wird die Gnosis auch durch wandernde Lehrer verbreitet — ebenso wie das Christentum —, und vor solchen von
auswärts in eine Gemeinde kommenden Irrlehrern warnen 2. Joh
10 und Did 11, 2. Aber 1. Joh 2, 19 heißt es von den Gnostikern:
ἐξ ἡμῶν ἐξῆλθαν, ἀλλ' οὐκ ἦσαν ἐξ ἡμῶν· εἰ γὰρ ἐξ ἡμῶν ἦσαν, με-
μενήκεισαν ἂν μεθ' ἡμῶν. Nicht anders steht es mit den Irrlehrern
in Kolossae, und die Polemik der Past zeigt deutlich, daß die
Gnosis eine innergemeindliche Erscheinung ist. Die Gnostiker
sind Leute, die vom Glauben „abgefallen" sind (1. Tim 4, 1;
vgl. 1, 6; 6, 21; 2. Tim 2, 18; 3, 8); sie sind nicht Heiden, sondern αἱρετικοί (Tit 3, 10; vgl. 2. Pt 2, 1). Die Briefe des Ignatius
wie der Brief des Polykarp zeigen das gleiche Bild: wohl wird

die Irrlehre durch wandernde Lehrer in die Gemeinden getragen, und diese werden gewarnt, solche Lehrer aufzunehmen (Sm 4, 1; vgl. Mg 11). Aber es sind christliche Lehrer, und ihre Lehre hat in manchen Gemeinden ihre Vertreter.

Man sieht: das hellenistische Christentum steht im Strudel des synkretistischen Prozesses; das genuin christliche Motiv steht im Ringen mit anderen Motiven; die „Rechtgläubigkeit" steht nicht am Anfang, sondern wird sich erst herausbilden.

Wahrscheinlich ist die Gnosis zuerst meistens durch das Medium eines selbst vom Synkretismus erfaßten hellenistischen Judentums in die christlichen Gemeinden eingedrungen. Die von Paulus in Korinth bekämpften gnostischen Pneumatiker sind jüdischer Herkunft (2. Kr 11, 22). Ob auch die in Kolossae vertretenen Irrlehren aus einem synkretistischen Judentum stammen, ist nicht ganz sicher (vgl. Kol 2, 11. 14 und bes. 2, 16). Wahrscheinlich aber handelt es sich in den Past um eine judenchristliche Gnosis (1. Tim 1, 7; Tit 1, 10. 14). Ignatius kämpft Mg 8—11; Phld 6—9 gegen den Ἰουδαϊσμός, und da dessen Vertreter offenbar mit den sonst in seinen Briefen bekämpften Gegnern identisch sind, muß es sich um eine judenchristliche Gnosis handeln. Es ist also doppelt begreiflich, daß die Gnosis nicht als ein heidnischer Glaube, sondern als eine Form des Christentums erscheinen konnte.

4. In welcher Weise aber hat nun das gnostische Denken, sein Mythos und seine Begrifflichkeit, Einfluß auf das christliche Denken gewonnen und zur Entfaltung der christlich theologischen Sprache beigetragen?

a) Zunächst in der b e g r i f f l i c h e n E n t w i c k l u n g d e s e s c h a t o l o g i s c h e n D u a l i s m u s, indem dieser über die Dimensionen eines heilsgeschichtlichen in diejenigen eines kosmologischen Denkens hinübergeführt wurde — besser: indem das k o s m o l o g i s c h e D e n k e n konsequenter weitergetrieben wurde. Denn schon in der jüdischen Eschatologie hatte die Zukunftshoffnung kosmisches Ausmaß gewonnen, unter dem Einfluß iranischer und babylonischer Mythologie, die ja auch für die Gnosis die Quellen des mythologischen Denkens waren. Aus diesen Einflüssen stammt die dem AT noch fremde Unterscheidung des עוֹלָם הַזֶּה und עוֹלָם הַבָּא (αἰὼν οὗτος und μέλλων). Die Mächte, die Israel in der Gegenwart bedrohen, sind nur im Vordergrunde die fremden Völker oder Weltreiche; hinter ihnen

stehen dämonische Mächte, steht der Satan. Dementsprechend
werden nicht geschichtliche Umwälzungen (wie noch in Deut-
Jes, trotz alles Wunderbaren im Einzelnen), sondern eine kosmische Katastrophe die Heilszeit herbeiführen, und die Auferstehung der Toten und das Weltgericht wird die Wende bringen — das Weltgericht als forensischer Akt, während im AT
Gottes Gerichte als sich im geschichtlichen Geschehen vollziehend
gedacht sind — außer in Dan, wo, wie in dem späten Stück Jes
24—27, die Gedanken der kosmologischen Eschatologie zum
erstenmal erscheinen. Die Gestalt des davidischen Königs der
Heilszeit war mehr oder weniger durch die Gestalt des Menschensohnes als des vom Himmel kommenden Richters und Heilbringers verdrängt worden (§ 7, 5). Im Bilde der Heilszeit waren
die Farben des nationalpolitischen Ideals mehr oder weniger
verblaßt. Das Urteil über die gegenwärtige Welt als den unheimlichen Spielraum des, dem AT in dieser Rolle noch unbekannten,
Satans und seiner dämonischen Scharen hatte sich verbreitet.
Wenn zufolge der alttestamentlichen Tradition der Glaube an die
Schöpfung der Welt durch Gott festgehalten wurde, so mit einer
gewissen Inkonsequenz. Und wenn in der Apokalyptik ein gewisser Ausgleich dadurch hergestellt wurde, daß dem Falle
Adams — dem AT noch fremd — die Bedeutung zugeschrieben
wurde, daß er über die adamitische Menschheit und über „diesen
Äon" den Fluch der Sünde, der Not und des Sterbens gebracht
hat, so ist darin wohl schon der Einfluß gnostischer Gedanken
wirksam.

Unter gnostischem Einfluß mußten solche Anschauungen im
hellenistischen Christentum weiter entwickelt werden. Das ist
schon bei Paulus ganz deutlich; es läßt sich nur nicht feststellen,
wie viel davon er schon aus seiner jüdischen Vergangenheit mit-
brachte, und wieweit gnostischer Einfluß noch später auf ihn
wirkte.

Gnostische Sprache ist es, wenn der Satan der $\vartheta\varepsilon\grave{o}\varsigma$ $\tauο\tilde{υ}$ $αἰ\tilde{ω}νος$
$\tauούτου$ (2. Kr 4, 4) oder der $\check{α}ρχων$ $\tauο\tilde{υ}$ $κόσμου$ $\tauούτου$ (Joh 12, 31;
14, 30; 16, 11) heißt, wenn er $\acute{ο}$ $\check{α}ρχων$ $\tau\tilde{η}ς$ $ἐξουσίας$ $\tauο\tilde{υ}$ $ἀέρος$
(Eph 2, 2) oder $\acute{ο}$ $\check{α}ρχων$ $\tauο\tilde{υ}$ $αἰ\tilde{ω}νος$ $\tauούτου$ (Ign Eph 19, 1) genannt
wird. Dem Namen wie der Bedeutung nach sind die $\check{α}ρχοντες$
$\tauο\tilde{υ}$ $αἰ\tilde{ω}νος$ $\tauούτου$, die den $κύριος$ $\tau\tilde{η}ς$ $δόξης$ ans Kreuz gebracht
haben (1. Kr 2, 6. 8), Gestalten der gnostischen Mythologie,
eben jene dämonischen Weltherrscher, die auch mit den Aus-

drücken ἄγγελοι, ἀρχαί, ἐξουσίαι, δυνάμεις gemeint sind (Rm 8, 38 f.; 1. Kr 15, 24.·26; Kol 1, 16; 2, 10. 15; Eph 1, 21; 3, 10; 6, 12; 1. Pt 3, 22) und wenigstens mitgemeint in den πολλοὶ θεοὶ καὶ κύριοι 1. Kr 8, 4. Sie sind wie in der Gnosis wesentlich als Gestirngeister gedacht und heißen als solche die στοιχεῖα τοῦ κόσμου (Gl 4, 3. 9; vgl. Kol 2, 8. 20), die den Lauf und die Einteilung der Zeiten regieren (Gl 4, 10). Gnostisch sind die κοσμοκράτορες τοῦ σκότους τούτου und die πνευματικὰ τῆς πονηρίας ἐν τοῖς ἐπουρανίοις (d. h. in der Luftregion, der niederen Sphäre des Firmaments) Eph 6, 12.

Von den mythologischen Gestalten abgesehen zeigt die T e r -
m i n o l o g i e , in der der Dualismus zum Ausdruck kommt, weithin gnostischen Einfluß, am stärksten bei Joh, dessen Sprache durch die Antithese φῶς — σκοτία beherrscht ist. Aber auch das übrige NT kennt den Gegensatz φῶς — σκότος (Rm 13, 12; 1. Th 5, 4 f.; 2. Kr [6, 14]; Kol 1, 12 f.; Eph 5, 8 ff.; 6, 12; 1. Pt 2, 9; vgl. 1. Klem 36, 2; 2. Klem 1, 4; Barn 14, 5 f.; 18, 1; Ign Rm 6, 2; Phld 2, 1). Dahin gehört auch der Gebrauch von ἀλήθεια (mit seinem Opp. ψεῦδος) zur Bezeichnung der wahren (göttlichen) Wirklichkeit im Gegensatz zur Scheinwirklichkeit des Irdischen, ein Gebrauch, der wiederum dem Joh sein Gepräge gibt — zumal auch der Gebrauch von ἀληθινός, das in diesem Sinne außer bei Joh auch in Hbr erscheint (8, 2; 9, 24). Im gleichen Sinne gebraucht Hbr ἐπουράνιος (8, 5; 9, 23) im Gegensatz zum Irdischen als der σκιά (8, 5; 10, 1; vgl. Kol 2, 17) und zum κοσμικόν (9, 1).

b) Gnostische Mythologie steckt hinter dem in Andeutungen verlaufenden und daher im einzelnen schwer zu erklärenden Satz vom F a l l d e r S c h ö p f u n g Rm 8, 20 ff., die τῇ ματαιότητι ὑπετάγη, die der δουλεία τῆς φθορᾶς verfallen ist und unter Seufzen der Befreiung harrt. Ganz im gnostischen Sinne ist Adams Fall, der (Sünde und) Tod über die Menschheit gebracht hat, Rm 5, 12 ff. interpretiert; ja, 1. Kr 15, 21. 44—49 ist die Bestimmtheit der adamitischen Menschheit von der anerschaffenen Qualität des Adam als eines ψυχικός und χοϊκός ganz ohne Rücksicht auf seinen Fall abgeleitet. Der Gegensatz ψυχικός — πνευματικός zur Bezeichnung zweier grundsätzlich verschiedener Klassen von Menschen, ein Gegensatz, der weder aus dem griechischen Sprachgebrauch noch vom AT her, sondern nur aus der gnostischen Anthropologie verständlich ist, ist ein besonders

deutliches Merkmal dafür, daß schon die anthropologischen Begriffe des Paulus unter dem Einfluß der Gnosis geprägt sind
(1. Kr 2, 14 f.; 15, 44—46; ferner Jak 3, 15; Jud 19). Ebenfalls
gnostisch gedacht ist es, wenn Joh 8, 44 die Feindschaft gegen
Jesus aus der Abstammung der Ungläubigen vom Teufel als dem
Urlügner hergeleitet wird. Ganz gnostisch werden diejenigen, die
ἐκ τοῦ διαβόλου (Joh 8, 44; 1. Joh 3, 8) stammen — oder ἐκ τοῦ
πονηροῦ (1. Joh 3, 12), ἐκ τῶν κάτω (Joh 8, 23), ἐκ τοῦ κόσμου
(Joh 8, 23 und sonst), ἐκ τῆς γῆς (Joh 3, 31) — denen gegenübergestellt, die ἐκ τοῦ θεοῦ (Joh 7, 17; 8, 47), ἐκ τῆς ἀληθείας (Joh
18, 37), ἐκ τῶν ἄνω (Joh 8, 23) stammen bzw. die „aus Gott
gezeugt sind" (1. Joh 2, 29; 3, 9; 4, 7; 5, 1).

Gnostische Mythologie dient also dazu, die Situation
des Menschen in der Welt zu charakterisieren als
ein Leben, das durch seine Herkunft zum Verderben bestimmt,
das der Herrschaft dämonischer Mächte preisgegeben ist. Ja,
Paulus wagt sogar im Widerspruch zu seiner sonstigen Anschauung, daß das Gesetz von Gott stammt (Rm 7, 12. 14), in der
Polemik gegen die judaistische Gesetzlichkeit sich den gnostischen Satz zu eigen zu machen, daß es vielmehr von untergeordneten Engelmächten gegeben ist (Gl 3, 19).

Gnostisch ist dementsprechend weithin die Terminologie der Paränese, wenn sie davon redet — in Verbindung mit den Begriffen Licht und Finsternis — daß die Menschen in Schlummer oder Trunkenheit verfallen sind, daß sie
geweckt werden und nüchtern sein müssen (Rm 13, 11—13;
1. Th 5, 4—6; 1. Kr 15, 34; 16, 13; Kol 4, 2; Eph 5, 14; 2. Tim
2, 26; 4, 5; 1. Pt 1, 13; 5, 8; Ign Sm 9, 1; Pol 1, 3; 2, 3; 2. Klem
13, 1; das γρηγορεῖν freilich auch schon in der judenchristlichen
Tradition Mk 13, 35; Apk 3, 2 f.; Did 16, 1 usw.). Ganz in gnostischer Sprache ist das Lied(fragment) Eph 5, 14 geformt:

> ἔγειρε ὁ καθεύδων
> καὶ ἀνάστα ἐκ τῶν νεκρῶν,
> καὶ ἐπιφαύσει σοι ὁ Χριστός.

c) Vor allem aber diente die gnostische Begrifflichkeit dazu,
das Heilsgeschehen deutlich zu machen. Der Erlöser
erscheint demzufolge als eine kosmische Gestalt, als das präexistente Gottwesen, der Sohn des Vaters (§ 12, 3), der vom
Himmel herabkam und Menschengestalt annahm, der nach sei-

nem irdischen Wirken zur himmlischen Herrlichkeit erhöht
wurde und die Herrschaft über die Geistermächte errang. So
preist ihn das vorpaulinische, Phl 2, 6—11 zitierte Christuslied.
Kurz angedeutet ist der Mythos auch 2. Kr 8, 9. Der gnostische
Gedanke, daß das Erdengewand Christi die Verhüllung war,
infolge deren die Weltherrscher ihn nicht erkannten – - denn
hätten sie ihn erkannt, so hätten sie nicht durch seine Kreuzigung
ihren eigenen Untergang herbeigeführt —, steckt hinter 1. Kr
2, 8. Wie der gnostische Erlösermythos von der Fleischwerdung
des Präexistenten und von seiner Erhöhung, durch die er den
Seinen den Weg in die Lichtwelt bahnt, der Christologie des Joh
die Begriffssprache liefert, wird später gezeigt werden.

Vom Abstieg und Wiederaufstieg des Er-
lösers redet Eph 4, 8—10. Das καταβαίνειν εἰς τὰ κατώτερα
μέρη τῆς γῆς bedeutet nicht etwa die Höllenfahrt, sondern, dem
ἀναβαίνειν entsprechend, die Erdenfahrt des Präexistenten. Und
daß dieser durch seine Himmelfahrt die feindlichen Geistermächte bezwungen hat, findet der Verfasser (V. 8) in dem Psalm-
vers (68, 19) ausgesagt: ἀναβὰς εἰς ὕψος ᾐχμαλώτευσεν αἰχμαλωσίαν.
Daß der Erhöhte die Herrschaft über das Reich der kosmischen
Mächte gewonnen hat, sagt auch Kol 2, 15: „Er (Gott) ent-
waffnete die Mächte und Gewalten und machte sie öffentlich
zum Spott, indem er über sie durch ihn (Christus) triumphierte."
So ist auch nach 1. Pt 3, 22 der Aufstieg Christi zum Himmel
zugleich der Akt der Unterwerfung der dämonischen Weltherrscher, und 3, 19 f., wo dem ursprünglichen Sinne nach [1] sowenig
wie Eph 4, 9 von der Höllenfahrt die Rede ist, folgt dem gnostischen Mythos, demzufolge das Gefängnis der Gestorbenen nicht
im Inneren der Erde, sondern in der Luftregion ist, wo die Mächte
der Gestirne oder des Firmaments sie gefangen halten. Ganz
kurz ist das kosmische Geschehen Joh 12, 31 angedeutet: νῦν
κρίσις ἐστὶν τοῦ κόσμου τούτου, νῦν ὁ ἄρχων τοῦ κόσμου τούτου
ἐκβληθήσεται (vgl. 16, 10 f.). Diese Worte spricht Jesus, als er
sich anschickt, in die Passion zu schreiten, die aber für Joh nichts

---

[1] 1. Pt 3, 18—22 liegt (ähnlich wie Kol 1, 15—20) ein Christuslied zu-
grunde. Der Verf. von 1. Pt hat, wie 4, 6 zeigt, V. 19 von der Höllenfahrt
verstanden. Von dieser handeln später Ign Mg 9, 3; Herm sim IX 16, 5—7.
– Zum Thema der Höllenfahrt s. Bo Reicke, The disobedient Spirits and
Christian Baptism, 1946; W. Bieder, Die Vorstellung von der Höllenfahrt
Jesu Christi, 1949.

anderes bedeutet als sein ὑψωθῆναι (12, 32) und δοξασθῆναι
(12, 28).

So muß denn dem Erhöhten der ganze Kosmos — die ἐπουράνια, ἐπίγεια und καταχθόνια — huldigen (Phl 2, 10 f.). Gott hat
damit der (durch den Urfall entstandenen) kosmischen Unordnung ein Ende gesetzt und durch ihn „das All versöhnt", wie
das Kol 1, 20 zugrunde liegende Lied sagt, das der Verfasser
durch seine Redaktion stärker der christlichen Tradition ange-
glichen hat. Noch radikaler christlich interpretiert Eph 2, 14 ff.
die kosmische εἰρήνη, die durch das Heilswerk gestiftet ist, im
ekklesiologischen Sinne und deutet das μεσότοιχον τοῦ φραγμοῦ,
das nach dem gnostischen Mythos die Erdenwelt von der himmlischen Welt trennt, sowohl auf die Feindschaft zwischen Juden
und Heiden (V. 14), wie auf die Feindschaft zwischen Gott und
den Menschen (V. 16). Auch Hbr folgt dem gnostischen Erlösermythos: der Präexistente, der hier im Sinne des gnostischen
εἰκών-Gedankens als ἀπαύγασμα τῆς δόξης καὶ χαρακτὴρ τῆς ὑποστάσεως αὐτοῦ (sc. τοῦ θεοῦ) bezeichnet wird (1, 3), hat sich in
der Menschwerdung erniedrigt (2, 9), um dann über die Engel
erhöht zu werden; 1, 5 geht auf die Inthronisation des Erhöhten.
Im Sinne der judenchristlichen Eschatologie ist hier das Bild
aber dadurch modifiziert worden, daß die Unterwerfung des
Gesamtkosmos auf die künftige Parusie vertagt wird (1, 6; 2, 8).
Den Mythos enthalten auch die Sätze des Liedes 1. Tim 3, 16:

ὅς ἐφανερώθη ἐν σαρκί,
ἐδικαιώθη ἐν πνεύματι,
ὤφθη ἀγγέλοις . . .
ἀνελήμφθη ἐν δόξῃ.

Was hier angedeutet ist, wird ausführlicher Ign Eph 19 ausgesprochen; hier finden wir das Motiv der Täuschung des ἄρχων τοῦ αἰῶνος τούτου wieder. Ihm blieben die τρία μυστήρια
κραυγῆς verborgen, die Jungfrauenschaft der Maria, ihre Niederkunft und der Tod des κύριος, dem die glorreiche Offenbarung
des siegreich Emporsteigenden vor den „Äonen" (wie die kosmischen Mächte mit gnostischem Terminus genannt werden)
folgt — ein Drama, dessen Ziel und Ende die Vernichtung der
παλαιὰ βασιλεία (der „Äonen" und ihres ἄρχων) ist. Das πάθος
Christi und sein σταυρός ist, teils in gnostischen Gedanken, teils
in Polemik gegen sie, von Ignatius als kosmisches Ereignis aufgefaßt.

d) Für die Gläubigen bedeutet der kosmische Sieg Christi **die Befreiung von den dämonischen Welt- herrschern**, von der Sünde und vor allem vom Tode, so daß jener Satz ἀνάστασιν ἤδη γεγονέναι (s. o. S. 172) begreiflich ist. Und zwar wird dafür gerne der gnostische Gedanke frucht- bar gemacht, daß der Erlöser durch seinen Aufstieg den Weg in die Himmelswelt durch die Sphären der Geistermächte gebahnt hat. Der Erhöhte wird die Seinen nach sich ziehen (Joh 12, 32); er ist selbst die ὁδός (Joh 14, 6). Hbr drückt das durch die An- wendung des Begriffes ἀρχηγός aus (2, 10; 12, 2; vgl. Act 3, 15; 5, 31; 2. Klem 20, 5). Christus ist der „Führer" zum Himmel; er ist als der τελειωθείς (der „Geweihte" 2, 10; 5, 9) zugleich der τελειωτής für die Seinen (12, 2). Dabei hat Hbr den gnostischen Gedanken vom Aufstieg des Selbst zur himmlischen κατάπαυσις umgedeutet in den Gedanken von der Wanderschaft des Gottes- volkes auf Erden zur himmlischen Heimat (3, 7—4, 11).

Die gnostische Lehre von der συγγένεια, der Verwandtschaft von Erlöser und Erlösten kraft ihrer beider himmlischen Her- kunft, ist von Hbr so gewandt, daß die Erlösten als die Brüder des Erlösers gelten (2, 11 f. 17), freilich auch seine Kinder hei- ßen können, weil er die Priorität hat. Im gleichen Sinne ist der Erhöhte bei Paulus der πρωτότοκος ἐν πολλοῖς ἀδελφοῖς (Rm 8, 29). Vor allem bringt Paulus die Erlöserbedeutung Christi dadurch zum Ausdruck, daß er ihn mit dem (gefallenen) Urmenschen Adam als den ἔσχατος ᾿Αδάμ parallelisiert. Wie durch diesen die adamitische Menschheit in ihrem irdisch-psychischen Wesen, in ihrer Unterworfenheit unter den Tod bestimmt ist, so durch Christus, und damit durch das πνεῦμα und die ζωή, die an ihn Gläubigen. Dabei zieht Paulus freilich nicht die gnostische Kon- sequenz, τὴν ἀνάστασιν ἤδη γεγονέναι, verficht vielmehr die alte realistische Auferstehungshoffnung gegen die gnostisierenden Korinther, gerät dadurch aber in die Schwierigkeit, einen para- doxen Begriff der ζωή ausbilden zu müssen, eines Lebens, das schon Gegenwart und doch noch erst Zukunft ist (Rm 5, s. u.). Joh freilich gibt die alte realistische Eschatologie von der künf- tigen Parusie, von der Auferstehung und dem Endgericht auf [1].

Die gnostische Vorstellung von der Präexistenz der Seelen (bzw. gnostisch gedacht: von der Präexistenz der menschlichen

---

[1] Kirchliche Redaktion hat die realistische Eschatologie wieder in Joh hineinkorrigiert; darüber s. u.

Selbste) und der damit verbundene Gedanke von den φύσει σωζόμενοι, d. h. der Gedanke, daß die Rettung in der der Glaubensentscheidung vorausliegenden Verwandtschaft von Erlöser und
Erlösten begründet ist, ist in den christlichen Gemeinden durchweg preisgegeben worden. In neuer Interpretation kehrt er aber
bei Joh wieder, wenn die Gläubigen als die ἴδιοι des fleischgewordenen Logos gelten, die er zu sich ruft, und die seine Stimme
hören und kennen (Joh 10), weil sie „aus der Wahrheit" sind
(18, 37).

e) Hbr verbindet den **gnostischen Gedanken von
der Einheit**, zu der alle Pneumatiker, die aus der Welt
ausgegrenzt sind, unter sich verbunden sind (§ 10, 5), mit dem
Motiv der alttestamentlich-jüdischen Tradition vom Gottesvolk (außer 3, 7—4, 11 vgl. 13, 12—14). Paulus dagegen ver-
deutlicht die innere Einheit der Glaubenden untereinander und
mit dem Erlöser durch den gnostischen Begriff des σῶμα Χριστοῦ
(Rm 12, 4 f.; 1. Kr 12, 12—27; auch 1. Kr 6, 15—17) und bestimmt damit sehr wesentlich **die Ausbildung des
Kirchenbegriffes**.

Durch Paulus angeregt, aber zugleich selbst unter dem Einfluß gnostischer Tradition haben die Verfasser von Kol und Eph
den Gedanken fruchtbar gemacht. Und zwar ist in Kol der ursprünglich mythologische bzw. kosmologische Charakter des
σῶμα-Begriffes besonders deutlich. Der Verf. hat in 1, 15—20
einen Hymnus zugrunde gelegt, der zunächst die kosmische Stellung Christi besang und unter dem σῶμα, dessen κεφαλή Christus
ist, den Kosmos verstand, während der Verfasser das σῶμα als
die ἐκκλησία interpretiert (durch den Zusatz in V. 18; dann
V. 24), damit aber der ἐκκλησία — ganz im Sinne der Gnosis —
den Charakter einer kosmischen Größe gibt.

Das Gleiche ist in Eph wahrzunehmen. Hier ist jedoch, um
das Verhältnis Christi zur ἐκκλησία zu bezeichnen, nicht nur der
κεφαλή-Begriff verwendet, sondern auch der gnostische Syzygie-
Gedanke: die ἐκκλησία ist die Braut bzw. die Frau Christi (5, 25 ff.,
bes. V. 29—32)[1].

Ist hier der naheliegende Gedanke von der Präexistenz der
ἐκκλησία noch nicht ausgesprochen — in dem betonten ἐγὼ δὲ

---

[1] Schwerlich liegt diese Vorstellung schon 2. Kr 11, 2 zugrunde, wo die
korinthische Gemeinde unter dem Bilde der Braut Christi gesehen ist.
Eher Apk 19, 7; 21, 2; doch ist das zweifelhaft.

λέγω V. 32 ist vielleicht sogar dagegen polemisiert —, so hat der Verfasser von 2. Klem diese Konsequenz gezogen und redet von der πρώτη und πνευματικὴ ἐκκλησία, die vor Sonne und Mond erschaffen war und „am Ende der Tage" offenbart wurde. Sie ist für ihn das σῶμα Χριστοῦ (14, 1 f.).

Bei Hermas ist vis II 4, 1 die als Greisin erscheinende Kirche ebenfalls präexistent: πάντων πρώτη ἐκτίσθη . . . καὶ διὰ ταύτην ὁ κόσμος κατηρτίσθη. Der Syzygie-Gedanke liegt aber nicht vor, und die σῶμα-Vorstellung klingt nur nach, wenn die Einheit der ἐκκλησία durch die Wendung ἓν πνεῦμα καὶ ἓν σῶμα beschrieben wird (sim IX 13, 5. 7; vgl. 17, 5; 18, 4). Ein gnostisches Motiv ist es, wenn die Jungfrauen, die den Turm der Kirche bauen, die ἅγια πνεύματα und die δυνάμεις τοῦ υἱοῦ τοῦ θεοῦ heißen (sim IX 13, 2); auch die Zahl der Jungfrauen (vis III 8 sind es sieben, sim IX 12 ff. sind es zwölf) und die Beschreibung des Turmes lassen den ursprünglich kosmologischen Sinn der Darstellung erkennen [1]. Stärkere gnostische Einflüsse haben auf die unklaren ekklesiologischen und christologischen Ausführungen des Herm nicht gewirkt.

Auch bei Ignatius hat der gnostische Mythos die Anschauung von der ἐκκλησία beeinflußt. Sie ist das σῶμα Christi (Sm 1, 2), er ihre κεφαλή (Tr 11, 2); die Christen sind die Glieder Christi (Eph 4, 2; Tr 11, 2). Wie im gnostischen Mythos das Heilsgeschehen darin gipfelt, daß alle zerstreuten Lichtfunken gesammelt und zur Einheit der Lichtgestalt des Urmenschen verbunden werden, so ist für Ign die ἕνωσις (bzw. ἑνότης) der ἐκκλησία das Ziel, das Gott verheißen hat (Tr 11, 2; vgl. Eph 5, 1; Pol 8, 3), und dieser ἕνωσις gilt seine ständige Mahnung (Eph 4, 2; Mg 7, 2; Pol 1, 2); sie ist zugleich die ἕνωσις mit Christus (Mg 1, 2; 13, 2; Phld 4, 1). Die Syzygie-Vorstellung begegnet nicht; denn daß Christus die Kirche „geliebt" hat (Pol 5, 1), wird eine Reminiszenz an kanon. Eph 5, 25. 29 sein.

f) Vom Polytheismus zum Glauben an den einen wahren Gott gelangen, hieß: εἰς ἐπίγνωσιν ἀληθείας ἐλθεῖν (§ 9, 2) — befreiende Erkenntnis war dem Christen mit dem Gnostiker gemeinsam, und der christliche Prediger konnte in gnostischer Terminologie sprechen: γνώσεσθε τὴν ἀλήθειαν, καὶ ἡ ἀλήθεια ἐλευθερώσει ὑμᾶς

---

[1] S. Käsemann, Leib und Leib Christi 85 f.; M. Dibelius, Exk. zu vis II 4, 1; III 2, 4; sim V 6, 7 im Ergänzungsbd. z. Handb. z. NT IV, 451 f. 459 f. 572—575.

(Joh 8, 32). Statt von der πίστις konnte Paulus auch von der
Erkenntnis reden, die alles einst als Gewinn Geachtete überragt (τὸ ὑπερέχον τῆς γνώσεως Χριστοῦ Ἰησοῦ Phl. 3, 8), und als
Ziel aufstellen: εὑρεθῆναι ἐν αὐτῷ und γνῶναι αὐτὸν καὶ τὴν δύναμιν τῆς ἀναστάσεως αὐτοῦ . . . (Phl 3, 9 f.). Kein Wunder, wenn
sich christliches und gnostisches Erkenntnisstreben verbanden
und in Korinth ein Eifer um „Weisheit" entfesselt wurde (1. Kr
1, 18 ff.); kein Wunder, wenn der Stolz darauf, ὅτι (πάντες) γνῶσιν ἔχομεν seine Blüten trieb (1. Kr 8, 1 ff.), wenn das Bewußtsein der Ausgegrenztheit aus der Welt und der Überlegenheit
über die Ungläubigen die gnostische Form gewann, kraft höherer Natur ein πνευματικός zu sein und auf die ψυχικοί oder die
ἀσθενεῖς herabblicken zu können, um so weniger, als sich der
Christ dank der Taufe im Besitz des πνεῦμα wußte (§ 13, 1).

Solches Bewußtsein machte sich nicht nur in der Gemeindeversammlung breit in den Phänomenen des Enthusiasmus und
der Ekstase (§ 14, 3), sondern vor allem in der echt gnostischen
Behauptung der ἐ λ ε υ θ ε ρ ί α und ἐ ξ ο υ σ ί α , kraft deren
der Pneumatiker die Bindung an die konkrete kirchliche Gemeinschaft mißachtet (1. Kr 8, 1 ff.) und sich — πάντα μοι
ἔξεστιν — auch über moralische Bindungen hinwegsetzt (1. Kr
6, 12 ff.; 10, 23). Im Kampf gegen Irrlehrer ist der Vorwurf der
Unsittlichkeit (Past; Jud; 2. Pt; Herm sim V 7, 1 ff.) und Lieb-
losigkeit (1. Joh) so stereotyp geworden, daß man nicht immer
sicher ist, ob es sich um echt gnostisch begründeten Libertinismus handelt; doch geht eben aus der Stereotypie hervor, daß
solcher Libertinismus in christlichen Kreisen vertreten wurde.
Wie das gnostische Bewußtsein sich zu einem φυσιοῦσθαι (1. Kr
4, 6. 18 f.; 5, 2; 8, 1) steigert, zu einem καυχᾶσθαι, das sich ein
hochmütiges Urteilen (λογίζεσθαι) über andere anmaßt und in
pneumatischen Kraftäußerungen die Überlegenheit über den
Apostel sieht, der in ἀσθένεια sein Werk treibt, zeigen 2. Kr
10—13.

Aber auch Paulus selbst sieht offenbar in der gnostischen Begrifflichkeit die gemäße Ausdrucksform für das christliche Seins-
verständnis, nicht nur, indem er von der ihn tragenden γνῶσις
redet. Vielmehr meint er auch als πνευματικός über eine „Weisheit" zu verfügen, die in die Mysterien der göttlichen Weisheit,
in die βάθη τοῦ θεοῦ, eindringt (1. Kr 2, 6 ff.). Er weiß sich dem
Urteil anderer entzogen, während ihm selbst, der den νοῦς

(= πνεῦμα) Χριστοῦ hat, das Urteil über alle anderen zusteht (1. Kr 2, 15 f.). Er akzeptiert nicht nur den Satz ὅτι (πάντες) γνῶσιν ἔχομεν (1. Kr 8, 1), sondern auch das πάντα μοι ἔξεστιν (1. Kr 6, 12; 10, 23), — freilich mit spezifisch christlicher Korrektur (s. u.). Auf seine ἐλευθερία und ἐξουσία ist er ebenso stolz wie die Gnostiker — freilich indem er den paradoxen Charakter dieser Freiheit erkennt (1. Kr 9, 1—23). Er behauptet, μηδὲν ὑστερηκέναι τῶν ὑπερλίαν ἀποστόλων (2. Kr 11, 5; vgl. 10, 3—5. 8; 13, 3. 10) — freilich indem er den paradoxen Sinn des christlichen καυχᾶσθαι deutlich macht (2. Kr 11, 16 ff.; 12, 1 ff.). Er gehört zu den τέλειοι (Phl 3, 15; vgl. 1. Kr 2, 6) — freilich um zugleich zu versichern: οὐχ ὅτι ἤδη ἔλαβον ἢ ἤδη τετελείωμαι (Phl 3, 12).

g) Zweifellos war im gnostischen Mythos und seiner Begrifflichkeit die Möglichkeit gegeben, das eschatologische Geschehen als ein durch die Geschichte Jesu Christi eingeleitetes und im Vollzuge befindliches, in der Gegenwart wirksames verständlich zu machen; die Möglichkeit, die ἐκκλησία und den Einzelnen zu begreifen als in den großen Zusammenhang eines Unheils- und Heilsgeschehens gestellt. Aber es ist nun die Frage, ob dieses kosmische Geschehen nur als ein großartiger Naturprozeß verstanden wird, der sich gleichsam an meinem Tun, meiner Verantwortung, meinen Entscheidungen vorbei vollzieht, dem ich im Guten wie im Bösen ausgeliefert bin. W i r d   d i e   m e n s c h l i c h e   G e s c h i c h t e   a l s   N a t u r g e s c h e - h e n   o d e r   a l s   e c h t e s   g e s c h i c h t l i c h e s   G e - s c h e h e n   v e r s t a n d e n   w e r d e n? Ist die γνῶσις nur das spekulative Wissen, das neben allem anderen Wissen und Verhalten steht, ein Wissen, dessen Besitz mich über meine Zukunft nach dem Tode beruhigt? Oder ist es ein echtes Selbstverständnis, das das Leben durchherrscht und in allen seinen Äußerungen, vor allem im Tun, bestimmt? Zweifellos intendiert die Gnosis ein solches Selbstverständnis, und es äußert sich im Bewußtsein der ἐλευθερία und ἐξουσία. Aber es ist die Frage, ob diese Freiheit a l s   d i e   F r e i h e i t   d e s   i n   e c h t e r G e s c h i c h t l i c h k e i t   v e r a n t w o r t l i c h   e x i s t i e - r e n d e n   M e n s c h e n   verstanden wird oder als Heraustreten des Menschen aus seiner wirklichen Existenz, also — da das im Grunde unmöglich ist — als pure Behauptung bzw. als sinnlose Demonstration. Ob der paradoxe Charakter der Freiheit er-

kannt ist, ist also die Frage. Das ist zugleich die Frage, ob das
πνευματικὸς εἶναι als eine naturhafte Qualität verstanden wird,
oder ob es stets unter verantwortlicher Entscheidung festgehalten bleibt, weil neben ihm — echter geschichtlicher Existenz
entsprechend — das σαρκικὸς εἶναι als Möglichkeit fortbesteht.
Nur wo das Letztere erkannt ist, ist die Freiheit echt als Freiheit verstanden. Wo es nicht der Fall ist, wird es entweder zur
Konsequenz der Askese kommen, die die pneumatische Qualität, sei es demonstrieren, sei es ängstlich bewahren will — oder
zum Libertinismus, sei es, daß die Freiheit ihm zum Vorwand
dient, sei es, daß er sie demonstrieren will. Die Verkennung der
Geschichtlichkeit der menschlichen Existenz führt mit dem un-
dialektischen Verständnis des Pneumabesitzes und der Freiheit
zugleich die Preisgabe des S c h ö p f u n g s g e d a n k e n s
mit sich, während das Festhalten am Gedanken der Welt als
Schöpfung und zugleich am Gedanken der Entweltlichung durch
die Teilhabe am eschatologischen Geschehen ein dialektisches
Weltverhältnis begründen muß, wie es in dem paulinischen ὡς
μή (1. Kr 7, 29 ff.) seinen Ausdruck finden wird. Die Verkennung
der Geschichtlichkeit führt endlich zu einer ungeschichtlichen
Interpretation des συγγένεια-Gedankens, zur Mißdeutung der
k i r c h l i c h e n G e m e i n s c h a f t. Statt daß die γνῶσις
in der ἀγάπη ihre vollendete Verwirklichung (ihre echte Demonstration) findet, wird sie ihren Höhepunkt in der entgeschicht-
lichenden Ekstase suchen.

ZWEITER TEIL

DIE THEOLOGIE
DES PAULUS UND DES JOHANNES

I. DIE THEOLOGIE DES PAULUS

Forschungsübersichten: SCHWEITZER, A., Geschichte der paulinischen Forschung von der Reformation bis auf die Gegenwart, (1911) ²1933. – BULTMANN, R., Zur Geschichte der Paulusforschung, ThR, N.F. 1, 1929, 26–59. – DELLING, G., Zum neueren Paulusverständnis, NovT 4, 1960, 95–121. – RIGAUX, B., Paulus und seine Briefe, 1964 (Franz.: Saint Paul et ses lettres, 1962). – SIMON, M., Trente ans de recherches sur l'apôtre Paul, Ktema 3, 1978, 3–33. – SCHELKLE, K. H., Paulus. Leben–Briefe–Theologie, 1981. – KÜMMEL, W. G., Rudolf Bultmann als Paulusforscher, in: Rudolf Bultmanns Werk und Wirkung, hrg. v. B. JASPERT, 1984, 174–193.

Darstellungen: BAUR, F. C., Paulus, (1845) ²1866/67. – WREDE, W., Paulus, (1904) ²1907 (hrg. v. W. BOUSSET). – BULTMANN, R., Art. Paulus, RGG², IV, 1930, 1019–1045. – SCHWEITZER, A., Die Mystik des Apostels Paulus, (1930; dazu: R. BULTMANN, DLZ 52, 1931, 1153–1158) ³1981 (mit einer Einführung v. W. G. KÜMMEL). – NOCK, A. D., St. Paul, (1938); deutsch: Paulus, übers. v. H. H. SCHAEDER, 1940. – DIBELIUS, M.-KÜMMEL, W. G., Paulus, (1951) ⁴1970. – SCHOEPS, H.-J., Paulus, (1959) ²1972. – HOLTZ, T., Zum Selbstverständnis des Apostels Paulus, ThLZ 91, 1966, 321–330. – BORNKAMM, G., Paulus, (1969) ⁵1983. – BEN-CHORIN, S., Paulus, 1970. – RIDDERBOS, H., Paulus, (deutsch) 1970. – KUSS, O., Paulus, (1971) ²1976. – EICHHOLZ, G., Die Theologie des Paulus im Umriß, (1972; dazu: P. STUHLMACHER, ThLZ 98, 1973, 721–732) ²1977 (erw.). – JEWETT, R., Chronology of Paul's Life, (1979); deutsch: Paulus-Chronologie. Ein Versuch, 1982. – SANDERS, E. P., Paul and Palestinian Judaism, 1977 (dazu: H. HÜBNER, NTSt 26, 1980, 445–473). – LINDEMANN, A., Paulus im ältesten Christentum, 1979. – LÜDEMANN, G., Paulus der Heidenapostel. I. Studien zur Chronologie, 1980 (dazu: A. LINDEMANN, ZKG 92, 1981, 344–349; M. RESE, ThZ 38, 1982, 98–110 [bes. 104–109]). – TRILLING, W., Mit Paulus im Gespräch, 1983.

Einzel- und Gesamtuntersuchungen: Das Paulusbild in der neueren deutschen Forschung. In Verbindung mit U. LUCK hrg. v. K. H. RENGSTORF, (1964) ³1982 (Einzelbeiträge von Wrede bis Rengstorf [1904–1961]). – BORNKAMM, G., Das Ende des Gesetzes, (1952) ⁵1966. – CONZELMANN, H., Grundriß der Theologie des Neuen Testaments, (1967) ³1976, 175–314. – KÄSEMANN, E., Paulinische Perspektiven, (1969) ²1972. – KÜMMEL, W. G., Die Theologie des Neuen Testaments nach seinen Hauptzeugen, (1969) ⁴1980, 121–227. – LOHSE, E., Grundriß der neutestamentlichen Theologie, (1974) ²1979, 74–111. – SCHLIER, H., Grundzüge einer paulinischen Theologie, 1978. – EBELING, G., Die Wahrheit des Evangeliums. Eine Lesehilfe zum Galaterbrief, 1981. – THEISSEN, G., Psychologische Aspekte paulinischer Theologie, 1983.

§ 16. DIE GESCHICHTLICHE STELLUNG DES PAULUS

Zur Bekehrung des Paulus: KÜMMEL, W. G., Römer 7 und das Bild des Menschen im Neuen Testament, 1974 (225f. = „Literatur zur Bekehrung des Paulus seit 1929" [–1971]). – SCHADE, H.-H., Apokalyptische Christologie bei Paulus, 1981 (bes. 105–113).

Zum Problem Jesus und Paulus: JÜLICHER, A., Jesus und Paulus, 1907. –

HEITMÜLLER, W., Zum Problem Jesus–Paulus, ZNW 13, 1912, 320–337. – BULTMANN, R., Die Bedeutung des historischen Jesus für die Theologie des Paulus, in: DERS., Glauben und Verstehen. I., (1933) [8]1980, 188–213. – DERS., Jesus und Paulus (1936), in: DERS., Exegetica, 1967, 210–229. – JÜNGEL, E., Paulus und Jesus, (1962) [5]1979. – KÜMMEL, W. G., Jesus und Paulus, in: DERS., Heilsgeschehen und Geschichte, [Bd. I], 1965, 439–456 (vgl. ebd. 81–106.169–191). – BLANK, J., Paulus und Jesus, 1969. – FRASER, J. W., Jesus & Paul. Paul as Interpreter of Jesus from Harnack to Kümmel, 1974. – REGNER, F., „Paulus und Jesus" im 19. Jahrhundert, 1977. – MÜLLER, P.-G., Der Traditionsprozeß im Neuen Testament, 1981, 204–241. – WEDER, H., Das Kreuz Jesu bei Paulus, 1981 (bes. 225–251).

Die geschichtliche Stellung des Paulus ist dadurch bezeichnet, daß er, im Rahmen des hellenistischen Christentums stehend, die theologischen Motive, die im Kerygma der hellenistischen Gemeinde wirksam waren, zur Klarheit des theologischen Gedankens erhoben, die im hellenistischen Kerygma sich bergenden Fragen bewußt gemacht und zur Entscheidung geführt hat und so — soweit unsere Quellen ein Urteil gestatten — zum Begründer einer christlichen Theologie geworden ist.

Paulus entstammte dem hellenistischen Judentum; seine Heimat war das kilikische Tarsos (Act 9, 11; 21, 39; 22, 3). Hier hat er ohne Zweifel zuerst seine Bildung in der rabbinischen Schriftgelehrsamkeit erhalten, von der seine Briefe zeugen. Nach Act 22, 3 hätte er auch den Unterricht des (älteren) Gamaliel in Jerusalem genossen; doch ist diese Angabe umstritten und zum mindesten (angesichts Gl 1, 22) zweifelhaft. Jedenfalls ist er in seiner Heimat auch mit der hellenistischen Kultur in Berührung gekommen, hat die Popularphilosophie kennengelernt und ist mit den Erscheinungen des religiösen Synkretismus vertraut geworden. Unsicher bleibt freilich, wieweit er sich theologische Gedanken dieses Synkretismus (der Mysterienreligionen und der Gnosis), die in seiner christlichen Theologie zur Geltung kommen, schon in seiner vorchristlichen Zeit zu eigen gemacht hat.

Daß Paulus in Damaskus die Essener kennenlernte (Fr. A. Schilling, Anglic. Theol. Rev. 16 (1934), 199—205; Sh. E. Johnson, ZAW 66 (1954), 117 bzw. in: The Scrolls and the NT 140), wird mit Recht bezweifelt von F. M. Braun, Revue Biblique 62 (1955), 34 f.

Er, der kein persönlicher Jünger Jesu gewesen war, ist durch das Kerygma der hellenistischen Gemeinde für den christlichen Glauben gewonnen w o r d e n. Die ihm durch dieses Kerygma vorgelegte Frage war die, ob er in dem gekreuzigten Jesus von Nazareth, dessen Auferstehung das Kerygma behauptete, den erwarteten Messias sehen wollte. Das aber bedeutete für ihn, den ζηλωτὴς τῶν πατρικῶν παραδόσεων (Gl 1, 14), der sogleich den grundsätzlichen Charakter der Infragestellung des Gesetzes durch die hellenistische Mission erkannte, ob er im Kreuz Christi das Urteil Gottes über sein bisheriges Selbstverständnis anerkennen wollte, d. h. die Verurteilung des jüdischen Strebens nach der Gerechtigkeit durch die Erfüllung der Gesetzeswerke. Er, der diese Frage zuerst empört abgewiesen hatte und zum Verfolger der Gemeinde geworden war, beugte sich in seiner Bekehrung dem Urteil Gottes.

Denn eben dieses ist d e r S i n n s e i n e r B e k e h r u n g: die Preisgabe seines bisherigen Selbstverständnisses, d. h. die Preisgabe dessen, was bisher Norm und Sinn seines Lebens, das Opfer dessen, was bisher sein Stolz gewesen war (Phl 3, 4—7). Seine Bekehrung war nicht, wie vielfach auf Grund einer Mißdeutung von Rm 7, 7 ff. als einer autobiographischen Konfession angenommen wird, das Ergebnis eines inneren moralischen Zusammenbruchs, die Rettung aus der Verzweiflung, in die ihn der Zwiespalt zwischen Wollen und Vollbringen getrieben hätte. Seine Bekehrung hatte also nicht den Charakter einer Bußbekehrung; ebensowenig freilich den einer befreienden Aufklärung, sondern sie war die gehorsame Beugung unter das im Kreuz Christi kundgewordene Gericht Gottes über alles menschliche Leisten und Rühmen. So spiegelt sie sich in seiner Theologie wider.

Die Bekehrung führte ihn in die hellenistische Gemeinde; auf hellenistischem Gebiet hat er als Missionar gearbeitet, alsbald in Gemeinschaft mit einem anderen hellenistischen Missionar, mit Barnabas, der ihn zur Mitarbeit nach Antiochien geholt hatte (Act 11, 25 f.). Gemeinsam mit ihm vertrat er das hellenistische Christentum gegenüber der Urgemeinde auf dem „Apostelkonvent" (§ 8, 2), und gemeinsam mit ihm unternahm er die sog. erste Missionsreise (Act 13—14).

Mit den Jüngern Jesu und der jerusalemischen Urgemeinde suchte er nach der Bekehrung keine Berührung zum Zweck der Belehrung über Jesu Person und Wirksamkeit. Er betont Gl 1—2 vielmehr seine Unabhängigkeit von ihnen in starken Worten.

In der Tat zeigen seine Briefe **k a u m S p u r e n d e s E i n-
f l u s s e s d e r p a l ä s t i n i s c h e n T r a d i t i o n** von der
Geschichte und Verkündigung Jesu. Aus der Geschichte Jesu
ist für ihn bedeutsam nur die Tatsache, daß Jesus als Jude unter
dem Gesetz geboren war und gelebt hatte (Gl 4, 4), und daß er
gekreuzigt worden war (Gl 3, 1; 1. Kr 2, 2; Phl 2, 5 ff. usw.).
Wenn er auf Christus als Vorbild verweist, so denkt er nicht an
den historischen Jesus, sondern an den Präexistenten (Phl 2, 5 ff.;
2. Kr 8, 9; Rm 15, 3). Herrenworte zitiert er nur 1. Kr 7, 10 f.
und 9, 14, und zwar beide Male Stücke der Gemeindeordnung.
Möglich ist, daß in der paulinischen Paränese gelegentlich Herrenworte nachklingen, z. B. Rm 12, 14 (Mt 5, 44); 13, 9 f. (Mk 12, 31);
16, 19 (Mt 10, 16); 1. Kr 13, 2 (Mk 11, 23). Auf urgemeindliche
Tradition geht, jedenfalls materiell, der λόγος κυρίου über Parusie
und Auferstehung 1. Th 4, 15—17 zurück, wenngleich nicht
sicher ist, ob Paulus ein überliefertes Herrenwort zitiert, oder
ob er sich auf eine Offenbarung des erhöhten Herrn beruft. Entscheidend aber ist, daß seine eigentliche Heilslehre mit ihren
theologischen, anthropologischen und soteriologischen Gedanken keine Wiederaufnahme oder Weiterbildung der Verkündigung Jesu ist, und besonders charakteristisch, daß er sich für
seine Lehre vom Gesetz nie auf eines der Worte Jesu über das
Gesetz bezieht. Der für Jesu Verkündigung bestimmende Begriff der βασιλεία τοῦ θεοῦ hat bei ihm seine beherrschende Stellung verloren und findet sich nur Rm 14, 17; 1. Kr 4, 20; 6, 9 f.;
15, 50; Gl 5, 21 (vgl. 1. Th 2, 12), wie umgekehrt die paulinische
Bezeichnung des Heilsgutes als δικαιοσύνη θεοῦ bei Jesus keine
Entsprechung hat.

Die Theologie des Paulus ist der Predigt Jesu gegenüber eine
neue Bildung, und das demonstriert nichts anderes als eben dieses, daß Paulus seine Stellung innerhalb des hellenistischen
Christentums hat. Die so oft und so leidenschaftlich verhan-
delte Frage: **J e s u s u n d P a u l u s** ist im Grunde die Frage:
Jesus und das hellenistische Christentum.

Mit dieser Erkenntnis des **h i s t o r i s c h e n** Sachverhalts
ist nun freilich über die Frage nach dem sachlichen Verhältnis
der Theologie des Paulus zur Verkündigung Jesu noch nichts
entschieden. Aber diese Frage kann nicht im voraus expliziert
und beantwortet werden, sondern findet ihre Entwicklung und
Beantwortung in der Darstellung der paulinischen Theologie
selbst.

A. Der Mensch vor der Offenbarung der πίστις

Vorbemerkungen

1. Als Q u e l l e n für die Theologie des Paulus haben nur die zweifellos echten paulinischen Briefe zu dienen: Rm, 1. u. 2. Kr, Gl, Phl, 1. Th, Phm.

2. Die Tatsache, daß Paulus nicht, wie etwa griechische Philosophen oder moderne Theologen, seine Gedanken über Gott und Christus, über Welt und Mensch theoretisch und zusammenhängend in einer selbständigen wissenschaftlichen Schrift entwickelt hat, sondern daß er sie — von Rm abgesehen — nur fragmentarisch, jeweils bei aktuellem Anlaß, in seinen Briefen vorbringt und auch in Rm, wo er sie zusammenhängend und mit einer gewissen Vollständigkeit ausspricht, dies eben in einem Briefe und unter dem Zwang einer konkreten Situation tut — diese Tatsache darf nicht zu dem Urteil verführen, daß Paulus kein eigentlicher Theologe gewesen sei, und daß man, um seine Eigenart zu erfassen, ihn vielmehr als einen Heros der Frömmigkeit verstehen müsse. Im Gegenteil! Die Art, in der er aktuelle Fragen auf eine grundsätzliche theologische Frage zurückführt, wie er konkrete Entscheidungen aus grundsätzlichen theologischen Erwägungen heraus vollzieht, zeigt, daß s e i n D e n ken u n d R e d e n a u s s e i n e r t h e o l o g i s c h e n G r u n d p o s i t i o n h e r a u s w ä c h s t, die sich ja auch in Rm einigermaßen vollständig expliziert.

Aber freilich ist diese Grundposition nicht eine Konstruktion des theoretischen Denkens, das die dem Menschen begegnenden Phänomene und ihn selbst, dem sie begegnen, zum System eines in der Distanz wahrgenommenen κόσμος objektiviert, wie es die griechische Wissenschaft tut. Vielmehr erhebt das theologische Denken des Paulus nur d i e i m G l a u b e n a l s s o l c h e m e n t h a l t e n e E r k e n n t n i s z u r K l a r h e i t b e w u ß t e n W i s s e n s. Ein Gottesverhältnis, das nur Gefühl, nur „Frömmigkeit" und nicht zugleich ein Wissen um Gott und Mensch in Einem wäre, ist für Paulus nicht denkbar. Der Akt des Glaubens ist zugleich ein Akt des Erkennens, und entsprechend kann sich das theologische Erkennen nicht vom Glauben lösen.

Die paulinische Theologie ist deshalb kein spekulatives System. Sie handelt von Gott nicht in seinem Wesen an sich, sondern nur so, wie er für den Menschen, seine Verantwortung und sein Heil, bedeutsam ist. Entsprechend handelt sie nicht von der Welt und vom Menschen, wie sie an sich sind, sondern sie sieht Welt und Mensch stets in der Beziehung zu Gott. Jeder Satz über Gott ist zugleich ein Satz über den Menschen und umgekehrt. Deshalb und in diesem Sinne ist d i e p a u l i n i s c h e Theologie zugleich Anthropologie. Da das Verhältnis Gottes zu Welt und Mensch von Paulus aber nicht als die Relation kosmischer Größen gesehen wird, die in dem Spiel eines in ewig gleichem Rhythmus schwingenden kosmischen Geschehens besteht, sondern als hergestellt durch das Handeln Gottes in der Geschichte und durch die Reaktion des Menschen auf Gottes Tun, so redet jeder Satz über Gott von dem, was er am Menschen tut und vom Menschen fordert, und entsprechend umgekehrt jeder Satz über den Menschen von Gottes Tat und Forderung bzw. von dem Menschen, wie er durch die göttliche Tat und Forderung und sein Verhalten zu ihnen qualifiziert ist. Unter diesem Gesichtspunkt steht auch die Christologie des Paulus, die nicht das metaphysische Wesen Christi, sein Verhältnis zu Gott und seine „Naturen" spekulierend erörtert, sondern von ihm als dem redet, durch den Gott zum Heil von Welt und Mensch wirkt. So ist auch jeder Satz über Christus ein Satz über den Menschen und umgekehrt; und die paulinische Christologie ist zugleich Soteriologie.

Sachgemäß wird deshalb die paulinische Theologie am besten entwickelt, wenn sie als die Lehre vom Menschen dargestellt wird, und zwar 1. vom Menschen vor der Offenbarung der πίστις und 2. vom Menschen unter der πίστις. Denn auf diese Weise kommt die anthropologische und soteriologische Orientierung der paulinischen Theologie zur Geltung. Es versteht sich dabei, gemäß dem Ursprung der theologischen Erkenntnis im Glauben, daß der Mensch vor der Offenbarung der πίστις von Paulus so gezeichnet wird, wie er vom Glauben her sichtbar geworden ist.

1. Die anthropologischen Begriffe

LÜDEMANN, H., Die Anthropologie des Apostels Paulus, 1872. – GUTBROD, W., Die paulinische Anthropologie, 1934. – KÜMMEL, W. G., Römer 7 und das Bild des Menschen im Neuen Testament [s. o. zu § 16]. – KÄSEMANN, E., Zur paulinischen Anthropologie, in: DERS., Paulinische Perspektiven, (1969) [2]1972, 9–60. – JEWETT, R., Paul's Anthropological Terms, 1971.

Vorbemerkung

Paulus hat selbstverständlich nicht eine wissenschaftliche Anthropologie entworfen, die den Menschen als ein Phänomen im Bereiche der objektiv wahrnehmbaren Welt beschriebe. Er sieht den Menschen immer in seiner Beziehung zu Gott. In Beziehung zu Gott sieht er jedoch alles, was ist und geschieht, und insofern hat der Mensch nichts, was ihn von anderen Wesen unterschiede. Was aber ist das spezifisch Menschliche, das der menschlichen Beziehung zu Gott ihren eigentümlichen Charakter gibt? Eben um sie zu verstehen, ist es notwendig, sich die Eigenart des menschlichen Seins, also die formalen Strukturen dieses Seins, deutlich zu machen.

§ 17. DER BEGRIFF σῶμα

SCHWEIZER, E., in: BAUMGÄRTEL, F.-SCHWEIZER, E., Art. σῶμα κτλ., ThW VII, 1964, 1024–1091 (bes. 1057–1064). – BAUER, K.-A., Leiblichkeit – das Ende aller Werke Gottes, 1971. – GUNDRY, R. H., Sōma in Biblical Theology with Emphasis on Pauline Anthropology, 1976. – SCHWEIZER, E., Art. σῶμα κτλ., EWNT III, 1983, 770–779.

1. Der umfassendste Begriff, der menschliches Sein bei Paulus charakterisiert, ist d e r B e g r i f f σ ῶ μ α; er ist zugleich der komplizierteste, dessen Verständnis große Schwierigkeiten macht. Daß das σῶμα konstitutiv zum menschlichen Sein gehört, geht am deutlichsten daraus hervor, daß Paulus sich auch ein zukünftiges menschliches Sein nach dem Tode in der Vollendung nicht als ein Sein ohne σῶμα vorstellen kann — im Gegensatz zu den Auferstehungsleugnern in Korinth (1. Kr 15, bes. V. 35 ff.). Der Auferstehungsleib wird freilich kein fleischlicher Körper mehr sein (1. Kr 15, 50), kein σῶμα ψυχικόν oder χοϊκόν, sondern ein σῶμα πνευματικόν (1. Kr 15, 44—49), ein σῶμα τῆς δόξης (Phl 3, 21; vgl. 2. Kr 3, 18). Es lag daher nahe, σῶμα als die Körperform zu verstehen, die verschiedenem Stoff — fleischlichem und pneumatischem — aufgeprägt sein kann; und 1. Kr 15, 35 ff. verführte geradezu zu diesem Verständnis. Aber es ist methodisch falsch, für die Interpretation von σῶμα von dieser Stelle auszugehen, an der sich Paulus verleiten läßt, auf die Argumentationsweise seiner Gegner einzugehen, und dabei den σῶμα-Begriff in einer für ihn sonst nicht charakteristischen Weise verwendet. Genuin paulinisch ist in diesen Versen nur der Grundgedanke: es gibt menschliches Sein — und auch in der Sphäre des

πνεῦμα — nur als somatisches; unpaulinisch aber ist der Gebrauch von σῶμα als „Form", „Gestalt". Das sieht man sofort, wenn man einige wichtige Aussagen bedenkt. Wenn Paulus warnt: μὴ οὖν βασιλευέτω ἡ ἁμαρτία ἐν τῷ θνητῷ ὑμῶν σώματι (Rm 6, 12), oder wenn er mahnt: παραστῆσαι τὰ σώματα ὑμῶν θυσίαν ζῶσαν ἁγίαν τῷ θεῷ εὐάρεστον (Rm 12, 1), so ist klar, daß σῶμα nicht die Körperform oder auch nur den Körper bezeichnet, daß vielmehr mit σῶμα die ganze Person gemeint ist — freilich in bestimmtem Hinblick, den es genauer zu erfassen gilt.

Wie wenig σῶμα = „Form", „Gestalt" ist, ist auch daran zu erkennen, daß die Wörter, die den primären Sinn von Form und Gestalt haben, bei Paulus vielmehr zur Bezeichnung des Wesens gebraucht werden: μορφή und σχῆμα. Μ ο ρ φ ή ist die Gestalt, die Form, in der ein Wesen zur Erscheinung kommt, und wird in LXX synonym mit εἶδος, ὁμοίωμα, ὅρασις und ὄψις gebraucht, freilich nicht im Gegensatz zum Wesen, sondern gerade als dessen Ausdruck. So ist es verständlich, daß im hellenistischen Sprachgebrauch μορφή zur Bezeichnung des göttlichen Wesens dienen kann (Reitzenstein, Hellenist. Mysterienreligionen [3] 357 f.). Ebenso bei Paulus. Das μεταμορφοῦσθαι ἀπὸ δόξης εἰς δόξαν, das sich nach 2. Kr 3, 18 infolge der Schau des Herrn vollzieht, ist eine Verwandlung nicht der Form, sondern des Wesens. Wenn die von Gott Erwählten σύμμορφοι τῆς εἰκόνος τοῦ υἱοῦ αὐτοῦ werden sollen (Rm 8, 29), so bedeutet das, daß ihr Wesen wie das seine ein δόξα-Wesen sein wird. Und dasselbe besagt Phl 3, 21: ὃς μετασχηματίσει τὸ σῶμα τῆς ταπεινώσεως ἡμῶν σύμμορφον τῷ σώματι τῆς δόξης αὐτοῦ. Die μορφὴ θεοῦ, in der der Präexistente sich befand, ist nicht eine bloße Form, sondern die göttliche Seinsweise, so gut wie die μορφὴ δούλου die Seinsweise des Knechtes ist (Phl 2, 6 f.). — Für Σ χ ῆ μ α gilt das Gleiche. Der σχήματι εὑρεθεὶς ὡς ἄνθρωπος (Phl 2, 8) sah nicht bloß so aus wie ein Mensch, sondern war wirklich ein Mensch ὑπήκοος μέχρι θανάτου. Das μετασχηματίζειν Phl 3, 21 (s. o.) bezeichnet die Wesensverwandlung, und im gleichen Sinne korrespondieren συσχηματίζεσθαι und μεταμορφοῦσθαι Rm 12, 2. Klar ist, daß das vergehende σχῆμα τοῦ κόσμου τούτου 1. Kr 7, 31 nicht die Form, sondern die Substanz des κόσμος ist. Nur 2. Kr 11, 13—15 wird μετασχηματίζεσθαι in dem ursprünglichen Sinne des Gestaltwandels gebraucht und vielleicht auch in der schwer verständlichen Stelle 1. Kr 4, 6.

Auszugehen ist für die Bestimmung des Begriffes σῶμα von dem naiven populären Sprachgebrauch, in dem σῶμα den L e i b , den K ö r p e r — und zwar in der Regel den des Menschen — bedeutet, der nach naivem anthropologischem Schema der ψυχή bzw. dem πνεῦμα gegenübergestellt werden kann (1. Th 5, 23; 1. Kr 5, 3; 7, 34). Der Körper hat seine Glieder, die in ihm zu einer Einheit zusammengefaßt werden (Rm 12, 4 f.; 1. Kr 12, 12—26). Die persönliche, leibliche Gegenwart ist die παρουσία τοῦ σώματος (2. Kr 10, 10). Paulus trägt an seinem Leibe die

στίγματα τοῦ Ἰησοῦ (Gl 6, 17), offenbar Narben (infolge von Miß-
handlungen oder Unfällen), die ihn körperlich zeichnen, wie er
denn das ständige Ertragen von Nöten und Leiden als ein περι-
φέρειν τὴν νέκρωσιν τοῦ Ἰησοῦ ἐν τῷ σώματι bezeichnen kann
(2. Kr 4, 10). Es gibt Leute, die ihren Leib dahingeben zum Verbrennen (1. Kr 13, 3); Paulus mißhandelt und knechtet sein
σῶμα (1. Kr 9, 27). Im σῶμα hat das sexuelle Leben seinen Sitz.
Abraham sah seinen Leib erstorben, d. h. nicht mehr zeugungs-
fähig (Rm 4, 19). Die Ehefrau verfügt nicht über ihren Leib, wie
der Ehegatte nicht über den seinen (1. Kr 7, 4). Widernatürliche
Unzucht ist ein ἀτιμάζειν τὸ σῶμα (Rm 1, 24); überhaupt ist
Unzucht eine Sünde, die das σῶμα betrifft (1. Kr 6, 13—20, bes.
V. 18).

Aber an einer Reihe dieser Stellen ist deutlich, daß das σῶμα
nicht etwas dem eigentlichen Ich des Menschen (etwa seiner
Seele) äußerlich Anhaftendes ist, sondern wesenhaft zu diesem
gehört, so daß man sagen kann: der Mensch hat nicht ein
σῶμα, sondern er ist σῶμα. Denn nicht selten kann man σῶμα
einfach durch „ich" (bzw. ein dem Zusammenhang entsprechendes Personalpronomen) übersetzen; so 1. Kr 13, 3; 9, 27; 7, 4
(s. o.) oder etwa Phl 1, 20: . . . μεγαλυνθήσεται Χριστὸς ἐν τῷ
σώματί μου εἴτε διὰ ζωῆς εἴτε διὰ θανάτου. Vollends ist das deutlich in der schon genannten Mahnung Rm 12, 1: παραστῆσαι τὰ
σώματα ὑμῶν θυσίαν κτλ. Lehrreich ist ferner Rm 6, 12 f.:

μὴ οὖν βασιλευέτω ἡ ἁμαρτία ἐν τῷ θνητῷ ὑμῶν σ ώ μ α τ ι . . .,
μηδὲ παριστάνετε τ ὰ μ έ λ η ὑ μ ῶ ν ὅπλα ἀδικίας τῇ ἁμαρτίᾳ,
ἀλλὰ παραστήσατε ἑ α υ τ ο ὺ ς τῷ θεῷ . . .
καὶ τ ὰ μ έ λ η ὑ μ ῶ ν ὅπλα δικαιοσύνης τῷ θεῷ.

Parallel steht τὰ μέλη ὑμῶν (womit der Begriff σῶμα wieder aufgenommen wird) und ἑαυτούς, wie denn gleich im folgenden
wieder von παριστάνειν ἑαυτούς (V. 16) und vom παριστάνειν τὰ
μέλη ὑμῶν (V. 19) in gleichem Sinne geredet wird. So entsprechen
sich auch 1. Kr. 6, 15: οὐκ οἴδατε, ὅτι τ ὰ σ ώ μ α τ α ὑ μ ῶ ν
μέλη Χριστοῦ ἐστίν und 12, 27: ὑ μ ε ῖ ς δέ ἐστε σῶμα Χριστοῦ καὶ
μέλη ἐκ μέρους. Das Subjekt des μέλη-Χριστοῦ-Seins ist dort τὰ
σώματα ὑμῶν, hier ὑμεῖς ohne Unterschied des Sinnes. Dabei bezeichnen die μέλη die einzelnen Möglichkeiten des menschlichen
Seins, die im σῶμα als dem Ganzen zusammengefaßt sind, wie
entsprechend der einzelne Mensch, sofern er getauft ist, als
μέλος zum σῶμα Χριστοῦ gehört.

Eigenartig gehen die Bedeutungsnuancen von σῶμα 1. K r 6, 13—20 ineinander über. V. 13: τὸ δὲ σῶμα οὐ τῇ πορνείᾳ heißt offenbar, daß der Leib, sofern er der Sitz des sexuellen Lebens ist, nicht durch Unzucht befleckt werden soll. Geht es weiter: ἀλλὰ τῷ κυρίῳ, καὶ ὁ κύριος τῷ σώματι, so kann dieser Sinn von σῶμα kaum mehr vorliegen. Und wenn es vollends V. 14 heißt: ὁ δὲ θεὸς καὶ τὸν κύριον ἤγειρεν καὶ ἡμᾶς ἐξεγερεῖ, so ist an Stelle des zu erwartenden τὰ σώματα ἡμῶν das ἡμᾶς getreten; es schwebt also der Sinn von σῶμα = Ich, Person, vor. Auch wenn V. 15 beginnt: οὐκ οἴδατε ὅτι τὰ σώματα ὑμῶν μέλη Χριστοῦ ἐστιν, so hat τὰ σώματα ὑμῶν den Sinn von ὑμεῖς (vgl. 12, 27, s. o.). Aber wenn es weiter heißt: ἄρας οὖν τὰ μέλη τοῦ Χριστοῦ ποιήσω πόρνης μέλη; so klingt wieder der andere Sinn von σῶμα als Leib, Körper, hinein. Und wenn nach V. 16 der zur Dirne sich Gesellende mit ihr ἓν σῶμα ist, so hat σῶμα wiederum den Sinn von Körper, wenngleich der Sinn ins Bildliche schwankt und zugleich die Einheit, das Einssein, meint. In V. 18 ist der Sinn von σῶμα schwer zu bestimmen; jedoch ist soviel deutlich, daß das σῶμα das dem Menschen Engstverbundene bedeutet und auf den Sinn von Ich hinausläuft. Abhängig ist Paulus in der Formulierung dabei wohl von der rabbinischen Redensart „mit dem Leibe sündigen", womit die Unzucht bezeichnet werden kann. Eigentümlich schwankend ist der Sinn von σῶμα wieder V. 19; denn wenn das σῶμα der Tempel des im Christen wohnenden πνεῦμα genannt wird, so möchte man zunächst an den Leib denken (vgl. Rm 8, 11), dem Grundtenor der Mahnung entsprechend, daß der Christ den Leib rein von Unzucht halten soll. Dann aber heißt es „ihr gehört nicht euch selbst", statt „eure Leiber sind nicht euer Eigentum". Dagegen wird in der Mahnung V. 20 σῶμα den Sinn von Leib haben: δοξάσατε δὴ τὸν θεὸν ἐν τῷ σώματι ὑμῶν, d. h. im Zusammenhang: gebt euren Leib nicht der Unzucht preis.

2. Aus allem dem ergibt sich: durch σῶμα kann der Mensch, die Person als ganze, bezeichnet werden. Vielleicht ist auch charakteristisch, daß Paulus nie den toten Leib, den Leichnam, σῶμα nennt, was im profanen Griechisch wie in der LXX gebräuchlich ist. Welches aber ist die besondere Weise, in der der Mensch gesehen ist, wenn er σῶμα genannt wird? Er heißt σῶμα, sofern er sich selbst zum Objekt seines Tuns machen kann oder sich selbst als Subjekt eines Geschehens, eines Erleidens erfährt. Er kann also σῶμα genannt werden, sofern er ein Verhältnis zu sich selbst hat, sich in gewisser Weise von sich selbst distanzieren kann; genauer: als der, gegen den er sich in seinem Subjektsein distanziert, mit dem er als dem Objekt seines eigenen Verhaltens umgehen und den er wiederum auch als einem fremden, nicht dem eigenen Wollen entsprungenen Geschehen unterworfen erfahren kann, — als solcher heißt er σῶμα. Gehört solches „ein Verhältnis zu

sich selbst Haben" zum Sein des Menschen, so liegt darin das
Doppelte: die Möglichkeit, mit sich selbst einig zu sein oder sich
selbst entfremdet, mit sich selbst zwiespältig zu sein; die Möglichkeit, über sich zu verfügen, oder diese Verfügungskraft zu
verlieren und fremder Macht preisgegeben zu sein, gehört zum
menschlichen Sein als solchem. Dabei kann aber die fremde
Macht als feindliche, den Menschen sich selbst entfremdende
erfahren werden, oder umgekehrt als eine hilfreiche Macht, die
den sich selbst entfremdeten Menschen wieder zu sich selbst
zurückbringt.

Daß σῶμα sowohl den Körper wie den ganzen Menschen, die Person,
bezeichnen kann, beruht auf einer dem AT (wo das Gleiche für בָּשָׂר gilt)
wie dem Judentum geläufigen Anschauungsweise. Sie ist daher zu verstehen, daß der Leib für den Menschen nicht ein Ding ist wie Gegenstände
der Außenwelt, sondern eben s e i n Leib, der ihm gegeben und dem er
überantwortet ist. Er macht sowohl die primäre Erfahrung seiner selbst
an seinem Leibe, wie auch begegnet ihm sein eigenes Verhaftetsein an
fremde Mächte zunächst in seiner leiblichen Abhängigkeit von solchen.
So bleiben der Innenaspekt des Selbst und der Außenaspekt der sinnlichen Gegebenheit des Ich in der Erscheinung zunächst ungeschieden.

Daß der Mensch σῶμα heißt, sofern er über sich selbst verfügen und Objekt seines eigenen Tuns sein kann, zeigen die
oben angeführten Stellen: er mißhandelt oder knechtet sich
(1. Kr 9, 27); er kann sich verbrennen lassen (1. Kr 13, 3), er
kann sich der Sünde oder Gott zum Dienste darbieten (Rm
6, 12 ff.; 12, 1), er kann sich für Christus verzehren (Phl 1, 20).
Auch die Aussage, daß die Ehegatten nicht über sich selbst verfügen (1. Kr 7, 4), gehört im Grunde hierher; denn der Sinn ist
ja der, daß sie sich einander zwar entziehen können, sich aber
gegenseitig einander zur Verfügung stellen sollen; es liegt also
an ihnen, ob sie das οὐκ ἐξουσιάζει realisieren. Das σῶμα kann
geradezu als Werkzeug des Tuns bezeichnet werden, wenn es
2. Kr 5, 10 heißt: ἵνα κομίσηται ἕκαστος τὰ διὰ τοῦ σώματος πρὸς ἃ
ἔπραξεν . . ., was ja keinen anderen Sinn hat als den: „entsprechend seinen eigenen Taten" d. h. entsprechend dem, was er
mit sich selbst angefangen, aus sich selbst gemacht hat.

Nur einmal erscheint bei Paulus das σῶμα als Subjekt des
Tuns, insofern Rm 8, 13 von den πράξεις τοῦ σώματος die Rede
ist [1]. Aber die πράξεις τοῦ σώματος treten ja in die eigentümliche

[1] Denn diese *lectio difficilior* wird der von DG u. a. gebotenen Lesart
πράξεις τῆς σαρκός vorzuziehen sein.

Distanz gegenüber dem handelnden menschlichen Subjekt; sie
sind das Objekt seines Verhaltens (εἰ . . . θανατοῦτε). Der Ausdruck ist also daher zu verstehen, daß sich das dem Ich-Subjekt
gegenüber distanzierte σῶμα dem Ich gegenüber so verselbständigt hat, daß von seinen πράξεις geredet werden kann. Das bedeutet aber nichts anderes, als daß das σῶμα, sofern es eigene
πράξεις hervorbringt, fremder Macht verfallen ist, die dem Ich
die Verfügungsmacht über sich selbst entrissen hat; es bedeutet
nichts anderes, als daß in den πράξεις τοῦ σώματος der Mensch
sich selbst aus der Hand verloren hat. Der Zusammenhang zeigt,
daß die fremde Macht die der σάρξ ist; denn die πράξεις τοῦ σώματος entsprechen dem ζῆν κατὰ σάρκα. Dasselbe zeigt sich aber
auch daran, daß Paulus von den ἐπιθυμίαι des σῶμα reden kann
(Rm 6, 12); denn auch hier ist klar, daß das der Macht der σάρξ
verfallene Ich gemeint ist, von dem sich das eigentliche Ich
gerade distanziert bzw. distanzieren soll; die ἐπιθυμίαι des σῶμα
sind nichts anderes als die ἐπιθυμίαι der σάρξ (Gl 5, 16 f. 24;
vgl. Rm 7, 7 ff.; 13, 14). In diesem Sinne kann Paulus denn auch
von dem σῶμα τῆς ἁμαρτίας reden (Rm 6, 6), d. h. von dem Ich,
das der Sünde verfallen ist, während er Rm 8, 3 von der σάρξ
ἁμαρτίας spricht. Im übrigen erhält das σῶμα solche Charakteristika, die sein Ausgeliefertsein an fremde Gewalten zum Ausdruck bringen — sei es zerstörender Gewalt, sei es befreiender
und beglückender Macht. Als der Vergänglichkeit und dem
Tode unterworfen ist das σῶμα ein ψυχικόν (1. Kr 15, 44), ein
θνητόν (Rm 6, 12; 8, 11), ein σῶμα τῆς ταπεινώσεως (Phl 3, 21);
als Auferstehungsleib ist es ein σῶμα πνευματικόν (1. Kr 15, 44),
ein σῶμα τῆς δόξης (Phl 3, 21).

In der Charakteristik des Menschen als σῶμα liegt also, daß
der Mensch ein Wesen ist, das ein Verhältnis zu sich selbst hat,
und daß dieses Verhältnis ein sachgemäßes wie ein verfehltes
sein kann; daß er mit sich selbst eins sein, und daß er im Zwiespalt mit sich selbst sein kann; daß er sich zu eigen sein, und daß
er sich aus der Hand verlieren kann — wobei im letzteren Falle
die doppelte Möglichkeit besteht, daß die Macht, die über ihn
Herr wird, den Zwiespalt definitiv machen kann, und das würde
bedeuten, daß sie den Menschen, indem sie ihn gänzlich sich
selbst entreißt, zunichte macht; — oder daß diese Macht den
Menschen sich selbst zurückgibt, ihn also zum Leben bringt. Daß
der Mensch σῶμα ist, bedeutet, daß er in solchen Möglichkeiten

steht. Sein σῶμα-Sein ist an sich weder etwas Gutes noch etwas Böses. Aber nur deshalb, weil er σῶμα ist, besteht für ihn die Möglichkeit, gut oder böse zu sein, ein Gottesverhältnis zu haben.

Es wird nun verständlich, warum Paulus mit solchem Eifer die Auferstehung des σῶμα gegenüber den korinthischen Gegnern verficht; verständlich nämlich aus dem grundsätzlichen Sinn, den der Begriff σῶμα als Charakteristikum des menschlichen Seins hat. Wäre der Mensch nicht mehr σῶμα, hätte er kein Verhältnis zu sich selbst, so wäre er kein Mensch mehr. Da das Vermögen des Paulus zum abstrakten Denken nicht entwickelt ist, und da er deshalb das σῶμα im grundsätzlichen Sinne als menschlichen Seinscharakter nicht ausdrücklich von dem Phänomen des materiellen Körpers unterscheidet, knüpft er den Gedanken der somatischen Existenz in der Vollendung an eine mythologische Auferstehungslehre (1. Kr 15). In ihr muß wohl oder übel das σῶμα als ein stoffliches Körperding, bzw. als dessen „Form", erscheinen; und wenn der Stoff des Auferstehungsleibes nicht „Fleisch und Blut" sein kann (1. Kr 15, 50), so ergibt sich die fatale Folge, daß das πνεῦμα als ein Stoff gedacht werden muß, aus dem das σῶμα besteht. Dieser Mythologie gegenüber ist die eigentliche Intention des Paulus klar zu stellen, die eben diese ist, daß er das spezifisch menschliche Sein als ein somatisches in jenem grundsätzlichen Sinne auch über den Tod hinaus behauptet.

Es scheint nun zwar, man könne einwenden, daß im Auferstehungsleben die Möglichkeit fortgefallen ist, daß der Mensch sich selbst entfremdet wird, mit sich selbst in Zwiespalt gerät und einer ihm feindlichen Macht verfällt, die ihn sich selbst aus der Hand reißt und ihn vernichtet. In der Tat ist diese Möglichkeit als faktische (ontische) weggefallen; denn Sünde und Tod sind in der Vollendung vernichtet (1. Kr 15, 26. 55 f.). Damit ist aber nicht gesagt, daß die ontologische Struktur menschlichen Seins zunichte gemacht wäre; es würde ja sonst gar keine Kontinuität zwischen dem Menschen vor dem Tode bzw. der Auferstehung und dem Auferstandenen bestehen. Tatsächlich bezeugt auch die Aussage, daß Glaube, Hoffnung und Liebe in der Vollendung bleiben (1. Kr 13, 13), daß Paulus das menschliche Wesen als solches (in seiner ontologischen Struktur) als unveränderlich ansieht, denn im Glauben, Hoffen und Lieben hat ja der Mensch immer auch ein Verhältnis zu sich selbst, indem er sich für etwas entscheidet, sich in eine bestimmte Richtung des Verhaltens stellt. Und das Gleiche ergibt sich aus dem richtig interpretierten Begriff des σῶμα πνευματικόν, der im Grunde nicht einen aus einem ätherischen Stoff gebildeten Körper meint, sondern die Bestimmtheit des Ich durch die Macht Gottes, die den Zwiespalt im Menschen zwischen Ich und Ich versöhnt und also gerade ein Verhältnis des Menschen zu sich selbst voraussetzt. Das aber kann erst bei der Erörterung des πνεῦμα-Begriffes geklärt werden.

3. Sofern der Mensch σῶμα ist und ein Verhältnis zu sich selbst hat, kann er sich von sich selbst distanzieren und wird dieses um so mehr tun, als er die Erfahrung macht, daß fremde Mächte ihn seiner eigenen Verfügung entreißen wollen oder gar schon entrissen haben. Es besteht dann die Versuchung, daß er aus der Distanzierung eine Scheidung werden läßt, daß er sein Verhältnis zu sich selbst mißversteht als das Verhältnis des Ich zu einem ihm grundsätzlich fremden Wesen, einem Nicht-Ich. Und dabei kann der ursprüngliche naive Sinn von Leib = Körper wieder durchschlagen, so daß der „Doppelgänger", an den das Ich gebunden ist, als materieller Körper gedacht wird. Das ist das Selbstverständnis des (gnostischen) Dualismus, demzufolge das Ich des Menschen in den Leib als ein ihm wesensfremdes Gefängnis gefesselt ist und sich nach der Befreiung vom Leibe sehnt. Für diese Anschauung ist natürlich eine somatische Existenz, wie Paulus sie von der Vollendung erwartet, nicht denkbar. Und die praktische Lebenshaltung dieses Dualismus ist Mystik und Askese als die Abkehr vom leiblichen Sein, als die Flucht aus der Spannung des menschlichen Seins als eines sich zu sich selbst Verhaltens.

Daß das Selbstverständnis des Paulus nicht durch diesen Dualismus geprägt ist, geht schon aus seiner Auffassung des Auferstehungslebens als eines somatischen hervor. Aber andrerseits sieht er den Zwiespalt im Menschen, die Spannung zwischen Ich und Ich so tief und nimmt die Lage des Menschen, der sich selbst aus der Hand verliert und fremden Mächten anheimfällt, so deutlich wahr, daß er in die Nähe zum gnostischen Dualismus kommt. Das zeigt sich zunächst darin, daß σῶμα gelegentlich synonym mit σάρξ gebraucht wird.

Dabei handelt es sich nicht um den Gebrauch von σῶμα bzw. σάρξ zur Bezeichnung des leiblichen Körpers wie etwa 2. Kr 4, 10 f., wo die beiden Wörter im Parall. membr. gleichbedeutend gebraucht werden: ἵνα καὶ ἡ ζωὴ τοῦ Ἰησοῦ ἐν τῷ σώματι bzw. ἐν τῇ θνητῇ σαρκὶ ἡμῶν φανερωθῇ. Wenn Paulus nach Gl 6, 17 die στίγματα τοῦ Ἰησοῦ an seinem σῶμα trägt, so hat σῶμα kaum anderen Sinn, als wenn von der ἀσθένεια τῆς σαρκός (Gl 4, 13) oder dem σκόλοψ τῇ σαρκί (2. Kr 12, 7) die Rede ist. Daß 1. Kr 6, 16 σῶμα und σάρξ gleichbedeutend sind, beruht nur darauf, daß für das ἐν σῶμα εἶναι des zur Dirne Gesellten Gen 2, 24 ἔσονται . . . εἰς σάρκα μίαν als Beweis zitiert wird. In solchen Fällen folgt Paulus der LXX, in der בָּשָׂר ohne Unterschied des Sinnes bald durch σῶμα, bald durch σάρξ übersetzt wird.

Im Sinne von σάρξ als einer gottfeindlichen, sündigen Macht ist σῶμα an den oben (S. 197 f.) genannten Stellen gebraucht, die von den ἐπιθυμίαι bzw. den πράξεις τοῦ σώματος handeln (Rm 6, 12; 8, 13). Hier ist unter σῶμα das von der σάρξ regierte Ich zu verstehen, und es sind eben die ἐπιθυμίαι und πράξεις der σάρξ gemeint. Die Korrespondenz der Sätze Rm 8, 13: εἰ γὰρ κατὰ σάρκα ζῆτε . . . εἰ δὲ πνεύματι τὰς πράξεις τοῦ σώματος θανατοῦτε . . . zeigt, wie Paulus vom σῶμα, sofern es der σάρξ verfallen ist, wie von der σάρξ selbst reden kann. Ähnlich liegt es Rm 7, 14 ff., wo die den Menschen in den Tod führende ἁμαρτία zunächst auf die σάρξ zurückgeführt wird, und wo dann von dem νόμος τῆς ἁμαρτίας geredet wird, der in den μέλη, d. h. im σῶμα, herrscht (V. 23). Wenn dann die Frage laut wird: τίς με ῥύσεται ἐκ τοῦ σώματος τοῦ θανάτου τούτου (V. 24), so ist das σῶμα das von der σάρξ beherrschte, der Sünde verfallene Ich, und der Ruf geht nicht auf die Befreiung vom σῶμα überhaupt, sondern von diesem von der σάρξ durchwalteten σῶμα, und das heißt im Grunde von der σάρξ. Nach Rm 8, 9 ist für den Christen die σάρξ abgetan, und wenn es 8, 10 heißt: εἰ δὲ Χριστὸς ἐν ὑμῖν, τὸ μὲν σῶμα νεκρὸν διὰ ἁμαρτίαν, so ist der Sinn der, daß das von der σάρξ beherrschte σῶμα, und das heißt wieder im Grunde die σάρξ, erledigt ist (und zwar διὰ ἁμαρτίαν, d. h. weil die Sünde gerichtet ist; vgl. V. 3).

Es zeigt sich also: die Distanz zwischen dem Ich, das der Träger des eigentlichen Wollens des Menschen ist — der ἔσω ἄνθρωπος von Rm 7, 22 —, und dem Ich, das diesem Wollen entgleitet und der σάρξ verfällt, — eben der Zwiespalt, den Rm 7, 14 ff. darstellt — ist als eine so weitgehende gesehen, daß dieses zweite Ich fast als ein fremdes erscheint; es ist derart von der σάρξ be-

herrscht, daß der Unterschied zwischen σῶμα und σάρξ verschwindet. Und doch bleibt das σῶμα das Ich, das mit dem wollenden Ich unlöslich verbunden ist, wie auch Rm 7, 14 ff. zeigt,
und der grundsätzliche Unterschied von σῶμα und σάρξ bleibt
bestehen. Die σάρξ ist für den Christen tot und abgetan (Rm
8, 2 ff.); sie ist von der Teilnahme an der βασιλεία τοῦ θεοῦ ausgeschlossen (1. Kr 15, 50), während das σῶμα — als ein ver-
wandeltes d. h. der Herrschaft der σάρξ entzogenes — Träger
des Auferstehungslebens ist. Das σῶμα ist eben der Mensch
selbst, während die σάρξ eine ihn beanspruchende und bestimmende Macht ist. Daher kann Paulus von einem Leben κατὰ
σάρκα reden, nicht aber von einem Leben κατὰ σῶμα.

Paulus hat also nicht dualistisch das Ich des Menschen (die
„Seele") vom körperlichen σῶμα als einer ihm nicht adäqua-
ten Hülle, einem Kerker unterschieden, und seine Hoffnung
geht nicht auf eine Befreiung des Ich aus dem Gefängnis des
Leibes, sondern auf die leibliche Auferstehung bzw. auf die
Verwandlung des der σάρξ verfallenen σῶμα in ein pneumatisches d. h. vom πνεῦμα regiertes. Wie die Rm 7, 24 ersehnte
Rettung aus dem σῶμα τοῦ θανάτου die Befreiung von der σάρξ
meint (s. o.), so ist die Rm 8, 23 erhoffte ἀπολύτρωσις τοῦ σώματος, wenn nicht die Erlösung des Leibes (Gen. obj.), sondern
wirklich die Erlösung vom Leibe (Gen. sep.) gemeint ist, die
Erlösung vom sarkischen Leibe, d. h. von der σάρξ.

Anders liegt es 2. Kr 5, 1 ff. Hier kommt Paulus dem hellenistisch-gnostischen Dualismus sehr nahe, schon in der Redeweise, indem er vom σῶμα unter dem Bilde der Zeltwohnung und
des Gewandes spricht; aber auch im Gedanken selbst. Das
σῶμα erscheint hier als die Hülle für das Ich — den ἔσω ἄνθρωπος von 4, 16 — und zwar als eine unangemessene Hülle,
sofern es sich um die irdische Zeltwohnung handelt, in der das
Ich zur Zeit noch seufzt in der Sehnsucht nach einem ihm angemessenen Himmelsgewande. Hier treten denn das ἐνδημεῖν ἐν
τῷ σώματι und das ihm korrespondierende ἐκδημεῖν ἀπὸ τοῦ
κυρίου ganz dualistisch dem ἐκδημῆσαι ἐκ τοῦ σώματος καὶ ἐν-
δημῆσαι πρὸς τὸν κύριον gegenüber (V. 6 u. 8). Und zwar ist es
hier nicht das von der σάρξ (und ἁμαρτία) beherrschte σῶμα —
also im Grunde die σάρξ —, aus dem das Ich befreit werden will,
sondern der von Not und Leiden gequälte körperliche Leib, das
σῶμα, von dem 4, 10 f. die Rede ist, dessen Leiden 4, 8 f. be-

schrieben werden — ein ὀστρακινὸν σκεῦος nach 4, 7. Vom σῶμα in diesem Sinne also will und wird der Christ erlöst werden. Das heißt aber nicht — im Widerspruch zu der bisher entwickelten Bedeutung von σῶμα — vom somatischen Sein überhaupt. Die Ausführungen 5, 1 ff. enthalten vielmehr eine indirekte Polemik gegen eine Gnosis, die das Emporsteigen des vom Leibe befreiten nackten Ich lehrt. Der Christ begehrt nicht wie jene: ἐκδύσασθαι, vielmehr ἐπενδύσασθαι (V. 4); er sehnt sich nach dem Himmelsgewand, „da wir ja, wenn wir uns (vom jetzigen körperlichen Leibe) entkleidet haben (ἐκδυσάμενοι V. 3 mit D usw. zu lesen), nicht nackt erfunden werden".

In diesem Sinne, nämlich als körperlichen Leib, wird man σῶμα auch 2. Kr 12, 2—4 verstehen müssen, wo Paulus von seinem pneumatischen Erlebnis, zweifellos einer Ekstase im Sinne der Mystik, redet. Wenn er hier zweimal versichert, er wisse nicht, ob ihm dieses Erlebnis widerfahren sei εἴτε ἐν σώματι, εἴτε ἐκτὸς (bzw. χωρὶς) τοῦ σώματος, so rechnet er ja mit der Möglichkeit, daß sich das Ich schon im gegenwärtigen Leben vom σῶμα lösen kann, und dieses σῶμα kann dann doch nur der körperliche Leib sein. Hier an das σῶμα τῆς ἁμαρτίας zu denken, hätte keinen Sinn.

Erweist sich Paulus 2. Kr 5, 1 ff.; 12, 2—4 als beeinflußt von der hellenistisch-dualistischen Abwertung des σῶμα als der körperlichen Leiblichkeit, so geht dieser Einfluß noch tiefer in der Behandlung der Ehefrage 1. Kr 7, 1—7. Denn hier beurteilt er die Ehe im Sinne asketischer Motive des Dualismus als etwas Minderwertiges gegenüber dem γυναικὸς μὴ ἅπτεσθαι (V. 1), ja als ein unvermeidliches Übel (διὰ δὲ τὰς πορνείας V. 2). Es ist freilich zu beachten, daß er seinen Gedanken nicht aus dem σῶμα-Begriff entwickelt, so daß dieser ganz im Hintergrunde bleibt.

Es wäre jedoch methodisch falsch, wollte man von diesen Stellen ausgehen, um den für Paulus charakteristischen und seine entscheidenden Ausführungen bestimmenden σῶμα-Begriff zu interpretieren. Dieser, der zunächst den körperlichen Leib meint, dient dann, wie gezeigt wurde, dazu, die Person des Menschen zu bezeichnen, sofern es wesenhaft zum Menschen gehört, sich zu sich selbst zu verhalten. Genauer gesagt: σῶμα ist der Mensch, sofern er sich selbst als Objekt seines Verhaltens gegenständlich ist, sofern er sich von sich selbst distanzieren und unter die Herrschaft fremder Mächte geraten kann.

§ 18. Ψυχή, πνεῦμα und ζωή

1. Wie bezeichnet und wie sieht Paulus nun den Menschen, sofern er S u b j e k t seines Wollens und Tuns, sofern er das eigentliche Ich ist, das sich von sich selbst als dem σῶμα distanzieren kann? Als formale Bezeichnung dafür gebraucht er Rm 7, 22 und 2. Kr 4, 16 den Terminus ὁ ἔσω ἄνϑρωπος, ein Ausdruck, der aus der Anthropologie des hellenistischen Dualismus zu stammen scheint. Er hat aber bei Paulus rein formalen Sinn, wie daran kenntlich ist, daß er an den beiden genannten Stellen material Verschiedenes bedeutet. Rm 7, 22 ist der ἔσω ἄνϑρωπος das eigentliche Ich des Menschen im Gegensatz zu dem der Macht der Sünde verfallenen Ich, dem σῶμα τοῦ ϑανάτου (7, 24) bzw. dem σῶμα τῆς ἁμαρτίας (§ 17, 3 S. 201). 2. Kr 4, 16 ist der ἔσω ἄνϑρωπος freilich auch das eigentliche Ich, aber im Gegensatz zum körperlichen Leib (§ 17, 3 S. 202 f.). Rm 7, 22 ist vom unerlösten Menschen unter dem Gesetz die Rede, 2. Kr 4, 16 vom Christen, in dem Gottes δύναμις wirkt (4, 7), in dem das πνεῦμα wohnt (5, 5). Der ἔσω ἄνϑρωπος ist Rm 7, 22 mit dem νοῦς, der zum Menschen als Menschen wesenhaft gehört, material identisch (wie denn das ἔσω ἄνϑρωπος durch den Begriff νοῦς V. 23 wieder aufgenommen wird), 2. Kr 4, 16 aber ist der ἔσω ἄνϑρωπος das durch das πνεῦμα verwandelte Ich (3, 18). Der Begriff ἔσω ἄνϑρωπος als formale Bezeichnung des Subjekt-Ichs bestätigt also die aus der Interpretation von σῶμα § 17 gewonnene Auffassung der paulinischen Anschauung vom menschlichen Sein als einem Verhalten zu sich selbst. Wie Paulus aber jenes eigentliche Ich genauer versteht, muß die Untersuchung anderer anthropologischer Begriffe lehren.

2. Der sonst so oft mit σῶμα zur Bezeichnung des Menschen in seinem vollständigen Sein verbundene Begriff ψυχή erscheint bei Paulus relativ selten, neben σῶμα nur 1. Th 5, 23, wo auch noch πνεῦμα hinzutritt, so daß eine trichotomische Anthropologie vorzuliegen scheint. Daß Paulus nicht in dualistischem Sinne Leib und Seele einander gegenüberstellt, zeigte schon die Untersuchung seines Gebrauches von σῶμα. Sowenig er die griechisch-hellenistische Anschauung von der Unsterblichkeit der (vom Leibe befreiten) Seele kennt, sowenig gebraucht er ψυχή zur Bezeichnung des Sitzes oder der Kraft des geistigen, das Stoffliche formenden Lebens, wie es im Griechentum üblich geworden war. Vielmehr bedeutet ψυχή zunächst bei

ihm wie das alttestamentliche שֶׁפֶנ (in LXX durch *ψυχή* wiedergegeben) die Kraft des (natürlichen) Lebens bzw. dieses selbst,
was übrigens dem alten griechischen Sprachgebrauch entspricht.
So Rm 11, 3 (nach 3. Reg 19, 10); 16, 4 (*ὑπὲρ τῆς ψυχῆς μου τὸν
ἑαυτῶν τράχηλον ὑπέθηκαν*); 2. Kr 1, 23; Phl 2, 30; 1. Th 2, 8.
Deshalb können die leblosen Musikinstrumente, denen erst der
Hauch Stimme verleiht, die *ἄψυχα φωνὴν διδόντα* heißen (1. Kr
14, 7). Alttestamentlicher Redeweise entspricht der Gebrauch
von *πᾶσα ψυχή* im Sinne von jedermann (Rm 2, 9; 13, 1). In
ihm zeigt sich schon, daß auch *ψυχή* die Bedeutung von Person,
Ich, annehmen kann (wie שֶׁפֶנ). So könnte man *ψυχή* schon
2. Kr 1, 23; 1. Th 2, 8 verstehen, und so muß man es jedenfalls 2. Kr 12, 15 (*ἐγὼ δὲ ἥδιστα δαπανήσω καὶ ἐκδαπανηθήσομαι
ὑπὲρ τῶν ψυχῶν ὑμῶν* = für euch).

Sehr merkwürdig ist es nun, daß Paulus daneben aber auch
vom gnostischen Sprachgebrauch beeinflußt ist und *ψυχή* in
einem abwertenden Sinne gebraucht. 1. Kr 15, 45 zitiert er
Gen 2, 7: *ἐγένετο ὁ (πρῶτος) ἄνθρωπος (᾿Αδάμ) εἰς ψυχὴν ζῶσαν*
(לְנֶפֶשׁ חַיָּה) — ganz im alttestamentlichen Sinne, insofern *ψυχὴ
ζῶσα* das lebendige Wesen, den lebendigen Menschen, bezeichnet.
Aber diesem Sinne wird zugleich ein fremder Gedanke unterge-
schoben, da *ψυχὴ ζῶσα* durch den Gegensatz *πνεῦμα ζωοποιοῦν* bestimmt ist: *ψυχή* ist (wie in der Gnosis) die nur natürliche Lebenskraft irdischer Art im Gegensatz zu der göttlichen Kraft
ewigen Lebens. Und so kann das Adj. *ψυχικός* den Sinn des Min-
derwertigen, Beschränkten und Vergänglichen erhalten (1. Kr
2, 14; 15, 44. 46; s. § 15, 4 b).

Wo der Gegensatz zu *πνεῦμα* nicht vorliegt, gebraucht Paulus
aber *ψυχή* durchaus im Sinne der alttestamentlich-jüdischen
Tradition, nämlich eben zur Bezeichnung des menschlichen Lebens bzw. des Menschen in seiner Lebendigkeit. Wie aber sein
Verständnis dieses Lebens näher zu bestimmen ist, zeigt zunächst Phl 1, 27: … *ὅτι στήκετε ἐν ἑνὶ πνεύματι, μιᾷ ψυχῇ συναθλοῦντες τῇ πίστει τοῦ εὐαγγελίου*. Die Wendung *μιᾷ ψυχῇ* bedeutet (wie *ἐν ἑνὶ πνεύματι*) „einmütig“, d. h. in der gleichen Gesinnung oder Richtung des Wollens, und *ψυχή* ist hier von anderen
Ausdrücken, die die Tendenz des Wollens, die Intention, bezeichnen, nicht verschieden (vgl. 1. Kr 1, 10: *ἐν τῷ αὐτῷ νοῖ καὶ
ἐν τῇ αὐτῇ γνώμῃ*). Das zeigen weiter die mit dem Stamm *ψυχ-*
zusammengesetzten Bildungen: *σύμψυχος* heißt einmütig (Phl

2, 2: σύμψυχοι, τὸ ἕν φρονοῦντες); der ἰσόψυχος ist der Gleichgesinnte (Phl 2, 20). Etwas anders nuanciert ist εὐψυχεῖν =
guten Mutes, hoffnungsvoll, getrost sein (Phl 2, 19), das freilich
nicht ein Wollen meint, aber auch den intentionalen Sinn der
durch ψυχή bezeichneten Lebendigkeit zum Ausdruck bringt. Es
ist also unrichtig, ψυχή bei Paulus nur als das „animalische Le-
bensprinzip" zu verstehen, das etwa zur σάρξ als der durch die
ψυχή belebten Materie eine enge Beziehung habe. Vielmehr ist
ψυχή die spezifisch menschliche Lebendigkeit, die seinem Ich
als strebendem, wollendem, auf etwas gerichtetem eigen ist. Und
auch wo die ψυχή im Gegensatz zum πνεῦμα abgewertet wird, ist
mit ihr nicht das bloß animalische Leben gemeint, sondern das
volle menschliche Leben, freilich das natürliche Leben des irdischen Menschen im Gegensatz zum übernatürlichen. Der ψυχι-
κὸς ἄνθρωπος ist nicht ein Mensch, der nur vitale Bedürfnisse
hat, sondern der Mensch, der in einer auf das Irdische beschränkten Lebensrichtung steht (1. Kr 2, 14).

3. Wie im AT נֶפֶשׁ und רוּחַ weithin gleichbedeutend sind, so
kann Paulus auch π ν ε ῦ μ a in ähnlichem Sinne wie ψυχή
gebrauchen, was natürlich von dem überwiegenden Gebrauch von
πνεῦμα für das ἅγιον πνεῦμα bzw. das πνεῦμα θεοῦ genau zu unterscheiden ist. Rm 8, 16 wird das göttliche πνεῦμα, das die Christen
empfangen haben (V. 15), ausdrücklich vom πνεῦμα ἡμῶν unterschieden. Ebenso 1. Kr 2, 10 f., wo ein Analogieschluß vorliegt:
wie nur das πνεῦμα des Menschen dessen Inneres erkennt, so
sind auch die Tiefen Gottes nur dem göttlichen πνεῦμα (das den
Christen geschenkt ist) zugänglich. Wenn nach 1. Kr 7, 34 die
unverheiratete Frau und die Jungfrau sorgt, ἵνα ᾖ ἁγία καὶ τῷ
σώματι καὶ τῷ πνεύματι, so sollen offenbar σῶμα und πνεῦμα die
Ganzheit des Menschen zusammenfassend bezeichnen [1], und
ebenso meint der Wunsch 1. Th 5, 23, daß unversehrt und tadels-
frei bewahrt bleiben möge ὑμῶν τὸ πνεῦμα καὶ ἡ ψυχὴ καὶ τὸ σῶμα,
offenbar nichts anderes, als daß die Leser ganz und gar bewahrt
bleiben sollen. Der Form nach liegt ein trichotomisches anthro-
pologisches Schema vor; doch ist die Formulierung aus (vielleicht traditioneller) liturgisch-rhetorischer Redeweise zu erklären, so daß aus der Stelle nichts weiter zu entnehmen ist, als

---

[1] Nicht anders wird die Ganzheit des Menschen 2. Kr 7, 1 durch σάρξ
und πνεῦμα bezeichnet; der Vers ist jedoch unpaulinisch wie das ganze
2. Kr 6, 14—7, 1 eingeschobene Stück.

daß Paulus eben auch vom menschlichen πνεῦμα reden kann.
Wie σῶμα und ψυχή kann auch πνεῦμα in diesem Sinne die
Person bedeuten und ein Personalpronomen vertreten. Wenn
1. Kr 16, 18 von den Abgesandten der korinthischen Gemeinde
gesagt wird: ἀνέπαυσαν γὰρ τὸ ἐμὸν πνεῦμα καὶ τὸ ὑμῶν, so ist einfach gemeint: „mich und euch". Daß nach 2. Kr 7, 13 das πνεῦμα
des Titus erquickt ward (ἀναπέπαυται), heißt nichts anderes, als
daß er selbst Erquickung fand. Sagt Paulus 2. Kr 2, 13: οὐκ ἔσχη-
κα ἄνεσιν τῷ πνεύματί μου, so will er sagen, daß er innerlich keine
Ruhe fand (denn um eine Distanzierung des Ich vom πνεῦμα
kann es sich ja nicht handeln); aber der Sinn ist doch schließlich kein anderer als der von 2. Kr 7, 5: οὐδεμίαν ἔσχηκεν ἄνεσιν
ἡ σάρξ ἡμῶν. Beide Sätze besagen einfach: „ich fand keine Ruhe",
und man sieht, wie unverbindlich die jeweilige Wahl des anthropologischen Terminus ist, der die Person bezeichnen kann. Rhe-
torisches Pathos ist es, wenn in den Schlußwünschen einiger
Briefe statt des üblichen: ὁ δὲ θεὸς . . . (bzw. ἡ χάρις . . .) μετὰ πάντων ὑμῶν (bzw. μεθ' ὑμῶν) gesagt wird: μετὰ τοῦ πνεύματος ὑμῶν
(Gl 6, 18; Phl 4, 23; Phm 25). Auch Rm 1, 9 (ὁ θεός, ᾧ λατρεύω
ἐν τῷ πνεύματί μου . . .) wird hierher zu rechnen sein; das ἐν τῷ
πνεύματί μου betont nur, dem Pathos des ganzen Satzes entsprechend, daß Paulus sich mit ganzer Person für das Evangelium
einsetzt. Dagegen dürfte das τῷ πνεύματι ζέοντες (Rm 12, 11)
heißen „vom Geiste entflammt", so daß das πνεῦμα der dem
Christen geschenkte heilige Geist wäre.

Redet Paulus vom πνεῦμα des Menschen, so ist damit also
nicht ein höheres Prinzip, ein besonderes geistiges oder geistliches Organ gemeint, sondern einfach das Ich, und man muß nur
wieder fragen, ob das Ich, wenn es πνεῦμα genannt wird, in besonderer Hinsicht gesehen ist. Zunächst offenbar ebenso, wie
wenn es ψυχή heißt, nämlich als das in der Gesinnung, in der
Richtung des Wollens, lebendige Ich. Das (στήκετε) ἐν ἑνὶ πνεύματι Phl 1, 27 ist mit μιᾷ ψυχῇ (συναθλοῦντες) synonym (s. o. 2),
wie mit ἐν τῷ αὐτῷ νοΐ und ἐν τῇ αὐτῇ γνώμῃ 1. Kr 1, 10. Auch das
εἴ τις κοινωνία πνεύματος Phl 2, 1 bedeutet kaum: „gemeinsame
Teilhabe am (heil.) Geist" oder „vom Geist geschenkte Einigkeit", sondern einfach: „geistige Gemeinschaft", d. h. Einmütigkeit des Wollens. Dieser Sinn von πνεῦμα liegt jedenfalls 2. Kr
12, 18 vor, wenn Paulus fragt: οὐ τῷ αὐτῷ πνεύματι περιεπατή-
σαμεν; d. h. „haben wir (Titus und ich) nicht in der gleichen Ge-

sinnung (in der gleichen Willensrichtung) unsern Wandel geführt?" Im Unterschied von ψυχή scheint πνεῦμα aber auch das Ich als ein bewußtes oder wissendes zu bezeichnen; so Rm 8, 16: der göttliche Geist „bezeugt" unserem Geist, daß wir Kinder Gottes sind, d. h. er bringt es uns zum Bewußtsein, schenkt uns das Wissen darum. Und wenn nach 1. Kr 2, 11 der Geist des Menschen sein Inneres kennt, so nähert sich πνεῦμα dem modernen Begriffe „Selbstbewußtsein". Offenbar entfernt sich also die Bedeutung von πνεῦμα von derjenigen von ψυχή und nähert sich der von νοῦς; wie denn 1. Kr 14, 14 statt des Gegensatzes von göttlichem und menschlichem πνεῦμα der von (göttlichem) πνεῦμα und νοῦς erscheint (denn τὸ πνεῦμά μου ist hier nicht der menschliche Geist, sondern das dem Menschen geschenkte göttliche πνεῦμα), gerade wo es darauf ankommt, das bewußte Ich zu charakterisieren.

Kann das menschliche Ich als wollendes und wissendes mit dem gleichen Worte benannt werden wie die wunderbare Kraft des göttlichen Wirkens (§ 14, 1), nämlich eben als πνεῦμα, so muß der formale Sinn von πνεῦμα diese doppelte Möglichkeit hergeben. In der Tat bestätigt ein Blick auf den Sinn von πνεῦμα in seiner Bedeutung als göttlicher Geist, was sich als sein Sinn in seiner Bedeutung als menschlicher Geist ergab. Das göttliche πνεῦμα ist von Paulus nicht als eine gleichsam explosiv wirkende Macht vorgestellt, sondern sein Wirken ist von einer bestimmten Tendenz, einem Wollen geleitet, so daß von seinem φρόνημα (= Trachten) geredet werden kann (Rm 8, 6. 27), ja sogar ein ἐπιθυμεῖν von ihm ausgesagt werden kann (Gl 5, 17). Es handelt wie ein bewußtes, zielsicheres Subjekt (Rm 8, 26; 1. Kr 2, 10; 2. Kr 3, 6). Deshalb heißt „sich vom (göttlichen) πνεῦμα treiben lassen" in einer bestimmten Willensrichtung stehen (Rm 8, 14; Gl 5, 18). Dasselbe ergibt sich daraus, daß Paulus 1. Kr 2, 16 an Stelle des Begriffes πνεῦμα (τοῦ θεοῦ) den Begriff νοῦς (κυρίου) treten lassen kann, der das „Planen" (des Herrn) bedeutet (s. u. § 19), weil er die über das πνεῦμα τοῦ θεοῦ gemachte Aussage durch das Zitat von Jes 40, 13 bestätigen will.

Daher sind denn auch einige Stellen zu verstehen, an denen Paulus ganz in animistischer Terminologie, wie sie dem AT geläufig ist, von einem speziellen πνεῦμα redet, das jeweils das Handeln bestimmt. Es ist klar, daß πνεῦμα hier eine bestimmte Willensrichtung bedeutet, ohne daß man mit Sicherheit sagen könnte, ob an diesen Stellen das πνεῦμα als eine Spezialisierung, eine Partikel gleichsam des göttlichen Geistes, gedacht ist, oder ob ein ganz abgeblaßter Sprachgebrauch vorliegt, der sich unserem „im Geiste (d. h. in der Tendenz) von . . .“ nähert. So redet Paulus von einem πνεῦμα πραΰτητος (1. Kr 4, 21; Gl 6, 1) oder πίστεως (2. Kr 4, 13). Hierher gehört auch die Wendung τὸ πνεῦμα τοῦ κόσμου 1. Kr 2, 12. Man muß dahingestellt sein lassen, ob sich Paulus darunter wirklich ganz konkret eine auf Inspiration durch den κόσμος beruhende „Macht“ vorstellt, wie es durch den Gegensatz zu τὸ πνεῦμα τὸ ἐκ τοῦ θεοῦ eigentlich gefordert wäre; oder ob die Formulierung des Gegensatzes nur rhetorisch ist und das πνεῦμα τοῦ κόσμου n u r die weltliche Weise zu denken und wollen bedeutet — was es ja im ersteren Falle a u c h tut.

Schwierigkeiten bietet 1. K r 5, 3—5. Der Gegensatz ἀπὼν τῷ σώματι, παρὼν δὲ τῷ πνεύματι scheint zunächst einfach gegenüberzustellen die leiblich-persönliche Abwesenheit (§ 17, 1) und die Anwesenheit im wünschenden, wollenden Gedenken [1]. Aber V. 4 (συναχθέντων ὑμῶν καὶ τοῦ ἐμοῦ πνεύματος) zeigt doch, daß es sich für Paulus nicht um eine „geistige“ Anwesenheit in seinen Gedanken handelt, sondern daß sein πνεῦμα als eine wirksame „Macht“ gegenwärtig sein wird. Es findet offenbar ein gleitender Übergang von der einen Bedeutung von πνεῦμα zur anderen statt. — Auch die Bedeutung von πνεῦμα in V. 5 ist nicht ganz sicher festzustellen: εἰς ὄλεθρον τῆς σαρκός, ἵνα τὸ πνεῦμα σωθῇ . . . Ist das πνεῦμα die Person, das eigentliche Ich, das hier der σάρξ als dem leiblich-körperlichen Leben (wie 2. Kr 5, 1 ff. dem σῶμα, § 17, 3, S. 198) gegenübergestellt wird? Oder ist es das dem Menschen geschenkte göttliche πνεῦμα im Gegensatz zum Sündenfleisch? Doch wohl das Erstere. (Anders H. v. Campenhausen, Kirchl. Amt und geistl. Vollmacht, 1953, 147, A. 1.)

Nur scheinbare Schwierigkeiten bieten infolge der pointierten rhetorischen Formulierung Rm 8, 10 und 1. Kr 6, 17. Die Antithese Rm 8, 10: (εἰ δὲ Χριστὸς ἐν ὑμῖν), τὸ μὲν σῶμα νεκρὸν διὰ ἁμαρτίαν, τὸ δὲ πνεῦμα ζωὴ διὰ δικαιοσύνην hat den Sinn: das von der σάρξ beherrschte Ich ist tot, weil die Sünde gerichtet ist (§ 17, 3, S. 201), das neue, durch das göttliche πνεῦμα regierte Ich ist lebendig, weil die Gerechtigkeit (des περιπατεῖν, vgl. V. 4) jetzt wirklich geworden ist. Dabei meint aber πνεῦμα nicht einfach das Ich, die Person, sondern — wie es der Gegensatz zum σῶμα als dem σῶμα τῆς ἁμαρτίας erfordert — das göttliche πνεῦμα, das gleichsam zum Subjekt der Gläubigen geworden ist. Es liegt also rhetorische Umschreibung des einfachen Gedankens vor: „Wohnt Christus in euch, so wohnt auch das πνεῦμα in euch, das Leben schafft“ (vgl. V. 11). — 1. Kr 6, 16 f. begründet Paulus das . . . ἐν σῶμά ἐστιν durch Gen 2, 24:

---

[1] In diesem Sinne Kol 2, 5: εἰ γὰρ καὶ τῇ σαρκὶ ἄπειμι, ἀλλὰ τῷ πνεύματι σὺν ὑμῖν εἰμι.

ἔσονται ... εἰς σάρκα μίαν, wodurch σάρξ hier den Sinn von σῶμα erhält (§ 17, 3, S. 201), aber natürlich ist dieses σῶμα ein sarkisches. Der Gegensatz: ὁ δὲ κολλώμενος τῷ κυρίῳ ἓν πνεῦμά ἐστιν bringt in komprimierter Form den Gedanken zum Ausdruck: „Wer sich aber zum Herrn gesellt, bildet mit diesem ein σῶμα, und zwar ein pneumatisches".

4. Zusammenfassend läßt sich sagen: die verschiedenen Möglichkeiten, den Menschen, das Ich, zu sehen, kommen in dem Gebrauch der anthropologischen Termini σῶμα, ψυχή und πνεῦμα zutage. Der Mensch besteht nicht aus zwei oder gar drei Teilen; auch sind ψυχή und πνεῦμα nicht besondere im Raume des σῶμα befindliche Organe oder Prinzipien eines höheren geistigen Lebens über dem animalischen. Sondern der Mensch ist eine lebendige Einheit, ein Ich, das sich selbst gegenständlich werden kann, ein Verhältnis zu sich selbst hat (σῶμα), und das lebendig ist in seiner Intentionalität, im Aus-sein auf etwas, im Wollen und Wissen (ψυχή, πνεῦμα). Die Lebendigkeit des Gerichtetseins auf etwas, des Gesinntseins, des Wollens und Wissens gehört wesenhaft zum Menschen und ist als solche weder gut noch böse. Das Ziel der Richtung ist in der ontologischen Struktur des Gerichtetseins noch nicht festgelegt; aber diese Struktur (die für Paulus natürlich Gabe des Schöpfers ist, der das Leben schafft) gibt die Möglichkeit der Wahl des Zieles, der Entscheidung für Gut oder Böse, für oder gegen Gott.

Dieser Sachverhalt erweist sich auch an dem Begriff ζ ω ή , soweit dieser als ein anthropologischer Begriff verwendet wird und das Leben meint, das dem Menschen mit der ψυχή wesenhaft zu eigen ist. Daß dem Menschen die natürliche ζωή von Gott geschenkt, daß sie zeitlich begrenzt ist und im Tode ihr Ende findet, betrifft den formalen (ontologischen) Begriff ζωή nicht. Auch das übernatürliche, dem Gerechtfertigten geschenkte bzw. für ihn in Aussicht stehende Leben ist ζωή und hat den gleichen formalen Sinn wie der Begriff ζωή als Bezeichnung des natürlichen Lebens. Es gilt also das Gleiche wie für den Begriff σῶμα (§ 17, 2, S.199 f.).

Am Gebrauch von ζῆν wird deutlich, daß Leben nicht als ein Naturphänomen verstanden ist, aber auch nicht im griechischen Sinne als „echtes", „wahres" d. h. geistiges Leben, sondern als die Lebendigkeit des geschichtlichen Menschen, als die Intentionalität des menschlichen Seins. Der Begriff des Lebens als eines menschlichen ist insofern paradox, als ζωή einerseits die Lebendigkeit, das Subjekt-sein des Menschen meint, sein

lebendiges d. h. strebendes, wollendes Ich, und daß andrerseits
dieses sein Subjekt-sein sich nicht wie Gott schöpferisch selbst
hervorbringt, sondern ihm überantwortet ist, daß er also faktisch nur lebt, indem er sich immer gleichsam von sich fort-
begibt, sich in eine vor ihm liegende Möglichkeit hineinverlegt.
Er sieht sich vor die Zukunft gestellt, vor die Möglichkeiten, in
denen er sich gewinnen oder verlieren kann. Das kommt darin
zum Ausdruck, daß er nicht schlechthin einfach „lebt“, sondern
immer in einer bestimmten Art und Weise sein Leben „führt“.
Leben ist immer ein *περιπατεῖν* und wird wie dieses näher bestimmt etwa durch ein Adverb (*ζῆν ἐθνικῶς* oder *Ἰουδαϊκῶς*
Gl 2, 14; vgl. *περιπατεῖν ἀξίως* . . . 1. Th. 2, 12; *εὐσχημόνως* Rm
13, 13; 1. Th 4, 12) oder durch ein *κατά* (*ζῆν κατὰ σάρκα* Rm 8, 12;
vgl. *περιπατεῖν κατὰ σάρκα* Rm 8, 4; 2. Kr 10, 2; vgl. *κατὰ ἀγάπην*
Rm 14, 15; *κατὰ ἄνθρωπον* 1. Kr 3, 3). Das Leben bewegt sich
in einer Sphäre, die ihm die Richtung gibt (*ζῆν ἐν αὐτῇ* sc. *τῇ
ἁμαρτίᾳ* Rm 6, 2; *ἐν πίστει* Gl 2, 20; vgl. *περιπατεῖν ἐν πανουργίᾳ*
2. Kr 4, 2; *πνεύματι* 2. Kr 12, 18; Gl 5, 16). Der Mensch lebt damit immer zugleich „für . . .“ (Rm 14, 7 f.; 2. Kr 5, 15; Gl 2, 19),
und eben solche Aussagen zeigen, wie das Leben sich verfehlen
kann in dem Wahne, „sich selbst“ leben zu können statt in der
Hingabe bzw. Selbst-Aufgabe, im Verzicht auf ein Festhalten
an sich selbst. Paulus stellt dieser Verirrung des „für sich selbst
Lebens“ freilich nicht einzelne Möglichkeiten der Hingabe an
eine Sache gegenüber, sondern die eine Grundmöglichkeit, für
Gott zu leben (Gl 2, 19) bzw. für den *κύριος* (Rm 14, 17 f.), der
für uns gestorben und auferstanden ist (2. Kr 5, 15). Aber in
diesen Sätzen, die das spezifisch christliche Leben beschreiben,
kommt für unseren Zusammenhang nur der in ihnen vorausgesetzte formale Sinn von *ζῆν* in Betracht.

§ 19. *Νοῦς* und *συνείδησις*

Zu 1: SAND, A., Art. *νοῦς* κτλ., EWNT II, 1981, 1174–1177. – Zu 4:
ECKSTEIN, H.-J., Der Begriff Syneidesis bei Paulus, 1983.

1. Daß Mensch zu sein bedeutet, je ein Ich zu sein, das Subjekt
seines Wollens und Tuns ist, kommt wohl am deutlichsten im
Terminus *ν ο ῦ ς* zum Ausdruck. Mit ihm ist nicht die Vernunft
oder der Verstand als ein besonderes Organ gemeint, sondern
d a s   W i s s e n   u m   e t w a s ,   d a s   V e r s t e h e n   u n d

U r t e i l e n , das dem Menschen als solchem zu eigen ist und seine Haltung bestimmt — es sei denn, daß das menschliche Subjekt verdrängt werde durch das göttliche πνεῦμα, das in der Ekstase in ihm redet.

Dem ekstatischen Reden ἐν γλώσσῃ wird die Rede (τῷ) νοῒ gegenübergestellt, die verstehende und verstehbare Rede (1. Kr 14, 14 f. 19). Gottes εἰρήνη übersteigt πάντα νοῦν d. h. alles, was der menschliche νοῦς versteht — sei es: was er sich ausdenken kann, sei es: was er rezeptiv begreifen kann (Phl 4, 7). Gottes ἀόρατα, sein unsichtbares Wesen, wird seit der Schöpfung der Welt νοούμενα d. h. mit dem Auge des νοῦς, mit dem verstehenden Denken, wahrgenommen (Rm 1, 20).

Tritt in diesen Stellen das Moment des Theoretischen, das in der Struktur des νοῦς eingeschlossen ist, hervor, so zeigen andere Stellen, daß der νοῦς keineswegs nur ein betrachtendes Verhalten ist, sondern daß er — wie das alttestamentliche לֵב bzw. לְבָב, das er in LXX oft wiedergibt — eine Stellungnahme, ein bewußtes oder unbewußtes Wollen einschließt; er ist ein verstehendes Trachten, ein „Planen". In diesem Sinne ist von Gottes νοῦς die Rede: „Wer hat Gottes wunderbaren Heilsplan erkannt?" (Rm 11, 34, nach Js 40, 13; hier im hebr. Text רוּחַ). Die gleiche Frage 1. Kr 2, 16, wo νοῦς an Stelle von πνεῦμα getreten ist (§ 18, 3, S. 208). Entsprechend ist der ἀδόκιμος νοῦς, dem Gott die Heiden preisgegeben hat (Rm 1, 28), ihr „nichtiger Sinn", ihr „erbärmliches Trachten". Und ebenso zeigt die Mahnung, daß die korinthische Gemeinde gefestigt sei ἐν τῷ αὐτῷ νοῒ καὶ ἐν τῇ αὐτῇ γνώμῃ (1. Kr 1. 10; vgl. μιᾷ ψυχῇ und ἐν ἑνὶ πνεύματι (§ 18, 2 und 3, S. 205 u. 207), daß νοῦς die Gesinnung, die Willensrichtung ist, die „Absicht", d. h. ein Denken, das „auf etwas aus ist", das einen Plan für das Handeln entwirft. Und wenn Rm 12, 2 mahnt: μεταμορφοῦσθε τῇ ἀνακαινώσει τοῦ νοός, so ist wiederum deutlich, daß nicht ein theoretisches Umlernen, sondern die Erneuerung des Willens gemeint ist. (Fast könnte man hier wie Rm 1, 28 νοῦς mit „Charakter" wiedergeben.) Rm 14, 5: ἕκαστος ἐν τῷ ἰδίῳ νοῒ πληροφορείσθω heißt: „jeder soll in seinem Urteil fest überzeugt sein" — nämlich in dem Urteil über das, was zu tun und zu lassen ist. Wie es ein Wollen und Planen nicht ohne ein Wissen und Verstehen gibt, so ist für Paulus das Wissen und Verstehen durchweg ein solches, das etwas plant, die Richtung auf ein Handeln enthält.

Den Vollsinn von *νοῦς* zeigt Rm 7, 23: βλέπω δὲ ἕτερον νόμον ἐν τοῖς μέλεσίν μου ἀντιστρατευόμενον τῷ νόμῳ τοῦ νοός μου. Der Begriff *νοῦς* nimmt hier den Begriff des ἔσω ἄνθρωπος (§ 18, 1) von V. 22 auf; der *νοῦς* ist also das eigentliche Ich des Menschen im Unterschied von *σῶμα* als dem sich gegenständlich gewordenen Ich (§ 17, 2). Und zwar ist dieses Ich ein verstehendes, das den im Gesetz laut werdenden Willen Gottes hört, ihm zustimmt, ihn sich zu eigen macht. Der *νοῦς* ist das Ich, welches das Subjekt des *θέλειν* von V. 15 f. 19—21 ist, das auf das *καλόν* bzw. *ἀγαθόν* geht, und dessen *πράσσειν* die Sünde, die „in den Gliedern" wohnt, vereitelt [1].

Man kann nun freilich fragen, ob *νοῦς* Rm 7, 23 nicht den formal-ontologischen Sinn verloren hat, gemäß dem er ein verstehendes Wollen ist, das sich zum Guten wie zum Bösen wenden kann, während doch hier vorausgesetzt ist, daß sich der *νοῦς* als solcher zum Guten wendet. Indessen sind ontologische und ontische Betrachtung Rm 7, 14 ff. eigentümlich verschlungen. Es gehört zum Wesen des Menschen als solchem (zu seiner ontologischen Struktur), das „Gute" zu wollen, insofern dieses Gute nichts anderes als das „Leben" ist. Da er dieses ihm „Gute" verfehlen kann, steht es zugleich vor ihm im Charakter der Forderung, die er erfüllen muß, wenn er das erreichen soll, was er eigentlich will. Faktisch (ontisch) muß sich also für den Menschen, der unter dem Gesetz steht, sein menschliches Wollen des Guten realisieren als das Wollen dessen, was das Gesetz fordert; der Sinn des Gesetzes ist ja nach V. 10 dieser, daß es εἰς ζωήν gegeben ist (s. darüber § 27). Hinter dem ontischen Sinn von V. 23 liegt also der ontologische. In dem *νοῦς*, der Gottes Anspruch im Gesetz bejaht, steckt der menschliche *νοῦς*, der sich seiner eigentlichen Tendenz nach auf das Gute richtet, der sich aber faktisch auch, als ἀδόκιμος νοῦς, auf das Böse richten kann; der als solcher die Möglichkeit hat, Gottes Anspruch zu hören oder abzuweisen.

Das zeigt gerade auch jenes νοούμενα καθορᾶται Rm 1, 20. Denn daß das verstehende Auffassen des Wesens Gottes das Wissen um Gottes Anspruch einschließt, ist für Paulus so selbstverständlich, daß er 1, 32 die den Heiden (als Möglichkeit) ge-

---

[1] Den gleichen Sinn hat *νοῦς* V. 25 b; doch ist dieser Satz sehr wahrscheinlich eine Glosse die noch dazu an falscher Stelle in den Text geraten ist; sie gehört zu V. 23.

gebene Gotteserkenntnis charakterisieren kann: τὸ δικαίωμα (die Forderung) τοῦ θεοῦ ἐπιγνόντες; ja auch schon darin, daß er V. 21 die Sünde der Heiden beschreiben kann: γνόντες τὸν θεὸν οὐχ ὡς θεὸν ἐδόξασαν ἢ ηὐχαρίσθησαν. Die Erkenntnis Gottes ist verleugnet, wenn sie nicht seine Anerkennung ist. Es ist also deutlich, daß der νοῦς als solcher die doppelte Möglichkeit hat, sich als verstehendes Wollen für oder gegen Gott zu entscheiden. Das Wollen des Menschen ist kein triebhaftes Streben, sondern ein verstehendes Wollen, das immer ein „wertendes" Wollen ist und sich also notwendig im Kreise der Entscheidungen zwischen gut und böse bewegt. Es kann sich im Urteil über das, was gut und böse ist, verfehlen, kann verblendet sein und zum ἀδόκιμος νοῦς werden. Der νοῦς ist also sowenig wie die ψυχή oder das menschliche πνεῦμα ein höheres Prinzip im Menschen, sondern gehört zum Menschsein als solchem und steht damit in allen Möglichkeiten des Menschseins.

2. Das Gleiche lehren die anderen Bildungen vom Stamme νο-. Das Verbum νοεῖν begegnet bei Paulus nur an der besprochenen Stelle Rm 1, 20; häufiger aber findet sich ν ό η μ α. Sehr deutlich redet 2. Kr 2, 11 von den νοήματα des Satan, seinen Planungen, seinen „Anschlägen". Wenn nach 2. Kr 3, 14 die νοήματα der Juden verstockt sind, so tritt das Moment des verstehenden Denkens stärker hervor; doch zeigt schon V. 15: „die Hülle liegt auf ihrer καρδία", daß das Moment der Gesinnung, des Trachtens, eingeschlossen ist; denn eben dieses wird durch καρδία deutlicher bezeichnet (§ 20, 1). So sind Phl 4, 7 die beiden Begriffe zu einem Hendiadyoin verbunden: ἡ εἰρήνη τοῦ θεοῦ . . . φρουρήσει τὰς καρδίας ὑμῶν καὶ τὰ νοήματα ὑμῶν. 2. Kr 4, 4 tritt wieder das Moment des Wollens stärker hervor, wenn der Unglaube — und das heißt für Paulus zugleich der Ungehorsam — darauf zurückgeführt wird, daß ὁ θεὸς τοῦ αἰῶνος τούτου ἐτύφλωσεν τὰ νοήματα τῶν ἀπίστων. Ebenso klar ist 2. Kr 10, 5 die Beschreibung des apostolischen Wirkens: αἰχμαλωτίζοντες πᾶν νόημα εἰς τὴν ὑπακοὴν τοῦ Χριστοῦ. Und nicht anders 11, 3: φοβοῦμαι δὲ μήπως . . . φθαρῇ τὰ νοήματα ὑμῶν ἀπὸ τῆς ἁπλότητος τῆς εἰς Χριστόν.

Διάνοια und διανοεῖσθαι fehlen bei Paulus; μ ε τ ά ν ο ι α findet sich Rm 2, 4; 2. Kr 7, 9 f., μετανοεῖν 2. Kr 12, 21. Die Bedeutung „Reue", „Buße" zeigt deutlich, daß es sich um einen Akt des Willens handelt.

Bestätigend kann ein Überblick über die vom Stamme *φρεν-* abgeleiteten Wörter hinzutreten. *Φρένες* im Sinne von Verstand erscheint nur 1. Kr 14, 20, wo der Zusammenhang zeigt, daß nicht nur das theoretische Denken, sondern die verständige — der kindischen entgegengesetzte — Haltung gemeint ist, bzw. das verständige Urteil. — Häufig begegnet *φρονεῖν*, und charakteristische Wendungen zeigen, daß das *φρονεῖν* die Gesinnung bezeichnet, in der Denken und Wollen eine Einheit bilden: *τὸ αὐτὸ* (bzw. *τὸ ἕν*) *φρ.* Rm 12, 16; 15, 5; 2. Kr 13, 11; Phl 2, 2; 4, 2; (*τὰ*) *ὑψηλὰ φρ.* Rm 11, 20; 12, 16; *τὰ ἐπίγεια φρ.* Phl 3, 19; *τὰ τῆς σαρκὸς φρ.* (Rm 8, 5: sich auf den Willen der *σάρξ* einlassen). In *φρονεῖν ὑπέρ* = „fürsorglich gedenken" (Phl 4, 10) tritt das Gesinnungsmoment besonders stark hervor. — Daß *φρόνημα* das „Trachten" ist, zeigen Rm 8, 6 f. 27 sehr deutlich, wenn vom *φρ.* der *σάρξ* oder des *πνεῦμα* geredet wird. — *Φρόνιμος* bezeichnet die Verständigkeit, die Einsicht, die ein Urteil über das richtige Verhalten hat (1. Kr 10, 15; 2. Kr 11, 19); die *φρόνιμοι παρ᾽ ἑαυτοῖς* (Rm 11, 25; 12, 16) sind die auf die eigenen Vorzüge Stolzen, Eingebildeten. Der *ἄφρων* ist nicht nur ein Tor im Denken (1. Kr 15, 35), sondern vor allem ein Narr in seinem Auftreten und Verhalten (2. Kr 11, 16—19; 12, 6. 11; in gleichem Sinne *ἀφροσύνη* 11, 1. 17. 21); speziell gelten die Heiden schlechthin als *ἄφρονες* (Rm 2, 20). Daß *σωφρονεῖν* (Rm 12, 3; 2. Kr 5, 13) eine Haltung des Charakters bedeutet, versteht sich von selbst.

3. Nach Rm 12, 2 ist Sache des *νοῦς* das *δοκιμάζειν*, „prüfen", „ein Urteil fällen"; sofern das Urteil ein Werturteil ist, heißt *δοκιμάζειν* „für wert" oder „für würdig halten". Das darin enthaltene Moment des Willens tritt Rm 1, 28 deutlich hervor: *καθὼς οὐκ ἐδοκίμασαν τὸν θεὸν ἔχειν ἐν ἐπιγνώσει* d. h. die Heiden haben die Erkenntnis Gottes verachtet, verworfen. Anderwärts bedeutet das *δοκιμάζειν*, dessen Objekt Personen sind, „in der Prüfung als bewährt befinden" (1. Kr 16, 3; 2. Kr 8, 22; von Gott ausgesagt 1. Th 2, 4; vgl. auch 2. Kr 8, 8: *τὸ τῆς ὑμετέρας ἀγάπης γνήσιον*). Hat der *νοῦς* die Möglichkeit, die Forderung des Guten zu erkennen, so eignet dem *δοκιμάζειν* die Fähigkeit, zu erkennen *τὰ διαφέροντα*, d. h. das, „worauf es ankommt" (Rm 2, 18; Phl 1, 10) oder *τί τὸ θέλημα τοῦ θεοῦ, τὸ ἀγαθὸν κτλ.* (Rm 12, 2). Die Entscheidung für das, was gefordert ist, bedeutet *δοκιμάζειν* offenbar Rm 14, 22. Hat das Verbum die speziellere Bedeutung von „prüfen", so steht auch dieses unter der Frage nach dem *καλόν* (1. Th 5, 21: *πάντα δὲ δοκιμάζετε, τὸ καλὸν κατέχετε*), in besonderer Weise, wenn Gegenstand der Prüfung der zu Prüfende selbst ist (*ἑαυτόν* 1. Kr 11, 28; 2. Kr 13, 5; *τὸ ἔργον ἑαυτοῦ* Gl 6, 4), wobei wieder sichtbar wird, daß der *νοῦς* das Ich ist, das sich selbst zum Objekt seines Urteils macht.

Eine spezielle Form des Urteilens ist κρίνειν, das unter Umständen mit δοκιμάζειν fast gleichbedeutend sein kann (vgl. etwa 1. Kr 10, 15: κρίνατε ὑμεῖς ὅ φημι oder 11, 13 mit 1. Th 5, 21). Oft bedeutet es das richtende und verwerfende Urteil über andere Menschen (Rm 2, 1 f.; 14, 3 f. 10. 13; 1. Kr 5, 12; dem Zusammenhang nach auch 1. Kr 4, 5, wo es absolut gebraucht ist; vgl. auch 1. Kr 10, 29. So natürlich auch im technischen Gebrauch für das richterliche Urteil 1. Kr 6, 2 f. und oft von Gott). Auch die Selbstverurteilung, die das Ergebnis der Selbstprüfung ist, gehört hierher (Rm 14, 22). Das Urteil über einen Sachverhalt ist gemeint 2. Kr 5, 14: κρίναντες τοῦτο, ὅτι εἷς ὑπὲρ πάντων ἀπέθανεν (vgl. 1. Kr 10, 15); das auszeichnende Urteil über eine Sache Rm 14, 5 (ἡμέραν παρ᾽ ἡμέραν κτλ.); das Urteil über ein zu wählendes Verhalten Rm 14, 13 (τὸ μὴ τιθέναι πρόσκομμα τῷ ἀδελφῷ); 1. Kr 2, 2 (τὶ εἰδέναι ἐν ὑμῖν εἰ μὴ ᾽Ι. Χριστόν); 5, 3 f.; 11, 13. Daher kann κρίνειν fast den Sinn von „sich entschließen" bekommen (2. Kr 2, 1: ἔκρινα δὲ ἐμαυτῷ τοῦτο, τὸ μὴ πάλιν ἐν λύπῃ πρὸς ὑμᾶς ἐλθεῖν; so auch 1. Kr 7, 37).

Eng mit κρίνειν (und δοκιμάζειν) verwandt ist z. T. λογίζεσθαι, das ebenfalls das Urteil über einen Tatbestand bezeichnen kann, so Rm 3, 28 (δικαιοῦσθαι ἄνθρωπον πίστει κτλ.); 6, 11 (ἑαυτοὺς εἶναι νεκροὺς μὲν τῇ ἁμαρτίᾳ κτλ.); 8, 18 (ὅτι οὐκ ἄξια τὰ παθήματα τοῦ νῦν καιροῦ κτλ.); 14, 14 (ὅτι οὐδὲν κοινὸν δι᾽ ἑαυτοῦ); Phl 3, 13 (οὔπω . . . κατειληφέναι). Auch das Urteil über einen Menschen kann λογίζεσθαι heißen: 1. Kr 4, 1; 2. Kr 10, 2 (ἡμᾶς; etwas anders mit bildlicher Verwendung einer technischen kaufmännischen Ausdrucksweise 2. Kr 12, 6: εἰς ἐμέ = mir aufs Konto schreiben). An anderen Stellen kann man schwanken, ob λογίζεσθαι das Urteil über einen Sachverhalt bedeutet oder nur den Sinn von „meinen", „erwägen", „bedenken" hat; so Rm 2, 3; 2. Kr 10, 2. 7 (ὅτι καθὼς αὐτὸς Χριστοῦ οὕτως καὶ ἡμεῖς); 10, 11 (ὅτι οἷοί ἐσμὲν τῷ λόγῳ δι᾽ ἐπιστολῶν κτλ.); 11, 5 (μηδὲν ὑστερηκέναι τῶν ὑπερλίαν ἀποστόλων). „Beurteilen" (nicht „etwas ersinnen") heißt λογίζεσθαι jedenfalls 2. Kr 3, 5; dagegen ist das bloße Erwägen, Nachdenken Phl 4, 8 gemeint, und 1. Kr 13, 11 (ὡς νήπιος) einfach das Denken.

4. Andere Begriffe des Erkennens oder Wissens wie γινώσκειν und εἰδέναι haben keine spezifisch anthropologische Bedeutung. d. h. sie bezeichnen wohl dem Menschen eigene Verhaltungen, aber meinen jeweilige Akte oder Zustände und charakterisieren

nicht menschliches Sein als solches und enthalten nicht die Möglichkeit des Guten oder Bösen. Nur der Begriff σ υ ν ε ί δ η σ ι ς gehört zu den fundamentalen anthropologischen Begriffen. Das Wort *συνείδησις*, das ursprünglich das Mitwissen mit einem anderen bezeichnet, hatte zur Zeit des Paulus längst den Sinn des Mitwissens mit sich selbst angenommen. In diesem Sinne hatte sich schon das hellenistische Judentum das Wort angeeignet, während der Begriff dem AT noch fremd ist (wenngleich nicht das damit bezeichnete Phänomen), und ist es auch von Paulus gebraucht, vielleicht in die christliche Sprache eingeführt worden.

Auch dieser Begriff bezeichnet ein Verhältnis des Menschen zu sich selbst, freilich in anderem Sinne als *σῶμα*. Während *σῶμα* dazu dient, das sich gegenständlich gewordene Ich vom eigentlichen Ich zu distanzieren als das Ich, das Objekt des eigenen Tuns ist und als Objekt fremder Macht erfahren wird, ist *συνείδησις* d a s W i s s e n d e s M e n s c h e n u m s e i n e i g e n e s V e r h a l t e n. Es ist nicht wie *νοῦς* ein Wissen, das ein „aus sein auf" einschließt, sondern faßt reflektierend und urteilend gerade dieses eigene „aus sein auf" in den Blick — urteilend, d. h. es ist ein Wissen um das eigene Verhalten a n g e s i c h t s e i n e r f ü r d i e s e s V e r h a l t e n b e - s t e h e n d e n F o r d e r u n g. Die *συνείδησις* ist also ein Wissen um Gut und Böse und um das diesem entsprechende Verhalten in Einem. Dabei kann dieses Wissen sowohl auf das noch ausstehende Verhalten gehen, auf eine zu erfüllende Pflicht hinweisen, wie auch das schon erfolgte Verhalten kritisch beurteilen. Beides wird 1. Kr 8, 7—12; 10, 25—30 in Betracht gezogen. Denn einerseits ist die Vorstellung doch die, daß die *συνείδησις* den „Schwachen" verbietet, *εἰδωλόθυτον* zu genießen, und andrerseits ist offenbar gemeint, daß die „Schwachen", wenn sie es doch essen und dadurch ihr Gewissen „befleckt" wird (8, 7), dann ein „böses Gewissen" haben. Auch Rm 2, 15 dürfte zunächst an das fordernde, verpflichtende Gewissen gedacht sein, wenn die *συνείδησις* als Beweis dafür gelten soll, daß den Heiden die Forderungen des Gesetzes „ins Herz geschrieben" sind. Wenn dann das hinzugefügte *καὶ μεταξὺ ἀλλήλων τῶν λογισμῶν κατη-γορούντων ἢ καὶ ἀπολογουμένων* nicht auf die Diskussion in der Gesellschaft geht, sondern — wie wahrscheinlich —, den Begriff *συνείδησις* erläuternd, auf den Streit im Inneren des Menschen,

so ergibt sich daraus, daß auch an das richtende Gewissen gedacht ist, das den Täter anklagt und gegen dessen Anklage er
sich (unter Umständen) sträubt [1]. Wenn die Staatsbürger nach
Rm 13, 5 der Regierung Gehorsam leisten sollen διὰ τὴν συνείδησιν, so schreibt die συνείδησις vor, was getan werden soll. Und
wenn sich Paulus als Apostel πρὸς πᾶσαν συνείδησιν ἀνθρώπων
empfiehlt (2. Kr 4, 2), so ist der Sinn der, daß das Gewissen derer, die ihn als Apostel kennenlernen, sie zu einem anerkennen-
den Urteil über seine Lauterkeit zwingt. Ebenso, wenn er hofft,
von den Korinthern nicht mißverstanden zu werden (πεφανερῶσ-
θαι), wenn sie sich an ihrem Gewissen orientieren (ἐν ταῖς συνει-
δήσεσιν ἡμῶν 2. Kr 5, 11). Die συνείδησις fordert also jeweils ein
bestimmtes Verhalten. Anderwärts ist an das richtende Gewissen gedacht, das verurteilen oder auch freisprechen kann. So
1. Kr 4, 4: οὐδὲν γὰρ ἐμαυτῷ σύνοιδα; der Richterspruch ist hier
also Freispruch. Ebenso Rm 9, 1: die συνείδησις des Paulus bezeugt, daß er die Wahrheit redet. Gleichfalls 2. Kr 1, 12: seine
συνείδησις bezeugt ihm die Lauterkeit seiner Lebensführung.

Paulus hat, wie Rm 2, 15 zeigt, d a s   G e w i s s e n   f ü r
e i n   a l l g e m e i n   m e n s c h l i c h e s   P h ä n o m e n   gehalten, was nur seiner bisher entwickelten Auffassung vom Sein
des Menschen entspricht. Denn wenn es zum Menschen gehört,
um sich selbst zu wissen, und wenn andrerseits das Leben, das
er zu leben hat, vor ihm liegt und er es gewinnen oder verlieren
kann (§ 18, 4), und wenn deshalb das Gute, das er erstrebt, den
Charakter der Forderung annimmt (s. o. 1), so gehört es zum
Menschen, Gewissen zu haben. Paulus setzt die Tatsache, daß
die Heiden ein Gewissen haben, als selbstverständlich voraus;
daß er dabei das Gewissen als das Wissen um die über dem Menschen stehende Forderung versteht, geht daraus hervor, daß
ihm eben jene Tatsache bezeugt: die Heiden kennen die Forderungen des Gesetzes, obwohl sie das Gesetz nicht haben; sie
sind ihnen „ins Herz geschrieben", d. h. eben: sie kennen sie
kraft ihrer συνείδησις.

Sofern das Wissen der συνείδησις auf die dem Menschen geltende F o r d e r u n g   geht, ist das Entscheidende dieses, daß
die συνείδησις ü b e r h a u p t   um eine solche, um ihr   D a ß ,
weiß; denn es ist möglich, daß sie in bezug auf das   W a s   der

---

[1] Jedenfalls darf V. 15 nicht mit V. 16 zu einem Satze verbunden werden; V. 16 ist eine sekundäre Glosse.

Forderung irrt. Das gilt von der *συνείδησις* derer in Korinth, die sich an die Verpflichtung, kein Götzenopferfleisch zu essen, gebunden wähnen (1. Kr 8, 7—12; 10, 25—30); ihre *συνείδησις* heißt *ἀσθενής*, sie selbst sind die *ἀσθενεῖς*, denen die rechte *γνῶσις* fehlt. Das Urteil der *συνείδησις* jedoch, das auf das Ver-halten des Menschen angesichts der Forderung ergeht, kann nicht irren, sondern ist gültig. Jene Korinther sind nach Paulus wirklich an das Urteil ihres Gewissens gebunden und dürfen nicht zu einem Verhalten genötigt werden, das ihre *ονυείδησις* ver-wirft. Ebenso zeigt die Sicherheit, mit der sich Paulus auf das Zeugnis seines Gewissens für sein Verhalten beruft, daß solches Urteil keinem Zweifel unterliegen kann (Rm 9, 1; 2. Kr 1, 12). Das aber beruht darauf, daß die Forderung, die die *συνείδησις* wahrnimmt, in einer dem Menschen gegenüber transzendenten Sphäre begründet ist; i h r e Anerkennung ist letztlich das Entscheidende, mag der Mensch in dem irren, was er als ihre Forderung zu vernehmen glaubt. Deshalb kann Paulus denn auch die Gehorsamspflicht gegenüber der Regierung in der eigentümlich doppelten Weise motivieren (Rm 13, 5): der Re-gierung schuldet der Bürger Gehorsam nicht nur *διὰ τὴν ὀργήν* d. h. aus Furcht vor ihrer Strafgewalt (vgl. V. 4), sondern auch *διὰ τὴν συνείδησιν* d. h. aus Furcht vor der hinter ihr stehenden transzendenten Instanz — für Paulus natürlich: vor Gott. Und wie hier die *συνείδησις*, ursprünglich das Wissen des Menschen, objektiviert ist und metonymisch für die Instanz eingetreten ist, um die das Wissen der *συνείδησις* weiß, so wird Rm 9, 1; 2. Kr 1, 12 die *συνείδησις* zu einer jenseits des Menschen stehen-den Instanz objektiviert („personifiziert"), worin eben zur Erscheinung kommt, daß die Bindung an die transzendente In-stanz das Wesentliche bei der *συνείδησις* ist. Die *συνείδησις* tritt gleichsam als objektiver Zeuge neben den in ihr gebundenen Menschen.

Daran wird nun wieder sichtbar, daß Paulus das Ich des Menschen als je mein Ich versteht, das dadurch zum Ich wird, daß je ich die Verantwortung für mein mir von jenseits meiner überantwortetes Leben übernehme, herausgelöst aus den Ur-teilen der Menschen. Gerade in der *συνείδησις* angesichts einer ihr transzendenten Macht konstituiert sich das Ich als je meines. Das Urteil der *συνείδησις* ist schlechthin gültig, sofern sich in ihm der Gehorsam gegen die transzendente Macht vollzieht, und

deshalb hat der Mensch gerade in der συνείδησις seine ἐλευϑερία
(1. Kr 10, 29). Kein anderer Mensch ist berechtigt, mir sein
Urteil aufzudrängen: ἱνατί γὰρ ἡ ἐλευϑερία μου κρίνεται ὑπὸ ἄλλης
συνειδήσεως;

Man darf diesen Satz nicht als den Einwurf eines Gegners auffassen
(Lietzmann). V. 27 hatte (wie V. 25) gesagt: man braucht nicht um des
Gewissens willen zu fragen, ob das bei einer Mahlzeit vorgesetzte Fleisch
Götzenopferfleisch ist (d. h. es besteht keine Verpflichtung, solches unter
allen Umständen abzuweisen). Macht jedoch der heidnische Gastgeber
(in guter oder böser Absicht) darauf aufmerksam, daß das vorgesetzte
Fleisch ἱερόϑυτον ist (V. 28), so soll man verzichten, und zwar nicht nur
um des μηνύσας willen, sondern auch διὰ τὴν συνείδησιν. V. 29 erläutert nun:
nicht weil das eigene Gewissen den Verzicht forderte, sondern um des
Gewissens des Anderen d. h. des ,,Schwachen" willen, damit dieser nicht
veranlaßt wird, gegen sein Gewissen zu handeln. Würde ich meinen, um
m e i n e s Gewissens willen verzichten zu müssen, so hätte ich mich dem
Urteil eines Anderen unterstellt und meine Freiheit preisgegeben; mir
steht es an sich frei, zu essen, was ich mit Dank (d. h. mit ,,gutem Gewissen") genießen kann (V. 30); aber ich gebe meine Freiheit auch nicht auf,
wenn ich aus Rücksicht auf das Gewissen eines Anderen verzichte.

Ebenso steht es aber auch, wenn es sich nicht um das Urteil
über eine (noch) zu erfüllende Pflicht handelt, sondern um das
Urteil über ein (schon) vollzogenes Verhalten. Der, den sein Gewissen freispricht, unterliegt nicht mehr dem Urteil einer menschlichen Instanz, bzw. es ist ihm gleichgültig (1. Kr 4, 3 f.).

Da es für Paulus selbstverständlich ist, daß die transzendente Instanz,
deren Forderung und Urteil die συνείδησις kennt und anerkennt, von den
Christen als Gott erkannt wird, so kann er an Stelle der συνείδησις auch
die πίστις nennen, sofern diese (über ihre volle Struktur s. § 32) der Gehorsam unter Gottes Forderung ist. Daher ist es zu verstehen, daß er in der
analogen Frage Rm 14 von der πίστις aus argumentiert wie in 1. Kr 8
und 10 von der συνείδησις aus. Der Satz: ὃς μὲν πιστεύει φαγεῖν πάντα (Rm
14, 2) hat genau den Sinn: dem einen gestattet das Urteil seiner συνείδησις,
alles zu essen. Und der Schlußsatz: πᾶν δὲ ὃ οὐκ ἐκ πίστεως ἁμαρτία ἐστιν
(V. 23) entspricht der Aussage, daß es ein πρόσκομμα (d. h. Verführung
zur Sünde) wäre, den ,,Schwachen" zu einem Tun gegen sein Gewissen zu
veranlassen (1. Kr 8, 9), und daß der ,,Schwache" dadurch der ἀπώλεια
verfallen würde (1. Kr 8, 11; vgl. Rm 14, 15!). Das Urteil der συνείδησις
fällt also für den Christen (als πιστεύων) mit dem Urteil der πίστις zusammen; und das Urteil der πίστις hat, wie das der συνείδησις, seine Gültigkeit, auch wenn es in seinem Was fehlgreift. Der ἀσϑενῶν τῇ πίστει (Rm
14, 1 f.) entspricht dem ἀσϑενής hinsichtlich seiner συνείδησις (1. Kr 8, 7.
9. 12). Und wenn mit dem Begriff πίστις der Begriff νοῦς wechselt (Rm
14, 5: ἕκαστος δὲ τῷ ἰδίῳ νοΐ πληροφορείσϑω s. o. 1), so ist das nur möglich,
weil im Begriff der πίστις das Moment des wissenden Urteils enthalten

ist, das eben auch im Begriff der *συνείδησις* vorliegt. Umgekehrt wird durch die Analogie von *συνείδησις* und *πίστις* bestätigt, daß die *συνείδησις* das Wissen des Ich um sich selbst (das eigene geforderte oder dem Richterspruch unterliegende Verhalten) in der Verantwortung vor der transzendenten Macht (Gottes) ist.

§ 20. Καρδία

1. Wie in LXX בֵל durch *καρδία* oder durch *νοῦς* wiedergegeben wird, so gebraucht Paulus *καρδία* weithin in dem gleichen Sinne wie *νοῦς*, nämlich z u r B e z e i c h n u n g d e s I c h a l s e i n e s w o l l e n d e n, p l a n e n d e n, t r a c h t e n d e n. 2. Kr 3, 14 f. stehen *νοήματα* und *καρδία* sachlich parallel, und Phl 4, 7 bilden die beiden Begriffe ein Hendiadyoin (§ 19, 2). Wie der *νοῦς* bzw. die *νοήματα* verwerflich, verstockt, verblendet oder verdorben sein können (Rm 1, 28; 2. Kr 3, 14; 4, 4; 11, 3), so auch die *καρδία* (Rm 1, 21; 2, 5; 16, 18); und wie der *νοῦς* erneuert werden muß (Rm 12, 2), so muß die *καρδία* erleuchtet werden (2. Kr 4, 6). Wird die *καρδία* als *ἀμετανόητος* bezeichnet (Rm 2, 5), so zeigt sich, daß *μετανοεῖν* Sache der *καρδία* wäre.

Wie *νοῦς* ist *καρδία* d a s I c h d e s M e n s c h e n, und in den meisten Fällen, in denen *καρδία* gebraucht ist, vertritt es ein Personalpronomen. Denn die *καρδία* ist das Subjekt des Wünschens (Rm 10, 1), des Begehrens (Rm 1, 24) und Wollens (1. Kr 4, 5), das Subjekt des Entschlusses (1. Kr 7, 37; 2. Kr 9, 7) wie der Trauer, des Schmerzes (Rm 9, 2; 2. Kr 2, 4) und des Liebens (2. Kr 7, 3; 8, 16; Phl 1, 7). Es ist deutlich, daß die *καρδία* also so wenig wie der *νοῦς* ein höheres Prinzip im Menschen ist, sondern eben das trachtende, wollende, entschlossene oder bewegte Ich, das sich zum Guten wie zum Bösen wenden kann. Wie sie verfinstert und verstockt sein kann (Rm 1, 21; 2, 5), so kann sie Täuschungen zum Opfer fallen (Rm 16, 18) oder Subjekt böser Begierden sein (Rm 1, 24). Gott, „der die Herzen erforscht" (Rm 8, 27), der sie „prüft" (1. Th 2, 4 nach Jer 11, 20), bringt einst die *βουλαὶ τῶν καρδιῶν* ans Licht und richtet über sie (1. Kr 4, 5).

So ist die *καρδία* denn ebenso das Subjekt des Zweifelns wie des Glaubens (Rm 10, 6—10). Wie der Unglaube die Verstockung des Herzens ist (2. Kr 3, 14 f.), so kommt es zum Glauben, wenn Gott das Licht im Herzen aufgehen läßt (2. Kr 4, 6). Gott ist es, der die Herzen fest machen kann (1. Th 3, 13); er schenkt

den Herzen die Gabe des Geistes (2. Kr 1, 22; Gl 4, 6); seine
Liebe ist durch den Geist in den Herzen der Gläubigen aus-
gegossen (Rm 5, 5). Überall steht καρδία für das Ich (vgl. z. B.
2. Kr 1, 22 mit 5, 5). Daß die Forderungen des Gesetzes den
Heiden ins Herz geschrieben sind (Rm 2, 15), bedeutet nichts
anderes, als daß sie in ihrer συνείδησις um diese Forderungen
wissen (§ 19, 3) [1].

Fast synonym mit καρδία kann Paulus (τ ά) σ π λ ά γ χ ν α verwenden,
dessen Gebrauch nur auf einen viel engeren Bereich eingeschränkt ist,
nämlich um das Ich als von Liebe bewegtes zu bezeichnen, 2. Kr 6, 12
(hier in Par. mit καρδία); 7, 15; Phm 12. Metonymisch steht σπλ. für die
Liebe selbst Phl 1, 8; 2, 1. — Phm 7. 20 vertritt σπλ. das Personalpronomen
in der gleichen Wendung (ἀναπέπαυται bzw. ἀνάπαυσον) wie πνεῦμα 1. Kr
16, 18; 2. Kr 7, 13.

D e r   U n t e r s c h i e d   v o n   νοῦς und κ α ρ δ ί α liegt
darin, daß in καρδία das Moment des Wissens, das in νοῦς enthalten ist und hervortreten kann, nicht betont ist, sondern
daß das Moment des Strebens und Wollens wie der Bewegtheit
durch Gefühle (Schmerz und Liebe) beherrschend ist. Außerdem besteht ein Nuancenunterschied, da der Begriff καρδία zum
Ausdruck dafür dienen kann, daß das Trachten und Wollen
des Ich verborgen sein kann; καρδία ist d a s   I n n e r e   i m
G e g e n s a t z   z u m   Ä u ß e r e n , das eigentliche Ich im
Unterschied von der Erscheinung des Menschen. Wie 1. Th 2, 17
das äußere Geschiedensein des Apostels von der Gemeinde als
eine Trennung προσώπῳ einer Scheidung καρδία entgegengesetzt
wird, so wird 2. Kr 5, 12 gegenübergestellt das καυχᾶσθαι ἐν
προσώπῳ (d. h. auf Grund äußerlich sichtbarer, imponierender
Vorzüge) und dasjenige ἐν καρδίᾳ (d. h. auf Grund der unsichtbaren Qualitäten). Ähnlich treten sich Rm 2, 28 f. gegenüber
ἡ ἐν τῷ φανερῷ ἐν σαρκὶ περιτομή und die περιτομὴ καρδίας. Die
βουλαὶ τῶν καρδιῶν sind verborgen, bis Gott sie ans Licht bringt
(1. Kr 4, 5); die κρυπτὰ τῆς καρδίας werden durch das prophetische πνεῦμα offenbar gemacht (1. Kr 14, 25).

Verschlungen und nicht ganz klar (daher auch im Text unsicher überliefert) ist 2. Kr 3, 2: der Empfehlungsbrief des Paulus ist die korinthische
Gemeinde — ein Brief, der insofern allgemein zu sehen und zu lesen ist,

---

[1] Die Wendung ἐκ καρδίας = „von Herzen" d. h. mit voller Hingabe
der Person begegnet in einer sekundären Glosse Rm 6, 17; vgl. Mk 12, 30.
33 parr.; 1. Tim 1, 5; 2. Tim 2, 22; 1. Pt 1, 22.

als jedermann die Gemeinde wahrnehmen kann (*γινωσκομένη* . . . *ὑπὸ πάντων ἀνθρώπων*); doch bezeichnet Paulus diesen „Brief", da er ihn zu realen Empfehlungsschreiben in Gegensatz stellen will, zugleich als *ἐγγεγραμμένη ἐν ταῖς καρδίαις ὑμῶν* (so statt *ἡμῶν* mit א 33 pc zu lesen) —, es ist also insofern ein unsichtbarer Brief, ein Brief, der — wie V. 3 dann sagt — nicht mit Tinte geschrieben ist, sondern mit dem göttlichen *πνεῦμα* Nun aber flicht sich noch ein anderer Gedanke hinein: der Empfehlungsbrief, den Gott für Paulus ausgestellt hat, ist nicht geschrieben *ἐν πλαξὶν λιθίναις, ἀλλ᾽ ἐν καρδίαις σαρκίναις* (so zu lesen!); er wird also jetzt auch in Gegensatz zum Mosegesetz gestellt, und zwar in einer durch alttest. Reminiszenzen bestimmten Formulierung. Aus Ez 11, 19; 36, 26 stammt nämlich die Bezeichnung der *καρδίαι* als *σάρκιναι*, wodurch die Herzen als lebendige (im Gegensatz zu den *πλάκες λίθιναι*) charakterisiert werden sollen. Klar ist also jedenfalls, daß die *καρδία* als die Sphäre des Inneren gilt, das der Sitz des Lebens ist.

Das unterschiedene Äußere und Innere kann auch zusammengefaßt werden, um das Ganze des Menschen zu bezeichnen. So stehen im Parall. membr. *στόμα* und *καρδία* Rm 10, 9 f.; 2. Kr 6, 11 (wofür V. 12 dann *ἡμεῖς* eintritt), wie denn in dem apokryphen Zitat 1. Kr 2, 9 *ὀφθαλμός, οὓς* und *καρδία* kombiniert die Wahrnehmungsmöglichkeiten des Menschen beschreiben.

2. Die Strebungen der *καρδία* können sich im bewußten Wollen aktualisieren. Dieses zu bezeichnen dienen vor allem ϑ έ λ ε ι ν und ϑ έ λ η μ α.

Θέλειν bedeutet das Wollen in verschiedenen Nuancen, und der Sinn ist manchmal nicht durch genauere Abgrenzung zu bestimmen. Das Wollen des bestimmten Entschlusses ist (abgesehen von den Stellen, an denen es von Gott ausgesagt wird) gemeint: Rm 9, 16; 1. Kr 4, 21 (*τί θέλετε*; entscheidet euch!); 10, 27; Gl 4, 9; Phm 14; von der Ausführung (*ποιῆσαι* bzw. *ἐνεργεῖν*) ausdrücklich unterschieden 2. Kr 8, 10 f.; Phl 2, 13. Anderwärts ist der Sinn: Verlangen haben, begehren: 2. Kr 5, 4; 11, 12; 12, 20; Gl 4, 17, oder ein Wünschen, das lebhaft sein kann: Rm 16, 19; 1. Kr 7, 32; 10, 20; Gl 4, 20; 1. Th 2, 18, oder auch minder lebhaft, wie „ich möchte wohl": 1. Kr 7, 7; 14, 5; Gl 3, 2, oder „ich will lieber": 1. Kr 14, 19; endlich ganz unbetont in den Formeln *οὐ θέλω ὑμᾶς ἀγνοεῖν* u. a.: Rm 1, 13; 1. Kr 10, 1 usw.

Θέλημα wird meist von Gottes Willen, seiner beschließenden Verfügung (in der Formel *διὰ θελήματος θεοῦ* u. ähnl. Rm 15, 32; Gl 1, 4 usw.) oder seinem fordernden Willen (Rm 2, 18 usw.) gebraucht; vom Entschluß bzw. der Absicht des Menschen (1. Kr 7, 37; 16, 12).

Wichtig ist, daß sich das menschliche *θέλειν* auf das „Gute" richten kann (Rm 7, 15—21) wie auf Böses oder Verkehrtes (Gl 1, 7; 4, 9. 21; 6, 12); vor allem aber, daß d a s ϑ έ λ ε ι ν g a r n i c h t i n d i e S p h ä r e d e s B e w u ß t s e i n s z u

d r i n g e n b r a u c h t , sondern die verborgene Tendenz des
Ich bezeichnen kann. Die rhetorische Frage Rm 13, 3: θέλεις
δὲ μὴ φοβεῖσθαι τὴν ἐξουσίαν; setzt voraus, daß jedermann ohne
Angst vor der Behörde leben „will", ohne daß er sich diesen
Willen zum Bewußtsein zu bringen braucht. Wenn Paulus seine
Gegner Gl 6, 12 charakterisiert: ὅσοι θέλουσιν εὐπροσωπῆσαι ἐν
σαρκί, so nennt er damit nicht ihre bewußte Absicht, sondern ihr
ihnen selbst verborgenes geheimes Motiv; ebenso wenn er 6, 13
von ihnen sagt: θέλουσιν ὑμᾶς περιτέμνεσθαι ἵνα ἐν τῇ ὑμετέρᾳ
σαρκὶ καυχήσωνται. Das Wollen des „Guten", von dem Rm
7, 15—21 redet, ist innerste Tendenz des Ich, welches durch die
bewußten Wollungen, die die Taten hervorbringen, gerade verdeckt ist. Und wenn nach Gl 5, 17 der Kampf zwischen Fleisch
und Geist um den Menschen zur Folge hat, daß dieser nicht tut,
was er „will", so ist auch hier nicht an das gedacht, was der
Mensch jeweils *actualiter* will, sondern an das, was er e i g e n t -
l i c h will, und was im konkreten Wollen (infolge des Einflusses
der σάρξ) pervertiert sein kann. Etwas anders Gl 4, 21, wo die
Anrede: οἱ ὑπὸ νόμον θέλοντες εἶναι zwar auch nicht auf das bewußte Wollen der Galater geht, jedoch ebensowenig das eigentliche Wollen ihres „Herzens" meint, sondern die „ungewollte"
Konsequenz ihrer Absicht, mit der πίστις den Gehorsam gegen
den νόμος (oder wenigstens gewisse seiner Bestimmungen) zu
kombinieren; denn den ausschließenden Gegensatz zwischen
ὑπὸ νόμον und ὑπὸ χάριν durchschauen sie ja nicht. Verwandt
damit ist Gl 1, 7, wo die Gegner des Paulus die θέλοντες μεταστρέ-
ψαι τὸ εὐαγγέλιον τοῦ Χριστοῦ heißen. Die Verkehrung des Evangeliums in sein Gegenteil ist natürlich nicht die Absicht dieser
Leute, sondern der ihnen selbst verborgene Sinn ihres Wollens.

Selten gebraucht Paulus β ο ύ λ ε σ θ α ι von der menschlichen Absicht (2. Kr 1, 15. 17) oder vom Wunsch (Phl 1, 12; Phm 13). Die βουλαὶ
τῶν καρδιῶν (1. Kr 4, 5) sind die Strebungen des Herzens, die nicht in bewußten Wollen aktualisiert zu sein brauchen. Von Gottes βούλημα redet
Rm 9, 19.

Die ἐπιθυμίαι τῶν καρδιῶν Rm 1, 24 weisen darauf hin, daß
die καρδία im ἐ π ι θ υ μ ε ῖ ν lebendig ist. Freilich gebraucht
Paulus ἐπιθυμεῖν wie ἐπιθυμία oft nicht als anthropologische
Termini, um das Begehren überhaupt zu bezeichnen, sondern
im qualifizierten Sinn, in dem das ἐπιθυμεῖν (absolut gebraucht)

als solches böse ist. So in der Formel *οὐκ ἐπιθυμήσεις* Rm 7, 7; 13, 9; auch 1. Kr 10, 6, wo freilich zu dem absoluten *ἐπεθύμησαν* sich nach dem vorausgehenden *ἐπιθυμητὰς κακῶν* leicht ein *κακῶν* ergänzt. Ebenso ist die *ἐπιθυμία* als solche böse Rm 1, 24; 7, 7 f.; 1. Th 4, 5, und wird Rm 13, 14; Gl 5, 16. 24 auf die *σάρξ* (wie Rm 6, 12 auf das sarkische *σῶμα*) zurückgeführt. Jedoch zeigt schon Gl 5, 17 dadurch, daß sowohl *πνεῦμα* wie *σάρξ* Subjekt des *ἐπιθυμεῖν* sein kann, daß das *ἐπιθυμεῖν* ursprünglich einfach die Richtung des Verlangens bedeutet. Und in diesem Sinne heißt es Phl 1, 23: *τὴν ἐπιθυμίαν ἔχων εἰς τὸ ἀναλῦσαι καὶ σὺν Χριστῷ εἶναι*, und 1. Th 2, 17: *ἐσπουδάσαμεν τὸ πρόσωπον ὑμῶν ἰδεῖν ἐν πολλῇ ἐπιθυμίᾳ*. In beiden Fällen hat *ἐπιθυμία* den Sinn von „Sehnsucht", und diese ist also als solche nichts Böses.

Θυμός begegnet bei Paulus nur im qualifizierten Sinne von Zorn (Rm 2, 8; 2. Kr 12, 20; Gl 5, 20); *προθυμία* als Bereitwilligkeit, Eifer zum Guten (2. Kr 8, 11 f. 19; 9, 2), *πρόθυμος* im neutralen Sinne (Rm 1, 15).

Andere Verben, die das Streben und Aus-sein-auf in verschiedenen Nuancen bezeichnen, sind *σκοπεῖν*, *ζητεῖν*, *ζηλοῦν*, *διώκειν* und *μεριμνᾶν*.

Σκοπεῖν heißt 2. Kr 4, 18 „ins Auge fassen", nämlich als das erstrebenswerte Ziel, wie denn *σκοπός* das Ziel ist, an dem sich Phl 3, 14 das *διώκειν* orientiert. Das eigensüchtige Streben heißt Phl 2, 4: *τὰ ἑαυτοῦ σκοπεῖν*. Den Grundsinn eines interessierten, das Tun leitenden „Sehens" hat *σκ.* auch, wenn es im Sinne des vorsichtigen Achthabens auf bzw. des Sich-hütens vor gebraucht wird Rm 16, 17; Gl 6, 1; Phl 3, 17. — Auch *ζητεῖν* bedeutet das Streben als solches, das auf Gutes wie auf Böses gerichtet sein kann. Objekt kann die *ἀφθαρσία* (Rm 2, 7) oder die *σοφία* (1. Kr 1, 22) sein. Paulus und Petrus sind *ζητοῦντες δικαιωθῆναι ἐν Χριστῷ* (Gl 2, 17). Paulus mahnt: *πρὸς τὴν οἰκοδομὴν τῆς ἐκκλησίας ζητεῖτε ἵνα περισσεύητε* (1. Kr 14, 12); er beschreibt sein Verhältnis zu den Korinthern: *οὐ γὰρ ζητῶ τὰ ὑμῶν ἀλλὰ ὑμᾶς* (2. Kr 12, 14). Törichtes *ζητεῖν* würde sich auf die *δόξα ἐξ ἀνθρώπων* richten (1. Th 2, 6) oder auf ein *ἀνθρώποις ἀρέσκειν* (Gl 1, 10); die Juden sind *ζητοῦντες τὴν ἰδίαν (δικαιοσύνην) στῆσαι* (Rm 10, 3). Selbstsüchtiges Trachten ist es ,*τὰ ἑαυτοῦ ζητεῖν* (1. Kr 10, 24. 33; 13, 5; Phl 2, 21), dem das *ζητεῖν τὸ τῶν πολλῶν* gegenübersteht (1. Kr 10, 33). — Das intensive Trachten heißt *ζηλοῦν*, dessen Objekt ebenfalls Gutes wie Böses sein kann. Paulus „eifert" um die Gemeinde *θεοῦ ζήλῳ* (2. Kr 11, 2), während die Gesetzesprediger in Galatien um die Galater „eifern", „sie umwerben", damit diese wiederum für sie „eifern" sollen (Gl 4, 17). Nach den *πνευματικά* voll Eifer zu trachten, mahnt der Apostel (1. Kr 12, 31; 14, 1. 39). Wie *ἐπιθυμεῖν* kann aber auch *ζηλοῦν* absolut und dann in qualifiziertem Sinne gebraucht werden (1. Kr 13, 4: *ἡ ἀγάπη οὐ ζηλοῖ*); und entsprechend ist *ζῆλος* (ebenfalls absolut) ein Laster, das heidnisches Wesen charakterisiert (Rm 13, 13; 1. Kr 3, 3; 2. Kr 12, 20; Gl 5, 20). Jedoch zeigt sich der Grundsinn von ζῆλος als eines an sich nicht qualifizierten Strebens darin, daß ζῆλος auf gute wie auf verkehrte Ziele gerichtet sein kann. Den Juden räumt Paulus ein, daß sie ζῆλον θεοῦ haben (Rm 10, 2), und er selbst „eifert" θεοῦ ζήλῳ (2. Kr 11, 2 s. o.), und er lobt den ζῆλος der Korinther in der Kollektensache (2. Kr 9, 2). Es gibt ζῆλος zum besten eines Andere:ι (2. Kr 7, 7: ὑπὲρ ἐμοῦ; vgl. V. 11); aber es gibt auch verwerflichen „Eifer" (Phl 3, 6: κατὰ ζῆλος διώκων τὴν ἐκκλησίαν). Das Gleiche gilt von ζηλωτής (1. Kr 14, 12; Gl 1, 14). — Δ ι ώ - κ ε ι ν im übertragenen Sinne bezeichnet ähnlich wie ζηλοῦν das eifrige Streben, wird aber nicht absolut im qualifizierten Sinne gebraucht, sondern ist an sich neutral und wird erst durch sein Objekt näher bestimmt, und zwar (zufällig) stets im guten Sinne (Rm 9, 30 f.: δικαιοσύνην bzw. νόμον δικαιοσύνης; 12, 13: τὴν φιλοξενίαν; 14, 19: τὰ τῆς εἰρήνης; 1. Kr 14, 1: τὴν ἀγάπην; 1. Th 5, 15: τὸ ἀγαθόν; bildlich Phl 3, 12. 14). — Endlich dient μ ε ρ ι μ ν ᾶ ν zur Bezeichnung des sorgenden Aus-seins-auf. Daß es sich in entgegengesetztem Sinne betätigen kann, zeigt 1. Kr 7, 32—34, wo τὰ τοῦ κόσμου oder τὰ τοῦ κυρίου als seine Objekte genannt werden. Sorge zum Guten im Sinne von Fürsorge bedeutet es 1. Kr 12, 25 (ὑπὲρ ἀλλήλων); Phl 2, 20 (τὰ περὶ ὑμῶν), wie denn 2. Kr 11. 28 μέριμνα die Fürsorge ist. Jedoch kann Paulus μεριμνᾶν wie ἐπιθυμεῖν auch im qualifizierten Sinne absolut gebrauchen als etwas an sich Verkehrtes (Phl 4, 6), und so kann er 1. Kr 7, 32 schreiben: θέλω δὲ ὑμᾶς ἀμερίμνους εἶναι.

Sofern die καρδία das Ich ist, das von Gefühlen und Gemütserregungen bewegt wird, realisiert sich seine Lebendigkeit im χ α ί ρ ε ι ν , λ υ π ε ῖ σ θ α ι oder κ λ α ί ε ι ν . Alle diese Verben beschreiben menschliches Verhalten als solches, wie bes. Rm 12, 15; 1. Kr 7, 30 für χαίρειν und λυπεῖσθαι zeigen; daß sich das χαίρειν auf Gutes und Böses beziehen kann, zeigt 1. Kr 13, 6; und analog wird 2. Kr 7, 9—11 ein λυπεῖσθαι (bzw. eine λύπη) κατὰ θεόν und τοῦ κόσμου unterschieden. Spezifisch christliche χαρά ist solche ἐν πνεύματι ἁγίῳ (Rm 14, 17) oder πνεύματος ἁγίου (1. Th 1, 6).

2. Fleisch, Sünde und Welt

§ 21. SCHÖPFUNG UND MENSCH

BORNKAMM, G., Die Offenbarung des Zornes Gottes (1935), in: DERS., Das Ende des Gesetzes, (1952) [5]1966, 9–33. – KLEIN, G., Sündenverständnis und theologia crucis bei Paulus, in: Theologia crucis-signum crucis, FS. für E. Dinkler, 1979, 249–282. – Zu 4: SAND, A., Art. ἄνθρωπος κτλ., EWNT I, 1980, 240–249.

1. Wie die Untersuchung des Begriffes σῶμα zeigte (§ 17, 2, S. 196f.), ist der Mensch nach Paulus ein Wesen, das ein Verhältnis zu sich selbst hat, das sich selbst überantwortet und für

sein Sein verantwortlich ist. Dieses sein Sein aber, das zeigte besonders die Untersuchung der Begriffe ψυχή, πνεῦμα, ζωή, νοῦς und καρδία (§ 18—20), ist nie in der Gegenwart als ein erfülltes gegeben, sondern liegt immer vor ihm, bzw. es ist immer ein Aus-sein-auf und kann sich dabei finden oder aus der Hand verlieren, sich gewinnen oder verfehlen. Damit ist gegeben, daß der Mensch gut oder böse sein kann; denn eben weil er sein Leben, das „Gute" im Sinne seines eigentlichen Seins, erst finden muß, gewinnt dieses für ihn den Charakter des „Guten" im Sinne des Geforderten (§ 19, 1, S. 213).

Ist soweit die ontologische Struktur des Menschseins, wie Paulus es sieht, geklärt, so sind damit doch erst die Voraussetzungen für seine ontischen Aussagen über den Menschen gegeben, auf denen sein eigentliches Interesse ruht. Es zeigte sich schon, daß er manche anthropologischen Begriffe, die zunächst einen formal ontologischen Sinn haben, mitunter in einem ontisch-qualifizierten Sinne gebraucht. Das σῶμα kann, da es faktisch von der σάρξ beherrscht wird, gleichbedeutend mit σάρξ gebraucht werden; es ist also ontisch gesehen ein σῶμα τῆς ἁμαρτίας (§ 17, 2. 3, S. 198, 201). Umgekehrt kann νοῦς das, freilich erfolglose, Bejahen der Forderung des Guten bedeuten (§ 19, 1, S. 213), während wiederum ἐπιθυμεῖν den qualifizierten Sinn von böser Begierde haben kann (§ 20, 2, S. 224 f.); und Gleiches gilt von ζηλοῦν und μεριμνᾶν (§ 20, 2, S. 225 f.).

Darin zeichnet sich ab, daß Paulus der Meinung ist: der Mensch hat immer schon sein eigentliches Sein verfehlt, sein Trachten ist von vornherein ein verkehrtes, böses. In der Tat ist es eine für seine Heilslehre grundlegende Anschauung, die er Rm 1, 18—3, 20 ausführlich entwickelt, daß alle Menschen Sünder sind; durch Adam sind Sünde und Tod als beherrschende Mächte in die Welt gekommen (Rm 5, 12 ff.); die „Schrift hat alles unter die Sünde eingeschlossen" (Gl 3, 22).

Zum Verständnis dieser Anschauung ist die Klärung dessen erforderlich, was nach Paulus der Sinn des Bösen ist. Und da in seinen Gedankengängen als selbstverständlich vorausgesetzt ist, daß das Böse jedenfalls „Sünde" ist, Empörung gegen Gott, Schuld vor Gott, so muß zuerst sein Gottesgedanke, soweit er für diesen Zusammenhang bedeutsam ist, dargestellt werden.

2. **Paulus sieht den Menschen stets als vor Gott gestellt.** Die ontologische Möglichkeit, gut oder böse zu sein, ist zugleich die ontische Möglichkeit, ein Gottes-verhältnis zu haben; und Gott ist für Paulus nicht die mythologische Bezeichnung für einen ontologischen Sachverhalt, sondern der persönliche Gott, der der Schöpfer des Menschen ist und von ihm Gehorsam verlangt. Die ontologische Möglichkeit, gut oder böse zu sein, ist ontisch die Wahl, den Schöpfer anzu-erkennen und ihm zu gehorchen, oder den Gehorsam zu verweigern. Die für den Menschen bestehende Forderung des Guten ist die Forderung Gottes, die als solche eine ἐντολὴ εἰς ζωήν ist (Rm 7, 10); und der Ungehorsam ist deshalb Sünde.

Von **Gott als dem Schöpfer** redet Paulus im Sinne der alttestamentlichen Tradition. Gott ist es, der einst aus der Finsternis das Licht aufstrahlen hieß (2. Kr 4, 6 nach Gen 1, 3), und der den Menschen geschaffen hat (1. Kr 11, 8—12; vgl. 15, 45. 47). Ihm gehört — wie 1. Kr 10, 26 auf Ps 24, 1 anspielend sagt — die Erde und was sie füllt. Daß Gott der Schöpfer ist, bedeutet für Paulus nicht eine kosmologische Theorie, die die Entstehung und das Dasein der Welt in ihrem Sosein erklären will; es ist vielmehr ein die Existenz des Menschen betreffender Satz. Einmal insofern, als die Erde als Gottes Schöpfung dem Menschen für seine Bedürfnisse zur Verfügung steht, wie schon die alttestamentliche Schöpfungsgeschichte (Gen 1, 26) sagte, so daß es auf ihr nichts Unreines, Unberührbares gibt (1. Kr 10, 25 f. 30; Rm 14, 14. 20).

Das πάντα ὑμῶν 1. Kr 3, 21 f. ist hierfür nicht zu zitieren, da es speziell für die Christen gilt und einen anderen Sinn hat. — Daß das Ziel des Schöpfungswerkes in dem ἵνα ᾖ ὁ θεὸς πάντα ἐν πᾶσιν 1. Kr 15, 28 angegeben sei (Gutbrod), kann nicht gesagt werden; denn das 1. Kr 15, 20—28 beschriebene Drama stammt nicht aus der Tradition der Schöpfungsgeschichte, sondern aus der gnostischen Kosmologie und Eschatologie; 1. Kr 15, 28 handelt vom Ende des Kampfes gegen die gottfeindlichen Mächte.

Vor allem aber enthält **die Erkenntnis Gottes als des Schöpfers** in sich die Erkenntnis des Menschen, näm-lich des Menschen in seiner Geschöpflichkeit und in seinem Be-anspruchtsein durch Gott. Wohl benutzt Paulus Rm 1, 19 f. bekannte Gedanken der stoischen *theologia naturalis*, aber

nicht, um den Beweis für das pure Dasein Gottes und seine die
Welt durchwaltende Vorsehung zu führen, um dadurch auf-
klärend den Menschen von der ἀγνωσία ϑεοῦ und von der Angst
zu befreien; vielmehr, um Anklage zu erheben, nämlich um die
Schuld der Heiden aufzuzeigen: sie haben sich in bösem Willen
der ihnen gegebenen Möglichkeit der Gotteserkenntnis ver-
schlossen. Gott erkennen bedeutet als solches: Gott anerkennen,
seiner Forderung (δικαίωμα 1, 32) gehorchen, sich ihm in dank-
barer Verehrung beugen (1, 21; vgl. 1. Kr 10, 31).

Daß G o t t e s S e i n nicht ein bloßes, objektiv konstatier-
bares Vorhandensein ist, zeigt 1. Kr 8, 4—6. Wäre von Gott
nur die Rede als von einem kosmischen Wesen, so wäre der Satz
οὐδεὶς ϑεὸς εἰ μὴ εἷς gar nicht richtig; denn in diesem Sinne von
εἶναι „gibt es" auch andere ϑεοί und κύριοι. Das Einzigsein Gottes
ist sein εἶναι ἡμῖν, d. h. sein Sein ist nur richtig verstanden, wenn
es als ein Bedeutsamsein für den Menschen verstanden ist, also
nicht, ohne daß zugleich das Sein des Menschen mitverstanden
ist als ein aus Gott entspringendes (ἐξ οὗ τὰ πάντα) und damit
auf ihn hin orientiertes (καὶ ἡμεῖς εἰς αὐτόν) Sein.

Wie 1. Kr 8, 6, so verwendet Paulus Rm 11, 36 eine Formel
des stoischen Pantheismus: ὅτι ἐξ αὐτοῦ καὶ δι᾽ αὐτοῦ καὶ εἰς αὐτὸν
τὰ πάντα. Aber gerade hier ist deutlich, wie wenig sein Gottesbegriff am Kosmos in griechischem Sinne orientiert ist; denn
als Abschluß von c. 9—11 hat die Formel ihren ursprünglichen
kosmologischen Sinn verloren und dient zum Ausdruck der
paulinischen Geschichtstheologie: die Völkergeschichte ist Heilsgeschichte, die in Gott ihren Ursprung hat, von ihm gelenkt
wird und in ihm ihr Ziel hat.

3. Dem entspricht es, daß das Wort κόσμος für Paulus ganz
überwiegend einen anderen Sinn hat als in der griechischen
Weltauffassung (§ 26). Als geschaffene und in ihrem Dasein und
Sosein vorhandene Welt i s t d i e W e l t κ τ ί σ ι ς gegenüber dem κτίσας (Rm 1, 25). Wird sie so in den Blick gefaßt,
so ist der Mensch davon ausgenommen, wenngleich er als φϑαρτὸς
ἄνϑρωπος doch wiederum zu ihr gehört (Rm 1, 23). Aber als
von Gott mit besonderer Würde und Verantwortung betraut
(vgl. 1. Kr 11, 3. 7: εἰκὼν καὶ δόξα ϑεοῦ ὑπάρχων), steht er zwischen Gott und der κτίσις und hat sich zwischen beiden zu entscheiden.

Der κτίσις eignet der Charakter des Kreatürlich-Vergänglichen, des φθαρτόν (Rm 1, 23;
8, 20 f.). In dunklen Worten, die offenbar auf einen Mythos
zurückgehen, deutet Paulus an, daß das nicht von jeher so war,
sondern daß die κτίσις unfreiwillig der ματαιότης, der δουλεία
τῆς φθορᾶς unterworfen wurde, und zwar διὰ τὸν ὑποτάξαντα, daß
sie aber dereinst — wie die „Kinder Gottes" — vom Fluch der
Vergänglichkeit befreit werden soll (Rm 8, 20 f.). Da nicht klar
ist, wen Paulus unter dem ὑποτάξας versteht (Gott? den Satan?
Adam?), so ist Genaueres nicht zu erkennen und nur soviel
deutlich, daß die κτίσις eine mit den Menschen gemeinsame Geschichte hat — was wiederum zeigt, wie sehr für Paulus die
kosmologische Betrachtung hinter der geschichtstheologischen
zurücktritt.

Wenn Rm 8, 20 f. von der unter das Vergehen geknechteten
und nach Freiheit sich sehnenden κτίσις die Rede ist, so ist
offenbar an die Erde und ihre dem Menschen untergeordneten
Kreaturen gedacht, nicht an die kosmischen Mächte,
die 8, 38 f. aufgezählt werden. Reiht diese Aufzählung auch nicht
gleichartige Größen aneinander, indem sie mit den kosmischen
Mächten die Begriffe θάνατος und ζωή (von denen freilich der
θάνατος als kosmische Macht denkbar wäre nach 1. Kr 15, 26),
ἐνεστῶτα und μέλλοντα verbindet, so nennt sie doch jedenfalls
mit den ἄγγελλοι, ἀρχαί und δυνάμεις und wohl auch mit den
Größen ὕψωμα und βάθος kosmische Mächte, die zu der von
Gott geschaffenen Welt gehören, auch wenn sie nicht durch
den Zusatz οὔτε τις κτίσις ἑτέρα in diesem Sinne ausdrücklich
charakterisiert wären. Bezeugt der Satz einerseits, daß dem Wirken solcher Mächte durch den Willen Gottes eine Schranke gesetzt ist, so setzt er doch andrerseits voraus, daß es einen Bereich der Schöpfung gibt, in dem empörerische, Gott und den
Menschen feindliche Mächte walten.

Die Schöpfung hat also einen eigentümlich zweideutigen Charakter, indem sie einerseits die von Gott dem Menschen zum Gebrauch und Genuß zur
Verfügung gestellte Erde ist (1. Kr 10, 26, s. o. 2), andrerseits
das Wirkungsfeld böser dämonischer Mächte. Die an sich richtige historische Beobachtung, daß hier alttestamentliche und
gnostische Tradition zusammengeflossen sind, erklärt den Tatbestand noch nicht hinreichend. Paulus kann sich die kosmolo-

gische Mythologie der Gnosis deshalb aneignen, weil sie der Tatsache zum Ausdruck dient, daß die vergängliche κτίσις, wenn der Mensch sich für sie statt für Gott entschieden hat (Rm 1, 25, s. o.), d. h. wenn er sein Leben auf sie statt auf Gott gründet, zur feindlichen, zerstörenden Macht wird. Sie verdankt also ihre Selbständigkeit, die sie Gott gegenüber hat, dem Menschen selbst; aber das muß durch die Untersuchung des Begriffes σάρξ genauer geklärt werden. Klar ist jedoch schon: das Verständnis der Schöpfung ist wie das des Schöpfers von dem Gesichtspunkt aus gegeben, was sie für die Existenz des Menschen bedeutet; sie ist unter diesem Aspekt eine zweideutige Größe.

4. Wie Gott und Schöpfung in ihrem Sein im Horizont einer theologischen Geschichtsbetrachtung gesehen sind, d. h. hinsichtlich ihrer Bedeutsamkeit für den Menschen und seine Geschichte, so ist entsprechend d a s S e i n d e s M e n s c h e n in seiner Bezogenheit auf den Schöpfer und die Schöpfung verstanden.

Nur an wenigen Stellen gebraucht Paulus das Wort ἄ ν ϑ ρ ω - π ο ς , um die zur Welt als Kreatur gehörige Gattung „Mensch" im Unterschied von anderen Lebewesen wie den Tieren (1. Kr 15, 39) oder den Engeln (1. Kr 4, 9; 13, 1) zu bezeichnen.

Unberücksichtigt bleiben hier die Stellen, an denen ἄνθρωπος unbetont gebraucht wird für „jemand", „einer" (Rm 7, 1; 1. Kr 4, 1; 2. Kr 12, 2 f.; Gl 6, 1. 7), oder wo πᾶς ἄνθρωπος ohne spezielle Antithese „jeder" (Gl 5, 3), bzw. πάντες ἄνθρωποι „alle" bedeutet (Rm 12, 17 f.; 1. Kr 7, 7; 15, 19; 2. Kr 3, 2; Phl 4, 5; 1. Th 2, 15).

An den meisten Stellen meint ἄνθρωπος den Menschen in seiner kreatürlichen Menschlichkeit und das heißt zugleich in seiner Relation zu Gott. In seiner Geschöpflichkeit ist der Mensch gesehen, wenn es in rhetorischer Formulierung heißt, daß das „Törichte Gottes" weiser ist als die Menschen und das „Schwache Gottes" stärker als die Menschen (1. Kr 1, 25), oder wenn Paulus fragt: ὦ ἄνθρωπε, μενοῦν γε σὺ τίς εἶ ὁ ἀνταποκρινόμενος τῷ θεῷ; (Rm 9, 20). Vor Gott muß jede menschliche Beschwerde verstummen: γινέσθω δὲ ὁ θεὸς ἀληθής, πᾶς δὲ ἄνθρωπος ψεύστης (Rm 3, 4). Gottes Autorität stellt die Legitimation des Paulus außer Frage als eines ἀπόστολος οὐκ ἀπ᾽ ἀνθρώπων οὐδὲ δι᾽ ἀνθρώπου ἀλλὰ διὰ ᾽Ι. Χριστοῦ καὶ θεοῦ πατρός (Gl 1, 1 vgl. 1, 11 f.). Der Blick auf Gott und nicht auf Menschen gibt die rechte Norm für das apostolische Wirken (1. Th 2, 4. 6; Gl 1, 10), und des

Apostels Wort ist Gottes- und nicht Menschenwort (1. Th 2, 13); wer es mißachtet, verachtet nicht Menschen, sondern Gott (1. Th 4, 8).

Vor Gott verschwinden alle menschlichen Differenzierungen; vor ihm steht der Jude wie der Grieche gleichermaßen als ἄνθρωπος (Rm 3, 28 f.). Menschliche Größe und menschliche Wertungen sind vor Gott nichtig. Wahn wäre es, wollte sich der von Gott zum Knechte Christi Berufene durch Orientierung an menschlichen Wertungen zum Knecht der Menschen machen (1. Kr 7, 23). Wahn wäre es, stolz auf Menschen zu sein (1. Kr 3, 21). Nur Lob von Gott und nicht von Menschen will etwas besagen (Rm 2, ·29). Wo Eifersucht und Streit noch eine Stätte haben, da geht es noch κατὰ ἄνθρωπον zu (1. Kr 3, 3). Die Paradoxie des Heilsgeschehens kommt in dem Satz des von Paulus übernommenen Christusliedes zum Ausdruck, daß der, der ἐν μορφῇ θεοῦ war, wie ein Mensch, in Menschengestalt auf Erden erschien; ἑαυτὸν ἐκένωσεν (Phl 2, 6 f.): also ist am und im Menschen nichts Göttliches! — Dieses Verständnis des Menschen begründet die Formel κατὰ ἄνθρωπον λέγω (Rm 3, 5; 1. Kr 3, 3; 9, 8; Gl 3, 15) bzw. ἀνθρώπινον λέγω (Rm 6, 19), welche die Form einer Aussage, die von göttlichen Dingen redet, als dem Inhalt eigentlich unangemessen bezeichnet; nur διὰ τὴν ἀσθένειαν τῆς σαρκός muß der Apostel so reden (Rm 6, 19).

§ 22. DER BEGRIFF σάρξ

LÜDEMANN, H. u. GUTBROD, W., s. zu 1. (S. 192). – SCHWEIZER, E., in: BAUMGÄRTEL, F. u. a., Art. σάρξ κτλ., ThW VII, 1964, 98–151 (bes. 124–136). – SAND, A., Art. σάρξ κτλ., EWNT III, 1983, 549–557. – BRANDENBURGER, E., Fleisch und Geist, 1968.

1. D a s B ö s e ist, so zeigte es die Untersuchung der anthropologischen Begriffe (§ 17—20), ein verkehrtes Aus-sein-auf, ein verkehrtes Trachten; ein Trachten nämlich, das das Gute, die ζωή, als das eigentliche Sein des Menschen, verfehlt, und das deshalb böse ist, weil das Gute zugleich das Geforderte ist. Das aber ist zugleich S ü n d e , Empörung gegen Gott, der als der Schöpfer der Ursprung des Lebens ist, und dessen Gebot eine

ἐντολὴ εἰς ζωήν (Rm 7, 10) ist (§ 21). Mit der Alternative: Ergreifen oder Verfehlen des eigentlichen Seins ist also gleichbedeutend die Alternative: Anerkennung Gottes als des Schöpfers oder seine Verleugnung. Verleugnung Gottes aber heißt Verkennung der eigenen Geschöpflichkeit. Dieses aber bedeutet — da alles Trachten, auch das verkehrte, seiner Intention nach auf das Leben geht — den Wahn, das Leben dort zu suchen, wo es nicht ist, nämlich in der κτίσις. Denn die Verleugnung Gottes als des Schöpfers ist die Zuwendung zur Schöpfung (§ 21). Die Schöpfung aber steht dem Menschen zur Verfügung; in ihr das Leben suchen bedeutet daher den Dünkel, das Leben im Verfügbaren zu suchen, also selbst über das Leben verfügen zu können. Als die eigentliche Sünde offenbart sich also der Wahn, das Leben nicht als Geschenk des Schöpfers zu empfangen, sondern es aus eigener Kraft zu beschaffen, aus sich selbst statt aus Gott zu leben.

Paulus hat diesen Gedankengang nicht so abstrakt und in dieser Knappheit entwickelt; aber er liegt seinen Ausführungen über die Sünde zugrunde, wie schon aus seinen Aussagen über Schöpfung und Mensch (§ 21) hervorgeht, und wie es vor allem die Untersuchung des Begriffes σάρξ deutlich macht.

2. Σάρξ bedeutet zunächst „Fleisch" im Sinne der materiellen Leiblichkeit des Menschen; es ist im Unterschied von κρέας, dem zum Genuß dienenden Fleisch der Tiere (Rm 14, 21; 1. Kr 8, 13), das belebte Fleisch des Menschen, lebendig in seinen sinnlichen Äußerungen und greifbar der sinnlichen Wahrnehmung. Σάρξ meint also (trotz 1. Kr 15, 39; s. § 17, 1, S. 193 f.) nicht einen „Stoff" (ὕλη) als solchen im Unterschied von der „Form", sondern freilich zunächst einen Stoff, aber nur als einen gestalteten und belebten im menschlichen Leibe. Nur deshalb kann σάρξ gelegentlich mit σῶμα gleichbedeutend gebraucht werden (§ 17, 3, S. 200f.). Leibliche Krankheit ist ἀσθένεια τῆς σαρκός (Gl 4, 13); körperliches Leiden wird durch das Bild des σκόλοψ τῇ σαρκί bezeichnet (2. Kr 12, 7). Die am Körper vorgenommene Beschneidung ist eine ἐν τῷ φανερῷ ἐν σαρκὶ περιτομή (Rm 2, 28). Äußere Not ist θλίψις τῇ σαρκί (1. Kr 7, 28). Das Fleisch ist sterblich (2. Kr 4, 11), und der Tod als das Ende des leiblichen Lebens ist ὄλεθρος τῆς σαρκός (1. Kr 5, 5).

Da der Mensch in seinem irdischen Dasein an die fleischliche Leiblichkeit gebunden ist, kann nach alttestamentlichem Sprachgebrauch σάρξ den Menschen überhaupt bezeichnen in der Wendung πᾶσα σάρξ (כָּל בָּשָׂר) = „jedermann" (Rm 3, 20; 1. Kr 1, 29; Gl 2, 16; vgl. πᾶσα ψυχή § 18, 2, S.205); ja es kann sogar σάρξ wie ψυχή und πνεῦμα (§ 18, 2. 3, S. 205. 207) zur Bezeichnung der Person gebraucht werden (2. Kr 7, 5: οὐδεμίαν ἔσχηκεν ἄνεσιν ἡ σὰρξ ἡμῶν = „ich fand keine Ruhe"). Dabei kann die Menschlichkeit der Person betont sein, indem nach jüdischem Sprachgebrauch zu σάρξ noch αἷμα gefügt wird (בָּשָׂר וָדָם) wie Gl 1, 16: οὐ προσανεθέμην σαρκὶ καὶ αἵματι. Meint an dieser Stelle σὰρξ καὶ αἷμα die Person in ihrer Menschlichkeit, so 1. Kr 15, 50 die Menschlichkeit als solche, das menschliche Wesen: σὰρξ καὶ αἷμα βασιλείαν θεοῦ κληρονομῆσαι οὐ δύναται. Aber auch das bloße σάρξ kann diesen Sinn haben, wie Rm 6, 19 zeigt: ἀνθρώπινον λέγω διὰ τὴν ἀσθένειαν τῆς σαρκὸς ὑμῶν, was ja sachlich gleichbedeutend ist mit κατὰ ἄνθρωπον λέγω bzw. λαλῶ (Rm 3, 5; 1. Kr 9, 8, § 21, 4, S. 232). Ἐπιμένειν τῇ σαρκί heißt „am Leben bleiben", nämlich im Bereich des irdischen Lebens im Gegensatz zum ἀναλῦσαι καὶ σὺν Χριστῷ εἶναι (Phl 1, 23 f.).

Die Beispiele zeigen, daß σάρξ nicht nur den konkreten fleischlichen Körper bezeichnen kann, sondern auch die „Fleischlichkeit" als das irdisch-menschliche Wesen in seiner spezifischen Menschlichkeit, d. h. in seiner Schwäche und Vergänglichkeit, und das heißt zugleich im Gegensatz zu Gott und seinem πνεῦμα (vgl. bes. Gl 1, 16; 1. Kr 15, 50). Als τέκνα τοῦ θεοῦ, als eigentlicher „Same Abrahams", gelten nicht seine τέκνα τῆς σαρκός, d. h. nicht seine natürlich-irdische Nachkommenschaft (Rm 9, 7 f.). Der Sinn von σάρξ erweitert sich jedoch noch insofern, als σάρξ nicht nur das menschliche Wesen bezeichnet, wie es im und am Menschen selbst wirksam und wahrnehmbar ist, sondern auch in dem weiteren Umfange, daß in diesen Kreis des Menschlichen auch die Umwelt einbezogen wird, mit der es die Menschen zu tun haben, so daß σάρξ die ganze Sphäre des Irdisch-„Natürlichen" bedeuten kann. Sie läßt sich als die Sphäre des φανερόν bezeichnen nach Rm 2, 28 f.:

οὐ γὰρ ὁ ἐν τῷ φανερῷ Ἰουδαῖός ἐστιν,
οὐδὲ ἡ ἐν τῷ φανερῷ ἐν σαρκὶ περιτομή.
ἀλλ' ὁ ἐν τῷ κρυπτῷ Ἰουδαῖος,
καὶ περιτομὴ καρδίας ἐν πνεύματι οὐ γράμματι.

Σάρξ meint hier zwar zunächst einfach das körperliche Fleisch, an dem die Beschneidung vollzogen wird, und durch das *ἐν τῷ φανερῷ* wird die *σάρξ* in diesem Sinne in die weitere Sphäre des *φανερόν* gestellt. Aber die Antithese macht vor allem durch den Gegensatzbegriff *πνεῦμα* deutlich, daß die Sphäre des *φανερόν* eben die Sphäre der *σάρξ* ist. Daß dieses auch die Sphäre des *γράμμα* ist, wird später geklärt werden (§ 23, 1 S.240f.) Gleichbedeutend mit dem *φανερόν* ist das *βλεπόμενον*. Die Glaubenden, die den *ἔξω ἄνθρωπος* (2. Kr 4, 16) und das heißt ihr *σῶμα*, ihre *θνητὴ σάρξ* (4, 10 f.), der Vernichtung preisgeben, richten den Blick nicht auf die *βλεπόμενα*, sondern auf die *μὴ βλεπόμενα* (4, 18); und wenn es heißt: *τὰ γὰρ βλεπόμενα πρόσκαιρα*, so ist eben damit die Sphäre der *σάρξ* charakterisiert. Die Glaubenden, die nicht mehr „im Fleisch" sind (Rm 8, 9), leben in der Hoffnung, die sich auf das Unsichtbare richtet (8, 24 f.). Erscheint als Gegensatzbegriff zum *φανερόν* Rm 2, 28 f. die *καρδία* als die Sphäre des *κρυπτόν*, so bildet 2. Kr 5, 12 den Gegensatz zum *καυχᾶσθαι ἐν τῇ καρδίᾳ* das *καυχᾶσθαι ἐν προσώπῳ* = sich äußerlich sichtbarer Vorzüge rühmen; das ist aber nichts anderes als *καυχᾶσθαι κατὰ σάρκα*, wie 2. Kr 11, 18 zeigt. Alles was sichtbar zutage liegt (*βλεπόμενον, ἐν τῷ φανερῷ*), was in der äußeren Erscheinung sein Wesen hat (*πρόσωπον*), gehört also zur Sphäre der *σάρξ*. In diesem Sinne wird der Begriff *σάρξ* synonym mit dem Begriffe *κόσμος*, insofern *κόσμος* die Welt des Geschaffenen bezeichnet, die Raum und Lebensbedingung für das „natürliche" Leben ist, die dem Menschen zur Verfügung steht und ihm die Möglichkeit gibt, aus ihr zu leben wie um sie zu sorgen (Weiteres über *κόσμος* § 26). Die *σοφία τοῦ κόσμου* (*τούτου*) von 1. Kr 1, 20; 3, 19 ist die Weisheit der *σοφοὶ κατὰ σάρκα* (1, 26). Das Leben in den weltlichen Bezügen — in allem Handel und Wandel, in Leid und Freude — ist ein *χρᾶσθαι τὸν κόσμον* (1. Kr 7, 31), und die Sorge um den Ehegatten ist ein *μεριμνᾶν τὰ τοῦ κόσμου* im Gegensatz zum *μεριμνᾶν τὰ τοῦ κυρίου* (7, 32—34). Die *λύπη τοῦ κόσμου* steht der *λύπη κατὰ θεόν* gegenüber (2. Kr 7, 9 f.). Daß für Paulus im Kreuze Christi der *κόσμος* gekreuzigt ist (Gl 6, 14), ist sachlich gleichbedeutend mit der Aussage Gl 5, 24: *οἱ δὲ τοῦ Χριστοῦ 'Ι. τὴν σάρκα ἐσταύρωσαν σὺν τοῖς παθήμασιν καὶ ταῖς ἐπιθυμίαις*.

Daher ist nun auch die Wendung *ἐν σαρκί* (sofern sie nicht wie Rm 2, 28 meint: am Körper) zu verstehen, eine For-

mel, die weder alttestamentlich noch aus dem griechischen
Sprachgebrauch zu erklären ist, und die zeigt, daß nach Paulus
das Wesen eines Menschen nicht bestimmt wird durch etwas,
was er dem Stoffe nach ist (wie das AT sagen kann, daß der
Mensch Fleisch ist), oder was er an sich hat (wie es griechisch gedacht wäre), sondern durch eine Sphäre, innerhalb deren er sich
bewegt, die den Horizont, die Möglichkeiten seines Tuns und Erleidens absteckt. Der Sinn von ἐν σαρκί wird daran deutlich, daß
es gegensätzlich korrespondiert mit der Formel ἐν πνεύματι, in der
πνεῦμα den göttlichen Geist, die wunderbare göttliche Lebenskraft (§ 14, 1) meint; dessen Bereich aber ist das κρυπτόν, das
μὴ βλεπόμενον, die καρδία.

ʼΕν σαρκί, d. h. in der Sphäre des Zu-Tage-Liegenden,
des Irdisch-Menschlichen, des „Natürlichen" bewegt sich das
ζῆν (Gl 2, 20; Phl 1, 22), das περιπατεῖν (2. Kr 10, 3) des Menschen und auch des Christen in diesem Äon. Oder anders ausgedrückt: ζῆν oder περιπατεῖν ἐν σαρκί bedeutet nichts anderes
als einfach „als Mensch sein Leben führen", was zunächst k e i n
e t h i s c h e s o d e r t h e o l o g i s c h e s U r t e i l einschließt, sondern einfach e i n e T a t s a c h e konstatiert;
nicht eine Norm, sondern ein Raum, eine Sphäre wird durch
das ἐν σαρκί angegeben. Nur daß dabei die gegensätzliche Möglichkeit vorschwebt, daß es auch eine andere Dimension gibt,
in der sich das Leben bewegen kann. So kann Paulus z. B. von
Onesimos sprechen als einem Bruder καὶ ἐν σαρκὶ καὶ ἐν κυρίῳ
d. h. „als Mensch und als Christ" (Phm 16). Und sofern der
Glaubende mit seinem eigentlichen Sein schon jenseits der
Sphäre des Nur-Menschlichen steht und der Sphäre des πνεῦμα
angehört, kann für ihn das εἶναι ἐν (τῇ) σαρκί antezipierend in
Abrede gestellt werden, und Paulus kann sagen: ὅτε γὰρ ἦμεν ἐν
τῇ σαρκί . . . (Rm 7, 5) und: ὑμεῖς δὲ οὐκ ἐστὲ ἐν σαρκὶ ἀλλὰ ἐν
πνεύματι (Rm 8, 9).

Was zum natürlich-menschlichen Leben gehört und dafür notwendig
ist, kann ein σαρκικόν im Gegensatz zum πνευματικόν heißen. So motiviert
Paulus Rm 15, 27 die Mahnung an die Heidenchristen zur Kollekte für
die jerusalemische Gemeinde: εἰ γὰρ τοῖς πνευματικοῖς αὐτῶν ἐκοινώνησαν
τὰ ἔθνη, ὀφείλουσιν καὶ ἐν τοῖς σαρκικοῖς λειτουργῆσαι αὐτοῖς, und so fragt er
bei der Verteidigung seines Apostelrechtes auf Unterhalt durch die Gemeinden: εἰ ἡμεῖς ὑμῖν τὰ πνευματικὰ ἐσπείραμεν, μέγα εἰ ἡμεῖς ὑμῶν τὰ
σαρκικὰ θερίσομεν; (1. Kr 9, 11).

Bedeutet also σάρξ zunächst die Sphäre des Menschlichen als des Irdisch-Natürlichen, des Schwachen und Vergänglichen, so zeigt doch die Verwendung der Formel ἐν σαρκί Rm 7, 5; 8, 8 f., daß das Leben im „Fleisch" ein uneigentliches Leben ist, wie denn überall die Formel einen ausgesprochenen oder unausgesprochenen Gegensatz ausdrückt zu einem Leben im πνεῦμα (Rm 8, 9), in Christus (Phm 16), in der πίστις (Gl 2, 20) und dergl. Vor allem zeigt der Satz: οἱ ἐν σαρκὶ ὄντες θεῷ ἀρέσαι οὐ δύνανται (Rm 8, 8), daß die Sphäre der σάρξ auch als die d e s S ü n - d i g e n angesehen werden kann, die nicht nur als die irdisch-vergängliche im Gegensatz zum jenseitig-ewigen Gott steht, sondern die ihm auch feindlich gegenübertritt, wie es denn Rm 8, 7 heißt: τὸ φρόνημα τῆς σαρκὸς ἔχθρα εἰς θεόν. Wie aber σάρξ diese Bedeutung gewinnen kann, wird am Gebrauch der Formel κατὰ σάρκα sichtbar.

3. Die Formel κ α τ ὰ σ ά ρ κ α wird in doppeltem Sinne gebraucht und charakterisiert zunächst einen Menschen oder ein menschliches Verhältnis im Blick auf den innerhalb des natürlichen Lebens vorfindlichen, von jedermann konstatierbaren Tatbestand, wobei freilich — wie bei ἐν σαρκί — der Gegensatz zu einer anderen möglichen Betrachtungsweise vorschwebt oder ausgesprochen ist. Abraham ist der προπάτωρ ἡμῶν κατὰ σάρκα, d. h. der natürliche Ahnherr der Juden (Rm 4, 1). Die Juden sind des Paulus συγγενεῖς κατὰ σάρκα (Rm 9, 3; dafür verkürzt 11, 14: ἡ σάρξ μου), im Gegensatz natürlich zu den ἀδελφοὶ ἐν Χριστῷ. Das israelitische Volk des AT ist das Ἰσραὴλ κατὰ σάρκα (1. Kr 10, 18) im Gegensatz zum Ἰσραὴλ τοῦ θεοῦ (Gl 6, 16). Ismael, der ohne die ἐπαγγελία gezeugte Sohn Abrahams, heißt ὁ κατὰ σάρκα γεννηθείς (Gl 4, 29; vgl. V. 23: ὁ μὲν ἐκ τῆς παιδίσκης κατὰ σάρκα γεγέννηται), d. h. er ist Abrahams Sohn nur im Sinne menschlich natürlicher Nachkommenschaft im Gegensatz zu Isaak, dem διὰ τῆς ἐπαγγελίας wunderbar Gezeugten. Ebenso kann auch Christus nach seiner menschlichen Erscheinung charakterisiert werden: er stammt κατὰ σάρκα von David ab, aus dem Volke Israel (Rm 1, 3; 9, 5), im Gegensatz zu seinem Sein als υἱὸς τοῦ θεοῦ κατὰ πνεῦμα ἁγιωσύνης. Daß hier überall nichts weiter als die Sphäre des „Natürlichen", d. h. des Irdisch-Gegebenen, Vorfindlichen gemeint ist, kann man sich daran deutlich machen, daß offenbar das ἡμεῖς φύσει Ἰουδαῖοι (Gl 2, 15) völlig gleichbedeutend auch lauten könnte: ἡμεῖς

Ἰουδαῖοι κατὰ σάρκα, oder daß Paulus statt ἡ ἐκ φύσεως ἀκροβυστία (Rm 2, 27) genau so gut sagen könnte ἡ κατὰ σάρκα ἀκροβυστία. Κατὰ σάρκα steht in diesem Sinne in der Regel (außer Gl 4, 23. 29) zur Bestimmung von Substantiven (bzw. Eigennamen). Als Bestimmung von Verben hat es durchweg einen anderen Sinn, indem es ein Sein oder Verhalten nicht als ein na- türlich-menschliches charakterisiert, sondern als ein sün- diges qualifiziert. In diesem Sinne ist die Rede von κατὰ σάρκα βουλεύεσθαι (2. Kr 1, 17), γινώσκειν (2. Kr 5, 16), περιπατεῖν (2. Kr 10, 2; Rm 8, 4), στρατεύεσθαι (2. Kr 10, 3), ja auch von κατὰ σάρκα εἶναι (Rm 8, 5), und dieses wird geradezu definiert: οἱ γὰρ κατὰ σάρκα ὄντες τὰ τῆς σαρκὸς φρονοῦσιν. Die dabei ausgesprochenen oder vorschwebenden Gegensätze sind κατὰ πνεῦμα (Rm 8, 4 f.), κατὰ κύριον (2. Kr 11, 17), κατὰ ἀγάπην (Rm 14, 15) und dergl.

Auch σαρκικός (s. o. S. 236) kann die Bedeutung von κατὰ σάρκα haben (1. Kr 3, 3; 2. Kr 1, 12; 10, 4), und man könnte sagen, daß κατὰ σάρκα ein σαρκικῶς vertritt. In gleichem Sinne gebraucht Paulus auch σάρκινος (Rm 7, 14; 1. Kr 3, 1), das eigentlich bedeutet „aus Fleisch (-Stoff) bestehend" (so 2. Kr 3, 3).

Es ist nun entscheidend, zu verstehen, daß in solchem Ge- brauch nicht etwa das Wort σάρξ eine andere Bedeutung hat als in den anderen Fällen, in denen es die Sphäre des Menschlich- Natürlichen und Vergänglich-Hinfälligen bezeichnet. Es liegt hier nicht etwa ein mythologischer Begriff vor, als sei die σάρξ als ein dämonisches Wesen gedacht; auch nicht ein physio- logischer Begriff, als meine σάρξ hier die Sinnlichkeit. Vielmehr hat das Sündige insofern in der σάρξ seinen Ursprung, als das nach der σάρξ sich rich- tende, durch die σάρξ normierte Verhalten ein sündiges ist, wie denn jener Satz Rm 8, 5 deutlich sagt: das κατὰ σάρκα εἶναι vollzieht sich im φρονεῖν τὰ τῆς σαρ- κός, d. h. in dem Aussein auf das Nur-Menschliche, Irdisch- Vergängliche.

Der Unterschied der beiden Gebrauchsweisen von κατὰ σάρκα wird deutlich durch einen Vergleich von Rm 9, 5 mit 1. Kr 1, 26. Wird Christus als κατὰ σάρκα charakterisiert, so bedeutet das: Christus im Hinblick dar- auf, wie er weltlich-vorfindlich ist. Werden aber die σοφοί als σοφοὶ κατὰ σάρκα bezeichnet, so nicht, sofern sie weltlich-vorfindlich sind, sondern sofern sie nach der σάρξ weise sind, so daß οἱ σοφοί einer verbalen Be- zeichnung gleichkommt. In jenem Falle entspricht der Konstatierung des *Χριστὸς κατὰ σάρκα* die Art des Wahrnehmens; auch diese ist *κατὰ σάρκα*, d. h. der weltlich vorfindliche Christus wird durch die weltliche Weise des Sehens wahrgenommen.

Danach ist auch die alte Streitfrage wegen 2. Kr 5, 16 zu beurteilen: *ὥστε ἡμεῖς ἀπὸ τοῦ νῦν οὐδένα οἴδαμεν κατὰ σάρκα · εἰ καὶ ἐγνώκαμεν κατὰ σάρκα Χριστόν, ἀλλὰ νῦν οὐκέτι γινώσκομεν* — bestimmt in diesen Sätzen das *κατὰ σάρκα* die Objekte (*οὐδένα* und *Χριστόν*) oder die Verben? Das letztere dürfte wahrscheinlicher sein, aber die Entscheidung bedeutet nichts für den Sinn im Zusammenhang des Ganzen; denn ein *κατὰ σάρκα* gekannter Christus ist eben ein *Χριστὸς κατὰ σάρκα*.

§ 23. FLEISCH UND SÜNDE

1. Der Mensch, und so auch der Christ, lebt sein natürliches Leben *ἐν σαρκί* (§ 22, 2, S. 236 f.). Aber es ist die entscheidende Frage, ob dieses *ἐν σαρκί* nur den Raum und die Möglichkeiten oder auch die bestimmende Norm des Lebens angibt, ob es zugleich ein *κατὰ σάρκα* ist (§ 22, 3, S. 237 ff.), ob die Sphäre des Natürlich-Irdischen, des Vergänglich-Hinfälligen die Welt ist, aus der der Mensch sein Leben zu schöpfen und kraft deren er es zu behaupten meint. Dieser Wahn aber ist nicht nur Irrtum, sondern er ist Sünde, weil er die Abwendung vom Schöpfer als dem Geber des Lebens ist, die Hinwendung zur Schöpfung und damit das Selbstvertrauen, durch Genuß des Irdischen und durch eigene Kraft und Leistung das Leben zu beschaffen. In diesem Sinne also ist das Trachten des Fleisches feindlich gegen Gott (Rm 8, 7).

Der sündige Wahn, aus der geschaffenen Welt zu leben, kann sich in unreflektiertem Leichtsinn (so zumal bei den Heiden) wie in reflektierter Betriebsamkeit (so zumal bei den Juden) zeigen, im Ignorieren oder im Übertreten der sittlichen Forderungen wie im gespannten Eifer, sie zu erfüllen. Denn die Sphäre der *σάρξ* ist keineswegs nur die des Trieblebens, der sinnlichen Leidenschaften, sondern ebenso die der moralischen und religiösen Bemühungen des Menschen.

Die *παθήματα* und *ἐπιθυμίαι* der *σάρξ*, die nach Gl 5, 24 der Glaubende gekreuzigt hat, sind d i e „L a s t e r" d e r S i n n l i c h k e i t u n d d e r S e l b s t s u c h t, die 5, 19—21 als die *ἔργα τῆς σαρκός* aufgezählt werden. Wenn 5, 13 warnt, die christliche Freiheit nicht *εἰς ἀφορμὴν τῇ σαρκί* zu mißbrauchen, so ist, wie schon der Gegensatz V. 14 f. zeigt, die natürliche menschliche Selbstsucht gemeint, der die Freiheit nicht das

Tor öffnen soll. Ebenso dürften auch die παθήματα τῶν ἁμαρτιῶν Rm 7, 5 gemeint sein, die, „als wir im Fleische waren", in uns wirkten, und wohl auch die πράξεις τοῦ σώματος, in denen das ζῆν κατὰ σάρκα besteht (Rm 8, 13). Daß die Korinther noch σαρκικοί sind, wird dadurch dokumentiert, daß in der Gemeinde ζῆλος und ἔρις im Schwange sind (1. Kr 3, 3). Die gegen Paulus gerichtete Anklage der σοφία σαρκική (2. Kr 1, 12) bzw. des περιπατεῖν κατὰ σάρκα (2. Kr 10, 2) besteht, wie die Auseinandersetzung mit den Gegnern in 2. Kr zeigt, in den Vorwürfen der Unzuverlässigkeit und Unaufrichtigkeit, des Hochmuts und der Herrschsucht.

Anderwärts ist nicht immer deutlich, an welches konkrete Verhalten Paulus gedacht hat, wenn er vom sarkischen Verhalten redet. Insofern es ein μεριμνᾶν τὰ τοῦ κόσμου ist, braucht es kein unmoralisches Tun zu sein, sondern kann in dem normalen Handel und Wandel des Menschen bestehen, sofern der Mensch sich diesem ohne den Vorbehalt des ὡς μή hingibt (1. Kr 7, 29 ff.). Vor allem aber gehört zum Verhalten κατὰ σάρκα auch d i e e i f r i g e E r f ü l l u n g d e s G e s e t z e s, sofern der Mensch dadurch aus eigener Kraft die Gerechtigkeit vor Gott zu erringen meint. Die christlichen Galater, die das Gesetz übernehmen und die Beschneidung an sich vollziehen lassen wollen, werden empört gefragt: ἐναρξάμενοι πνεύματι νῦν σαρκὶ ἐπιτελεῖσθε; — d. h. nicht in sinnlichen Leidenschaften, sondern in der Gesetzeserfüllung (3, 3). Ja, wie der Gesetzeseifer, so gehört auch d e r S t o l z a u f a l l e V o r z ü g e u n d E h r e n t i t e l d e s f r o m m e n I s r a e l i t e n zum sarkischen Verhalten, bzw. Gesetz, Vorzüge und Würden Israels fallen unter den Begriff der σάρξ als der Sphäre des Sichtbar-Vorfindlichen, des Historisch-Konstatierbaren zugehörig (Phl 3, 3—7). Diese Stelle aber macht besonders deutlich, daß das Verhalten, das sich an der σάρξ orientiert, aus der σάρξ lebt, das eigenmächtige Verhalten des Menschen ist, der der eigenen Kraft und dem Verfügbaren vertraut. Denn der Verzicht auf diese Haltung bedeutet ja nach 3, 9 den Verzicht auf die eigene Gerechtigkeit, und nach Rm 10, 3 ist es die Grundsünde der Juden, daß sie — wenngleich vom ζῆλος θεοῦ getrieben — die ἰδία δικαιοσύνη aufrichten wollen. Daraus wird auch schon deutlicher, warum das γράμμα, d. h. das Mose-Gesetz, den Gegensatz zum πνεῦμα bildet und in die Sphäre der σάρξ gehört (Rm 2, 29; 7, 6; 2. Kr 3, 6); deshalb nämlich, weil (bzw. insoweit als) es dem Menschen als Mittel dient für jenes Bestreben, aus eigener Kraft durch ἔργα, d. h. durch Leistungen, die δικαιοσύνη und die ζωή zu gewinnen (s. § 27). Das Gesetz ist γράμμα als der Kodex formulierter und definierter Vorschriften, die durch bestimmte entsprechende Leistungen absolviert werden können.

Der Hochmut, der im jüdischen Bereich als der Eifer der Gesetzeserfüllung und der Stolz auf die Leistungen wie auf die israelitischen Ehrentitel zur Entfaltung kommt, erscheint in der hellenistischen Welt a l s d a s W e i s h e i t s s t r e b e n u n d a l s d e r S t o l z a u f E r k e n n t n i s u n d p n e u m a t i - s c h e B e g a b u n g. Die σοφοὶ κατὰ σάρκα (1. Kr 1, 26) sind die selbstvertrauenden Weisen, die ihre Weisheit nicht vor Gott zerbrechen und zur Torheit werden lassen wollen. Die in 2. Kr 10—13 bekämpften Gegner, die sich κατὰ σάρκα rühmen (11, 18) und, wie die Anspielung 10, 4 sagt, ihren Feldzug mit ὅπλα σαρκικά führen, sind die Leute, die renommierend sich mit anderen vergleichen und sich selbst empfehlen (10, 12—18), die sich mit ihren ὀπτασίαι und ἀποκαλύψεις brüsten (12, 1). Wenn sie eine δοκιμή von Paulus fordern (13, 3), so verraten sie dadurch ihren Standpunkt, daß eine vorweisbare, vorfindliche Leistung der Erweis für den Besitz des πνεῦμα ist.

Ob es sich nun um die Hingabe an weltliche Verlockungen und Lüste im Leichtsinn oder im Sturm der Leidenschaft handelt oder um den Eifer moralischer und religiöser Betriebsamkeit — in allen diesen Fällen ist das Leben ein Abfall von Gott und eine Zuwendung zur Schöpfung und zur eigenen Kraft, also Feindschaft gegen Gott (Rm 8, 6), Ungehorsam gegen Gottes Willen (Rm 8, 7; 10, 3; 2. Kr 10, 5). Alle menschliche Weisheit, Kraft und Größe muß vor Gott zunichte werden (1. Kr 1, 26—31).

2. Dieses Urteil über Fleisch und Sünde findet seinen charakteristischen Ausdruck auch im Gebrauch der Verben, mit denen Paulus das spezifisch menschliche Verhalten beschreibt. Dem dient ἐ π ι ϑ υ μ ε ῖ ν im qualifizierten Sinne (§ 20, 2, S.224f.). Das göttliche Gebot sagt: οὐκ ἐπιθυμήσεις, aber es weckt damit nur die sündige Begierde (Rm 7, 7 f.). Diese aber hat ihren Sitz in der σάρξ, so daß Paulus die σάρξ (bzw. das sarkische σῶμα § 17, 2, S. 197 f.) geradezu zum Subjekt des ἐπιθυμεῖν bzw. der ἐπιθυμία machen kann (Gl 5, 16 f. 24; Rm 6, 12; vgl. Rm 13, 14). Die bösen ἐπιθυμίαι τῶν καρδιῶν sind die Begierden derer, die

sich der Verehrung der Schöpfung zugewandt haben (Rm 1, 24), und die Laster, denen sie preisgegeben sind (1, 26 ff.), sind nichts anderes als die ἔργα τῆς σαρκός von Gl 5, 19 ff. Es ist klar: ein Leben κατὰ σάρκα ist ein Leben des ἐπιθυμεῖν, des selbstmächtigen Trachtens.

Die eigenmächtige Haltung des Menschen steckt ebenso in seinem μεριμνᾶν (§ 2ⁿ, 2, S. 226), in dem er in seinem Willen, über den κόσμος zu verfügen, diesem faktisch verfällt. Menschlich natürliches μεριμνᾶν greift, soweit es nicht die sorgende Angst vor der Zukunft meint, als Vorsorge (der freilich jene Angst immer zugrunde liegt) eigenmächtig in die Zukunft vor und hat den Sinn, sich für die Zukunft zu sichern bzw. das Gegenwärtige für die Zukunft zu erhalten. Es ist ein μεριμνᾶν τὰ τοῦ κόσμου (1. Kr 7, 32 ff.), das auf dem Wahne beruht, durch das weltlich Verfügbare das Leben sichern zu können. Im Gegensatz dazu steht das μεριμνᾶν τὰ τοῦ κυρίου, das vom Standpunkt des qualifizierten weltlichen μεριμνᾶν aus ein ἀμέριμνος εἶναι ist (1. Kr 7, 32), ein μηδὲν μεριμνᾶν (Phl 4, 6).

Ihren höchsten Ausdruck findet die sündig-eigenmächtige Haltung im κ α υ χ ᾶ σ θ α ι des Menschen. Es ist dem Juden, der sich Gottes und des Gesetzes rühmt (Rm 2, 17. 23), ebenso eigentümlich wie dem Griechen, der sich seiner Weisheit rühmt (1. Kr 1, 19—31), wie es ja auch ein natürlicher Trieb des Menschen ist, sich mit anderen zu vergleichen, um so sein καύχημα haben zu können (Gl 6, 4). Wie charakteristisch das καυχᾶσθαι für den Juden ist, zeigt Rm 3, 27. Nachdem Paulus den Satz von der Gerechtigkeit allein durch den Glauben ohne Werke ausgesprochen hat, macht er den Sinn dieses Satzes durch die rhetorische Frage deutlich: ποῦ οὖν ἡ καύχησις; — ἐξεκλείσθη, um dann auf Abraham zu verweisen, der als der Glaubende kein καύχημα hatte. Im καυχᾶσθαι zeigt sich die Verkennung der menschlichen Situation, das Vergessen der Tatsache: τί δὲ ἔχεις ὃ οὐκ ἔλαβες; — εἰ δὲ καὶ ἔλαβες, τί καυχᾶσαι ὡς μὴ λαβών; (1. Kr 4, 7). Und darauf besteht Gott: alle Maßstäbe menschlicher Größe müssen zerbrochen werden, ὅπως μὴ καυχήσηται πᾶσα σὰρξ ἐνώπιον τοῦ θεοῦ (1. Kr 1, 29). Es gibt nur ein gültiges καυχᾶσθαι: ὁ καυχώμενος ἐν κυρίῳ καυχάσθω (1. Kr 1, 31; 2. Kr 10, 17). Deshalb muß auch der Christ vor dem hochmütigen Herabblicken auf andere gewarnt werden (Gl 6, 4; Rm 11, 17 f.). Und wenn Paulus sich einmal rühmt, so tut er es in der angenommenen Rolle des ἄφρων (2. Kr 11—12); dabei wendet er jedoch alsbald das καυχᾶσϑαι κατὰ σάρκα zu einem paradoxen καυχᾶσϑσι, indem er sich seiner ἀσϑένεια rühmt (11, 30; 12, 9; vgl. Rm 5, 2). Und so bekennt er: ἐμοὶ δὲ μὴ γένοιτο καυχᾶσϑαι εἰ μὴ ἐν τῷ σταυρῷ τοῦ κυρίου ἡμῶν Ἰ. Χριστοῦ, δι᾽ οὗ ἐμοὶ κόσμος ἐσταύρωται κἀγὼ κόσμῳ (Gl 6, 14; vgl. Rm 5, 11).

Mit dem καυχᾶσϑαι κατὰ σάρκα ist das π ε π ο ι ϑ έ ν α ι ἐ ν σ α ρ κ ί (auf das Fleisch sein Vertrauen setzen) aufs engste verwandt, ja geradezu synonym, wie es denn Phl 3, 3 den Gegensatz zu καυχᾶσϑαι ἐν Χριστῷ Ἰ. bildet [1]. Bedeutet dieses die Preisgabe aller weltlichen Ehrentitel und Leistungen als bloßer ζημία, ja als σκύβαλα (3, 4—8), bedeutet es den Verzicht auf die eigene Gerechtigkeit (3, 9), so ist das πεποιϑέναι ἐν σαρκί die vermeintliche Sicherheit, die der Mensch aus dem Weltlich-Erscheinenden, Verfügbaren, Besorgbaren gewinnt. Es ist der empöreri sche Stolz, der sich beim Juden in jenem καυχᾶσϑαι ἐν νόμῳ (Rm 2, 23) äußert und ihn dazu verführt: πεποιϑέναι ἑαυτὸν ὁδηγὸν εἶναι τυφλῶν κτλ. (Rm 2, 19). Das πεποιϑέναι ἐν σαρκί ist nichts anderes als das Vertrauen des Menschen auf sich selbst, und eben dieses muß vor Gott zunichte werden; wie es nur ein καυχᾶσϑαι ἐν κυρίῳ geben soll, so auch nur ein πεποιϑέναι ἐπὶ τῷ ϑεῷ. Paulus hat es erfahren, als Gott ihn am Leben verzweifeln ließ: ἵνα μὴ πεποιϑότες ὦμεν ἐφ᾽ ἑαυτοῖς ἀλλ᾽ ἐπὶ τῷ ϑεῷ τῷ ἐγείροντι τοὺς νεκρούς (2. Kr 1, 9).

3. Die Kehrseite des καυχᾶσϑαι und πεποιϑέναι ἐν σαρκί ist d i e A n g s t des Menschen, der um sich selbst besorgt ist, eine Angst, welcher der Eifer in den Gesetzeswerken wie in der Weisheit entspringt. Diese Angst kann dem Menschen selbst verborgen sein, wenn sie sich im μεριμνᾶν auch unzweideutig äußert. Daß der φόβος den Weltmenschen erfüllt, zeigt der erinnernde Rückweis an die Glaubenden: οὐ γὰρ ἐλάβετε πνεῦμα δουλείας πάλιν εἰς φόβον (Rm 8, 15). Die Zeit vor dem Glauben stand also unter dem φόβος. Dieser Satz zeigt aber zugleich, daß es eine Zeit der K n e c h t s c h a f t, der δουλεία, war. Und zwar gilt das nicht nur insofern, als Judentum wie Heidentum unter der Knechtschaft der στοιχεῖα τοῦ κόσμου stehen, die für den Juden durch das Gesetz, für den Heiden durch seine φύσει μὴ

---

[1] Die Verwandtschaft von καύχησις und πεποίϑησις zeigt auch der Vergleich von 2. Kr 1, 12 und 3, 4; sie geht ebenso aus dem Wechsel von πεποίϑησις, πεποιϑέναι und καυχᾶσϑαι 2. Kr 10, 2. 7 f. hervor.

ὄντες θεοί vertreten werden (Gl 4, 1—10), sondern es gilt vor
allem insofern, als das Leben κατὰ σάρκα in die Knechtschaft
unter σάρξ und ἁμαρτία führt. Der ἐπιθυμῶν wie der μεριμνῶν,
der καυχώμενος wie der πεποιθώς macht sich in Wahrheit von
dem abhängig, worüber er verfügen zu können meint. Daher
die Warnung an die Galater, die durch Gesetzeserfüllung ihre
Gerechtigkeit gewinnen wollen, die ἐν σαρκί zum Ziel gelangen
wollen (Gl 3, 3, s. o. 1): τῇ ἐλευθερίᾳ ἡμᾶς Χριστὸς ἠλευθέρωσεν·
στήκετε οὖν καὶ μὴ πάλιν ζυγῷ δουλείας ἐνέχεσθε (5, 1). Die weis-
heitsstolzen Korinther müssen erinnert werden: πάντα ὑμῶν
(1. Kr 3, 21 f.); d. h. sie müssen gewarnt werden, sich in die
Abhängigkeit von menschlichen Autoritäten — das würde heißen: von „Fleisch und Blut" — zu begeben. Und wer meint,
nach den Maßstäben menschlicher Wertungen sein Leben gestalten zu müssen, muß die Warnung hören: τιμῆς ἠγοράσθητε·
μὴ γίνεσθε δοῦλοι ἀνθρώπων (1. Kr 7, 23). Und wenn diejenigen,
die im Mißverständnis der christlichen Freiheit schrankenlosen
sexuellen Verkehr für erlaubt halten, gewarnt werden: οὐκ ἐστὲ
ἑαυτῶν, ἠγοράσθητε γὰρ τιμῆς (1. Kr 6, 20), so kommt darin die
ganze Paradoxie zutage, daß der scheinbar sich selbst gehörende,
über sich verfügende Mensch ein Sklave ist. „Losgekauft" ist
der Mensch aus seiner früheren Knechtschaft; auch so gehört
er freilich nicht sich selbst; denn absolutes Sich-selbst-gehören
gibt es für den Menschen nicht, aber Gott bzw. dem κύριος gehören, ist für ihn Freiheit — nämlich Freiheit von σάρξ und
ἁμαρτία (Rm 6, 15 ff.; 7, 5 f.). Ja, man könnte sagen: wer κατὰ
σάρκα lebt, der macht die σάρξ zu seinem Gott; denn Rm 16, 18
warnt vor Leuten, die „nicht unserm Herrn Christus dienen, sondern ihrem Bauch", und Phl 3, 19 polemisiert gegen Leute,
„deren Gott der Bauch ist".

Die Tatsache, daß die σάρξ und damit die ἁμαρτία zu Mächten werden können, denen der Mensch
als Sklave verfällt, findet besonders deutlichen Ausdruck darin,
daß Paulus von beiden wie von persönlichen Wesen, gleichsam dämonischen Herrschern, reden kann, ohne daß man ihm
deshalb wirklich einen mythologischen Begriff von σάρξ oder
ἁμαρτία zuschreiben dürfte. Der Mensch steht in Gefahr, zum
„Schuldner" der σάρξ zu werden (Rm 8, 12) oder ihr gleichsam
das Tor zu öffnen oder die Hand zu reichen (Gl 5, 13: εἰς ἀφορμὴν
τῇ σαρκί). Ja, Paulus kann das ἐπιθυμεῖν der σάρξ selbst zuschrei-

ben (Gl 5, 17: ἡ γὰρ σὰρξ ἐπιϑυμεῖ κατὰ τοῦ πνεύματος). Oder er
kann vom φρόνημα τῆς σαρκός reden (Rm 8, 6 f.), oder von ihren
παϑήματα und ἐπιϑυμίαι (Gl 5, 24) und von ihren ἔργα (Gl 5, 19)
oder πράξεις (Rm 8, 13, § 17, 3, S. 201). In dieser Weise kann er
übrigens auch den κόσμος personifizieren, wenn er von seiner Weisheit und seinem γινώσκειν spricht (1. Kr 1, 20 f.). Vor allem erscheint so die ἁμαρτία wie ein persönliches Wesen. Sie „kam in
die Welt" (Rm 5, 12) und „gelangte zur Herrschaft" (Rm 5, 21).
Der Mensch ist ihr versklavt (Rm 6, 6. 17 ff.), unter sie verkauft
(Rm 7, 14); oder er stellt sich ihr zur Verfügung (Rm 6, 13), und
sie zahlt ihm Sold (Rm 6, 23). Wie ein persönliches Wesen ist
sie auch vorgestellt, wenn es heißt, daß sie einst tot war, dann
aber lebendig wurde (Rm 7, 8 f.), daß sie das Gesetz benutzte,
um im Menschen die Begierde zu wecken, den Menschen zu be-
trügen und zu töten (Rm 7, 8. 11. 13), daß sie im Menschen
„wohnt" und in ihm handelt (Rm 7, 17. 20).

So wenig das alles realistische Mythologie und viel mehr bild-
lich-rhetorische Sprache ist, so klar ist, daß diese Sprache d a s
F l e i s c h u n d d i e S ü n d e a l s M ä c h t e bezeichnet,
d e n e n d e r M e n s c h v e r f a l l e n i s t, denen gegenüber er ohnmächtig ist. In der Personifikation dieser Mächte
kommt die Tatsache zur Geltung, daß der Mensch sein Subjekt-sein an sie verloren hat. Seinen stärksten Ausdruck findet
das Rm 7, 14: ἐγὼ δὲ σάρκινός εἰμι, πεπραμένος ὑπὸ τὴν ἁμαρτίαν
und Rm 7, 18: οἶδα γὰρ ὅτι οὐκ οἰκεῖ ἐν ἐμοί, τοῦτ’ ἔστιν ἐν τῇ σαρκί
μου, ἀγαϑόν. Mag hier das τοῦτ’ ἔστιν auch vielleicht limitieren-
den Sinn haben („sofern ich Fleisch bin"), und mag sich also
das eigentliche, das wollende Ich von diesem der σάρξ verfallenen
Ich distanzieren, so ist doch bezeichnend, daß „Ich" und „mein
Fleisch" gleichgesetzt werden können. Unter dem Gesichtspunkt des ποιεῖν sind sie identisch; können sie unter dem Gesichtspunkt des ϑέλειν einander gegenübergestellt werden, so
zeigt sich, daß das Subjekt-Ich, das eigentliche Ich des Menschen, selbst in sich gespalten ist. Das ἐγώ, das sich Rm 7, 17. 20
von der ἐνοικοῦσα ἐν ἐμοὶ ἁμαρτία unterscheidet, wird V. 14
schlechthin als σάρκινος, als πεπραμένος ὑπὸ τὴν ἁμαρτίαν bezeichnet, wie denn V. 14—24 immer in 1. Person geredet wird, in
bezug auf das Wollen wie auf das Tun. Es liegen also ἐγώ und
ἐγώ im Streit, d. h. zwiespältig sein, nicht bei sich selbst sein,
ist das Wesen des menschlichen Seins unter der Sünde.

Individualisierung der Sünde

Dieser Zwiespalt aber bedeutet, daß der Mensch sein eigentliches Selbst selbst vernichtet. In seinem eigenmächtigen Selbstseinwollen, das in der ἐπιϑυμία bei der Begegnung der ἐντολή zutage kommt, verliert er sein Selbst, und die ἁμαρτία wird das in ihm handelnde Subjekt (Rm 7, 9). Damit „stirbt" das ἐγώ; das Selbstsein gehört also freilich zu seinem Wesen, und gerade die ἐντολή, die εἰς ζωήν gegeben war, sollte es zur Verwirklichung bringen. Er verfehlt es, indem er es in der ἐπιϑυμία eigenmächtig verwirklichen will. Gerade weil in diesem falschen Selbstseinwollen die Bestimmung zum Selbst, der Wille zur ζωή, pervertiert erhalten bleibt, ist es möglich, das menschliche Sein als den Streit zwischen ἐγώ und ἐγώ zu beschreiben. Darin, daß der Mensch ein Ich ist, dem es um seine ζωή, sein Selbst, geht und gehen soll, liegt die Möglichkeit der Sünde. Darin, daß der Anspruch der ἐντολή Gottes auf die ζωή des Menschen geht, ist die Möglichkeit des Mißverständnisses begründet: der zum Selbst berufene Mensch will von sich selbst aus sein und verliert so sein Selbst, seine ζωή und rennt in den Tod. Das ist die Herrschaft der Sünde, daß alles Tun des Menschen gegen seine eigentliche Intention gerichtet ist.

§ 24. SÜNDE UND TOD

KÜMMEL, W. G., Römer 7 und das Bild des Menschen im Neuen Testament, 1974. – BULTMANN, R., Römer 7 und die Anthropologie des Paulus (1932), in: DERS., Exegetica, 1967, 198–209. – ALTHAUS, P., Paulus und Luther über den Menschen, (1938) [4]1963. – BORNKAMM, G., Sünde, Gesetz und Tod, in: DERS., Das Ende des Gesetzes, (1952) [5]1966, 51–69. – SCHMITHALS, W., Die theologische Anthropologie des Paulus. Auslegung von Röm 7,17–8,39, 1980.

1. Da das Trachten des Menschen, auch wenn es jeweils auf ein konkretes Einzelnes geht, im Grunde auf das Leben zielt, so folgt daraus, daß ein falsches, irregehendes Trachten den Weg in den Tod geht.

Für Paulus versteht es sich im Gefolge der alttestamentlich jüdischen Tradition von selbst, daß die Sünde den Tod nach sich zieht. Der „Stachel" des Todes ist die Sünde, deren Kraft im Gesetz liegt (1. Kr 15, 56); d. h. die Übertretung des Gesetzes, zu der die Sünde veranlaßt, zieht den Tod nach sich. D e r T o d i s t d i e S t r a f e f ü r d i e S ü n d e , die der Mensch begangen hat; die Sünder sind ἄξιοι τοῦ ϑανάτου, sie haben den Tod „verdient" (Rm 1, 32). So kann Paulus auch sagen, daß die

Sünde ihrem Knechte mit dem Tode seinen „Sold" bezahlt (Rm 6, 16. 23); oder auch, daß der Sünder mit seinem Tode seine Schuld bezahlt, seine Sünde sühnt (Rm 6, 7). Der Tod ist dabei zwar zunächst als der Tod des natürlichen Sterbens verstanden, wie Rm 5, 12 ff. zeigt, wonach durch Adams Sünde der Tod als Strafe für die Sünde in die Welt gebracht ist. Jedoch ist dabei zugleich vorausgesetzt, daß dieser Tod bestätigt, sozusagen definitiv gemacht wird durch das verdammende Urteil zur ἀπώλεια, das Gott am Tage des Gerichtes über die Sünder fällen wird (Rm 2, 6—11).

2. Indessen führen die Gedanken des Paulus über Fleisch und Sünde über diese traditionelle juristische Auffassung des Todes als Strafe hinaus. Wenn Sünde das falsche Trachten des Menschen ist, und wenn dieses darin besteht, das Leben κατὰ σάρκα zu führen, d. h. aus dem Geschaffenen, dem Irdisch-Natürlichen und Vergänglichen zu leben, so führt die Sünde mit innerer Notwendigkeit in den Tod: εἰ κατὰ σάρκα ζῆτε, μέλλετε ἀποθνήσκειν (Rm 8, 13). Wer aus dem Vergänglichen das Leben schöpft, muß mit dem Vergehen des Vergänglichen selber vergehen. „Wer auf sein Fleisch sät, wird vom Fleisch das Verderben ernten" (Gl 6, 8). Das μεριμνᾶν τὰ τοῦ κόσμου heftet sich an den κόσμος, dessen σχῆμα παράγει (1. Kr 7, 31); es greift also sozusagen ins Leere und besorgt sich nur den Tod. Die λύπη des κόσμος erwirkt sich den Tod (2. Kr 7, 10) — warum? Weil sie sich an das klammert, das dem Tode verfallen ist.

So wächst der Tod gleichsam organisch wie eine Frucht aus dem fleischlichen Leben heraus: ὅτε γὰρ ἦμεν ἐν τῇ σαρκί, τὰ παθήματα τῶν ἁμαρτιῶν τὰ διὰ τοῦ νόμου ἐνηργεῖτο ἐν τοῖς μέλεσιν ἡμῶν εἰς τὸ καρποφορῆσαι τῷ θανάτῳ (Rm 7, 5). Der Tod ist das τέλος der „Frucht" des Sündenlebens (Rm 6, 21). Das sarkische σῶμα, in dem die Sünde „wohnt", ist als solches ein σῶμα τοῦ θανάτου (Rm 7, 24; § 17, 3, S. 201). Heißt es 2. Kr 3, 6: τὸ γὰρ γράμμα ἀποκτείνει, τὸ δὲ πνεῦμα ζωοποιεῖ, so ist zwar im Zusammenhang nicht darüber reflektiert, ob sich der Einzelne unter der Herrschaft des Gesetzes den Tod durch Übertretung des Gesetzes oder durch seinen Gesetzeseifer zuzieht. Aber gesprochen ist der Satz nicht im Blick auf die jüdischen Übertretungen des Gesetzes, sondern gegenüber der jüdischen Hochschätzung des Gesetzes als eines ewigen, von Herrlichkeit umstrahlten. Ihr gegenüber heißt es, daß die διακονία des Mose eine διακονία τοῦ θανάτου, daß ihre Herrlichkeit eine καταργουμένη ist. Das Gesetz gehört also der Sphäre der σάρξ an (§ 23, 1; S. 240) im Gegensatz zur καινὴ διαθήκη, die eine διαθήκη πνεύματος ist. Mit innerer Notwendigkeit führt also der Gesetzesdienst in den Tod.

Die Perversion des menschlichen Strebens, das nach dem Leben jagt und sich doch nur den Tod einbringt, wird Rm 7, 7—25 ausführlich beschrieben in einem Abschnitt, in dem Paulus die Situation des Menschen unter dem Gesetz so zeichnet, wie sie dem Rückblick vom Glauben aus deutlich geworden ist. V. 10 sagt, daß die ἐντολή dem Menschen zum Leben gegeben ist; und dieser Intention des Gesetzes stimmt der Mensch, der ja nach dem Leben verlangt, durchaus zu (V. 16: σύμφημι, V. 22: συνήδομαι). Nichtsdestoweniger führt die ἐντολή faktisch in den Tod, und zwar dadurch, daß sie im Menschen die ἐπιθυμία weckt (V. 7—11).

Dabei ist vielleicht nicht darüber reflektiert, ob die ἐπιθυμία zur Übertretung der ἐντολή oder zum falschen Eifer ihrer Erfüllung verführt. Doch muß das letztere mindestens einbegriffen sein; denn wenn 7, 7—25 die Situation unter dem Gesetz so dargestellt ist, wie es für jeden unter dem Gesetz Stehenden gültig ist, so muß die Phl 3, 4—6 beschriebene Haltung des κατὰ δικαιοσύνην τὴν ἐκ νόμου ἄμεμπτος darunter befaßt sein. Die durch das Gesetz geweckte ἐπιθυμία ist in diesem Falle der ζῆλος θεοῦ οὐ κατ' ἐπίγνωσιν von Rm 10, 2.

Der Betrug der Sünde (V. 11) besteht darin, daß sie dem Menschen vortäuscht, er werde, wenn er seiner ἐπιθυμία folgt, das Leben gewinnen, während er sich den Tod beschafft. Diesem Betrug verfallen, weiß der Mensch nicht, was er tut: ὃ γὰρ κατεργάζομαι οὐ γινώσκω (V. 15 a), d. h. er weiß nicht, daß er sich durch sein Tun nur den Tod einbringt.

Diese Worte können nicht bedeuten: „ich weiß nicht, wie es zugeht, daß meinen guten Vorsätzen immer die Übertretung folgt" im Sinne des: *v deo meliora proboque, deteriora sequor.* Denn von guten Vorsätzen, die durch das faktische Tun vereitelt werden, ist nicht die Rede. Die Begegnung der ἐντολή weckt ja nicht den guten Willen, sondern die ἐπιθυμία! Vielmehr ist die Pointe des Zusammenhangs diese, daß das, was der Mensch zuwege bringt, ein κακόν ist, während es seiner Absicht nach (die ja in der ἐπιθυμία leitend ist) ein καλόν bzw. ἀγαθόν sein soll. Da das κατεργάζεσθαι V. 13 nicht „tun", sondern „erwirken", „einbringen" heißt, liegt es nahe, es in V. 15 (und dann auch in V. 17 und V. 20) ebenso zu verstehen (trotz 2. 9 f.) und das V. 13 genannte Objekt (τὸν) θάνατον dazu zu ergänzen (vgl. auch 2. Kr 7, 10: θάνατον κατεργάζεται); dann ist das καλόν, das V. 18 sein Objekt ist, die ζωή. Man muß dann das πράσσειν bzw. ποιεῖν des κακόν und καλόν (bzw. ἀγαθόν) danach interpretieren als das Erwirken des Bösen = des Todes und des Guten = des Lebens, was als pointierte Redeweise wohl begreiflich wäre. Versteht man aber (was sprachlich näher liegt) das πράσσειν bzw. ποιεῖν des κακόν und καλόν (ἀγαθόν) als das Tun des Bösen und des Guten (und entsprechend müßte man dann auch das κατεργάζεσθαι mindestens in V. 17 f. 20 verstehen), so bleibt doch der Grundsinn der gleiche: der Mensch glaubt in der ἐπιθυμία, etwas Gutes (Heilsames) zu tun und tut faktisch etwas Böses (Verderbliches). In jedem Falle wird der schauerliche Widerspruch beschrieben, der das menschliche Trachten charakterisiert: es will das Leben gewinnen und gewinnt nur den Tod.

Im Grunde ist dann aber der Tod schon Gegenwart; denn der unter die Sünde ,,verkaufte" Mensch (V. 14) hat sich selbst verloren, ist nicht mehr bei sich selbst (§ 23, 3, S. 245). Das kommt in der Formulierung V. 9 f. deutlich zum Ausdruck: ἐλθούσης δὲ τῆς ἐντολῆς ἡ ἁμαρτία ἀνέζησεν, ἐγὼ δὲ ἀπέθανον . . . ἡ γὰρ ἁμαρτία . . . ἐξηπάτησέν με καὶ . . . ἀπέκτεινεν (s. § 27).

3. Die juristische Auffassung des Todes als der Strafe für die Sünde und die Vorstellung vom Tode als ihrer organisch erwachsenen Frucht sind nicht miteinander ausgeglichen. Auch stimmen beide nicht zu der 1. Kr 15, 45—49 vorliegenden Anschauung, daß der adamitische Mensch als χοϊκός erschaffen wurde und daher als solcher ,,Fleisch und Blut" (V. 50), φθαρτός (V. 53 f.), ist. Diese Unstimmigkeit wird nur dadurch verschleiert, daß Paulus hier den Terminus σαρκικός vermeidet und statt dessen ψυχικός sagt — was aber ja sachlich auf das Gleiche hinauskommt (vgl. 1. Kr 2, 14 mit 3, 1. 3; § 18, 2, S. 206).

§ 25. DIE ALLGEMEINHEIT DER SÜNDE

BULTMANN, R., Adam und Christus nach Römer 5 (1959), in: DERS., Exegetica, 1967, 424–444 (bes. 431 ff.). – BRANDENBURGER, E., Adam und Christus, 1962. – SCHUNACK, G., Das hermeneutische Problem des Todes, 1967 (bes. 186 ff. 234 ff.). – FIEDLER, P., Art. ἁμαρτία κτλ., EWNT I, 1980, 157–165 (bes. 161–163). Verschleierung versch. Ausdrucksformen von Sünde

1. Die Macht der Sünde wirkt nicht nur darin, daß und sie den ihr verfallenen Menschen völlig beherrscht, sondern auch der darin, daß sie ausnahmslos alle Menschen in die Knechtschaft quell zwingt: πάντες γὰρ ἥμαρτον (Rm 3, 23, vgl. 3, 9. 19), συνέκλεισεν ἡ γραφὴ τὰ πάντα ὑπὸ ἁμαρτίαν (Gl 3, 22). sive der ,,Struckt.

Wie ist dieser Satz begründet? Rm 8, 3 scheint insofern eine Sünde Begründung zu geben, als gesagt wird, daß das ἀδύνατον τοῦ νόμου (d. h. das Unvermögen des Gesetzes, dem Menschen das

Leben zu beschaffen) in der σάρξ seinen Grund habe. Aber wenn
das auch verständlich ist, so bleibt doch die Frage: gewinnt
nicht die σάρξ ihre Macht erst dadurch, daß der Mensch κατὰ
σάρκα lebt? Und besteht die Notwendigkeit, daß das natürlich-
menschliche ζῆν ἐν σαρκί ausnahmslos zum qualifizierten ζῆν
ἐν σαρκί, also zum ζῆν κατὰ σάρκα werde?

Das ist offenbar die Meinung des Paulus. Im Menschen — und
zwar weil er σάρκινος ist — schlummert immer schon die Sünde.
Muß sie erwachen? Ja; denn dem Menschen begegnet das Gesetz
mit seinem οὐκ ἐπιθυμήσεις (Rm 7, 7 ff.).

Obwohl Paulus dem Gedankengang des Briefes zufolge nur an das jüdische Gesetz denkt, gilt das Gesagte auch von den Heiden, bei denen ja
das Mosegesetz durch die Forderung des Gewissens ersetzt wird (Rm
2, 14 f.). Auch dürfte Rm 7, 7—11 Adam als Urbild des Menschen vor-
schweben, der ja auch noch ohne das Mosegesetz lebte.

Ist nun die Forderung der ἐντολή dieses οὐκ ἐπιθυμήσεις, so
ist ihre Absicht die, den Menschen dem eigenmächtigen Trachten, dem Verfügenwollen über sich selbst zu entreißen. Heißt
es nun, daß gerade dadurch die Sünde geweckt wird, so bedeutet
das, daß die im Menschen als Möglichkeit (νεκρά) liegende Sünde
(S. 246) dadurch zur Wirklichkeit wird, daß er sich verführen
läßt, das Leben, das ihm das Gesetz anbietet (V. 10: εἰς ζωήν)
eigenmächtig selbst zu beschaffen.

2. Läßt sich dieses Urteil noch weiter begründen, oder ist
es aus der Erfahrung gewonnen? Offenbar dürfte es, soll der
Schuldcharakter der Sünde nicht geleugnet werden, nur aus der
Erfahrung stammen. Denn der Schuldcharakter wäre preisgegeben, wenn die Allgemeinheit der Sünde auf eine dem Menschen
notwendig anhaftende Qualität zurückgeführt würde, etwa, nach
Art des gnostischen Denkens, auf eine Sinnlichkeit, die ihrerseits ihren Grund in der Materie hat, aus der der Mensch besteht — oder, was ebenfalls gnostischem Denken entspräche,
auf ein Verhängnis, das sich in der Vorzeit ereignet hat, und
auf Grund dessen der Fluch der Sünde auf allen Menschen
lastet. Die Aussagen des Paulus sind in dieser Hinsicht nicht
einheitlich.

Als er Rm 1, 18—3, 20 den Aufweis der Allgemeinheit der Sünde dem Satz von der Gerechtig-
keit aus Glauben ohne Werke vorausschickt, greift er nicht auf
eine hinter dem faktischen Sündigen der Menschen liegende Ur-

sache zurück und redet nicht von einem seit Urzeiten bestehenden Fluch, sondern stellt nur die Tatsache dar, daß alle Menschen — Heiden wie Juden — faktisch Sünder sind. Freilich:
Gott hat sie der Sünde dahingegeben (1, 24 ff.), jedoch zur
Strafe für die Ursünde des Abfalls vom Schöpfer — was ja dem
Sündigen nicht den Schuldcharakter nimmt, sondern nur besagt, daß die Ursünde des Abfalls die moralischen Verfehlungen
notwendig nach sich zieht. Ist es ein Fluch, so ist es der „Fluch
der bösen Tat", die „fortzeugend Böses gebären muß". Jene
Ursünde aber ist nicht durch die Materie oder durch ein Verhängnis hervorgerufen worden, sondern ist wirkliche Schuld.
Auch ist die Ursünde offenbar gar nicht gemeint als die Sünde
der Voreltern am Anfang der Zeit, sondern als die in jeder Gegenwart sich wiederholende Ursünde des Abfalls angesichts
der für jede Gegenwart offenstehenden Möglichkeit der Gotteserkenntnis. Dem entspricht auch 2, 1 ff., wo sich Paulus nicht
etwa auf eine Argumentation mit denen einläßt, die sich als
Richter über notorische Sünder aufspielen, sondern ihnen einfach auf den Kopf zusagt, daß sie gleichfalls Sünder sind.

3. Anders aber R m 5, 12—19, wo d i e S ü n d e a l l e r
M e n s c h e n a u f d i e S ü n d e A d a m s z u r ü c k g e -
f ü h r t wird, wo also der Gedanke der „Erbsünde" ausgesprochen ist: ὥσπερ γὰρ διὰ τῆς παρακοῆς τοῦ ἑνὸς ἀνθρώπου (sc. τοῦ
᾽Αδάμ) ἁμαρτωλοὶ κατεστάθησαν οἱ πολλοί ... (V. 19). Es ist keine
Frage, daß Paulus hier den auf der adamitischen Menschheit
liegenden Fluch unter dem Einfluß des gnostischen Mythos darstellt (§ 15, 4 b).

Er vermeidet freilich ein Abgleiten in gnostische Gedanken,
indem er die Sünde Adams selbst nicht durch etwas hinter ihr
Liegendes verursacht sein läßt, weder durch die Materie, aus
der Adam besteht, noch auch durch den Satan oder — im Anschluß an rabbinische Lehre — durch den „bösen Trieb". Vielmehr bleibt es bei dem Gedanken: die Sünde kam durch das
Sündigen in die Welt; und insofern ist Rm 5, 12 ff. mit 7, 7 ff.
vereinbar, d. h. Adams παράβασις (V. 14) bzw. παρακοή (V. 19)
ist die Übertretung der göttlichen ἐντολή, die die in ihm schlum-
mernde Sünde weckte.

Man darf freilich nicht an 1. Kr 15, 44 ff. denken, wonach Adam ψυχικός und χοϊκός war und also, da der ψυχικός vom πνεῦμα nichts vernimmt
(1. Kr 2, 14) und Gottes Gebot doch πνευματικός ist (Rm 7, 14), gar nicht

die Möglichkeit hatte, Gottes Willen zu vernehmen (§ 24, 3) — wonach
Adam ferner vom Ursprung her dem Tode verfallen war und folglich —
wenn es gelten soll, daß der Tod die Strafe der Sünde ist (§ 24, 1) — von
Natur sündig gewesen sein müßte. Man müßte sonst schon sagen dürfen,
daß der Tod als natürliches Ende des physischen Lebens dem Adam zwar
auch ohne Sünde zu eigen war, daß er aber seinen eigentlichen Todcharak-
ter (als ἀπώλεια) erst durch die Sünde erhielt. Aber Paulus macht diesen
Unterschied nicht.

Andrerseits ist nicht zu bestreiten, daß Rm 5, 12 ff. die Sünde
der auf Adam folgenden Menschheit auf Adams Sünde zurückgeführt wird, also als die Folge eines Verhängnisses erscheint,
für das die Menschheit nicht selbst verantwortlich ist. Höchstens könnten die unter dem Fluche der Sünde Adams sündi-
genden Menschen als schuldig im juristischen Sinne gelten,
insofern das Gesetz nur die schuldige Tat ins Auge zu fassen
braucht; aber im ethischen Sinne könnte dann von Schuld keine
Rede sein.

Nun ist freilich zu beachten, daß das eigentliche Thema von
Rm 5, 12 ff. nicht der Ursprung der Sünde ist, sondern der Ursprung des Todes; genauer gesagt: auch der Ursprung des Todes
nur als die negative Seite des positiven Themas: der Ursprung
des Lebens. Denn der Sinn des Abschnittes im Zusammenhang
ist der: die Gewißheit der 5, 1—11 aufgezeigten christlichen Hoffnung gründet darin, daß Christus für die durch ihn eingeleitete
Menschheit das Leben beschafft hat, und zwar mit derselben
Sicherheit, mit der Adam den Tod über die adamitische Menschheit gebracht hat (ebenso 1. Kr 15, 21 f.). Da nun der Tod als
Strafe oder Folge der Sünde gilt, mußte auch von A d a m s
Sünde die Rede sein. Für den Zusammenhang hätte es genügt,
Adams Sünde zu erwähnen; von der Sünde der übrigen Menschen brauchte nicht geredet zu werden. Denn ob sie Sünder
waren oder nicht — der Tod war ja nun einmal durch Adam über
sie verhängt worden; ein Gedanke, der nicht nur im Judentum
ausgesprochen ist, sondern den ja auch Paulus selbst V. 14 ausspricht. Indessen gerät Paulus in eine Unklarheit, weil er doch
auch den Tod der auf Adam folgenden Menschen als Strafe oder
Folge ihrer eigenen Sünde angesehen wissen will: καὶ οὕτως εἰς
πάντας ἀνθρώπους ὁ θάνατος διῆλθεν, ἐφ᾽ ᾧ πάντες ἥμαρτον „weil
sie alle sündigten“! (V. 12). Vollends unverständlich ist V. 13:
ἄχρι γὰρ νόμου ἁμαρτία ἦν ἐν κόσμῳ, ἁμαρτία δὲ οὐκ ἐλλογεῖται μὴ
ὄντος νόμου. Welcher Art ist dann die Sünde gewesen, wenn sie
nicht als Widerspruch gegen das Gesetz entsprang? Und wie

kann sie den Tod nach sich gezogen haben, wenn sie nicht „angerechnet" wurde? Diese Fragen sind nicht zu beantworten. Genug, daß Paulus, weil er den Tod als Strafe oder Folge der Sünde ansieht, sich nicht darauf beschränken kann, von dem durch Adam herbeigeführten Erbtode zu reden, sondern zum Satz von der Erbsünde (V. 19) gedrängt wird.

Orientiert man sich am Gegenbild, so ist freilich deutlich: die Wirkung der ὑπακοή Christi ist keineswegs als eine mit unentrinnbarer Notwendigkeit sich vollziehende gedacht. Nicht alle Menschen empfangen ja seit Christus das Leben, wie sie seit Adam dem Tod verfielen, sondern nur die Glaubenden (die λαμβάνοντες von V. 17). Durch Christus ist also nicht mehr beschafft worden als die M ö g l i c h k e i t der ζωή, die freilich bei den Glaubenden zur sicheren Wirklichkeit wird (s. u. S. 302 f. 348 f.). Es liegt dann nahe, analog zu sagen: durch Adam ist für die adamitische Menschheit die M ö g l i c h k e i t der Sünde und des Todes beschafft worden, die erst durch das verantwortliche schuldhafte Verhalten der Einzelnen realisiert wird. Ob man das als den eigentlichen Gedanken des Paulus ansehen darf, muß allerdings fraglich bleiben; für ihn steht jedenfalls die faktische allgemeine Verfallenheit der adamitischen Menschheit an Sünde und Tod außer Frage.

Abraham braucht nicht etwa als Ausnahme Schwierigkeiten zu machen; denn nicht als Sündloser, sondern als Glaubender nimmt er (und etwa auch David? vgl. Rm 4, 6; die Propheten?) eine Sonderstellung ein – und zwar als Glaubender ἐπὶ τὸν δικαιοῦντα τὸν ἀσεβῆ Rm 4, 5. – G. KLEIN, Röm 4 und die Idee der Heilsgeschichte, Ev. Theol. 23 (1963), 424—447. – DERS., Exegetische Probleme in Röm. 3, 21—4, 25, ebenda 24 (1964), 676—683. ⇒ ▽ *gerell. Enthrem dungsbegriff = Erbsünde*

In den Versen Rm 5, 13 f. könnte man vielleicht die Unterscheidung zwischen verantwortlicher und nicht verantwortlicher Sünde finden, und man könnte von da aus konstruierend sagen: dem Gedanken von der Erbsünde liegt die Erfahrung zu grunde, daß jeder Mensch in eine Menschheit hineingeboren wird, die immer schon von einem falschen Trachten geleitet ist und daß niemand von vorne anfängt. Das dadurch bestimmte Daseinsverständnis umfängt von vornherein jeden Menschen, der es in der konkreten παράβασις ausdrücklich übernimmt und dadurch dafür mitverantwortlich wird. Da menschliches Leben ein Leben im Miteinander ist, wird durch e i n e Lüge das gegenseitige Vertrauen zerstört und das Mißtrauen — und damit die Sünde — aufgerichtet; durch e i n e Gewalttat wird Gewalt als

Gegenwehr hervorgerufen, und das Recht wird als organisierte Gewalt dem Interesse der Einzelnen dienstbar gemacht — und so fort, wie es in dem οὐκ οἴδατε ὅτι μικρὰ ζύμη ὅλον τὸ φύραμα ζυμοῖ (1. Kr 5, 6) wenigstens angedeutet ist. So steht jeder in einer Welt, in der jeder für sich sorgt, jeder auf seinem Recht besteht, jeder um sein Dasein kämpft, und das Leben wird zu einem Kampf aller gegen alle, auch wenn dieser Kampf unfreiwillig geführt wird. So ist die Sünde immer schon da, und das göttliche Gebot begegnet dem Menschen immer als ein „du sollst (nicht)‟, das er erst in der Selbstüberwindung in ein „ich will‟ verwandeln muß. Die Tatsache, daß das Gute immer ein Opfer fordert, bezeugt, daß der Mensch von vornherein in einem sündigen Selbstverständnis lebt. — Diesen Gedankengang hat Paulus freilich nicht vorgetragen; daß man ihn zum Verständnis seiner Aussagen entwickeln darf, wird aber durch seinen Begriff von κόσμος nahegelegt.

§ 26. DER BEGRIFF κόσμος

1. Die Vorstellung eines Weltalls, das, Himmel und Erde mit allen Wesen samt Göttern und Menschen umschließend, durch gesetzliche, rational faßbare Verhältnisse zu einem einheitlichen Gefüge verbunden ist — diese Vorstellung, die in der Bezeichnung des Weltalls als κ ό σ μ ο ς im Griechentum ihren Ausdruck gefunden hat, ist dem AT fremd, dem ein dem griechischen κόσμος entsprechender Begriff fehlt. Es redet wohl gelegentlich vom „All‟ (הַכֹּל), sehr viel häufiger von „Himmel und Erde‟ —, immer jedoch so, daß Gott selbst hierin nicht einbegriffen ist, sondern ihm als der Schöpfer gegenübersteht. In diesem Sinne übernimmt auch das hellenistische Judentum den Begriff κόσμος, und in gleichem Sinne gebraucht ihn das NT und so auch Paulus.

In der Wendung ἀπὸ κτίσεως κόσμου (Rm 1, 20) zeigt sich, daß κόσμος für Paulus den Sinn von κτίσις haben kann; und alttestamentlichem Denken entsprechend steht mit ἐν κόσμῳ parallel ἐν οὐρανῷ — ἐπὶ γῆς (1. Kr 8, 4 f.). Zu den wenigen Stellen, an denen κόσμος die (gesamte) Schöpfungswelt bezeichnet, werden auch Gl 4, 3 (τὰ στοιχεῖα τοῦ κόσμου) und Phl 2, 15 (ὡς φωστῆρες ἐν κόσμῳ) zu rechnen sein.

Da die Aussagen über den κόσμος in der Regel einen Bezug auf die Menschen haben, ist es verständlich, daß κόσμος gelegentlich die „Welt" in dem eingeschränkten Sinne meint, in dem sie der Raum ist, in welchem sich das menschliche Leben abspielt, also die „E r d e". So wenn Abraham der κληρονόμος κόσμου heißt (Rm 4, 13), und wohl auch, wenn auf die vielen γένη φωνῶν hingewiesen wird, die es ἐν κόσμῳ gibt (1. Kr 14, 10).

Indessen· meint κόσμος die Erde nicht immer als den bloßen Raum für das Leben und Treiben des Menschen, sondern bezeichnet manchmal den I n b e g r i f f d e r i r d i s c h e n L e - b e n s b e d i n g u n g e n u n d M ö g l i c h k e i t e n. Er umfaßt alle Weisen von Begegnungen und Schicksal, die von den polaren Begriffspaaren ζωή und θάνατος, ἐνεστῶτα und μέλλοντα umspannt werden (1. Kr 3, 22). So ist denn das menschliche Leben in den weltlichen Bezügen, in allem Handel und Wandel, in Freude und Leid, ein χρᾶσθαι τὸν κόσμον (1. Kr 7, 31), wobei als Gegensatz zu τὰ τοῦ κόσμου das τὰ τοῦ κυρίου (7, 32—34) vorschwebt (s. § 22, 2; S. 235).

Ist κόσμος hier n i c h t e i n k o s m o l o g i s c h e r, s o n - d e r n e i n g e s c h i c h t l i c h e r B e g r i f f, so ebenfalls an den zahlreichen Stellen, an denen er im Sinne von „M e n - s c h e n w e l t", „M e n s c h h e i t" gebraucht wird — ein Sprachgebrauch, den übrigens auch schon das hellenistische Judentum kennt. Den Übergang dazu zeigt etwa Rm 1, 8: ἡ πίστις ὑμῶν καταγγέλλεται ἐν ὅλῳ τῷ κόσμῳ, was ja sachlich gleichbedeutend mit 16, 19 ist: ἡ γὰρ ὑμῶν ὑπακοὴ εἰς πάντας ἀφίκετο. Hat Paulus seinen Wandel in Lauterkeit geführt ἐν τῷ κόσμῳ, so ist κόσμος nicht als der kosmische Raum, sondern als die Sphäre der menschlichen Beziehungen gedacht, wie schon der Zusatz zeigt: speziell euch gegenüber (περισσοτέρως δὲ πρὸς ὑμᾶς 2. Kr 1, 12). Aber auch 1. Kr 4, 9 (θέατρον ἐγενήθημεν τῷ κόσμῳ, καὶ ἀγγέλοις καὶ ἀνθρώποις) zeigt, — wenn hier neben den Menschen auch die Engel genannt sind — daß, wenn vom κόσμος geredet wird, dabei nicht der Raum, sondern die in ihm befindlichen Personen gemeint sein können.

Die Menschen in ihrer Gesamtheit werden als κόσμος bezeichnet, wenn es lautet, daß Gott den κόσμος richten wird (Rm 3, 6), daß vor Gott jeder Mund verstummen und der ganze κόσμος als schuldig dastehen muß (3, 19, vgl. V. 20: πᾶσα σάρξ). Wirkt Gottes Züchtigung bei den Christen dahin, daß sie nicht σὺν τῷ κόσμῳ dem Gericht verfallen (1. Kr 11, 32), so ist gemeint: „mit der übrigen Menschheit". Wenn es heißt, daß durch einen Menschen die Sünde in die „Welt" kam (Rm 5, 12 f.), ist κόσμος wiederum nicht der Raum, sondern die Menschheit. Ebenso in dem Satze, daß Gott den κόσμος mit sich versöhnt hat; es folgt ja die Erläuterung: μὴ λογιζόμενος αὐτοῖς τὰ παραπτώματα αὐτῶν (2. Kr 5, 19). Im gleichen Sinne ist die καταλλαγὴ κόσμου (Rm 11, 15) zu verstehen. In Parallele stehen πλοῦτος κόσμου und πλοῦτος ἐθνῶν (= der Völker, Rm 11, 12); ähnlich περικαθάρματα τοῦ κόσμου und πάντων περίψημα (1. Kr 4, 13). Die σοφία τοῦ κόσμου ist die Menschenweisheit im Gegensatz zur Weisheit Gottes (1. Kr 1, 20); τὰ μωρὰ τοῦ κόσμου usw. bezeichnet die Verachteten und Deklassierten unter den Menschen (1. Kr 1, 27 f.).

2. Das Wichtigste aber ist dieses, daß der Begriff κόσμος vielfach ein bestimmtes **theologisches Urteil** enthält. An manchen der schon genannten Stellen bildet κόσμος den ausgesprochenen oder unausgesprochenen Gegensatz zur Sphäre Gottes oder des κύριος, mag κόσμος die Fülle der menschlichen Lebensbedingungen und Möglichkeiten bezeichnen (1. Kr 3, 22: 7, 31 ff.), oder mag es auf die Personen gehen in ihrem Verhalten und Urteilen (1. Kr 1, 20. 27 f.) oder in ihrer Sündigkeit und Feindschaft gegen Gott (Rm 3, 6. 19; 11, 15; 2. Kr 5, 19). Das ist aber vor allem dann der Fall, wenn es heißt ὁ κ ό σ μ ο ς ο ὗ τ ο ς. Die der göttlichen Weisheit sich verschließende Menschenweisheit ist die σοφία τοῦ κόσμου τούτου (1. Kr 3, 19). Die Sünder werden als die πόρνοι τοῦ κόσμου τούτου bezeichnet (1. Kr 5, 10). Die Gegenwart wird durch den Satz charakterisiert: παράγει . . . τὸ σχῆμα τοῦ κόσμου τούτου (1. Kr 7, 31 b). Den gleichen Sinn aber hat das bloße ὁ κόσμος, das mit ὁ κόσμος οὗτος wechseln kann (1. Kr 1, 20 f. 27 f.; 2, 12; 7, 31 a. 33 f.; ebenso 2. Kr 7, 10; Gl 6, 14) [1]. Und wiederum kann ὁ κόσμος οὗτος wechseln mit ὁ αἰὼν οὗτος. Die σοφία τοῦ κόσμου (τούτου) ist die σοφία τοῦ αἰῶνος τούτου (1. Kr 2, 6. 8; 3, 18); die Weisen, die die Weisheit des κόσμος vertreten, sind die Weisen, die Gelehrten und Forscher τοῦ αἰῶνος τούτου (1. Kr 1, 20). Das σχῆμα τοῦ κόσμου τούτου ist der αἰὼν ὁ ἐνεστὼς πονηρός von Gl 1, 4.

Das aber besagt: κόσμος — in diesem Sinne gebraucht — ist viel mehr ein Zeitbegriff als ein Raumbegriff [2]; oder genauer: es

---

[1] An einigen dieser Stellen ergänzen denn auch (sachlich richtig) verschiedene Textzeugen das Demonstrativum.

[2] Das entspricht der Tatsache, daß im späteren Judentum die Begriffe κόσμος und עוֹלָם (ursprünglich ein Zeitbegriff) sich gegenseitig beeinflußt

ist ein eschatologischer Begriff. Er bezeichnet die Menschenwelt und die Sphäre menschlichen Treibens einerseits als die vorläufige, ihrem Ende zueilende (1. Kr 7, 31), andrerseits aber als die Sphäre gegengöttlicher Macht, der der Einzelne, der von ihr umfangen ist, verfallen ist. Es ist die Sphäre der ἄρχοντες τοῦ αἰῶνος τούτου (1. Kr 2, 6. 8), des θεὸς τοῦ αἰῶνος τούτου (2. Kr 4, 4).

Diese Macht aber — und das ist das für Paulus Charakteristische — kommt nicht als ein pures Verhängnis über Menschheit und Mensch, sondern wächst aus ihnen selbst hervor. Der κόσμος als die Sphäre der irdischen Lebensbedingungen wird zur Macht über den Menschen, dessen Sorge sich auf τὰ τοῦ κόσμου richtet (1. Kr 7, 32—34), wie die σάρξ zur Macht wird über den, der κατὰ σάρκα lebt (§ 22) — wie denn ja die Begriffe σάρξ und κόσμος synonym sein können (§ 22, 2, S. 235). So besteht denn die unheimliche Tatsache, daß der κόσμος, die Menschenwelt, die durch das, was die Einzelnen sorgen und tun, konstituiert wird, seinerseits zum Herrn über die Einzelnen wird. Über allen Einzelsubjekten bildet sich der κόσμος als selbständiges Subjekt. Im Sprachgebrauch tritt das deutlich hervor, indem das, was faktisch von den Einzelnen geübt oder gefühlt wird, dem κόσμος als Subjekt zugeschrieben wird: der κόσμος ist es, der Gott durch seine Weisheit nicht erkannte (1. Kr 1, 21); wie der κόσμος seine σοφία hat (1. Kr 1, 21; 3, 19), so hat er seine λύπη (2. Kr 7, 10). Ja Paulus kann sogar die Tatsache, daß der κόσμος über die, die ihn konstituieren, Herr wird, dadurch zum Ausdruck bringen, daß er vom πνεῦμα τοῦ κόσμου redet (1. Kr 2, 12) — einerlei, ob das nur eine rhetorische Wendung ist, als Antithese gebildet zu dem πνεῦμα τὸ ἐκ τοῦ θεοῦ, oder ob das πνεῦμα τοῦ κόσμου wirklich als mythische Größe gedacht ist. Modern gesprochen ist das πνεῦμα τοῦ κόσμου die Atmosphäre, zu deren zwingendem Einfluß jeder beiträgt, und deren Einfluß er zugleich immer unterliegt.

Dieser Sinn von κόσμος ist auch überall da deutlich, wo davon die Rede ist, daß die Christen, die ja noch im κόσμος als dem

---

haben. Wie Zeit- und Raumbegriff ineinander übergehen können, zeigt 1. Kr 5, 10: οὐ πάντως τοῖς πόρνοις τοῦ κόσμου τούτου (sc. μὴ ἀναμίγνυσθαι) . . . ἐπεὶ ὠφείλετε ἄρα ἐκ τοῦ κόσμου ἐξελθεῖν.

Raum und der Sphäre des irdischen Lebens stehen, weil sie noch
ἐν σαρκί sind (§ 22, 2), und die aus ihm nicht davonlaufen können (1. Kr 5, 10), doch schon jenseits seiner stehen, nämlich
jenseits seiner als der beherrschenden widergöttlichen Macht.
Er mit allen seinen bedrohlichen und verführerischen Möglichkeiten liegt gleichsam unter ihnen; sie sind seiner Herr geworden (1. Kr 3, 21 f.: πάντα γὰρ ὑμῶν ἐστιν. . . . εἴτε κόσμος κτλ.).
Sie haben nicht das πνεῦμα τοῦ κόσμου, sondern das πνεῦμα τὸ
ἐκ τοῦ θεοῦ empfangen (1. Kr 2, 12). Für sie ist im Kreuze Christi
der κόσμος gekreuzigt und sie sind es für ihn (Gl 6, 14). Für sie
sind die στοιχεῖα τοῦ κόσμου, unter die sie einst geknechtet waren,
als die ἀσθενῆ καὶ πτωχὰ στοιχεῖα entlarvt worden (Gl 4, 9). Sie
werden deshalb einst Richter über den κόσμος sein (1. Kr 6, 2 f.).
All das gilt, weil sie faktisch neue Menschen (καινὴ κτίσις 2. Kr
5, 17) geworden sind.

3. Der eschatologisch-geschichtliche Sinn von κόσμος und damit die Situation des Menschen als ein Versklavtsein unter
Mächte, für deren Herrschaft er doch selbst verantwortlich ist,
ergibt sich endlich aus der Interpretation der m y t h o l o g i -
s c h e n A u s s a g e n von diesen Mächten.

Der κόσμος, der doch einerseits Gottes Schöpfung ist, ist
andrerseits d a s H e r r s c h a f t s g e b i e t d ä m o n i s c h e r
M ä c h t e , der ἄγγελοι, der ἀρχαί und δυνάμεις (Rm 8, 38;
1. Kr 15, 24; s. § 21, 3), der ἄρχοντες τοῦ αἰῶνος τούτου (1. Kr
2, 6. 8), der στοιχεῖα τοῦ κόσμου (Gl 4, 3. 9; s. § 15, 4 a). Es sind
die „Feinde" Gottes, deren letzter der θάνατος ist (1. Kr 15, 26)
Das Haupt dieser widergöttlichen Mächte ist der σατανᾶς (Rm
16, 20; 1. Kr 5, 5; 7, 5; 2. Kr 2, 11; 11, 14; 1. Th 2, 18), der
θεὸς τοῦ αἰῶνος τούτου (2. Kr 4, 4).

Wie der Charakter des κόσμος, so ist auch d e r C h a r a k t e r
d e r G e i s t e r m ä c h t e e i g e n t ü m l i c h z w e i d e u t i g.
Denn zunächst ist klar, daß Paulus nicht dualistisch im gnostischen Sinne denkt und nicht neben der göttlichen Welt des
Lichtes eine gleich ewige, konkurrierende teuflische Welt der
Finsternis kennt (§ 15). Vielmehr rechnet er die Geistermächte
auch zur κτίσις (Rm 8, 39); Gott kann sich auch eines Satans-
engels bedienen (2. Kr 12, 7). Sodann ist deutlich, daß das
„Sein" dieser Mächte nur für den bedeutsam ist, der es als ein
εἶναι ἡμῖν gelten läßt, wie es in Wahrheit nur Gott eignet (1. Kr
8, 5; s. § 21, 3). Ihre Macht fließt ihnen also im Grunde vom

Menschen zu, und für den Christen sind sie bereits καταργούμενοι (1. Kr 2, 6). Sie können ihm im Grunde nichts mehr anhaben. Freilich, auch der Christ lebt noch ἐν τῷ κόσμῳ, ἐν σαρκί,
und der letztlich unmythologische Sinn der „Mächte" kommt
gerade auch darin zutage, daß ihr καταργεῖσθαι unmythologisch
gedacht ist. Das Sein des Christen ist nicht zauberhaft verwandelt, sondern verläuft auch weiter als ein geschichtliches, solange er ἐν σαρκί ist. Es ist also ein stets bedrohtes; und wenn
auch er noch unter der Feindschaft jener „Mächte" zu leiden
hat, so kommt in solchen Aussagen nichts anderes als eben die
ständige Bedrohtheit des Seins zum Ausdruck. Die „Mächte"
begegnen dem Christen in den Widerwärtigkeiten des Geschicks,
in den θλίψεις und den στενοχωρίαι usw. (Rm 8, 35; vgl. 1. Th
2, 18: ἐνέκοψεν ἡμᾶς ὁ σατανᾶς), die ihn aber im Grunde nicht
mehr treffen (Rm 8, 31—39). Sie begegnen ihm ferner in den
Versuchungen; der Satan ist der πειράζων (1. Th 3, 5), vor dem
es auf der Hut zu sein gilt (1. Kr 7, 5; 2. Kr 2, 11).

Die mythologischen Vorstellungen von den Geistermächten
und vom Satan dienen also nicht dem Interesse kosmologischer
Spekulation oder dem Bedürfnis, erschreckende oder grauen-
volle Phänomene zu erklären und den Menschen von Verantwortung und Schuld zu entlasten. Als Paulus von dem Ereignis
redet, durch das der Tod in die Welt kam, rekurriert er nicht
wie Sap 2, 24 auf den Teufel, sondern auf die Sünde Adams
(Rm 5, 12 ff.; § 25, 3). Erscheint der Tod 1. Kr 15, 26 in der
mythologischen Gestalt des ἔσχατος ἐχθρός, so ist nach 15, 56
die ἁμαρτία das κέντρον τοῦ θανάτου. Aus den Taten des Menschen wächst der Tod als deren Frucht hervor (§ 24, 2). Wohl
kann Paulus in naiver Mythologie vom Kampf der Geistermächte gegen Christus oder von seinem Kampf gegen sie reden
(1. Kr 2, 6—8; 15, 24—26). In Wahrheit kommt darin nur ein
bestimmtes Daseinsverständnis zum Ausdruck; die Geistermächte repräsentieren die Wirklichkeit, in die der Mensch gestellt ist, als eine Wirklichkeit der Widersprüche und des Kampfes, als eine Wirklichkeit des Bedrohlichen und Versucherischen.
So spricht aus diesen mythologischen Vorstellungen die Erkenntnis, daß der Mensch sein Leben nicht als Herr in der Hand
hat, und daß er stets nur vor der Entscheidung steht, seinen
Herrn zu wählen; darüber hinaus aber auch das Urteil, daß der
natürliche Mensch sich schon immer gegen Gott, seinen echten

Herrn, entschieden hat und die bedrohliche und versucherische
Welt zum Herrn über sich hat werden lassen.

§ 27. DAS GESETZ

BULTMANN, R., s. zu § 24 (S. 246). – HAHN, FERD., Das Gesetzesverständnis im Römer- und Galaterbrief, ZNW 67, 1976, 29–63. – HÜBNER,
H., Das Gesetz bei Paulus, (1978) ³1982. – STUHLMACHER, P., Das Gesetz
als Thema biblischer Theologie, ZThK 75, 1978, 251–280. – LUZ, U., in:
SMEND, R.-LUZ, U., Gesetz, 1981, S. 89–112. – WILCKENS, U., Zur Entwicklung des paulinischen Gesetzesverständnisses, NTSt 28, 1982,
154–190.

1. Der eigentliche Wille des Menschen, des ἔσω ἄνθρωπος
(§ 18, 1), richtet sich, sofern er νοῦς, verstehendes Trachten, ist
(§ 19, 1), auf das Leben als auf das für ihn „Gute"; und da er
dieses „Gute" verfehlen kann, gewinnt es zugleich für ihn den
Charakter des „Guten" im Sinne des Geforderten (§§ 19, 1;
21, 1). G o t t e s F o r d e r u n g begegnet dem Menschen
konkret im νόμος, im G e s e t z d e s A T , dessen Sinn kein
anderer ist als der, den Menschen zum Leben zu führen (εἰς
ζωήν Rm 7, 10; vgl. Rm 10, 5; Gl 3, 12 b).

Unter νόμος (ob mit oder ohne Artikel gebraucht) versteht Paulus das
Gesetz des AT bzw. das ganze als Gesetz aufgefaßte AT, abgesehen von
einigen Stellen, in denen νόμος den allgemeinen Sinn von Norm oder
Zwang, Gebundenheit hat, wie Rm 7, 2 f. 22—8, 1, wo mit dem Begriff
νόμος gespielt wird (dem νόμος τοῦ θεοῦ wird der νόμος ἐν τοῖς μέλεσίν
μου gegenübergestellt, dem νόμος τοῦ νοός μου der νόμος τῆς ἁμαρτίας καὶ
τοῦ θανάτου, diesem endlich der νόμος τοῦ πνεύματος τῆς ζωῆς); ferner
Rm 3, 27 (νόμος πίστεως); Gl 6, 2 (ὁ νόμος τοῦ Χριστοῦ). Sonst ist der
νόμος das alttest. Gesetz bzw. das ganze AT. Pentateuchstellen aus der
Zeit des Mose gelten so gut als νόμος wie das eigentliche Gesetz des Mose:
Rm 4, 13—16 (Gen 17, 10 f.; 18, 18; 22, 17 f.); 7, 7 ff. (Gen 2, 17); 1. Kr
14, 34 (Gen 3, 16). Psalm- und Prophetenstellen werden Rm 3, 10—19
kombiniert und gelten als νόμος. 1. Kr 14, 21 erscheint Jes 28, 11 f. als
νόμος. Auch wird kein Unterschied zwischen den kultischen bzw. rituellen
Geboten (Gl 4, 10; 5, 3) und den sittlichen Forderungen (Rm 7, 7 ff.)
gemacht; beide heißen νόμος. — Statt νόμος kann Paulus auch sagen
ἐντολή (Rm 7, 8 ff.), während genau genommen der νόμος eine Fülle von
ἐντολαί enthält (vgl. Rm 13, 9; 1. Kr 7, 19).

Das alttestamentliche Gesetz ist in seinem alttestamentlichen
und jüdischen Sinn verstanden, d. h. nicht als das in einzelnen
Forderungen entfaltete Prinzip eines Ideals vom Menschen oder
der menschlichen Gemeinschaft. Es ist also nicht das im Geist
des Menschen begründete rationale Sittengesetz, so daß die Pro-

bleme der Entfaltung des Inhalts des Guten und der Erziehung erörtert würden. Vielmehr ist das Gesetz d i e G e s a m t h e i t d e r h i s t o r i s c h g e g e b e n e n G e s e t z e s f o r d e - r u n g e n , der kultischen und rituellen so gut wie der sittlichen; und die geforderte Haltung des Menschen ist nicht die Gesinnung des „immer strebend sich Bemühens", nicht das Gerichtetsein auf ein Ideal, sondern der jeweilige Gehorsam im konkreten Fall.

Freilich denkt Paulus, wenn er nicht wie in Gl konkreten Anlaß hat, vom Ritualgesetz zu reden, in seinen Aussagen über den νόμος im wesentlichen an die s i t t l i c h e n Forderungen des Gesetzes, speziell des Dekalogs, wie Rm 2, 1—3, 20 beweist (vgl. bes. 2, 21 f.); ebenso Rm 13, 8—10; Gl 5, 14 (vgl. 5, 23). Das zeigt auch die Behauptung, daß sich den Heiden die Forderung des Gesetzes im Gewissen bezeugt (Rm 2, 14 f.); denn in diesem werden ja nicht die kultisch-rituellen Forderungen des AT laut. Auch das δικαίωμα τοῦ ϑεοῦ Rm 1, 32 bzw. das δικαίωμα τοῦ νόμου Rm 2, 26; 8, 4 kann nur die sittliche Forderung sein.

Paulus hat jedoch nicht wie die Propheten und Jesus das Wesen des Gehorsams unter Gottes Forderung an der Gegenüberstellung der sittlichen Forderung gegen die kultisch-rituellen klar gemacht und an diesen von jenen aus Kritik geübt. In seinem Kampf gegen den falschen Gesetzesgehorsam beruft er sich nie auf ein Wort Jesu (§ 16, S. 190). Er hat also nicht gefragt, wieso überhaupt die Erfüllung der kultisch-rituellen Gebote als Gott dargebrachter Gehorsam gelten könne —, was bei den sittlichen Forderungen keiner Frage zu bedürfen scheint. Ein Unterschied erscheint für ihn aus dem Grunde nicht, weil er im jüdischen Sinne die kultisch-rituellen Gebote nicht hinsichtlich ihres Inhalts wertet, sondern sie nur daraufhin in den Blick faßt, daß sie F o r d e r u n g e n sind wie die sittlichen Gebote. In der Selbstverständlichkeit freilich, mit der er als den bleibenden, auch für den Christen verbindlichen Inhalt des νόμος die sittlichen Forderungen des Dekalogs nennt (Rm 13, 8—10; Gl 5, 14), zeigt sich, daß der identische Sinn der kultisch-rituellen und der sittlichen Forderungen nur für den Menschen vor der πίστις besteht, und daß im Glauben ein unreflektiert wirksames Prinzip der Kritik gegeben ist.

U n t e r d e r F o r d e r u n g G o t t e s s t e h e n d i e H e i d e n w i e d i e J u d e n , nur daß für jene diese Forde-

rung nicht im alttestamentlichen Gesetz Gestalt gewonnen hat.
Aber Paulus sagt ausdrücklich, daß die Heiden, die das „Gesetz'
nicht haben, wenn sie „von Natur" (φύσει) die Forderungen des
Gesetzes erfüllen — was also, wie oft oder wie selten auch immer,
vorkommt —, damit bezeugen, daß ihnen τὸ ἔργον τοῦ νόμου,
d. h. das vom Gesetz geforderte Werk, ins Herz geschrieben ist;
und das Gleiche bezeugt das auch in ihnen lebendige Gewissen
(Rm 2, 14 f., § 19, 4) [1]. Natürlich versteht Paulus unter dem Gewissen der Heiden nicht die „praktische Vernunft", die ein rationales Sittengesetz aus sich entwirft, sondern er meint, daß
die Heiden das ihnen im konkreten Fall begegnende Gebot Gottes hören können. Es konkretisiert sich für sie z. B. im Staat,
dessen Regierung von Gott geordnet und Gottes Dienerin ist,
und der deshalb auch διὰ τὴν συνείδησιν gehorcht werden soll
(Rm 13, 1—5). Es konkretisiert sich ebenfalls in der Sitte, in
allem was als ἀληθῆ, σεμνά, δίκαια, ἁγνά, προσφιλῆ und εὔφημα
gilt, in allem, was als ἀρετή und als ἔπαινος in Achtung steht
(Phl 4, 8).

2. Natürlich war das Gesetz von Gott gegeben
worden, damit es erfüllt werde. Es ist nach Rm
2, 20 die μόρφωσις τῆς γνώσεως καὶ τῆς ἀληθείας, und der ἔσω
ἄνθρωπος stimmt ihm zu (Rm 7, 14 ff.). Daraus, daß das Gesetz
nicht zur „Gerechtigkeit" zu führen vermag, daß es vielmehr
nur in den Tod hineinführt und für den Glaubenden radikal abgetan ist (Rm 1, 18—7, 6; Gl 3, 1—5, 12), darf nicht geschlossen werden, daß es nicht Gottes verbindliche Forderung enthält. Solchem Mißverständnis begegnet Paulus
selbst Gl 3, 19 (vgl. Rm 7, 7) mit der Frage: τί οὖν ὁ νόμος, um
alsbald zu versichern ὥστε ὁ μὲν νόμος ἅγιος καὶ ἡ ἐντολὴ ἁγία
καὶ δικαία καὶ ἀγαθή (V. 12), und um den νόμος als πνευματικός zu
charakterisieren (V. 14). Die νομοθεσία, die Israel zuteil wurde,
gehört zu den Ehrentiteln des Volkes, auf die Paulus stolz ist (Rm
9, 4). Wie das Gesetz εἰς ζωήν gegeben ist, so würde seine Erfüllung die ζωή verleihen (Rm 10, 5; Gl 3, 12). Die Täter des Gesetzes werden „gerechtfertigt" werden (Rm 2, 13), und dem, der
treu ist im ἔργον ἀγαθόν, dem ἐργαζόμενος τὸ ἀγαθόν, d. h. im
Zusammenhang eben dem, der das Gesetz erfüllt, wird die ζωή
αἰώνιος und alles Heil zuteil werden (Rm 2, 7. 10).

---

[1] Rm 2, 26 (ἐὰν οὖν ἡ ἀκροβυστία τὰ δικαιώματα τοῦ νόμου φυλάσσῃ) ist
wohl nicht von den Heiden, sondern von den Heidenchristen gesagt.

Die Voraussetzung für das Verständnis des Satzes, daß nicht die Werke zur „Gerechtigkeit" führen, sondern nur der Glaube, ist die Anerkennung, daß die Forderung des Gesetzes zu Recht besteht, daß **G o t t d e r R i c h t e r i s t, d e r d a s g u t e W e r k v o m M e n s c h e n f o r d e r t** (Rm 1, 18—3, 20). Die Glaubenspredigt bringt nicht einen neuen Gottesbegriff, als sei Gott nicht der das gute Werk verlangende Richter, sondern nur der Gnädige. Nein, von Gottes χάρις kann nur geredet werden, wo auch von seiner ὀργή gesprochen ist. So kann Paulus denn auch den Christen, der nicht aus Gesetzeswerken, sondern aus Glauben die „Gerechtigkeit" erlangt, in einer mißverständlich klingenden Weise auf das Gericht hinweisen, in dem nach den Werken vergolten wird (1. Kr 1, 8; 3, 12—15; 4, 4 f.; 1. Th 3, 13; 5, 23 usw., bes. 2. Kr 5, 10: τοὺς γὰρ πάντας ἡμᾶς φανερωθῆναι δεῖ ἔμπροσθεν τοῦ βήματος τοῦ Χριστοῦ, ἵνα κομίσηται ἕκαστος τὰ διὰ τοῦ σώματος πρὸς ἃ ἔπραξεν, εἴτε ἀγαθόν εἴτε φαῦλον). Wenn der Christ in bestimmter Weise nicht mehr ὑπὸ νόμον gestellt ist (Gl 5, 18; Rm 6, 14), so bedeutet das nicht, daß die Forderungen des νόμος nicht mehr für ihn gelten; denn die von ihm geforderte ἀγάπη ist nichts anderes als die Erfüllung des Gesetzes (Rm 13, 8—10; Gl 5, 14). Hat er durch die ἀνακαίνωσις des νοῦς die Möglichkeit erhalten εἰς τὸ δοκιμάζειν τί τὸ θέλημα τοῦ θεοῦ, τὸ ἀγαθὸν καὶ εὐάρεστον καὶ τέλειον (Rm 12, 2), so vermag er von sich aus eben das zu erkennen, was der Jude als κατηχούμενος ἐκ τοῦ νόμου vermag: γινώσκειν τὸ θέλημα (τοῦ θεοῦ) καὶ δοκιμάζειν τὰ διαφέροντα (Rm 2, 18). Der dem Christen offenbare Wille Gottes ist identisch mit der Forderung des νόμος.

Die Situation des Menschen unter dem νόμος ist also nicht um deswillen so trostlos, weil ihm der νόμος als eine minderwertige Offenbarung ein beschränktes oder gar falsches Wissen von Gott vermittelt. Was seine Situation so trostlos macht, ist die einfache Tatsache, daß es vor der πίστις **k e i n e w i r k l i c h e E r f ü l l u n g d e s G e s e t z e s g i b t**: ὅσοι γὰρ ἐξ ἔργων νόμου εἰσίν, ὑπὸ κατάραν εἰσίν· γέγραπται γὰρ ὅτι ἐπικατάρατος πᾶς ὃς οὐκ ἐμμένει πᾶσιν τοῖς γεγραμμένοις ἐν τῷ βιβλίῳ τοῦ νόμου τοῦ ποιῆσαι αὐτά (Gl 3, 10). Die Ausführungen von Rm 1, 18—2, 29 werden 3, 9 zusammengefaßt: προῃτιασάμεθα . . . Ἰουδαίους τε καὶ Ἕλληνας πάντας ὑφ' ἁμαρτίαν εἶναι, und nachdem das durch eine Zitatenkomposition V. 10—18 bestätigt ist, lautet der Schluß V. 20: διότι ἐξ ἔργων νόμου οὐ δικαιωθήσεται πᾶσα σὰρξ ἐνώπιον αὐτοῦ (sc. τοῦ θεοῦ), was zunächst den Sinn hat: kein Mensch **k a n n** seine „Gerechtigkeit" durch Gesetzeswerke erlangen — nämlich eben weil er diese nicht vorweisen kann. Deshalb ist die *διακονία* des *νόμος* eine *διακονία τοῦ θανάτου, τῆς κατακρίσεως* (2. Kr 3, 7. 9); deshalb gilt: *τὸ . . . γράμμα ἀποκτείνει* (2. Kr 3, 6); deshalb ist das Gesetz der *νόμος τῆς ἁμαρτίας καὶ τοῦ θανάτου* (Rm 8, 2). Der Mensch unter dem Gesetz erlangt a. so aus dem Grunde nicht die „Gerechtigkeit" und das Leben, weil er ein Übertreter des Gesetzes ist, weil er vor Gott als schuldig dasteht.

Aber Paulus geht noch viel weiter; er sagt nicht nur, daß der Mensch durch Gesetzeswerke nicht das Heil erlangen **k a n n**, sondern auch, daß er es gar nicht **s o l l**. So denkt Paulus von seinem Gottesbegriff aus, demzufolge das, was faktisch ist oder geschieht, zugleich nach göttlichem Plane so ist oder geschieht. Wohl heißt das *ἐξ ἔργων νόμου οὐ δικαιωθήσεται πᾶσα σάρξ* Rm 3, 20 im Zusammenhang: „niemand kann auf Grund von Gesetzeswerken gerechtfertigt werden"; aber daß es auch so sein **s o l l**, zeigt schon Gl 2, 16, wo der gleiche Satz im Zusammenhang den Sinn hat: „niemand **s o l l** auf Grund von Gesetzeswerken gerechtfertigt werden". Der Jude würde schon der Behauptung des Paulus widersprechen, daß ein Mensch nur auf Grund schlechthin vollkommener Gesetzeserfüllung (*ὃς . . . ἐμμένει πᾶσιν . . .* Gl 3, 10) gerechtfertigt werden kann; er würde vollends dem Satz widersprechen, **d a ß   s i c h   R e c h t f e rt i g u n g   a u s   G e s e t z e s w e r k e n   u n d   a u s   g ö t tl i c h e r ,   i m   G l a u b e n   d e s   M e n s c h e n   e r g r i f f en e r   G n a d e   a u s s c h l i e ß e n .** Das aber ist die entscheidende These des Paulus: *τέλος γὰρ νόμου Χριστὸς εἰς δικαιοσύνην παντὶ τῷ πιστεύοντι* (Rm 10, 4), d. h. „Christus bedeutet das Ende des Gesetzes und führt zur Gerechtigkeit jeden, der glaubt". Den Galatern, die keineswegs den Glauben an Christus aufgeben und die Gnade Gottes von sich weisen, sondern nur damit die Übernahme der Beschneidung kombinieren wollen, bringt Paulus zum Bewußtsein: *κατηργήθητε ἀπὸ Χριστοῦ οἵτινες ἐν νόμῳ δικαιοῦσθε, τῆς χάριτος ἐξεπέσατε* (Gl 5, 4). Der Weg der Gesetzeswerke und der Weg der Gnade und des Glaubens sind Gegensätze, die sich ausschließen (Gl 2, 15—21; Rm 4, 4 f. 14—16; 6, 14; 11, 5 f.).

Warum aber ist das der Fall? Deshalb, weil **d a s   B e m ü h e n**

des Menschen, durch Erfüllung des Gesetzes sein Heil zu gewinnen, ihn nur in die Sünde
hineinführt, ja im Grunde selber schon die Sünde ist.
Die Erkenntnis, die Paulus vom Wesen der Sünde gewonnen hat,
ist es, die seine Lehre vom Gesetz bestimmt; und zwar sowohl
die Erkenntnis, daß die Sünde das eigenmächtige Streben des
Menschen ist, im Vergessen des geschöpflichen Seins sein Sein
selber zu begründen, aus eigener Kraft sein Heil zu beschaffen
(§ 23, 1), jenes Streben, das im καυχᾶσθαι und πεποιθέναι ἐν σαρκί
seinen extremen Ausdruck findet (§ 23, 2) — wie auch die Erkenntnis, daß der Mensch immer schon Sünder ist, daß er, der
Macht der Sünde verfallen (§ 23, 3), immer schon in einem
falsch orientierten Verständnis seines Seins steht (§§ 25. 26).
Der Mensch soll also deshalb nicht aus Gesetzeswerken „gerechtfertigt" werden, weil er nicht wähnen darf, aus eigener Kraft
sein Heil beschaffen zu können; er kann ja sein Heil nur dann
finden, wenn er sich in seiner Abhängigkeit von Gott, dem
Schöpfer, versteht.

Damit ist zugleich die Frage beantwortet, die sich Rm 7, 7
erhebt, nachdem 3, 21—7, 6 festgestellt war, daß die „Gerechtigkeit" nur dem Glauben, der die Gnade Gottes ergreift, und
nicht den Gesetzeswerken geschenkt wird — die Frage nämlich,
welchen Sinn denn das Gesetz dann hat.
Beide Fragen gehören zusammen; und die auf sie gegebenen
Antworten erläutern sich gegenseitig.

Die Rm 7, 7 ff. gegebene Antwort führt aus, was 3, 20 schon
kurz gesagt war: διὰ γὰρ νόμου ἐπίγνωσις ἁμαρτίας. Denn dieser
Satz will ja (nach V. 10—19) nicht sagen, daß der Mensch
durch das Gesetz zur Erkenntnis dessen kommt, was
Sünde ist, sondern daß er ins Sündigen geführt wird.
Es ist die praktische ἐπίγνωσις, das „Sichverstehen" aufs Sündigen; so gut wie das γνῶναι τὴν ἁμαρτίαν 7, 7 oder 2. Kr 5, 21 das
Praktizieren der Sünde ist, oder wie umgekehrt das εἰδέναι τὸν
φόβον τοῦ κυρίου 2. Kr 5, 11 nicht ein theoretisches Wissen um
die Furcht des Herrn ist, sondern ein Sichverstehen in solcher
Furcht. Eben das wird Rm 7, 7—11 ausgeführt:

„Ich hätte die Sünde nie kennengelernt außer durch das
Gesetz; denn ich hätte die Begierde nie kennengelernt, wenn das
Gesetz nicht sagen würde: du sollst nicht begehren! Die Sünde
aber machte sich das Gebot zunutze und erwirkte dadurch in

mir jede Begierde. Denn ohne das Gesetz war die Sünde tot, ich aber lebte einst ohne das Gesetz. Als aber das Gebot kam, kam die Sünde zum Leben, ich aber geriet in den Tod. Und so stellte es sich heraus, daß das Gebot, das zum Leben führen sollte, mich gerade in den Tod führte. Denn die Sünde machte sich das Gebot zunutze und betrog mich und tötete mich mit seiner Hilfe".

Das Gesetz bringt also zutage, daß der Mensch ein Sünder ist, sei es, daß ihn seine sündige Begierde zur Übertretung des Gesetzes führt, sei es, daß sie sich in den Eifer der Gesetzeserfüllung verkleidet. Was aber Rm 7, 7 ff. als eine Machenschaft der Sünde erscheint, das ist tatsächlich Gottes Absicht: „Das Gesetz ist dazwischen (nämlich zwischen Adam und Christus) hineingekommen, damit die Übertretung sich mehre"; und welchen Sinn das hat, zeigt die Fortsetzung: „Wo aber die Sünde sich mehrte, da ist die Gnade überreich geworden" (Rm 5, 20). Das Gesetz führt also den Menschen, der sein Schöpfungsverhältnis verlassen hat und sich selbst sein Leben beschaffen will, in die Sünde, um ihn dadurch wieder in das rechte Gottesverhältnis zu bringen: um ihn vor die Gnade Gottes zu stellen, die er im Glauben ergreifen soll.

Das Gleiche sagt Gl 3, 19: τί οὖν ὁ νόμος; τῶν παραβάσεων χάριν προσετέθη (d. h. damit die παραβάσεις hervorgerufen würden), ἄχρις ἂν ἔλθῃ τὸ σπέρμα ᾧ ἐπήγγελται (d. h. bis zu Christus, in dem Gottes χάρις wirksam wird). Das Gesetz muß gerade, indem es die Sünde provoziert, die Erfüllung der göttlichen Verheißungen herbeiführen: „Steht nun das Gesetz den Verheißungen (Gottes) entgegen? Keineswegs! Denn nur wenn das Gesetz als ein solches, das lebendig machen kann, gegeben worden wäre, dann würde tatsächlich die Gerechtigkeit im Gesetz ihren Ursprung haben. Aber die Schrift hat vielmehr alles unter die Sünde eingeschlossen, damit die Verheißung auf Grund des Glaubens an Jesus Christus den Glaubenden geschenkt werde. Bevor jedoch der Glaube kam, wurden wir unter dem Gesetz in Haft gehalten, eingeschlossen im Hinblick auf den Glauben, der offenbart werden sollte. Also ist das Gesetz unser Zuchtmeister bis zu Christus hin geworden, damit wir auf Grund des Glaubens gerechtfertigt werden sollten. Nachdem aber der Glaube gekommen ist, stehen wir nicht mehr unter dem Zuchtmeister" (Gl 3, 21—25).

Den gleichen Sinn hat endlich Rm 4, 13—16: „Nicht durch das Gesetz war die dem Abraham oder seinen Nachkommen gegebene Verheißung begründet, daß er der Erbe der Welt sein solle, vielmehr durch die Glaubensgerechtigkeit. Denn wenn das Recht auf die Erbschaft im Gesetz seine Begründung hätte, so wäre es aus mit dem Glauben (d. h. zunächst mit dem Glauben an die Verheißungen; doch gilt dieser als identisch mit dem christlichen Glauben), und die Verheißung wäre zunichte gemacht; denn das Gesetz bringt nur Zorn ein. Wo aber kein Gesetz ist, da gibt es auch keine Übertretung (und also auch keinen Zorn. Wozu dann aber das Gesetz? Nun, es sollte den Zorn einbringen; es sollte zur Übertretung führen!). Eben deshalb gilt: auf Grund des Glaubens, damit es gelte: nach dem Grundsatz der Gnade, damit die Verheißung sicher ist für jeden Nachkommen . . .“

Ist, bzw. war, der Sinn des *νόμος* der, *π α ι δ α γ ω γ ὸ ς ε ἰ ς Χ ρ ι σ τ ό ν* zu sein, so ist er damit nicht im griechischen oder modernen Sinne als Erzieher verstanden, der den Menschen zu einer höheren Stufe des geistigen und insbesondere sittlichen Lebens emporbilden soll. Die der göttlichen *χάρις* sich öffnende *πίστις* ist ja nicht das Ergebnis der Erziehung; sie wird ja überhaupt erst auf Grund der in Christus wirkenden *χάρις* möglich. Die „Erziehung“ durch das Gesetz führt vielmehr in die Sünde und „erzieht“ insofern freilich indirekt zur *πίστις*, als der Sünder, wenn ihm die *χάρις* begegnet, das Entweder-Oder: Gesetzeswerke oder Glaube, verstehen kann. Aber wiederum nicht so, daß der *νόμος* den Menschen in die subjektive Verzweiflung hineinführt, sondern so, daß er ihn in eine objektiv verzweifelte Situation bringt, die er als solche erst erkennt, wenn ihn das Wort von der *χάρις* trifft. Gl 3, 21—25 denkt nicht an die Entwicklung des Individuums, sondern an die Geschichte der Menschheit, und Rm 7, 14—24 ist nicht eine Konfession des Paulus, der seinen inneren Zwiespalt von einst unter dem Gesetz schildert, sondern das Bild der objektiven Situation des Menschen unter dem Gesetz, wie es vom Glauben aus erst sichtbar geworden ist. Das *ταλαίπωρος ἐγὼ ἄνθρωπος· τίς με ῥύσεται ἐκ τοῦ σώματος τοῦ θανάτου τούτου* (V. 24) hat nicht der unter dem Gesetz einst ringende und seufzende Saulus-Paulus ausgerufen, dessen Selbstbewußtsein vielmehr Pbl 3, 4—6 ausspricht; sondern der Christ Paulus legt es dem Juden in den Mund und deckt damit dessen ihm selbst nicht sichtbare Situation auf.

Auch sonst argumentiert Paulus gegen den Gesetzesweg nie mit dem Gedanken, daß dieser Weg in die subjektive Verzweiflung hineinführe, und nie preist er den Glauben als den Ausweg aus einem durch das Gewissen geweckten Zwiespalt und als die Befreiung von einer unerträglichen Last. Sein Vorwurf gegen Juden und Judaisten ist nicht der: der Gesetzesweg ist deshalb falsch, weil er infolge der Übertretungen nicht zum Ziele führt, sondern weil seine R i c h t u n g eine verkehrte ist, weil es der Weg ist, der zur *ἰδία δικαιοσύνη* führen soll (Rm 10, 3; vgl. Phl 3, 9). Nicht allein und nicht erst die bösen Taten machen den Menschen verwerflich vor Gott; sondern schon die Absicht, durch Gesetzeserfüllung vor Gott gerecht zu werden, sein *καύχημα* zu haben, ist Sünde.

Das also ist d e r h e i l s g e s c h i c h t l i c h e S i n n d e s G e s e t z e s , den Menschen in die Sünde hineinzuführen, nicht nur indem es seine Begierde zu Übertretungen reizt, sondern auch indem es ihm die äußerste Möglichkeit bietet, als Sünder zu leben durch die Umdrehung seines Widerspruches gegen das Gebot zu einem Streben nach der *ἰδία δικαιοσύνη* mittels der Erfüllung des Gebotes; — eine sehr verständliche Pervertierung! Denn in dem mit dem Besitz des Gesetzes unmittelbar gegebenen bzw. vom Gewissen (§ 19, 4) geweckten Wissen darum, daß Übertretung Sünde ist, und in der Angst vor der Übertretung ist der Wahn begründet, daß die Erfüllung — die als Überwindung der Begierde den Schein eines guten Werkes annimmt — die „Gerechtigkeit" beschaffen könnte. Jene Angst und dieser Wahn zeigen, wie tief der Mensch in der Sünde steckt (*ἵνα γένηται καθ' ὑπερβολὴν ἁμαρτωλὸς ἡ ἁμαρτία διὰ τῆς ἐντολῆς* Rm 7, 13); und dazu gehört eben wesenhaft das Nichtwissen des Menschen um diese seine Situation; es ist ihm verborgen, daß er nicht in das Leben, sondern in den Tod hinein lebt (*ὃ γὰρ κατεργάζομαι οὐ γινώσκω* Rm 7, 15, s. § 24, 2).

Dann aber ist d e r S i n n d e s G e s e t z e s l e t z t l i c h d e r , d e n M e n s c h e n i n d e n T o d z u f ü h r e n und damit Gott als Gott erscheinen zu lassen. Denn es verleiht der Sünde ihre Kraft, die Sünde aber ist der „Stachel" des Todes (1. Kr 15, 56); sie tötet den Menschen mittels der *ἐντολή*, indem sie ihm trügerisch vorspiegelt, ihm das Leben zu verschaffen (Rm 7, 11). So kann es auch heißen: „Der Buchstabe (d. h.

eben das Gesetz) tötet" (2. Kr 3, 6). Die Früchte der durch das
Gesetz geweckten παθήματα τῶν ἁμαρτιῶν reifen für den Tod
(Rm 7, 5; s. § 24, 2). Dadurch aber führt das Gesetz zu Gott
als zu dem Schöpfer, der das Leben spendet, und von dem der
Mensch einzig das Leben empfangen kann gerade als der, der
auf dem Wege zur ἰδία δικαιοσύνη, auf dem Wege des καυχᾶσθαι,
in den Tod geraten ist. Als dieser Gott erscheint er in der χάρις
des Heilsgeschehens, und auf diesen Gott richtet sich der Glaube.
Abraham, der kein καύχημα hat (Rm 4, 2), glaubt an „den Gott,
der die Toten erweckt, und der das Nichtseiende ins Sein ruft"
(Rm 4, 17). Und für Paulus ist das Ergebnis der über ihn gekommenen θλίψις dieses, daß er über sich selbst das Todesurteil
gesprochen hat, ἵνα μὴ πεποιθότες ὦμεν ἐφ᾽ ἑαυτοῖς ἀλλ᾽ ἐπὶ τῷ
θεῷ τῷ ἐγείροντι τοὺς νεκρούς (2. Kr 1, 9); das ist es, was auch
das Ergebnis der „Erziehung" durch das Gesetz ist.

3. Dann aber zeigt sich am Ende, daß auch d i e i m G e s e t z
v e r k ö r p e r t e F o r d e r u n g G o t t e s nur Gnade ist.
Gnade ist es schon, wenn Gott das Gesetz gab εἰς ζωήν (Rm 7, 10).
Und ist dieser Zweck durch des Menschen sündige Begierde vereitelt worden, so hat sie doch Gottes Gnade nicht zunichte
machen können; denn Gnade ist es auch, wenn das Gesetz nun
faktisch εἰς θάνατον führte, da auf diesem Wege der Mensch zu
Gott als zu dem geführt wird, „der die Toten lebendig macht".
Das Gesetz ist nicht „wider die Verheißungen Gottes" (Gl 3, 21);
die Einheitlichkeit des göttlichen Willens ist deutlich; er will
jetzt nichts anderes als je, und sein νόμος, der νόμος πνευματικός
(Rm 7, 14), bleibt in Geltung als der νόμος τοῦ Χριστοῦ (Gl 6, 2)
und wird von den Glaubenden in der ἀγάπη erfüllt (s. o. S. 262).
Jetzt erst gelangt seine eigentliche Intention zur Erfüllung: die
Ohnmacht des Gesetzes (τὸ γὰρ ἀδύνατον τοῦ νόμου, ἐν ᾧ ἠσθένει
διὰ τῆς σαρκός . . .) hat Gott beseitigt, ἵνα τὸ δικαίωμα τοῦ νόμου
πληρωθῇ ἐν ἡμῖν τοῖς μὴ κατὰ σάρκα περιπατοῦσιν ἀλλὰ κατὰ
πνεῦμα (Rm 8, 3 f.).

In der Terminologie prägt sich der Unterschied zwischen dem νόμος
als dem ewigen Gotteswillen und als dem Gesetz, das abgetan ist, bis
zu einem gewissen Grade darin aus, daß das Gesetz als durch Christus er-
ledigtes gerne als das G e s e t z d e s M o s e erscheint. So werden Rm
10, 4 f. Christus und Mose einander gegenübergestellt; ebenso 2. Kr
3, 7—18 im Vergleich der διακονία der alten und der neuen διαθήκη (vgl.
auch 1. Kr 10, 2). Der „zwischeneingekommene" νόμος von Rm 5, 20 ist

durch V. 14 als das Mosegesetz kenntlich gemacht. Vor allem ist bezeichnend, daß Paulus in der Polemik Gl 3, 19 f. den gnostischen Mythos von
der Gesetzgebung durch die Engel aufgreifen kann, um zu beweisen, daß
das Gesetz des Mose nicht auf Gott selbst zurückgeht. Er kann das nur
deshalb, weil das Gesetz als Mosegesetz von vornherein in dem Charakter ins Auge gefaßt ist, in dem es der Jude sich begegnen läßt.

Wie die Einheitlichkeit des göttlichen Willens ist aber auch
die Einheitlichkeit des menschlichen Seins
auf dem Wege von der Situation unter dem Gesetz zur Situation
unter der χάρις deutlich. Es ereignet sich kein Bruch; es findet
keine magische oder mysteriöse Verwandlung des Menschen hinsichtlich seiner Substanz als einer Naturgrundlage statt, sondern das neue Sein steht mit dem alten in geschichtlicher Kontinuität; — nicht freilich in der Kontinuität einer Entwicklung
im Sinne des griechisch-idealistischen Menschenbildes; im Vergleich mit dieser handelt es sich vielmehr um einen Bruch: an
die Stelle des alten Selbstverständnisses tritt ein neues — so
jedoch, daß die geschichtliche Kontinuität dabei gewahrt bleibt,
ja gerade echte Geschichtlichkeit wird. Denn der Übergang vom
alten zum neuen Sein vollzieht sich nicht als geistige Entwicklung von der Sünde zum Glauben, sondern der Glaube ist die
Entscheidung gegenüber der im verkündigten Worte begegnenden χάρις. So sehr die Anschauung des Paulus von der Heilsgeschichte nicht am Individuum, sondern an der Menschheit
orientiert ist (s. o. S. 267), so sehr gilt doch, daß die Situation der
Menschheit zugleich die des Einzelnen ist. Ihn, den Sünder, der
im Tode ist, stellt die ihn treffende Botschaft vor die Entscheidung, ob er sich neu verstehen und sein Leben von Gott her
empfangen will. Die Möglichkeit des Verständnisses ist gerade
darin gegeben, daß er Sünder, daß er im Tode ist. Die Errettung
des Menschen aus dem Tode knüpft nicht an ein höheres geistiges
Prinzip oder Organ im Menschen an, das der Sünde nicht verfallen wäre; sie befreit nicht — wie der gnostische Mythos meint
— ein völlig unanschauliches und nur negativ zu bestimmendes
Selbst, den präexistenten Lichtfunken, sondern eben den Sünder,
das in sich gespaltene, sich selbst mißverstehende Ich. Die Errettung ist nichts anderes als die Erfüllung der Bestimmung und
eigentlichen Intention des Menschen zur ζωή, zum Selbst, die
unter der Sünde pervertiert waren (§ 23, 3, S. 246).

B. Der Mensch unter der πίστις

1. Die δικαιοσύνη θεοῦ

Rechtfertigung (§ 28–30): KÄSEMANN, E., Gottesgerechtigkeit bei Paulus (1961), in: DERS., Exegetische Versuche und Besinnungen II, 1964, 181–193. – BECKER, J., Das Heil Gottes, 1964, 238–279. – BULTMANN, R., ΔΙΚΑΙΟΣΥΝΗ ΘΕΟΥ (1964), in: DERS., Exegetica, 1967, 470–475. – STUHLMACHER, P., Gerechtigkeit Gottes bei Paulus, (1965) ²1966. – KERTELGE, K., ,,Rechtfertigung" bei Paulus, (1967) ²1971. – LOHSE, E., Die Gerechtigkeit Gottes in der paulinischen Theologie, in: DERS., Die Einheit des Neuen Testaments, 1973, 228–244. – KERTELGE, K., Art. δικαιοσύνη κτλ., Art. δικαιόω κτλ., Art. δικαίωμα κτλ., EWNT I, 1980, 784–796. 796–807.807–810. – STUHLMACHER, P., Die Gerechtigkeitsanschauung des Apostels Paulus, in: DERS., Versöhnung, Gesetz, Gerechtigkeit, 1981, 87–116. – LÜHRMANN, D., Art. Gerechtigkeit. III. Neues Testament, TRE, XII, 1984, 414–420 (bes. 416–418). – Versöhnung (§ 31): KÄSEMANN, E., Erwägungen zum Stichwort ,,Versöhnungslehre im Neuen Testament", in: Zeit und Geschichte. Dankesgabe an R. Bultmann, 1964, 47–59. – HOFIUS, O., Erwägungen zu Gestalt und Herkunft des paulinischen Versöhnungsgedankens, ZThK 77, 1980, 186–199. – FRIEDRICH, G., Die Verkündigung des Todes Jesu im Neuen Testament, 1982 (bes. 95–118; dazu: P. STUHLMACHER, in: Die Mitte des Neuen Testaments. FS. E. Schweizer, 1983, 291–316). – FINDEIS, H.-J., Versöhnung–Apostolat–Kirche, 1983.

§ 28. DER BEGRIFF DER δικαιοσύνη

1. Da das Sein des Menschen vor der π ί σ τ ι ς von Paulus so gesehen ist, wie es für den Blick der πίστις durchsichtig geworden ist, so ist in der Darstellung des vorgläubigen Seins schon indirekt d a s S e i n d e s M e n s c h e n u n t e r d e r π ί σ τ ι ς vorgezeichnet. Ist der Mensch vor der πίστις der Mensch, der dem Tode verfallen ist, so ist der Mensch unter der πίστις derjenige, der das Leben empfängt. Hat der Tod des Menschen seinen Grund darin, daß der Mensch in dem Streben, aus sich selbst zu leben, sein Selbst verliert (§ 23, 3), so erwächst das Leben daraus, daß er, sich selbst an Gott preisgebend, sein Selbst gewinnt.

Eben dieses kommt in der Weise zum Ausdruck, wie Paulus die ,,G e r e c h t i g k e i t" bzw. das ,,G e r e c h t f e r t i g t - w e r d e n" interpretiert, das die Voraussetzung für den Empfang des Lebens ist. Mit dem Satze, daß das Heil, der Empfang des Lebens, an die Gerechtigkeit des Menschen als an seine Bedingung gebunden ist, wiederholt Paulus zunächst nur, was für die jüdische Tradition selbstverständlich ist. Aber in der Weise, wie er die Möglichkeit und Verwirklichung der Gerechtigkeit bzw. Rechtfertigung versteht, — ja, wie er von ihr als dem Heilsgut selber reden kann, zeigt sich der grundsätzliche Gegensatz und die neue Erfassung des Seins des Menschen vor Gott.

Genau genommen ist d i e G e r e c h t i g k e i t d i e B e -
d i n g u n g f ü r d e n E m p f a n g d e s H e i l s , d e s
L e b e n s. Wie für Abraham seine (Glaubens-) Gerechtigkeit
die Voraussetzung dafür war, daß er die Verheißung empfing
(Rm 4, 13), so gilt jetzt: der (aus Glauben) Gerechte w i r d
das Leben erhalten (Rm 1, 17; Gl 3, 11). Denen, die gerechtfertigt sind (δικαιωθέντες οὖν), wird das Heil zuteil werden
(Rm 5, 1 ff.). Wie die Sünde in den Tod führte, so führt die
Gerechtigkeit in das Leben (Rm 5, 17. 21; 8, 10). Das Ziel, das
vor dem steht, der die Gerechtigkeit hat, ist der Gewinn des
Lebens (Phl 3, 9 f.); Gottes rechtfertigendem Handeln folgt das
verherrlichende (Rm 8, 30).

Aber da dieser Zusammenhang zwischen Gerechtigkeit und
Heil ein so fester, notwendiger ist, k a n n d i e G e r e c h t i g -
k e i t s e l b s t s c h o n d e n C h a r a k t e r d e s H e i l s g u t e s
g e w i n n e n. „Nach der Gerechtigkeit streben", das Anliegen
des Juden (Rm 9, 30 f.; Gl 2, 16), ist das Gleiche wie „nach dem
Heil streben"; denn mit jener hat man dieses. Liegt das σωθῆναι
nach Rm 5, 9 als Zukunft vor dem δικαιωθείς, so stehen δικαιοσύνη und σωτηρία Rm 10, 10 in synonymem Parallelismus. Wie
Christi Tod gewirkt hat, daß wir ζῶντες sind, so — gleichbedeutend damit —, daß wir in ihm δικαιοσύνη (θεοῦ) sind,
d. h. als Gerechte gelten (2. Kr 5, 15. 21). Die διακονία τῆς
δικαιοσύνης (deren Gegensatz die διακονία τῆς κατακρίσεως,
d. h. der Verurteilung zum Tode, ist) ist identisch mit der διακονία τοῦ πνεύματος (deren Gegensatz die διακονία τοῦ θανάτου
ist, — 2. Kr 3, 7—9). So kann die δικαιοσύνη auch mit anderen
Begriffen kombiniert werden, die den Heilsstand bezeichnen
(1. Kr 1, 30: δικαιοσύνη τε καὶ ἁγιασμὸς καὶ ἀπολύτρωσις, vgl.
6, 11). Das, was durch das Heilsgeschehen in Christus zutage
gebracht ist, und was der Inhalt des εὐαγγέλιον ist, ist die neue
Möglichkeit der δικαιοσύνη als einer δικαιοσύνη θεοῦ (Rm 1, 16 f.;
3, 21); eben darum kann das Apostelamt διακονία τῆς δικαιοσύνης heißen (2. Kr 3, 9). Es ist aber nicht nur wegen des festen
Zusammenhangs, der zwischen δικαιοσύνη und ζωή als Voraussetzung und Folge besteht, möglich, so von der δικαιοσύνη zu
reden, sondern vor allem deshalb, weil n i c h t a l l e i n d a s
H e i l , s o n d e r n s c h o n s e i n e B e d i n g u n g v o n
G o t t s e l b s t geschenkt wird. Denn was ist nun mit
δικαιοσύνη und im besonderen mit δικαιοσύνη θεοῦ gemeint?

2. Das Wort δικαιοσύνη ist (wie das hebr. צְדָקָה) mehrdeutig. Von anderen Bedeutungen, die es im biblischen wie im profanen Sprachgebrauch haben kann (und von denen die der richterlichen *iustitia distributiva* besonders bedeutsam ist, die bei Paulus im Zitat von Jes 10, 22 wenigstens nach manchen Textzeugen Rm 9, 28 begegnet) abgesehen, wird δικαιοσύνη (wie δίκαιος) sowohl im ethischen Sinne (als „Rechtschaffenheit") wie im forensischen Sinne gebraucht. Als Bezeichnung der Heilsbedingung oder des Heilsgutes ist δ ι κ α ι ο - σ ύ ν η e i n f o r e n s i s c h e r B e g r i f f. Er meint nicht die ethische Qualität, überhaupt nicht eine Qualität der Person, sondern eine Relation; d. h. δικαιοσύνη hat die Person nicht für sich, sondern vor dem Forum, vor dem sie verantwortlich ist, im Urteil eines andern, das sie ihm zuspricht. Der Mensch hat „Gerechtigkeit" oder ist „gerecht", wenn er als solcher anerkannt wird, und das heißt, falls seine Anerkennung in Frage steht: wenn er „gerechtfertigt", „gerecht gesprochen" ist (vgl. die Parallelität von δίκαιοι sc. ἔσονται und δικαιωθήσονται Rm 2, 13). „Gerecht" ist also speziell der in einem Prozeß (im κρί-νεσθαι) Freigesprochene, Obsiegende (vgl. die Parallelität von δικαιωθῆναι und νικᾶν Rm 3, 4), normalerweise also der „Unschuldige", — aber nicht sofern er unschuldig i s t, sondern sofern er als solcher a n e r k a n n t wird. Die δικαιοσύνη ist also die „Geltung", die eine Person vor anderen hat; sie ist das „Recht", das ein Mensch durch den Prozeß als „sein Recht" zu erlangen strebt; und in diesem Sinne ist z. B. Kleists Michael Kohlhaas ein Typus des Menschen, der „nach der Gerechtigkeit verlangt".

Das entspricht dem altest.-jüd. Sprachgebrauch. Der Psalmist mahnt zum Vertrauen auf Jahve (Ps 37, 6):

„Er führt herauf wie Licht deine Gerechtigkeit (צְדָקָה, LXX: δικαιο-σύνη),

und dein Recht wie den Mittag" (מִשְׁפָּט, κρίμα).

Oder er fleht (Ps 17, 2. 15):

„Von Dir gehe mein Recht aus (מִשְׁפָּט, κρίμα) . . .

Ich aber möge in Gerechtigkeit Dein Antlitz schauen" (צֶדֶק, δικαιο-σύνη).

In diesem Sinne kann auch von Gott gesagt werden, daß er „gerecht-fertigt" wird, nämlich daß sein Recht anerkannt wird; so in der Rm 3, 4 zitierten Stelle Ps 51, 5 f.:

„An Dir allein hab ich gesündigt

und, was Dir mißfällt, getan.

Damit Du recht behältst mit Deinem Spruch (בְּדָבְרֶךָ, δικαιωθῇς),
rein dastehst in all Deinem Richten" (בְשָׁפְטֶךָ, νικήσῃς).

Ebenso häufig in den Ps Sal (2, 16: ἐγὼ δικαιώσω σε, ὁ θεός, 3, 5; 4, 9;
8, 7. 27 ff.; 9, 3 ff.); ebenfalls Lk 7, 29 (καὶ πᾶς ὁ λαὸς ... καὶ οἱ τελῶναι
ἐδικαίωσαν τὸν θεόν, vgl. Lk 7, 35 // Mt 11, 19).

Je mehr die Frömmigkeit des Judentums durch die Eschatologie bestimmt wurde, je mehr also der Fromme den recht-
fertigenden Richterspruch Gottes vom eschatologischen Gericht
erwartet, desto mehr w i r d d e r f o r e n s i s c h e B e g r i f f
d e r G e r e c h t i g k e i t e i n e s c h a t o l o g i s c h e r. Mit
den πεινῶντες καὶ διψῶντες τὴν δικαιοσύνην Mt 5, 6 sind offenbar nicht diejenigen gemeint, die sich „immer strebend" um
sittliche Vollkommenheit „bemühen", sondern diejenigen, die
sich danach sehnen, daß Gottes Spruch im Gericht über sie das
Urteil „gerecht" fällt. Das Bemühen des frommen Juden ist
aber das, die Bedingungen zu erfüllen, die ihrerseits für dieses
Urteil Gottes die Voraussetzung bilden, und diese Bedingungen
sind natürlich die Erfüllung der Gesetzesgebote und die guten
Werke. Daher kann denn auch Paulus die vom Juden erstrebte
Gerechtigkeit als die δικαιοσύνη ἐκ νόμου bezeichnen (Phl 3, 9),
während seine These die ist, daß die δικαιοσύνη (als δικαιοσύνη
θεοῦ) χωρὶς νόμου offenbart worden ist (Rm 3, 21).

Aber ehe der Gegensatz zur jüdischen Auffassung weiter geklärt wird, muß deutlich sein, daß i n d e m f o r m a l e n
S i n n e v o n δ ι κ α ι ο σ ύ ν η a l s e i n e m f o r e n s i s c h -
e s c h a t o l o g i s c h e n B e g r i f f v o l l e Ü b e r e i n -
s t i m m u n g b e s t e h t. Wie der forensische Sinn von δίκαιος und δικαιωθῆναι aus Rm 2, 13 schon klar hervorgeht
(s. o.), so aus den Wendungen, in denen vom λογίζεσθαι εἰς
δικαιοσύνην („als Gerechtigkeit anrechnen") nach Gen 15, 6 die
Rede ist (Rm 4, 3. 5. 22; Gl 3, 6, bzw. λογ. δικαιοσύνην Rm 4, 6),
und wo λογ. den forensischen Sinn hat wie das hebr. חָשַׁב Lev 7, 18;
2. Sam 19, 20; Ps 32, 2, für das LXX eben λογ. (bzw. διαλογ.)
sagt. — Der eschatologische Sinn der δικαιοσύνη aber liegt an
den Stellen klar zutage, die von der künftigen Gerechtsprechung
im eschatologischen Gericht reden, also wieder Rm 2, 13 und
ferner Gl 5, 5 (ἐλπίδα δικαιοσύνης ἀπεκδεχόμεθα).

Die Futura Rm 3, 20 (διότι ἐξ ἔργων νόμου οὐ δικαιωθήσεται πᾶσα
σάρξ); 3, 30 (... ὁ θεός, ὃς δικαιώσει) sind vielleicht nicht echte, sondern
gnomische (logische) Futura. Das δίκαιοι κατασταθήσονται οἱ πολλοί
Rm 5, 19 ist offenbar vom Standpunkt der Zeitwende aus gesprochen

und gilt also schon von der Gegenwart (vgl. V. 17. 21). Andrerseits ist auch das Präs. in den präsentischen Aussagen Gl 2, 16; 3, 11; 5, 4 kein echtes Präs., sondern zeitloses Präs. des Lehrsatzes, kann der Sache nach also auf das Urteil Gottes im künftigen Gericht gehen.

§ 29. DIE GEGENWÄRTIGKEIT DER δικαιοσύνη

DINKLER, E., The Idea of History in Earliest Christianity (1955), in: DERS., Signum crucis, 1967, 313–350 (bes. 322–329). – LUZ, U., Das Geschichtsverständnis des Paulus, 1968. – DERS., Art. Geschichte/Geschichtsschreibung/Geschichtsphilosophie. IV. Neues Testament, TRE, XII, 1984, 595–604 (bes. 600–603).

1. Der erste Unterschied vom Judentum ist nun der, daß Paulus von dieser forensisch-eschatologischen Gerechtigkeit behauptet, s i e w e r d e s c h o n i n d e r G e g e n w a r t d e m M e n - s c h e n (unter der Voraussetzung, daß er „glaubt") z u - g e s p r o c h e n. Δικαιωθέντες οὖν ἐκ πίστεως εἰρήνην ἔχομεν πρὸς τὸν θεόν beginnt Rm 5, 1 [1], nachdem 3, 21—4, 25 über die πίστις als Voraussetzung des δικαιωθῆναι gehandelt hatte. Und V. 9 sagt entsprechend: πολλῷ οὖν μᾶλλον δικαιωθέντες . . . σωθησόμεθα . . . Für die Gegenwart seit Christus gilt nach V. 21: ἵνα . . . ἡ χάρις βασιλεύσῃ διὰ δικαιοσύνης εἰς ζωὴν αἰώνιον. Für die Gegenwart gilt ebenso Rm 8, 10: εἰ δὲ Χριστὸς ἐν ὑμῖν, τὸ μὲν σῶμα νεκρὸν διὰ ἁμαρτίαν, τὸ δὲ πνεῦμα ζωὴ διὰ δικαιοσύνην (was schwerlich mit Lietzmann zu verstehen ist: propter peccatum commissum . . . propter iustitiam exercendam, vielmehr: „weil die Sünde gerichtet ist [vgl. V. 3], . . . weil die Gerechtigkeit aufgerichtet ist"; so Barth). Mag man das οὓς ἐκάλεσεν (ὁ θεός) τούτους καὶ ἐδικαίωσεν (Rm 8, 30) proleptisch verstehen (wie das folgende τούτους καὶ ἐδόξασεν), so redet Paulus doch die Korinther an ἐδικαιώθητε (1. Kr 6, 11), und von den ἔθνη τὰ μὴ διώκοντα δικαιοσύνην heißt es κατέλαβεν δικαιοσύνην (Rm 9, 30). Danach ist es auch zu verstehen, wenn es Rm 1, 17 von der δικαιοσύνη θεοῦ heißt, daß sie durch die Predigt „offenbart" wird (ἀποκαλύπτεται). Denn es ist nicht gemeint, daß die Predigt eine Lehre von der Gerechtigkeit vorträgt, sondern daß durch die Predigt die Gerechtigkeit zur (im Glauben realisierten) Möglichkeit für den Hörer der Predigt wird. *von Predigt ist in Rm 1, 17 nicht die Rede, vom Evang.*

Im gleichen Sinne heißt es Rm 1, 18 von der ὀργὴ θεοῦ: ἀποκαλύπτεται ἀπ᾽ οὐρανοῦ, d. h. das Zornesgericht Gottes (s. § 31, 1) tritt in Erscheinung, vollzieht sich, und zwar eben in der Gegenwart. Und ebenso heißt es im gleichen Sinne Gl 3, 23: πρὸ τοῦ δὲ ἐλθεῖν τὴν πίστιν ὑπὸ

---

[1] Die Lesart ἔχωμεν kommt nicht in Frage.

νόμον ἐφρουρούμεθα, συγκλειόμενοι εἰς τὴν μέλλουσαν πίστιν ἀποκαλυφθῆναι; jetzt ist dieses ἀποκαλυφθῆναι Gegenwart geworden (ἐλθούσης δὲ τῆς πίστεως V. 25), d. h. nicht: jetzt wird eine bisher unbekannte Lehre über die πίστις vorgetragen, sondern sie ist jetzt zur Möglichkeit und bei den Glaubenden zur Wirklichkeit geworden, sie ist in die Erscheinung getreten. Denn eben dieses „in die Erscheinung treten", zur Möglichkeit werden oder auch wirksam werden ist der Sinn des als eschatologischen Terminus gebrauchten ἀποκαλύπτεσθαι bzw. des Subst. ἀποκάλυψις (ebenso φανεροῦσθαι Rm 3, 21). Die erwartete ἀποκάλυψις des κύριος 'I. Χρ. (1. Kr 1, 7) ist ja nicht eine Mitteilung, die er gibt, sondern seine reale Erscheinung bei seiner Parusie, wie die ἀποκάλυψις der δικαιοκρισία Gottes (Rm 2, 5) der wirksame Vollzug seines Gerichtes ist. Und wenn es 1. Kr 3, 13 von der ἡμέρα heißt: ἐν πυρὶ ἀποκαλύπτεται, so ist gemeint, daß der Gerichtstag mit Feuer in Erscheinung tritt. Ebenso ist das „in die Erscheinung treten" Rm 8, 18 f. gemeint: λογίζομαι γὰρ ὅτι οὐκ ἄξια τὰ παθήματα τοῦ νῦν καιροῦ πρὸς τὴν μέλλουσαν δόξαν ἀποκαλυφθῆναι εἰς ἡμᾶς. ἡ γὰρ ἀποκαραδοκία τῆς κτίσεως τὴν ἀποκάλυψιν τῶν υἱῶν τοῦ θεοῦ ἀποδέχεται. Derselbe Sprachgebrauch liegt 2. Th 1, 7; 2, 3. 6. 8; 1. Pt 1, 5. 7. 13; 4, 13; 5, 1; Lk 17, 30 vor. — Daneben können ἀποκαλύπτειν und ἀποκάλυψις natürlich auch die Kundgebung von etwas bisher Verborgenem, die Enthüllung eines Geheimnisses bezeichnen (1. Kr 14, 6. 26. 30; 2. Kr 12, 1. 7; Gl 1, 12; 2, 2; Phl 3, 15 und sonst).

In dem „in die Erscheinung treten" oder „wirksam werden" ist natürlich, da es sich um ein an den Menschen oder für sie sich vollziehendes Geschehen handelt, die Möglichkeit des Verstehens, des Innewerdens von seiten der Menschen fundiert. Aber nicht das Innewerden, sondern das Geschehen ist es, das durch ἀποκαλύπτεσθαι bezeichnet wird. Die „Offenbarung" des Zornes Gottes (Rm 1, 18) geschieht auch dann, wenn die Betroffenen selbst es gar nicht merken. 1. Kr 3, 13 wird von dem faktischen Vollzug des Gerichtes die Funktion des Offenbarens als des Kundmachens abgehoben durch das ἡ γὰρ ἡμέρα δηλώσει, was aber nicht durch eine Mitteilung, sondern eben durch das Geschehen selbst geschieht. — Vgl. R. Bultmann, Der Begriff der Offenbarung im NT, 1929; Glauben und Verstehen, 1933, S. 153—187; Artikel Offenbarung in RGG².

2. Nun ist aber entscheidend wichtig zu begreifen, daß Paulus mit seiner These von der Gegenwärtigkeit der δικαιοσύνη dieser den forensisch-eschatologischen Sinn nicht nimmt. Das Paradoxe seiner Behauptung ist eben dieses, daß Gott sein eschatologisches Gerichtsurteil schon jetzt (über den Glaubenden) spricht, daß das eschatologische Geschehen schon Gegenwart ist bzw. in der Gegenwart anhebt. Die von Gott dem Menschen (dem Glaubenden) zugesprochene Gerechtigkeit ist also nicht „Sündlosigkeit" im Sinne einer ethischen Vollkommenheit, sondern „Sündlosigkeit" in dem Sinne, daß

Gott die Sünde des Menschen nicht „anrechnet" (2. Kr 5, 19).
Damit erledigen sich manche Fragen, die nur daraus erwachsen,
daß die διχαιοσύνη nicht in ihrem forensisch-eschatologischen
Sinne verstanden, sondern als sittliche Vollkommenheit mißverstanden wird. Wenn Gott den Sünder rechtfertigt, „gerecht
macht" (Rm 4, 5), so wird der Mensch nicht nur „so angesehen,
als ob" er gerecht wäre, sondern er ist wirklich gerecht, d. h.
freigesprochen von seiner Sünde durch Gottes Urteil. Welche
Konsequenzen das für sein sittliches Verhalten hat, wird später
zu erwägen sein (§ 38). Daß es solche Konsequenzen haben
muß, ist von vornherein deutlich; denn die „Gerechtfertigten"
sind als solche, die in die eschatologische Existenz versetzt sind,
ja auch „Heilige", die mit der Sünde keine Berührung mehr
haben können. Christus ist für uns διχαιοσύνη τε χαὶ ἁγιασμός
(1. Kr 1, 30), und neben dem ἀλλὰ ἐδιχαιώθητε steht das ἀλλὰ
ἡγιάσθητε (6, 11). Aber das ist im Begriff der διχαιοσύνη selbst
nicht ausgesagt, und das Verhältnis von διχαιοσύνη und ἁγιασμός ist zunächst unklar. Zuvor muß der Sinn der Rechtfertigung
klar festgestellt werden. Er ergibt sich auch aus einem Satze
wie Rm 5, 19:

> ὥσπερ γὰρ διὰ τῆς παραχοῆς τοῦ ἑνὸς ἀνθρώπου
> ἁμαρτωλοὶ κατεστάθησαν οἱ πολλοί,
> οὕτως χαὶ διὰ τῆς ὑπαχοῆς τοῦ ἑνὸς
> δίχαιοι χατασταθήσονται οἱ πολλοί.

So wenig die adamitischen Menschen „nur so angesehen werden, als ob" sie Sünder wären, so gewiß sie vielmehr wirkliche
Sünder waren, so gewiß sind auch die Glieder der durch Christus eingeleiteten Menschheit wirkliche Gerechte. Das gleiche
zeigt 2. Kr 5, 21:

> τὸν μὴ γνόντα ἁμαρτίαν ὑπὲρ ἡμῶν ἁμαρτίαν ἐποίησεν,
> ἵνα ἡμεῖς γενώμεθα διχαιοσύνη θεοῦ ἐν αὐτῷ.

Es wäre verkehrt, den Hauptsatz so zu verstehen, daß Gott
den (im ethischen Sinne) sündlosen Christus so behandelte, „als
ob" er ein Sünder wäre (was an sich nicht falsch wäre). Vielmehr soll der Satz die paradoxe Tatsache aussagen, daß Gott
den (ethisch) sündlosen Christus zum Sünder (im forensischen
Sinne) machte, — dadurch nämlich, daß er ibn am Kreuz als
Verfluchten sterben ließ (vgl. Gl 3, 13). Entsprechend sagt der

Finalsatz, daß wir (durch ihn) zu Gerechten (im forensischen
Sinne) werden sollen. Der alte Streit also, ob der Gerechtfertigte
wirklich gerecht ist oder nur gilt, „als ob" er gerecht wäre,
— die Frage, inwiefern er denn ein wirklich Gerechter sein
könne, und die Versuchung, ein „als ob" einzufügen, — endlich
auch das Problem, wie Paulus die wirklich Gerechten, also
„Sündlosen", dann doch unter den ethischen Imperativ stellen
kann, — das alles beruht auf dem Mißverständnis, daß die
δικαιοσύνη die ethische Qualität des Menschen bezeichne, während sie in Wahrheit seine Relation zu Gott meint.

Nimmt man die Sätze des Paulus, wie sie gesprochen sind, ohne ein
hinzugefügtes „als ob", und verkennt man doch den forensisch-eschatologischen Sinn der δικαιοσύνη, so liegen zwei Irrwege nahe: 1. Das idea-
listische Mißverständnis, demzufolge die Rechtfertigung die Aufnahme
eines neuen „Prinzips", nämlich des Prinzips des Gehorsams unter die
Idee des Guten, in das Bewußtsein ist. Dann ist an die Stelle der „bloß
quantitativen Gesetzeserfüllung" die „qualitative" getreten; der Mensch
ist gerecht, indem sein Wille das sittliche Gesetz in seiner Totalität bejaht (so F. C. Baur). Die δικαιοσύνη bezeichnet dann den ideellen Charakter des Menschen, der in der Richtung auf das Gute lebt; es ist der
προκόπτων im Sinne der Stoa, für den das τετάσθαι πρὸς τὸ μὴ ἁμαρτάνειν charakteristisch ist (Epiktet, Diss. IV 12, 19); indem er sich in
unendlichem Fortschritt dem Ideal der ethischen Gerechtigkeit nähert,
kann er sub specie der Idee als Gerechter gelten. Er steht unter dem
Imperativ: „werde, was du bist" (nämlich was du sub specie der Idee
bist). — 2. Das Mißverständnis im Sinne hellenistischer Gnosis, in der
die δικαιοσύνη als eine göttliche δύναμις gilt, die im Mysterium der
Wiedergeburt in den Mysten mit anderen göttlichen Kräften einströmt
und die dämonischen Mächte vertreibt, die bisher im Menschen regierten
(Corp. Herm. 13, 9: ἐδικαιώθημεν, ὦ τέκνον, ἀδικίας ἀπούσης). In diesem
Sinne hat R. Reitzenstein (Hellenist. Mysterienrel. ³, 257—261) Rm 6, 7;
8, 30; 1. Kr 6, 11 erklären wollen. Selbst wenn Paulus an diesen Stellen
vom Mysteriensprachgebrauch beeinflußt sein sollte, wäre im übrigen
seine Auffassung von der δικαιοσύνη und dem δικαιωθῆναι nicht von
daher zu verstehen.

3. Die Gegenwärtigkeit der δικαιοσύνη aber beruht
darauf, daß sie durch das in Christus gewirkte Heilsgeschehen
„offenbart" worden ist (Rm 3, 21—26; 2. Kr 5, 21; vgl. 1. Kr
1, 30). Dieses Heilsgeschehen aber ist das e s c h a t o l o g i -
s c h e G e s c h e h e n , durch das Gott dem alten Weltlauf
ein Ende gesetzt und den neuen Äon eingeleitet hat. Denn „als
die Fülle der Zeit gekommen war, entsandte Gott seinen Sohn"
(Gl 4, 4); so ist nun „das Alte vergangen" und „Neues ist geworden", und wer „in Christus" ist, ist ein „neues Geschöpf"

(2. Kr 5, 17). An Stelle des Alten Bundes ist der für die eschatologische Zeit von Jeremia geweissagte Neue Bund getreten (2. Kr 3, 6 ff.), und der von Jesaja prophezeite καιρὸς δεκτός ist Gegenwart geworden (2. Kr 6, 2).

Der forensisch-eschatologische Sinn von δικαιοσύνη wird endlich bestätigt durch die Parallelität des Begriffes υ ι ο θ ε σ ί α, der ebenfalls ein juristischer (wenn auch nicht aus dem Prozeßrecht stammender) und zugleich eschatologischer Begriff ist. Wie das Ziel des Heilsgeschehens dadurch bezeichnet werden kann, daß es „um unserer Rechtfertigung willen" erfolgte (Rm 3, 25 f.; 4, 25; 5, 18; 2. Kr 5, 21), so ebenfalls durch die Wendung: ἵνα τὴν υἱοθεσίαν ἀπολάβωμεν (Gl 4, 5). Der υἱοθεσία eignet auch die gleiche eigentümliche Doppelheit wie der δικαιοσύνη. Sie ist einerseits als zukünftige das Ziel der Sehnsucht (Rm 8, 23: υἱοθεσίαν ἀπεκδεχόμενοι); andrerseits ist sie Gegenwart, wie dadurch bezeugt wird, daß wir im Geiste — der eschatologischen Gabe — das Ἀββᾶ rufen (Rm 8, 15 f.; Gl 4, 6 f.).

4. Der Gegensatz des Paulus zum Judentum besteht also nicht darin, daß beide einen verschiedenen Begriff von der Gerechtigkeit als einer forensisch-eschatologischen Größe haben; sondern zunächst darin, daß das, was für den Juden ein H o f f - n u n g s g u t ist, für Paulus g e g e n w ä r t i g e W i r k l i c h - k e i t ist, — oder doch es zugleich ist. Inwiefern aber kann es beides zugleich sein? Das wird sich erst im Laufe der weiteren Untersuchung der paulinischen Gedanken klären. Zunächst ist das Problem als solches noch deutlicher zu machen. Es tritt nämlich in der Anlage des Römerbriefes deutlich hervor. Nachdem 1, 18—3, 20 gezeigt hatte, daß Heiden wie Juden vor der Offenbarung der δικαιοσύνη θεοῦ unter der ὀργὴ θεοῦ standen, wurde 3, 21—31 die These von der jetzt durch das Heilsgeschehen in Christus für die πίστις beschafften δικαιοσύνη aufgestellt und dafür 4, 1—25 der Schriftbeweis erbracht. Für den Juden, mit dem Paulus in all diesen Ausführungen disputiert, mußte die Behauptung von der Gegenwärtigkeit der eschatologischen δικαιοσύνη absurd erscheinen; denn wo waren denn die mit der δικαιοσύνη gegebenen Heilsgüter? wo die ζωή? sind nicht Tod und Sünde noch Gegenwart?

Darauf antwortet Paulus in c. 5—8, indem er sich in c. 5 zu zeigen bemüht, daß die eschatologische ζωή zwar ein Hoffnungsgut, gleichwohl aber in bestimmter Weise schon Gegenwart ist. Ferner zeigt er 6, 1—7, 6, daß auch die Sünde ihre Herrschaft für die Gerechtfertigten verloren hat. Nachdem dann ein Exkurs 7, 7—25 die heilsgeschichtliche Bedeutung des Gesetzes erläutert hat, handelt c. 8 noch einmal abschließend über die Freiheit von der Sünde (8, 1—11) und vom Tode (8, 12—39), indem wieder der eigentümliche Doppelcharakter des Heils als eines künftigen und doch schon gegenwärtigen deutlich gemacht wird. – Zu dem vieldiskutierten Thema ,,Paulus und die Gnosis" vgl. Dom J. Dupont, Gnosis. La connaissance relig. dans les épitres de St. Paul, 1949. – H. Schlier, Kerygma und Sophia, in: Die Zeit der Kirche, 1956, 206—232. – Ders., Die Erkenntnis Gottes nach den Briefen des Ap. Paulus, in: Besinnung auf das NT, 1964, 319—339. – G. Bornkamm, Glaube und Vernunft bei Paulus, in: Studien zu Antike und Urchristentum. Ges. Aufs. II, 1959, 119—137. – U. Wilckens, Weisheit und Torheit (Unters. zu 1. Kor 1 und 2), 1959. – W. Schmithals, Die Gnosis in Korinth, 1956. – D. Georgi, Die Gegner des Paulus im zweiten Korintherbrief, 1964. – O. Kuss, Enthusiasmus und Realismus bei Paulus, in: Auslegung und Verkündigung I, 1963, 260—270. – Ed. Schweizer, Neotestamentica, 1963, 153—179.

§ 30. DIE δικαιοσύνη ALS δικαιοσύνη θεοῦ

1. Der Gegensatz des Paulus zum Judentum besteht aber nicht nur in seiner Behauptung von der Gegenwärtigkeit der δικαιοσύνη, sondern in einer noch weit mehr entscheidenden These, nämlich hinsichtlich der Bedingung, an die Gottes freisprechendes Urteil gebunden ist. Diese Bedingung ist für den Juden selbstverständlich die Erfüllung des Gesetzes, die Leistung von ,,Werken", die das Gesetz vorschreibt. Demgegenüber lautet die These des Paulus zunächst negativ: o h n e W e r k e d e s G e s e t z e s. Nachdem der Nachweis der Verfallenheit von Heiden und Juden unter die Sünde Rm 1, 18 bis 3, 20 mit dem Satz geschlossen hatte: διότι ἐξ ἔργων νόμου οὐ δικαιωθήσεται πᾶσα σὰρξ ἐνώπιον αὐτοῦ (sc. τ. θεοῦ), setzt 3, 21 mit der These ein: νυνὶ δὲ χωρὶς νόμου δικαιοσύνη θεοῦ πεφανέρωται, und nach kurzer Erläuterung faßt V. 28 zusammen: λογιζόμεθα γὰρ δικαιοῦσθαι πίστει ἄνθρωπον χωρὶς ἔργων νόμου (wobei das πίστει im Zusammenhang selbstverständlich den Sinn von *sola fide* hat). Für diese These bringt c. 4 den Schriftbeweis: auch Abraham erlangte seine Gerechtigkeit nicht durch seine Werke. In den Ausführungen c. 9—11 über das Schicksal des jüdischen Volkes kehrt der Gedanke wieder 9, 31 f.; 10, 4—6; 11, 6, zumal in dem lapidaren Satz: τέλος γὰρ νόμου Χριστὸς εἰς δικαιοσύνην παντὶ τῷ πιστεύοντι (10, 4). Die gleiche Behauptung wird im Galaterbrief den Judaisten gegenüber verteidigt, die den christlichen Glauben mit der Übernahme des Gesetzes kombinieren wollen (Gl 2, 16; 3, 11. 21; 5, 1); besonders 2, 21 formuliert den Gedanken in schärfster Form: εἰ γὰρ διὰ νόμου δικαιοσύνη, ἄρα Χριστὸς δωρεὰν ἀπέθανεν. In den übrigen Briefen, in denen Paulus nicht gegen Judentum und Judaismus

streitet, fehlen solche Sätze naturgemäß außer im Philipperbrief (3, 9: μὴ ἔχων ἐμὴν δικαιοσύνην τὴν ἐκ νόμου).

Zur negativen Aussage tritt die positive: a u s G l a u b e n.
So ist gleich in den thematischen Sätzen Rm 1, 16 f. das εὐαγγέλιον als eine δύναμις εἰς σωτηρίαν charakterisiert mit der Begründung: δικαιοσύνη γὰρ θεοῦ ἐν αὐτῷ ἀποκαλύπτεται ἐκ
πίστεως εἰς πίστιν, wofür Hab 2, 4 als Schriftbeweis angeführt
wird. So findet der negative Satz Rm 3, 21 (s. o.) seine positive
Ergänzung V. 22: δικαιοσύνη δὲ θεοῦ διὰ πίστεως ᾿I. Χριστοῦ
εἰς πάντας τοὺς πιστεύοντας, und so sind das πίστει und χωρὶς
ἔργων νόμου V. 28 verbunden (s. o.), so erklingt das Stichwort
πίστις V. 25. 30, und so ist Abraham in c. 4 der Schriftbeweis
wie für das χωρὶς ἔργων νόμου, so für das πίστει auf Grund von
Gen 15, 6. Mit δικαιωθέντες οὖν ἐκ πίστεως hebt die neue Erörterung 5, 1 an, und ebenso kehrt das Stichwort der πίστις
wieder 9, 30—32; 10, 4—6, wo die δικαιοσύνη ἐκ νόμου und
die δικαιοσύνη ἐκ πίστεως einander personifiziert gegenübergestellt werden, und 10, 10. Wieder enthält der Galaterbrief die
gleichen Aussagen (2, 16; 3, 6. 8. 11. 24; 5, 5), und Phl 3, 9 wird
der δικαιοσύνη ἐκ νόμου die δικαιοσύνη ἐκ θεοῦ ἐπὶ τῇ πίστει
gegenübergestellt.

2. Was besagt diese Antithese zur jüdischen Anschauung?
Ihre volle Bedeutung wird sich aus der Untersuchung der Struktur des πίστις-Begriffes (§§ 35 ff.) ergeben. Aber vorläufig ist
über diesen schon eines deutlich: d i e π ί σ τ ι ς i s t d e r
r a d i k a l e G e g e n s a t z z u r κ α ύ χ η σ ι ς. Auf die These
χωρὶς νόμου, διὰ πίστεως folgt die den jüdischen Gegner treffende Frage: ποῦ οὖν ἡ καύχησις; ἐξεκλείσθη. διὰ ποίου νόμου;
τῶν ἔργων; οὐχί, ἀλλὰ διὰ νόμου πίστεως. Das καυχᾶσθαι (ἐν
νόμῳ) ist ja die sündige Grundhaltung des Juden (Rm 2, 17. 23,
und s. § 23, 2, S. 242), und ihre radikale Preisgabe ist die Haltung der πίστις. Und so wird auch in bezug auf den nicht durch
seine Werke, sondern durch seine πίστις gerechtfertigten Abraham betont, daß er kein καύχημα hat (4, 2). Die δικαιοσύνη
kann also nicht durch das Bemühen des Menschen errungen
werden, und keine menschliche Leistung begründet einen Anspruch auf sie; sie ist reines Geschenk.

Das kann aber auch dadurch zum Ausdruck gebracht werden,
daß als Grund der Rechtfertigung d i e χ ά ρ ι ς (τ ο ῦ θ ε ο ῦ)
genannt wird. Der δικαιοσύνη διὰ πίστεως Rm 3, 22 entspricht
V. 24 das δικαιούμενοι δωρεὰν τῇ αὐτοῦ χάριτι, wobei der Ge-

schenkcharakter der δικαιοσύνη durch das hinzugefügte δωρεάν noch betont wird. Ebenso sind die Begriffe χάρις und δωρεά verbunden Rm 5, 15. 17: ... πολλῷ μᾶλλον ἡ χάρις τ. θ. καὶ ἡ δωρεὰ ἐν χάριτι ... ἐπερίσσευσεν ... πολλῷ μᾶλλον οἱ τὴν περισσείαν τῆς χάριτος καὶ τῆς δωρεᾶς τῆς δικαιοσύνης λαμβάνοντες ... (vgl. V. 21 und das in gleichem Sinne gebrauchte χάρισμα V. 15 f. und 6, 23).

Wie die πίστις, so kann deshalb auch d i e χ ά ρ ι ς in aus - d r ü c k l i c h e n G e g e n s a t z g e g e n d i e ἔ ρ γ α ν ό - μ ο υ gesetzt werden. Οὐ γάρ ἐστε ὑπὸ νόμον ἀλλὰ ὑπὸ χάριν wird den Gerechtfertigten zum Bewußtsein gebracht (Rm 6, 14), und noch schärfer Gl 5, 4: κατηργήθητε ἀπὸ Χριστοῦ οἵτινες ἐν νόμῳ δικαιοῦσθε (d. h. die ihr durch das Gesetz eure Gerechtigkeit sucht), τῆς χάριτος ἐξεπέσατε. Umgekehrt versichert Paulus: οὐκ ἀθετῶ τὴν χάριν τοῦ θεοῦ· εἰ γὰρ διὰ νόμου δικαιοσύνη, ἄρα Χριστὸς δωρεὰν ἀπέθανεν (Gl 2, 21). Ist ein Rest des jüdischen Volkes gläubig geworden, so geschah es κατ᾽ ἐκλογὴν χάριτος, εἰ δὲ χάριτι, οὐκέτι ἐξ ἔργων, ἐπεὶ ἡ χάρις οὐκέτι γίνεται χάρις (Rm 11, 5 f.). In gleichem Sinne werden πίστις und χάρις gemeinsam dem νόμος entgegengesetzt in dem gedrängten und etwas verschlungenen Gedankengang Rm 4, 14—16: Nachdem V. 13 auf Grund des Schriftbeweises festgestellt hatte, daß Abraham und seine Nachkommen die Verheißung nicht dank des Gesetzes, sondern dank seiner δικαιοσύνη πίστεως empfangen hatten, fährt V. 14 fort: εἰ γὰρ οἱ ἐκ νόμου κληρονόμοι, κεκένωται ἡ πίστις καὶ κατήργηται ἡ ἐπαγγελία. Die Verheißung hat ja nur Sinn für die πίστις; unter dem Gesetz kann sie nicht zur Erfüllung gelangen, ὁ γὰρ νόμος ὀργὴν κατεργάζεται (V. 15 a). Dann wendet sich der Gedanke von der negativen zur positiven Bedeutung des νόμος; denn wenn es weiter heißt (V. 15 b): οὗ δὲ οὐκ ἔστιν νόμος, οὐδὲ παράβασις, so ist der Sinn offenbar: der νόμος soll auch die παράβασις wirken; denn gerade so bestätigt er, daß die ἐπαγγελία der πίστις gegeben ist: διὰ τοῦτο (eben deshalb gilt:) ἐκ πίστεως, ἵνα κατὰ χάριν (V. 16; s. § 27, 2, S. 267).

Der paradoxe Charakter der χάρις ist also der, daß sie gerade f ü r d e n Ü b e r t r e t e r, d e n S ü n d e r gilt, wie ja nach Rm 4, 5 Gott der δικαιῶν τὸν ἀσεβῆ ist. So sagt es auch Rm 3, 23 f.: πάντες γὰρ ἥμαρτον ... δικαιούμενοι δωρεὰν τῇ αὐτοῦ χάριτι und vor allem Rm 5, 20: νόμος δὲ παρεισῆλθεν ἵνα πλεονάσῃ τὸ παράπτωμα· οὗ δὲ ἐπλεόνασεν ἡ ἁμαρτία, ὑπερεπερίσσευσεν ἡ χάρις. Sachlich das gleiche, nur ohne ausdrückliche Nennung der χάρις sagt Gl 3, 19. 22: ... συνέκλεισεν ἡ γραφὴ τὰ πάντα ὑπὸ ἁμαρτίαν, ἵνα ἡ ἐπαγγελία ἐκ πίστεως 'Ι. Χριστοῦ δοθῇ τοῖς πιστεύουσιν. Ähnlich Rm 11, 32: συνέκλεισεν γὰρ ὁ θεὸς τοὺς πάντας εἰς ἀπείθειαν, ἵνα τοὺς πάντας ἐλεήσῃ.

Der Begriff ἔλεος, der Rm 11. 32 (in verbaler Wendung) für den Begriff χάρις eintritt, ist sachlich damit gleichbedeutend, hebt aber gemäß der heilsgeschichtlich-eschatologischen Bedeutung, die ἔλεος (bzw. חֶסֶד, das in LXX in der Regel durch ἔλεος wiedergegeben ist) gewonnen hatte (s. ThWB II 477, 4 ff.; 478, 15 ff.; 480, 8 ff.), den eschatologischen Charakter des göttlichen Handelns (in der Rechtfertigung) hervor. Paulus redet von Gottes ἔλεος (außer in dem Schlußwunsch Gl 6, 16) nur in den heilsgeschichtlichen Reflexionen Rm 9—11, nämlich 9, 15—18 (nach Ex 33, 19); 9, 23; 11, 30—32 und 15, 8 f. (Abgesehen ist hier natürlich von den Stellen, die von seiner persönlichen Erfahrung von Gottes χάρις und ἔλεος handeln 1. Kr 15, 10; 2. Kr 12, 9 bzw. 1. Kr 7, 25; 2. Kr 4, 1). Auch von Gottes χρηστότης (Rm 2, 4 a; 11, 22) bzw. seinem χρηστόν (Rm 2, 4 b) redet er nur selten. Umgekehrt in den Ps Sal, wo χάρις fehlt, aber ἔλεος und χρηστότης (Gottes) häufig begegnen. In der nachpaulinischen Literatur wird ἔλεος wieder häufiger gebraucht; χρηστότης tritt auch hier nur vereinzelt auf (Eph 2, 7; Tit 3, 4).

So ist es verständlich, daß, wie die δικαιοσύνη ἐκ πίστεως als Inhalt des Evangeliums bezeichnet werden kann (s. o. 1), so auch der Inhalt und Sinn der Botschaft und der Charakter des christlichen Seins einfach durch χάρις charakterisiert werden kann. Μὴ εἰς κενὸν τὴν χάριν τοῦ θεοῦ δέξασθαι ὑμᾶς, mahnt Paulus die Korinther (2. Kr 6, 1). Den Heilsweg der πίστις verlassen, würde bedeuten ἀθετεῖν τὴν χάριν τοῦ θεοῦ (Gl 2, 21), τῆς χάριτος ἐκπίπτειν (Gl 5, 4; s. § 32, 1).

Es dient dazu, sich des bisher in § 30 Ausgeführten zu versichern, wenn eine Mißdeutung ausdrücklich widerlegt wird, wie sie W. Mundle (Der Glaubensbegriff des Paulus. 1932, 99 ff.) vorgetragen hat. Mundle bestreitet, daß die Ablehnung der ἔργα als der Bedingung für die Rechtfertigung als die Ablehnung jeglicher Leistung zu verstehen sei, die etwas beschaffen und verdienen kann. Wenn Paulus die Werke ablehne, so sei lediglich an die vom Mosegesetz geforderten Werke gedacht. Und wenn der Glaube, der die Gnade Gottes ergreift, ein Gehorsamsakt sei, so sei darin „immer ein gewisses Maß menschlicher Selbsttätigkeit gesetzt". Dagegen gilt 1.: Mundle stellt nicht die Frage, warum denn nach Paulus die Werke nicht rechtfertigen. Wenn sie das deshalb nicht tun, weil der Mensch vor Gott kein καύχημα haben soll (Rm 3, 27; 4, 2), so repräsentieren die ἔργα νόμου, die Paulus in der Diskussion mit dem Juden natürlich primär im Blick hat, die Werke, d. h. die Leistungen überhaupt. 2. Paulus betont ausdrücklich den Gegensatz von ἐργάζεσθαι und χάρις und stellt κατὰ χάριν und κατὰ ὀφείλημα einander gegenüber (Rm 4, 4 f.); er versteht also das ἐργάζεσθαι in dem grundsätzlichen Sinne der Leistung, die einen Anspruch begründet. 3. Wenn nach Paulus

auch vom Glaubenden die Erfüllung des *νόμος* unter ganz neuem Gesichtspunkt gefordert ist (Rm 13, 8—10; Gl 5, 14), so ist klar, daß die
ἔργα νόμου nicht hinsichtlich ihres Inhalts, sondern hinsichtlich der Art
ihrer Erfüllung in Frage stehen. 4. Mundle übersieht die Parallelität
zwischen der Polemik gegen die *ἰδία δικαιοσύνη ἐκ νόμου* und der Polemik
gegen die „Griechen" (§ 23, 2, S. 242). Diese Parallelität zeigt aber,
daß sich jene nicht gegen die Vollbringung bestimmter Werke, nämlich
der durch das Mosegesetz geforderten, sondern gegen die Haltung des
Menschen richtet, der aus eigener Kraft vor Gott bestehen will. —
Wenn Mundle dagegen anführt, daß der Gehorsamsakt des Glaubens
„ein gewisses Maß menschlicher Selbsttätigkeit" einschließt, so ist zu
sagen, daß der Glaube als Entscheidung sogar in eminentem Sinne Tat
des Menschen ist, aber Mundle übersieht den Unterschied von „Tat"
und „Werk", worüber bei der Analyse des *πίστις*-Begriffes zu handeln
ist (§ 35).

Die *δικαιοσύνη* hat also ihren Ursprung
in Gottes *χάρις*, d. h. in seiner in Christus gewirkten
Gnadentat. Sofern die *χάρις* nicht einfach gnädige Gesinnung,
sondern Tat bzw. Geschehen, und zwar eschatologische Tat und
eschatologisches Geschehen ist, ist darüber alsbald noch genauer
zu handeln (§ 32). Hier aber ist schon deutlich, daß Gott in
seiner *χάρις* als der absolut Freie, durch keinen menschlichen
Anspruch Verpflichtete und also als der in radikalem Sinne
Gnädige handelt. Sofern der Mensch durch seine Leistung ein
καύχημα vor Gott gewinnen will, macht er für sich die göttliche *χάρις* zunichte. Ihr Empfang setzt umgekehrt das völlige
Zunichtewerden des Menschen voraus; gerade dem *ἁμαρτωλός*
wird sie zuteil. Dieser Sinn von *χάρις* wird klar bestätigt durch
die Stellen, an denen Paulus von der an ihm persönlich wirksamen *χάρις* Gottes redet 1. Kr 15, 9 f.: er, der *ἐλάχιστος τῶν*
ἀποστόλων, der einstige Verfolger der Gemeinde Gottes, sagt
von sich: *χάριτι δὲ θεοῦ εἰμι ὅ εἰμι, καὶ ἡ χάρις αὐτοῦ ἡ εἰς*
ἐμὲ οὐ κενὴ ἐγενήθη, ἀλλὰ περισσότερον αὐτῶν πάντων ἐκο-
πίασα, οὐκ ἐγὼ δὲ ἀλλὰ ἡ χάρις τοῦ θεοῦ σὺν ἐμοί und 2. Kr
12, 9, wo er das ihm gewordene Wort des *κύριος* mitteilt: *ἀρκεῖ*
σοι ἡ χάρις μου: ἡ γὰρ δύναμις ἐν ἀσθενείᾳ τελεῖται.

Gottes Gnade ist also nicht seine Freundlichkeit und Güte,
die mit der Schwäche des Menschen rechnet und, angesichts des
Bemühens im Guten, einzelne oder auch viele Fehler übersieht,
kleine oder auch große Sünden vergibt. Sie erkennt vielmehr
gerade jenes Bemühen nicht an, sofern in ihm die eigentliche
Sünde steckt, der Hochmut des Menschen, seine Selbstillusion,
aus sich selbst leben zu können. Und sofern dieser Mensch ein

Ringender, mit sich selbst Kämpfender sein mag, der, der Verzweiflung nahe, nach göttlicher Hilfe und Erlösung ausschaut, begegnet die χάρις Gottes auch ihm nicht als Bejahung seines Strebens und als Stütze seiner Kraft, sondern als die entscheidende Frage, ob er sich ganz dem Wirken Gottes preisgeben will, — ob er sich als Sünder vor Gott verstehen will.

3. Eben deshalb heißt die δικαιοσύνη, weil sie einzig in Gottes χάρις ihren Grund hat, δ ι κ α ι ο σ ύ ν η ϑ ε ο ῦ, von Gott geschenkte, zugesprochene Gerechtigkeit (Rm 1, 17; 3, 21 f. 26; 10, 3). Der Sinn dieser Verbindung (d. h. der Gen. als Gen. auct.) wird eindeutig festgestellt durch Rm 10, 3: ἀγνοοῦντες γὰρ (die Juden) τὴν τ ο ῦ ϑ ε ο ῦ δικαιοσύνην καὶ τ ὴ ν ἰ δ ί α ν ζητοῦντες στῆσαι τῇ δικαιοσύνῃ τ ο ῦ ϑ ε ο ῦ οὐχ ὑπετάγησαν, und durch Ph 3, 9: μὴ ἔχων ἐ μ ὴ ν δικαιοσύνην τὴν ἐκ νόμου, ἀλλὰ τὴν διὰ πίστεως Χριστοῦ, τὴν ἐ κ ϑ ε ο ῦ δικαιοσύνην ἐπὶ τῇ πίστει. Wie die ἰδία bzw. ἐμὴ δικαιοσύνη die δικαιοσύνη ist, die sich der Mensch durch die Erfüllung der ἔργα νόμου zu erwirken bemüht, so ist die δικαιοσύνη ϑεοῦ die δικαιοσύνη, die ihm allein durch Gottes freie Gnade geschenkt wird.

Der Ausdruck δικαιοσύνη ϑεοῦ begegnet im NT außer bei Paulus noch Jak 1, 20 und heißt hier „was vor Gott recht ist". In diesem Sinne erklärten die Rabbinen das צִדְקַת יהוה Deut 33, 21 (neben der anderen Erklärung: צְדָקָה = Wohltat nach Art Jahves, wie Jahve sie erweist). Hier ist also δικαιοσύνη (צדקה) nicht im forensischen, sondern im ethischen Sinne gebraucht. Formelhaft und nicht eindeutig in seinem Sinn ist in der Grußformel 2. Pt 1, 1 das τοῖς ἰσότιμον ἡμῖν λαχοῦσιν πίστιν ἐν δικαιοσύνῃ τοῦ ϑεοῦ ἡμῶν καὶ σωτῆρος Ἰ. Χριστοῦ. Hier scheint δικαιοσύνη die iustitia distributiva zu sein und die Genetive sind offenbar Gen. subj.

§ 31. DIE καταλλαγή

An die Stelle des Begriffs δικαιοσύνη (δικαιωϑῆναι) kann auch der Begriff κ α τ α λ λ α γ ή (καταλλαγῆναι) treten zur Bezeichnung der neuen Situation, die Gott selbst dem Menschen erschlossen hat. Die Untersuchung der Aussagen über die δικαιοσύνη und der über die καταλλαγή bestätigen sich gegenseitig. Sofern das εἰρήνην ἔχομεν πρὸς τὸν ϑεόν (Rm 5, 1) mit einem κατηλλάγημεν gleichbedeutend ist und jenes aus dem δικαιωϑέντες folgt, ist streng genommen die καταλλαγή die Folge der δικαιοσύνη. Faktisch aber entfaltet das εἰρήνην ἔχομεν doch

nur den Sinn der *δικαιοσύνη*: „Als Gerechtfertigte haben wir
Frieden mit Gott." So wird denn das *δικαιωθέντες οὖν* von
Rm 5, 1 in V. 10 f. wieder aufgenommen durch das *εἰ γὰρ ἐχθροὶ ὄντες κατηλλάγημεν τῷ θεῷ . . ., πολλῷ μᾶλλον καταλλα-
γέντες . . .* Wie durch Christus die Rechtfertigung beschafft ist
(Rm 3, 24), so ist er der, *δι᾽ οὗ νῦν τὴν καταλλαγὴν ἐλάβομεν*
(5, 11). Die Gewinnung der Völkerwelt für das Evangelium kann
ebensowohl durch die Wendung *τὰ ἔθνη . . . κατέλαβεν δικαιοσύνην* (Rm 9, 30) beschrieben, wie als *καταλλαγὴ κόσμου* (11, 15)
bezeichnet werden. Das Evangelium, durch das die *δικαιοσύνη
θεοῦ* offenbart wird (Rm 1, 16 f.), ist der *λόγος τῆς καταλλαγῆς*
(2. Kr 5, 19), und das Amt des Verkündigers heißt ebenso *διακονία τῆς δικαιοσύνης* (2. Kr 3, 9) wie *διακονία τῆς καταλλαγῆς*
(5, 18). Der Glaubende „empfängt" die *καταλλαγή* (Rm 5, 11),
wie er die *δικαιοσύνη* „empfängt" (5, 17).

Durch *καταλλαγή* wird deutlich gemacht, daß eine völlige
Umkehrung des Verhältnisses zwischen Gott und den Menschen
stattgefunden hat. Bis dahin waren die Menschen *ἐχθροί* Gottes
(Rm 5, 10), was ebensowohl den aktivischen Sinn von „feindlich gerichtet gegen" hat (Rm 8, 7), wie den passivischen von
„verhaßt" (Rm 5, 10; 11, 28) haben kann; wie beides zusammenhängt, dieses aus jenem folgt, zeigt Rm 8, 7 f. Die Umkehrung
erfolgt, wie 2. Kr 5, 19 zeigt, dadurch, daß Gott die Sünden
(*παραπτώματα*) nicht anrechnet, und zwar — entsprechend dem
δικαιωθῆναι — nicht auf Grund menschlicher Tat oder Haltung,
sondern aus eigener Initiative: „das alles hat in Gott seinen
Ursprung, der uns mit sich durch Christus versöhnte" (2. Kr
5, 18). Wir wurden mit Gott versöhnt, „als wir noch Feinde
waren" (Rm 5, 10; vgl. V. 6)! Allem Bemühen, ja, allem Wissen
der Menschen geht also die *καταλλαγή* voraus, und mit dieser
ist nicht ein subjektiver Vorgang im Inneren des Menschen bezeichnet, sondern ein objektiver, durch Gott beschaffter Tatbestand. Der Mensch kann die *καταλλαγή* nur „empfangen"
(Rm 5, 11), und deshalb hat Gott mit der *καταλλαγή* zugleich
die *διακονία* bzw. den *λόγος τῆς καταλλαγῆς* gestiftet, und die
Menschen werden eingeladen, nunmehr auch ihrerseits die subjektive Wendung zu vollziehen: *καταλλάγητε τῷ θεῷ* (2. Kr
5, 20). Der *λόγος τῆς καταλλαγῆς* ist also nicht das versöhnliche
und versöhnende Wort, sondern die Botschaft von der schon
vollzogenen Versöhnung, und das *καταλλάγητε* lädt zum Glau-

ben ein. Gottes καταλλάσσειν ist die Herstellung des Friedens-
zustandes, indem Gott seine ὀργή (§ 32, 1) nicht mehr walten
läßt. Fast könnte man sagen, daß in der Rede von der καταλλαγή die Intention des Paulus, den Menschen radikal von der
Gnade Gottes abhängig sein zu lassen, noch deutlicher zum
Ausdruck kommt als in der Rede von der δικαιοσύνη θεοῦ.
Denn bedeutet diese, daß wir o h n e unser Tun zum „Frieden"
mit Gott gelangen (Rm 5, 1), so jene, daß schon v o r jeglichem
Bemühen des Menschen Gott der Feindschaft ein Ende gemacht
hat (Rm 5, 10). Aber sachlich besteht natürlich kein Unterschied; das „ohne uns" und das „uns zuvor" wollen beide die
schlechthinnige Priorität Gottes aussagen.

Die alte Frage: „Wie wird Gott versöhnt?" ist falsch gestellt. Natürlich liegen alle ethischen Vorstellungen fern, daß die Menschen etwas
tun müssen, um Gott zu versöhnen. Aber Paulus reflektiert gar nicht
darauf, daß G o t t versöhnt werden mußte; die M e n s c h e n empfangen die καταλλαγή, die Gott gestiftet hat, — nicht indem er ihren
subjektiven Groll beseitigte, sondern indem er das objektive Feind-
schaftsverhältnis, das infolge der Sünden zwischen ihm und den Menschen bestand, beseitigt hat.

Es ist bemerkenswert, daß Paulus kaum je von der ἄφεσις ἁμαρτιῶν
redet, die sonst in der urchristlichen Predigt eine so große Rolle spielt
(§ 13, 1) und die in der deuteropaulinischen Literatur alsbald wieder begegnet (Kol 1, 14; Eph 1, 7), obwohl er Gott, den καταλλάσσων, ja als
den μὴ λογιζόμενος τὰ παραπτώματα charakterisiert. Nur im Zitat von
Ps 32, 1 begegnet: μακάριοι ὧν ἀφέθησαν αἱ ἀνομίαι (Rm 4, 7), und nur
Rm 3, 25 redet von der πάρεσις τῶν προγεγονότων ἁμαρτημάτων, und
zwar wohl auf Grund einer überlieferten Formel (§ 7, 3). Die Vermeidung
des Begriffs der ἄφεσις ἁμαρτιῶν (die mit der Vermeidung des Begriffs
μετάνοια zusammenhängt, § 35, 1) beruht offenbar darauf, daß „Erlaß der
Sünde" insofern mißverständlich ist, als dadurch nur die Befreiung von
der durch die προγεγονότα ἁμαρτήματα kontrahierten Schuld ausgesagt
zu sein scheint, während es sich für Paulus um die Befreiung vom Sündigen, von der Macht der ἁμαρτία, handelt (§ 38).

2. Die χάρις

WETTER, P. G., Charis, 1913. – CONZELMANN, H., in: ZIMMERLI, W.-
CONZELMANN, H., Art. χαίρω κτλ., ThW IX, 1973, 349–405 (bes. 383–387).
– BERGER, K., Art. χάρις κτλ., EWNT III, 1983, 1095–1102.

§ 32. DIE χάρις ALS GESCHEHEN

BORNKAMM, G., Die Offenbarung des Zornes Gottes (1935), in: DERS.,
Das Ende des Gesetzes, (1952) ⁵1966, 9–33.

1. Gottes χάρις ist nicht seine Eigenschaft, nicht seine zeitlos
gütige Gesinnung (§ 30, 2), und das Evangelium bringt nicht

die Aufklärung über Gottes bisher verkanntes Wesen, als sei
Gott bisher fälschlich als zornig vorgestellt worden und müsse
vielmehr als ein gnädiger gedacht werden. Im Gegenteil! Die
ὀργὴ θεοῦ ergeht nach wie vor ἐπὶ πᾶσαν ἀσέβειαν καὶ
ἀδικίαν ἀνθρώπων (Rm 1, 18). Der Unbußfertige wird gewarnt:
θησαυρίζεις σεαυτῷ ὀργὴν ἐν ἡμέρᾳ ὀργῆς καὶ ἀποκαλύψεως
δικαιοκρισίας τοῦ θεοῦ (Rm 2, 5, vgl. 2, 8). Zu Gottes πίστις
(= Treue), ἀλήθεια (= Wahrhaftigkeit) und δικαιοσύνη (=
richterlicher *iustitia*) gehört es gerade: ἐπιφέρειν τὴν ὀργήν (Rm
3, 3—6). Gott bleibt der Richter, und der christliche Glaube
an die Gnade Gottes besteht nicht in der Überzeugung, daß es
keinen Zorn Gottes gibt und daß kein Gericht drohend bevorsteht (2. Kr 5, 10), sondern in der Überzeugung, vor dem Zorne
Gottes errettet zu werden: ... πολλῷ οὖν μᾶλλον δικαιωθέντες
νῦν ἐν τῷ αἵματι αὐτοῦ σωθησόμεθα δι' αὐτοῦ ἀπὸ τῆς ὀργῆς
(Rm 5, 9; 1. Th 1, 10; 5, 9).

Jenes Mißverständnis aber beruht auf der falschen Vorstellung, daß G o t t e s Z o r n eine Eigenschaft, ein Affekt, eine
zornige Gesinnung sei, — eine Vorstellung, gegen die dann später die alte Kirche — unter dem Einfluß stoischen Denkens —
meinte, Gott verteidigen zu müssen. In Wahrheit meint die
ὀργὴ θεοῦ ein Geschehen, nämlich G o t t e s G e r i c h t. Gott
ist der ἐπιφέρων τὴν ὀργήν (Rm 3, 5); heißt es von der ὀργὴ
θεοῦ: ἀποκαλύπτεται (Rm 1,18), so ist nicht eine belehrende
Mitteilung, sondern das Wirksamwerden gemeint (§ 29, 1). Wird
Rm 1, 18—32 die ὀργὴ θεοῦ beschrieben, so wird sie aufgewiesen
als das, was sich faktisch schon jetzt in der Heidenwelt vollzieht, als das Dahingegebensein in die ἐπιθυμίαι τῶν καρδιῶν
(V. 24), in die πάθη ἀτιμίας (V. 26), in den ἀδόκιμος νοῦς (V. 28).
Die ἡμέρα ὀργῆς ist die ἡμέρα ἀποκαλύψεως δικαιοκρισίας τοῦ
θεοῦ, des sich dereinst vollziehenden Gerichtes (Rm 2, 5). Der
ὀργή als dem Verdammungsurteil korrespondiert das Geschenk
der ζωὴ αἰώνιος (Rm 2, 7 f.) bzw. der σωτηρία (1. Th 5, 9).
Ebenso ist Rm 5, 9; 1. Th 1, 10 die ὀργή das sich (demnächst)
vollziehende Strafgericht. Ist meist das künftige Gericht gemeint (vgl. noch Rm 9, 22), so doch Rm 1, 18—32 das allzeit
sich vollziehende; ebenso Rm 13, 4 f., wenn die Staatsregierung
als θεοῦ διάκονος, ἔκδικος εἰς ὀργὴν τῷ τὸ κακὸν πράσσοντι bezeichnet wird und der Christ ermahnt wird, den bürgerlichen
Gehorsam nicht nur διὰ τὴν ὀργήν zu leisten. Ohne zeitliche

Bestimmtheit ist die ὀργή das göttliche Strafgericht Rm 4, 15: ὁ γὰρ νόμος ὀργὴν κατεργάζεται, und wohl auch Rm 12, 19: δότε τόπον τῇ ὀργῇ.

Für das Verständnis der χ ά ρ ι ς ergibt sich: 1. Gottes Gnade ist nicht seine bisher unbekannte oder verkannte gnädige Gesinnung, sondern sein jetzt sich ereignender Gnadenerweis; 2. dieser Gnadenerweis tritt nicht etwa an die Stelle des früheren richterlichen Waltens Gottes, sondern ist gerade das gnädige Handeln des Richters. Auch jetzt ist Gottes ὀργή am Werk und wird alsbald entscheidend und definitiv wirksam werden an der ἡμέρα ὀργῆς (Rm 2, 5), so gewiß Gott der Richter ist, den man zu fürchten hat (Rm 11, 20; 2. Kr 5, 10 f.; Phl 2, 12, s. § 35, 4). Die χάρις Gottes ist die Gnade des Richters, der den Schuldigen „rechtfertigt" (§ 30, 2).

2. Die χάρις Gottes als der richterliche Akt der Gnade ist aber noch genauer zu bestimmen; sie ist nicht eine Weise des Verfahrens, zu der sich Gott nunmehr entschlossen hat, sondern sie ist e i n e e i n m a l i g e T a t , die für jeden, der sie als solche erkennt und (im Glauben) anerkennt, wirksam wird, sie ist G o t t e s e s c h a t o l o g i s c h e T a t.

Heißt es Rm 3, 24 von den Menschen, sofern sie gerechtfertigt werden: δικαιούμενοι δωρεὰν τῇ αὐτοῦ (sc. τ. θεοῦ) χάριτι, so bringt das δωρεάν den Geschenkcharakter der χάρις zum Ausdruck; die χάρις selbst ist die Gnadentat, die in den folgenden Worten beschrieben wird: διὰ τῆς ἀπολυτρώσεως τῆς ἐν Χρ. Ἰησοῦ, ὃν προέθετο ὁ θεὸς ἱλαστήριον διὰ πίστεως ἐν τῷ αὐτοῦ αἵματι. Gottes Tat der Gnade besteht also darin, daß er Christus in den Tod gegeben hat, und zwar als Sühnopfer für die Sünden der Menschen. Sofern der T a t G o t t e s , der seinen Sohn „für uns dahingab" (Rm 8, 32), der „Gehorsam" des Sohnes, der „sich für mich dahingab" (Gl 2, 20) und „gehorsam bis zum Tode" (Phl 2, 8) war, korrespondiert, kann die χάρις auch eben in diesem E r e i g n i s d e r ὑ π α κ ο ή C h r i s t i gesehen werden, das der παρακοή Adams (bzw. als δικαίωμα Christi dem παράπτωμα Adams) gegenübergestellt wird (Rm 5, 15—21). Wie das Ereignis des Falles Adams den Tod über die Menschheit brachte, so das Ereignis des Gehorsams Christi das Leben, und eben in diesem Ereignis besteht die χάρις, die, sofern sie den Menschen zugute kommt, auch χάρισμα (Gnadengabe) genannt werden kann (Rm 5, 15 f.). Die göttliche Tat der

Gnade ist als solche G e s c h e n k der Gnade, und zwar als das im Gehorsam Christi geschehende Ereignis, so daß es heißen kann: *ἡ χάρις τοῦ θεοῦ καὶ ἡ δωρεὰ ἐν χάριτι τῇ τοῦ ἑνὸς ἀνθρώπου 'Ι. Χριστοῦ* (Rm 5, 15), oder daß von der *περισσεία τῆς χάριτος καὶ τῆς δωρεᾶς τῆς δικαιοσύνης* geredet werden kann (Rm 5, 17).

So kann bald betont sein, daß die *χάρις* Gottes oder Christi Tat ist, bald, daß sie das Ereignis ist, das für die Menschen Gabe, Geschenk ist, bald kommt das eine wie das andere zur Geltung: immer aber handelt es sich um die eine und gleiche Tat, das eine und gleiche Geschehen. Wenn Paulus 2. Kr 6, 1 mahnt: *μὴ εἰς κενὸν τὴν χάριν τοῦ θεοῦ δέξασθαι ὑμᾶς*, so ist Gottes Tat gemeint (vgl. 5, 21), die zugleich Christi Tat ist, wie sie 5, 14 f. beschrieben war als sein *ὑπὲρ πάντων ἀποθανεῖν*, und sie ist zugleich als das Geschenk verstanden, das der Mensch „empfangen" muß, wie denn Paulus das Heilshandeln Gottes 1. Kr 2, 12 als *τὰ ὑπὸ τοῦ θεοῦ χαρισθέντα ἡμῖν* bezeichnen kann. An das Heilsereignis als die Tat Christi erinnert er 2. Kr 8, 9: *γινώσκετε γὰρ τὴν χάριν τοῦ κυρίου ἡμῶν 'Ιησοῦ, ὃς δι' ὑμᾶς ἐπτώχευσεν* (wobei natürlich alles Phl 2, 6—8 Gesagte vorschwebt). Und wenn er Gl 2, 21 versichert: *οὐκ ἀθετῶ τὴν χάριν τοῦ θεοῦ*, so besteht die Gnadentat Gottes eben in der V. 20 beschriebenen Tat Christi, *τοῦ ἀγαπήσαντός με καὶ παραδόντος ἑαυτὸν ὑπὲρ ἐμοῦ*.

Weil diese Tat bzw. dieses Ereignis das entscheidende eschatologische Geschehen ist, mit der die Heilszeit, der *καιρὸς εὐπρόσδεκτος*, angebrochen ist (2. Kr 6, 1 f.), kann von der *χάρις* auch als von einer Macht geredet werden, die der Macht der Sünde entgegenwirkt und deren Regiment ablöst: *οὗ δὲ ἐπλεόνασεν ἡ ἁμαρτία, ὑπερεπερίσσευσεν ἡ χάρις, ἵνα ὥσπερ ἐβασίλευσεν ἡ ἁμαρτία ἐν τῷ θανάτῳ, οὕτως καὶ ἡ χάρις βασιλεύσῃ διὰ δικαιοσύνης εἰς ζωὴν αἰώνιον διὰ 'Ι. Χριστοῦ τοῦ κυρίου ἡμῶν* (Rm 5, 20 f.). Der Sinn von *χάρις* nähert sich geradezu dem Sinn von *πνεῦμα* (s. § 38, 2f. und vgl. schon § 14, 1). Und deshalb kann auch d i e n e u e S i t u a t i o n, in die die Glaubenden, die das *πνεῦμα* empfangen haben (Gl 4, 6 usw.), versetzt worden sind, als *χάρις* bezeichnet werden, als der Herrschaftsbereich der göttlichen Tat. Der Glaubende ist „zur Gnade berufen" (Gl 1, 6) und hat in ihr „seinen Stand gewonnen" (Rm 5, 2); er muß sich hüten, daß er nicht „aus der Gnade herausfällt" (Gl 5, 4). Paulus kann daher die Philipper anreden als *συγκοινωνούς μου* τῆς χάριτος (Phl 1, 7, falls hier nicht χάρις in engerem Sinne als die dem Paulus und den Philippern geschenkte Gnade des Leidens gemeint ist, vgl. V. 29).

Der Sinn von χάρις als eines gnädigen Tuns oder Wirkens Gottes, das vom Menschen als Geschenk erfahren wird, ist auch im übrigen Gebrauch von χάρις herrschend, wo χάρις nicht das eschatologische Tun bzw. Ereignis bedeutet. Wird χάρις in den Grußformeln am Eingang oder Schluß der Briefe mit εἰρήνη (= Heil!) kombiniert, so ist sie das, was Gott zum Heile wirkt und schenkt.

Paulus kann die ihm verliehene Gabe des Apostelamtes, die zugleich Aufgabe ist, χάρις nennen: Rm 1, 5; 12, 3; 15, 15; 1. Kr 3, 10; Gl 2, 9; und wie sehr damit Gottes Wirken an ihm gemeint ist, zeigen Gl 2, 8 (ὁ γὰρ ἐνεργήσας Πέτρῳ ... ἐνήργησεν καὶ ἐμοὶ ...); Rm 15, 18 (ὧν οὐ κατειργάσατο Χριστὸς δι' ἐμοῦ ...). Auch die Betätigung christlicher Liebespflicht ist eine Gabe Gottes, eine χάρις: 2. Kr 8, 1. 4. 6 f. 19, und so schließlich jede christliche Lebensäußerung: 1. Kr 1, 4; 2. Kr 9, 8. Spezielle Gaben, die der einzelne empfängt, heißen χαρίσματα: Rm 12, 6; 1. Kr 7, 7; wie sehr dabei die χάρις als machtvolles Wirken Gottes gedacht ist, zeigt die Synonymität von χαρίσματα und πνευματικά (§ 14, 1) und das von diesen ausgesagte ὁ δὲ αὐτὸς θεὸς ὁ ἐνεργῶν τὰ πάντα ἐν πᾶσιν 1. Kr 12, 6.

Wie die χάρις Gottes als Macht das Leben des einzelnen bestimmt, zeigen besonders 1. Kr 15, 10 (χάριτι δὲ θεοῦ εἰμι ὅ εἰμι κτλ.); 2. Kr 1, 12; 12, 9 (ἀρκεῖ σοι ἡ χάρις μου); und speziell 1. Kr 15, 10; 2. Kr 12, 9 zeigen, wie χάρις und δύναμις synonym sein können (§ 14, 1).

3. In gleichem Sinne wie von der χάρις kann Paulus auch von der ἀγάπη (Gottes oder Christi) reden, und die Erwägung der Aussagen über die ἀγάπη bestätigt das über die χάρις Ausgeführte. Vielleicht ist in ἀγάπη die Bedeutung von Liebesgesinnung stärker betont als in χάρις; aber jedenfalls ist von der ἀγάπη die Rede, sofern sie sich in der T a t , im E r e i g n i s erweist. Wenn es Pm 5, 8 heißt: συνίστησιν δὲ τὴν ... ἀγάπην εἰς ἡμᾶς ὁ θεός, ὅτι ἔτι ἁμαρτωλῶν ὄντων ἡμῶν Χριστὸς ὑπὲρ ἡμῶν ἀπέθανεν, so bedeutet ἀγάπη gewiß auch Liebesgesinnung, aber es ist von ihr die Rede, sofern Gott sie „beweist", nämlich dadurch, daß er Christus für uns sterben ließ. Danach muß auch V. 5 verstanden werden: ... ὅτι ἡ ἀγάπη τοῦ θεοῦ (Gen. subj.!) ἐκκέχυται ἐν ταῖς καρδίαις ἡμῶν διὰ τοῦ πνεύματος τοῦ δοθέντος ἡμῖν: durch den Hl. Geist wird die Liebestat Gottes, die V. 6 f. als die Tat Christi beschrieben hatte, für uns gewiß und wirksam. Die Frage Rm 8, 35: τίς ἡμᾶς χωρίσει ἀπὸ τῆς ἀγάπης τοῦ Χριστοῦ; verweist auf das V. 34 genannte Heilsereignis des Todes und der Auferstehung Christi. Christus ist der

ἀγαπήσας ἡμᾶς, als welcher er sich in den Tod dahingegeben hat
(Rm 8, 35; Gl 2, 20). Und die Einheit der Tat Gottes und Christi
kommt in der Wendung zum Ausdruck, daß nichts uns trennen
kann ἀπὸ τῆς ἀγάπης τοῦ θεοῦ τῆς ἐν Χρ. ᾽Ιησοῦ τῷ κυρίῳ
ἡμῶν, d. h. von dem Heil, das Gott durch Christus gewirkt hat
(Rm 8, 39). Wenn uns nach 2. Kr 5, 14 die ἀγάπη τοῦ Χρ. (Gen.
subj.!) „beherrscht", so wird diese ἀγάπη in den folgenden Worten als Christi ἀποθανεῖν ὑπὲρ πάντων erläutert, und diese ἀγάπη
erscheint wie die χάρις zugleich als Macht.

Wie χάρις, so erscheint auch ἀγάπη gelegentlich in formelhaften Wendungen, teils an Stelle von χάρις (2. Kr 13, 11: ὁ θεὸς τῆς ἀγάπης καὶ
εἰρήνης ἔσται μεθ᾽ ὑμῶν), teils mit ihr kombiniert (2. Kr 13, 13: ἡ χάρις
τοῦ κυρίου ᾽Ι. Χρ. καὶ ἡ ἀγάπη τοῦ θεοῦ . . . μετὰ πάντων ὑμῶν). Wie die
χάρις bedeutet dann die ἀγάπη alles zum Heil von Gott Gewirkte und
Geschenkte. Das Heilswirken des πνεῦμα ist als ἀγάπη bezeichnet, wenn
Paulus Rm 15, 30 mahnt διὰ τοῦ κυρίου ἡμῶν ᾽Ι. Χρ. καὶ διὰ τῆς ἀγάπης
τοῦ πνεύματος.

§ 33. TOD UND AUFERSTEHUNG CHRISTI ALS HEILSGESCHEHEN

DELLING, G., Der Kreuzestod in der urchristlichen Verkündigung, 1972.
– WEDER, H., Das Kreuz Jesu bei Paulus, 1981. – FRIEDRICH, G., Die
Verkündigung des Todes Jesu im Neuen Testament, 1982 (bes. 119–142). –
KUHN, H. W., Art. σταυρός κτλ., Art. σταυρόω κτλ., EWNT III, 1983,
639–645.645–649. – Zu 5: BULTMANN, R., Der zweite Brief an die Korin-
ther, 1976, 146–169. – Zu 6b: LOHMEYER, E., Kyrios Jesus, (1928) [2]1961. –
KÄSEMANN, E., Kritische Analyse von Phil. 2,5–11 (1950), in: DERS., Ex-
egetische Versuche und Besinnungen I, (1960) [6]1970, 51–95. – WENGST, K.,
Christologische Formeln und Lieder des Urchristentums, (1971) [2]1974. –
HOFIUS, O., Der Christushymnus Philipper 2,6–11, 1976. – HAHN, FERD.,
Art. Χριστός κτλ., EWNT III, 1983, 1147–1165 (bes. 1156–1159).

1. Die Tat der göttlichen χάρις besteht darin, daß Gott Christus in den Tod am Kreuz gegeben hat (§ 32, 2); Christus wird
als der ἐσταυρωμένος verkündigt (1. Kr 1, 23; 2, 2; Gl 3, 1).
Deshalb kann das Evangelium der λόγος τοῦ σταυροῦ heißen
(1. Kr 1, 18) und ist für den natürlichen Menschen ein σκάνδαλον
(Gl 5, 11) bzw. σκάνδαλον und μωρία (1. Kr 1, 23); seine Feinde
sind die ἐχθροὶ τοῦ σταυροῦ τοῦ Χριστοῦ (Phl 3, 18; vgl. noch
1. Kr 1, 17; Gl 6, 12). Aber mit dem Tode Christi gehört seine
Auferstehung oder Auferweckung zur Einheit eines Heilsgeschehens zusammen; der ἀποθανών ist auch der ἐγερθείς (Rm
8, 34; 2. Kr 5, 15; 13, 4), und gelegentlich kann Paulus auch

auf die Auferweckung allein verweisen, ohne das Kreuz zu
nennen (1. Th 1, 10; 1. Kr 6, 14; 2. Kr 4, 14; Rm 1, 4; 8, 11;
10, 9), so daß er auch Gott als den ἐγείρας ἐκ νεκρῶν Χρ. ᾿Ιησοῦν
bezeichnen kann (§ 9, 4, S. 83).

D a s   H e i l s g e s c h e h e n   u m f a ß t   a l s o   d e n   T o d
u n d   d i e   A u f e r s t e h u n g   J e s u ; so hat Paulus es als
παράδοσις empfangen (1. Kr 15, 1—4), und so hat er es weiter
gegeben. Er zitiert oder variiert offenbar mehr oder weniger fest
formulierte Sätze der παράδοσις, wenn er Rm 3, 24 f. vom Tode
Jesu redet (§ 7, 3, S. 49) oder Rm 1, 4; 10, 9 von seiner Auferstehung (§ 7, 5, S. 52; § 9, 4, S. 83), oder wenn er Rm 4, 25;
1. Kr 15, 3 f. beides zusammen nennt (§ 7, 3, S. 49; § 9, 4, S. 85;
§ 7, 3, S. 48), natürlich auch, wenn er Rm 6, 2—5 von der Taufe
redet (§ 13, 1, S. 143 f.) oder 1. Kr 11, 23—26 vom Herrenmahl,
dessen Feier den Tod Christi „verkündet" (§ 13, 2, S. 148). Genau genommen gehört dazu auch d i e   M e n s c h w e r d u n g ;
denn der, der sich in den Tod dahingegeben hat, ist ja der präexistente Gottessohn (Phl 2, 6 ff.; 2. Kr 8, 9; Rm 15, 3; § 12, 3,
S. 130 f., 133 f.). Indessen kommt der Menschwerdung eine selbständige Bedeutung neben dem Tode nicht zu; sie gehört vielmehr mit diesem zur Einheit des Handelns (und Erleidens)
Christi zusammen, in dem sich seine ὑπακοή erweist (Phl 2, 8;
Rm 5, 19). Nur in der Andeutung von der Täuschung der dämonischen Weltmächte durch die menschliche Verkleidung des Erlösers 1. Kr 2, 8 (§ 15, 4 c) spielt sie eine besondere Rolle; aber
dieses Motiv gehört gerade nicht in das eigentliche Kerygma,
den λόγος τοῦ σταυροῦ, sondern in den Kreis einer für die τέλειοι
bestimmten σοφία (1. Kr 2, 6).

Tod und Auferstehung Jesu ist also das Entscheidende, ja im Grunde
das Einzige, was für Paulus an der Person und dem Schicksal Jesu
wichtig ist, — einbegriffen ist dabei die Menschwerdung und das Erdenleben Jesu als Tatsache, d. h. in ihrem D a ß ; — in ihrem W i e nur insofern, als Jesus ein konkreter, bestimmter Mensch, ein Jude, war, ἐν
ὁμοιώματι ἀνθρώπων γενόμενος καὶ σχήματι εὑρεθεὶς ὡς ἄνθρωπος (Phl
2, 7), γενόμενος ἐκ γυναικός, γενόμενος ὑπὸ νόμον (Gl 4, 4). Dagegen
spielen die Lebensführung und das Wirken Jesu, seine Persönlichkeit,
sein Charakterbild keine Rolle, sowenig wie seine Verkündigung (§ 16,
S. 190). Jesus ist für Paulus nicht der Lehrer und Prophet. Wohl ist
er als der erhöhte κύριος auch der Gesetzgeber der Gemeinde (1. Kr
7, 10 f., vgl. V. 25; 9, 14), und Paulus erteilt seine Mahnungen mit der
Berufung auf die Autorität des κύριος (1. Th 4, 1 f.; Rm 15, 30; 1. Kr
1, 10). Aber an den historischen Jesus denkt Paulus dabei nicht. Auch

nicht, wo er auf das Vorbild Christi verweist (Phl 2, 5 ff.; 2. Kr 8, 9; Rm 15, 3); denn hier ist der Präexistente gemeint, und die Berufung auf die πραΰτης und ἐπιείκεια τοῦ Χρ. 2. Kr 10, 1 ist eben die Berufung auf den, der ἑαυτὸν ἐκένωσεν, ἐταπείνωσεν, ἐπτώχευσεν, οὐχ ἑαυτῷ ἤρεσεν.

Es versteht sich von selbst, daß für Paulus sowenig wie für die Urgemeinde (§ 5, 3) Jesus und sein Leiden und Sterben im Lichte eines Heroentums erscheint. Aber auch jede pietistisch-erbauliche Versenkung in die Passion liegt ihm fern; und wenn er den Galatern Christus als den Gekreuzigten „vor Augen gemalt hat" (Gl 3, 1), so ist nichts anderes als die Predigt des λόγος τοῦ σταυροῦ als der Heilstatsache gemeint. Von menschlichen Wertungen her ist der σταυρός nicht als Heilstatsache zu erkennen, sondern bleibt σκάνδαλον und μωρία. Jede „Würdigung" der historischen Person Jesu nach menschlichen Kategorien würde heißen, Christus κατὰ σάρκα betrachten und ihn deshalb als einen Χριστὸς κατὰ σάρκα sehen (§ 22, 3, S. 238 f.).

2. Klar ist, daß das Heilsgeschehen von Tod und Auferstehung Christi die Tat der zuvorkommenden Gnade Gottes ist, und daß die verschiedenen Wendungen, in denen diese Tat beschrieben wird, das Unerhörte dieses Ereignisses und seine die menschliche Situation radikal umgestaltende Macht zum Ausdruck bringen sollen. Es ist ein Geschehen, rein von Gott aus gewirkt, für den Menschen nichts als Gabe, durch deren Empfang er von dem pervertierten Streben, sein Leben, sein Selbst, zu gewinnen — in dem er es gerade verliert — erlöst wird, um es in der δικαιοσύνη τοῦ θεοῦ als Geschenk zu empfangen.

Die Frage ist nun aber, wie dieses Ereignis als die Tat der Gnade vom Menschen erkannt und erfahren werden kann. Denn als bezwingende und umgestaltende Macht kann es doch nur dann wirksam werden, wenn es als auf den Menschen selbst gerichtetes, ihn treffendes, an ihm sich ereignendes verstanden werden kann, wenn die Aufforderung, es als Heilsereignis hinzunehmen, ihn vor eine echte Entscheidungsfrage stellt. Sofern es ein Geschehen ist, das sich am präexistenten Gottessohn ereignet, das Gott an ihm wirkt, scheint es sich außerhalb des Bereiches menschlichen Erlebens in einer mythischen Sphäre abzuspielen.

Freilich unterscheidet es sich von Heilsereignissen, von denen der Mythos der Mysterienreligionen und die Gnosis berichten, dadurch, daß es sich um eine geschichtliche Person, um Jesus, handelt, und daß dessen Tod am Kreuz, der erst wenige Jahre zurückliegt, im Mittelpunkt des Heilsgeschehens steht. Aber woran ist kenntlich, daß dieser Tod solche Bedeutung hat? Hat er es als der Tod eines präexistenten Gottwesens, — setzt dann

der Glaube an die Heilsbedeutung des Todes nicht einen vorgängigen Glauben an Jesus als den menschgewordenen Gottessohn voraus? Und wenn der Glaube an die Auferstehung den
Heilsglauben erst vollständig macht, — ist nicht auch damit ein
vorgängiger Glaube gefordert, da ja die Auferstehung überhaupt
nicht als eine Tatsache im Bereich menschlicher Geschichte
sichtbar sein kann? Paulus meint freilich, durch gnostisierende
Einwendungen gegen den Auferstehungsglauben überhaupt veranlaßt, die Auferstehung Christi als objektives Faktum sicherstellen zu können durch die Aufzählung der Zeugen, die den
Auferstandenen gesehen haben (1. Kr 15, 5—8; § 15, 2, S. 172) [1].
Aber ist ein solcher Beweis überzeugend?

3 a) Um den Sinn des Heilsgeschehens zu beschreiben, bedient
sich Paulus einer Reihe von Begriffen, die aus verschiedenen
Anschauungskreisen stammen. Eine Gruppe bilden die Aussagen,
in denen der Tod Jesu in der Begrifflichkeit jüdischer Kultus-
anschauung, und d. h. zugleich des diese Anschauung bestimmenden juristischen Denkens, als S ü h n o p f e r verstanden wird,
durch das die Vergebung der Sünden beschafft ist, d. h. die
durch die Sünden kontrahierte Schuld getilgt ist. Jesu Tod ist
das *ἱλαστήριον ἐν τῷ αὐτοῦ αἵματι*, das durch sein Blut wirksame Sühnemittel, durch welches Gott, um sich als gerechter
Richter zu erweisen, die *πάρεσις τῶν προγεγονότων ἁμαρτημάτων* ermöglicht hat (Rm 3, 25 f.). Der gleiche Gedanke begegnet knapp formuliert Rm 5, 9: *δικαιωθέντες νῦν ἐν τῷ
αἵματι αὐτοῦ*. Ebenso bestimmt die Auffassung des Todes Jesu
als Sühnopfers, verschmolzen mit der als Bundesopfers, die
Abendmahlsliturgie 1. Kr 11, 24 f. (§ 9, 4, S. 87). Der Sühn-
opfergedanke liegt auch den Worten zugrunde, in denen Jesus
als der *ὑπὲρ τῶν ἁμαρτιῶν ἡμῶν* Gestorbene (1. Kr 15, 3; 2. Kr
5, 14), oder einfach als der für uns Gestorbene (oder ähnlich)
bezeichnet wird (Rm 5, 6. 8; 14, 15; 1. Th 5, 10; vgl. 1. Kr 1, 13),
oder als der für uns Dahingegebene bzw. sich Dahingebende
(Rm 4, 25; 8, 32; Gl 1, 4; 2, 20).

In all diesen Fällen folgt Paulus der wohl schon aus der Urgemeinde stammenden (§ 7, 3, S. 48 f.) und jedenfalls im helle-

---

[1] Es ist freilich (von K. B a r t h) bestritten worden, daß die Aufzählung
der Zeugen diesen Sinn habe; sie solle vielmehr nur die Identität des
paulinischen Kerygmas mit dem der Urgemeinde sicherstellen. Nun soll
sie das gewiß auch (V. 11); aber primär hat sie doch jenen anderen Zweck.

nistischen Christentum verbreiteten Tradition (§ 9, 4, S. 86 ff.),
deren feste Formulierungen er z. T. zitiert oder variiert (s. o.
unter 1). Die für ihn charakteristische Anschauung ist darin
jedenfalls nicht enthalten, auch nicht in dem nur einmal (1. Kr
5, 7) anklingenden Gedanken von Jesu Tod als dem Paschaopfer, das nach jüdischer Anschauung ein sündentilgendes Opfer
ist, und in dem in die Abendmahlsliturgie eingeflochtenen Gedanken des Bundesopfers (1. Kr 11, 25).

b) Nah verwandt mit dem Gedanken des Sühnopfers ist der
des s t e l l v e r t r e t e n d e n   O p f e r s , der ebenfalls aus
dem Kreis kultisch-juristischen Denkens stammt (§ 7, 3, S. 49 f.).
Er kann auch durch das ὑπὲρ ἡμῶν ausgedrückt sein wie Gl
3, 13: γενόμενος ὑπὲρ ἡμῶν κατάρα, und 2. Kr 5, 21: τὸν μὴ
γνόντα ἁμαρτίαν ὑπὲρ ἡμῶν ἁμαρτίαν ἐποίησεν (§ 29, 2). Er
liegt wohl auch Rm 8, 3 vor: ὁ θεὸς τὸν ἑαυτοῦ υἱὸν πέμψας
ἐν ὁμοιώματι σαρκὸς ἁμαρτίας καὶ περὶ ἁμαρτίας κατέκρινεν
τὴν ἁμαρτίαν ἐν τῇ σαρκί. Verschmolzen ist der Sühnopfer- und
Stellvertretungsgedanke 2. Kr 5, 14 f., wo der Satz ὅτι εἷς ὑπὲρ
πάντων ἀπέθανεν durch das ἄρα οἱ πάντες ἀπέθανον im Sinne
der Stellvertretung interpretiert wird, während im folgenden
καὶ ὑπὲρ πάντων ἀπέθανεν, ἵνα κτλ. das ὑπέρ den Sinn von
„für" = „zugunsten" hat, also den Sühnopfergedanken enthält.
Aber hier wirkt auch die gleich zu nennende Auffassung des
Todes Christi als eines kosmischen Ereignisses ein, sofern das
οἱ πάντες ἀπέθανον, das im Sinne des Stellvertretungsgedankens
ja nur heißen kann: „alle g e l t e n als gestorben", im Sinne
des Paulus doch gewiß auch nach Analogie von Rm 6, 3. 5
meint: „alle s i n d gestorben".

c) Der stellvertretende Tod Christi ist nach Gl 3, 13 das
Mittel, durch welches die Menschen „l o s g e k a u f t" sind,
nämlich vom „Fluch des Gesetzes", und d. h. offenbar von der
über die Sünde — als Übertretung des Gesetzes — verhängten
Strafe. Die Anschauung ist insofern die gleiche wie in den Sätzen,
die den Sühnopfergedanken enthalten: das Opfer tilgt die Schuld
bzw. die Strafe. Indessen beschränkt sich der Gedanke nicht
darauf; denn man wird Gl 3, 13 nicht von 4, 4 isolieren dürfen,
wo freilich nicht der Tod, aber die Menschlichkeit Jesu und
seine Unterworfenheit unter das Gesetz (aber darin ist ja der
Tod eingeschlossen) als Mittel des ἐξαγοράζειν genannt ist. Hier
ist aber nach dem Zusammenhang die durch den Loskauf er-

langte Freiheit (die *νίοϑεσία*) nicht im Blick als die Freiheit
von der durch die Gesetzesübertretung kontrahierten Strafe,
sondern vom Gesetz als solchem. Endlich wird man hierher Gl
1, 4 ziehen müssen, wo dem Tode Christi der Sinn zugeschrieben
wird: *ὅπως ἐξέληται ἡμᾶς ἐκ τοῦ αἰῶνος τοῦ ἐνεστῶτος πονηροῦ.*
Der *ἐνεστὼς αἰών* ist ja der unter dem Gesetz stehende Aion,
der als solcher auch unter der Macht der Sünde und des Todes
steht. Die durch den Tod Christi erkaufte Freiheit ist also nicht
nur Straffreiheit, sondern die Freiheit von jenen „Mächten"
und damit nicht nur von der Sündenschuld, sondern vor allem
von der Sünde als Macht, d. h. vom Zwang zum Sündigen. Bestätigt wird diese Interpretation durch den Satz von 1. Kr 6, 20;
7, 23: *τιμῆς ἠγοράσϑητε*, der im Zusammenhang von 6, 12—20
bedeutet: zur Freiheit von der Sünde, im Zusammenhang von
7, 17—24: zur Freiheit von den *ἄνϑρωποι*, d. h. von den Maßstäben und Wertungen, die in diesem der Sünde verfallenen
Aion gelten.

Damit erledigt sich für Paulus die Frage, wem die durch den Tod
Christi beschaffte *τιμή* (der Preis, die Bezahlung) erstattet worden ist:
eben den Mächten, die Anspruch auf den ihnen verfallenen Menschen
erheben, vornehmlich dem Gesetz. Der Ausdruck ist bildlich, und der
mythologische Gedanke eines Handels mit dem Teufel liegt fern.

Das Wesentliche ist also dieses, daß hier die Kategorien des
kultisch-juristischen Denkens im Grunde gesprengt sind: d e r
T o d C h r i s t i ist nicht nur ein Opfer, das die Sündenschuld,
d. h. die durch das Sündigen kontrahierte Strafe tilgt, sondern
auch d a s M i t t e l z u r B e f r e i u n g v o n d e n M ä c h -
t e n d i e s e s A i o n s , G e s e t z , S ü n d e u n d T o d.

d) Es erhebt sich dann die Frage, wie der Tod Christi eine
solche Wirkung haben kann. Sie findet eine Antwort in den
Sätzen, in denen Paulus d e n T o d C h r i s t i n a c h A n a -
l o g i e d e s T o d e s e i n e r M y s t e r i e n g o t t h e i t beschreibt. Auch diese Anschauung, die sich an das Initiations-
sakrament der Taufe angeknüpft hatte und dem Sakrament des
Herrenmahls zugrunde lag (§ 13, 1 und 2, S. 142–145, 149 f.),
war dem Paulus schon aus der Tradition zugeflossen. Er hat ihr
aber einen neuen umfassenderen Sinn gegeben. Der ursprüngliche Sinn ist ja der, daß die durch Taufe und sakramentale
Kommunion bewirkte Teilhabe am Schicksal der Mysterien-
gottheit dem Mysten teilgibt wie am Sterben, so am Wieder-

aufleben der Gottheit, daß sie also, indem sie in den Tod führt,
vom Tode befreit. Den Satz von Rm 6, 10 könnte man, auf den
Gott wie auf den Geweihten bezogen, variieren: ὃ γὰρ ἀπέθανεν,
τῷ θανάτῳ ἀπέθανεν ἐφάπαξ (= ein für allemal). Aber Paulus
sagt: ... τῇ ἁμαρτίᾳ ...! Das gilt zunächst für Christus, aber
eben deshalb (V. 11) auch für die „in seinen Tod" Getauften.
Für Paulus ist die Befreiung vom Tode zugleich, und zwar
primär, die Befreiung von der Macht der Sünde. Was von der
Taufe gilt, gilt natürlich auch vom Herrenmahl, auch wenn
Paulus — der überlieferten Liturgie zufolge — es nicht ausdrücklich sagt und nur hervorhebt, daß die Feier den Tod Christi „verkündigt" (καταγγέλλει), d. h. proklamiert und den
Feiernden am Tode Christi teilgibt (1. Kr 11, 26).

e) Die Erweiterung des Mysteriengedankens vollzieht Paulus
aber in der Weise, daß er den Tod Christi — und zwar in Einheit mit seiner Menschwerdung wie mit seiner Auferstehung
bzw. Erhöhung — zugleich in den Kategorien des
gnostischen Mythos interpretiert. Er folgt auch darin
einer schon im hellenistischen Christentum vor ihm festzustellen-
den Tradition, wie er denn Phl 2, 6—11 das Christuslied zitiert,
in dem sie Gestalt gewonnen hatte (§ 15, 4 c und d). Der gnostische Mythos enthält als solcher nur die Vorstellung vom
Kommen und Gehen des Erlösers als seiner Erniedrigung und
Erhöhung, nicht aber notwendig den Gedanken, daß sein Abschied von der Erde durch einen gewaltsamen Tod herbeigeführt
wurde. Daß sich jener Mysteriengedanke mit dem gnostischen
Mythos leicht verband in gnostischen Gemeinden, die als Mysteriengemeinden organisiert waren, und in denen etwa die Gestalt des gnostischen Erlösers mit dem Mysteriengott Attis zusammengeflossen war, ist einleuchtend, und jedenfalls liegt solche
Kombination bei Paulus vor.

Wesentlich ist dabei für die gnostische Anschauung die Voraussetzung, daß die Menschen (bzw. die Gnostiker) mit dem Erlöser zu einer substanzhaft gedachten Einheit, einem σῶμα,
zusammengehören. Wie der Erlöser selbst nicht eigentlich eine
individuelle Person, sondern eine kosmische Gestalt ist, so ist
auch sein σῶμα eine kosmische Größe (§ 15, 1 und 4 d, S. 169 f.
181). Was dem Erlöser widerfährt bzw. widerfahren ist, als er
in Menschengestalt verkleidet auf der Erde weilte, das widerfährt seinem ganzen σῶμα, d. h. auch denen, die zu diesem

σῶμα gehören. Gilt also·von ihm, daß er den Tod erlitten hat,
so gilt Gleiches von ihnen (2. Kr 5, 14); gilt von ihm, daß er
vom Tode auferweckt ist, so gilt dasselbe von ihnen (1. Kr
15, 20—22); und wie seine — des „erlösten Erlösers" — Rückkehr in die himmlische Heimat die Befreiung von den widergöttlichen Mächten ist, die diese niedere Welt beherrschen, so
haben die mit ihm zu einem σῶμα Verbundenen an dieser Befreiung teil.

In diesem Lichte sieht Paulus die Taufe, die nach 1. Kr 12, 13
die Getauften mit Christus zu einem σῶμα vereinigt. Wir, die
Glaubenden, sind mit ihm „zusammengewachsen" durch die
Taufe in seinen Tod (Rm 6, 5). Deshalb ist das ganze Leben
des Glaubenden durch den Tod, aber auch durch die Auferstehung Christi geprägt. Wie das Sterben Jesu sich am Leibe
des Apostels weiter vollzieht, so wirkt in ihm auch das Leben
Jesu (2. Kr 4, 7—12; vgl. 1, 5). Aber wie Phl 3, 10 f. zeigt, gilt
das keineswegs nur vom Apostel, sondern von allen Glaubenden,
für die Paulus sich nur als exemplarischen Fall darstellt, wenn
er es als das Ziel bezeichnet: τοῦ γνῶναι αὐτὸν καὶ τὴν δύναμιν
τῆς ἀναστάσεως αὐτοῦ καὶ κοινωνίαν παθημάτων αὐτοῦ, συμμορφιζόμενος τῷ θανάτῳ αὐτοῦ, εἴ πως καταντήσω εἰς τὴν ἐξ-
ανάστασιν τὴν ἐκ νεκρῶν.

Tod und Auferstehung Christi sind danach kosmische Ereignisse, nicht einmalige Vorkommnisse, die in der Vergangenheit liegen. Durch sie ist der alte Aion und sind seine Mächte
grundsätzlich entmächtigt worden; sie sind schon καταργούμενοι
(1. Kr 2, 6), auch wenn in der Gegenwart das Leben der Glaubenden noch nicht sichtbar, sondern unter der Maske des Todes
verborgen ist (2. Kr 4, 7—12). Die Gegenwart ist ja nur eine
kurze Zwischenzeit: ὁ καιρὸς συνεσταλμένος ἐστίν . . . παράγει
γὰρ τὸ σχῆμα τοῦ κόσμου τούτου (1. Kr 7, 29. 31), so daß
Paulus auch triumphierend sagen kann: τὰ ἀρχαῖα παρῆλθεν,
ἰδοὺ γέγονεν καινά (2. Kr 5, 17). Wie der erste Adam die alte
Menschheit einleitete, so Christus als der ἔσχατος Ἀδάμ die
neue; und wie die alte adamitische Menschheit durch den vergänglichen, irdischen Urvater geprägt war, der Sünde und Tod
in die Welt gebracht hatte, so hat die neue ihr Gepräge durch
Christus empfangen, der durch seinen Gehorsam (d. h. durch
seine Menschwerdung und seinen Tod) und seine Auferstehung
das Leben und die Freiheit von den nichtigenden Mächten ge-

bracht hat (Rm 5, 12—19; 1. Kr 15, 21 f. 44—49).

4. Es ist deutlich, daß für Paulus keiner der Anschauungskreise und ihrer Begriffe genügt, um sein Verständnis vom Heilsgeschehen zum Ausdruck zu bringen. Wenn er sich nicht darauf beschränkt, die Bedeutung des Todes Jesu in den Kategorien des jüdischen Kultus- und Rechtsdenkens darzustellen — die Bedeutung der Auferstehung konnte dabei ja überhaupt nicht zu ihrem Rechte kommen —, sondern wenn er auch zu den Kategorien der Mysterien und des gnostischen Mythos greift, so offenbar deshalb, weil in ihnen das Heilsgeschehen als ein wirklich am Menschen sich vollziehendes Geschehen interpretiert werden konnte. Aber gilt nicht allen Formulierungen gegenüber die Frage, ob nicht der Hörer, dem solche Verkündigung vorgetragen wird, vorgängig von dem Wesen Jesu Christi als des präexistenten Gottessohnes, von dem Faktum seiner Menschwerdung und seiner Auferstehung überzeugt sein muß, wenn er an die Heilsbedeutung dieser Ereignisse und zumal an die Heilsbedeutung seines Todes, der ja allein als objektives Faktum greifbar ist, glauben soll? Wie kann die Forderung solchen vorgängigen Glaubens, auf dem dann der eigentliche Heilsglaube erst beruhen könnte, begründet werden?

Wenn man einfach nachzeichnend die Aussagen des Paulus reproduziert, so stellt sich also heraus, daß man eigentlich z w e i A k t e d e s G l a u b e n s u n d d a m i t a u c h z w e i B e g r i f f e d e s G l a u b e n s unterscheiden muß: 1. einen Glauben, der in der Willigkeit besteht, die berichteten Tatsachen von der Menschwerdung und Kreuzigung des präexistenten Gottessohnes und seine Auferstehung von den Toten für wahr zu halten und in ihnen einen Erweis der Gnade Gottes zu sehen; 2. einen Glauben, der als Hingabe an die Gnade Gottes eine radikale Umkehr des bisherigen Selbstverständnisses des Menschen bedeutet, die radikale Preisgabe der καύχησις.

Ein einheitlicher Glaubensbegriff würde nur dann vorliegen, und um einen einzigen entscheidenden Akt des Glaubens würde es sich nur dann handeln, wenn die Entscheidungsfrage, ob der Mensch sein altes Selbstverständnis fahren lassen und sich ganz aus der Gnade Gottes verstehen will, und die Frage, ob er. Christus als den Sohn Gottes und Herrn anerkennen will, ein und dieselbe Frage sind. Und das sind sie doch offenbar im Sinne der eigentlichen Intention des Paulus.

5. Jedenfalls ist eines klar: Paulus kann von Christus als dem „Sohne Gottes, der ihn geliebt und sich für ihn dahingegeben hat", nur reden als der, der auf seine eigene Gerechtigkeit verzichtet und sein Selbst (sein ἐγώ) in den Tod gegeben hat (Gl 2, 19 f.; Phl 3, 4—11). Er weiß von jenem nur so, daß er in eins damit sich selbst neu versteht. Er, der ζηλωτὴς τῶν πατρικῶν παραδόσεων (Gl 1, 14), hat das ihn treffende Wort von Christus als dem Sohne Gottes und dem κύριος von vornherein als die Forderung verstanden, seinen einstigen ζῆλος θεοῦ (Rm 10, 2) preiszugeben (§ 16), und eben als solche Forderung gibt er die Predigt von Christus weiter, nioht als „Weisheitsrede", als mysterienhafte Belehrung über mythische Vorgänge, über metaphysische Wesenheiten, sondern als den λόγος τοῦ σταυροῦ, der für den natürlichen Menschen σκάνδαλον und μωρία ist: ὅπως μὴ καυχήσηται πᾶσα σάρξ ἐνώπιον τοῦ θεοῦ (1. Kr 1, 18—31), als den λόγος τῆς καταλλαγῆς (2. Kr 5, 18—6, 2), angesichts dessen es kein ἐν προσώπῳ καυχᾶσθαι (5, 12) gibt.

Dem entspricht es, daß Paulus im Römerbrief, wo er der ihm bisher fremden Gemeinde, um sich als echten Apostel zu legitimieren, die Hauptgedanken seiner Verkündigung in einem geschlossenen Zusammenhang vorträgt, nicht etwa zuerst eine Darstellung des Heilsgeschehens — analog etwa den kosmologischen Belehrungen hermetischer Traktate — gibt, deren Glaubwürdigkeit zunächst anerkannt werden müßte. Statt dessen beginnt er damit, die Situation des Menschen aufzudecken, so daß dann die Verkündigung der Heilstat zur Entscheidungsfrage wird. Entsprechend der Gedankengang Rm 7, 7—8, 11: für den Menschen, dessen Situation unter dem Gesetz als die des ταλαίπωρος ἄνθρωπος, der nach Rettung aus dem Todesleibe seufzt, durchsichtig geworden ist, kann auch das Heilsgeschehen als solches sichtbar werden.

Wenn das aber so ist, daß die Verkündigung des Heilsgeschehens nicht eine vorgängige Belehrung ist, die der eigentlichen Glaubensforderung vorangeht, sondern wenn sie als solche der Ruf zum Glauben, zur Preisgabe des bisherigen Selbstverständnisses, der Ruf καταλλάγητε τῷ θεῷ ist, — wenn das so ist, so heißt das, daß d a s H e i l s g e s c h e h e n n i r g e n d s a n d e r s a l s i m v e r k ü n d i g e n d e n, i m a n r e d e n d e n, f o r d e r n d e n u n d v e r h e i ß e n d e n W o r t p r ä s e n t ist; ein „erinnernder", historischer, d. h. auf ein

vergangenes Geschehen hinweisender Bericht kann es nicht sichtbar machen. Es heißt, daß sich das Heilsgeschehen in der Verkündigung des Wortes weiter vollzieht. Eben darin ist das Heilsgeschehen eschatologisches Geschehen, daß es nicht zu einem
Faktum der Vergangenheit wird, sondern ständig in der Gegenwart neu geschieht, — präsent nicht in der Nachwirkung eines
bedeutsamen weltgeschichtlichen Faktums, sondern in der nicht
in die Entwicklung der Geistesgeschichte eingehenden Verkündigung. Das drückt Paulus dadurch aus, daß er sagt: Gott hat
mit der Versöhnung zugleich die διακονία τῆς καταλλαγῆς, den
λόγος τῆς καταλλαγῆς gestiftet (2. Kr 5, 18 f.), so daß in der
Verkündigung Christus selbst, ja Gott selbst begegnet, daß das
νῦν, in dem die Predigt erklingt, das νῦν des eschatologischen
Geschehens selbst ist (2. Kr 6, 2).

So findet denn auch die Frage ihre Antwort, wie d a s
H e i l s g e s c h e h e n a l s e i n a u f d e n M e n s c h e n g e -
r i c h t e t e s, i h n t r e f f e n d e s, a n i h m s i c h v o l l -
z i e h e n d e s verstanden werden kann (s. o. 2); es ereignet sich
in dem Wort, das den Hörer anredet und in die Entscheidung
zwingt. Damit aber ist das Heilsgeschehen, das im Mythos
der Gnosis in der Dimension kosmisch-naturhaften Geschehens
bleibt, in die Dimension echt geschichtlichen Geschehens trans-
poniert. Die Verbundenheit der Glaubenden mit Christus zu
einem σῶμα ist jetzt nicht in der Teilhabe an der gleichen übernatürlichen Substanz begründet, sondern darin, daß Tod· und
Auferstehung Christi im Wort der Verkündigung zur Möglichkeit der Existenz werden, der gegenüber die Entscheidung
fallen muß, und daß der Glaube sie ergreift und sich zu eigen
macht als die die Existenz des Glaubenden bestimmenden
Mächte.

Die Verwandlung, die die gnostischen Kategorien erleiden müssen, kommt
Rm 5, 12—19 zutage (s. o. zu S. 253 und s. u. zu 348 f.). Wie es in der Menschheit nach Adam nicht die Wahl gab, anders zu sein als der der Sünde und dem
Tode verfallene Adam, so dürfte es nach logischer Konsequenz nach Christus
als dem zweiten Adam auch nicht die Möglichkeit geben, anders zu sein als
Christus, nämlich unter der Macht von ὑπακοή und ζωή zu stehen.
Faktisch aber gilt nach Christus die Entscheidung zwischen beiden Möglichkeiten, und dem οἱ λαμβάνοντες (V. 17) im Christus-Aion kann kein
ebensolches οἱ λαμβάνοντες (das ja ein „wenn sie", „sofern sie" impliziert) im Adam-Aion entsprechen. Ebenso müßte nach konsequenter Logik
in dem Satze 1. Kr 15, 22: ὥσπερ γὰρ ἐν τῷ Ἀδὰμ πάντες ἀποθνῄσκουσιν,
οὕτως καὶ ἐν τῷ Χριστῷ πάντες ζωοποιηθήσονται, der Sinn der sein:

alle Menschen werden durch (in) Christus lebendig gemacht werden. Faktisch aber ist der Sinn: alle erhalten die Möglichkeit dazu; realisiert wird sie nur für die, die τοῦ Χριστοῦ sind (V. 23).

6. a) Beantwortet ist dann auch die Frage, w o r a n d a s K r e u z C h r i s t i a l s H e i l s e r e i g n i s k e n n t l i c h w i r d , nämlich nicht auf Grund einer vorgängigen Belehrung über den Gekreuzigten. Er kann nicht zuerst in seiner göttlichen Qualität erkannt sein, damit daraufhin an die Bedeutung des Kreuzes geglaubt werde; — dann wäre ja dem λόγος τοῦ σταυ-ροῦ der Charakter des σκάνδαλον und der μωρία genommen. Diesen erhält es dadurch, daß ein Gekreuzigter als Herr ver-kündigt wird; und nur daran, daß dieses geschieht, ist es als Heilsereignis kenntlich. Das bedeutet aber: solche Erkenntnis vollzieht sich nur als Anerkenntnis. Das ist die Entscheidungs-frage, vor die der λόγος τοῦ σταυροῦ den Hörer stellt, ob er an-erkennen will, daß Gott einen Gekreuzigten zum Herrn gemacht hat; ob er damit die Forderung anerkennen will, in der Preis-gabe seines bisherigen Selbstverständnisses das Kreuz zu über-nehmen, es zur bestimmenden Macht seines Lebens werden zu lassen, sich mit Christus kreuzigen zu lassen (1. Kr 1, 18—31; Gl 6, 14, vgl. 5, 24). Darin aber, daß dies geschieht, erweist sich, daß der Tod Christi ein „kosmisches" Ereignis ist, d. h. daß von ihm nicht mehr nur als von dem historischen Ereignis der Kreuzigung Jesu auf Golgatha geredet werden darf. Dieses Er-eignis hat Gott ja zum eschatologischen Ereignis gemacht, so daß es, aller zeitlichen Begrenztheit entnommen, sich in jeder Gegenwart weiter vollzieht, im verkündigenden Wort wie in den Sakramenten (§ 34, 3). Der Apostel trägt das Sterben Jesu an seinem Leibe umher und ist von den στίγματα τοῦ ᾿Ιησοῦ ge-prägt (2. Kr 4, 10 f.; Gl 6, 17); die Leiden Christi strömen reich-lich auf ihn über (2. Kr 1, 5) [1]. Aber nicht nur in der Verkündi-gung wird so das Kreuz präsent, sondern auch in all denen, die es zur bestimmenden Macht ihres Lebens werden lassen, die mit Christus zu einem σῶμα verbunden sind.

b) Sofern die Sätze über d i e P r ä e x i s t e n z C h r i s t i u n d s e i n e M e n s c h w e r d u n g Mythologeme sind, haben sie weder anredenden Charakter, noch sind sie Ausdruck des

---

[1] Ein Schüler des Apostels hat Kl 1, 24 diesen Gedanken so formu-liert, daß er den Paulus sagen läßt, er ergänze durch seine Leiden für die Gemeinde das, was noch an den Christusleiden fehle.

Glaubens als der Preisgabe der καύχησις. Und doch dienen sie dazu, im Zusammenhang des Kerygmas eine entscheidende Tatsache zum Ausdruck zu bringen, diese nämlich, daß die Person und das Schicksal Jesu nicht im Zusammenhang innerweltlichen Geschehens ihren Ursprung und ihre Bedeutung haben, sondern daß Gott in ihnen gehandelt hat, und daß dies sein Handeln geschah, „als die Zeit erfüllt war" (Gl 4, 4), also die eschatologische Tat Gottes ist, und zwar zum Heil der Menschen, für die er Christus dahingegeben hat (Rm 8, 32). So verstanden erleichtert die Tatsache der Präexistenz Christi den Glauben an den Gekreuzigten nicht (als sei die Behauptung von der Heilsbedeutung des Kreuzes dann glaubhaft, wenn es eben der präexistente Gottessohn war, der am Kreuze starb), sondern wird vielmehr selbst zum skandalösen und törichten Gegenstand des Glaubens und gehört mit dem λόγος τοῦ σταυροῦ zu einer Einheit zusammen.

Sofern die Menschwerdung Christi zugleich dessen eigene Tat des Gehorsams und der Liebe ist (Phl 2, 8; Gl 2, 20; Rm 8, 35. 39), muß zunächst gesagt werden, daß die ὑπακοή und ἀγάπη des Präexistenten nicht anschaulich gegeben sind und nicht erfahren werden können als auf den zum Glauben Aufgerufenen direkt gerichtet. Sie werden aber indirekt erfahren, insofern Christus in der διακονία der Verkündiger gegenwärtig ist. Wie er durch seine Menschwerdung zum διάκονος περιτομῆς geworden ist (Rm 15, 8), so sind sie die διάκονοι καινῆς διαθήκης (2. Kr 3, 6), sind die διάκονοι θεοῦ (2. Kr 6, 4) bzw. Χριστοῦ (2. Kr 11, 23; vgl. 1. Kr 3, 5), die δοῦλοι oder ὑπηρέται Christi (Rm 1, 1; Gl 1, 10; Phl 1, 1; bzw. 1. Kr 4, 1) und damit die δοῦλοι der Menschen (2. Kr 4, 5; 1. Kr 9, 19), in denen der μορφὴν δούλου λαβών (Phl 2, 7) begegnet. Wie vom Präexistenten gilt: οὐχ ἑαυτῷ ἤρεσεν, wie er alle Schmach auf sich nahm (Rm 15, 3), so gilt auch vom Apostel: πάντα πᾶσιν ἀρέσκω (1. Kr 10, 33), und auch er nimmt seinen Weg durch Schmach und Schande (1. Kr 4, 9—13; 2. Kr 6, 8 f.). Wie sich Christus in den Tod dahingab, um das Leben für die Menschen zu beschaffen, so wirkt im Apostel der Tod, damit das Leben in den Hörern seiner Predigt wirksam werden kann (2. Kr 4, 12); die ἀγάπη τοῦ Χριστοῦ (Rm 8, 35) beherrscht den Apostel (2. Kr 5, 14; Gen. subj.!). So kann er nicht nur zur Nachahmung Christi rufen (Phl 2, 5; Rm 15, 3; 2. Kr 8, 9),

sondern auch als der, der den Hörern gegenüber Christus vertritt (2. Kr 5, 20), mahnen: μιμηταί μου γίνεσθε (1. Kr 4, 16;
vgl. Gl 4, 12; Phl 3, 17; 4, 9) und solche Mahnung auch motivieren: καθὼς κἀγὼ Χριστοῦ (1. Kr 11, 1; vgl. 1. Th 1, 6).
Die Menschwerdung des Präexistenten hat also auch „kosmische", d. h. in Wahrheit g e s c h i c h t l i c h e D i m e n -
s i o n; sie begegnet in der christlichen Verkündigung. Anders
formuliert: die Tatsache, daß es von Gott autorisierte Verkündigung der zuvorkommenden Gnade und Liebe Gottes gibt, findet
ihren mythologischen Ausdruck in der Rede von der Präexistenz
Christi. Indem die Präexistenz geglaubt wird, wird eben damit
bejaht, daß es Gottes Wort ist, das den Hörer getroffen hat.

Wenn dem Präexistenten nun gar die Rolle des Schöpfungs-
mittlers zugeschrieben wird (δι' οὗ τὰ πάντα 1. Kr 8, 6; § 12, 3,
S. 134), so tritt, indem damit seine Rolle als Heilsvermittler
verknüpft wird (καὶ ἡμεῖς δι' αὐτοῦ), schon hervor, daß die
kosmologische Rolle in Einheit mit der soteriologischen verstanden werden soll; d. h. in der Rede von dem Präexistenten als
dem Schöpfungsmittler spricht sich der Glaube aus, daß Schöpfung und Erlösung eine Einheit bilden, daß die im Wort des
Kerygmas begegnende Liebe Gottes ihren Ursprung vor aller
Zeit hat.

c) Die Wahrheit der A u f e r s t e h u n g C h r i s t i kann
nicht vor dem Glauben, der den Auferstandenen als den Herrn
anerkennt, eingesehen werden. Die Tatsache der Auferstehung
kann — trotz 1. Kr 15, 3—8 — nicht als ein objektiv feststell-
bares Faktum, auf das hin man glauben kann, erwiesen oder
einleuchtend gemacht werden. Aber sie kann — und sie kann
nur so — geglaubt werden, sofern sie bzw. der Auferstandene
im verkündigten Worte gegenwärtig ist. Der Glaube an die Auferstehung Christi und der Glaube, daß im verkündigten Wort
Christus selbst, ja Gott selbst, spricht (2. Kr 5, 20), ist identisch.
Christus ist ja im Kerygma nicht so präsent, wie eine große
geschichtliche Person in ihrem Werk und ihren geschichtlichen
Wirkungen präsent ist. Nicht um eine geistesgeschichtliche Wirkung, die sich innerhalb der Geschichte vollzieht, handelt es
sich ja, sondern darum, daß eine geschichtliche Person und ihr
Schicksal zum Range des eschatologischen Ereignisses erhoben
ist. Das Wort, das dieses verkündigt, gehört selbst mit zu diesem Ereignis und trifft — anders als sonst alle historische Über-

lieferung — den Hörer als persönliche Anrede. Hört er es als
das zu ihm gesprochene, ihm den Tod und dadurch das Leben
zusprechende Wort, so glaubt er an den Auferstandenen.

Die etwaige Rückfrage nach der Berechtigung des Anspruchs
der Verkündigung ist schon ihre Ablehnung; sie muß verwandelt
werden in die Frage, die der Fragende an sich selbst zu richten
hat, ob er die Herrschaft Christi anerkennen will, die seinem
Selbstverständnis die Entscheidungsfrage stellt. Jesu Auferstehung hat nicht den Sinn einer Entrückung ins Jenseits, sondern
den seiner Erhöhung zur Herrschaft (Phl 2, 11), die er inne hat,
bis er sie dem Vater wieder abgibt (1. Kr 15, 24), d. h. eben in
der Gegenwart, die ihren Charakter durch die Verkündigung
erhält. Auf sein Gebot hin wird gepredigt (Rm 10, 17); die
Apostel sind seine *διάκονοι*, seine *δοῦλοι* und *ὑπηρέται* (s. o.);
er redet in ihnen (2. Kr 5, 20; 13, 3) und wirkt durch sie (Rm
15, 18); kommt der Apostel, so kommt er *ἐν πληρώματι εὐλογίας
Χριστοῦ* (Rm 15, 29). Im Apostel ist Christus eben als der Auferstandene gegenwärtig; denn indem Paulus das Sterben Jesu
an seinem Leibe umherträgt, offenbart er an seinem Leibe das
Leben Jesu (2. Kr 4, 10 f.); durch ihn erweist Christus an den
Hörern seine Kraft: „Denn wie er gekreuzigt ist aus Schwachheit, aber aus der Kraft Gottes lebt, so sind auch wir schwach
durch ihn, aber wir werden mit ihm leben aus der Kraft Gottes
euch gegenüber" (2. Kr 13, 4), — d. h. der Auferstandene selbst
begegnet im Apostel.

§ 34. DAS WORT, DIE KIRCHE, DIE SAKRAMENTE

Zu 1: BULTMANN, R., Kirche und Lehre im Neuen Testament (1929), in:
DERS., Glauben und Verstehen. I., (1933) [8]1980, 153–187. – STUHLMACHER,
P., Das paulinische Evangelium. I., 1968. – FRIEDRICH, G., Glaube und
Verkündigung bei Paulus, in: Glaube im Neuen Testament. Studien zu
Ehren von Hermann Binder..., 1982, 93–113. – STRECKER, G., Art. εὐαγ-
γέλιον κτλ., EWNT II, 1981, 176–186. – Zu 2: DAHL, N. A., Das Volk
Gottes, 1941. – KÄSEMANN, E., Das theologische Problem des Motivs vom
Leibe Christi, in: DERS., Paulinische Perspektiven, (1969) [2]1972, 178–210. –
HAINZ, J., Ekklesia. Strukturen paulinischer Gemeinde -Theologie und Ge-
meinde-Ordnung, 1972. – DERS., Koinonia. ‚Kirche' als Gemeinschaft bei

Paulus, 1982. – KLAIBER, W., Rechtfertigung und Gemeinde, 1982. – SCHWEIZER, E., Art. σῶμα κτλ., EWNT III, 1983, 770–779. – Zu 3: s. zu § 13 (S. 135; die dort genannten Titel werden hier nicht wiederholt). – SODEN, H. V., Sakrament und Ethik bei Paulus (1931), in: DERS., Urchristentum und Geschichte. I., 1951, 239–275. – MUNDLE, W., Der Glaubensbegriff des Paulus, (1932) ²1977. – BORNKAMM, G., Taufe und neues Leben bei Paulus (1939), in: DERS., Das Ende des Gesetzes, (1952) ⁵1966, 34–50. – DIBELIUS, M., Paulus und die Mystik (1941), in: DERS., Botschaft und Geschichte. II., 1956, 134–159. – DUPONT, J., Gnosis. La Connaissance religieuse dans les Épîtres de St. Paul, 1949 (dazu: R. BULTMANN, JThSt, N.S. 3, 1952, 10–26). – SCHNACKENBURG, R., Das Heilsgeschehen bei der Taufe nach dem Apostel Paulus, 1950. – WENDLAND, H. D., Das Wirken des Heiligen Geistes in den Gläubigen nach Paulus, ThLZ 77, 1952, 457–470. – LOHSE, E., Taufe und Rechtfertigung bei Paulus (1965), in: DERS., Die Einheit des Neuen Testaments, 1973, 228–248. – SCHWEIZER, E., Die „Mystik" des Sterbens und Auferstehens mit Christus bei Paulus (1967/68), in: DERS., Beiträge zur Theologie des Neuen Testaments, 1970, 183–203. – HAHN, FERD., Taufe und Rechtfertigung. Ein Beitrag zur paulinischen Theologie in ihrer Vor- und Nachgeschichte, in: Rechtfertigung, FS. E. Käsemann, 1976, 95–124. – DERS., Herrengedächtnis und Herrenmahl bei Paulus, Liturgisches Jahrbuch 32, 1982, 166–177. – SCHNELLE, U., Gerechtigkeit und Christusgegenwart. Vorpaulinische und paulinische Tauftheologie, 1983.

1. Das Heilsgeschehen ist das e s c h a t o l o g i s c h e G e
s c h e h e n , das dem alten Weltlauf ein Ende setzt. Wenn
Paulus auch noch ein Ende der alten Welt als ein kosmisches
Drama erwartet, das sich mit der bevorstehenden Parusie Christi
abspielen wird (1. Th 4, 16; 1. Kr 15, 23. 51 f. usw.), so kann
dieses doch nur Abschluß und Bestätigung des jetzt schon begonnenen eschatologischen Geschehens sein. Denn dieses hat mit
der Sendung Christi, „als die Zeit erfüllt war", entscheidend
begonnen (Gl 4, 4), so daß es schon jetzt heißen kann: τὰ ἀρχαῖα
παρῆλθεν, ἰδοὺ γέγονεν καινά (2. Kr 5, 17). Die eschatologische
δικαιοσύνη und die υἱοθεσία sind schon Gegenwart (§ 29); der
Geist, die ἀπαρχή (Rm 8, 23), der ἀρραβών der künftigen Vollendung (2. Kr 1, 22; 5, 5), ist der Gemeinde schon geschenkt
worden (Gl 4, 6; Rm 8, 15). Wird die Gegenwärtigkeit des Lebens von Paulus auch in der Begrifflichkeit der Gnosis beschrieben (§ 33, 3 e), so hat er doch das gegenwärtige eschatologische
Geschehen aus der Dimension des kosmischen Geschehens in die
des geschichtlichen erhoben (§ 33, 5), und zwar dadurch, daß
er seinen Vollzug in der Predigt des Wortes erblickt, das Jesus
als den gekreuzigten und auferstandenen Herrn verkündigt. In
dieser Verkündigung vollzieht sich schon das Gericht, da sie

Tod und Leben für Unglauben und Glauben verbreitet (2. Kr
2, 15 f.). So hat Paulus die jüdische apokalyptische Spekulation
von dem messianischen Zwischenreich, das dem neuen Aion
vorangeht, vergeschichtlicht, indem er die Zeit der Herrschaft
Christi als die Zeit zwischen seiner Auferstehung und Parusie
versteht, also als die Gegenwart, in der die Predigt erklingt
(1. Kr 15, 23—28).

Im Worte ist also das Heilsgeschehen präsent (§ 33, 5). Denn
das verkündigte Wort ist weder eine in allgemeinen Wahrheiten
verlaufende, aufklärende Weltanschauung, noch auch ein bloß
historischer Bericht, der referierend an entscheidende, aber vergangene Tatsachen „erinnerte". Es ist vielmehr Kerygma im
eigentlichen Sinne, autorisierte, verfügende Verkündigung, herr-
scherlicher Erlaß. Seine Verbreitung bedarf der autorisierten
Boten, der κήρυκες, der ἀπόστολοι (Rm 10, 13—17). Und so ist
es seinem Wesen nach Anrede, die je den Einzelnen trifft, ihn
in seinem Selbstverständnis in Frage stellt und seine Entscheidung fordert.

Ist in ihm das Heilsgeschehen präsent, so gehört es selbst
mit zu diesem, es ist mit ihm zugleich als διακονία τῆς καταλλαγῆς, als λόγος τῆς καταλλαγῆς gestiftet worden (2. Kr 5, 18 f.,
§ 33, 5). In ihm geschieht also das eschatologische Geschehen;
der eschatologische καιρὸς εὐπρόσδεκτος, die ἡμέρα σωτηρίας,
von Jes 49, 8 geweissagt, ist Gegenwart in dem νῦν, da das
Wort den Hörer trifft (2. Kr 6, 2, § 33, 5).

So gehört der Verkündiger, d e r A p o s t e l , der Christus
und Gott den Hörern gegenüber vertritt (2. Kr 5, 20, § 33, 6 a
und b), dessen Wort Gottes Wort ist (1. Th 2, 13), zum eschatologischen Geschehen. Er verbreitet den „Duft der Erkenntnis
Gottes" (2. Kr 2, 14); und wenn er in seiner Predigt den φωτισ-
μὸς τῆς γνώσεως τῆς δόξης τοῦ θεοῦ ἐν προσώπῳ Χριστοῦ aufstrahlen läßt, so vollzieht Gott, der einst gesagt hatte: ἐκ σκότους φῶς λάμψει, jetzt darin die neue Schöpfung (2. Kr 4, 6).
Deshalb muß der Apostel aber den Anspruch auf den Gehorsam
seiner Gemeinden erheben (2. Kr 2, 9; 7, 15; Phl 2, 12; Phm 21)
und sich dem Mißverständnis aussetzen, als tyrannisiere er die
Gläubigen (2. Kr 1, 24), während er als Glaubender mit ihnen
unter dem gleichen κύριος steht und, diesen verkündigend, sich
zum δοῦλος der Menschen macht, denen er predigt (2. Kr 4, 5;
1. Kr 9, 19—23). Aber freilich, sofern er Apostel ist, muß er

fordern, daß sich die ὑπακοή τοῦ Χριστοῦ der Gemeinde als der
Gehorsam gegen seine Person bewähre (2. Kr 10, 5 f.).

2. Das Wort der Predigt ruft und sammelt zur ἐ κ κ λ η σ ί α ,
zur K i r c h e , zur G e m e i n d e der κλητοί und ἅγιοι (§ 10, 3,
S.101). Sie ist die eschatologische Gemeinde, und ihre Existenz
gehört also mit zum eschatologischen Heilsgeschehen. Wie sie
durch die Predigt berufen ist, so begründet wiederum ihre Existenz die Predigt. Nur in der ἐκκλησία gibt es autorisierte Predigt; die διακονία τῆς καταλλαγῆς ist die διακονία καινῆς διαθήκης (2. Kr 3, 6 ff.), d. h. die apostolische Predigt steht von
vornherein im Rahmen der Heilsgeschichte, deren Subjekt das
Gottesvolk ist. Die Apostel, die die Gemeinden durch ihre
Mission erst gründen, stehen doch innerhalb der Gemeinde
(1. Kr 12, 28). Könnte Paulus nicht dessen gewiß werden, daß
sein Wirken die Zustimmung der Urgemeinde erhält, so müßte
er glauben „ins Leere gelaufen zu sein" (Gl 2, 2).

Darin, daß das Wort ἐκκλησία bald die Gesamtkirche, bald
die Einzelgemeinde bezeichnet (§ 10, 1, S. 96), spiegelt sich der
eigentümliche Doppelcharakter der eschatologischen Gemeinde;
sie ist einerseits kein Phänomen der Welt, sondern gehört zum
neuen Aion, und andrerseits verkörpert sich diese eschatologische
Gemeinde, die als solche unsichtbar ist, sichtbar in den einzelnen Gemeinden innerhalb der Welt. Die ἐκκλησία ist ein
genau so zweideutiges Phänomen wie das Kreuz Christi: sichtbar als weltliches Faktum, unsichtbar, jedoch für das Auge des
Glaubens zugleich sichtbar, als Größe der künftigen Welt.

Ihre reinste Darstellung findet die eschatologische Gemeinde
jeweils in der kultischen Versammlung der Gemeinde, in der
der κύριος als Herr bekannt wird (1. Kr 12, 3; Phl 2, 11). Er
ist beim συνέρχεσθαι ἐν ἐκκλησίᾳ (1. Kr 11, 18) gegenwärtig
und erweist sich hier durch das Wirken des πνεῦμα in den verschiedenen χαρίσματα (1. Kr 14). Ja, Gott selbst, der ἐνεργῶν
τὰ πάντα ἐν πᾶσιν (1. Kr 12, 6), ist gegenwärtig; und vom Pro-
phetenwort getroffen muß der als Gast anwesende Laie bekennen, ὅτι ὄντως ὁ θεὸς ἐν ὑμῖν ἐστιν (1. Kr 14, 25).

Die in der kultischen Versammlung sich darstellende eschatologische Heiligkeit bestimmt die Struktur und das Leben der
Gemeinde überhaupt. Da die Gemeinde der Welt entnommen
ist, haben in ihr die weltlichen Differenzierungen ihren Sinn
verloren; es gilt:

οὐκ ἔνι Ἰουδαῖος οὐδὲ Ἕλλην,
οὐκ ἔνι δοῦλος οὐδὲ ἐλεύθερος,
οὐκ ἔνι ἄρσεν καὶ θῆλυ·
πάντες γὰρ ὑμεῖς εἷς ἐστε ἐν Χρ. Ἰησοῦ

(Gl 3, 28; vgl. 1. Kr 12, 13). Die Gleichgültigkeit aller weltlichen Differenzierungen kommt aber auch darin zur Geltung, daß „jeder in dem Stande bleiben soll, in dem ihn die Berufung Gottes getroffen hat" (1. Kr 7, 17—24); d. h. die Verneinung weltlicher Unterscheidungen bedeutet nicht ein innerweltliches soziologisches Programm, sondern ist ein eschatologisches Geschehen, das nur innerhalb der eschatologischen Gemeinde Ereignis wird.

Von der umgebenden Welt, von denen, die „draußen" sind (1. Kr 5, 12 f.; 1. Th 4, 12), von den ἄδικοι (1. Kr 6, 1), ist die Gemeinde, als der Tempel Gottes (1. Kr 3, 16 f.), als die Gemeinde der ἅγιοι, geschieden. „Fehllose Kinder Gottes inmitten eines verkehrten und verirrten Geschlechtes" sollen die Gläubigen sein, und „strahlen wie die Sterne in der Welt" (Phl 2, 15). Selbstverständlich beteiligt sich der Christ nicht am heidnischen Kult (1. Kr 10, 1—22; § 10, 3); aber er soll auch nicht bei heidnischen Gerichten prozessieren (1. Kr 6, 1—8), seine Pflichten der staatlichen Behörde gegenüber jedoch gewissenhaft erfüllen (Rm 13, 1—7). Nicht daß jeglicher Verkehr mit den „Ungläubigen" abgeschnitten wäre (1. Kr 5, 9 f.; 10, 27). Aber die eschatologische Gemeinde kommt doch nicht nur in ihrer kultischen Versammlung zur Erscheinung, sondern auch darin, daß von diesem Zentrum aus sich eine durch den christlichen Glauben bestimmte profane Lebensgemeinschaft bildet, in der es gegenseitige Verantwortung und gegenseitigen Dienst gibt, ἀντιλήμψεις und κυβερνήσεις, ein προΐστασθαι, κοπιᾶν und διακονεῖν in verschiedenen Formen (1. Kr 12, 28; 16, 15 f.; Rm 12, 7 f.; 1. Th 5, 12). Als offizielle Vertreter einer Gemeinde begegnen Phl 1, 1 zum erstenmal ἐπίσκοποι und διάκονοι, und die Entstehung eines Schiedsrichtertums ist 1. Kr 6, 1 ff. vorbereitet.

Den Charakter der Gemeinde als einer eschatologischen kann Paulus in Übereinstimmung mit der gemeinchristlichen Anschauung (§ 10, 2) in heilsgeschichtlichen Begriffen beschreiben, wenn er sie als die Gemeinde des „neuen Bundes" bezeichnet (2. Kr 3, 6 ff.; 1. Kr 11, 25) oder sie das „Israel Gottes" nennt (Gl 6, 16), oder wenn er von Abraham als dem Vater der Gläu-

bigen redet (§ 10, 2). Die Gemeinde wird dadurch als das Ende
der Heilsgeschichte charakterisiert; alle Verheißungen finden in
ihr ihre Erfüllung (Rm 15, 4; 1. Kr 10, 11; vgl. 9, 10). Aber
Paulus kann den überweltlich-eschatologischen Charakter der
Gemeinde auch in der gnostischen Begrifflichkeit ausdrücken,
wenn er sie das σ ῶ μ α Χ ρ ι σ τ ο ῦ (1. Kr 12, 27) oder das
σῶμα ἐν Χριστῷ (Rm 12, 5) nennt (§ 15, 4 e). Ebenso ihre Einheit wie deren Begründung in einem jenseits von Wille und
Tat der Einzelnen liegenden Ursprung und damit ihr jenseitiges
Wesen wird dadurch zum Ausdruck gebracht. Die ἐκκλησία ist
nicht ein Verein, zu dem sich gleichgesinnte Einzelne zusammengeschlossen haben — mag es sich von außen gesehen auch so
darstellen —; sie ist nicht ein Haufe von Pneumatikern, die je
ihr individuelles Christus-Verhältnis haben und genießen. Gerade gegen dieses in Korinth auftauchende Mißverständnis wendet sich Paulus 1. Kr 12, 12—30, jedoch nicht so, daß er — mit
dem aus der antiken Tradition stammenden Bilde vom σῶμα
für die organisch gewachsene und geschlossene Gemeinschaft —
die Gemeinde als ein σῶμα, d. h. einen Organismus bezeichnet,
vielmehr nur mit sekundärer Verwendung des Organismus-
gedankens (V. 14—26); sondern primär so, daß er die Gemeinde
als das σῶμα Χριστοῦ bezeichnet. Sein leitender Gedanke ist
nicht der, daß die einzelnen Glieder des Leibes als verschiedene
das Ganze konstituieren und also in ihrer Verschiedenheit gleich
bedeutsam sind für den Leib; vielmehr der, daß die Glieder,
weil und sofern sie Christus angehören, gleich sind, so daß die
Unterschiede bedeutungslos werden (V. 12 f.). Der Leib wird
nicht durch die Glieder, sondern durch Christus konstituiert
(so auch Rm 12, 5); er ist also vor und über den Gliedern da,
nicht durch sie und in ihnen. Der Leib Christi ist also — gnostisch gesprochen — eine kosmische Größe; doch dient die
gnostische Begrifflichkeit dazu, den übergreifenden, durch das
Heilsgeschehen gestifteten geschichtlichen Zusammenhang, in
den der Einzelne gestellt wird, auszudrücken (§ 33, 5). Es ist
aber verständlich, wenn sich alsbald im Anschluß an die Bezeichnung σῶμα Χριστοῦ kosmologische Spekulationen über die
ἐκκλησία entwickeln (§ 10, 1; S. 96;　§ 15, 4 e).

3. Der Einzelne wird durch d a s S a k r a m e n t d e r
T a u f e in das σῶμα Χριστοῦ aufgenommen: καὶ γὰρ ἐν ἑνὶ
πνεύματι ἡμεῖς πάντες εἰς ἓν σῶμα ἐβαπτίσθημεν (1. Kr 12, 13).

Statt dessen kann es auch einfach heißen εἰς Χριστόν (Gl 3, 27;
2. Kr 1, 21), so daß nun die christliche Existenz als ein ε ἶ ν α ι
ἐ ν   Χ ρ ι σ τ ῷ   bezeichnet werden kann: πάντες γὰρ ὑμεῖς εἷς
ἐστε ἐν Χρ. ᾿Ιησοῦ (Gl 3, 28). Zur christlichen Gemeinde gehören, heißt ἐν Χριστῷ (bzw. ἐν κυρίῳ) sein (Rm 16, 7. 11;
1. Kr 1, 30), und ebenso können christliche Gemeinden als ἐν
Χριστῷ charakterisiert werden (Gl 1, 22; 1. Th 2, 14). Das ἐν
Χριστῷ, weit entfernt eine Formel für mystische Verbundenheit zu sein, ist primär eine e k k l e s i o l o g i s c h e Formel und bezeichnet das Eingefügtsein in das σῶμα Χριστοῦ durch die Taufe,
wenn auch nicht in jedem Falle ausdrücklich an die Taufe gedacht zu sein braucht (etwa Rm 8, 1; 2. Kr 5, 17; Gl 2, 17),
und wenn auch die Formel von da aus einen erweiterten Gebrauch gewonnen hat und oft nur allgemein die Bestimmtheit
durch Christus ausdrückt und ein noch fehlendes Adjektiv oder
Adverb „christlich" ersetzt. Da die Gemeinde, in die die Taufe
eingliedert, die e s c h a t o l o g i s c h e Gemeinde ist, hat die
Formel wie ekklesiologischen, so zugleich eschatologischen Sinn:
εἴ τις ἐν Χριστῷ, καινὴ κτίσις (2. Kr 5, 17). Desgleichen geht
der eschatologische Sinn des ἐν Χριστῷ auch daraus hervor,
daß mit ihm ἐν πνεύματι wechseln kann (Rm 8, 9; 14, 17). Das
πνεῦμα aber wird durch die Taufe verliehen (1. Kr 12, 13; 2. Kr
1, 22; § 13, 1; S. 141), so daß umgekehrt auch das ἐν πνεύματι
als ekklesiologische Formel gelten kann, wenngleich es ebenfalls einen erweiterten Gebrauch gefunden hat.

Wie aber verhält sich die Eingliederung in die Gemeinde
durch das Sakrament der T a u f e zu dem geschichtlichen Gange,
in dem sich das Heilsgeschehen durch das gepredigte W o r t
fortsetzt (§ 33, 5 und 6)? Wenn die Taufe am Tode und der Auferstehung Jesu teilgibt, tut sie es in anderer Weise als das verkündigte und im Glauben gehörte Wort? Paulus hat die Taufe
im Sinne eines Sakraments der Mysterienreligionen vorgefunden
und sich bemüht, sie als das Sakrament der Reinigung von der
Sünde zu interpretieren in der Weise, daß er in ihm die Grundlegung eines neuen sittlichen Wandels sieht (§ 13, 1; S. 143 f.).
Man wird freilich schwerlich sagen dürfen, daß er sich von der
Mysterienvorstellung einer magischen Wirkung des Sakraments
ganz frei gemacht hat; denn er läßt die auf solcher Vorstellung
beruhende Vikariatstaufe immerhin gelten (1. Kr 15, 29) und
zeigt sich auch in seiner Anschauung vom Herrenmahl davon

beeinflußt (s. u.). Indessen schreibt er doch keineswegs unbedingt der Taufe eine magische Wirkung zu, als garantiere ihr Empfang das Heil. So wenig die Wüstengeneration, die einst Vorabbilder der christlichen Sakramente empfangen hatte, dadurch vor dem Verderben bewahrt war, so sehr gilt für die getauften Christen: ὥστε ὁ δοκῶν ἑστάναι βλεπέτω μὴ πέσῃ (1. Kr 10, 1—12). Wenn Paulus betont: οὐ γὰρ ἀπέστειλέν με Χριστὸς βαπτίζειν ἀλλὰ εὐαγγελίζεσθαι (1. Kr 1, 17), so erscheint die Taufe offenbar als dem Worte untergeordnet. Der Täufer hat nicht wie in den Mysterien den Charakter des Priesters, und der Vollzug der Taufe stiftet nicht wie vielfach dort ein mysteriöses Verhältnis zwischen Täufer und Täufling.

Ein objektives Geschehen, das sich am Täufling vollzieht, ist jedoch die Taufe, nicht etwa ein Symbol für subjektive Vorgänge. Auf etwaige seelische Erlebnisse des Täuflings reflektiert Paulus nicht. Als objektives Geschehen am Täufling sichert sie diesem die Teilhabe am Heilsgeschehen, an Tod und Auferstehung Jesu, zu. Sie vergegenwärtigt also für ihn das Heilsgeschehen ebenso wie das verkündigende Wort es auch tut, nur jetzt gerade auf ihn, den Täufling, speziell bezogen, als für ihn gültig. Die Aneignung von seiner Seite aber ist die gleiche wie die Aneignung des im gepredigten Worte begegnenden Heilsgeschehens. Denn wenn, wie wohl kaum zweifelhaft sein kann, Rm 10, 9 ein Hinweis auf das bei der Taufe abgelegte Bekenntnis ist

— ἐὰν ὁμολογήσῃς ἐν τῷ στόματί σου κύριον Ἰησοῦν
  καὶ πιστεύσῃς ἐν τῇ καρδίᾳ σου ὅτι ὁ θεὸς αὐτὸν ἤγειρεν ἐκ
  νεκρῶν —

so ist die Taufe von seiten des Täuflings ein Akt des bekennenden Glaubens. Und wie die glaubende Annahme des Wortes die Anerkennung des in ihm redenden κύριος ist, so stellt auch die Taufe unter die Herrschaft des κύριος. Das ἐν Χριστῷ εἶναι ist zugleich ein Χριστοῦ εἶναι, d. h. ein Christus als dem Herrn zu eigen sein (Gl 3, 29 vgl. mit V. 27 f.! 5, 24; 2. Kr 10, 7; Rm 8, 9; 14, 8). Wie die Annahme des λόγος τοῦ σταυροῦ die Bereitschaft bedeutet, sein Selbstverständnis und seine Lebensführung durch das Kreuz bestimmt sein lassen (§ 33, 6 a), so bedeutet die Taufe ein συσταυρωθῆναι mit Christus (Rm 6, 6), so daß nun in der Tat im Indikativ des Teilhabens an Tod und Auferstehung Jesu der Imperativ begründet ist: παραστήσατε ἑαν-

τοὺς τῷ θεῷ ὡσεὶ ἐκ νεκρῶν ζῶντας (Rm 6, 13). Wie Gl 3, 27
lautet: ὅσοι γὰρ εἰς Χριστὸν ἐβαπτίσθητε, Χριστὸν ἐνεδύσασθε,
so kann Paulus Rm 13, 14 gebieten: ἐνδύσασθε τὸν κύριον ’Ι.
Χριστόν.

Ähnlich verbinden sich in der Auffassung des H e r r e n -
m a h l e s bei Paulus Mysterienvorstellungen mit seiner eigenen
Anschauung vom Heilsgeschehen. Die Feier des Herrenmahles
und ihr Verständnis als eines Sakraments, das vermöge des
Genusses von Brot und Wein die Kommunio mit dem gestorbenen
und auferstandenen Christus bewirkt, hat Paulus aus der hellenistischen Gemeinde übernommen (§ 13, 2). Wie wenig er sich
bewußt von der Vorstellung einer magischen Wirkung des Mahles distanziert, zeigt nicht nur die Tatsache, daß er seine Wirkung in Analogie zur Wirkung der heidnischen Kultmahle stellt
(1. Kr 10, 20 f.; S. 150), sondern auch seine Meinung, daß un-
würdiger Genuß körperliche Schädigung und gar den Tod zur
Folge hat (1. Kr 11, 29 f.). Wenn Paulus aber den Gedanken
der Kommunio durch die Formulierung zum Ausdruck bringt,
daß die Feiernden zu einem σῶμα (dem σῶμα τοῦ Χριστοῦ)
werden (1. Kr 10, 16 f.), so ist kein Zweifel, daß seine Anschauung vom σῶμα τοῦ Χριστοῦ auch seine Auffassung des Herrenmahles bestimmt. Und wenn er die Vergegenwärtigung des
Todes Christi durch die Feier des Herrenmahles ein „Verkündigen“ (καταγγέλλειν) nennt (1. Kr 11, 26), sie also mit dem
gleichen Worte bezeichnet wie sonst die Predigt (Rm 1, 8; 1. Kr
2, 1; 9, 14; Phl 1, 17 f.), so geht daraus hervor, daß auch das
Sakrament des Herrenmahles wie das der Taufe der Wortverkündigung eingeordnet ist und im Grunde nur einen besonderen Modus derselben darstellt. Das Besondere ist analog
wie bei der Taufe die spezielle Applizierung des Heilsgeschehens
an die gerade hier und jetzt Feiernden, und darüber hinaus die
in Wortverkündigung und Taufe nicht ausdrücklich betonte Gemeinschaft (der Feiernden) stiftende Wirkung (1. Kr 10, 16 f.).
Offenbar beruht also die Wirkung des Sakraments — trotz der
Einwirkung der Mysteriengedanken — nicht eigentlich auf den
„Elementen“, auf der genossenen Nahrung, sondern auf der
Handlung als einem καταγγέλλειν. Jedenfalls ist das Herrenmahl für Paulus nicht ein φάρμακον ἀθανασίας (§ 13, 2; S. 149),
dessen Genuß das unsterbliche Leben garantiert; die Warnung
vor eingebildeter Sicherheit 1. Kr 10, 1—12 gilt wie für die

Taufe, so auch für das Herrenmahl. Auch im Herrenmahl wird
— wie schon der Name κυριακὸν δεῖπνον andeutet — die Herrschaft des κύριος aufgerichtet und anerkannt.

3. Die πίστις

SCHLATTER, A., Der Glaube im Neuen Testament, (1885) [6]1982 (hrg. v.
P. STUHLMACHER). – MUNDLE, W., DUPONT, J., s. zu § 34 (S. 307). –
FUCHS, E., Die Freiheit des Glaubens, 1949. – BULTMANN, R., in: WEISER,
A.-BULTMANN, R., Art. πιστεύειν κτλ., ThW VI, 1959, 174–230 (bes.
218–224). – NEUGEBAUER, F., In Christus. EN ΧΡΙΣΤΩΙ. Eine Untersu-
chung zum paulinischen Glaubensverständnis, 1961. – LÜHRMANN, D., Der
Glaube im frühen Christentum, 1976 (bes. 46–49). – LOHSE, E., in: HERMIS-
SON, H.-J.–LOHSE, E., Glauben, 1978, 79–132.135–140 (bes. 102–117). –
FRIEDRICH, G., s. zu § 34 (S. 306). – BARTH, G., Art. πίστις κτλ., EWNT
III, 1983, 216–231 (bes. 224–226).

§ 35. DIE STRUKTUR DER πίστις

Die Haltung des Menschen, in der er das Geschenk der δικαιοσύνη θεοῦ empfängt und in der sich die göttliche Heilstat an
ihm verwirklicht, ist die πίστις. Sie mußte schon bei der Erörterung der δικαιοσύνη θεοῦ (§ 30) in den Blick treten, und
ihr Wesen wurde indirekt geklärt durch die Untersuchung des
Begriffes der χάρις (§§ 32—34). Sie muß jetzt in ihrer vollen
Struktur und Bedeutung deutlich gemacht werden.

Zunächst kann einfach gesagt werden, daß die πίστις die Bedingung für den Empfang der δικαιοσύνη ist, die an die Stelle
der ἔργα tritt, in denen nach jüdischer Anschauung jene Bedingung besteht. Einfach ist zunächst auch zu sagen, daß solche
πίστις, dem in der Mission ausgebildeten Sprachgebrauch des
hellenistischen Christentums entsprechend, die Annahme der
christlichen Botschaft ist (§ 9, 5). Das Verständnis solcher Annahme, bzw. der Begriff der πίστις, auch sonst außer von Pls
mannigfach entwickelt (S. 91 ff.), ist von ihm charakteristisch
und entscheidend ausgeprägt worden.

1. Pls versteht die πίστις primär als ὑπα-
κοή, den Glaubensakt als Gehorsamsakt. Das zeigt die Parallelität von Rm 1, 8: ὅτι ἡ πίστις ὑμῶν καταγγέλλεται ἐν ὅλῳ
τῷ κόσμῳ und 16, 19: ἡ γὰρ ὑμῶν ὑπακοὴ εἰς πάντας ἀφίκετο.
So kann er denn die Verbindung ὑπακοὴ πίστεως bilden, um damit den Zweck seines Apostolats zu bezeichnen (Rm 1, 5).

Vgl. weiter 1. Th. 1, 8: ἐν παντὶ τόπῳ ἡ πίστις ὑμῶν ἡ πρὸς τὸν θεὸν
ἐξελήλυθεν und Rm 15, 18: οὐ γὰρ τολμήσω τι λαλεῖν ὧν οὐ κατειργάσατο Χρ. δι' ἐμοῦ εἰς ὑπακοὴν ἐθνῶν. Ferner Rm 10, 3 von den ungläubi-

gen Juden: τῇ δικαιοσύνῃ τ. ϑ. οὐχ ὑπετάγησαν; 10, 16: οὐ πάντες ὑπή-
κουσαν τῷ εὐαγγελίῳ: Entsprechend ist der Unglaube der Juden Rm
11, 30—32 durch ἀπειϑεῖν und ἀπείϑεια bezeichnet: vgl. Rm 15, 31;
Gl 5, 7. 2. Kr 9, 13 ist der Glaube als die ὑποταγὴ τῆς ὁμολογίας εἰς τὸ
εὐαγγέλιον τοῦ Χρ. beschrieben. Ist es nach 2. Kr 10, 5 f. die Aufgabe des
Apostels, πᾶν νόημα εἰς τὴν ὑπακοὴν τοῦ Χρ. zu zwingen, und droht er
den unbotmäßigen Korinthern, er werde ἐκδικῆσαι πᾶσαν παρακοήν,
ὅταν πληρωϑῇ ὑμῶν ἡ ὑπακοή (der Gehorsam gegen den Apostel und
gegen Christus ist ja identisch, § 34, 1), so hofft er 10, 15: αὐξανομένης
τῆς πίστεως ὑμῶν ἐν ὑμῖν μεγαλυνϑῆναι.

    Daß die gläubige Annahme der Botschaft für Pls als ein Akt
des Gehorsams erscheint, beruht darauf, daß die Botschaft, die
die Anerkennung des Gekreuzigten als des κύριος fordert, vom
Menschen die Preisgabe seines bisherigen Selbstverständnisses,
die Umkehrung seiner bisherigen Willensrichtung verlangt
(§ 33, 6 a). Die ὑπακοὴ πίστεως ist der echte Gehorsam, den
das Gesetz Gottes zwar gefordert hatte, der von den Juden aber
verleugnet worden war, indem sie das Gesetz zur Aufrichtung
der ἰδία δικαιοσύνη mißbrauchten, es als Mittel des καυχᾶσϑαι
benutzten (§ 23, 1 und 2). Die Haltung der πίστις ist der des καυχᾶσϑαι radikal entgegengesetzt (§ 30, 2); der Glaube kann sich
auch nicht auf sich selbst berufen — was eben ein καυχᾶσϑαι
wäre. So gilt auch für den Glaubenden, der nicht mehr unter
dem Gesetz steht, dem Urteil über die Juden entsprechend die
Warnung: τί δὲ ἔχεις ὃ οὐκ ἔλαβες; εἰ δὲ καὶ ἔλαβες, τί καυχᾶσαι
ὡς μὴ λαβών; (1. Kr 4, 7). Und die Heidenchristen, die als die
Zweige vom wilden Ölbaum in den edlen eingesetzt wurden, werden gemahnt: μὴ κατακαυχῶ τῶν κλάδων. εἰ δὲ καυχᾶσαι — οὐ
σὺ τὴν ῥίζαν βαστάζεις, ἀλλὰ ἡ ῥίζα σέ (Rm 11, 18). Gottes Heilstat hat ja zum Ziel: ὅπως μὴ καυχήσηται πᾶσα σὰρξ ἐνώπιον
τοῦ ϑεοῦ (1. Kr 1, 29), und es kann nur gelten: ὁ καυχώμενος
ἐν κυρίῳ καυχάσϑω (1. Kr 1, 31; 2. Kr 10, 17). Dementsprechend charakterisiert Pls den Glauben des Abraham: ἐνεδυνα-
μώϑη τῇ πίστει δοὺς δόξαν τῷ ϑεῷ (Rm 4, 20).

    Als echter Gehorsam ist die πίστις vor dem Verdacht ge-
schützt, eine Leistung, ein ἔργον, zu sein (§ 30, 2; S. 283 ff.); als
solche wäre sie kein Gehorsam, da in der Leistung der Wille sich
gerade nicht preisgeben, sondern durchsetzen will und nur ein
formaler Verzicht stattfindet, indem sich der Wille den Inhalt
der Leistung von einer außerhalb seiner liegenden Instanz geben läßt, gerade so aber auf seine Leistung stolz sein zu können
meint. Die πίστις als der radikale Verzicht auf die Leistung, als

die gehorsame Unterwerfung unter den von Gott bestimmten Heilsweg, als die Übernahme des Kreuzes Christi (§ 33, 6 a), ist die freie Tat des Gehorsams, in der das neue Ich an Stelle des alten sich konstituiert. Als solche Entscheidung ist sie T a t im eigentlichen Sinne, in der der Mensch als er selbst ist, während er beim ἔργον neben dem steht, was er tut.

Als freie Tat der Entscheidung ist der Gehorsam des Glaubens aber auch gegen ein anderes Mißverständnis gesichert. Die πίστις ist nicht ein „Erlebnis", nicht „das eigentlich Religiöse in der Religion", nicht eine seelische Verfassung, eine διάθεσις oder eine ἀρετή. Sie ist nicht — als der vollendete Seelenzustand — das Heil selber, sondern — als der echte Gehorsam — die Bedingung für seinen Empfang.

Lehrreich ist der Vergleich mit P h i l o n , dessen Auffassung der πίστις oft zum Vergleich herangezogen wird (Bousset, Kyrios Christos [2] 145—149; vgl. H. Windisch, Die Frömmigkeit Philos 1909; Schlatter a. a. O. 66—86). Er versteht die πίστις als eine διάθεσις der Seele, als deren vollkommene Verfassung, als eine ἀρετή. Sie steht bei ihm deshalb am Ende, „als Ziel der auf Gott gerichteten Lebensbewegung" (Schlatter), während sie bei Pls am Anfang steht und das neue Leben begründet.

W. M i c h a e l i s will (nach Deissmann) dem Mißverständnis der πίστις als einer Leistung, die die Bedingung der Rechtfertigung wäre, dadurch entgehen, daß er ihren Sinn als Bedingung überhaupt eliminiert und behauptet, die Formel δικαιοσύνη ἐκ πίστεως (Rm 1, 17; 10, 6) sei nur als antithetische Formel zu δικ. ἐκ νόμου. In Wahrheit sei πίστις das Erlebnis der Rechtfertigung, die Christusgemeinschaft. Aber dabei ist 1. übersehen, daß πίστις = ὑπακοή ist und 2. sind Wendungen ignoriert wie λογίζεσθαι εἰς δικ. (Rm 4, 3. 5 ff.; Gl 3, 6), πιστεύειν εἰς δικ. (Rm 10, 10); diese zeigen ja deutlich, daß der Glaube nicht die Gerechtigkeit, sondern ihre Bedingung ist. Der Sinn der πίστις als Bedingung geht klar hervor aus den Stellen, die von der Rechtfertigung oder Gerechtigkeit ἐκ πίστεως reden: Rm 3, 30; 5, 1; 9, 30; 10, 6 (vgl. auch 1, 17; 3, 26; 9, 32), zumal Gl 2, 16: ἐπιστεύσαμεν, ἵνα δικαιωθῶμεν ἐκ πίστεως Χριστοῦ, ferner 3, 7 f. 11 f. 24; 5, 5. Ebenso aus den gleichbedeutenden Formeln διὰ (τῆς) πίστεως (Rm 3, 22. 30; Gl 2, 16; 3, 14; Phl 3, 9), ἐπὶ τῇ πίστει (Phl 3, 9) und einfach πίστει (Rm 3, 28). — Unverständlich oder widerspruchsvoll erscheint Pls nur für den, der sich die Erfüllung einer Bedingung nur als eine Leistung vorstellen kann, während nach Pls πίστις gerade der Verzicht auf die Leistung und damit der radikale Gehorsam ist.

Es genügt aber auch nicht, die πίστις als das in der Reue begründete Vertrauen auf Gottes gnädige Vergebung zu verstehen, die den Sünder auf den in den Übertretungen verlassenen Gesetzesweg zurückbringt (Schlatter). Schon die Seltenheit der Begriffe ἄφεσις ἁμαρτιῶν und μετάνοια bei Pls (§ 31; S. 287),

ebenfalls die Seltenheit von *ἐπιστρέφειν* (§ 9, 3; bei Pls nur
1. Th 1, 9; 2. Kr 3, 16) zeigt, daß die in der *πίστις* enthaltene
Willensbewegung nicht primär die Reue und Buße ist. Wohl
sind diese in ihr eingeschlossen; aber sie ist primär der Gehorsam,
der auf die *ἰδία δικαιοσύνη* Verzicht leistet. Phl 3, 7—9 ist nicht
der Ausdruck der Selbstverurteilung des alten Lebens als eines
durch die Vergehungen befleckten, also nicht die Verurteilung
dessen, was schon im und vom gesetzlichen Dasein verurteilt
werden könnte und, wie etwa 4. Esra zeigt, auch verurteilt wurde,
sondern Beschreibung des Opfers alles dessen, was im gesetzlichen Dasein Stolz und *κέρδος* war; der Charakter der *πίστις*
als Gehorsam und Tat der Entscheidung ist deutlich.

2. Gegen solche Mißverständnisse ist der Begriff der *πίστις*
ferner dadurch gesichert, daß d i e π ί σ τ ι ς z u g l e i c h
ὁ μ ο λ ο γ ί α ist. Die *πίστις* ist Glauben an . . .; d. h. sie ist
immer bezogen auf ihren Gegenstand, auf Gottes Heilstat in
Christus.

So korrespondieren „bekennen" und „glauben":

> *ὅτι ἐὰν ὁμολογήσῃς ἐν τῷ στόματί σου κύριον Ἰησοῦν*
> *καὶ πιστεύσῃς ἐν τῇ καρδίᾳ σου ὅτι ὁ θεὸς αὐτὸν ἤγειρεν . . .*
> *σωθήσῃ* (Rm 10, 9).

Wie Rm 10, 9 ist das Glaubensobjekt durch einen *ὅτι*-Satz ausgedrückt:
1. Th 4, 14; Rm 6, 8. Gleichwertig *πιστεύειν* bzw. *πίστις εἰς* (*Χρ. Ἰησοῦν*)
Gl 2, 16; Rm 10, 14; Phl 1, 29; *πρός* Phm 5; *ἐν* Gl 3, 26; im alttest. Zitat
(Js 28, 16) *ἐπί* Rm 9, 33; 10, 11. Dafür verkürzt der Gen. obj. (§ 9, 5):
πίστις Ἰ. Χριστοῦ Gl 2, 16; 3, 22; Rm 3, 22. 26; Phl 3, 9; bzw. *τ. υἱοῦ τ.*
θεοῦ Gl 2, 20, *τοῦ εὐαγγελίου* Phl 1, 27.

Die *πίστις* ist also nicht „Frömmigkeit" oder Gottvertrauen
im allgemeinen, sondern sie hat insofern „dogmatischen" Charakter, als sie die Annahme eines Wortes ist, des *ῥῆμα τῆς πί-*
στεως (Rm 10, 8), der *ἀκοὴ πίστεως* (Gl 3, 2. 5), so daß sie auch
die *πίστις τοῦ εὐαγγελίου* heißen kann (Phl 1, 27).

Die *πίστις*, die aus der *ἀκοή* entspringt (Rm 10, 17), enthält
darum notwendig ein W i s s e n. Deshalb kann Pls zuweilen
so reden, als begründe das Wissen den Glauben. Etwa Rm 6, 8 f.:
da wir w i s s e n, daß der Tod über den auferstandenen Christus
keine Macht mehr hat, g l a u b e n wir, daß wir, wenn wir mit ihm
gestorben sind, auch mit ihm leben werden (vgl. 2. Kr 4, 13 f.).
Da aber das Wissen nur im gehorsamen, verstehenden Glauben
angeeignet werden kann, also ein Selbstverständnis einschließt,

kann das Wissen auch als ein aus dem Glauben entspringendes
erscheinen wie Rm 5, 3, wo das εἰδότες ὅτι ἡ θλίψις ὑπομονὴν
κατεργάζεται eben das Wissen der δικαιωθέντες ἐκ πίστεως ist.
Nicht anders 2. Kr 1, 7; 5, 6. So appelliert ein οἴδαμεν, οἴδατε
u. dgl. bald an ein „Dogma", d. h. einen Satz des Kerygmas
(1. Th 5, 2; Rm 6, 3; 2. Kr 5, 1; 8, 9), bald an Wahrheiten, die
sich die gläubige Besinnung als Konsequenz klarmachen muß
(Rm 8, 28; 13, 11; 14, 14; 1. Kr 3, 16; 6, 2 f. 9; 15, 58). Im
Grunde sind πίστις und γνῶσις als ein neues Sich-selbst-ver-
stehen identisch, wenn Pls den Sinn seines Aposteldienstes ebenso
durch εἰς ὑπακοὴν πίστεως (Rm 1, 5) angeben kann wie durch
πρὸς φωτισμὸν τῆς γνώσεως τῆς δόξης τ. θεοῦ ἐν προσώπῳ
Χριστοῦ (2. Kr 4, 6; vgl. 2, 14: τ. θεῷ . . . τὴν ὀσμὴν τῆς γνώσεως αὐτοῦ φανεροῦντι δι᾽ ἡμῶν). Ebenso, wenn er sagt, daß er
um des ὑπερέχον τῆς γνώσεως Χρ. ᾽Ιησοῦ willen das πεποιθέναι
ἐν σαρκί preisgegeben hat, und dann den Sinn seiner ἐκ θεοῦ
δικαιοσύνη ἐπὶ τῇ πίστει entwickelt als das γνῶναι αὐτὸν καὶ
τὴν δύναμιν τῆς ἀναστάσεως αὐτοῦ καὶ κοινωνίαν παθημάτων
αὐτοῦ κτλ. (Phl 3, 8—10). Vollends wird der Charakter der γνῶσις
daraus deutlich, daß das menschliche γινώσκειν in einem γνωσ-
θῆναι ὑπὸ θεοῦ fundiert ist (Gl 4, 9; 1. Kr. 13, 12).

Die πίστις hat also insofern wiederum nicht „dogmatischen"
Charakter, als das Wort der Verkündigung ja kein Referat über
historische Vorgänge, keine Lehre über objektive Sachverhalte
ist, die ohne existentielle Wandlung für wahr gehalten werden
könnten. Das Wort ist ja Kerygma, Anrede, Forderung und
Verheißung, ist göttlicher Gnadenakt selber (§ 34, 1). Seine Annahme, der Glaube, ist also Gehorsam, Anerkennung, Bekenntnis. Eben darauf beruht es, daß als Gegensatz zu den ἔργα als
dem Grunde der Rechtfertigung wie die πίστις, so auch die
χάρις genannt sein kann (§ 30, 2); denn die πίστις ist, was sie
ist, nur im Bezuge auf die χάρις, die im Worte begegnet.

In der ὁμολογία wendet sich der Glaubende von sich selbst
weg und bekennt, daß er alles, was er ist und hat, durch das ist
und hat, was Gott getan hat. Der Glaube beruft sich nicht auf
das, was er als Akt oder Haltung ist, sondern auf Gottes voran-
gegangene, ihm zuvorgekommene Gnadentat (§ 31). Deshalb wird
der Glaube auch von Pls (wie sonst im NT) nie als psychische
Verfassung, sein Werden nie als psychischer Vorgang beschrieben. Ist Gl 3, 23—26 die Vorbereitung und das „Kommen" der

πίστις skizziert, so ist nicht die Entwicklung des Individuums
gezeichnet, sondern die Heilsgeschichte. Der Blick des Glaubenden richtet sich nicht in der Reflexion auf sich selbst, sondern
auf sein Objekt. Die πίστις ist also als ὑπακοή zugleich ὁμολογία.

3. Eben dieses, daß der Glaubende von sich selbst weggerich-
tet ist, kommt auch dadurch zum Ausdruck, daß d i e π ί σ τ ι ς
z u g l e i c h ἐ λ π ί ς ist. Die πίστις ist keine in sich abgeschlos-
sene Seelenverfassung des Menschen, sondern richtet sich auf
die Zukunft: ὁ δίκαιος ἐκ πίστεως ζήσεται (Gl 3, 11; Rm 1, 17).
Εἰ γὰρ ἀπεθάνομεν σὺν Χριστῷ, πιστεύομεν ὅτι καὶ συζήσομεν
αὐτῷ (Rm 6, 8; vgl. 1. Th 4, 14).

> καρδίᾳ γὰρ πιστεύεται εἰς δικαιοσύνην,
> στόματι δὲ ὁμολογεῖται εἰς σωτηρίαν (Rm 10, 10).

Die δικαιοσύνη, die das Ziel des πιστεύειν ist, ist keine dem
Menschen anhaftende Qualität, sondern ist seine Relation zu
Gott (§ 28, 2). Ist sie zur gegenwärtigen Möglichkeit geworden
(§ 29, 1), so ist ihre Gegenwärtigkeit kein zeitlicher und als solcher vergänglicher Zustand. Sondern ihre Gegenwärtigkeit ist
die eschatologische; sie steht also immer zugleich als künftige
vor dem Glaubenden, schon Gerechtfertigten. Deshalb kann es
— neben dem δικαιωθέντες οὖν ἐκ πίστεως Rm 5, 1 — heißen:
ἡμεῖς γὰρ πνεύματι ἐκ πίστεως ἐλπίδα δικαιοσύνης ἀπεκδεχόμεθα Gl 5, 5. Und deshalb korrespondiert Rm 10, 9 f. der
δικαιοσύνη die σωτηρία. Wohl heißen die Glaubenden schon die
σωζόμενοι (1. Kr 1, 18; 2. Kr 2, 15). Doch gilt: τῇ γὰρ ἐλπίδι
ἐσώθημεν· ἐλπὶς δὲ βλεπομένη οὐκ ἔστιν ἐλπίς· ὁ γὰρ βλέπει
τις, τί καὶ ἐλπίζει; εἰ δὲ ὃ οὐ βλέπομεν ἐλπίζομεν, δι᾽ ὑπομονῆς
ἀπεκδεχόμεθα Rm 8, 24 f.

Diese ἐλπίς ist das Frei- und Offensein für die Zukunft, da
der Glaubende die Sorge um sich selbst und damit um seine Zukunft im Gehorsam Gott anheimgestellt hat. Die Sünde des
Unglaubens ist ja gerade die, daß er aus sich selbst leben will
und seine Zukunft im Wahn des Verfügenkönnens selbst in
Sorge nimmt. Hat natürlich auch er seine Hoffnungen — wie
denn die μὴ ἔχοντες ἐλπίδα (1. Th 4, 13) natürlich auch in Hoffnungen leben — so sind es doch keine echten Hoffnungen, und
der um sich selbst besorgte Mensch lebt faktisch in der Angst
(§ 23, 3), sich verschließend gegen die ihm unverfügbare Zu-

kunft. Diese Angst ist dem Glaubenden genommen, da er im
Glauben die Sorge um sich selbst hat fahren lassen. Er hofft, wo
menschlich gesehen nichts zu hoffen ist, nach dem Vorbild des
Abraham, der παρ' ἐλπίδα ἐπ' ἐλπίδι ἐπίστευσεν (Rm 4, 18).
Er lebt also in der echten Hoffnung, die „nicht zuschanden werden läßt" (Rm 5, 5). Sie erweist sich im geduldigen Warten
(Rm 8, 25 s. o.), in der ὑπομονή, für die das καυχᾶσθαι ἐν ταῖς
θλίψεσιν charakteristisch ist (Rm 5, 3). Die Glaubenden sind
τῇ ἐλπίδι χαίροντες, τῇ θλίψει ὑπομένοντες (Rm 12, 12). Wie
die ἀγάπη (s. § 39, 3), so ist die ἐλπίς mit der πίστις zur Einheit
verbunden (1. Kr 13, 13); mit dem ἔργον τῆς πίστεως gehört wie
der κόπος τῆς ἀγάπης, so die ὑπομονὴ τῆς ἐλπίδος zur Ganzheit
des christlichen Seins (1. Th 1, 3; vgl. 5, 8). Und bittet Pls für
die Vervollkommnung des Christenstandes, so bittet er: ὁ δὲ
θεὸς τῆς ἐλπίδος πληρώσαι ὑμᾶς πάσης χαρᾶς καὶ εἰρήνης ἐν τῷ
πιστεύειν, εἰς τὸ περισσεύειν ὑμᾶς ἐν τῇ ἐλπίδι . . . (Rm 15, 13).

4. Solcher ἐλπίς korrespondiert aber in eigentümlicher Weise
d e r φ ό β ο ς , der ein unentbehrliches konstitutives Element
in der πίστις ist, sofern er die Richtung des Blickes des Glaubenden auf Gottes χάρις sichert. Inwiefern — das wird an der
Charakteristik deutlich, die Pls von seinem Auftreten in Korinth gibt (1. Kr 2, 1—5). Er kam nach Korinth ἐν ἀσθενείᾳ
καὶ ἐν φόβῳ καὶ ἐν τρόμῳ πολλῷ — nämlich sofern er auf sich
selbst blickte; da er aber auf eigene Redekunst und Weisheit
verzichtete und nur eines zu wissen beschloß: Jesus Christus,
und zwar als den Gekreuzigten, so wirkte er ἐν ἀποδείξει πνεύματος καὶ δυνάμεως, und zwar: ἵνα ἡ πίστις ὑμῶν μὴ ᾖ ἐν σοφίᾳ
ἀνθρώπων ἀλλ' ἐν δυνάμει θεοῦ.

Daß dies die. angemessene Haltung des Glaubenden ist, sagt
auch die Warnung, die an die Heidenchristen gerichtet ist, sofern sie sich im Vergleich mit den ungläubigen Juden ihres Glaubens rühmen wollen Rm 11, 20—22: τῇ ἀπιστίᾳ ἐξεκλάσθησαν,
σὺ δὲ τῇ πίστει ἕστηκας. μὴ ὑψηλὰ φρόνει, ἀλλὰ φοβοῦ . . . Der
Glaube wäre um seinen Sinn gebracht, wenn der Glaubende
meinte, gesichert zu sein. Gottes χρηστότης, deren sich der
Glaube getröstet, gilt nur: ἐὰν ἐπιμένῃς τῇ χρηστότητι. Der
Glaube, der im Blick auf Gottes χάρις von der Angst befreit ist,
darf nicht vergessen, daß die ihn befreiende χάρις die des Richters ist. Im Blick auf sich selbst muß er stets den φόβος enthalten als das Wissen um die eigene Nichtigkeit und das ständige

Angewiesensein auf Gottes χάρις. Im Blick auf das βῆμα τοῦ
Χριστοῦ, vor dem wir uns alle verantworten müssen (2. Kr
5, 10), spricht Pls: εἰδότες οὖν τὸν φόβον τοῦ κυρίου . . . (V. 11);
dieser Satz läuft parallel mit dem ἔχοντες οὖν τοιαύτην ἐλπίδα
(3, 12) und zeigt so die Einheit von ἐλπίς und φόβος. Der Satz
zeigt aber auch, daß der φόβος nicht nur wie Rm 11, 20 den negativen Sinn hat, die falsche Sicherheit zu zerstören und den
Blick des Glaubenden von sich selbst weg auf Gottes ihn allein
tragende χάρις zu richten, sondern auch den positiven Sinn, dem
Menschen seine Verantwortung zum Bewußtsein zu bringen,
die er gerade jetzt übernehmen kann, da er nicht mehr unter
dem νόμος, sondern unter der χάρις steht (Rm 6, 14). Gerade
weil er ein Freier geworden ist (§§ 38. 39), ist sein früher nichtiges Tun wesenhaft geworden, und er kann gemahnt werden
(Phl 2, 12 f.):

> μετὰ φόβου καὶ τρόμου τὴν ἑαυτῶν σωτηρίαν κατεργάζεσθε·
> θεὸς γάρ ἐστιν ὁ ἐνεργῶν ἐν ὑμῖν
> καὶ τὸ θέλειν καὶ τὸ ἐνεργεῖν ὑπὲρ τῆς εὐδοκίας.

Solange der Glaubende ἐν σαρκί lebt, ist sein Sein ein stets
bedrohtes und den Versuchungen ausgesetztes (§ 26, 3; S. 259).
Deshalb soll er nicht in falscher Glaubenssicherheit auf den
herabblicken, der auf einem Fehltritt betroffen wird; sondern er
soll auf sich selbst blicken, daß nicht auch er in Versuchung gerät (Gl 6, 1). Der Satan liegt auf der Lauer (2. Kr 2, 11), um die
Gläubigen zu versuchen (1. Th 3, 5; 1. Kr 7, 5). Daher die Mahnung, sich selbst zu versuchen und zu prüfen (πειράζειν, δοκιμάζειν), ob man wirklich im Glauben steht (2. Kr 13, 5; 1. Kr 11, 28;
Gl 6, 4). Daher die Warnung: ὁ δοκῶν ἑστάναι βλεπέτω μὴ
πέσῃ (1. Kr 10, 12) und die Mahnung: στήκετε ἐν τῇ πίστει
(1. Kr 16, 13; vgl. Gl 5, 1; Phl 1, 27; 4, 1), γίνεσθε ἀμετακί-
νητοι (1. Kr 15, 58). Daher auch in der Fürbitte der Wunsch, daß
Gott die Glaubenden festigen, stärken, bewahren möge (1. Th
3, 13; 5, 23; vgl. 1. Kr 1, 8; 2. Kr 1, 21).

Gehören ἐλπίς und φόβος gleichermaßen zur Struktur der
πίστις, so heißt das nicht, daß christliches Sein ein Schwanken
zwischen Hoffnung und Furcht ist; vielmehr gehören ἐλπίς und
φόβος als Korrelate zu einander: eben weil der Glaube ἐλπίς ist,
ist er auch φόβος und umgekehrt. Sein Charakter als Glaubensgehorsam, der sich ganz an Gottes preisgibt und auf alle eigene

Sorge und Kraft, auf alle verfügbare Sicherheit verzichtet, wird
dadurch deutlich. Diesen Charakter des Glaubens beschreibt
Pls Phl 3, 12—14:

> οὐχ ὅτι ἤδη ἔλαβον ἢ ἤδη τετελείωμαι,
> διώκω δὲ εἰ καὶ καταλάβω,
> ἐφ᾽ ᾧ καὶ κατελήμφθην ὑπὸ Χρ. Ἰησοῦ.
> ἀδελφοί, ἐγὼ ἐμαυτὸν οὔπω λογίζομαι κατειληφέναι·
> ἓν δέ, τὰ μὲν ὀπίσω ἐπιλανθανόμενος
> τοῖς δὲ ἔμπροσθεν ἐπεκτεινόμενος
> κατὰ σκοπὸν διώκω εἰς τὸ βραβεῖον τῆς ἄνω κλήσεως ...

Das gläubige Sein ist also die Bewegung zwischen dem „nicht
mehr" und dem „noch nicht". „Nicht mehr": die Glaubensentscheidung hat die Vergangenheit erledigt; sie muß jedoch
als echte Entscheidung festgehalten d. h. stets neu vollzogen
werden. Im Charakter des Überwundenen ist die Vergangenheit
stets gegenwärtig, und die Erinnerung an sie als das ständig
Bedrohliche gehört gerade zum Glauben. Das „Vergessen" ist
nicht ein aus dem Sinn Schlagen, sondern ein ständiges Nieder-
halten, ein sich nicht wieder Fangenlassen von ihr. — „Noch
nicht": die Preisgabe des Alten als eines vermeintliche Sicherheit gebenden Besitzes schließt gerade den Eintausch eines
neuen Besitzes aus. Im Blick auf den Menschen kann von einem
κατειληφέναι nicht die Rede sein; und dennoch gilt ein „doch
schon" im Blick auf das καταλημφθῆναι ὑπὸ Χρ. Ἰησοῦ.

5. Sofern der Glaube ἐλπίς ist, die in der χάρις begründet ist
und deshalb οὐ καταισχύνει (Rm 5, 5), ist er natürlich auch V e r -
t r a u e n , wie denn das ἔχοντες οὖν τοιαύτην ἐλπίδα (2. Kr
3, 12) dem πεποίθησιν δὲ τοιαύτην ἔχομεν (3, 4) korrespondiert.
Ja, im Grunde ist der Glaube gerade als Gehorsam auch Vertrauen; denn Vertrauen auf Gott in radikalem Sinne ist ja nichts
anderes als die völlige Hingabe eigener Sorge und Kraft an
Gott, also der Gehorsam des Glaubens. In diesem Sinne ist die
πίστις Gottvertrauen, jedoch nicht Gottvertrauen im allgemeinen, sondern das Vertrauen, das sich auf die Heilstat Gottes
gründet in der Übernahme des Kreuzes. Pls macht das unmiß-
verständlich dadurch, daß er πιστεύειν nie in dem einfachen
Sinne von „vertrauen" gebraucht und es daher nie mit dem
Dativ konstruiert, den es in LXX und sonst im NT oft bei sich
hat (§ 9, 5), außer in den alttestamentlichen Zitaten Gl 3, 6;

Rm 4, 3 vom Glauben Abrahams. Er hebt vielmehr das Moment des Vertrauens vom Glaubensgehorsam dadurch ab, daß er dafür πεποιθέναι bzw. πεποίθησις verwendet.

Für den Glaubenden hat das πεποιθέναι ἑαυτῷ (2. Kr 1, 9) bzw. ἐν σαρκί (Phl 3, 3 f.) aufgehört und ist dem πεποιθέναι ἐπὶ τῷ θεῷ τῷ ἐγείροντι τοὺς νεκρούς (2. Kr 1, 9) gewichen, wie das mit πεπ. fast gleichbedeutende καυχᾶσθαι des natürlichen Menschen (§ 23, 2) von dem καυχ. ἐν κυρίῳ abgelöst wurde (s. o. 1), ja von einem καυχ. ἐν ταῖς θλίψεσιν (Rm 5, 3); und dieses ist ja nichts anderes als das πεποιθέναι ἐπὶ τῷ θεῷ τῷ ἐγείροντι τοὺς νεκρούς. In solcher πεποίθησις ist die Angst überwunden; aus ihr erwächst die παρρησία, die kein αἰσχυνθῆναι fürchtet (Phl 1, 20) — oder sie ist selbst gleichbedeutend mit der in der ἐλπίς begründeten παρρησία (2. Kr 3, 12 vgl. mit V. 4). Sie ist der Gegensatz zum ἐγκακεῖν, dem Verzagen, der Feigheit (2. Kr 4, 1. 16; vgl. das ἀφόβως im Verhältnis zu dem πεποιθέναι Phl 1, 14).

Nur (Phl 3, 3 f.) 2. Kr 1, 9 bezeichnet πεποιθέναι die in der πίστις enthaltene vertrauende Hingabe an Gott, die das christliche Sein überhaupt charakterisiert. Öfter redet Pls von dem aus der πίστις erwachsenden Vertrauen auf Gott, das ihm sein Selbstbewußtsein gibt und ihn in seiner apostolischen Wirksamkeit trägt (2. Kr 3, 4; 10, 2); er vertraut auf Gottes Führung und Beistand für sich und die Gemeinde (Phl 1, 6. 25; 2, 24). Auch das Vertrauen, das er auf die Gemeinde setzt (Gl 5, 10; 2. Kr 1, 15; 2, 3; vgl. auch 8, 22) oder auf seinen Freund (Phm 21), wird man als aus seiner πίστις fließend verstehen dürfen, zumal es Gl 5, 10 als ein πεποιθέναι ἐν κυρίῳ (om freilich B) charakterisiert ist.

Vom Gottvertrauen in dem vom AT, bes. den Psalmen, her traditionellen Sinne ist bei Pls nicht die Rede, da seine Verkündigung nicht die Fragen individueller Lebensschicksale, sondern das eschatologische Heil zum Thema hat. Anders etwa 1. Pt 5, 7.

§ 36. DAS LEBEN IN DER πίστις

SCHRAGE, W., Die konkreten Einzelgebote in der paulinischen Paränese, 1961. – FURNISH, V. P., Theology and Ethics in Paul, 1965. – MERK, O., Handeln aus Glauben, 1968. – SCHRAGE, W., Ethik des Neuen Testaments, 1982 (bes. 155–230). – Zu 2: DUPONT, J., s. zu § 34 (S. 307). – HEGERMANN, H., Art. σοφία κτλ., EWNT III, 1983, 616–624. – Zu 3: NEUGEBAUER, F., s. vor § 35 (S. 315).

1. Als das Verhältnis des Menschen zu Gott bestimmt die πίστις auch das Verhältnis des Menschen zu sich selbst; denn menschliches Sein ist ja ein Sein im Verhalten zu sich selbst (§ 17). Die πίστις ist die Annahme des Kerygmas nicht als bloße Kenntnisnahme und Zustimmung, sondern als der echte Gehorsam, der ein neues Selbstverständnis einschließt; sie

kann also nicht ein einmaliger, dann der Vergangenheit anheim-
gefallener Akt sein. Sie ist auch nicht eine Qualität des Menschen, die ihm in mysteriöser Weise unvergänglich anhaftet, wie
etwa die in den Mysterien mitgeteilte ἀφθαρσία, geschweige daß
sie ein „Erlebnis", gar ein mystisches Erlebnis ist, auf das der
Mensch befriedigt zurückblicken und das sich gelegentlich, den
Lauf des alltäglichen Lebens unterbrechend, wiederholen könnte,
oder das sich etwa auch als „Lebensgefühl" durchhält. S i e
b e s t i m m t v i e l m e h r d a s L e b e n i n s e i n e r g e-
s c h i c h t l i c h e n B e w e g t h e i t , und es gibt keinen
Augenblick, in dem der Glaubende aus dem Gehorsam als dem
ständigen Leben aus der χάρις Gottes entlassen wäre. Es gilt:
πᾶν δὲ ὃ οὐκ ἐκ πίστεως, ἁμαρτία ἐστίν (Rm 14, 23); es gilt
ἐπιμένειν τῇ χρηστότητι (τ. θεοῦ. Rm 11, 22); es gilt: ὃ δὲ νῦν
ζῶ ἐν σαρκί, ἐν πίστει ζῶ τῇ τ. υἱοῦ τ. θεοῦ (Gl 2, 20). Für den
Glaubenden gibt es daher auch keine besonderen, ausgezeichneten Verhaltungsweisen; ἐν γὰρ Χρ. ᾽Ιησοῦ οὔτε περιτομή τι
ἰσχύει οὔτε ἀκροβυστία (und d. h. zugleich: keine spezifisch religiösen Praktiken), ἀλλὰ πίστις δι᾽ ἀγάπης ἐνεργουμένη (Gl 5, 6).
Dementsprechend r e a l i s i e r t s i c h d i e π ί σ τ ι ς im
k o n k r e t e n L e b e n i n d e n i n d i v i d u e l l e n V e r-
h a l t u n g e n d e s G l a u b e n d e n , und zwar sowohl dem
Grade wie der Art nach.

Es gibt ein ἀσθενεῖν τῇ πίστει (Rm 14, 1) und es gibt ὑστε-
ρήματα τῆς πίστεως (1. Th 3, 10); es gibt ebenso eine προκοπή
(Phl 1, 25) und ein αὐξάνεσθαι (2. Kr 10, 15). Ein Glaubender
kann auf einem παράπτωμα betroffen werden (Gl 6, 1), und die
Mahnung zum καταρτίζειν oder καταρτίζεσθαι erklingt wieder
und wieder (Gl 6, 1; 1. Kr 1, 10; 2. Kr 13, 11), oder auch das
Gebet, daß Gott stärken, festigen, bewahren möge u. dergl.
(2. Kr 13, 9; Rm 15, 13; 1. Th 3, 13; 5, 23; vgl. § 35, 4). Da das
ἀσθενεῖν τῇ πίστει Rm 14, 1 f. dem ἀσθενεῖν der ἀσθενὴς συνείδησις 1. Kr 8, 7—12 entspricht, wird klar, daß sich das
πιστεύειν in dem Wissen um das, was er jeweils zu tun oder zu
lassen hat, realisiert (vgl. § 19, 4). Der Christ darf hinfort nur
noch als πιστεύων um sich wissen; eben deshalb gilt jenes: πᾶν
δὲ ὃ οὐκ ἐκ πίστεως ἁμαρτία ἐστίν. Das Leben des Glaubenden
wird deshalb eine ständige Bewegung sein, in der sich jene
grundsätzliche Bewegung zwischen dem „nicht mehr" und dem
„noch nicht" (§ 35, 4) konkret verwirklicht, der Mahnung ent-

sprechend: ὅσοι οὖν τέλειοι, τοῦτο (das ἐπεκτείνεσθαι τοῖς ἔμπροσθεν) φρονῶμεν· καὶ εἴ τι ἑτέρως φρονεῖτε, καὶ τοῦτο ὁ θεὸς ὑμῖν ἀποκαλύψει· πλὴν εἰς ὃ ἐφθάσαμεν, τῷ αὐτῷ στοιχεῖν (Phl 3, 15 f.).

Die Individualisierung der πίστις erfolgt jedoch auch der Art nach, nämlich nach dem μέτρον πίστεως, das Gott einem jeden zugeteilt hat (Rm 12, 3). Dieses μέτρον πίστεως entspricht dem Anteil an den χαρίσματα, die Gott, bzw. der Geist, verleiht (§ 14, 1). Denn wie sich die πίστις in einzelnen konkreten Verhaltungen individualisiert, so individualisiert sich auch die göttliche χάρις in einzelnen konkreten Gnadengaben: ἔχοντες δὲ χαρίσματα κατὰ τὴν χάριν τὴν δοθεῖσαν ἡμῖν διάφορα (Rm 12, 6). Wie dem Pls die χάρις des Heiden-Apostolats verliehen ist (Rm 1, 5; 12, 3; 15, 15; 1. Kr 3, 10; Gl 2, 9), wie ihm das χάρισμα der Ehelosigkeit geschenkt ist, so anderen anderes: ἀλλὰ ἕκαστος ἴδιον ἔχει χάρισμα ἐκ θεοῦ, ὁ μὲν οὕτως ὁ δὲ οὕτως (1. Kr 7, 7). Die Aufzählung solcher χαρίσματα Rm 12, 6 ff.; 1. Kr 12, 4 ff. 28 ff. zeigt, daß Pls nicht nur auffallende Phänomene, die allgemein dafür gelten, als χαρίσματα ansieht, wie die ekstatische Glossalie, die Gabe der Prophetie und des Wundertuns, sondern auch alle Betätigungen brüderlicher Liebe dazu rechnet (§ 14, 1 und 3). Das zum χάρισμα des μεταδιδόναι, des ἐλεεῖν, der ἀγάπη gesetzte ἐν ἁπλότητι, ἐν ἱλαρότητι, ἀνυπόκριτος, das jedesmal die Norm der betreffenden Betätigung angibt, entspricht aber dem zur προφητεία gesetzten κατὰ τὴν ἀναλογίαν τῆς πίστεως (Rm 12, 6. 8 f.). Man sieht also, daß sich dank all solcher Gaben das christliche Sein in der πίστις individuell konkretisiert. Wie die auf die χάρις sich gründende πίστις in der ἀγάπη wirksam ist (Gl 5, 6), so kann die Betätigung der Liebe selbst χάρις genannt werden. (2. Kr 8, 1. 4. 6 f. 19); δυνατεῖ δὲ ὁ θεὸς πᾶσαν χάριν περισσεῦσαι εἰς ὑμᾶς, ἵνα ἐν παντὶ πάντοτε πᾶσαν αὐτάρκειαν ἔχοντες περισσεύητε εἰς πᾶν ἔργον ἀγαθόν (2. Kr 9, 8.)

2. Ein hervorragendes χάρισμα ist die Erkenntnis, d i e γ ν ῶ σ ι ς , und es wurde schon bei der Analyse der Struktur der πίστις sichtbar, daß in ihr ein Wissen enthalten ist, das weiterer Entfaltung fähig und bedürftig ist (§ 35, 2; S. 319 f.). Der äußere Widerspruch zwischen 1. Kr 8, 1: οἴδαμεν ὅτι πάντες γνῶσιν ἔχομεν und 8, 7: ἀλλ' οὐκ ἐν πᾶσιν ἡ γνῶσις zeigt, daß es Unterschiede innerhalb der Erkenntnis gibt. Das ἀσθενεῖν τῇ πίστει (Rm 14, 1) ist ein Mangel an Erkenntnis (s. 1.), wie

denn jenes ἀλλ᾽ οὐκ ἐν πᾶσιν ἡ γνῶσις mit Bezug auf die „Schwachen" gesprochen ist. Auf solche „Schwachen" soll der „Starke" Rücksicht nehmen und hat sie nicht zu richten; denn jeder ist nur dem κύριος verantwortlich (Rm 14, 4. 22). Heißt es: ἕκαστος ἐν τῷ ἰδίῳ νοῖ πληροφορείσθω (V. 5), so ist klar, daß jeder in seiner πίστις selbständig ist und seine Erkenntnis zu gewinnen hat. So heißt es ausdrücklich: σὺ πίστιν ἣν ἔχεις κατὰ σεαυτὸν ἔχε ἐνώπιον τοῦ θεοῦ κτλ. (V. 22 f.).

Das bedeutet aber nicht, daß jeder auf seinem Standpunkt beharren soll. Wie Pls Rm 14; 1. Kr 8 keinen Zweifel daran läßt, daß er die Erkenntnis der „Starken" bejaht, so wünscht er z. B. den Philippern, ἵνα ἡ ἀγάπη ὑμῶν (hier die christliche Haltung als ganze bezeichnend) ἔτι μᾶλλον καὶ μᾶλλον περισσεύῃ ἐν ἐπιγνώσει καὶ πάσῃ αἰσθήσει, εἰς τὸ δοκιμάζειν ὑμᾶς τὰ διαφέροντα (Phl 1, 9 f.). Ebenso Rm 12, 2: μεταμορφοῦσθε τῇ ἀνακαινώσει τοῦ νοός, εἰς τὸ δοκιμάζειν ὑμᾶς τί τὸ θέλημα τοῦ θεοῦ κτλ. In den Gemeindeversammlungen spielen der λόγος σοφίας und der λόγος γνώσεως eine wichtige Rolle (1. Kr 12, 8), und Pls freut sich, wenn er rühmen kann, daß eine Gemeinde Reichtum an λόγος und γνῶσις hat (1. Kr 1, 5; 2. Kr 8, 7; Rm 15, 14), und er ist stolz, daß er, wenn auch ἰδιώτης τῷ λόγῳ, so doch nicht τῇ γνώσει ist (2. Kr 11, 6).

Solche γνῶσις oder σοφία entwickelt das in der πίστις enthaltene Wissen zu immer klarerer und umfassenderer Erkenntnis; durch sein ἀγνοεῖτε, οὐκ οἴδατε u. dergl. regt Pls dazu an (§ 35, 2; S. 319 f.). Verweist er z. B. die Römer Rm 6, 3 auf ein bei ihnen offenbar vorausgesetztes Wissen (ἢ ἀγνοεῖτε ὅτι ὅσοι ἐβαπτίσθημεν εἰς Χρ. Ἰησοῦν, εἰς τὸν θάνατον αὐτοῦ ἐβαπτίσθημεν;), so bringt er ihnen V. 11 die Konsequenz zum Bewußtsein: οὕτως καὶ ὑμεῖς λογίζεσθε ἑαυτοὺς εἶναι νεκροὺς μὲν τῇ ἁμαρτίᾳ, ζῶντας δὲ τῷ θεῷ κτλ.

Die Erkenntnis ist als besondere Bewegung der πίστις ein χάρισμα, eine Gabe des Geistes (s. 1); das heißt jedoch nicht, daß sie nicht als Aufgabe erfaßt und ausgebildet werden soll, wie Phl 1, 9 f. und Rm 12, 2 (s. o.) deutlich zeigen. Ist hier und wohl in den meisten Fällen die Erkenntnis als die des θέλημα τοῦ θεοῦ, d. h. als die Erfassung der sittlichen Pflichten verstanden, so ist sie anderwärts die Erkenntnis der μυστήρια des heilsgeschichtlichen bzw. eschatologischen Geschehens (Rm 11, 25; 1. Kr 2, 7; 15, 51). Denn vermöge des Geistes kann sie

sich hoch emporschwingen zu einer σοφία, die noch jenseits der
paradoxen, als μωρία erscheinenden σοφία der Kreuzespredigt
liegt, zu einer σοφία, die freilich den τέλειοι, den gereiften Christen, vorbehalten ist (1. Kr 2, 6). Es gibt ein vom Geist ge-
schenktes ἐρευνᾶν τὰ βάθη τοῦ θεοῦ (2, 10). So sehr hier die Gefahr droht, daß sich die γνῶσις als Spekulation aus der πίστις
löst — und bei den korinthischen Gnostikern ist das ja zweifellos der Fall —, so behält sie doch bei Pls grundsätzlich den Charakter einer existentiellen Erkenntnis, in der sich der Glaube
selbst explizert; denn er bestimmt ihren Sinn dahin, ἵνα εἰδῶμεν
τὰ ὑπὸ τοῦ θεοῦ χαρισθέντα ἡμῖν (2, 12). Gottes Geschenk verstehen, heißt, sich selbst als Beschenkten verstehen; die höchste
σοφία und γνῶσις muß also zugleich das klarste Selbstverständnis sein.

Ebenso zeigt auch die Bindung solcher σοφία an die sittliche
Reife (1. Kr 3, 1—3), daß die Erkenntnis nicht aus ihrer Bindung an die πίστις entlassen und zu einer freischwebenden Spekulation (oder zu einer neutral forschenden Wissenschaft) geworden ist. Vor allem zeigt 1. Kr 8, daß die christliche γνῶσις
das Sichverstehen unter der göttlichen χάρις ist. Denn sie ist
keine echte γνῶσις, wenn sie zum φυσιοῦσθαι führt und so die
ἀγάπη verletzt, in der die πίστις wirksam sein soll. So wird auch
hier deutlich, daß die γνῶσις in all ihren Formen und Stufen
mit dem Verstehen ihres Gegenstandes zugleich ein existentielles
Sich-verstehen in der πίστις ist (§ 35, 2; S. 319). Sofern sich
dieses Sichverstehen als Objekterkenntnis d. h. als immer ein-
dringenderes Erkennen der göttlichen χάρις entfaltet, gilt, daß
es immer Stückwerk bleibt, dem erst in der Vollendung, wenn
das τέλειον gekommen ist, klare Erkenntnis ohne Rätsel folgen
wird (1. Kr 13, 12); denn wir wandeln jetzt nur im Glauben,
nicht im Schauen (2. Kr 5, 7).

3. So gewinnt auch die Formel ἐν Χριστῷ über den
ekklesiologischen und eschatologischen Sinn (§ 34, 3) hinaus
bzw. mit ihm zusammen den Sinn der Bezeichnung — zwar
nicht eines individuellen mystischen Christusverhältnisses, aber
der Bestimmtheit des individuellen geschichtlichen Lebens des
Glaubenden, der nicht aus sich, sondern aus der göttlichen Heilstat lebt. Dabei macht es keinen Unterschied, wenn an Stelle des
εἶναι ἐν Χριστῷ vom Sein Christi im Glaubenden geredet wird
(Rm 8, 10; 2. Kr 13, 5; Gl 2, 20; vgl. 4, 19). Beides meint nichts

anderes als jene Bestimmtheit des konkreten Lebens, die Pls
auch als den νόμος τοῦ Χριστοῦ bezeichnen kann (Gl 6, 2). Wie
es nun ein στήκειν ἐν τῇ πίστει gibt (§ 35, 4; S. 322), so ein
στήκειν ἐν κυρίῳ (1. Th 3, 8; Phl 4, 1); wie es Stufen der πίστις
gibt (s. 1), so Stufen des Seins in Christus, nämlich etwa als
νήπιος (1. Kr 3, 1) oder als δόκιμος (Rm 16, 10) oder φρόνιμος
(1. Kr 4, 10).

Die Existenz des Glaubenden als Glied des σῶμα Χριστοῦ
(§ 34, 2), das eschatologische Sein, realisiert sich in seinem Leben ἐν σαρκί im περιπατεῖν, das jetzt nicht mehr ein περιπατεῖν κατὰ σάρκα ist (Rm 8, 4; 2. Kr 10, 2; § 38). Denn mit Christus gestorben sein — und das gilt ja vom Glaubenden — bedeutet: ὅτι ὁ παλαιὸς ἡμῶν ἄνθρωπος συνεσταυρώθη, ἵνα καταρ-
γηθῇ τὸ σῶμα τῆς ἁμαρτίας, τοῦ μηκέτι δουλεύειν ἡμᾶς τῇ
ἁμαρτίᾳ (Rm 6, 6). Oder: οἱ δὲ τοῦ Χρ. Ἰησοῦ τὴν σάρκα ἐσταύρωσαν σὺν τοῖς παθήμασιν καὶ ἐπιθυμίαις (Gl 5, 24). So bekennt Pls von sich: ἐμοὶ δὲ μὴ γένοιτο καυχᾶσθαι εἰ μὴ ἐν τῷ
σταυρῷ τοῦ κυρίου ἡμῶν Ἰ. Χριστοῦ, δι᾽ οὗ ἐμοὶ κόσμος ἐσταύρωται κἀγὼ κόσμῳ (Gl 6, 14). Dementsprechend beschreibt er
das κερδῆσαι Χριστὸν καὶ εὑρεθῆναι ἐν αὐτῷ als das völlige Be-
stimmtsein durch das Heilsgeschehen, nämlich als ein γνῶναι
τὴν δύναμιν τῆς ἀναστάσεως αὐτοῦ καὶ κοινωνίαν παθημάτων
αὐτοῦ, συμμορφιζόμενος τῷ θανάτῳ αὐτοῦ (Phl 3, 10), und sagt
im gleichen Sinne: Χριστῷ συνεσταύρωμαι· ζῶ δὲ οὐκέτι ἐγώ,
ζῇ δὲ ἐν ἐμοὶ Χριστὸς κτλ. (Gl 2, 19 f.). Die Leiden strömen
auf den Apostel über (2. Kr 1, 5); er trägt an seinem Leibe das
Sterben Jesu umher (2. Kr 4, 10). Aber im Apostel ist nur exem-
plarisch repräsentiert, was für das christliche Sein überhaupt
gilt: mit Christus zu leiden, um auch mit ihm verherrlicht zu
werden (Rm 8, 17).

Wie sich diese grundsätzliche Bestimmtheit des Lebens durch
die Heilstat bzw. durch den Glauben bis ins Einzelne erstreckt,
zeigt der reiche formelhafte Gebrauch von ἐν Χριστῷ bzw. ἐν
κυρίῳ. Die Wendungen ersetzen ein sprachlich noch nicht entwickeltes Adv. „christlich", bzw. ein „als Christ", „in christlicher Weise", wodurch alle möglichen Verhaltungen charakterisiert werden: das Reden (2. Kr 2, 17; 12, 19) und das Mahnen
(Phl 2, 1), die Offenheit (Phm 8) und der Gruß (Rm 16, 22; 1. Kr
16, 19), die Einmütigkeit (Phl 4, 2), die brüderliche Liebe (Rm
16, 8; 1. Kr 16, 24) und das Entgegenkommen (Rm 16, 2) wie

die Sorge und Mühe um die Gemeinde (1. Th 5, 12; Rm 16, 12). Aber auch das, was dem Glaubenden widerfährt, hat die durch das ἐν Χριστῷ bezeichnete neue Prägung gewonnen: „in Christus" ist die Gefangenschaft des Pls bekannt geworden (Phl 1, 13); das Sterben ist für den Glaubenden ein κοιμᾶσθαι ἐν Χριστῷ (1. Kr 15, 18), und die Toten der Gemeinde sind die νεκροὶ ἐν Χριστῷ (1. Th 4, 16). Denn es gilt ja: ἐάν τε οὖν ζῶμεν, ἐάν τε ἀποθνήσκωμεν, τοῦ κυρίου ἐσμέν (Rm 14, 7—9).

§ 37. DIE πίστις
ALS ESCHATOLOGISCHES GESCHEHEN

Die πίστις gehört als Antwort auf das verkündigte Wort, die ἀκοὴ πίστεως, wie dieses zum Heilsgeschehen, zum eschatologischen Geschehen. Sie ist als M ö g l i c h k e i t der neu erschlossene Heilsweg, und in diesem Sinne kann dem νόμος τῶν ἔργων der νόμος πίστεως gegenübergestellt werden (Rm 3, 27). Und es kann auch vom „Kommen" und „Offenbartwerden" des Glaubens geredet werden (Gl 3, 23. 25).

Damit ist natürlich der konkreten πίστις ihr Charakter als Entscheidung, der ihr als ὑπακοή wesenhaft zu eigen ist (§ 35, 1), nicht genommen. Aber auch die konkrete Realisierung der Glaubensmöglichkeit in der Glaubensentscheidung des Einzelnen ist selbst eschatologisches Geschehen. Denn der Glaubende kann seine Entscheidung, da er ihre Möglichkeit als Gnade erfährt, nur als Geschenk der Gnade selbst verstehen — aber eben gerade seine Entscheidung! Und dadurch, daß er Gott als den weiß, der sein Wollen und Vollbringen, d. h. sein konkretes geschichtliches Existieren in der πίστις, wirkt, weiß er sich nicht der Verantwortung dafür enthoben, sondern sich vielmehr in sie hineingewiesen (Phl 2, 13 f.; § 35, 4).

So kann Pls sagen, daß der Glaube an Christus „geschenkt wird" (Phl 1, 29). Ja, er kann geradezu prädestinatianisch reden (Rm 8, 29; 9, 6—29). Nimmt man solche Sätze von Gottes προγινώσκειν, προορίζειν, von der ἐκλογή und vom σκληρύνειν im Wortsinne, so eröffnet sich ein unlösbarer Widerspruch; denn ein Glaube, der von Gott außerhalb der Entscheidung des Menschen gewirkt ist, wäre offenbar kein echter Gehorsam. Gottgewirkt ist der Glaube insofern, als die zuvorkommende Gnade die menschliche Entscheidung erst ermöglicht hat, so daß sich

diese selbst nur als Geschenk Gottes verstehen kann, ohne um
deswillen ihren Entscheidungscharakter zu verlieren. Nur so
hat ja auch der Imp. καταλλάγητε τῷ θεῷ (2. Kr 5, 20; § 31)
Sinn. In den prädestinatianischen Sätzen kommt aber die Tatsache zum Ausdruck, daß der Entschluß des Glaubens nicht wie
andere Entschlüsse auf irgendwelche innerweltliche Motive zurückgeht, daß diese vielmehr angesichts der Begegnung des Kerygmas alle Motivationskraft verlieren; d. h. zugleich, daß sich
der Glaube nicht auf sich selbst berufen kann[1].

Das kommt endlich darin zur Geltung, daß Pls die πίστις
nicht als inspiriert bezeichnet, sie nicht auf das πνεῦμα zurückführt[2]. Umgekehrt ist das πνεῦμα die Gabe, die der Glaube
empfängt (Gl 3, 2. 5. 14) und in der die im Glauben angeeignete
χάρις Gottes im konkreten Leben wirksam wird (§ 38, 3). Daher
nennt Pls die ἀγάπη, in der die πίστις wirksam ist, die Frucht
des Geistes, wie er überhaupt die christlichen „Tugenden" als
solche Frucht ansieht (Gl 5, 22). Vergleicht man Gl 5, 6 und
6, 15: in Christus gilt weder Beschneidung noch Vorhaut, sondern: πίστις δι' ἀγάπης ἐνεργουμένη bzw. καινὴ κτίσις, so sieht
man: das christliche Sein im Glauben, der in der Liebe wirkt,
ist eschatologisches Geschehen.

4. Die ἐλευθερία

JONAS, H., Augustin und das paulinische Freiheitsproblem, 1930. – SCHLIER, H.,
Art. ἐλεύθερος κτλ., ThW II, 1935, 484–500. – BULTMANN, R., Die Bedeutung des
Gedankens der Freiheit für die abendländische Kultur, in: DERS., Glauben und Verste-
hen. I., (1952) [8]1980, 274–293 (bes. 275–279). – GRÄSSER, E., Freiheit und apostoli-
sches Wirken bei Paulus, EvTh 15, 1955, 333–342. – BULTMANN, R., Der Gedanke der
Freiheit nach antikem und christlichem Verständnis (1959), in: DERS., Glauben und
Verstehen. IV., 1965, 42–51. – NIEDERWIMMER, K., Der Begriff der Freiheit im
Neuen Testament, 1966. – NESTLE, D., Art. Freiheit, RAC, VIII, 1972, 269–306. –
KÄSEMANN, E., Der Ruf der Freiheit, (1969) [5]1972. – WEDER, H., Eleutheria und
Toleranz, in: Glaube und Toleranz, hrg. v. T. RENDTORFF, 1982, 243–254.

[1] Vgl. E. Dinkler, Prädestination bei Paulus (Festschr. f. G. Dehn 1957,
81—102).

[2] In dem Satze 2. Kr 4, 13: ἔχοντες δὲ τὸ αὐτὸ πνεῦμα τῆς πίστεως . . .
(διὸ καὶ λαλοῦμεν) bedeutet πν. τ. πιστ. nicht den Geist, der den Glauben
schenkt, sondern den Geist, wie er dem Glaubén eigen ist. Im Grunde bezeichnet πν. hier die Art und Weise des Glaubens. — Wird 1. Kr 12, 3
der Ruf κύριος Ἰησοῦς als Kriterium des Geistesbesitzes angegeben, so
soll nicht die ὁμολογία des Glaubens auf das πν. zurückgeführt werden,
sondern angegeben werden, wodurch man pneumatische Ekstase von
dämonischer unterscheiden kann.

§ 38. DIE FREIHEIT VON DER SÜNDE
UND DER WANDEL IM GEIST

FURNISH, V. P., MERK, O., SCHRAGE, W., s. zu § 36 (S. 324). – WERNLE, P., Der Christ und die Sünde bei Paulus, 1897. – BULTMANN, R., Das Problem der Ethik bei Paulus (1924), in: DERS., Exegetica, 1967, 36–54. – SODEN, H. v., Sakrament und Ethik, s. zu § 34 (S. 307). – DINKLER, E., Zum Problem der Ethik bei Paulus (1952), in: DERS., Signum crucis, 1967, 204–240 (mit Nachtrag). – SYNOFZIK, E., Die Gerichts- und Vergeltungsaussagen bei Paulus, 1977. – BECKER, J., Das Problem der Schriftgemäßheit der Ethik, in: Handbuch der christlichen Ethik, Bd. 1, hrg. v. A. HERTZ u. a., 1978, 243–269 (bes. 255–261). – STRECKER, G., Strukturen einer neutestamentlichen Ethik, ZThK 75, 1978, 117–146. – ORTKEMPER, F.-J., Leben aus dem Glauben, 1980. – HOLTZ, T., Zur Frage der inhaltlichen Weisungen bei Paulus, ThLZ 106, 1981, 385–400. – KÖRTNER, U. H. J., Rechtfertigung und Ethik bei Paulus, WuD, N.F. 16, 1981, 93–109. – MÜNCHOW, CHR., Ethik und Eschatologie, 1981 (bes. 149–178). – BRANDENBURGER, E., Art. Gericht Gottes. III. Neues Testament, TRE, XII, 1984, 469–483 (bes. 475–478). – Zu 2 u. 3: WENDLAND, H. D., Das Wirken des Heiligen Geistes in den Gläubigen, ThLZ, 1952, 457–470. – KÄSEMANN, E., Gottesdienst im Alltag der Welt (1960), in: DERS., Exegetische Versuche und Besinnungen. II., 1964, 198–204. – RIEKKINEN, V., Römer 13. Aufzeichnung und Weiterführung der exegetischen Diskussion, 1980. – WOLBERT, W., Ethische Argumentation und Paränese in 1Kor 7, 1981. – Die Frau im Urchristentum, hrg. v. G. DAUTZENBERG, H. MERKLEIN, K. MÜLLER, 1983. – Zu 4: DU TOIT, A. B., Art. Freude. I. Neues Testament, TRE, XI, 1983, 584–586.

1. Die gehorsame Unterwerfung des Glaubens unter Gottes χάρις, die Übernahme des Kreuzes Christi, ist die Preisgabe des alten Selbstverständnisses des Menschen, der „für sich selbst" lebt, der aus eigener Kraft das Leben gewinnen will und eben dadurch unter die Mächte der Sünde und des Todes gerät und sich selbst verliert (§§ 23. 24). Sie ist deshalb als ὑπακοὴ πίστεως zugleich die Befreiung von diesen Mächten. Das neue Selbstverständnis, das mit der πίστις geschenkt wird, ist das der Freiheit, in der der Glaubende die ζωή und damit sich selbst gewinnt.

Die Freiheit erwächst gerade daraus, daß der Glaubende als „Losgekaufter" nicht mehr „sich selbst gehört" (1. Kr 6, 19), daß er sein Leben, sich selbst, nicht mehr in eigene Sorge nimmt, sondern diese Sorge fahren läßt, sich ganz der Gnade anheimgibt und sich als Eigentum Gottes bzw. des κύριος weiß und für ihn lebt:

οὐδεὶς γὰρ ἡμῶν ἑαυτῷ ζῇ
καὶ οὐδεὶς ἑαυτῷ ἀποθνῄσκει·

ἐάν τε γὰρ ζῶμεν, τῷ κυρίῳ ζῶμεν,
  ἐάν τε ἀποθνήσκωμεν, τῷ κυρίῳ ἀποθνήσκομεν.
ἐάν τε οὖν ζῶμεν ἐάν τε ἀποθνήσκωμεν,
  τοῦ κυρίου ἐσμέν (Rm 14, 7 f.; vgl. 7, 4; Gl 2, 19 f.; 2. Kr
  5, 14 f.).

Der machtvollste Ausdruck der Freiheit ist 1. Kr 3, 21—23:

πάντα γὰρ ὑμῶν ἐστιν . . .
    εἴτε κόσμος εἴτε ζωὴ εἴτε θάνατος,
    εἴτε ἐνεστῶτα εἴτε μέλλοντα,
  πάντα ὑμῶν.

Aber der Schluß lautet: ὑμεῖς δὲ Χριστοῦ, Χριστὸς δὲ θεοῦ.

Auch das Leben des von der Macht des To-
des Befreiten ist kein Naturphänomen, sondern das Leben des strebenden, wollenden Ich, das immer auf etwas aus
ist, immer vor seinen Möglichkeiten steht, und zwar stets vor
den Grundmöglichkeiten κατὰ σάρκα oder κατὰ πνεῦμα zu leben, für sich selbst oder für Gott bzw. den κύριος (§ 18, 4). Dieses Entweder — Oder steht auch vor dem Glaubenden (Gl 6, 7 f.:
Rm 8, 12 f.), und die Freiheit, zu der er befreit
ist, ist nicht eine ἐλευθερία εἰς ἀφορμὴν τῇ σαρκί (Gl 5, 13)
d. h. nicht eine Lösung aus allen bindenden Normen, aus dem
Gesetz Gottes, vielmehr ein neues δουλεύειν (Rm 7, 6), ein δουλεύειν θεῷ ζῶντι (1. Th 1, 9) oder Χριστῷ (Rm 14, 18; 16, 18),
ein δουλωθῆναι nicht mehr τῇ ἁμαρτίᾳ, sondern der δικαιοσύνη (Rm 6, 16—18). Ein paradoxes δουλεύειν! Denn der δοῦλος
Χριστοῦ ist ja zugleich auch ein ἀπελεύθερος κυρίου (1. Kr 7, 22).
Daß dieses δουλεύειν zugleich ein δουλεύειν ἀλλήλοις ist (Gl
5, 13) und ein δουλῶσαι ἑαυτὸν πᾶσιν fordern kann (1. Kr
9, 19), wird alsbald klar werden. Jedenfalls erweist sich die
ὑπακοὴ πίστεως als echt dadurch, daß sich der Glaubende Gott
zur Verfügung stellt εἰς ὑπακοήν, seine Glieder als ὅπλα δικαιοσύνης (Rm 6, 12 ff.); Gott hat ja die Sünde im Fleisch verurteilt, damit in unserem περιπατεῖν als einem περιπατεῖν κατὰ
πνεῦμα die Rechtsforderung des Gesetzes erfüllt werde (Rm
8, 3 f.).

Die Freiheit ist aber auch nicht eine mysteriöse Befreiung von
Sünde und Tod als naturhaften Mächten, ein der Entscheidung
beraubtes, also selbst naturhaftes Vermögen — und also zugleich
ein supranaturaler Zwang —, hinfort nur das Gute zu tun. Die

„Sündlosigkeit" ist nicht die magische Sicherung vor der M ö g -
l i c h k e i t der Sünde — vor dem πειράζων hat auch der Glaubende auf der Hut zu sein (1. Th 3, 5; 1. Kr 7, 5; 2. Kr 2, 11;
§ 26, 3) — sondern die Befreiung von dem Z w a n g der Sünde.
Die Freiheit von der Sünde besteht in der einst verscherzten
Möglichkeit, die Absicht der ἐντολή als einer ἐντολὴ εἰς ζωήν zu
realisieren (§ 27). Die ζωή, das Gute für den Menschen, ist nach
wie vor zugleich das Gute, das von ihm gefordert ist (§§ 19, 1;
21, 1; 27, 1; S. 213. 227. 260). Die Freiheit vom Tode bedeutet
deshalb: echte Zukunft haben, während der einst dem Tode verfallene Mensch keine Zukunft hatte (§ 24, 2).

Der I m p e r a t i v des περιπατεῖν κατὰ πνεῦμα steht also
nicht nur in keinem Widerspruch zum I n d i k a t i v des Ge-
rechtfertigtseins, sondern folgt vielmehr aus ihm: ἐκκαθάρατε
τὴν παλαιὰν ζύμην, ἵνα ἦτε νέον φύραμα, καθώς ἐστε ἄζυμοι
(1. Kr 5, 7 f.). Es gilt also in gewissem Sinne das „Werde, der
du bist!" — aber nicht in dem idealistischen Sinne, daß die
Idee des vollkommenen Menschen im unendlichen Fortschritt
mehr und mehr verwirklicht werde, wobei die Jenseitigkeit
der τελειότης als die Jenseitigkeit der Idee gedacht wäre und
das Verhältnis zu ihr (stoisch gesprochen) als das des προκόπτειν
oder τετάσθαι πρός. Vielmehr ist die „Sündlosigkeit" d. h. die
Freiheit von der Macht der Sünde in der δικαιοσύνη θεοῦ schon
verwirklicht (§ 29, 2); ihre Jenseitigkeit ist die des göttlichen
Urteils, und das Verhältnis zu ihr ist das der ὑπακοὴ πίστεως.
Das Werden dessen, was der Gläubige schon ist, besteht deshalb in dem ständigen glaubenden Ergreifen der χάρις und d. h.
zugleich in der konkreten, nunmehr möglichen ὑπακοή im
περιπατεῖν: ἁμαρτία γὰρ ὑμῶν οὐ κυριεύσει· οὐ γάρ ἐστε ὑπὸ
νόμον ἀλλὰ ὑπὸ χάριν (Rm 6, 14). Ebenso motiviert das ἀπελούσασθε, ἡγιάσθητε 1. Kr 6, 11 die Mahnung. In voller Breite
entwickelt Pls diesen Gedanken Rm 6, indem er gegenüber einem
rein sakramentalen Verständnis der Taufe, das durch sie die
Sicherheit eines künftigen Lebens zu gewinnen meint, zeigt, wie
das durch die Taufe geschenkte Leben sich gegenwärtig in der
Freiheit von der Macht der Sünde zu erweisen hat (§ 13, 1;
S. 143 f.; § 34, 3): οὕτως καὶ ὑμεῖς λογίζεσθε ἑαυτοὺς εἶναι
νεκροὺς μὲν τῇ ἁμαρτίᾳ, ζῶντας δὲ τῷ θεῷ ἐν Χρ. Ἰησοῦ (V. 11).
So läuft denn der Imp. des πνεύματι περιπατεῖτε Gl 5, 16 ff. in
den paradoxen Satz aus: εἰ ζῶμεν πνεύματι, πνεύματι καὶ στοι-

χῶμεν (V. 25) — mißverständlich insofern, als es scheint, daß es ein ζῆν πνεύματι ohne ein πνεύματι στοιχεῖν geben könnte. Aber die Formulierung will das andere Mißverständnis vermeiden, als müsse durch ein πνεύματι στοιχεῖν das ζῆν πνεύματι erst beschafft werden. Der Sinn ist klar: die dem Glauben geschenkte Möglichkeit des ζῆν πνεύματι muß im στοιχεῖν πνεύματι ausdrücklich ergriffen werden. Der Indikativ begründet den Imperativ [1].

2. Daß der Glaubende (in der Taufe) d a s   G e s c h e n k d e s   G e i s t e s empfangen hat, besagt nichts anderes, als eben dieses, daß ihm die Freiheit geschenkt worden ist — die Freiheit von der Macht der Sünde und des Todes.

Pls teilt selbstverständlich die gemeinchristliche Anschauung, daß der Geist durch die Taufe verliehen wird (1. Kr 6, 11; 12, 13; 2. Kr 1, 22; § 13, 1; S. 141), und ebenso die Auffassung vom πνεῦμα als einer wunderbaren göttlichen Kraft (Rm 15, 19; 1. Kr 2, 4 usw.; § 14, 1). Animistische und dynamistische Ausdrucksweise gehen bei ihm durcheinander (S. 158), und man sieht schon daraus, daß ihm ein spekulatives Interesse am Geistgedanken fern liegt. Mehrfach begegnen Wendungen, in denen das πν. (dem nicht zur Abstraktion entwickelten Denken entsprechend) offenbar als an einen unweltlichen S t o f f gebunden oder von ihm getragen vorgestellt wird. Pls kann wenigstens vom πν. als einem Etwas reden, das in einem Menschen Wohnung nehmen kann (Rm 8, 9. 11; 1. Kr 6, 19), also dann lokal gebunden ist. Aber man wird eine solche Wendung schwerlich streng nehmen dürfen, da sie auch mit Bezug auf die Gemeinde gebraucht werden kann (1. Kr 3, 16) und hier eine dem Wortlaut streng entsprechende Vorstellung doch nicht vollziehbar ist. Jedoch legt der Begriff des σῶμα πνευματικόν (1. Kr 15, 44. 46) den Gedanken nahe, daß sich Pls das πν. als einen Stoff vorgestellt hat, wie denn durch den mit dem πν.-Begriff eng verwandten δόξα-Begriff (§ 14, 1; S. 158) 1. Kr 15, 40 f. ohne Zweifel eine (himmlische) Stofflichkeit bezeichnet wird. Wenn nun auch 2. Kr 3, 7 naiv von dem sinnlich sichtbaren Strahlenglanz der δόξα redet, so zeigt schon die Gegenüberstellung der δόξα der alten und der neuen διαθήκη (3, 7 ff.), daß Pls diese Vorstellung gar nicht festhält; denn die ὑπερβάλλουσα δόξα der καινή διαθήκη ist ja gar nicht sichtbar, sondern ist eine Kraft, die sich in ihrer Wirkung erweist, und zwar darin, daß sie die Freiheit wirkt. Sagt Pls von denen, die mit dem πνεῦμα des κύριος die Freiheit empfangen haben: . . . μεταμορφούμεθα ἀπὸ δόξης εἰς δόξαν . . . (V. 18), so ist klar: die gegenwärtige δόξα ist kein glänzender Stoff; sie ist nichts anderes als die Kraft, vermöge deren der ἔσω ἄνθρωπος (§ 18, 1) von Tag zu Tag erneuert wird (4, 16), wie denn δόξα und δύναμις synonym sein können (§ 14, 1; S. 158).

Entsprechend ist auch die hier oder dort etwa vorliegende Vorstellung vom πνεῦμα a l s   e i n e m   S t o f f keine den πν.-Begriff des Pls wirk-

---

[1] Über Imperative als Form heiligen Rechts s. E. K ä s e m a n n , NTSt I, 1954/55, 248—260.

lich bestimmende. Das zeigt z. B. schon die Charakteristik des *νόμος* als *πνευματικός* (Rm 7, 14), wo die Vorstellung der Stofflichkeit ausgeschlossen ist, oder Bildungen wie *χάρισμα πνευματικόν* (Rm 1, 11), *τοῖς πνευματικοῖς κοινωνεῖν* (Rm 15, 27; vgl. 1. Kr 9, 11), der Gegensatz *γράμμα-πνεῦμα* (Rm 2, 29; 7, 6; 2. Kr 3, 6), oder auch die Bezeichnung der gereiften Christen als *πνευματικοί* (1. Kr 2, 13. 15; 3, 1; Gl 6, 1). Der eigentliche Sinn des *πν.*-Begriffes bei Pls muß also anders bestimmt werden.

Das *πνεῦμα* ist der Gegensatz zur *σάρξ* (Gl 5, 16; 6, 8; Rm 8, 4 ff. usw.). Wie *σάρξ* der Inbegriff des Weltlichen, des Sicht- und Verfügbaren und des Vergänglichen ist, das über den Menschen zur Macht wird, der *κατὰ σάρκα* lebt (§ 22), so ist *πνεῦμα* der Inbegriff des Unweltlichen, des Unsichtbaren und Unverfügbaren, des Unvergänglichen (S. 235 f.), das für den und in dem eine Macht wird, der sein Leben *κατὰ πνεῦμα* orientiert. Und wie sich die Macht der *σάρξ* darin erweist, daß sie den Menschen an das Vergängliche, im Grunde immer schon Vergangene bindet, an den Tod, so die Macht des *πνεῦμα* darin, daß sie dem Glaubenden die Freiheit gibt, die Zukunft erschließt, das Unvergängliche, das Leben. Die Freiheit ist ja nichts anderes, als das Offenstehen für die echte Zukunft, das Sich-bestimmen-lassen durch die Zukunft. So läßt sich *πνεῦμα* als die Macht der Zukünftigkeit bezeichnen.

Das findet darin seinen Ausdruck, daß das *πνεῦμα* die eschatologische Gabe ist, die *ἀπαρχή* (Rm 8, 23), der *ἀρραβών* (2. Kr 1, 22; 5, 5). Denn damit ist ja gesagt, daß das Leben des Glaubenden bestimmt ist durch die Zukunft, die für ihn Ursprung und Kraft wie Norm ist — wie denn auch die *δόξα* im Grunde die aus der erschlossenen Zukunft fließende Kraft ist, die die Gegenwart bestimmt (2. Kr 3, 18). Deshalb heißt der Geist auch das *πνεῦμα υἱοθεσίας* (Rm 8, 15; vgl. Gl 4, 6; § 29, 3); durch seinen Empfang in der Taufe werden wir „gerechtfertigt" (1. Kr 6, 11) und in das *σῶμα Χριστοῦ* eingefügt (1. Kr 12, 13; vgl. Gl 3, 27 f.). Wie die eschatologische Existenz ein *εἶναι ἐν Χριστῷ* genannt werden kann (§ 34, 3), so ein *εἶναι ἐν πνεύματι* (Rm 8, 9), und ohne Unterschied des Sinnes wechseln damit die Wendungen *πνεῦμα Χριστοῦ ἔχειν, Χριστὸς ἐν ὑμῖν* (V. 9 f.). Was Pls *ἐν δυνάμει πνεύματος* vollbracht hat, hat Christus durch ihn gewirkt (Rm 15, 18), und dem (*φρονεῖν*) *κατὰ σάρκα* entspricht gegensätzlich das *φρονεῖν κατὰ Χρ. ᾽Ιησοῦν* (Rm 15, 5). Die Freiheit hat der Glaubende *ἐν Χριστῷ* (Gl 2, 4); zur Freiheit hat Christus uns befreit (Gl 5, 1). Und wiederum kann Pls das *πρὸς κύριον* Ex

34, 34 exegesierend sagen: ὁ δὲ κύριος τὸ πνεῦμά ἐστιν und fortfahren: οὗ δὲ τὸ πνεῦμα κυρίου, ἐλευθερία (2. Kr 3, 17), und
angesichts des καθάπερ ἀπὸ κυρίου πνεύματος schwankt man,
ob es bedeutet „vom Herrn des Geistes" oder „vom Herrn,
der der Geist ist" — von anderen Möglichkeiten abgesehen
(V. 18).

So wenig das εἶναι ἐν Χριστῷ eine Formel der Mystik ist,
so wenig bezeichnet das εἶναι ἐν πνεύματι den Zustand der Ekstase. Wenn Pls auch das ekstatische Erlebnis als eine seltene
Ausnahme kennt (2. Kr 12, 1—4; V. 2: πρὸ ἐτῶν δεκατεσσάρων),
so bedeutet doch das πνεῦμα für ihn nicht die Kraft mysti-
scher Erlebnisse. Vielmehr zeigt alles, daß durch den Begriff
πνεῦμα die eschatologische Existenz bezeichnet wird, in die der
Glaubende dadurch versetzt worden ist, daß er sich die in Christus geschehene Heilstat zu eigen gemacht hat. Den Geist empfangen haben, bedeutet in der χάρις stehen (Rm 5, 2); wenn
2. Kr 1, 12 dem ἀναστρέφεσθαι ἐν σοφίᾳ σαρκικῇ das ἀναστρ.
ἐν χάριτι θεοῦ gegenübergestellt wird, so ist der Sinn des ἐν
χάριτι der gleiche wie der des κατὰ πνεῦμα. Deshalb kann Pls
auch, um das ganze des Heilsgeschehens rhetorisch zu beschreiben, sagen: ἡ γὰρ χάρις τοῦ κυρίου ᾽Ι. Χριστοῦ καὶ ἡ ἀγάπη τοῦ
θεοῦ καὶ ἡ κοινωνία τοῦ πνεύματος (2. Kr 13, 13). Und wiederum wird die Erschlossenheit der Zukunft durch den Geist
auf Grund der göttlichen Heilstat dadurch zum Ausdruck gebracht, daß die Sicherheit der Hoffnung durch den Satz begründet wird: ἡ ἀγάπη τοῦ θεοῦ (§ 32, 3) ἐκκέχυται ἐν ταῖς καρδίαις ἡμῶν διὰ πνεύματος ἁγίου τοῦ δοθέντος ἡμῖν (Rm 5, 5).

3. Eine eigentümliche Doppelheit haftet nun dem πνεῦμα-
Begriff deshalb an, weil das πνεῦμα sowohl die dem Glauben
geschenkte wunderbare Kraft bezeichnen kann, die der Ursprung
seines neuen Lebens ist, wie auch die Norm seines περιπατεῖν.
Das ist aber die gleiche Paradoxie wie die jenes Wortes Gl 5, 25:
εἰ ζῶμεν πνεύματι, πνεύματι καὶ στοιχῶμεν, in dem das erste
πνεύματι die Kraft meint, das zweite statt eines κατὰ πνεῦμα
steht (wie 5, 16). Primär ist der Gedanke der göttlichen Wunderkraft; da diese die Wirkung hat, von der Macht der Sünde
und des Todes zu befreien (Rm 8, 2), also in die Freiheit des
Handelns zu versetzen, die Möglichkeit des θερίζειν ζωὴν αἰώνιον zu eröffnen (Gl 6, 8), ist sie zugleich die Norm des περιπατεῖν. Die neu erschlossene Möglichkeit, die ζωή zu ergreifen,

enthält ja als solche den Imperativ (s. 1). Nur wenn diese Einheit von Freiheit und Gefordertsein verstanden wird — daß nämlich Freiheit Forderung begründet, und daß Forderung Freiheit aktualisiert — wird der paulinische Geistgedanke recht verstanden, d. h. aber: wenn das πνεῦμα nicht als mysteriöse, mit magischem Zwang wirkende Kraft gedacht wird, sondern als die neue Möglichkeit echt geschichtlichen Lebens, die sich dem erschließt, der sein altes Selbstverständnis preisgegeben hat, der sich mit Christus hat kreuzigen lassen, um so die δύναμις τῆς ἀναστάσεως αὐτοῦ (Phl 3, 10) zu erfahren. Es ist ja klar, daß das πνεύματι ἄγεσθαι (Rm 8, 14; Gl 5, 18) nicht ein entscheidungsloses Hingerissenwerden (vgl. 1. Kr 12, 2) bedeutet, sondern gerade die Entscheidung in dem Entweder-Oder, σάρξ oder πνεῦμα, voraussetzt (Rm 8, 12—14; Gl 5, 16—18). Ebenso verbirgt sich in den scheinbar mythologischen Wendungen vom φρόνημα des πνεῦμα (Rm 8, 6. 27) und seinem ἐπιθυμεῖν (Gl 5, 17; § 18, 3; S. 208) jene Einheit von Kraft und Forderung. Denn diese Wendungen wollen sagen, daß das πνεῦμα ein neues Wollen begründet, dessen Ursprung nicht im Menschen liegt, sondern in der göttlichen Heilstat — ein Wollen, das seine bestimmte Richtung hat, frei von der σάρξ, im Kampf gegen sie, geleitet durch die Forderung Gottes. Damit findet auch jene Aporie ihre Lösung, daß das πνεῦμα einerseits eine allen Christen in der Taufe geschenkte Gabe ist, und daß es andrerseits jeweils in besonderen Taten wirksam ist (§ 14, 3; S. 165). Denn einerseits ist die Möglichkeit eschatologischen Existierens mit dem Glauben allen erschlossen, und andrerseits muß sie sich jeweils in der konkreten Tat aktualisieren.

In der Anschauung vom πνεῦμα als der Wunderkraft teilt Pls zunächst unreflektiert die populären Vorstellungen, nach denen ,,wunderbare'' d. h. merkwürdige, aus dem normalen Leben herausfallende Phänomene als geistgewirkt gelten wie Glossolalie, Prophetie, Heilungswunder u. dgl. (§ 14, 1). Freilich bestreitet er indirekt schon die Eindeutigkeit solcher Phänomene, wenn er sie als vom göttlichen πνεῦμα gewirkt nur soweit gelten läßt, als sie — als in der Einheit des Ursprungs begründet (1. Kr 12, 4—6) — die Einheit der Gemeinde wirken und zu ihrer οἰκοδομή dienen (1. Kr 12 und 14). Das Charakteristische seiner Auffassung liegt aber vor allem darin, daß er unter die Wirkungen des πνεῦμα die Betätigungen der Liebe innerhalb der Gemeinde

rechnet, was offenbar der populären Anschauung fremd war
(§ 14, 1. 3; § 36, 1), und darin, daß er den sittlichen Wandel auf
das πνεῦμα zurückführt (Rm 8, 4—9). Das πνεῦμα steht im
Kampf gegen die σάρξ (Gl 5, 17), und die „Frucht“ des πνεῦμα
sind die „Tugenden“ (Gl 5, 22; vgl. Rm 14, 17). Das bedeutet
nicht eine spiritualistische, ethisierende Umdeutung des πνεῦμα-
Begriffes, sondern besagt, daß der freie sittliche Gehorsam nur
im Wunder seinen Ursprung haben kann, konsequent im Sinne
der Anschauung, daß der Mensch durch Gottes Tat aus den
Fesseln von Fleisch und Sünde zum Gehorsam befreit werden
muß:

Sofern das πνεῦμα die Freiheit vom Tode und Ursprung und Kraft
der künftigen ζωή ist, wird davon noch die Rede sein. Sofern es die Freiheit von der Sünde wirkt und Ursprung und Kraft wie Norm des gegenwärtigen Wandels ist, sind die Sätze charakteristisch, in denen d e r
W a n d e l durch Wendungen beschrieben wird wie δουλεύειν ἐν καινότητι πνεύματος (Rm 7, 6), πνεύματι περιπατεῖν bzw. στοιχεῖν (Gl 5, 16.
25) oder κατὰ πν. περιπατεῖν (Rm 8, 4), εἶναι ἐν πνεύματι (Rm 8, 5), τὰ
τοῦ πν. φρονεῖν (Rm 8, 5); ebenso die Wendung πνεῦμα πραΰτητος (1. Kr
4, 21; Gl 6, 1), ἀγάπη τοῦ πν. (Rm 15, 30). Da λογικός für Pls nach hellenistischem Sprachgebrauch den Sinn von πνευματικός hat, ist die λογικὴ
λατρεία, die in der Erneuerung des νοῦς, also des „Charakters“ (§ 19, 1;
S. 212), begründet ist und sich auswirkt in einem δοκιμάζειν τί τὸ θέλημα
τοῦ θεοῦ, τὸ ἀγαθὸν καὶ εὐάρεστον καὶ τέλειον (Rm 12, 1 f.), nur ein
anderer Ausdruck für die gleiche Sache. Endlich ist charakteristisch, daß
das πν. von der καρδία empfangen (Gl 4, 6; 2. Kr 1, 22; Rm 5, 5 vgl.
8, 27), d. h. in den Willen des Menschen aufgenommen wird (§ 20); und
ebenso, daß die συνείδησις des Apostels als eine ἐν πν. ἁγίῳ sprechende
bezeichnet wird (Rm 9, 1).

Auch andere Bestimmungen des christlichen π ε ρ ι π α τ ε ῖ ν , die
nicht ausdrücklich vom πνεῦμα reden, bringen den gleichen Sachverhalt
zum Ausdruck: die mit der Versetzung in die eschatologische Existenz
gegebene Kraft und Verpflichtung: ὡς ἐν ἡμέρᾳ εὐσχημόνως (Rm 13, 13);
ἀξίως τ. θεοῦ τ. καλοῦντος ὑμᾶς εἰς τὴν ἑαυτοῦ βασιλείαν καὶ δόξαν
(1. Th 2, 12); κατὰ ἀγάπην (Rm 14, 15). Worin solches περιπ. seinen
Ursprung hat, verrät die Charakteristik des Gegenteils als eines κατὰ
ἄνθρωπον περιπ., das einem σαρκικὸς εἶναι koordiniert ist (1. Kr 3, 3).

Das πνεῦμα ist das πνεῦμα ἅγιον, und die Verwendung des Begriffes
der H e i l i g k e i t ist ebenfalls bezeichnend für die Einheit von Indikativ und Imperativ, von Kraft und Verpflichtung. Die Glaubenden sind
ἅγιοι, ἡγιασμένοι (§ 10, 3) und d. h. zunächst solche, die aus der Welt
herausgenommen und in die eschatologische Existenz versetzt sind durch
Christi Heilstat (1. Kr 1, 2: als ἡγιασμένοι ἐν Χρ. ᾿Ιησοῦ), die ihnen in
der Taufe zugeeignet worden ist (1. Kr 6, 11: ἀλλὰ ἀπελούσασθε, ἀλλὰ
ἡγιάσθητε κτλ.). Christus ist für uns δικαιοσύνη τε καὶ ἁγιασμὸς καὶ
ἀπολύτρωσις (1. Kr. 1, 30). Aber gerade daraus erwächst die Verpflich-

tung zum aktiven ἁγιασμός, den Gott von uns fordert (1. Th 4, 3. Rm
6, 19. 22); wer diese Forderung mißachtet, mißachtet Gott, der uns seinen
heiligen Geist geschenkt hat (1. Th 4, 8). Unser Leib ist der Tempel des
ἅγιον πν., den es rein zu halten gilt (1. Kr 6, 19). Ebenso ist die Gemeinde
der heilige Tempel Gottes, und Gott wird den Tempelschänder vernich-
ten (1. Kr 3, 16 f.). Dem entsprechen die Wünsche, daß Gott bzw. der
κύριος die Herzen der Glaubenden festigen möge ἀμέμπτους ἐν ἁγιω-
σύνῃ und sie ganz und gar heiligen möge (1. Th 3, 13; 5, 23). — Die
Verleihung der Heiligkeit durch die Taufe kann als ein „Anziehen Christi"
bezeichnet werden; aber neben dem Ind. Χριστὸν ἐνεδύσασθε (Gl 3, 27)
steht der Imp. ἐνδύσασθε τὸν κύριον ᾽Ι. Χρ. (Rm 13, 14).

4. Es kann verwunderlich scheinen, daß im Tugendkatalog
Gl 5, 22 f. als Frucht des πνεῦμα nach der ἀγάπη an zweiter
Stelle d i e χ α ρ ά erscheint. Aber in der Tat gehört die χαρά
zu den Charakteren der durch das πνεῦμα begründeten eschatologischen Existenz; denn das Wesen der βασιλεία τ. θεοῦ ist
δικαιοσύνη καὶ εἰρήνη καὶ χαρὰ ἐν πνεύματι ἁγίῳ (Rm 14, 17).
Die hier und sonst begegnende Kombination von χαρά und
εἰρήνη (Gl 5, 22; Rm 15, 13) läßt die χαρά ja auch als eschatologisches Phänomen erkennen; denn εἰρήνη ist hier „Heil" im
eschatologischen Sinne, wie z. B. Rm 2, 10; 8, 6 (die Verbindung
mit ζωή!) zeigen oder der Wunsch Phl 4, 7 und die Formel ὁ
θεὸς τῆς εἰρήνης (Rm 15, 33; 16, 20; Phl 4, 9; 1. Th 5, 23)[1].

Das Sein des Glaubenden ist als eschatologisches Sein ein
Sein in der Freude. Pls hofft, daß er für die Gemeinde in Phi-
lippi weiter wirken kann εἰς τὴν ὑμῶν προκοπὴν καὶ χαρὰν τῆς
πίστεως (Phl 1, 25); er will für die korinthische Gemeinde nichts
anderes sein als συνεργὸς τῆς χαρᾶς ὑμῶν (2. Kr 1, 24); er wünscht
den Römern: ὁ δὲ θεὸς τῆς ἐλπίδος πληρώσαι ὑμᾶς πάσης χαρᾶς
καὶ εἰρήνης ἐν τῷ πιστεύειν (Rm 15, 13). Wenn in diesem
Wunsche Gott als der θεὸς τῆς ἐλπίδος bezeichnet wird, so wird
deutlich, daß die χαρά der Gegenwart durch die Bezogenheit des
christlichen Seins auf die Zukunft begründet ist; τῇ ἐλπίδι χαίροντες gehört zur Charakteristik der Glaubenden (Rm 12, 12).
Ja, diese χαρά, die keinen innerweltlichen Gegenstand hat, ist
selbst die Bezogenheit auf die Zukunft, sofern diese sich im subjektiven Bewußtsein realisiert. Und so s o l l sie sich realisieren:
Daher die Mahnungen zur Freude (1. Th 5, 16; 2. Kr 13, 11;
Phl 3, 1; 4, 4). Es ist Freude, die inmitten weltlicher Bedrängnis

---

[1] 2. Kr 13, 11 erfordert der Zusammenhang den speziellen Sinn „Frieden", der auch sonst begegnet wie Rm 5, 1; 1. Kr 14, 33. Wie nah beides
verwandt ist, zeigt die Folge von Rm 14, 19 auf 14, 17.

aufstrahlt (2. Kr 6, 10) als eine $\chi\alpha\varrho\grave{\alpha}$ $\pi\nu\varepsilon\acute{\nu}\mu\alpha\tau\varsigma$ $\dot{\alpha}\gamma\acute{\iota}ο\upsilon$ (1. Th 1, 6). Solche eschatologische Freude aktualisiert sich dann auch jeweils im Mit- und Füreinander der in ihr Verbundenen. Es ist billig, daß Apostel und Gemeinde einander Freude machen oder Freude aneinander haben (2. Kr 1, 15? 2, 3; Rm 15, 32; 16, 19; Phl 2, 2. 17 f.; 4, 1. 10; 1. Th 2, 19; 3, 9), daß die Glaubenden sich gegenseitig erfreuen (2. Kr 8, 2) und sich miteinander freuen (Rm 12, 15).

§ 39. DIE FREIHEIT VOM GESETZ UND DIE STELLUNG ZU DEN MENSCHEN

Lit. zu § 36 (S. 324); zu B. 4. (S. 331); zu § 38 (S. 332). – Zu 3: BORNKAMM, G., Der köstlichere Weg (1. Kor 13) (1937), in: DERS., Das Ende des Gesetzes, (1952) [5]1966, 93–112. – SANDERS, J. T., I. Cor. 13. Its Interpretation since the First World War, Interpretation 20, 1966, 159–187. – FURNISH, V. P., The Love Command in the New Testament, 1972 (bes. 91–118). – PEDERSEN, S., Agape – der eschatologische Hauptbegriff bei Paulus, in: DERS. (Hrg.), Die paulinische Literatur und Theologie, 1980, 159–186. – WISCHMEYER, O., Der höchste Weg. Das 13. Kapitel des 1. Korintherbriefes, 1981.

1. Die $\delta\acute{\nu}\nu\alpha\mu\iota\varsigma$ $\tau\tilde{\eta}\varsigma$ $\dot{\alpha}\mu\alpha\varrho\tau\acute{\iota}\alpha\varsigma$ ist der $\nu\acuteο\mu\varsigma$ (1. Kr 15, 56; § 27, 2) — bzw. er war es für die Glaubenden. Denn für sie ist Christus das „Ende des Gesetzes" (Rm 10, 4); „in ihm" oder „durch ihn" haben wir d i e   F r e i h e i t   v o m   G e s e t z (Gl 2, 4); zu ihr hat er uns befreit (Gl 5, 1); zu ihr sind wir „berufen" (Gl 5, 13). Die christliche Gemeinde ist die Gemeinde der Freien, während das Judentum unter der Knechtschaft des Gesetzes steht, wie die Sara-Hagar-Allegorese Gl 4, 21—31 ausführt. Die alte Periode der $\varphi\varrhoο\upsilon\varrho\acute{\alpha}$, des $\pi\alpha\iota\delta\alpha\gamma\omega\gamma\acuteο\varsigma$, liegt dahinten; der Mensch, der einst unter dem Gesetz die Stellung eines Sklaven einnahm, ist befreit worden zur Mündigkeit und hat jetzt die Rechte des Sohnes (Gl 3, 23—4, 7). Die $\pi\alpha\lambda\alpha\iota\grave{\alpha}$ $\delta\iota\alpha\vartheta\acute{\eta}\kappa\eta$ und die $\delta\iota\alpha\kappaο\nu\acute{\iota}\alpha$ $\tau\tilde{ο}\tilde{\upsilon}$ $\vartheta\alpha\nu\acute{\alpha}\tau\upsilon$ und $\tau\tilde{\eta}\varsigma$ $\kappa\alpha\tau\alpha\kappa\varrho\acute{\iota}\sigma\varepsilon\omega\varsigma$, $\tau\grave{ο}$ $\kappa\alpha\tau\alpha\varrho\gammaο\acute{\upsilon}\mu\varepsilonο\nu$, sind abgelöst worden durch die $\kappa\alpha\iota\nu\grave{\eta}$ $\delta\iota\alpha\vartheta\acute{\eta}\kappa\eta$ und die $\delta\iota\alpha\kappaο\nu\acute{\iota}\alpha$ $\tau\tilde{ο}\tilde{\upsilon}$ $\pi\nu\varepsilon\acute{\upsilon}\mu\alpha\tau\varsigma$, $\tau\tilde{\eta}\varsigma$ $\delta\iota\kappa\alpha\iotaο\sigma\acute{\upsilon}\nu\eta\varsigma$, $\tau\grave{ο}$ $\mu\acute{\varepsilonο}\nu$ (2. Kr 3, 6—11).

Ist durch das Heilsgeschehen die $\sigma\acute{\alpha}\varrho\xi$ verurteilt, so mit ihr die Sünde, denn Gott $\kappa\alpha\tau\acute{\varepsilon}\kappa\varrho\iota\nu\varepsilon\nu$ $\tau\grave{\eta}\nu$ $\dot{\alpha}\mu\alpha\varrho\tau\acute{\iota}\alpha\nu$ $\dot{\varepsilon}\nu$ $\tau\tilde{\eta}$ $\sigma\alpha\varrho\kappa\acute{\iota}$ (Rm 8, 3). In der $\sigma\acute{\alpha}\varrho\xi$ hatte ja die Sünde ihren Ursprung (§ 22, 3; § 23), und zwar wurde sie in ihr geweckt durch das Gesetz (§ 27, 2). Ist die Macht der $\sigma\acute{\alpha}\varrho\xi$ vernichtet für diejenigen, die an der Heilstat des Kreuzes teilhaben (Gl 5, 24), so haben für sie auch das

Gesetz und damit die Sünde ihre Macht verloren: ἁμαρτία
ὑμῶν οὐ κυριεύσει· οὐ γάρ ἐστε ὑπὸ νόμον ἀλλὰ ὑπὸ χάριν (Rm
6, 14). „Als wir im Fleisch waren, da wirkten in unsern Gliedern
die durch das Gesetz geweckten Leidenschaften der Sünden,
daß wir dem Tode Frucht brachten. Jetzt aber sind wir frei geworden vom Gesetz, ihm, von dem wir gefesselt waren, gestorben, so daß wir dienen im neuen Geist und nicht im alten Buchstaben" (Rm 7, 5 f.). Als solche, die „vom Geiste getrieben werden", stehen die Glaubenden nicht mehr unter dem Gesetz
(Gl 5, 18), und sofern sie die Frucht des Glaubens bringen, gilt:
κατὰ τῶν τοιούτων οὐκ ἔστιν νόμος (Gl 5, 23). Daher der Kampf
des Pls gegen die Judaisten in Galatien und seine Mahnung an
die durch Christus Befreiten: στήκετε οὖν καὶ μὴ πάλιν ζυγῷ
δουλείας ἐνέχεσθε (Gl 5, 1).

Es ist klar, daß Christus das Ende des Gesetzes insofern ist,
als das Gesetz beanspruchte, der Heilsweg zu sein, bzw. als es
vom Menschen verstanden wurde als das Mittel, die ἰδία δικαιοσύνη aufzurichten (§ 23, 1; § 27, 2). Denn s o f e r n e s G o t-
t e s F o r d e r u n g e n t h ä l t (§ 27, 2), b e h ä l t e s s e i n e
G ü l t i g k e i t. Sofern sich für Pls der νόμος im alttestamentlichen Gesetz mit all seinen kultischen und rituellen Geboten
darstellt (§ 27, 1), versteht es sich freilich von selbst, daß er
nicht in seinem ganzen Umfang gelten kann; und der Kampf in
Galatien gegen das Gesetz als Heilsweg ist ja zugleich ein Kampf
gegen die rituellen und kultischen Gebote, gegen die Beschneidung und die jüdischen Feste (Gl 4, 10). Wo Pls den νόμος als
ἅγιος und πνευματικός bezeichnet (Rm 7, 12. 14), denkt er nur
an die in der Formel οὐκ ἐπιθυμήσεις (V. 7) zusammengefaßten sittlichen Gebote; ebenso, wo er die ἀγάπη die Erfüllung
des Gesetzes nennt (Gl 5, 14; Rm 13, 9 f.; vgl. § 27, 1). Dann
aber aktualisiert sich die Freiheit vom Gesetz zugleich in der
Freiheit, innerhalb des überlieferten Gesetzes zu unterscheiden
zwischen dem seinem Inhalt nach Gültigen und Ungültigen. Pls
hat dieses Problem nicht entwickelt; aber die Verpflichtung zu
solcher Kritik ist in dem Vermögen des δοκιμάζειν τί τὸ θέλημα
τοῦ θεοῦ, τὸ ἀγαθὸν καὶ εὐάρεστον καὶ τέλειον (Rm 12, 2), bzw.
des δοκιμάζειν τὰ διαφέροντα (Phl 1, 10) enthalten.

2. Die Freiheit vom Gesetz trägt also einen dialektischen Charakter: Freiheit von der Forderung und dennoch Gebundenheit
an sie — je nachdem, in welchem Sinne die Forderung verstan-

den wird. Die Freiheit kann in der Formel πάντα μοι ἔξεστιν ihren Ausdruck finden (1. Kr 6, 12; 10, 23), die offenbar
ein Schlagwort der gnostisierenden Christen in Korinth war
(§ 15, 4 f.). Pls bejaht sie; aber wenn er hinzufügt: ἀλλ᾽ οὐ
πάντα συμφέρει, ἀλλ᾽ οὐκ ἐγὼ ἐξουσιασθήσομαι ὑπό τινος, so
zeigt sich die Zweideutigkeit der Formel, nämlich ihre Verwerf-
lichkeit, sofern sie die Lösung des Menschen aus allen Bindungen,
die Freigabe seiner subjektiven Willkür behaupten will. In diesem Falle würde der Grundsatz, wie das ἀλλ᾽ οὐκ ἐγὼ ἐξουσιασθήσομαι ὑπό τινος andeutet, ja nur zur Folge haben, daß der
Mensch dem verfällt, was jeweils motivierende Kraft auf seine
subjektive Wahl ausübt. Das πάντα μοι ἔξεστιν im echten Sinne
hat zur Voraussetzung die innere Freiheit von der Welt, eine
Freiheit, in der alle innerweltlichen Ansprüche ihre Motivationskraft verloren haben, alle innerweltlichen Dinge und Situationen
in die Indifferenz hinabgesunken sind. Diese Freiheit aber erwächst gerade aus der Bindung an den κύριος bzw. Gott: οὐ
γάρ ἐστε ἑαυτῶν (1. Kr 6, 19; § 38, 1). Das οὐ πάντα συμφέρει
schränkt also das πάντα μοι ἔξεστιν nicht in dem Sinne ein, als
gäbe es im Umkreis des πάντα dieses und jenes μὴ συμφέρον;
denn es gilt: οὐδὲν κοινὸν δι᾽ ἑαυτοῦ, πάντα καθαρά (Rm 14, 14.
20). Es behauptet aber, daß der ganze Umkreis zu einem μὴ
συμφέρον wird, sobald ich meine Freiheit an irgend etwas, in
dem er mir begegnet, verliere. Die Indifferenz alles Weltlichen
verschwindet in der konkreten Situation der Verantwortung.

Diese Situation aber empfängt ihren Charakter nicht nur
durch die dem Individuum für sich geltenden Forderungen wie
die der Reinheit (1. Kr 6, 12 ff.), sondern vor allem durch die
aus dem menschlichen Miteinander erwachsenden Verpflich-
tungen. Insofern ist das πάντα μοι ἔξεστιν eingeschränkt durch
das ἀλλ᾽ οὐ πάντα οἰκοδομεῖ: nicht alles trägt zum Aufbau der
Gemeinschaft bei. Positiv lautet der einschränkende Grundsatz:
μηδεὶς τὸ ἑαυτοῦ ζητείτω ἀλλὰ τὸ τοῦ ἑτέρου (1. Kr 10, 23 f.).
Auch das bedeutet keine quantitative Einschränkung jenes
πάντα; aber es bedeutet, daß die grundsätzliche Freiheit in jedem Augenblick die Gestalt des V e r z i c h t e s annehmen
kann — des Verzichtes scheinbar auf die Freiheit selbst, der
aber vielmehr eine paradoxe Betätigung der Freiheit selbst ist,
wie sie in dem ἐλεύθερος γὰρ ὢν ἐκ πάντων πᾶσιν ἐμαυτὸν ἐδού-
λωσα spricht (1. Kr 9, 19). Die aus der christlichen ἐλευθερία

fließende ἐξουσία, die sich in dem πάντα μοι ἔξεστιν ausspricht, ist die Unabhängigkeit von allen weltlichen Ansprüchen,
zu denen auch die rituellen und kultischen Gebote des Gesetzes
gehören; sie ist die in jenem selbständigen δοκιμάζειν bestehende
Vollmacht, das Recht, selbst zu finden, was das ἀγαθόν ist,
also auch die Unabhängigkeit von dem Urteil eines fremden Gewissens (1. Kr 10, 29 b; vgl. Rm 14, 5). Insofern kann es natürlich keinen Verzicht auf die ἐξουσία geben; denn insofern ist
sie die ἐλευθερία. Aber sofern die ἐξουσία aufgefaßt wird als
das persönliche Recht zur rücksichtslosen Praktizierung der
ἐλευθερία, unterscheidet Pls zwischen ihr und der ἐλευθερία:
diese betätigt sich, wenn die Rücksicht auf den Bruder es fordert, gerade in der Preisgabe der ἐξουσία als eines persönlichen
Rechtes. Als solches wäre sie eben keine christliche Freiheit
mehr, sondern ein Rechtsanspruch, dessen Verzicht um höherer
Zwecke willen selbstverständlich gefordert sein kann, wie Pls
an seinem Verzicht auf das Apostelrecht der Unterhaltung durch
die Gemeinden klar macht (1. Kr 9, 1—23). Es ist in diesem
Sinne gerade Betätigung der Freiheit gefordert, wenn Pls mahnt:
βλέπετε δὲ μή πως ἡ ἐξουσία ὑμῶν αὕτη πρόσκομμα γένηται τοῖς
ἀσθενέσιν (1. Kr 8, 9; vgl. Rm 14, 13). Er selbst will gerne verzichten auf das ihm grundsätzlich Freistehende, wenn der Genuß zum Anstoß für den Bruder werden würde (1. Kr 8, 13;
vgl. Rm 14, 21). Es ist freilich klar und der Galaterbrief zeigt
es, daß diese Rücksicht *in statu confessionis* fallen muß, d. h.
dann, wenn sie sich dem Mißverständnis aussetzen würde, die
Preisgabe der ἐλευθερία zu sein; nur als deren Betätigung um
des Bruders willen hat sie Geltung, als solche aber ist sie gefordert.

Die Rücksicht auf den Bruder bedeutet nicht die Abhängigkeit von seinem Urteil (1. Kr 10, 29 b; Rm 14, 5). Im Gegenteil: die christliche Freiheit ist d i e F r e i h e i t v o n a l l e n
m e n s c h l i c h e n K o n v e n t i o n e n u n d W e r t m a ß -
s t ä b e n. Die gesellschaftlichen Unterschiede von Freiheit und
Knechtschaft haben wie die Unterschiede des Geschlechts und
des Volkstums „in Christus" ihre Bedeutung verloren (Gl 3, 28;
1. Kr 12, 13), und allen Emanzipationsgelüsten, die menschlichen
Wertungen entspringen, gilt: μὴ γίνεσθε δοῦλοι ἀνθρώπων
(1. Kr 7, 23). Unbeschadet dieser Freiheit aber gilt das δουλῶσαι
ἑαυτὸν πᾶσιν (1. Kr 9, 19) und gilt die Mahnung δουλεύετε ἀλλή-

λοις (Gl 5, 13). Das bedeutet jedoch wiederum keine Preisgabe
der Freiheit, sondern gerade ihre Betätigung.

3. Das δουλεύετε ἀλλήλοις erhält seinen Charakter durch den
Zusatz διὰ τῆς ἀγάπης. Denn die Freiheit, die dem Glaubenden
eigen ist, hat er als δοῦλος des κύριος (§ 38, 1), und der μὴ ὢν
αὐτὸς ὑπὸ νόμον ist deshalb ein δοῦλος τοῖς ὑπὸ νόμον geworden,
und den ἄνομοι ein ἄνομος, weil er ein ἔννομος Χριστοῦ ist (1. Kr
9, 20 f.). Der νόμος τοῦ Χριστοῦ (Gl 6, 2) aber ist d i e F o r d e -
r u n g d e r L i e b e. Das ἀλλήλων τὰ βάρη βαστάζειν, das
als die Erfüllung dieses νόμος genannt wird, ist ja nichts anderes als eine Äußerung des διὰ τῆς ἀγάπης δουλεύειν ἀλλήλοις.
Die ἀγάπη ist es, die die Gemeinde aufbaut und deshalb den Verzicht auf die ἐξουσία fordert (1. Kr 8, 1; Rm 14, 15); sie fordert
μὴ ζητεῖν τὸ ἑαυτοῦ ἀλλὰ τὸ τοῦ ἑτέρου (1. Kr 10, 24; 13, 5). Die
ἀγάπη ist die Erfüllung des Gesetzes, dessen Forderungen in dem
„du sollst deinen Nächsten lieben wie dich selbst!" zusammengefaßt sind (Rm 13, 8—10; Gl 5, 14).

Solche Erfüllung des Gesetzes aber ist kein ἔργον im Sinne
der Leistung, sondern Tat der Freiheit; sie zu tun, sind die Glaubenden θεοδίδακτοι (1. Th 4, 9). Die Liebe ist also ein eschatologisches Phänomen; in ihr wird der Glaube, der in die eschatologische Existenz versetzt, wirksam (Gl 5, 6). Als das reine Sein
für den Andern ist die Liebe nur dem möglich, der frei von sich
selbst ist, d. h. der mit Christus gestorben ist, um „nicht mehr
sich selbst zu leben, sondern dem, der für ihn gestorben und auferstanden ist" (2. Kr 5, 15), also dem νόμος τοῦ Χριστοῦ, dem
Gebot der Liebe, gehorsam. Das Nebeneinander der Sätze 1. Kr
7, 19; Gl 5, 6 und 6, 15 macht das Wesen der ἀγάπη deutlich:
für den Glaubenden sind die Charaktere, die einst den Menschen
prägten, περιτομή und ἀκροβυστία, versunken; es gilt nur τή-
ρησις ἐντολῶν θεοῦ — es gilt nur πίστις δι' ἀγάπης ἐνεργουμένη —
es gilt nur καινὴ κτίσις: Gottes Forderung ist die Liebe; sie wird
wirklich als die Lebensäußerung des Glaubens, und eben darin
verwirklicht sich die eschatologische Existenz; diese wiederum
— die καινὴ κτίσις — gibt es nur ἐν Χριστῷ (2. Kr 5, 17). Als
eschatologisches Phänomen wird die ἀγάπη auch dadurch bezeichnet, daß sie die erste Frucht des πνεῦμα ist (Gl 5, 22). Daß
sie aber im Grunde nicht als eine Gabe des Geistes neben anderen
gelten kann, zeigt 1. Kr 13, wo sie als die καθ' ὑπερβολὴν ὁδός,
die über alle χαρίσματα hinausführt, und ohne die alle anderen

Geistesgaben nichts sind, charakterisiert wird. Werden alle anderen Geistesgaben verschwinden, wenn das *τέλειον* gekommen
ist, — die Liebe wird wie der Glaube und die Hoffnung bleiben,
und zwar als die größte von ihnen. So kann sie nur genannt werden, weil sich die in *πίστις* und *ἐλπίς* erschlossene Möglichkeit
in ihr in der konkreten Existenz realisiert.

Eine spezielle Erscheinungsform der *ἀγάπη* ist die *τ α π ε ι ν ο φ ρ ο-
σ ύ ν η* , zu der Phl 2, 3 mahnt, und für die Christus als das Vorbild hin-
gestellt wird. Sie wird als das *ἀλλήλους ἡγεῖσθαι ὑπερέχοντας ἑαυτῶν*
beschrieben, dem *τῇ τιμῇ προηγεῖσθαι ἀλλήλους* Rm 12, 10 entsprechend.
Solche ,,Demut`` meint nicht eine seelische *διάθεσις* und nicht das Verhältnis zu Gott wie etwa 2. Kr 7, 6, sondern das Verhältnis zu den Menschen. Die Demut hört auf ihren Anspruch und will nicht den eigenen
gegen sie durchsetzen: *μὴ τὰ ἑαυτῶν ἕκαστοι σκοποῦντες, ἀλλὰ καὶ τὰ
τῶν ἑτέρων ἕκαστοι* (Phl 2, 4; vgl. 1. Kr 10, 24; 13, 5). Die Demut ist
also eine Form der Liebe; das Besondere an ihr zeigt sich daran, daß die
ταπεινοφροσύνη in Gegensatz zur *ἐριθεία* (Selbstsucht) und *κενοδοξία*
(Eitelkeit) gestellt wird. Ihr Gegensatz ist der Hochmut, der auf andere
herabblickt und sich ,,rühmt``; jene Haltung, vor der Gl 6, 3 f. warnt:
*εἰ γὰρ δοκεῖ τις εἶναί τι μηδὲν ὤν, φρεναπατᾷ ἑαυτόν. τὸ δὲ ἔργον ἑαυτοῦ
δοκιμαζέτω ἕκαστος, καὶ τότε εἰς ἑαυτὸν μόνον τὸ καύχημα ἕξει καὶ οὐκ
εἰς τὸν ἕτερον.* Jedes solche Sich-Vergleichen und jedes Richten über den
anderen (2. Kr 10, 12—18; Rm 14, 4. 10. 12 f. 22) hat in der *ἀγάπη* sein
Ende gefunden.

§ 40. DIE FREIHEIT VOM TODE

KABISCH, R., Die Eschatologie des Paulus, 1893. – LOHMEYER, E., ΣΥΝ
ΧΡΙΣΤΩΙ, in: Festgabe für Adolf Deißmann, 1927, 218–257. – VÖGTLE, A.,
Das Neue Testament und die Zukunft des Kosmos, 1970. – SCHRAGE, W.,
Leid, Kreuz und Eschaton..., EvTh 34, 1974, 141–175. – BECKER, J.,
Auferstehung der Toten im Urchristentum, 1976. – BULTMANN, R., Der
zweite Brief an die Korinther, 1976, 164–176. – HOFFMANN, P., Art. Aufer-
stehung. I/3 und II/1, TRE, IV, 1979, 450–467.478–513 (bes. 490–497). –
BECKER, J., in: SCHMIDT, W. H.-BECKER, J., Zukunft und Hoffnung, 1981,
92–184.194–198 (bes. 130–165.195–197). – KLEIN, G., Art. Eschatologie.
IV. Neues Testament, TRE, X, 1982, 270–299 (bes. 279–286).

1. Die Freiheit von Gesetz und Sünde ist zugleich die Freiheit
vom Tode, der ja der ,,Sold`` und die ,,Frucht`` der Sünde ist
(Rm 6, 23; 7, 5 usw.; § 24). Der Glaubende, der mit Christus gestorben ist, hat auch an seiner Auferstehung teil. Pls bringt das
in einer Sprache zum Ausdruck, die aus den Mysterienreligionen
und der Gnosis stammt (§ 33, 3 d e), um zu sagen: im Glauben
an das Wort, in dem der Auferstandene selbst zu ihm redet, läßt

der Mensch wie das Kreuz, so die Auferstehung Christi zu der ihn hinfort bestimmenden Macht werden (§ 33, 6 c); er lebt nun nicht mehr — so kann Pls paradox sprechen — sondern in ihm lebt Christus (Gl 2, 20).

Von der Anschauung der Mysterien und der Gnosis unterscheidet sich Pls nun aber dadurch, daß er die so durch Christus vermittelte ζωή nicht versteht als eine dem Menschen eingeflößte naturhafte Kraft, eine Kraft der Unsterblichkeit, die der Seele (bzw. dem innersten Selbst) zu eigen geworden ist, vermöge deren sie nach dem leiblichen Tode in die Sphäre göttlicher Glückseligkeit gelangt, in die himmlische Lichtwelt emporsteigt. Er hält vielmehr an der traditionellen jüdisch-urchristlichen Lehre von der A u f e r s t e h u n g   d e r   T o t e n fest und damit an der Anschauung der Apokalyptik vom Endgericht und von dem kosmischen Drama, das der alten Welt ein Ende macht und die neue Welt des Heils, das τέλειον (1. Kr 13, 10), heraufführt. Er wartet auf die ἡμέρα (bzw. παρουσία) des κύριος (1. Kr 1, 8; 5, 5; 15, 23; 2. Kr 1, 14; Phl 1, 6. 10; 2, 16; 1. Th 2, 19; 3. 13; 4, 15; 5, 2. 23), die zugleich das Ende seiner seit der Auferstehung bestehenden Herrschaft und der Anbruch der Heilszeit ist, in der Gott alles in allem ist (1. Kr 15, 24—27).

Die Vorstellungsform, in der bei Pls die Anschauung von der Zukünftigkeit der ζωή über den leiblichen Tod hinaus in der Lehre von der A u f - e r s t e h u n g   d e r   T o t e n ihren Ausdruck findet, ist die der jüdisch-urchristlichen Tradition (§ 9, 3; S. 80). Diese für hellenistische Hörer befremdliche Lehre trägt er 1. Th 4, 13—17 vor und verteidigt sie ausführlich 1. Kr 15. Die Einzelheiten im Bilde des dramatischen kosmischen Vorgangs haben keine theologische Bedeutung. Wichtig ist aber, daß Pls im Gegensatz zur jüdischen Apokalyptik wie zur Mythologie der Gnosis darauf verzichtet, den Zustand des Auferstehungslebens auszumalen. Eine künftige Zuständlichkeit könnte ja nur nach Analogie des irdischen Lebens, als das Idealbild eines solchen, ausgemalt werden, würde also gerade dem Charakter der Zukunft als eines μὴ βλεπόμενον (2. Kr 4, 18) widersprechen. Es bleibt deshalb bei der allgemeinen Rede von der δόξα, die offenbart werden soll (Rm 8, 18; 2. Kr 4, 17), oder von dem εἶναι σὺν Χριστῷ, das dann eintreten wird (1. Th 4, 17; 5, 10; Phl 1, 23; 2. Kr 5, 7 f.). An die Stelle des περιπατεῖν διὰ πίστεως wird das (περιπ.) διὰ εἴδους treten (2. Kr 5, 7). Was wir jetzt erblicken, ist nur ein rätselvolles Spiegelbild; dann werden wir „von Angesicht zu Angesicht" schauen; ἄρτι γινώσκω ἐκ μέρους, τότε δὲ ἐπιγνώσομαι καθὼς καὶ ἐπεγνώσθην (1. Kr 13, 12). Ja, Pls gerät sogar mit der Auferstehungslehre in Widerspruch, wenn er Phl 1, 23 hofft, daß das εἶναι σὺν Χριστῷ unmittelbar nach seinem Tode eintreten wird. (Über 2. Kr 5, 1 ff., wo manche Exegeten die gleiche Anschauung ausgesprochen finden, s. § 17, 3;

S. 202 f.). Dieser Widerspruch verrät, wie wenig an den Vorstellungen liegt, in denen die Zukünftigkeit der ζωή über das Leben ἐν σαρκί hinaus ihren Ausdruck findet.

Als Auferstehungsleben jenseits des leiblichen Todes ist also die ζωή erst eine künftige. Und wo Pls seine These von der Gegenwart der eschatologischen δικαιοσύνη gegen den Einwand verteidigen muß, daß doch die anderen Kennzeichen des eschatologischen Heils noch nicht zu sehen sind, wo er deshalb aufzeigen muß, daß dem Gerechtfertigten auch die ζωή schon zugeeignet ist (§ 29, 4), tut er es zunächst in der Weise, daß er von der ζωή als einer künftigen redet, die nur als ἐλπὶς τῆς δόξης τ. θεοῦ die Gegenwart bestimmt — als eine ἐλπίς freilich, von der es gilt: οὐ καταισχύνει, da sie durch das geistgeschenkte Wissen um die ἀγάπη Gottes begründet ist (Rm 5, 1—11).

Die Gegenwart des ζῆν und περιπατεῖν ἐν σαρκί (§ 22, 2; S. 236 f.) ist ja noch keine Gegenwart der δόξα, sondern der θλίψεις und παθήματα; das Auferstehungsleben mit seinem αἰώνιον βάρος δόξης steht noch bevor (2. Kr 4, 17; Rm 8, 18). Noch seufzen auch die Glaubenden unter der δουλεία τῆς φθορᾶς (Rm 8, 21), im irdischen Leibe (2. Kr 5, 1 ff.), und sehnen sich nach dem Himmelsleib, dem σῶμα πνευματικόν, dem σῶμα τῆς δόξης (1. Kr 15, 44; Phl. 3, 21). Es gilt: τῇ ἐλπίδι ἐσώθημεν (Rm 8, 24; § 35, 3), und wir führen das Leben nur διὰ πίστεως, nicht schon διὰ εἴδους (2. Kr 5, 7; vgl. 1. Kr 13, 12), fern vom Herrn, mit dem vereint zu sein, wir verlangen (2. Kr 5, 6. 8; Phl 1, 21. 23). Das kosmische Drama, das die ἀπολύτρωσις τοῦ σώματος bringen wird (Rm 8, 23), hat freilich mit der Auferstehung Christi schon begonnen, und die Vollendung steht nahe bevor (1. Th 4, 15; 1. Kr 15, 51; vgl. Rm 13, 11 f.). Christus ist die ἀπαρχὴ τῶν κεκοιμημένων, und die Glaubenden werden ihm folgen, aber ἕκαστος ἐν τῷ ἰδίῳ τάγματι, und erst am Ende der alten Welt bei der Parusie Christi wird als der ἔσχατος ἐχθρός der Tod vernichtet werden (1. Kr 15, 20—27).

Freilich zeigt schon Rm 5, 12—21, wo Pls, um die Zueignung der ζωή für den Gerechtfertigten zu beweisen, zu dem gnostischen Urmenschengedanken greift (§ 15, 4 d), daß die Zukünftigkeit von ζωή und δόξα nicht einfach nach dem Schema der jüdischen Eschatologie gedacht ist als der bloße Gegensatz von Jetzt und Dann. Wie Adam den Tod über die adamitische

Menschheit gebracht hat, so hat Christus für die neue Menschheit das Leben gebracht; in ihm ist es schon da, wenngleich es
sich an den Glaubenden erst in der Zukunft realisieren wird
(V. 17. 21; s. zu S. 253.302 f.). Es ist schon da; denn Christi Auferweckung ist nicht gedacht nur als der erste Fall von Totenerwek-
kung überhaupt, sondern als der Ursprung des Auferstehungslebens aller Glaubenden, das notwendig ihm entspringt und also im
Ursprung schon als gegenwärtig gelten kann. Auch 1. Kr 15, 12—16
ist die Logik nicht die, daß mit e i n e m Fall von Auferstehung,
wie er sich mit Christus nachweislich ereignet hat, die Möglichkeit von Auferstehung überhaupt bewiesen wäre; vielmehr ist
in der Auferstehung Christi die aller Glaubenden als in ihrem
Ursprung einbegriffen, wie V. 21 f. deutlich zeigt. Ein Pls-Schü-
ler hat die treffende Formulierung gefunden: ἀπεθάνετε γάρ,
καὶ ἡ ζωὴ ὑμῶν κέκρυπται σὺν τῷ Χριστῷ ἐν τῷ θεῷ κτλ. (Kol
3, 3 f.). Pls selbst formuliert den Gedanken paradoxer, wenn er
sagt: ζῶ δὲ οὐκέτι ἐγώ, ζῇ δὲ ἐν ἐμοὶ Χριστός (Gl 2, 20).
　　2. In gewissem Sinne ist also d i e ζ ω ή d o c h G e g e n -
w a r t — Gegenwart für den hoffenden Glauben, wenngleich
nicht in der seelischen Erfahrung als „Erlebnis". Denn auch in
der Taufe, die am Tode und der Auferstehung Christi teilgibt,
ist das Entscheidende nicht der seelische Vorgang; sie ist vielmehr die Zueignung des Heilsgeschehens und seine Aneignung
im bekennenden Glauben (§ 34, 3), wie denn Rm 6, 8 die durch
das Sakrament vermittelte ζωή als die zukünftige charakterisiert: εἰ δὲ ἀπεθάνομεν σὺν Χριστῷ, πιστεύομεν ὅτι καὶ συζήσομεν αὐτῷ. Dennoch aktualisiert sich die ζωή schon in der Gegenwart, denn der Getaufte hat ja die Gabe des πνεῦμα erhalten
als die ἀπαρχή, den ἀρραβών der Heilszukunft (Rm 8, 23; 2. Kr
1, 22; 5, 5). Dank dieser Gabe wird seine Hoffnung nicht zuschanden (Rm 5, 5), dank dieser Gabe — und hier nähert sich
Pls der Denkweise der Mysterien und der Gnosis — ist uns die
künftige Auferweckung gewiß (Rm 8, 11). Der Geist erweist
sich aber als die Macht in der Gegenwart, indem diese durch die
Zukunft bestimmt ist; er ist, wie die Norm, so der Ursprung
und die Kraft des neuen περιπατεῖν (§ 38, 2. 3). In der Erschlossenheit für die Zukunft und in der Bestimmtheit durch sie ist
die ζωή Gegenwart. Der alte Mensch ist ja mit Christus gekreuzigt; sein σῶμα τῆς ἁμαρτίας ist vernichtet, der κόσμος existiert
für ihn nicht mehr (Rm 6, 6; 7, 4—6; Gl 5, 24; 6, 14); er ist καινὴ

κτίσις, denn τὰ ἀρχαῖα παρῆλθεν, ἰδοὺ γέγονεν καινά (2. Kr
5, 17). Daher die Mahnung λογίζεσθε ἑαυτοὺς εἶναι νεκροὺς μὲν
τῇ ἁμαρτίᾳ, ζῶντας δὲ τῷ θεῷ ἐν Χρ. Ἰησοῦ . . . παραστήσατε
ἑαυτοὺς τῷ θεῷ ὡσεὶ ἐκ νεκρῶν ζῶντας (Rm 6, 11. 13). Wie die
ζωή, so ist die δόξα Gegenwart, so daß Pls in kühner Vorweg-
nahme von Gott sagen kann: οὓς δὲ ἐδικαίωσεν, τούτους καὶ
ἐδόξασεν (Rm 8, 30). So kann das Leben des Glaubenden nicht
nur als ein ἀνακαινοῦσθαι des ἔσω ἄνθρωπος ἡμέρᾳ καὶ ἡμέρᾳ
beschrieben werden, sondern auch als ein μεταμορφοῦσθαι ἀπὸ
δόξης εἰς δόξαν (2. Kr 4, 16; 3, 18; § 38, 2; S. 335).

Aber nicht allein im περιπατεῖν aus der Kraft und nach der
Norm des πνεῦμα bekundet sich die künftige ζωή als gegenwärtig, sondern machtvoll auch in der Ü b e r w i n d u n g d e s
L e i d e n s. So wenig wie das übrige NT kennt Pls die Frage
der Theodizee. Das Leiden braucht nicht in seinem Sinn für den
Bestand des Kosmos gerechtfertigt zu werden, weil diese Welt
der alte, zu seinem Ende eilende Aion ist, der unter der Herrschaft des Todes steht, und zu dessen notwendigen Charakteren
daher das Leiden gehört, in dem der immer künftige Tod als
Macht der Vergänglichkeit immer gegenwärtig wirkt. Das Problem ist für das urchristliche Denken deshalb nicht das Leiden,
sondern der Tod. Dieses Problem aber ist für den Glauben gelöst durch den Sieg Christi über den Tod, an dem der Glaubende,
der mit Christus gestorben ist, teilhat. Er hat damit ein neues
Verständnis des Leidens gewonnen, in welchem er über dasselbe
Herr wird — ein Verständnis, das aus seinem neuen Selbstverständnis fließend, natürlich nicht den Sinn des Leidens im allgemeinen in seiner Zweckmäßigkeit für den Kosmos entdeckt,
sondern in dem ihn selbst treffenden Leiden die an ihn gerichtete Frage und die neue Möglichkeit seines Lebens findet. Die im
Leiden sich bekundende Todesherrschaft (2. Kr 4, 12), die Vergänglichkeit alles Weltlichen — τὰ γὰρ βλεπόμενα πρόσκαιρα
2. Kr 4, 18 — warnt ihn, sich durch Begierde und Sorge an die
Welt binden zu lassen — παράγει γὰρ τὸ σχῆμα τοῦ κόσμου
τούτου 1. Kr 7, 31 — und zwingt ihn, den Blick auf die μὴ
βλεπόμενα, die αἰώνια zu richten (2. Kr 4, 18).

Das Leiden, das dem Menschen seine Schwachheit und Nichtigkeit zum Bewußtsein bringt, wird für den Glaubenden, der
in der ὑπακοὴ πίστεως auf die eigene Kraft grundsätzlich verzichtet hat (§ 35, 1), zum Zwang, ja zur Hilfe, diesen Verzicht

und die radikale Hingabe an die χάρις im konkreten Leben zu realisieren. Angesichts des drohenden Todes lernt Pls, über sich selbst das Todesurteil zu sprechen, ἵνα μὴ πεποιθότες ὦμεν ἐφ᾽ ἑαυτοῖς ἀλλ᾽ ἐπὶ τῷ θεῷ τῷ ἐγείροντι τοὺς νεκρούς (2. Kr 1, 9). Den Schatz der ihm geschenkten Gnade trägt er im irdenen Gefäß, ἵνα ἡ ὑπερβολὴ τῆς δυνάμεως ᾖ τοῦ θεοῦ καὶ μὴ ἐξ ἡμῶν (2. Kr 4, 7), und damit er sich nicht überhebe, ward er mit einem körperlichen Leiden geschlagen (2. Kr 12, 7). Hat er sich zunächst dagegen gesträubt, so durfte er das Wort des κύριος hören: „Genug ist für dich meine Gnade; denn die Kraft kommt in der Schwachheit zur Vollendung". So will er sich denn gerade seiner Schwachheiten rühmen, damit die Kraft Christi über ihn komme; so bejaht er um Christi willen, was ihn an Leiden treffen mag: ὅταν γὰρ ἀσθενῶ, τότε δυνατός εἰμι (2. Kr 12, 9 f.). Diese Kraft veranschaulicht Pls in den Antithesen:

λοιδορούμενοι εὐλογοῦμεν
διωκόμενοι ἀνεχόμεθα,
δυσφημούμενοι παρακαλοῦμεν (1. Kr 4, 12 f.).
ὡς πλάνοι καὶ ἀληθεῖς,
ὡς ἀγνοούμενοι καὶ ἐπιγινωσκόμενοι
ὡς ἀποθνῄσκοντες καὶ ἰδοὺ ζῶμεν,
ὡς παιδευόμενοι καὶ μὴ θανατούμενοι,
ὡς λυπούμενοι ἀεὶ δὲ χαίροντες,
ὡς πτωχοὶ πολλοὺς δὲ πλουτίζοντες,
ὡς μηδὲν ἔχοντες καὶ πάντα κατέχοντες (2. Kr 6, 9 f.)

In solcher Übernahme der Leiden erfährt der Glaubende konkret die κοινωνία τῶν παθημάτων αὐτοῦ (τ. Χριστοῦ) als ein συμμορφιζόμεος τῷ θαράτῳ αὐτοῦ (Phl 3, 10). Die Spuren der Leiden, die er an seinem Körper trägt, sind für ihn die στίγματα τοῦ Ἰησοῦ (Gl 6, 17). Mit solchem Verstehen im Sturm der Leiden stehen, bedeutet nichts anderes, als das Sterben Jesu am eigenen Leibe umhertragen, damit auch das Leben Jesu am eigenen Leibe offenbar werde (2. Kr 4, 10 f.). Wie von Christus gilt: ἐσταυρώθη ἐξ ἀσθενείας, so von Pls: ἀσθενοῦμεν ἐν αὐτῷ; und wie von Christus: ἀλλὰ ζῇ ἐκ δυνάμεως θεοῦ, so auch vom Apostel: ἀλλὰ ζήσομεν σὺν αὐτῷ ἐκ δυνάμεως θεοῦ — und zwar: εἰς ὑμᾶς (2. Kr 13, 4); denn die κοινωνία mit Christus ist zugleich die κοινωνία mit allen, die zu seinem σῶμα gehören (1. Kr 12, 25 f.), die — gnostisch vorgestellt — im kosmischen Zusammenhang

stehen. Für Pls ist es freilich ein Zusammenhang des geschichtlichen Lebens für einander, in dem, was dem einen widerfährt, für
den anderen fruchtbar werden muß. Durch die κοινωνία τῶν
παθημάτων ist der Leidende aus der Einsamkeit seines Leidens
erlöst. Die Leiden Christi strömen auf Pls über, damit er, durch
Christus getröstet, auch andere trösten kann (2. Kr 1, 5—7).
Wirkt in ihm der Tod, so geschieht es, damit in den anderen das
Leben wirke (2. Kr 4, 12—13).

Es ist klar: die κοινωνία τῶν παθημάτων meint nicht einfach
den historischen Zusammenhang, der den Nachfolger Jesu in
Leiden führt, sondern den inneren im Glauben vollzogenen Zusammenschluß mit Christus, vorgestellt in der kosmologischen
Begrifflichkeit der Gnosis (§ 33, 3 e), vollzogen faktisch im Entschluß des Glaubens. Die κοινωνία wird auch nicht künstlich
durch eine Imitatio herbeigeführt; sie erstreckt sich auch keineswegs nur auf Leiden, in die die Nachfolge führt, sei es der apostolische Beruf, sei es das bloße Bekenntnis, sondern sie umfaßt
alle Leiden, die den Menschen treffen können, wie die körperliche Krankheit des Pls (2. Kr 12, 7). Das ἡ γὰρ δύναμις ἐν
ἀσθενείᾳ τελεῖται (2. Kr 12, 9) ist grundsätzlich gesprochen und
gilt von jeder ἀσθένεια. Vollends ist es falsch, von einer „Lei-
densmystik" zu sprechen. Denn die κοινωνία ereignet sich nicht
in versenkender Betrachtung der Passion, in der seelischen Aneignung der Leiden Christi im mystischen Erlebnis (die στίγματα τοῦ Ἰησοῦ sind am Körper des Pls zu sehen!), sondern in
dem unter dem Kreuz gewonnenen Verstehen der Leiden, in
dem sie überwunden und zum Gegenstand des Rühmens werden.
Für den Glaubenden sind seine Leiden durchsichtig geworden
als der Prozeß, in dem sich das συσταυρωθῆναι vollzieht, in dem
der κόσμος versinkt.

3. Mit der Freiheit vom Tode ist die Freiheit von der
Welt und ihren Mächten (§ 26) gegeben. Der Glaubende ist von der Angst des auf sich selbst vertrauenden, über
die Welt verfügenden und ihr verfallenden Menschen (§ 23, 3)
befreit. Er kennt nur die eine Sorge, πῶς ἀρέσῃ τῷ κυρίῳ (1. Kr
7, 32), nur das eine Streben, τῷ κυρίῳ εὐάρεστος εἶναι (2. Kr
5, 9). Frei von der Sorge der Welt, die an das Vergehende bindet,
frei von der λύπη τοῦ κόσμου, die den Tod erwirkt (2. Kr 7, 10),
steht er der Welt frei gegenüber als einer, der sich mit den Fröh-
lichen freut und mit den Weinenden weint (Rm 12, 15), der am

Handel und Wandel der Welt teilnimmt, aber in der Distanz des ὡς μή:

> ἵνα καὶ οἱ ἔχοντες γυναῖκας ὡς μὴ ἔχοντες ὦσιν,
> καὶ οἱ κλαίοντες ὡς μὴ κλαίοντες,
> καὶ οἱ χαίροντες ὡς μὴ χαίροντες
> καὶ οἱ ἀγοράζοντες ὡς μὴ κατέχοντες,
> καὶ οἱ χρώμενοι τὸν κόσμον ὡς μὴ καταχρώμενοι (1. Kr 7, 29—31) — d. h. als Freier. So kann Pls rühmen: ἐγὼ γὰρ ἔμαθον ἐν οἷς εἰμι αὐτάρκης εἶναι. οἶδα καὶ ταπεινοῦσθαι, οἶδα καὶ περισσεύειν· ἐν παντὶ καὶ ἐν πᾶσιν μεμύημαι, καὶ χορτάζεσθαι καὶ πεινᾶν, καὶ περισσεύειν καὶ ὑστερεῖσθαι. πάντα ἰσχύω ἐν τῷ ἐνδυναμοῦντί με (Phl 4, 11—13).

Da uns weder Leben noch Tod von der Liebe Gottes in Christus scheiden können (Rm 8, 38), da wir im Leben wie im Sterben Christus gehören (Rm 14, 7—9), so haben Leben und Tod, so wie wir sie als Menschen ἐν σαρκί kennen, Reiz und Schrecken verloren (vgl. 2. Kr 5, 9). Über alles ist der, der Christus und durch ihn Gott gehört, Herr geworden:

> πάντα γὰρ ὑμῶν ἐστιν, . . .,
> εἴτε κόσμος εἴτε ζωὴ εἴτε θάνατος,
> εἴτε ἐνεστῶτα εἴτε μέλλοντα,
> πάντα ὑμῶν·
> ὑμεῖς δὲ Χριστοῦ, Χριστὸς δὲ θεοῦ (1. Kr 3, 21—23).

In Gott hat die Freiheit, haben Gerechtigkeit und Leben ihren Grund, und die Ehre Gottes kommt als letzter Sinn und letztes Ziel in ihnen zur Geltung. Zu Gottes Ehre wird Christus als der κύριος bekannt (Phl 2, 11); zu Gottes Ehre sollen in der Gemeinde die Preis- und Dankgebete erklingen (Rm 15, 6; 2. Kr 1, 20; 9, 12—15). Unser Essen und Trinken wie all unser Vornehmen soll zu seiner Ehre geschehen (1. Kr 10, 31), so gut wie die Arbeit des Apostels (2. Kr 4, 15). Zu seiner Ehre vollbrachte Christus sein Werk (Rm 15, 7), und ihm wird er seine Herrschaft abtreten, ἵνα ᾖ ὁ θεὸς πάντα ἐν πᾶσιν (1. Kr 15, 28).

II. DIE THEOLOGIE DES JOHANNES-EVANGELIUMS UND DER JOHANNES-BRIEFE

Forschungsübersichten: MENOUD, PH.-H., L'Évangile de Jean d'après les recherches récentes, ²1947. – HAENCHEN, E., Aus der Literatur zum Johannesevangelium 1929–1956, ThR, N.F. 23, 1955, 295–335. – HOWARD, W. F., The Fourth Gospel in Recent Criticism and Interpretation, rev. by C. K. BARRETT, ⁴1955. – MENOUD, PH.-H., Les études johanniques de Bultmann à Barrett, in: L'Évangile de Jean, Rech. Bibl. III, 1958, 11–40. – KÄSEMANN, E., Zur Johannes-Interpretation in England, in: DERS., Exegetische Versuche und Besinnungen. II., 1964, 131–155. – KÜMMEL, W. G., Das Neue Testament im 20. Jahrhundert, 1970, 105–123. – KYSAR, R., The Fourth Evangelist and His Gospel: An examination of contemporary scholarship, 1975. – SCHNACKENBURG, R., Zur johanneischen Forschung, BZ, N.F. 18, 1974, 272–287; vgl. ebd., N.F. 27, 1983, 281–287; N.F. 28, 1984, 115–122. 267–271. – DERS., Entwicklung und Stand der johanneischen Forschung seit 1955 (1977), in: DERS., Das Johannesevangelium, IV. Teil, 1984, 9–32. – THYEN, H., Aus der Literatur zum Johannesevangelium, ThR, N.F. 39, 1975, 1–69.222–252.289–330; N.F. 42, 1977, 211–270; N.F. 43, 1978, 328–359; N.F. 44, 1979, 97–134. – BECKER, J., Aus der Literatur zum Johannesevangelium (1978–1980), ThR, N.F. 47, 1982, 279–301.305–347. – HAENCHEN, E., Neue Literatur zu den Johannesbriefen, ThR, N.F. 26, 1960, 1–43.267–291.

Kommentare: Joh.: BULTMANN, R., Das Evangelium des Johannes, (¹⁰⁼¹1941) ²⁰1978 (mit Erg.Heft, 1957). – BARRETT, C. K.,The Gospel according to St. John, (1955) ²1978. – SCHNACKENBURG, R., Das Johannesevangelium: I. Teil, (1965) ⁵1981; II. Teil, (1971) ³1980; III. Teil, (1975) ³1980; IV. Teil, 1984 (Ergänzende Auslegungen und Exkurse). – BECKER, J., Das Evangelium nach Johannes, Bd. 1, 1979; Bd. 2, 1981. – HAENCHEN, E., Das Johannesevangelium, hrg. v. U. BUSSE, 1980. – 1–3 JOH.: SCHNACKENBURG, R., Die Johannesbriefe, (1953) ⁶1978. – BULTMANN, R., Die Johannesbriefe, (⁷⁼¹1967) ⁸1969. – BROWN, R. E., The Epistles of John, 1982. – SCHUNACK, G., Die Briefe des Johannes, 1982.

Zu Gesamtcharakteristik: CONZELMANN, H., Grundriß der Theologie des Neuen Testaments, (1967) ³1976, 351–390. – KÜMMEL, W. G., Die Theologie des Neuen Testaments nach seinen Hauptzeugen, (1969) ⁴1980, 227–285. – LOHSE, E., Grundriß der neutestamentlichen Theologie, (1974) ²1979, 126–144. – GOPPELT, L., Theologie des Neuen Testaments, Bd. 2, hrg. v. J. ROLOFF, (1976) ³1980, 625–643. – WREDE, W., Charakter und Tendenz des Johannesevangeliums, (1903) ²1933. – DODD, C. H., The Interpretation of the Fourth Gospel, 1953. – RENGSTORF, K. H. (Hrg.), Johannes und sein Evangelium, 1973 (Einzelbeiträge von E. Schürer-R. E. Brown 1889–1955/57). – JONGE, M. DE (éd.), L'Evangile de Jean. Sources, rédaction, théologie, 1977 (Einzelarbeiten versch. Autoren).

§ 41. DIE GESCHICHTLICHE STELLUNG DES JOHANNES

Im Gesamtüberblick vgl. die o. g. Kommentare. – BULTMANN, R., Art. Johannesbriefe u. Art. Johannesevangelium, RGG³, III, 1959, 836–839.840–850. – KÜMMEL, W. G., Einleitung in das Neue Testament, (¹⁷1973) ²¹1983, 155–212.383–398 (u. Nachträge zu § 10, 569–573; § 31, 583). – VIELHAUER, PH., Geschichte der urchristlichen Literatur, (1975) ²1978, 410–484. – KÖSTER, H., Einführung in das Neue Testament, 1980, 614–637. – Zu 1–3: WINDISCH, H., Paulus und die Synoptiker, 1926. – GARDNER-SMITH, P., St. John and the Synoptic Gospels, 1938. – BLINZLER, J., Johannes und die Synoptiker, 1965. – SCHNACKENBURG, R., Tradition und Interpretation im Spruchgut des Johannesevangeliums (1980), in: DERS., Das Johannesevangelium, IV. Teil, 1984, 72–89. – BULTMANN, R., Die Bedeutung der neuerschlossenen mandäischen und manichäischen Quellen für das Verständnis des Johannesevangeliums (1925), in: DERS., Exegetica, 1967, 55–104. – DERS., Untersuchungen zum Johannesevangelium (1928; 1930), ebd., 124–197. – DERS., Johanneische Schriften und Gnosis (1940), ebd.,

230–254. – SCHWEIZER, E., EGO EIMI, (1939) ²1965. – SCHOTTROFF, L., Der Glaubende und die feindliche Welt, 1970. – CULLMANN, O., Der johanneische Kreis, 1975. – WENGST, K., Häresie und Orthodoxie im Spiegel des ersten Johannesbriefes, 1976. – DERS., Bedrängte Gemeinde und verherrlichter Christus, (1981) ²1983. – SCHNAKKENBURG, R., Paulinische und johanneische Christologie (1983), in: DERS., Das Johannesevangelium, IV. Teil, 1984, 102–118. – ZELLER, D., Paulus und Johannes. Methodischer Vergleich im Interesse einer neutestamentlichen Theologie, BZ, N.F. 27, 1983, 167–182.

1. Den geschichtlichen Ort des Johannesevangeliums (mit dem die Joh-Briefe zusammengehören)[1] zu bestimmen, dient ein V e r g l e i c h m i t d e n S y n o p t i k e r n, der sich zunächst auf Form und Thematik beschränken muß. Man sieht schnell die Entfernung, die Joh sowohl von der Verkündigung Jesu wie von der ältesten Gemeinde trennt. Ob Joh einen oder mehrere unserer Synoptiker gekannt hat, ist umstritten; sicher zu beweisen ist es jedenfalls nicht. Wohl aber kennt er die in ihnen verarbeitete Tradition, wie an einigen Jesusworten, an einigen Wundergeschichten und vor allem an der Passionsgeschichte deutlich ist. Die Wundergeschichten, die der Evangelist vermutlich einer schriftlichen Quelle entnommen hat, zeigen schon stilistisch ein über die synoptische Tradition hinaus entwickeltes Stadium[2]. Für den Evangelisten gewinnen sie, die ursprünglich ihre Pointe in dem berichteten Wunder haben, einen symbolischen oder allegorischen Sinn; und er benutzt sie durchweg als Ausgangspunkt für Reden oder Diskussionen, die in seiner Darstellung überhaupt die Form der Wirksamkeit Jesu sind. Es ergibt sich daraus ein stilistisch und historisch völlig anderes Bild, als die Synoptiker es zeichnen. Diese bringen kurze Schul- und Streitgespräche, in denen Jesus den ehrlich Fragenden oder den Gegnern mit einem kurzen, schlagenden Logion (oft als Gegenfrage oder als Bildwort formuliert) die Antwort gibt. Statt dessen bei Joh eine längere Rede Jesu oder ein hin- und herwogendes Gespräch, für das außer den Wundern doppel-

---

[1] Ob die Briefe vom Verf. des Evangeliums selber geschrieben sind oder aus seiner Schule stammen, kann hier außer Betracht bleiben. Die Stellenangaben im folgenden zitieren das Johannesevangelium nur mit Angabe der Kapitel- und Versziffer, während bei Briefstellen „1. Joh" vorgesetzt ist.

[2] Für dieses und alles Folgende verweise ich auf meinen Kommentar („Das Evangelium des Johannes" in Meyers Kommentar, 15. Aufl. 1957).

deutige Aussagen oder Begriffe den Anstoß geben wie das ἄνωθεν γεννηθῆναι 3, 3 f. oder das ὕδωρ ζῶν 4, 10 ff. Während die Reden Jesu bei den Synoptikern meist aneinandergereihte Logien sind, sind sie bei Joh zusammenhängende Ausführungen über ein bestimmtes Thema. In solche Reden und in die Diskussionen sind die wenigen Logien verflochten, die Joh aus der synoptischen Tradition aufgenommen hat (2, 19; 4, 44; 12, 25 f.; 13, 16. 20; 15, 20). Die Themen, die zur Sprache kommen, sind andere als bei den Synoptikern. Bei Joh erscheint Jesus weder als der Rabbi, der über Fragen des Gesetzes disputiert, noch als der Prophet, der die hereinbrechende Gottesherrschaft verkündet. Er redet vielmehr nur von seiner Person als von dem Offenbarer, den Gott gesandt hat. Er disputiert nicht über Sabbat und Fasten, über Reinheit und Ehescheidung, sondern er redet von seinem Kommen und Gehen, von dem, was er ist und was er der Welt bringt. Er kämpft nicht gegen Selbstgerechtigkeit und Unwahrhaftigkeit, sondern gegen den Unglauben an seine Person. Und gerade, wo ein Thema der synoptischen Predigt Jesu vorzuliegen scheint, beim Vorwurf des Sabbatbruches c. 5 und c. 9, zeigt sich der Unterschied. Denn hier ist nicht die Frage ins Auge gefaßt, wieweit das Sabbatgebot für den M e n - s c h e n Gültigkeit hat (wie Mk 2, 23—3, 6), sondern die Vollmacht Jesu als des Gottessohnes wird demonstriert. Die für den synoptischen Jesus so charakteristischen Gleichnisse fehlen ganz; dafür erscheinen die großen Bildreden vom Hirten (c. 10) und vom Weinstock (c. 15), die im symbolischen Bild Jesus als den Offenbarer darstellen. Sie gehören in den Kreis der Worte und Reden, die durch das ἐγώ εἰμι des Offenbarers ihren Charakter erhalten, und die bei den Synoptikern keine Analogien haben. Auch die Passionsgeschichte, in deren Aufriß Joh den Synoptikern verhältnismäßig am nächsten steht, ist völlig umgestaltet. Das letzte Mahl Jesu mit seinen Jüngern ist nicht mehr das Paschamahl und gibt nicht mehr Anlaß zur Stiftung der Herrenmahlfeier; es ist der Ausgangspunkt für lange Abschiedsreden, die keine Parallelen bei den Synoptikern haben. Die Dialoge vor dem Synedrium und vor Pilatus sind völlig umgestaltet wie auch der Bericht von der Kreuzigung, der mit dem τετέλεσται des Offenbarers schließt, — wie denn ja auch der Täufer am Anfang des Evangeliums nicht mehr der Bußprediger, sondern der Zeuge für Jesus als den Sohn Gottes ist.

Spiegeln sich in den Synoptikern die Schicksale, die Probleme und der Glaube der ältesten Gemeinde, so ist davon bei Joh kaum noch etwas zu merken. Die für die Urgemeinde charakteristischen Fragen nach der Gültigkeit des Gesetzes, nach dem Kommen der Gottesherrschaft bzw. nach der Verzögerung ihres Kommens sind verstummt. Das Problem der Heidenmission ist nicht mehr aktuell, wie bes. ein Vergleich von Joh 4, 46—54 mit Mt 8, 5—13; Lk 7, 1—10 zeigt: eine Geschichte, die einst vom Glauben eines Heiden berichtet, dient jetzt der Frage nach dem Verhältnis von Glaube und Wunder. Der Weissagungsbeweis spielt eine geringe Rolle; nur 2, 17; 12, 14 f. 38. 40; 13, 18; 15, 25; 19, 24. 36 f. und allenfalls 6, 31. 45 liegt er vor. Einzig das Problem des Verhältnisses zum Täufer und seiner Jüngerschaft hat noch das alte Gewicht (vgl. Mk 2, 18 parr.; Mt 11, 2 bis 19 par.; Lk 11, 1), ja, es hat an Gewicht gewonnen (1, 6—8. 15. 19—36; 3, 23—30; 5, 33—35; 10, 40—42), und schon Act 18, 25; 19, 1—7 zeigen, daß dieses Problem auch die hellenistische Gemeinde bewegt hat. Soweit sich im Joh-Evangelium die Situation der Gemeinde widerspiegelt, ist ihr Problem der Streit mit dem Judentum, und sein Thema ist der Glaube an Jesus als den Gottessohn. Die christliche Gemeinde ist aus dem Synagogenverband schon ausgeschlossen (9, 22; 16, 1—3), ja, der Evangelist empfindet die Distanz zum Judentum als so groß, daß in seiner Darstellung Jesus schon gar nicht mehr als Angehöriger des jüdischen Volkes und der jüdischen Gemeinde erscheint und vom Gesetz der Juden zu diesen als von „eurem Gesetz" wie ein Fremder redet (8, 17; 10, 34; vgl. 7, 19. 22). Die „Juden" erscheinen bei Joh nicht mehr in ihrer konkreten Differenziertheit als „Fromme" und „Sünder", als Zöllner und Dirnen, als Schriftgelehrte oder Fischer, sondern als οἱ Ἰουδαῖοι, differenziert nur in den ὄχλος und die Führer, die die ἄρχοντες oder die ἀρχιερεῖς oder die Φαρισαῖοι heißen, wobei diese letzteren manchmal als behördliche Instanz gedacht sind (7, 45. 47 f.; 11, 47. 57). Überdies sind für Joh die „Juden" die Repräsentanten der „Welt" überhaupt, die Jesus den Glauben verweigert.

2. Die Beobachtung, daß bei Joh die paulinische Diskussion über das Gesetz keine Rolle spielt, hat oft zu dem falschen Schluß geführt, daß Joh als der Höhepunkt der über Paulus hinausführenden Entwicklung verstanden werden müsse, auf dem die Gesetzesdebatten vergangen sind. Das Verhältnis des

J o h   z u   P a u l u s läßt sich jedoch nicht nach dem Schema
einer einlinigen Entwicklung der urchristlichen Theologie verstehen, beide liegen in ganz verschiedenen Richtungen. Da Joh
in einiger Entfernung von der Urgemeinde steht, wird er jünger
sein als Paulus; aber er setzt diesen nicht als ein Mittelglied
zwischen sich und der Urgemeinde voraus. Wie sich der Paulinismus weiter entwickelt hat, zeigt die deuteropaulinische Literatur
(Kol, Eph, 2. Thess, Past, 1. Pt), — es ist eine andere Welt als
die des Joh.

Freilich besteht eine gewisse Gemeinsamkeit zwischen Paulus
und Joh hinsichtlich der r e l i g i o n s g e s c h i c h t l i c h e n
A t m o s p h ä r e. Beide stehen im Raume des von der gnostischen Strömung durchsetzten Hellenismus, so daß eine gewisse
Übereinstimmung in der dualistischen Terminologie nicht verwunderlich ist. Beide gebrauchen den Begriff κόσμος in dem dualistisch abwertenden Sinn und stimmen auch darin überein, daß
sie unter κόσμος im wesentlichen die Menschenwelt verstehen
(3, 16 f. usw., für Paulus s. § 26). Die für Joh typischen Antithesen
ἀλήθεια — ψεῦδος (8, 44; 1. Joh 2, 21. 27), φῶς — σκοτία (1, 5;
8, 12; 1. Joh 1, 5 usw.) begegnen, wenigstens gelegentlich, auch
bei Paulus (Rm 1, 25; 2. Kr 4, 6) [1]. Die Antithese ἐπίγειον-
ἐπουράνιον findet sich bei beiden (3, 12; 1. Ko 15, 40; vgl. Phl
2, 10). Vor allem ist bei Joh wie bei Paulus die Christologie nach
dem Muster des gnostischen Erlösermythos ausgestaltet (§ 15, 4 c,
S. 178 – 180): die Sendung des präexistenten Gottessohnes in
der Verkleidung eines Menschen (Phl 2, 6—11; Joh 1, 14 usw.).
Die Parallele Adam-Christus ist freilich bei Joh nicht wie bei
Paulus (Rm 5, 12 ff.; 1. Kr 15, 21 f. 45 f.) gezogen; aber wie
für Paulus, so hat auch für Joh die Sendung des Erlösers die Bedeutung des eschatologischen Geschehens; sie ist die Wende der
Äonen (3, 19; 9, 39 usw.; Gl 4, 4), wenngleich bei Paulus die joh.
Terminologie des ἔρχεσθαι und ὑπάγειν (8, 14 usw.) und das
doppelsinnige ὑψωθῆναι (3, 14 usw.) fehlen, während Joh die aus
der jüdischen Apokalyptik stammende Redeweise vermeidet,
die dem Paulus geläufig ist (αἰὼν οὗτος 1. Kr 1, 20 usw.; πλήρωμα
τοῦ χρόνου Gl 4, 4; καινὴ κτίσις 2. Kr 5, 17; Gl 6, 15 und dgl.).

Auch ist es nicht verwunderlich, daß Paulus und Joh im Gebrauch g e m e i n c h r i s t l i c h e r T e r m i n o l o g i e bis zu

---

[1] 2. Kr 6, 14 ist unpaulinisch, s. S. 206, 1. — Statt σκοτία sagt Paulus
σκότος, was bei Johannes nur 3, 19; 1. Joh 1, 3 vorkommt.

einem gewissen Grade übereinstimmen. Wie Paulus und das
übrige NT, so redet natürlich auch Joh von der ζωή (αἰώνιος) als
dem Heilsgut, dagegen kaum noch von der βασιλεία τοῦ θεοῦ
(3, 3. 5; S. 79). Der Charakteristik des Heilsguts dienen auch
die Begriffe χαρά (17, 13 usw.; Rm 14, 17 usw.) und εἰρήνη
(14, 27 usw.; Rm 14, 17 usw.), die freilich von Joh in eigenartiger Weise benutzt werden, indem χαρά und εἰρήνη als Gaben
des Abschied nehmenden Jesus an die in der Welt zurückblei-
bende Gemeinde erscheinen. Die Übereinstimmung im Gebrauch
von ἀποστέλλειν und πέμπειν für die Sendung Jesu (Gl 4, 4; Rm
8, 3; in Joh passim) oder von διδόναι (3, 16; gemeinchristlich
παραδιδόναι Rm 8, 32 usw.) für seine Hingabe besagen natürlich
nichts über eine spezielle Beziehung des Joh zu Paulus, sowenig
wie die Übereinstimmung in der Anschauung von der Erhöhung
Jesu zum Herrscher in δόξα (17, 5 usw.; Phl 2, 9; 3, 21 usw.).
Daß nach der Erhöhung Jesu der Gemeinde der Geist gesandt
wurde (15, 26 usw.), ist gemeinchristliche Anschauung (§ 14),
und bei Paulus hat es keine Parallele, wenn der Geist bei Joh der
παράκλητος heißt. Wenn Joh 12, 38 wie Rm 10, 16 in einer apologetischen Argumentation Jes 53, 1 zitiert wird, so beweist das
natürlich nicht die Abhängigkeit des Joh von Paulus. Hat das
12, 26 zitierte Herrenwort von der Nachfolge schon die Formulierung διάκονος statt μαθητής (Lk 14, 27) gehabt, so mag diese
auf der Einwirkung des paulinischen bzw. deuteropaulinischen
Sprachgebrauches (2. Kr 3, 6; Eph 3, 7 usw.) beruhen.

Bei solcher Berührung mit der gemeinchristlichen Terminologie ist es um so bedeutsamer, daß d i e   s p e z i f i s c h   p a u -
l i n i s c h e   T e r m i n o l o g i e   b e i   J o h a n n e s   f e h l t.
Wenn Paulus und Johannes auch beide den Begriff κόσμος in
gleichem Sinne verwenden (s. o. S. 358), so tritt der bei Paulus
beherrschende Gegensatz σάρξ — πνεῦμα bei Johannes völlig
zurück; er findet sich nur 3, 6; 6, 63, wie denn auch σάρξ nur
selten vorkommt (1, 13 f.; 1. Joh 2, 16 außer den Stellen, die
vom Kommen Jesu ἐν σαρκί reden 1. Joh 4, 2; 2. Joh 7). Das
charakteristisch paulinische κατὰ σάρκα (s. § 22, 3) hat seine
Analogie höchstens in κατὰ τὴν σάρκα 8, 15; ἐπιθυμία (§ 23, 2)
begegnet nur 8, 44; 1. Joh 2, 16, ἐπιθυμεῖν überhaupt nicht. Die
für Paulus bezeichnende auf das AT zurückgehende anthropologische Terminologie findet sich bei Joh nicht; σῶμα und ψυχή
im paulinischen Sinne fehlen, καρδία ist relativ selten (13, 2;

14, 1. 27; 16, 6. 22, außer im Zitat 12, 40; dazu 1. Joh 3, 19—21);
νοῦς und *νόημα* fehlen ganz. Ebenso fehlen *καυχᾶσθαι, καύχημα*
und *καύχησις* wie *μεριμνᾶν* und *μέριμνα*; gleichfalls fehlen die von
Paulus aus der Diatribe übernommenen Begriffe *συνείδησις,
ἀρετή, φύσις.*

Wichtiger noch ist es, daß die spezifisch heilsgeschichtliche Terminologie des Paulus bei Johannes
nicht begegnet. Er kennt als Bezeichnung des Heilsguts
nicht *δικαιοσύνη θεοῦ*; *δικαιοσύνη* begegnet nur 16, 8. 10 (wo es
die *δικαιοσύνη* Jesu, d. h. seinen Sieg im Prozeß mit der Welt bedeutet) und 1. Joh 2, 29; 3, 7. 10 in der alttestamentlichen Phrase
ποιεῖν (τὴν) δικαιοσύνην. Natürlich fehlt dann auch *δικαιοῦσθαι*
und die Antithese *ἐξ ἔργων νόμου* — *ἐκ πίστεως*, wie sich denn
das Subst. *πίστις* nur 1. Joh 5, 4 findet. Denn wohl ist das *πιστεύειν* gefordert, aber nicht im spezifisch paulinischen, sondern
im gemeinchristlichen Sinne (S. 91 f.). Der Glaube wird nicht als
der rechte Heilsweg dem falschen *ζῆλος θεοῦ* (Rm 10, 3) gegenübergestellt; das für den Juden aktuelle Problem des Heilsweges
steht nicht zur Diskussion. Die Antithese *νόμος* — *χάρις* begegnet
nur 1, 17, und darin klingt offenbar paulinische Terminologie
nach; indessen ist die paulinische Antithese dadurch umgestaltet,
daß die dem *νόμος* entgegengesetzte *χάρις* mit *ἀλήθεια* kombiniert
ist. Übrigens kommt *χάρις* außerdem nur 1, 14. 16 und in der
Grußformel 2. Joh 3 vor; *χάρισμα* und *χαρίζεσθαι* fehlen ganz.
Vom *σταυρός* und *σταυροῦν* ist natürlich in der Passionserzäh-
lung Joh 19 die Rede; aber heilsgeschichtliche Termini sind diese
Wörter nicht; sie begegnen daher weder in den Worten Jesu
noch auch in den Johannesbriefen.

Es fehlt bei Johannes überhaupt die heilsgeschichtliche Perspektive. Wohl beruft sich der
joh. Jesus den Juden gegenüber auf Abraham und bestreitet
ihnen die Abrahamskindschaft (8, 33—58); auch weiß er im
Streit mit den Juden Mose auf seiner Seite (5, 45 f.; vgl. 1, 45).
Aber der Gedanke des Bundes Gottes mit Israel bzw. des neuen
Bundes, die Erwählung Israels und die Führung des Volkes spielen keine Rolle. Begreiflich daher, daß der Weissagungsbeweis
kaum eine Rolle spielt (s. o.) und daß die heilsgeschichtliche Bezeichnung der Gemeinde, nämlich *ἐκκλησία* (§ 6, 2; § 10, 1), bei
Johannes fehlt. Das Wort findet sich nur 3. Joh 6. 9 f. als Bezeichnung der Einzelgemeinde. Von *καλεῖν* im heilsgeschichtlichen

Sinne, von der κλῆσις und den κλητοί (§ 10, 3) ist nicht die Rede.
In dem ἐκλέγεσθαι 6, 70; 13, 18; 15, 16. 19 mag der heilsgeschichtliche Terminus nachklingen, indem von Jesus ausgesagt wird,
was sonst Gott zugeschrieben wurde (1. Kr 1, 27 usw.), aber
ἐκλογή und ἐκλεκτοί (§ 10, 3) fehlen [1]. Es fehlt auch die Bezeichnung der Christen als ἅγιοι oder ἡγιασμένοι (§ 10, 3), wenngleich
sie Joh 17, 17. 19 nachklingen mag. Es fehlt aber auch — wenigstens im ursprünglichen Text des Evg — die hellenistisch-ekkle-
siologische Terminologie und jeder Bezug auf den κύριος-Kult
und die Sakramente; κύριος erscheint 4, 1; 6, 23; 11, 2 in redaktionellen Glossen, sonst nur in der Ostergeschichte c. 20 als Bezeichnung des Auferstandenen. Die Sakramente sind erst von
der Redaktion eingebracht worden (3, 5; 6, 51 b—58) [2]. Der
Evangelist vermeidet es, von ihnen zu reden und hat offenbar
ein Mißtrauen gegen die Sakramentsfrömmigkeit, so daß er
sogar die Einsetzung des Herrenmahles nicht erzählt, sondern
sie durch das Abschiedsgebet Jesu c. 17 ersetzt.

Es ist klar: Johannes gehört nicht in die paulinische Schule
und ist durch Paulus nicht beeinflußt, sondern er ist eine originale Gestalt und steht in einer andern Atmosphäre theologischen
Denkens. Daß in einer solchen an sich auch der Einfluß des
Paulus wirksam sein kann, zeigt Ignatius, der mit Johannes durch
die gemeinsame Zugehörigkeit zur einer bestimmten geistigen
Welt verwandt ist, und auf den doch Paulus stark gewirkt hat.
Gerade der Vergleich mit Ignatius zeigt die Eigenständigkeit
des Johannes; und diese tritt um so deutlicher hervor, als un-
geachtet aller Unterschiede der Denkweise und Begrifflichkeit
eine tiefe s a c h l i c h e V e r w a n d t s c h a f t z w i s c h e n
J o h a n n e s u n d P a u l u s besteht. Natürlich nicht schon
in solchen Einzelheiten wie der, daß Johannes wie Paulus den
Plural der ἔργα in den Singular des ἔργον zusammenfassen kann
6, 28 f., wo zudem die Differenz größer ist, weil hier das ἔργον
der Glaube und nicht das aus dem Glauben entspringende Wirken ist wie 1. Kr 15, 58; 1. Th 1, 3. Vielmehr darin, daß bei beiden das eschatologische Geschehen als ein schon in der Gegenwart sich vollziehendes verstanden ist, wenngleich erst Johannes
den Gedanken radikal durchführt. Bei beiden ist der Gedanke

---

[1] *Ἐκλεκτὴ* (κυρία) 2. Joh 1. 13 ist, wie es scheint, Bezeichnung einer
christlichen Gemeinde.

[2] S. u. § 47, 4.

der δόξα Jesu vergeschichtlicht (1, 14; 2. Kr 3, 7 ff.; S. 335), und
für beide erscheint das neue Leben unter der Maske des Todes
11, 25 f.; 16, 33; 2. Kr 4, 7 ff.; S. 350 – 352). Entmythologisiert
ist bei beiden der gnostische kosmologische Dualismus, indem
für Johannes wie für Paulus die Welt als Gottes Schöpfung verständlich bleibt, und indem bei beiden der Gottesbegriff die
paradoxe Vereinigung von Gericht und Gnade enthält. Aber all
das kann erst durch die entfaltete Darstellung der joh. Theologie
deutlich werden.

3. Wer der Verfasser des Evangeliums und
der Briefe des Johannes war, und wo sie geschrieben
wurden, ist unbekannt, und für die Zeit der Abfassung läßt sich
nur so viel sagen, daß das Evangelium zwar in einem zeitlichen
Abstand von der ersten literarischen Fixierung der synoptischen
Tradition entstanden sein muß, jedoch sehr wahrscheinlich noch
im ersten Jahrhundert, da es durch Zitate auf Papyri, die aus
dem Anfang des zweiten Jahrhunderts stammen, bezeugt ist [1].
Jedenfalls aber ist die geistige Atmosphäre, aus der es (wie auch
die Briefe) erwachsen ist, die des orientalischen Christentums. Zweifellos ist das Evangelium als ganzes nicht
ursprünglich in einer semitischen Sprache (aramäisch oder sy-
risch) geschrieben und dann ins Griechische übersetzt, sondern
griechisch geschrieben worden. Aber seine Sprache ist ein
semitisierendes Griechisch, sowohl was die Grammatik wie was
den Stil betrifft, — wenngleich in anderer Weise als das Griechisch der Synoptiker, für das ja das Gleiche gilt. Ferner ist mindestens wahrscheinlich, daß der Evangelist eine ursprünglich
aramäische (oder syrische) Quelle benutzt hat, nämlich für den
Prolog und die Worte und Reden Jesu, soweit sie nicht aus der
synoptischen Tradition oder aus jener Sammlung von Wundergeschichten stammen, die gleichfalls als Quelle gedient hat
(S. 355). Ob nun die Quelle der Worte und Reden Jesu — nennen
wir sie nach ihrem Hauptinhalt die „Offenbarungsreden" — aus
dem Semitischen übersetzt oder griechisch konzipiert ist, jedenfalls ist ihr Stil der semitischer Rede, genauer: semitischer Dichtung, wie er aus den Oden Salomos und anderen gnostischen

---

[1] Das „Unknown Gospel", dessen Fragmente H. Idris Bell u. T. C. Skeat
1935 herausgegeben haben, und vor allem das 1935 von C. H. Roberts
herausgegebene Fragment des Johannes zeigen, daß Johannes etwa um
100 in Ägypten bekannt gewesen ist.

Texten bekannt ist. Ein bestimmtes, natürlich Variationsmög-
lichkeiten bietendes Schema liegt solchen Offenbarungsreden,
die vom Evangelisten freilich vielfach in Dialoge umgesetzt
worden sind, zugrunde. Es enthält das Motiv der Selbstdarstellung des Offenbarers, eingeführt durch das charakteristische
ἐγώ εἰμι, den einladenden, verheißenden Ruf und die Drohung
für den Ungläubigen. Die Rede verläuft in den bezeichnenden
semitischen Parallelismen der Glieder, wobei es eigentümlich
ist, daß in den antithetischen Parallelismen, die Antithese oft
nicht ein einfacher Gegensatz zur These ist (wie z. B. Sir 3, 9;
Mt 8, 20; Mk 10, 42—44), sondern die Negierung des Gegenteils,
was durch die Wiederholung der These mit einer Negation oder
mit geringster Änderung ihres Wortlauts erreicht wird (z. B.
3, 18 a. 36 a; 4, 13 f.; 8, 23).

Die stilistische Form ist der Ausdruck für die d u a l i s t i -
s c h e G r u n d a n s c h a u u n g , die die Voraussetzung der
Offenbarungsreden ist. Und dieser entsprechen auch die diese
Reden durchziehenden a n t i t h e t i s c h e n B e g r i f f e : Licht
und Finsternis, Wahrheit und Lüge, Oben und Unten (bzw.
Himmlisch und Irdisch), Freiheit und Knechtschaft. In die
gleiche Sphäre des dualistisch-gnostischen Denkens weisen auch
die B i l d e r , die den Offenbarer in seinem Gegensatz zur
„Welt" und in seiner Heilsbedeutung charakterisieren oder seine
Gabe beschreiben: er ist das Licht der Welt, der gute Hirt, der
wahre Weinstock; er spendet das Wasser des Lebens, das wahre
Brot vom Himmel. Was er ist und was er gibt, ist „wahr" (ἀληθινός
1, 9; 6, 32; 15, 1; 1. Joh. 2, 8), wie er denn auch schlechtweg
„d i e W a h r h e i t" heißen kann (14, 6), — eben das ist die
Redeweise jenes Dualismus, für den alles Irdische Lüge und
Schein ist. Alles, was der Mensch in dieser Welt sucht und zu
finden meint — im Offenbarer ist es „Wahrheit" d. h. Wirklichkeit. In allem, was der Mensch sucht, sucht er das „Leben" —
im Offenbarer ist es da; er ist wie „die Wahrheit", so „das
L e b e n" (14, 6; 1. Joh. 1, 2). Natürlich ist das „Leben" auch
für Paulus wie für das ganze Urchristentum, ja wie schon für das
AT und das Judentum das erstrebte Heilsgut. Aber zur beherrschenden Bezeichnung des Heils ist es doch nur in jenen
Kreisen der hellenistischen Religionen und speziell der Gnosis
geworden, in denen das Leben der diesseitigen Welt seinen
Glanz und Wert in einem Grade verloren hat, daß es als ein

Scheinleben gilt, das in Wahrheit Tod ist. Aus solcher Atmosphäre schreibt Johannes; und es treten die Begriffe „Wahrheit" und „Leben" an Stelle der Begriffe der βασιλεία ϑεοῦ und der δικαιοσύνη ϑεοῦ.

Da die dualistische Terminologie eine gewisse Verwandtschaft zeigt mit derjenigen gewisser Partien der Qumran-Texte, ist die Frage nach dem Verhältnis dieser mehrfach verhandelt worden. Mehr als eine gewisse Verwandtschaft der Atmosphäre wird sich nicht nachweisen lassen. Jedenfalls stammt Joh nicht aus dem Kreis der Sekte. Vgl. Lucetta Mowry, The Biblic. Archeologist 1954, 78—94; F. M. Braun, Rev. Bibl. 62 (1955), 5—44; Ders. in: L'Evangile de St. Jean, 1958, 179—196; W. F. Albright, Recent discoveries in Palestine and the Gospel of St. John (The Background of the NT and its Eschatology, 1956, 153—171); R. E. Brown, The Qumran Scrolls and the Johannine Gospel (The Scrolls and the NT, 1957, 183—207). – O. Cullmann, Secte de Qumran, Hellenistes des Actes et Quatrième Evangile (Les Manuscrits de la Mer Morte, 1957, 61—74; J. Coppens, Le Don de l'Esprit d'après les textes de Qumran et le Quatrième Evangile, in L'Evang. de St. Jean 209—223. Vgl. auch ebenda 197 bis 208 G. Quispel, L'Evangile de Jean et la Gnose, in: L'Évangile de Jean, Rech. Bibl. III, 1958.

Terminologisch kommt dieser Anschauungskreis auch darin zum Ausdruck, daß Jesus als der Offenbarer heißt, den der Vater „g e s c h i c k t" oder „g e s a n d t" hat. Auch diese Redeweise vom πέμπειν oder ἀποστέλλειν hat in der Gnosis einen besonderen Sinn erhalten [1]. Sie ist für die dualistische Anschauung aus dem Grunde charakteristisch, weil sie den Einbruch des Jenseits in das Diesseits in der Person eines Offenbarers — eben des „Gesandten" — bezeichnet. In ihm erscheint die Welt der „Wahrheit" und des „Lebens" im Raum des Diesseits; das eschatologische Geschehen wird Gegenwart in seinem Wort, das er als der Gesandte im Auftrag des Vaters spricht. Wenn also für Johannes wie für Paulus das eschatologische Heilsgeschehen schon in der Gegenwart vor sich geht, so doch mit einem, durch die Terminologie schon angedeuteten Unterschied.

Wohl kann auch Paulus sagen, daß Gott seinen Sohn „sandte" (Gl 4, 4; Rm 8, 3); aber dieser Terminus spielt bei ihm keine Rolle im Vergleich zu der Rede, daß Gott seinen Sohn „dahingegeben" hat, die als schon traditionelle (s. S. 32) dem Paulus geläufig ist (παραδιδόναι Rm 4, 25; 8, 32; 1. Kr 11, 23), und die er offenbar dahin umgeprägt hat, daß er von der Selbsthingabe des Sohnes redet (διδόναι bzw. παραδιδόναι ἑαυτόν Gl 1, 4; 2, 20; daraufhin in der paulinischen Schule Eph 5, 2. 25; 1. Tim 2, 6;

---

[1] Dafür s. bes. Geo Widengren, The Great Vohu Manah and the Apostle of God 1945, und Mesopotamian Elements in Manichaeism 1946. — Vgl. auch Hans Jonas, Gnosis und spätantiker Geist I ²(1954), 120 ff.

Tit 2, 14). Bei Johannes begegnet jenes διδόναι nur 3, 16 (παραδιδόναι häufiger, aber in der Bedeutung „verraten"), und zwar um die S e n - d u n g in gemeinchristlicher Terminologie zu bezeichnen; denn der für diese bezeichnende Sinn der H i n g a b e des Sohnes a l s O p f e r liegt nicht vor, da das für jene Terminologie charakteristische ὑπέρ (Gl 1, 4; 2, 20; Eph 5, 2. 25; 1. Tim 2, 6; Tit 2, 14) bzw. διά (Rm 4, 25) fehlt.

Ist für Paulus der irdische Jesus, als der in Knechtsgestalt erscheinende Präexistente, aller göttlichen Herrlichkeit bar (Phl 2, 6 ff.; 2. Kr 8, 9; Rm 8, 3), so offenbart bei Johannes der fleischgewordene Logos — in freilich paradoxer Weise und nur für die Augen der Glaubenden sichtbar — seine δόξα in seinem Wirken auf Erden (1, 14; 2, 11). Daher ist das Wort, das die himmlische Stimme Joh 12, 28 im Augenblick der Schicksalswende zu Jesus spricht, bei Paulus nicht wohl denkbar: ἐδόξασα (nämlich in der irdischen Wirksamkeit des Offenbarers) καὶ πάλιν δοξάσω (nämlich durch die im Kreuz erfolgende Erhöhung).

So ist denn überhaupt die Jesusgestalt bei Johannes in den Formen gezeichnet, die d e r g n o s t i s c h e E r l ö s e r m y - t h o s darbot (§ 15, 1, S. 170), der schon vor Paulus und dann bei ihm das christologische Denken des hellenistischen Christentums beeinflußt hatte (§ 15, 4 c). Freilich: bei Johannes fehlen die kosmologischen Motive des Mythos; es fehlt vor allem der Gedanke, daß die Erlösung, die der „Gesandte" bringt, die Befreiung der präexistenten Lichtfunken ist, die von dämonischen Mächten in dieser niederen Welt gefangen gehalten werden (§ 15, 1; S. 169 f.). Im übrigen aber erscheint Jesus wie im gnostischen Mythos als der präexistente Gottessohn, den der Vater mit Vollmacht ausgerüstet und in die Welt gesandt hat. Hier, als ein Mensch erscheinend, redet er die Worte, die ihm der Vater gegeben, und vollbringt die Werke, die ihm der Vater aufgetragen hat. Er ist dabei nicht vom Vater „abgeschnitten", sondern steht, als ein Gesandter ohne Fehl und Lüge, in fester, dauernder Einheit mit ihm. Er kommt als das „Licht", als die „Wahrheit", als das „Leben", indem er durch seine Worte und Werke Licht, Wahrheit und Leben bringt und die „Seinen" zu sich ruft. In seinen Reden mit ihrem „ich bin" offenbart er sich als den Gesandten; aber nur die „Seinen" verstehen ihn. So bewirkt sein Kommen die Scheidung zwischen denen, die seine Stimme hören, die sehend werden, und den andern, die seine Sprache nicht verstehen, die sich sehend wähnen und in ihrer Blindheit gefangen bleiben. In der Welt, aus der er die Seinen zu sich ruft, ist er verachtet und gehaßt. Aber er verläßt die Welt; wie er „gekommen" ist, so „geht er fort" und nimmt Abschied von den Seinen, die er im Gebet dem Vater anbefiehlt. Auch sein Fortgang aber gehört zu seinem Erlösungswerk; denn durch seinen Aufstieg hat er den Seinen den Weg zu den himmlischen Wohnungen gebahnt, in die er die Seinen holen wird. Aus der gnostischen Sprache und nicht etwa aus der griechisch-philosophischen Tradition stammt endlich auch der Logosname des präexistenten Offenbarers. — Wie Johannes diesen Mythos interpretiert, und wie dieser Mythos ihm dazu dienen kann, seine theologischen Gedanken auszudrücken, muß in deren Darstellung deutlich werden.

Die gnostische Terminologie und Begrifflichkeit prägt zwar vor allem die Worte und Reden Jesu, ist aber keineswegs auf die Quelle der „Offenbarungsreden", die ihnen vermutlich zugrunde liegt, beschränkt, sondern durchzieht das ganze Evangelium wie die Briefe. Wenn der Verf. aus dem Judentum stammt, wie nicht selten begegnende sprachliche Wendungen des Rabbinismus vielleicht beweisen, so jedenfalls nicht aus einem orthodoxen, sondern aus einem gnostisierenden Judentum [1]. Besonders seine schriftstellerischen Mittel, mit denen er die Diskussionen baut, die Verwendung doppeldeutiger Begriffe und Aussagen zur Hervorrufung von Mißverständnissen, sind dafür bezeichnend, daß er im Kreise des gnostisch-dualistischen Denkens lebt. Denn jene Doppeldeutigkeiten und Mißverständnisse sind keineswegs nur formale technische Mittel, sondern sind der Ausdruck der dualistischen Grundanschauung: der Offenbarer und die „Welt" können sich nicht verstehen; sie sprechen eine verschiedene Sprache (8, 43); die Welt verwechselt die Wahrheit mit dem Schein, das Eigentliche mit dem Uneigentlichen, und muß, was der Offenbarer vom Eigentlichen sagt, in die Sphäre des Uneigentlichen hinabziehen und folglich falsch verstehen.

---

[1] Konnte ein vorchristliches gnostisierendes Judentum bisher nur aus späteren Quellen erschlossen werden, so wird es jetzt durch die neugefundenen Handschriften in Palästina bezeugt.

A. Der johanneische Dualismus

s. Lit. zu II (S. 354) und zu § 41 (S. 354f.) – MUSSNER, F., Die Anschauung vom Leben im 4. Evangelium, 1952. – SCHNACKENBURG, R., Leben und Tod nach Johannes, in: DERS., Christliche Existenz nach dem Neuen Testament. II., 1968, 123–148. – BECKER, J., Beobachtungen zum Dualismus im Johannesevangelium, ZNW 65, 1974, 71–84. – ONUKI, T., Gemeinde und Welt im Johannesevangelium. Ein Beitrag zur Frage nach der theologischen und pragmatischen Funktion des johanneischen Dualismus, 1984.

§ 42. WELT UND MENSCH

1. Die Verkündigung des Johannes besteht in der Botschaft, daß Gott die Welt so liebte, daß er seinen „eingeborenen" Sohn sandte — nicht um sie zu richten, sondern um sie zu retten (3, 16 f.; 1. Joh 4, 9. 14). Des Gerichtes wäre sie würdig; denn ὁ κόσμος ὅλος ἐν τῷ πονηρῷ κεῖται (1. Joh 5, 19); der Rettung ist sie bedürftig.

Wie für Paulus (§ 26) ist für Johannes der κ ό σ μ ο ς primär die Menschenwelt; über ihn wird das Urteil gefällt, daß er böse ist und verloren wäre ohne das Kommen des „Sohnes". In seinem radikalen Gegensatz zu Gott wird er wie bei Paulus durch den aus der apokalyptischen Eschatologie stammenden Terminus ὁ κόσμος οὗτος charakterisiert (8, 23; 9, 39; 11, 9; 12, 25. 31; 13, 1; 16, 11; 18, 36; 1. Joh 4, 17), wobei es sich um den Gegensatz des Wesens und nicht den der Zeiten handelt (außer etwa in dem Zitat 12, 25). Dem entspricht es, daß Johannes nicht vom αἰὼν οὗτος (oder ἐνεστώς) und μέλλων (oder ἐρχόμενος) redet.

Was aber ist d a s W e s e n d e s κόσμος?

Der Satz: ἐν τῷ κόσμῳ ἦν (sc. τὸ φῶς) καὶ ὁ κόσμος δι' αὐτοῦ ἐγένετο, καὶ ὁ κόσμος αὐτὸν οὐκ ἔγνω (1, 10) entspricht dem Satz: καὶ τὸ φῶς ἐν τῇ σκοτίᾳ φαίνει, καὶ ἡ σκοτία αὐτὸ οὐ κατέλαβεν (1, 5). Das Wesen des κόσμος ist also F i n s t e r n i s (vgl. 8, 12; 12, 35. 46; 1. Joh 1, 5 f.; 2, 8 f. 11), und zwar Finsternis nicht als ein über der Welt liegender Schatten, ein Verhängnis (wie etwa Jes 9, 1), sondern als das ihr eigene Wesen, in dem sie sich wohlbefindet; denn: τὸ φῶς ἐλήλυθεν εἰς τὸν κόσμον, καὶ ἠγάπησαν οἱ ἄνθρωποι μᾶλλον τὸ σκότος ἢ τὸ φῶς (3, 19). Eben dies, daß sich die Welt ihre Finsternis zu eigen macht, kann in dem Urteil ausgedrückt werden, daß die Menschen Blinde sind, und zwar ohne es zu wissen und wahr haben zu wollen (9, 39—41; vgl. 12, 40; 1. Joh 2, 11). Gleichbedeutend ist es daher, wenn das Wesen der Welt als L ü g e bezeichnet wird, was indirekt dadurch geschieht, daß Jesus von sich sagt, er sei in die Welt gekommen, um für die Wahrheit zu zeugen (18, 37). Ferner dadurch, daß er dem treuen Glauben die Erkenntnis der Wahrheit verheißt (8, 32); oder daß es von ihm heißt, durch ihn seien Gnade und Wahrheit gekommen (1, 17), daß das Wort, das er bringt, die Wahrheit ist (17, 17), daß er selbst die Wahrheit ist (14, 6; vgl. auch 1. Joh 2, 21; 3, 19). Direkt aber wird das Wesen der Welt als Lüge bezeichnet, wenn Jesus den „Juden" vorwirft, daß sie sein Wort nicht zu hören vermögen, weil sie vom Teufel, also aus der Lüge, stammen und daher nicht glauben, wenn Jesus die Wahrheit sagt (8, 43—45; vgl. 1. Joh 2, 21. 27). Wer Jesus nicht als den Messias anerkennt, ist ein „Lügner" (1. Joh 2, 22). Daß aber diese der Welt eigene, von ihr sich selbst zu eigen gemachte, Finsternis und Lüge eine Macht ist, der sie verfallen ist, kommt dadurch zum Ausdruck, daß der Erkenntnis der Wahrheit die Freiheit verheißen wird (8, 32). Der κόσμος ist also wesenhaft S e i n i n d e r K n e c h t s c h a f t. Der Herrscher der Welt, der ἄρχων τοῦ κόσμου (τούτου), ist der Teufel (12, 31; 14, 30; 16, 11). Von ihm als ihrem Vater stammen die „Juden" (8, 44), stammen die Sünder (1. Joh 3, 8. 10). Denn die Knechtschaft unter dem Teufel ist gleichbedeutend mit der K n e c h t - s c h a f t u n t e r d e r S ü n d e, von der eben die Erkenntnis der Wahrheit befreit (8, 32—34). Die Finsternis mehr lieben als das Licht, bedeutet: Böses tun (3, 19 f.); blind sein heißt: in der Sünde stecken (9, 41). Das aber heißt wiederum: d e m T o d e v e r f a l l e n sein. In ihren Sünden werden die „Juden" sterben (8, 21. 24). Ja, die Welt ist im Grunde schon tot; denn von dem, der an Jesus glaubt, gilt, daß er vom Tode ins Leben hinüber- geschritten ist (5, 24). Wo Jesu Wort erklingt, da ist die Stunde der Auferstehung der Toten (5, 25); und eben weil die Welt im Tode liegt, bringt Jesus das Lebenswasser und das Lebensbrot (4, 10; 6, 27 ff.), ist er das Licht des Lebens (8, 12), die Aufer- stehung und das Leben (11, 25; 14, 6). Das Schauerlichste der Verfallenheit an den Tod aber ist die Feindschaft der Welt gegen das Leben. Wie der Teufel wesenhaft (ἀπ' ἀρχῆς) ein Mörder ist (8, 44), so die, die von ihm abstammen wie Kain, wie die „Ju- den" (1. Joh 3, 12; Joh 8, 40). Der Bruderhaß ist nichts anderes als solcher Mordwille (1. Joh 3, 15; vgl. 2, 9. 11). Daher ist Jesu „neues Gebot" das der Bruderliebe (13, 34 f.; 1. Joh 2, 7 ff. usw.), und wie es von dem, der glaubt, gilt, daß er vom Tode zum Leben hinübergeschritten ist, so auch von dem, der den Bruder liebt (1. Joh 3, 14).

Ist für Johannes der Teufel eine Realität im mythischen Sinne? Das ist zum mindesten sehr zweifelhaft. Aber wie dem auch sei: jedenfalls repräsentiert er die Macht, in deren Herrschaft die Welt sich selbst begeben hat, die Macht der Finsternis und Lüge, die Macht der Sünde und des Todes. Der Teufel ist der Gegenspieler Gottes, d. h. Finsternis und Lüge, Sünde und Tod sind die Feinde des Lichtes und der Wahrheit, der Freiheit und des Lebens. Die teuflische Macht alles Bösen ist aber nicht im gnostischen Sinne als eine kosmische Macht gedacht, in deren Gewalt die Menschen durch ein Verhängnis geraten sind. Der κόσμος hat seinen Ursprung nicht in einem tragischen Ereignis der Urzeit (s. S. 169 f.). Vielmehr ist d e r κόσμος d i e S c h ö p f u n g   G o t t e s; denn alles ist durch das „Wort", das im Anfang bei Gott war, ja, das Gott war, geschaffen (1, 3). Das aber besagt, daß sich in der Schöpfung Gott offenbarte; und das Gleiche geht daraus hervor, daß das „Wort", sofern es für das Geschaffene das „Leben" war, zugleich für die Menschen das „Licht" war [1].

2. Vom Schöpfungsgedanken her gewinnen die aus dem gnostischen Dualismus stammenden Begriffe Licht und Finsternis, Wahrheit und Lüge, Freiheit und Knechtschaft, Leben und Tod erst ihren bestimmten johanneischen Sinn. Denn was heißt das „L i c h t"? Natürlich hat „Licht" bei Johannes wie überall in der religiösen Sprache den Sinn des Heilsamen. Wie dieser Sinn aber genauer zu bestimmen ist, geht aus den Sätzen hervor, die vom περιπατεῖν oder ἐργάζεσθαι im Lichte (bzw. am Tage) reden oder umgekehrt vom περιπατεῖν in der Finsternis (bzw. in der Nacht). Nur im Lichte ist ein sicheres Wandeln und Wirken möglich; in der Finsternis ist der Mensch blind und findet seinen Weg nicht (9, 4; 11, 9 f.; 12, 35; 1. Joh 2, 11). Das Licht ist also in dem ursprünglichen Sinne verstanden als die Helligkeit, in der sich der Mensch nicht nur über die Gegenstände orientieren kann, sondern auch sich selbst in seiner Welt versteht und sich zurechtfindet. Das „eigentliche Licht" (τὸ φῶς τὸ ἀληθινόν 1, 9; 1. Joh 2, 8) ist aber nicht die Tageshelligkeit, welche die Orien-

---

[1] Der nicht ganz eindeutige Satz 1, 4: ὃ γέγονεν, ἐν αὐτῷ ζωὴ ἦν heißt entweder: „Was geworden ist – in ihm (dem „Wort") war (dafür) das Leben", oder: „Was geworden ist – in ihm war er (das „Wort") das Leben".

tierung in der äußeren Welt ermöglicht, sondern die Erhelltheit des Daseins, in der es sich selbst versteht, in der der Mensch ein Selbstverständnis gewinnt, das ihm seinen „Weg" erschließt, das all sein Handeln leitet, ihm die Klarheit und Sicherheit gibt. Ist die Schöpfung Gottes Offenbarung und ist das „Wort" in dem Geschaffenen als das „Licht" wirksam, so heißt das, daß die Möglichkeit eines echten Selbstverständnisses dem Menschen darin gegeben ist, daß er sich als Geschöpf versteht. D i e F i n - s t e r n i s bedeutet dann, daß der Mensch diese Möglichkeit nicht ergreift, daß er sich dem in der Schöpfung offenbaren Gott verschließt, daß er, statt sich als Geschöpf zu verstehen, sich eine Selbstherrlichkeit anmaßt, wie sie nur dem Schöpfer eigen ist. Auf die Frage, woher die Finsternis kommt, antwortet Johannes nicht mit einem Mythos. Denn die Möglichkeit der Finsternis — des illusionären Selbstverständnisses — ist mit der Möglichkeit des Lichtes — des echten Selbstverständnisses — gegeben. Nur weil es Offenbarung Gottes gibt, gibt es Feindschaft gegen Gott. Nur weil es Licht gibt, gibt es Finsternis; sie ist nichts anderes als das Sich-verschließen gegen das Licht, sie ist die Abwendung vom Ursprung der Existenz, in dem allein die Möglichkeit der Erleuchtung der Existenz gegeben ist. Indem sich die Welt dem Licht verschließt, empört sie sich gegen Gott, macht sie sich dem Schöpfer gegenüber selbständig, — d. h. sie versucht es, sie bildet sich ein, es zu können. So ist sie, indem sie in der Finsternis ist, zugleich i n d e r L ü g e . Denn diese Illusion über sich selbst, nicht ein unmoralisches Verhalten, ist die Lüge — aber wiederum nicht die Illusion eines bloßen Irrtums, sondern die Illusion eines falschen Selbstverständnisses, aus dem alles etwaige unmoralische Verhalten erst erwächst, das allem einzelnen Verhalten vorausliegt — eines Selbstverständnisses, das Empörung gegen Gott, gegen die „Wahrheit", ist.

Denn so wenig wie „Lüge" hat „W a h r h e i t" (ἀλήθεια) bei Johannes einen bloß formalen Sinn, als bedeute ἀλήθεια die Unverdecktheit des Seienden überhaupt oder Wirklichkeit in dem rein formalen Sinne, wie sie von jedem Gegenstand (im Gegensatz zu einer täuschenden Vorstellung) ausgesagt werden kann. Vielmehr ist die Grundbedeutung von ἀλήθεια bei Johannes die der Wirklichkeit Gottes, die, da Gott der Schöpfer ist, die einzige echte Wirklichkeit ist. Die freimachende Erkenntnis der Wahrheit (8, 32) ist nicht die rationale Erkenntnis der Wirklich-

keit des Seienden überhaupt, die von den durch Tradition und
Konvention veranlaßten Vorurteilen und Irrtümern befreit, sondern die dem Glauben geschenkte Erkenntnis der Wirklichkeit
Gottes, die von der Sünde befreit (8, 32—34). Zwar hat ἀλήθεια
den formalen Sinn von Wahrheit, wenn es heißt, daß Jesus die
Wahrheit sagt (8, 45), und daß der Geist in die ganze Wahrheit
führt (16, 13). Aber die Wahrheit, in die der Geist führt, ist ja
faktisch die Wirklichkeit Gottes; und Jesus s a g t ja nicht nur
die Wahrheit, sondern er i s t sie zugleich (14, 6; § 48). Sie ist
also nicht die durch ihn übermittelte Lehre über Gott, sondern
die in ihm sich offenbarende, geschehende Wirklichkeit Gottes
selbst; denn wer ihn gesehen hat, hat den Vater gesehen (14, 9);
in ihm ist und wirkt der Vater (14, 10 f.); und wie er die ἀλήθεια
ist, so ist er deshalb auch die ζωή (14, 6). Ist er, als das fleischgewordene „Wort", voll von χάρις und ἀλήθεια (1, 14), so ist in
einem Hendiadyoin gesagt, daß in ihm Gottes Wirklichkeit als
gnädige Gabe begegnet. Wenn Gottes Wort die Wahrheit ist
(17, 17), so deshalb, weil in ihm Gottes Wirklichkeit offenbar
wird; und wenn die Glaubenden durch die Wahrheit „geheiligt"
werden sollen (17, 17), so eben dadurch, daß die im Worte sich
offenbarende Wirklichkeit Gottes sie, die noch in der Welt sind,
aus der Machtsphäre der Welt herausnimmt (17, 14—16). Wenn
Gott solche Anbeter fordert, die ihn ἐν πνεύματι καὶ ἀληθείᾳ verehren (4, 23), so liegt wiederum ein Hendiadyoin vor, das besagt,
daß echte Gottesverehrung allein diejenige ist, die durch Gottes
Kraft und die Offenbarung seiner selbst gewirkt ist. Daß der
Welt die Wirklichkeit Gottes gleichgültig geworden ist, spricht
die abweisende Frage des Pilatus aus: τί ἐστιν ἀλήθεια; Aber wie
εἶναι ἐκ τῆς ἀληθείας (18, 37; 1. Joh 2, 21; 3, 19) und εἶναι ἐκ
θεοῦ (7, 17; 8, 47; 1. Joh 3, 10; 4, 1 ff.; 5, 19) gleichbedeutend
sind, so εἶναι ἐκ τοῦ κόσμου (8, 23.; 15, 19; 17, 14. 16; 18, 36;
1. Joh 2, 16; 4, 5), ἐκ τῆς γῆς (3, 31), ἐκ τῶν κάτω (8, 23), ἐκ τοῦ
διαβόλου (8, 44; 1. Joh 3, 8).

Ist aber die Wahrheit die Wirklichkeit Gottes als die allein
echte Wirklichkeit, so ist d i e L ü g e , die diese Wirklichkeit
leugnet, nicht nur eine falsche Behauptung. Vielmehr entzieht
sich der Lügner der Wirklichkeit und fällt ins Unwirkliche, in
den T o d. Denn ist Gott die einzige Wirklichkeit, so bedeutet
L e b e n nichts anderes als das Erschlossensein für Gott und
für den, der ihn offenbar macht: αὕτη δέ ἐστιν ἡ αἰώνιος ζωή, ἵνα

γινώσκωσιν σὲ τὸν μόνον ἀληθινὸν θεὸν καὶ ὃν ἀπέστειλας Ἰησοῦν Χριστόν (17, 3. Das „ewige Leben" ist nichts anderes als das „Leben" überhaupt, wie denn ζωή und ζωὴ αἰώνιος unterschiedslos in der gleichen Bedeutung von Johannes gebraucht werden). In der Abwendung von der ἀλήθεια wendet sich die Welt zugleich von der ζωή und macht dadurch sich zu einer Scheinwirklichkeit die, indem sie Lüge ist, zugleich Tod ist. Sie ist das Nichts, das etwas sein will, und das den, der es für Wahrheit hält, um sein Leben bringt; sie ist ein Mörder (8, 44).

In ihrer Empörung gegen Gott bleibt die Welt Gottes Schöpfung; d. h. der Mensch kann nur eine Scheinwirklichkeit, die in Wahrheit Lüge, ein Nichts ist, produzieren. Denn er lebt als Geschöpf nicht wie Gott aus sich selbst, sondern immer nur aus einem unverfügbaren Ursprung, der Macht über ihn hat. Er kommt immer aus einem Woher, und es gibt für ihn nur die Möglichkeit, aus Gott oder aus der Welt, aus der Lüge, aus dem Nichts zu sein. Entscheidet er sich gegen seinen Ursprung aus Gott, so ist sein Ursprung das Nichts, dem er Gewalt über sich gegeben hat. Die Wendungen, die zur Charakteristik der Menschen und ihres Verhaltens dienen: εἶναι ἐκ, γεννηθῆναι ἐκ, haben den kosmologischen Sinn, den sie im gnostischen Mythos haben, bei Johannes verloren, und bezeichnen das Wesen des Menschen, das in all seinem Reden und Tun zur Geltung kommt, und das das Wohin seines Weges bestimmt. Es stehen sich die Möglichkeiten gegenüber: εἶναι ἐκ θεοῦ usw. und εἶναι ἐκ τοῦ κόσμου usw. (s. o.), bzw. γεννηθῆναι ἐκ θεοῦ (1, 13; 1. Joh 3, 9; 4, 7; 5, 1. 4. 18; ἄνωθεν 3, 3. 7; ἐκ τοῦ πνεύματος 3, 6) und γεννηθῆναι ἐκ τῆς σαρκός (3, 6). Das heißt: der Mensch ist durch seinen Ursprung bestimmt und hat sich nicht jeweils jetzt in der Hand; er kann nur aus Gott, aus der Wirklichkeit, oder aus der Welt, aus der Unwirklichkeit, existieren. Durch das Woher des Menschen ist auch sein Wohin bestimmt; diejenigen, die ἐκ τῶν κάτω, ἐκ τοῦ κόσμου sind, werden in ihren Sünden sterben (8, 21—23); der κόσμος und seine ἐπιθυμία vergeht (1. Joh 2, 17). Darin besteht also d i e K n e c h t s c h a f t , in die sich die Welt begeben hat, daß sie, indem sie Gott den Schöpfer als ihren Ursprung verleugnet, dem Nichts verfällt. Und das ist d i e F r e i h e i t , daß sie sich, indem sie die Wahrheit erkennt, der Wirklichkeit öffnet, aus der sie allein leben kann.

Die Begriffe Licht, Wahrheit, Leben und Freiheit erläutern

sich gegenseitig wie umgekehrt die Begriffe Finsternis, Lüge, Tod und Knechtschaft. Sie gewinnen alle ihren Sinn von der Frage nach der menschlichen Existenz — nach der ζωή als der ζωή αἰώνιος — her und bezeichnen die doppelte Möglichkeit menschlichen Existierens: entweder von Gott her oder vom Menschen selbst her. Sie besagen, daß der Mensch nur im Wissen um seine Geschöpflichkeit das echte Verständnis seiner selbst gewinnen kann als das L i c h t , das seinen Weg erhellt; nur in solchem Wissen wird er der W a h r h e i t als der wahren Wirklichkeit inne, die sich ihm in der Offenbarung Gottes erschließt, und wähnt nicht, seine Wirklichkeit selbst begründen zu können in der Konstituierung eines gegen Gott empörerischen κόσμος; nur in solchem Wissen gewinnt er F r e i h e i t von der Scheinwirklichkeit, die in Wahrheit Finsternis, Lüge, Knechtschaft und Tod ist, und nur in solcher Freiheit hat er das L e b e n , indem er aus seinem wirklichen Ursprung lebt. — Vor der Entscheidung für Gott oder gegen Gott steht der Mensch, oder stand er; und vor diese Entscheidung wird er aufs neue gestellt durch die Offenbarung Gottes in Jesus. Aus dem kosmologischen Dualismus der Gnosis ist bei Johannes ein E n t s c h e i d u n g s - D u a l i s m u s geworden.

§ 43. DER JOHANNEISCHE DETERMINISMUS

1. Die Sprache dieses „Dualismus" ist die gnostische; und besonders d i e Z w e i t e i l u n g d e r M e n s c h e n in solche, die ἐκ θεοῦ oder ἐκ τοῦ διαβόλου, ἐκ τῆς ἀληθείας oder ἐκ τοῦ κόσμου, ἐκ τῶν ἄνω oder ἐκ τῶν κάτω sind, erweckt den Eindruck, als ob die Menschheit in zwei Klassen zerfiele, deren jede durch die ihr eigene Natur von vornherein in Wesen und Schicksal bestimmt ist. Ist nicht jeder durch seinen Ursprung geprägt, und ist nicht durch seinen Ursprung schon das Wohin seines Weges entschieden, auch seine Entscheidung gegenüber Jesus, in dem ihm der offenbare Gott begegnet? Kommt nicht nur der zu Jesus, den der Vater „zieht" (6, 44), dem es vom Vater „gegeben" ist (6, 65; vgl. 6, 37. 39; 17, 2. 6. 9. 12. 24)? Kann nicht nur der „seine Stimme hören", der „aus der Wahrheit", der „aus Gott" ist (18, 37; 8, 47)? nicht nur der glauben, der zu seinen „Schafen" gehört (10, 26)? Und sind es nicht „die Seinen" allein, die er zu sich ruft (10, 3 f.), die er kennt, und die ihn

kennen (10, 14. 27)? Und bestätigt nicht das Wort Jes 6, 10, daß
der Unglaube auf der von Gott verhängten Verstockung beruht (12, 39 f.)?

Aber Jesu Forderung des Glaubens ergeht doch an alle! Von
allen gilt doch, daß sie in Finsternis und Blindheit stecken und
unter dem Zorn Gottes stehen; und alle werden sie durch das
Wort des Offenbarers gefragt, ob sie in dieser Situation b l e i -
b e n wollen (3, 36; 9, 41; 12, 46). Jesu Worte sind doch keine
Lehrsätze, sondern Einladung und Ruf zur Entscheidung.

Typisch sind die Worte, die in ihrem Hauptsatz eine Verheißung enthalten. Indem ein Part. vorausgeht, das die Bedingung für den Empfang
des Verheißenen angibt, sind sie zugleich Ruf zur Entscheidung.

5, 24: ἀμὴν ἀμὴν λέγω ὑμῖν ὅτι
    ὁ τὸν λόγον μου ἀκούων καὶ πιστεύων τῷ πέμψαντί με
    ἔχει ζωὴν αἰώνιον καὶ εἰς κρίσιν οὐκ ἔρχεται,
    ἀλλὰ μεταβέβηκεν ἐκ τοῦ θανάτου εἰς τὴν ζωήν.

Oder 6, 35: ἐγώ εἰμι ὁ ἄρτος τῆς ζωῆς .
    ὁ ἐρχόμενος πρὸς ἐμὲ οὐ μὴ πεινάσῃ,
    καὶ ὁ πιστεύων εἰς ἐμὲ οὐ μὴ διψήσει πώποτε.

Oder 8, 12: ἐγώ εἰμι τὸ φῶς τοῦ κόσμου .
    ὁ ἀκολουθῶν μοι οὐ μὴ περιπατήσῃ ἐν τῇ σκοτίᾳ,
    ἀλλ' ἕξει τὸ φῶς τῆς ζωῆς.

(Vgl. noch 3, 18. 33. 36; 6, 47; 11, 25 f. ; 12, 44 f.).

Ganz ebenso die Worte, in denen der Verheißung (mit der eine Drohung
parallel gehen kann) statt eines Partizipiums ein ἐάν-Satz vorausgeht:

6, 51: ἐγώ εἰμι ὁ ἄρτος ὁ ζῶν . . .
    ἐάν τις φάγῃ ἐκ τούτου τοῦ ἄρτου
    ζήσει εἰς τὸν αἰῶνα.

Oder 7, 16 f.: ἡ ἐμὴ διδαχὴ οὐκ ἔστιν ἐμὴ
      ἀλλὰ τοῦ πέμψαντός με .
    ἐάν τις θέλῃ τὸ θέλημα αὐτοῦ ποιεῖν,
    γνώσεται περὶ τῆς διδαχῆς . . .

Oder 8, 51: ἀμὴν ἀμὴν λέγω ὑμῖν·
    ἐάν τις τὸν ἐμὸν λόγον τηρήσῃ,
    θάνατον οὐ μὴ θεωρήσῃ εἰς τὸν αἰῶνα.

(Vgl. ferner 10, 9; 12, 26; 14, 23 und die Sätze mit ἐὰν μή τις 3, 3. 5· 15, 6).

Alle Formen dieses Einladungs- und Entscheidungsrufes sind 12, 46—48
vereint:

ἐγὼ φῶς εἰς τὸν κόσμον ἐλήλυθα,
    ἵνα πᾶς ὁ πιστεύων εἰς ἐμὲ ἐν τῇ σκοτίᾳ μὴ μείνῃ.
καὶ ἐάν τίς μου ἀκούσῃ τῶν ῥημάτων καὶ μὴ φυλάξῃ,
    ἐγὼ οὐ κρίνω αὐτόν . . . .
ὁ ἀθετῶν ἐμὲ καὶ μὴ λαμβάνων τὰ ῥήματά μου
    ἔχει τὸν κρίνοντα αὐτόν . . .

Imperativisch ist die Einladung 7, 37 formuliert, wo das folgende Part. die Bedingung nicht als Forderung formuliert, wenngleich es sachlich eine solche impliziert:

ἐάν τις διψᾷ, ἐρχέσθω πρός με.
καὶ πινέτω ὁ πιστεύων εἰς ἐμέ.

Folgt auf die Aussage, daß niemand zu Jesus kommen kann, den der Vater nicht „zieht" (6, 44), der Satz: πᾶς ὁ ἀκούσας παρὰ τοῦ πατρὸς καὶ μαθὼν ἔρχεται πρὸς ἐμέ (6, 45 b), so zeigt schon das πᾶς, daß jeder die Möglichkeit hat, sich vom Vater ziehen zu lassen (oder auch sich zu sträuben). Das „Ziehen" des Vaters geht nicht dem „Kommen" voraus, bzw. es spielt sich nicht hinter der Glaubensentscheidung ab, sondern vollzieht sich in ihr als die Preisgabe der eigenen Sicherheit und Selbstbehauptung, — ebenso wie bei Paulus das ἄγεσθαι πνεύματι kein willenloses Hingerissenwerden ist, sondern die Entscheidung des Glaubens, der Hingabe an Gottes Forderung und Gabe ist (§ 38, 3, S. 338). Wie bei Paulus (§ 37) besagen die prädestinatianischen Formulierungen, daß die Entscheidung des Glaubens nicht eine Wahl zwischen innerweltlichen Möglichkeiten ist, die aus innerweltlichen Motiven entspringt, und daß sich der Glaubende vor Gott auch nicht auf seinen Glauben berufen kann. Er hat seine Sicherheit nie in sich, sondern immer nur in Gott. Ist der Glaube aber solche Preisgabe der Selbstbehauptung, so kann der Glaubende seinen Glauben nicht als das Werk seines zweckvollen Tuns verstehen, sondern nur als das Werk Gottes an ihm. Keinen anderen Sinn haben die Sätze, daß zu Jesus nur der kommt, dem es der Vater „gegeben hat" (6, 65); nur diejenigen, die der Vater „ihm gibt" (6, 37. 39; 17, 2 ff.).

2. Das εἶναι (bzw. γεννηθῆναι) ἐκ, das den Schein erweckt, als ob das Verhalten des Menschen auf seine φύσις zurückgeführt würde — ein gnostischer Begriff, den Johannes gerade vermeidet —, will in Wahrheit alles einzelne Verhalten auf das S e i n des Menschen zurückführen, in dem es gründet. Da der Mensch nie aus eigener Macht existiert, sondern sich nur einer ihn beherrschenden Macht anheimgeben kann, der Wirklichkeit oder der Unwirklichkeit, Gott oder dem Nichts — und da faktisch die „Welt" aus dem Nichts existiert (§ 42, 2), so wird durch die Begegnung mit dem Offenbarer das nichtige Sein als solches in die Frage gerufen, und die Entscheidung gegenüber seinem Wort erfolgt nicht wie innerweltliche Entscheidungen von dem nicht

in Frage gestellten Sein aus, so daß der Mensch, indem er dieses
oder jenes wählt, dabei derselbe bliebe. Vielmehr ist er hier gerade danach gefragt, ob er derselbe — d. h. in seinem alten
Sein — bleiben will oder nicht. Indem er sich im Glauben oder
Unglauben entscheidet, wählt er entweder sein eigentliches Sein
oder er legt sich auf sein nichtiges Sein fest. Das sagen deutlich
jene Sätze, die vom „Bleiben" in der alten Situation reden:

3, 36: ὁ πιστεύων εἰς τὸν υἱὸν ἔχει ζωὴν αἰώνιον·
   ὁ δὲ ἀπειθῶν τῷ υἱῷ οὐκ ὄψεται ζωήν,
   ἀλλ᾽ ἡ ὀργὴ τοῦ θεοῦ μένει ἐπ᾽ αὐτόν.

12, 46: ἐγὼ φῶς εἰς τὸν κόσμον ἐλήλυθα,
   ἵνα πᾶς ὁ πιστεύων εἰς ἐμὲ ἐν τῇ σκοτίᾳ μὴ μείνῃ.

9, 39. 41: εἰς κρίμα ἐγὼ εἰς τὸν κόσμον τοῦτον ἦλθον,
   ἵνα οἱ μὴ βλέποντες βλέπωσιν
      καὶ οἱ βλέποντες τυφλοὶ γένωνται . . .
   εἰ τυφλοὶ ἦτε, οὐκ ἂν εἴχετε ἁμαρτίαν .
   νῦν δὲ λέγετε ὅτι βλέπομεν · ἡ ἁμαρτία ὑμῶν μένει.

Es ist klar: vor dem Kommen des Lichtes waren alle blind.
Die „Sehenden" sind nur solche, die sich einbildeten zu sehen,
die „Blinden" solche, die um ihre Blindheit wußten oder jetzt um
sie wissen, da ihnen das Licht begegnet. Die „Blinden" und die
„Sehenden" sind also keine vor dem Kommen des Lichtes schon
vorhandenen und aufzeigbaren Gruppen; sondern jetzt erst vollzieht sich die Scheidung, indem jeder gefragt ist, ob er zu diesen
oder jenen gehören will, ob er seine Blindheit anerkennen und
von ihr befreit werden, oder ob er sie leugnen und in ihr ver-
harren will.

Jeder Mensch also verhält sich seinem Ursprung d. h. seinem
Wesen entsprechend. Daß tatsächlich alle Menschen ihrem Wesen nach böse sind, daß „die Welt im Bösen liegt" (1. Joh 5, 19),
führt Joh nicht wie Paulus auf den Fall Adams zurück (§ 25, 3).
Führt er es etwa auf den T e u f e l zurück? Wohl gilt das ἐκ τοῦ
διαβόλου εἶναι, das mit dem ἐκ τοῦ κόσμου, ἐκ τῶν κάτω εἶναι gleichbedeutend ist, von allen Menschen; und die Aussage, daß Gott
seinen Sohn in die Welt sandte, um die Welt zu retten (3, 17), ist
gleichbedeutend mit dem Satz: „Dazu ward der Sohn Gottes geoffenbart, daß er die Werke des Teufels zerstöre" (1. Joh 3, 8).
Aber die Vorstellung ist nicht die, daß die Menschen auf Grund
eines in der Urzeit begangenen Frevels des Teufels in die Sünde
als eine verhängnisvolle Erbschaft verstrickt sind. Vielmehr
steckt jeweils hinter jeder Sünde der Teufel; denn dieser „war

ein Mörder" nicht „am Anfang", sondern „von Anfang an"
(ἀπ᾽ ἀρχῆς 8, 44), oder wie es noch deutlicher in präsentischer
Formulierung heißt: „er sündigt von Anfang an" (ἀπ᾽ ἀρχῆς ὁ
διάβολος ἁμαρτάνει 1. Joh 3, 8). In diesem Sinne also „stammt,
wer die Sünde tut, vom Teufel" (1. Joh 3, 8); d. h. die Teufels-
kindschaft charakterisiert das Sein des Sünders; oder anders
ausgedrückt: die Sünde ist nicht ein gelegentliches schlimmes
Vorkommnis, sondern in ihr kommt zutage, daß der Mensch in
seinem Wesen ein Sünder ist, bestimmt durch die Unwirklichkeit, das Nichts.

Die Allgemeinheit der Sünde, d. h. die Bestimmtheit aller Menschen durch die Unwirklichkeit, wird also
nicht auf einen mythischen Grund zurückgeführt, sondern sie
erweist sich einfach als Tatsache, und zwar — angesichts des Kommens des Lichtes: καὶ τὸ φῶς ἐν τῇ σκοτίᾳ φαίνει,
καὶ ἡ σκοτία αὐτὸ οὐ κατέλαβεν . . . ἐν τῷ κόσμῳ ἦν καὶ ὁ κόσμος
δι᾽ αὐτοῦ ἐγένετο, καὶ ὁ κόσμος αὐτὸν οὐκ ἔγνω. εἰς τὰ ἴδια (nämlich
in den κόσμος) ἦλθεν, καὶ οἱ ἴδιοι (hier = die Menschen) αὐτὸν οὐ
παρέλαβον (1, 5. 10 f.). αὕτη δέ ἐστιν ἡ κρίσις ὅτι τὸ φῶς ἐλήλυθεν εἰς
τὸν κόσμον καὶ ἠγάπησαν οἱ ἄνθρωποι μᾶλλον τὸ σκότος ἢ τὸ φῶς
(3, 19). Sie erweist sich als Tatsache aber nicht nur darin, daß
die Menschen (aufs Ganze gesehen) den Glauben verweigern,
sondern ebenso auch darin, daß es solche gibt, die zum Glauben
kommen (ὅσοι δὲ ἔλαβον αὐτόν 1, 12; 3, 21). Denn der Glaube ist
ja das Eingeständnis, bisher in der Blindheit gesteckt zu haben,
in den „Werken" des Teufels verstrickt gewesen zu sein, aus dem
Tode ins Leben hinübergeschritten zu sein (9, 39; 1. Joh 3, 8;
Joh 5, 24; 1. Joh 3, 14).

In der Tat: vor dem Kommen des Lichtes ist die ganze „Welt"
in der Finsternis, im Tode. Aber durch das Kommen des Lichtes
wird an den Menschen die Frage gerichtet, ob er in der Finsternis, im Tode, bleiben will. Gott hat also durch die Sendung des
Sohnes die Welt gleichsam in den Zustand des „in suspenso" gebracht, in die Schwebe: εἰ μὴ ἦλθον καὶ ἐλάλησα αὐτοῖς, ἁμαρτίαν οὐκ εἴχοσαν· νῦν δὲ πρόφασιν οὐκ ἔχουσιν περὶ τῆς ἁμαρτίας
αὐτῶν (15, 22). Der Mensch kann nicht anders handeln, als er ist,
aber im Ruf des Offenbarers eröffnet sich ihm die Möglichkeit,
anders zu sein. Er kann sein Woher, seinen Ursprung, sein
Wesen vertauschen, er kann „wiedergeboren werden" (3, 1 ff.)
und so zu seinem eigentlichen Sein gelangen. In der Entschei-

dung des Glaubens oder des Unglaubens konstituiert sich definitiv das Sein des Menschen, und jetzt erst erhält sein Woher
seine Eindeutigkeit. Die „Juden", von denen es gilt: ὑμεῖς ἐκ
τῶν κάτω ἐστέ (8, 23), und die als die Kinder des Teufels gescholt-
ten werden, sind diejenigen, die sich durch ihre Verweigerung
des Glaubens auf ihre Sünde festgelegt haben (8, 44). Daran
werden jetzt die Kinder Gottes und die Kinder des Teufels kenntlich, ob einer „die Gerechtigkeit tut" und „den Bruder liebt"
(1. Joh 3, 10); die Bruderliebe aber ist ja die Erfüllung des
„neuen" Gebotes (13, 34; 1. Joh 2, 7 ff.), die jetzt zur Möglichkeit geworden ist für diejenigen, die „vom Tode zum Leben
hinübergeschritten sind" (1. Joh 3, 14; 2, 8). In ihrem Widerspruch gegen den Offenbarer konstituiert sich die „Welt" definitiv als „Welt"; damit sind der κόσμος und sein Herrscher
„gerichtet" (12, 31; 16, 11).

§ 44. DIE VERKEHRUNG DER SCHÖPFUNG ZUR „WELT"

1. Darin, daß Gott sein Urteil gleichsam in der Schwebe hält,
bis sich angesichts der Sendung des Sohnes die Menschen entweder im Unglauben auf ihr altes Sein festgelegt oder im Glauben die neue Möglichkeit des Seins ergriffen haben, zeigt sich,
daß das menschliche Leben vor der Begegnung mit dem Offenbarer trotz der Empörung gegen Gott keine Eindeutigkeit hat.
Denn auch in ihrer Empörung kommt die Welt nicht davon los,
Schöpfung zu sein (S. 372). Das kommt darin zutage, daß d a s
L e b e n d e s M e n s c h e n d u r c h z o g e n i s t v o n d e r
F r a g e n a c h d e r W i r k l i c h k e i t (ἀλήθεια), nach dem
Leben. Joh bringt das in den Sätzen zum Ausdruck, die vom
ἀληθινόν reden.

Wenn Jesus das ἀληθινὸν φῶς, das wirkliche, echte, eigentliche
Licht, heißt (1, 9; 1. Joh 2, 9), so ist vorausgesetzt, daß der
Mensch von Licht überhaupt weiß und nach dem Licht fragt. Er
muß ja seinen Weg gehen; er bedarf eines Verständnisses seiner
selbst in seiner Welt. Er kann sich freilich verirren und einem
falschen Licht folgen; aber auch, wenn er es faktisch tut und als
Blinder sehend zu sein, als Knecht frei zu sein wähnt, so zeigt
er sich doch, bewußt oder unbewußt, als bewegt von der Frage.
Wenn Jesus sich das Licht der Welt nennt (8, 12), so stellt er sich

als den Bringer dessen vor, nach dem die Welt fragt. Menschliches Dasein weiß, offen oder verdeckt, von seinem Angewiesensein auf das, wovon es leben kann. Es hungert und dürstet, denn es will leben. Und wenn sich dieser Wille zunächst primitiv auf Lebensmittel richtet, so zeigt sich schon in den phantastischen mythischen Vorstellungen von wunderbarer Speise (6, 31) und vom Lebenswasser (4, 15), daß das Begehren im Grunde auf das Leben selbst geht. Bezeichnet sich Jesus als das Brot und als das Wasser des Lebens (6, 27 ff.; 4, 10 ff.; vgl. 7, 37), so setzt er ein Vorverständnis voraus, wie es sich in der Mythologie ausdrückt. Er ist der Lebensbaum, von dem der Mythos fabelt (15, 1 ff.). Die ἐγώ-εἰμι-Sätze sind die Antwort auf die Frage nach dem Leben; denn das ἐγώ ist in ihnen Prädikat (§ 48, 2), und ihr Sinn ist der: in ihm ist das, wonach der Mensch fragt, da; in ihm ist es Wirklichkeit im Gegensatz zu allem Schein; er·ist der ἀληθινὸς ἄρτος ἐκ τοῦ οὐρανοῦ (6, 32); er ist die ἀληθινὴ ἄμπελος (15, 1). Keinen anderen Sinn hat es, wenn er sich den καλὸς ποιμήν nennt (10, 11. 14), wo das καλός, wie sonst das ἀληθινός, den wirklichen Hirten im Gegensatz zum μισθωτός charakterisiert. Das ἐγώ εἰμι gibt die Antwort auf die Frage des Menschen nach der ζωή, nach dem περισσόν (der Fülle, die alles Begehren definitiv stillt); es setzt das offene oder verdeckte Wissen des Menschen voraus, angewiesen zu sein auf den, der das Leben schenkt.

2. Der aus dem Selbst-sein-wollen erwachsende Wahn v e r - k e h r t d i e W a h r h e i t z u r L ü g e , v e r k e h r t d i e S c h ö p f u n g z u r „W e l t". Denn in ihrem Wahn lassen die Menschen die Frage nach dem Leben nicht zur Frage nach sich selbst werden, um ihrer Geschöpflichkeit inne zu werden, sondern geben sich selbst die Antwort, um so ihre Sicherheit zu gewinnen. Sie halten das Vorläufige für das Endgültige, das Uneigentliche für das Eigentliche, den Tod für das Leben. Sie geben sich die Antwort i n i h r e r R e l i g i o n , in der sie freilich zeigen, daß sie ein Wissen um ein Jenseits des Menschen und seiner Welt haben. Aber indem sie sich in ihrer Religion gesichert meinen, verkehren sie dieses Wissen. Die verschiedenen Religionen disputieren gegeneinander und sprechen sich das Recht ihrer Gottesverehrung gegenseitig ab. Aber Gott wird weder in Jerusalem noch auf dem Garizim legitim verehrt; die ἀληθινοὶ προσκυνηταί sind die, die ihn ἐν πνεύματι καὶ ἀληθείᾳ verehren. Die rechte Gottesverehrung ist also ein eschatologisches

Geschehen, das Gott durch seinen Geist selbst wirkt, und das durch das Kommen des Offenbarers wirklich wird (4, 19—24).

Am Beispiel der jüdischen Religion macht Johannes klar, wie der menschliche Sicherungswille das Wissen um Gott verdreht, wie er aus Gottes Forderung und Verheißung einen Besitz macht und sich so gegen Gott verschließt. Dabei knüpft Johannes nicht an das jüdische Streben nach δικαιοσύνη an, sondern an den in jeder Religion wirkenden Lebenswillen (§ 41, 3 S. 363). Die Sünde der „Juden" ist nicht wie bei Paulus ihr καυχᾶσθαι auf Grund ihrer Werke (§ 23, 2, S. 242),   sondern — was sachlich freilich kein Unterschied ist — ihre Verschlossenheit gegen die ihre Sicherheit in Frage stellende Offenbarung. Man könnte fast sagen: die Sünde der Juden liegt nicht wie bei Paulus in ihrer Ethik, sondern in ihrer Dogmatik. Sie forschen in den Schriften, weil sie wähnen in ihnen „das ewige Leben zu haben", und weisen deshalb Jesus ab, der ihnen das Leben spenden könnte (5, 39 f.). Sie pervertieren den Sinn der „Schriften"; denn sie sehen nicht, daß diese gerade von Jesus zeugen, der als Gottes Offenbarung alle Sicherheit zerbricht. Mose, auf den sie sich berufen, auf den sie „ihre Hoffnung gesetzt haben", wird gerade zu ihrem Ankläger (5, 45). Ihre Religion, die sie in Unruhe versetzen, sie für die Begegnung Gottes offen halten sollte, ist ihnen ein Mittel zur Ruhe, verschließt sie gegen Gott. In Wahrheit kennen sie Gott gar nicht (5, 37; 7, 28; 8, 19. 55; 15, 21; 16, 3). Denn ihn kennen, heißt nicht, sich, vielleicht richtige, Gedanken über ihn machen, sondern ihn als Schöpfer anerkennen und für seine Begegnung offen sein.

Daher wird alles Richtige in ihrem Munde falsch. Sie berufen sich auf ihr Gesetz, um die Störung, die Jesus für ihre Sicherheit bedeutet, zu beseitigen (c. 5). Die Argumentation 7, 19—24, die den Juden vorwirft, daß sie das Gesetz nicht halten (V. 19), und daß sie, um dem Gesetz treu zu sein, das Sabbatgebot verletzen (V. 23), zeigt, daß das Gesetz keine eindeutige Größe ist, die Sicherheit verleihen könnte. Sie müßten erkennen, daß Mose sie durch das mit dem Sabbatgebot konkurrierende Beschneidungsgebot anleitet, nach dem eigentlichen Sinn des Gesetzes zu fragen. Wie die „Juden" das Gesetz nur als Mittel der eigenen Sicherung verwenden zeigt 7, 49 f.: Nikodemus wirft den jüdischen Ratsherrn vor, daß sie, ohne Jesus zu verhören, das Urteil über ihn fällen und damit gegen das Gesetz verstoßen.

Sie haben aber sofort die Gegenrede: nach der Schrift ersteht aus Galiläa kein Prophet. Ihre Schriftforschung steht im Dienste einer Dogmatik, die ihnen ihre Sicherheit gibt, indem sie ihnen Kriterien für die Beurteilung der Offenbarung liefert und sie damit taub macht für das lebendige Wort des Offenbarers. So zeigt auch c. 9, daß sich bei ihnen mit völliger Gesetzeskorrektheit der Mißbrauch des Gesetzes für ihre Zwecke verträgt. 8, 17 f. endlich persifliert die Berufung auf das Gesetz, indem Jesus den Satz, daß durch zwei Zeugen eine Sache als erwiesen gilt (Deut 17, 6; 19, 15), auf sein und des Vaters Zeugnis bezieht. Das Nachdenken über die Gesetzesbestimmung müßte ja zeigen, daß sie nur auf Menschen anwendbar ist, und daß sich Gottes Offenbarung nicht vor Menschen auszuweisen hat. Gottes Wort kann nicht der menschlichen Forderung beglaubigenden Zeugnisses unterworfen werden; denn sonst müßte ja jene Vorschrift zur Anwendung kommen — was doch absurd ist!

Die „Juden" spielen die i n i h r e r G e s c h i c h t e wirksame, in der Schrift verbriefte Offenbarung gegen Jesus aus. Wie kann er einen Anspruch erheben, der ihn zu einem Größeren machen würde, als Abraham es war (8, 52 f.)! Aber Abraham meinte doch nicht, daß in ihm Gottes Gabe an Israel ein für allemal beschlossen sei, sondern schaute aus nach dem eschatologischen Tag der Erfüllung (8, 56). Wie die Juden in ihrer Berufung auf Mose den Sinn des Gesetzes nicht verstehen, so verstehen sie in ihrer Berufung auf Abraham nicht, daß dieser für sie nicht Besitz, sondern Verheißung bedeutet. Sie halten sich für Abrahams Kinder (8, 33) und deshalb für frei, indem sie verkennen, daß die Freiheit nicht Besitz, sondern nur eschatologische Gabe sein kann. Sie würden das Recht haben, sich auf ihre Abrahamskindschaft zu berufen, wenn sie deren Sinn verstünden als Verheißung, die in die Zukunft weist und für die Zukunft verpflichtet. Der Rückblick in ihre Geschichte sollte sie nicht sicher machen, sondern sie zur Treue gegen Gottes Tun verpflichten, das den Menschen von sich wegweist auf Gottes Zukunft, für die er offen bleiben soll. Ob sie Abraham verstehen, ob die Treue zu ihrer Vergangenheit sich als die Offenheit für Gottes Zukunft erweist, muß sich zeigen an der Begegnung mit Jesus. Indem sie sich ihm verschließen und ihn töten wollen, zeigen sie, daß sie Abrahams Kinder nicht sind.

Gewiß haben die Juden i h r e H o f f n u n g und sind insofern auf die Zukunft gerichtet. Aber sie haben ihre Hoffnung zur Messiasdogmatik gemacht und sich damit der Freiheit für die Zukunft beraubt. Sie wissen, daß die Herkunft des Messias eine geheimnisvolle sein wird — aber von Jesus kennt man doch Heimat und Eltern (6, 41 f.; 7, 27; vgl. 1, 46)! Und auch in diesem Widerspruch liegt noch ein richtiges Wissen: in der Offenbarung begegnet nichts Menschliches, sondern Göttliches. Aber dieses Wissen ist pervertiert! Denn in ihrer Dogmatik stellen sie sich das Göttliche als ein Phänomen vor, dessen Göttlichkeit der Mensch vermöge seiner Kriterien konstatieren kann — statt als ein Geschehen, das den Menschen, der hier konstatieren will, zunichte macht. Ihr Widerspruch versteht nicht, daß das Göttliche nicht in d e r Weise in Gegensatz zum Menschlichen gestellt werden kann, wie sie es in der Sicherheit ihres Urteils meinen: „Wie kann ein gewöhnlicher Mensch behaupten, der Offenbarer zu sein!" Eben dies — für menschliches Denken eine Absurdität — ist das Geheimnis der Offenbarung, das nur verstanden wird, wenn der Mensch die Sicherheit fahren läßt, in der er meint, Göttliches und Menschliches als konstatierbare Phänomene beurteilen zu können. Was die Juden Geheimnis nennen, ist gar kein echtes Geheimnis; denn in ihrer mythologisierenden Dogmatik machen sie das Jenseits — den geheimnisvollen Ursprung Jesu in Gott — zum Diesseits, das ihrer Begutachtung unterliegt. Für den, der mittels verfügbarer Kriterien konstatieren will, ob und wo Gottes Geheimnis vorliegt, gibt es gar kein Geheimnis mehr; denn dessen Anerkennung setzt gerade das Irrewerden an den geläufigen Maßstäben voraus. Deshalb bleibt die Welt blind angesichts der Offenbarung, und gerade indem sie weiß, weiß sie nichts. Das wahre Geheimnis ist beschlossen in dem ὁ λόγος σὰρξ ἐγένετο (1, 14), und von einem Versuch, dieses Geheimnis durch eine mythologische Geburtsgeschichte zu verdiesseitigen, weiß Joh nichts oder will er nichts wissen (vgl. 1, 45; 6, 42; 7, 27 f.); die Juden irren nicht, weil sie über Jesu Herkunft nicht richtig orientiert sind, sondern weil sie den verkehrten Maßstab anlegen.

Andere spielen ein anderes messianisches Dogma gegen Jesus aus: der Messias muß ein in Bethlehem geborener Davidide sein, während doch Jesus aus Nazareth stammt (7, 42)! — und sie verbauen sich durch die falsche Frage den Zugang zum Glauben. Man weiß vom Messias, daß er, wenn er gekommen ist, ewig bleiben wird (12, 34)! Man erwartet also den Messias als den, der die menschlichen Wunschbilder verwirklichen wird, nämlich als den, der das Heil, das er bringt, zu einem dauernden irdischen Zustand macht; man möchte ja Jesus zum König machen, weil er durch sein Wunder die Hungrigen sättigte (6, 15). Man weiß nicht, daß das Heil, das der Messias bringt, die Infragestellung, die Verneinung der Welt ist, daß seine Annahme die Preisgabe aller Wunschbilder fordert. Allerdings: der Offenbarer wird bei den Seinen bleiben, wenn sie treu bei ihm bleiben (15, 4 f.) — aber nicht so, daß er zu einer diesseitigen Gestalt wird! Nein: seine diesseitige Anwesenheit wird ein Ende nehmen, und erst wenn er aus dem Diesseits Abschied genommen hat, wird er wieder zu den Seinen kommen und mit dem Vater bei ihnen Wohnung nehmen (14, 23), in einer Weise, die der Welt verborgen sein wird (14, 22).

So hat die Welt durchweg die richtigen Begriffe und Fragen. Sie redet von „E h r e" ($\delta\acute{o}\xi\alpha$), und in ihrem Verlangen nach Ehre, nach gegenseitiger Anerkennung, kommt das richtige Wissen zum Vorschein, daß der Mensch als solcher im Unsicheren steht und wesensmäßig nach Bestätigung fragen muß. Die Welt verkehrt aber die richtige Frage, indem sie sich selbst die Antwort gibt. Sie verkennt, daß das menschliche Sein, als das des Geschöpfes, als Ganzes Frage ist, und daß die Instanz, bei der der Mensch Bestätigung, Geltung, suchen sollte, Gott ist. Aber nach der „Ehre", die Gott gibt, fragt die Welt nicht. Nach ihr fragen, würde ja bedeuten, die Ungesichertheit alles menschlichen Seins erkennen und die selbstgeschaffene Sicherheit fahren lassen. Statt dessen nehmen die Menschen in ihrem Geltungsbedürfnis Ehre voneinander, indem jeder dem andern dessen „Ehre" konzediert, damit auch dieser ihn gelten lasse (5, 44). Und so verschließen sie sich gegen Gottes Offenbarung.

Die Welt kennt L i e b e , natürlich! Aber sie liebt nur ihr $\emph{ἴδιον}$, das, was ihr eigen und vertraut ist (15, 19). Sie liebt also im Grunde nur sich selbst und haßt den, der ihre Fragwürdigkeit aufdeckt. Die Welt kennt F r e u d e und beweist damit, daß menschliches Sein wesensmäßig seine Erfüllung in der Freude findet, in der alles Fragen aufhört, in der Freude, die der Offenbarer spendet (15, 11; 16, 24; 17, 13). Aber die Welt kennt keine echte und deshalb ewige Freude, sondern nur die Freude über

den eigenen (scheinbaren) Erfolg. Die Welt redet von F r e i -
h e i t und merkt nicht, daß sie in der Knechtschaft ist, nämlich
in der Sünde (8, 32—36).

Die Welt redet von S ü n d e , G e r e c h t i g k e i t u n d
G e r i c h t , aber sie versteht diese Begriffe in ihrem Sinn, und
das Gericht der Offenbarung besteht darin, daß der wahre Sinn
dieser Begriffe aufgedeckt wird (16, 8—11). Was heißt Sünde?
Sie ist der Unglaube, in dem sich die Welt auf sich selbst fest-
legt, wie es in ihrem Verhalten gegen Jesus zutage kommt. Was
heißt Gerechtigkeit? Für die Welt ist sie das Rechtbekommen,
der Erfolg im Sichtbaren; in Wahrheit ist sie die Überwindung
der Welt, wie sie im Abschied Jesu von der Welt Ereignis wird
(seine δικαιοσύνη ist seine νίκη 16, 33). Was heißt Gericht? Das
Gericht (nämlich das Gericht Gottes, um das es sich im Zusammenhang handelt) vollzieht sich nach der Meinung der Welt
im Sichtbaren, sei es als kosmische Katastrophe, wie die Apokalyptik meint, sei es in Katastrophen der Weltgeschichte, wie
die alttestamentliche Prophetie und zum Teil auch das Judentum es erwartet. In Wahrheit vollzieht sich das Gericht in der
Entscheidung der Menschen gegenüber Jesus als dem Offenbarer
Gottes, so daß, wer nicht glaubt, schon gerichtet ist (3, 18;
12, 48), wie denn der „Fürst dieser Welt" gerichtet ist, wenn
Jesus durch den Tod erhöht wird (12, 31).

So schafft sich die Welt ihre S i c h e r h e i t und bewegt sich
in ihr als dem S e l b s t v e r s t ä n d l i c h e n , V e r t r a u -
t e n . Die Störung, die ihr Jesu Auftreten bereitet, weist sie
durch ihr πῶς δύναται ταῦτα γενέσθαι; (3, 9) oder durch ihr
πῶς . . .; (6, 42; 7, 15; 8, 33; 12, 34) ab. Freilich lehnt man nicht
alles Neue undiskutiert ab, aber man prüft es am Maßstab des
Alten, dessen man sicher ist: ἐρεύνησον καὶ ἴδε, ὅτι ἐκ τῆς Γαλιλαίας
προφήτης οὐκ ἐγείρεται (7, 52). Man fragt nach der Legitimation
Jesu (5, 31 ff.); man hat seine Sachverständigen, nach denen
man sich richtet: μήποτε ἀληθῶς ἔγνωσαν οἱ ἄρχοντες, ὅτι οὗτός
ἐστιν ὁ Χριστός; (7, 26). Man hat auch seine Ideale: statt zu ver-
schwenden, sollte man die Armen unterstützen (12, 5). Das greifbar Vorhandene gilt als das Wirkliche: die σάρξ. Jesu Wort von
der Wiedergeburt ist für die Welt unverständlich, weil sie nur
mit den Möglichkeiten des Natürlichen rechnet, nicht mit der
Wunderkraft Gottes, dem πνεῦμα (3, 3—8). Sie urteilt κατὰ τὴν
σάρκα (8, 15) bzw. κατ᾽ ὄψιν (7, 24).

Die Welt kennt auch eine Ordnung, die auf Erden für das Recht sorgt: den S t a a t. Zu ihm nimmt sie ihre Zuflucht, um den Ruhestörer, Jesus, loszuwerden. Aber es zeigt sich nicht nur, daß der Staat zu schwach ist, seine Aufgabe durchzuführen, wenn er sich dem Wort des Offenbarers verschließt, sondern vor allem verdreht die Welt selbst den Sinn des Staates, wenn sie ihn zur Erfüllung ihrer Wünsche mißbraucht und dabei zu Lüge und Verleumdung greift (19, 12).

B. Die κρίσις der Welt

BULTMANN, R., Die Eschatologie des Johannes-Evangeliums (1928), in: DERS., Glauben und Verstehen. I., (1933) [8]1980, 134–152. – BLANK, J., Krisis. Untersuchungen zur johanneischen Christologie und Eschatologie, 1964. – KYSAR, R., The Eschatology of the Fourth Gospel-A Correction of Bultmann's Redactional Hypothesis, Perspective 13, 1972, 23–33. – WANKE, J., Die Zukunft des Glaubenden. Theologische Erwägungen zur johanneischen Eschatologie, ThGl 71, 1981, 129–139. – KLEIN, G., Art. Eschatologie. IV. Neues Testament, TRE, X, 1982, 270–299 (bes. 288–291).

§ 45. DIE SENDUNG DES SOHNES

BOUSSET, W., Kyrios Christos, ([2]1921) [5]1965, 154–183. – DUPONT, J., Essais sur la Christologie de S. Jean, 1951. – ELTESTER, W., Der Logos und sein Prophet, in: Apophoreta, FS. für E. Haenchen, 1964, 109–134. – KÄSEMANN, E., Jesu letzter Wille nach Johannes 17, (1966) [3]1971 (dazu: G. BORNKAMM, in: DERS., Geschichte und Glaube. Ges. Aufs. III, 1968, 104–121). – SCHMITHALS, W., Der Prolog des Johannesevangeliums, ZNW 70, 1979, 16–43. – GNILKA, J., Zur Christologie des Johannesevangeliums, in: KASPER, W. (Hrg.), Christologische Schwerpunkte, 1980, 92–107. – BEK-KER, J., Ich bin die Auferstehung und das Leben. Eine Skizze zur johanneischen Christologie, ThZ 39, 1983, 136–151. – HAHN, FERD., Art. Χριστός κτλ., EWNT III, 1983, 1147–1165 (bes. 1161f.).

1. I n d i e s e r W e l t d e s T o d e s i s t d a s L e b e n e r s c h i e n e n (1. Joh 1, 2), in die Welt der Finsternis kam das Licht (1, 5; 3, 19), und zwar damit, daß d e r S o h n G o t - t e s i n d i e W e l t k a m. Es ist Jesus, der zeitlich nach dem Täufer auftrat, und von dem doch gilt, daß er eher war als dieser (1, 15. 30), ja, der von sich behauptet, daß er schon war, ehe Abraham ward (8, 58), ja, noch mehr: daß er war vor der Grundlegung der Welt (17, 5. 24), und an den die christliche Gemeinde glaubt als an den ἀπ' ἀρχῆς (1. Joh 2, 13 f.). In ihm ist das „Wort", das im Anfang bei Gott war, Fleisch geworden (1, 1 f. 14) und in sein Eigentum gekommen, d. h. in die Welt, die ihm gehört als dem, durch den sie geworden ist (1, 9—11).

Wieweit dürfen solche Aussagen, die in mythologischer Form von Jesus als dem präexistenten Gottessohn reden, der Mensch

ward, wirklich im mythologischen Sinne verstanden werden?
Das kann erst durch genauere Interpretation geklärt werden;
bedeutsam ist jedenfalls, daß der Anfang des ersten Briefes, der
doch sachlich das Gleiche sagen will wie der Prolog des Evangeliums, von dem Leben redet, das im Anfang beim Vater war, und
das hörbar, sichtbar und greifbar erschienen ist (natürlich, wie
gar nicht gesagt zu werden braucht, in der Person Jesu) — daß
er von diesem Leben redet als von dem, „das am Anfang war",
also als von einer Sache und nicht von einer Person (1. Joh 1, 1 f.).
Das ist jedenfalls deutlich, daß in der Person Jesu die jenseitige
göttliche Wirklichkeit im Raume der irdischen Welt hörbar,
sichtbar, greifbar geworden ist. Jesus ist der Χριστός ὁ υἱὸς τοῦ
θεοῦ ὁ εἰς τὸν κόσμον ἐρχόμενος (11, 27).

Er darf in allem, was er ist, sagt und tut, nicht als eine Gestalt
dieser Welt verstanden werden, sondern sein Auftreten in der
Welt muß als ein G e s a n d t s e i n , ein G e k o m m e n -
s e i n begriffen werden. Er ist der, den der Vater „geheiligt und
in die Welt gesandt hat" (10, 36). Daß der Vater ihn gesandt
hat, bezeugen seine Werke (5, 36); das gilt es zu glauben (6, 29;
11, 42; 17, 8), zu erkennen (17, 25); denn das ist die αἰώνιος
ζωή: ἵνα γινώσκωσιν σὲ τὸν μόνον ἀληθινὸν θεὸν καὶ ὃν ἀπέστειλας
᾽Ιησοῦν Χριστόν (17, 3). So heißt denn Gott: ὁ πέμψας με πατήρ
(sechsmal) oder einfach ὁ πέμψας με (neunzehnmal). Und so bekennt die Gemeinde: καὶ ἡμεῖς τεθεάμεθα καὶ μαρτυροῦμεν ὅτι ὁ
πατὴρ ἀπέσταλκεν τὸν υἱὸν σωτῆρα τοῦ κόσμου (1. Joh 4, 14).
Seinem Gesandtsein entspricht sein Kommen oder Gekommensein; und beide Aussagen können natürlich verbunden werden.
Als der, der gesandt ist, ist er nicht von sich aus gekommen:
ἐγὼ γὰρ ἐκ τοῦ θεοῦ ἐξῆλθον καὶ ἥκω . οὐδὲ γὰρ ἀπ᾽ ἐμαυτοῦ ἐλήλυθα, ἀλλ᾽ ἐκεῖνός με ἀπέστειλεν (8, 42; vgl. 7, 28 f.; 17, 8). Stets
wiederholen sich die Aussagen, daß er „in die Welt gekommen"
ist (3, 19; 9, 39; 11, 27; 12, 46; 16, 28; 18, 37), oder daß er „vom
Vater (bzw. von Gott) gekommen" ist (8, 42; 13, 3; 16, 27 f.
30; 17, 8), oder einfach, daß er „gekommen ist" (5, 43; 7, 28;
8, 14; 10, 10; 12, 47; 15, 22). Eben das haben die Seinen erkannt (17, 8), und so bekennt es der Glaube (11, 27), während
die Juden nicht wissen, woher er kommt (8, 14), oder darüber
eine falsche Vorstellung haben (7, 28 f.) und die Irrlehrer bestreiten, daß Jesus Christus „im Fleisch" gekommen ist (1. Joh
4, 2; 2. Joh 7). Stärker mythologisch formuliert kann es heißen,

daß er vom Himmel herabgestiegen ist (3, 13; 6, 33. 38. 41 f.).

Der Charakter seines Kommens als der Offenbarung der göttlichen Wirklichkeit in der Welt, wird dadurch betont, daß s e i n e m K o m m e n s e i n F o r t g e h e n k o r r e s p o n d i e r t. Er wird also durch sein Kommen nicht zu einer Erscheinung der Welt, zu einer Gestalt der Weltgeschichte. Er ist hier gleichsam nur als ein Gast; die Stunde kommt, da er Abschied nehmen muß (13, 1). Er kam und wird wieder gehen (8, 14):

ἐξῆλθον ἐκ τοῦ πατρὸς καὶ ἐλήλυθα εἰς τὸν κόσμον.

πάλιν ἀφίημι τὸν κόσμον καὶ πορεύομαι πρὸς τὸν πατέρα (16, 28; vgl. 13, 3; 14, 12. 28; 16, 5. 10. 17).

Nur kurz ist die Zeit seines Verweilens auf Erden, und wenn er fortgegangen ist, wird man ihn vergeblich suchen (7, 33; 8, 21; vgl. 13, 33). Wie er vom Himmel herabkam — so heißt es wieder in mythologischer Sprache —, wird er wieder dorthin emporsteigen, wo er vordem war (6, 62; vgl. 3, 13). Er wird „erhöht" werden (3, 14; 12, 32. 34; vgl. 8, 28); er wird „verherrlicht" werden (12, 23; 13, 31 f.; 17, 1; vgl. 7, 39; 12, 16), und zwar mit der δόξα, die er in der Präexistenz beim Vater hatte (17, 5. 24). Sein Kommen und sein Gehen gehören zur Einheit seines Offenbarer-Wirkens zusammen, wie sich daran zeigt, daß sowohl sein Kommen wie sein Gehen als das Gericht bezeichnet werden kann (3, 19 und 12, 31), und daß als Grund für die Gabe des ewigen Lebens ebenso seine Erhöhung wie seine Sendung gelten kann (3, 14 f. und 3, 16).

2. Die Sendung des Sohnes ist d i e T a t d e r L i e b e G o t t e s: ἐν τούτῳ ἐφανερώθη ἡ ἀγάπη τοῦ θεοῦ ἐν ἡμῖν, ὅτι τὸν υἱὸν αὐτοῦ τὸν μονογενῆ ἀπέσταλκεν ὁ θεὸς εἰς τὸν κόσμον, ἵνα ζήσωμεν δι᾽ αὐτοῦ (1. Joh 4, 9). Οὕτως γὰρ ἠγάπησεν ὁ θεὸς τὸν κόσμον, ὥστε τὸν υἱὸν τὸν μονογενῆ ἔδωκεν, ἵνα πᾶς ὁ πιστεύων εἰς αὐτὸν μὴ ἀπόληται ἀλλ᾽ ἔχῃ ζωὴν αἰώνιον (3, 16).

Daß Gottes Liebe in der Sendung zur Erscheinung kommt, wird wie durch den Inhalt des Satzes, so auch durch seine Formulierung zum Ausdruck gebracht, nicht nur durch das an das gemeinchristliche παρέδωκεν anklingende ἔδωκεν (S. 85 und S. 364 f. und Rm 4, 25; 1. Kor 11, 23), sondern auch durch die Charakteristik des Sohnes als μονογενής. Nur Joh 3, 16. 18; 1. Joh 4, 9 (und wohl auch Joh 1, 18, wengleich hier der Text nicht gesichert ist) erscheint μονογενὴς υἱός als Charakteristik Jesu im NT. Man wird die Bezeichnung auf Grund des LXX-Sprachgebrauchs als Wertprädikat im Sinne von „über alles geliebt" verstehen müssen. Dagegen dürfte das absolute μονογενής Joh 1, 14 aus der gnostischen Mythologie stammen. S. darüber meinen Johanneskommentar S. 47, 2.

So erfüllt sich denn an denjenigen, die an Jesus als an den von Gott gesandten Sohn glauben, der Sinn dieser Sendung: sie empfangen die Liebe Gottes: καὶ ἡμεῖς ἐγνώκαμεν καὶ πεπιστεύκαμεν τὴν ἀγάπην ἣν ἔχει ὁ θεὸς ἐν ἡμῖν (1. Joh 4, 16; vgl. Joh 17, 26; 1. Joh 2, 5; 3, 17; 4, 7—12), während der, der die Welt liebt, nicht von der Liebe Gottes umfangen wird (1. Joh 2, 15).

Die Tatsache, daß die Liebe Gottes der Grund der Sendung des Sohnes ist, kommt in der Weise zum Ausdruck, wie d e r Z w e c k s e i n e s G e s a n d t s e i n s o d e r K o m m e n s angegeben wird. Er ist in die Welt gekommen, nur für die „Wahrheit" zu zeugen (18, 37), oder — was den gleichen Sinn hat — er ist als das „Licht" in die Welt gekommen, damit jeder, der an ihn glaubt, nicht in der „Finsternis" bleibt (12, 46). Wiederum das Gleiche ist es, wenn Jesus sagt, daß er gekommen ist, ἵνα ζωὴν ἔχωσιν καὶ περισσὸν ἔχωσιν (10, 10), oder wenn es heißt, daß Gott ihn „gab", ἵνα πᾶς ὁ πιστεύων εἰς αὐτὸν μὴ ἀπόληται ἀλλ᾽ ἔχῃ ζωὴν αἰώνιον (3, 16), oder daß Gott ihn in die Welt sandte, ἵνα ζήσωμεν δι᾽ αὐτοῦ (1. Joh 4, 9), oder daß er ihn sandte: ἱλασμὸν περὶ τῶν ἁμαρτιῶν ἡμῶν (1. Joh 4, 10, wenn dieser Satz nicht eine redaktionelle Glosse ist). Ganz allgemein formuliert, daß Gott ihn sandte, ἵνα σωθῇ ὁ κόσμος δι᾽ αὐτοῦ (3, 17).

So kann Jesus denn d e r σ ω τ ὴ ρ τ ο ῦ κ ό σ μ ο υ heißen (4, 42; 1. Joh 4, 14). Erhält er damit den spezifisch hellenistischen Titel des Heilbringers (s. S. 82), so wird der Sinn seiner Sendung häufiger durch die aus der jüdisch-urchristlichen Tradition stammenden Titel ausgedrückt, während der κύριος-Titel fast ganz fehlt.

Im Johannesevangelium erscheint d e r κ ύ ρ ι ο ς - T i t e l erst in c. 20 (und dem Nachtragskapitel 21), wird also erst in den Ostergeschichten gebraucht, da sein Auftreten in 4, 1; 6, 23; 11, 2 auf einen Glossator zurückgeht. Auch 2. Joh 3 ist er in verschiedenen Handschriften eingefügt worden. Hat der Evangelist die Anwendung des kultischen Titels (§ 12, 2) auf den irdischen Jesus vermeiden wollen, um ihn dem Auferstandenen vorzubehalten? Aber warum fehlt der Titel dann in den Johannesbriefen? Erinnert er zu sehr an die κύριοι πολλοί (1. Kr 8, 5) der hellenistischen Religionen (Fr. C. Grant, The Growth of the Gospels 1933, S. 207)? Entsprach er nicht der Auffassung, daß Jesu Jünger nicht δοῦλοι, sondern φίλοι sind (15, 14 f.; W. Bousset, Kyrios Christos² 1921, S. 155)? Oder ist der Titel vermieden, bzw. so stark zurückgedrängt, weil Johannes der

Sphäre des Kultischen und Sakramentalen so reserviert gegenübersteht
(S. 361; § 47, 4), und weil der Titel gerade das nicht zum Ausdruck bringt,
was für Johannes das Wesentliche ist: Jesus als eschatologische Gestalt?
– O. Cullmann, Christologie des NT, 1957, 239, möchte dem κύριος-
Titel bei Joh größere Bedeutung zuschreiben, schwerlich mit Recht.

Jesus ist d e r *Μ ε σ σ ί α ς* (1, 41; 4, 25), bzw. d e r *Χ ρ ι -*
σ τ ό ς (was ausdrücklich als Übersetzung von *Μεσσίας* bezeichnet wird; s. S. 82 f.). Ob er so zu nennen sei, steht immer wieder
zur Diskussion unter den Juden (7, 26 f. 31. 41 f.; 9, 22; 10, 24;
12, 34; vgl. 1, 20) und wird von den Irrlehrern geleugnet (1. Joh
2, 22), während es das Bekenntnis der Glaubenden ist (11, 27;
20, 31; 1. Joh 5, 1). Der alte Sinn des Messiastitels als Königs-
titels ist damit festgehalten, daß im Wechsel mit ihm *β α σ ι -*
λ ε ύ ς τ ο ῦ Ἰ σ ρ α ή λ erscheint (1, 49), und wenn dieser Titel
durch *ὁ υ ἱ ό ς τ ο ῦ ϑ ε ο ῦ* erläutert wird, so hat dieser offenbar auch zunächst die alte messianische Bedeutung (§ 7, 5),
wenngleich im Sinne des Evangelisten darin noch mehr ausgesagt ist, dem differenzierten hellenistischen Verständnis entsprechend (§ 12, 3). Aus der jüdisch-urchristlichen Tradition
stammt endlich der Titel *ὁ υ ἱ ό ς τ ο ῦ ἀ ν ϑ ρ ώ π ο υ* (§ 5, 1;
§ 9, 4). Versteht Johannes ihn freilich meist im Sinne des gnostischen Mythos, als Bezeichnung des Präexistenten, der Mensch
geworden ist und wieder erhöht werden muß (1, 51; 3, 13 f.;
12, 23. 34; 13, 31 u. a.), so knüpft er doch an den jüdisch-
urchristlichen Sinn an, wenn er das Weltrichteramt Jesu darin
begründet sein läßt, daß er der *υἱὸς τοῦ ἀνϑρώπου* ist (5, 27, falls
dieser Satz nicht eine redaktionelle Glosse ist).

3. In allen Titeln kommt zum Ausdruck, daß Jesus der eschatologische Heilbringer, daß s e i n K o m m e n d a s e s c h a -
t o l o g i s c h e E r e i g n i s ist. Durch sein Kommen sind die
Weissagungen des Mose und der Propheten erfüllt (1, 45; vgl.
5, 39. 46). Der Samariterin, die Aufklärung von dem Messias erwartet, der kommen soll, antwortet Jesus: *ἐγώ εἰμι ὁ λαλῶν σοι*
(4, 25 f.). Die jüdische Erwartung, daß der Messias als der
„zweite Erlöser" Brot vom Himmel spenden wird wie einst
Mose, der „erste Erlöser", ist erfüllt durch Jesus, der das echte
Himmelsbrot spendet (6, 31 f.). Nennt er sein Kommen „meinen Tag", den Abraham zu sehen jubelte, so bedeutet das, daß
sein Kommen der „Tag des Messias" ist, von dem die jüdisch-
urchristliche Hoffnung redete (s. S. 79).

Daß sein Kommen und Gehen, die ja eine Einheit bilden
(s. o. 1), das eschatologische Ereignis sind, wird aber vor allem in
den Sätzen gesagt, in denen sein Kommen oder sein Gehen a l s
d a s G e r i c h t d e r W e l t bezeichnet wird:

αὕτη δέ ἐστιν ἡ κρίσις, ὅτι τὸ φῶς ἐλήλυθεν εἰς τὸν κόσμον,
καὶ ἠγάπησαν οἱ ἄνθρωποι μᾶλλον τὸ σκότος ἢ τὸ φῶς (3, 19).

εἰς κρίμα ἐγὼ εἰς τὸν κόσμον τοῦτον ἦλθον,
ἵνα οἱ μὴ βλέποντες βλέπωσιν
καὶ οἱ βλέποντες τυφλοὶ γένωνται (9, 39).

Die schon von Paulus eingeleitete Vergeschichtlichung der
Eschatologie ist von Joh radikal durchgeführt worden, indem
er die κρίσις bzw. das κρίμα in dem Doppelsinn von Gericht und
Scheidung versteht; eben darin ereignet sich das Gericht, daß
sich an der Begegnung mit Jesus die Scheidung zwischen Glauben und Unglauben, zwischen Sehenden und Blinden vollzieht
(3, 19; 9, 39). Der Glaubende wird nicht gerichtet, der Unglaube
aber bleibt in der Finsternis, bleibt unter dem Zorn Gottes und
ist damit gerichtet:

ὁ πιστεύων εἰς αὐτὸν οὐ κρίνεται,
    ὁ μὴ πιστεύων ἤδη κέκριται (3, 18).

Jetzt, da das Wort Jesu erklingt, gilt:

ὁ τὸν λόγον μου ἀκούων καὶ πιστεύων τῷ πέμψαντί με
    ἔχει ζωὴν αἰώνιον καὶ εἰς κρίσιν οὐκ ἔρχεται,
    ἀλλὰ μεταβέβηκεν ἐκ τοῦ θανάτου εἰς τὴν ζωήν . . .

ἔρχεται ὥρα καὶ νῦν ἐστιν,
    ὅτε οἱ νεκροὶ ἀκούσουσιν τῆς φωνῆς τοῦ υἱοῦ τοῦ θεοῦ
    καὶ οἱ ἀκούσαντες ζήσουσιν (5, 24 f.).

Indem der Vater Jesus in die Welt gesandt hat, hat er ihm
die Vollmacht gegeben, die Toten zu erwecken und Gericht zu
halten (5, 21 f. 26 f.). Daher hat der, der an ihn glaubt, schon
das Leben:

ὁ πιστεύων εἰς τὸν υἱὸν ἔχει ζωὴν αἰώνιον,
    ὁ δὲ ἀπειθῶν τῷ υἱῷ οὐκ ὄψεται ζωήν,
    ἀλλ᾽ ἡ ὀργὴ θεοῦ μένει ἐπ᾽ αὐτόν (3, 36; vgl. 6, 47; 1. Joh 5, 12).

Jesus spricht: ἐγώ εἰμι ἡ ἀνάστασις καὶ ἡ ζωή.
    ὁ πιστεύων εἰς ἐμὲ κἂν ἀποθάνῃ ζήσεται,
    καὶ πᾶς ὁ ζῶν καὶ πιστεύων εἰς ἐμὲ
    οὐ μὴ ἀποθάνῃ εἰς τὸν αἰῶνα (11, 25 f.; vgl. 8, 51).

Das Gericht ist also kein dramatisches kosmisches Ereignis, sondern es ereignet sich in dem Verhalten der Menschen zum Worte Jesu [1]. Wie es daher heißen kann, daß Jesus zum Gericht in die Welt kam (9, 39), so kann es heißen, daß Gott ihn nicht sandte zu richten, sondern zu retten (3, 17). Er kann sagen, daß er keinen richtet (8, 15), und wiederum doch, daß er richtet (8, 16; 5, 30). Nicht er ist eigentlich der Richter, sondern das Wort, das er spricht:

ἐάν τίς μου ἀκούσῃ τῶν ῥημάτων καὶ μὴ φυλάξῃ,
  ἐγὼ οὐ κρίνω αὐτόν.
οὐ γὰρ ἦλθον ἵνα κρίνω τὸν κόσμον,
  ἀλλ' ἵνα σώσω τὸν κόσμον.
ὁ ἀθετῶν ἐμὲ καὶ μὴ λαμβάνων τὰ ῥήματά μου
  ἔχει τὸν κρίνοντα αὐτόν·
ὁ λόγος ὃν ἐλάλησα, ἐκεῖνος κρίνει αὐτόν (12, 47 f.).

Wie hier die spätere kirchliche Redaktion ein ἐν τῇ ἐσχάτῃ ἡμέρᾳ hinzugefügt hat, um die traditionelle Zukunfts-Eschatologie hineinzukorrigieren, so hat sie 6, 39. 40. 44 ein ἀλλὰ (bzw. καὶ) ἀναστήσω αὐτὸν (ἐγὼ) ἐν τῇ ἐσχάτῃ ἡμέρᾳ eingefügt, einen Satz, der seinen organischen Platz 6, 54 hat innerhalb des ebenfalls von der kirchlichen Redaktion eingefügten Stückes 6, 51 b–58. In diesem wird das Lebensbrot, das in der vorangegangenen Rede Jesus selbst ist, auf das Sakrament des Herrenmahls gedeutet und dieses (im Sinne des Ignatius) als das φάρμακον ἀθανασίας verstanden. Fast noch empfindlicher als diese Zusätze ist die Einfügung von 5, 28 f., wo in vollem Widerspruch zu V. 25 die ὥρα der Totenerweckung aus der Gegenwart in die Zukunft verlegt wird. — Über 1. Joh 2, 28; 3, 2 s. u. (§ 50, 6).

Daß Jesu Kommen und Gehen die κρίσις der Welt ist, ist das beherrschende Thema ganzer Abschnitte (3, 1—21. 31—36; 4, 43—6, 59; 7, 15—24; 8, 13—20). In einer konkreten Szene ist die durch sein Wort sich vollziehende κρίσις 6, 60—71 dargestellt: an dem σκληρὸς λόγος scheiden sich unechte und echte Jünger. Und die durch Jesu Wirken vollzogene Scheidung ist durch die Zweiteilung der Darstellung dieses Wirkens kenntlich gemacht: c. 2—c. 12 schildern die Offenbarung vor der Welt, c. 13—17 (bzw. 20) die Offenbarung vor der Gemeinde der Glaubenden.

Die Vergeschichtlichung der Eschatologie [2] findet aber auch

---

[1] 11, 25 f. ist eine Korrektur der traditionellen Eschatologie, die in dem Worte der Martha V. 24 zum Ausdruck kommt.

[2] Ein spezielles Beispiel für die Entmythologisierung der Eschatologie ist die Interpretation der mythischen Gestalt des Antichristus. 1. Joh 2, 18; 4, 3 wird das Auftreten der Irrlehrer als das Erscheinen des Antichristus gedeutet, ja es heißt sogar: νῦν ἀντίχριστοι πολλοὶ γεγόνασιν!

darin ihren Ausdruck, daß die Welt gar nicht merkt, was geschieht. Für ihren Blick gibt es nur eine Störung, eine Aufregung, die zu Parteiungen (σχίσματα) führt (7, 43; 9, 16; 10, 19); daß sich in ihnen eine Entscheidung und Scheidung spiegelt, ahnt sie nicht. Darin zeigt sich in schauerlicher Weise, daß sie gerichtet ist. Ist für sie die Stunde der Passion die Stunde des Triumphes, der Freude (16, 20), weil in ihr der ἄρχων τοῦ κόσμου das Regiment zu führen scheint (14, 30), so ist diese Stunde in Wahrheit gerade das Gericht der Welt und das Gericht über ihren ἄρχων (12, 31; 16, 11).

§ 46. DER ANSTOSS DES ʽΟ ΛΟΓΟΣ ΣΑΡΞ ʼΕΓΕΝΕΤΟ

Außer der Lit. zu § 45: RICHTER, G., Die Fleischwerdung des Logos im Johannesevangelium, NovT 13, 1971, 81–126; 14, 1972, 257–276. – Zu 2: WETTER, G. P., Der Sohn Gottes, 1916. – Zu 3: BECKER, J., Das Evangelium des Johannes, Bd. 1, 1979, 112–120. – Zu 4: LEROY, H., Rätsel und Mißverständnis..., 1968.

1. In welcher Weise ereignet sich das Kommen des Gottessohnes in die Welt? Er kommt als Mensch. Das Thema des ganzen Johannes-Evangeliums ist der Satz: ὁ λόγος σὰρξ ἐγένετο (1, 14). Und diesen Satz verteidigt der 1. und 2. Brief gegen die Irrlehrer, d. h. offenbar gegen christliche Gnostiker, die die Identität zwischen dem Gottessohn und dem Menschen Jesus bestreiten, sei es, daß sie die Vereinigung der beiden Gestalten zu einer Erscheinung als eine nur temporäre behaupten, sei es, daß sie die Realität des Menschen Jesus überhaupt ablehnen und als Doketen die Menschengestalt des Gottessohnes nur für einen Scheinleib halten. Ihnen gegenüber gilt: jeder Geist der nicht bekennt, daß Jesus Christus im Fleisch gekommen ist, der nicht Jesus (den Menschen als den Gottessohn) bekennt, ist nicht „aus Gott"; ja, solche Irrlehre ist nichts anderes als das Werk des Antichristus (1. Joh 4, 2 f.; 2. Joh 7). Gerade weil Johannes für sein Bild der Gestalt und des Wirkens Jesu die Form des gnostischen Erlösermythos benutzt (§ 41, 3), ist die Abgrenzung gegen die Gnosis für ihn eine besonders dringliche Aufgabe.

Zunächst ist deutlich, daß die Menschwerdung des Gottessohnes für ihn nicht wie in der Gnosis ein kosmischer Vorgang ist, der das eschatologische Geschehen (das Erlösungsgeschehen) als einen Naturprozeß in Gang bringt, durch welchen die Verbindung der ihrem Wesen nach entgegengesetzten Naturen von Licht und Finsternis gelöst wird. Der gnostische Erlöser befreit die präexistenten Menschenseelen, die kraft ihrer Lichtnatur ihm verwandt sind, aus der sie fesselnden Materie (Leib und Seele) und führt sie in die Lichtwelt empor. Johannes hat den gnostischen Begriff der *φύσις* ebenso ausgeschieden wie den Gedanken der Präexistenz der Menschenseelen und ihrer widernatürlichen Gefangenschaft in der materiellen Welt. Er kennt nicht die gnostische Trichotomie, nach der das eigentliche Selbst des Menschen in Leib und Seele gefangen ist (S. 168. 171). Auch ist für Johannes die Menschwerdung des Gottessohnes nicht eine Veranstaltung, um den Menschen die ,,Gnosis'' in der Gestalt von kosmogonischen und anthropologischen Lehren zu übermitteln und ihnen geheimnisvolle Formeln und Weihen zu bringen, in deren Kraft ihr Selbst die Himmelsreise sicher zurücklegen kann (§ 48, 3).

Der Offenbarer erscheint nicht als Mensch ü b e r h a u p t , d. h. nicht als Träger der menschlichen N a t u r , sondern a l s e i n b e s t i m m t e r h i s t o r i s c h e r M e n s c h , als Jesus von Nazareth. Seine Menschheit ist eine echte: *ὁ λόγος σάρξ ἐγένετο*. Daher kennt Johannes keine Theorie über die wunderbare Art des Eingangs des Präexistenten in die Welt und über die Art seiner Vereinigung mit dem Menschen Jesus. Er kennt weder die Legende von der Jungfrauengeburt[1] noch die von der Geburt Jesu in Bethlehem — oder wenn er sie kennt, will er von ihnen nichts wissen. Jesus stammt aus Nazareth, und diese, den Juden anstößige, Tatsache wird gerade betont (1, 45; 7, 52). Die Juden, die Jesu Herkunft und seine Eltern kennen (7, 27 f.; 6, 42), irren sich nicht im Tatsächlichen, sondern darin, daß sie den Anspruch dieses Jesus von Nazareth bestreiten, der Offenbarer Gottes zu sein; sie irren sich nicht in der Materie ihres Urteils, sondern darin, daß sie überhaupt ein Urteil *κατὰ σάρκα* fällen.

Der Offenbarer erscheint auch nicht als Mystagoge, der Lehren, Formeln und Weihen mitteilt, so daß seine Person nur als Mittel diente und gleichgültig würde für den, der die ,,Gnosis'' empfangen hat. Wohl sagt Jesus beim Abschied von der Erde: *ἐφανέρωσά σου τὸ ὄνομα τοῖς ἀνθρώποις οὓς δέδωκάς μοι ἐκ τοῦ κόσμου* (17, 6, vgl. V. 26), aber irgendwelche Erkenntnisse über Gott hat er ja gar nicht mitgeteilt, sowenig er Belehrungen über die

---

[1] In lateinischen Textzeugen ist 1, 13 statt *οἱ . . . ἐγεννήθησαν* bezeugt qui natus est; sicher eine Korrektur des ursprünglichen Textes.

Entstehung der Welt und das Schicksal der Seele gebracht hat. Er vermittelt nicht etwas, sondern er ruft zu sich; oder wenn er eine Gabe verheißt, so ist die Gabe er selbst: er ist selbst das Lebensbrot, das er spendet (6, 35); er ist selbst das Licht (8, 12); er ist selbst das Leben (11, 25; 14, 6).

Jesus, der menschgewordene Gottessohn, ist ein echter Mensch — das bedeutet wiederum auch nicht, daß in seiner Persönlichkeit das Göttliche anschaulich würde, begeisternd oder rührend, faszinierend oder überwältigend. Das Göttliche wäre dann ja nur als das erhöhte, gesteigerte Menschliche gedacht; es ist aber nach Joh der gerade Gegensatz zum Menschlichen, so daß es eine Paradoxie, ein Anstoß ist, daß das Wort Fleisch ward. In der Tat fehlt ja der Gestalt Jesu bei Joh jede Anschaulichkeit, und das Verhältnis der Jünger als seiner „Freunde" (15, 14 f.) ist keineswegs als ein menschlich-persönliches Freundschaftsverhältnis gedacht. Das wollen vor allem die Abschiedsreden lehren, indem sie deutlich machen, daß die Jünger das rechte Verhältnis zu ihm erst dann gewinnen, wenn er von ihnen fortgegangen ist; ja, daß er erst dann in vollem Sinne der Offenbarer ist, wenn er erhöht und verherrlicht ist (vgl. bes. 14, 28; 16, 7; § 50, 6).

2. Aber in welchem Sinne kann es dann im Blick auf den Fleischgewordenen heißen: ἐθεασάμεθα τὴν δόξαν αὐτοῦ (1, 14)? Ist seine menschliche Gestalt gleichsam das Transparent, durch welches sein göttliches Wesen hindurchscheint? Auf den ersten Blick könnte man es meinen; denn manche Stücke des Evangeliums schildern Jesus als den θεῖος ἀνήρ im Sinne des Hellenismus (S. 132 f.), der über ein wunderbares Wissen verfügt, der Wunder tut, und der für feindliche Nachstellungen ungreifbar ist.

Als θεῖος ἀνήρ durchschaut Jesus die ihm Begegnenden, den Petrus und den Nathanael (1, 42. 47 f.), und kennt die Vorgeschichte der Samariterin (4, 17 f.). Aber diese aus der Tradition entnommenen Geschichten sind für den Evangelisten symbolische Bilder, die zeigen, daß sich der Glaubende von Gott durchschaut weiß, daß ihm in der Begegnung mit dem Offenbarer die eigene Existenz aufgedeckt wird. Wenn es 2, 24 f. allgemein heißt, daß Jesus die Menschen durchschaut, so ist überhaupt nicht an ein supranaturales Vermögen gedacht, sondern an das Wissen vom Menschen, das aus

dem Wissen um Gott entspringt und daher weiß, welcher Anstoß Gott für den Menschen ist. Das gleiche Motiv liegt den Worten zugrunde: ἀλλὰ ἔγνωκα ὑμᾶς ὅτι τὴν ἀγάπην τοῦ θεοῦ οὐκ
ἔχετε ἐν ἑαυτοῖς (5, 42), — Jesus ersieht das aus dem Unglauben
der Juden; er weiß, daß angesichts der göttlichen Offenbarung
der menschliche Widerstand gegen Gott zutage kommt. So weiß
er, daß die Menschen murren, wenn sie den σκληρὸς λόγος des
Offenbarers hören (6, 61 f.), und weiß, was die Glaubenden be-
drückt und ihr Verständnis hemmt, solange sie sich noch nicht
von der Vorstellung freigemacht haben, daß die Offenbarung
eine innerweltliche Veränderung bewirken müßte (16, 19).

J e s u   A l l w i s s e n h e i t   wird ihm durch die Jünger bestätigt: νῦν οἴδαμεν ὅτι οἶδας πάντα (16, 30) — aber nicht, weil
er sie durch ein mirakelhaftes Wissen demonstriert hat, sondern
weil er jetzt beim Abschied offen (παρρησία) ohne Rätsel (παροιμία) geredet hat (16, 29). Mit dem Übergang von der παροιμία zur
παρρησία ist aber in Wahrheit nicht ein Fortschritt im Verhalten
Jesu charakterisiert, sondern vielmehr eine Änderung der Situation der Jünger. Denn Jesus hat jetzt materiell im Grunde
nichts anderes gesagt, als was er immer gesagt hatte; aber das
früher Gesagte tritt jetzt in ein neues Licht, da es angesichts
des Abschieds Jesu als ein Vorläufiges erscheint, dessen defini-
tive Enthüllung, d. h. dessen echtes Verständnis, erst die Zukunft bringen kann (16, 12–28, bes. V. 25 f.). Das Bekenntnis der
Jünger nimmt also diese Zukunft voraus und besagt nichts anderes, als daß in dem Wirken Jesu als des Offenbarers, das jetzt
sein Ende erreicht hat, alle Erkenntnis enthalten ist. Dementsprechend lautet die Fortsetzung des Bekenntnisses nicht: „Du
brauchst keinen zu fragen", sondern: „Keiner braucht dich zu
fragen." Die „Allwissenheit" Jesu ist also nicht als seine über-
menschliche Fähigkeit verstanden, sondern als sein den Glaubenden sich mitteilendes Wissen: wer ihn als den Offenbarer
erkannt hat, weiß, indem er Eines weiß, Alles, und Jesu Verheißung ist erfüllt: ἐν ἐκείνῃ τῇ ἡμέρᾳ ἐμὲ οὐκ ἐρωτήσετε οὐδέν
(16, 23).

Unreflektiert ist J e s u   w u n d e r b a r e s   W i s s e n im
Gefolge der Tradition erwähnt in der Lazarusgeschichte (11, 4.
11—14). Natürlich weiß Jesus den Verrat des Judas voraus (6, 64.
70; 13, 18); doch ist hier neben dem apologetischen Motiv (falls
man dieses überhaupt bei Johannes finden darf) wohl wieder der

Gedanke bestimmend, daß im Wesen der Offenbarung — weil sie den Widerstand des Menschen weckt — die Möglichkeit des Abfalls sogar des Jüngers begründet ist; der Glaube hat keine Garantie, und die Gemeinde muß den Anstoß überwinden, daß auch in ihrer Mitte der Teufel sein Werkzeug findet. Entsprechend ist die Weissagung der Jüngerflucht und der Verfolgung der Gemeinde (16, 32; 15, 18—16, 4 a) zu interpretieren: sie ist ein Vorauswissen, das aus der Einsicht in das Wesen der Offenbarung folgt. Und so ist auch Jesu Wissen um sein eigenes ihm bevorstehendes Schicksal zu verstehen: er, der die Offenbarung bringt und ist, weiß was bevorsteht (2, 19. 21); er kennt die „Stunde" (13, 1; 18, 4; 19, 28); für ihn, den vollkommenen „Gnostiker" ist das Schicksal kein Rätsel.

Das Motiv der U n g r e i f b a r k e i t J e s u bzw. seiner Entrückung aus der Hand der Gegner, ehe seine Stunde gekommen ist (7, 30. 44; 8, 20. 59; 10, 39), dient der Veranschaulichung der Tatsache, daß das Schicksal des Offenbarers nicht durch menschliches Wollen, sondern durch göttliches Walten bestimmt ist.

3. Jesus wirkt als W u n d e r t ä t e r , wie teils allgemein erwähnt wird (2, 23; 3, 2; 4, 45; 7, 3. 31; 10, 41; 11, 47; 12, 37; 20, 30), teils in einzelnen Wundergeschichten geschildert wird (2, 1—12; 4, 46—54; 5, 1—9; 6, 1—25; 9, 1—7; 11, 1—44). Seine Wunder heißen σημεῖα, und dieses Wort hat seinen eigentlichen Sinn des „Zeichens" bewahrt. Die σημεῖα offenbaren Jesu δόξα (2, 11; vgl. 9, 3; 11, 4), und der Unglaube, der sich durch so viele Wunder nicht überzeugen ließ, wird gescholten (12, 37). Aber andererseits spricht Jesus scheltend: ἐὰν μὴ σημεῖα καὶ τέρατα ἴδητε, οὐ μὴ πιστεύσητε (4, 48). An Thomas richtet der Auferstandene das kritische Wort: ὅτι ἑώρακάς με, πεπίστευκας; μακάριοι οἱ μὴ ἰδόντες καὶ πιστεύσαντες (20, 29). Es ist ein Zeichen des Unglaubens, wenn die Juden fragen: τί οὖν ποιεῖς σὺ σημεῖον, ἵνα ἴδωμεν καὶ πιστεύσωμέν σοι; τί ἐργάζῃ; (6, 30; vgl. 2, 18). Sie verlangen ein dem Manna-Wunder des Mose analoges Wunder, und sie haben keinen Sinn für das ἐργάζεσθαι Jesu. Wenn ihre Frage auf das σημεῖον des Brotwunders folgt, so ist deutlich gemacht, daß dessen Sinn gar nicht im mirakulösen Vorgang liegt. Aber eben das sagte schon V. 26: ζητεῖτέ με οὐχ ὅτι εἴδετε σημεῖα, ἀλλ' ὅτι ἐφάγετε ἐκ τῶν ἄρτων καὶ ἐχορτάσθητε.

Als σημεῖα sind die Wunder Jesu zweideutig; sie sind mißverständlich wie die Worte Jesu. Sie sind freilich auffallende Vorgänge, aber sie zeigen damit an, daß das Auftreten des Offenbarers eine Störung des der Welt Vertrauten ist; sie weisen darauf hin, daß die Offenbarung kein weltliches, sondern ein überweltliches Geschehen ist. Sie sind Bilder, Symbole. Die Epiphaniegeschichte des Weinwunders (2, 1—12) ist das Symbol dessen, was sich im ganzen Wirken Jesu vollzieht: der Offenbarung der δόξα Jesu — nicht als des Wundertäters, sondern als dessen, durch den χάρις und ἀλήθεια geschenkt werden. Sind die Wunder der Heilung des Sohnes des βασιλικός (4, 46—54) und der Lahmenheilung am Teich (5, 1—9) nur σημεῖα in dem allgemeinen Sinn für das lebenfördernde Wirken des Offenbarers, so haben das Brotwunder (6, 1—15), die Blindenheilung (9, 1—7) und die Auferweckung des Lazarus (11, 1—44) speziellen symbolischen Sinn, indem sie die Offenbarung als die Nahrung, das Licht und das Leben darstellen. Ob das Wunder des Seewandelns (6, 16—25) nur traditionell an das der Brotvermehrung angehängt ist, oder ob es die Überlegenheit der Offenbarung über die Regeln des natürlichen Lebens veranschaulichen will, ist kaum zu entscheiden.

Daß die σημεῖα als wunderbare Vorgänge kein Ausweis, keine Legitimation Jesu sind, zeigen schon 6, 26. 30 (s. o.); ebenso zeigt es die Bemerkung, daß der Glaube der Vielen, der sich auf die Wunder stützt, kein zuverlässiger Glaube ist (2, 23—25). Die ganze Darstellung zeigt vielmehr, daß die Wunder, wenn sie nicht als Zeichen verstanden werden, Anstoß sind! Die Wunder der Lahmen- und Blindenheilung rufen Feindschaft und Verfolgung hervor, und die Erweckung des Lazarus bringt Jesus ans Kreuz. Mögen für viele Menschen die Wunder den ersten Anstoß zur Aufmerksamkeit auf Jesus, zum Anfang des Glaubens, geben — zu diesem Zweck werden sie gleichsam konzediert —, für die Führer des Volks, für die Repräsentanten der Welt, sind sie der Anstoß, der zum Todesbeschluß führt (11, 47; vgl. 12, 18 f.).

4. Eben weil die Wunder σημεῖα sind, die verstanden werden sollen, geben sie auch die Möglichkeit des Mißverständnisses. Nach dem Brotwunder, das die Frage weckt, ob er „der Prophet ist, der in die Welt kommen soll" (6, 14), will die Menge ihn zum König machen (6, 15), weil sie leibliches Heil von ihm erwartet (6, 26). Seine Brüder wollen ihn nach Jerusalem zum Laubhüttenfest führen, damit er dort demonstrativ auf-

tritt: *οὐδεὶς γάρ τι ἐν κρυπτῷ ποιεῖ καὶ ζητεῖ αὐτὸς ἐν παρρησίᾳ εἶναι. εἰ ταῦτα ποιεῖς, φανέρωσον σεαυτὸν τῷ κόσμῳ* (7, 3 f.). Sie verstehen die Art des Wirkens der Offenbarung nicht; sie verstehen nicht, daß für den Standpunkt der Welt die Offenbarung immer ein *κρυπτόν* sein muß, und daß sie dennoch *ἐν παρρησίᾳ* geschieht, freilich nicht in demonstrativer Aufdringlichkeit, sondern in der undemonstrativen Alltäglichkeit. Was von den Wundern gilt, daß sie nicht verstanden werden, gilt vom Tun Jesu überhaupt. So wenig wie die Juden verstehen auch die Jünger den Akt der Tempelreinigung; erst nach Jesu Auferstehung geht ihnen ihr Sinn auf (2, 17). Ebenso steht es mit dem Einzug in Jerusalem (12, 16). Den Sinn der Fußwaschung erfaßt Petrus nicht (13, 4 ff.).

Wie Jesu Taten, so werden s e i n e W o r t e m i ß v e r - s t a n d e n , solange man sie in den Kategorien weltlichen Denkens auffaßt. Die Juden müssen das Wort von der Zerstörung und dem Wiederaufbau des Tempels grob mißverstehen (2, 20). Wie Nikodemus die Wiedergeburt nur im äußerlich-natürlichen Sinne verstehen kann (3, 4), so mißversteht die Samariterin das Wort vom lebendigen Wasser, indem sie das *ὕδωρ ζῶν* zuerst als Quellwasser und dann als ein wunderbares Wasser auffaßt (4, 11. 15). Die Jünger begreifen nicht, von welcher Speise als seiner Nahrung Jesus redet (4, 33), und die Juden nicht, welches das Himmelsbrot ist, das Jesus spendet (6, 34). Jesu Wort von seinem *ὑπάγειν* wird mißverstanden als die Absicht, in die Diaspora zu reisen (7, 35 f.), oder gar als die Absicht des Selbstmords (8, 22). Wie die Jünger das an Judas gerichtete Wort mißverstehen: *ὃ ποιεῖς ποίησον τάχιον* (13, 28 f.), so ist Thomas ratlos gegenüber der Aussage, daß die Jünger den Weg kennen, den er gehen wird (14, 4 f.). Die Jünger verstehen nicht jenes *μικρόν*, das für Jesu Fortgang und für seine Wiederkunft gilt (16, 17 f.); sie verstehen nicht, warum sich Jesus nicht der Welt offenbaren will (14, 22). Symbolisch wird das Unverständnis der Menge dadurch illustriert, daß die Himmelsstimme, die dem Gebet Jesu antwortet, von den einen als Donner mißverstanden wird, von den andern zwar als Engelsstimme verstanden wird, jedoch ohne daß sie merken, daß diese Stimme in Wahrheit nicht Jesus, sondern ihnen gilt (12, 28—30).

In alledem prägt sich der Anstoß des *ὁ λόγος σὰρξ ἐγένετο* aus — der Anstoß, daß der Offenbarer als ein Mensch erscheint, der seine Behauptung, der Sohn Gottes zu sein, vor der Welt nicht ausweisen kann, ja, nicht ausweisen darf. Denn die Offenbarung ist ja das Gericht über die Welt; sie muß von ihr als Angriff, als Anstoß empfunden werden, solange die Welt ihre Maßstäbe nicht fahren läßt. Solange muß sie seine Taten und Worte mißverstehen, oder sie bleiben ihr eine παροιμία, ein Rätsel (10, 6; 16, 25. 29), obwohl Jesus doch stets alles offen gesagt hat (18, 20). Am krassesten kommt die innere Unmöglichkeit, ihn zu verstehen, in der Forderung zum Ausdruck: εἰ σὺ εἶ ὁ Χριστός, εἰπὸν ἡμῖν παρρησίᾳ. Jesus hat es ja längst gesagt, und so kann er nur antworten: εἶπον ὑμῖν, καὶ οὐ πιστεύετε (10, 24 f.). So ist er für die Welt ein Fremder, dessen Sprache man nicht versteht. Warum nicht? Nicht weil er nicht ein echter Mensch wäre, sondern weil er als bloßer Mensch den Glauben für seine Behauptung, der Offenbarer zu sein, beansprucht: διὰ τί τὴν λαλιὰν τὴν ἐμὴν οὐ γινώσκετε; ὅτι οὐ δύνασθε ἀκούειν τὸν λόγον τὸν ἐμόν (8, 43). Warum wissen die Juden, die ihn und seine irdische Heimat kennen, doch nicht, wer er ist und woher er kommt? Weil sie Gott nicht kennen! (7, 28). So kann Jesus einerseits sagen, daß er nicht für sich selbst zeugt; würde er es tun, so wäre sein Zeugnis nicht wahr (5, 31 f.). Andrerseits zeugt er ja ständig für sich, indem er den Anspruch erhebt, der Offenbarer zu sein; und er kann behaupten, daß, wenn er es tut, sein Zeugnis wahr ist (8, 14). Beides gilt, je nach dem Gesichtspunkt: ein Zeugnis, wie die Welt es verlangt, eine Legitimation, kann und darf er nicht geben; aber das Zeugnis, das in seinem Anspruch besteht, der die Kompetenz der Welt bestreitet und in ihren Ohren kein wahres Zeugnis ist (8, 13), muß er ablegen.

Der Anstoß des ὁ λόγος σὰρξ ἐγένετο kommt am deutlichsten endlich im **direkten Widerspruch gegen Jesu Anspruch** zutage (S. 382 f.). Daß er, ein Mensch, sich Gott gleich macht, muß als ein wahnsinniger Frevel erscheinen, und die Behörde will ihn töten (5, 17 f.). Sein Anspruch ruft den Vorwurf hervor, daß er ein „Samariter" und von einem Dämon besessen ist (8, 48); ähnlich seine Behauptung, daß, wer sein Wort hält, den Tod nicht sehen wird (8, 51 f.), und daß er älter als Abraham ist (8, 57); und man will ihn steinigen (8, 59). Seine Behauptung, daß er und der Vater eins sind, empört die Hörer derart, daß sie wiederum ihn steinigen wollen (10, 30 f.). Kurz, sein σκληρὸς λόγος ist nicht anzuhören (6, 60); und sein Beharren bei seinem Anspruch hat zur Folge, daß auch seine Jünger bis auf wenige von ihm abfallen (6, 66). Welches σκάνδαλον erst sein Kreuz bedeuten wird, deutet er an in den Worten: τοῦτο (nämlich der σκληρὸς λόγος) ὑμᾶς σκανδαλίζει; ἐὰν οὖν θεωρῆτε τὸν υἱὸν τοῦ ἀνθρώπου ἀναβαίνοντα ὅπου ἦν τὸ πρότερον; — ein eigentümlich zweideutiges Wort; denn die Welt wird ja nur die äußere Form dieses ἀναβαίνειν wahrnehmen: seine Kreuzigung. Dieses σκάνδαλον bringt Johannes am Schluß drastisch zur Anschauung, wenn er Pilatus den Mißhandelten und Dorngekrönten der Menge vorstellen läßt mit den Worten: ἰδοὺ ὁ ἄνθρωπος (19, 5) und: ἴδε ὁ βασιλεὺς ὑμῶν (19, 14). Hier und in der Kreuzesinschrift (19, 19) ist die Paradoxie und der Anstoß des Anspruchs Jesu in einem ungeheuren Bilde dargestellt.

5. Man kann sagen, daß Johannes durch seine Darstellung des Wirkens Jesu als des Mensch gewordenen Gottessohnes jene Theorie des M e s s i a s g e h e i m n i s s e s des Markus-Evangeliums (§ 4, 4) in eigentümlicher Weise weitergebildet und vertieft hat. Über der Gestalt Jesu schwebt ein Geheimnis, obwohl er ganz offen sagt, wer er ist und welchen Anspruch er erhebt; o b w o h l er es sagt? nein! w e i l er es sagt. Denn für die Welt ist er der in aller Öffentlichkeit verborgene Messias, nicht weil er etwas verbirgt oder geheim zu halten gebietet, sondern weil die Welt mit sehenden Augen nicht sieht (12, 40). Seine Verborgenheit ist gerade die F o l g e seiner Selbstoffenbarung; eben diese macht die „Sehenden" zu „Blinden" (9, 39).

O f f e n b a r u n g   w i e   A n s t o ß   i s t   s e i n   W i r k e n a l s   G a n z e s , das eine durch Kommen und Gehen geschlossene Einheit ist (s. o. 2). Sein Gehen, seine „Erhöhung" d. h. sein Kreuz, gehört nicht nur als der Schlußteil zum Ganzen, sondern macht das Ganze erst zu dem, was es ist, zur Offenbarung wie zum Anstoß. Die Erwägung Jesu, durch die Johannes die Gethsemane-Szene der synoptischen Tradition ersetzt: τί εἴπω; πάτερ, σῶσόν με ἐκ τῆς ὥρας ταύτης; wird von ihm sogleich zurückgewiesen: ἀλλὰ διὰ τοῦτο ἦλθον εἰς τὴν ὥραν ταύτην (12, 27). In der Passion vollendet sich der Sinn der Sendung Jesu. Und indem sie als die Erfüllung des vom Vater aufgetragenen Werks aufgefaßt und übernommen wird (14, 31), wird sie zur Stunde der Erhöhung, der Verherrlichung. Von dieser Vollendung aus gesehen ist das ganze Wirken des Menschen Jesus Offenbarung der δόξα; und wenn aus dem Markus-Evangelium der historische

Vorgang zu erkennen ist, der sich darin vollzog, daß das un-
messianische Leben Jesu in der Rückschau messianisiert wurde,
so ist bei Johannes das innere sachliche Recht dieses Vorgangs
deutlich gemacht worden. Der Evangelist bringt das zum Ausdruck durch die Bitte Jesu, die jener Erwägung folgt: πάτερ,
δόξασόν σου τὸ ὄνομα, und durch die diesem Gebet antwortende
Himmelsstimme: ἐδόξασα καὶ πάλιν δοξάσω (12, 28). Die Verherrlichung des Gottesnamens, die mit der Kreuzigung als der Erhöhung Jesu anhebt, und die Verherrlichung des Gottesnamens
durch das Wirken des irdischen Jesus (17, 4) bilden also eine Einheit; die eine ist nicht ohne die andere; die eine ist nur durch
die andere. Die Verherrlichung des Gottesnamens ist aber zugleich die Verherrlichung Jesu selbst, und der Bitte: πάτερ,
δόξασόν σου τὸ ὄνομα entspricht die andere: πάτερ, ἐλήλυθεν ἡ
ὥρα· δόξασόν σου τὸν υἱόν (17, 1). Und wenn diese Bitte motiviert wird: ἵνα ὁ υἱὸς δοξάσῃ σέ, so ist die Einheit der δόξα Gottes
und Jesu deutlich. Und wenn die Motivierung weitergeht: καθὼς
ἔδωκας αὐτῷ ἐξουσίαν πάσης σαρκός (17, 2), so ist wiederum die
Einheit der δόξα nach der Erhöhung mit der δόξα vor der Erhöhung deutlich. Beides wiederum ist zum Ausdruck gebracht
in den Worten, die die Erhörung der Bitte aussprechen:

> νῦν ἐδοξάσθη ὁ υἱὸς τοῦ ἀνθρώπου,
> καὶ ὁ θεὸς ἐδοξάσθη ἐν αὐτῷ.
> εἰ ὁ θεὸς ἐδοξάσθη ἐν αὐτῷ,
> καὶ ὁ θεὸς δοξάσει αὐτὸν ἐν αὐτῷ,
> καὶ εὐθὺς δοξάσει αὐτόν (13, 31 f.) [1].

Im νῦν der ὥρα des Abschieds des Gottessohnes von der Welt
(12, 23. 27. 31; 13, 1. 31; 17, 1) sind also gewissermaßen Vergangenheit und Zukunft aneinander gebunden, und weil die Zukunft
die Vergangenheit erst zu dem macht, was sie ist, zur Offenbarung der δόξα, müssen sich die Jünger über den Abschied Jesu
freuen (14, 28; 16, 7).

Das Glaubensverhältnis zu Jesus ist also freilich ein Verhältnis zum Erhöhten, jedoch nicht so, als sei es das Verhältnis zu
einer himmlischen Gestalt, die — wie der gnostische Erlöser —
das Gewand des irdisch-menschlichen Daseins abgestreift hat.
Vielmehr ist der Erhöhte zugleich der irdische Mensch Jesus;

---

[1] Im vorliegenden Text jener Bitte vorausgehend; aber die ursprüngliche Ordnung ist gestört; 13, 31 f. muß auf c. 17 folgen; s. meinen Kommentar S. 350 f.

der δοξασθείς ist immer der σὰρξ γενόμενος. Anders formuliert: das Erdenleben Jesu wird nicht zu einem Stück historischer Vergangenheit, sondern bleibt ständige Gegenwart. Die historische Gestalt Jesu, seine menschliche Geschichte, behält den Sinn, Offenbarung seiner und damit Gottes δόξα zu sein; sie ist das eschatologische Ereignis. Sichtbar ist das freilich nicht für die Welt, der sich der Erhöhte nicht offenbart (14, 22) — nicht offenbaren kann; denn sie kann den ,,Geist der Wahrheit'', der den Glaubenden die Erkenntnis schenkt, nicht empfangen (14, 17; 16, 13 f.). Die Glaubenden aber können nun im Rückblick auf Jesu irdisches Leben sprechen: ἐθεασάμεθα τὴν δόξαν αὐτοῦ (1, 14). Und welches Bild ist es nun, das der Glaube von diesem Leben gewinnt?

§ 47. DIE OFFENBARUNG DER ΔΟΞΑ

THÜSING, W., Die Erhöhung und Verherrlichung Jesu im Johannesevangelium, 1960. – CADMAN, W. H., The Open Heaven. The Revelation of God in the Johannine Sayings of Jesus, Ed. by G. B. CAIRD, 1969. – Zu 4: SCHWEIZER, E., Das johanneische Zeugnis vom Herrenmahl (1953), in: DERS., Neotestamentica, 1963, 371–396. – LOHSE, E., Wort und Sakrament im Johannesevangelium (1960/61), in: DERS., Die Einheit des Neuen Testaments, 1973, 193–208. – KLOS, H., Die Sakramente im Johannesevangelium, 1970. – WILCKENS, U., Der eucharistische Abschnitt der johanneischen Rede vom Lebensbrot (Joh 6,51c–58), in: Neues Testament und Kirche. FS. für R. Schnackenburg, 1974, 220–248.

1. In der Abschiedsstunde richtet Philippus an Jesus die Bitte: κύριε, δεῖξον ἡμῖν τὸν πατέρα καὶ ἀρκεῖ ἡμῖν. Er erhält die Antwort: τοσοῦτον χρόνον μεθ᾽ ὑμῶν εἰμι καὶ οὐκ ἔγνωκάς με, Φίλιππε; ὁ ἑωρακὼς ἐμὲ ἑώρακεν τὸν πατέρα . . . οὐ πιστεύεις ὅτι ἐγὼ ἐν τῷ πατρὶ καὶ ὁ πατὴρ ἐν ἐμοί ἐστιν; (14, 8—10). In der Person des Menschen Jesus begegnet Gott selbst — und nur in ihm; denn: οὐδεὶς ἔρχεται πρὸς τὸν πατέρα εἰ μὴ δι᾽ ἐμοῦ (14, 6). In immer neuen Wendungen wird diese E i n h e i t J e s u a l s d e s S o h n e s m i t G o t t a l s d e m V a t e r betont: ἐγὼ καὶ ὁ πατὴρ ἕν ἐσμεν (10, 30). Mit der Formel des gnostischen Mythos heißt es: er ist nicht allein, sondern der Vater, der ihn geschickt hat, ist bei ihm (8, 16. 29; 16, 32). Formeln der Mystik müssen dazu dienen, die Einheit zu beschreiben: das gegenseitige Einander-Kennen von Vater und Sohn (10, 14. 38) wie das gegenseitige Ineinandersein (10, 38; 14, 10 f. 20; 17, 21—23). Oder es heißt wieder in mythologischer Redeweise, daß der Vater den Sohn

„liebt" (3, 35; 5, 20; 10, 17; 15, 9; 17, 23 f. 26), und daß der
Sohn „in der Liebe des Vaters bleibt" (15, 10). Daß jedoch in
all diesen Wendungen weder Mythologie noch Mystik vorliegt
noch auch eine Metaphysik im Sinne der späteren Zwei-Naturen-
Lehre, zeigt schon die Fortsetzung jener Antwort an Philippus,
die das ἐγὼ ἐν τῷ πατρὶ καὶ ὁ πατὴρ ἐν ἐμοί exegisiert: τὰ ῥήματα
ἃ ἐγὼ λέγω ὑμῖν ἀπ᾿ ἐμαυτοῦ οὐ λαλῶ · ὁ δέ πατὴρ ὁ ἐν ἐμοὶ μένων
ποιεῖ τὰ ἔργα αὐτοῦ (14, 10). Im Wirken Jesu also begegnet Gott
und wird wahrnehmbar nicht, wie jene Philippus-Bitte meint,
für anschauende Betrachtung, sondern nur für die Offenheit des
Menschen, der sich von dem Wirken Jesu treffen läßt, der sein
Wort „hören" kann (8, 43). Ja, auch dem, der sich dem Wort
verschließt, begegnet Gott in Jesus — freilich zum Gericht. In
1. Joh kommt die Einheit von Vater und Sohn manchmal in
eigentümlicher Weise darin zur Geltung, daß sich nicht entscheiden läßt, ob von Gott oder von Jesus die Rede ist (z. B.
5, 14 f.).

Daß in Jesus Gott selbst begegnet, und zwar gerade in Jesus
als einem Menschen, an dem nichts Außerordentliches wahrnehmbar ist als seine kühne Behauptung, daß in ihm Gott begegne — darin liegt die Paradoxie des Offenbarungsgedankens, die erst Johannes ins Auge gefaßt hat. Dem
Paulus liegt die Reflexion auf die in der menschlichen Gestalt
Jesu und ihrem Wirken und Schicksal sich ereignende Offenbarung fern. Für ihn ist der irdische Jesus nur der κενωθείς, der
πτωχεύσας (Phil 2, 7; 2. Kr 8, 9). Johannes bringt die Paradoxie
zu lautem Ausdruck. Und so stellt er die Tatsache, daß in Jesus
Gott begegnet in anscheinend widerspruchsvoller Weise dar:
einerseits in Sätzen, die besagen, daß Jesus gleiche Würde und
gleiches Recht wie Gott hat, ja, daß Gott seine Rechte gleichsam an Jesus abgetreten hat; andrerseits so, daß es heißt, daß
Jesus nur im Gehorsam gegen den Willen des Vaters redet und
handelt und nichts von sich aus tut. Auf der einen Seite heißt
es, daß Gott Jesus seinen (d. h. Gottes) Namen gegeben hat
(17, 11) [1], daß er „alles" in seine Hand gegeben hat (3, 35; 13, 3),
daß er ihm die ἐξουσία πάσης σαρκός verliehen hat (17, 2), daß er
ihm gegeben hat ζωὴν ἔχειν ἐν ἑαυτῷ, wie er selbst „das Leben in
sich hat" (5, 26), und entsprechend, daß er ihm die Vollmacht

---

[1] 17, 11 ist zu lesen: τήρησον αὐτοὺς ἐν τῷ ὀνόματί σον ᾧ δέδωκάς μοι.
Das οὓς δέδωκας einiger Textzeugen ist Korrektur, die an V. 6 angleicht.

gegeben hat, Gericht zu halten (5, 22. 27). So erweckt er wie der
Vater die Toten und macht lebendig, wen er will (5, 21); er wirkt
wie der Vater (5, 17) und hat die gleiche Verehrung zu beanspruchen wie dieser (5, 23). Auf der andern Seite erklärt Jesus:
ὅτι καταβέβηκα ἀπὸ τοῦ οὐρανοῦ οὐχ ἵνα ποιῶ τὸ θέλημα τὸ ἐμόν,
ἀλλὰ τὸ θέλημα τοῦ πέμψαντός με (6, 38). Er handelt im Gehorsam
gegen die ἐντολή, die er vom Vater empfangen hat (10, 18;
12, 49 f.; 14, 31; 15, 10). Nur darin hat er seine Existenz: ἐμὸν
βρῶμά ἐστιν, ἵνα ποιῶ τὸ θέλημα τοῦ πέμψαντός με καὶ τελειώσω
αὐτοῦ τὸ ἔργον (4, 34), und so lautet das letzte Wort des Gekreuzigten: τετέλεσται (19, 30). Sein Wirken ist das Vollbringen
des ihm von Gott aufgetragenen Werkes (5, 36; 9, 4; 10, 32. 37;
17, 4), und das tut er nicht um seiner Ehre, sondern um der
Ehre des Vaters willen (7, 18; 8, 49 f.; vgl. 11, 4); für seine Ehre
sorgt vielmehr der Vater (8, 50. 54; vgl. 16, 14).

Immer wiederholen sich die negativen Formulierungen: Jesus
ist nicht von sich aus, in eigener Autorität, gekommen, sondern
der Vater hat ihn gesandt (7, 28 f.; 8, 42; vgl. 5, 43). Von sich
aus kann er nichts tun; er handelt nur nach der Anweisung des
Vaters (5, 19 f. 30; 8, 28). Er lehrt und redet nicht von sich
aus, sondern spricht nur die Worte, die ihm der Vater aufgetragen hat (7, 17 f.; 12, 49; 14, 10. 24; 17, 8. 14). Natürlich
sollen solche Aussagen nicht die Autorität Jesu und seiner Worte
mindern, sondern sie sollen sie gerade aufrichten. Eben deshalb,
weil er nicht von sich aus redet, kann es heißen, daß er die Worte
Gottes redet (3, 34), daß, wer ihn hört, die Worte Gottes hört,
sofern er nicht verstockt ist (8, 47), und daß, wer sein Wort hört,
das Leben hat, sofern er glaubt (5, 24). Jene negativen Formulierungen wollen auch keineswegs etwa Jesu Demut charakterisieren; auch der Hohepriester redet ja nicht ἀφ' ἑαυτοῦ
(11, 51), so wenig wie einst Bileam (Num 24, 13). Die Meinung,
Jesu Demut solle charakterisiert werden, wird schon durch 5, 17 f.
widerlegt; denn die Juden haben in ihrer Empörung darin ganz
Recht, daß Jesu Worte eine frevelhafte Vermessenheit wären,
wenn sie vom menschlichen Standpunkt aus betrachtet würden.
Aber dieser Gesichtspunkt, von dem aus Jesu Charakter nach
ethischen Maßstäben gemessen würde, ist gerade der falsche;
und nicht seine Demut, sondern seine Autorität als die paradoxe
Autorität eines Menschen, der Gottes Worte redet, soll deutlich
gemacht werden; m. a. W. der Offenbarungsgedanke soll zur
Darstellung gebracht werden.

2. Aber welches sind nun d i e W e r k e , die Jesus im Auftrag Gottes vollbringt? Oder welches ist d a s W e r k? Denn „die Werke", die Jesus im Auftrag des Vaters tut (5, 20. 36; 9, 4; 10, 25. 32. 37; 14, 12; 15, 24), sind im Grunde nur ein einziges Werk: Wie es am Beginn seines Wirkens heißt: ἐμὸν βρῶμά ἐστιν ἵνα ποιῶ τὸ θέλημα τοῦ πέμψαντός με καὶ τελειώσω αὐτοῦ τὸ ἔργον (4, 34), so zum Schluß im Rückblick: ἐγώ σε ἐδόξασα ἐπὶ τῆς γῆς, τὸ ἔργον τελειώσας ὃ δέδωκάς μοι ἵνα ποιήσω (17, 4).

Im Kerygma der hellenistischen Gemeinde sind der Tod und die Auferstehung Jesu d i e H e i l s t a t s a c h e n (§ 9, 4; S. 83 ff.), die, da sie eine Einheit bilden, als „das Werk" Jesu bezeichnet werden könnten, wenngleich sich diese Terminologie nicht findet. Auch Paulus redet nicht von dem „Werk" Christi, obwohl auch er Jesu Tod und Auferstehung so nennen könnte [1]. Gehört nach Paulus zum Heilsgeschehen als ganzem auch die Menschwerdung Christi, ~~so ist diese bei Johannes das entscheidende Heilsereignis~~; und wenn sie bei Paulus dem Ereignis des Todes untergeordnet ist (§ 33, 1) so könnte man sagen, daß bei Johannes umgekehrt der Tod dem Ereignis der Menschwerdung untergeordnet ist. Jedoch bildet, genauer gesehen, die Menschwerdung als das „Kommen" des Gottessohnes mit dem Tode als seinem „Gehen" eine Einheit (§ 45, 1). In dieser Einheit liegt aber nicht, wie bei Paulus, der Schwerpunkt auf dem T o d e. Dieser hat bei Johannes keine ausgezeichnete Heilsbedeutung, sondern ist die Vollendung des ἔργον, das mit der Menschwerdung beginnt (§ 46, 5), die letzte Bewährung des Gehorsams (14, 31), unter dem das ganze Leben Jesu steht. Das ὑπήκοος μέχρι θανάτου (Phil 2, 8) des Christusliedes, das Paulus zitiert (S. 133. 298), ist von Johannes in der ganzen Breite seiner Darstellung entfaltet worden. Und so hat der Tod Jesu ein Doppelgesicht gewonnen: indem er einerseits die Vollendung des Gehorsams ist, ist er andrerseits die Befreiung Jesu von seinem Auftrag, und Jesus kann wieder in seine frühere δόξα in der Präexistenz zurückkehren (6, 62; 17, 5). Daher gilt die Kreuzigung, die Johannes natürlich erzählt, von vornherein als Jesu ὑψωθῆναι, das einen eigentümlichen Doppelsinn hat (3, 14; 8, 28; 12, 32. 34), und als sein δοξασθῆναι (7, 39; 12, 16. 23; 13, 31 f.; 17, 1. 5), während die paulinische Rede vom σταυρός und vom ἐσταυρωμένος fehlt (§ 41, 2; S. 360) und in

---

[1] Τὸ ἔργον τοῦ Χριστοῦ Phil 2, 30 ist das im Dienste Christi geschehende Werk der Mission.

den vorausdeutenden Worten Jesu die Termini ὑψωθῆναι und δοξασθῆναι an die Stelle des ἀποκτανθῆναι und σταυρωθῆναι der synoptischen Leidensweissagungen getreten sind. Natürlich geht der Weg zur Erhöhung durch den Tod (12, 24), und in ihm erfüllt sich der Sinn der Sendung Jesu (12, 27; § 46, 5). Aber der Tod ist nicht ein Ereignis, dem durch die ihm folgende Auferstehung erst der Charakter der Katastrophe genommen werden müßte, vielmehr ist er selbst als solcher schon die Erhöhung. Das bedeutet aber: der Tod Jesu ist unter den Offenbarungsgedanken gestellt; in ihm handelt Jesus selbst als der Offenbarer und ist nicht das leidende Objekt einer göttlichen Heilsveranstaltung. Vom πάσχειν und den παθήματα Jesu redet Johannes nicht. Jenes rätselhafte göttliche δεῖ (S. 48) begegnet einmal, aber nicht in der Verbindung δεῖ παθεῖν (Mk 8, 31 usw.), sondern als ὑψωθῆναι δεῖ (3, 14). Und 14, 31 heißt es nicht etwa: οὕτως δεῖ γενέσθαι (vgl. Mt 26, 54), sondern οὕτως ποιῶ. So zeigt denn die Passionsgeschichte des Johannes Jesus nicht eigentlich als den Leidenden, sondern als den Handelnden, als den Sieger.

Die gemeinchristliche Deutung des Todes Jesu als des Sühnopfers für die Sünden (S. 49 f. 87) bestimmt also die johanneische Anschauung nicht. Man kann nur fragen, ob sich Johannes in einigen Wendungen der Gemeindetheologie angepaßt hat. Wenn der Täufer auf Jesus hinweist: ἴδε ὁ ἀμνὸς τοῦ θεοῦ ὁ αἴρων τὴν ἁμαρτίαν τοῦ κόσμου (1, 29), so wird Jesus damit als der bezeichnet, der die Sünde der Welt hinwegnimmt [1]; entsprechend heißt es 1. Joh 3, 5: ὅτι ἐκεῖνος ἐφανερώθη ἵνα τὰς ἁμαρτίας ἄρῃ. Nun fordert das Bild vom Lamm, das aus der Tradition stammen wird, gewiß, an das Opfer zu denken; aber nichts fordert, daß der Evangelist dieses Opfer nur im Tode und nicht, seiner Gesamtanschauung entsprechend, im gesamten Wirken Jesu gesehen haben müßte. Anders freilich liegt es 1. Joh 1, 7: τὸ αἷμα Ἰησοῦ . . . καθαρίζει ἡμᾶς ἀπὸ πάσης ἁμαρτίας, wo zweifellos die gemeinchristliche Anschauung vom Tode Jesu als dem Sühnopfer vorliegt (S. 87). Aber der Satz steht unter dem Verdacht, redaktionelle Glosse zu sein; er konkurriert mit dem gleich folgenden V. 9: ἐὰν ὁμολογῶμεν τὰς ἁμαρτίας ἡμῶν, πιστός ἐστιν καὶ δίκαιος (sc. Gott!), ἵνα ἀφῇ ἡμῖν

---

[1] Αἴρειν hat bei Johannes den Sinn von „fortschaffen", „wegtragen", wie es der Grundbedeutung des Wortes entspricht; nicht: „auf sich nehmen"; vgl. 1. Joh 3, 5 mit 1, 9.

τὰς ἁμαρτίας καὶ καθαρίσῃ ἡμᾶς ἀπὸ πάσης ἀδικίας. Ebenso sind die beiden Sätze, die Jesus als ἱλασμὸς περὶ τῶν ἁμαρτιῶν ἡμῶν bezeichnen (1. Joh 2, 2; 4, 10) wahrscheinlich redaktionelle Glossen.

Vom Blute Jesu ist außer 1. Joh 1, 7 noch einige Male die Rede. Im Evg 6, 53—56, d. h. in dem von der kirchlichen Redaktion eingefügten Abschnitt 6, 51 b—58, in dem die vorangehende Rede bzw. Diskussion, in der sich Jesus als das Brot des Lebens offenbart, auf das Sakrament des Herrenmahles umgedeutet wird (§ 47, 4). Ferner 19, 34 b, wo die kirchliche Redaktion dem Lanzenstich einen tieferen Sinn abgewinnt durch den Zusatz: καὶ ἐξῆλθεν εὐθὺς αἷμα καὶ ὕδωρ. Der Sinn kann nur der sein, daß im Tode Jesu die Sakramente der Taufe und des Herrenmahles begründet sind. Anders liegt es 1. Joh 5, 6: οὗτός ἐστιν ὁ ἐλθὼν δι' ὕδατος καὶ αἵματος, Ἰησοῦς Χριστός. Denn hier bezeichnen das Wasser und das Blut nicht die Sakramente, sondern den Anfangs- und den Endpunkt seines Wirkens: seine Taufe und seinen Tod. Der doketischen Gnosis gegenüber soll die Realität des menschlichen Lebens des Erlösers festgestellt werden; deshalb geht es weiter: οὐκ ἐν τῷ ὕδατι μόνον, ἀλλ' ἐν τῷ ὕδατι καὶ ἐν τῷ αἵματι, d. h. der Erlöser hat sich nicht etwa nur in der Taufe mit dem Menschen Jesus verbunden und sich dann vor dem Tode wieder von ihm getrennt, sondern er hat auch den Tod erlitten. Von einer Heilsbedeutung des Todes bzw. des Blutes Jesu ist hier nicht die Rede.

Aber wie dem auch sei! Jedenfalls spielt der Gedanke vom Tode Jesu als dem Sühnopfer bei Johannes keine Rolle; und sollte er ihn aus der Gemeindetradition übernommen haben, so wäre er bei ihm ein Fremdkörper. Charakteristisch ist es, daß Johannes die Einsetzung des Herrenmahles nicht erzählt, dessen Liturgie in dem ὑπὲρ ὑμῶν (bzw. πολλῶν) den Sühnopfer-Gedanken enthält (S. 148). Er hat sie durch das Abschiedsgebet Jesu ersetzt, in dem das ὑπὲρ αὐτῶν ἐγὼ ἁγιάζω ἐμαυτόν (17, 19) deutlich auf die Abendmahlsworte anspielt. Diese Worte bezeichnen in der Tat Jesu Tod als Opfer; aber der Tod ist wie sonst bei Johannes im Zusammenhang seines Lebens als die Vollendung seines Wirkens zu verstehen. Daß dieses als ganzes ein Opfer ist, ist in der Charakteristik Jesu ausgesprochen als dessen, ὃν ὁ πατὴρ ἡγίασεν καὶ ἀπέστειλεν εἰς τὸν κόσμον (10, 36) [1], wie denn das τὸν υἱὸν τὸν μονογενῆ ἔδωκεν (3, 16) nicht speziell die Hingabe in den Tod, sondern die Sendung Jesu meint. Auch ist nicht davon die Rede, daß das Opfer ein Sühnopfer für die Sünden ist; von der Vergebung der Sünden wird weder in Joh 17

---

[1] Man muß freilich mit der Möglichkeit rechnen, daß 10, 34—36 mit seinem apologetischen Schriftbeweis ein späterer Einschub ist. Die Formulierung V. 36 ist aber jedenfalls ganz im Sinne des Johannes.

noch sonst in den Abschiedsreden gehandelt. Überhaupt ist von
der Sündenvergebung im Evangelium nur 20, 23 die Rede, wo
die Vollmacht der Jünger, Sünden zu vergeben, auf ein Wort des
Auferstandenen zurückgeführt wird. Wie hier auf die kirchliche
Praxis Bezug genommen wird, so auch in 1. Joh, der überhaupt
mehr als das Evangelium die Gemeindeterminologie berücksichtigt. Hier wird zweimal von der Sündenvergebung geredet:
sie wird von Gott dem geschenkt, der seine Sünden bekennt
(1, 9, s. o.), und ihr Empfang charakterisiert die Gemeindeglieder (2, 12). Im Evangelium aber wird die Befreiung der Sünde
durch das Wort Jesu bzw. durch die im Worte vermittelte ἀλήθεια verheißen: ἐὰν μείνητε ἐν τῷ λόγῳ τῷ ἐμῷ, ἀληθῶς μαθηταί
μού ἐστε, καὶ γνώσεσθε τὴν ἀλήθειαν, καὶ ἡ ἀλήθεια ἐλευθερώσει
ὑμᾶς — nämlich von der Sünde, wie das Folgende sagt (8, 31—34).
Dem entspricht es, daß derjenige καθαρός ist, der den Dienst
Jesu an sich hat geschehen lassen (13, 10); dieser Dienst besteht aber ja darin, daß er den Seinen den Namen des Vaters
offenbart hat, daß er ihnen die Worte gebracht hat, die ihm der
Vater gegeben hatte (17, 6. 8). Und so heißt es 15, 3: ἤδη ὑμεῖς
καθαροί ἐστε διὰ τὸν λόγον ὃν λελάληκα ὑμῖν. So wird endlich jenes
ὑπὲρ αὐτῶν ἐγὼ ἁγιάζω ἐμαυτόν voll verständlich; denn es geht
weiter: ἵνα ὦσιν καὶ αὐτοὶ ἡγιασμένοι ἐν ἀληθείᾳ. Damit wird aber
nur gesagt, wie es zur Erfüllung der Bitte kommen soll: ἁγίασον
αὐτοὺς ἐν τῇ ἀληθείᾳ, wozu ausdrücklich die Erläuterung gefügt
ist: ὁ λόγος ὁ σὸς ἀλήθειά ἐστιν (17, 17). Der Tod Jesu ist also nicht
ein besonderes Werk, sondern ist in Einheit mit dem ganzen Wirken Jesu als dessen Vollendung verstanden.

3. Die Auferstehung Jesu kann kein Ereignis von
besonderer Bedeutung sein, wenn der Tod am Kreuz schon die
Erhöhung und Verherrlichung Jesu ist. Sie braucht nicht den
Sieg des Todes zunichte zu machen, den dieser etwa in der Kreuzigung errungen hätte; denn das Kreuz ist selbst schon der Sieg
über die Welt und ihren Herrscher gewesen. Die Stunde der Passion ist die κρίσις der Welt, die den Sturz des ἄρχων τοῦ κόσμου
τούτου, das Gericht über ihn, bedeutet (12, 31; 16, 11), und als
der Sieger, dem der ἄρχων τοῦ κόσμου nichts anhaben kann
(14, 30), schreitet Jesus in die Passion (16, 33 und s. o. S. 406).
Es ist nicht davon die Rede, daß erst die dem Tode folgende Auferstehung und Erhöhung ihn zum Herrn aller kosmischen und
dämonischen Mächte macht (vgl. z. B. Phil 2, 11; Eph 1, 20 f.;

1. Pt 3, 21 f.; Pol Phil 2, 1). Er hat ja seine lebenschaffende Kraft nicht erst durch die Auferstehung erhalten, sondern der Vater hat ihm von vornherein gegeben: ζωὴν ἔχειν ἐν ἑαυτῷ (5, 26); und als der, der die Auferstehung und das Leben ist, als der, der der Weg, die Wahrheit und das Leben ist, tritt er den Menschen entgegen (11, 25; 14, 6), und den Glaubenden ruft sein Wort schon jetzt ins Leben (5, 24 f.; 11, 25 f.), wie es durch die Erweckung des Lazarus (c. 11) demonstriert wird. Daher findet sich in den Jesusworten bei Johannes auch nicht wie bei den Synoptikern die Weissagung von seinem ἀναστῆναι oder ἐγερθῆναι. Auch der Evangelist redet davon nur in einer Anmerkung 2, 22: ὅτε οὖν ἠγέρθη ἐκ νεκρῶν ἐμνήσθησαν οἱ μαθηταὶ αὐτοῦ.... Dafür heißt es aber 12, 16: ἀλλ᾽ ὅτι ἐδοξάσθη ᾿Ιησοῦς, τότε ἐμνήσθησαν.... Das ἀναστῆναι findet sich nur in einer redaktionellen Glosse 20, 9, das ἐγερθῆναι im redaktionellen Nachtragskapitel 21, 14. In den Johannesbriefen fehlen die Termini ganz.

Daß der Evangelist, der Tradition folgend, O s t e r g e -
s c h i c h t e n erzählt, ist nicht verwunderlich; aber die Frage ist, welchen Sinn sie für ihn haben. Wenn der ursprüngliche Schluß des Evg 20, 30 im Anschluß an die Ostergeschichten sagt: πολλὰ μὲν οὖν καὶ ἄλλα σημεῖα ἐποίησεν ᾿Ιησοῦς, so sind die Erscheinungen des Auferstandenen offenbar auch als σημεῖα verstanden wie die Wunder Jesu (§ 46, 3). Sie veranschaulichen den Sieg Jesu über die Welt, oder wohl besser: sie veranschaulichen die Erfüllung der Verheißung von 16, 22: καὶ ὑμεῖς οὖν νῦν μὲν λύπην ἔχετε · πάλιν δὲ ὄψομαι ὑμᾶς, καὶ χαρήσεται ὑμῶν ἡ καρδία (vgl. 16, 16). Sofern sie wirkliche Ereignisse sind — und an ihrer Realität braucht der Evangelist nicht gezweifelt zu haben —, stehen sie auch darin den Wundern als Ereignissen gleich, daß sie im Grunde entbehrlich sind, ja, daß es ihrer nicht bedürfen sollte, daß sie aber der Schwachheit der Menschen konzediert werden. An der Thomas-Geschichte ist das deutlich gemacht: sein Wunsch, den Auferstandenen leibhaftig sehen, ja, betasten zu dürfen, wird ihm erfüllt; aber gleichzeitig wird er beschämt: ὅτι ἑώρακάς με, πεπίστευκας; μακάριοι οἱ μὴ ἰδόντες καὶ πιστεύσαντες (20, 29). Schwerlich schließt der Evangelist seine Darstellung mit diesem letzten Wort Jesu ohne tiefe Absicht; es liegt darin die Kritik eines Kleinglaubens, der nach handgreiflichen Demonstrationen des Offenbarers verlangt, und eine Warnung, die Ostergeschichten für mehr zu nehmen, als sie sein können,

für Zeichen, für Bilder, bzw. für Bekenntnisse des Osterglaubens.

Das geht aber auch aus den Verheißungen der Abschiedsreden hervor. Der Osterverheißung 16, 16—24 mit dem πάλιν δὲ ὄψομαι ὑμᾶς (16, 22; s. o.) geht parallel die andere 14, 18: οὐχ ἀφήσω ὑμᾶς ὀρφανούς, ἔρχομαι πρὸς ὑμᾶς, also die Verheißung seines ἔρχεσθαι d. h. seiner Parusie. Wenn es aber weitergeht: ἔτι μικρὸν καὶ ὁ κόσμος με οὐκέτι θεωρεῖ, ὑμεῖς δὲ θεωρεῖτέ με, ὅτι ἐγὼ ζῶ καὶ ὑμεῖς ζήσετε (= „denn wie ich lebe, werdet auch ihr leben"), so gleitet damit die Parusieverheißung in die Osterverheißung über. Das bedeutet aber: Auferstehung und Parusie Jesu sind für Johannes identisch. Wenn nun ferner mit diesen Verheißungen die Verheißung des Geistes (des Parakleten) parallel geht (14,15 bis 17), also die Pfingstverheißung, so sind für Johannes Ostern, Pfingsten und die Parusie nicht drei verschiedene Ereignisse, sondern ein und dasselbe. So geht ja die Oster- und die Parusie-Terminologie ständig durcheinander: vom Wiedersehen redet 14, 19; 16, 16. 19. 22, davon, daß er lebt 14, 9, von seiner Erscheinung vor den Jüngern 14, 21 f.; andrerseits reden von seinem Kommen 14, 3. 18. 23. 28, und das für die eschatologische Erwartung so charakteristische ἐν ἐκείνῃ τῇ ἡμέρᾳ findet sich 14, 20; 16, 23. 26, das ἔρχεται ὥρα 16, 25. Und dazwischen schiebt sich die Verheißung des Geistes 14, 15—17. 26; 15, 26; 16, 7—11. 13—15. Das eine Ereignis aber, das in alledem gemeint ist, ist kein äußeres Geschehen, sondern das innere: der Sieg, den Jesus gewinnt, indem sich aus der Überwindung des Anstoßes im Menschen der Glaube erhebt. Der Sieg über den ἄρχων τοῦ κόσμου, den Jesus errungen hat, ist die Tatsache, daß es jetzt den Glauben gibt, der in ihm die Offenbarung Gottes sieht. Dem ἐγὼ νενίκηκα τὸν κόσμον (16, 33) entspricht das Bekenntnis der Glaubenden: αὕτη ἐστὶν ἡ νίκη ἡ νικήσασα τὸν κόσμον, ἡ πίστις ἡμῶν. τίς ἐστιν ὁ νικῶν τὸν κόσμον εἰ μὴ ὁ πιστεύων ὅτι Ἰησοῦς ἐστιν ὁ υἱὸς τοῦ θεοῦ (1. Joh 5, 4 f.). Daß es sich um ein inneres Geschehen handelt, wird in dem kurzen Dialog zwischen Judas und Jesus ausdrücklich festgestellt: κύριε, καὶ τί γέγονεν ὅτι ἡμῖν μέλλεις ἐμφανίζειν καὶ οὐχὶ τῷ κόσμῳ; Jesu Antwort lautet: ἐάν τις ἀγαπᾷ με, τὸν λόγον μου τηρήσει, καὶ ὁ πατήρ μου ἀγαπήσει αὐτόν, καὶ πρὸς αὐτὸν ἐλευσόμεθα καὶ μονὴν παρ᾽ αὐτοῦ ποιησόμεθα (14, 22 f.). Das Gleiche gilt von der Sendung des Geistes, dem πνεῦμα τῆς ἀληθείας, ὃ ὁ κόσμος οὐ δύναται λαβεῖν, ὅτι οὐ θεωρεῖ αὐτὸ οὐδὲ γινώσκει. ὑμεῖς γινώσκετε αὐτό, ὅτι παρ᾽ ὑμῖν μένει καὶ

ἐν ὑμῖν ἔσται (14, 17). Daß endlich die Parusie für Johannes nicht
ein bevorstehendes dramatisch-kosmisches Ereignis ist, versteht
sich von selbst, wenn schon das Kommen Jesu die κρίσις ist
(§ 42, 1); dementsprechend fehlen bei Johannes die synoptischen
Parusieweissagungen vom Kommen des Menschensohnes in der
δόξα seines Vaters, auf den Wolken des Himmels und dgl. (Mk
8, 38; 13, 26 f. usw., s. S. 31).

4. Der Tatsache, daß bei Johannes die „Heilstatsachen" im
traditionellen Sinne keine Rolle spielen, und daß das ganze Heilsgeschehen: Menschwerdung, Tod und Auferstehung Jesu, Pfingsten und die Parusie in das eine Geschehen verlegt ist: die Offenbarung der ἀλήθεια Gottes im irdischen Wirken des Menschen
Jesus und die Überwindung des Anstoßes im Glauben — dieser
Tatsache entspricht es, daß auch d i e S a k r a m e n t e keine
Rolle spielen. Zwar setzt Johannes offenbar die Taufe als kirchlichen Brauch voraus, wenn er 3, 22 berichtet, daß Jesus Jünger
wirbt und tauft. (Korrigierend wird 4, 2 versichert, daß nicht er
selbst getauft habe, sondern seine Jünger; eine alte Glosse?) Aber
in dem überlieferten Text von 3, 5: ἐὰν μή τις γεννηθῇ ἐξ ὕδατος
καὶ πνεύματος, οὐ δύναται εἰσελθεῖν εἰς τὴν βασιλείαν τοῦ θεοῦ
ist das ὕδατος καί sichtlich eine Einfügung der kirchlichen Redaktion; denn im folgenden ist nur noch von der Wiedergeburt aus
dem Geist und nicht mehr von der Taufe die Rede, und dem Wort
vom freien Wehen des Geistes (V. 8) widerspricht es, daß der
Geist an das Taufwasser gebunden sein soll. In der Fußwaschung
(13, 4 ff.) findet man vielfach die Taufe dargestellt; mit Unrecht.
Sie bildet vielmehr den Dienst Jesu überhaupt ab, der die Jünger
zu reinen macht; sie sind aber nach 15, 3 rein durch das Wort,
das Jesus zu ihnen gesprochen hat. Die kirchliche Redaktion hat
den Bericht vom Lanzenstich (19, 34 a) glossiert (V. 34 b. 35)
und in dem der Wunde entströmenden Blut und Wasser die Sakramente des Herrenmahls und der Taufe abgebildet gesehen
(S. 407). Das χρῖσμα, das die Gemeinde nach 1. Joh 2, 20. 27 empfangen hat, und das ihr Erkenntnis verleiht (μένει ἐν ὑμῖν καὶ
. . . διδάσκει ὑμᾶς περὶ πάντων, καὶ ἀληθές ἐστιν . . .) ist das πνεῦμα
τῆς ἀληθείας, von dem das Gleiche gilt (14, 17: ὅτι παρ' ὑμῖν μένει
καὶ ἐν ὑμῖν ἔσται und 14, 26: ἐκεῖνος ὑμᾶς διδάξει πάντα; vgl. 16, 13).
Ob dieser Geist als durch die Taufe vermittelt gedacht wird, was
die Bezeichnung χρῖσμα vermuten lassen könnte, läßt sich fragen.
Wie aber das πνεῦμα τῆς ἀληθείας von 14, 17. 26; 16, 13 die Kraft

des in der Gemeinde wirkenden Wortes ist (§ 50, 7), so wird auch das χρῖσμα von 1. Joh eben das machterfüllte Wort sein.

D a s H e r r e n m a h l ist wie in 19, 34 b, so in 6, 51 b—58 durch die kirchliche Redaktion eingebracht worden (S. 407); denn das „Brot des Lebens" der vorhergehenden Worte Jesu meint zweifellos nicht das sakramentale Mahl, sondern bezeichnet, wie das „Lebenswasser" und das „Licht", Jesus selbst als den, der das Leben bringt, indem er es ist (11, 25; 14, 6). Auch stimmt die in 6, 51 b—58 enthaltene Vorstellung vom φάρμακον ἀθανασίας nicht zur Eschatologie des Johannes (§ 45, 3; S. 391), und endlich ist der Anstoß, den die Juden daran nehmen, daß Jesus sein Fleisch als Speise darbietet, ganz anderer Art als die johanneischen σκάνδαλα, die in dem eigentümlichen Dualismus des Johannes begründet sind, von dem hier nicht die Rede ist. Im Bericht vom letzten Mahl erzählt Johannes nichts von der Einsetzung des Herrenmahles, die er vielmehr durch das Abschiedsgebet Jesu ersetzt hat (S. 407), wie er die καινὴ διαθήκη, von der die traditionellen Abendmahlsworte reden (1. Kr 11, 25), durch die καινὴ ἐντολή ersetzt hat (13, 34). Dagegen berichtet das Redaktionskap. 21 in V. 13 von einer mysteriösen Mahlzeit, die der Auferstandene den Jüngern zuteil werden läßt, und damit ist offenbar das Herrenmahl gemeint.

Man wird also sagen dürfen, daß Johannes zwar nicht direkt gegen die Sakramente polemisiert, ihnen aber kritisch oder wenigstens zurückhaltend gegenübersteht.

§ 48. DIE OFFENBARUNG ALS DAS WORT

1. Es bleibt die Frage: welches sind die Werke, die Jesus vollbringt, und die für ihn „zeugen" (5, 36; 10, 25)? Sind es d i e σ η μ ε ῖ α , die Wunder, die Mt 11, 2 die ἔργα τοῦ Χριστοῦ genannt werden? Diese können es wenigstens nicht in dem Sinne sein, daß sie eine eindeutige Legitimation wären. Denn sie sind ja zweideutige Zeichen, deren Sinn erst im Glauben erfaßt wird (§ 46, 3). Sie gleichen darin den Worten, die ja ebenso zweideutig und mißverständlich sind (§ 46, 4); ja, sie sind im Grunde nichts anderes als Worte, verba visibilia. Nur so ist es auch verständlich, daß im Rückblick auf Jesu Wirksamkeit diese als ganze beschrieben werden kann als ein ποιεῖν σημεῖα (12, 37; 20, 30), obwohl doch in der Darstellung selbst die σημεῖα den ῥήματα

untergeordnet sind und der Rückblick des Abschiedsgebets das
Wirken Jesu als die Überlieferung der ῥήματα, die Gott ihm gab,
bezeichnet (17, 8. 14).

In der Tat: d i e W e r k e J e s u — als Ganzes einheitlich gesehen: sein Werk — s i n d s e i n e W o r t e. Wenn Jesus sagt:
τὰ γὰρ ἔργα ἃ δέδωκέν μοι ὁ πατὴρ ἵνα τελειώσω αὐτά, αὐτὰ τὰ ἔργα ἃ
ποιῶ, μαρτυρεῖ περὶ ἐμοῦ ὅτι ὁ πατήρ με ἀπέσταλκεν (5, 36), so zeigen
ja die vorhergehenden Worte (5, 19 f..), welches die eigentlichen
Werke Jesu sind, nämlich das κρίνειν und ζωοποιεῖν, und wie sie
gewirkt werden, nämlich durch sein Wort. Wie Tat und Wort
identisch sind, zeigen zahlreiche Formulierungen.

8, 28: τότε γνώσεσθε ὅτι ἐγώ εἰμι καὶ ἀπ' ἐμαυτοῦ π ο ι ῶ οὐδέν,
     ἀλλὰ καθὼς ἐδίδαξεν με ὁ πατήρ, ταῦτα λ α λ ῶ.
14,10: τὰ ῥ ή μ α τ α ἃ ἐγὼ λέγω ὑμῖν ἀπ' ἐμαυτοῦ οὐ λαλῶ,
     ὁ δὲ πατὴρ ὁ ἐν ἐμοὶ μένων ποιεῖ τὰ ἔ ρ γ α αὐτοῦ.
15, 22. 24: εἰ μὴ ἦλθον καὶ ἐ λ ά λ η σ α αὐτοῖς, ἁμαρτίαν οὐκ εἴχοσαν, . . .
     εἰ τὰ ἔ ρ γ α μὴ ἐποίησα ἐν αὐτοῖς . . ., ἁμαρτίαν οὐκ εἴχοσαν.

Vgl. weiter 8, 38 den Wechsel von λαλεῖν und ποιεῖν; 17, 4. 8. 14 den Wechsel von ἔργον, ῥήματα und λόγος. Dem entspricht der Wechsel von „Sehen"
und „Hören" 8, 38 usw., darüber s. u. — Der Tatsache, daß die Werke
nicht begründend zu den Worten hinzukommen, sondern nichts anderes
als die Worte sind, scheinen 10, 38 und 14, 11 zu widersprechen, denn
hier heißt es beide Male: „wenn ihr m i r nicht glaubt, so glaubt doch
den W e r k e n (bzw. um der Werke willen)!" Und bedeutet das „mir"
nicht: „meinen Worten" ? Allein die Folge von 14, 11 auf 14, 10 zeigt, daß
die ἔργα nichts anderes sind als die ῥήματα. Wenn Jesus nun von seiner Person weg auf sein Wirken weist, so kann das doch nur so gemeint sein, daß
er von einem Autoritätsglauben, der das ü b e r Jesus Gesagte hinnimmt,
auf einen Glauben verweist, der Jesu Wort als die ihn treffende A n r e d e ,
also als sein Wirken, versteht. In diesem Sinne weist Jesus ja 10, 24 f.
die Forderung der Juden zurück, er solle offen sagen, ob er der Messias
ist; die Antwort darauf sollen sie seinen Werken entnehmen, die für ihn
zeugen.

D i e I d e n t i t ä t v o n W e r k u n d W o r t ist weiter
an dem sichtbar, was über das Wirken des Wortes gesagt wird.
Τὰ ῥήματα ἃ ἐγὼ λελάληκα ὑμῖν, πνεῦμά ἐστιν καὶ ζωή ἐστιν (6, 63).
Und dem folgt das Bekenntnis des Petrus: ῥήματα ζωῆς αἰωνίου
ἔχεις (6, 68). Wer Jesu Wort hört und dem, der ihn geschickt hat,
glaubt, hat das ewige Leben, ist vom Tode zum Leben hinübergeschritten (5, 24); wer sein Wort hält, wird in Ewigkeit den
Tod nicht sehen (8, 51). S e i n W o r t g i b t a l s o d a s L e -
b e n ; und keinen anderen Sinn hat es natürlich, daß sein Wort
in die Erkenntnis der Wahrheit und damit in die Freiheit führt

(8, 31 f.). Sein Wort macht rein und heilig (15, 3; 17, 17). Damit ist das Wort natürlich z u g l e i c h d e r R i c h t e r über den Unglauben:

καὶ ἐάν τίς μου ἀκούσῃ τῶν ῥημάτων καὶ μὴ φυλάξῃ,

  ἐγὼ οὐ κρίνω αὐτόν . . .

ὁ ἀθετῶν ἐμὲ καὶ μὴ λαμβάνων τὰ ῥήματά μου

  ἔχει τὸν κρίνοντα αὐτόν·

  ὁ λόγος ὃν ἐλάλησα, ἐκεῖνος κρίνει αὐτόν (12, 47 f.).

2. Was aber ist d e r I n h a l t d e s W o r t e s bzw. der Worte Jesu? W a s J e s u s b e i m V a t e r g e s e h e n o d e r g e h ö r t h a t , das redet er, bzw — wie es infolge der Identität von Wort und Tat auch heißen kann — das zeigt er oder das tut er. So entspricht es dem Schlußsatz des Prologs: θεὸν οὐδεὶς ἑώρακεν πώποτε· μονογενὴς υἱὸς ὁ ὢν εἰς τὸν κόλπον τοῦ πατρός, ἐκεῖνος ἐξηγήσατο (1, 18; vgl. 6, 46).

Jesus bezeugt bzw. redet, was er (beim Vater) gesehen hat (3, 11; 8, 38) bzw. was er gesehen und gehört hat (3, 32) oder einfach, was er gehört hat (8, 26. 40; 15, 15; vgl. 5, 30; das Gleiche vom Geist 16, 13); er redet, wie ihn der Vater gelehrt hat (8, 28; vgl. 7, 17), wie ihm der Vater geboten hat (12, 49); er spricht die Worte, die ihm der Vater gegeben hat (17, 8); er tut, was den Vater tun sieht, was der Vater ihm zeigt (5, 19 f.). Ganz allgemein: er offenbart den Namen des Vaters (17, 6. 26). Es macht dabei keinen Unterschied, ob im Präsens geredet wird von dem, was der Sohn sieht oder hört (5, 19 f. 30), oder im Präteritum von dem, was er gesehen oder gehört hat (die übrigen Stellen), sowenig ein Unterschied besteht zwischen 6, 37: πᾶν ὃ δίδωσίν μοι ὁ πατήρ und 10, 29: ὁ πατήρ μου ὃς δέδωκέν μοι (sc. αὐτά).

Nun ist aber das Erstaunliche, daß Jesu Worte nie etwas Spezielles und Konkretes mitteilen, was er beim Vater gesehen oder gehört hat. Nirgends teilt er Dinge oder Vorgänge mit, deren Augen- oder Ohrenzeuge er gewesen wäre. Nirgends ist Thema seiner Rede die himmlische Welt; er teilt auch keine kosmogonischen und soteriologischen Mysterien mit wie der gnostische Erlöser. Thema seiner Rede ist immer nur das Eine, daß der Vater ihn gesandt hat, daß er gekommen ist als das Licht, das Lebensbrot, als Zeuge für die Wahrheit usw., daß er wieder gehen wird, und daß man an ihn glauben muß. Es ist also deutlich, daß die mythologischen Aussagen ihren mythologischen Sinn verloren haben. Im Ernste ist Jesus nicht als ein präexistentes Gottwesen vorgestellt, das in Menschengestalt auf die Erde gekommen ist, um unerhörte Geheimnisse zu offenbaren; sondern die

mythologische Terminologie soll die absolute und entscheidende
Bedeutung seines Wortes charakterisieren; die mythologische
Präexistenzvorstellung ist dem Offenbarungsgedanken dienstbar gemacht. Sein Wort erhebt sich nicht aus der Sphäre menschlichen Beobachtens und Denkens, sondern kommt von jenseits
her; es ist ein aller menschlichen Motivation entnommenes, determiniertes Wort, wie auch das Reden und Handeln der Menschen, wenn er sich in feindlichen Widerspruch zu seinem Wort
setzt, nur ein determiniertes — dann freilich vom Teufel — sein
kann (8, 38, 41). Sein Wort ist deshalb menschlicher Kontrolle
schlechthin enthoben und ist ein autoritatives Wort, das den
Hörer vor die Entscheidung über Tod und Leben stellt.

Das Gleiche besagen jene Versicherungen, daß Jesus nichts
von sich aus tut und redet (s. o. 1) — Sätze, die ja auch die Autorität Jesu einschärfen sollen, dessen Worte, obgleich die Worte
eines Menschen, doch nicht menschliche Worte sind: οὐδέποτε
ἐλάλησεν οὕτως ἄνθρωπος, ὡς οὗτος λαλεῖ ὁ ἄνθρωπος (7, 46)! Eine
gewisse Analogie ist das Wort der alttestamentlichen Propheten,
die ja auch nicht von sich aus reden, sondern durch Gott inspiriert sind. Aber die Analogie zeigt auch den Unterschied: Jesu
Worte sind nicht j e w e i l s inspiriert, sondern er redet und
handelt s t ä n d i g aus der Einheit mit Gott (s. o..1). Seine
Worte stellen nicht wie die der Propheten die jeweilige konkrete
geschichtliche Situation des Volkes unter das Licht der göttlichen Forderung, Verheißung oder Drohung, sie lehren nicht das
jeweils Notwendige erkennen, sondern durch die Begegnung mit
seiner Person wird der Mensch in seiner menschlichen Situation
schlechthin in die Entscheidung gerufen. Kein Prophet hat absolute Bedeutung; einer folgt auf den andern. Auf Jesus folgt
kein neuer Offenbarer; in ihm ist ein für allemal die Offenbarung
Gottes der Welt gegeben, und diese Offenbarung ist unerschöpf-
lich. Denn was an neuen Erkenntnissen der Gemeinde noch geschenkt werden wird durch den Geist, das wird nur Erinnerung
an das sein, was Jesus gesagt hat (14, 26), oder, wie Jesus sagt,
ἐκ τοῦ ἐμοῦ λήμψεται (16, 14; § 50, 7).

So kommt der tiefere Sinn jenes eigentümlichen Schwankens
oder Wechsels der Ausdrucksweise zwischen „reden" und „tun",
„Wort" und „Werk" zutage. Jesu Worte vermitteln gar keinen
greifbaren Inhalt als eben den, daß sie Worte des Lebens, Worte
Gottes, sind; d. h. nicht durch ihren Inhalt, sondern als s e i n e

Worte, als Worte dessen, der sie spricht, sind es Worte des Lebens, Worte Gottes. Nicht in ihrem zeitlosen Gehalt, sondern in
ihrem Gesprochenwerden liegt ihr Besonderes und Entscheidendes — und deshalb sind sie ebenso „Werke" wie „Worte"; Jesu
Tun ist ein Reden, sein Reden ein Tun.

Eben deshalb sind so gut wie alle Worte Jesu bei Johannes
S e l b s t a u s s a g e n, und es kann nicht darüber hinaus ein
bestimmter Komplex von Gedanken als ihr Inhalt, als Jesu
„Lehre", angegeben werden. Darum der radikale Unterschied
der Verkündigung Jesu bei Johannes von der der Synoptiker;
nur ein Minimum der überlieferten Herrenworte hat Johannes
aufgenommen (§ 41, 1). Seine Worte sind Selbstaussagen — das
bedeutet nicht: Lehren über die metaphysische Qualität seiner
Person, christologische Belehrung. Im Gegenteil! Würden sie so
verstanden, so würden sie mißverstanden; denn es wäre nicht
verstanden, daß seine ῥήματα ἔργα sind. Wer sie so auffaßt, der
müßte sich wie die Juden, die von ihm die klare Aussage verlangen, ob er der Messias ist, auf seine Werke verweisen lassen
(10, 24 f.; s. o. S. 413).

Seine Worte sind Selbstaussagen; denn s e i n W o r t i s t
e r s e l b s t (S. 371). Was von seinem Wort gilt, gilt von ihm
selbst: seine Worte sind „Leben", sind „Wahrheit" (6, 63; 17, 17),
und andrerseits: ἐγώ εἰμι ἡ ὁδὸς καὶ ἡ ἀλήθεια καὶ ἡ ζωή (14, 6).
Wer sein Wort hört und dem glaubt, der ihn schickte, hat das
Leben (5, 24), und andrerseits: ἐγώ εἰμι ἡ ἀνάστασις καὶ ἡ ζωή · ὁ
πιστεύων εἰς ἐμὲ κἂν ἀποθάνῃ ζήσεται (11, 25). Seine Worte (12,
48; 17, 8), sein „Zeugnis" (3, 11. 32 f.) gilt es „anzunehmen" (λαμβάνειν), und andrerseits: ihn gilt es „anzunehmen" (1, 12; 5, 43;
vgl. 13, 20). Ihn verwerfen (ἀθετεῖν) und seine Worte nicht annehmen, ist identisch (12, 48). Daß die Seinen in ihm „bleiben"
und er in ihnen, und daß seine Worte in ihnen „bleiben", ist das
Gleiche (15, 4—7). Er ist der Richter (5, 22. 27), und sein Wort
ist es, das richtet (12, 48). So kann denn der Evangelist ihm als
dem Präexistenten den mythologischen Titel Λ ό γ ο ς beilegen.

So gewiß Λ ό γ ο ς Joh 1, 1 nicht Begriffswort, sondern Eigenname ist,
so gewiß ist für den Evangelisten der begriffliche Sinn des Namens „Wort"
lebendig. Denn schwerlich beginnt er sein Evangelium mit dem Satz ἐν
ἀρχῇ ἦν ὁ Λόγος, ohne an das ἐν ἀρχῇ von Gen 1, 1 und an das „Gott
sprach" der Schöpfungsgeschichte Gen 1 zu denken. Das geht aber auch
aus 1. Joh 1, 1 hervor, wo an Stelle der Person des Λόγος gleichbedeutend
die sachliche Größe des λόγος τῆς ζωῆς getreten ist (ὃ ἦν ἀπ' ἀρχῆς, ὃ ἀκη-
κόαμεν . . . περὶ τοῦ λόγου τῆς ζωῆς), wo also der begriffliche Sinn „Wort"

ganz deutlich ist. — Der Titel *Λόγος* geht nicht auf das AT zurück, wo
— wie auch im Judentum — nie absolut von „dem Wort" geredet wird,
sondern vom „Wort Gottes". Dieses aber bezeichnet — wie das rabbinische מֵימְרָא דַיַי –– nicht eine bestimmte Gestalt (sei es eine Person, sei
es eine kosmische Potenz, eine „Hypostase"), sondern das jeweilige Macht-
wirken Gottes. Der Titel *Λόγος* stammt aber auch nicht aus der griechisch-
philosophischen (speziell stoischen) Tradition, die dem Evangelisten
durch Philon v. Al. vermittelt worden wäre; denn der philosophische
Gedanke vom *λόγος* als der rationalen Gesetzlichkeit des göttlichen Kosmos liegt Johannes ganz fern. Vielmehr stammt die Gestalt des *Λόγος* aus
der Tradition einer kosmologischen Mythologie, die auch das Judentum
und speziell Philon beeinflußt hat. In der alttestamentlich - jüdischen
Literatur erscheint die Gestalt der „Weisheit", die eine Parallele zum
„Wort" ist, wie denn bei Philon „Wort" und „Weisheit" nebeneinander
erscheinen. In der Gnosis, deren Einfluß auch bei Philon wirksam ist, hat
die Gestalt des *Λόγος*, nicht nur kosmologische, sondern auch soteriologische Funktion. In dieser Sphäre liegt der Ursprung des johanneischen
Logos. Vgl. außer den zu § 45 genannten Arbeiten von Boismard und
Eltester: H. Schlier, Im Anfang war das Wort, in: Die Zeit der Kirche,
1956, 274—287.

Seine Worte sind Selbstaussagen, und so konzentriert sich
schließlich alle Offenbarung, die er bringt, in den großen Sätzen
des *ἐγώ εἰμι*.

ἐγώ εἰμι ὁ ἄρτος τῆς ζωῆς.
ὁ ἐρχόμενος πρὸς ἐμὲ οὐ μὴ πεινάσῃ,
   καὶ ὁ πιστεύων εἰς ἐμὲ οὐ μὴ διψήσει πώποτε (6, 35; vgl. 6, 51a).
ἐγώ εἰμι τὸ φῶς τοῦ κόσμου.
ὁ ἀκολουθῶν μοι οὐ μὴ περιπατήσῃ ἐν τῇ σκοτίᾳ,
   ἀλλ' ἕξει τὸ φῶς τῆς ζωῆς (8, 12).
ἐγώ εἰμι ἡ θύρα (10, 9), *ἐγώ εἰμι ὁ ποιμὴν ὁ καλός* (10, 11. 14).
ἐγώ εἰμι ἡ ἀνάστασις καὶ ἡ ζωή (11, 25).
ἐγώ εἰμι ἡ ὁδὸς καὶ ἡ ἀλήθεια καὶ ἡ ζωή (14, 6).
ἐγώ εἰμι ἡ ἄμπελος ἡ ἀληθινή (15, 1. 5).

Ja, schließlich kann Jesus dieses *ἐγώ εἰμι* auch absolut, ohne
eine Ergänzung sprechen: *ἐὰν γὰρ μὴ πιστεύσητε ὅτι ἐγώ εἰμι,*
ἀποθανεῖσθε ἐν ταῖς ἁμαρτίαις ὑμῶν (8, 24), und: *ὅταν ὑψώσητε τὸν*
υἱὸν τοῦ ἀνθρώπου, πότε γνώσεσθε ὅτι ἐγώ εἰμι (8, 28). Was ist zu
ergänzen? Offenbar nichts Bestimmtes, Spezielles, sondern:
„alles das, von dem ich sage, daß ich es bin" — oder vielleicht
besser: „derjenige, von dem Leben und Tod, Sein und Nichtsein
abhängt", „derjenige, auf den alle Welt wartet, als auf den,
der das Heil bringt". Denn es ist zu beachten, daß in den *ἐγώ-εἰμι*-
Sätzen das *ἐγώ* Prädikat und nicht Subjekt ist; der Sinn ist

immer der: „in m i r ist gegenwärtig das Lebensbrot, das Licht usw." (S. 379).

Alle Bilder vom Brot und vom Licht, von der Tür und vom Weg, vom Hirten und vom Weinstock meinen doch das, was unbildlich das Leben und die Wahrheit heißt, also das, was der Mensch haben muß und was zu haben er ersehnt, um eigentlich existieren zu können. Mit dem ἐγώ εἰμι stellt sich also Jesus als den vor, auf den die Welt wartet und der alles Sehnen erfüllt. Symbolisch ist das in der Szene am Brunnen in Samaria dargestellt. Auf die Worte der Samariterin: οἶδα ὅτι Μεσσίας ἔρχεται . . . ὅταν ἔλθῃ ἐκεῖνος, ἀναγγελεῖ ἡμῖν ἅπαντα, antwortet Jesus: ἐγώ εἰμι, ὁ λαλῶν σοι (4, 25 f.). Und ähnlich antwortet er dem geheilten Blinden auf seine Frage, wer der Menschensohn sei: καὶ ἑώρακας αὐτὸν καὶ ὁ λαλῶν μετὰ σοῦ, ἐκεῖνός ἐστιν (9, 37). Das Sehnen der Welt gewinnt ja Gestalt im Gedanken des H e i l - b r i n g e r s in seinen verschiedenen Formen, mit seinen verschiedenen Titeln; und so werden denn Jesus bei Johannes die Heilbringer-Titel der jüdischen wie der hellenistischen Tradition beigelegt (§ 45, 2). Jesus ist der, in dem sich die alte Hoffnung erfüllt; sein Kommen ist das eschatologische Ereignis (§ 45, 3). Daß alle traditionellen Titel nicht genügen, deutet der Titel an, der im Bekenntnis des Petrus erscheint: καὶ ἡμεῖς πεπιστεύκαμεν καὶ ἐγνώκαμεν ὅτι σὺ εἶ ὁ ἅγιος τοῦ θεοῦ (6, 69). Dieser Titel begegnet im NT nur noch einmal in dem Dämonenbekenntnis Mk 1, 24; er hat keine (wenigstens keine erkennbare) Tradition; denn wohl wird Jesus auch 1. Joh 2, 20; Apk 3, 7 als ὁ ἅγιος bezeichnet, aber dort liegt kein Titel vor, sondern der Sinn ist „der, der heilig ist". Der Titel bezeichnet Jesus als den schlechthin Jenseitigen, der auf die Seite Gottes gehört und der Welt als der Vertreter Gottes gegenübersteht. Aber zugleich soll man doch wohl auch heraushören, daß er der ist, ὃν ὁ πατὴρ ἡγίασεν καὶ ἀπέστειλεν εἰς τὸν κόσμον (10,36), und der sich für die Seinen heiligt (17,19; S. 407).

3. So zeigt sich schließlich, daß Jesus als der Offenbarer Gottes n i c h t s o f f e n b a r t , a l s d a ß e r d e r O f f e n b a - r e r i s t , und daß damit gesagt ist, daß er der ist, auf den die Welt wartet und der in seiner Person das bringt, worauf alle Sehnsucht des Menschen geht: Leben und Wahrheit als die Wirklichkeit, aus der der Mensch existieren kann, Licht als die völlige Durchsichtigkeit der Existenz, in der Fragen und Rätsel ein Ende haben. Wie aber ist und bringt er das? in keiner anderen Weise,

als daß er sagt, daß er es sei und bringe, — er, der Mensch im menschlichen Wort, das ohne Legitimation den Glauben fordert. Johannes stellt also in seinem Evangelium nur das Daß der Offenbarung dar, ohne ihr Was zu veranschaulichen.

Im gnostischen Mythos, dessen Sprache für Johannes das Ausdrucksmittel ist, genügt es im Grunde, daß die Offenbarung in nichts anderem besteht als in dem Daß, d. h. in dem Satze, daß der Offenbarer gekommen und gegangen, herabgestiegen und wieder erhöht worden sei. Denn wenn auch die Gnosis von dem Was der Offenbarung reichlich redet in kosmogonischen und und soteriologischen Spekulationen, so ist doch für sie das Entscheidende das bloße Daß. Und zwar deshalb, weil für sie der Erlöser eine kosmische Gestalt und die Erlösung im Grunde ein kosmischer Vorgang ist, durch den die Lichtelemente, die in der materiellen Welt gefangen sind, befreit und in die Lichtwelt emporgeführt werden (S. 393 f.). Der kosmische Zusammenhang zwischen dem Erlöser und den Erlösten, die Identität ihrer φύσις, ist die Voraussetzung der Erlösung. Sein Geschick ist vermöge dieser Identität das ihre, und dies zu erkennen, d. h. die eigene φύσις und ihre Gebundenheit an den Erlöser zu erkennen, ist der Inhalt der Offenbarung und der sie aufnehmenden γνῶσις. Da aber Johannes aus dem Mythos die kosmologischen Voraussetzungen streicht, da er nicht von der φύσις des Erlösers und der Erlösten und von dem Seelenschicksal redet, so scheint bei ihm nur das leere Daß der Offenbarung zu bleiben. Er füllt den Inhalt der Offenbarung nicht durch rationale oder spekulative Erkenntnisse oder auch durch die Reproduktion der Verkündigung des synoptischen Jesus. Es lag deshalb nahe, ihn für einen Mystiker zu erklären; da in der Mystik der Negation allen anschaulichen Offenbarungsinhalts das seelische Erlebnis korrespondiert, dessen Gehalt alle Aussagemöglichkeiten transzendiert. Aber Johannes ist kein Mystiker. Die von ihm übernommenen mystischen Formeln sind im Sinne des Offenbarungsgedankens verstanden (§ 47, 1). Jegliches Interesse an Seelendisziplin und seelischen Erlebnissen fehlt; es fehlen die für die Mystik charakteristischen negativen Gottesprädikationen. Und die Negation der Welt hat bei ihm nicht den Sinn, den sie in der Mystik hat, d. h. sie hat nicht den ontologischen Sinn, die Seinsweise Gottes mittels der via negationis zu beschreiben, sondern wie die „Welt" als geschichtliche Macht gesehen ist, nämlich als die in der Empörung gegen Gott sich konstituierende Menschenwelt (§§ 42. 44), so ist ihre Negation die Verurteilung des Menschen, die Verneinung seiner angemaßten Selbständigkeit und der aus dieser erwachsenden Wertungen und Maßstäbe.

Wenn aber die Offenbarung weder als die Vermittlung einer bestimmten Lehre noch als die Entzündung eines seelischen Erlebnisses dargestellt werden soll, so läßt sich nur ihr bloßes Daß darstellen. Dies bleibt aber kein leeres, da sie als die Erschütterung und Negierung aller menschlichen Selbstbehauptung und aller menschlichen Maßstäbe und Wertungen dargestellt wird, die gerade als solche Negierung die Bejahung und Erfüllung der menschlichen Sehnsucht nach Leben, nach echter Wirklichkeit ist. Daß sie das ist, kann nur der Glaube sehen, der den Anstoß überwindet und sich jener Negierung unterwirft, der seine Blindheit anerkennt, um so sehend zu werden (9, 39). Es wird dann klar, daß der zum Glauben gerufene Mensch keinen Ausweis, keine Legitimation des Wortes der Offenbarung verlangen kann, keine μαρτυρία (S. 397).

Jesus kann sich nicht legitimieren, kann keine μαρτυρία beibringen in dem Sinne, wie die Welt eine μαρτυρία verlangt. Freilich zeugen die „Schriften" für Jesus (5, 39); aber den Sinn dieses Zeugnisses haben die Juden verdreht (S. 380). Freilich Gott zeugt für ihn (5, 31 f.); aber dieses Zeugnis akzeptiert die Welt nicht, weil sie Gott nicht kennt (5, 37; 7, 28; 8, 19. 55; 16, 3). Und wie zeugt Gott für ihn? Durch seine Werke (5, 36 f.; 10, 25)! Aber diese Werke sind ja identisch mit seinem Wort (S. 412 ff.), mit seiner Behauptung also, daß er der Offenbarer ist. Das Zeugnis ist also zugleich das, was bezeugt werden soll! Und deshalb kann neben dem Satz, daß Jesus nicht für sich zeugt, der andere stehen, daß er für sich zeugt (8, 14. 18). Er zeugt für sich durch sein ἐγώ εἰμι. Dieses Zeugnis aber versteht als Zeugnis nur der Glaube: ὁ λαβὼν αὐτοῦ τὴν μαρτυρίαν ἐσφράγισεν ὅτι ὁ θεὸς ἀληθής ἐστιν (3, 33). ῾Ο πιστεύων εἰς τὸν υἱὸν τοῦ θεοῦ ἔχει τὴν μαρτυρίαν ἐν ἑαυτῷ. ὁ μὴ πιστεύων τῷ θεῷ ψεύστην πεποίηκεν αὐτόν (1. Joh 5, 10). Das ist das Paradox, daß das Wort Jesu seine Beglaubigung nicht im Rückgang vom bezeugenden Wort auf die bezeugte Sache, die außerhalb seiner aufweisbar wäre, findet, sondern nur in der gläubigen Annahme des Wortes. Das ist auch der Sinn des Wortes: ἐάν τις θέλῃ τὸ θέλημα αὐτοῦ (sc. τοῦ θεοῦ) ποιεῖν, γνώσεται περὶ τῆς διδαχῆς (sc. τῆς ἐμῆς), πότερον ἐκ τοῦ θεοῦ ἐστιν ἢ ἐγὼ ἀπ' ἐμαυτοῦ λαλῶ (7, 17). Denn das „Tun des Willens Gottes" meint nicht ein moralisches Verhalten, so daß das Wort dazu auffordern würde, zunächst mit der Ethik zu beginnen, woraus dann schon ein Verständnis für die Dogmatik erwachsen würde. Vielmehr fordert der Wille Gottes nichts anderes als den Glauben (6, 29). Nur in diesem Glauben wird die bezeugte Sache gesehen und der Zeuge als legitim erkannt; m. a. W. nur dem Glauben erschließt sich der Gegenstand des Glaubens. Wer aber in solchem Glauben das Zeugnis „in sich hat", hat damit eben das Leben: καὶ αὕτη ἐστὶν ἡ μαρτυρία ὅτι ζωὴν αἰώνιον ἔδωκεν ὁ θεὸς ἡμῖν (1. Joh 5, 11).

Es wird dann endlich klar, daß der Offenbarer nichts ist als ein bestimmter geschichtlicher Mensch, Jesus von Nazareth. Und die Frage: warum gerade dieser? darf nicht beantwortet werden, wenn nicht der Anstoß, der wesenhaft zur Offenbarung gehört, zunichte gemacht werden soll. In einer bestimmten Gestalt muß dieser Jesus den Menschen natürlich begegnen; aber Johannes beschränkt sich darauf von ihm nur das sichtbar werden zu lassen, was Anstoß ist. Setzt er voraus, daß in den Gemeinden, für die er schreibt, ein Bild von Jesus und seiner Verkündigung aus der Tradition lebendig ist, so will er es jedenfalls unter dem Licht seines Offenbarungsgedankens verstanden wissen. Das würde bedeuten, daß er den Sinn der synoptischen Verkündigung Jesu darin erblickt, daß sie letztlich die Erschütterung und Negierung des Selbstverständnisses der „Welt" ist. Aber jedenfalls sieht er die Aufgabe der Verkündigung der Gemeinde nicht in der Weitergabe der historischen Tradition von Jesus. Das Zeugnis der Gemeinde ist das Zeugnis des ihr geschenkten Geistes, der die Stelle Jesu als der ἄλλος παράκλητος vertritt (14, 16); und wenn der Geist an alles das „erinnert", was Jesus gesagt hat (14, 26), so ist diese Erinnerung nicht die Vergegenwärtigung in der historischen Reproduktion, sondern die Vergegenwärtigung des eschatologischen Geschehens, das mit ihm in die Welt hereingebrochen ist (16, 8—11). Und wenn der Geist „in die ganze Wahrheit führt" (16, 13), so heißt das, daß er im Lichte dieses Geschehens die jeweilige Gegenwart verstehen lehrt (§ 50, 7).

Läßt sich von der Offenbarung in Jesus über ihr Daß hinaus nur reden, indem sie als der Anstoß, als das Gericht über die „Welt", als die Negierung der menschlichen Selbstbehauptung

charakterisiert wird? Eines kann noch geschehen. Da sie sich
als Offenbarung dem Glauben erschließt, so kann ihr Sinn dadurch weiter geklärt werden, daß gezeigt wird, welche Bewegung
sich im Glauben vollzieht.

C. Der Glaube

SCHLATTER, A., Der Glaube im Neuen Testament, (1885) [6]1982 (hrg. v. P. STUHL-
MACHER), 486–520. – SCHNACKENBURG, R., Das Johannesevangelium, I. Teil, (1965)
[5]1981, 508–524. – HEISE, J., Bleiben. Menein in den johanneischen Schriften, 1967. –
HAHN, FERD., Sehen und Glauben im Johannesevangelium, in: Neues Testament und
Geschichte..., FS. O. Cullmann, 1972, 125–141. – LÜHRMANN, D., Der Glaube im
frühen Christentum, 1976 (bes. 60–69). – HÜBNER, H., Art. μένω κτλ., EWNT II,
1981, 1002–1004.

§ 49. DER GLAUBE ALS DAS HÖREN DES WORTES

1. Das Johannesevangelium ist geschrieben, ἵνα πιστεύητε ὅτι
Ἰησοῦς ἐστιν ὁ Χριστὸς ὁ υἱὸς τοῦ θεοῦ, καὶ ἵνα πιστεύοντες ζωὴν
ἔχητε ἐν τῷ ὀνόματι αὐτοῦ (20, 31). Der Täufer war von Gott gesandt, für Jesus zu zeugen, ἵνα πάντες πιστεύσωσιν δι᾽ αὐτοῦ (1, 7).
Gott hat den μονογενὴς υἱὸς gesandt, ἵνα πᾶς ὁ πιστεύων εἰς αὐτὸν
μὴ ἀπόληται, ἀλλ᾽ ἔχῃ ζωὴν αἰώνιον (3, 16). Der Menschensohn
muß erhöht werden, ἵνα πᾶς ὁ πιστεύων ἐν αὐτῷ ἔχῃ ζωὴν αἰώνιον
(3, 15). Den πιστεύοντες εἰς τὸ ὄνομα αὐτοῦ gibt der Fleischgewordene die ἐξουσία, τέκνα θεοῦ γενέσθαι (1, 12). Ὁ πιστεύων εἰς
τὸν υἱὸν ἔχει ζωὴν αἰώνιον (3, 36). So ziehen sich durch das ganze
Evangelium wie durch 1. Joh die Forderung des G l a u b e n s
(6, 29; 12, 36; 1. Joh 3, 23) und die Verheißung für den Glaubenden (6, 35. 40. 47; 7, 37. 38 a; 11, 25 f.; 12, 44—46; 14, 12;
1. Joh 5, 1. 10. 13).

Bildliche Wendungen besagen das Gleiche. Zu Jesus „kommen" meint nichts anderes, als an ihn glauben (5, 40; 6, 37. 44 f.
65), und beides steht in synonymem Parallelismus (6, 35; 7, 37).
Wer ihm als dem „Licht der Welt" „folgt", erhält die gleiche
Verheißung wie der, der an ihn glaubt (8, 12); und ebenso der,
der durch ihn als „Tür" „eingeht" (10, 9), oder der, der von
dem „Wasser" „trinkt", das er spendet (4, 13 f.; vgl. 6, 35; 7, 37).
Nichts anderes als an ihn glauben ist auch, ihn „aufnehmen"
(λαμβάνειν 1, 12; 5, 43) und ihn „lieben" (8, 12; 14, 15. 21 ff.;
16, 27).

In der Terminologie knüpft Johannes an den gemeinchristlichen Gebrauch an, nach dem πιστεύειν die Annahme der christlichen Botschaft
bezeichnet (S. 91 f.; Johannes gebraucht durchweg das Verbum, das Sub-
stantiv πίστις nur 1. Joh 5, 4). Der Gegenstand des Glaubens kann also
durch einen ὅτι-Satz angegeben werden (6, 69; 10, 38; 11, 27. 42; 17, 8;

20, 31; 1. Joh 5, 1. 5 usw.), und dafür kann auch die verkürzte Wendung
πιστεύειν εἰς eintreten (passim im Evangelium wie in 1. Joh; mit *πιστ. ὅτι*
wechselnd 11, 25.—27), womit *πιστ. εἰς τὸ ὄνομα (αὐτοῦ)* gleichwertig ist
(1, 12; 2, 23; 3, 18; 1. Joh 5, 13; vgl. den Wechsel 3, 18). Auch das absolute *πιστεύειν* hat den gleichen Sinn und kann mit *πιστ. ὅτι* ebenso wechseln (11, 40. 42; 16, 30 f.) wie mit *πιστ. εἰς* (3, 18; 4, 39. 41). Spezifisch
johanneisch ist es, daß neben all diesen Wendungen *πιστεύειν* mit dem
Dativ gebraucht wird (5, 38. 46; 8, 45 f. usw.; im Wechsel mit *πιστ. εἰς*
8, 30 f.; *πιστ. τῷ ὀνόματι* statt *εἰς τὸ ὄν.* 1. Joh 3, 23).

Da er und sein Wort identisch sind (§ 48, 1), so können auch
seine Worte als Gegenstand des Glaubens genannt sein (5, 47;
vgl. 2, 22) bzw. die mit den Worten identischen „Werke" (10, 38).
Wie er Gegenstand des *λαμβάνειν* ist (s. o.), so seine *ῥήματα*
(12, 48; 17, 8) oder seine *μαρτυρία* (3, 11. 32 f.; vgl. 1. Joh 5, 9).
Daher erklärt es sich, daß für Joh „ihm Glauben schenken"
(*πιστεύειν* c. Dat.) und „an ihn glauben" (*πιστ. εἰς*) identisch ist.
Es liegt nicht so, daß man zunächst ihm Glauben schenken, ihm
vertrauen müßte, d a m i t man an ihn glauben kann; sondern
man soll ihm glauben, d a ß man an ihn glauben kann; das eine
kann nicht ohne das andere geschehen. So wird deutlich, daß
im verkündigten Wort der Verkündiger selbst begegnet; die
Einheit des Verkündigers mit dem Verkündigten prägt sich in
diesem Sprachgebrauch aus, wie denn „ihn verwerfen" und
„seine Worte nicht aufnehmen" identisch ist (12, 48), oder wie
der Unglaube bedeutet „dem Sohn ungehorsam sein" (3, 36).

Es entspricht der Identität von Wort und Person, daß der
Glaube an ihn aus dem H ö r e n kommt (5, 24), ja, daß er das
Hören selbst ist; sofern es ein echtes Hören ist, nämlich nicht
ein bloßes Vernehmen, sondern ein „Hören" und „Lernen"
(6,45) oder ein *ἀκούειν καὶ φυλάττειν* (12, 47). So kann zwischen
„Hören" und „Hören" unterschieden werden:

   ἔρχεται ὥρα καὶ νῦν ἐστιν
  ὅτε οἱ νεκροὶ ἀκούσουσιν τῆς φωνῆς τοῦ υἱοῦ τοῦ θεοῦ
  καὶ οἱ ἀκούσαντες ζήσουσιν (5, 25).

Daß die Juden Jesu Wort nicht „hören" können (8, 43. 47),
ist gleichbedeutend damit, daß sie ihm nicht glauben können
(8, 45 f.). Wer „aus der Wahrheit" ist, der hört seine Stimme
(18, 37); oder im Bilde: die Schafe hören auf die Stimme des
Hirten (10, 3. 16. 27).

Die Identität von Person und Wort bzw. von Werk und Wort
hat zur Folge, daß wie vom Hören, so auch vom S e h e n ge-

redet werden kann, wie denn 5, 37; 1. Joh 1, 1. 3 (vgl. 3, 32) beide
Verben verbunden sind, und wie sie 8, 38 alternieren. Wie Hören
und Glauben, so können auch Sehen und Glauben miteinander
verbunden werden oder parallel stehen (6, 40; 12, 44 f.).

Die verschiedenen Verba des Sehens (ὁρᾶν (ἰδεῖν, ὄψεσθαι) βλέπειν, θεᾶσθαι und θεωρεῖν) werden bei Johannes ohne Unterschied des Sinnes gebraucht. Gegenstand des Sehens können Personen, Sachen oder Vorgänge sein, die in der irdisch-sichtbaren Welt allgemein wahrnehmbar
sind (1, 38. 47; 9, 8 usw.), ferner übernatürliche Dinge oder Vorgänge, die
nur ausnahmsweise von bestimmten Menschen wahrgenommen werden
(1, 32 ff.; 20, 12. 14 usw.). Während in diesen beiden Fällen das Sehen
eine sinnliche Wahrnehmung ist, bezeichnet es in andern Fällen die innere
Wahrnehmung nicht sinnlich sichtbarer Sachverhalte, und dies ist der
spezifisch johanneische Sprachgebrauch: es ist das Sehen, das in dem
Fleischgewordenen den Gottessohn erkennt. Mit der sinnlichen Wahrnehmung Jesu kann es deshalb paradox zusammenfallen (1, 14; 6, 40;
12, 45; 14, 9 u. sonst); es kann aber auch davon gelöst sein wie 1. Joh
4, 14: καὶ ἡμεῖς τεθεάμεθα καὶ μαρτυροῦμεν ὅτι ὁ πατὴρ ἀπέσταλκεν τὸν υἱὸν
σωτῆρα τοῦ κόσμου. — Vom übertragenen Sprachgebrauch (4, 19; 7, 52
u. sonst) und von formelhaften Wendungen (3, 3. 36; 8, 51 u. sonst) ist
hier natürlich abzusehen.

Die Parallelität bzw. Identität von Glauben, Hören und
Sehen zeigt schon, daß d a s S e h e n nicht etwas wie eine mystische Schau ist. Es ist die Wahrnehmung des Glaubens, der
in der geschichtlichen Person Jesu die ἀλήθεια und die ζωή erkennt, die nur durch ihn vermittelt werden und also nicht in
direkter Schau wahrnehmbar sind. Das wird ausdrücklich klar
gemacht, wenn Jesus auf die Bitte des Philippus: δεῖξον ἡμῖν
τὸν πατέρα, καὶ ἀρκεῖ ἡμῖν, antwortet: τοσοῦτον χρόνον μεθ᾽ ὑμῶν
εἰμι καὶ οὐκ ἔγνωκάς με, Φίλιππε; ὁ ἑωρακὼς ἐμὲ ἑώρακεν τὸν
πατέρα (14, 8 f.; vgl. 12, 45). Daher folgt auch auf das ὁ λόγος
σὰρξ ἐγένετο das ἐθεασάμεθα τὴν δόξαν αὐτοῦ (1, 14). Dieses
ἐθεασάμεθα bezeichnet nicht die „Augenzeugenschaft" im Sinne
der historischen Nachfrage; denn in solchem Sinne waren ja
auch die ungläubigen Juden Augenzeugen und haben doch
nichts von der δόξα gesehen. Das Subjekt des θεᾶσθαι sind aber
nicht allein die gläubigen Zeitgenossen (die ersten Jünger), sondern die Glaubenden aller Zeiten; denn der Offenbarer w a r
nicht nur einst der Fleischgewordene, sondern b l e i b t es für
immer. Nie kann sich der Glaube von ihm abwenden, als könne
je die δόξα bzw. die ἀλήθεια und ζωή direkt sichtbar werden, oder
als bestehe die Offenbarung in einem Gedankengehalt, für dessen

Übermittlung die Fleischwerdung des „Wortes" nur eine, nunmehr erledigte, Veranstaltung war. Die Rolle der gläubigen Zeitgenossen besteht deshalb nicht darin, daß sie durch ihre Augenzeugenschaft dem Glauben der folgenden Generationen die Garantie der Sicherheit geben, sondern darin, daß sie ihnen den Anstoß des ὁ λόγος σὰρξ ἐγένετο übermitteln.

2. Das Sehen ist also das dem Glauben eigene E r k e n n e n. So können denn ὁρᾶν und γινώσκειν miteinander verbunden werden oder miteinander wechseln (14, 7. 9. 17; 1. Joh 3, 6; vgl. auch 5, 37 mit 8, 55 oder 6, 46 mit 17, 25). Nur sofern der Glaube ein erkennender ist, ist er ein e c h t e r G l a u b e. Das wird dadurch zum Ausdruck gebracht, daß den Glaubenden, wenn sie treu „im Worte" Jesu „bleiben", die Erkenntnis der Wahrheit verheißen wird (8, 31 f.). Der echte Glaube darf nicht mit einem scheinbaren verwechselt werden, der etwa durch die σημεῖα Jesu geweckt ist (2, 23 f.; 7, 31; 10, 42; 11, 45; 12, 11), aber auch durch seine Rede hervorgerufen sein kann (8, 30). Solcher Glaube mag eine erste Zuwendung sein, hat sich aber als echter Glaube erst zu bewähren. Wie zum ἀκούειν das φυλάττειν der ῥήματα kommen muß (12, 47), so kann der echte Glaube als das τηρεῖν τὸν λόγον bezeichnet werden (8, 51; 14, 23; 15, 20; 17, 6) oder als das μένειν ἐν τῷ λόγῳ (8, 31), womit gleichbedeutend ist sowohl die Wendung vom Bleiben in ihm, dem Offenbarer (15, 4—7; 1. Joh 2, 6. 27 f.; 3, 6. 24; vgl. 1. Joh 4, 13. 15 f.: in Gott; 1, Joh 2, 10: im Licht; 15, 9 f.; 1. Joh 4, 16: in der ἀγάπη), wie auch die andere, die vom Bleiben der Worte in den Glaubenden redet (15, 7; 1. Joh 2, 24).

Die Formulierung 8, 31 f.: ἐὰν ὑμεῖς μείνητε ἐν τῷ λόγῳ τῷ ἐμῷ . . . γνώσεσθε τὴν ἀλήθειαν könnte den Gedanken nahe legen, daß das E r k e n n e n nicht schon dem G l a u b e n als echtem eigen ist, sondern über ihn hinausführt. Das wäre indessen ein Mißverständnis. Zunächst ist deutlich, daß sich Glauben und Erkennen nicht hinsichtlich ihres Gegenstandes unterscheiden. Daß der Vater Jesus gesandt hat, ist ebenso Objekt des Glaubens (11, 42; 17, 8. 21) wie des Erkennens (17, 3); daß Jesus vom Vater gekommen ist, wird geglaubt (16, 27—30), wie erkannt wird, daß seine Lehre vom Vater stammt (7, 17). Wie die ἀλήθεια der Gegenstand des Erkennens ist (8, 32), so glaubt der Glaube an den, der die ἀλήθεια ist (14, 6). Daß Jesus der Christus ist, wird geglaubt (11, 27; 20, 31), aber zugleich auch erkannt

(6, 69). Wie die Welt durch die Einheit der Jünger zum Glauben gebracht werden wird, daß der Vater Jesus entsandt hat (17, 21), so wird sie daraus auch die gleiche Erkenntnis schöpfen (17, 23); und entsprechend heißt es von den Seinen:

καὶ ἔγνωσαν ἀληϑῶς ὅτι παρὰ σοῦ ἐξῆλϑον,
καὶ ἐπίστευσαν ὅτι σύ με ἀπέστειλας (17, 8).

Da der Inhalt der *ὅτι*-Sätze identisch ist, ist klar, daß *ἔγνωσαν* und *ἐπίστευσαν* nicht zwei verschiedene Akte sind. Nur insofern *πιστεύειν* die erste Zuwendung zu Jesus bezeichnen kann, die aber noch kein voller Glaube ist, kann das *γινώσκειν* als ein besonderer Akt vom *πιστεύειν* abgehoben werden. So in jener Stelle 8, 30—32, wo zu den *πεπιστευκότες αὐτῷ Ἰουδαῖοι* gesagt wird: *ἐὰν ὑμεῖς μείνητε ἐν τῷ λόγῳ τῷ ἐμῷ . . . γνώσεσϑε . . .* So jedenfalls 10, 38: *κἂν ἐμοὶ μὴ πιστεύητε, τοῖς ἔργοις πιστεύετε, ἵνα γνῶτε καὶ γινώσκητε ὅτι ἐν ἐμοὶ ὁ πατὴρ κἀγὼ ἐν τῷ πατρί* (S. 413). So vielleicht auch 6, 69: *ἡμεῖς πεπιστεύκαμεν καὶ ἐγνώκαμεν ὅτι σὺ εἶ ὁ ἅγιος τοῦ ϑεοῦ.* Daß aber Glauben im Vollsinn und Erkennen nicht zwei verschiedene Akte oder Stufen sind, geht daraus hervor, daß die Reihenfolge auch die umgekehrte sein kann: wie 17, 8 so auch 16, 30 und 1. Joh 4, 16: *καὶ ἡμεῖς ἐγνώκαμεν καὶ πεπιστεύκαμεν τὴν ἀγάπην ἣν ἔχει ὁ ϑεὸς ἐν ἡμῖν.*

Es können also *πιστεύειν* und *γινώσκειν* nicht als Stufen unterschieden werden, so daß es in der christlichen Gemeinde wie in den gnostischen Pistiker und Gnostiker gäbe. Der Glaube ist nicht etwa die Annahme eines Dogmas, der dann die Erschließung esoterischer Erkenntnisse oder eine mystische Schau folgen würde, sondern der Glaube ist alles. Das Erkennen kann sich nicht vom Glauben lösen und über ihn hinausschwingen; aber der Glaube ist auch ein erkennender. Wie alles Erkennen nur ein glaubendes sein kann, so kommt im Erkennen der Glaube gleichsam zu sich selbst. Das Erkennen ist ein Strukturmoment des Glaubens.

Dem entspricht es, daß das Verhältnis Jesu zu Gott nur als *γινώσκειν* bezeichnet wird (10, 15; 17, 25), nie als *πιστεύειν*, während alles menschliche Erkennen nur ein glaubendes ist. Das wird erst aufhören, wenn das irdische Dasein zu Ende ist und das *πιστεύειν* durch ein bloßes *ϑεωρεῖν* abgelöst wird, welches sich nicht mehr auf die von der *σάρξ* verhüllte *δόξα* richtet, sondern diese direkt zum Gegenstand hat (17, 24).

§ 50. DER GLAUBE ALS ESCHATOLOGISCHE EXISTENZ

Zu 4: BECKER, J., Das Evangelium nach Johannes, Bd. 2, 1981, 451–456. – SCHRAGE, W., Ethik des Neuen Testaments, 1982, 280–301. – Zu 6: ONUKI, T., Gemeinde und Welt im Johannesevangelium…, 1984. – Zu 7: SCHNACKENBURG, R., Das Johannes-evangelium, III. Teil, (1975) [3]1981, 156–173. – WILCKENS, U., Der Paraklet und die Kirche, in: Kirche. FS. für G. Bornkamm, 1980, 185–203. – PORSCH, F., Art. παράκλητος κτλ., EWNT III, 1983, 64–67. – Zu 8. SCHWEIZER, E., Der Kirchenbegriff im Evangelium und in den Briefen des Johannes (1959), in: DERS., Neotestamentica, 1963, 254–271. – WEISS, H.-F., Zur Frage der Einheit der Kirche im Johannes-evangelium und in den Briefen des Ignatius, in: Theologische Versuche, Bd. X, 1979, 67–81. – LINDEMANN, A., Gemeinde und Welt im Johannesevangelium, in: Kirche. FS. für G. Bornkamm, 1980, 133–161. – ONUKI, T., s. o. zu 6.

1. Für Johannes ist wie für Paulus der Glaube der Weg zum Heil, und zwar der Glaube allein. Doch ist dieses „allein durch den Glauben" für Johannes selbstverständlich und wird nicht ausdrücklich betont. Es fehlt bei Johannes die paulinische Anti-these: πίστις — ἔργα νόμου, und deshalb spielt auch der Begriff χάρις keine Rolle (S. 360). Für Johannes steht n i c h t w i e f ü r P a u l u s d i e F r a g e n a c h d e m H e i l s w e g z u r D i s k u s s i o n , s o n d e r n d i e F r a g e n a c h d e m H e i l s e l b s t; er wendet sich nicht an das Verlangen nach δικαιοσύνη und kämpft nicht gegen den jüdischen Wahn, die Gerechtigkeit durch die eigenen Werke erringen zu können; sondern er wendet sich an das Verlangen des Menschen nach Leben und bekämpft ein falsches Verständnis von Leben. Die Welt verlangt nach Leben und meint, es zu kennen, es zu finden oder gar zu haben (5, 39). Ihr wird gesagt, daß sie im Tode ist (vgl. 5, 25). Sie meint zu sehen, und ihr wird gesagt, daß sie blind ist (9, 39). Sie meint Gott zu kennen, aber den ἀληθινὸς θεός (17, 3; 1. Joh 5, 20) kennt sie nicht (5, 37; 7, 28). Das wirk-liche Licht, das wirkliche Lebensbrot, den wirklichen Lebens-baum kennt sie nicht (1, 9; 1. Joh 2, 8; — 6, 32; — 15, 1; § 42). Die Welt ist aber nicht etwa im Irrtum, sondern in der Lüge (8, 44. 55); sie glaubt Jesus nicht, — gerade weil er die Wahrheit sagt (8, 46 f.); sie will nicht zum Lichte kommen (3, 19).

D i e G l a u b e n s f o r d e r u n g ist also die Forderung an die Welt, ihre Maßstäbe und Urteile, ihr bisheriges Selbstver-ständnis preiszugeben; das ganze Gebäude ihrer Sicherheit, das sie in der Abkehr vom Schöpfer, in angemaßter Selbständigkeit errichtet hat (§ 42; § 44), in Trümmer gehen zu lassen. Die innere

Einheit mit dem Glaubensbegriff des Paulus (§ 35) ist trotz der anderen antithetischen Orientierung deutlich. Der Glaube ist die Abkehr von der Welt, der Akt der Entweltlichung, die Preisgabe der Scheinsicherheit und Lebenslüge, die Bereitschaft, aus dem Unsichtbaren und Unverfügbaren zu leben, also völlig neue Maßstäbe anzunehmen von dem, was Tod und Leben heißt, und das Leben zu empfangen, das Jesus gibt und ist (5, 19 ff.; 11, 25 f.), und das weltlich nicht aufweisbar ist.

Der Glaube ist also die Überwindung des Anstoßes, — des Anstoßes, daß dem Menschen das Leben nur in dem Wort begegnet, das ein bloßer Mensch, Jesus von Nazareth, ihm zuspricht — ein Mensch, der den Anspruch erhebt, daß in ihm Gott begegne, ohne daß er diesen Anspruch für die Welt glaubhaft machen kann. Es ist der Anstoß des ὁ λόγος σὰρξ ἐγένετο (§ 45. § 48). Er ist damit der Sieg über die Welt (1. Joh 5, 4).

Der Glaube ist aber nicht etwa eine dualistische Weltanschauung. Er entsteht nicht dadurch, daß der Mensch, in seiner Sicherheit schwankend geworden, an der Welt irre wird und sich von ihr abkehrt, um sich im spekulierenden Denken oder im andächtigen Schweigen in eine jenseitige Welt emporzuschwingen. Der Glaube ist kein vom Menschen frei zu vollziehender Akt, zu dem Jesus nur die „Veranlassung" geben würde. Vielmehr richtet sich der Glaube eben auf ihn, der der Weg, die Wahrheit und das Leben ist, und ohne den niemand zum Vater kommt (14, 6; § 46, 1). Der Glaube ist nicht Weltflucht und Askese, sondern Entweltlichung als die Zerbrechung aller menschlichen Maßstäbe und Wertungen [1]. In diesem Sinne ist der Glaubende nicht mehr ἐκ τοῦ κόσμου (15, 19; 17, 14. 16), d. h. er gehört nicht mehr zur Welt als zu seinem ihn bestimmenden Ursprung (§ 43, 2). Deshalb „kennt" die Welt die Glaubenden nicht, wie sie „ihn" nicht erkannte (1. Joh 3, 1); ja, sie haßt sie, wie sie ihn haßte (15, 18—20; 1. Joh 3, 13). Wie Jesu Weg in den Tod führte, so wird auch der Weg der Seinen in Verfolgung und Tod führen (12, 24—26; 16, 1—4). Aber jenes: οὐκ ἐκ τοῦ κόσμου darf nicht mit einem Rückzug aus der Welt verwechselt werden. Jesus bittet den Vater nicht, ἵνα ἄρῃς αὐτοὺς ἐκ τοῦ κόσμου, ἀλλ᾽ ἵνα τηρήσῃς

---

[1] Es läßt sich auch sagen: der Glaube ist „Umkehr". Aber μετάνοια und μετανοεῖν, die schon Paulus vermeidet (S. 287), fehlen bei Johannes ganz, — offenbar wegen der Möglichkeit des moralistischen Mißverständnisses.

αὐτοὺς ἐκ τοῦ πονηροῦ (17, 15). Wie ihn Gott in die Welt gesandt hat, so sendet er die Seinen in die Welt (17, 18).

Die Welt ist ja für Johannes nicht wie für die Gnosis eine kosmische Macht, die den Menschen mit schicksalhaftem Zwang umfängt und die seiner, der Lichtwelt zugehörigen, φύσις wesensfremd ist, sondern eine geschichtliche Macht, die durch den Menschen, der sich gegen Gott empört hat, selbst konstituiert wird (§§ 42—44). Nicht sein Schicksal oder seine φύσις bestimmt die Zugehörigkeit eines Menschen zur Welt der Finsternis oder der Welt des Lichtes, sondern seine Entscheidung. Der gnostische Schicksalsdualismus ist zum Entscheidungsdualismus geworden (S. 373), und der Glaube ist nichts anderes als die in der Überwindung des Anstoßes vollzogene E n t s c h e i d u n g g e g e n d i e W e l t für Gott.

2. Da diese Entscheidung nicht aus innerweltlichen Motiven hervorgeht, sondern eine Entscheidung gegen die Welt ist, die zur Möglichkeit nur dadurch wird, daß dem Menschen Gott als der in Jesus offenbare begegnet, erscheint sie als eine determinierte, ohne es doch zu sein (§ 43, 1). Sie ist freilich von Gott gewirkt; aber nicht so, als ob sich das Wirken Gottes vor ihr oder gleichsam hinter ihr vollziehe, sondern so, daß es sich gerade in ihr vollzieht; denn die Antwort, die der Glaube auf die Frage der ihm begegnenden Offenbarung gibt, weiß sich durch die Frage selbst gewirkt. Die Glaubensentscheidung versteht sich als geschenkte. Die Jünger haben nicht Jesus erwählt, sondern er hat sie erwählt (15, 16).

Darin ruht d i e S i c h e r h e i t d e s G l a u b e n s , der das Wort vernimmt: τὸν ἐρχόμενον πρός με οὐ μὴ ἐκβάλω ἔξω (6, 37), und das andere: οὐχ ἁρπάσει τις αὐτὰ (sc. τὰ πρόβατα τὰ ἐμά) ἐκ τῆς χειρός μου (10, 28), und der sich in der Welt „bewahrt" weiß, wie es die Fürbitte des scheidenden Offenbarers vom Vater erbeten hat (17, 9—19). In der Hirtenrede wird die Sicherheit des Glaubens unter dem Bilde des wechselseitigen Sich-Kennens des Offenbarers und der Gläubigen dargestellt: γινώσκω τὰ ἐμὰ καὶ γινώσκουσί με τὰ ἐμά . . . (10, 14—18. 27—30). Ja, es kann sogar gewagt werden, in der mythologischen Sprache der Gnosis zu sagen: πᾶς ὁ γεγεννημένοις ἐκ τοῦ θεοῦ ἁμαρτίαν οὐ ποιεῖ, ὅτι σπέρμα αὐτοῦ ἐν αὐτῷ μένει · καὶ οὐ δύναται ἁμαρτάνειν ὅτι ἐκ τοῦ θεοῦ γεγέννηται (1. Joh 3, 9) — ein Satz, der nur in seinem dialektischen Verhältnis zu dem andern richtig verstanden werden

kann: *πᾶς ὁ ποιῶν τὴν δικαιοσύνην ἐξ αὐτοῦ γεγέννηται* (1. Joh
2, 29): jeder der (aber n u r wer) „die Gerechtigkeit tut", ist aus
Gott gezeugt — jeder, der aus Gott gezeugt ist (wie sich eben an
seinem Tun zeigt), sündigt nicht (s. u.).

Die Sicherheit des Glaubens ist eine zugleich subjektive und
objektive. Als subjektive Sicherheit wird sie in den Worten der
Hirtenrede charakterisiert, wenn es heißt: die Schafe kennen
die Stimme des Hirten und folgen in sicherem Instinkt nicht
dem Ruf eines Fremden (10, 3—5. 8). Diese Sicherheit ist dem
Glauben eigen, weil er schlichtes Hören und Gehorchen ist;
würde er nach Gründen für sein Recht, nach einer Garantie für
seine Geltung fragen, so hätte er seine Sicherheit verloren. Als
hörender Glaube ist er sich selbst Beweis seiner Sicherheit; durch
die Annahme des Zeugnisses bestätigt er die Wahrheit Gottes
(3, 33; 1. Joh 5, 10; S. 420). Aber als hörender Glaube findet
er seine Sicherheit nicht in sich selbst, sondern in dem, woran
er glaubt. Das *γινώσκουσί με τὰ ἐμά* korrespondiert dem *γινώσκω
τὰ ἐμά*, durch das die objektive Sicherheit bezeichnet ist, die
also von aller Gesichertheit streng zu unterscheiden ist. Das
eben bedeutet die Weltüberlegenheit des Glaubens (1. Joh 5, 4),
daß seine Sicherheit nur die des Hörens ist und nicht zur innerweltlichen Erfahrung gebracht werden kann und eben deshalb
unerschütterlich ist.

3. Als Überwindung des Anstoßes und als Entscheidung gegen
die Welt ist der Glaube Entweltlichung, Ü b e r g a n g i n d i e
e s c h a t o l o g i s c h e E x i s t e n z. Der Glaubende ist innerhalb der Welt dem weltlichen Sein entnommen; er ist, wiewohl
noch *ἐν τῷ κόσμῳ*, doch nicht mehr *ἐκ τοῦ κόσμου* (17, 11. 14. 16).
Er ist schon durch das Gericht hindurchgegangen und ins Leben
hinübergeschritten (3, 18; 5, 24 f.) er h a t den Tod schon hinter
sich gebracht (8, 51; 11, 25 f.); er h a t schon das Leben (3, 36;
6, 47; 1. Joh 5, 12; § 45, 3). Für ihn gilt: *ἡ σκοτία παράγεται καὶ
τὸ φῶς τὸ ἀληθινὸν ἤδη φαίνει* (1. Joh 2, 8). Wie Jesus in der Welt
ein Fremder war, so sind es die Glaubenden, die zu ihm gehören,
und er kann als Scheidender sagen: *δεδόξασμαι ἐν αὐτοῖς* (17, 10),
und: *τὴν δόξαν ἣν δέδωκάς μοι δέδωκα αὐτοῖς* (17, 22).

Worin besteht die *δόξα*, die den Glaubenden zu eigen geworden ist? Die erste Antwort muß lauten: in der dem Glauben geschenkten E r k e n n t n i s. Daß Jesus den Seinen seine *δόξα*

gibt, ist gleichbedeutend damit, daß er ihnen die ζωὴ αἰώνιος gibt (17, 2); und was bedeutet das? αὕτη δέ ἐστιν ἡ αἰώνιος ζωή, ἵνα γινώσκωσιν σὲ τὸν μόνον ἀληθινὸν θεὸν καὶ ὃν ἀπέστειλας Ἰησοῦν Χριστόν (17, 3). Diese doppelte d. h. im Grunde einheitliche Erkenntnis — denn Gott wird ja nur durch den Offenbarer erkannt, und dieser ist nur erkannt, wenn in ihm Gott erkannt wird — ist aber identisch mit der dem Glauben verheißenen Erkenntnis der ἀλήθεια (8, 32) d. h. mit der Erkenntnis, die Gott als die einzige Wirklichkeit erfaßt und die Wirklichkeit der Welt als Schein durchschaut (§ 42, 2). Das Erkennen aber ist als ein glaubendes (§ 49, 2) kein Distanz nehmendes theoretisches Erkennen, sondern ein sich Bestimmenlassen durch das Erkannte, ein Sein im Erkannten, so daß das Verhältnis zum Offenbarer und zu Gott auch durch das εἶναι ἐν bezeichnet werden kann (15, 3 ff.; 17, 21).

Der Erkenntnis ist d i e F r e i h e i t verheißen, die eben die Freiheit von der Welt, von der Scheinwirklichkeit, von ihrer Verführung wie von ihrer offenen Feindschaft, ist (§ 42, 2). Wie Jesus die Welt besiegt hat (16, 33), so ist der Glaube der Sieg über die Welt (1. Joh 5, 4). Wie der ἄρχων τοῦ κόσμου τούτου überwunden ist und Jesus nichts anhaben kann (12, 31; 14, 30), so wenig den Glaubenden, die den „Bösen" besiegt haben (1. Joh 2, 13 f.). Die Freiheit von der Welt ist daher F r e i h e i t v o n d e r S ü n d e (8, 31—36). Der aus Gott Gezeugte kann nicht mehr sündigen (1. Joh 3, 9; S. 429), er sündigt nicht mehr, und der „Böse" kann ihn nicht greifen (1. Joh 5, 18). Die Glaubenden die den (in der Fußwaschung dargestellten) Dienst Jesu an sich geschehen ließen, sind „rein" (13, 10); sie sind rein geworden durch das Wort, das Jesus zu ihnen gesprochen hat (15, 3). Er hat sich für sie „geheiligt", damit sie ἡγιασμένοι ἐν ἀληθείᾳ seien (17, 19; S. 407), und er bittet den Vater: ἁγίασον αὐτοὺς ἐν τῇ ἀληθείᾳ · ὁ λόγος ὁ σὸς ἀλήθειά ἐστιν (17, 17).

Daß diese Bitte ebenso wie die andere, ἵνα τηρήσῃς αὐτοὺς ἐκ τοῦ πονηροῦ (17, 15), neben jenen feststellenden Aussagen steht, zeigt, daß die Freiheit von der Sünde nicht in der Begabung mit einer neuen φύσις besteht, der die Sündlosigkeit als eine naturhafte Qualität eigen ist. Sie ist vielmehr dem Glauben eigen, und dieser ist ja nicht eine durch rationale Gründe erworbene und nunmehr besessene Überzeugung, sondern die stets neu zu vollziehende Überwindung der Welt. Feststellende

Aussagen wie die, daß der Glaube der Sieg über die Welt ist, daß
der Glaubende nicht mehr sündigen kann, haben ja im Zusammenhang imperativischen Sinn, indem sie den Angeredeten
vor Augen stellen, was der Glaube ist, wofür sie sich als Glaubende entschieden haben. Das οὐ δύναται ἁμαρτάνειν beschreibt
nicht (wie in der Gnosis) den empirischen Zustand des Glaubenden, sondern den Sinn des Glaubens.

Wohl hatte auch Paulus das Problem des V e r h ä l t n i s s e s
v o n I n d i k a t i v u n d I m p e r a t i v ins Auge gefaßt
(§ 38, 1). Aber er hatte, erfüllt von der Erwartung des nahen Weltendes, das Problem nicht im Blick auf das faktisch immer wieder
erfolgende Sündigen der Glaubenden entfaltet. Anders Johannes,
für den die eschatologische Zeitperspektive keine Rolle spielt infolge seiner radikalen Vergegenwärtigung des eschatologischen
Geschehens. Er sieht die eigentümliche D i a l e k t i k , die
darin besteht, daß es einerseits gilt: der Glaubende sündigt nicht
(1. Joh 3, 9; 5, 18); andrerseits aber: ἐὰν εἴπωμεν ὅτι ἁμαρτίαν
οὐκ ἔχομεν, ἑαυτοὺς πλανῶμεν καὶ ἡ ἀλήθεια οὐκ ἔστιν ἐν ἡμῖν (1. Joh
1, 8). Daß der „Wandel im Licht" und das Sündenbekenntnis
eine paradoxe Einheit bilden, will 1. Joh 1, 5—10 zeigen[1]. Das
οὐ δύναται ἁμαρτάνειν führt also nicht zu einer falschen Sicherheit, sondern radikalisiert gerade das Bewußtsein, Sünder zu
sein. Indem der Glaubende weiß, daß er ständig der Vergebung
bedarf, weiß er aber auch, daß er sich deren ständig getrösten
darf, wenn er sein Verhältnis zu Gott durch Jesus Christus bestimmt sein läßt, was durch den mythologisch formulierten Satz
ausgedrückt ist: ἐάν τις ἁμάρτῃ, παράκλητον ἔχομεν πρὸς τὸν πατέρα (1. Joh 2, 1; daß hier nicht in mythologischem Sinne zu
interpretieren ist, zeigt 16, 26 f., s. u.).

Die Rede vom Lebensbaum (vom „Weinstock" 15,1 ff.) zeich
net d a s d i a l e k t i s c h e V e r h ä l t n i s v o n I n d i -
k a t i v u n d I m p e r a t i v , wenn einerseits das „Fruchtbringen" als Bedingung für das „Bleiben" in Jesus gilt, andrerseits aber dieses als Bedingung für jenes, und wenn die „Reinheit" einerseits als die stets neu dem „Fruchtbringen" geschenkte
gilt, und es andrerseits heißt: ἤδη ὑμεῖς καθαροί ἐστε (S. 408).
Und wenn dieses begründet wird durch das: διὰ τὸν λόγον ὃν
λελάληκα ὑμῖν, so läßt sich die Reinheit mit dem lutherischen Ter-

[1] Vgl. dazu H. v. C a m p e n h a u s e n , Kirchl. Amt und geistl. Vollmacht, 1953, 149 f.

minus als eine Reinheit extra nos charakterisieren. Gerade das Bekenntnis der Sünde erwirkt es, daß diese Reinheit zu der unseren wird, da sich das Sündenbekenntnis der Vergebung trösten darf (1. Joh 1, 9; vgl. 1. Joh 2, 12; 3, 5). Ist der echte Glaube ein τηρεῖν τὸν λόγον (S. 425), so ist er zugleich ein τηρεῖν τὰς ἐντολάς, und dieses ist die Bedingung für das μένειν ἐν τῇ ἀγάπῃ, das mit dem μένειν ἐν τῷ λόγῳ (8, 31) identisch ist. Das τηρεῖν τὰς ἐντολάς gehört mit dem τηρεῖν τὸν λόγον zu einer untrennbaren Einheit zusammen. Daher kann das ἐάν τις ἀγαπᾷ με, τὸν λόγον μου τηρήσει (14, 23) das ἐὰν ἀγαπᾶτέ με τὰς ἐντολὰς τὰς ἐμὰς τηρήσετε (14, 15) ablösen. Entsprechend können der Glaube und die Liebe als der Inhalt e i n e s Gebotes zusammengefaßt werden:

καὶ αὕτη ἐστὶν ἡ ἐντολὴ αὐτοῦ,
ἵνα πιστεύσωμεν τῷ ὀνόματι αὐτοῦ 'Ι. Χριστοῦ
καὶ ἀγαπῶμεν ἀλλήλους, καθὼς ἔδωκεν ἐντολὴν ἡμῖν (1. Joh 3, 23). Und so ist das τηρεῖν τὰς ἐντολάς der Erkenntnisgrund für das ἐγνωκέναι αὐτόν (1. Joh 2, 3—6). Der Imperativ bringt daher dem Glaubenden zum Bewußtsein, was er schon ist dank der ihm zuvorgekommenen Liebe Gottes, die im Offenbarer begegnet (15, 9; 1. Joh 4, 10).

4. Das τηρεῖν τὰς ἐντολάς kann zunächst allgemein bestimmt werden. Da die Glaubenden in der Welt bleiben (17, 11) und die Welt versucherisch ist, so hat es zunächst den negativen Sinn, die Welt nicht zu „lieben" (1. Joh 2, 15), d. h. konkret: sich frei zu halten von der ἐπιθυμία (1. Joh 2, 16). Wer die Hoffnung hat, „ihn zu sehen, wie er ist", der ἁγνίζει ἑαυτὸν καθὼς ἐκεῖνος ἁγνός ἐστιν (1. Joh 3, 3) — jener Bitte des scheidenden Jesus entsprechend (17, 17; S. 431). Positiv kann die Forderung als die des ποιεῖν τὰ ἀρεστὰ ἐνώπιον αὐτοῦ (1. Joh 3, 22) oder als die des περιπατεῖν ἐν τῷ φωτί bezeichnet werden (1. Joh 1, 6 f.).

Der „Wandel im Licht" wird aber genauer bestimmt als das ἀγαπᾶν τὸν ἀδελφόν (1. Joh 2, 9—11), und dieses, bzw. das ἀλλήλους ἀγαπᾶν, ist der eigentliche Inhalt der ἐντολαί oder, wie es auch heißen kann, der ἐντολή (15, 12; 1. Joh 3, 23; 4, 21); und an ihm wird die innere Einheit von Indikativ und Imperativ deutlich. Aus dem Empfang der Liebe entspringt d i e V e r p f l i c h t u n g z u m L i e b e n: ἐντολὴν καινὴν δίδωμι ὑμῖν, ἵνα ἀγαπᾶτε ἀλλήλους καθὼς ἠγάπησα ὑμᾶς, ἵνα καὶ ὑμεῖς ἀγαπᾶτε ἀλλήλους (13, 34), — wobei das καθώς nicht nur die Art und Weise des Liebens beschreibt, sondern zugleich seinen Grund angibt.

Ἀγαπητοί, εἰ οὕτως ὁ θεὸς ἠγάπησεν ἡμᾶς, καὶ ἡμεῖς ὀφείλομεν ἀλλήλους ἀγαπᾶν (1. Joh 4, 11). Ἡμεῖς ἀγαπῶμεν, ὅτι αὐτὸς πρῶτος ἠγάπησεν ἡμᾶς (1. Joh 4, 19). Daß der Empfang des Dienstes Jesu und seine Weitergabe in der gegenseitigen Liebe zusammengehören, zeigt die Aufeinanderfolge der beiden Deutungen der Fußwaschung, deren erste (13, 4—11) den Empfang des Dienstes darstellt, während die zweite (13, 12—20) diesen Dienst als ὑπόδειγμα für die Jünger bezeichnet. Daß Glaube und Liebe eine Einheit bilden, zeigt die Rede vom Lebensbaum (15, 1—17), in der das μείνατε ἐν τῇ ἀγάπῃ τῇ ἐμῇ, das nach V. 1—9 die Forderung zur Treue im Glauben bedeutet, fortgeführt wird: ἐὰν τὰς ἐντολάς μου τηρήσητε, μενεῖτε ἐν τῇ ἀγάπῃ μου (V. 10). Diese Einheit von Glaube und Liebe ist auch — neben der Bekämpfung der Irrlehre — das Hauptthema von 1. Joh.

Die Einheit des τηρεῖν τὸν λόγον und des τηρεῖν τὰς ἐντολάς besagt, daß im echten Glauben die Begründung für alles künftige Tun gegeben ist, und daß dieses seine Motivierung nicht mehr aus der Welt gewinnen kann. Im Glauben ist also gleichsam über alles Tun als ein Tun der Liebe schon im voraus entschieden. Eben deshalb bewährt der Glaube in der Liebe seine Freiheit von der Welt, — und in diesem Sieg des Glaubens über die Welt ist es begründet, daß Gottes ἐντολαί nicht „schwer" sind (1. Joh 5, 3). In diesem Sinne heißt das Liebesgebot auch die καινὴ ἐντολή. Denn mit der Bezeichnung „neu" ist nicht die relative historische Neuheit gemeint, die ja bald vergangen sein würde, wie denn vom Gesichtspunkt der Zeit aus das Gebot auch ein altes genannt werden kann: οὐκ ἐντολὴν καινὴν γράφω ὑμῖν, ἀλλ᾽ ἐντολὴν παλαιὰν ἣν εἴχετε ἀπ᾽ ἀρχῆς (1. Joh 2, 7). Neu heißt es, weil es das in der neuen d. h. in der eschatologischen Existenz zur Realisierung kommende Gebot ist: πάλιν ἐντολὴν καινὴν γράφω ὑμῖν, ὅ ἐστιν ἀληθὲς ἐν αὐτῷ καὶ ἐν ὑμῖν, ὅτι ἡ σκοτία παράγεται καὶ τὸ φῶς τὸ ἀληθινὸν ἤδη φαίνει (1. Joh 2, 8). Wer seinen Bruder haßt, ist in der Finsternis (1. Joh 2, 9. 11), er ist ein Mörder wie der Brudermörder Kain (1. Joh 3, 12. 15). Wer vor dem notleidenden Bruder die Tür verschließt, in dem bleibt Gottes Liebe nicht (1. Joh 3, 17). Wer behauptet, daß er Gott liebe, während er doch seinen Bruder haßt, ist ein Lügner (1. Joh 4, 20). In der Erfüllung des Liebesgebotes werden sich die Glaubenden ihrer eschatologischen Existenz bewußt: ἡμεῖς οἴδαμεν ὅτι μεταβεβήκαμεν ἐκ τοῦ θανάτου εἰς τὴν ζωήν, ὅτι ἀγαπῶμεν τοὺς ἀδελφούς (1. Joh 3, 14).

Daher ist seine Erfüllung für die Welt das Kriterium dafür, daß die Glaubenden Jesu „Jünger" sind (13, 35).

Natürlich wird durch die johanneische ἐντολή des ἀλλήλους ἀγαπᾶν das christliche Gebot der Nächstenliebe nicht eingeschränkt oder außer Kraft gesetzt. Die Forderung der Bruderliebe ist aber das Vermächtnis des scheidenden Offenbarers für den Kreis der Seinen, die seine Liebe empfangen haben; es ist das Gesetz des Jüngerkreises. Da dieser keine geschlossene Gruppe ist, sondern die eschatologische Gemeinde, die den Beruf des μαρτυρεῖν hat (15, 27), so besteht für die Welt ständig die Möglichkeit, in den Kreis des ἀλλήλους ἀγαπᾶν einbezogen zu werden. — Zudem scheint in den Sätzen des 1. Joh über die Bruderliebe keineswegs nur an den christlichen Bruder gedacht zu sein (z. B. 3, 17).

5. Die eschatologische Existenz ist gekennzeichnet durch εἰρήνη und χαρά, die traditionell das eschatologische Heil beschreiben (vgl. Rm 14, 17 usw.). E i ρ ή ν η ist das „Heil" im Vollsinne des semitischen שלום, in dem der „Friede" als eine Komponente eingeschlossen ist. Dieses Heil schenkt Jesus den Seinen als Abschiedsgabe. Wenn er zu dem εἰρήνην ἀφίημι ὑμῖν hinzufügt: εἰρήνην τὴν ἐμὴν δίδωμι ὑμῖν · οὐ καθὼς ὁ κόσμος δίδωσιν ἐγὼ δίδωμι ὑμῖν (14, 27), so wird die εἰρήνη damit als eine eschatologische Möglichkeit bezeichnet, die jenseits innerweltlicher Möglichkeiten liegt und sich weder in der äußeren Lebenssituation noch auch in einer Verfassung der Seele realisiert, sondern nur vom Glauben als Wirklichkeit ergriffen werden kann, deshalb auch so wenig wie die Freiheit zu einem Zustand werden kann. In der Welt haben die Glaubenden θλῖψις; nur „in ihm" haben sie εἰρήνη (16, 33). Deutlich ist also wiederum das „extra nos".

Das gleiche gilt für die χ α ρ ά. Auch sie wird den Seinen als „seine" Freude geschenkt (15, 11; 17, 13) und wird dadurch von jeder weltlichen Freude unterschieden — wie denn auch ein Woran dieser Freude nicht angegeben werden kann. Wird sie als πεπληρωμένη bezeichnet (16, 24; 17, 13), so wird sie auch dadurch als die eschatologische Freude charakterisiert. Die Paradoxie, daß diese Freude, wiewohl Gabe des Offenbarers, nie als Zustand definitiv realisiert ist, sondern als immer wieder zu realisierende vor dem Glaubenden steht, kommt in dem Nebeneinander zum Ausdruck: ἵνα ἡ χαρὰ ἡ ἐμὴ ἐν ὑμῖν ᾖ καὶ ἡ χαρὰ ὑμῶν πληρωθῇ (15, 11). Sie kann als eschatologische Freude nie als Zustand wirklich werden, wohl aber im Geschehen, nämlich im Akt des Glaubens, der die λύπη überwindet, die den Glauben-

den in der Welt anficht (16, 20—22). Ebenso aber auch im brüderlichen Zuspruch, in welchem sie sowohl im Mahnenden wie
im Gemahnten Ereignis wird: ταῦτα γράφομεν ἡμεῖς ἵνα ἡ χαρὰ
ἡμῶν ᾖ πεπληρωμένη (1. Joh 1, 4 [1]; vgl. 2. Joh 12). Gegen die Anfechtung des κόσμος muß die eschatologische Freude errungen
werden, aber damit wird sie auch unerschütterlich: καὶ τὴν χαρὰν
ὑμῶν οὐδεὶς αἴρει ἀφ᾽ ὑμῶν (16, 22). So wenig sie ein anschauliches
Woran hat, so sehr hat sie einen existentiellen Sinn: ἐν ἐκείνῃ
τῇ ἡμέρᾳ ἐμὲ οὐκ ἐρωτήσετε οὐδέν (16, 23). In der Freude hat
alles Fragen sein Ende gefunden, sind alle Rätsel gelöst. Ist der
Anstoß überwunden, dann erscheint das Wort des Offenbarers
nicht mehr als ἐν παροιμίαις (= in Rätseln), sondern als παρ
ρησίᾳ gesprochen (16, 25). Im Glauben hat die Existenz das
Verständnis ihrer selbst gefunden, weil sie sich nicht mehr von
der Welt her, sondern von Gott her versteht; und damit hat sie
ihr Rätsel verloren. Die Verheißung ist erfüllt: ὡς τὸ φῶς ἔχετε,
πιστεύετε εἰς τὸ φῶς, ἵνα υἱοὶ φωτὸς γένησθε (12, 36). Der „Sohn
des Lichtes" steht in der Helligkeit, in der er sich in seiner Welt
versteht und seinen Weg kennt (S. 370).

6. Die eschatologische Existenz wird dadurch beschrieben,
daß das Sein der Glaubenden beschrieben wird als ein S e i n
im Offenbarer oder auch als sein Sein in ihnen, so
daß sie unter sich und mit ihm zu einer Einheit verbunden sind
— zu einer Einheit, die zugleich die Einheit mit dem Vater ist,
in dem der Sohn ist und der in dem Sohne ist. So heißt es als
Mahnung und Verheißung: μείνατε ἐν ἐμοί, κἀγὼ ἐν ὑμῖν (15, 3;
vgl. V. 4 f.), oder als reine Verheißung: ἐν ἐκείνῃ τῇ ἡμέρᾳ γνώ
σεσθε ὑμεῖς ὅτι ἐγὼ ἐν τῷ πατρί μου καὶ ὑμεῖς ἐν ἐμοὶ κἀγὼ ἐν ὑμῖν
(14, 20). Und so heißt es im Abschiedsgebet: καὶ τὴν δόξαν ἣν
δέδωκάς μοι δέδωκα αὐτοῖς,

ἵνα ὦσιν ἐν καθὼς ἡμεῖς ἕν ·
ἐγὼ ἐν αὐτοῖς καὶ σὺ ἐν ἐμοί,
ἵνα ὦσιν τετελειωμένοι εἰς ἕν (17, 22 f.).

Das Gleiche besagen die Formeln, in denen das Verhältnis
zwischen Jesus und den Seinen als ein gegenseitiges γινώσκειν

---

[1] Die auffallende und schwierige Lesart ἡμῶν statt des zu erwartenden
ὑμῶν dürfte doch die richtige sein. Dieses „Wir" faßt dann das „Wir" und
das „Ihr" von V. 3 zu einer Einheit zusammen. Sollte ὑμῶν doch ursprünglich sein, so gilt auch dann, daß die Freude sich als Ereignis realisiert.

beschrieben wird (10, 2 f. 14 f. 27). Stammt solche Redeweise
aus der Tradition der mystischen Sprache, so ist die Formulierung anderer Worte, die das Gleiche besagen, durch die Sprache
der Apokalyptik gefärbt: die Verheißung des Wiederkommens
und Wiedersehens (14, 18 f. 28; 16, 16 f.), vor allem 14, 23: ἐάν
τις ἀγαπᾷ με, τὸν λόγον μου τηρήσει καὶ ὁ πατήρ μου ἀγαπήσει αὐτόν,
καὶ πρὸς αὐτὸν ἐλευσόμεθα καὶ μονὴν παρ᾽ αὐτῷ ποιησόμεθα.

So wenig die letzteren Worte von einer realistischen Parusie
reden (S. 410), so wenig die ersteren von einem mystischen Verhältnis zwischen Jesus und den Seinen (S. 403). Alle diese Worte
beschreiben die der Welt entnommene eschatologische Existenz
der Glaubenden. Diese Existenz ist aber nur im Glauben wirklich und **nicht in einem direkten Verhältnis
zu Jesus oder zu Gott.** Gott ist nur durch Jesus zugänglich, und zwar immer nur durch den σὰρξ γενόμενος, immer
nur in der Überwindung des Anstoßes (S. 400 ff.). Auch zu dem
Erhöhten gibt es keinen direkten Zugang, kein direktes Verhältnis — bis der Erhöhte die Glaubenden zu sich holen wird (14,3)
und sie seine δόξα unverhüllt schauen dürfen (17, 24). So lange
sie ἐν τῷ κόσμῳ sind, ist eine direkte Schau verwehrt. Wie das
persönliche direkte Verhältnis der Jünger zum historischen Jesus
noch nicht das glaubende Verhältnis zu ihm als dem Sohne war,
sondern das erst μετὰ ταῦτα (13, 7), nämlich ἐν ἐκείνῃ τῇ ἡμέρᾳ
wurde (14, 20; 16, 23. 26), d. h. als er als der Erhöhte erkannt
wurde — so ist auch das glaubende Verhältnis zum Erhöhten
kein direktes. Wie einst zu den Juden (7, 33 f.), so sagt auch
Jesus zu den Jüngern beim Abschied: ἔτι μικρὸν μεθ᾽ ὑμῶν εἰμι ·
ζητήσετέ με, καὶ καθὼς εἶπον τοῖς Ἰουδαίοις ὅτι ὅπου ἐγὼ ὑπάγω
ὑμεῖς οὐ δύνασθε ἐλθεῖν, καὶ ὑμῖν λέγω ἄρτι (13, 33). Sein Fortgang,
der das bisherige direkte Verhältnis auflöst und eine D i s t a n z
zwischen ihm und ihnen aufrichtet, ist notwendig; denn nur aus
dieser Distanz wird er als der erkannt, der er für sie ist. Sie
sollen sich deshalb freuen, daß er von ihnen geht (14, 28). Sein
Weggang ist für sie heilsam; denn sonst könnte er den Parakleten, den Geist, nicht senden (16, 7). Nicht anders aber als eben
im Geist wird er wiederkommen; die alte urchristliche Vorstellung von seiner Parusie ist preisgegeben; die Welt wird von
seinem Wiederkommen nichts wahrnehmen (14, 21 f.; S. 410) [1].

---

[1] I. Joh 2, 28; 3, 2 ist vom künftigen φανερωθῆναι Jesu und von seiner
παρουσία die Rede, 4, 17 von der ἡμέρα κρίσεως. Wenn hier nicht Zusätze der

Die Abschiedsreden zeichnen die Situation der Glaubenden in der Welt als die Situation der Verlassenheit, in der die Offenbarung gerade zu ihrem Sinn kommt (S. 394). Gerade i n der Welt gibt es für die Glaubenden die Möglichkeit, der Welt entnommen zu sein, und eben diese Möglichkeit soll sich realisieren, indem der Glaube durch ϑλῖψις, λύπη und ταραχή zu εἰρήνη und χαρά durchdringt. Die Glaubenden werden nicht aus der Welt herausgeholt, sondern haben in der Welt ihre Aufgabe (17, 15. 18; S. 428 f.).Der Glaube wird nicht innerhalb der Welt schon zum Schauen; er wird nicht durch das entweltlichende Erlebnis der Ekstase gekrönt, sondern er ist als Glaube Entweltlichung; besser: er vollzieht als Glaube ständig die Entweltlichung. Nur in dieser Ständigkeit ist er echter Glaube, in dem „Bleiben", in der Treue (S. 425).

Die Art der T r e u e , die in dem μείνατε ἐν ἐμοί (15, 4) gefordert wird, zeigt wiederum, daß der Glaubende zum Offenbarer nicht in einem direkten persönlichen Verhältnis steht. Denn nicht nur, daß das „Bleiben" identisch ist mit dem „Bleiben in seinem Wort" (8, 31), sondern vor allem: das Treuverhältnis zwischen Jesus und den Glaubenden gleicht nicht einem Treuverhältnis zwischen menschlichen Freunden, die sich als grundsätzlich gleiche Partner gegenüberstehen, beide zugleich gebend und nehmend, beide voneinander wie füreinander lebend. Vielmehr ist hier Jesus allein der Gebende, von dem der Glaubende lebt, wie es das Bild vom Weinstock zeigt. Und wenn Jesus die Glaubenden seine Freunde nennt (15, 14 f.), so wird ein dadurch nahegelegtes Mißverständnis sofort abgewehrt: οὐχ ὑμεῖς με ἐξελέξασθε, ἀλλ' ἐγὼ ἐξελεξάμην ὑμᾶς (15, 16). So bleibt das Verhältnis zu ihm immer das des Glaubens.

Sofern nun durch den Offenbarer dem Glaubenden ein Verhältnis zu Gott vermittelt wird, ist dieses das Verhältnis des G e b e t s , in dem beides seinen Ausdruck findet: die Gewißheit der Verbundenheit wie die Distanz. Das Gebet zeigt wiederum, daß der Glaubende noch ἐν τῷ κόσμῳ ist, aber gleichwohl ist es der Ausdruck der eschatologischen Existenz, die nicht mehr ἐκ τοῦ κόσμου ist; denn es darf der Erhörung gewiß sein: ἐὰν μείνητε ἐν ἐμοὶ καὶ τὰ ῥήματά μου ἐν ὑμῖν μείνῃ, ὃ ἐὰν θέ-

kirchlichen Redaktion vorliegen (wie im Evg 5, 28 f. usw.), so kann man nur nach der Anleitung der Abschiedsreden interpretieren und also die παρουσία und die ἡμέρα κρίσεως in dem 14, 3 verheißenen Kommen erblicken.

λητε αἰτήσασθε, καὶ γενήσεται ὑμῖν (15, 7). In eigentümlichen Variationen wird diese Verheißung wiederholt: bald ist es das an den Vater „im Namen Jesu" gerichtete Gebet, das der Vater erhören wird (15, 16; 16, 24. 26), „im Namen Jesu" erhören wird (16, 23), bald wieder das Gebet „im Namen Jesu", das dieser selbst erhören wird (14, 13 f.). Alle Variationen besagen nur das Eine: dieses Gebet ist nur demjenigen möglich, für den das Verhältnis zu Gott durch Jesus erschlossen ist und immer erschlossen bleibt. Und wie sich in solchem Gebet der Betende durch das „im Namen Jesu" zu Jesus bekennt, so bekennt sich gleichsam auch Gott, indem er „im Namen Jesu" erhört, zu Jesus. So kommt es auf Eines hinaus, ob Gott oder Jesus gebeten wird, ob Gott oder Jesus das Gebet erhört. Damit aber die mythologische Vorstellung ferngehalten wird, daß der erhöhte Jesus wie eine fürbittende Person gedacht wird, die zwischen Gott und dem Menschen steht, heißt es ausdrücklich: οὐ λέγω ὑμῖν ὅτι ἐγὼ ἐρωτήσω τὸν πατέρα περὶ ὑμῶν · αὐτὸς γὰρ ὁ πατὴρ φιλεῖ ὑμᾶς, ὅτι ὑμεῖς ἐμὲ πεφιλήκατε . . . (16, 26 f.). Danach ist auch 1. Joh 2, 1 zu interpretieren, wo es sich um das spezielle Gebet um Sündenvergebung handelt: ἐάν τις ἁμάρτῃ, παράκλητον ἔχομεν πρὸς τὸν πατέρα (S. 432), wo die mythologische Gestalt des „Fürbitters" nichts anderes besagt, als was sonst mit dem Gebet „im Namen Jesu" gemeint ist.

Weil solches Gebet der Ausdruck der eschatologischen Existenz ist, darf es der Erhörung gewiß sein. Denn wer im Glauben über die Welt Herr geworden ist, ist es auch im Gebet; d. h. sein Gebet ist nicht mehr von Wunsch und Angst um seine weltliche Zukunft bestimmt. Die Erhörung ist ja dem verheißen, der „in Jesus bleibt" und „in dem Jesu Worte bleiben" (15, 7). So wird denn das Gebet ausdrücklich als ein αἰτεῖσθαι κατὰ τὸ θέλημα αὐτοῦ bezeichnet (1. Joh 5, 14). Und daß die Erfüllung des Gebetes nicht in der Erfüllung beliebiger weltlicher Wünsche besteht, geht aus den Worten hervor: καὶ ἐὰν οἴδαμεν ὅτι ἀκούει ἡμῶν ὃ ἐὰν αἰτώμεθα, οἴδαμεν ὅτι ἔχομεν τὰ αἰτήματα ἃ ᾐτήκαμεν ἀπ' αὐτοῦ (1. Joh 5, 15), — d. h. was auch geschehen mag: es ist die Erhörung des Gebetes — oder besser: das Gebet ist selbst schon die Erhörung. Das aber gilt dann und nur dann, wenn im Gebet die eschatologische Existenz sich dadurch ihrer selbst gewiß wird, daß sie die Verwirklichung ihrer selbst „im Namen Jesu" von Gott erbittet.

Diese Gebetshaltung heißt π α ρ ρ η σ ί α (1. Joh 5, 14). Diese
παρρησία haben wir *ἐὰν ἡ καρδία μὴ καταγινώσκῃ* (1. Joh 3, 21),
d. h. wenn wir uns nicht als Sünder zu verurteilen brauchen.
Aber für den Glaubenden geht gerade diese Selbstverurteilung
Hand in Hand mit dem Wissen, *ὅτι μείζων ἐστὶν ὁ θεὸς τῆς καρδίας
ἡμῶν καὶ γινώσκει πάντα* (1. Joh 3, 20), d. h. daß wir der Vergebung Gottes gewiß sein können. Und eben dieses Wissen, bestätigt uns, daß wir *ἐκ τῆς ἀληθείας* sind (V. 19) [1]. Die Haltung
der *παρρησία* ist also eine paradoxe, indem sie die Freiheit Gott
gegenüber bezeichnet, die gerade aus der Selbstverurteilung
vor Gott entspringt, welche, wenn sie zu einem *ὁμολογεῖν τὰς
ἁμαρτίας ἡμῶν* wird (1. Joh 1, 9), im Grunde selbst schon ein
Erweis der *παρρησία* ist. Diese *παρρησία* ist es auch, die dem Glauben eigen ist bei der *παρουσία* Jesu bzw. *ἐν τῇ ἡμέρᾳ τῆς κρίσεως*
(1. Joh 2, 28; 4, 17), wofern diese Formulierungen nicht auf
kirchliche Redaktion zurückgehen (S. 437, 1).

7. Kriterium der eschatologischen Existenz ist endlich d e r
B e s i t z d e s G e i s t e s : *ἐν τούτῳ γινώσκομεν ὅτι μένει ἐν
ἡμῖν, ἐκ τοῦ πνεύματος οὗ ἡμῖν ἔδωκεν* (1. Joh 3. 24), oder: *ἐν
τούτῳ γινώσκομεν ὅτι ἐν αὐτῷ μένομεν καὶ αὐτὸς ἐν ἡμῖν, ὅτι ἐκ
τοῦ πνεύματος αὐτοῦ ἔδωκεν ἡμῖν* (1. Joh 4, 13). In den Abschiedsreden heißt er der *παράκλητος*, den Jesus den Seinen verheißt
(14, 16 f. 26; 15, 26; 16, 7—11. 12—15), und der ausdrücklich als
das *πνεῦμα τῆς ἀληθείας* (14, 17; 15, 26; 16, 13) oder als das *πνεῦμα
ἅγιον* (14, 26) erklärt wird [2]. Im ersten Brief wird er auch das
χρῖσμα genannt, das die Glaubenden besitzen (1. Joh 2, 20.
27) [3]. Johannes nimmt damit die gemeinchristliche Vorstellung
vom Geist als der eschatologischen Gabe (§ 14, 1) auf, die ja
auch die des Paulus ist (§ 38, 2); aber für Johannes ist der Geist
weder die Macht, die Wundertaten und auffallende psychische

---

[1] Der Text und das Verständnis von 1. Joh 3, 19 f. sind unsicher. Ich
beziehe das *ἐν τούτῳ* V. 19 auf das Folgende und vermute, daß vor *ὅτι
μείζων ἐστὶν ὁ θεός* ein *οἴδαμεν* ausgefallen ist.

[2] Die Bezeichnung des Geistes als *παράκλητος* stammt aus einer bisher
nicht sicher aufgehellten (vermutlich gnostischen) Tradition. Der Sinn des
Wortes ist „Beistand", „Helfer", nicht „Fürsprecher" wie 1. Joh 2, 1.

[3] Mit der Bezeichnung *χρῖσμα* nimmt Joh offenbar den Terminus eines
gnostischen Mysteriums auf, im Gegensatz zu dem er seine Sätze formuliert. Es ist möglich, daß der Terminus auf die Taufe angewendet wurde;
in 1. Joh dürfte damit aber der Geist als die Kraft der Wortverkündigung
gemeint sein (S. 411 f.).

Phänomene wirkt, noch auch, wie für Paulus, die Kraft und
Norm des christlichen Wandels (§ 38, 3), sondern d i e K r a f t
d e r E r k e n n t n i s u n d d e r W o r t v e r k ü n d i g u n g
i n d e r G e m e i n d e.

Wie es der Bezeichnung *πνεῦμα τῆς ἀληθείας* entspricht, besteht das Wirken des Geistes darin, daß er „alles lehrt" (14, 26)
und „in die ganze Wahrheit führt" (16, 13), so daß diejenigen,
die ihn haben, „alle die Wahrheit kennen" (1. Joh 2, 20 f.) und
nicht nötig haben, daß jemand sie belehrt (1. Joh 2, 27). Die vom
Geist verliehene Erkenntnis ist aber nicht ein Quantum von
Erkenntnissen oder Lehren, das ergänzend oder überbietend
zu dem hinzukäme, was Jesus gesagt hat (S. 415). Der Geist
wird nur an das „erinnern", was Jesus gesagt hat (14, 26); er
wird nicht „von sich aus" reden, sondern nur sagen, was er „gehört" hat; er wird „aus dem Meinen nehmen" (16, 13 f.). Er
wird von Jesus „zeugen" (15, 26). Nichts Neues wird der Geist
lehren, aber alles, was Jesus gelehrt und getan hat, wird in
neuem Lichte erscheinen und so erst in seinem eigentlichen Sinne
klar werden (S. 421). Das *ὃ ἐγὼ ποιῶ σὺ οὐκ οἶδας ἄρτι, γνώσῃ δὲ
μετὰ ταῦτα* (13, 7) wird in Erfüllung gehen. Wenn der scheidende
Jesus spricht: *ἔτι πολλὰ ἔχω ὑμῖν λέγειν, ἀλλ᾽ οὐ δύνασθε βαστάζειν ἄρτι* (16, 12), so weist das nicht auf eine quantitative Unvollständigkeit der „Lehre" Jesu, sondern auf ihre wesenhafte
Unabgeschlossenheit, die gerade zu ihrem Sinn gehört. Denn
was könnte noch fehlen, wenn es gilt: *πάντα ἃ ἤκουσα παρὰ τοῦ
πατρός μου ἐγνώρισα ὑμῖν* (15, 15)? Oder wenn es heißt: *ἐφανέρωσά
σου τὸ ὄνομα τοῖς ἀνθρώποις . . .* (17, 6) und: *ἐγνώρισα αὐτοῖς τὸ
ὄνομά σου* (17, 26)? Aber wenn dieser Satz weitergeht: *καὶ γνω-
ρίσω*, so zeigt sich, daß die Offenbarung, die Jesus bringt, weder
eine Summe von Lehren noch auch ein abgeschlossenes Geschehen ist, sondern daß sie das, was sie ist, nur im ständig
neuen Ereigniswerden ist. Und eben darin, daß dieses geschieht,
besteht das Wirken des Geistes. Jesus hat ja überhaupt keine
„Lehre" gebracht, die in Sätze zusammengefaßt werden könnte;
sein Wort ist ja er selbst (§ 48, 2). Aber was er ist, was sein Kommen und Gehen, was seine Begegnung bedeutet, nämlich die
κρίσις τοῦ κόσμου, das gilt es immer klarer zu erkennen, und diese
Erkenntnis ist in jeder Gegenwart neu zu gewinnen. Das „Zeugnis" des Geistes , der an Jesu Worte „erinnert", besteht darin,
daß das Wort Jesu stets neu verstanden wird, indem es das

gleiche bleibt, ja, das eben deshalb das gleiche ist, weil es stets neu ist. So „verherrlicht" der Geist Jesus (16, 14).

Wenn der Geist im Verhältnis zu Jesus der ἄλλος παράκλητος heißt (14, 16), so erscheint er gleichsam als der, der Jesus nach seinem Fortgang vertritt. In Wahrheit kommt im Geiste Jesus selbst zu den Seinen, wie schon die Parallelität der Verheißungen der Sendung des Geistes (14, 16 f.; 16, 12—15) und des Wiederkommens Jesu (14, 18—21; 16, 16—24) zeigt (S. 410). So heißt es denn auch vom Geist ebenso wie von Jesus, daß er nicht nur mit und bei den Glaubenden sein und bleiben wird (14, 16 f.), sondern auch, daß er in ihnen sein, in ihnen bleiben wird (14, 17; 1. Joh 2, 27). Wie die Welt Jesus nicht kannte (8, 19; 17, 26), so hat sie auch kein Organ für die Erkenntnis des Geistes (14, 17), und so kennt sie auch die Glaubenden nicht (1. Joh 3, 1). Und wie es von Jesus gilt, daß nur der sein Wort „hört", der „aus Gott" oder „aus der Wahrheit" ist (8, 47; 18, 37), so gilt das Gleiche vom Wort der Gemeinde (1. Joh 4, 6).

Jenes ἐκεῖνος (sc. der παράκλητος) μαρτυρήσει περὶ ἐμοῦ wird fortgesetzt: καὶ ὑμεῖς δὲ μαρτυρεῖτε (15, 26). Das bedeutet, daß die vom Geist geschenkte Erkenntnis in der V e r k ü n d i g u n g lebendig sein soll. In ihr und durch sie wird die Offenbarung jeweils Ereignis. Speziell geschieht das im ἐλέγχειν des Geistes (16, 7–11): ἐκεῖνος ἐλέγξει τὸν κόσμον περὶ ἁμαρτίας καὶ περὶ δικαιοσύνης καὶ περὶ κρίσεως, d. h. in der Verkündigung hat die Gemeinde der Welt zu zeigen, was Sünde ist — nämlich nichts anderes als der Unglaube, die Verschlossenheit gegen die Offenbarung —, und was Gerechtigkeit ist — nämlich Jesu Sieg im Prozeß mit der Welt —, und was Gericht ist — nämlich nichts anderes als die Situation, in der die ungläubige Welt sich als die gerichtete befindet (S. 384); d. h. in der Verkündigung hat sich das eschatologische Geschehen, das sich im Kommen und Gehen Jesu vollzogen hat, weiter zu vollziehen. Das Wirken des Geistes in der Verkündigung ist dieses eschatologische Geschehen.

Wie es sich im ἐλέγχειν des Geistes vollzieht, so auch in der, in der Gemeinde der Glaubenden zur Erscheinung kommenden, Bruderliebe (13, 35). Denn auch diese ist ja ein eschatologisches Phänomen (S. 433 f.). Das ist also der Auftrag, den die Glaubenden empfangen haben, und darin hat das Leben der Gemeinde in der Welt seinen Sinn, daß diese Gemeinde innerhalb der Welt als unweltliche, als eschatologische Größe existiert, in die Welt

„gesandt", so wie Jesus in die Welt „gesandt" war (17, 18).
Aus der Welt ausgegrenzt als die Gemeinde der „Geheiligten"
(17, 17. 19), für die Welt ein ständiger Anstoß und von der
Welt verfolgt (15, 18—16, 4), aber zur Einheit mit dem Vater
und dem Sohn zusammengeschlossen, so bietet die Gemeinde der
Welt ständig die Möglichkeit des Glaubens an (17, 20—23). Da
im Wort der Gemeinde Jesus selbst redet, gilt es immer wieder,
wo dieses Wort erklingt: ἔρχεται ὥρα καὶ νῦν ἐστιν ὅτε οἱ νεκροὶ
ἀκούσουσιν τῆς φωνῆς τοῦ υἱοῦ τοῦ θεοῦ καὶ οἱ ἀκούσαντες ζήσουσιν
(5, 25). Wie dieses Wort als das stets gleiche in stets neuer Gestalt erklingen muß, das zeigt das Evangelium des Johannes in
seiner Aufnahme der Tradition wie in ihrer souveränen Neugestaltung.

8. Mit alledem ist im Grunde auch schon das Wesentliche über
die johanneische Anschauung von der G e m e i n d e gesagt.
Wenn bisher darüber nicht thematisch gehandelt wurde, so deshalb, weil bei Johannes selbst der Begriff Gemeinde nicht wie
bei Paulus zum Thema wird. Von der Gemeinde ist nur indirekt
die Rede, und das Wort ἐκκλησία findet sich überhaupt nicht
außer 3. Joh 6. 9 f., wo es aber die Einzelgemeinde bezeichnet.
Es fehlt auch jedes spezifisch ekklesiologische Interesse, jedes
Interesse an Kultus und Organisation [1]. Daraus darf aber nicht
geschlossen werden, daß das Interesse für die Gemeinde überhaupt fehle. Es ist im Gegenteil sehr lebendig, wie bes. 1. Joh
und in ihrer Weise auch 2. und 3. Joh bestätigen. Aber Johannes
redet von der Gemeinde nicht in der heilsgeschichtlichen Begrifflichkeit der alttest.-jüdisch-christlichen Tradition, für die die
eschatologische Gemeinde das Gottesvolk der Endzeit ist, in
dem die Heilsgeschichte ihre Vollendung erreicht hat (§ 10). Die
für diesen Anschauungskreis charakteristische Terminologie
fehlt bei Johannes (§ 41, 2; S. 360). Die johanneische Redeweise
stammt vielmehr aus dem Anschauungskreis der Gnosis, nach
der die Pneumatiker, in denen die präexistenten Lichtfunken
leben (§ 15, 1 und s. o. S. 365 f.), eine potentielle Einheit bilden,
die dadurch realisiert wird, daß der Erlöser die zerstreuten Lichtfunken sammelt und mit sich vereinigt. Diese Vorstellung hatte
schon bei Paulus und sonst im hellenistischen Christentum die

---

[1] Aus 3. Joh kann man auf eine Opposition gegen die sich bildende kirchliche Organisation schließen; vgl. dazu E. Käsemann, Ketzer und Zeuge,
ZThK 48 (1951), 292—311.

Ausbildung des Kirchenbegriffs beeinflußt (§ 15, 4 e), und sie wirkt auch bei Johannes. Es ist aber charakteristisch, daß bei ihm der bei Paulus und in der deuteropaulinischen Literatur so wichtige Begriff des σῶμα Χριστοῦ (§ 34, 2) nicht begegnet, und daß er überhaupt keine singularische Bezeichnung der Gemeinde hat. Die zur Gemeinde Verbundenen werden als Jesu μαθηταί (z. B. 13, 35; 15, 8), als seine φίλοι (15, 13 ff.) und mit dem spezifisch gnostischen Begriff als die „Seinen" (ἴδιοι 13, 1; vgl. 10, 3 f.) bezeichnet. In dieser pluralischen Benennung prägt sich aus, daß die Gemeinde eine Gemeinde der gesammelten Einzelnen ist, die durch ihre Glaubensentscheidung seine Jünger werden (bes. 6, 60—71).

In gewisser Weise ist die Gemeinde bei Johannes als die „unsichtbare Kirche" gedacht, insofern zu ihr diejenigen gehören, die „aus der Wahrheit sind", auch wenn sie seine Stimme noch nicht gehört haben, sondern erst hören werden (18, 37; vgl. 10, 3). Als die Seinen erweisen sie sich dann, wenn der Ruf an sie ergeht und sie ihm folgen (10, 1—6). Daher wird es zur Einheit der Seinen in „e i n e r Herde" erst kommen (10, 16; 17, 20 f.), und die schon Glaubenden haben die Aufgabe, dafür zu wirken (17, 18). Die Seinen, die in aller Welt zerstreut sind, müssen gesammelt und in die Einheit mit ihm geführt werden (17, 21 f.). Dieser Prozeß ist aber (wie in der Gnosis) durch das Kommen des Offenbarers in Gang gebracht worden, und so realisiert sich allmählich die unsichtbare Kirche in der sichtbaren, in der Jüngergemeinde.

Diese Gemeinde wird als Einheit negativ schon dadurch gekennzeichnet, daß sie aus der Welt ausgegrenzt, ja ihrem Haß ausgesetzt ist (s. o. 7 und bes. 14, 17. 19. 27; 15, 18—16, 11; 17, 14. 16; 1. Joh 3, 1. 13; 4, 4 f.; 5, 4). Positiv ist sie dadurch charakterisiert, daß sie die Gemeinde der eschatologisch Existierenden ist, deren Freiheit von Welt und Sünde in ihrem Verhältnis zu Jesus als dem Offenbarer begründet ist (s. o. 1—3 und 4). Die Einheit, zu der sie verbunden ist, ist primär die Einheit aller Einzelnen mit ihm, dem „Hirten" (c. 10), dem „Lebensbaum" (c. 15); es ist die Einheit des Glaubens (s. o. 6). Wie aber die Freiheit von Welt und Sünde den Imperativ des Sich-frei-haltens einschließt (s. o. 3), so ist die Gemeinschaft der Glaubenden mit ihm zugleich ihre Gemeinschaft untereinander, die unter dem Liebesgebot steht (s. o. 4). Diese Gemeinde sucht ihren escha-

tologischen Charakter nicht durch eine Disziplin der Weltenthaltung, durch asketische Lebensführung, oder durch einen
sakramentalen Kult zu verwirklichen; denn sie ist die Gemeinde
des Wortes, von dem sie lebt und das zugleich ihr Auftrag an
die Welt ist. Ihr Leben ist bewegt durch den in ihr lebendigen
Geist als die Kraft der Erkenntnis und der Wortverkündigung
(s. o. 7).

DRITTER TEIL

DIE ENTWICKLUNG ZUR ALTEN KIRCHE

I. ENTSTEHUNG UND ERSTE ENTWICKLUNG DER KIRCHLICHEN ORDNUNG

S. Lit. zu §§ 8.10. – HARNACK, A. v., Die Mission und Ausbreitung des Christentums in den ersten drei Jahrhunderten, (1902) [4]1924. – KNOPF, R., Das nachapostolische Zeitalter, 1905 (bes. 147–222). – TROELTSCH, E., Die Soziallehren der christlichen Kirchen und Gruppen, 1912. – LINTON, O., Das Problem der Urkirche in der neueren Forschung, 1932. – GOGUEL, M., L'Église primitive, 1947. – CAMPENHAUSEN, H. v., Kirchliches Amt und geistliche Vollmacht in den ersten drei Jahrhunderten, 1953. – GOPPELT, L., Die apostolische und nachapostolische Zeit, (1962) [2]1966 (bes. A80–A151). – CHADWICK, H., The Early Church, 1967 (= Die Kirche in der antiken Welt, 1972). – KOTTJE, H.-MOELLER, B. (Hrg.), Ökumenische Kirchengeschichte. I., 1970. – ANDRESEN, C., Geschichte des Christentums. I., 1975 (bes. 1–21). – BEYSCHLAG, K., Grundriß der Dogmengeschichte. I., 1982 (bes. 65–99).

§ 51. ESCHATOLOGISCHE GEMEINDE UND KIRCHLICHE ORDNUNG

SOHM, R., Kirchenrecht. I., 1892. – HARNACK, A., Entstehung und Entlung der Kirchenverfassung und des Kirchenrechts in den ersten drei Jahrhunderten, 1910. – SCHWEIZER, E., Gemeinde und Gemeindeordnung im Neuen Testament, 1959. – BROCKHAUS, U., Charisma und Amt..., 1972. – MAURER, W., Die Auseinandersetzung zwischen Harnack und Sohm und die Begründung eines evangelischen Kirchenrechts, in: DERS., Die Kirche und ihr Recht, 1976, 364–387. – DERS., R. Sohms Ringen um den Zusammenhang zwischen Geist und Recht in der Geschichte des kirchlichen Rechts, ebd., 328–363. – SCHMITZ, H.-J., Frühkatholizismus bei Adolf von Harnack, Rudolph Sohm und Ernst Käsemann, 1977. – HAHN, FERD., Charisma und Amt..., ZThK 76, 1979, 419–449. – DERS., Frühkatholizismus als ökumenisches Problem, Catholica 37, 1983, 17–35. – ROGGE, J.-SCHILLE, G. (Hrg.), Frühkatholizismus im ökumenischen Gespräch, 1983.

1. Keine menschliche Gemeinschaft kann ohne Ordnungen des Gemeinschaftslebens Bestand haben in der Geschichte. Es versteht sich daher von selbst, daß sich in den urchristlichen Gemeinden allmählich Ordnungen herausbildeten, — sowohl für die Verfassung der Einzelgemeinden wie für deren Verhältnis zueinander und zum Ganzen der Gesamt-Ekklesia. Mit dem Wachsen der Gemeinden und mit der Ausbreitung des Christentums wurden die Ordnungen ausgestaltet, vereinheitlicht und verfestigt, bis die Organisation der altkatholischen Kirche geschaffen bzw. gewachsen war.

Aber ist die Ekklesia im Sinne des NT's eine Größe der Geschichte? Ist sie nicht die eschatologische Gemeinde der Entweltlichten (§§ 6; 10, 4; 34)? Wäre es also ein Abfall von ihrem Wesen, wenn sie sich doch als eine innerweltliche Größe darstellt, die als solche eine Geschichte hat, in der sie ihre Ordnungen ausbildet? Und wie, wenn diese Ordnungen zu Ordnungen eines mit Zwangsmitteln durchgesetzten Rechts werden, und wenn ihre Durchführung die Sache eines Amtes wird? Treten sie dann nicht in direkten Widerspruch zum Wesen der Ekklesia, deren Ordnungen, soweit von solchen überhaupt die Rede sein kann, durch das freie Walten des Geistes je und je geschaffen werden? Kann in der Ekklesia die Autorität leitender Personen anders als in dem ihnen vom Geist geschenkten Charisma begründet sein?

Eben das ist das Thema der zwischen Rud. Sohm und Ad. Harnack einst geführten Diskussion, die auch heute noch nicht abgeschlossen ist. Nach Sohm steht ein kirchliches Recht im Gegensatz zum Wesen der Ekklesia; es dringt damit in die Kirche ein, daß — zum erstenmal in 1. Klem — die Autorität charismatischer Personen als Autorität des Amtes verstanden wird. Das aber ist der Sündenfall der Kirche, die damit ihr Wesen verleugnet. Harnack will demgegenüber den Nachweis führen, daß es im Urchristentum von Anfang an Ordnungen gab, die Rechtscharakter hatten und sich notwendig zu Rechtsordnungen entwickelten, und daß solche Ordnungen dem Wesen der Ekklesia keineswegs zu widersprechen brauchen.

2. Um Recht und Unrecht der beiden einander widersprechenden Anschauungen beurteilen zu können, muß man sich den Unterschied deutlich machen zwischen der Ek-

klesia als einem historischen Phänomen und
der Ekklesia als der eschatologischen, vom
Walten des Geistes geleiteten Gemeinde, als
welche sie sich selbst versteht. Harnack faßt die Ekklesia als
historisches Phänomen ins Auge, Sohm versteht sie von ihrem
eigenen Selbstverständnis aus. Als historisches Phänomen unterliegt die Ekklesia der Gesetzmäßigkeit, der alle historischen
Phänomene unterliegen, und ihre Geschichte ist Gegenstand
historischer, soziologischer, psychologischer Betrachtung. Ohne
Zweifel: als historische Religionsgesellschaft wird die Ekklesia
konstituiert durch ihre Glieder, die in freiem Entschluß ihr bei-
treten (solange es noch nicht so etwas gibt wie eine „Volkskirche",
in die man hineingeboren wird). Aber die Ekklesia selbst versteht
sich ganz anders, nämlich als die eschatologische Gemeinde der
$\varkappa\lambda\eta\tau o\iota$, der $\grave{\epsilon}\varkappa\lambda\epsilon\varkappa\tau o\iota$, der $\mathring{\alpha}\gamma\iota o\iota$ (§ 10, 3), und der Glaubende
führt seine Gliedschaft nicht auf seinen Entschluß zurück, son-
dern auf den Ruf Gottes und auf das Sakrament der Taufe, die
ihn (paulinisch formuliert) in das $\sigma\tilde{\omega}\mu\alpha\ X\varrho\iota\sigma\tau o\tilde{\upsilon}$ einfügt (§ 34, 2.
3). Ohne Zweifel: sofern die eschatologische Gemeinde, die a l s
s o l c h e unsichtbar ist, sich sichtbar in einer historischen Gemeinschaft darstellt, kann sie sich dem Zwang historischer Gesetze nicht entziehen. Aber es ist allerdings die Frage, ob und
wieweit das Selbstverständnis der Ekklesia selbst ein Faktor ist,
der ihre Gestalt und Geschichte bestimmt hat. Will Sohm die
Gestalt und die Urgeschichte der Kirche gleichsam rein aus ihrem
Selbstverständnis konstruieren, so verliert Harnack das Selbstverständnis aus dem Blick und versteht Gestalt und Geschichte
allein aus historischen und soziologischen Motiven.

Faktisch ist das Selbstverständnis der Ekklesia ein entscheidend wichtiger Faktor
gewesen. Am deutlichsten ist das daran erkennbar, daß d i e
Verbindung der Einzelgemeinden zur Gesamt-Ekklesia, durch die sich die christliche Religion
von den hellenistischen Mysteriengemeinden unterscheidet, ihren
eigentlichen Grund nicht in den empirischen Gegebenheiten und
Notwendigkeiten des Austausches, der gegenseitigen Hilfe oder
auch des Machtanspruches hat, — so sehr solche mitgewirkt
haben können —, sondern eben im Selbstverständnis der Ekklesia, dem zufolge die Gesamtkirche die Priorität vor den Ein-
zelkirchen hat (§ 10, 1; S.95 ff.), einerlei ob der Gedanke der

Gesamt-Ekklesia mehr am Gedanken des Gottesvolkes oder an dem des σῶμα Χριστοῦ orientiert ist. Deshalb steht auch die „Autonomie" der Einzelgemeinden nicht im Gegensatz zur Idee der Gesamt-Ekklesia, schon deshalb nicht, weil sich in jeder Einzelgemeinde die Gesamtgemeinde darstellt.

Aber auch d i e e n t s t e h e n d e O r d n u n g d e r E i n - z e l g e m e i n d e n ist durch das Selbstverständnis der Gemeinde als einer eschatologischen, durch den Geist regierten Gemeinschaft bestimmt. Einmal insofern, als aus diesem Selbstverständnis d i e E x k l u s i v i t ä t d e r c h r i s t l i c h e n G e m e i n d e n folgt, die ihnen ihren besonderen Charakter gegenüber den Mysteriengemeinden gibt (§ 10, 3), und insofern diese Exklusivität zugleich d i e A u s g e g r e n z t h e i t a u s d e r „W e l t" bedeutet (§ 10, 4), in welcher eine Disziplinierung des Lebens ihren Ursprung hat, die schließlich zur Ausbildung der Bußdisziplin führen wird. Ferner aber, insofern die charakteristische Weise der Entstehung und Gestaltung der kirchlichen Ämter in dem Selbstverständnis der Gemeinde begründet ist. D i e e r s t e n A u t o r i t ä t s p e r s o n e n s i n d C h a r i s - m a t i k e r, neben denen diejenigen, die für die äußere Ordnung und Wohlfahrt des Gemeindelebens tätig sind, zunächst eine untergeordnete Rolle spielen. Der Charakter der Charismatiker aber ist dadurch bestimmt, daß sich die eschatologische Gemeinde durch das verkündigte Wort berufen weiß (§ 8, 4; § 34, 1. 2) und sich hörend, aber auch redend (1. Kor 14), um das Wort versammelt. Die Charismatiker sind also primär W o r t v e r k ü n d i g e r, und dadurch ist von vornherein der Charakter des werdenden Amtes geprägt. Auch wenn im Selbstverständnis der Gemeinde das neben dem Wort stehende Sakrament ein größeres Gewicht erhält und die Leiter der Gemeinde priesterlichen Charakter erhalten, so bleiben sie daneben doch die Wortverkündiger, und die Gemeinde bleibt die um das Wort versammelte hörende Gemeinde.

3. In diesem Sinne ist Sohms Auffassung von der Kirche als der nicht durch ein Recht, sondern durch das Walten des Geistes konstituierten Gemeinschaft zur Geltung zu bringen. Er hat auch darin recht, daß die so sich verstehende Gemeinde kein Recht braucht, ja, d a ß d i e R e c h t s o r d n u n g i m G e g e n - s a t z z u i h r e m W e s e n s t e h t, — f a l l s n ä m l i c h d a s R e c h t a u s e i n e m r e g u l i e r e n d e n z u e i n e m

konstituierenden wird. Sein Fehler aber liegt in der
Verkennung der Tatsache, daß eine regulierende Rechtsordnung
nicht nur nicht im Gegensatz zum Walten des Geistes steht,
sondern durch dieses auch gerade geschaffen werden kann. Mit
Recht hat Karl Holl gegenüber Sohm darauf hingewiesen, daß
d a s W o r t d e s C h a r i s m a t i k e r s a l s a u t o r i t a -
t i v e s W o r t O r d n u n g u n d T r a d i t i o n s c h a f f t[1].
Was Paulus als einer, der „den Anspruch erhebt, den Geist Gottes zu haben" (1. Kor 7, 40; vgl. 14, 37, ja, auch 2, 10 ff.), seinen
Gemeinden schreibt, das schafft Tradition. Und der Apokalyptiker schreibt seinem prophetischen Buch kanonische Autorität
zu (Apk 22, 18 f.). Das NT wäre nie geschrieben, weiter überliefert und als autoritativ kanonisiert worden, stünden charismatisches Wort und Ordnung schaffende Tradition in Widerspruch zueinander.

Sohm stellt sich die Glieder der christlichen Gemeinden einseitig als religiöse Individualisten und Enthusiasten vor und
d a s W i r k e n d e s G e i s t e s einseitig als in momentanen
Inspirationen erfolgend. Er sieht gleichsam das als das Normale
an, was Paulus 1. Kr 12 u. 14 als Gefahr bekämpft oder wenigstens einschränkt. So sehr momentane Inspiration auch das Wort
der Charismatiker bestimmen mag, — d a s W o r t , d a s s i e
v e r k ü n d i g e n , gewinnt seinen Inhalt nicht aus einer ihnen
persönlich in innerer Erleuchtung geschenkten Offenbarung,
sondern sie verkündigen das ῥῆμα τῆς πίστεως (Rm 10, 8), das
εὐαγγέλιον, in dessen Zentrum Christus und das Heilsgeschehen
steht, den λόγος τοῦ σταυροῦ, τῆς καταλλαγῆς. In wie reich vari-
ierender Form das geschehen mag — und dafür ist ja das NT
ein Zeugnis —, es ist ein bestimmtes, durch die Tradition ver-
mitteltes Wort, und nie hat es ein εὐαγγέλιον ohne παράδοσις
gegeben (vgl. 1. Kr 15, 1 f).

D e r G e i s t w i r k t aber nicht nur in den Wortverkündi-
gern, sondern a u c h i n d e n G e m e i n d e n , und in diesen
wiederum nicht nur in momentanen Inspirationen, in merkwürdigen psychischen Phänomenen und einzelnen das Normale
überschreitenden Leistungen (§ 14, 1); vielmehr auch in den
Ordnung schaffenden Betätigungen einzelner Gemeindeglieder,

---

[1] Vgl. dazu H. v. C a m p e n h a u s e n , Tradition und Geist im Urchristentum, Studium Generale 4 (1951), 351 ff. und Kirchl. Amt und geistl.
Vollmacht 324 f.

in ihren Dienstleistungen, die Paulus als Charismen zu begreifen
lehrt (1. Kr 12, 5 ff. 28; Rm 12, 7 f.; s. S. 156. 338). Er wirkt
auch in den Gemeinden als ganzen so, daß es zu bestimmten Be-
schlüssen und Taten kommt. Er begründet zunächst so etwas wie
eine „Gemeinde-Demokratie", die durchaus neben einer
„Aristokratie" der Charismatiker bestehen kann. Natürlich kann
von einer demokratischen Verfassung als institutioneller Rechtsordnung, die jedem Einzelnen seine Rechte garantiert und Pflichten
zuweist, nicht die Rede sein. So mag man lieber von einer „Pneumatokratie" reden, oder weniger glücklich von einer „Christokratie" (Ed. Schweizer). Indessen ist damit nichts Klares gesagt; denn
weder Pneumatokratie noch Christokratie sind echte Gegensätze
zu Demokratie (oder auch zu Aristokratie oder Monarchie). Denn
die Frage ist ja gerade die, in welcher Gestalt sich die Herrschaft
des Geistes oder Christi geschichtlich realisiert. Jedenfalls ist es un-
bestreitbar, daß der späteren Ordnung, in der an die Stelle der Charismatiker Gemeindebeamte getreten sind, in der sich der monarchische Episkopat herausgebildet hat, in der es zur Unterscheidung
von Priestern und Laien gekommen ist, – daß ihr eine demokratisch
zu nennende Ordnung vorausging. Denn unbeschadet der Autorität
der Charismatiker, die ja keine amtliche ist, handelt auch die Gemeinde als Gesamtheit. Sie hat nicht nur selbst das charismatische
Recht, die Charismatiker zu „prüfen" (1. Th 5, 21; 1. Kr 12, 10;
14, 29; Did 11, 7–12; Herm mand XI), sondern sie entsendet auch
Missionare (Act 13, 2) oder Delegierte (1. Kr 16, 3; 2. Kr 8, 19; Act
15, 2; wohl auch Ign Phld 10, 1; Sm 11, 2; Pol 7, 2). Sie hält Sitzun-
gen ab, unter Umständen Gerichtssitzungen (1. Kr 4, 3; 5, 3 f), wobei es zu Majoritätsbeschlüssen kommen kann (2. Kr 2, 6). In Act
6, 2. 5; 15, 22. 30 spiegelt sich offenbar die Praxis wider, daß die
von den Leitern der Gemeinde vorgebrachten Anträge oder Vor-
schläge von der Gesamtgemeinde zum Beschluß erhoben werden.
1. Klem 54, 2 wird der Aufsässige gemahnt, zu tun τὰ προστασσόμενα
ὑπὸ τοῦ πλήθους. Auch wenn es im Laufe der Zeit zur Bestallung
von Gemeindebeamten kommt, so wirkt dabei offenbar die Gemeinde mit, aus der sich doch wohl die Prophetenstimmen erheben,
die auf die betreffenden Personen hinweisen (1. Tim 1, 18; 4, 14;
vgl. Act 20, 28). Jedenfalls heißt es 1. Klem 44, 3 ausdrücklich, daß
von den Nachfolgern der Apostel in den Gemeinden Presbyter eingesetzt worden sind συνευδοκησάσης τῆς ἐκκλησίας πάσης. Und entsprechend gebietet Did 15, 1: χειροτονήσατε οὖν ἑαυτοῖς ἐπισκόπους
καὶ διακόνους.

Es ist also nicht berechtigt, die Entstehung und Ausbildung von Ordnung und Amt derart in Gegensatz zum Walten des Geistes zu setzen, wie Sohm es tut. So wenig vernünftiges Handeln, das der Erkenntnis des jeweils durch die Situation Geforderten entspringt, das Wirken des Geistes ausschließt, so wenig steht es im Gegensatz zum Wesen des Geistes, daß die durch ihn gewirkten Dienstleistungen in der Gemeinde und für sie an ein Amt gebunden werden, – es sei denn, daß das Walten des Geistes nur in den Phänomenen eines individualistischen Pneumatikertums gesehen wird. Daß es dazu im Urchristentum nicht kam, das ist der Wirkung der paulinischen und der johanneischen Theologie zu verdanken, daneben aber auch dem Einfluß der synagogalen bzw. der alttestamentlich-jüdischen Tradition.

Die im Folgenden zu schildernde Entwicklung steht also unter der entscheidenden Frage, ob und wieweit die entstehenden Ordnungen dem Wesen der Ekklesia als einer eschatologischen, durch das Wort der Verkündigung konstituierten Gemeinde angemessen waren und blieben. Das schließt zugleich die Frage ein, ob das sich bildende kirchliche Recht regulativen oder konstitutiven Charakter hatte und behielt. Die Entstehung des kirchlichen Rechtes selbst aber steht unter den Fragen: 1. Seit wann und wie wird die Wahrung der Ordnungen durch Strafbestimmungen gesichert? Sobald nämlich das geschieht, gewinnen die Ordnungen den Charakter von Rechtsordnungen. 2. Welches sind die Instanzen, die Ordnungen setzen und über ihre Wahrung wachen? Sind es die Gemeinden – als einzelne oder in ihrer Gesamtheit –, oder sind es einzelne Personen, sei es vermöge des Auftrags der Gemeinde, sei es auf Grund anderer ihre Autorität begründender Kräfte? Wird die Autorität der Ordnungen durch Einzelpersonen vertreten, so entsteht das kirchliche Amt.

§ 52. DIE KIRCHLICHEN ÄMTER

S. Lit. zu I (S. 446). – ROHDE, J., Urchristliche und frühkatholische Ämter..., 1976. – KERTELGE, K. (Hrg.), Das kirchliche Amt im Neuen Testament, 1977. – ROLOFF, J., Art. Amt/Ämter/Amtsverständnis. IV. Im Neuen Testament, TRE, II, 1978, 509–533. – DERS., Art. Apostel/Apostolat/Apostolizität. I. Neues Testament, TRE, III, 1978, 430–445. – BLUM, G. G.,Art. Apostel/Apostolat/Apostolizität. II. Alte Kirche, TRE, III, 1978, 445–466. – HAHN, FERD., Charisma und Amt im Lichte der neutestamentlichen Charismenlehre, ZThK 76, 1979, 419–449. – LIPS, H. v., Glaube–Gemeinde–Amt. Zum Verständnis der Ordination in den Pastoralbriefen, 1979. – LOHSE, E., Die Entstehung des Bischofsamtes in der frühen Kirche, ZNW 71, 1980, 58–73. – TRILLING, W., Zum ,,Amt'' im Neuen Testament. Eine methodologische Besinnung, in: Die Mitte des Neuen Testaments. Einheit und Vielfalt neutestamentlicher Theologien. FS. für E. Schweizer zum 70. Geburtstag, 1983, 317–344.

1. Weder in der palästinischen Urgemeinde noch im hellenistischen Urchristentum wurde zunächst über die Einrichtung kirchlicher Ordnungen und Ämter reflektiert, – wie es dem eschatologischen Bewußtsein, am Ende der Zeit zu stehen, entsprach. Für die palästinische Urgemeinde folgt es auch schon daraus, daß sie ja zunächst innerhalb der Ordnungen der jüdischen Gemeinde blieb und nicht daran dachte, sich als eine neue Religionsgemeinschaft zu konstituieren (§ 8, 1). Wenn auch Taufe und Herrenmahl schon die palästinische Gemeinde gegen das Judentum und dann die hellenistische Gemeinde gegen heidnische Kultgemeinden abgrenzten, so hat es doch weder dort, noch zunächst auch hier einen priesterlichen Stand gegeben. Noch nach 1. Pt 2, 5. 9 ist die Gemeinde ein ἱεράτευμα ἅγιον, ein βασίλειον ἱεράτευμα, d. h. alle Christen haben priesterliche Qualität. Soweit aber beide Gemeinden einer gewissen Ordnung und Leitung bedurften, waren diese durch a u t o r i t a t i v e P e r s o n e n gegeben, die noch keineswegs den Charakter von Beamten hatten. In der palästinischen Gemeinde sind es Petrus, Johannes und der Herrenbruder Jakobus (§ 8, 4), in den hellenistischen Gemeinden naturgemäß die ,,Apostel'', die Gründer der Gemeinden. Neben diese treten, da die Apostel ja nicht in den Gemeinden ansässig sind, andere Wortverkündiger: ,,Propheten'' und ,,Lehrer'', – auch sie keine beamteten, sondern jeweils durch den ,,Geist'' berufene Personen, gleichviel ob sie in einer Gemeinde seßhaft waren oder wanderten wie die Apostel.

Aber schon i n d e r palästinischen Urgemeinde erscheint alsbald d a s A m t d e r ,,Ältesten'' (§ 8, 4), und einen Widerspruch zwischen ihm und den autoritativen Personen brauchte man um so weniger zu empfinden, als – wie wahrscheinlich – Jakobus den Vorsitz im Ältestenkollegium gehabt hat. Ein Rat der ,,Ältesten'' ist ja überhaupt eine Institution, in der die Geltung persönlicher Autorität und die Amtsautorität vereint sind; und durch ihn konnte gerade die Autorität führender Personen gestärkt werden. Als etwas Besonderes konnte die Bildung eines Ältestenkollegiums auch deshalb nicht erscheinen, weil die christliche Gemeinde damit nach dem Muster der jüdischen Synagogengemeinden verfuhr[1]; als eine Synagoge innerhalb des Judentums stellte sich die Urgemeinde, ihrer Form nach, ja zunächst dar.

Für die christlichen Gemeinden in der hellenistischen Welt, die sich aus jüdischen Synagogen-Gemeinden bzw. im Anschluß an sie entwickelten, gilt Ähnliches. Daß auch hier „Älteste" die Gemeinden leiteten, wird dadurch bezeugt, daß gerade in den Quellen, in denen die Übernahme synagogaler Tradition deutlich ist (außer freilich in Did), πρεσβύτεροι als Leiter der Gemeinden erscheinen; so in Act, Jak, 1. Klem, Herm und 2. Klem (17, 3–5). Daß der Titel mit dem Amt zugleich das Alter bezeichnet, wird man jedenfalls für die erste Zeit annehmen dürfen, und 1. Pt 5, 1–5 tritt es deutlich hervor. In den ganz oder überwiegend heidenchristlichen Gemeinden tragen die Gemeindeleiter den Titel ἐπίσκοπος, der im griechischen Sprachgebrauch für Kommunalbeamte, aber auch für Beamte von Vereinen und Kultgenossenschaften bezeugt ist[2]. Zum erstenmal begegnen christliche ἐπίσκοποι Phil 1, 1, wo neben ihnen die διάκονοι erscheinen, ebenfalls ein für Kommunal- und Vereinsbeamte bezeugter Titel. Am Sprachgebrauch läßt sich ablesen, daß die Tätigkeiten, die zunächst freiwillig und auf Grund persönlicher Autorität von einzelnen Personen übernommen wurden, allmählich zu Funktionen beamteter Personen wurden. Statt der κοπιῶντες, der συνεργοῦντες, der προϊστάμενοι (1. Th 5, 12; 1. Kr 16, 16 u. a., vgl. auch Hbr 13, 7) erscheinen jetzt die πρεσβύτεροι oder die ἐπίσκοποι (und διάκονοι); doch können daneben allgemeine Bezeichnungen wie (προ)ἡγούμενοι weiter gebraucht werden (1. Klem 1, 3; 21, 6; Herm vis III 9, 7). Der Unterschied der πρεσβύτεροι und ἐπίσκοποι dürfte nur ein Unterschied der Terminologie sein. Beide Titel bezeichnen offenbar in gleicher Weise die Leiter der Gemeinde, – wobei es dahingestellt bleiben kann, welche und wie viele Kompetenzen und Pflichten hier und dort den Leitern zugeteilt waren. Infolge des Austausches zwischen den Gemeinden wird es dazu gekommen sein, daß hier und dort beide Titel nebeneinander für die

---

[1] S. E. Schürer, Geschichte des jüd. Volkes im Zeitalter Jesu Christi II⁴ § 23 u. S. 223 ff.; Str.-B. IV 145; Joach. Jeremias, Jerusalem zur Zeit Jesu II B (1937), 88 ff.; W. Michaelis, Das Ältestenamt, 1953.

[2] S. M. Dibelius zu Phil 1, 1 im Hdb. z. NT; H. W. Beyer, ThWB II 908 ff.; H. W. Beyer – H. Karpp, RAC II 394–407. – A. Adam, Die Entstehung des Bischofsamtes, Wort und Dienst, NF 5 (1957), 104–113.

gleichen Personen gebraucht wurden wie in 1. Klem und Herm
(vgl. auch Act 20, 17 mit 28)[1]. Besonders deutlich ist das in den
Past, für deren Verf. offenbar πρεσβ. der geläufige Titel ist (1. Tim
4, 14; 5, 17. 19; bes. Tit 1, 5), der aber, um die Bedingungen für
dieses Amt zu bestimmen, eine schon formulierte Tradition übernimmt, in der die Bedingungen für das Amt des ἐπίσκ. aufgezählt
waren (1. Tim 3, 2; Tit 1, 7). Ein Unterschied der Bedeutung dürfte
sich erst mit der Entstehung des monarchischen Episkopats herausgebildet haben; dann ist der ἐπίσκ. der Vorsitzende des Presbyter-
kollegiums, wie es zuerst bei Ign bezeugt ist[2].

Indessen braucht im Rahmen der Theologie des NT die Entwicklung, die in verschiedenen Gegenden verschiedenartig und verschieden schnell verlaufen sein wird, nicht im einzelnen dargestellt
zu werden (soweit sie sich überhaupt bei der Dürftigkeit der Quellen erkennen läßt). Vielmehr kommt es darauf an, den **Charakter
des entstehenden Amtes** deutlich zu machen.

2. Dafür ist zunächst der **Unterschied zwischen den Gemeindebeamten und den ,,charismatischen" Personen**
zu klären, die ebenfalls eine führende Rolle in den jungen Gemeinden spielen. Diese Unterscheidung, die seit der Entdeckung der
Didache (1883) und ihrer Auswertung durch Harnack geläufig geworden ist, besagt, daß jene Gemeindeämter administrative und
jurisdiktionelle Funktionen je für die einzelne Gemeinde innehaben,
daß die πρεσβύτεροι und ἐπίσκοποι jedoch nicht – zum mindesten
nicht kraft ihres Amtes – Wortverkündiger sind. **Wortverkündiger** sind vielmehr die Apostel, die Propheten und die Lehrer, die
1. Kr 12, 28 in der Aufzählung der Charismatiker an der Spitze
stehen[3]. Diese sind keineswegs Beamte der einzelnen Gemeinden,
sondern haben ihren Beruf, oder vielmehr ihre ,,Berufung", für
die Gesamtkirche. Ihre Tätigkeit ist nicht eine amtliche, wie in
bezug auf die Apostel ja deutlich ist: sie sind vom Herrn berufen
und verwalten nicht ein Amt, das nach ihrem Tode neu besetzt
werden müßte. Das gleiche gilt aber auch für die Propheten und
Lehrer. Sie sind berufen durch die Gabe des Geistes, und zunächst

---

[1] Hat Lk sie absichtlich identifiziert? S. H. v. Campenhausen, Kirchl.
Amt und geistl. Vollmacht 88; ebenda 116 f. für die Past.

[2] S. M. Dibelius zu Herm sim IX 27, 3 im Ergänzungsband zum
Hdb. z. NT; W. Bauer zu Ign Mg 2, 2 ebenda.

[3] Apostel und Propheten Apk 18, 20; Did 11; Propheten und Lehrer Act
13, 1; Did 13, 1 f.; Apostel und Lehrer Herm sim IX 15, 4; 16, 5; 25, 2, während vis III 5, 1 Apostel, Bischöfe, Lehrer und Diakonen kombiniert sind.

wenigstens kann jedes Gemeindeglied das Geschenk des Geistes, das χάρισμα, empfangen. Ihr Auftrag ist auch nicht an die Gemeinde, zu der sie gehören, gebunden. Wie Did und Herm zeigen, können sie auch wie die Apostel als wandernde Verkündiger von Gemeinde zu Gemeinde ziehen, zumal nach dem Aussterben der Apostel mit der ersten Generation.[1]

Um den Unterschied zu bezeichnen, nennt man wohl das „Amt" der Apostel, Propheten und Lehrer ein „charismatisches" im Gegensatz zum institutionellen Amt der Presbyter und Episkopen. Man sollte jedoch die Bezeichnung „Amt" für die Wortverkündiger lieber vermeiden. Auf jeden Fall sollte man nicht von einer „doppelten Organisation" (der für die Einzelgemeinde und der für die Gesamtkirche) reden; denn als Organisation kann das Wirken der Apostel, Propheten nicht bezeichnet werden. Richtig ist aber, daß die Tätigkeit der Presbyter und Episkopen auf die Einzelgemeinde beschränkt ist, während sich in den Personen der Apostel, Propheten und Lehrer und in ihrem Wirken die ἐκκλησία als die eine darstellt. Aber diese Einheit ist zunächst keine organisatorische, sondern eine charismatische, eine vom Geist gewirkte.

Darin, daß die Tätigkeit der Wortverkündigung, die ja die Kirche konstituiert (§ 8, 4; § 34, 1. 2), zunächst nicht an ein Amt gebunden ist, prägt sich die Tatsache aus, daß die Kirche zunächst kein sie konstituierendes Amt und Recht kennt. Was Amt ist und Rechtscharakter trägt, also die Institution der Gemeindebeamten, der Presbyter und Episkopen, konstituiert die Kirche nicht, sondern reguliert die Praxis des Gemeindelebens. Nach paulinischer Anschauung sind nun auch die Aufgaben und Betätigungen im Kreise des Gemeindelebens (die verschiedenen διακονίαι, die ἀντιλήμψεις und κυβερνήσεις 1. Kr 12, 5. 28) Gaben des Geistes. Insofern mag man die Ämter der Presbyter und Episkopen als „charismatische" bezeichnen, muß aber beachten, daß das wohl dem spezifisch paulinischen Verständnis entspricht, nicht jedoch dem ältesten Sprachgebrauch des hellenistischen Christentums (§ 14, 1, S. 156 f.). Dieser stimmt mit dem üblichen wissenschaftlichen Sprachgebrauch überein, demzufolge die Befähigung und Beauftragung durch das Charisma im Gegensatz zu natürlicher Begabung und rechtlichem Auftrag steht. Der Charismatiker (oder Pneumatiker) ist danach der Inspirierte, mit wunderbarer Kraft Begabte.

---

[1] Anders, schwerlich mit Recht, v. Campenhausen, Kirchl. Amt u geistl. Vollmacht 65 f.

Man kann sagen, daß das Charisma – immer als die wunderbare, vom Geist geschenkte Gabe verstanden – in dreierlei Hinsicht gesehen werden konnte: 1. als die Kraft, die in einzelnen Phänomenen des Wunderbaren als das Momentane, Gewaltsame, Anormale (wie Glossolalie und Ekstase), als die einzelne Leistung erscheint; 2. als die Kraft, mit der einzelne Personen (πνευματικοί) begabt sind; 3. als das Phänomen des Wunderbaren hinsichtlich seiner Bedeutung (οἰκοδομή). Indem der zweite und der dritte Gesichtspunkt zusammenfallen, entsteht die kirchliche Auffassung vom Amts-Charisma.

3. Die Entwicklung verläuft nun so, daß einerseits die Charismatiker, soweit sie Wortverkündiger sind, mehr und mehr zu Beamten werden, daß also das ursprünglich der Person geschenkte Charisma als Amts-Charisma verstanden wird, das durch Ordination übertragen wird (1. Tim 4, 14; 2. Tim 1, 6), – und daß andrerseits die Verkündigung des Wortes als Amtsrecht oder -pflicht auf die Gemeindebeamten übertragen wird (Past, Did, Herm).

An der Spitze der Charismatiker steht der Apostel, zunächst der vom Herrn bzw. vom Geist berufene Wortverkündiger (Rm 10, 14 ff.; Mt 28, 19 ff.; Lk 24, 46 ff.; Act 1, 8 bzw. 13, 2 u. a.), der Missionar für die jüdische wie für die heidnische Welt. Er kann κῆρυξ genannt werden, wie seine Predigt κήρυγμα heißen kann (Rm 10, 8 ff.; 1. Kr 1, 23; 9, 27; 1. Tim 2, 7; 2. Tim 1, 11 u. a.). Seine Bezeichnung als der „Entsandte" (שָׁלִיחַ, ἀπόστολος) dürfte vom jüdischen Institut der שְׁלִיחִים des Synedriums übernommen worden sein. Aber während das Amt des jüdischen שָׁלִיחַ mit der Erledigung seines Auftrags erlischt, bleibt der christliche Apostel, was er durch die Berufung geworden ist; sein Auftrag kann nicht erlöschen, was sich in dem absoluten Gebrauch von ἀπόστολος dokumentiert. Der Apostel verkündigt den auferstandenen Herrn; ja, in ihm, als dem Repräsentanten, dem Vertreter Christi, begegnet dieser selbst, wie es nicht nur Paulus formuliert (2. Kr 5, 20), sondern wie es auch in dem Herrenwort Mt 10, 40; Lk 10, 16; Joh 13, 20 zum Ausdruck kommt. Der Begriff des Apostels als des vom auferstandenen Herrn entsandten Verkündigers ist also primär bestimmt durch den Gedanken der Autorisierung; sein Wort ist das vom Herrn legitimierte. Allmählich gewinnt daneben der Traditions-Gedanke das Übergewicht, der freilich zu Beginn auch nicht fehlte (1. Kr 15, 3. 14 f.). Das μαρτύριον, das zunächst primär „Zeugnis" im Sinne des beschwörenden Anrufs war (1. Th 2, 12 usw.), gewinnt mehr und mehr den Sinn von „Bezeugung", – nämlich Bezeugung der von den Aposteln als Augenzeugen erlebten Tatsachen, vor allem der Auf-

erstehung Christi (Act 1, 22; 2, 32; 3, 15 usw. [1]). Die damit gegebene
Verengerung des Titels ἀπόστολος, der ursprünglich allen Missionaren zukam, auf die Zwölf (eine Verengerung, von der nur Paulus
ausgenommen blieb) ist das deutliche Zeichen dafür, daß die Apostel
als die Garanten der kirchlichen Tradition gelten. Nach Eph 2, 20
wird die Kirche auf dem Fundament der Apostel und Propheten
erbaut; und diese gehören mit jenen zusammen als die Offen-
barungsempfänger (3, 5). Beide hat Christus mit den Evangelisten,
Hirten und Lehrern als die autorisierten Träger der Tradition eingesetzt (4, 11; vgl. Herm sim IX 25, 2). Die Apostel stehen natürlich voran; ihre Namen sind nach Apk 21, 14 auf die 12 Grund-
steine der Mauern des neuen Jerusalem eingeschrieben (Weiteres
§ 55, 5). Besonders bezeichnend ist die Legende von der Ersatzwahl
für Judas Iskariotes in das Zwölferkollegium Act 1, 21–26. Bezeichnend dafür ist wohl auch die Unterscheidung von ἀπόστολος
und εὐαγγελιστής (Eph 4, 11; vgl. 2. Tim 4, 5; Act 21, 8), welch
letzterer Titel den Missionaren zukam, sobald der Aposteltitel den
Zwölfen vorbehalten wurde. (Als gebräuchlicher Titel hat sich
εὐαγγελιστής nicht durchsetzen und halten können, weil allmählich
die Gemeindebeamten das Amt der Wortverkündigung übernah-
men.) Indem die Apostel primär als die Garanten und Überlieferer
der Tradition, des kirchlichen Depositums (παραθήκη, 1. Tim 6, 20;
2. Tim 1, 12. 14) gelten, geraten sie in das Licht der Gemeindebeamten, denen nach ihnen die Bewahrung der Tradition obliegt.
So kann sich denn jetzt auch die Vorstellung bilden, daß die Apostel
Nachfolger haben müssen (Past; Act 14, 23; 1. Klem 44, 2; siehe
gleich). Die Auffassung des Apostolats als eines Amtes konnte
wohl auch anknüpfen an Worte, die dem Apostel das Recht des
Unterhalts durch die Gemeinden zusprechen (1. Kr 9, 7–18; 2. Kr
11, 7–12; Lk 10, 7; für die Lehrer Gl 6, 6), oder daran, daß der
Anspruch, ἀπόστολος zu heißen, an die Erfüllung gewisser Bedingungen geknüpft war (1. Kr 9, 1 f.; 2. Kr 3, 2 f.; 12, 12).

Dazu kommt nun, daß der Apostolat mehr und mehr unter
dem Gesichtspunkt der gesamtkirchlichen Organisation gesehen
und als ein Amt aufgefaßt wurde, das im Unterschied von dem
der Episkopen und Presbyter für die ganze Kirche gilt. Das
kommt darin zum Ausdruck, daß die Organisation der einzelnen
Gemeinden auf die Apostel zurückgeführt wird, – nicht mit Un-

---

[1] Vgl. dazu H. Conzelmann, Die Mitte der Zeit, 1954, 189, A. 1. –
Vgl. auch O. Cullmann, La Tradition, 1953.

recht, insofern die Apostel – wie die Briefe des Paulus zeigen –
nicht nur die Gemeinden gründeten, sondern daraufhin auch den
Anspruch – wenngleich keinen rechtlichen – erhoben, sie mit Rat
und Mahnung durch Briefe und Besuche zu leiten, nicht nur für
das rechte Verständnis des Glaubens sorgend und Irrlehren be-
kämpfend, sondern auch für rechte Ordnung wirkend (vgl. 1. Kr
4, 15; 9, 1 f.; 2. Kr 3, 1–3; 10, 13–16; Gl 4, 17–20; und vgl. die
Zurückhaltung des Paulus gegenüber der römischen Gemeinde).
Etwas Neues aber ist es, wenn die Einsetzung der πρεσβύτεροι und ἐπίσκοποι auf die Apostel zurückgeführt
wird. So schon Act 14, 23 und dann in den Past.

Tit 1, 5 geschieht das in der indirekten Weise, daß der fiktive Apostel den
Adressaten anweist, in allen Städten Presbyter einzusetzen. Als was dabei
„Titus", der den Apostel vertritt, vorgestellt ist, dürfte aus 2. Tim 4, 5 her-
vorgehen, nämlich als εὐαγγελιστής, d. h. im Grunde auch als Apostel; nur
daß er nach der Einschränkung des Aposteltitels auf die Zwölf und Paulus
(s. o. S. 458) nicht mehr als solcher bezeichnet werden kann. Jedenfalls wagt
der Verf. der Past die zu seiner Zeit als Gemeindebeamte fungierenden Presbyter und Episkopen nicht direkt auf die Apostel zurückzuführen, sondern
schiebt als Zwischenglied die Apostelschüler Timotheus und Titus ein. Dabei
bleibt es gleich, ob es lautet, daß dem „Timotheus" das Amtscharisma durch
die apostolische Handauflegung verliehen wurde (2. Tim 1, 6) oder ob es heißt
– offenbar dem faktisch geübten Brauch der Zeit des Verf. entsprechend –, daß
das Charisma durch die Handauflegung des Presbyteriums vermittelt wurde
(1. Tim 4, 14), wobei dieses durch „Prophetie" geleitet war (1. Tim 1, 18; 4, 14).

Vollends entwickelt ist diese Anschauung in 1. Klem: Jesus Christus, der von Gott entsandt war, hat seinerseits die Apostel entsandt (42, 1 f.). Diese haben dann die Verkündigung über Land und
Stadt verbreitet und überall Episkopen und Diakone eingesetzt
(42, 4; 44, 2) und diese beauftragt, für ihre Nachfolger zu sorgen
(44, 2), – wofür denn auch aus dem AT der Schriftbeweis geführt
wird (43). Hier wird also das Gemeindeamt als für alle Gemeinden
verbindlich auf die Apostel zurückgeführt; diese erscheinen also als
die Organisatoren der Gesamtkirche.

Damit aber ist der entscheidende Schritt getan: nunmehr gilt
das Amt als ein die Kirche konstituierendes. Die ganze
Kirche ist getragen von den Amtsträgern, deren Amt in ununter-
brochener Sukzession auf die Apostel (= die Zwölf) zurückgeführt
wird. Die Tradition der Wortverkündigung und die ihre Kontinuität verbürgende Sukzession sind nicht mehr, wie ursprünglich,
dem Walten des Geistes überlassen (S. 63 f.), sondern sie sind
institutionell gesichert. Der Geist ist nunmehr an das Amt gebun-

den und wird durch einen sakramentalen Akt, durch Ordination
mittels Handauflegung, übertragen (Act 6, 6; 13, 3; 1. Tim 4, 14;
2. Tim 1, 6; auch 1. Tim 5, 22 ?). Daß zunächst noch frei waltender
Geist dabei wirksam ist, zeigt sich einmal daran, daß dem Akt der
Handauflegung Prophetenstimmen aus der Gemeinde vorausgehen
(Act 13, 2; 1. Tim 1, 18; 4, 14), und sodann – was ja sachlich damit
zusammenfallen kann – daran, daß nicht einfach der Vorgänger
seinen Nachfolger ernennt, sondern daß die Gemeinde ihre Zustimmung gibt (1. Klem 44, 3)[1].

Daß im Falle der Ordination synagogale Tradition von Einfluß
gewesen ist, ist wahrscheinlich. Wichtiger aber ist die Einsicht, daß
diese Entwicklung daher verständlich ist, daß die Wortverkündigung zur Sache der Gemeindebeamten wurde. Ein klares
Zeugnis dafür ist Did 15, 1 f., wo ausdrücklich gesagt wird, daß die
ἐπίσκοποι und διάκονοι den Dienst der προφῆται und διδάσκαλοι
leisten und wie diese geehrt werden sollen. Dazu mußte es mit dem
allmählichen Erlöschen des ursprünglichen Apostolats kommen und
ebenso dadurch, daß die wandernden Propheten (und Lehrer) allmählich suspekt wurden (Did 11; Herm mand XI), vor allem aber
dadurch, daß die Gefahr der „Irrlehre" akut wurde. Das zeigt
schon die Rede des „Paulus" an die ephesinischen Presbyter, in
der diese vor allem gemahnt werden, die Gemeinde vor Irrlehrern
zu schützen (Act 20, 28–30). Das gleiche zeigen die Past. Die in
ihnen von den Presbytern bzw. Episkopen verlangten Eigenschaften betreffen nicht nur die administrativen Aufgaben (wie σώφρων,
φιλόξενος, ἀφιλάργυρος u. a. 1. Tim 3, 2 ff.; Tit 1, 6 ff.), sondern
auch die Lehrtätigkeit (διδακτικός 1. Tim 3, 2; 2. Tim 2, 24; Tit 1, 9:
ἀντεχόμενον τοῦ κατὰ τὴν διδαχὴν πιστοῦ λόγου, ἵνα δυνατὸς ᾖ καὶ
παρακαλεῖν ἐν τῇ διδασκαλίᾳ τῇ ὑγιαινούσῃ καὶ τοὺς ἀντιλέγοντας
ἐλέγχειν; vgl. 2. Tim 2, 24–26). Vor allem wird den Adressaten das
Wachen über die rechte Lehre und der Kampf gegen die Irrlehre
zur Pflicht gemacht (1. Tim 1, 3; 4, 6 f. 11 ff.; 6, 3. 20; 2. Tim 2, 14 ff.
3, 1 ff.; 4, 1 ff.; Tit 1, 10 ff.; 2, 1 ff. 15; 3, 8 ff.). Ja, das Amts-
Charisma scheint sich vor allem gerade in der Lehrtätigkeit aus-
zuwirken, wenn es nach der Mahnung: πρόσεχε τῇ ἀναγνώσει, τῇ
παρακλήσει, τῇ διδασκαλίᾳ, heißt: μὴ ἀμέλει τοῦ ἐν σοὶ χαρίσματος
(1. Tim 4, 13 f.). Stehen in Herm die organisatorischen und chari-

---

[1] S. E. Lohse, Die Ordination im Spätjudentum und im NT, 1951. –
E. Käsemann, Das Formular einer neutest. Ordinationsparänese (Neutest. Studien f. Rud. Bultmann[2], 1957, 261–268).

tativen Pflichten der Gemeindebeamten im Vordergrund, so werden diese doch vis III 5, 1 mit den ἀπόστολοι und διδάσκαλοι in einer solchen Verbindung genannt, daß man schließen muß, daß sie auch wie diese Wortverkündiger sind, zumal ja die Apostel für Herm einer vergangenen Zeit angehören. So sind ᵥnach 2. Klem 17, 3–5 die Presbyter die νουϑετοῦντες und ἀπαγγέλλοντες περὶ τῆς σωτηρίας.

4. Für die Ausbildung des Gemeinde-Amtes kommt aber noch ein Weiteres hinzu, daß nämlich die ἐπίσκοποι die Leiter des Kultus werden. Das ist um so bedeutsamer, je mehr neben dem Wort oder gar statt des Wortes das Sakrament als die Kirche konstituierend gilt.

Hiervon ist im NT noch nichts zu sehen. Man wird annehmen dürfen, daß die Leitung des Gemeindegottesdienstes und damit die Verwaltung der Sakramente, soweit nicht alles dem Walten des πνεῦμα in den Charismatikern anheimgegeben war, zunächst in der Hand jener Personen lag, die als κοπιῶντες und προϊστάμενοι (1. Th 5, 12; 1. Kr 16, 16; Rm 12, 8 u. a.) eine persönliche Autorität hatten, – soweit es überhaupt eine ordnende Leitung in Gottesdienst und Sakramentsverwaltung gab: denn 1. Kr 11, 17 ff.; 12 und 14 zeigen, daß wenigstens in Korinth zur Zeit des Paulus eine solche Ordnung nicht vorhanden war. Aber wenn die Weisung des Paulus: πάντα δὲ εὐσχημόνως καὶ κατὰ τάξιν γινέσϑω (1. Kr 14, 40; vgl. 1. Klem 40, 2) durchgeführt werden sollte, so mußten natürlich alsbald dafür verantwortliche Personen bestimmt werden, so gut wie es in den Mysterien von Andania die Sache der ῥαβδοῦχοι war, dafür zu sorgen, ὅπως εὐσχημόνως καὶ εὐτάκτως ὑπὸ τῶν παραγεγενημένων πάντα γένηται (IG V 1, 1390 § 10). Eben das wurde in den christlichen Gemeinden die Sache der ἐπίσκοποι. Das scheint schon durch Did bezeugt zu werden, wenn es unmittelbar nach der Vorschrift über die κυριακή (ἡμέρα) heißt: „wählt euch also (οὖν) Bischöfe und Diakonen . . .“ (15, 1). Wenn von diesen gesagt wird, daß sie der Gemeinde den Dienst von Propheten und Lehrern leisten, so werden Propheten und Lehrer – also Charismatiker – zunächst die leitenden Personen in den gottesdienstlichen Feiern gewesen sein, wie denn auch den Propheten ausdrücklich gestattet wird, außer den liturgischen Gebeten Dankgebete zu sprechen, so viel sie wollen (10, 6). Wenn 1. Klem 44, 4 die Presbyter (bzw. Episkopen) als solche bezeichnet werden, die „die Gaben darbringen“, so sind sie offenbar die Leiter der Eucharistiefeier. Daß auch nach Herm den Episkopen die Leitung des Kultus zufällt, kann man wenigstens mit einiger Wahrscheinlichkeit schließen. Bei Ign ist es jedenfalls klar, daß der ἐπίσκοπος (hier schon der monarchische) der Verwalter des Sakraments des Herrenmahles ist (Eph 5, 1 f.; Mg 7, 1; Tr 2, 2; 7, 2; Phld 4 f.; 7, 2). Endlich erscheint bei Just Apol I 65, 3; 67 der Gemeindeleiter (προεστώς) deutlich als der Leiter des Gemeindegottesdienstes und der kultischen Feier. – Dagegen haben die ἡγούμενοι Hbr 13, 7. 17. 24 offenbar keinen priesterlichen Charakter. Das Schreiben bezeugt, daß es im vorletzten oder letzten Jahrzehnt des 1. Jahrhunderts „eine Auffassung der Kirche gab, die von jeder Verwertung eines Priester- oder Opfergedankens, überhaupt von jedem antiken Kultusgedanken weit entfernt ist. . . . Opfer, Weihe, Eingang und Priesterdienst Jesu

Christi im Himmel sind das einzige Kultmysterium, das für Christen noch
Geltung hat" (M. Dibelius, Botschaft und Geschichte II, 1956, 175).

Diese Tatsache wird von besonderer Bedeutung, sobald der Kultus nicht mehr als die Selbstdarstellung bzw. als die Erscheinung
der eschatologischen Gemeinde verstanden wird, die im Gottesdienst von den Kräften des πνεῦμα als der ἀπαρχή des künftigen
Heiles (Rm 8, 23; vgl. Hbr 6, 4f.) erfüllt ist, sondern – indem statt
des Wortes das Sakrament des Herrenmahles den Mittelpunkt bildet – als Heilsveranstaltung, die das φάρμακον ἀθανασίας (Ign
Eph 20, 2) vermittelt (§ 13, 3, S. 153 f.). Dann wird das eschatologische Bewußtsein durch den Sakramentalismus überschattet
oder verdrängt, und der Bischof, der den Gottesdienst leitet
und das Sakrament verwaltet, wird zum Priester, dem sein
Amts-Charakter eine ihn von der übrigen Gemeinde als den Laien
trennende Qualität gibt[1]. Dies um so mehr, wenn das Sakrament
des Herrenmahls als das Opfer gilt, wie es in der kultischen Terminologie von Did und Ign vorgebildet und von 1. Klem vorbereitet ist und dann bei Justin wirklich vorliegt; denn für ihn ist
die Eucharistie ein Opfer (§ 13, 2, S. 151 f.).

Damit hat sich Entscheidendes ereignet. Die den Kultus re-
gelnde Ordnung gilt als die seine Wirkung garantierende, und eben
dadurch erlangen die den Kultus vollziehenden Personen priesterliche Qualität, und der dem NT unbekannte, ja widersprechende
Unterschied von Priestern und Laien bildet sich aus. Nicht etwa
die Unabsetzbarkeit des Kultusleiters an sich ist ein Symptom für
die Entstehung des göttlichen Kirchenrechts, sondern ihre Begründung aus der priesterlichen Gesetzgebung des AT (1. Klem 43).

Angesichts des besonderen Charakters der christlichen Gemeinde
hat das aber eine weitreichende Folge. Es führt dazu, daß die
Ordnungen der Kirche überhaupt zu Ordnungen göttlichen Rechts werden und die Kirche zur Heilsanstalt machen.
Daß die Kultusordnungen als göttliche Rechtsordnungen gelten,
wäre an sich noch nichts Besonderes. Denn natürlich werden in
allen Kulten, auch den heidnischen, z. B. denen der Mysterienreligionen, die kultischen Ordnungen als solche heiligen Rechts
aufgefaßt. Aber in der christlichen Kirche hat das noch besondere
Konsequenzen. Die Kirche ist als eschatologische Größe aus den
profanen Ordnungen der Welt herausgehoben, und daher ist für

---

[1] Der Terminus „Laien" (λαϊκοί) begegnet zum erstenmal 1. Klem 40, 5.
Vgl. dazu. v. Campenhausen, Kirchl. Amt und geistl. Vollmacht 96, A. 8.

die Glieder der Kirche die Religion nicht ein isolierter Bezirk ihres im übrigen in die weltlichen Ordnungen eingespannten profanen Lebens. Vielmehr wird ihr Leben völlig dadurch bestimmt, daß sie zur Kirche gehören. Diese erhebt den Anspruch der Totalität, und so gibt es keine profanen Lebensgebiete mehr, die weltlich-rechtlichem Anspruch unterliegen könnten. Ist es schon nach Paulus eine Verkennung des eschatologischen Charakters der Gemeinde, wenn ein Christ sein Recht beim weltlichen Gericht sucht, so wird nun, was von der Kultusordnung gilt, auf alle Ordnungen des Lebens übertragen; sie nehmen alle am sakralen Charakter der kultischen Ordnung teil.

Freilich hat das Urchristentum, solange es in der Erwartung des nahen Endes dieser Welt lebt, kein Interesse an der Regelung der profanen Lebensordnungen, sondern nimmt diese hin, wie sie sind (1. Kr 7, 14–24), und überläßt ihre Wahrung dem Staat (Rm 13, 1–7). Je mehr es aber im Laufe der Zeit zur Ausbildung christlicher Lebensordnungen kommt, desto mehr muß sich der Bezirk des göttlichen Rechts vom Zentrum der kultischen Ordnung aus erweitern. Diese Tendenz gewinnt auch dadurch konkrete Gestalt, daß das AT von der Kirche übernommen ist und daher seine Rechtsordnungen – da göttliche Rechtsordnungen sich ja nicht wandeln können – als maßgebend gelten, was natürlich nur jeweils für bestimmte Fragen, z. B. des Eherechts, aktuell werden konnte. Diese Entwicklung liegt jenseits der Zeit des Urchristentums und braucht hier nicht weiter verfolgt zu werden; hier genügt es, daß der Ursprung der Entwicklung aufgezeigt wurde.

Es ist nur noch zu bedenken, 1. daß eine Regelung des Lebens durch eine Rechtsordnung zu ihrer Durchführung Strafbestimmungen nötig hat (daß die Ausbildung solcher Strafbestimmungen schon im Urchristentum ihren Anfang nimmt, wird in § 61 zu zeigen sein); 2. daß kirchliche Rechtsordnungen, weil sie der Zwangsgewalt bedürfen, ihre Geltung eigentlich nur durch staatliche Delegation erhalten können. Wenn sich nun die Kirche als ursprüngliche Quelle rechtlicher Autorität auffaßt, so muß sie notwendig in Konkurrenz mit dem Staat geraten und schließlich die Theorie entwickeln, daß sie es ist, die den Staat zur Ausübung der Zwangsgewalt delegiert.

§ 53. DIE WANDLUNG DES
SELBSTVERSTÄNDNISSES DER KIRCHE

CULLMANN, O., Christus und die Zeit. Die urchristliche Zeit- und Ge-
schichtsauffassung, (1946) [3]1962 (dazu: R. BULTMANN, Heilsgeschichte und
Geschichte, in: DERS., Exegetica, 1967, 356–368). – BULTMANN, R., Der
Mensch zwischen den Zeiten nach dem Neuen Testament, (1952), in: DERS.,
Glauben und Verstehen. III., (1960) [3]1965, 35–64. – CONZELMANN, H., Die
Mitte der Zeit, (1954) [6]1977. – DIBELIUS, M., Aufsätze zur Apostelgeschich-
te, hrg. v. H. GREEVEN, (1951) [4]1961. – DINKLER, E., The Idea of History
in Earliest Christianity (1955), in: DERS., Signum crucis, 1967, 313–350
(bes. 336–338). – CULLMANN, O., Heil als Geschichte, (1965) [2]1967 (dazu: E.
SCHWEIZER, ThLZ 92, 1967, 904–909). – GRÄSSER, E., Das Problem der
Parusieverzögerung in den synoptischen Evangelien und in der Apostelgeschichte, (1957) [3]1977 (dazu: O. CULLMANN, ThLZ 83, 1958, 1–10). – VÖGT-
LE, A., Das Neue Testament und die Zukunft des Kosmos, 1970. – LUZ, U.,
Erwägungen zur Entstehung des ,,Frühkatholizismus", ZNW 65, 1974,
88–111. – BOVON, F., Luc le Théologien. Vingt-cinq ans de recherches
(1950–1975), 1978. – HAHN, FERD., Das Problem des Frühkatholizismus,
EvTh 38, 1978, 340–357. – KOCH, K.–SCHMIDT, J. M. (Hrg.), Apokalyptik,
1982. – MADDOX, R., The Purpose of Luke-Acts, 1982.

1. Diese Entwicklung, deren Ergebnis jenseits der Grenze des
NT liegt, die sich aber schon im NT bekundet, ist letztlich eine
Wandlung des Selbstverständnisses der Kirche. Die Kirche versteht sich ursprünglich als das eschatologische Gottesvolk,
als die Gemeinde der Heiligen, der aus der Welt Herausgerufenen,
der Entweltlichten. Sie spürt diesen ihren Jenseitscharakter in den
Gaben des Geistes, die in ihr wirksam sind. Der Geist aber ist das
Angeld oder Unterpfand der künftigen Herrlichkeit, der eschatologischen Vollendung (S. 157), und so lebt die Gemeinde in der
Hoffnung auf die Vollendung und bewährt ihren Jenseitscharakter
in ihrer Exklusivität und ihrem Wandel als dem der ,,Fremdlinge"
in der Welt (§ 10, 3 und 4).

Das Bewußtsein, eine unweltliche, dem Jenseits zugehörige und
von seinen Kräften erfüllte Gemeinschaft zu sein, geht im Laufe der
Zeit zwar nicht verloren, wird aber in eigentümlicher Weise umgebil-
det. Infolge des Ausbleibens der erwarteten Parusie wird allmählich
der Transzendenz-Charakter der Kirche nicht so sehr in
ihrer Bezogenheit auf die Zukunft gesehen wie in ihrem gegenwärtigen Besitz an Institutionen, die jenseitige Kräfte schon jetzt
vermitteln: sakramentaler Kultus und schließlich priesterliches Amt.

In diesem Sinne redet Ign Smyrn 8, 2 von der καθολική ἐκκλησία.
Natürlich geht die Bezogenheit auf die Zukunft nicht
verloren, aber auch sie wird eigentümlich modifiziert. Das künftige
Heil, auf das sich die Hoffnung richtet, wird weniger in der Vollendung der Heilsgeschichte und in der Verwandlung der Welt beim
Anbruch des neuen Äons gesehen, wie es z. B. Rm 9–11 und 8, 19
bis 22 der Fall ist, als vielmehr im künftigen Leben des Individuums jenseits des Todes. Gewiß wird das traditionelle Bild
vom kosmischen Drama des Endes weiter überliefert und kann zu
bestimmten Zeiten und in bestimmten Situationen lebendige Kraft
gewinnen wie in Apk und 1. Pt. Das Wichtigste im Zukunftsbild
ist jedoch die Erwartung der Auferstehung der Toten und des Gerichtes (S. 77–79); d. h. das Interesse konzentriert sich auf dasjenige, was für das Individuum entscheidend ist, und eben dieses
Interesse findet früh seine feste Formulierung in dem Satz von
Christus als dem Richter der Lebendigen und der Toten (S. 81),
– dem einzigen Satz im 2. Artikel des Symbolum Romanum, der
von der eschatologischen Zukunft redet, wie dementsprechend der
letzte Satz des 3. Artikels nur von der Hoffnung auf die „Auferstehung des Fleisches und das ewige Leben" spricht.

Dementsprechend wird die Bedeutung der Sakramente
darin gesehen, daß sie dem Individuum die Kräfte des künftigen
Lebens vermitteln. Die Wirkung der Taufe ist die Überwindung
des Todes und der Gewinn des ewigen Lebens (S. 143–145; dazu
Herm vis III 3, 5: ἡ ζωὴ ὑμῶν διὰ ὕδατος ἐσώθη καὶ σωθήσεται).
Das Herrenmahl wird zum φάρμακον ἀθανασίας (S. 149 f.).

Diese Entwicklung ist im hellenistischen Christentum von vornherein angelegt, wie für die Auffassung der Taufe besonders der
Brauch der Vikariatstaufe zeigt (1. Kr 15, 29). Sie ist darin begründet, daß neben das Verständnis der Kirche als des Gottesvolkes, des wahren Israel (S. 98), ihre Deutung als der sakramentalen Einheit des σῶμα Χριστοῦ trat (S. 182 f.). Paulus hatte freilich verstanden, die Gedanken des σῶμα Χριστοῦ und des „Israel
Gottes" zur Einheit zu bringen, da für ihn der Leib Christi eben
die eschatologische Gemeinde ist (S. 311 f.) und der Herrschaftsbereich Christi (S. 313). Für ihn realisiert sich die eschatologische
Zukunft in der Lebensführung der Getauften (S. 313) und in der
Lebensgemeinschaft, zu der die Taufe verbindet (1. Kr 12, 12–27;
für das Herrenmahl s. 1. Kr 10, 17). Auch in seiner Schule ist sein
Verständnis der Taufe nicht preisgegeben worden (Kol 3, 1–17;

Eph 4, 1–5, 21; Tit 2, 11–14). Aber je mehr der neue Wandel nicht
als Erweis des neuen (eschatologischen) Seins, sondern als Bedingung für die Erlangung des künftigen Heils verstanden wird
(so in Hbr, vgl. bes. 2, 1–4; 10, 19–31; 12, 25–29 und s. u. §§ 58, 59),
desto mehr verliert die Bezogenheit auf die Zukunft den Sinn, den
sie bei Paulus hatte; das dialektische Verhältnis von Indikativ und
Imperativ (S. 334) wird preisgegeben. Dann wird die Wirkung der
Taufe auf die Vergebung der in der vorchristlichen Zeit begangenen
Sünden eingeschränkt, und das Problem der nach der Taufe begangenen Sünden meldet sich (§§ 58 u. 59).

Bei Joh spielt zwar der Gedanke des eschatologischen Gottes-
volkes keine Rolle, und der Begriff ἐκκλησία fehlt (S. 360–443).
Und wenn bei ihm auch das Heil des Individuums, seine ζωή, im
Vordergrund steht, so hat er doch den Gedanken der Einheit der
Glaubenden festgehalten (§ 50, 8), und zwar unter Preisgabe ihrer
Begründung im Sakrament (§ 47, 4). Mit der heilsgeschichtlichen
Perspektive fehlt bei Joh auch die traditionelle jüdisch-christliche
Eschatologie (§ 45[1]), nicht aber fehlt die Bezogenheit des Glau-
benden auf die Zukunft. Wie Paulus versteht Joh das Sein des
Glaubenden als eschatologische Existenz (§ 50, bes. S.430 ff.),und
wie bei Paulus ist auch bei Joh das Verhältnis von Indikativ und
Imperativ als ein dialektisches aufgefaßt (§ 50, 3, bes. S.432 f.).
Das Evg und die Briefe des Joh haben jedoch die Entwicklung der
Theologie zunächst nicht bestimmt.

Wenn aber diese paulinisch-johanneische Dialektik fehlt, und
wenn das Wissen verlorengeht, daß die Zukunft die Gegenwart in
der Weise qualifiziert, daß die Glaubenden schon jetzt eschatologisch existieren, so schwindet allmählich das Verständnis für die
Paradoxie der christlichen Situation (S. 97 f.) und die Kirche wird
aus einer Heilsgemeinschaft zu einer Heilsanstalt, auch, und gerade
wenn sie die traditionellen eschatologischen Vorstellungen festhält.
Ihre Transzendenz wird nicht als reine Zukunftsbezogenheit, sondern vor allem als sakramentale Qualität verstanden. Der Geist
ist nicht mehr die Macht, die jeweils Ereignis wird in den Charismen, im Wort und in der Tat und im Wandel der Glaubenden, sondern er ist eine den Institutionen, speziell dem sakramentalen Kult,
einwohnende Kraft; er ist die Amtsausstattung der Amtsträger,

---

[1] Die kirchliche Redaktion hat sich freilich bemüht, die traditionelle Eschatologie durch einige Glossen in das Evg und die Briefe des Joh einzutragen;
s. S.391 und 437, 1.

die priesterliche Qualität gewinnen, während er in den Laien nur
durch deren Vermittlung indirekt wirksam wird.

2. Aber noch in anderer Weise modifiziert sich die Bezogenheit
auf die Zukunft, indem die eschatologische Spannung nachläßt.
Die Erwartung der eschatologischen Vollendung wird zwar durchweg nicht preisgegeben, aber man schiebt die Erfüllung der Hoffnung doch in eine in unbestimmter Ferne liegende Zeit.

2. Pt 3, 1–10 zeigt, indem der Zweifel an der verheißenen Parusie bekämpft wird, daß es sogar Kreise gab, in denen die Erwartung erloschen war
oder zu erlöschen drohte. Der gleiche Zweifel wird 1. Klem 23, 3–5; 2. Klem
11 und 12 bekämpft. Die Mahnungen zum geduldigen Warten zeigen ebenso,
daß die Hoffnung zu ermatten droht: Jak 5, 7–11; Hbr 10, 36; 2. Klem 12, 1;
Herm vis III 8, 9. Und das gleiche zeigen die Mahnungen zur Wachsamkeit
in späteren synoptischen Stücken wie Mk 13, 33–37; Lk 12, 35–38; Mt 24,
43–51; ferner Apk 3,3; 16, 15; Did 16; endlich die Mahnungen des Hermas,
die noch gegebene Frist bis zu dem drohend bevorstehenden Ende nicht ver-
streichen zu lassen und Buße zu tun, z. B. sim X 4, 4.

Freilich handelt es sich nicht um eine glatte und überall gleiche
Entwicklung. In Zeiten der Not und Verfolgung kann das Bewußt-
sein, daß das Ende hereinbricht, lebendig und leidenschaftlich auf-
flammen wie in Apk und 1. Pt. Immer wieder erklingen noch die
Stimmen: πάντων δὲ τὸ τέλος ἤγγικεν (1. Pt 4, 7), ἐγγὺς ἡ ἡμέρα
(Barn 21, 3; vgl. 4, 3. 9), ἔσχατοι καιροί (Ign Eph 11, 1; vgl. noch
Hbr 1, 1; 9, 26; Herm sim IX 12, 3 und die Eucharistie-Gebete
Did 9f.). Aber daneben zeigen die Past und Act, daß man sich
weithin auf eine längere Dauer dieser Welt einrichtet, und daß der
Glaube, seine eschatologische Spannung verlierend, zu einer christ-
lich-bürgerlichen Frömmigkeit wird.

Selbstverständlich gehört auch nach den Act, für welche die ἔσχαται
ἡμέραι von Joel 3 mit der Ausgießung des Geistes Gegenwart geworden sind
(2, 16 f.), die Predigt des kommenden Gerichts zur christlichen Verkündung
(17, 30 f.). Man wartet, solange Christus im Himmel weilt, auf die καιροι
ἀναψύξεως, die χρόνοι ἀποκαταστάσεως πάντων (3, 20f.). Heißt es zunächst,
daß die Weissagungen des AT auf diese ἀποκατάστασις gehen, so wird dann
doch das Ziel der Weissagung im historischen Auftreten Jesu gesehen (V. 22).
Wie anders 1. Pt 1, 10–12! Hier gelten als Ziel der Weissagung die παθήματα
Christi und die μετὰ ταῦτα δόξαι (die Verherrlichung des Auferstandenen),
und die Abzweckung des Hinweises ist nicht wie Act 3, 26 der moralische
Appell, sondern die Festigung der Hoffnung auf die Vollendung. Wenn es
Act 3, 20f. ohne den Ton ungeduldiger Erwartung heißt: ὅπως ἂν ἔλθωσιν
καιροὶ ἀναψύξεως ... καὶ ἀποστείλῃ (sc. Gott) τὸν ... χριστὸν 'Ιησοῦν, ὃν
δεῖ οὐρανὸν μὲν δέξασθαι ἄχρι χρόνων ἀποκαταστάσεως, so sind nach 1. Pt
1, 5 die Glaubenden φρουρούμενοι διὰ πίστεως εἰς σωτηρίαν ἑτοίμην ἀπο-

καλυφθῆναι ἐν καιρῷ ἐσχάτῳ, und sie freuen sich ὀλίγον ἄρτι εἰ δέον λυπη-
θέντες ἐν ποικίλοις πειρασμοῖς (V. 6). Charakteristisch ist ja schon, wie zu
Beginn der Act die Ungeduld der Hoffnung zurückgewiesen wird, indem
der Erhöhte auf die Frage, εἰ ἐν τῷ χρόνῳ τούτῳ ἀποκαθιστάνεις τὴν βασιλείαν τῷ ᾿Ισραήλ; nicht nur antwortet, daß die Zeit dafür den Menschen
verborgen sei, sondern auch verkündet, daß vorher die Mission ἕως ἐσχάτου
τῆς γῆς getragen sein muß (1, 6–8)[1].

Auch nach den P a s t versteht es sich von selbst, daß das Leben der
Glaubenden ein Leben in Hoffnung ist (1. Tim 1, 1; Tit 1, 2; 2, 13; 3, 7).
Man wartet auf die ἐπιφάνεια τῆς δόξης τοῦ μεγάλου θεοῦ καὶ σωτῆρος ἡμῶν
Χρ. ᾿Ιησοῦ (Tit 2, 13; 1. Tim 6, 14; 2. Tim 4, 1), man hofft auf die ζωὴ
αἰώνιος (1. Tim 1, 16; 4, 8; 6, 12. 19), auf die ,,Rettung" (1. Tim 2, 15; 4, 16;
2. Tim 2, 10), und man fürchtet das Gericht (1. Tim 5, 24; 2. Tim 4, 1; vgl.
1. Tim 6, 9). Aber als die ἐπιφάνεια Christi kann auch sein geschichtliches
Auftreten bezeichnet werden: schon jetzt hat er durch das Evangelium den
Tod vernichtet und ζωή und ἀφθαρσία ans Licht gebracht (2. Tim 1, 10);
schon jetzt ist die verheißene ζωή Gegenwart darin, daß die Verkündigung
Gegenwart ist (Tit 1, 2 f.); schon jetzt hat uns Gott ,,gerettet" (2. Tim 1, 9),
und zwar durch die Taufe (Tit 3, 5). Das ist zwar im Sinne des Paulus gedacht, demzufolge sich das eschatologische Geschehen in der Verkündigung
vollzieht (§ 34, 1); aber das paulinische Verständnis des eschatologischen
Charakters der Gegenwart ist doch stark verblaßt (s. u. § 58, 3 m), und von
der Spannung zwischen Gegenwart und Zukunft, wie von der Sehnsucht
auf die Vollendung ist nichts mehr zu spüren. Die δικαιοσύνη ist nicht mehr
das eschatologisch-gegenwärtige Heilsgut, sondern – neben εὐσέβεια! – die
moralische Rechtschaffenheit (1. Tim 6, 11; 2. Tim 2, 22; 3, 16). Entsprechend werden die ὕστεροι καιροί bzw. ἔσχαται ἡμέραι, in denen der apokalyptischen Weissagung zufolge (Mk 13, 21 f. par.) falsche Messiasse und falsche
Propheten auftreten werden, auf die Gegenwart und die in ihr auftretenden
Irrlehrer gedeutet (1. Tim 4, 1; 2. Tim 3, 1), ähnlich wie 1. Joh 2, 18. – Daß
man mit dem einstweiligen Fortbestand der Welt rechnet, zeigt das Gebet
für die staatliche Behörde besonders durch die Zweckbestimmung: ἵνα
ἤρεμον καὶ ἡσύχιον βίον διάγωμεν ἐν πάσῃ εὐσεβείᾳ καὶ σεμνότητι (1. Tim 2, 2;
das gleiche geht aus dem in 1. Klem 61 überlieferten Gebet für die Staatsregierung hervor). Die Gnade Gottes, die eine ,,rettende" heißt, ist zugleich
eine ,,erziehende", – nämlich zu einer moralisch einwandfreien Lebensführung (Tit 2, 12), und dem entspricht die Paränese der Past, der als Maßstab
das Bild einer christlich-bürgerlichen Frömmigkeit dient (§ 60).

3. So ist es nicht verwunderlich, daß sich die christliche Gemeinde
als eine neue Religion neben der jüdischen und der (als Einheit gesehenen) heidnischen versteht. In Act hat das seinen eigentümlichen terminologischen Ausdruck gefunden in der Bezeichnung
ὁδός. Saulos geht als Verfolger nach Damaskus, wo er vielleicht
finden wird τινὰς τῆς ὁδοῦ ὄντας (9, 2), und später charakterisiert

---

[1] Wie sich der Charakter der ,,Zwischenzeit", nämlich der Zeit zwischen
dem Ende des alten Äon und dem Beginn des neuen wandelt, hat für Lk und
Act bes. H. C o n z e l m a n n gezeigt, z. B. a. a. O. S. 170, i. 203—206.

er sich selbst als den, ὃς ταύτην τὴν ὁδὸν ἐδίωξα ἄχρι θανάτου
(22, 4). Die Juden in Ephesus sind κακολογοῦντες τὴν ὁδόν (19, 9),
und es entsteht ein Aufruhr περὶ τῆς ὁδοῦ (19, 23). Der Prokurator
Felix weiß Bescheid περὶ τῆς ὁδοῦ (24, 22). Wohl kann man überall
etwa „Richtung" übersetzen, wie denn in den Augen der Juden
die christliche ὁδός eine αἵρησις ist (24, 14); tatsächlich ist aber
die christliche Religion gemeint, einerlei ob dabei mehr an die
christliche Lehre oder an die christliche Gemeinschaft gedacht ist.
Im gleichen Sinne wird später von den Christen als dem τρίτον
γένος geredet werden (S. 109).

Die Auffassung vom Christentum als einer weltgeschichtlichen Größe leitet die Darstellung des Verf. von Lk
und Act[1]. In seinem Evg bemüht er sich im Unterschied von den
andern Evangelien das Leben Jesu als Historiker zu beschreiben.
Im Proömium versichert er, als gewissenhafter Forscher verfahren
zu sein, indem er sich um die Quellen bemühte (Lk 1, 1–4), und in
der Erzählung selbst strebt er nicht nur, gegenüber Mk eine besser
verknüpfte historische Darstellung zu geben, sondern er sucht auch
die erzählten Ereignisse mit der Weltgeschichte in einen chronologischen Zusammenhang zu bringen. So schon 1, 5 durch die
Datierung des Zacharias in die Zeit des Herodes, dann vor allem
durch die Datierung der Geburt Jesu (2, 1–3) und durch die Datierung des Auftretens des Täufers mittels eines sechsfachen Syn-
chronismus (3, 1 f.). Bezeichnend ist auch, daß er 21, 20–24 die
apokalyptische Weissagung des βδέλυγμα ἐρημώσεως und der folgenden Katastrophen (Mk 13, 14–20) in die Weissagung der Be-
lagerung und Zerstörung Jerusalems durch die Römer verwandelt.
Dementsprechend bietet er in den Act eine Geschichte der Urgemeinde, der Anfänge der Mission und der paulinischen Missions-
reisen bis zur römischen Gefangenschaft. Schon die Tatsache, daß
er einen Bericht über die Entstehung und erste Geschichte der
christlichen Gemeinde schreibt, woran ja die eschatologische Gemeinde gar kein Interesse haben konnte, zeigt, wie weit er sich von
deren Denken entfernt hat. Daß er die Act seinem Evg folgen ließ,
bestätigt vollends, daß er den ursprünglichen kerygmatischen Sinn
der Jesus-Überlieferung (§ 54, 3) preisgegeben und sie historisiert
hat. War für den eschatologischen Glauben nicht nur der Urge-

---

[1] Hierzu s. H. Conzelmann a.a.O., bes. S. 184 f.; E. Dinkler in: The
Idea of History in the Ancient Near East, 1955, 195–197; E. Haenchen,
Die Apostelgesch., 1956, 87–91; E. Käsemann, ZThK 54 (1957), 20 f.

meinde, sondern auch des Paulus die Geschichte der Welt zu ihrem
Ende gelangt, da mit Christus die Heilsgeschichte ihre Erfüllung
und damit ihr Ende gefunden hat, so läuft nun nach der Auffassung
der Act die Heilsgeschichte weiter. War Christus für Paulus, indem
er das „Ende des Gesetzes" ist (Rm 10, 4), auch das Ende der Geschichte, so wird er im Denken der Act zum Anfang einer neuen
Heilsgeschichte, der Geschichte des Christentums. So wird er später
vom universalen Denken als der Mittel- und Wendepunkt der Geschichte angesehen werden.

Auch insofern ordnet der Verf. der Act das Christentum als Religion in die Weltgeschichte ein, als er in der Areopagrede den Paulus
an die heidnische Frömmigkeit anknüpfen läßt durch Bezugnahme
auf die athenische Altar-Inschrift und auf den stoischen Gottes-
glauben (17, 23. 28). Dadurch wird „die heidnische Geschichte,
Kultur- und Religionswelt als Vorgeschichte des Christentums"
reklamiert (Vielhauer), und das entspricht der Auffassung der Act
vom Verhältnis des Christentums zum Judentum: die paulinische
Gesetzeslehre ist nicht mehr verstanden, und die jüdische Geschichte ist einfach zur Vorgeschichte des Christentums geworden.

Endlich ist es charakteristisch, daß der Verf. der Act, dem Vorbild antiker Historiker folgend, dem Petrus und besonders dem
Paulus an Höhepunkten der Erzählung Reden in den Mund legt,
in denen der über die Situation übergreifende Sinn des Geschehens
zum Ausdruck gebracht wird (10, 34–43; 11, 5–17; 15, 7–11;
17, 22–31; 20, 18–35; 22, 1–21).

II. DIE ENTWICKLUNG DER LEHRE

DODD, C. H., The Apostolic Preaching and its Developments, (1936) [6]1950.
– ASTING, R., Die Verkündigung des Wortes im Urchristentum, 1939. –
GOGUEL, M., L'Église primitive, 1947. – KÜMMEL, W. G., Das Problem der
Mitte des Neuen Testaments (1968), in: DERS., Heilsgeschehen und Ge-
schichte, Bd. 2. Ges. Aufs. 1965–1977, 1978, 62–74. – SCHRAGE, W., Die
Frage nach der Mitte und dem Kanon im Kanon des Neuen Testaments in
der neueren Diskussion, in: Rechtfertigung, FS. E. Käsemann, 1976,
415–442. – DUNN, J. D. G., Unity and Diversity in the New Testament. An
Inquiry into the Character of Earliest Christianity, 1977. – LUZ, U., Ein-
heit und Vielfalt neutestamentlicher Theologien, in: Die Mitte des Neuen
Testaments. Einheit und Vielfalt neutestamentlicher Theologie. FS. für E.
Schweizer zum 70. Geburtstag, 1983, 142–161.

§ 54. PARADOSIS UND HISTORISCHE TRADITION

CAMPENHAUSEN, H. v., Kirchliches Amt und geistliche Vollmacht in den
ersten drei Jahrhunderten, 1953. – Zu 2: CULLMANN, O., Die ersten christlichen Glaubensbekenntnisse, 1943. – DERS., Tradition als exegetisches,
historisches und theologisches Problem, 1954. – SCHMITHALS, W., Paulus
und der historische Jesus (1962), in: DERS., Jesus Christus in der Verkündigung der Kirche, 1972, 36–59. – WEGENAST, K., Das Verständnis der Tradition bei Paulus und in den Deuteropaulinen, 1962. – CAMPENHAUSEN, H.
v., Das Bekenntnis im Urchristentum, ZNW 63, 1972, 210–253. – KELLY, J.
N. D., Altchristliche Glaubensbekenntnisse. Geschichte und Theologie,
1972. – KERTELGE, K. (Hrg.), Paulus in den neutestamentlichen Spätschriften, 1981. – Zu 3: BULTMANN, R., Die Geschichte der synoptischen
Tradition, ([2]1931), [9]1979 (mit Erg.Heft, bearb. v. G. THEISSEN u. PH. VIEL-
HAUER, [4]1971). – DIBELIUS, M., Formgeschichte des Evangeliums, ([2]1933)
[6]1971 (mit Nachtrag v. G. IBER). – JEREMIAS, J., Unbekannte Jesusworte,
Dritte, unter Mitwirkung v. O. HOFIUS völlig neu bearb. Aufl., (1951)
[3]1963. – KÖSTER, H., Synoptische Überlieferung bei den apostolischen Vätern, 1957.

1. Nach Jud 3 ist die christliche Lehre die ἅπαξ παραδοθείση
τοῖς ἁγίοις πίστις, nach 2. Pt 2, 21 die παραδοθείση ἁγία ἐντολή,
nach Pol Phil 7, 3 der ἐξ ἀρχῆς παραδοθεὶς λόγος. In der Tat bedarf
die christliche Kirche, als durch das Wort berufene und stets aufs
neue konstituierte, der Tradition (S. 63). Παραδιδόναι (παράδοσις) und παραλαμβάνειν sind von Anfang an Termini, die den
Prozeß der Tradition bezeichnen (1.Th 2, 13; 4, 1; Gl 1, 9; 1. Kr
11, 2. 23; 15, 1. 3; Phl 4, 9; dann Kol 2, 6; 2.Th 2, 15; 3, 6; Jud 3;
2. Pt 2, 21; 1. Klem 7, 2; Did 4, 13; Barn 19, 11), und παραθήκη

ist in den Past der Terminus für das durch die Tradition gegebene
Depositum der Lehre (1. Tim 6, 20; 2. Tim 1, 12. 14; vgl. 2, 2), vielleicht gewählt als juristischer Begriff, um den durch die Gnosis
suspekt gewordenen Begriff παράδοσις, der auch bei Ignatius fehlt,
zu vermeiden (v. Campenhausen). Gewöhnlich ist der Inhalt der
παράδοσις (παραϑήκη) die rechte Lehre im Gegensatz zur Irrlehre; es kann jedoch auch die sittliche Forderung gemeint sein
(Did 4, 13; Barn 19, 11; 1. Klem 7, 2; in eins mit der Lehre
wohl 2. Pt 2, 21). Die apostolische Verkündigung begründet die
Tradition, und im Apostelbegriff wird der Traditionsgedanke beherrschend (S. 457).

Bedarf jede Religion der Überlieferung, so spielt diese doch
in der christlichen nicht nur eine besondere Rolle, sondern gewinnt
in ihr auch einen eigentümlichen Charakter. In heidnischen
Religionen beschränkt sich die Überlieferung zunächst auf die
kultischen Handlungen und die sie begleitenden liturgischen Formeln; dazu kann ein ätiologischer Mythos treten, der den Ursprung
des Kultes erzählt. In einem entwickelteren Stadium können kosmogonische Mythen hinzukommen oder an die Stelle alter Formeln
treten, wie in der ägyptischen Religion, in der sog. Orphik und in
der Gnosis. Dann kann von Lehre und Theologie geredet werden,
und auch diese mögen als Überlieferung weitergegeben werden. Sie
unterliegen aber großer Variabilität, wie z. B. die bunten Allegori-
sierungen alter Mythen in den gnostischen Systemen oder die des
Osiris-Mythos (Plut. de Iside et Osiride) zeigen.

Die israelitisch-jüdische Religion bedarf natürlich eben-
falls der Überlieferung der kultischen Handlungen und der Litur-
gie. Neben ihr spielt die Überlieferung der das Leben regelnden
Gesetze eine größere Rolle als wohl in den meisten heidnischen
Religionen, soweit sich diese über das primitive Stadium hinaus
entwickelt haben, – zumal in der griechischen Welt, in der sich die
Ethik der offiziellen Religion gegenüber verselbständigt hat. Im
Judentum kommt zur alttestamentlichen Tradition diejenige der
Schriftgelehrten, denen die Interpretation der alten Tradition im
Blick auf ihre Anwendung in der Gegenwart obliegt; und auch hier
spielt die Terminologie des παραλαμβάνειν (קִבֵּל) und παραδιδόναι (מָסַר) ihre Rolle. Der entscheidende Unterschied der alttestamentlich-jüdischen Religion von den heidnischen Religionen
hinsichtlich der Tradition ist der, daß in jener zur kultisch-gesetz-
lichen Überlieferung eine historische hinzutritt, die nicht etwa nur

den ätiologischen Sinn hat, den Ursprung und die Form von Kultus und Ritus zu erklären, sondern die die Geschichte des Volkes erzählt, da Gott hier primär der Gott der Geschichte ist und seine Offenbarung sich in der Geschichte des Volkes vollzieht, – auch darin fundamental verschieden vom Griechentum, in dem sich die Geschichtsschreibung ohne Zusammenhang mit der offiziellen Religion als profane ausgebildet hat, wenngleich die Geschichtsbetrachtung nicht religiöser Reflexion (wie bei Herodot) zu entbehren braucht.

2. Welcher Art aber ist die Tradition im Urchristentum und welchen Sinn hat sie? Daß es im hellenistischen Christentum eine παράδοσις kultischer Formeln gab, zeigt hinsichtlich des Herrenmahles 1. Kr 11, 23–25: ἐγὼ γὰρ παρέλαβον... ὃ καὶ παρέδωκα ὑμῖν κτλ. (S. 148). Bei der Taufe steht am Anfang nur die Nennung des Namens Christi über dem Täufling. Die weitere Ausbildung der Taufliturgie, die jenseits der Zeit des NT liegt, braucht hier nicht behandelt zu werden (S.136f.),nur auf den Ursprung einiger Formeln, die zum Teil später im Symbolum Romanum ihren Zusammenschluß und ihre Ergänzung finden, soll hingewiesen werden.

Eine dem Kult-Mythos im christlichen Raum entsprechende παράδοσις, die das in Christus erfolgte Heilsgeschehen, seinen Tod und seine Auferstehung, in einen kurzen Satz zusammenfaßt, überliefert Paulus 1. Kr 15, 3f. (παρέδωκα γὰρ ὑμῖν . . . ὃ καὶ παρέλαβον κτλ.). Weiterhin findet die παράδοσις ihren Niederschlag in Formeln wie den Sätzen von Christus als dem ἑτοίμως ἔχων κρίνειν ζῶντας καὶ νεκρούς (1. Pt 4, 5 usw., s. S. 81) und von seiner Auferweckung oder Auferstehung von den Toten (Rm 10, 9; 2. Tim 2, 8 usw., s. S. 83) und seiner Erhöhung (S.84). Sätze wie Rm 1, 3f.; 4, 24–26; 1. Kr 8, 6 (?); 1.Tim 3, 16; 6, 13; 2.Tim 2, 8; 4, 1; 1. Pt 1, 20f.; 3, 18f. 22; 4, 5; Ign Eph 18, 2; Tr 9; Sm 1, 1f.; Pol Phil 2, 1f. u. a. spielen offenbar auf schon traditionell gewordene Bekenntnisformeln oder Lieder an oder zitieren sie. Außer solchen christologischen Formeln werden sich früh schon andere gebildet haben, die den monotheistischen Glauben zum Ausdruck brachten und später im 1. Artikel des Symb. Rom. eine feste Gestalt fanden (S. 71–73).

Wenn nun in den christologischen Formeln historische Angaben begegnen wie ἐκ σπέρματος Δαυίδ (Rm 1, 3) und τοῦ μαρτυρήσαντος ἐπὶ Ποντίου Πιλάτου (1.Tim 6, 13), so kommt darin ein charak-

teristischer Unterschied christlicher Bekenntnisformeln und christlicher *παράδοσις* von heidnischen zu Tage: das Heilsgeschehen,
von dem die christlichen Formeln reden, ist eigentümlich verbunden mit weltgeschichtlichem Geschehen; es hat sich
nicht in einer mythischen Zeit abgespielt und ist auch nicht etwa
ein zeitloses Geschehen in einer transzendenten Sphäre, sondern
es hat sich hier auf Erden, und zwar vor kurzem, ereignet. Das
Heilsereignis der Kreuzigung hat stattgefunden *ἐπὶ Π. Πιλάτου,*
die Auferstehung wird bezeugt durch eine Reihe von Personen,
ἐξ ὧν οἱ πλείονες μένουσιν ἕως ἄρτι, und ihre Aufzählung ist ein
Anhang zur *παράδοσις* (1. Kr 15, 5–8). Zur *παράδοσις* gehört also
Historie, Bericht über geschichtliche Ereignisse. Die Auffassung
des Verf. von Lk und Act (S. 469 f.), der die Geschichte Jesu und
der ältesten Zeit der Gemeinde in den Zusammenhang der Weltgeschichte einordnet, ist also verständlich, wenngleich dabei der
eschatologische Charakter dieser Geschichte verlorengeht.

Das Problem: Heilsgeschichte und Weltgeschichte oder:
Offenbarung und Geschichte ist durch die *παράδοσις,* in der
beides verbunden ist, gestellt, – neu gestellt gegenüber AT und
Judentum. Denn die historische Überlieferung konnte jetzt nicht
mehr den Sinn haben, den sie im AT und Judentum hatte. Die
Offenbarung Gottes in Jesus war kein Ereignis der Volksgeschichte,
auf das man hätte zurückblicken können wie auf die Geschichte
des Mose, den Auszug aus Ägypten, die Besitznahme Kanaans,
auf die Geschichte der Richter- und Königszeit. Der neue Bund
(S.100) ist nicht wie der alte das begründende Ereignis einer Volksgeschichte, sondern, so sehr er einem historischen Ereignis, dem
Tode Jesu, entspringt (1. Kr 11, 25; Mk 14, 24 parr.), ein eschatologisches Ereignis, und das „Volk Gottes", mit dem dieser Bund
geschlossen ist, ist keine weltgeschichtliche, sondern eine eschatologische Größe (S. 100). Der Genuß des Herrenmahls, das das Pascha
ersetzt (1. Kr 5, 7), fügt nicht in eine Volksgemeinschaft ein, sondern in die eschatologische Gemeinde, die in dieser Welt als in der
Fremde weilt (S. 102). Christus ist ja das Ende der Geschichte, und
insofern er damit auch die Erfüllung der Heilsgeschichte ist, konnte
von der christlichen Gemeinde das AT mit seinem Geschichtsbericht übernommen werden, aber nur indem die alttestamentliche
Geschichte als Heilsgeschichte in neuem Sinne verstanden wurde,
und indem die Kontinuität mit der Geschichte Israels als die Kontinuität des diese Geschichte leitenden und jetzt zur Erfüllung ge-

kommenen göttlichen Heilsplanes verstanden wurde (S. 99). Dann erschien die Geschichte Jesu und die Berufung der eschatologischen Gemeinde als die Erfüllung der Weissagungen, wie es vor allem Mt in seinem Evg darstellt. Notwendig war solche Auffassung freilich nicht. Im Unterschied von Mt hat Mk die Geschichte Jesu nicht mit der ständigen Bezugnahme auf die Weissagung geschrieben, und bei Joh fehlt die heilsgeschichtliche Perspektive ganz (S. 360).

Übrigens konnte der heilsgeschichtliche Sinn der alttest. Geschichte auch verlorengehen, wenn die Gestalten der Geschichte Israels nach synagogaler Tradition als Exempla für das fromme oder moralische Verhalten oder für geduldiges Leiden angeführt wurden, wie in 1. Klem, aber auch Jak 5, 10 f.; Hebr 11, 17 ff. Dann konnte natürlich auch der leidende Jesus als Vorbild angeführt werden, wie es 1. Pt 2, 21; Hbr 12, 2 geschieht. Wie sehr damit die heilsgeschichtliche Betrachtung verlassen ist, zeigt 1. Klem dadurch, daß er außer den biblischen Beispielen auch ὑποδείγματα ἐθνῶν anführen kann (55, 1 f.).

Aber jedenfalls konnte die alttest. Geschichtsschreibung nicht fortgesetzt werden als ein historischer Bericht über das Leben Jesu und die Geschichte der Gemeinde, wenn der eschatologische Sinn dieses Geschehens nicht preisgegeben werden sollte, wie es in Lk und Act geschieht (S. 469 f.).

3. Wieweit aber und in welchem Sinne bedurfte der Glaube des Berichts über historische Ereignisse? Daß es möglich war, Sätze der παράδοσις zu formulieren, ohne historische Tatsachen zu nennen, zeigen Stellen wie 2. Kr 5, 18 f.; 8, 9; Phil 2, 6–11; und das zeigt auch das Verhalten des Paulus zur palästinischen Jesus-Tradition, die er so gut wie ganz ignoriert (S.189 f.); sie könnte ja dazu führen, den Χριστὸς κατὰ σάρκα zu vergegenwärtigen, von dem er nichts mehr wissen will (2. Kr 5, 16; S. 294). In gewisser Weise zeigt es auch Joh durch sein freies Schalten mit der Tradition und durch die eigenmächtige Gestaltung seines Evg (S. 355 f.). Es ist ja überhaupt seltsam, wie wenig in der apostolischen und nachapostolischen Literatur auf das Leben Jesu Bezug genommen wird, – abgesehen von den Evangelien und den Act (vgl. bes. 2, 22 f.; 10, 37–39); im NT sonst nur 1. Tim 6, 13; Hebr 2, 18; 4, 15; 5, 7; 12, 2.

Aber wiederum ist klar, daß Stellen wie 2. Kr 5, 18 f.; 8, 9; Phil 2, 6–11 ihren Sinn nur haben, weil sie zugleich von einer historischen Person, von Jesus, reden. Und gerade die Menschheit Jesu ist Phil 2, 7 f. aufs stärkste betont: ἐν ὁμοιώματι ἀνθρώπων γενόμενος καὶ σχήματι εὑρεθεὶς ὡς ἄνθρωπος (vgl. Rm 8, 3; Gl 4, 4).

Die Menschheit Christi, also die Tatsache, daß sich das Heilsgeschehen in der Sphäre der σάρξ vollzog, ist wesentlich: ἐφανερώθη ἐν σαρκί (1. Tim 3, 16; vgl. noch Kol 1, 22; Hbr 2, 14; 5, 7;
10, 20; 1. Pt 3, 18; 4, 1). So ist es auch für Joh wesentlich, daß
Jesus ein Mensch war: ὁ λόγος σὰρξ ἐγένετο (1, 14); er stammt aus
Nazareth und man kennt seine Eltern (S. 393). Es ist eine Irrlehre, seine Menschheit zu bestreiten (S. 392), und wie 1. Joh, so
bekämpft Ign den Doketismus gnostischer Irrlehrer (Ign Eph 7;
18, 2; Tr 9–10; Sm 1–3; 4, 2; 5, 2; 7, 1).

Aber genügte es nicht, das Daß der Menschheit Jesu zu behaupten und zu betonen? Bedurfte es auch der Belehrung über das
Wie seines historischen Lebens? Gewiß war Lk der Meinung, daß
dies nötig sei, und gab seinem Evg die entsprechende Gestalt
(S. 469). Bei Paulus ist dagegen von diesem Interesse nichts zu
spüren. Wenn er auf den Gehorsam Christi (Phl 2, 8; Rm 5, 19)
oder auf seine vorbildliche Liebe (2. Kr 8, 9; Rm 15, 3) hinweist,
so denkt er an die Selbsterniedrigung und das Opfer des Präexistenten und nicht an das konkrete Verhalten des historischen Jesus.
Etwas anderes ist es auch, wenn man sich auf Herrenworte beruft, was ja auch Paulus gelegentlich tut (S. 190). Im NT wird
außerhalb der Evangelien freilich nur einmal ein Herrenwort zitiert
(Act 20, 35), aber daß weithin in den Gemeinden Herrenworte
überliefert wurden, kann nicht zweifelhaft sein und wird durch
einige Zitate in den sog. apostolischen Vätern bestätigt. Die in Mt
und Lk verarbeitete Logiensammlung ist zwar offenbar bald durch
die synoptischen Evangelien verdrängt worden. Sie mag hier und
dort noch eine Weile in Gebrauch gewesen sein, und wir können
nicht wissen, ob bzw. inwieweit Herrenworte, wie sie Did 1, 3–6;
1. Klem 13, 2; 2. Klem 2, 4; Barn 4, 14; Pol Phil 2, 3 und sonst
zitiert werden und auf die Ign gelegentlich anspielt, aus mündlicher
Tradition oder aus einer schriftlichen Spruchsammlung stammen, –
ob aus einem unserer Evangelien, ist mindestens zweifelhaft. Daß
es solche Sammlungen gegeben hat, wird ja auch durch Papyrusfunde bezeugt.

Aber es ist klar, daß die Überlieferung der Herrenworte nicht
durch das historisch-biographische Interesse motiviert ist, sondern
durch das praktische Anliegen, die Lebensführung der Glaubenden
zu regeln und ihre Hoffnung lebendig zu erhalten. In ihnen wird
nicht der „historische Jesus" gehört, sondern der himmlische Herr
der Gemeinde. Wie aber – so ist dann zu fragen – ist Mt zu ver-

stehen, der die Herrenworte im Rahmen einer Geschichte Jesu
bringt, und vor allem Mk, der in seiner Darstellung zwar auch
Herrenworte verarbeitet hat, bei dem aber der Bericht über die
Taten und das Schicksal Jesu den größeren Raum beansprucht?
Gerade an ihnen wird deutlich, daß und inwiefern die historische
Tradition zum Kerygma gehört bzw. mit ihm verbunden werden
konnte, – und zwar unter verschiedenen Gesichtspunkten.

Daß weder Mt noch Mk aus historischem Interesse ihre Evangelien schreiben, wie Lk es tut, ist deutlich; unter sich sind sie aber
verschieden. Mt stellt Jesus als denjenigen dar, in dem die Heilsgeschichte ihre Erfüllung gefunden hat. Sein Evg ist von dem
Nachweis durchzogen, daß in seinem Leben und Wirken die alttest.
Weissagungen erfüllt sind: *τοῦτο δὲ (ὅλον) γέγονεν, ἵνα πληρωθῇ τὸ
ῥηθὲν (ὑπὸ κυρίου) διὰ τοῦ προφήτου λέγοντος* 1, 22 usw.). Ferner
aber stellt er Jesus dar als den autoritativen Ausleger des Gesetzes,
bzw. als den Bringer der neuen, der messianischen Tora mit seinem
ἠκούσατε ὅτι ἐρρήθη . . . ἐγὼ δὲ λέγω ὑμῖν (5, 21–48). Sofern also
Mt einen Bericht über die Geschichte Jesu bringt, macht er dadurch jenes Daß der Geschichtswerdung des eschatologischen Heils
anschaulich; der Jesus, den er zeichnet, ist nicht als eine Gestalt
der Weltgeschichte, sondern als ihr Abschluß zu verstehen; daher
hat er denn auch die Göttlichkeit der Gestalt Jesu gegenüber Mk,
der ihm als Quelle diente, mehrfach gesteigert (vgl. bes. 19, 17
gegenüber Mk 10, 18). Sodann wird, indem Jesus als der Lehrer der
Gemeinde dargestellt wird, diese als die eschatologische Gemeinde
deutlich gemacht. So bringt wiederum der Geschichtsbericht das
Daß zum Ausdruck, indem die Bestimmtheit der Gegenwart als
der eschatologischen dadurch zum Bewußtsein gebracht wird, daß
diese Gegenwart unter der Herrschaft des Königs der Endzeit
steht, wie es der Schluß 28, 18–20 deutlich ausspricht: *ἐδόθη μοι
πᾶσα ἐξουσία ἐν οὐρανῷ καὶ ἐπὶ τῆς γῆς κτλ.*

Während E. D i n k l e r (The Idea of History in Ancient Near East, 1955,
194 f.) das Interesse des Mt am Weissagungsbeweis aufzeigt, sucht K r i s t e r
S t e n d a h l (The School of St. Matthew, 1954) das Mt-Evg als Produkt einer
Schule verständlich zu machen, und zwar als ein „manual for teaching and
administration". In ähnliche Richtung geht die Charakteristik des Mt-
Evangelisten als eines christlichen Rabbi durch E. K ä s e m a n n (NTSt I
1954/55, 257 f.), der auf das Gewicht hinweist, das in Mt auf der Gemeindeordnung liegt, die weithin in kasuistischem Gesetzesstil gehalten ist. G. B o r n -
k a m m (The Background of the NT and its Eschatology, 1956, 222–260)
beschreibt entsprechend das Wechselverhältnis von Tradition und theologischer Konzeption bei Mt, und zeigt so den hier beginnenden Wandel von
der Eschatologie zur Ekklesiologie auf.

Auch Mk bringt in seiner Weise jenes Daß zur Darstellung. Der Weissagungsbeweis tritt bei ihm zurück und findet sich eigentlich nur 4, 12 und etwa noch 7, 6 f.; 9, 12; 11, 9 f.; 12, 10 f.[1]). Das Hauptgewicht fällt auf die Wunder und wunderbaren Ereignisse wie Taufe und Verklärung; in ihnen kommt das im allgemeinen verborgene Wesen des Gottessohnes jeweils zur Erscheinung, freilich nur für die Leser des Evg, denn den Zeitgenossen sollte es verborgen bleiben (S. 33). Im Unterschied von Mt, der im Anschauungskreis der alttest.-jüdischen Tradition steht, wird also der Kerygma-Charakter des Geschichtsberichtes in der Weise hellenistischen Denkens zum Ausdruck gebracht: das Leben Jesu ist nicht eine Episode der Weltgeschichte, sondern die wunderbare Manifestation göttlichen Handelns im Gewande irdischen Geschehens. Dadurch, daß neben den Wundern die Streitgespräche stehen, wird Jesus nicht so sehr (wie bei Mt) als der Lehrer der Gemeinde dargestellt, denn vielmehr als der Gottessohn, der die jüdische Tradition in ihrer Gottwidrigkeit enthüllt. Dadurch daß Mk der Taufe und dem Herrenmahl ihren Ursprung in den Erzählungen von der Taufe und dem letzten Mahl Jesu gibt, verleiht er ebenfalls der Geschichte Jesu den Charakter des Offenbarungsgeschehens. Endlich zeigt er durch den Bericht von der Verklärung Jesu, daß die „Geschichte" Jesu in ihrem Wesen als Epiphanie des Gottessohnes erst vom Glauben an den Auferstandenen aus erkannt wird (9, 9).

4. Durch Mt und Mk ist also der historische Bericht dem kerygmatischen Charakter des „Evangeliums" dienstbar gemacht worden. Daß darin von vornherein eine Problematik lag, ist aber damit gegeben, daß sowohl Mk wie, ihm folgend, Mt ihren Schriften die Form einer geschichtlichen Darstellung, eines „Lebens Jesu", gaben, in der die Einzelstücke der alten Tradition zu einem chronologisch-geographischen Zusammenhang verbunden sind, – wie denn schon manche alten Traditionsstücke novellistische Züge aufweisen, die das biographische Interesse der überliefernden Gemeinden bekunden. Die Problematik erwächst daraus, daß die christliche Gemeinde, die sich als die eschatologische Gemeinde der aus dieser Welt Herausgerufenen und dem kommenden Äon Zugehörigen weiß, doch nicht durch eine Offenbarung aus dem Jenseits – sei es eine Offenbarung, die in den Bildern ekstatischer Visionäre gegeben ist, sei es die Offenbarung, die ein unkontrollierbarer Mythos bringt –

---

[1] Mk 1, 2 f. dürfte eine alte Glosse sein.

berufen ist, sondern durch die historische Gestalt Jesu, in dem sie das sie rufende Wort Gottes hört. Wie sie ihren unweltlichen Charakter in ihrem innerweltlichen Dasein durchzuführen hat, so darf sie die Gestalt dessen, der sie berufen hat, – wie sehr sie seine Bedeutung in der Sprache traditioneller Mythologie zum Ausdruck bringen mag – nicht völlig in den Mythos auflösen. Die Paradosis hat also den besonderen Charakter, daß sie zugleich vom eschatologischen und von einem historischen Geschehen redet. Es ist die Frage, ob diese Paradoxie festgehalten wurde.

Ist die Paradoxie in der Darstellung des Lk und der Act zugunsten einer Geschichtstheologie aufgelöst worden, die nur eine als Weltgeschichte verlaufende Heilsgeschichte kennt (S. 469 f.), so nach der andern Seite dadurch, daß aus dem Kerygma der Bezug auf das historische Geschehen preisgegeben wurde. Das geschah in der Gnosis, in der mit einseitiger Konsequenz das Heilsgeschehen als ein transzendentes verstanden wird, das infolge der Lösung von der Geschichte zu einem mythischen wird. Natürlich konnte die christliche Gnosis nicht wie die heidnische jegliche Anknüpfung an die historische Person Jesu preisgeben und das Heilsgeschehen in eine mythische Vergangenheit transponieren. Aber sie gab die historische Realität des Erlösers dadurch preis, daß sie die Identität des Gottessohnes mit dem historischen Jesus leugnete, indem sie entweder lehrte, daß sich der Gottessohn mit dem Menschen Jesus nur zeitweilig – etwa seit der Taufe Jesu – verbunden habe, um sich vor der Passion wieder von ihm zu trennen; oder indem sie die Menschengestalt des Erlösers als einen Scheinleib auffaßte (Doketismus).

Diese Auflösung des Problems mußte der Mehrzahl der Gemeinden als Ketzerei erscheinen (S. 173. 392). Aber gerade diejenigen Schriften, die der Gnosis gegenüber das ὁ λόγος σὰρξ ἐγένετο am stärksten betonen und in den μὴ ὁμολογοῦντες ᾽Ι. Χριστὸν ἐρχόμενον ἐν σαρκί die Verkörperung des Antichristen sehen, Joh und 1. und 2. Joh, aber auch Ign, zeigen das relative Recht und damit den Sinn der gnostischen Lehre: gegenüber der Historisierung des eschatologischen Geschehens bringt sie ein legitimes Interesse des Glaubens zum Ausdruck.

Den Sinn jener Paradoxie hat Joh am klarsten erfaßt und in seinem Evg zur Darstellung gebracht. Gerade indem er mit der Überlieferung vom Leben Jesu so frei schaltet (S. 355 f.), hat er den Sinn, den sie für das Kerygma hat, aufs schärfste deutlich ge-

macht, indem er nämlich die Offenbarung Gottes im Menschen
Jesus auf das bloße Daß reduzierte (§ 48, 3, bes. S. 420 u. 421 f.) und
die Paradoxie des ὁ λόγος σὰρξ ἐγένετο in der extremsten Weise
kenntlich machte (§ 46, bes. S. 393 f.), – die Paradoxie, daß Gottes
Wort in einem bestimmten historischen Menschen erging und gegenwärtig bleibt. Er stellt diesen Menschen nicht als eine zuverlässig
bezeugte Person der Vergangenheit dar, sondern so, wie er stets
gegenwärtig ist in dem Wort, das ihn verkündigt in der Kraft des
Geistes (S. 442). Die Tradition ist deshalb nicht die historische
Überlieferung, die die Kontinuität des historischen Geschehens begründet, sondern die Predigt der Gemeinde, in der Jesus im Geiste
gegenwärtig ist (§ 50, 7). Die Sukzession, deren die kerygmatische
Tradition bedarf, ist hier noch nicht wie in Act, Past und 1. Klem
als eine institutionelle aufgefaßt (§ 52, 3), sondern als freie, vom
Geist gewirkte. Wenn Paulus noch – inkonsequent gegenüber seiner
grundsätzlichen Erkenntnis – die Auferstehung wie ein historisches
Faktum durch die Aufzählung von Zeugen sicherstellen will (1. Kr
15, 5–8, s. S. 295), so schließt Joh seine Ostergeschichten mit dem
Satz: μακάριοι οἱ μὴ ἰδόντες καὶ πιστεύσαντες (20, 29, s. S. 409).

§ 55. DAS PROBLEM DER RECHTEN LEHRE UND DIE ENTSTEHUNG DES NEUTESTAMENTLICHEN KANONS

BAUER, W., Rechtgläubigkeit und Ketzerei im ältesten Christentum,
(1934) [2]1964 (2., durchges. Aufl. mit einem Nachtrag v. G. STRECKER). –
BROX, N., Art. Häresie, RAC, [XIII], Lfg. 98, 1984, 248–297 (bes.
255–264). – Zu 5: CAMPENHAUSEN, H. v., Die Entstehung der christlichen
Bibel, 1968. – Das Neue Testament als Kanon, hrg. v. E. KÄSEMANN, 1970.
– MERKEL, H., Die Widersprüche zwischen den Evangelien..., 1971. –
HAHN, FERD., Die Heilige Schrift als älteste Tradition und als Kanon,
EvTh 40, 1980, 456–466. – LÜHRMANN, D., Gal 2[9] und die katholischen
Briefe. Bemerkungen zum Kanon und zur regula fidei, ZNW 72, 1981,
65–87. – BEYSCHLAG, K., Grundriß der Dogmengeschichte I, 1982 (bes.
149–172).

1. Das Christentum ist nicht zur Mysterienreligion geworden,
weil in ihm das Heil nicht primär auf dem sakramentalen Kult beruht, der durch materielle Elemente göttliche Kräfte vermitteln
will (S. 137), sondern auf der Wortverkündigung, in der die Gnade
Gottes, indem sie verkündigt wird, dem Hörer begegnet und
den persönlichen Glauben des Hörers fordert. Indem die Verkündigung von der Tat Gottes in Christus berichtet, ist sie zugleich
Anrede an den Hörer, und indem sie die Erkenntnis dessen bringt,

was Gott in Christus getan hat, bringt sie zugleich dem Hörer eine neue Erkenntnis seiner selbst. Es ist die *ἐπίγνωσις ἀληθείας,* die von *ἄγνοια* und *πλάνη* befreit (S. 70f.), und in der sich Kenntnis und Anerkenntnis zu einer Einheit verbinden. So versteht Paulus auch die *γνῶσις,* die er durch seine Predigt verbreitet (2. Kr 2, 14; 4, 6); sie bedeutet *κερδαίνειν Χριστὸν καὶ εὑρεϑῆναι ἐν αὐτῷ* (Phil 3, 8f.).

Jene *ἐπίγνωσις* und diese *γνῶσις* sind sachlich kaum von der *πίστις* unterschieden, aber sie heben **das in der *πίστις* enthaltene Strukturmoment der Erkenntnis** hervor, was am deutlichsten daran sichtbar wird, wie bei Joh das Verhältnis von *πιστεύειν* und *γινώσκειν* verstanden ist (§ 49, 2). Der Glaubende muß ja verstehen, was ihm von Gott und Christus verkündigt wird und wie dadurch seine eigene Situation bestimmt ist. Die theologischen Ausführungen in Gl und Rm haben ja keinen andern Zweck, als die mit dem Glauben gegebene Erkenntnis zu entfalten. Paulus hat klar gesehen, daß diese Erkenntnis der Entwicklung nicht nur fähig, sondern auch bedürftig ist. Die *πίστις* hat sich darin als lebendige zu bewähren, daß der Glaubende jeweils das rechte Urteil über das gewinnt, was von ihm gefordert ist; denn alles, was nicht aus dem Glauben kommt, ist Sünde (Rm 14, 23). So wünscht er seinen Lesern, daß ihre Urteilsfähigkeit wachse und an Sicherheit gewinne (Rm 12, 2; Phil 1, 9 f.; Phm 6; s. S. 326 f.). Ebenso wünscht Kol 1, 9f.: *ἵνα πληρωϑῆτε τὴν ἐπίγνωσιν τοῦ ϑελήματος αὐτοῦ ἐν πάσῃ σοφίᾳ καὶ συνέσει πνευματικῇ, περιπατῆσαι ἀξίως τοῦ κυρίου . . .* (vgl. 3, 10). Ähnlich lautet die Fürbitte 2. Pt 1, 3 und die entsprechende Mahnung 1, 5; 3, 18; und Barn wünscht: *ὁ δὲ ϑεὸς . . . δώῃ ὑμῖν σοφίαν, σύνεσιν, ἐπιστήμην, γνῶσιν τῶν δικαιωμάτων αὐτοῦ* (21, 5), wie denn *γνῶσις* bei ihm nicht nur die theoretische, sondern auch die praktische Erkenntnis bedeutet (5, 4; 18, 1; 19, 1 vgl. 16, 9: *σοφία τῶν δικαιωμάτων*). Wie Paulus sich freut, daß solche *γνῶσις* in der Gemeinde lebendig ist (1. Kr 1, 5; 2. Kr 8, 7; Rm 15, 14), so rühmt 1. Klem die *τελεία καὶ ἀσφαλὴς γνῶσις* der korinthischen Gemeinde (1, 2), und Did 11, 2 mahnt, wandernde Lehrer aufzunehmen, wenn ihr Wirken dazu führt *προσϑεῖναι δικαιοσύνην καὶ γνῶσιν κυρίου.*

2. Von solcher *γνῶσις* und *σοφία,* die die Erkenntnis des göttlichen Willens, also die Urteilskraft des sittlichen Wollens ist, und die zu pflegen und zu aktivieren jedem Gläubigen obliegt, unterscheidet sich eine besondere *γνῶσις* und *σοφία,* deren Gegenstand der göttliche Heilsplan und das in den kerygmatischen For-

meln der Paradosis beschriebene Heilsgeschehen ist. Der göttliche
Heilsplan und seine Verwirklichung in Christus erschien als ein
μυστήριον schon bei Paulus (1. Kr 2, 6f.; 15, 51; Rm 11, 25) und
erst recht nach ihm (für Kol und Eph s. u. unter 3; ferner 2. Th 2, 7;
[Rm 16, 25]; 1. Tim 3, 9. 16; Apk 10, 7; Ign Eph 19, 1; Mg 9, 1;
Tr 2, 3). Die Formeln der Paradosis bedurften der Interpretation;
ihre Begriffe und Sätze waren nicht nur verschieden deutbar, sondern führten notwendig zum Weiterdenken, zu Fragen: welche theologischen und christologischen, kosmologischen und anthropologischen Konsequenzen sind notwendig, welche sind legitim? Darin
liegt der Ursprung der christlichen Theologie. Es mußte im Laufe
der Zeit aber auch zur Auseinandersetzung mit dem heidnischen
Denken, seiner Mythologie und Philosophie, kommen, zu einer
Theologie, die schließlich bei den Apologeten zu einer Art christlicher Philosophie wurde.

Auch diese γνῶσις hat ihren Ursprung im Glauben, wenn es auch
nicht die Sache aller Gläubigen ist, sie selbständig zu entwickeln.
Sie ist ein besonderes Charisma, das nicht alle empfangen (1. Kr.
12, 8). Aber wer sie hat, hat sie andern mitzuteilen, und diese haben
auf ihn zu hören; ja er kann auch wünschen, daß alle zu ihr gelangen (Eph 1, 17). Auch diese γνῶσις hat praktische Abzweckung,
da in ihrem Licht die Situation des Christen deutlich wird und er
sich verstehen lernt. So lehren die theologischen Ausführungen von
Gl und Rm die Freiheit der christlichen Existenz vom Gesetz und
von den Weltmächten verstehen, ähnlich diejenigen von Kol. Wie
das Verständnis von ἐλευθερία und ἐξουσία eine bestimmte Lebenshaltung zur Folge hat, zeigt die Diskussion des Paulus mit den
gnostisierenden Gegnern in Korinth. Die entscheidende Frage für
die Entwicklung der Theologie ist die, wieweit sie sich daran hält,
Entfaltung der im Glauben enthaltenen Erkenntnis zu sein, und
das bedeutet, wie weit sie die Explikation des Kerygmas und der
durch dieses bestimmten christlichen Existenz ist. Sie hat sich von
ihrem Ursprung gelöst und wird zur bloßen Spekulation oder rationalen Konstruktion, wenn sie den Zusammenhang zwischen der
Erkenntnis Gottes und seines Handelns und der Erkenntnis der dadurch bestimmten Situation des Christen nicht mehr richtig sieht.

Das Motiv zur Entwicklung einer christlichen Theologie war
nicht nur durch die Notwendigkeit einer Interpretation des Kerygmas gegeben, sondern ebenfalls durch das von der Kirche übernommene AT, das ja auch der Interpretation bedurfte. 2. Pt 1, 20f.

zeigt die Verlegenheit, in der man sich befand; die Leser werden warnend darauf hingewiesen, daß die Prophetie der Schrift nicht eigenmächtig, sondern nur ihrem pneumatischen Ursprung entsprechend gedeutet werden darf. Über die Menge der Deutungsmöglichkeiten und Deutungsversuche, zu denen vor allem das Gesetz des AT herausforderte, ist in § 11 gehandelt worden. Hier ist nur noch kurz darauf hinzuweisen, welche Bedeutung die Interpretation des AT für die Entwicklung einer christlichen Theologie hatte. Es lag ja nicht nur so, daß die Kirche mit den Schwierigkeiten fertig werden mußte, die das AT bot, sondern das AT konnte als Quelle christlicher γνῶσις dienen, wenn seine Geheimnisse mittels der Allegorese gedeutet wurden. Ein solches μυστήριον ist für den Verf. von Eph das Wort Gen 2, 24, das er auf die Verbindung Christi mit der Ekklesia deutet (5, 31 f.). Der Verf. von Hebr (§ 11, 2c) ist sichtlich stolz auf das, was er seinen Lesern an Erkenntnis bieten kann. Durch die umständliche rhetorische Einleitung seiner Deutung des alttest. Kultus und seiner Theorie vom Hohepriestertum Christi bringt er ausdrücklich zum Bewußtsein, daß seine Erkenntnis das Niveau eines primitiven Christentums überragt (5, 11–6, 12). Spielen bei ihm die Termini γνῶσις und σοφία keine Rolle, so bezeichnet der Verf. von Barn (§ 11, 2b) seine Deutung des AT ausdrücklich als γνῶσις (6, 9; 9, 8; 13, 7 vgl. γινώσκειν 7, 1; 14, 7; 16, 2; γνωρίζειν 1, 7; 5, 3; σοφίζειν 5, 3). Er preist den Herrn: ὁ σοφίαν καὶ νοῦν θέμενος ἐν ἡμῖν τῶν κρυφίων αὐτοῦ (6, 10), und er verfaßt sein Schreiben, damit die Leser über ihre πίστις hinaus noch zu einer τελεία γνῶσις gelangen (1, 5), damit sich zur πίστις und den christlichen Tugenden auch σοφία, σύνεσις, ἐπιστήμη und γνῶσις gesellen (2, 2f.). Die Methode der Allegorese, mittels deren bei Hbr und Barn wie später bei Justin (§ 11, 2f.) die Erkenntnis gewonnen wird, handhabt auch 1. Klem (§ 11, 2d) gelegentlich, während er im allgemeinen das AT als ethisches Musterbuch benutzt. Aber auch er nennt seine Kunst der Auslegung eine γνῶσις (40, 1: ἐγκεκυφότες εἰς τὰ βάθη τῆς θείας γνώσεως, vgl. 41, 4; 32, 1).

Bald zeigte sich, daß auch autoritative christliche Schriften der Auslegung bedurften. Wie verständlich, machte sich das zuerst für die paulinischen Briefe geltend, in denen nach 2. Pt 3, 16 manches schwer verständlich ist, was denn auch von Irrlehrern falsch gedeutet wird. Auch Polyk bekennt, daß weder er noch andere die Weisheit des „seligen und berühmten" Paulus ganz zu fassen vermögen, daß seine Briefe aber dem, der sich in sie vertieft, Erbauung zu spenden vermögen. Und ist die Behandlung des Themas „Glaube und Werke" Jak 2, 14–26 anders verständlich denn als eine Auseinandersetzung mit einem mißverstandenen Paulus? Da die Interpretation des Paulus im Sinne der Gemeinde nicht nur eine Exegese ist, die sich um das Verständnis des Wortlauts bemüht, sondern da sie durch das praktische Interesse motiviert ist, die Bedeutung der paulinischen Aussagen für die gegenwärtige Situation sicher zu stellen, bzw. ihren Mißbrauch zu verhindern, kann sie auch in der Weise vorgenommen werden, daß man Paulus aufs neue reden läßt, d. h. daß man in seinem Namen einen neuen Brief schreibt. So ist 2. Th in gewissem Sinne ein Kommentar zu 1. Th, insofern die in 1. Th ausgesprochenen Erwartung des nahen Endes – sei es gegenüber schwärmerischer eschatologischer Stimmung, sei es (wie wahrscheinlicher) gegenüber dem Zweifel angesichts des Ausbleibens der Parusie – eingeschränkt wird: es muß noch allerlei vorher geschehen, ehe das Ende kommt (2, 1–12).

Endlich ist noch die Auslegung von andern geheimnisvollen Texten oder apokalyptischen Bildern und Termini zu erwähnen. Wie der Heilsplan Gottes ein μυστήριον ist (Kol 1, 26 f.; Eph 1, 9 usw.), so sind auch die Visionen des Apokalyptikers μυστήρια, die er deutet (Apk 1, 20; 17, 5. 7) oder auch nur andeutet (Apk 13, 18: ὧδε ἡ σοφία ἐστίν. ὁ ἔχων νοῦν ψηφισάτω τὸν ἀριθμὸν τοῦ θηρίου). Das Verständnis des geheimnisvollen βιβλαρίδιον, von dem Hermas durch die ihm erscheinende „Greisin" Kenntnis erhält, heißt γνῶσις (vis II 2, 1), und ständig kehrt bei ihm der Terminus γινώσκειν wieder, der das Verstehen von Visionen und Allegorien bezeichnet (vis III 1, 2; 4, 3; sim V 3, 1; IX 5, 3 usw.).

3. Die christliche γνῶσις, die aus den dargestellten Motiven erwächst, führt nun alsbald zu dem Problem der rechten Lehre. Schon Paulus hatte außer der paradoxen σοφία der Kreuzespredigt eine σοφία gekannt, die nur den τέλειοι zugänglich ist, und die bis in die Tiefen der Gottheit dringt (1. Kr 2, 6 ff.; s. S. 184 und 327 f.).Sie ist gewiß kein Produkt des rationalen Denkens, wie denn Paulus sie auf die Offenbarung des Geistes zurückführt (2, 10); und letztlich mündet sie auch in die Erkenntnis des Geschenkes Gottes und der Situation des Glaubenden (2, 12; s. S. 328). Es ist aber klar, daß in dieser Weisheit Phantasie und spekulierendes Denken ebenso wie die Motive apokalyptischer und mythologischer Tradition wirksam sind. Denn zu dieser Weisheit gehört ja auch das Mythologem von der Täuschung der Archonten durch die Verkleidung des präexistenten Christus (2, 8; s. S. 179). Auf solche Tradition geht doch wohl auch die Rm 8, 20 ff. in Andeutungen gegebene Anschauung vom Fall und von der Befreiung der Schöpfung zurück, sicher aber Geheimnisse wie das eschatologische μυστήριον 1. Kr 15, 51 ff., während das heilsgeschichtliche μυστήριον Rm 11, 25 ff. der spekulierenden Phantasie entspringt.

Steht Paulus selbst schon unter dem Einfluß des gnostischen Denkens (§ 15, 4), so läßt seine Korrespondenz mit der korinthischen Gemeinde erkennen, daß es im jungen Christentum Kreise gab, die diesem Einfluß in solchem Maße verfielen, daß die christliche Botschaft entleert oder verkehrt wurde. Es sind jene Gemeindeglieder, die sich ihrer σοφία und γνῶσις rühmen (1. Kr 1, 18 ff.; 8, 1 ff.), und die von außen eingedrungenen Apostel – für Paulus Lügenapostel (2. Kr 11, 13) –, denen er an γνῶσις gewachsen zu sein beansprucht (2. Kr 11, 6). Der Kampf zwischen dieser gnostisierenden Richtung und der schließlich siegreichen Orthodoxie schweigt auch nach Paulus nicht und zeigt, daß das Verlangen nach einer über die πίστις hinausgehenden Gnosis in weiten Kreisen lebendig war. Daß für die in 1. Joh bekämpften „Irrlehrer" der Anspruch, Erkenntnis zu besitzen, charakteristisch ist, zeigt das Bestreben des Verf., klar zu machen, was γινώσκειν τὸν θεόν in Wahrheit bedeutet (2, 3 ff.; 3, 6; 4, 6 ff.). Ähnlich fragt Ign in seinem Kampf gegen die gnostischen Lehrer: διὰ τί δὲ οὐ πάντες φρόνιμοι γινόμεθα λαβόντες θεοῦ γνῶσιν, ὅ ἐστιν Ἰ. Χριστός; (Eph 17, 2). Und er preist Christus, weil er die Leser „weise gemacht hat", nämlich fest im orthodoxen Glauben (Sm 1, 1). Die Irrlehrer in Thyateira, gegen die Apk 2, 18–29 polemisiert, rühmen sich offenbar ihrer Erkenntnis der βαθέα τοῦ Σατανᾶ (oder wenn das eine polemische Verdrehung ihrer Behauptung sein sollte: τοῦ θεοῦ 2, 24). Auch Kol, die Past, Jud und 2. Pt kämpfen gegen ein gnostisierendes Christentum.

Der Gefahr konnte dadurch begegnet werden, daß ein solches Erkenntnis-Streben überhaupt abgelehnt wurde. Diese Stimme klingt aus den Past. Hier wird die „Irrlehre" nicht etwa mit Gründen bekämpft, sondern jede Diskussion mit ihr als der ψευδώνυμος γνῶσις (1. Tim 6, 20) wird abgelehnt. Der Adressat wird angewiesen zu gebieten: μὴ ἑτεροδιδασκαλεῖν μηδὲ προσέχειν μύθοις καὶ γενεαλογίαις ἀπεράντοις, αἵτινες ἐκζητήσεις παρέχουσιν μᾶλλον ἢ οἰκονομίαν (v. l. οἰκοδομὴν) θεοῦ τὴν ἐν πίστει (1. Tim 1, 3 f.; vgl. 4, 7; 6, 20). Oder er wird gemahnt: τὰς δὲ μωρὰς καὶ ἀπαιδεύτους ζητήσεις παραιτοῦ, εἰδὼς ὅτι γεννῶσιν μάχας (2. Tim 2, 23; vgl. 2, 16; Tit 3, 9). Man hat sich an die λόγοι τῆς πίστεως καὶ τῆς καλῆς διδασκαλίας, an die ὑγιαίνοντες λόγοι des Kyrios, an die ὑγιαίνουσα διδασκαλία zu halten (1. Tim 4, 6; 6, 3; Tit 1, 9 usw.). Ebenso läßt sich Act 20, 29 f. nicht auf eine Diskussion mit den „Irrlehrern" ein, sondern begnügt sich, sie als ἄνδρες λαλοῦντες διεστραμμένα zu charakterisieren. Noch summarischer verfährt Jud und nach ihm 2. Pt, indem auch hier von einer Widerlegung der „Irrlehrer" durch Gründe nicht die Rede ist, sondern sie unter

die Anklage moralischer Verdorbenheit und unsittlichen Lebenswandels gestellt werden. Aber auch 1. Joh führt nicht wie Paulus
eine theologische Diskussion mit den „Irrlehrern", sondern stellt
diesen „Antichristen" einfach den Satz von der wahren Menschheit des Gottessohnes entgegen. Eine Widerlegung bietet er freilich insofern, als er den existentiellen Sinn des Glaubens deutlich
macht, indem er die Einheit von Indikativ und Imperativ, von
Glaube und Liebe, aufzeigt (S. 432–435), während Ign in der dogmatistischen Polemik stecken bleibt.

Die durch die Past repräsentierte Methode konnte höchstens in
begrenzten Kreisen Erfolg haben; denn das Streben nach Erkenntnis ließ sich nicht ausrotten; und war es nicht als solches legitim?
Jedenfalls findet es in Kol und Eph seinen Ausdruck in der
Weiterführung paulinischer Motive, in Kol im Streit mit „Irrlehrern", in Eph in unpolemischer Entfaltung christlicher Erkenntnis.

Kol warnt vor der φιλοσοφία[1] und der κενὴ ἀπάτη κατὰ τὴν
παράδοσιν τῶν ἀνθρώπων, κατὰ τὰ στοιχεῖα τοῦ κόσμου καὶ οὐ
κατὰ Χριστόν (2, 8). Führt der Verf. auch nicht eine eigentliche
Diskussion in der Art eines argumentierenden Gespräches und
läßt er die gegnerische Anschauung fast nur indirekt erkennen, so
stellt er ihr doch seine eigene Anschauung von dem zur Diskussion
stehenden Thema – das Verhältnis Christi zu den Engelmächten
bzw. den kosmischen Mächten – gegenüber und ist überzeugt, daß
in Christus πάντες οἱ θησαυροὶ τῆς σοφίας καὶ γνώσεως ἀπόκρυφοι
enthalten sind (2, 3). Dabei beschränkt sich die σοφία καὶ σύνεσις
πνευματική (1, 9) nicht auf das Urteil des sittlichen Willens (s. o.
S. 481), sondern ist durchaus auch theoretische σοφία, die das
μυστήριον – als welches der göttliche Heilsplan mehrfach bezeichnet wird (1, 26f.; 2, 2; 4, 3) – entfaltet, indem die kosmische Stellung Christi und die durch das Heilswerk vollbrachte Versöhnung
des von widerstrebenden Mächten zerrissenen Kosmos durch deren
Überwindung beschrieben wird (1, 15–20; 2, 9–15). Dabei wird zugleich das transzendente Wesen der ἐκκλησία als des σῶμα Χριστοῦ
charakterisiert. Die Tatsache, daß der Verf. dafür in 1, 15–20 einen
vorchristlichen und schon vor ihm christlich redigierten Hymnus
benutzt[2], beweist, wie sehr sich christliches Erkenntnis-Verlangen
mit kosmologischer Spekulation verquickt hatte.

---

[1] Natürlich ist nicht die griechische Philosophie gemeint, sondern die gnostische Spekulation.

[2] E. Käsemann, Eine christl. Taufliturgie. Festschr. f. Rud. Bultmann, 1949, 133–148.

Der Verf. von E p h ist nicht polemisch interessiert. Aber auch
für ihn ist Gottes Heilsplan das μυστήριον, das dem Paulus, als
welchen der Verf. sich gibt, durch Offenbarung mitgeteilt wurde
(3, 3; vgl. 1, 9; 6, 19). Aus dem, was er schreibt, sollen die Leser
erkennen, welche σύνεσις ἐν τῷ μυστηρίῳ τοῦ Χριστοῦ er besitzt
(3, 4), und wie er es vermag: εὐαγγελίσασθαι τὸ ἀνεξιχνίαστον
πλοῦτος τοῦ Χριστοῦ καὶ φωτίσαι τίς ἡ οἰκονομία τοῦ μυστηρίου
(3, 8f.). An seiner Erkenntnis gibt er freigebig teil, und während
der Verf. von Kol seinen Lesern σοφία καὶ σύνεσις πνευματική
wünscht, damit ihre Lebensführung des Herrn würdig sei (Kol
1, 9f.), wünscht der Verf. von Eph in der Parallelstelle: ἵνα ὁ θεὸς
. . . δῴη ὑμῖν πνεῦμα σοφίας καὶ ἀποκαλύψεως ἐν ἐπιγνώσει αὐτοῦ . . .
εἰς τὸ εἰδέναι ὑμᾶς τίς ἐστιν ἡ ἐλπὶς τῆς κλήσεως αὐτοῦ κτλ. (1, 17
bis 19); die Leser mögen fähig werden, zu erfassen, τί τὸ πλάτος
καὶ μῆκος καὶ ὕψος καὶ βάθος, und zu erkennen τὴν ὑπερβάλλουσαν
τῆς γνώσεως ἀγάπην τοῦ Χριστοῦ (3, 18f.). Auch beschreibt er wie
Kol (und wohl ihn verwertend) die Würde und das Werk Christi
in der kosmologischen Begrifflichkeit der Gnosis (1, 10. 20–22;
2, 14–16). Sein Thema ist freilich nicht die kosmische Versöhnung,
sondern die Einheit der Kirche und das Verhältnis Christi zu ihr
(2, 11–22; 4, 1–16; vgl. 5, 29–32). Dabei verfügt er über besondere
Weisheit in der Schriftdeutung, indem er aus Ps 68, 19 den Abstieg Christi auf die Erde und seinen siegreichen Aufstieg heraus-
liest (4, 8–10) und das große μυστήριον von Gen 2, 24 auf Christus
und die Ekklesia deutet (5, 31f.).

4. Die Verschiedenheit der theologischen Interessen und Gedanken ist zunächst groß. Ein Maßstab oder eine autoritative Lehr-
instanz fehlt noch, und Richtungen, die später als häretische ausgeschieden werden, haben selbst durchaus das Bewußtsein, christlich zu sein – wie gerade die christliche Gnosis (§ 15, 3). Am Anfang steht der Begriff des G l a u b e n s , der die christliche Gemeinde
von Juden und Heiden unterscheidet (S. 91 f.), nicht der Begriff
der R e c h t g l ä u b i g k e i t , der mit seinem Korrelat, dem Begriff
der I r r l e h r e , erst aus den Differenzen erwächst, die sich innerhalb
der christlichen Gemeinden bilden. Das geschieht der Sache nach
sehr früh, und schon Paulus verflucht die Judaisten, die ein ἕτερον
εὐαγγέλιον bringen, indem sie den bekehrten Heiden das Joch des
Gesetzes auflegen wollen (Gl 1, 6–9). Ebenso kämpft er gegen die
Auferstehungsleugner in Korinth (1. Kr 15) und gegen die gnostisierenden Prediger, die einen ἄλλος Ἰησοῦς verkünden (2. Kr 11, 4).

Wie die Kämpfe mit der Gnosis fortdauern, ist soeben (unter 3) gezeigt worden.

Es ist begreiflich, daß in solchen Kämpfen πίστις sowohl den Sinn der fides quae creditur im Sinne der rechten Lehre gewinnt (S. 92), wie auch, daß πίστις, wenn sie den Sinn der fides qua creditur behält, den rechten Glauben bedeuten kann. In der einen oder in der anderen dieser Bedeutungen muß es gemeint sein, wenn von solchen geredet wird, die περὶ τὴν πίστιν ἐναυάγησαν bzw. ἠστόχησαν (1. Tim 1, 19; 6, 21), die ἀδόκιμοι περὶ τὴν πίστιν sind (2. Tim 3, 8), oder wenn im (fingierten) Blick in die Zukunft von den Irrlehrern gesagt wird: ἀποστήσονταί τινες τῆς πίστεως (1. Tim 4, 1). Die rechte Lehre ist jedenfalls gemeint, wenn der rechte Diener Christi charakterisiert wird als ἐντρεφόμενος τοῖς λόγοις τῆς πίστεως καὶ τῆς καλῆς διδασκαλίας (Hendiad., 1. Tim 4, 6), der rechte Glaube, wenn von den Irrlehrern gesagt wird: ἀνατρέπουσιν τήν τινων πίστιν (2. Tim 2, 18). Tit 1, 13; 2, 2 begegnet die Wendung ὑγιαίνειν τῇ πίστει, was offenbar den Sinn hat „rechtgläubig sein", und so haben die Past auch für die rechte Lehre einen festen Terminus gefunden: ἡ ὑγιαίνουσα διδασκαλία (1. Tim 1, 10; 2. Tim 4, 3; Tit 1, 9; 2, 1; vgl. ὑγιὴς λόγος Tit 2, 9; ὑγιαίνοντες λόγοι 1. Tim 6, 3; 2. Tim 1, 13). Den Sinn „rechte Lehre" enthält πίστις auch Eph 4, 5, wenngleich in dem pathetischen Satze: εἷς κύριος, μία πίστις, ἓν βάπτισμα κτλ. πίστις zunächst offenbar den Sinn von Glaubensbekenntnis hat im Sinne jenes bei der Taufe geschehenden ὁμολογεῖν, von dem Rm 10, 9 redet. Jedoch zeigt das μία, daß der Gegensatz, wie zu andern κύριοι, so auch zu anderen Bekenntnissen vorschwebt und also auch der Gedanke des rechten Bekenntnisses mitgedacht ist. Es ist das gleiche gemeint wie die ἰσότιμος πίστις, die der „Petrus" von 2. Pt 1, 1 und seine Leser gemeinsam empfangen haben. Die rechte Lehre ist jedenfalls die ἅπαξ παραδοθεῖσα τοῖς ἁγίοις πίστις Jud 3 (vgl. Jud 20: ἡ ἁγιωτάτη πίστις; zu παραδ. s. § 54, 1).

Ὁμολογεῖν bedeutet Rm 10, 9 das Ablegen des Taufbekenntnisses, noch ohne daß dabei an das rechte Bekenntnis im Gegensatz zur Irrlehre gedacht ist. In diesem Sinne ist auch Hbr 3, 1; 4, 14; 10, 23 von der ὁμολογία die Rede; hier freilich so, daß zum Festhalten am Bekenntnis gemahnt wird im Gegensatz zur Lässigkeit oder Angst. Diesen Sinn hat ὁμολογεῖν als das Bekenntnis zu Jesus schon Mt 10, 32 und dann auch Joh 9, 22; 12, 42; Herm sim IX 28, 4. 7 (hier auch ὁμολόγησις). Dagegen ist die καλὴ ὁμο-

λογία 1. Tim 6, 12 das rechte Bekenntnis im Gegensatz zur Irrlehre, und ebenso wird ὁμολογεῖν vielfach gebraucht (1. Joh 2, 23;
4, 2: ᾿Ι. Χριστὸν ἐν σαρκὶ ἐληλυθότα; 4, 3. 15: ὅτι ᾿Ιησοῦς ἐστιν
ὁ υἱὸς τ. ϑ.; 2. Joh 7; Ign Sm 5, 2: αὐτὸν σαρκοφόρον; 7, 1; Pol
Phil 7, 1).

So bildet sich eine Terminologie heraus, die Rechtgläubigkeit zu bezeichnen. Bildungen mit ὀρϑός fehlen noch; denn das
ὀρϑοποδεῖν πρὸς τὴν ἀλήϑειαν τοῦ εὐαγγελίου Gl 2, 14 ist eine
rein bildliche Wendung, und das ὀρϑοτομεῖν τὸν λόγον τῆς ἀληϑείας
2. Tim 2, 15 ebenfalls. Im apostolischen und nachapostolischen
Zeitalter begegnen die dem philosophischen Sprachgebrauch an-
gehörigen Wörter ὀρϑόδοξος, ὀρϑοδοξία, ὀρϑοδοξεῖν noch nicht,
wie denn auch δόγμα nur erst in dem allgemeinen Sinn von „Vorschrift", „Satzung", „Weisung" gebraucht wird (Ign Mg 13, 1;
Did 11, 3; Barn 1, 6; 9, 7; 10, 1. 9 f.)[1].

Zur Bezeichnung der Irrlehre, der Ketzerei, bieten sich zunächst Wendungen wie ἑτεροδιδασκαλεῖν (1. Tim 1, 3; 6, 3; Ign
Pol 3, 1; vgl. Gl 1, 6; 2. Kr 11, 4), ἑτεροδοξεῖν (Ign Sm 6, 2),
ἑτεροδοξία (Ign Mg 8, 1); ferner Bildungen mit ψευδ wie ψευδο-
προφήτης (1. Joh 4, 1), ψευδοδιδάσκαλος (2. Pt 2, 1), ψευδοδιδασ-
καλία (Pol Phil 7, 2), ψευδολόγος (1. Tim 4, 2). Αἵρεσις bezeichnet
zunächst eine Schule (Act 5, 17: τῶν Σαδδουκαίων; 15, 4: τῶι
Φαρισαίων; vgl. 26, 5) und kann in diesem Sinne von Nichtchristen auch auf den christlichen Glauben angewendet werden
(Act 24, 5. 14; 28, 22); sodann werden Parteiungen αἱρέσεις genannt (Gl 5, 20; 1. Kr 11, 19). Auch 2. Pt 2, 1 sind die αἱρέσεις
nicht Ketzereien, sondern die durch die ψευδοδιδάσκαλοι hervor-
gerufenen Parteiungen; doch kann der αἱρετικὸς ἄνϑρωπος Tit 3, 10
im Zusammenhang nur der Irrlehrer sein, und αἵρεσις kommt Ign
Eph 6, 2; Tr 6, 1 der Bedeutung „Häresie", die dann in der alten
Kirche üblich wird, mindestens nahe, wenn vielleicht auch nur
„Sekte" gemeint ist.

Daß diejenige Lehre, die sich schließlich in der alten Kirche als die „rechte"
durchsetzte, am Ende der Entwicklung steht bzw. das Ergebnis eines Kampfes zwischen verschiedenen Lehrmeinungen ist, und daß die Häresie nicht,
wie die kirchliche Tradition meint, ein Abfall, eine Entartung ist, sondern am
Anfang schon vorhanden ist, bzw. daß durch den Sieg einer bestimmten Lehre
als der „rechten" die abweichenden Lehren als Häresie verurteilt wurden,
hat W. Bauer gezeigt und dabei wahrscheinlich gemacht, daß in diesem

---

[1] Vgl. die Artikel „Dogma" von Ranft und von Fascher in RAC III
1257–1260 und IV 1–24.

Streit die römische Gemeinde eine maßgebende Rolle gespielt hat. – Nach ihm, doch unabhängig von ihm, hat M. WERNER (a. a. O. bes. S. 126–138) eine ähnliche These verfochten, indem er die Häresie als ein Symptom der großen Krise des nachapostolischen Zeitalters auffaßt, die darin bestehe, daß infolge des Ausbleibens der Parusie ein Chaos von Lehrmeinungen entstanden sei. Da man an der Überlieferung festhalten wollte, sie nun aber umdeuten mußte, sei eine Fülle von Versuchen der Neuorientierung hervorgerufen worden. ,,Durch die dauernde Parusieverzögerung wird die innere eschatologische Logik, der beherrschende Sinnzusammenhang der überlieferten apostolisch-paulinischen Lehre von Christus und von der Erlösung zerbrochen und damit verlieren die einzelnen Glaubenssätze und Begriffe ihre Eindeutigkeit" (S. 131 f.). Alle Versuche der Neuorientierung sind ursprünglich ,,Häresien", und so auch das schließlich zur Herrschaft gekommene großkirchliche Christentum; die Großkirche ist nur die erfolgreichste Häresie. – Darin ist die Wirkung des Ausbleibens der Parusie offenbar weit überschätzt. Mag das Ausbleiben auch ein Grund für die Bildung von Häresien sein, so doch jedenfalls nur einer unter anderen. Ja, man müßte dieses Ausbleiben wohl eher eine conditio sine qua non, als einen Grund im positiven Sinne nennen. Denn die Differenzierung der verschiedenen Lehrmeinungen entsteht nicht erst im nachapostolischen Zeitalter, sondern ist schon da zur Zeit des Paulus, der in Galatien, Korinth und sonst gegen ,,Irrlehrer" zu kämpfen hat. Die Motive späterer Häresien sind zum Teil schon im hellenistischen Christentum der apostolischen Zeit vorhanden, als die christliche Botschaft vom Boden der palästinischen Heimat in die Welt des Hellenismus eingedrungen war und die Einflüsse der Mysterien-Religionen, bes. der Gnosis wirksam wurden. Die christliche Gnosis ist nicht das Resultat der enttäuschten Parusie-Erwartung; vielmehr ist umgekehrt, wie schon die Kor-Briefe zeigen, die Verwerfung der realistischen Eschatologie eine Folge des in die christlichen Gemeinden eindringenden gnostischen Denkens.

5. Angesichts der Differenzen der Lehren und des Streites zwischen ihnen mußte die Frage nach der die ,,rechte" Lehre begründenden Autorität gestellt werden. Aber auf wen konnte man sich jeweils für seine Meinung berufen? Etwa auf den Kyrios selbst? Die Berufung auf eine unmittelbar vom Herrn oder vom Geist geschenkte Offenbarung konnte das Problem nur noch empfindlicher, die Verlegenheit nur noch größer machen. In dieser Situation konnten nur Herrenworte Autorität beanspruchen, deren Zuverlässigkeit, als Worte des historischen Jesus oder auch des Auferstandenen, als verbürgt gelten konnte; d. h. aber: die faktischen Autoritäten konnten nur die Personen sein, die Träger zuverlässiger Überlieferung waren, also in erster Linie die Apostel. Wenn Serapion (um 200) sagt: ,,Die Apostel nehmen wir an wie den Herrn", so spricht er nur aus, was längst selbstverständlich war. Im Apostelbegriff war schon längst das Moment der Tradition das bestimmende geworden (§ 52, 3). An die διδαχή τῶν ἀποστόλων

hielt sich nach Act 2, 42 die Urgemeinde. An die Worte „der Apostel
unseres Herrn J. Christus" verweist Jud 17 seine Leser gegen die
Irrlehrer; ebenso 2. Pt 3, 2, wo die τῶν ἀποστόλων ὑμῶν ἐντολή
neben die kanonische Autorität der alttest. Propheten tritt. Wie
sich in der Person der Apostel die Autorität des Herrn konzentriert,
zeigt die Neben- bzw. Zusammenordnung der Apostel mit dem
Kyrios 1. Klem 42, 1f.; Ign Mg 7, 1; 13, 1; Polyk Phl 6, 3.

Zu einer unbezweifelten Autorität konnten die Apostel freilich
erst werden, als sie mit dem Entschwinden der ersten Generation
selbst schon der Vergangenheit angehörten und die Kämpfe der
apostolischen Zeit, in denen Paulus gestanden hatte, verklungen
waren. Voraussetzung dafür ist ebenfalls, daß der Aposteltitel auf
die Zwölf beschränkt worden war (§ 52, 3); denn selbstverständlich
konnte man sich nicht mit Erfolg auf einen der früher als ἀπόστολος bezeichneten Missionare berufen. Natürlich berief man sich
auf einzelne Apostel, etwa Petrus oder Paulus (vgl. z. B. Ign Rm
4, 3), nicht als auf individuell ausgeprägte und bedeutsame Personen, sondern als auf unbezweifelbare Autoritäten, deren individuelle Verschiedenheiten nicht in Frage kommen. Die apostolische Autorität ist im Grunde die Autorität des Zwölferkollegiums,
dem nur Paulus gleichgerechnet wird; charakteristisch ist es, daß
die erste Sittenlehre und Gemeindeordnung unter den Titel Διδαχὴ
τῶν δώδεκα ἀποστόλων gestellt wurde.

Aber wie stellte sich nun diese apostolische Autorität konkret
dar, nachdem die Zwölf und Paulus nicht mehr lebten? Es konnte
nicht genügen, sich auf die mündliche Überlieferung, durch die die
Worte der Apostel bis auf die jeweilige Gegenwart gekommen seien,
zu berufen. Wohl konnte man zunächst noch Apostelschüler und
sog. „Älteste" nennen, die noch mit den Aposteln oder wenigstens
mit ihren Schülern (wirklich oder angeblich) verkehrt hatten (Papias, Clemens Al.). Aber daß das eine unsichere Sache war, zeigt
sich gerade im Kampf mit der Gnosis; denn auch diese beruft sich
auf mündliche Überlieferung, auf die ἀποστολικὴ παράδοσις ἣν ἐκ
διαδοχῆς καὶ ἡμεῖς παρειλήφαμεν (Ptolem. ad Floram 10, 5). Und
gerade die Gnosis macht die mündliche παράδοσις suspekt.

Aber hier gab es einen Ausweg, wenn man Personen als autorisierte Träger der Überlieferung nennen konnte, und man konnte
es: diese Personen waren die Gemeindebeamten, die Bischöfe,
von denen man überzeugt war, daß ihre Einsetzung auf die Apostel

zurückging (S.459).   Sie repräsentieren die legitime διαδοχή [1]. Die
Rede des „Paulus" an die ephesinischen Presbyter (Act 20, 18 ff.)
und ebenso die Past und Ign zeigen, welche Bedeutung das Gemeindeamt als Träger und Garant der apostolischen Tradition im
Kampf um die rechte Lehre gewinnt; seine Bedeutung ist vollends
sichergestellt erst mit der Festigung des monarchischen Episkopats.

Die apostolische Autorität lebt aber auch in der schriftlichen
Überlieferung weiter, deren Gewicht um so größer werden
mußte, als die mündliche παράδοσις durch die Gnostiker diskredi-
tiert wurde und immer mehr verwilderte, wie durch Papias und
die apokryphen Evangelien und Akten bezeugt wird. Um die
Mitte des 2. Jahrhunderts gelten schriftlich überlieferte Herrenworte schon als γραφή (2. Klem 2, 4); durch Justin ist die Vorlesung von Evangelien im Gottesdienst bezeugt (Apol. I 67).
Die Apk setzt voraus, daß sie der Gemeinde vorgelesen wird
(1, 3). Aber für die Paulus-Briefe war ja schon längst die Vorlesung im Gottesdienst selbstverständlich gewesen (1. Th 5, 27;
Kol 4, 16); sie sind schon früh von den Gemeinden, an die sie gerichtet waren, ausgetauscht worden, und schon ziemlich früh muß
es Sammlungen der paulinischen Briefe gegeben haben. 1. Klem 47
verweist seine Leser auf Paulus und seinen ersten Brief an die
Korinther. Für Ign ist Paulus selbstverständliche Autorität wie für
Polyk. Jak 2, 14–26; 2. Pt 3, 15f. bezeugen, daß seine Briefe viel
gelesen wurden. Der Bedeutung des apostolischen Schrifttums ist es
auch zu verdanken, daß Paulus, obwohl er nicht zu den Zwölfen
gehörte, doch als Apostel, ja schließlich als ὁ ἀπόστολος galt. In
seinen echten Briefen hatte die Gemeinde wirklich apostolische
Schriften, und wie sehr sie deren bedurfte, zeigt die deuteropaulinische Literatur, die unter seinen Namen gestellt wurde: 2. Th,
Kol und Eph sowie die Past, aber ebenso Schriften, denen der
Name anderer Apostel aufgeheftet wurde, sei es, daß sie unter solchen Pseudonymen publiziert wurden wie die Pt-Briefe und Jud,
denen natürlich Jak, als durch den Herrenbruder verfaßt, gleichgerechnet werden konnte, – sei es, daß solche Schriften nachträglich
Aposteln zugeschrieben wurden, wie die ursprünglich anonymen
Joh-Briefe und Hbr, und die Apk, deren Verf. den Namen Johannes
trug. Selbstverständlich mußten dann auch die im kirchlichen Ge-

---

[1] Dieser Terminus erscheint erst bei Hegesipp (Eus., Hist. eccl. IV 22, 3)
und Irenaeus I 27, 1. Jedoch διαδέχεσθαι in diesem Sinne schon 1. Klem 44, 2.

brauch befindlichen Evangelien Aposteln (Mt, Joh) oder Apostel-schülern (Mk, Lk) zugeschrieben werden und damit auch Act. Die hier wirksame Tendenz wird schließlich dadurch bezeugt, daß eine Διδαχή τῶν δώδεκα ἀποστόλων geschrieben werden konnte.

Das Problem war nun aber die Auswahl derjenigen Schriften, die als apostolische gelten konnten, aus der anwachsenden literari-schen Produktion. Der geschichtliche Prozeß mußte zur Bildung eines neuen Kanons führen, der neben den Kanon der alttest. Schriften trat. Die einzelnen Stadien dieses Prozesses können im Rahmen einer Theologie des NT nicht beschrieben werden.

Die Hauptfragen, die hier nicht zu beantworten sind, sind die folgenden: Wie kam es dazu, daß vier Evangelien in den Kanon aufgenommen wurden, und daß die Versuche, die Vielzahl auf die Einzahl zu reduzieren entweder durch die Anerkennung nur eines einzigen (Lk durch Marcion, Mt durch die Ebioniten), oder durch die Herstellung einer Evangelienharmonie (Tatian), nicht zum Siege gelangten? Wie kam es zur Abgrenzung des Apostelteiles, und warum erlangten umstrittene Schriften wie Hbr und Apk doch kanoni-sche Geltung, während andere wie 1. Klem, Barn und Herm ausgeschieden wurden? Wieweit fiel bei solchen Entscheidungen die Gewöhnung der Ge-meinden an einzelne Schriften ins Gewicht, wieweit spielten sachliche Kri-terien eine Rolle? – wie das letztere der Fall war bei der Ausscheidung des Pt-Evg, von dem der Bischof Serapion feststellte, daß es als gnostisch ver-worfen werden müßte.

Wesentlich ist, daß bei der Feststellung dessen, was für die Kirche als autoritative apostolische Überlieferung zu gelten hat, das Bi-schofsamt und das Gewicht der schriftlichen Tradition zusammen-wirkten. Die Autorität des Amtes gab schließlich den Ausschlag, indem für die griechische Kirche der 39. Osterfestbrief des Atha-nasius (367) den Umfang des NT endgültig auf 27 Schriften fest-legte und im Westen diese Entscheidung durch den Papst Inno-zenz I. (405) Anerkennung erlangte.

Die Einheit der Lehre ist durch den Kanon gesichert wor-den und nicht durch eine normative Dogmatik. Das besagt aber: diese Einheit ist eine nur relative. Das konnte natür-lich auch nicht dadurch geändert werden, daß es tradierte Be-kenntnisformulierungen gab, die neben dem Kanon zur Siche-rung der Einheit der Lehre beitrugen (Cullmann). Denn tatsäch-lich spiegelt der Kanon eine Mannigfaltigkeit von Auffassungen des christlichen Glaubens bzw. seines Gegenstandes wider. Daher wird die innere Einheit zur Frage; sie kommt jedenfalls nicht in der Einheitlichkeit dogmatisch formulierter Sätze zur Erscheinung. Neben den Synoptikern, die schon untereinander Unterschiede zeigen, steht Joh, und neben den Evangelien insgesamt steht Paulus; neben ihm einerseits Hbr, andrerseits Jak! Die Variationen brauchten nicht als Gegensätze empfunden zu werden und wurden es auch zunächst nur in Grenzfällen wie hinsichtlich der Frage, ob Hbr und Apk zum Kanon gehören sollen. Aber im Lauf der Geschichte mußten sich doch die Verschiedenheiten als Gegensätze auswirken, und wenn sich schließlich die verschiedenen christlichen Konfessionen und Sekten alle auf den Kanon berufen, so ist das nur möglich, weil in jeder von ihnen eines der verschiedenen Motive, die in den kanonischen Schriften enthalten sind, zum beherrschenden geworden ist. So trifft das Urteil zu: ,,Der neutest. Kanon begründet als solcher nicht die Einheit der Kirche. Er begründet als solcher, d. h. in seiner dem Historiker zugänglichen Vorfindlichkeit, dagegen die Vielzahl der Konfessionen" (Käsemann).

§ 56. MOTIVE UND TYPEN

LINDEMANN, A., Paulus im ältesten Christentum. Das Bild des Apostels und die Rezeption der paulinischen Theologie in der frühchristlichen Literatur bis Marcion, 1979. – Zu 1 u. 4: VIELHAUER, PH., Geschichte der urchristlichen Literatur, (1975) [2]1978, 613–692. – Les Actes apocryphes des apôtres: Christianisme et monde paiens, éd. F. BOVON, 1981. – Zu 2: THYEN, H., Der Stil der jüdisch-hellenistischen Homilie, 1955. – MÜLLER, K., Art. Apokalyptik/Apokalypsen. III. Die jüdische Apokalyptik. Anfänge und Merkmale, TRE, III, 1978, 202–251. – Zu 4: HEGERMANN, H., Die Vorstellung vom Schöpfungsmittler im hellenistischen Judentum und Urchristentum, 1961. – FISCHER, K. M., Tendenz und Absicht des Epheserbriefes, 1973.

Bevor dargestellt wird, welche Themen das Erkenntnisverlangen beschäftigen, empfiehlt sich ein Blick auf die verschiedenen Motive, die das theologische Denken bestimmen, und die verschiedenen Typen, in denen sie Gestalt gewinnen.

1. Eine besondere Wirkung geht von den paulinischen Briefen aus. Auf die Redaktion der Evangelien hat die Theologie des Paulus freilich keinen Einfluß gehabt. Der Paulinismus, den man gelegentlich in Mk zu finden meinte, beschränkt sich auf Gedanken, die gemeinsames Gut des hellenistischen Christentums sind. Aber auch in Lk finden sich keine spezifisch paulinischen Ge-

danken. Mt kommt überhaupt nicht in Frage, und Joh ist ebensowenig von Paulus abhängig; höchstens daß in der Antithese *νόμος* –
χάρις paulinische Terminologie nachklingt (§ 41, 2). Einige Nachklänge an die paulinische Rechtfertigungslehre finden sich in Act
(13, 38 f.; 15, 8–10). Der Verf. der Act hat jedoch nicht daran gedacht, die paulinischen Briefe für seine Darstellung fruchtbar zu
machen. Von den apostolischen Vätern zeigen 1. Klem, Ign und
Polyk den Einfluß des Paulus.

Der Wirkung der paulinischen Briefe ist es – mindestens zum
großen Teile – zu verdanken, daß die Briefform eine beherrschende
Rolle in der altchristlichen Literatur spielt. Es werden Briefe geschrieben nicht nur nach dem Vorbild des Paulus (bes. Ign.), sondern auch unter seinem Namen, so daß man von einer paulinischen
Schule sprechen kann, zu der 2. Th, Kol und Eph und in einigem
Abstand die Past gehören (s. S. 492). Aber auch 1. Pt, der nicht
unter den Namen des Paulus gestellt wurde, gehört hierher, während die übrigen „katholischen" Briefe nicht von der paulinischen
Theologie beeinflußt sind, sondern nur zeigen, daß die Briefform
üblich geworden war. Besonders charakteristisch ist es, daß der
als 1. Joh betitelte Traktat in seinem Eingang (1, 1–4) und seinem
vermutlich ursprünglichen Schluß (5, 13)[1] den Briefstil geistreich
imitiert. Die als Hebr bezeichnete Abhandlung ist mit einem
Schluß versehen worden, der dem Schreiben nachträglich den An-
schein verleiht, ein Brief zu sein (13, 18–25). Spätere Fälschungen
wie der armenisch und lateinisch überlieferte 3. Korintherbrief
und der in lateinischen Bibelhandschriften überlieferte Laodizener-
brief, ebenso der Briefwechsel zwischen Paulus und Seneca und die
koptisch und äthiopisch erhaltene Epistula Apostolorum (in Briefform gefaßte Gespräche Jesu mit seinen Jüngern nach der Auferstehung) bezeugen weiterhin den fortwirkenden Einfluß der paulinischen Briefe.

2. Die ja auch bei Paulus selbst wirksame Tradition der
hellenistischen Synagoge gewinnt in den Past stärkeren Einfluß. Er ist auch bei Lk und in den Act zu bemerken. Ein bedeut-
sames Dokument des aus der hellenistischen Synagoge herausgewachsenen Christentums ist 1. Klem und ebenso der aus der
römischen Gemeinde stammende Hirt des Hermas. In diesem ist
jüdische Tradition in solchem Maße verarbeitet, daß man sogar –

---

[1] Vgl. R. Bultmann, Die kirchl. Redaktion des ersten Johannesbriefes. In Memoriam Ernst Lohmeyer 1951, 189–201.

nicht ohne Wahrscheinlichkeit – vermutet hat, daß ihm eine jüdische Schrift zugrunde liegt, die christlich redigiert worden ist. Das gleiche gilt für Jak, in dem das spezifisch Christliche auffallend dünn ist. Ein jüdischer Katechismus, die Zwei-Wege-Lehre, ist jedenfalls in Did verarbeitet (1–6; 16, 3–8) und ebenso in Barn (18–20). Wirkt in den genannten Schriften vor allem die homiletische und paränetische Tradition der Synagoge nach, so in Hbr und in Barn 1–17 neben dieser die Tradition der hellenistisch-jüdischen Schrifttheologie, ihrer allegoristischen Exegese (§ 11, 2b u. c). In etwas anderer Weise wirkt die jüdische Schriftgelehrsamkeit bei Mt nach in seinem Weissagungsbeweis und in seiner Auffassung Jesu als des Bringers der messianischen Tora (S. 477).

Vor allem hat die apokalyptische Literatur des Judentums großen Einfluß gehabt. Er ist nicht nur in der ganzen Briefliteratur des NT zu spüren, und hat auch nicht nur zur Einarbeitung apokalyptischer Tradition in Mk 13 und Did 16 geführt, sondern er hat auch die Abfassung einer christlichen Apokalypse, der des Joh, zur Folge gehabt, in der übrigens auch ältere jüdische Tradition verarbeitet worden ist. Als Apokalypse gibt sich auch Herm, bei dem die apokalyptische Form aber im wesentlichen der Rahmen für die paränetischen Ausführungen ist. Jener Einfluß zeigt sich weiter darin, daß jüdische Apokalypsen vom Christentum übernommen und in mehr oder weniger eingreifender Redaktion weiter überliefert wurden. Besonders verhält es sich mit der Petrus-Apokalypse; hier ist neben dem Einfluß der jüdischen Tradition auch derjenige einer in den heidnischen Hellenismus eingedrungenen orientalischen Eschatologie mit ihren Jenseits- und besonders Unterwelts-Vorstellungen wirksam.

3. Zum Teil über den Weg der Synagoge, zum Teil direkt kommt auch die Einwirkung der hellenistischen Popularphilosophie, der Diatribe, mit ihrer natürlichen Theologie und ethischen Paränese zur Geltung wie schon bei Paulus (S. 74 f.). Dieser Einfluß zeigt sich besonders in der Areopagrede des „Paulus" (Act 17, 22–29) und in der Paränese der Past, aber auch bei Jak, vor allem 3, 1–12, und in weitem Umfang in 1. Klem. Zur vollen Wirkung kommt dieser Einfluß dann später bei den Apologeten und in dem sog. Diognet-Brief.

4. Endlich hat sich die auch schon bei Paulus und bei Joh wirksame Tradition gnostischer Mythologie und Begrifflichkeit weiter ausgewirkt, nicht nur darin, daß sich vielfach die

Terminologie des gnostischen Dualismus und seiner Paränese findet (S. 176 f. 178); auch nicht nur darin, daß, wie in Apk und Herm, einzelne Motive gnostischer Mythologie begegnen, sondern vor allem darin, daß zentrale Motive der Christologie, Ekklesiologie und Eschatologie in gnostischer Begrifflichkeit ausgearbeitet wurden, so in Kol, Eph und bei Ign. Gnostischer Einfluß ist außerdem bes. in der Produktion apokrypher Evangelien und Apostelgeschichten wirksam gewesen. Die Grenze zwischen dieser Literatur und solcher, die von der zur Herrschaft gekommenen Richtung als häretisch verworfen wurde, ist zunächst fließend, und es dauerte eine Weile, bis apokryphe Evangelien und Apostelgeschichten, in denen sich gnostische Phantasie ausbreitete, ausgeschieden wurden.

§ 57. THEOLOGIE UND KOSMOLOGIE

DIBELIUS, M., Die Geisterwelt im Glauben des Paulus, 1909. – BULTMANN, R., Bekenntnis- und Liedfragmente im ersten Petrusbrief (1947), in: DERS., Exegetica, 1967, 285–297. – LINDESKOG, G., Studien zum neutestamentlichen Schöpfungsgedanken I, 1952. – HEGERMANN, H., Die Vorstellung vom Schöpfungsmittler im hellenistischen Judentum und Urchristentum, 1961. – ERNST, J., Die eschatologischen Gegenspieler in den Schriften des Neuen Testaments, 1967. – VÖGTLE, A., Das Neue Testament und die Zukunft des Kosmos, 1970. – LÄHNEMANN, J., Der Kolosserbrief..., 1971. – STECK, O. H., Welt und Umwelt, 1978 (bes. 173–225).

Vorbemerkung

Es ist charakteristisch, daß das theologische Denken auch in der nachapostolischen Zeit nicht durch das Streben nach einem dogmatischen System geleitet ist, sondern durch konkrete Anlässe bestimmt wird. Infolgedessen treten manche Themen, die einer späteren Zeit wichtig werden, nicht in den Bereich der Reflexion, und manche aus der Tradition übernommenen Gedanken werden als undiskutierte Voraussetzungen nicht ausdrücklich expliziert. Es ist deshalb auch nicht zweckmäßig, eine Übersicht über die theologischen Gedanken des NT in der Form einer Dogmatik, gegliedert etwa nach traditionellen Loci, zu geben. Die Themen verschlingen sich. Da sie so gut wie alle in dem zentralen Thema der Christologie anklingen, und da die christologischen Gedanken nicht als freie Spekulation, sondern im Interesse der Soteriologie entwickelt werden, dürfte es das Richtige sein, die Darstellung wesentlich als eine solche der Christologie und Soteriologie zu geben. Da jedoch im Hintergrund aller Gedanken der Gottesgedanke steht, empfiehlt es sich, eine Darstellung der Theologie im engeren Sinne vorauszuschicken. Da ferner die Theologie ebensowenig wie die Christologie spekulativ entwickelt wird, sondern da von Gott nur in seinem Verhältnis zur Welt die Rede ist, wird das erste Thema das der Theologie und Kosmologie sein müssen. Dabei wird sich die Verschlingung der Themen darin geltend machen, daß sich Theologie und Kosmologie nicht ohne Berücksichtigung bestimmter christologischer Gedanken darstellen lassen.

Wenn hier und im Folgenden auch die Literatur der sog. apostolischen Väter besonders reichlich herangezogen wird, so ist das Interesse dabei nicht dasjenige, die historische Entwicklung als solche zu zeichnen, sondern im Blick auf sie die Motive der neutestamentlichen Gedankenbildung und ihre innere Problematik deutlich zu machen. Je umfassender die Entwicklung in den Blick gefaßt wird, desto mehr Licht fällt auf das NT selbst.

1. Wohl wird dem heidnischen Polytheismus gegenüber immer wieder betont, daß nur Einer Gott sei (S. 71 f.); aber das Bedürfnis, dem skeptischen Zweifel oder dem Atheismus zu beweisen, daß dieser Gott sei, ist noch nicht vorhanden. Im ganzen herrscht in der Rede von Gott die alttest.-jüdische Tradition: Gott ist der Schöpfer und Herr der Welt; er ist der Richter, vor dessen Gericht sich jeder einst verantworten muß (S. 73 u. 77–79), aber auch der Vater Jesu Christi. So wird er gepriesen in Liedern, die aus dem christlichen Kult stammen oder nach dem Muster kultischer Lieder gedichtet sind (Apk 4, 8. 11; 5, 13; 15, 3 f.; Herm vis I 3, 4; vgl. 1. Klem 33, 2 f.). Eschatologische Hymnen, die Gottes Erlösertat antizipierend besingen, liegen Lk 1, 46–55. 67–79 und vielleicht auch Apk 11, 15. 17 f. zugrunde. Daneben werden, wie schon bei Paulus, Gedanken der natürlichen Theologie der Stoa fruchtbar gemacht, um den Ursprung der Welt aus Gott und sein Weltregiment zu beschreiben (S. 74). Beide Motive finden sich miteinander wie in der Areopagrede (Act 17, 24–29), so z. B. 1. Klem 33, 3. Überhaupt wird die natürliche Theologie nie als solche entwickelt, etwa im Interesse einer Theodizee; ihre Gedanken sind immer nur gelegentlich verwertet. So steht der Hinweis auf die göttliche διοίκησις 1. Klem 20 im Dienste der Mahnung zu Frieden und Eintracht, und 1. Klem 24 muß der Hinweis auf die πρόνοια Gottes, die sich im regelmäßigen Lauf der Natur bekundet, dazu dienen, den Auferstehungsglauben zu begründen.

Das Bedürfnis nach einer Theodizee wird nicht empfunden; denn dem Problem des Leidens gegenüber ist immer eine doppelte Antwort möglich. Entweder kann man es, ganz im Sinne der alttest.-jüdischen Tradition, als Strafe für die Sünde und damit als ein Züchtigungsmittel Gottes auffassen (Hbr 12, 4–11; Herm sim VI 3–5; VII), bzw. als Prüfung (Jak 1, 2 f.; 1. Pt 1, 6 f.; 2. Klem 19, 3 f.). Oder man kann alles Übel auf den Satan und die Dämonen oder auf dämonische kosmische Mächte zurückführen, und auch damit kann sich der Gedanke der Prüfung – des eschatologischen πειρασμός – verbinden (z. B. Apk 2, 10; 3, 10). Die Leiden, und zumal die Leiden der Verfolgung (Apk und 1. Pt), sind die Prüfungen der Endzeit, in denen sich der Glaube zu bewähren hat; sie dauern nur kurz, und so können sie gerade dazu dienen, die Hoffnung zu stärken (1. Pt 1, 6 f.; 4, 12–19; 5, 10; Did 16, 5). Dazu kann der spezifisch christliche Gedanke treten, daß das Leiden in die Gemeinschaft mit Christus führt (1. Pt 2, 20 f.; 4, 13). Freilich wird die Tiefe des paulinischen Gedankens (S. 350 ff.) nicht wieder erreicht; es bleibt im wesentlichen bei der Vorstellung des leidenden Christus als eines Vorbildes (1. Pt 2, 21; 3, 18; 4, 1; Hbr 12, 1 f.; Ign Eph 10, 2 f.; Pol Phl 8, 1 f.).

Ein theoretisches Interesse an der allgemeinen Beziehung Gottes zur Welt, abgesehen von der heilsgeschichtlichen, besteht noch nicht, und der später von den Apologeten aufgegriffene stoische Logosgedanke wird noch nicht fruchtbar gemacht, um das Verhältnis des transzendenten Gottes zur Welt zu erklären, auch von Joh nicht, denn der Logos seines Prologs stammt nicht aus der philosophischen, sondern aus der mythologischen Tradition und steht nicht im Dienste des kosmologischen Interesses (S. 417). Das gilt auch von den Engeln, die nach alttest.-jüdischer Tradition gleichsam den Hofstaat Gottes bilden (Hbr 1, 4 ff.; 12, 22; 2. Th 1, 7; 1. Tim 5, 21; Apk 5, 11; 7, 11; 1. Klem 34, 5; Herm vis II 2, 7; sim V 6, 4. 7). Durch sie ließ Gott einst das Gesetz verkündigen (Act 7, 53; Hbr 2, 2); sie bringen hilfreich den Seinen Schutz und Weisung (Act 5, 19; 8, 26; 12, 7; 27, 23); sie vermitteln auch speziell Offenbarung (Apk 1, 1; 22, 6. 16; Herm mand XI 9 und passim). Herm kennt nicht nur einen Engel der μετάνοια (vis V 7 usw.), der δικαιοσύνη (mand VI 2, 1 ff.), sondern auch einen über die Tiere gesetzten Engel (vis IV 2, 4) und natürlich auch Michael als den über das Volk Gottes herrschenden Engel (sim VIII 3, 3). Durch Engel läßt Gott auch Strafgerichte vollziehen (Act 12, 23; Herm sim VI 3, 2; VII 1 f. 6), und Engel sind es, die in Apk die einzelnen Akte des eschatologischen Geschehens in Gang bringen (5–20). Sie sind Diener Gottes, und ihnen darf keine Verehrung erwiesen werden (Apk 19, 10; 22, 8 f.). Es gibt freilich auch Engel, die nicht im Dienste Gottes stehen, sondern böse sind (Barn 9, 4; 18, 1; Herm mand VI 2, 1 ff.). Es ist aber von Engeln in noch ganz

anderem Sinne die Rede, nämlich von kosmischen Engelgestalten, die nicht der genuinen alttest.-jüdischen, sondern der
gnostischen entstammen. Es sind die auch bei Paulus schon begegnenden ἄγγελοι, ἀρχαί, ἐξουσίαι und δυνάμεις (S. 176 f.), zu
denen auch die ἄρχοντες τοῦ αἰῶνος τούτου (1. Kr 2, 6. 8) und die
θρόνοι und κυριότητες (Kol 1, 16; Eph 1, 21) gehören. Auch solche
Gestalten waren wie andere gnostische Motive schon von der jüdischen Apokalyptik aufgenommen worden, deren Eschatologie ja
überhaupt durch kosmologische Spekulation geformt worden ist
(S. 175).

Alle solche Gestalten, mögen sie aus der jüdischen Apokalyptik
oder aus gnostischer Tradition übernommen sein, und mögen sie
auch ihren etwaigen kosmologischen Sinn nicht ganz abgestreift
haben, sind doch dem heilsgeschichtlichen Verständnis
des Verhältnisses von Gott und Welt dienstbar gemacht
worden. Konsequent gedacht, würde durch sie – wie die radikale
Gnosis erkannt hat – der Schöpfungsgedanke in Frage gestellt
werden. Denn die Äonen- und Satansvorstellung wie die Anschauung von den kosmischen Weltregenten entstammen ja der Mythologie eines dualistischen Weltverständnisses. Es wird sich auch nicht
leugnen lassen, daß der Schöpfungsglaube durch die Aufnahme solcher dualistischen Vorstellungen verdunkelt worden ist; er ist aber
– außer in der radikalen Gnosis – nicht in Frage gestellt worden.

Auch die Gestalt des Teufels, die ihren Ursprung im mythologischen
Dualismus der iranischen Religion hat, ist, wie im Judentum, nicht zum Vertreter eines der göttlichen Lichtwelt entgegengesetzten kosmischen Prinzips
geworden, sondern zu einem inferioren Gegner Gottes, dessen verführerische
und verderbliche Macht allerdings eine stets drohende Gefahr ist. Für Paulus war der Satan wesentlich der Versucher (S. 259). Aber wie auch Paulus
gelegentlich die Vereitelung seiner Absichten auf ihn zurückführen konnte
(1. Th 2, 18), so gilt in der Folgezeit der Teufel als der Anstifter alles Bösen.
Er geht wie ein brüllender Löwe einher und sucht, wen er verschlingen kann
(1. Pt 5, 8). Er ist der τὸ κράτος ἔχων τοῦ θανάτου (Hbr 2, 14). Er ist der
Gegenspieler Christi, der den ganzen Erdkreis verwirrt (Apk 12, 9), und er
steckt auch hinter dem geheimnisvollen Antichristen (2. Th 2, 9) und hinter
dem „Tier" und dem Lügenpropheten von Apk 13, 2. 4. Er ist vor allem der
Anstifter zur Sünde. Wie er einst den Judas verführt hat (Lk 22, 3; Joh 13, 27
s. auch S. 369), so ist er auch jetzt der Verführer (Act 5, 3; 1. Tim 5, 15; Ign
Eph 10, 3; 8, 1; Herm mand IV 3, 4. 6; V 1, 3 usw.). Es gilt, ihm im Glauben
zu widerstehen (1. Pt 5, 9; Eph 4, 14; 6, 11; Jak 4, 7) und sich zu hüten, daß
man nicht in seine Schlinge fällt (1. Tim 3, 6 f.; vgl. 6, 9). Ein menschlicher
Verführer kann „Sohn des Teufels" gescholten werden (Act 13, 10). Als Verführer zum Abfall steckt er auch hinter den Verfolgungen (1. Pt 5, 8 f.; Apk

2, 10; Ign Rm 5, 3). Natürlich ist er es auch, der die Irrlehrer verführt (2. Tim 2, 26; Pol Phil 7, 1). Der heidnische Tempel (des Zeus? des Augustus und der Roma?) in Pergamon ist sein Thron (Apk 2, 13), und selbst die jüdische Synagoge kann als die συναγωγή τοῦ σατανᾶ charakterisiert werden (Apk 2, 9). Charakteristisch ist es, daß nach Ign die Separation vom Bischof Teufelsdienst ist (Sm 9, 1), und daß die kultische Einheit der Gemeinde die Macht des Teufels bricht (Eph 13, 1). Weil der, der ihm verfallen ist, sich damit das Gericht zuzieht, kann seine „Schlinge" auch sein „Gericht" heißen (1. Tim 3, 6) und kann „Paulus" die Irrlehrer dem Satan übergeben (1. Tim 1, 20). Sein Ende ist freilich gewiß (Apk 20, 2. 10).

Auch in der Apk, in der die Vorstellungen der apokalyptischen Mythologie die größte Rolle spielen, bleibt doch Gott der παντοκράτωρ (9mal in Apk, sonst im NT nur [2. Kr 6, 18] einmal). Gleich im Anfang heißt es: ἐγώ εἰμι τὸ ἄλφα καὶ τὸ ὦ, λέγει κύριος ὁ θεός, ὁ ὢν καὶ ὁ ἦν καὶ ὁ ἐρχόμενος, ὁ παντοκράτωρ (1, 8). Der Satan und seine dämonischen Helfershelfer können deshalb nur die Rolle spielen, die Gott ihnen im eschatologischen Drama zugewiesen hat. Durch einen himmlischen Akt wie die Öffnung des Schicksalsbuches (6, 1ff.), das Blasen der sieben Posaunen (8, 7ff.), das Ausgießen der sieben Schalen (16, 1ff.), durch den Ruf ἔρχου (6, 1), durch den Befehl eines Engels (7, 2; 10, 1ff.; 14, 15. 18; 19, 17) wird den dämonischen Mächten gleichsam das Signal gegeben, mit ihrem Wüten zu beginnen; und ihre Unselbständigkeit wird wiederholt durch das ἐδόθη αὐτοῖς (bzw. αὐτῷ) ἐξουσία hervorgehoben (6, 8; 9, 3; 13, 5. 7; vgl. 9, 11) oder auch durch das bloße ἐδόθη (6, 4; 7, 2; 9, 5; 13, 7. 14f.).

2. Es gab indessen Kreise, in denen kosmische Engelgestalten eine andere Rolle spielten. Freilich sind das NT und die apostolischen Väter frei von der radikalen Gnosis, die die Erschaffung der Welt Gott abspricht und sie einem ihm untergeordneten oder gar gottfeindlichen Demiurgen zuschreibt (S. 112), auch in der maßvollen Form des Ptolemaios (S. 115). Aber wenn 1. Joh 1, 5 betont, daß Gott reines Licht ohne Finsternis ist, so dürfte das eine Polemik gegen ein gnostisierendes Christentum sein, in dem der Schöpfungsgedanke zugunsten des Emanationsgedankens preisgegeben ist. Denn wenn sich diesem zufolge die niedere Welt der Finsternis in einer Stufenfolge aus der Lichtwelt entwickelt, so muß ja die Finsternis letztlich ihren Ursprung in Gott haben. Das werden die bekämpften Irrlehrer wohl selbst nicht gesagt haben; aber der Verf. sieht, daß es die Konsequenz ihres Denkens ist (S. 173).

Die dualistische Weltbetrachtung konnte mit dem Schöpfungs

glauben auch in der Weise kombiniert werden, daß man einen **Fall
der Schöpfung** annahm, wie es nicht nur die jüdische Apokalyptik sagte (4. Esr 3, 4 ff.; 7, 11 f.; syr Bar 23, 4; 48, 24 f.), sondern andeutend auch Paulus (Rm 8, 20 ff.; S. 177). Indessen spielt
der Fall Adams, zumal seine kosmische Bedeutung, in der altchristlichen Literatur zunächst keine Rolle; nur 1. Tim 2, 14 findet
sich eine Andeutung. Wenn jedoch Kol 1, 20 das Werk Christi
durch ein ἀποκαταλλάξαι τὰ πάντα εἰς αὐτὸν und Eph 1, 10 durch
ein ἀνακεφαλαιώσασϑαι τὰ πάντα ἐν τῷ Χριστῷ charakterisiert
wird, so setzt das voraus, daß vor Christus der Kosmos in Unordnung und Zwietracht geraten war. Hier ist die biblische Tradition verlassen, und gnostische Mythologie ist wirksam. Und zwar
zeigt Kol, daß wie bei Paulus und Joh einerseits gnostische Motive
aufgenommen, andrerseits gnostische Lehren bekämpft werden.

Der **Kol-Brief** richtet sich gegen eine Irrlehre, die offenbar
Spekulationen eines synkretistischen, nämlich gnostisch beein-
flußten Judentums mit dem christlichen Glauben verbindet. Hier
wird die Würde und das Werk Christi beeinträchtigt durch die Verehrung kosmischer Mächte, die wie Gl 4, 3. 9 στοιχεῖα τοῦ κόσμου
(2, 8), ἄγγελοι (2, 18), ἀρχαί und ἐξουσίαι (2, 10. 15) heißen. Der
Verf. gibt zwar keine ausführliche Beschreibung dieser στοιχεῖα-
Lehre. Aber wenn er – einen überlieferten Hymnus zitierend
(S. 486, A. 2) – die kosmische Stellung Christi beschreibt (1, 15–20),
in dem alle kosmischen Mächte ihren Ursprung und Bestand haben, und wenn er den στοιχεῖα Christus gegenüberstellt als den,
in dem κατοικεῖ πᾶν τὸ πλήρωμα τῆς ϑεότητος σωματικῶς (2, 9),
so müssen die Irrlehrer den kosmischen Mächten irgendwelche
Teilhabe an der – nach der Ansicht des Verf. – Christus allein inne-
wohnenden Göttlichkeit zugeschrieben haben, bzw. ihnen einen
Teil der Herrschaft übertragen haben, die Christus allein gebührt.
Es scheint, daß sie die Engelmächte kultisch verehrt haben (2, 18);
jedenfalls dienen sie ihnen in der Unterwerfung unter ihre δόγματα,
d. h. bestimmte rituelle oder asketische Forderungen (2, 16. 20 f.).
Daher erinnert der Verf., der solche Vorschriften (vielleicht mit
Recht) mit alttest. Gesetzesgeboten gleichsetzt, daran, daß Christus
das Gesetz (τὸ καϑ’ ἡμῶν χειρόγραφον τοῖς δόγμασιν) beseitigt, über
die Engelmächte triumphiert und sie entmächtigt hat (2, 9–15).

Nun steht es nicht so, daß der Verf. von Kol das Vorhandensein
dieser kosmischen Mächte bestritte. Sie gehören zur Gesamtheit
des Kosmos, dessen Gefüge als das σῶμα Χριστοῦ verstanden ist,

dessen κεφαλή Christus ist. Eben das sagt jener Hymnus 1, 15–20
und sagt jener Satz 2, 9, daß in Christus als ihrem Leibe die Fülle
der Gottheit wohnt. Wenn der Verf. das σῶμα Χριστοῦ als die
ἐκκλησία deutet (1, 18), so ist diese als eine über die empirische
Gemeinde hinausgreifende kosmische Größe aufgefaßt, zu der dann
auch jene Engelmächte gehören. Christus ist, indem er das Haupt
der Kirche ist, zugleich die κεφαλὴ πάσης ἀρχῆς καὶ ἐξουσίας (2, 10).
Es ist klar, daß hier – schon in der christlichen Redaktion jenes
Hymnus [1] und dann beim Verf. selbst – eine mythologische Kosmologie rezipiert worden ist, um die Gestalt und das Werk Christi
in umfassender Weise zu beschreiben; und das Bemühen ist deutlich, die kosmologische Begrifflichkeit mit der traditionell-christ-
lichen zu kombinieren. Das kosmische Versöhnungswerk Christi ist
zugleich die Versöhnung, die durch das Kreuz Christi gestiftet worden ist, und kraft derer die einstigen Feinde Gottes, die in Sünden
versunkene Heidenwelt, mit Gott versöhnt worden sind (1, 21 f.).
Wenn der Irrlehrer charakterisiert wird als einer, „der nicht festhält am Haupt, von dem der ganze Leib, durch Bänder und Sehnen
versorgt und zusammengehalten, heranwächst in Gottes Wachs-
tum" (2, 19), so dient die Begrifflichkeit des Mythos, der den Kosmos als ein organisches Gebilde auffaßt, dazu, das Verhältnis des
Glaubenden zu Christus zu beschreiben. Faktisch ist mit der in
dieser Charakterisierung enthaltenen Mahnung zum κρατεῖν τὴν
κεφαλήν nichts anderes gesagt als das, was dann in paulinischer
Begrifflichkeit gesagt wird: „Wenn ihr nun mit Christus auferweckt
wurdet, so strebt nach dem, was droben ist, wo Christus ist, sitzend
zur Rechten Gottes; trachtet nach dem, was droben ist, nicht nach
dem, was auf der Erde ist" (3, 1 f.).

Grundsätzlich nicht anders liegt es im Eph-Brief, wo auch
die kosmologische Begrifflichkeit übernommen ist, nur mit dem
Unterschied, daß hier die Kosmologie konsequenter in die Heilsgeschichte umgedeutet worden ist, wobei sich kosmologische und
heilsgeschichtliche Terminologie oft merkwürdig vermischen (z. B.
2, 11–22). Gegen Irrlehrer hat der Verf. nicht zu kämpfen und
warnt nur gelegentlich vor falschen Lehren (4, 14). Er übernimmt
unbefangen gnostische Begriffe, um das Heilswerk zu beschreiben.
Hat er es zuerst als die durch Christi Blut gestiftete ἀπολύτρωσις
beschrieben, und hat er diese ausdrücklich als die ἄφεσις τῶν

---

[1] Durch die Einleitung V. 12–14, durch Einfügung von τῆς ἐκκλησίας in
V. 18 und von διὰ τοῦ αἵματος τοῦ σταυροῦ αὐτοῦ in V. 20.

παραπτωμάτων definiert (1, 7), so bringt er dann auch den Gedanken von der Versöhnung des Kosmos (1, 10). Aber wo er von diesem Gedanken Gebrauch macht, deutet er ihn als die Vereinigung der Juden und Heiden zur Einheit in einem σῶμα (2, 11–22). Dieses σῶμα besteht aber nicht aus kosmischen Kräften, sondern ist identisch mit der ἐκκλησία (1, 22f.). Dabei verwendet er die gnostische Begrifflichkeit in reicherem Maße als Kol, vor allem den Mythos von der Herabkunft Christi auf die Erde und seiner Auffahrt (4, 8–10 in eigentümlicher Exegese von Ps 68, 19); ebenso den Mythos, daß der auffahrende Christus die Scheidewand niedergerissen hat, die die untere Welt von der oberen trennte (2, 14); er ist bei ihm freilich zum bloßen Bild geworden. Auch das Kol 2, 19 begegnende Bild vom kosmischen Zusammenhang als einem in seinem einheitlichen Gefüge wachsenden Leibe verwendet der Verf., indem er als Ziel des Wachstums die οἰκοδομὴ ἐν ἀγάπῃ bezeichnet (4, 15f.), wobei er das Bild vom wachsenden Leibe mit dem vom Bau unorganisch verbindet (wie erst recht 2, 21f.).

Die kosmischen Mächte erscheinen in Eph nicht als zum Gesamtgefüge des Kosmos gehörige Gestalten, die durch Christus in die Versöhnung des Alls einbezogen sind, sondern nur als feindliche Gewalten. Wenn diese jetzt Christus, dem zur Rechten Gottes Erhöhten, untertan gemacht worden sind (1, 20–22), so wird er (wie Kl 2, 16) als Sieger über sie vorgestellt. Sie gelten aber immer noch als bedrohliche Mächte, und der Verf. hat sie mit dem Teufel kombiniert (6, 11f.). Die Gläubigen sind zwar ihrer Herrschaft, unter der sie einst standen, entnommen (2, 2–6), aber sie haben immer noch den Kampf gegen sie zu führen (6, 10–13). Im Grunde ist dabei alles Mythologisch-Kosmologische preisgegeben; denn faktisch bestand ihre Herrschaft in den Sünden und Begierden des Fleisches (2, 1. 3). Die Rettung aus dieser Herrschaft ist durch das Erbarmen und die Gnade Gottes und durch den Glauben herbeigeführt worden (2, 4. 8) und verwirklicht sich in guten Werken (2, 10). Der Kampf gegen die Mächte wird geführt durch den Glauben, der sich an das Wort Gottes hält, und durch das Gebet; denn darauf läuft die 6, 14–18 geschilderte Waffenrüstung hinaus.

Schon die jüdische Apokalyptik und dann Paulus lassen ein Weltgefühl erkennen, das nicht mehr rein von der Tradition des alttest. Gottes- und Schöpfungsglaubens bestimmt ist, – ein Weltgefühl von Menschen, die sich in einer von unheimlichen Mächten durchwalteten Welt gefangen oder wenigstens fremd und in

Feindesland fühlen. Es ist begreiflich, daß der Dualismus der Gnosis und ihre Mythologie Einfluß gewannen, und daß die Erlösung durch Christus als die Befreiung von den kosmischen Mächten gedeutet wurde. Wenn bei den „Irrlehrern" die gnostischen Gedanken beherrschend wurden, so zeigt die deuteropaulinische Literatur, wie sich die Kraft des Paulus durchsetzte, der die dualistische Mythologie dadurch paralysierte, daß er sie zum Ausdruck des Verständnisses menschlichen Seins als eines geschichtlichen machen konnte (§ 26, bes. 3). Eben das wirkt in Kol und besonders in Eph nach, wenngleich hier die Tiefe der paulinischen Gedanken nicht erreicht wird.

Daß das Heilswerk Christi ein Sieg über die kosmischen Mächte ist, war ja auch ein Gedanke des Paulus gewesen (1. Kr 2, 6–8; 15, 24–26) und hatte auch schon in dem von ihm zitierten Christuslied Phil 2, 10 f. Ausdruck gefunden. Für Paulus ist aber charakteristisch die Vorstellung, daß sich das kosmische Drama – mit der Auferstehung Christi anhebend – zwar in der Gegenwart abspielt, aber keineswegs schon beendet ist. Der Kampf Christi gegen die Mächte erfüllt die Zeit zwischen seiner Auferstehung und Parusie; erst bei dieser wird der letzte Feind, der Tod, vernichtet werden (1. Kr 15, 20–27; S. 348). Das entspricht der Hoffnung der jüdisch-urchristlichen Eschatologie, nach der der Schluß des kosmischen Dramas und der Triumph Gottes und seines Messias noch bevorstehen. Gnostischem Denken dagegen entspricht die Vorstellung, daß die Auferstehung oder – was hier wichtiger ist – die Auffahrt Christi schon der glorreiche Sieg über die kosmischen Mächte ist. Die Formulierung Phil 2, 10 f. läßt unklar, ob die Huldigung der Mächte als schon gegenwärtig oder als noch zukünftig gilt. Aber Kol 2, 15 redet klar von dem schon errungenen Triumph. Diese Vorstellung ist traditionell geworden und hat ihren Ausdruck in einer Reihe von liturgischen Formulierungen oder Liedern gefunden. Das Lied, das 1. Pt 3, 18–22 zugrunde liegt, schloß vermutlich mit den aus V. 19 und V. 22 zu rekonstruierenden Sätzen:

πορευθεὶς (δὲ) εἰς οὐρανὸν ἐκάθισεν ἐν δεξιᾷ θεοῦ
ὑποταγέντων αὐτῷ ἀγγέλων καὶ ἐξουσιῶν καὶ δυνάμεων.

Pol Phil 2, 1 zitiert einen liturgischen Text, der vom Glauben redet:

εἰς τὸν ἐγείραντα τὸν κύριον ἡμῶν ’Ι. Χριστὸν ἐκ νεκρῶν
καὶ δόντα αὐτῷ δόξαν καὶ θρόνον ἐκ δεξιῶν αὐτοῦ,
ᾧ ὑπετάγη τὰ πάντα ἐπουράνια καὶ ἐπίγεια.

Die siegreiche Auffahrt Christi beschreibt auch das hymnische
Fragment, das 1. Tim 3, 16 zitiert ist; denn darauf gehen die Sätze
ὤφθη ἀγγέλοις und ἀνελήμφθη ἐν δόξῃ. Das ὤφθη ἀγγέλοις hat
seine Parallele in dem βλεπόντων τῶν ἐπουρανίων καὶ ἐπιγείων
καὶ ὑποχθονίων (Ign Tr 9, 1), obwohl hier als Gegenstand der
Schau Kreuzigung und Tod genannt sind; denn diese sind als
kosmische Vorgänge gemeint, als welche sie mit der Auferstehung
bzw. Erhöhung eine Einheit bilden. Die im Hintergrund all dieser
Formulierungen liegende Anschauung kommt am ausführlichsten
bei Ign Eph 19 zum Vorschein:

„Und verborgen blieb dem Herrscher dieses Äons die Jungfräulichkeit der
Maria und ihr Gebären; ebenso auch der Tod des Herrn, – drei laut rufende
Geheimnisse, die sich im Schweigen Gottes vollzogen. Wie nun ward es den
Äonen offenbar? Ein Stern erstrahlte am Himmel, alle Sterne überstrahlend,
und sein Licht war unbeschreiblich, und seine Neuheit verursachte Befrem-
den. (Es ist nicht der Stern von Mt 2, 2, vielmehr ist die glänzende Auffahrt
Christi gemeint.) . . . Von da an ward jede Zauberei zunichte und verschwand
jede Fessel; die Unwissenheit der Bosheit ward vertilgt, das alte Regiment
ward vernichtet, da Gott sich in Menschengestalt offenbarte (in der Geburt
Jesu, die der Anfang des kosmischen Geschehens ist) zur Verwirklichung
neuen, ewigen Lebens. Seinen Anfang nahm das, was bei Gott vollbracht
war. Von da an geriet alles in Bewegung, weil es auf die Vernichtung des Todes hinauslief.“ – Hier ist, wie der Schlußsatz zeigt, die Vorstellung von dem
schon errungenen Sieg kombiniert mit derjenigen von der bevorstehenden
Überwindung des Todes, wie sie sonst mit dem traditionellen Satz von Christus als dem Richter, der kommen wird, verbunden ist (1. Pt 4, 5; Pol Phil 2,
1; S. 81).

Wie die kosmischen Gestalten das Denken der Gläubigen be-
schäftigten, zeigt auch Jud 8–11. Hier wird den Irrlehrern vor-
geworfen: σάρκα μὲν μιαίνουσιν, κυριότητα δὲ ἀθετοῦσιν, δόξας δὲ
βλασφημοῦσιν, während der Erzengel Michael nicht einmal den
Teufel zu schmähen wagte. Die andeutende Charakteristik ist nicht
sicher zu deuten; doch ist klar, daß mit κυριότης und δόξαι Engelmächte bezeichnet werden. Vielleicht liegt ein Gegenstück zu den
Irrlehrern von Kol vor. Während diese aus Respekt vor den Engelmächten allerlei rituelle und asketische Forderungen für verbindlich halten, nehmen die Irrlehrer von Jud im Bewußtsein ihrer
Freiheit die entgegengesetzte Haltung ein: sie verachten jene
Mächte und sind Libertinisten. Der Verf., der natürlich nicht zu
den in Kol bekämpften Engelverehrern gehört zu haben braucht,
respektiert aber jedenfalls jene Mächte.

§ 58. CHRISTOLOGIE UND SOTERIOLOGIE

WINDISCH, H., Taufe und Sünde im ältesten Christentum, 1908. – BOUSSET, W., Kyrios Christos, ([2]1921) [5]1965. – CULLMANN, O., Christus und die Zeit, (1946) [3]1962. – DERS., Die Christologie des Neuen Testaments, (1957) [5]1975. – Zu 3: SCHRAGE, W., Ethik des Neuen Testaments, 1982, 231–324. – MERK, O., in: WÜRTHWEIN, E.–MERK, O., Verantwortung, 1982, 152–164.178–183. – KERTELGE, K. (Hrg.), Paulus in den neutestamentlichen Spätschriften, 1981. – Kol.-Eph.: LINDEMANN, A., Die Aufhebung der Zeit..., 1975. – LONA, H. E., Die Eschatologie im Kolosser- und Epheserbrief, 1984. – Hebr.: GRÄSSER, E., Der Glaube im Hebräerbrief, 1965. – ZIMMERMANN, H., Das Bekenntnis der Hoffnung..., 1977. – Past.: BROX, N., Die Pastoralbriefe, [4]1969. – MERK, O., Glaube und Tat in den Pastoralbriefen, ZNW 66, 1975, 91–102. – SCHWARZ, R., Bürgerliches Christentum im Neuen Testament?, 1983. – 1.Petr.: GOPPELT, L., Der Erste Petrusbrief, [(8)1]1978. – BROX, N., Der erste Petrusbrief, 1979. – SCHRÖGER, F., Gemeinde im 1.Petrusbrief, 1981. – Apk.: MÜLLER, U. B., Zur frühchristlichen Theologiegeschichte..., 1976 (bes. 13–52). – LAMBRECHT, J. (éd.), L'Apocalypse johannique et l'Apocalyptique dans le Nouveau Testament, 1980. – Apost. Väter: BULTMANN, R., Ignatius und Paulus (1953), in: DERS., Exegetica, 1967, 400–411. – KNOCH, O., Die Eigenart und Bedeutung der Eschatologie im Aufriß des ersten Clemensbriefes, 1964. – MEINHOLD, P., Studien zu Ignatius von Antiochien, 1979. – WENGST, K., Didache (Apostellehre). Barnabasbrief. Zweiter Klemensbrief. Schrift an Diognet. Eingel., übertr. u. erläutert v. K. WENGST, Schriften des Urchristentums II, 1984 (bes. 3–63.103–136.205–235).

Die christologischen Gedanken mußten, soweit sie von kosmologischen unabtrennbar sind, schon im Vorigen besprochen werden. Die Verschlingung der Themen macht sich aber des weiteren auch darin geltend, daß die mit der Christologie eine Einheit bildende Soteriologie nicht dargestellt werden kann, ohne daß vorgreifend auch schon das Problem der Ethik berücksichtigt wird, weil das Verständnis des Heils mit der Auffassung von der Begründung des christlichen Lebens eng verbunden ist.

1. In allen Gemeinden ist J e s u s C h r i s t u s a l s d e r H e i l - b r i n g e r verehrt worden. Zu ihm als dem Herrn bekennt man sich bei der Taufe, ihn verehrt man im Kultus als den gegenwärtigen *κύριος* (S.127 f.), ihn erwartet man als den, der als Richter und Retter kommen wird (S.81 f.). Wie wichtig d e r G o t t e s - d i e n s t ist, zeigen die Mahnungen zum Besuch der gottesdienstlichen Versammlungen (Hbr 10, 25; Did 16, 2; Barn 4, 10; 2. Klem 17, 3; Ign Pol 4, 2), speziell zur Teilnahme am Herrenmahl (Ign Eph 13) und zum gemeinsamen Gebet (Ign Tr 12, 2). Der Kultus hat eine Macht: „Seid nun darauf bedacht, häufiger zusammen zu kommen zur Eucharistie Gottes und zum Lobpreis. Denn wenn ihr häufig Zusammenkünfte haltet, so werden die Kräfte Satans zu-

nichte gemacht und seine Verderbermacht wird durch eure Glaubenseinigkeit zerstört" (Ign Eph 13, 1). Im Gottesdienst erklingen
Lieder zum Preise Gottes und Christi. Schon Paulus setzt voraus,
daß im Gottesdienst „Psalmen" gesungen werden (1. Kr 14, 26),
und Kol 3, 16 mahnt zum Singen von geistgegebenen Psalmen,
Hymnen und Liedern; ähnlich Eph 5, 19. Ign sagt nicht nur bildlich, daß die Eintracht und Liebesharmonie der Gemeinde ein Lobgesang für Christus ist (Eph 4, 1), sondern setzt auch voraus, daß
im Gottesdienst preisend und flehend gesungen wurde (Rm 2, 2;
4, 2). Neben den Liedern (oder verbunden mit ihnen), die Gott
priesen (s. S. 498), gab es solche, die Christus galten. Ein Beispiel
ist das Lied, das Paulus Phil 2, 6–11 zitiert, und ferner manche
Liedfragmente oder auch liturgischen Sätze, die hier und dort in
Briefen und anderen Schriften eingeflochten sind.

Die Motive des Liedes von Phil 2, 6–11 finden sich, einzeln oder beisammen, mancherwärts: Die Menschwerdung des Präexistenten, das Kreuz und
die Erhöhung. Die Menschwerdung und Erhöhung besingt 1. Tim 3, 16. Den
Erhöhten und kommenden Richter besingt Pol Phil 2, 1 (s. S. 505). Darf man
1. Pt 1, 20; 3, 18. 22 als Fragmente eines Bekenntnisses kombinieren, so
enthält es alle jene drei Motive unter Hinzufügung des Sinnes des Leidens
(περὶ ἁμαρτιῶν, ἵνα ἡμᾶς προσαγάγῃ τῷ θεῷ 3, 18; s. auch S. 505). 1. Pt
2, 21–24 stammt vielleicht aus einem Liede; hier ist das Thema das stellvertretende Leiden Christi. Christi kosmische Bedeutung und sein Erlösungswerk ist das Thema von Kol 1, 13–20 (aus einem Tauflied ?), während Ign
Tr 9, 1 f. von der Menschwerdung Christi und seiner Auferstehung, der die
Auferstehung der Gläubigen folgen wird, handelt. Ein Preis des „geschlachteten Lammes", das durch sein Blut das Heil erworben hat, ist Apk 5, 9. 12.
Das durch Christus beschaffte Heil schildern die offenbar aus einer Liturgie
stammenden Sätze 1. Klem 36, 1 f.:

διὰ τούτου ἀτενίζομεν εἰς τὰ ὕψη τῶν οὐρανῶν,
διὰ τούτου ἐνοπτριζόμεθα τὴν ἄμωμον καὶ ὑπερτάτην ὄψιν αὐτοῦ
    (sc. τ. θεοῦ),
διὰ τούτου ἠνεῴχθησαν ἡμῶν οἱ ὀφθαλμοὶ τῆς καρδίας,
διὰ τούτου ἡ ἀσύνετος καὶ ἐσκοτωμένη διάνοια ἡμῶν ἀναθάλλει εἰς τὸ φῶς,
διὰ τούτου ἠθέλησεν ὁ δεσπότης τῆς ἀθανάτου γνώσεως ἡμᾶς γεύσασθαι.

Mannigfaltig sind die Titel, die Christus beigelegt werden.
Er ist der Sohn Gottes (S. 130 ff.), der κύριος (S. 127 ff.), der
σωτήρ (S. 81 f. und s. u.), der κριτής (S. 81), während der alte
Titel des υἱὸς τοῦ ἀνθρώπου verloren geht (S. 82). Dafür begegnen
gelegentlich andere Bezeichnungen wie ἀρχηγός (τῆς ζωῆς oder
τῆς σωτηρίας, Act 3, 15; 5, 31; Hbr 2, 10; 12, 2; 2. Klem 20, 5)
und ἀρχιερεύς (Hbr 2, 17; 3, 1 usw.; 1. Klem 36, 1; Ign Phld 9, 1;

Pol Phil 12, 2), aber auch διδάσκαλος (1. Klem 13, 1; Ign Eph 15, 1; Mg 9, 1 f.).

Was die Person Christi betrifft, so liegen die Reflexionen über sein Verhältnis zu Gott, die später die alte Kirche beschäftigt haben, noch fern. Gott ist sein Vater, dem er gehorsam ist (Ign Sm 8, 1; vgl. Mg 7, 1); daß er selbst als Gott bezeichnet wird, begegnet fast nur bei Ign (S. 131 f.). Ebensofern liegen noch die Reflexionen über das Verhältnis der göttlichen und menschlichen Natur in Christus. Es genügt der Glaube, daß der Präexistente Mensch geworden ist und als der Auferstandene wieder in die Herrlichkeit zur Rechten Gottes erhöht worden ist. Nur das Wunder seiner Geburt aus einer Jungfrau beschäftigt hier und dort die Phantasie (Mt 1, 18–21; Lk 1, 34 f.; Ign Eph 18, 2; 19, 1; Sm 1, 1). An späterer Fragestellung gemessen wäre die durchweg herrschende Christologie als pneumatische, nicht als adoptianische zu bezeichnen. Nur bei Herm verbinden sich recht unklar die Motive einer adoptianischen und einer pneumatischen Christologie (sim V).

Besteht das Heilswerk als Ganzes aus der Menschwerdung Christi, seinem Leiden und Sterben, seiner Auferstehung und Erhöhung, so kann doch bald dieses, bald jenes Moment genannt oder betont werden. Durchweg aber trägt das Leiden und Sterben den Hauptton. Christi Tod ist das für uns gebrachte Opfer (S. 87). In diesem Sinne ist von seinem für uns vergossenen Blut die Rede (S. 87) oder vom σταυρός (Kol 1, 20; 2, 14; Eph 2, 16; Barn 9, 8; 12, 1; Ign Eph 9, 1; Tr 11, 2 usw.), von seinem πάσχειν (Mk 8, 31; Lk 24, 46; Act 3, 18; 17, 3; Hbr 2, 18; 9, 26; 1. Pt 2, 19. 21; Barn passim; 2. Klem 1, 2; Ign Sm 2; 7, 1 usw.), seinen παθή-ματα (Kol 1, 24; 1. Pt 1, 11; 4, 13; 5, 1; Hbr 2, 9 f.; 1. Klem 2, 1) oder seinem πάθος (Ign sehr oft). Er ist das „geschlachtete Lamm" (Apk 5, 6 ff. usw.; vgl. Act 8, 32; 1. Pt 1, 19; 2, 22 ff.; 1. Klem 16, 7; Barn 5, 2; 8, 2) [1]. Das durch das Opfer Christi beschaffte Heil wird durchweg als Vergebung der Sünden, als Befreiung (ἀπολύ-τρωσις), als Rechtfertigung, Heiligung, Reinigung bezeichnet, wenn es in seiner Wirkung auf die Glaubenden charakterisiert wird (S. 87 f.). Außerdem als die Überwindung der kosmischen Mächte, vor allem des Todes (s. S. 505). Der Ertrag des Heilswerkes wird durch die

---

[1] Termini, die das Heilswerk beschreiben, werden traditionell und finden sich auch da, wo keine spezifische Erlösungstheorie ausgebildet ist, so in Lk und Act, worauf H. Conzelmann, Die Mitte der Zeit 171. 172, 1. 175. 200, 1 aufmerksam macht.

Taufe zugeeignet, deren Wirkung in der Regel als Vergebung der Sünden bezeichnet wird (S.138 f.). An sie ist wohl immer gedacht, wo von der Sündenvergebung geredet wird, auch wenn sie nicht ausdrücklich genannt ist (z. B. Lk 24, 47; Act 2, 38; Herm vis III 3, 5).

2. Der Begriff des Heiles ist nun aber nur insoweit eindeutig, als das Heil in jedem Falle Leben bedeutet und Rettung aus dem Tode.

So formuliert es 2. Tim 1, 10: Christus ist der *καταργήσας μὲν τὸν θάνατον, φωτίσας δὲ ζωὴν καὶ ἀφθαρσίαν* . . . In diesem Sinne heißt Christus der *σωτήρ* (2. Tim 1, 10; Tit 1, 4; 2, 13; 3, 6; Act 5, 31; 13, 23; 2. Pt 1, 1. 11; 2, 20; 3, 2–18; Ign Eph 1, 1; Mg int; Phld 9, 2; Sm 7, 1; Pol Phil int.: 2. Kl 20, 5; s. S.81 f.),oder der *ἀρχηγὸς τῆς σωτηρίας* (Hbr 2, 10) bzw. *τῆς ζωῆς* (Act 3, 15 vgl. 5, 31), der *αἴτιος σωτηρίας αἰωνίου* (Hbr 5, 9). In ihm ist die *σωτηρία* gegeben (2. Tim 2, 10; 3, 15; vgl. Act 4, 12). Er errettet vom Tode, weil er selbst den Tod besiegt hat (Hbr 2, 14 f.; Apk 1, 18; Barn 5, 6 f.; vgl. 1. Pt 1, 3. 21). Entsprechend heißt die christliche Botschaft das *εὐαγγέλιον τῆς σωτηρίας* (Eph 1, 13), der *λόγος τῆς σωτηρίας* (Act 13, 26; vgl. Hbr 2, 3); sein Inhalt ist die *ὁδός σωτηρίας* (Act 16, 17). Die *σωτηρία* ist identisch mit der *ζωή*, wie denn beide Begriffe zu einem Hendiad. verbunden werden können (Ign Eph 18, 1; 2. Klem 19, 1).

Aber nun differenzieren sich die Anschauungen danach, worin die Macht des Todes und dementsprechend die Art des Heiles, des Lebens, gesehen wird, und ferner – was damit zusammenhängt – danach, ob die Rettung als eine nur künftige oder als eine schon gegenwärtige gedacht wird, und endlich danach, wie die Vermittlung und Aneignung des Heiles verstanden wird.

Der Tod ist wohl immer auch als das Ende des natürlichen Lebens im Sterben gedacht. Doch hatte Paulus das „natürliche" Leben nicht nur als ein Naturphänomen verstanden, sondern als die geschichtliche Bewegtheit der menschlichen Person (S. 210 f.); ebensowenig den Tod als einen bloßen Naturvorgang, sondern zugleich als die schon gegenwärtige Nichtigkeit des gottentfremdeten Lebens (S. 246 ff.). Demzufolge hatte er auch die durch Christus beschaffte *ζωή* als eine mit der *δικαιοσύνη* gegebene Gegenwart verstanden (S. 278 f.), freilich nicht als einen einfachen Zustand, sondern als die Freiheit von der Sünde, die den Imperativ einschließt, und die sich bewährt in der Hoffnung, im Überwinden von Leid und Schicksal, in der Freiheit von der Welt und ihren Mächten (§ 40). Für Paulus ist also die *ζωή* in paradoxer Weise Gegenwart. Sachlich ebenso für Joh (§ 72 u. § 50, 3). Wie weit ist das paulinische und johanneische Verständnis festgehalten worden? Es überwiegen die Aussagen, in denen das Heil als ein künftiges vorgestellt ist. Zur „Rettung" wird Christus dereinst erscheinen für die, die ihn erwarten (Hbr 9, 28), die durch die Kraft Gottes vermöge des Glaubens verwahrt werden *εἰς σωτηρίαν ἑτοίμην ἀποκαλυφθῆναι ἐν καιρῷ ἐσχάτῳ* (1. Pt 1, 5; vgl. 1, 9; 2, 2). Wer den Namen des Herrn anruft, der wird (nach Joel) gerettet werden (Act 2, 21; vgl. 15, 11; 16, 30 f.).

Durch Buße und Gottesfurcht wird man gerettet werden (Herm mand IV 3, 7; VII 1, IX 6; vgl. sim I, 11; IX 12, 3; 2. Klem 8, 2; 13, 1). Durch Kindergebären werden die Frauen gerettet werden (1. Tim 2, 15). Futurisches *σῴζειν* oder *σωθῆναι* sonst 1. Tim 4, 16; 2. Tim 4, 18; Did 16, 5; Barn 1, 3; Ign Pol 1, 2; bes. oft in 2. Klem z. B. 4, 2; 14, 1.

Ebenso ist oft von dem Leben als einem künftigen die Rede, z. B. wenn der *στέφανος τῆς ζωῆς* verheißen wird (Apk 2, 10; Jak 1, 12), oder in den Wendungen *ἐλπὶς ζωῆς (αἰωνίου)* (Tit 1, 2; Barn 1, 4. 6; Herm sim IX 26, 2; vgl. 14, 3), *τὸ προκείμενον ζῆν* (Ign Eph 17, 1), oder wenn *σωτηρία* und *ζωή* verbunden sind (Ign Eph 18, 1).

Durchweg ist die *ζωὴ αἰώνιος* (anders als bei Joh) als das künftige Leben verstanden (1. Tim 1, 16; 6, 12; Tit 1, 2: 3, 7; Act 13, 46. 48; Jud 21: Herm vis II 3, 2). Der verbale Ausdruck *ζῆν εἰς τὸν αἰῶνα* besagt das gleiche (Barn 8, 5; 9, 2; 11, 10 f.). Aber auch das bloße *ζωή* (Herm vis I 1, 9) oder *ζῆν* (Hbr 12, 9; Barn 6, 17; Herm vis III 8, 5; mand IV 2, 3 f.; XII 6, 3) meint dasselbe. Deutlich sind die Wendungen *περιποιεῖσθαι ζωήν* (Herm mand III 5; sim VI 5, 7; vgl. *περιπ. κλέος, δόξαν* u. a. 1. Klem 54, 3; Herm mand IV 4, 2; sim V 3, 3) und *κληρονομεῖν ζωὴν αἰώνιον* (Herm vis III 8, 4: vgl. *κληρονόμοι ζωῆς αἰων.* Tit 3, 7). Den gleichen Sinn hat *κληρονομεῖν σωτηρίαν* (Hbr 1, 14) bzw. *τὴν εὐλογίαν* (1. Pt 3, 9). Wie die *κληρονομία* als *ἄφθαρτος* bezeichnet werden kann (1. Pt 1, 4), so kann es statt *ζωὴ (αἰών.)* auch *ἀφθαρσία* heißen (Eph 6, 24; Ign Phld 9, 2; 2. Klem 20, 5), oder es können *ἀφθαρσία* und *ζωὴ αἰών.* verbunden werden (Ign Pol 2, 3; 2. Klem 14, 5; vgl. *ζωὴ ἐν ἀφθ.* 1. Klem 35, 2).

Anderwärts ist die *σωτηρία* bzw. die *ζωή* als gegenwärtige gemeint. Wie die Glaubenden *οἱ σῳζόμενοι* genannt werden können (Act 2, 47; 1. Klem 58, 2) oder gar *οἱ σεσωσμένοι* (Eph 2, 5; Pol Phil 1, 3), so auch *οἱ ζῶντες* (2. Klem 3, 1). Gottes Tat hat die Glaubenden gerettet. Gott ist es, *ὃς ἐρύσατο ἡμᾶς ἐκ τῆς ἐξουσίας τοῦ σκότους καὶ μετέστησεν εἰς τὴν βασιλείαν τοῦ υἱοῦ τῆς ἀγάπης αὐτοῦ* (Kol 1, 13). Wie das zu verstehen ist, zeigt die Fortsetzung: *ἐν ᾧ ἔχομεν τὴν ἀπολύτρωσιν, τὴν ἄφεσιν τῶν ἁμαρτιῶν* (1, 14). Dabei ist offenbar an die Taufe gedacht, wie denn der

vom Verf. übernommene Hymnus (s. S. 486) aus einer Taufliturgie
stammen dürfte. Da er dem Hymnus den Satz vorausschickt:
εὐχαριστοῦντες τῷ πατρὶ τῷ ἱκανώσαντι ὑμᾶς εἰς τὴν μερίδα τοῦ
κλήρου τῶν ἁγίων ἐν τῷ φωτί (1, 12), erkennt man, daß er Gegenwärtigkeit und Zukunft des Heils in der Weise verknüpft, daß er
den gegenwärtigen Heilsstand als eine Vorausnahme des künftigen
Heils ansieht, das durch die Taufe gesichert ist. Die eigentliche
ζωή ist also trotz 1, 14 noch zukünftig; sie ist, wie es 3, 3 formuliert, „verborgen mit Christus in Gott", und es gilt: ὅταν ὁ Χριστὸς
φανερωθῇ, ἡ ζωὴ ἡμῶν, τότε καὶ ὑμεῖς σὺν αὐτῷ φανερωθήσεσθε
ἐν δόξῃ (3, 4). So kann der Verf. sagen, daß das Evangelium verkündigt τὴν ἐλπίδα τὴν ἀποκειμένην ὑμῖν ἐν τοῖς οὐρανοῖς (1, 5;
vgl. 1, 23. 27).

Was an Kol zu beobachten ist, ist typisch. In ähnlich paradoxer
Weise spricht Eph von der Gegenwärtigkeit des Heils: ὁ δὲ θεὸς ...
ὄντας ἡμᾶς νεκροὺς τοῖς παραπτώμασιν συνεζωοποίησεν τῷ Χριστῷ
... καὶ συνήγειρεν καὶ συνεκάθισεν ἐν τοῖς ἐπουρανίοις ἐν Χριστῷ Ι.
(2, 5 f.). Dabei ist ebenfalls an die Taufe gedacht (vgl. 5, 26),
und das gegenwärtige Heil ist die Vorausnahme der Zukunft; denn
die „Erleuchtung" besteht im Wissen, τίς ἐστιν ἡ ἐλπὶς τῆς κλήσεως ... (1, 18; vgl. 4, 4). Daß die Rettung durch die Taufe erfolgt ist, sagen manche Stellen (Tit 3, 5; 1. Pt 3, 21; Barn 11, 11;
Herm vis III 3, 5; mand IV 3, 1; sim IX 16, 2 ff.). Eben deshalb
kann von ihr als der schon geschehenen geredet werden (vgl. außer
den schon genannten Stellen 2. Klem 1, 4; 2, 7; 3, 3; 9, 2. 5; Herm
sim VIII 6, 1; IX 26, 8).

Wie auf die Taufe, so kann der Gewinn des Heils auch auf die B e r u f u n g
zurückgeführt werden, ohne daß darin ein sachlicher Unterschied läge:
denn die Berufung ruft ja in die ἐκκλησία, in die man durch die Taufe aufgenommen wird. (Bei Herm ist κλῆσις geradezu Bezeichnung der Taufe
mand IV 3, 6; vgl. 3, 4; sim VIII 11, 1; sim IX 14, 5.) Die σῳζώμενοι oder
ζῶντες können deshalb auch die κεκλημένοι heißen (Hbr 9, 15; Herm sim
IX 14, 5) oder die κλητοὶ ἡγιασμένοι (1. Klem intr.). Gott bzw. Christus hat
sie berufen εἰς τὸ θαυμαστὸν αὐτοῦ φῶς (1. Pt 2, 9), ἀπὸ σκότους εἰς φῶς
(1. Klem 59, 2; vgl. 2. Klem 1, 2. 8). Sie sind berufen zur εἰρήνη τοῦ Χριστοῦ
„in einem Leibe" (Kol 3, 15; vgl. Eph 1, 11 v. l.; 4, 4), zur αἰώνιος ζωή
(1. Tim 6, 12), εἰς περιποίησιν δόξης ... (2. Th 2, 14; vgl. 1. Pt 3, 9; 5, 10).
Absolutes κληθῆναι findet sich oft (Eph 4, 1; 2. Tim 1, 9; 1. Pt 1, 15; 2. Pt
1, 3; 2. Klem 2, 4. 7; 5. 1 usw.), ebenso κλῆσις (Eph 1, 18; 4, 1. 4; 2. Th
1, 11; 2. Tim 1, 9; Hbr 3, 1; 2. Pt 1, 10; 1. Klem 46, 6; Herm mand IV 3, 6;
sim VIII 11, 1). Die Zukunftsbezogenheit des Glaubenden wird durch die
„Berufung" vielleicht stärker zum Ausdruck gebracht als durch die „Ret-

tung", so jedenfalls 2. Th 1, 11 oder in Wendungen wie ἡ ἐλπὶς τῆς κλήσεως (Eph 1, 18) und ἡ κλ. τῆς ἐπαγγελίας (Barn 16, 9); vgl. auch κλ. ἐπουράνιος Hbr 3, 1.

3. Es ist nun die entscheidende Frage, wie das Verhältnis der Gegenwärtigkeit und der Zukunft des Heils genauer gedacht ist. Ist das dialektische Verständnis dieses Verhältnisses, wie es bei Paulus und Joh vorlag, festgehalten worden? Ist die christliche Situation als die des eigentümlichen „Zwischen", nämlich zwischen dem „nicht mehr" und „noch nicht", verstanden? Ganz allgemein läßt sich sagen, daß durch die Berufung in die Ekklesia, durch die in der Taufe vermittelte Sündenvergebung der Gegenwart die Möglichkeit des künftigen Heils geschenkt ist; und ebenso, daß die Gegenwart unter dem Imperativ steht, dessen Erfüllung die Bedingung für die Erlangung des künftigen Heils ist. Aber es kommt darauf an, ob in der Erfüllung des Imperativs selbst schon die Gegenwärtigkeit der künftigen ζωή gesehen wird; anders ausgedrückt, ob die durch die Taufe vermittelte Sündenvergebung als der Erlaß der bis zur Taufe kontrahierten Schulden und der durch diese verdienten Strafe verstanden wird oder als die Befreiung von der Macht der Sünde.

a) Die Problematik der Situation dürfte am klarsten werden, wenn man einen extremen Fall ins Auge faßt. Ein solcher ist der „Hirt" des Hermas. Hier heißt es, ὅτι ἡ ζωὴ ὑμῶν διὰ ὕδατος ἐσώθη καὶ σωθήσεται (vis III 3, 5); die Taufe, die errettet hat, wird die künftige Rettung verschaffen. Aber diese ist an die Bedingung eines reinen Lebenswandels geknüpft. Der „Himmelsbrief", den Herm empfängt, versichert ihm: „Aber es rettet dich die Tatsache, daß Du nicht abgefallen bist vom lebendigen Gott, und deine Lauterkeit und deine große Enthaltsamkeit. Das hat dich gerettet, vorausgesetzt, daß du dabei beharrst; und es rettet alle, die solches tun und einen Wandel in Unschuld und Lauterkeit führen" (vis II 3, 2). Die Taufe begründet die Rettung nur, insofern sie von den früher begangenen Sünden befreit (mand IV 3, 1–3; 4, 4) und dadurch die Möglichkeit eines neuen Anfangs des Lebens begründet, das aber nunmehr in eigener Verantwortung geführt werden muß im Gehorsam gegen die Gebote Gottes, die Herm immer wieder einschärft. Im Grunde rettet dann den Glaubenden nicht die Taufe, sondern sein guter Wandel; diesem wird die ζωή verheißen (z. B. mand III 5; IV 2, 4; XII 6, 3). Begreiflich, daß sich dann das Problem der Sünden nach der Taufe erhebt; und das

eben ist die Offenbarung, die Herm erhalten haben will, daß jetzt,
nachdem der Gewinn der ersten Buße (bei der Taufe) verscherzt
ist, noch einmal und zum letztenmal vor dem bevorstehenden Ende
die Möglichkeit einer Buße von Gott gegeben worden ist (vis II
2, 4–8; mand IV 3; sim IX 26, 6). Wohl steht der Christ also zwischen Vergangenheit und Zukunft; aber dieses Zwischen ist nur
eine chronologische Bestimmung; es ist eine Zwischenzeit, eine
Frist, die zur Buße ausgenutzt werden muß. Das ganze Buch ist
ein Ruf zur Buße, und der Verf. bemüht sich zu zeigen, daß die
μετάνοια eine σύνεσις ist, die darauf hinausläuft, daß der Sünder
seine Sünde erkennt und bereut und nunmehr nach den Geboten
Gottes wandelt (mand IV 2, 2–4 usw.). Es ist charakteristisch, daß
für Herm die πίστις eine Tugend unter andern ist (mand VIII 8 f.;
XII 3, 1; sim X 4, 2), ja die Haupttugend, deren „Töchter" ἐγκράτεια, ἁπλότης, ἐπιστήμη, ἀκακία, σεμνότης und ἀγάπη sind (vis III
8, 3 ff.). Aber diese πίστις ist doch nichts anderes als der Glaube
an den einen Gott (mand I).

b) Der Hinweis auf die künftige Vergeltung und das Gericht
durchzieht auch die Mahnungen des Jak. Für ihn ist es selbstverständlich, daß der Christ unter dem Gesetz steht, dessen Autorität durch die Charakteristik des νόμος als τέλειος und βασιλικός
betont wird (1, 25; 2, 8), und das als Ganzes erfüllt werden muß
(2, 13 f.). Warum es auch νόμος τῆς ἐλευθερίας genannt wird (1, 25;
2, 12), ist dunkel[1]. Jedenfalls liegt dem Verf. der paulinische Freiheitsgedanke ebenso fern wie der Glaubensbegriff des Paulus. Werke
des guten Wandels sind gefordert (3, 13), und vom ποιητὴς ἔργου
gilt: οὗτος μακάριος ἐν τῇ ποιήσει αὐτοῦ ἔσται (1, 25).

Am stärksten findet das seinen Ausdruck in der Polemik gegen einen Standpunkt, der das Heil einem Glauben ohne Werke zuspricht (2, 14–26). Daß damit Paulus oder eine auf ihn sich berufende Richtung getroffen werden soll,
ist dadurch nahegelegt, daß der Verf. gegen den Satz polemisiert, Abraham
sei allein durch den Glauben gerechtfertigt worden. Jedenfalls wäre der paulinische Glaubensbegriff damit völlig mißverstanden. Denn Paulus hätte gewiß dem Satze zugestimmt, daß ein Glaube ohne Werke tot ist (2. 17. 26),
nie aber der These, daß der Glaube mit den Werken zusammenwirkt (2, 22).
Jak kann so nur reden, weil er unter dem Glauben nur die theoretische Über-

---

[1] Die Vermutung E. Stauffers (ThLZ 77 [1952], 577 ff.), daß das „Gesetz der Freiheit" ein jüdischer Terminus ist, der sich im „Dead Sea Manual
of Discipline" findet, ist von F. Nötscher (Biblica 34 [1933], 193 f.) und
Herb. Braun (Spätjüd.-häret. u. frühchristl. Radikalismus I 26, 5) als
Irrtum erwiesen worden.

zeugung vom Dasein des einen Gottes versteht, einen Glauben, den auch die Dämonen haben (2, 19).

Jegliches Verständnis für die christliche Situation als die Situation des „Zwischen" fehlt hier. Der Moralismus der Synagogen-Tradition hat seinen Einzug gehalten, und es ist möglich, daß Jak nicht nur überhaupt im Zusammenhang dieser Tradition steht, sondern daß der Verf. eine jüdische Schrift übernommen und leicht redigiert hat (s. S. 496).

c) Zu diesem Typus gehört auch D i d , in deren erstem Teil ein jüdischer Proselyten-Katechismus eingearbeitet ist (s. S. 496), der sittliche Gebote und Verbote nach dem Schema der „zwei Wege" enthielt, die vom Verf. durch die Einfügung von Herrenworten bereichert sind. Naiver Vergeltungsglaube beherrscht die Mahnungen, und auch der Schluß der Schrift, der auf das kommende Gericht hinweist und zum γρηγορεῖν mahnt (16, 1) und den ὑπομείνοντες ἐν τῇ πίστει αὐτῶν das Heil verheißt (16, 5), wird aus dem jüdischen Katechismus stammen.

d) Auch B a r n hat den jüdischen Katechismus übernommen (18–21); in der Tradition der hellenistischen Synagoge steht er auch mit der Methode seiner allegoristischen Auslegung des AT (§ 11, 2 b). Indessen führt sein Verständnis der christlichen Existenz, so wenig es konsequent durchgeführt ist, über das des Herm, des Jak und der Did hinaus und nähert sich dem der Deuteropaulinen, was um so bemerkenswerter ist, als der Verf. nicht unter dem Einfluß der paulinischen Theologie steht. Wohl kennt er den forensischen Begriff der δικαιοσύνη (13, 7 nach Gen 15, 6; sonst δικ. im ethischen Sinn 1, 4. 6; 5, 4; 20, 2; ebenso δίκαιος 10, 11; 19, 6), aber die Christen sind nicht schon jetzt Gerechtfertigte (4, 10; vgl. 15, 7). Das Heil ist ein zukünftiges (6, 17–19; 15, 5–9); die Glaubenden stehen jetzt schon in der letzten Zeit (4, 3. 9; 21, 3) und haben sich vorzubereiten durch gewissenhafte Erfüllung des καινὸς νόμος τοῦ κυρίου ἡμῶν ᾽Ι. Χριστοῦ (2, 6), der δικαιώματα (2, 1; 10, 11 usw.) bzw. ἐντολαί (4, 11; 16, 9 usw.) τοῦ κυρίου; denn das Gericht nach den Werken steht bevor (4, 12; vgl. 15, 5; 21, 1. 3), das Christus als der künftige Richter halten wird (5, 7; 7, 2). Es fehlt freilich der Bußruf; μετάνοια begegnet nur einmal 16, 9, wo aber offenbar die Taufbuße gemeint ist.

Gleichwohl ist das gegenwärtige Sein der Christen schon ein neues. Sie sind das „neue Volk" (5, 7; 7, 5), das „Volk des Erbes" (14, 4), das „heilige Volk" (14, 6), dem der Bund Gottes gilt (13.

14), – im Gegensatz zum jüdischen Volk, das nie einen wirklichen
Bund mit Gott gehabt hat (§ 11, 2b). Ihre Situation ist eine neue
geworden dadurch, daß Christus, der Sohn Gottes, gekommen ist
und sich im Fleisch geoffenbart hat (5, 6. 10f.; 6, 7. 9. 14; 12, 10);
daß er am Kreuz für uns gelitten hat und gestorben ist (5, 1f. 5.
12f.; 7, 2f.; 12, 1ff.); daß er uns so durch sein Blut (5, 1) die Vergebung der Sünden erwirkt hat (5, 1f.; 7, 3. 5) und durch seine
Auferstehung den Tod vernichtet und das Leben beschafft hat
(5, 6; 7, 3; 12, 5). Dadurch hat er uns „erneuert", so daß wir nun
die Seele von Kindern haben, und hat uns „neu geschaffen" (6, 11.
14; 16, 8). Sein Werk wird uns in der Taufe zu eigen (11, 8. 11;
vgl. 8, 3; 16, 9), die ein neues Leben begründet durch die Gabe
des πνεῦμα (1, 2f.). Daher kann der Christ als der πνευματικὸς
ναὸς οἰκοδομούμενος τῷ κυρίῳ bezeichnet werden (16, 10) und doch
gemahnt werden: γενώμεθα πνευματικοί, γενώμεθα ναὸς τέλειος
τῷ θεῷ (4, 11). Im übrigen spielt freilich der Geist keine wesentliche Rolle, und der Gegensatz σάρξ – πνεῦμα begegnet nur 7, 3,
wo die σάρξ Christi als das σκεῦος τοῦ πνεύματος bezeichnet wird
(vgl. 11, 9). Meist bezeichnet πνεῦμα den prophetischen Geist des
AT, wenn der Verf. nicht unterminologisch vom πνεῦμα oder von
den πνεύματα der Leser redet (vgl. 11, 11 ἐν τῷ πνεύματι par. ἐν
τῇ καρδίᾳ). Das neue Sein der Christen als des „Tempels Gottes"
wird 16, 9 beschrieben: ὁ λόγος αὐτοῦ τῆς πίστεως, ἡ κλῆσις αὐτοῦ
τῆς ἐπαγγελίας, ἡ σοφία τῶν δικαιωμάτων, αἱ ἐντολαὶ τῆς διδαχῆς,
αὐτὸς ἐν ἡμῖν προφητεύων, αὐτὸς ἐν ἡμῖν κατοικῶν, τοὺς τῷ
θανάτῳ δεδουλωμένους – ἀνοίγων ἡμῖν τὴν θύραν τοῦ ναοῦ, ὅ ἐστιν
στόμα, μετάνοιαν διδοὺς ἡμῖν – εἰσάγει εἰς τὸν ἄφθαρτον ναόν.

Wie in dieser Charakteristik der λόγος τῆς πίστεως an erster
Stelle steht, so heißt es von den Christen, daß sie τῇ πίστει τῆς
ἐπαγγελίας καὶ τῷ λόγῳ ζωοποιούμενοι (nb: nicht δικαιωθέντες!)
sind (6, 17). Der λόγος, dem es zu glauben gilt (9, 3; 11, 11), enthält natürlich die Botschaft von Christi Werk, das der Gegenstand
des πιστεύειν ist (7, 2). Christliches Sein kann aber auch als
πιστεύειν τῷ θεῷ bezeichnet werden (16, 7) und gelegentlich auch
durch das bloße πίστις (4, 9) oder πιστεύειν (3, 6 und 13, 7 im Zitat
von Gen 17, 4f. bzw. 15, 6). Indessen ist der πίστις-Begriff weder
betont, noch überhaupt scharf gefaßt; in den Gegensatz zu den
ἔργα wird πίστις nicht gestellt. Entsprechend spielt der Begriff
χάρις kaum eine Rolle; er wird wie von der alttest. Prophetie (5, 6),
so von der Taufgnade gebraucht (1, 2); χάρις ist der Inhalt des

Kreuzes (9, 8) und der Gegenstand des εὐαγγελίζεσϑαι (14, 9 nach Is 61, 1 f.; formelhaft im Schlußgruß 21, 9). In der das christliche Sein beschreibenden, offenbar traditionellen Dreiheit πίστις, ἀγάπη, ἐλπίς (1, 4. 6; vgl. 11, 8) sind die Begriffe nicht scharf gegeneinander abgesetzt; nach 1, 4 wohnen πίστις und ἀγάπη in der Gemeinde ἐπ' ἐλπίδι ζωῆς αὐτοῦ, und nach 1, 6 ist die ζωῆς ἐλπίς der Anfang und das Ende der πίστις. Der neue Bund soll in den Herzen versiegelt werden ἐν ἐλπίδι τῆς πίστεως αὐτοῦ (4, 8). Der Glaube ist offenbar wesentlich hoffendes Vertrauen (vgl. 12, 7), wie sich auch darin zeigt, daß an Jesus glauben und auf ihn hoffen wechseln können (vgl. 6, 3 mit 6, 9; 11, 11; 12, 2 f.; 16, 8); so kann es auch statt πιστεύειν τῷ ϑεῷ heißen: ἐλπίζειν ἐπὶ τὸν ϑεόν (19, 7). Wenn φόβος und ὑπομονή die Helfer des Glaubens sind (2, 2), so liegt das in der gleichen Richtung.

Wichtiger aber und charakteristischer ist der Zusammenhang von πίστις und γνῶσις. Der Verf. schreibt an seine Leser, ἵνα μετὰ τῆς πίστεως ὑμῶν τελείαν ἔχητε τὴν γνῶσιν (1, 5). Der Gegenstand der γνῶσις ist die ὁδὸς δικαιοσύνης (5, 4); das bedeutet aber vor allem: sie ist die durch das AT geschenkte Erkenntnis des Vergangenen, Gegenwärtigen und Zukünftigen (1, 7; 5, 3), mit der natürlich auch die Erkenntnis der δικαιώματα gegeben ist (21, 5; vgl. 6, 9; 19, 1). Diese Erkenntnis ist die neue, die geschenkt ist von Gott, der der σοφίαν καὶ νοῦν ϑέμενος ἐν ἡμῖν τῶν κρυφίων αὐτοῦ ist (16, 10; vgl. 5, 3; 7, 1). Sie wird dem Glaubenden und Tugendhaften zuteil (2, 3). Da γνῶσις und διδαχή eine Einheit bilden, kann Gott auch bezeichnet werden als ὁ τὴν ἔμφυτον δωρεὰν τῆς διδαχῆς αὐτοῦ ϑέμενος ἐν ἡμῖν (9, 9).

Alles in allem ist das Verständnis des christlichen Glaubens weniger gesetzlich als in Herm, Jak und Did. Die Paradoxie des christlichen Seins zwischen dem „nicht mehr" und „noch nicht" und damit die Bestimmtheit der Gegenwart durch die Zukunft wird zwar nicht klar entwickelt, findet aber doch gelegentlich einen ungewollten Ausdruck. Das γενώμεϑα πνευματικοί (4, 11) gilt denen, die schon das πνεῦμα empfangen haben und die der ναὸς τοῦ ϑεοῦ sind. Als τῷ λόγῳ ζωοποιούμενοι werden sie das künftige Leben erhalten.

e) Verwandt mit Barn ist Hbr. Auch für seinen Verf. steht das Leben des Glaubenden wesentlich unter der Forderung Gottes. Die Verantwortung ist für die Christen größer geworden, als sie für Israel war (2, 2 f.; 10, 26–31; 12, 25). Gott ist ein unbestechlicher

Richter (4, 12 f.), und es ist schrecklich, in seine Hände zu fallen
(10, 31). Aber die Beziehung der Gegenwart auf die Zukunft geht
doch über das Verhältnis von menschlichem Verhalten und göttlicher Vergeltung hinaus, da die Gegenwart in gewisser Weise schon
eine Zeit des Heils ist. Sie wird dadurch charakterisiert, daß die
Glaubenden die ἅπαξ φωτισθέντες sind, die γευσάμενοι τῆς δωρεᾶς
τῆς ἐπουρανίου καὶ μέτοχοι γενηθέντες πνεύματος ἁγίου καὶ καλὸν
γευσάμενοι θεοῦ ῥῆμα δυνάμεις τε μέλλοντος αἰῶνος (6, 4 f.). Freilich – ist mit dieser feierlichen Beschreibung mehr gesagt, als daß
die Christen getauft worden sind? Im übrigen wird die Gegenwart
im wesentlichen beschrieben als die Zeit des neuen Bundes (8, 6-13;
10, 15-18), die herbeigeführt wurde durch das Selbstopfer, das
Christus als der Hohepriester dargebracht hat, so daß der Eingang
zum Heiligtum erschlossen ist (10, 19 f.) und die Glaubenden, befreit von Todesfurcht (2, 14 f.), nun den Zugang zu Gott, die παρρησία und die ἐλπίς haben (3, 6; 4, 16; 6, 11. 18; 7, 19. 25). Sie
können sich vertrauensvoll (im Gebet, ist doch wohl gemeint) dem
„Throne der Gnade" nahen (4, 16; vgl. 7, 25; 10, 22). Aber gleichwohl lebt der Christ im Bewußtsein der Verantwortung vor dem
himmlischen Richter, und die damit gegebene Paradoxie ist doch
verkannt, wenn das Neue der Gegenwärtigkeit darin gesehen ist,
daß sie die Möglichkeit enthält, nach der Befreiung von den alten
Sünden (durch die Taufe) durch den neuen Wandel das Heil zu
gewinnen.

   Das Problem der Sünden nach der Taufe hat als solches den
Verf. nicht bedrängt. Freilich sind „freiwillige" Sünden unvergebbar (10, 26-31), und für schwere Sünden, vor allem die des Abfalls,
gibt es keine Möglichkeit der Buße (6, 4-6; 12, 16 f.). Das Eintreten Christi für die Glaubenden (7, 25; vgl. 2, 17) bedeutet offenbar nicht mehr, als daß sie für gelegentliche Sünden Vergebung
empfangen können. Der Verf. ruft nicht wie Herm zur Buße; diese
ist offenbar für die Getauften ein für allemal geleistet (6, 1. 6).
Er ruft zur ὑπομονή (10, 36; 12, 1), zum Festhalten an παρρησία
und ἐλπίς (3, 6. 14; 6, 11; 10, 23. 35); die eigentliche Sünde ist
eben die des Abfalls. Dem entspricht der Glaubensbegriff (S. 92 f.).
Πίστις bedeutet natürlich zunächst die Annahme der Missionspredigt (6, 1; 11, 6), dann auch das Vertrauen (10, 22), vor allem
aber die Glaubenstreue (6, 12; 10, 22; 11 passim; 13, 7; synon. mit
ὑπομονή, vgl. 10, 35-39) und die Hoffnung (11 passim).

   Die πίστις, kraft deren der δίκαιος leben wird (10, 38), ist die ὑπομονή;

die πίστις, die den Abel als einen δίκαιος bezeugte (11, 4), ist schwerlich anders zu bestimmen als einfach als der Glaube an Gott. So wenig in Hbr der Gegensatz πίστις – ἔργα eine Rolle spielt, so wenig begegnet das δικαιωθῆναι ἐκ πίστεως oder die paulinische δικαιοσύνη θεοῦ. (Δικαιοσύνη bedeutet Rechtschaffenheit 1, 9; 11, 33; 12, 11 bzw. das Rechte 5, 13 oder die herrscherliche Gerechtigkeit 7, 2; nur einmal das Heilsgut, das Noah dank seines Gehorsams erworben hat 11, 7). Das Vertrauen des Glaubenden richtet sich wohl auf die Gnade Gottes, und offenbar ist 12, 15 mit χάρις die Heilsgnade gemeint, wohl auch 13, 9 und 10, 29. Aber der Gegensatz χάρις – ἔργα fehlt und 4, 16, wo χάρις und ἔλεος koordiniert sind, ist es die Gnade Gottes, auf die der Beter hofft εἰς εὔκαιρον βοήθειαν (jeweils auf die rechtzeitige Hilfe). Wichtig ist dem Verf. vielmehr, daß die Christen „gereinigt" und „geheiligt" sind, nämlich durch die Taufe. Das Blut Christi „reinigt unser Gewissen von den toten Werken, damit wir dem lebendigen Gott dienen" (9, 14; vgl. 1, 3; 10, 22; für ἁγιάζειν, das nach 9, 13 f. mit καθαρίζειν synonym ist, 2, 11; 10, 10. 14. 29; 13, 12). Ein Ausgleich mit dem Imp. διώκετε . . . τὸν ἁγιασμόν (12, 14; vgl. 12, 10) ist nicht versucht; ebensowenig ein Ausgleich zwischen dem doppelten Gebrauch von τελειοῦν. Dieses bedeutet 9, 9 (vgl. 9, 14!); 10, 1. 14 nichts anderes als καθαρίζειν und ἁγιάζειν, nämlich „weihen"; dagegen 11, 40; 12, 23 (vgl. 12, 2) „zur Vollendung führen" (diesen Sinn hat das Verb. auch in der Anwendung auf Christus 2, 10; 5, 9; 7, 28). Der doppelte Sprachgebrauch erklärt sich so, daß die Weihe antezipatorisch in die himmlische Existenz versetzt, die Geweihten also entweltlicht. Aber der innere Zusammenhang zwischen der in der Weihe vollzogenen und der durch die eigene Anstrengung durchzuführenden Entweltlichung (13, 13 f.) ist nicht aufgezeigt. Der Imp. ist nicht wirklich im Ind. begründet. Die Reinigung der συνείδησις 9, 14 (vgl. 10, 2. 22) ist nichts anderes als die in der Taufe geschenkte Vergebung der früheren Sünden, und die καλὴ συνείδησις der Getauften besteht darin, daß sie ἐν πᾶσιν καλῶς θέλοντες ἀναστρέφεσθαι sind (13, 18). Vom Sterben und Auferstehen mit Christus ist keine Rede. Auf das Kreuz Christi wird als auf das Vorbild hingewiesen (12, 2 f.; 13, 13). Wohl weiß der Verf. von den μερισμοὶ πνεύματος ἁγίου zu reden (2, 4); er weiß, daß in der Taufe der Geist geschenkt wird (6, 4), und sagt, daß der vom Glauben Abgefallene gegen das πνεῦμα τῆς χάριτος frevelt. Aber von dem πνεῦμα, das nach Paulus die Kraft des christlichen Lebens ist, redet er nicht. Statt dessen lehrt er, die den Glaubenden treffenden Leiden als die Erziehung Gottes zu verstehen (12, 4–11).

Da die Dialektik zwischen Imperativ und Indikativ preisgegeben ist, ist das Heil im Grunde doch nur ein zukünftiges, und die Gegenwart steht im Grunde unter der Forderung; sofern sie ein „Zwischen" ist, ist sie nur eine Zwischenzeit, eine noch für eine Weile bestehende Frist, in der sich der Glaubende durch seine ὑπομονή bewähren muß (10, 36 usw.). Es ist bezeichnend, daß das Problem der Gesetzlichkeit den Verf. nicht bewegt; vom alttest. Gesetz interessiert ihn nur das Kultusgesetz, das er allegoristisch deutet (§ 11, 2 c).

f) Der Eingang von 2. Pt erweckt zunächst den Eindruck, daß

der Verf. ein Verständnis des christlichen Glaubens hat, das aus
dem Bereich des gesetzlichen Moralismus hinausführt, wie denn
auch in 2. Pt die Wirkung der synagogalen Tradition kaum zu spüren ist. In 1, 3–11 ist dem ethischen Imperativ seine Begründung
im Indikativ gegeben; aus der πίστις, die die göttliche Gabe empfangen hat, wird eine ganze Kette von Haltungen oder Verhaltungen abgeleitet: ἀρετή – γνῶσις – ἐγκράτεια – ὑπομονή – εὐσέβεια – φιλαδελφία – ἀγάπη. Die Entfaltung dieser Verhaltungen ist
aber der σπουδή anheimgegeben (vom πνεῦμα ist nur 1, 21 als von
der Inspiration der Prophetie die Rede), und die σπουδή hat zum
Ziel, die κλῆσις und ἐκλογή gültig zu machen (1, 10). Die Gabe
Gottes beschränkt sich faktisch auf die Berufung zum künftigen
Heil (1, 3 f.) bzw. auf die Taufe, die die Reinigung von den früheren
Sünden bewirkt hat (1, 9). Wenn der Verf. den Zweck der durch die
Berufung geschenkten Verheißungen bestimmt: ἵνα διὰ τούτων
γένησθε θείας κοινωνοὶ φύσεως, ἀποφυγόντες τῆς ἐν τῷ κόσμῳ ἐν
ἐπιθυμίᾳ φθορᾶς (1, 4), so ist nicht klar, ob damit der gegenwärtige
Stand der Christen oder das zukünftige Heil beschrieben werden
soll. Auch wenn das erstere gemeint ist, so wäre doch die Gegenwärtigkeit des Heils nicht als eine paradoxe gedacht, sondern als
eine naturhafte (durch die Taufe erworbene) Qualität. Jedenfalls
liegt für den Verf. trotz aller großen Worte über die schon empfangene Gabe Gottes (1, 3 f.) das Heil im Grunde in der Zukunft.
Das ist ja der Zweck des Schreibens, den Zweifel an der Parusie
Christi zu bekämpfen (1, 16; 3, 4. 12) und den Ernst des bevorstehenden Gerichtes und die Verantwortung reiner Lebensführung
einzuschärfen (3, 14. 17 f.).

Kaum anders liegt es in Jud, dessen Mahnung nur nicht wie
2. Pt auf die ἡμέρα κρίσεως καὶ ἀπωλείας τῶν ἀσεβῶν ἀνθρώπων
(2. Pt 3, 7) hinweist, sondern auf das ἔλεος τοῦ κυρίου ἡμ. Ἰ. Χριστοῦ, das uns die ζωὴ αἰώνιος schenken wird (20 f.). Daß sich solche
Erwartung aber auf einen reinen Lebenswandel gründet, geht nicht
nur indirekt aus der Schilderung des Lasterlebens der Irrlehrer
hervor, über die das Gericht ergehen wird (15), sondern auch aus
der Doxologie des Schlusses, die das Vertrauen ausspricht, daß Gott
die Leser als fehllose und untadelige bewahren wird (24).

g) Deutlich ausgeprägt ist die eigentümliche christliche Gesetz-
lichkeit in 2. Klem. Die so betitelte Schrift ist eine Mahn- und
Bußpredigt, die auf die Parusie, das künftige Gericht und das den
Frommen verheißene Heil hinweist. Das Gericht wird nach den

Werken ergehen (6, 9; 11, 6; 16, 3; 17, 4), und das ganze Leben des Christen muß ein ἀγών sein, dem als Kampfpreis der στέφανος winkt (7, 1 ff.). Motiviert aber ist die Mahnung durch den Hinweis auf die durch das Werk Christi bestimmte Gegenwart. Wenn auch die σωτηρία meist als die zukünftige gedacht ist (z. B. 19, 3: ἵνα εἰς τέλος σωθῶμεν), so sind die Gläubigen doch schon gerettet 3, 3; 9, 2). Christus, der als der σωτήρ und ἀρχηγὸς τῆς ἀφθαρσίας (20, 5) gekommen ist, hat sie gerettet (1, 4. 7; 2, 7; 9, 5); er hat sie berufen (1, 2. 8 usw.); er hat um ihretwillen gelitten (1, 2). Die Glaubenden sind sein σῶμα (14, 2), nämlich die ἐκκλησία, die als pneumatische präexistent war und mit der Erscheinung des πνεῦμα-Christus im Fleisch nun ebenfalls im Fleisch erschienen ist (14, 1 ff.). Die durch die Taufe in die ἐκκλησία Aufgenommenen haben nun die Taufe oder das „Siegel" rein zu bewahren (6, 9; 7, 6; 8, 6). Sie haben für das Geschenk der Rettung zu danken und es zu vergelten (ἀντιμισθία 1, 3. 5; 9, 7; 15, 2) mit dem Bekenntnis der Tat (3, 1 ff.; 4, 1 ff.) und der Buße (9, 8). Die Taufe bzw. das „Siegel" rein bewahren, heißt zugleich τὴν σάρκα ἁγνὴν τηρεῖν (8, 4. 6; 9, 3; 14, 3), d. h. diesem Äon, der Welt und ihren Begierden, absagen (5, 4; 6, 4; 16, 2 usw.) und einen Wandel in guten Werken, in δικαιοσύνη, als δίκαιος, ὅσιος, εὐσεβής führen (6, 9; 11, 7; 12, 1; 15, 3; 19, 2 f. usw.). Wenn auch als ἀρετή (10, 1) besonders die ἀγάπη gilt (4, 3; 9, 6; 12, 1; 13, 4; 15, 2; 16, 4), so ist doch die für 2. Klem charakteristische Tugend die ἐγκράτεια (4, 3; 15, 1), die bis zur sexuellen Askese geht (12, 5).

Wohl kann man in 2. Klem eine Begründung des Imperativs im Indikativ finden; aber die paulinische Paradoxie fehlt und damit die paradoxe Realisierung des Zukünftigen im Gegenwärtigen. Das „Zwischen" der christlichen Existenz ist deshalb auch hier keine sachliche, sondern nur eine chronologische Bestimmung.

Wie weit der Verf. von Paulus entfernt ist, zeigt sich auch daran, daß er zwar gelegentlich von der Versuchung redet, der auch er selbst als πανθαμαρτωλός ausgesetzt ist (18, 2), daß er aber von der Macht der ἁμαρτία so wenig redet wie von ihrer Tilgung. Die σάρξ bedeutet für ihn keine böse Macht, sondern die Sphäre des Irdischen (5, 5; 8, 2; 9, 1 ff.; 14, 3 ff.); und wie er mahnt, τὴν σάρκα ἁγνὴν τηρεῖν so lehrt er auch die Auferstehung der σάρξ (9, 1 ff.). Entsprechend ist πνεῦμα nicht die eschatologische Gabe und Kraft, sondern Bezeichnung der himmlischen Wesenheit (9, 5; 14, 1 ff.). Die δικαιοσύνη ist nicht das eschatologische Heilsgut (δικαιοῦσθαι fehlt überhaupt), sondern die Rechtschaffenheit, die es zu betätigen gilt (11, 7: ποιεῖν, 19, 3: πράσσειν), und die δίκαιοι sind die Frommen (11, 1; 17, 7; 20, 3). Charakteristisch ist die Verbindung von δίκαιος und ὅσιος (5, 6; 6, 9; 15, 3); ebenso das Auftreten der Termini εὐσεβής, εὐσέβεια, θεοσέβεια

(19, 1. 4; 20, 4). Bezeichnend im Vergleich mit Paulus ist der moralische
Trost angesichts der Leiden: wenn die Frömmigkeit schon jetzt ihren Lohn
erhalten würde, so würden wir Handel treiben und nicht *θεοσέβεια* (20, 4);
wie denn die Mahnung zur Entweltlichung von der Versicherung begleitet
wird: *ἡ ἐπιδημία ἡ ἐν τῷ κόσμῳ τούτῳ τῆς σαρκὸς ταύτης μικρά ἐστιν καὶ
ὀλιγοχρόνιος* (5, 5; vgl. 6, 6; 7, 1). Auch fehlt jeder Enthusiasmus und alles
Charismatikertum.

Das Christentum des 2. Klem ist also nicht minder ein gesetz-
liches als das von Herm, Jak, Did, Barn und Hbr, von diesem nur
dadurch verschieden, daß die Gesetzlichkeit (wie in 2. Pt und Jud)
weniger durch die synagogale Tradition geformt ist und stärker
unter dem Einfluß gewisser hellenistischer Tendenzen der Weltflucht und Askese steht.

h) Der Brief des Polykarp, der im wesentlichen ethische
Mahnungen enthält (*περὶ δικαιοσύνης* 3, 1), ist das Dokument eines
der Welt entfremdeten und durch die Hoffnung auf die Zukunft
(8, 1) bestimmten Christentums. Noch leben die Christen im jetzigen Äon und schauen nach dem Kommenden aus (5, 2). Sie hoffen
auf die Auferweckung der Toten (2, 2; 5, 2) und blicken vorwärts
auf das bevorstehende Gericht, das Christus halten wird (2, 1;
6, 2; 11, 2). Der Zweifel an Auferstehung und Gericht wird als Irrlehre bekämpft (7, 1). In der Gegenwart muß die Bezogenheit auf
die Zukunft als Entweltlichung durchgeführt werden; *ἀπέχεσθαι*
(2, 2; 5, 3; 6, 1. 3; 11, 1f.) und *ἀπολείπειν* (2, 1; 7, 2) sind die die
Mahnungen durchziehenden Stichworte; es gilt, die weltlichen Begierden auszurotten (5, 3; vgl. 7, 1 und *ἐγκράτεια* 4, 2). So bestimmt die Zukunft die Gegenwart nur negativ; daß die Zukunft
die Gegenwart auch positiv qualifiziert, da sie in paradoxer Weise
Gegenwart ist, – davon ist nichts spürbar. Die Aussagen über Christus – daß er im Fleische gekommen ist (7, 1) und für uns, für unsere Sünden gelitten hat und gestorben ist (1, 2; 8, 1; 9, 2), daß
er auferstanden und zum Herrscher und Richter erhöht ist (1, 2;
2, 1f.; 9, 2) – laufen doch nur darauf hinaus, daß dadurch die
christliche Auferstehungshoffnung begründet ist (2, 2; 8, 1). Vom
πνεῦμα als der Gabe der Endzeit und der Kraft des neuen Lebens
ist nicht die Rede, so wenig wie von den *χαρίσματα*. Es ist charakteristisch, daß als *ἀρραβὼν* (*τῆς δικαιοσύνης*) Christus bezeichnet
wird, der für unsere Sünden gestorben ist (8, 1). Entsprechend ist
auch von der *σάρξ* als der Macht der Sünde nicht die Rede. Gal
5, 17 klingt nach in der Formulierung: *πᾶσα ἐπιθυμία κατὰ τοῦ
πνεύματος στρατεύεται* (5, 3), wobei noch zweifelhaft ist, ob das

πνεῦμα ἅγιον gemeint ist, oder (wie im Zitat von Mk 14, 38) das bessere Ich des Menschen (7, 2). Jedenfalls findet sich πνεῦμα ἅγιον nicht. Auch von der sakramentalen Vergegenwärtigung des künftigen Lebens ist nicht die Rede; die Sakramente sind nicht erwähnt.

Obwohl der Verf. paulinische Briefe kennt, klingt die paulinische Rechtfertigungslehre nur 1, 3 an: εἰδότες ὅτι χάριτί ἐστε σεσωσμένοι, οὐκ ἐξ ἔργων, ἀλλὰ θελήματι θεοῦ διὰ 'Ι. Χριστοῦ (nach Eph 2, 5. 8 f. ?). Vom δικαιωθῆναι redet der Verf. nicht (auch nicht von σωθῆναι und σωτηρία), und δικαιοσύνη ist (außer vielleicht 8, 1) nur im Sinne des ethischen Rechtverhaltens gebraucht (2, 3; 3, 1. 3; 4, 1; 9, 1 f.); χάρις findet sich außer 1, 3 nur im Schlußwunsch (als gratia). Die πίστις im paulinischen Sinne spielt keine Rolle; das Wort wird häufig (meist absolut) gebraucht: zur Bezeichnung des Christentums 1, 2 (ebenso πιστεύειν 5, 2), oft in Kombinationen: mit ἐλπίς und ἀγάπη 3, 2 f.; mit ἀγάπη und ἁγνεία 4, 2; mit δικαιοσύνη 9, 2; mit ὑπομονή (13, 2); manchmal bestimmt durch εἰς: εἰς τὸν κύριον . . . 1, 2 (?); 13, 2; εἰς τὸν ἐγείραντα τὸν κύριον 2, 1; 12, 2; durch gen. obj.: τοῦ κυρίου 4, 3. Die christliche Lehre kann bezeichnet werden als ὁ περὶ ἀληθείας λόγος 3, 2; ὁ ἐξ ἀρχῆς παραδοθεὶς λόγος 7, 2; ὁ λόγος τῆς δικαιοσύνης 9, 1.

Die Sätze von dem für unsere Sünden geschehenen Leiden und Sterben Christi implizieren natürlich den Gedanken der durch Christus beschafften Sündenvergebung; das Problem der Sünden nach der Taufe beschäftigt den Verf. aber nicht. Er weiß, daß wir alle ὀφειλέται ἁμαρτίας sind und daher auf die künftige Vergebung im Gericht hoffen müssen (6, 1 f.). Daß der Sünder Buße tun muß, ist anläßlich eines bestimmten Falles gesagt (11, 4): sonst ist von μετάνοια und μετανοεῖν nicht die Rede. Die Vergebung im Gericht wird aber nur denen zuteil, die Christus dienen μετὰ φόβου καὶ εὐλαβείας (6, 3). Die Mahnungen, Gott oder Christus in Furcht zu dienen (2, 1; 4, 2; 6, 3), die ἐντολὴ δικαιοσύνης zu erfüllen (3, 3), dem λόγος τῆς δικαιοσύνης zu gehorchen (9, 1), Christi bzw. Gottes Willen zu tun und in seinen ἐντολαί (bzw. ἀξίως τῆς ἐντολῆς αὐτοῦ) zu wandeln (2, 2; 4, 1; 5, 1), durchziehen den ganzen Brief. Konkret wird dieser Wandel durch Tugend- und bes. durch Laster-Kataloge beschrieben (4, 3; 5, 2 f.; 6, 1 f.). Ehefrauen und Witwen werden nach dem Schema der Haustafeln ermahnt (4, 2 f.); ebenso die Diakonen, die νεώτεροι und die παρθένοι (5, 2 f.) und schließlich die πρεσβύτεροι (6, 1). Einmal dienen auch Herrenworte der Paränese (2, 3 nach Mt 7, 1 f.; Lk 6, 37 f. bzw. 1. Klem 13, 2). Daß die ἐντολὴ δικαιοσύνης in der ἀγάπη gipfelt (oder zusammengefaßt ist), sagt 3, 3: ὁ γὰρ ἔχων ἀγάπην μακράν ἐστιν πάσης ἁμαρτίας (Zitat?). Übrigens beschreibt ἀγάπη in der Kombination mit πίστις und ἐλπίς das christliche Sein (s. o.).

Durchweg wird das Leben des Christen also verstanden als die Vorbereitung auf das künftige Heil durch die Erfüllung der ἐντολαί, durch den Wandel, der der Welt entsagt. Die Gegenwart wird nicht als schon von der Kraft der Zukunft erfüllt verstanden, und die paulinische Begründung des Imperativs ist vergessen. Man mag einen Nachklang davon finden, wenn die Paränese 2, 1 an die Er-

innerung, ὅτι χάριτί ἐστε σεσωσμένοι (s. o.), anschließt: διὸ . . .
δουλεύσατε τῷ θεῷ . . . Allenfalls auch, wenn es 8, 2 nach dem
Hinweis auf Christi Leiden für unsere Sünden heißt: μιμηταὶ οὖν
γενώμεθα τῆς ὑπομονῆς ⟨αὐτοῦ⟩ (vgl. 10, 1). Aber daß der Glaubende zur Freiheit des Gehorsams befreit ist, hat der Verf. nicht
von Paulus gelernt, wie denn der Begriff der ἐλευθερία ganz fehlt.

i) Das drohende Gericht, das die Joh-Apk in c. 6–18 (–20)
verkündigt, ist das Gericht über die gottfeindliche Welt. Es droht
freilich auch der Gemeinde, die deshalb zur Wachsamkeit und
Glaubenstreue gerufen wird, besonders in den 7 Briefen an die
Gemeinden c. 2–3 (vgl. bes. 3, 2 f.; ferner 16, 15). Vor allem aber
wird sie auf das kommende Gericht hingewiesen zu ihrem Trost und
ihrer Stärkung. In dieser Tatsache zeigt sich in gewissem Sinne,
daß der Verf. von der in der Gegenwart wirksamen Kraft der Zukunft weiß, – freilich nur insofern, als die Gemeinde in sicherer
Hoffnung lebt. Diese Gewißheit findet ihren Ausdruck in den im
Himmel gesungenen Hymnen und Siegesliedern, die die ewige
Herrschaft Gottes, seinen und des „Lammes" eschatologischen
Sieg preisen (vgl. bes. 11, 15. 17 f.; 12, 10 f.; 19, 1 f. 6–8), und
schließlich darin, daß das künftige Heil im Bilde des neuen Jerusalem geschaut wird, das schon im Himmel gegenwärtig ist und
gleichsam nur auf die Stunde wartet, um sich auf die Erde herab-
zusenken (21, 1–22, 5). Solche Hoffnung entspricht gewiß den Gedanken des Paulus (Rm 8, 24 f. 31–39), für den die πίστις zugleich
ἐλπίς ist (§ 35, 3); und in ihr hat die Gemeinde gleichsam schon
einen gegenwärtigen Schatz, der sie bei aller Armut reich macht
(2, 9), während der scheinbar Reiche in Wahrheit arm ist (3, 17).
Aber für Paulus ist das künftige Leben doch noch in anderer
Weise Gegenwart, indem er das Leiden als die Schwachheit versteht, in der die Kraft des Herrn zur Vollendung kommt (S. 350
bis 352). Man wird solches Wissen vielleicht hinter den Worten der
Apk spüren, aber gedanklich ist es nicht zum Ausdruck gebracht,
schon deshalb nicht, weil der Verf. das Leiden (wie 1. Pt) einseitig
als das Verfolgungsleiden im Blick hat (2, 3. 9 f.; 6, 9; 7, 14; 12, 12.
17; 13, 7). Der Trost besteht für ihn darin, daß dem Getreuen der
„Kranz des Lebens", der himmlische Lohn, gewiß ist (passim;
z. B. 2, 10; 7, 13–17; 14, 3; 22, 14), und darüber hinaus, daß die
Gemeinde in den Schrecken der Endzeit bewahrt werden wird
(3, 10; 7, 1–8; 14, 1–5). Daneben begegnet auch der Gedanke, daß
das Leiden eine heilsame Züchtigung ist (3, 19).

Die Gewißheit der Hoffnung gründet im Tode Christi, des „geschlachteten Lammes" (5, 6. 9; 13, 8), dessen Blut erlöst und reinigt (5, 9; 7, 14). Die Frage, welcher Art das Verhältnis der Seinen zu Christus ist, kann nicht klar beantwortet werden, weil der Verf. nicht darauf reflektiert; um es zu bezeichnen, dient jedenfalls das Verb. πιστεύειν nicht. Πίστις findet sich einige Male (2, 13; 13, 10; 14, 12; mit ἀγάπη kombiniert 2, 19), jedoch in der Bedeutung Treue, wie denn πιστός den Treuen, Zuverlässigen bezeichnet (2, 10. 13; 17, 14). Christus selbst ist der μάρτυς πιστός (1, 5; 3, 14), und die Worte des Buches sind πιστοὶ καὶ ἀληθινοί (21, 5; 22, 6). Gewöhnlich ist πίστις mit ὑπομονή verbunden (2, 19; 13, 10; 14, 12), und der Preis der ὑπομονή bzw. die Mahnung zu ihr durchzieht das ganze Buch. Des höchsten Ruhmes wert ist, wer die ὑπομονή bis ins Martyrium bewährt hat (2, 13; 6, 9–11; 7, 9–17). Christi Wort ist der λόγος τῆς ὑπομονῆς, den es zu bewahren gilt (3, 10; vgl. 3, 3. 8), und den gleichen Sinn hat es, wenn der Verf. zum τηρεῖν der Worte seines Buches mahnt (1, 3; 22, 7. 9); ebenfalls die Mahnung zum κρατεῖν δ ἔχετε bzw. ἔχεις (2, 25; 3, 11). Dem κρατεῖν τὸ ὄνομα (2, 13) entspricht das μὴ ἀρνεῖσθαι (2, 13: τὴν πίστιν; 3, 8: τὸ ὄνομα). Es gilt aber auch, τηρεῖν τὰ ἔργα μου (2, 26) bzw. τὰς ἐντολὰς τοῦ θεοῦ (12, 17; 14, 12), bildlich gesprochen, τηρεῖν τὰ ἱμάτια (16, 15). Neben der Forderung der ὑπομονή steht die der ἔργα (2, 2. 19). Nach den Werken wird jedem vergolten werden (2, 23; 20, 12 f.; 22, 12); diejenigen, die „im Herrn" sterben, werden ihre Werke „begleiten" (14, 13). Durch das οἶδα τὰ ἔργα σου des himmlischen Herrn empfangen die Gemeinden ebenso Trost wie Mahnung (2, 2. 13 v. l. 19; 3, 1. 8. 15); sie werden zu den ἔργα gerufen (2, 5. 26 usw.) oder wegen ihrer Werke gelobt (2, 2. 13. 19) oder gescholten (2, 19. 22; 3, 1 f. 15), wie entsprechend über die Ungläubigen das Gericht wegen ihrer Werke ergehen wird (9, 20 f.; 16, 11; 18, 6). Unter den geforderten ἔργα ist ein reines Verhalten verstanden, und zwar nicht nur gemäß sittlichen Geboten (3, 4 ? 21, 8. 27; 22, 15), sondern auch gemäß rituellen Geboten (2, 14. 20); doch gehört ohne Zweifel zu ihnen auch die Glaubenstreue. Aber wie zur Glaubenstreue, so erklingt der Ruf auch zur Buße (2, 5. 16; 3, 3. 19; vgl. 2, 21 f.; 9, 20 f.; 16, 9. 11).

Man wird das Christentum der Apk als ein schwach christianisiertes Judentum bezeichnen müssen. Die Bedeutung Christi beschränkt sich doch im wesentlichen darauf, daß er der leidenschaftlichen Hoffnung die Sicherheit gibt, die den jüdischen Apokalyp-

tikern fehlt. Auf ihn, als den Herrn über Leben und Tod (1, 17 f.;
2, 8), als den himmlischen Tröster und Gebieter ist übertragen,
was das Judentum von Gott sagt. Die Sicherheit der Hoffnung und
die Überzeugung, daß das Ende nahe bevorsteht (22, 10; *ναί,
ἔρχομαι ταχύ*), bewirken es, daß die Gegenwart als vom Lichte der
Zukunft schon gleichsam durchleuchtet erscheint. Aber der eigentümliche Zwischen-Charakter des christlichen Seins ist nicht erfaßt worden. Ja, nicht einmal im chronologischen Sinne eignet der
Gegenwart die Bestimmung als einer Zwischenzeit, da der Verf.
nicht auf die Vergangenheit reflektiert, die mit Christus zu ihrem
Ende gebracht ist, und aus der die Gläubigen in einen neuen Anfang versetzt worden sind. Die Gegenwart ist daher grundsätzlich
nicht anders verstanden, als in der jüdischen Apokalyptik, nämlich als eine Zeit der Vorläufigkeit, des Wartens. Daß *πίστις* wie im
Judentum wesentlich als *ὑπομονή* gefaßt ist, ist das deutliche
Symptom für diesen Sachverhalt.

k) Ganz anders nicht nur als in Apk, sondern auch als in den
übrigen bisher betrachteten Schriften liegt es dort, wo die paulinische Tradition wirksam ist, vor allem in K o l u n d E p h. Hier
ist der sachliche Sinn der Zwischen-Situation erfaßt, weil die Bestimmtheit der Gegenwart durch die Zukunft erfaßt ist. Der chronologische Sinn des Zwischen spielt schon deshalb eine geringere
Rolle, weil von der Nähe der Parusie nicht die Rede ist. Natürlich
heißt das nicht, daß die Zukunftsbezogenheit des christlichen Seins
verschwunden wäre. Von der *ἐλπίς* ist nicht selten die Rede; sie
richtet sich auf die bevorstehende „Offenbarung" Christi (Kl 3, 4),
vor dem die Glaubenden dereinst als Heilige dastehen werden
(Kl 1, 22 f.); sie richtet sich auf das dann mit Christus offenbar
werdende Leben (Kl 3, 3 f.), auf das im Himmel bereitete Heil
(Kl 1, 5; Eph 1, 18), auf die Vergeltung alles guten Tuns (Eph 6, 8).
Auf „diesen Äon" wird der „kommende" folgen (Eph 1, 21; vgl.
2, 2). Aber es fällt doch mehr Gewicht auf den gegenwärtigen Heilsstand als eine Vorausnahme des künftigen Heils (S.511 f.).Wohl kann
das gegenwärtige Verhalten auch als die Bedingung des künftigen
Heils angesehen werden, – völlig legitim, sofern dieses Verhalten
das *ἐπιμένειν τῇ πίστει* ist (Kl 1, 23), weniger freilich im Sinne des
Glaubens an die Gnade Gottes, wenn der Hinweis auf die Vergeltung die sittliche Mahnung begründet (Kl 3, 24).

Das Charakteristische für Kl wie für Eph ist aber, daß die Gegenwart als eine Zeit des Heils verstanden wird, die durch Gottes Tat

in Christus herbeigeführt wurde, insofern nämlich die kosmischen Gewalten entmächtigt worden sind (Kl 1, 20; 2, 15; s. S. 505). Indem dieses Geschehen in der Taufe vom Christen angeeignet wird (Kl 2, 12; vgl. 2, 20; 3, 3; Eph 4, 5), sind die Glaubenden aus der Herrschaft der Mächte, als aus der ἐξουσία τοῦ σκότους befreit und in die Herrschaft Christi versetzt worden (Kl 1, 13). Diese ihre ἀπολύτρωσις ist die ἄφεσις τῶν ἁμαρτιῶν (Kl 1, 14; vgl. 2, 14; Eph 1, 7; 5, 26), – jedoch nicht so, als sei nun das Leben unter einen Imperativ gestellt, dessen Erfüllung die Bedingung für die Erlangung des Heils wäre, sondern so, daß mit der Vergebung zugleich die Macht der Sünde gebrochen und im gehorsamen Wandel das Leben Gegenwart ist. Die Glaubenden sind mit Christus gestorben, begraben und mit ihm erweckt, lebendig gemacht worden (Kl 2, 12 f. 20; 3, 3). In diesem Indikativ ist der Imperativ begründet (Kl 3, 5 ff. 12 ff.; Eph 4, 1 ff. 17 ff. 25; 5, 8 ff.; vgl. Kl 1, 21 f.; Eph 2, 5 f.). Eigentümlich formuliert Eph 2, 10: wir als die durch Gottes Gnade Geretteten sind ,,seine Schöpfung, geschaffen in Christus Jesus zu guten Werken, die Gott vorher bereitet hat, daß wir in ihnen wandeln". Besonders klar Kl 3, 2 f.: τὰ ἄνω φρονεῖτε, μὴ τὰ ἐπὶ τῆς γῆς. ἀπεθάνετε γὰρ, καὶ ἡ ζωὴ ὑμῶν κέκρυπται σὺν τῷ Χριστῷ ἐν τῷ θεῷ. Hier ist die Paradoxie: Gegenwart und doch Zukunft, oder: Zukunft und doch Gegenwart erkannt. Sie ist auch darin gewahrt, daß trotz, ja gerade wegen des Gestorbenseins mit Christus gemahnt wird: νεκρώσατε οὖν τὰ μέλη τὰ ἐπὶ τῆς γῆς (Kl 3, 5; vgl. Eph 4, 22), und daß trotz der Befreiung von den bösen Mächten der Kampf gegen sie den Glaubenden auferlegt ist (Eph 6, 10 ff.). Die Bedrohtheit des christlichen Lebens ist deutlich gesehen. Freilich ist von der Macht der gegen das πνεῦμα streitenden σάρξ (Gl 5, 17) und von Versuchungen nicht die Rede (πειράζειν und πειρασμός fehlen). Die σάρξ und ihre ἐπιθυμίαι gelten als mit der Taufe abgetan (Kl 2, 13; Eph 2, 3); aber gleichwohl ist die Mahnung zum Kampf gegen die ἐπιθυμίαι und gegen die Laster damit nicht hinfällig geworden, sondern hat ihre Begründung gerade durch den Indikativ erhalten. Daß das Böse eine einheitliche Macht und also das Leben des Glaubenden ein steter Kampf ist, kommt in jenen Mahnungen Eph 6, 10–20 in mythologischer Sprache zum Ausdruck: es gilt dem Teufel und den dämonischen Mächten Widerstand zu leisten. (Die gottfeindliche Sphäre wird gelegentlich auch durch κόσμος in dem paulinischen und johanneischen Sinne bezeichnet: Kl 2, 8. 20; Eph 2, 2; 2, 12 ?) Der in der Taufe geschenkte Geist ist das Unterpfand (ἀρραβών) des künftigen Heils (Eph 1, 13 f.); er ist aber auch die Kraft, die gegenwärtig geschenkt wird in der Bewegung des ständigen Neuwerdens (Eph 3, 16; 4, 23), und er darf nicht durch eine schlechte Lebensführung „betrübt" werden (Eph 4, 30).

Die paulinische das christliche Sein bezeichnende Formel ἐν Χριστῷ findet sich formelhaft Kl 1, 2; Eph 1, 1 im Sinne von „christlich". Sie bezeichnet wie bei Paulus die durch die Taufe hergestellte Gemeinschaft mit Christus Kl 2, 12; Eph 2, 6. 10. 13; 3, 6. So wohl auch Kl 1, 28; 2, 9 f.; Eph 1, 10; 2, 15. 21 f.; hier kommt überall die der Formel zugrunde liegende gnostische Anschauung vom kosmischen Anthropos (vgl. bes. Eph 4, 13) zutage. Mehrfach hat das ἐν Χρ. repräsentativen Sinn: in d. h. mit Christus ist das Heil gegeben Kl 2, 3; Eph 1, 3. 6; 2, 7; 4, 32; doch könnte das ἐν auch instrumental gemeint sein wie wohl Eph 1, 20; 2, 16. Auch kann der Sinn wohl sein: damit daß Christus in der Vorzeit von Gott erwählt wurde, sind auch die Glaubenden erwählt worden Eph 1, 4. 9; 3, 11. Jedoch ist der Gebrauch in der liturgischen Sprache offenbar schon formelhaft geworden (vgl. Eph 3, 21), so daß man den genauen Sinn manchmal kaum bestimmen kann.

Das Heil ist zugänglich geworden durch die Predigt, den λόγος τῆς ἀληθείας, das εὐαγγέλιον (Kl 1, 5; Eph 1, 13), das das verborgene Geheimnis Gottes geoffenbart hat (Kl 1, 25 ff.; 4, 3; Eph 3, 1 ff.; 6, 19), und das deshalb in der Gemeinde lebendig bleiben muß (Kl 3, 16). In ihm ist das Heil Gegenwart und in der ihm korrespondierenden Erkenntnis, die zu bezeichnen eine Fülle von Ausdrücken dienen: γνῶσις und ἐπίγνωσις, σοφία, σύνεσις, φρόνησις.

Im Unterschied von Paulus spielen πιστεύειν und πίστις eine relativ geringe Rolle. Πιστεύειν findet sich in Kl überhaupt nicht, in Eph nur 1, 13. 19, wo die πιστεύσαντες bzw. πιστεύοντες einfach die „Christen" sind (S. 92). Der Gebrauch von πίστις ist schwankend. Bald bedeutet es den christlichen Glauben im Sinn von „Christentum" (Kl 1, 23; Eph 1, 15; 3, 12), besonders wenn es mit ἀγάπη verbunden ist (Kl 1, 4; Eph 1, 15). Πίστις kann dann näher bestimmt werden, jedoch ist das nur selten der Fall: nur einmal mit εἰς (was bei Paulus nur mit πιστεύειν begegnet) Kl 2, 5: εἰς Χριστόν, zweimal mit ἐν (= εἰς) Kl 1, 4: ἐν Χρ. ᾽Ι.; Eph 1, 15: ἐν τ. κυρίῳ ᾽Ι. (bei Paulus vielleicht Gl 3, 26; in den Past 1. Tim 3, 13; 2. Tim 3, 15); einmal mit gen. obj. Kl 2, 12: τῆς ἐνεργείας τ. θεοῦ; aber nie mit dem bei Paulus häufigen ᾽Ιησοῦ (Χρ.). – Manchmal dürfte πίστις mehr die Gläubigkeit als subjektive Haltung meinen (Kl 2, 7; Eph 3, 17; 6, 16–23); anderwärts liegt die objektive Bedeutung vor, so daß π. die fides quae creditur, das „Bekenntnis", bedeutet, so in dem charakteristischen Nebeneinander εἷς κύριος, μία πίστις, ἓν βάπτισμα Eph 4, 5 (aus liturgischer Tradition?); vielleicht auch Eph 4, 13. Nur einmal begegnet πίστις in der Verbindung von χάρις in der paulinischen Antithese zu den ἔργα (Eph 2, 8 f.; vgl. 2, 5); doch ist von Gottes in Christus bzw. im Evangelium geschenkter χάρις einige Male die

Rede (Kl 1, 6; Eph 1, 6 f.; 2, 7; vgl. 4, 7). Charakteristisch ist aber, daß es nicht heißt χάριτι (bzw. διὰ πίστεως) δικαιωθέντες, sondern σεσωσμένοι, wie denn δικαιοῦν in Kl und Eph fehlt. In Kl fehlt auch δικαιοσύνη, das sich Eph 4, 24; 5, 9 findet, jedoch nicht im forensischen Sinn, um das (eschatologische) Heilsgut zu bezeichnen, sondern als ethischer Terminus im Sinne von „Rechtschaffenheit" (so auch (τὸ) δίκαιον Kl 4, 1; Eph 6, 1), 4, 24 verbunden mit ὁσιότης, das bei Paulus fehlt und etwa der εὐσέβεια der Past entspricht.

Der Gedanke, daß gerade die Erkenntnis das christliche Sein auszeichnet und daß sie deshalb beständig wachsen muß, ist besonders charakteristisch für Kl und Eph. Gottes Gnadentat, die in der Predigt wirksam wird, ist ein Kundmachen (γνωρίζειν Kl 1, 27; Eph 1, 9; 6, 19), wie denn auch den Aposteln durch Offenbarung das μυστήριον des Heilsplans kundgemacht worden ist (Eph 3, 3 f. 5), das den Gegenstand der Predigt bildet (Kl 1, 25–27; 4, 3; Eph 1, 9; 3, 9; 6, 19). Der Inhalt des μυστήριον ist eben der Heilsplan Gottes (Kl 1, 26; Eph 1, 9 f.; 3, 9 f.) oder, wie es auch einfach heißen kann, Christus (Kl 1, 27), in dem alle Schätze der γνῶσις und σοφία enthalten sind (Kl 2, 3). Der Inhalt der durch die Predigt vermittelten Erkenntnis ist damit zugleich die alle Erkenntnis übersteigende Liebe Gottes (Eph 3, 19); er ist aber auch die Erkenntnis des Willens Gottes, der einen würdigen Wandel verlangt (Kl 1, 9 f. 28; 4, 5; Eph 5, 17).

Endlich läßt sich – gleichsam zusammenfassend – sagen, daß das Heil gegenwärtig ist in der ἐκκλησία als dem σῶμα Χριστοῦ, in das die Glaubenden durch die Taufe aufgenommen worden sind (Kl 1, 18. 24; 2, 19; 3, 15; Eph 1, 22 f.; 2, 16; 5, 23. 30). Eine Sicherung ist damit freilich nicht gegeben; denn daß die Gemeinde wirklich der Leib Christi ist, hat sich zu bewähren im Festhalten an Christus als dem Haupt des Leibes (Kl 2, 19), in der Einheit der Liebe (Kl 3, 14 f.; Eph 4, 2 ff.), etwa auch im Leiden für die Kirche (Kl 1, 24), in gegenseitiger Belehrung und Mahnung (Kl 3, 16) und im Dankgebet und in den Gesängen der versammelten Gemeinde (Kl 1, 12; 2, 7; 4, 2; bes. 3, 16; Eph 3, 21; 5, 19 f.). Das kirchliche Interesse tritt in Eph noch stärker hervor als in Kol, nicht nur insofern die Vereinigung der Juden und Heiden (als Christen) zu dem einen Tempel Gottes ein spezielles Thema von Eph ist (2, 11 bis 22), sondern auch insofern die Begründung der Kirche auf die „heiligen" Apostel und Propheten (2, 20; 3, 5) und die Leitung der Kirche durch diese, zusammen mit den Evangelisten, Hirten und Lehrern (4, 11), für den Verf. ein wichtiger Gedanke ist. Der Autoritätsgedanke der altkatholischen Kirche beginnt schon lebendig zu werden; jedoch haben die Leiter der Kirche noch keinen priesterlichen Charakter; ihr Amt ist das der Wortverkündigung. Auch von einer speziellen kirchlichen Disziplin ist noch nicht die Rede. Die Gemeindeglieder sollen sich gegenseitig erziehen (Kl 3, 13–16; Eph 4, 2 f. 32; 5, 19–21). Ist das Leben der Glaubenden „entweltlicht", insofern es das Leben der mit Christus Gestorbenen ist, die dem früheren Lebenswandel abgesagt haben und absagen sollen (Kl 1, 21; 3, 5 ff.; Eph 2, 1 ff.), die nicht mehr auf τὰ ἐπὶ τῆς γῆς sondern auf τὰ ἄνω gerichtet sind (Kl 3, 2; s. o.), und sofern es sich im Raume der Kirche abspielt, so ist es doch nicht weltflüchtig. Die asketischen und rituellen Gebote der Irrlehrer werden bekämpft (Kl 2, 16. 21; s. S. 502). Es ist ein frommes, von brüderlicher Liebe getragenes Leben in den Formen des bürgerlichen Daseins, als dessen Muster (wie in den Past) die Haustafeln dienen (Kl 3, 18–4, 1; Eph 5, 22–6, 9).

Ein gewisser Doktrinarismus und eine Moralisierung im Verständnis des Heils läßt sich für Kol und Eph nicht leugnen. Wesen und Ursprung der Sünde ist nicht in der Tiefe erfaßt wie bei Paulus und Joh. Sie ist zwar als bedrohliche Macht gesehen; aber ihr Wesen wird doch nur im lasterhaften Leben gesehen, wie denn der heidnische Wandel durch Lasterkataloge beschrieben wird (Kl 3, 5. 8; Eph 2, 1 ff.; 4, 18 f.). Demzufolge ist auch die πίστις nicht in der Radikalität verstanden wie bei Paulus und Joh. Auch ist die Sprache weithin konventionell; sie lebt aus der paulinischen und – besonders in Eph – aus der liturgischen Tradition. Gleichwohl sind wesentliche Motive der paulinischen Theologie lebendig geblieben, zumal im Verständnis der paradoxen Situation der Glaubenden „zwischen den Zeiten", im Verständnis des Bezuges der Gegenwart auf die Zukunft und in der Begründung des Imperativs im Indikativ.

l) Verwandt mit Kol und Eph ist 1. Pt, in dem jedoch die Bezogenheit auf die Zukunft stärker ausgeprägt ist. Die Hoffnung auf das kommende Heil ist beherrschend (1, 3 ff. 13; 3, 9; 4, 13; 5, 4), doch so, daß auch der Gedanke an das Gericht nicht fehlt (4, 6. 17 ff.). Ja, auch die Naherwartung des Endes ist noch (oder wieder) lebendig (4, 7). Infolgedessen ist auch die Entweltlichung stärker ausgeprägt. (Der paulinische und joh Gebrauch des Terminus κόσμος fehlt freilich, und ebenso fehlt der Begriff des αἰὼν οὗτος.) Die Bezeichnung der Christen als ἅγιοι ist nicht eine bloße technische

Benennung, sondern Ausdruck der Tatsache, daß sie nicht mehr zur gegenwärtigen Welt gehören. Die christliche Gemeinde ist ein οἶκος πνευματικός, ein ἱεράτευμα ἅγιον, ein ἔθνος ἅγιον (2, 5. 9 f.), was zugleich die Verpflichtung zum heiligen Wandel einschließt (1, 15). Der Welt gegenüber müssen sich die Christen als πάροικοι und ἐπίδημοι wissen (2, 11; vgl. 1, 1. 17). Die Gegenwart hat den Charakter des Vorläufigen (2, 17), was freilich besonders als Trost angesichts der gegenwärtigen Leiden geltend gemacht wird (1, 6; 5, 10). Das Zwischen, in dem die Glaubenden stehen, ist aber nicht nur eine chronologische Bestimmung. Denn insofern sie schon Heilige sind, läßt sich von der Gegenwärtigkeit des Heils reden. Sie sind geheiligt durch das in der Taufe verliehene πνεῦμα, das ihnen die Wirkung des Blutes Christi zuwendet (1, 2; vgl. 1, 18–21). Die Taufe, deren Kraft in der Auferstehung Christi begründet ist (3, 21; 1, 3), rettet sie und gibt ihnen ein neues Verhältnis zu Gott (3, 21)[1]. So sind sie wiedergeboren (oder neu gezeugt 1, 23). Aber es heißt bezeichnenderweise, daß Gott sie wiedergeboren (gezeugt) hat εἰς ἐλπίδα ζῶσαν (1, 3). Die Gegenwärtigkeit des Heils zeigt sich also darin, daß sie Hoffende sind; ihre πίστις ist als solche ἐλπίς.

Die Gegenwärtigkeit des Heils dokumentiert sich aber auch im neuen Wandel, in dem die Absage an die Welt durchgeführt werden muß (1, 13 ff.; 2, 1 ff.; 4, 1 ff. 7 ff.). Das Sakrament der Taufe hat nicht einfach eine neue Natur verliehen, deren Besitz das künftige Heil garantiert, sondern durchweg erscheint in echt paulinischer Weise der Indikativ als den Imperativ begründend (1, 13 ff., bes. V. 15; 1, 23; 2, 11; 24. 3, 9); dabei begegnet auch einmal das paulinische Motiv der Freiheit (2, 16). Daneben wird freilich die Mahnung gelegentlich auch durch den Hinweis auf das bevorstehende Ende motiviert (4, 7; 5, 6). Auch wird der Gedanke des in der Taufe geschenkten Geistes nicht in der Paränese fruchtbar gemacht, wie auch von der σάρξ als der Macht der Sünde höchstens andeutend geredet wird (2, 11: ἀπέχεσθαι τῶν σαρκικῶν ἐπιθυμιῶν) und die Sünde nur im Lasterleben gesehen wird (2, 1; 4, 2 f. 15), in den Begierden (1, 14; 2, 11; 4, 2 f.), die bezeichnenderweise die „Begierden der Menschen" genannt werden (4, 2). So nimmt es auch nicht wunder, daß πίστις, sofern es nicht das vertrauende Hoffen ist (1, 9. 21), den allgemeinen Sinn des christlichen Glaubens hat, etwa mit der Nuance des treuen Glaubens (1, 5. 7; 5, 9; ebenso

---

[1] Συνειδήσεως ἀγαθῆς ἐπερώτημα εἰς θεόν wird bedeuten: das Gebet, das dem Bewußtsein der durch die Taufe gewonnenen Reinheit entspringt.

πιστεύειν 1, 8. 21), wie auch die πιστεύοντες bzw. πιστοί einfach die
„Christen" sind (1, 21; 2, 7; vgl. 5, 12). Der Gegensatz der πίστις
zu den ἔργα fehlt; vielmehr heißt es, daß Gott nach eines jeden
ἔργον richten wird (1, 17); und die Glaubenden haben sich durch
καλὰ ἔργα auszuzeichnen (2, 12). Von der χάρις Gottes ist freilich
die Rede. Sie ist die von Gott durch Christus geschenkte (1, 10;
3, 7; 5, 12) oder auch die in der künftigen ἀποκάλυψις ᾽Ι. Χριστοῦ
zu erwartende Gnade (1, 13), aber auch die mannigfache Gnade
Gottes, die sich in Charismen (4, 10; vgl. 5, 10) oder im unschul-
digen Leiden erweist (2, 19). Aber den spezifisch paulinischen Sinn
hat χάρις nicht mehr. So ist auch vom δικαιωθῆναι keine Rede
mehr; δικαιοσύνη ist die Rechtschaffenheit (2, 24; 3, 14); δίκαιος
heißt der Rechtschaffene, Unschuldige (3, 12. 18; 4, 18).

In eigenartiger Weise ist der paulinische Gedanke des Leidens
und Sterbens mit Christus modifiziert. Wenn das Leiden in der
Verfolgung als Gemeinschaft mit dem Leiden Christi gedeutet wird
(4, 13), so wäre das an sich nicht unpaulinisch. Aber der paulinische
Gedanke, daß sich die Leidensgemeinschaft mit Christus im Entschluß des Glaubens vollzieht und deshalb ein immer zu gewinnen-
des Ziel bzw. ein ständig sich im Leben des Glaubenden vollziehender Prozeß ist (S. 352), klingt nur noch 4, 2 nach. Sonst versteht
ihn der Verf. so, daß durch das Leiden der Christen deshalb ein
Zusammenhang mit Christus hergestellt wird, weil die Nachfolge
Christi das Leiden der Verfolgung nach sich zieht. Daher ist der
Gekreuzigte nicht die δύναμις und σοφία θεοῦ (1. Kr 1, 24), sondern das Vorbild des Leidens (2, 21 ff.; 3, 18), – natürlich unbeschadet des (traditionellen) Satzes, daß der Tod Christi ein Tod für
unsere Sünden war (1, 18 f.; 2, 21. 24; 3, 18). Der Gedanke, daß die
Übernahme des Kreuzes die Preisgabe alles Rühmens und die
radikale Entweltlichung ist (Gl 6, 14; Phil 3, 3 ff.; 1. Kr 1, 18 ff.
usw.) ist verloren gegangen. Überhaupt ist das Leiden nur in den
Blick gefaßt als das unschuldige Leiden, das menschlicher Bosheit
(2, 19) oder gar der Feindschaft der Heiden gegen die Christen
(3, 13 ff.; 4, 12 ff.) entspringt, wie denn πειρασμός nur zur Bezeichnung der Leiden gebraucht wird.

Das eschatologische Bewußtsein und die Distanz zur Welt kommt
in 1. Pt stärker zur Geltung als in Kol und Eph (und in den Past),
was gewiß durch die Situation der drohenden und zum Teil realen
Anfeindungen der Christen durch die Heiden bedingt ist. Dadurch
erhält die Paränese ihren eigentümlichen Charakter. Sowohl die

Mahnungen zum Gehorsam gegen die staatlichen Behörden (2, 14 bis 17) wie die Haustafeln (2, 18–3, 7) mahnen nicht einfach zu einem soliden und sauberen bürgerlichen Leben, sondern zu einer spezifisch christlichen Haltung: der Glaubende soll durch sein Wohlverhalten dem Glauben Ehre machen und soll bereit sein zum Dulden. Die Mahnung zum Dulden durchzieht das ganze Schreiben (1, 6 f.; 2, 20 f.; 3, 16 f.) und mit ihr die Mahnung zur Liebe (ἀγάπη wie φιλαδελφία, 1, 22; 2, 17; 3, 8; 4, 8). Daneben ist die Mahnung zur Demut (ταπεινοφροσύνη) charakteristisch (3, 8; 5, 5 f.). Daß sich das Wesen der Gemeinde als eines ἱεράτευμα ἅγιον auch in einem von der Bruderliebe regierten Gemeindeleben realisiert, kommt außer in den Mahnungen zur Bruderliebe auch in speziellen Mahnungen zur Geltung: jeder hat durch sein Charisma dem Ganzen zu dienen (4, 10 f.). Die πρεσβύτεροι werden besonders ermahnt (5, 1–4) und ebenso die νεώτεροι (5, 5).

m) In anderer Weise wirkt die paulinische Tradition in den Pastoralbriefen weiter, etwa in der gleichen Richtung wie in Kol und Eph. Hier hat die Zukunftserwartung ihre Spannung noch mehr verloren, und der christliche Glaube wird zu einer Frömmigkeit, die zwar keineswegs die Distanz zur Welt preisgibt, die sich aber im Rahmen des bürgerlichen Lebens einen Raum schafft. Charakteristisch ist, daß zwar paulinische Gedanken nachklingen, wichtige Begriffe der paulinischen Theologie aber teils verschwunden sind, teils ihre alte Bedeutung verloren haben. So ist σῴζειν (σωθῆναι) an Stelle von δικαιοῦν (δικαιωθῆναι) getreten und σωτηρία an Stelle von δικαιοσύνη (S. 468).

Nur Tit 3, 7 begegnet als Nachklang von Paulus δικαιωθέντες τῇ ἐκείνου χάριτι. Sonst fehlt δικαιοῦν überhaupt außer in dem Zitat 1. Tim 3, 16, in dem das ἐδικαιώθη (ἐν πνεύματι) von Christus ausgesagt wird. Δικαιοσύνη bedeutet Rechtschaffenheit; zu ihr erzieht die Schrift (2. Tim 3, 16), nach ihr muß man streben (1. Tim 6, 11; 2. Tim 2, 22), und ihr winkt schließlich der Kranz (2. Tim 4, 8). Entsprechend ist der δίκαιος der Rechtschaffene (1. Tim 1, 9; Tit 1, 8).

Sehr selten findet sich πιστεύειν, und zwar nicht im paulinischen Sinne, wie schon die Verbindung πιστεύειν ἐπί c. dat. zeigt (1. Tim 1, 16; bei Paulus nur in den Zitaten Rm 9, 33; 10, 11). Das paulinische πιστεύειν εἰς und πιστ. ὅτι fehlen. Πιστεύειν heißt in den Past vertrauen, sich verlassen auf (1. Tim 1, 16; 2. Tim 1, 12; wohl auch Tit 3, 8 mit θεῷ als Obj.). Das häufig gebrauchte πίστις erhält zuweilen das Obj. ἐν Χρ. Ἰησοῦ (1. Tim 3, 13; 2. Tim 1, 13;

3, 15), hat aber durchweg den abgeschliffenen Sinn von „Christentum", „christliche Religion" gewonnen und kann je nach dem Zusammenhang die fides qua oder quae creditur bedeuten (vgl. 1. Tim 1, 5; 2, 15; 3, 9; 5, 8; 6, 12; 2. Tim 1, 5; 4, 7; Tit 1, 1), ja, es kann geradezu die rechte Lehre bezeichnen.

Charakteristisch ist die formelhafte Wendung ἐν πίστει = „christlich" (1. Tim 1, 2. 4; Tit 3, 15) und das κατὰ κοινὴν πίστιν Tit 1, 4. Formelhaft ist auch die Bezeichnung des Christenstandes als πίστις καὶ ἀγάπη (1. Tim 1, 14; 2. Tim 1, 13). Vor allem ist πίστις der rechte Glaube im Gegensatz zu einem falschen, sowohl im subjektiven Sinne als die rechte Gläubigkeit, wie im objektiven als die rechte Lehre. s. S. 487 f. Als rechte Gläubigkeit verliert πίστις den die christliche Existenz begründenden Charakter und wird zu einer Tugend. Schon daß sie als ἀνυπόκριτος bezeichnet werden kann (1. Tim 1, 5; 2. Tim 1, 5), wie bei Paulus nur die ἀγάπη charakterisiert wird (Rm 12, 9; 2. Kr 6, 6; vgl. 1. Pt 1, 22), ist bezeichnend. Wohl erscheint die πίστις ἀνυπόκριτος 1. Tim 1, 5 als Wurzel der ἀγάπη, jedoch verbunden mit der καθαρὰ καρδία und der συνείδησις ἀγαθή. Vor allem sind die Kombinationen mit anderen Tugenden charakteristisch: mit ἀγάπη 1. Tim 1, 14: 2. Tim 1, 13; ebenso Tit. 2, 2, wo noch ὑπομονή dazutritt, und 1. Tim 4, 12, wo ἀγ. und πίστ. mit ἀναστροφή und ἁγνεία verbunden sind. 1. Tim 6, 11 erscheint die πίστ. gar in einem ganzen Katalog: δικαιοσύνη, εὐσέβεια, πίστ., ἀγ., ὑπομονή, πραϋπαθία; ähnlich 2. Tim 2, 22; 3, 10.

Die charakteristische Bezeichnung der christlichen Haltung ist εὐσέβεια, das gottgefällige Verhalten, die Frömmigkeit.

Das Subst. εὐσέβεια findet sich zehnmal, das Verb. εὐσεβεῖν 1. Tim 5, 4, das Adv. εὐσεβῶς 2. Tim 3, 12; Tit 2, 12. Das Adj. fehlt und wird durch ὅσιος ersetzt 1. Tim 2, 8; Tit 1, 8. Εὐσέβεια kann wie πίστις das Christentum schlechthin bezeichnen 1. Tim 3, 16; 6, 3; 2. Tim 3, 5.

Die Frömmigkeit bekundet sich im ehrbaren Wandel (1. Tim 2, 2; 5, 4; 6, 11; 2. Tim 3, 12; Tit 2, 12), wie er in den Haustafeln beschrieben werden kann (1. Tim 2, 8–15; 6, 1 f.; Tit 2, 2–10). So ist sie der Gegensatz zu dem früheren heidnischen Lasterleben (Tit 3, 3). Sie ist die Absage an die ἀσέβεια und die κοσμικαὶ ἐπιθυμίαι (Tit 2, 12; 1. Tim 6, 9; 2. Tim 2, 22; 3, 6; 4, 3); sie trägt jedoch keine weltflüchtigen Züge, sondern ist charakterisiert durch σωφροσύνη (1. Tim 2, 9. 15; 3, 2; 2. Tim 1, 7; Tit 1, 8; 2, 2. 4–6. 12), die ungezügeltes Wesen und Übermaß meidet (1. Tim 3, 3. 8; Tit 1, 7; 2, 3) und genügsam ist (1. Tim 6, 6–10), aber auch keine Askese treibt (1. Tim 4, 4 f. 8; 5, 23; über das Verhältnis zur Ehe s. § 60, 5).

Solche εὐσέβεια hat die Verheißung für das jetzige und für das künftige Leben (1. Tim 4, 8). Denn die Glaubenden warten auf die künftige ἐπιφάνεια Christi (1. Tim 6, 14 f.; 2. Tim 4, 1. 8 ?; Tit 2, 13);

sie haben die Hoffnung auf das ewige Leben (Tit 3, 7; 1, 2; 2. Tim 1, 1), auf die Vergeltung, die der Herr als Richter „an jenem Tage" der Glaubenstreue erstatten wird (2. Tim 4, 8; vgl. 4, 1). Aber die Gegenwart steht doch nicht mehr in der eschatologischen Gespanntheit wie bei Paulus, sondern die Gemeinde hat sich darauf eingerichtet, daß der Weltlauf noch eine Weile dauert (S. 468). Wenn es an der Zeit ist, wird Gott die Erscheinung Christi herbeiführen (καιροῖς ἰδίοις 1. Tim 6, 14). Es ist keine Rede davon, daß dieses Ereignis nahe bevorsteht, aber es herrscht auch nicht etwa Enttäuschung wegen des Ausbleibens der Parusie. Charakteristisch ist, daß durch den eschatologischen Terminus ἐπιφάνεια auch die irdische Erscheinung Christi bezeichnet werden kann (2. Tim 1, 10; vgl. Tit 2, 11; 3, 4). Die Zukunftsbezogenheit tritt zurück gegenüber dem Bewußtsein des gegenwärtigen Heils. In der Tat wissen die Past, daß die Gegenwart unter der Gnade steht, die einst verborgen war und jetzt mit der „Erscheinung" Christi offenbar geworden ist (2. Tim 1, 9 f.; Tit 1, 2 f.; 2, 11). Sie kennen auch die Bedeutung des Evangeliums als des verkündigten Wortes, durch das das Heil offenbart worden ist und weiter offenbart wird (2. Tim 1, 10; Tit 1, 3; vgl. 1. Tim 3, 16), und wissen, welche Bedeutung die Verkündigung für die Kirche hat (1. Tim 5, 17; 2. Tim 2, 15; 4, 2; Tit 1, 9; vgl. auch 1. Tim 2, 7; 2. Tim 1, 11; 2, 9; 4, 17). Sie wissen auch, daß nicht unsere Werke, sondern die Gnade uns gerettet hat (2. Tim 1, 9; Tit 3, 7). Durch die Taufe wird sie uns zu eigen, und gewiß gibt die Taufe auch wie bei Herm und Hbr eine neue Möglichkeit des Lebens, aber nicht als eine neue Chance dank der Vergebung der früheren Sünden (ἄφεσις ἁμαρτιῶν fehlt in Past wie bei Paulus!), sondern als das λουτρὸν παλιγγενεσίας καὶ ἀνακαινώσεως πνεύματος ἁγίου (Tit 3, 5).

Die Paradoxie des christlichen Seins als eines neuen Seins im alten Äon (Tit 2, 12) und damit der sachliche Sinn des „Zwischen" ist also erfaßt worden. Die Gegenwart steht nicht wieder unter dem Gesetz, wenngleich unter neuen Bedingungen wie bei Herm, Barn und Hbr, sondern sie steht unter dem Evangelium, in dem die Gnade gegenwärtig geworden ist (2. Tim 1, 11; Tit 1, 3). Gott gab den Geist der Kraft, der Liebe und der Zucht (2. Tim 1, 7), und der Geist hilft auch, die Pflicht zu erfüllen (2. Tim 1, 14). Freilich ist die Zeit des Enthusiasmus vorbei; von einzelnen Charismen ist nicht die Rede, nur von dem Charisma der Amtsgnade (1. Tim 4, 14; 2. Tim 1, 6; so wohl auch χάρις 2. Tim 2, 1). Entsprechend beginnt das Leben der Glaubenden einer kirchlichen Disziplin unterworfen zu werden, nicht nur insofern die Gemeindebeamten die Irrlehrer zurechtweisen (2. Tim 2, 25; Tit 1, 9. 13) und notfalls exkommunizieren (1. Tim 1, 20; Tit 3, 10 f.), sondern auch insofern sie das sittliche Leben der Gemeindeglieder kontrollieren und sie in Zucht halten (1. Tim 5, 3–16. 19 f.; 2. Tim 4, 2; Tit 2, 15). So ist ähnlich wie in Kol und Eph die Gegenwärtigkeit des Heils gleichsam inkorporiert in der ἐκκλησία als dem στῦλος und ἑδραίωμα τῆς ἀληθείας (1. Tim 3, 15). Jedoch ist der Gedanke der ἐκκλησία nicht in der Weise betont wie in Eph (das Wort nur noch 1. Tim 3, 5; 5, 16), und vom σῶμα Χριστοῦ wird nicht geredet.

Ein etwas verblaßter Paulinismus ist das Christentum der Past, in dem immerhin die paulinische Tradition wirksam ist. Die Art, wie von der Gnade geredet wird, klingt zwar nicht paulinisch; aber sie ist doch im Sinne des Paulus als eine das gegenwärtige Leben umgestaltende Kraft verstanden, wenn sie bezeichnet wird als eine Gnade, die uns zum „frommen" Leben „erzieht" (Tit 2, 11 f.). Denn damit ist doch der Imperativ als im Indikativ begründet verstanden, wenngleich die paulinische Paradoxie nicht zum Ausdruck gebracht ist. Gewiß, die Entweltlichung der Glaubenden ist nicht in der Radikalität erfaßt wie von Paulus, da die Tiefe des paulinischen Verständnisses der Sünde und damit des Glaubens nicht mehr erfaßt ist. Κόσμος (1. Tim 1, 15; 3, 16; 6, 7) bedeutet nicht mehr die „Welt" im paulinischen Sinne außer in der Rede von den κοσμικαὶ ἐπιθυμίαι (Tit 2, 12). Von dem Kampf zwischen σάρξ und πνεῦμα wissen die Past nicht zu reden (σάρξ begegnet überhaupt nur in dem Zitat 1. Tim 3, 16). Ebenso fehlt der Gedanke des Sterbens und Lebens mit Christus; die paulinische Charakteristik des christlichen Lebens als ἐν Χριστῷ begegnet höchstens noch 2. Tim 3, 12. Sonst wird ἐν Χρ. als Obj. von πίστις gebraucht (1. Tim 1, 14; 3, 13; 2. Tim 1, 13; 3, 15; zu πίστις tritt noch ἀγάπη 1. Tim 1, 14; 2. Tim 1, 13), oder es hat den repräsentativen Sinn wie in Kol und Eph (2. Tim 1, 1. 9; 2, 1. 10). Aber es ist doch bei aller Einseitigkeit und Schwunglosigkeit eine legitime Fortsetzung des paulinischen Denkens, wenn die Gnade als eine das alltäglich-bürgerliche Leben formende Kraft verstanden wird; und indem dieses alltägliche Leben unter das Licht der Gnade gestellt wird, geht auch das paulinische ὡς μή nicht verloren.

n) Den Past steht d e r 1. K l e m e n s b r i e f nahe, auch er unter dem Einfluß der paulinischen Tradition, weit mehr aber noch unter

dem der hellenistischen Synagoge, so daß von echtem Paulinismus
wenig, ja fast nichts übrig bleibt. Es ist überhaupt schwer zu sagen,
worin eigentlich die Christlichkeit des 1. Klem besteht. Ist sie mehr
als das Selbstbewußtsein, dank des in Christus geschehenen Heilsereignisses der Gnade Gottes sicher zu sein? Ist sie also mehr als
ein kirchliches Selbstbewußtsein, wie es auch der jüdischen Gemeinde eigen war, nur lebendig, stark und sicher gemacht?

Wie in den Past ist der Blick auf die eschatologische Zukunft
zwar nicht aufgegeben, die eschatologische Spannung jedoch verschwunden. Zwar ist von Hoffnung nicht selten die Rede; ja, mit
ἐλπίς kann die christliche Haltung als ganze bezeichnet werden
(51, 1: τὸ κοινὸν τῆς ἐλπίδος; 57, 2). Aber die Hoffnung auf Gott
(59, 3), die den Christen mit den alttest. Frommen gemeinsam ist
(11, 1 u. vgl. das Zitat von Ps 31, 10 in 22, 8, von Prov 1, 33 in
57, 7), ist meist einfach das Vertrauen auf Gott; in diesem Sinne
können πιστεύειν und ἐλπίζειν wie πίστις und ἐλπίς verbunden werden (12, 7; 58, 2). Das von Gott ausgesagte ἐγγύς ἐστιν (21, 3;
27, 3) meint nicht die Nähe des Endes, sondern Gottes Allgegenwart, und das Gemeindegebet (59–61) schließt ohne eschatologischen Ausblick. Aber freilich kann der Verf. auch von der kommenden Gottesherrschaft reden (42, 3; 50, 3); plötzlich wird der Herr
(Gott? Christus?) kommen (23, 5 nach Jes 14, 1; Mal 3, 1); das
Gericht steht bevor (28, 1 f.), das nach den Werken vergelten wird
(34, 4 nach Jes 40, 10 usw.). Jede Ausmalung des Endgeschehens
fehlt, und von der Herrlichkeit des künftigen Heils wird nur andeutend geredet (34, 7 f.; 35, 3 f.). Das einzige lebendige Interesse
liegt aber an der Wahrheit des Glaubens an die Auferstehung. Die
Zweifel an ihr werden widerlegt (23–26), und es ist charakteristisch,
daß in der Argumentation Beweise aus der Natur die Hauptrolle
spielen (der Wechsel von Tag und Nacht, von Saat und Ernte, der
Phönix) neben Schriftworten und der Berufung auf Gottes Wahrhaftigkeit, – nicht etwa die Auferweckung Jesu; diese wird nur
angeführt als die ἀπαρχή der μέλλουσα ἀνάστασις (24, 1), jedoch
ohne daß das im Sinne von 1. Kr 15, 20 gemeint wäre.

Für die christliche Gemeinde ist das Heil in gewisser Weise gegenwärtig, eben indem sie sich als christliche Gemeinde weiß. Der Terminus ἐκκλησία τοῦ θεοῦ findet sich freilich nur im formelhaften
Eingang; sonst begegnet ἐκκλησία nur als Bezeichnung der Einzelgemeinde (44, 3; 47, 6). Aber die Christen werden mit den alten
Titeln der eschatologischen Gemeinde benannt. Sie sind die κλητοί

ἡγιασμένοι (intr.), die ἁγία μερίς (30, 1); Gott hat sie sich zum
ἐκλογῆς μέρος gemacht (29, 1) und sie durch Christus geheiligt
(59, 3); so sind sie die ἐκλεκτοὶ (τοῦ θεοῦ) (1, 1; 2, 4; 6, 1; 46, 4;
49, 5; 58, 2; 59, 2) oder die ἐκλελεγμένοι ὑπὸ τοῦ θεοῦ διὰ ᾿Ι. Χριστοῦ (50, 7), die διὰ θελήματος αὐτοῦ ἐν Χριστῷ ᾿Ι. κληθέντες (32, 4;
vgl. 59, 2; 65, 2; auch 46, 6: μία κλῆσις ἐν Χριστῷ). Sie sind das
ποίμνιον τοῦ Χριστοῦ (16, 1; 44, 3; 54, 2; 57, 2).

Wie diese Wendungen zeigen, ist das Heil durch Christus, unser
σωτήριον (36, 1), beschafft worden. Durch ihn ist das Gottesverhältnis der Christen begründet, insofern Gott uns durch ihn
erwählt (50, 7) und berufen hat (59, 2; 65, 2) und uns durch ihn die
rechte Erkenntnis seiner geschenkt hat (36, 1 f.). Er ist die πύλη
δικαιοσύνης εἰς ζωήν (48, 2–4). Auf seine Leiden (2, 1), sein Blut
(7, 4) soll der Blick sich richten. (Der σταυρός wird nicht genannt,
wohl aber das αἷμα 7, 4; 12, 7; 21, 6; 49, 6. Die Leiden werden
übrigens nicht etwa nach der synoptischen Tradition, sondern nach
Jes 53 geschildert c. 16). Alle Wendungen sind schon stark formelhaft; der Verf. weiß nur allgemein zu sagen, daß Christi Blut ὑπὲρ
ἡμῶν gegeben wurde (21, 6; 49, 6; vgl. 16, 7 nach Jes 53, 6), wie
er übrigens auch von heidnischen Heroen Entsprechendes sagt
(55, 1); daß es uns λύτρωσις verschafft habe (12, 7), und daß durch
das Blut Christi für die ganze Welt die χάρις der μετάνοια gebracht
worden sei (7, 4; vgl. 8, 1).

Die Möglichkeit der Buße bestand zwar von jeher (7, 5 ff.; 8, 1 ff.),
aber sie ist durch den Tod Christi aufs neue aktuell geworden für
die Gegenwart. Es fehlt jede ausdrückliche Bezugnahme auf die
Taufe; als Voraussetzung der Sündenvergebung wird nur die Buße
genannt. Diese ist freilich mit der Erfüllung der Gebote verknüpft.
Ja, es läßt sich sagen, daß die προστάγματα Christi als der ζυγὸς
τῆς χάριτος αὐτοῦ (16, 17) den Heils-Sinn der Gegenwart repräsentieren. So werden denn die sittlichen Forderungen bzw. die ihnen
entsprechenden Tugenden als die ὁδοὶ τῆς εὐλογίας bezeichnet
(31, 1), und unter den μακάρια καὶ θαυμαστὰ δῶρα τοῦ θεοῦ erscheint die ἐγκράτεια ἐν ἁγιασμῷ neben Begriffen, die den Heils-
besitz bezeichnen: ζωὴ ἐν ἀφθαρσίᾳ, λαμπρότης ἐν δικαιοσύνῃ,
ἀλήθεια ἐν παρρησίᾳ, πίστις ἐν πεποιθήσει. Insofern ließe sich sagen,
daß für den Verf. Indikativ und Imperativ eine Einheit bilden.
Das kommt auch in dem Satz zum Ausdruck: ἁγία οὖν μερὶς
ὑπάρχοντες ποιήσωμεν τὰ τοῦ ἁγιασμοῦ πάντα (30, 1). Indessen ist
diese Einheit nicht die paradoxe Einheit von Zukunft und Gegen-

wart. Sie ist vielmehr die gleiche wie im Judentum, insofern dieses mit dem Bewußtsein, das auserwählte, heilige Volk Gottes zu sein, auch das Wissen um die Verantwortung und Verpflichtung zum heiligen Wandel verbindet. Die Bedeutung Christi besteht daher darin, daß er einerseits durch seinen Tod der Gemeinde das Selbstbewußtsein gegeben hat, die Gemeinde der Erwählten, das Volk Gottes (59, 4; 64), zu sein, daß er deshalb andrerseits der Lehrer und Gesetzgeber der Gemeinde ist.

Christus ist der Lehrer, der *ἐπιείκεια* und *μακροθυμία* gelehrt hat (13, 1). Von seiner *ἐντολή*, seinen *παραγγέλματα*, *προστάγματα* und *δικαιώματα* ist ständig die Rede (2, 8; 13, 3; 27, 2; 37, 1; 49, 1). Seine *παραγγέλματα* sind aber identisch mit den alten Geboten Gottes, dem *εὐκλεὴς καὶ σεμνὸς τῆς παραδόσεως ἡμῶν κανών* (7, 2). Wie von seinen, so kann deshalb auch von Gottes *προστάγματα* (3, 4; 40, 5; 50, 5; 58, 2), *δικαιώματα* (58, 2) und *νόμιμα* (1, 3; 3, 4; 40, 4) geredet werden. Das Neue besteht nur in der Namengebung. Sachlich bleibt es sich gleich, ob sich der Blick auf Christus richten soll (2. 1; 7, 4; 36, 2) oder auf Gott (19, 2 f.; vgl. 34, 5; 35, 5). Die *πίστις* bzw. das *πιστεύειν*, das gewöhnlich absolut gebraucht wird, kann Christus zum Obj. haben (22, 1: *ἐν Χριστῷ*; nie *εἰς Χρ.* oder *Χριστοῦ*), öfter aber ist Gott das Obj. (3, 4; 27, 3; 34, 4 und natürlich immer, wenn vom Glauben der alttest. Frommen die Rede ist). Der eigene Sinn der christlichen *πίστις* kann so nicht zur Geltung kommen.

Das Problem der Gesetzlichkeit existiert daher für den Verf. nicht (§ 11, 2 d), obwohl er von Paulus den Gedanken übernommen hat, daß wir nicht durch unsere Werke, sondern durch den Glauben gerechtfertigt werden (32, 4). Er kann einerseits wie Paulus Gen 15, 6 zitieren (10, 6), und kann andrerseits sagen, daß Abraham *δικαιοσύνην καὶ ἀλήθειαν* getan hat (*ποιήσας*) *διὰ πίστεως* (31, 2). *Δικαιοσύνη* und *δίκαιος* (dieses koordiniert mit *ὅσιος, ἀθῷος, εὐσεβής* 14, 1; 46, 4; 48, 4; 62, 1) sind für den Verf. ethische Begriffe (vgl. 32, 3: *δικαιοπραγία*), auch wenn er die *πύλη δικαιοσύνης ἀνεῳγυῖα εἰς ζωήν* als die *πύλη ἐν Χριστῷ* bezeichnet (48, 2–4). Es versteht sich also, daß die *πίστις* bei ihm nicht den paulinischen (oder joh) Sinn haben kann. Soweit sie nicht das Gottvertrauen bezeichnet (vgl. bes. 26, 1; 35, 5) und mit *ἐλπίς* verwandt ist (s. o. S. 537), ist sie eine Tugend neben andern (1, 2; 35, 2; 62, 2) und wird speziell mit *φιλοξενία* verbunden (10, 7; 12, 1). Sie kann auch einfach die christliche Haltung als ganze bedeuten (5, 6; 6, 2; 27, 3) und so gleichwertig mit *εὐσέβεια* sein (vgl. 1, 2 mit 22, 1; ferner 11, 1 mit 10, 7; 12, 1; vgl. außerdem für *εὐσέβεια* 15, 1; 61, 2; 62, 1) oder mit *ὁσιότης ψυχῆς* (29, 1; vgl. 48, 4; 60, 4; *ὅσιος* ist beliebt, vgl. 2, 3; 6, 1 usw.). So kann *πίστις* abgeblaßt das Christentum bezeichnen (22, 1: *ἡ ἐν Χριστῷ πίστις*; so *πιστεύειν* 12, 7; 42, 4).

Weder von der ἁμαρτία noch von der σάρξ ist als von Mächten, denen der Mensch verfallen ist, die Rede. Vom πνεῦμα ἅγιον bzw. πνεῦμα τῆς χάριτος heißt es, daß es der Gemeinde geschenkt ist (2, 2; 46, 6). Auch die Apostel haben in seiner Kraft gewirkt (42, 3; 47, 3), und der Verf. schreibt seinen Brief διὰ ἁγίου πνεύματος (63, 2). Aber nirgends wird vom Streit zwischen σάρξ und πνεῦμα gehandelt, und als ἀπαρχή oder ἀρραβών der Heilsvollendung wird der Geist nicht gewertet. Meist ist πνεῦμα der die Worte des AT inspirierende Geist (8, 1; 13, 1 usw.). Das enthusiastische Pneumatikertum ist verschwunden; der der Gemeinde verliehene Geist ist als in den Tugenden wirksam gedacht (2, 2). Gottes χάρις ist die Heilsgnade, die die neue Möglichkeit der Buße gebracht hat (7, 4; 8, 1), oder die Gnade in einem ganz allgemeinen Sinne (30, 3), in dem sie auch den alttest. Frommen zuteil wird (50, 3; 55, 3). Im Plur. bezeichnet das Wort allgemein die Gnadenerweisungen Gottes (23, 1). Die paulinische Antithese zu den ἔργα spielt so wenig wie für πίστις eine Rolle. Die χάρις τοῦ κυρίου ἡμ. ᾽Ι. Χριστοῦ erscheint nur im formelhaften Schlußgruß (65, 2). Einmal begegnet χάρισμα (38, 1) im Sinne von 1. Pt 4, 10 als die individuelle Gabe des Einzelnen, die in der Gemeinschaft zur Geltung kommen soll. Auch die γνῶσις, die mehrfach genannt wird, ist nicht ein besonderes Charisma und hat keinen spezifischen Gegenstand (höchstens 48, 5?), sondern ist die christliche Erkenntnis überhaupt (1, 2; 36, 2; 41, 4; 48, 5; vgl. γινώσκειν 7, 4; 59, 3; ἐπίγνωσις 59, 2; ἐπιγινώσκειν 32, 1), oder speziell das Verständnis des AT, womit aber nicht etwa wie bei Barn die Allegorese gemeint ist (40, 1).

Insofern die Gemeinde durch Christus berufen ist und der kommenden Gottesherrschaft entgegensieht, steht sie in einer Zwischenzeit; und insofern die Gegenwart sich der μακάρια und θαυμαστὰ δῶρα τοῦ θεοῦ erfreut (35, 1), wäre dieses Zwischen nicht nur eine chronologische, sondern auch eine sachliche Bestimmtheit. Indessen löst sich das Zwischen zu einem bloßen Vorläufig auf, ähnlich wie in Apk, weil der Verf. trotz der von Christus gemachten Aussagen nicht zum Ausdruck bringt, inwiefern durch ihn wirklich Entscheidendes geschehen ist, das ein neues Gottesverhältnis begründet. Es ist im Grunde das alte, wie daran deutlich wird, daß die Charakteristika des christlichen Seins auch von den Frommen des AT ausgesagt werden: εὐσέβεια, πίστις, ἐλπίς und μετάνοια. Wie die προστάγματα Gottes für die Christen die gleichen sind wie für das alte Israel, so sind die Tugenden der Christen keine andern als

die der alttest. Frommen, und diese dienen jenen als Vorbilder.
Durch Christus ist im Grunde nur das Selbstbewußtsein der Gemeinde gestärkt und gesichert worden, so daß es im Sinne des Verf.
der sachgemäße Titel für ihn ist, wenn er als der προστάτης (Schutz-
herr) καὶ βοηθὸς τῆς ἀσθενείας ἡμῶν bezeichnet wird (36, 1).

o) Einen völlig andern Typus als alle bisher betrachteten Schriften stellt Ignatius dar. Auch er steht wie die zuletzt charak-
terisierten Typen unter dem Einfluß der paulinischen Theologie.
Aber diese gewinnt nun bei ihm eine besondere Gestalt, da er nicht
aus der Tradition der Synagoge herkommt, sondern aus der geistigen Welt, aus der auch Joh stammt (§ 41, 3), woher sich denn
manche Berührungen mit Joh erklären[1]. Wie von Joh wird von
Ign das Heil meist als ζωή und auch als ἀλήθεια bezeichnet.

Einfaches ζωή Mg 9, 1; τὸ ἀληθινὸν ζῆν Eph 11, 1; Tr 9, 2 (dies auch
Bezeichnung Christi Sm 4, 1); ζωὴ ἀληθινή Eph 7, 2; τὸ ἀδιάκριτον ἡμῶν
ζῆν Eph 3, 2, τὸ διὰ παντὸς ἡμῶν ζῆν Mg 1, 2; ζωὴ αἰώνιος Eph 18, 1;
Pol 2, 3; gleichwertig die bei Joh fehlenden Begriffe ἀθανασία Eph 20, 2
und ἀφθαρσία Eph 17, 1; Mg 6, 2; Phld 9, 2; Pol 2, 3. Der Gegenbegriff
ist θάνατος (passim), zu dem wiederum ἀλήθεια der Gegenbegriff sein kann
Sm 5, 1; Pol 7, 3. Neben φῶς ἀληθείας Phld 2, 1 steht φῶς καθαρόν Rm 6, 2;
die Gemeinde kann als φωτισμένη bezeichnet werden Rm intr.

Das Leben ist ein zukünftiges (τὸ προκείμενον ζῆν Eph 17, 1),
und Christus kann wie als unsere ζωή, so auch als unsere ἐλπίς be-
titelt werden (Eph 21, 2; Mg 11 usw.). So heißt auch das Evangelium τὸ εὐαγγέλιον τῆς κοινῆς ἐλπίδος (Phld 5, 2), und der christliche Glaube kann einfach ἐλπίς genannt werden (Mg 9, 1). Die
Hoffnung geht auf die künftige Rechtfertigung (Phld 8, 2), vor
allem aber auf die Auferstehung (Tr 9, 2; Eph 11, 2; Tr intr.;
Rm 4, 3; Sm 5, 3; Pol 7, 1), auf den Gewinn des φῶς καθαρόν
(Rm 6, 2). Ein besonderer Terminus dafür ist θεοῦ (ἐπι-)τυγχάνειν,
das Ign meist als die Frucht seines Märtyrertodes erwartet (Eph
12, 2; Mg 14 usw.), das aber auch die Hoffnung aller Christen ist
(Eph 10, 1; Mg 1, 2; Sm 9, 2; Pol 2, 3).

Aber das traditionelle Bild der urchristlichen Eschatologie ist so
gut wie ganz verschwunden. Wohl heißt es einmal: ἔσχατοι καιροί
(Eph 11, 1). Jedoch zeigen die Bezeichnungen des Heils als ἀθανασία, ἀφθαρσία und θεοῦ τυγχάνειν, daß sich die Hoffnung durchaus

---

[1] Daß Ign von Joh abhängig ist, ist vielfach behauptet worden, zuletzt von
Chr. Maurer, Ign von Ant. und das Johevg 1949. Es dürfte aber nicht zu-
treffen.

auf das Heil des Individuums richtet. Von den beiden Äonen ist nicht die Rede. Wohl heißt der Satan der ἄρχων τοῦ αἰῶνος τούτου (Eph 17, 1; 19, 1; Mg 1, 2 usw.), aber das Moment des Zeitlichen tritt dabei zurück, und das Moment des Diesseitigen im Verhältnis zum Jenseitigen ist betont, wie die Parallelität von οὗτος ὁ αἰών und ὁ κόσμος (Rm 6, 1) zeigt. Von den alten apokalyptischen Bildern wird wenigstens das des Gerichtes und „kommenden Zornes" beibehalten (Eph 11, 1; Sm 6, 1); der Gedanke der Vergeltung und künftigen Strafe wird verwendet (Eph 16, 2; Mg 5, 1; Sm 9, 2). Aber von der zu erwartenden Parusie Christi ist höchstens in einer Anspielung einmal die Rede (Pol 3, 2). Die παρουσία τοῦ σωτῆρος (Phld 9, 2) ist vielmehr das historische Auftreten Jesu, der ἐν τέλει ἐφάνη (Mg 6, 1); die χάρις ist durch ihn gekommen (Sm 6, 2) und Gegenwart geworden (Eph 11, 1; Mg 8, 1). Die kosmische Katastrophe, die die apokalyptische Eschatologie von der Zukunft erwartet, hat sich schon in der Geburt, dem Tode und der Auferstehung Jesu ereignet (Eph 19; vgl. Mg 11; Tr 9; Phld 8, 2; Sm 1; s. S. 506). So ist das Heil gegenwärtig. Da Christus unser Leben ist (Eph 3, 2; Sm 4, 1), so bedeutet das Sein in Christus schon ein Sein im Leben. Die Glaubenden sind „Glieder" Christi (Eph 4, 2; Tr 11, 2) oder „Zweige des Kreuzes" (Tr 11, 2); sie sind als die in der ἐκκλησία Vereinten der Leib Christi, dessen Haupt er ist (Sm 1, 2; Tr 11, 2). Während sie im Leben sind, sind die Irrlehrer schon im Tode; sie sind νεκροφόροι (Sm 5, 2; vgl. Phld 6, 1). Κατὰ ἀνθρώπους ζῆν (Rm 8, 1) wäre in Wahrheit ein Sterben, während der Märtyrertod ein Leben bedeutet (Rm 4, 3; vgl. Mg 5, 2). Ja, Christus angehören, bedeutet überhaupt erst zu sein (Mg 10, 1). Das Sein der Irrlehrer ist nur ein δοκεῖν (Sm 2; Tr 10).

Mit dem Individualismus der Frömmigkeit verbindet sich aber eine ekklesiastische Frömmigkeit: das Heil ist für das Individuum gegeben in der Kirche. Daher ist die Einheit der Kirche und die Einheit der einzelnen Gemeinde unter der Leitung des einen Bischofs ein Hauptinteresse des Ign (Eph 4, 2; Mg 6, 2; Sm 8, 2 usw.). In der geeinten Gemeinde ist das Gebet wirkungskräftig (Eph 5, 2) und wird die Macht des Satans überwunden. Die Taufe spielt bei Ign eine merkwürdig geringe Rolle (Eph 18, 2; Sm 8, 2; Pol 6, 2), eine weit größere die Eucharistie als das φάρμακον ἀθανασίας (Eph 20, 2). Zu ihr soll sich die Gemeinde häufiger zusammenfinden (Eph 13, 1; Phld 4). In ihr ereignet sich gegenwärtig das eschato-

logische Geschehen (Eph 13, 1 f.), und sie stiftet die ἕνωσις mit dem
Fleisch und Blut Christi (Phld 4; Sm 7, 1)[1].

Es wäre indessen falsch, das Christentum des Ign als bloßen
Sakramentalismus in dem Sinne aufzufassen, daß der Sakraments-
empfang das Heil garantiert. Das Eigentümliche ist, daß das ganze
Leben des Glaubenden durch die sakramentale Einheit mit Christus geprägt werden soll, um dadurch sozusagen einen sakramentalen Charakter zu erhalten. Ign benutzt dafür die paulinische
Formel ἐν Χριστῷ, um nicht nur die künftige Vollendung als eine
in Christus geschehende zu bezeichnen (Eph 11, 1; Rm 4, 3 usw.),
sondern auch um die Bestimmtheit des gegenwärtigen Lebens durch
die Gemeinschaft mit ihm zu charakterisieren (Eph 1, 1; 8, 2;
10, 3 usw., s. u.). Die Verbundenheit mit Christus ist aber durch
sein paradoxes Wesen bestimmt als dessen, der der präexistente
Sohn Gottes war (Mg 6, 1; 7, 2; 8, 2), der Mensch geworden ist,
gelitten hat, gestorben und auferstanden ist. Er ist der θεὸς ἀνθρωπίνως φανερούμενος (Eph 19, 3), und diese Paradoxie wird immer
wieder betont (bes. Eph 7, 2) und leidenschaftlich gegen die Irrlehre verteidigt. Auf die Realität der Menschheit und des Leidens
Christi kommt alles an, ebenso wie auf die Realität der Auferstehung
(Tr 9 f.; Sm 2 f.; 7, 2). Ja, auch diese ist eine fleischliche; Christus
hatte als der Auferstandene Tischgemeinschaft mit den Jüngern
ὡς σαρκικός, καίπερ πνευματικῶς ἡνωμένος τῷ πατρί (Sm 3, 3;
vgl. 12, 2). Eben um dieser Paradoxie willen heißt Christus auch
θεός (Eph intr.; 1, 1; 15, 3 usw.), obwohl natürlich Gott sein Vater
und er der Sohn ist (Eph 2, 1; 4, 2 usw.), dem Vater untergeordnet
(Sm 8, 1; Mg 13, 2), aber mit ihm in Einheit verbunden (Mg 7, 1;
Sm 3, 3 usw.). Er ist Gottes γνώμη (Eph 3, 2), sein λόγος ἀπὸ
σιγῆς προελθών (Mg 8, 2; vgl. Rm 8, 2; Phld 9, 1).

An der Paradoxie: Christus Gott und Mensch zugleich, ist aber
alles deshalb gelegen, weil kraft ihrer auch der Mensch in ein paradoxes Sein gelangen kann: der Menschwerdung Gottes entspricht
die Gottwerdung des Menschen. Freilich vermeidet Ign den Begriff
des θεωθῆναι. Aber dafür treten andere Wendungen ein: jenes
(ἐπι-)τυγχάνειν θεοῦ (s. o.), θεοῦ μετέχειν (Eph 4, 2), θεοῦ γέμειν
(Mg 14), τοῦ θεοῦ εἶναι bzw. γίνεσθαι (Mg 10, 1; Rm 6, 2; 7, 1). Mit
der Formel ἐν Χριστῷ (s. o.) wechselt das ἐν θεῷ (Eph 1, 1; Mg 3, 1;
Pol 6, 1), und dem Χριστὸς ἐν ἡμῖν (Mg 12; Rm 6, 3) entspricht

[1] Über den Kirchenbegriff des Ign s. H. v. Campenhausen, Kirchl.
Amt und geistl. Vollmacht 105–116.

das *θεὸς ἐν ἡμῖν* (Eph 15, 3). Die Christen sind *θεοφόροι*, wie sie *χριστοφόροι* sind (Eph 9, 2), sie sind *θεοδρόμοι* (Phld 2, 2; Pol 7, 2).

Die neue Seinsweise des Christen kann auch wie bei Paulus durch den Begriff *πνεῦμα* bezeichnet werden. Die Christen als die *πνευματικοί* stehen den Nichtchristen als den *σαρκικοί* gegenüber (Eph 8, 2; der Gegensatz zu *πνευματικός* kann auch *ἀνθρώπινος* sein Eph 5, 1; vgl. *κατὰ ἄνθρωπον* Tr 2, 1; Rm 8, 1). Die Fesseln, die Ign als „Gebundener in Christus" (Tr 1, 1 usw.) trägt, sind *πνευματικοὶ μαργαρῖται* (Eph 11, 2). Von Paulus unterscheidet sich Ign nun dadurch, daß für ihn die *σάρξ* nur die Sphäre des Irdischen ist, des *βλεπόμενον* (Mg 3, 2), des *φαινόμενον* (Rm 3, 3; Pol 2, 2), die Sphäre der Vergänglichkeit und des Todes, nicht auch die Macht der Sünde, wie er denn statt *σάρξ* auch *ὕλη* sagen kann (Rm 6, 2; vgl. 7,2). Freilich kann auch die Sphäre des Irdischen eine dem Menschen verderbliche Macht sein, wenn er sich verführen läßt *κατὰ σάρκα* zu denken oder zu handeln (Mg 6, 2; Rm 8, 3; Phld 7, 1). Aber für Ign dient der *σάρξ*-Begriff vor allem dazu, das paradoxe Wesen des christlichen Seins zu beschreiben als zugleich pneumatisch und sarkisch. Dadurch daß Christus *σαρκικός τε καὶ πνευματικός* ist (Eph 7, 2), daß seine Auferstehung *σαρκική τε καὶ πνευματική* ist (Sm 12, 2), ist die *σάρξ* zur Einheit mit dem *πνεῦμα* fähig gemacht worden. Ign wünscht den Gemeinden *ἕνωσιν σαρκὸς καὶ πνεύματος ᾿Ι. Χριστοῦ* (Mg 1, 2; vgl. Mg 13, 2); er wünscht den Ephesern das *μένειν ἐν ᾿Ι. Χριστῷ σαρκικῶς καὶ πνευματικῶς* (Eph 10, 3); er wünscht den Magnesiern, daß sie in allem Tun gutes Gelingen haben *σαρκὶ καὶ πνεύματι* (Mg 13, 1; vgl. weiter Tr intr; 12, 1; Sm 1, 1; 13, 2; Pol 1, 2; 2, 2; 5, 1). Die Paradoxie kommt besonders deutlich zum Ausdruck, wenn Ign sagt: *οἱ σαρκικοὶ τὰ πνευματικὰ πράσσειν οὐ δύνανται οὐδὲ οἱ πνευματικοὶ τὰ σαρκικά*, und darauf versichert: *ἃ δὲ καὶ κατὰ σάρκα πράσσετε, ταῦτα πνευματικά ἐστιν· ἐν ᾿Ιησοῦ γὰρ Χριστῷ πάντα πράσσετε* (Eph 8, 2).

Da die *σάρξ* die Sphäre des Todes ist, kann die durch Christus ermöglichte Einigung von *σάρξ* und *πνεῦμα* auch als die von Tod und Leben verstanden werden. Christus ist ja die *ἐν θανάτῳ ἀληθινὴ ζωή* (Eph 7, 2); deshalb ruft er uns in seinem Leiden als seine Glieder zu sich (Tr 11, 2).

Das *ἐξαιρετὸν τοῦ εὐαγγελίου* ist die *παρουσία* Christi, sein *πάθος* und seine *ἀνάστασις* (Phld 9, 2; vgl. Eph 20, 1; Sm 7, 2). Durch sein *πάθος* hat er dem Taufwasser seine Kraft verliehen (Eph 18, 2); sein *σταυρός* ist die Hebemaschine, die die Glaubenden in die Höhe zu Gott bringt (Eph 9, 1).

Leiden, Tod und Auferstehung sind als die christliche Existenz dauernd bestimmende Ereignisse verstanden, nicht als ein Ereignis der Vergangenheit, dessen Ertrag in der Taufe angeeignet wird als die Tilgung der früheren Sünden. Die Wendungen, die diese traditionelle Auffassung ausdrücken, begegnen bei Ign sehr selten. Das ὑπὲρ ἡμῶν des Leidens und Sterbens Christi findet sich nur Rm 6, 1; Sm 1, 2, das ὑπὲρ τῶν ἁμαρτιῶν ἡμῶν nur Sm 7, 1. (Sonst begegnet weder ἁμαρτία noch ἁμαρτωλός; das Verb. nur in dem charakteristischen Satz Eph 14, 2: οὐδεὶς πίστιν ἐπαγγελόμενος ἁμαρτάνει.) Ign ist dadurch freilich auch davor bewahrt geblieben, die Wirkung des Heilsgeschehens auf die Tilgung der Sünden der vorchristlichen Zeit zu beschränken.

Die Leidens- und Todesgemeinschaft wird mit einer Fülle von Ausdrücken beschrieben wie συμπαθεῖν αὐτῷ Sm 4, 2; ἀποθανεῖν εἰς τὸ αὐτοῦ πάθος Mg 5, 2 usw. Die Christen sind die „Zweige des Kreuzes" (Tr 11, 2), sie sind „an das Kreuz genagelt" (Sm 1, 1). Ign sagt von sich selbst: ὁ ἐμὸς ἔρως ἐσταύρωται (Rm 7, 2). Vgl. noch z. B. Eph intr.; 1, 1; Tr 4, 2; Rm 4, 3 und für die Paradoxie den Gruß ἐν ὀνόματι Ἰ. Χριστοῦ καὶ τῇ σαρκὶ αὐτοῦ καὶ τῷ αἵματι, πάθει τε καὶ ἀναστάσει σαρκικῇ τε καὶ πνευματικῇ (Sm 12, 2).

Ohne Zweifel denkt Ign, daß die Todes- und Lebensgemeinschaft mit Christus durch die Sakramente hergestellt wird (s. o. S. 543). Aber diese Gemeinschaft gibt dem ganzen Leben einen sakramentalen Charakter, jedoch nicht so wie bei Paulus, nach dem sich das συσταυρωθῆναι (Rm 6, 6; Gl 5, 24; 6, 14) ständig im Kampf gegen die Sünde und in der Absage an die Welt vollzieht, sondern so, daß es sich im realen Leiden und in der Sterbensbereitschaft als der Nachahmung Christi verwirklicht (Sm 5, 1; Mg 5, 2). Daher der Drang des Ign zum Martyrium (bes. Rm); denn im Märtyrertode realisiert sich erst eigentlich, was im Sakrament und in der Lebensführung potentiell oder annähernd gegeben war. Im Martyrium wird Ign erst wirklich ein μιμητὴς τοῦ πάθους τοῦ θεοῦ μου sein (Rm 6, 3), wenngleich alle Christen μιμηταὶ θεοῦ heißen dürfen oder sollen (Eph 1, 1; 10, 3; Tr 1, 2; Phld 7, 2). Wie jeder Christ ein μαθητὴς Ἰ. Χριστοῦ ist (Mg 9, 1; 10, 1; Rm 3, 1; Pol 2, 1), so ist doch der eigentliche μαθητής der Märtyrer (Eph 1, 2; 3, 1; Tr 5, 2; Rm 4, 2; 5, 1. 3; Pol 7, 1).

Indessen ist auch das sittliche Leben der Glaubenden durch die sakramentale Gemeinschaft bestimmt, wenngleich Ign es nicht als den Vollzug des Sterbens und Auferstehens mit Christus bezeichnet. Es gilt, nicht nur ein Χριστιανός zu heißen, sondern auch κατὰ Χριστιανισμὸν ζῆν (Mg 4; 10, 1; vgl. Rm 3, 2 f.; Pol 7, 3).

Selten wird das christliche Leben konkret beschrieben, meist erinnert Ign einfach an die ἐντολή oder ἐντολαί Christi (Eph 9, 2; Rm intr.; Phld 1, 2), denn Christus ist für ihn auch der διδάσκαλος (Eph 15, 1; Mg 9, 1); oder er verweist auf die δόγματα τοῦ κυρίου καὶ τῶν ἀποστόλων (Mg 13, 1). Er setzt offenbar so etwas wie einen Katechismus des christlichen Lebens voraus. Speziell wird ermahnt zu Bruderliebe und Einigkeit (Mg 6, 2; Tr 8, 2; Phld 8 und sonst), zum Gebet für die Nichtchristen und zum Dulden von Hohn und Unrecht (Eph 10), zum würdigen Verhalten, das den Heiden keinen Anstoß gibt (Tr 8, 2). Charakteristisch ist, daß die Warnung vor der Irrlehre die ethische Paränese überwiegt; ἑδραῖος τῇ πίστει zu sein (Eph 10, 2), ist die Hauptsache.

Immer wieder werden πίστις und ἀγάπη als Charaktere des Christentums genannt (Eph 1, 1; 9, 1; 14, 1 f.; 20, 1; Mg 1, 2 usw.); die πίστις ist die σάρξ, die ἀγάπη das αἷμα Christi (Tr 8, 1). In dieser Verbindung bedeutet πίστις wohl durchweg die Annahme oder das Festhalten der rechten Lehre. Indessen ist bei Ign die Orthodoxie nicht von der Lebenshaltung, vom Willen zur Leidensgemeinschaft mit Christus zu trennen, wie er denn vom πιστεύειν εἰς τὸν θάνατον αὐτοῦ oder εἰς τὸ αἷμα Χριστοῦ reden kann (Tr 2, 1; Sm 6, 1).

Der Ursprung des πιστεύειν liegt ja im Geheimnis des Todes und der Auferstehung Christi (Mg 9, 1). Der πίστις steht die ἀπιστία gegenüber (Eph 8, 2; Mg 5, 2), für die der σταυρός das σκάνδαλον ist (Eph 18, 1). Die ἄπιστοι sind die Irrlehrer, die die Realität des Leidens Christi leugnen (Tr 10, 1; Sm 2) und durch ihre κακὴ διδασκαλία die πίστις verderben, ὑπὲρ ἧς Ἰ. Χριστὸς ἐσταυρώθη (Eph 16, 2). Es ist die διδασκαλία des ἄρχων τοῦ αἰῶνος τούτου (Eph 17, 1), während die wahre Lehre die διδαχὴ ἀφθαρσίας ist (Mg 6, 2).

Ohne Zweifel ist für Ign die Rechtgläubigkeit nicht nur die Zustimmung zu dogmatischen Sätzen, sondern eine existentielle Haltung, aber nirgends hat die πίστις bei ihm den paulinischen Sinn, der durch den Gegensatz zu den ἔργα ausgedrückt wird. Nur das Motiv der Ablehnung der καύχησις und des φυσιοῦσθαι begegnet zuweilen (Eph 18, 1; Mg 12; Tr 4, 1; 7, 1; Sm 6, 1; Pol 4, 3; 5, 2), jedoch ist der Gegensatz nicht πίστις, sondern ἀκαυχησία (Pol 5, 2) und πραότης (Tr 4, 2) oder ἐντρέπεσθαι (Mg 12) und ἑαυτὸν μετρεῖν (Tr 4, 1). Ign greift auch das οὐ παρὰ τοῦτο δεδικαίωμαι von 1. Kr 4, 4 auf, und zwar im Blick auf seinen Gang ins Martyrium (Rm 5, 1). Er hofft „gerechtfertigt" zu werden durch den Tod und die Auferstehung Christi und den Glauben (Phld 8, 2). Aber das sind seltene Nachklänge der paulinischen Sprache. Δικαιοσύνη als Bezeichnung des Heilsgutes findet sich überhaupt nicht; δίκαιος bezeichnet Mg 12 nach Prov 18, 17 die moralische Rechtschaffenheit (außerdem in einem Wortspiel Eph 1, 1). Wie σάρξ nicht die Sündenmacht bezeichnet (s. o. S. 544), so auch πνεῦμα nicht die Kraft des sittlichen Wandels, sondern die Sphäre des Jenseitigen (s. o. S. 544), oder es wird formelhaft gebraucht. Dagegen redet Ign wohl von der χάρις Gottes als einer in der Gemeinde wirksamen Kraft (Sm 9, 2; Rm intr; Mg 8, 2), die übrigens speziell in den Gemeindebeamten verkörpert ist (Mg 2; Pol 1, 2). Im gleichen Sinne gebraucht er auch χάρισμα (Sm intr; Pol 2, 2). Sonst ist χάρις der gnädige Wille Gottes oder Christi (z. B. Rm 1, 2; Phld 8, 1; 11, 1; Sm 11, 1) oder im objektiven Sinne das durch Gott gewirkte Heil (Eph 11, 1; Mg 8, 1; Sm 6, 2). Aber wie πίστις steht auch χάρις nie in der Antithese gegen die ἔργα.

Ign mußte so ausführlich behandelt werden, nicht nur weil von ihm her ein Licht nach rückwärts auf die Theologie des Paulus fällt, auch nicht nur weil er eine originale Gestalt ist im Unterschied von allen anderen nachpaulinischen und nachjohanneischen Schriften des Urchristentums, sondern vor allem, weil an ihm die Problematik deutlich wird, die für eine echte Aneignung des christlichen Kerygmas gegeben war, das seine erste theologische Explikation durch Paulus erhalten hatte. Fast überall sonst ist der christliche Glaube in die Gesetzlichkeit zurückgesunken, wenn auch Kol und Eph und 1. Pt wie die Past Motive der paulinischen Theologie festhalten und zur Geltung bringen. Ign aber hat von Paulus gelernt, den christlichen Glauben wirklich als eine existentielle Haltung zu verstehen. Er ist freilich nicht von dem hellenistischen Dualismus frei geworden, sondern hat innerhalb seiner den Gegensatz von σάρξ und πνεῦμα verstanden. Er kennt die σάρξ nicht als die Macht der Sünde, sondern nur als die Sphäre des Vergänglichen und des Todes, so daß er den Sinn der paulinischen Rechtfertigungslehre und des πίστις-Begriffs nicht erfaßt hat und die ἐλευθερία für ihn erst nach dem (Märtyrer-)Tode gewonnen wird (Rm 4, 3) und das Verhältnis zum Leiden und Sterben Christi als Imitatio aufgefaßt werden kann. Aber wohl hat er den paradoxen Charakter des christlichen Seins als eines Seins zwischen dem „schon" und „noch nicht" erfaßt; ja, weil er die apokalyptische Äonenlehre nicht übernommen hat, reduziert sich für ihn das „Zwischen" auf die Zeit zwischen Taufe und Tod (bzw. Auferstehung), so daß es seinen chronologischen Sinn nahezu verliert und ganz wesentlich eine sachliche Bestimmung ist. Daß für Ign die Gesetzlichkeit kein Problem ist, liegt nicht (wie sonst durchweg) daran, daß er gesetzlich denkt und daß es deshalb für ihn nicht problematisch wird, daß die Erfüllung des (καινὸς) νόμος die Bedingung für die Ge-

winnung des künftigen Heils ist; sondern daran, daß ihm der Gedanke überhaupt fern liegt, durch eigenes Verdienst das Heil zu
gewinnen. Das Neue der christlichen Situation liegt für ihn nicht
in der Gewährung einer neuen Chance, sondern in der Verwandlung
des Seins. Die Wirkung des Heilsgeschehens beschränkt sich für
ihn nicht auf die Tilgung der früheren Sünden, sondern ist eine in
der Gegenwart erfahrene Kraft. Ign, bei dem die traditionelle
Eschatologie keine Rolle spielt, hat doch Christus als das eschatologische Ereignis verstanden. Er kennt daher die Dialektik des
christlichen Seins, die Paradoxie der Einheit von Indikativ und
Imperativ. Die Christen, die μαθηταί oder μιμηταί θεοῦ bzw. κυρίου
sind (Mg 10, 1; Eph 1, 1; Tr 1, 2), müssen es doch erst noch werden
(Mg 9, 1; Eph 10, 3; Phld 7, 2). Sie können durch den Indikativ
charakterisiert werden als ὄντες θεοῦ (Eph 8, 1), als κατὰ πάντα
κεκοσμημένοι ἐν ταῖς ἐντολαῖς ’I. Χριστοῦ (Eph 9, 2), aber ebenso
durch den Imperativ als solche, die κατὰ πάντα ἡγιασμένοι erst
werden sollen (Eph 2, 2). Die Paradoxie von Gl 5, 25 kehrt bei
Ign in der Form wieder: τέλειοι ὄντες τέλεια καὶ φρονεῖτε (Sm 11, 3;
vgl. Eph 15, 3; Mg 12).

4. Überblickt man die in der vorigen Übersicht besprochene Literatur unter der Frage, wie das Verhältnis der Gegenwart zum Heil
der Zukunft aufgefaßt ist, und in welcher Weise die christliche
Situation als das eigentümliche „Zwischen" verstanden worden ist,
so zeigt sich eine Reihe von Unterschieden, eine Fülle von Nuancen.
In einigen Schriften fehlt das Verständnis des „Zwischen" überhaupt. Die Gegenwart ist nicht als eine der Vergangenheit gegenüber grundsätzlich neue Zeit erfaßt, sondern ist eine Zeit des Vorläufigen und der Vorbereitung, – nicht anders als im Judentum; so
in Jak, in Did, in Apk und in 1. Klem. Meist freilich ist die Gegenwart als eine durch das Kommen Jesu bzw. durch seinen Tod und
seine Auferstehung neue gegen die Vergangenheit abgehoben, ihr
Zwischen-Charakter jedoch nicht als eine sachliche, sondern nur als
eine chronologische Bestimmung aufgefaßt, als die Zeit einer neuen
Chance für das Bemühen des Menschen um sein künftiges Heil, –
im Grunde also doch auch nur als eine Zeit des Vorläufigen und der
Vorbereitung; so in Lk und Act[1]. Nur wo die paulinische Tradition maßgebend nachwirkt, kommt der sachliche Sinn des
„Zwischen" zur Geltung, radikal bei Ign, mit einiger Kraft auch
in Kol, Eph und 1. Pt, schwächer in den Past und selbst bei

---

[1] S. H. Conzelmann, Die Mitte der Zeit, bes. 170, 1. 183–186.

Barn, obwohl er nicht unter dem Einfluß des Paulus steht. Völlig
verblaßt ist der sachliche Sinn in Herm und Hbr, wo der Einfluß
der synagogalen Tradition wie in 1. Klem, in Jak und Did beherrschend geworden ist; aber auch in 2. Pt, Jud und Pol, wo
sie schwach oder gar nicht wirksam ist.

Je mehr der chronologische Sinn des „Zwischen" hervortritt oder
gar zum einzigen wird, desto mehr ist die Gegenwärtigkeit des
Heils nur darin gesehen, daß die Sünden der Vergangenheit durch
das in der Taufe zugeeignete Heilswerk, den Tod und die Auferstehung Jesu, getilgt sind und eben damit der Gegenwart die
Möglichkeit eines neuen Anfangs gegeben ist; so freilich, daß der
Mensch sich jetzt erfolgreich bemühen kann, durch den Gehorsam
gegen die Forderungen Gottes die Bedingung für die Gewinnung
des künftigen Heils zu erfüllen, die guten Werke zu leisten, auf
Grund deren er im Gericht von Gott (oder Christus), der nach den
Werken richtet, freigesprochen wird. Diese Gesetzlichkeit wird
grundsätzlich nicht preisgegeben, sondern höchstens modifiziert,
wenn von der Hilfe des Geistes beim menschlichen Bemühen geredet wird; ebenso wenn das Bewußtsein lebendig ist, das neue
Gottesvolk zu sein (bes. Barn, Hbr), berufen und in einem ante-
zipierenden Sinne „gerettet" zu sein (S. 511), und wenn damit auch
die Hoffnung lebendig ist. Auch bedeutet es noch keine Preisgabe
der Gesetzlichkeit, wenn für die nach der Taufe begangenen Sünden die Möglichkeit besteht, durch Buße die Vergebung Gottes zu
erlangen. Daß die Frage nach dieser Möglichkeit auftreten kann
(Herm, aber auch Hbr), ist ein deutliches Symptom des gesetzlichen Denkens. Es ist charakteristisch, wie selten der Glaube im
radikalen Sinne wie bei Paulus und Joh als ein neues Gottesverhältnis verstanden wird; in der Regel wird πίστις als Gottvertrauen,
als vertrauendes Hoffen oder als ausharrende Treue verstanden;
selbst in Kol und Eph und in den Past klingt die paulinische Antithese der πίστις zu den ἔργα nur leise nach; im übrigen fehlt sie
ganz (was bei Ign freilich seinen besondern Grund hat, s.S.547f.),
oder wird formelhaft reproduziert (1. u. 2. Klem). Der Mensch ist
wieder auf die eigene Kraft gestellt, und von dem εἴ τις ἐν Χριστῷ,
καινὴ κτίσις (2. Kr 5, 17) ist nichts übrig geblieben. Die Konsequenz kommt wohl am deutlichsten in 1. Klem zum Vorschein, indem für ihn der Unterschied der Christen von den alttest. Frommen
ganz schwindet.

5. Was aber bedeutet das für die Christologie? Der im Kult
als der gegenwärtige Kyrios verehrte Christus (S. 507) ist doch nur
dann wirklich als der Herr der Gegenwart verstanden, wenn diese
als eine durch ihn zu einer schlechthin neu gewordenen verstanden
wird, d. h. wenn seine Erscheinung im Sinne des Paulus (Gal 4, 4
usw.) und Joh (5, 25 usw.) als das eschatologische Ereignis verstanden wird, das der alten Welt ihr Ende gesetzt hat, und wenn
dementsprechend das christliche Sein als entweltlichtes, als eschatologische Existenz, verstanden wird. Es ist die entscheidende Frage,
ob das der Welt gesetzte Ende nur im chronologischen Sinne als das
Ende des Zeitlaufs verstanden wird, oder auch, und zwar wesentlich,
als das Ende der Weltlichkeit des Menschen, der als Glaubender
zum neuen Geschöpf geworden, aus dem Tode ins Leben hinübergeschritten ist. Dieser sachliche Sinn des eschatologischen Geschehens war von Joh ganz vom chronologischen gelöst worden (§ 45, 3),
während er bei Paulus noch mit ihm verbunden war. Die Radikalität des Joh erreicht nahezu Ign, während das paulinische Verständnis einigermaßen in Kol und Eph und selbst in den Past erhalten
ist. Hier ist deshalb auch der Heilscharakter der Gegenwart darin
gesehen, daß in ihr das Wort der Verkündigung erklingt (S. 528. 535),
daß also wie bei Paulus (S. 301 f.) Christus im verkündigten Worte gegenwärtig ist. Sonst aber wird durchweg die eschatologische Bedeutung Christi (wo sie nicht ganz verschwindet wie in Jak und Herm)
nur darin gesehen, daß er dem zeitlichen Weltlauf (demnächst) ein
Ende setzen wird, wenn er wiederkommt, um Gericht zu halten und
das Heil zu bringen. Als der künftige Richter ist er folgerichtig für
die Gegenwart der Lehrer und Gesetzgeber, nicht der Begründer
eines neuen Gottesverhältnisses. Das paulinische ἐν Χριστῷ, das das
gegenwärtige Sein bezeichnet, findet sich in diesem Sinne noch in
Kol und Eph, wird dort aber auch schon zur Formel im Sinne von
„christlich" (S. 528) Formelhaft wird es in den Past (S. 536)   und
in 1. Pt gebraucht (3, 16; 5, 10. 14), häufiger in 1. Klem und einmal bei Pol (1, 1). In Apk findet sich einmal ἐν κυρίῳ (14, 13). Das
ἐν Χρ. fehlt in Hebr, Barn, Jak, Did, 2. Pt, 2. Klem und Herm.
Nur bei Ign hat es wieder die alte Kraft (S. 543).

Die Teilhabe am Leiden und am Tode Christi bedeutete bei Paulus die Prägung des christlichen Lebens durch die ständig im
Kampfe gegen die Sünde durchzuführende Entweltlichung (Rm
6, 6; Gl 5, 24; 6, 14). Diesen Sinn hat sie noch Kol 2, 12. 20; 3, 3,
vielleicht auch 2. Tim 2, 11 f. und gewiß 1. Pt 4, 1 f. Doch verbindet

sich damit in 1. Pt schon der Gedanke der Imitatio (S. 532), der dann bei Ign so wichtig ist (S. 545). Im Gedanken der Imitatio ist Christus nicht als der eschatologische Befreier gesehen, sondern als Vorbild (so auch 1. Klem 16, 17; Pol 8, 2). Wenn für Paulus die Leidens- und Todesgemeinschaft zugleich die gegenwärtige Gemeinschaft mit dem Leben Christi ist (2. Kr 4, 8 ff. usw.), so ist für die Imitatio das Leben das zukünftige, das in der Auferstehung geschenkt wird.

Die Gegenwart Christi wird, sofern sie mehr ist als die des Lehrers, des Gesetzgebers und des Vorbilds, zwar in Kol, Eph und den Past im Wort der Verkündigung erfahren, sonst aber im Kult, zumal im Empfang der Sakramente, in Taufe und Eucharistie. Da diese im Tode und in der Auferstehung Christi begründet sind, machen sie das Heilsgeschehen in gewisser Weise gegenwärtig, indem sie seinen Ertrag, die Vergebung der Sünden und die Gabe des ewigen Lebens (Ign), vermitteln.

Die Menschwerdung des Präexistenten hat außer bei Ign keine Eigenbedeutung, sondern ist nur die notwendige Voraussetzung seines Leidens und Sterbens oder auch seines Wirkens als Lehrers und Begründers der Kirche durch die Beauftragung der Apostel. Bei Ign hat sie zufolge seiner Auffassung von σάρξ und πνεῦμα eine besondere Bedeutung, da durch sie die Teilhabe des irdisch-fleischlichen Seins am jenseitig-pneumatischen ermöglicht wird (S. 543 f.). Die bei Pls und Joh herrschende Betrachtung der Menschwerdung unter dem Gedanken des Gehorsams und der Liebe (Phl 2, 8; Rm 15, 3; 2. Kr 8, 9; Gl 2, 20; Joh 3 16; 4, 34; 12, 49 f.; 1. Joh 4, 9) ist bis auf einen Rest (Sm 8, 1; Mg 7, 1) verschwunden.

Je mehr der christliche Glaube zur Gesetzlichkeit entartet, desto mehr reduziert sich die Bedeutung Christi darauf, im Sakrament der Kirche wirksam zu sein. Je weniger er im Wort gegenwärtig ist, desto mehr wird die Kirche zur sakramentalen Heilsanstalt (S. 466). Die Christologie wird, sobald sie nicht mehr naiv, sondern reflektiert ist, ihre Aufgabe darin finden müssen, eine Begründung für die sakramentale Bedeutung Christi zu geben.

III. DAS PROBLEM DER CHRISTLICHEN LEBENSFÜHRUNG

HARNACK, A. v., Die Mission und Ausbreitung des Christentums in den ersten drei Jahrhunderten, (1902) [4]1924. – DOBSCHÜTZ, E. v., Die urchristlichen Gemeinden, 1902. – KNOPF, R., Das nachapostolische Zeitalter, 1905, 417–444. – GOGUEL, M., L'Église primitive, 1947, 508–540. – OSBORN, E., Ethical Patterns in Early Christian Thought, 1976. – BEYSCHLAG, K., Zur Geschichte der Bergpredigt in der Alten Kirche, ZThK 74, 1977, 291–322. – STRECKER, G., Strukturen einer neutestamentlichen Ethik, ZThK 75, 1978, 117–146.

§ 59. DAS VERSTÄNDNIS DES IMPERATIVS

Lit. zu § 58 u. zu III. (s. o.).

1. Das Problem der christlichen Lebensführung war der Gemeinde von Anfang an mitgegeben (§ 10, 4; § 11, 3 c), und zwar nicht allein und nicht primär als ein Problem der Praxis des Lebens, sondern vor allem als ein Problem des christlichen Selbstverständnisses. Es war mit der paradoxen Situation der Gemeinde gegeben, die als die eschatologische nicht mehr zur alten, sondern zur künftigen Welt gehört, die aber doch ihr Leben im Raume der alten führen muß zwischen dem „nicht mehr" und „noch nicht". Als ein neues, nicht mehr zum alten Äon gehörendes Leben kann es im Indikativ beschrieben werden; aber so lange es in der alten Welt geführt werden muß, steht es unter dem Imperativ. Als jenes steht es unter der Gnade, als dieses unter dem Gesetz Gottes, unter der sittlichen Forderung (§ 11, 3 c). Das Problem besteht also in der Frage: wie wird das Verhältnis von Gegenwart und Zukunft, von Indikativ und Imperativ verstanden? Paulus hatte das Problem durch sein Verständnis der christlichen Freiheit gelöst (§ 38) und das Verhältnis von Gegenwart und Zukunft als ein dialektisches begriffen (§ 40), ebenso Joh (§ 50). Es war die Frage, ob dieses Verständnis festgehalten würde; ob die christliche Freiheit

als die Freiheit zum Gehorsam und damit der Gehorsam selbst als
Geschenk der Gnade bzw. des Geistes verstanden werden würde,
oder ob der Gehorsam als eine Leistung und damit als die zu erfüllende Bedingung für die Gewinnung des Heils aufgefaßt werden
würde (S. 121 f.), ob damit der Imperativ wieder den Charakter
eines Gesetzes in dem in der paulinischen Rechtfertigungslehre de-
struierten Sinne erhalten würde, den Charakter des Heilsweges.

Die Antwort auf diese Fragen ist in den Ausführungen über die
Soteriologie (§ 58) schon im wesentlichen gegeben worden, weil sich
die Themen der Soteriologie und Ethik infolge der Eigenart des
christlichen Heilsverständnisses nicht trennen lassen, weil die Frage
nach dem Verhältnis von Heilsgegenwart und Heilszukunft mit der
Frage nach dem Verhältnis von Indikativ und Imperativ aufs
engste verbunden ist. Es hatte sich gezeigt, daß die paulinische
Tradition nur in Kol, Eph und 1. Pt und schwächer in den Past
noch lebendig ist, daß sonst überall ein Absinken in die Gesetzlichkeit stattfindet außer bei Ign, der zwar von Paulus Entscheidendes
gelernt hat, ihn aber unter dem Einfluß des sakramentalen Denkens umdeutet. Durchschnittlich steht es so, daß der Sinn des
Heilsgeschehens als eschatologischen Geschehens nicht im Sinne
des Paulus und Joh erfaßt ist, daß es sich auf ein Ereignis – Tod
und Auferstehung Jesu – reduziert, durch dessen in der Taufe zugeeignete Wirkung die Sünden der Vergangenheit getilgt werden.
Der von der früheren Schuld gereinigte Mensch hat nunmehr die
Chance eines neuen Anfangs erhalten, ist aber jetzt auf seine eigene
Kraft gestellt, um durch seinen Gehorsam des künftigen Heiles
würdig zu werden. Die Erkenntnis, daß das Geschenk der Gnade
(Paulus) oder der Liebe Gottes (Joh) den Menschen radikal erneuert, ist verloren gegangen, – die Erkenntnis, daß der Mensch
ohne die Gnade Gottes der Macht der Sünde und des Todes verfallen ist, daß er seine Freiheit verloren hat und auch bei etwaiger
Korrektheit seines Tuns im Ungehorsam gegen Gott lebt, weil
Gottes Gesetz für ihn das Mittel der Selbstbehauptung vor Gott
bedeutet, – die Erkenntnis, daß seine Befreiung von den ihn beherrschenden Mächten die Befreiung zum echten Gehorsam ist, daß
er aber nie aus der schenkenden und vergebenden Gnade Gottes
entlassen und auf die eigene Kraft gestellt wird.

2. Die Entwicklung ist daher verständlich, daß die radikale
Verfallenheit des Menschen an die Macht der Sünde, der
Lüge, der Finsternis nicht mehr gesehen wurde. Die Be-

kehrung der Heiden zum christlichen Glauben wurde – vom heidenchristlichen wie vom judenchristlichen Standpunkt aus – als der
Gewinn einer neuen und richtigen Gotteserkenntnis verstanden,
als die Versetzung aus dem σκότος der ἄγνοια und πλάνη in das
Licht der Erkenntnis des einen Gottes (§ 9, 2 und dazu bes. 2 Klem
1, 6 f.); damit zugleich als die Abwendung von einem in Laster versunkenen Leben (§ 9, 3), das als solches dem Tode verfallen ist.
Die Rettung vom Tode geschieht durch Vergebung der Sünden, die
durch den Tod Christi beschafft ist und in der Taufe zugeeignet
wird (S. 87. 138 f.). Das letztere gilt natürlich auch für die sich
zum christlichen Glauben bekehrenden Juden.

Die δουλεία, der der Mensch vor dem Glauben verfallen ist, wird nicht
mehr als die unter die Sünde (und das Gesetz) verstanden wie bei Paulus
und Joh (Gl 4, 24; 5, 1; Rm 6, 16–20; 8, 15; Joh 8, 32–36), sondern – wie
freilich bei Paulus auch (Rm 8, 21) – als die unter den θάνατος und die
φθορά (Hbr 2, 15; 2. Pt 2, 19). Ausnahme ist nur Tit 3, 3 (δουλεύοντες
ἐπιθυμίαις καὶ ἡδοναῖς ποικίλαις). ᾿Ελευθερία bedeutet vielleicht 1. Pt.
2, 16 die Freiheit von Gesetz und Sünde; Ign Rm 4, 3; Pol 4, 3 ist es die
Freiheit vom Tode. Sonst begegnet der Begriff der Freiheit als Charakter
des christlichen Seins überhaupt nicht mehr, wenn man ihn nicht in dem
Schlagwort der Irrlehrer 2. Pt 2, 19 finden will. Über den νόμος (τ.) ἐλευθερίας Jak 1, 25; 2, 12 s. S. 514, 1.

In keinem Falle wird die Bekehrung als eine radikale Umwandlung des alten Menschen verstanden. Zwar klingt der paulinische
Gedanke von der Vernichtung des παλαιὸς ἄνθρωπος (Rm 6, 6;
7, 6; 1. Kr 5, 7 f.) und von der καινότης des christlichen Lebens
(Rm 6, 4) nach. Aber die Paradoxie der Sätze: εἴ τις ἐν Χριστῷ,
καινὴ κτίσις (2. Kr 5, 17; vgl. Gl 6, 15), und: ὁ ἔσω ἡμῶν (ἄνθρωπος)
ἀνακαινοῦται ἡμέρᾳ καὶ ἡμέρᾳ (2. Kr 4, 16; vgl. Rm 12, 2), wird
kaum noch verstanden. Nur selten begegnet ein Gedankengang,
der die Erneuerung des Menschen im Sinne des paulinischen Verständnisses von Indikativ und Imperativ erfaßt. Am deutlichsten Kol 3, 1 ff.: εἰ οὖν συνηγέρθητε τῷ Χριστῷ, τὰ ἄνω ζητεῖτε
... ἀπεθάνετε γάρ, ... νεκρώσατε οὖν τὰ μέλη τὰ ἐπὶ τῆς γῆς ...
ἀπεκδυσάμενοι τὸν παλαιὸν ἄνθρωπον ... καὶ ἐνδυσάμενοι τὸν νέον
τὸν ἀνακαινούμενον ... ἐνδύσασθε οὖν ... (vgl. 2, 12 f.). Auch Tit
3, 3–7 ist die Paradoxie noch gewahrt, indem der Imperativ in der
durch das πνεῦμα ἅγιον gewirkten ἀνακαίνωσις begründet wird.
Wohl klingen die Sätze von Kol in Eph 2, 1–10 wieder, doch ist die
Paradoxie nur noch schwach zum Ausdruck gebracht: καὶ ὑμᾶς ὄντας
νεκροὺς τοῖς παραπτώμασιν καὶ ταῖς ἁμαρτίαις ὑμῶν ... συνεζωο-

ποίησεν τῷ Χριστῷ ... κτισθέντες ἐν Χρ. Ἰησοῦ ἐπὶ ἔργοις ἀγαθοῖς.
Ebenso in der Mahnung 4, 22–24: ἀποθέσθαι ὑμᾶς ... τὸν παλαιὸν
ἄνθρωπον ... ἀνανεοῦσθαι δὲ τῷ πνεύματι τοῦ νοὸς ὑμῶν καὶ ἐνδύσασθαι τὸν καινὸν ἄνθρωπον τὸν κατὰ θεὸν κτισθέντα ... Das
Stichwort der Erneuerung klingt wider Hbr 6, 6; aber gerade hier
ist der den Imperativ einschließende Sinn der Erneuerung preisgegeben, wenn es heißt, daß es nach der Taufe für die (schweren)
Sünder nicht mehr möglich sei, πάλιν ἀνακαινίζειν εἰς μετάνοιαν;
und die Drohung mit der göttlichen Vergeltung, die für die Christen
so viel schrecklicher sei als für die Juden (2, 2 f.; 10, 28 f.; 12, 25),
zeigt, daß der Verf. die radikal andere Stellung der Christen vor
Gott nicht verstanden hat. Eher schon Barn 16, 8: λαβόντες τὴν
ἄφεσιν τῶν ἁμαρτιῶν καὶ ἐλπίσαντες ἐπὶ τὸ ὄνομα ἐγενόμεθα καινοί,
πάλιν ἐξ ἀρχῆς κτιζόμενοι. Ferner 6, 11: ἐπεὶ οὖν ἀνακαινίσας ἡμᾶς
τῇ ἀφέσει τῶν ἁμαρτιῶν ἐποίησεν ἡμᾶς ἄλλον τύπον, ὡς παιδίων ἔχειν
τὴν ψυχήν, ὡς ἂν δὴ ἀναπλάσσοντος αὐτοῦ ἡμᾶς. Weil der Verf. aber
nichts von der gegenwärtigen Gerechtigkeit weiß (4, 10), so hat er
die Erneuerung auch nicht radikal verstanden. Daran ändert auch
der Terminus ὁ καινὸς νόμος τοῦ κυρ. ἡμ. Ἰ. Χριστοῦ (2, 6) nichts;
denn dieser besteht ja aus den δικαιώματα und ἐντολαί (S. 515).
Auch wenn die Christen der καινὸς λαός heißen (5, 7; 7, 5), so bezeichnet das καινός nur die chronologische, nicht die qualitative
Neuheit der eschatologischen Gemeinde. Auch Herm redet von der
Erneuerung, die der Christ (durch die Taufe) erfahren hat (vis III 8,
9: ἡ ἀνακαίνωσις τῶν πνευμάτων ὑμῶν), oder die er jetzt durch die
Offenbarung und den Bußruf des Herm empfängt (vis III 12, 3; sim
VIII 6, 2; IX 14, 3; vgl. VI 2, 4). Aber gerade die Rede von der jetzt
noch einmal und zum letztenmal ermöglichten Erneuerung zeigt,
daß er sie nicht im Sinne des Paulus versteht. Wenn Christus nach
sim IX 12, 1–3 die πύλη καινή ist, so nur im chronologischen Sinn.

Besonders bezeichnend ist Herm mand XII 3, 4–5, 4: Herm hat vom
„Hirten" vernommen, welches die Gebote Gottes sind, und bekennt er-
schrocken: οὐκ οἶδα δέ, εἰ δύνανται αἱ ἐντολαὶ αὗται φυλαχθῆναι, διότι σκληραί
εἰσι λίαν. Aber als Antwort muß er hören, daß er sich irre; die Gebote seien
vielmehr leicht, und schon sie für schwer zu halten, sei eine Sünde. Wer
nur von Herzen wolle, könne sie halten; hat der Mensch durch den Schöpfer
die Herrschaft über die Welt verliehen bekommen, so werde er doch wohl
die Kraft haben, die Gebote zu halten. Wenn er nur den Teufel nicht fürchtet,
so wird dieser vor ihm fliehen!

Den Sinn für das τὰ ἀρχαῖα παρῆλθεν, ἰδοὺ γέγονεν καινά (2. Kr
5, 17), für das Totaliter-Aliter der christlichen Situation, hat eigent-

lich nur Ign. Er hat das Heilsgeschehen wirklich als eschatologisches verstanden und damit die Paradoxie des christlichen Seins begriffen. Er hat freilich die Befreiung des Menschen vom alten Wesen nicht als die Befreiung von der Macht des Fleisches und der Sünde verstanden, sondern als die Befreiung von der Vergänglichkeit und vom Sterben (S. 544). Bei Ign ist das von seinen anderen Voraussetzungen aus verständlich: aus dem hellenistisch-gnostischen Dualismus, von dem er herkommt, und aus seinem Sakramentalismus. Anderwärts geht der Sinn für das, was Paulus und Joh Sünde nannten, im moralistisch-gesetzlichen Denken verloren, – wesentlich unter dem Einfluß der synagogalen Tradition.

In der Weise, wie durchweg von der S ü n d e geredet wird, zeigt sich, daß die radikale Verfallenheit des Menschen außer Christus nicht mehr gesehen wird. Die Sünde wird fast nirgends mehr als eine einheitliche Macht oder, auf den Menschen gesehen, als eine einheitliche Lebenshaltung verstanden; nur in Kol und Eph ist die Sünde noch als eine auch den Christen bedrohende Macht gesehen (S. 527). Natürlich ist oft von den ἁμαρτίαι, ἁμαρτήματα, παραπτώματα die Rede, und es begegnen Bekenntnisse wie: πολλαί μου εἰσὶν αἱ ἁμαρτίαι καὶ ποικίλαι (Herm mand IV 2, 3), καὶ αὐτὸς πανθαρματωλὸς ὢν καὶ μήπω φυγὼν τὸν πειρασμόν (2. Klem 18, 2), πάντες ὀφειλέται ἐσμὲν ἁμαρτίας (Pol 6, 1). Aber so gut wie nie ist von der ἁμαρτία als einer den Menschen beherrschenden Macht die Rede; höchstens Hbr 9, 26; 12, 1. 4; Pol 6, 1 ist sie als Einheit gesehen. Wenn die Menschen vor Christus als ἁμαρτωλοί gelten, die zu retten er gekommen ist, so ist an das heidnische Lasterleben gedacht (1. Tim 1. 9; vgl. Kol 1, 21; 3, 7 f.; Eph 2, 3; Tit 3, 3; 1. Pt 1, 14. 18; 4, 3); sie waren νεκροὶ τοῖς παραπτώμασιν (Kol 2, 13; Eph 2, 1. 5; vgl. Herm sim IX 16, 3 ff.), ihre ἔργα waren νεκρά (Hbr 6, 1; 9, 14; von sündigen Christen Herm sim IX 21, 2; vgl. Apk 3, 1).

Auch vom Fleisch wird kaum noch im paulinischen Sinne geredet, – ganz abgesehen von Ign (S. 536). Kol 2, 11. 13 ist die σάρξ, wenn nicht die Macht, so doch wenigstens die Sphäre der Sünde: in der Taufe ist die ἀπέκδυσις τοῦ σώματος τῆς σαρκός erfolgt, und Christus hat lebendig gemacht diejenigen, die tot waren τοῖς παραπτώμασιν καὶ ἐν (?) τῇ ἀκροβυστίᾳ τῆς σαρκός (vgl. Jud 23). Mehrfach wird von den ἐπιθυμίαι der σάρξ geredet (Eph 2, 3; 1. Pt 2, 11; 2. Pt 2, 18; Did 1, 4; Barn 10, 9). Aber im übrigen bezeichnet σάρξ wie bei Ign nur noch die Sphäre des Irdischen, des Körperlichen.

So wird σάρξ neutral gebraucht z. B. 2. Klem 8, 2; Herm vis III 9, 3; mand III 1 und sonst. Mehrfach heißt es, daß Christus sich in der σάρξ geoffenbart und gelitten hat (Barn 5, 6. 10 ff.; 6, 7. 9 usw.; 2. Klem 9, 5; Herm sim V 6, 5 ff.), oder daß der Mensch seine σάρξ nicht beflecken, sondern rein bewahren soll (2. Klem s. S. 521; Herm mand IV 1, 9; sim V 7, 1 f.; vgl. ἀγνὸς ἐν τῇ σαρκί 1. Klem 38, 2). Das paulinische κατὰ σάρκα findet sich als Charakteristik des sündigen Wandels überhaupt nicht mehr, zur Bezeichnung des natürlichen Verhältnisses (S. 237 f.) nur noch Kol 3, 22; Eph 6, 5 (οἱ κατὰ σάρκα κύριοι sc. der Sklaven) und 1. Klem 32, 2 (Jesus Abrahams Nachkomme τὸ κατὰ σάρκα). 2. Klem lehrt wie Ign die Auferstehung des Fleisches (9, 1 ff.).

Auch der Gegensatz σ ά ρ ξ - π ν ε ῦ μ α spielt deshalb im paulinischen Sinne keine Rolle mehr, sondern bezeichnet nur noch den Gegensatz von Irdisch und Göttlich (Jenseitig), nicht nur bei Ign (z. B. 1. Tim 3, 16; Barn 7, 3; 2. Klem 9, 5; 14, 3 ff.; Herm sim V 6, 5 ff. und sonst; etwas anders Kol 2, 5). Häufiger findet sich der Gegensatz κόσμος - θεός, sei es, daß er ausdrücklich formuliert ist (Jak 4, 4; Ign Mg 5, 2; Rm 2, 2), sei es, daß vom κόσμος οὗτος geredet wird (Eph 2, 2; Did 10, 6; Barn 10, 11; 2. Klem 5, 1–5: ὁ κ. οὗτ. τῆς σαρκός; 8, 2; 19, 3; Ign Mg 5, 2; Herm vis IV 3, 2–4; sim V 5, 2), sei es, daß das einfache ὁ κόσμος sensu malo gebraucht wird (Jak 1, 27; 4, 4; 2. Pt 1, 4; 2, 20; Ign Rm 3, 2 f.; 7, 1; Pol Phil 5, 3). Dabei ist κόσμος meist nicht als gottfeindliche Macht gemeint (so deutlich Jak 4, 4), sondern als die Sphäre des Irdischen, und der Sprachgebrauch ist weniger bezeichnend für den Gedanken der Verfallenheit oder Bedrohtheit des Menschen als für die Negativität der ethischen Forderung; so wenn von den κοσμικαὶ ἐπιθυμίαι geredet wird (Tit 2, 12; 2. Klem 17, 3; vgl. Pol Phil 5, 3: αἱ ἐπιθ. αἱ ἐν τῷ κόσμῳ) oder einfach von den κοσμικά (2. Klem 5, 6).

Der Gegensatz des j e t z i g e n und des k o m m e n d e n Äons lebt in einigen Schriften weiter, sei es, daß er ausdrücklich formuliert ist (Eph 1, 21; 2. Klem 6, 3; Herm sim III–IV), sei es, daß nur von „diesem" oder dem „jetzigen" Äon geredet wird (1. Tim 6, 17; 2. Tim 4, 10; Ign Rm 6, 1; Pol Phil 5, 2; 9, 2; oft bei Herm) oder vom ἄρχων τοῦ αἰῶνος τούτου (mehrfach bei Ign), sei es, daß nur der kommende Äon genannt wird (Hbr 6, 5: ὁ μέλλων; Herm vis IV 3, 5: ὁ ἐρχόμενος; Barn 10, 11: ὁ ἅγιος; 2. Klem 19, 4: ὁ ἄλυπος). Auch dieser Sprachgebrauch ist für die negative Ethik charakteristisch, wie besonders bei Herm sichtbar ist, der vor den ἐπιθυμίαι (und ἀπάται) dieses Äons warnt (mand XI 8; XII 6, 5; sim VI 2, 3; 3, 3 usw.) oder vor seinen ματαιώματα (mand IX 4; sim V 3, 6), seinen πονηρίαι (sim VI 1, 4) und seinen πραγματεῖαι (mand X 1, 4). Die Zugehörigkeit zum kommenden Äon erscheint wesentlich als die Verpflichtung, sich von der alten Welt zu lösen durch den Gehorsam gegen den καινὸς νόμος τοῦ κυρίου (Barn 2, 6), gegen seine ἐντολαί und δικαιώματα, und durch die Absage an die σαρκικαί oder κοσμικαὶ ἐπιθυμίαι. Der Indikativ, in dem dieser Imperativ begründet ist, beschränkt sich eben auf die Vergebung der früheren Sünden; nunmehr ist der Getaufte auf sich selbst gestellt und muß die Bedingung für den Gewinn des künftigen Heils durch seine guten Werke erfüllen. Das Bewußtsein der Freiheit von der Macht der Sünde und des Getragenseins durch die Kraft des Geistes geht verloren.

Die Freiheit von der Sünde wird als die Sündlosigkeit im moralischen Sinne verstanden. Wo der Gegensatz von Einst und Jetzt ernst genommen wird, muß sich deshalb das Problem der Sünden – mindestens der schweren – nach der Taufe und die Frage nach der Möglichkeit einer erneuten Buße erheben (Hbr, Herm). Der Gegensatz von Einst und Jetzt spielt freilich in der Paränese eine große Rolle (S.107); aber wo er nicht die jetzt geschenkte Offenbarung des einst verborgenen Heils beschreibt, sondern nur den früheren Sünden die durch die Taufe erworbene Reinheit gegenüberstellt, da motiviert er den Imperativ durch den Indikativ, ohne deren paradoxes Verhältnis auszudrücken. Die Sündlosigkeit ist damit zur Aufgabe geworden; und sofern sich diese als unerfüllbar oder unerfüllt erweist, nimmt man seine Zuflucht zur Buße und göttlichen Vergebung. Denn durchweg wird diese ohne Reflexion als gegebene Möglichkeit angenommen, – worin auch die synagogale Tradition nachwirkt. Ruft Herm zur Buße, weil für sie noch einmal und zum letztenmal die Möglichkeit eröffnet ist, so ist 2. Klem eine Bußpredigt unter der Voraussetzung, daß Buße allezeit möglich ist. Der Ruf μετανόησον durchzieht die Sendschreiben der Apk, und von der Buße der Christen handeln 2. Tim 2, 25; 1. Klem 57, 1; 62, 2; Did 10, 6; 2. Pt 3, 9; Ign Phld 3, 2; 8, 1; Sm 4, 1; 5, 3; 9, 1. 1. Klem 7–8 redet von der μετάνοια als einer für die Christen wie einst für die alttest. Frommen bestehenden Möglichkeit. Auch wenn gelegentlich gesagt wird, daß zur Buße nur so lange Frist gegeben ist, als wir auf Erden weilen (2. Klem 8, 1–3; 16, 1; Ign Sm 9, 1), ist klar, daß die Buße jetzt noch ständig möglich ist, was 2. Pt 3, 9 ausdrücklich mit der göttlichen Langmut begründet wird. Wie die Buße, so steht auch die Vergebung allezeit offen (Jak 5, 15; Pol Phil 6, 2).

Die Buße ist natürlich die Bedingung der Vergebung (ausdrücklich Ign Phld 8, 1). Gelegentlich wird die Vergebung an die Bedingung geknüpft, daß der Mensch in Liebe die Gebote Gottes erfüllt (1. Klem 50, 5); denn „die Liebe deckt die Menge der Sünden zu" (1. Pt 4, 8; Jak 5, 20; 1. Klem 49, 5; 50, 5; 2. Klem 16, 4). Das Gleiche bewirkt das Wohltun (Pol Phil 10, 2; Barn 19, 10; Did 4, 6); ja, nach 2. Klem 16, 4 ist die ἐλεημοσύνη so gut wie die μετάνοια und besser als Gebet und Fasten. Weiter geht Herm sim V 1, wo das rituelle Fasten abgelehnt und als das echte Fasten die Erfüllung der Gebote gelehrt wird. Dagegen wird sim V 3, 7 das Fasten anerkannt, aber in den Dienst der Liebestätigkeit gestellt: die durch das Fasten ersparten Speisen sollen den Witwen, Waisen und Armen zugute kommen. Solche Stellen zeigen, daß es Kreise gab, in denen das Fasten als verdienstlich galt; es erscheint Pol Phil 7, 2 in Verbindung mit dem Gebet, und Did 8, 1 wird das christliche Fasten am Mittwoch und Freitag dem jüdischen am Montag und Donnerstag gegenübergestellt. Etwas anderes ist das Fasten als Vorbereitung auf den Offenbarungsempfang (Herm vis II 2, 1; III 1, 2; 10, 6 f.) und vor der Taufe (Did 7, 4). – Daß auch Leiden, wenn sie zur Buße führen, sündentilgende Wirkung haben, sagt Herm vis III 7, 6; sim VI 3–5; VII; schwerlich 1. Pt 4, 1; vielleicht aber Jak 5, 14–16.

Im Gemeindegebet 1. Klem 60, 1 wird die Vergebung unter Berufung auf die göttliche Barmherzigkeit erfleht. Oft ist wie 1. Joh 1, 9 das Bekenntnis der Sünde genannt (Jak 5, 16; 1. Klem 51, 3; 52, 1; Barn 19, 12; Did 4, 14; 14, 1; 2. Klem 8, 3; Herm vis I 1, 3; III 1, 5 f.; sim IX 23, 4). Es ist wohl durchweg vorausgesetzt.

3. Der Tatsache, daß der Ernst der Sünde nicht mehr radikal erfaßt ist, entspricht es, daß auch die Gnade Gottes nicht mehr radikal verstanden wird. Wohl wird viel von der χάρις Gottes geredet, aber der Gegensatz ἔργα – χάρις klingt nur selten nach (Eph 2, 5. 8 f.; 2. Tim 1, 9; Tit 3, 5. 7).

Ganz allgemein wird von der göttlichen χάρις nicht selten geredet (2. Th 1, 12; 2, 16; 1. Tim 1, 14; Act 11, 23; 14, 26; 15, 40; 1. Klem 30, 2 f.; 50, 3; 2. Klem 13, 4; Ign Sm 12, 1; Pol 2, 1; Herm mand X 3, 1). Dann ist χάρις von ἔλεος (S. 283) kaum unterschieden. Χάρις und ἔλεος werden kombiniert nicht nur in den Grußwünschen (1. Tim 1, 2; 2. Tim 1, 2; Tit 1, 4 v. l.; 2. Joh 3; Ign Sm 12, 2), sondern auch sonst (Hbr 4, 16); für χάρις kann ἔλεος eintreten (Eph 2, 4; Tit 3, 5). Übrigens kann die χάρις auch in der Gewährung der Buße gesehen werden (1. Klem 7, 4, wo offenbar nicht allein an die Taufbuße gedacht ist wie Act 5, 31; 11, 18).

Durchweg bezeichnet χάρις die in Christus erwiesene Heilsgnade (z. B. Tit 2, 11). Die christliche Botschaft kann das εὐαγγέλιον oder der λόγος τῆς χάριτος heißen (Act 20, 24. 32). Christ werden kann heißen: die χάρις Gottes hören und erkennen (Kol 1, 6); Christ sein: unter das Joch der χάρις gekommen sein (1. Klem 16, 17), oder: unter der ἐνεστῶσα χάρις stehen (Ign Eph 11, 1; vgl. 1. Pt 5, 12). Irrlehrer sind ἑτεροδοξοῦντες εἰς τὴν χάριν 'Ι. Χριστοῦ (Ign Sm 6, 2); die Sünde des Abfalls heißt, gegen das πνεῦμα τῆς χάριτος freveln (Hbr 10, 29). In den Wendungen, daß die Gemeinde das πνεῦμα τῆς χάριτος bzw. die χάρις τῆς πνευματικῆς δωρεᾶς empfangen hat (1. Klem 46, 6; Barn 1, 2), oder daß sie von der χάρις θεοῦ erfüllt ist (Ign Rm intr.), scheint die χάρις als eine Kraft aufgefaßt zu sein, die zur rechten christlichen Haltung hilft (vgl. 1. Klem 23, 1; 46, 6; Barn 1, 3; zu χάρις als Kraft auch 1. Klem 55, 3).

Es ist klar, daß nun auch π ί σ τ ι ς (und πιστεύειν) nicht wie bei Paulus den Sinn von Glaubensgehorsam haben kann, sondern, wenn es nicht das hoffende Vertrauen oder die Treue bedeutet, sozusagen zu einem historischen Begriff wird, der das Christwerden oder Christsein bezeichnet oder auch das Christentum im Sinne der fides quae creditur (S. 488). Wenn der Gegensatz ἔργα – πίστις verloren geht, dann nimmt es nicht wunder, daß überall die Forderung der g u t e n W e r k e erklingt (und die Warnung vor bösen), in den Past wie in 1. und 2. Klem und Barn; denn das Gericht und die Vergeltung werden nach den Werken ergehen (1. Pt 1, 17; Apk 2, 23; 1. Klem 34, 3; Barn 4, 12; 2. Klem 6, 9 usw.). Jak 2, 24 versichert ausdrücklich, daß der Mensch aus den Werken gerechtfertigt wird und nicht aus Glauben allein (vgl. 1. Klem 31, 2). Daher bittet Hermas den „Hirten", ihn zu unterweisen, ἵνα γνῶ, ποῖα ἔργα ἐργαζόμενος ζήσομαι (mand IV 2, 3; vgl. VIII 8), und er empfängt ständig Belehrung über die πονηρά und δίκαια ἔργα, über die ἔργα τοῦ θεοῦ und τοῦ διαβόλου usw. – Gewiß, die Mahnung zum guten Werk und der Hinweis auf das Gericht begegnen auch bei Paulus (1. Kr 15, 58; 2. Kr 5, 10; S. 321 f. 333 f. 339 f.). Aber jetzt gewinnt das einen anderen Sinn, weil der Imperativ nicht mehr in der gleichen Weise wie bei Paulus im Indikativ begründet ist, weil die χάρις nicht mehr im radikalen Sinne erfaßt (S. 289 f.) und das πνεῦμα nicht mehr in seiner Einheit von Kraft und Norm (S. 337 f.) verstanden ist. Symptomatisch dafür ist, daß das Reden von μετάνοια und ἄφεσις τῶν ἁμαρτιῶν, das bei Paulus fast ganz fehlt (S. 287. 317 f.), überhand nimmt.

Wie der Begriff πίστις den paulinischen (und joh) Sinn verliert, so auch der Begriff G e r e c h t i g k e i t. Δικαιοσύνη θεοῦ im Sinne des Paulus findet sich überhaupt nicht mehr (über Jak 1, 20; 2. Pt 1, 1 s. S. 285). Auch das bloße δικαιοσύνη und δικαιοῦσθαι werden nur selten im forensisch-eschatologischen Sinne gebraucht, und dabei ist nicht immer klar, ob an die schon erfolgte Rechtfertigung des Glaubenden gedacht ist (so sicher nur Tit 3, 7, vielleicht 1. Klem 35, 2) oder an die künftige (Barn 4, 10, wo ausdrücklich gesagt wird, daß wir noch nicht δεδικαιωμένοι sind; 15, 7; Pol Phil 8, 1;

Ign Phld 8, 2; 2. Klem 11, 1; wohl auch 1. Klem 30, 3; 32, 4). Überwiegend bezeichnen δικαιοσύνη und δίκαιος die moralische Rechtschaffenheit (§ 58, 3 passim). Wenn Polykarp περὶ δικαιο- σύνης schreibt, so heißt das, daß er eine ethische Paränese gibt.

Δικαιοσύνη als Rechtschaffenheit oder moralisches Verhalten z. B. Eph 4, 24; 5, 9; 1. Tim 1, 9; 6, 11; 2. Tim 2, 22; 3, 16; Act 13, 10; Jak 5, 6. 16; 1. Pt 3, 12; 2. Pt 2, 7 f.; Apk 22, 11; Barn 1, 6; 19, 6; Pol Phil 9, 2; meist in 1. Klem; durchweg in Did und 2. Klem; fast immer in Herm. – Charak- teristisch sind die Wendungen: ποιεῖν δικαιοσύνην schon 1. Joh 2, 29; 3, 7. 10; dann Apk 22, 11; 1. Klem 31, 2; 2. Klem 4, 2; 11, 7; ἐργάζεσθαι δικ. Act 10, 35; Hbr 11, 33; 1. Klem 33, 8 (ἐργ. ἔργον δικαιοσύνης); oft in Herm (z. B. mand VIII 2 δικ. μεγάλην); πράσσειν τὴν δικ. 2. Klem 19, 3 (vgl. δικαιο- πραγία 1. Klem 32, 3); δίκαια βουλεύεσθαι Herm vis I 1, 8; ὁδὸς δικαιοσύνης 2. Pt 2, 21; Barn 1, 4; 5, 4; 2. Klem 5, 7; μισθὸς δικαιοσύνης Did 5, 2; Barn 20, 2; 2. Klem 20, 4. Die δικ. als die Zusammenfassung aller ἀρεταί Herm mand I 2; sim VI 1, 4; kombiniert mit ἀρετή Herm mand XII 3, 1; sim VIII 10, 3. Der ἄγγελος τῆς δικ. und der ἄγγελος τῆς πονηρίας stehen sich gegenüber Herm mand VI 2, 1 ff. – Oft wird die δικ. als eine Tugend mit andern zusammen genannt, z. B. mit ἀγάπη 2. Klem 12, 1; mit πίστις Pol Phil 9, 2; mit ἐλπίς und πίστις Barn 1, 6; mit ἁγνεία Herm sim IX 16, 7; mit ἀλήθεια 1. Klem 31, 2; Herm sim IX 25, 2; oder in einem Tugend- katalog 1. Klem 62, 2; Herm mand VI 2, 3; VIII 10; XII 3, 1; mit ταπεινός Did 3, 9; Barn 19, 6; mit σεμνός Herm sim VIII 3, 8. Besonders charak- teristisch ist die Kombination von δικαιοσύνη, δίκαιος und δικαίως mit ὁσιότης, ὅσιος und ὁσίως 1. Klem 14, 1; 48, 4; 2. Klem 5, 6; 6, 9; 15, 3 bzw. mit εὐσεβῶς Tit 2, 12; 1. Klem 62, 1.

In der Terminologie zeigt sich, daß an die Stelle des eschato- logischen Bewußtseins und des Charismatikertums das Ideal einer moralistischen Frömmigkeit zu treten beginnt und weithin schon getreten ist. Es ist wie im Judentum das Ideal eines Lebens der Knechte Gottes in Frömmigkeit und Gottesfurcht als der Be- dingung für die Teilhabe am künftigen Heil. Wie die δικαιοσύνη im Sinn der rechten Lebensführung den Sinn von „Frömmigkeit" gewinnt, so mehren sich die Ausdrücke, die „Frömmigkeit" be- nennen.

Εὐσέβεια (εὐσεβής, εὐσεβεῖν), gelegentlich auch θεοσέβεια finden sich im NT nur erst in den Past und in 2. Pt, sind dann geläufig in 1. und 2. Klem. Ὅσιος und ὁσιότης, im NT nur Eph 4, 24 und in den Past, häufig in 1. und 2. Klem. Σεμνότης taucht im NT schon 1. Tim 2, 2 auf, findet sich öfter in 1. Klem und ist dann sehr beliebt bei Herm, bei dem die personifizierte Σεμνότης eine der sieben Jungfrauen (= Tugenden) ist, die den Turm der Kirche bauen (vis III 8).

Besonders bezeichnend ist der Gebrauch von φόβος (θεοῦ) und φοβεῖσθαι (τὸν θεόν). Auch Paulus redet gelegentlich vom

φόβος ϑεοῦ (Rm 3, 18 nach Ψ 35, 2) bzw. τοῦ κυρίου (2. Kr 5, 11);
zum technischen Ausdruck christlichen Verhaltens wird der Ausdruck aber erst Act 9, 31, in der Interpolation 2. Kr 7, 1 und als
φόβος τοῦ Χριστοῦ Eph 5, 21. In gleichem Sinne wird das absolute
φόβος gebraucht 1. Pt 1, 17; 3, 2. 16 (kombin. mit πραΰτης); Jud 23.
Dann begegnet φόβος τ. ϑ. (bzw. τ. κυρίου) und das absolute φόβος
häufig in 1. Klem, Barn, Pol Phil und besonders bei Herm, der ausführlich über die beiden Arten von Furcht – vor dem Herrn und
vor dem Teufel – handelt (mand VII). Φοβεῖσϑαι τ. ϑ. (bzw. τ. κυρ.)
wird im NT, abgesehen von der technischen Bezeichnung der Pro-
selyten als φοβούμενοι τ. ϑ., nur erst selten gebraucht als Charakteristik der christlichen Haltung (Kol 3, 22; 1. Pt 2, 17; Apk 11, 18:
φοβ. τὸ ὄνομά σου; 19, 5; vgl. 14, 7; 15, 4); dann wird es häufiger
in 1. und 2. Klem und Herm. Ebenso wird die dazu gehörige Bezeichnung der Frommen als der δοῦλοι ϑεοῦ bzw. Χριστοῦ
immer häufiger.

Im NT findet sich δοῦλος ϑεοῦ bzw. Χριστοῦ (oder κυρίου) in dem Wort-
spiel 1. Kr 7, 22, aber noch nicht im technischen Sinn. In diesem (etwa
= „Christ") Kol 4, 12; Eph 6, 6; 2. Tim 2, 24; 1. Pt 2, 16; Apk 1, 1; 7, 3;
19, 2. 5; 22, 3. Davon zu unterscheiden ist der Gebrauch des Terminus zur
Betitelung ausgezeichneter Personen wie des Mose (Apk 15, 2), der Pro-
pheten (Apk 10, 7; 11, 18) und der Apostel (dem Paulus geläufig; dann
Tit 1, 1: Act 4, 29; Jud 1; 2. Pt 1, 1). Δουλεύειν τ. ϑεῷ findet sich nur
Mt 6, 24 = Lk 16, 13; δουλεύειν τ. Χριστῷ bzw. τ. κυρίῳ ist ein dem Paulus
nicht fremder Terminus, den er jedoch relativ selten und nur bei besonderer
Motivierung durch den Zusammenhang verwendet (Rm 7, 6 (25); vgl. 6, 6;
Gl 4, 8 f.; 1. Th 1, 9). Als Charakteristik christlichen Verhaltens Kol 3, 24;
Act 20, 19. Bei Herm ist δοῦλος τ. ϑ. geläufige Bezeichnung der Christen;
sie begegnet auch im Gemeindegebet 1. Klem 60, 2; ferner 2. Klem 20, 1.
Ebenso ist δουλεύειν τ. ϑεῷ bzw. τ. κυρίῳ geläufig bei Herm, findet sich
aber auch 1. Klem 26, 1; 45, 7; 2. Klem 11, 1; 17, 7; 18, 1; Pol Phil 2, 1;
6, 3. Bei Herm ist der Term. so abgeschliffen, daß er auch sagen kann
δουλεύειν τῇ πίστει (mand IX 12), τοῖς ἀγαϑοῖς (neutr., mand VIII 8), ταῖς
ἀρεταῖς (vis III 8, 8), τῇ ἐπιϑυμίᾳ τῇ ἀγαϑῇ (mand XII 2, 5; 3, 1). Nirgends
aber außer 1. Pt 2, 16 ist wie bei Paulus (1. Kr 9, 19: Gl 5, 13) die Paradoxie
erfaßt, daß dieses δοῦλος-sein zugleich ein ἐλεύϑερος-sein ist; d. h. nirgends
ist im radikalen Sinne verstanden, was es bedeutet, ein δοῦλος τ. ϑεοῦ oder
τ. Χριστοῦ zu sein; nirgends ist der moralistische Sinn des δουλεύειν überwunden.

4. Terminologisch und sachlich ist es d e r E i n f l u ß d e r S y n a -
g o g e , der hier wirksam ist und die paulinische (und joh) Theologie verdrängt. Nicht nur in Hbr und Barn, in Apk, Jak und Did,
in 1. Klem und Herm ist die Tradition der Synagoge – zum Teil in
Gestalt schriftlicher Quellen – herrschend, sondern auch in der

deuteropaulinischen Literatur, in Kol, Eph, den Past und 1. Pt ist
sie spürbar. Die Kirche ist auf dem Wege, in einen religiösen Moralismus zu geraten. Die Kräfte, die dem entgegenwirken, sind außer
den paulinischen und johanneischen Schriften einerseits die in den
Synoptikern enthaltene Tradition der Verkündigung Jesu, deren
radikale Gehorsamsforderung und Gnadenbotschaft die Entwicklung des Moralismus hemmen, freilich auch ihr dienstbar werden
konnten; andrerseits der Kyrioskult und der Sakramentalismus.
Die Wirkung der Verkündigung Jesu ist zunächst merkwürdig schwach geblieben. Ist sie überhaupt anderswie spürbar als
darin, daß das Liebesgebot durchweg als die oberste der sittlichen
Forderungen erscheint? Jedenfalls ist es auffallend, daß Worte Jesu
außerordentlich selten zitiert werden.

Paulus zitiert selten Herrenworte (S. 190); sonst begegnet ein Herrenwort im NT nur noch Act 20, 35 und vielleicht 1. Tim 5, 18, wenn die hier
zitierte γραφή Lk 10, 7 sein sollte. Bei Jak liegen vielleicht einige Anspielungen auf Herrenworte vor (z. B. 5, 12). aber keine Zitate. Ein Zitat größeren
Umfangs findet sich dann nur Did 1, 3–6, Zitate geringeren Umfangs Did 8, 2
(das Unser-Vater); 9, 5; 15, 3 f.? (dazu vielleicht einige Anspielungen 11, 7;
13, 1; 16, 1 f.?). 1. Klem 13, 2; 46, 8; Pol Phil 2, 3; 7, 2; häufiger in 2. Klem
(2, 4 als γραφή; 3, 2; 4, 2. 5; 5, 2–4; 6, 1 f.; 8, 5; 9, 11; 12, 2 ganz apokryph;
13, 4; 14, 1 ?). Bei Ign höchstens einige Anspielungen (Eph 14, 2; Pol 2.2;
Sm 1, 1 ?). Barn legt Jesus alttest. oder auch selbstgebildete Worte (7. 5. 11)
in den Mund, zitiert aber keine Herrenworte der Tradition; Anspielungen
auf solche 5, 9; 7, 9 ? 21, 2 ? Herm bezieht sich einmal ausdrücklich auf ein
Herrenwort (sim IX 31, 2) und spielt vielleicht einigemale auf Herrenworte
an (mand IV 1, 6; sim IX 20, 3 ?; 29, 1–3). Herrenworte müssen freilich, wie
die Papyrusfunde beweisen, vielfach in den Gemeinden umgelaufen sein
(S. 476). Die von den sog. Apostol. Vätern zitierten sind völlig der ethischen
Paränese eingeordnet.

Jedenfalls bildet zunächst nur der Kyrioskult und der
Sakramentalismus ein wirkliches Gegengewicht gegen den
Moralismus. Am deutlichsten ist das bei Ign, für den die Wirkung
der Taufe nicht in der Tilgung der früheren Sünden erschöpft ist.
Im Verein mit der Eucharistie gibt sie dem ganzen christlichen
Leben einen sakramentalen Charakter (S.543 f.). Ign ist nach Paulus
und Joh doch der Einzige, der den transzendenten Charakter des
christlichen Seins und seine Bestimmtheit durch das πνεῦμα erfaßt hat, auch wenn er die Entweltlichung nicht primär als die
Freiheit von der Macht der Sünde, sondern als die Freiheit von
der Vergänglichkeit versteht. Es ist auch charakteristisch, daß er
fast der Einzige ist, bei dem die Eucharistie eine Rolle spielt, wäh-

rend selbst in Kol und Eph, bei denen der Sakramentalismus und
der pneumatische Charakter der ἐκκλησία doch auch zur Geltung
kommen, nur von der Taufe die Rede ist. Natürlich bringt die Did
im Zusammenhang der Gemeinde-Ordnungen Anweisungen nicht
nur für die Taufe, sondern auch für die Eucharistie (9–10; 14, 1),
und im eucharistischen Dankgebet heißt es ἡμῖν δὲ ἐχαρίσω πνευματικὴν τροφὴν καὶ ποτὸν καὶ ζωὴν αἰώνιον διὰ τοῦ παιδός σου
(10, 3). Sonst ist die Eucharistie nur selten erwähnt (Act 2, 42;
20, 7; Jud 12). Ihre Feier ist natürlich überall vorauszusetzen, und
sie wird unter den προσφοραί und λειτουργίαι 1. Klem 40, 2 einbegriffen sein. Wie Justin und der bekannte Pliniusbrief zeigen,
ist sie ein Kennzeichen der christlichen Gemeinden. Aber daß sie
für das Selbstverständnis des christlichen Seins bedeutsam gewesen wäre, ist nicht zu erkennen. Gleichwohl·muß sie doch ein
Faktor unter andern gewesen sein, die der Gemeinde das Bewußtsein gaben, eine von jenseitigen Kräften getragene Gemeinschaft
zu sein.

Sie hat ja auch das Bewußtsein, daß sie durch die göttliche Gnade
berufen worden ist, und daß der Geist ihr geschenkt ist (s. o. S. 549).
Ist es auch schwer zu sagen, wie χάρις und πνεῦμα die christliche
Existenz bestimmen, wenn sie nicht im paulinischen Sinne verstanden sind, so ist man doch überzeugt, daß sie sich im christlichen Wandel erweisen (2. Tim 1, 7; 1. Klem 2, 2; Barn 1, 2 ff.;
Ign Sm intr.). Und wenn auch die Einheit solcher Aussagen mit
den Imperativen, in denen der Gewinn des Heils von der eigenen
Bemühung abhängig gemacht wird, nicht erreicht wird, so bezeugen sie doch ein Bewußtsein der Getragenheit. Dieses Bewußtsein
findet mannigfaltigen Ausdruck, etwa Kol 1, 12–14. 21 f.; 2, 10–15;
Eph 1, 6–14; 2, 1–9; Tit 2, 11–14; 1. Pt 1, 3–12; 2, 7–10; 2. Pt
1, 3 f.; in den Siegesliedern der Apk (S. 524); 1. Klem 36, 1 f.
(S. 538); Barn 16, 9 (S. 516); 2. Pt 1, 6 f. Es ist lebendig, im Bewußtsein zur ἐκκλησία zu gehören (Kol, Eph, Past, 1. u. 2. Klem)
oder zum neuen Gottesvolk (1. Pt, Hbr, Barn).

Auch das Wissen darum, daß sich die Wirksamkeit der Gnade
und des Geistes in der dem Einzelnen geschenkten Fähigkeit (und
der darin liegenden Aufgabe), sich für die Gemeinde zu betätigen,
erweist, geht nicht verloren, wie Eph 4, 7; 1. Pt 4, 10 f.; 1. Klem
38, 1 f.; 48, 5 f.: Did 1, 5 zeigen. Ob wunderbare Ereignisse wie Krankenheilungen (S. 156) noch vorkommen? Jedenfalls spielen sie in der
Literatur keine Rolle (Hbr 2, 4 redet von der Vergangenheit). Ganz

allgemein spricht Ign von den Charismen, die der Gemeinde oder ihrem Bischof geschenkt sind (Sm intr; Pol 2, 2), und denkt dabei jedenfalls zunächst an den Erweis christlichen und pflichtmäßigen Verhaltens. Er mag aber auch solche Erlebnisse pneumatischer Inspiration im Gottesdienst einbeziehen, wie er eines von sich selbst berichtet (Phld 7, 1 f.; vgl. Rm 7, 2), und gewiß auch das Erklingen von ψαλμοί, ὕμνοι und ᾠδαὶ πνευματικαί, von denen Kol 3, 16; Eph 5, 19 reden (Ign Eph 4, 2; Rm 2, 2). Das alte Prophetentum (S. 43 u. 156) lebt noch weiter (Eph 2, 20; 3, 5; 4, 11; 1. Tim 1, 18; 4, 14; Apk 2, 20; 22, 6. 9; Did 11–13; 15, 1 f.; Herm mand XI), aber es beginnt, wie Did und Herm und auch Apk 2, 20 zeigen, verdächtig zu werden, und man muß sich bemühen, die echten Propheten von den falschen zu unterscheiden. Auch Offenbarungsbücher werden noch geschrieben, wie Apk und Herm zeigen; aber die schriftstellerische Reflexion überwiegt (bes. bei Herm) die prophetische Inspiration.

Nach Did 15, 1 werden die Propheten (und Lehrer) durch die Gemeindebeamten ersetzt, und die Entwicklung geht dahin, daß das χάρισμα zur Amtsausstattung der Beamten wird (§ 52, 3). Aber das Bewußtsein, einer von pneumatischen Kräften erfüllten Gemeinschaft anzugehören, lebt auch dann fort, wenn diese Kräfte von einer kirchlichen Institution verwaltet werden, ja, es mag gerade dann eine besondere Sicherheit gewinnen. Und dieses Bewußtsein schafft einen Ausgleich gegenüber dem Bewußtsein, durch den Imperativ gefordert und auf das eigene Bemühen um das Heil gestellt zu sein. Eine organische Einheit beider Motive – wenngleich nicht im Sinne des Paulus – wird erst mit der Ausbildung des Bußsakraments erreicht werden, durch welches die Wirkung der Taufe immer wieder erneuert werden kann. Und es mag wie ein Hinweis auf das Kommende klingen, wenn 1. Klem 7, 4 die durch den Tod Christi der Welt geschenkte χάρις als die χάρις μετανοίας bezeichnet wird; denn unter dieser versteht der Verf. ja nicht nur die Taufbuße. Aber so lange die μετάνοια nicht durch das Bußsakrament geregelt ist, wird die Kirche an dem inneren Widerspruch kranken, der zwischen dem unter den καινὸς νόμος, unter die δικαιώματα und προστάγματα gestellten Wandel und dem Anspruch oder der Zusage besteht, in der Taufe den Geist empfangen zu haben, der das Leben neu macht.

§ 60. DER INHALT DER FORDERUNG
UND DIE STELLUNG
ZU DEN VERSCHIEDENEN LEBENSGEBIETEN

S. auch Lit. zu III. (S. 552) und zu § 58 (S. 507). – CAMPENHAUSEN, H. v.,
Die Idee des Martyriums in der Alten Kirche, 1936. – BAUMEISTER, TH.,
Die Anfänge der Theologie des Martyriums, 1980. – GRIBOMONT, J., Art.
Askese. IV. Neues Testament und Alte Kirche, TRE, IV, 1979, 204–225
(bes. 205–213). – Zu 4 u.5: HENGEL, M., Eigentum und Reichtum in der
frühen Kirche. Aspekte einer frühchristlichen Sozialgeschichte, 1973. –
GAYER, R., Die Stellung der Sklaven in den paulinischen Gemeinden und
bei Paulus..., 1976. – DAUTZENBERG, G., Biblische Perspektiven zu Ar-
beit und Eigentum, in: Handbuch der christlichen Ethik, Bd. 2, hrg. v. A.
HERTZ u. a., 1978, 343–362. – LÜHRMANN, D., Neutestamentliche Hausta-
feln und die antike Ökonomie, NTSt 27, 1981, 83–97. – MERKEL, H., Art.
Eigentum. III. Neues Testament, TRE, IX, 1982, 410–413. – OSBORN, E.,
Art. Eigentum. IV. Alte Kirche, TRE, IX, 1982, 414–417. – Die Frau im
Urchristentum, hrg. v. G. DAUTZENBERG, H. MERKLEIN, K. MÜLLER,
1983. – Zu 5: DIBELIUS, M., Rom und die Christen im ersten Jahrhundert
(1942), in: DERS., Botschaft und Geschichte, Bd. II, 1956, 177–228. –
VÖLKL, R., Christ und Welt nach dem Neuen Testament, 1961. – SCHRAGE,
W., Die Christen und der Staat nach dem Neuen Testament, 1972.

1. Welches ist der Inhalt des καινὸς νόμος? Was fordern die
ἐντολαί, die δικαιώματα und προστάγματα? Worin hat sich der Gehorsam zu bewähren?

Das Bewußtsein, zu der ἐκκλησία zu gehören, die ihrem Wesen
nach nicht zu dieser Welt gehört, das Bewußtsein der Exklusivität
und Ausgegrenztheit aus der Welt ist durchweg lebendig geblieben
(§ 10, 3 u. § 53, 1). Dem entspricht der Grundcharakter der
ethischen Forderung. Sie ist zunächst eine negative: die
(durch die Taufe) Gereinigten und Geheiligten sind gerufen, sich
zu reinigen, zu heiligen (§ 10, 4), den „weltlichen" oder „fleischlichen" Begierden zu entsagen, sich alles Bösen zu enthalten (s. bes.
S. 106 f. und das S. 557 über κόσμος Gesagte).

In Lasterkatalogen werden, wie schon von Paulus, die Begierden und Sünden aufgezählt, die es zu meiden gilt (S. 76). Ihnen
tritt, wie schon Gl 5, 19–23, manchmal ein Tugendkatalog
gegenüber (Kol 3, 5–14; Eph 4, 31 f.; 1. Tim 6, 4–11; Jak 3, 15-18;
vgl. auch 1. Klem 35, 5; 2. Klem 4, 3; Herm sim IX 15: den zwölf
Tugend-Jungfrauen stehen zwölf schwarz gekleidete Weiber, die
Laster, gegenüber); doch können die Tugendkataloge auch für sich
allein stehen (Eph 4, 2 f.; 2. Pt 1, 5–7; Herm vis III 8). Neben den
Katalogen oder auch mit ihnen vermischt stehen katechismus-
artige Aufzählungen von Geboten und Verboten nach dem
Schema der „beiden Wege", des Lebens und des Todes bzw. des

Lichtes und der Finsternis, das ebenso wie die Kataloge von der hellenistischen Synagoge übernommen ist. Did 1–6 und Barn 18–20 ist ein nach diesem Schema gegliederter Proselyten-Katechismus verarbeitet. Wie diesem Did 1, 3–6 Herrenworte eingefügt sind, so erscheinen solche auch sonst in der Paränese (S. 563). Selbstverständlich werden auch Mahn- und Drohworte des AT aufgenommen (1. Pt 3, 10–12; Jak 4, 6; Hbr 3, 7–11; 10, 37 f.; 12, 12; 1. Klem 8, 4; 14–15; Barn 2, 10; 3, 3–5; 4, 11 und sonst). Die aufgezählten Laster nennen typische Sünden der sinnlichen Gier und der sexuellen Leidenschaft, des Neides und der Habsucht, des Zornes, des Hasses, der bösen Worte und der Lüge u. a. Eine systematische Ordnung oder die Ableitung der einzelnen Laster oder Tugenden aus einem Prinzip, einem ethischen Ideal, bestimmt die Aufzählung nicht; sie ist locker, von sachlichen oder formalen Assoziationen geleitet.

Zu den in Katalog- oder Katechismusform gebotenen Paränesen kommt die ausgeführte Paränese. In homiletischer Breite ist die Warnung vor Lastern und die Mahnung zu Tugenden in 1. Klem ausgeführt nach Stichworten wie ζῆλος (3–6), ταπεινοφροσύνη (13–16), ὁμόνοια (20–22). Dabei werden reichlich Beispiele aus dem AT, aber auch aus der Gegenwart, ja auch aus der heidnischen Sage und Geschichte gegeben (z. B. 3–6; 11–16; 20–22. 55). Ausgeführte Paränese findet sich auch in Jak, dessen Verf. bei einzelnen Themen länger verweilt (2, 1–13: προσωπολημψία; 3, 1–12: Sünden der Zunge; 3, 13–18: Weisheitsdünkel; 4, 1–5: Streit und Weltlust; 4, 13–17: Mahnungen an die Geschäftsleute; 5, 1–6: Warnungen an die Reichen). Herm beschreibt besonders in den Mandata oft in Dialogform Tugenden und Laster mit ihren segensreichen oder schrecklichen Konsequenzen. Es treten sich z. B. gegenüber ἁπλότης und καταλαλιά (mand II), ἀλήθεια und ψεῦδος (mand III), ἁγνεία und μοιχεία (mand IV), μακροθυμία und ὀξυχολία (mand V), λύπη und ἱλαρότης (mand X); oder es werden die beiden Arten des φόβος – vor Gott und vor dem Teufel – beschrieben (mand VI) und ebenso die beiden Arten der ἐγκράτεια (mand VIII), der ἐπιθυμία (mand XII) und der τρυφή (sim VI).

2. Aufs Ganze gesehen stehen alle einzelnen Gebote unter der einen Forderung der Heiligung, der Absage an die „Welt“, an die frühere (heidnische) Lebensführung, an die fleischlichen Begierden. Es ist nun die entscheidende Frage, ob diese Forderung der Heiligung nur oder wesentlich im negativen Sinne verstanden

und entfaltet wird, so daß die Konsequenz die Askese und damit
das Ideal der individualistischen Heiligkeit des homo religiosus wäre,
oder ob sie wie bei Paulus (§ 38, 3) zugleich einen positiven Sinn
hat als die Forderung, die den Einzelnen in die Gemeinschaft weist,
damit er in ihr in Selbstlosigkeit das Gute wirke. So lange die „Welt"
als die Sphäre der Sünde verstanden wird, die durch die Schuld
der Menschen selbst zur Macht über sie geworden ist (§ 26, 2 und
§ 44), so lange wird die Forderung der Weltentsagung eine echte
ethische Forderung sein, und die Einheit des negativen und des
positiven Sinnes der Heiligung wird gewahrt bleiben. Man wird
wohl sagen müssen, daß von Anfang an beide Tendenzen – die rein
negative und die zugleich positive – vorhanden sind und miteinander konkurrieren, wie ja schon bei Paulus ein dualistisch-asketi-
sches Motiv wirksam ist (S. 202 f.). Historisch gesehen handelt es
sich darum, wie die Einflüsse der synagogalen Tradition und der
popularphilosophischen (stoischen) Ethik einerseits und der Einfluß des hellenistisch-gnostischen Dualismus andrerseits zusammen-
bzw. gegeneinander wirken. Im Laufe der Zeit entwickeln sich je
nach dem Übergewicht der einen oder der andern Tendenz zwei verschiedene Typen der christlichen Frömmigkeit; meist jedoch ist die
Grenze nicht scharf zu ziehen.

Jene Einheit erscheint als gewahrt, wo dem Lasterkatalog ein
Tugendkatalog korrespondiert (s. o. S. 566), aber auch überall dort,
wo mit der Mahnung zum ἀπέχεσθαι τῶν σαρκικῶν ἐπιθυμιῶν die
Forderung der καλὰ ἔργα verbunden ist, wie es 1. Pt 2, 11 f. formuliert ist (vgl. Tit 3, 8). So durchweg in den Paränesen von Kol
und Eph, von den Past, Hbr, Jak, 1. Klem und Pol Phil. Das Übergewicht des positiven Sinnes der Heiligung prägt sich auch darin
aus, daß er in einer Fülle von einzelnen Begriffen und Anweisungen
entfaltet wird, während für die Bezeichnung des negativen Sinnes
nur wenige Begriffe zur Verfügung stehen, außer den allgemeinen
wie πίστις, δικαιοσύνη, εὐσέβεια, σεμνότης sind es ἐγκράτεια, ὑπομονή, ἀκακία, ἁπλότης, ἁγνεία, – bei denen man im einzelnen Fall
schwanken kann, ob sie mehr das negative Weltverhältnis meinen,
oder ob sie einen Bezug auf das Gemeinschaftsleben haben.

Besonders bezeichnend für die Doppelseitigkeit der Forderung
ist die Tugend der ἐγκράτεια, die im NT nur erst selten, später
häufiger genannt wird, und durch die primär die negative Seite der
Heiligung bezeichnet ist. Indessen erscheint sie kaum schon als die
eine und beherrschende Forderung, sondern wird, wie schon Gl

5, 23, in Tugendkatalogen als eine Tugend unter andern aufgeführt
(Tit 1, 8; 2. Pt 1, 6; 1. Klem 30, 3; 35, 2; 38, 2; 62, 2; 64; 2. Klem
4, 3; Barn 2, 2; Pol Phil 4, 2; 5, 2). Eine ausgezeichnete Bedeutung
kommt ihr jedoch zu, wenn nach Act 24, 25 das erregende Thema
des Vortrags des Paulus vor Felix und Drusilla die διϰαιοσύνη und
ἐγϰράτεια ist; ferner wenn 2. Klem 15, 1 der Verf. die Absicht seines
Schreibens dahin bestimmt, daß er den Lesern einen gewichtigen
Rat περὶ ἐγϰρατείας gegeben habe, was ja auch seiner Mahnung,
τὴν σάρϰα ἁγνὴν τηρεῖν (S. 521), entspricht; endlich wenn Herm
mand I 2; VI 1, 1 als das erste Gebot nach den Geboten der πίστις
und des φόβος (ϑεοῦ) die ἐγϰράτεια gilt, und wenn im Reigen der
Tugenden die ᾿Εγϰράτεια die Tochter der Πίστις und die Mutter
der folgenden Tugenden ist (vis III 8, 4 ff.; vgl. sim IX 15, 2). Indessen wird auch von Herm die ἐρϰράτεια nicht als Askese aufgefaßt, sondern als die Enthaltung von aller πονηρία, der gegensätzlich das Tun alles ἀγαϑόν entspricht (mand VIII); freilich fehlen
bei Herm auch asketische Züge nicht (vis II 2, 3; sim IX 11; s. u.).

Der positive Sinn der Weltenthaltung kommt einmal darin zur
Geltung, daß so gut wie überall „gute Werke" gefordert werden,
dann aber vor allem darin, daß unter allen Geboten das L i e b e s -
g e b o t den ersten Rang einnimmt. Die Forderungen für das Gemeinschaftsleben stehen im Grunde alle unter dem Gebot der Liebe.
Es erklingt in fast allen Paränesen und findet sich seltener nur in
den am stärksten auf jüdischer Tradition fußenden Schriften wie
Apk, Hbr, Jak und Herm, während es häufig im Kreis des paulinischen Einflusses erscheint. Oft begegnet die ἀγάπη (bzw. das ἀγαπᾶν) in Tugendkatalogen und erhält hier manchmal einen besonderen Ton durch die Stellung am Anfang (wie Gl 5, 22 so 2. Klem
4, 3) oder am Ende. So schließt die Aufzählung Kol 3, 12–14 mit
dem Satz: ἐπὶ πᾶσιν δὲ τούτοις τὴν ἀγάπην, ὅ ἐστιν ὁ σύνδεσμος τῆς
τελειότητος; so steht die ἀγάπη am Ende der Kette 2. Pt 1, 5–7;
so ist sie Herm vis III 8, 5. 7 die letzte der Tugenden (sim IX 15, 2;
18, 4). 1. Klem 49 ist (unter dem Einfluß von 1. Kr 13) ein Preis
der Liebe, die uns mit Gott verbindet, und 50, 1 folgert: ὁρᾶτε . . .
πῶς μέγα ϰαὶ ϑαυμαστόν ἐστιν ἡ ἀγάπη, ϰαὶ τῆς τελειότητος αὐτῆς
οὐϰ ἔστιν ἐξήγησις. Oft wird die ἀγάπη mit der πίστις zusammen
genannt, gleichsam um das Wesen des Christentums zu benennen
(1. Tim 1, 14; 2, 15; 4, 12; 2. Tim 1, 13; 2, 22; Barn 1, 4; 11, 8;
2. Klem 15, 2; Herm sim IX 17, 4). Besonders oft bei Ign, der
Sm 6, 1 versichert: τὸ γὰρ ὅλον ἐστὶν πίστις ϰαὶ ἀγάπη, ὧν οὐδὲν

προκέκριται (vgl. Eph 14, 1f.; Phld 9, 2). Gelegentlich gesellt sich
auch die ἐλπίς dazu, so daß die Trias von 1. Kr 13, 13 entsteht;
so Pol Phl 3, 2f., wo es zum Schluß heißt: ὁ γὰρ ἔχων ἀγάπην
μακρὰν ἐστιν πάσης ἁμαρτίας (vgl. Barn 1, 4–6; Hbr 10, 22–24).
Auch andere Kombinationen kommen vor (mit ἁγιασμός 1. Tim
2, 15; mit ἁγνεία 1. Tim 4, 12; Pol Phil 4, 2; mit φόβος 1. Klem
51, 1; mit δικαιοσύνη 2. Klem 12, 1). Daß die Liebe Vergebung der
Sünden bewirkt, wird oft gesagt (S. 559). Als τέκνα ἀγάπης redet
Barn seine Leser an (9, 7; 21, 9), und bei Ign ist die ἀγάπη das
Band, das die Gemeinde zur Einheit eines Chores verbindet (Eph
4, 1f.; Rm 2, 2), und ebenso das Band, das den Briefschreiber mit
seinen Lesern vereint (Eph 1, 1; Tr 12, 3). Erweisungen der Liebe
sind im Grunde alle Einzeltugenden wie χρηστότης, μακροθυμία,
πραΰτης, ταπεινοφροσύνη, ὁμόνοια, οἰκτιρμός, φιλαδελφία, φιλοξενία, wie das ἀντέχεσθαι ἀλλήλων, χαρίζεσθαι ἑαυτοῖς, wie das
Verhalten als ἀνυπόκριτος, εἰρηνικός, ἐπιεικής, εὐπειθής, εὔσπλαγ-
χνος u. dgl. Alle solche Tugenden sind nicht in den Blick gefaßt als Charaktereigenschaften, sondern als Verhaltungsweisen innerhalb der Gemeinschaft. Sie
entspringen nicht einem Idealbild des Menschentums oder der Persönlichkeit, selbst wenn hier und dort griechische Tugenden übernommen werden wie σωφροσύνη, αἰδώς, ἐπιείκεια oder der Begriff
des κόσμιος und κοσμεῖσθαι (s. u.). Der Gedanke der Charakterbildung liegt fern, wie der Gedanke der Bildung überhaupt.

Man muß nun freilich sagen, daß solche Tugenden meist insofern
den Charakter des Negativen haben, als sie im Grunde alle
Eines fordern: die Selbstlosigkeit, den Verzicht auf den
eigenen Nutzen und das eigene Recht, – und daß sie rein formalen Charakter haben, insofern sie nicht konkrete Ziele des
Tuns angeben, nicht das Programm einer Gestaltung der Gemeinschaft entwerfen. Aber in beiden Hinsichten sind sie die angemessene Explikation des Liebesgebots, weil dieses seinem Wesen
nach keine formulierten positiven Bestimmungen duldet (§ 2, 4)
wenn es nicht wieder zum Gesetz werden soll. Es ist vollständig
beschrieben sowohl in der „goldenen Regel" (Mt 7, 12) wie in dem
Satz des Paulus: ἡ ἀγάπη τῷ πλησίον κακὸν οὐκ ἐργάζεται (Rm
13, 10). So ist denn das Liebeshandeln nicht durch den Blick auf
ein zu erstellendes ἔργον geleitet, sondern durch die Frage nach den
jeweils hier und jetzt begegnenden Bedürfnissen und Nöten des
Nächsten oder der Gemeinschaft. Die christliche Freiheit hat sich

auch gerade darin zu bewähren, daß der Christ ohne gesetzliche Vorschrift beurteilen kann, was Gottes Wille jeweils von ihm verlangt. Ob diese Freiheit und Pflicht des δοκιμάζειν (Rm 12, 2; Phil 1, 10; § 39, 1) weiterhin festgehalten wird, ist allerdings die Frage. Die ausdrückliche Mahnung zum Prüfen dessen, „was dem Herrn wohlgefällt", begegnet nur noch Eph 5, 10; man mag sie auch Barn 21, 6 finden: γίνεσθε δὲ θεοδίδακτοι, ἐκζητοῦντες τί ζητεῖ ὁ κύριος ἀφ᾽ ὑμῶν. Aber sie darf wohl als in den rein negativen und formalen Mahnungen implizit enthalten gelten – wenigstens weithin.

3. Denn so fern die Vorstellung von einem Idealbild der menschlichen Persönlichkeit als Orientierungspunkt des Handelns liegt, – andere Idealbilder drängen sich auf: **das Ideal des Perfektionismus und das Ideal der Heiligkeit als einer persönlichen Qualität.**

Je mehr die Forderungen als die ἐντολαί, die προστάγματα und δικαιώματα gelten, deren Erfüllung die Bedingung für den Gewinn des Lebens, des Heils, ist, je mehr der Verdienstgedanke und der Blick auf das nach den Werken ergehende Gericht das Handeln regieren, desto mehr erwächst das Streben nach einer Vollkommenheit. Dann ist der vom Liebesgebot geforderte Selbstverzicht nicht mehr durch das Interesse am Nächsten und an der Gemeinschaft motiviert, sondern durch das Interesse am eigenen Heil, wie es überall zum Vorschein kommen kann, aber in besonders krasser Form bei Herm erscheint (z. B. mand II 4–6; sim I; V 3, 7 f.). In gleicher Richtung wie der Verdienstgedanke wirkt der Einfluß des hellenistischen, speziell des gnostischen Dualismus (S. 108. 176 bis 178). Die Forderung der Heiligkeit wandelt ebenso wie die Forderung der Liebe ihren Sinn, und es entsteht die Vorstellung von einer durch Weltentsagung zu gewinnenden Qualität der Heiligkeit.

Perfektionismus und Heiligkeitsstreben führen einmal dazu, daß die Forderung der A s k e s e verführerisch wird. Daß sie früh erhoben wurde, zeigen gerade solche Aussagen, die gegen sie polemisieren oder wenigstens den Asketen zur Bescheidenheit mahnen. 1. Tim 4, 3 kämpft gegen die Irrlehrer als die κωλύοντες γαμεῖν und als gegen solche, die fordern: ἀπέχεσθαι βρωμάτων (vgl. 2, 15; 5, 23; Tit 1, 14 f.; vielleicht auch Kol 3, 16–23, wo nicht deutlich ist, ob wirklich asketische oder nur ritualistische Tendenzen bekämpft werden). Aber eine Schrift wie 2. Klem mit ihrer Forderung, τὴν σάρκα ἁγνὴν τηρεῖν (8, 4; 14, 3), und ihrem Ideal der

Ehelosigkeit bzw. Jungfräulichkeit (12, 5) zeigt, wohin der Weg
geht. Vielleicht sind Apk 14, 4 mit den παρθένοι, οἱ μετὰ γυναικῶν
οὐκ ἐμολύνθησαν, Asketen gemeint, und jedenfalls beweist Herm
sim IX 11, daß das schon zur Zeit des Paulus in Korinth auftauchende Syneisaktentum (1. Kr 7, 25. 36 f.) noch weiterbesteht. Daß
Herm selbst solchen Tendenzen nicht fern steht, zeigt nicht nur
seine Selbstbezeichnung als ὁ ἐγκρατής (vis I 2, 4; vgl. II 3, 2)
und seine Mahnung, τὴν σάρκα καθαρὰν καὶ ἀμίαντον φυλάσσειν
(sim V 7), sondern auch die Rolle, die ἐγκράτεια und ἁγνεία bzw.
ἐπιθυμία gerade hinsichtlich des sexuellen Lebens spielen, und das
Interesse an der Frage der Ehe (vgl. vis II 2, 3: die γυνή des Herm
soll seine ἀδελφή werden; mand IV 1 u. 4: von der Ehe wird abgeraten).

Die Forderung der Askese ist als eine für alle Christen geltende
nicht durchgedrungen, aber sie ist als ein Gebot, das Einzelne sich
auferlegen, nicht bestritten worden. Und gerade die Mahnungen,
daß der Asket sich nicht überheben soll (1. Klem 38, 2; 48, 6; Ign
Pol 5, 2), zeigen, daß sich die Unterscheidung zweier Stufen der
Moral anbahnt. Jedoch ist es nicht nur das asketische Heiligkeitsstreben, das zur Unterscheidung einer vollkommenen Heiligkeit
von einer niederen Stufe der Moral führt, sondern in der gleichen
Richtung wirkt der Perfektionismus. Denn es mußte sich schnell
zeigen, daß die Forderung der ἐγκράτεια im Sinne einer konsequen-
ten Enthaltung von allen weltlichen Bedürfnissen, Genüssen und
Geschäften nicht allgemein durchführbar war, – was durch die Past
einerseits, durch Herm andrerseits illustriert wird. Es kann daher
nicht wunder nehmen, daß der Begriff der Vollkommenheit (τελειότης, τέλειον) eine neue Bedeutung gewinnt. Mt 5, 48
scheint τέλειος (anders Lk 6, 36) noch in dem Sinne des hebräischen
שָׁלֵם oder תָּמִים (= heil und ganz, ohne Bruch oder Zwiespältig-
keit) gebraucht zu sein. Dagegen bedeutet es Mt 19, 21 (anders
Mk 10, 21) „vollkommen" im Sinne des Perfektionismus; ebenso
Did 1, 4; 6, 2, an welch letzterer Stelle deutlich zwei Stufen der
Moral unterschieden werden. Paulus hatte τέλειος zwar nicht in
der semitischen Bedeutung gebraucht, sondern in der griechischen
(1. Kr 14, 20; Phil 3, 15), jedoch nicht um die Vollkommenheit,
sondern um die Reife zu bezeichnen; ebenso Hbr 6, 1. Auf Vollkommenheit aber drängt Ign (Eph 1, 1; 15, 2; Sm 11, 2 f.); bei
ihm überwiegt die negative Mahnung zur Entweltlichung durchaus
die positive Mahnung zur Liebe, und im Bilde des Märtyrers ver-

körpert sich für ihn das Ideal des homo religiosus. Die Vorzugsstellung des Märtyrers ist auch für Herm selbstverständlich (vis
III 1, 9-2, 1; 5, 2; sim IX 28, 1 ff.), und dieser unterscheidet auch
sonst zwei Stufen der Moral, denn er unterscheidet nicht nur die
Rechtschaffenen von denen, die der Buße bedürfen (vis III 5, 3 ff.),
sondern er kennt auch ein verdienstliches Tun, das über das Maß
des Geforderten hinausgeht (sim V 2, 4 ff.; 3, 3 ff.).

   4. Neben diesen Tendenzen, die im Heiligkeitsgedanken und in
der Unterscheidung einer doppelten Moral in der alten Kirche ihre
Erfüllung finden, geht eine andere Richtung der Paränese einher,
für die die „Haustafeln" und im ganzen die Past typisch sind. Hier
kommt die Auffassung zutage, daß christlicher Lebenswandel seine
Christlichkeit nicht durch die Erfüllung besonderer moralischer
Forderungen und eine sie begründende Idee von Perfektion oder
Heiligkeit gewinnt, sondern durch die Befolgung der einfachen sittlichen Forderungen, wie sie jedermann bekannt sein können. Hier ist die Mahnung des Paulus befolgt: ὅσα
ἐστὶν ἀληθῆ, ὅσα σεμνά, ὅσα δίκαια, ὅσα ἁγνά, ὅσα προσφιλῆ, ὅσα
εὔφημα, εἴ τις ἀρετὴ καὶ εἴ τις ἔπαινος, ταῦτα λογίζεσθε (Phil 4, 8).
Das spezifisch Christliche kann hier nur darin bestehen, daß, wie alle
Gebote des „Gesetzes" nach Rm 13, 8-10; Gl 5, 14 in der Liebesforderung erfüllt werden, so jede ἀρετή als Liebesforderung verstanden und in der Kraft der Liebe erfüllt wird. Besteht der Unterschied von der griechischen Ethik darin, daß die ἀρετή nicht unter
dem Gesichtspunkt der Charakterbildung verstanden wird, sondern unter dem der brüderlichen Gemeinschaft – paulinisch gesprochen: der οἰκοδομή –, so ist andrerseits deutlich, daß die Forderungen als solche nichts verlangen, was nicht auch das Urteil des
Heiden als gut anerkennen würde. Wenn die christliche Gemeinde
durch ihr sittliches Verhalten Gott bzw. dem christlichen Glauben
Ehre machen soll (wie schon 1. Th 4, 12; 1. Kr 10, 32, so Kol 4, 5;
1. Tim 3, 7; 6, 1; Tit 2, 5. 8. 10; 1. Pt 2, 12. 15; 3, 1. 16; 1. Klem
1, 1; 47, 7; Ign Tr 8, 2), so ist dabei die Übereinstimmung der moralischen Maßstäbe bei Christen und Heiden vorausgesetzt.

   Aus der popularphilosophischen Ethik und aus dem
Begriffsgut der bürgerlichen Moral übernimmt denn auch
die christliche Paränese unbefangen Schemata und Begriffe.

   Schemata der Pflichtenlehre, bes. Haustafeln, wie sie schon das
hellenistische Judentum aus der hellenistischen Paränese übernommen
hatte, werden jetzt der christlichen dienstbar gemacht. Solche Listen von

Pflichten finden sich 1. Tim 3, 2 ff.; Tit 1, 5 ff.; Pol Phil 5, 2, wo die Eigenschaften der ἐπίσκοποι und διάκονοι aufgezählt werden. Bes. beliebt sind die Haustafeln: Kol 3, 18–4, 1; Eph 5, 22–6, 9; 1. Tim 2, 8–15; 6, 1 f.; Tit 2, 2–10; 1. Pt 2, 13–3, 7; Did 4, 9–11; 1. Klem 21, 6–9; Pol Phil 4, 2–6, 2; eingeflochten in die Paränese Barn 19, 5–7; nach diesem Schema auch das Lob der korinthischen Gemeinde 1. Klem 1, 3.

Wie schon bei Paulus begegnen weiterhin die Begriffe der ἀρετή, des καθῆκον, der συνείδησις (S. 75). Besonders charakteristisch ist die häufiger werdende Rede vom guten Gewissen (συνείδησις ἀγαθή, καθαρά u. dgl.): 1.Tim 1, 5. 19; 3, 9; 2.Tim 1, 3; 1.Pt 3, 16. 21; Hbr 13, 18; Act 23, 1; 24, 16; 1.Klem 1, 3; 41, 1; 45, 7; 2.Klem 16, 4; Ign Tr 7, 2; Pol Phil 5, 3; entsprechend vom bösen Gewissen (σ. πονηρά u. dgl.): 1.Tim 4, 2; Tit 1, 15; Hbr 10, 2. 22; Barn 19, 12; Did 4, 14; Herm mand III 4.

Eine allgemeine Charakteristik des christlichen Verhaltens wird durch die Begriffe δικαιοσύνη und εὐσέβεια gegeben, – Begriffe, die in hellenistischen Ehreninschriften das gottesfürchtige, tugendhafte Verhalten zu beschreiben pflegen, und die nun auch als christliche Tugenden gelten (S. 561). Auch σεμνότης und σεμνός werden als Bezeichnung der Ehrwürdigkeit und Anständigkeit übernommen (S. 561). Ebenso wird die σωφροσύνη unter die christlichen Tugenden aufgenommen: 1.Tim 2, 9. 15; Act 26, 25; 1.Klem 62, 2; 64; Ign Eph 10, 3 (σώφρων 1.Tim 3, 2; Tit 1, 8; 2, 2. 5; 1.Klem 1, 2; 63, 3; σωφρόνως Tit 2, 12; σωφρονεῖν schon bei Paulus Rm 12, 3; dann Tit 2. 6; 1.Pt 4, 7; 1.Klem 1, 3; Pol Phil 4, 3; vgl. noch 2.Tim 1, 7; Tit 2, 4). Selten noch findet sich αἰδώς (1.Tim 2, 9; Hbr 12, 28 v.l.), selten auch χρηστότης (χρηστός, χρηστεύεσθαι) als christliche Tugend (Kol 3, 12; Eph 4, 32; 1.Klem 14, 3); häufiger ἐπιείκεια (ἐπιεικής) wie schon bei Paulus Phil 4, 5, so dann 1.Tim 3, 3; Tit 3, 2; 1.Pt 2, 18; Jak 3, 17; 1.Klem 1, 2; 21, 7; 30, 8; 56, 1; 58, 2; 62, 2; Ign Eph 10, 3; Phld 1, 1 f. Auch das in Ehreninschriften besonders als Frauentugend genannte κόσμιος ist in den christlichen Sprachschatz übernommen worden: 1.Tim 2, 9 als Frauentugend; 3, 2 neben σώφρων als Eigenschaft des ἐπίσκοπος (vgl. auch κοσμεῖσθαι 1.Klem 2, 8; 33, 7; Ign Eph 9, 2). – A. VÖGTLE, Die Tugend- und Lasterkataloge im NT, 1936. – S. WIBBING, Die Tugend- und Lasterkataloge im NT, 1959. – EHRH. KAMLAH, Die Form der katalogischen Paränese im NT, 1964.

5. Der Umfang der Lebensgebiete, auf die sich moralische Reflexion und Paränese richten, ist noch recht begrenzt, weil der christliche Glaube noch im wesentlichen auf die Kreise kleiner Leute oder doch des kleinen Bürgertums beschränkt ist, in denen zwar außer den Interessen des nächsten Lebenskreises auch schon diejenigen des Besitzes und des Handels rege sind, in denen es auch Sklavenbesitzer gibt, denen aber große Unternehmungen und vor allem die verantwortliche Beteiligung am politischen Leben und der Ehrgeiz danach noch fern liegen, ebenso wie der Blick für die Probleme und Aufgaben des sozialen Lebens.

In der Schätzung der Ehe und in der Disziplin des ehelichen Lebens ist ohne Zweifel die alttest.-jüdische Tradition bzw. der Einfluß der hellenistischen Synagoge wirksam; daneben aber auch der Einfluß der stoischen Moral, für die die Reinheit der Ehe und die Verwerfung der Unzucht und des Ehebruches zu den selbstverständlichen Forderungen gehört (vgl. bes. Musonios und Epiktet).

Zu den in den Lasterkatalogen und sonst bekämpften Lastern gehören in erster Linie μοιχεία, πορνεία, ἀκαθαρσία und dgl. Eine besondere Rolle spielt die Verwerfung des Ehebruchs bei Herm (mand IV). In den Haustafeln werden die Ehemänner zur Liebe gegen ihre Frauen, die Frauen zum Gehorsam gegen ihre Männer gemahnt, die Kinder zum Gehorsam gegen die Eltern, die Eltern zur Freundlichkeit gegen die Kinder (Kol 3, 18–21; Eph 5, 22–25; 6, 1–4: 1. Tim 4, 11; Tit 2, 4 f.; 1. Pt 3, 1–7; vgl. 1. Klem 1, 3; Ign Pol 5, 1). Die Frauen werden zur Schamhaftigkeit und Keuschheit gemahnt und vor Eitelkeit gewarnt (1. Tim 2, 9 f.; Tit 2, 4 f.; 1. Pt 3, 3 f.; 1. Klem 1, 3; 21, 7; Pol Phil 4, 2). Ihre Pflicht, Kinder zu gebären, wird 1. Tim 2, 15; 5, 14 wohl im Gegensatz zu gnostisch-asketischen Tendenzen betont, deren Einfluß ja in 2. Klem und Herm in der Übertreibung der Keuschheitsforderung zu spüren ist, die aber im ganzen abgewiesen wurden. Nur daß von der zweiten Ehe – sei es nach der Scheidung, sei es nach dem Tod des einen Ehegatten – abgeraten wird (wie 1. Kr 7, 11. 39 f.; so 1. Tim 5, 9 ? Herm mand IV 4), und daß sie 1. Tim 3, 2. 12; Tit 1, 6 dem Bischof bzw. dem Diakon offenbar untersagt wird. – Die Pflicht, Kinder zur Frömmigkeit zu erziehen, wird oft betont (1. Tim 3, 4. 12; Tit 1, 6; bes. 1. Klem 21, 8; Pol Phil 4, 2; Did 4, 9: Barn 19, 5), und gelegentlich wird auch auf die gute Familientradition hingewiesen (2. Tim 1, 3–5. 16; 3, 14 f.). Wenn die Verantwortung für die Familie bei Herm, der so oft nachdrücklich von ihr redet (vis II 2 und 3; sim VII und sonst), auch nur die Verantwortung für die christliche Gemeinde symbolisiert, so setzt doch diese Symbolik voraus, daß die Pflicht gegenüber der eigenen Familie lebendig empfunden wird.

Auch das Zusammenleben in der umfassenderen Gemeinschaft trägt gleichsam familiären Charakter. Wie Eltern und Kinder zur Erfüllung ihrer Pflichten gegeneinander gemahnt werden, so Alte und Junge innerhalb der Gemeinde (1. Pt 5, 1–5, wo die πρεσβύτεροι zugleich die Gemeindeleiter sind; ferner 1. Klem 21, 6; vgl. 1, 3; Pol Phil 5, 3; 6, 1; 2. Klem 19, 1). Entsprechend werden die Gemeindeleiter angewiesen, sich Alten und Jungen gegenüber richtig zu verhalten und sie an ihre Pflichten zu mahnen (1. Tim 5, 1 f.; Tit 2, 3–8). Besonders wird Bedacht auf die Pflichten gegenüber den Witwen genommen, aber auch auf deren rechtes Verhalten (1. Tim 5, 3 f.; Ign Pol 4, 1; Pol Phil 4, 3; Herm mand VIII 10; sim IX 27, 2). Oft wird die Fürsorge für Witwen und Waisen zur Pflicht gemacht (Jak 1, 27; Barn 20, 2; Ign Sm 6, 2; Pol Phil 6, 1; Herm vis II 4, 3; mand VIII 10; sim I 8; V 3, 7; IX 27, 2). Früh schon hat es einen offiziellen Witwenstand gegeben,

der durch besondere Rechte und Pflichten ausgezeichnet war
(1. Tim 5, 9 ff.), und es scheint, daß in diese Klasse auch Jungfrauen
aufgenommen werden konnten (Ign Sm 13, 1). In gnostisierenden
Kreisen haben Frauen als Prophetinnen oder Lehrerinnen eine
Rolle gespielt wie in der Frühzeit (Act 18, 26: Priskilla; Act 21, 9
die vier Töchter des Philippus als παρθένοι προφητεύουσαι). In der
zur Herrschaft gekommenen kirchlichen Richtung ist ihnen dieses
Recht bestritten worden (1. Tim 3, 11 f.; Interpol. 1. Kr 14, 34 f.;
Apk 2, 20). – Allen Gemeindegliedern und insbesondere den Gemeindebeamten gelten die Mahnungen zu Liebe, Freundlichkeit und
Bescheidenheit, zu Verträglichkeit und Wahrhaftigkeit und die Warnungen vor Zorn und Neid, vor Klatschsucht und Lüge, Unreinheit
und Trunkenheit. Daß es „bürgerliche" Tugenden sind, die gefordert
werden, ist nicht verwunderlich; immerhin fällt es auf, daß wohl zu
„guten Werken", aber nur selten zu fleißiger Arbeit gemahnt wird
(bei Paulus 1. Th 4, 11 f.; dann 2. Th 3, 6–12; Did 12, 3 f.), und daß
solche Mahnung unter den Zweck der Liebestätigkeit und der Süh-
nung der Sünden gestellt wird (Eph 4, 28; Barn 19, 10). Es überwiegt
die negative Mahnung: man soll nicht ἀτάκτως περιπατεῖν (2. Th 3,
6. 11), nicht περιεργάζεσθαι (2. Th 3, 11; 1. Tim 5, 13), kein ἀλλοτ-
ριοεπίσκοπος sein (1. Pt 4, 15); kurz, die Mahnung zur ἡσυχία, zum
ἡσυχάζειν (wie 1. Th 4, 11, so 2. Th 3, 12; 1. Tim 2, 2. 11 f.; 1. Pt 3, 4;
Did 3, 8; Barn 19, 4; Herm mand V 2, 3–6; VI 2, 3; VIII 10; XI 8).
Kein anderer Ehrgeiz erfüllt die Gemeinde als wie es der Zweck der
Fürbitte für die staatlichen Behörden sagt: ἵνα ἤρεμον καὶ ἡσύχιον
βίον διάγωμεν ἐν πάσῃ εὐσεβείᾳ καὶ σεμνότητι (1. Tim 2, 2).

Das christliche Verhalten gegenüber den Nichtchristen ist in der
Anweisung Tit 3, 1 f. gezeichnet: „Mahne sie, Behörden und Beamten unter-
würfig zu sein, zu gehorchen, zu jedem guten Werk bereit zu sein, niemanden
zu schmähen, sich fern von Streit zu halten, nachgiebig zu sein und sich in
jeder Hinsicht liebenswürdig zu verhalten gegen alle Menschen." Über die
Stellung zum Staat s. u. Die Mahnung zur Freundlichkeit gegenüber Nichtchristen und die Warnung, Böses mit Bösem zu vergelten, wird 1. Pt 3, 15 f.
(wohl auch schon 3, 9) und Ign Eph 10, 2 f. eingeschärft. Speziell werden
christliche Ehefrauen zu solchem Verhalten gegen ihre heidnischen Gatten
gemahnt (1. Pt 3, 1 f.); entsprechende Mahnung gilt für christliche Sklaven
(1. Pt 2, 18 f.). Überhaupt sollen die Christen durch ihre Lebensführung Gott
und ihrem Glauben Ehre machen (S. 573). Die Gebete der Gemeinde schließen
die Fürbitte für alle Menschen ein (1. Tim 2, 1; 1. Klem 60, 4; Ign Eph 10, 1;
Pol Phil 12, 3).

Wie fern der christlichen Gemeinde der Gedanke an die Neugestaltung der Welt, an ein wirtschaftliches oder politisches Programm

liegt, zeigt ihre Stellung zum Besitz, zur Sklaverei und zum Staat. Was die Frage des Besitzes betrifft, so steht das Bild, das Act 2, 45; 4, 32–35 vom Liebeskommunismus der Urgemeinde gezeichnet wird, isoliert in der Tradition und ist nur insofern repräsentativ, als es ein Vorbild der Liebe ist, die jene ἰσότης herzustellen bereit ist, von der Paulus 2. Kr 8, 13 f. redet: der Überfluß des Einen soll der Bedürftigkeit des Andern aufhelfen. Die Sitte, am Sonntag Geld für die Bedürftigen zurückzulegen (1. Kr 16, 2), ist zu dem festen Brauch geworden, im Sonntagsgottesdienst eine Sammlung zu veranstalten, die dem Gemeindeleiter für die Wohltätigkeit zur Verfügung steht (Just. apol. I 67, 6). Der ,,Liebeskommunismus" solcher Art ist immer ein freiwilliger geblieben; so wenig wie Paulus in dieser Hinsicht eine ἐπιταγή kennt (2. Kr 8, 8) und so wenig wie er ein Geben ἐκ λύπης ἢ ἐξ ἀνάγκης wünscht (2. Kr 9, 7), so wenig die folgende Zeit. Es überrascht daher nicht, wenn in der Folgezeit keine wirtschaftliche Gleichheit in den Gemeinden besteht, sondern wenn es Arme und Reiche nebeneinander gibt. Begreiflich aber, daß das Mißtrauen gegen den Reichtum erwacht (Jak 2, 1–7), und daß sich die Mahnungen an die Reichen und die Warnungen vor Habgier und Geiz mehren (1. Tim 6, 6–10. 17–19; Jak 5, 1–6; Hbr 13, 5; Herm vis III 6, 5–7; sim I; VIII 9, 1 usw.). Besonders Herm mahnt zur Wohltätigkeit, die dem Reichen selbst Nutzen bringt, weil ihm das Dankgebet des Armen zugute kommt (vis III 9, 2–6; mand II 4–6; VIII 10; bes. sim II). Mit der Warnung vor dem Reichtum geht die vor dem Handel und vor den weltlichen πράξεις und πραγματεῖαι Hand in Hand (2. Tim 2, 4; Jak 4, 13–16; Herm vis I 3, 1; III 6, 5; mand III 5; X 1, 4 f.; sim IV 5; VI 3, 5; VIII 8, 1 f.; IX 20, 1 f.).

In der Sklavenfrage wird der Standpunkt des Paulus (1. Kr 7, 21 f.; vgl. Phm) festgehalten; d. h. soweit diese Frage eine solche der innerweltlichen Sozialordnung ist, existiert sie für die christliche Gemeinde nicht. Die Tatsache, daß es die Sklaverei gibt, wird als gegebene Weltordnung hingenommen, deren Änderung nicht Aufgabe der Christen ist. Daher erregt es auch keinen Anstoß, daß es christliche Herren gibt, die Sklaven halten. Die Unabhängigkeit des christlichen Glaubens von der weltlichen Ordnung und seine Überlegenheit über sie erweist sich aber darin, daß innerhalb der Gemeinde der Unterschied von Herr und Sklave keine Geltung hat, weil beide als Christen Brüder sind. Daraus sollen jedoch die Sklaven nicht das Recht ableiten, ihre christlichen Herren zu miß-

achten (1. Tim 6, 1 f.; Ign Pol 4, 3), oder den Anspruch erheben,
auf Kosten der Gemeinde frei gekauft zu werden (Ign Pol 4, 3). Die
Herren – seien es christliche oder heidnische – sind ja nur κατὰ
σάρκα ihre Herren (Kol 3, 22; Eph 6, 5); ihr wahrer Herr ist Christus, und in der Furcht vor ihm sollen sie den irdischen Herren in
Treue dienen, als sei es ein dem eigentlichen Herrn geleisteter
Dienst (Kol 3, 22-25; Eph 6, 5-8; vgl. 1. Tim 6, 1 f.; Tit 2, 9 f.;
Did 4, 11; Barn 19, 7). Sie sollen etwaige ungerechte Behandlung
geduldig tragen im Blick auf das unschuldige Leiden Christi (1. Pt
2, 18-25). Entsprechend werden aber auch die Herren gemahnt,
den Sklaven zu gewähren, was recht und billig ist (Kol 4, 1), sie
nicht mit Drohungen zu behandeln (Eph 6, 9; Did 4, 10; Barn
19, 7) und sie nicht zu verachten (Ign Pol 4, 3).

Für das Verhältnis zum Staat gilt ebenfalls, daß sich der
Christ unter ihn als gegebene Ordnung zu beugen hat, da sie von
Gott eingesetzt ist (wie Rm 13, 1-7, so 1. Klem 61, 1). Der Christ
ist ihr Gehorsam schuldig (Tit 3, 1; 1. Klem 60, 4), gerade auch
dann, wenn er als Christ verdächtigt wird (1. Pt 2, 13-17). Früh hat
die christliche Gemeinde von der Synagoge das Gebet für die staatliche Behörde übernommen (1. Tim 2, 1 f.; 1. Klem 61, 1 f.; Pol
Phl 12, 3). Der Verf. der Act bemüht sich, die Loyalität der Christen
zu betonen und die Behauptung ihrer Staatsfeindlichkeit als jüdische Verleumdung zu erweisen (18, 12 ff.; 21, 27 ff.; 23, 29;
25, 18 f.; 26, 31). Der in Apk ausbrechende Haß gegen Rom beruht
nicht auf grundsätzlicher Ablehnung der staatlichen Ordnung, sondern auf der Empörung über die Forderung des Kaiserkults, an der
der christliche Gehorsam natürlich seine Grenze findet. Man darf
daher die Haltung der Apk nicht als im Widerspruch zur allgemeinen Anerkennung der staatlichen Ordnung stehend auffassen.
Diese wird durchweg nicht in Frage gestellt, aber sie gehört natürlich zu den vergänglichen Ordnungen dieser Welt. Daher empfindet
man nicht die Verpflichtung, Verantwortung für sie und ihre gerechte Handhabung zu übernehmen, – was freilich auch darin seinen
Grund hat, daß die Christen zunächst noch solchen sozialen Schichten angehörten, für die solche Verantwortung nicht in Frage kam.

§ 61. DIE DISZIPLIN

WINDISCH, H., Taufe und Sünde im ältesten Christentum, 1908. –
POSCHMANN, B., Paenitentia secunda. Die kirchliche Buße im ältesten
Christentum, 1940. – BOHREN, R., Das Problem der Kirchenzucht im Neu-

en Testament, 1952. – CAMPENHAUSEN, H. V., Kirchliches Amt und geistliche Vollmacht in den ersten drei Jahrhunderten, 1953, 135–162.234–261. – KÄSEMANN, E., Sätze heiligen Rechtes im Neuen Testament (1954/55), in: DERS., Exegetische Versuche und Besinnungen II, 1964, 69–82 (dazu: K. BERGER, Zu den sogenannten Sätzen Heiligen Rechts, NTSt 17, 1970/71, 10–40). – HUNZINGER, C.-H., Art. Bann. II/2. Neues Testament, TRE, V, 1980, 164–167. – BECKER, J., Art. Buße. IV. Neues Testament, TRE, VII, 1981, 446–451. – BENRATH, G. A., Art. Buße. V. Historisch, TRE, VII, 1981, 452–473 (bes. 452 f.).

1. Die Sorge um die Reinheit der Gemeinde ist nicht nur durch das Interesse am Heil der Einzelnen begründet, sondern ist auch ein Anliegen der Gemeinde als ganzer, da sie ja als ganze die Gemeinde der Heiligen sein soll und will. In ihrem Interesse liegt es also, eine Disziplin auszubilden, die durch Mahnung oder Strafe die Einzelnen erzieht und im äußersten Fall unwürdige Glieder ausscheidet. Die Reinheit der Gemeinde ist aber nicht nur durch unsittlichen Wandel ihrer Glieder gefährdet, sondern ebenso durch Irrlehre. Auch diese gilt als Sünde (vgl. bes. Ign), und es entspricht der jüdischen Tradition, daß, wie zwischen Heidentum und Lasterleben (S. 75 f.), so zwischen Irrlehre und Lastern ein ursächlicher Zusammenhang gesehen wird, wie die Polemik gegen die Irrlehrer in den Past, in Jud und 2. Pt zeigt.

Die Verantwortung für die Reinheit der Gemeinde liegt zuerst – und in gewissem Sinne wohl auch dauernd – bei allen Gemeindegliedern. Wie Paulus die Thessaloniker gemahnt hatte: παρακαλεῖτε ἀλλήλους καὶ οἰκοδομεῖτε εἰς τὸν ἕνα (1. Th 5, 11), und speziell: νουθετεῖτε τοὺς ἀτάκτους (5, 14), und wie er die Kraft zum νουθετεῖν ἀλλήλους bei den Römern vorausgesetzt hatte (Rm 15, 14), so gehen solche Mahnungen weiter: zum νουθετεῖν ἑαυτούς bzw. ἀλλήλους (Kol 3, 16; 1. Klem 56, 2; 2. Klem 17, 2), zum παρακαλεῖν (Hbr 3, 13; 10, 25; Barn 19, 10; Herm mand VIII 10; XII 3, 2), zum ἐπιστρέφειν (Jak 5, 19 f.), zum ἐλέγχειν (Did 15, 3; vgl. 2, 7; 4, 3; Barn 19, 4. – Eph 5, 11 wird nicht auf irrende Christen, sondern auf Heiden gehen. Unklar ist Jud 22). Speziell Väter und Mütter haben die Pflicht, die Kinder bzw. die Familie zu erziehen (παιδεύειν, vgl. Eph 6, 4; 1. Klem, 21, 8; Pol Phil 4, 2; Herm vis II 3, 1 f.; νουθετεῖν Herm vis I 3, 1 f.); die gleiche Pflicht haben die Älteren gegenüber den Jüngeren (1. Klem 21, 6).

Die Aufgabe kommt aber besonders den verantwortlichen Personen zu, vor allem den Leitern der Gemeinden, deren Pflicht das παρακαλεῖν ist, wie es in den Past immer wieder ein-

geschärft wird (1. Tim 4, 13; 5, 1; 6, 3; 2. Tim 4, 2; Tit 1, 9; 2, 6.
15; ebenso Ign Pol 1, 2), und wie es der Verf. von Hbr (13, 19. 22)
und wiederholt Ign (Eph 3, 2; Mg 14, 1; Tr 6, 1 usw.) als den
Zweck ihres Schreibens bezeichnen. Dem Gemeindeleiter fällt die
Pflicht des παιδεύειν zu (2. Tim 2, 25; Herm vis III 9, 10; vgl. sim
IX 31, 5 f.), des νουθετεῖν (wie 1. Th 5, 12), wie es Kol 1, 28; Act
20, 31; 2. Klem 17, 3; 19, 2 vorausgesetzt ist und 1. Klem 7, 1 geschieht, des ἐλέγχειν, wie es 1. Tim 5, 20; 2. Tim 4, 2; Tit 1, 9. 13;
2, 15 anbefohlen wird.

2. In besonders schlimmen Fällen muß der Sünder (bzw. der
Irrlehrer) aus der Gemeinde ausgeschlossen werden,
sei es, daß seine Sünde so groß ist, daß sie von vornherein den Verkehr mit dem Sünder unmöglich macht, sei es, daß die Versuche
der Mahnung und Zurechtweisung vergeblich gewesen sind. Daß
Irrlehrer ausgeschlossen werden müssen, geht aus Apk 2, 14 f. 20 f.
hervor; für alle groben Sünder folgt es aus Apk 22, 15. Schon
Paulus hatte verlangt, daß der Frevler, der „die Frau seines Vaters
hat", dem Satan übergeben, d. h. doch exkommuniziert werden
solle (1. Kr 5, 1–5; vgl. V. 11). Entsprechend sagt der Autor der
Past, daß er zwei Irrlehrer dem Satan übergeben habe (1. Tim.
1, 20), während der „Paulus" von 2. Th 3, 6. 14 f. zwar den Verkehr mit dem Sünder verbietet, jedoch offenbar nur in einer eingeschränkten und vorläufigen Weise; denn es heißt: μὴ ὡς ἐχθρὸν
ἡγεῖσθε, ἀλλὰ νουθετεῖτε ὡς ἀδελφόν. Ähnlich die Anweisung Pol
Phil 11, 4. Aber auch 2. Tim 2, 25 f. wird der Gemeindeleiter gemahnt, freundlich die Irrlehrer zurechtzuweisen, damit sie zu
Buße und Erkenntnis kommen und den Schlingen des Satans
entrissen werden. Aber daß im Falle der Erfolglosigkeit der Ausschluß erfolgen muß, sagt Tit 3, 10. Das ist wohl auch der Sinn
der unsicher überlieferten Verse Jud 22 f. – Did 14, 2 wird der
vorläufige Abbruch des Verkehrs mit Streitenden verlangt, bis
sich diese versöhnt haben; ebenso wird 15, 3 der Verkehr mit
einem Gemeindeglied, das sich gegen ein anderes vergangen hat,
untersagt, bis jenes Buße getan hat. So mahnt auch Jak 5, 19 f.,
den von der Wahrheit abgeirrten Bruder wieder zurückzuführen
(vgl. 2. Klem 15, 1). Das gleiche Verhalten einem Sünder gegenüber ordnet Herm mand IV 1, 9 an, während Ign rät, mit Irrlehrern weder privatim noch öffentlich ein Wort zu reden (Sm
7, 2; vgl. Eph 7, 1). Wie die Frage nach einer wiederholten Ver-

gebung in außerkanonischen Herrenworten zum Ausdruck kommt, zeigt H. Köster (ZNW 48 (1957), 231–233).

Sowohl für die Wiederaufnahme eines vorläufig ausgeschlossenen Gemeindegliedes wie für den endgültigen Ausschluß eines notorischen und unbekehrbaren Sünders (oder Irrlehrers) mußten bald bestimmte Regeln geschaffen werden; doch ist in den zur Verfügung stehenden Quellen nur wenig davon zu erkennen. Man wird annehmen dürfen, daß über den endgültigen Ausschluß zunächst die versammelte Gemeinde beschloß, wie es Paulus von den Korinthern gefordert hatte (1. Kr 5, 4 f.). Voraussetzung der Wiederaufnahme des Bußfertigen war gewiß von vornherein das Bußbekenntnis vor der Gemeinde. So heißt es Did 4, 14: ἐν ἐκκλησίᾳ ἐξομολογήσῃ τὰ παραπτώματά σου, καὶ οὐ προσελεύσῃ ἐπὶ προσευχήν σου ἐν συνειδήσει πονηρᾷ, auch wenn hier nicht an besonders schwere Sünder gedacht ist, die nach vorläufigem Ausschluß wieder aufgenommen werden. (Die gleiche Anweisung Barn 19, 12, wo aber ἐν ἐκκλησίᾳ fehlt.) Das 1. Klem 51 f. von den Aufrührern in Korinth verlangte Sündenbekenntnis ist doch gewiß als ein vor der ganzen Gemeinde abzulegendes gedacht. Das gleiche ist aus Ign Phld 3, 2 zu erschließen, wenn von denen die Rede ist, die μετανοήσαντες ἐπὶ τὴν ἑνότητα τῆς ἐκκλησίας kommen, und wenn 8, 1 die Buße als ein μετανοεῖν εἰς ἑνότητα θεοῦ καὶ συνέδριον τοῦ ἐπισκόπου bezeichnet wird. Da die Wiederaufnahme ohne Zweifel durch die Zulassung zum Gemeindegottesdienst und speziell zum Herrenmahl dokumentiert wurde, ist anzunehmen, daß eben dabei das Bußbekenntnis abgelegt wurde. Das geht doch wohl auch daraus hervor, daß nach Did 14, 1 vor der Teilnahme an der Eucharistie die ganze Gemeinde ihre παραπτώματα bekennen soll (etwa in der Weise, wie es in dem Gebet 1. Klem 60, 1 f. geschieht); erst recht muß das dann von den groben Sündern gelten. Auf sie könnte sich auch der Ruf Did 10, 6 beziehen, der der Eucharistie-Feier vorausgeht: εἴ τις ἅγιός ἐστιν, ἐρχέσθω (zur Eucharistie), εἴ τις οὐκ ἔστι μετανοείτω. Ist die Szene Herm vis III 1, 5 ff., in der die Ἐκκλησία den Hermas, der seine Sünden bekannt hat, aufrichtet, nach dem Muster eines liturgischen Brauchs gestaltet, demzufolge der Sünder, nachdem er vor der Gemeinde seine Sünden bekannt hat, vom Gemeindeleiter aufgerichtet und getröstet wird? Und ist die Gestalt des Bußengels bei Herm ein Abbild des die Aufnahme vollziehenden Gemeindebeamten? Wenn Hermas die Anweisungen, die er von der Ἐκκλησία erhält,

dem Clemens wie den πρεσβύτεροι und προιστάμενοι mitteilen soll
(vis II 4, 3), so doch gewiß, damit sie danach verfahren. Sonst ist
aus dieser frühen Zeit von einer offiziell erteilten Absolution noch
nichts zu erkennen.

3. Früh aber mußte die Frage nach der Unterscheidung
leichter und schwerer Sünden sich melden. In dem Zusatz der kirchlichen Redaktion 1. Joh 5, 14–21 werden in V. 16
Sünden μὴ πρὸς θάνατον und solche πρὸς θάνατον unterschieden,
und für die letzteren wird sogar die Fürbitte abgelehnt. Was für
Sünden damit gemeint sind, wird nicht gesagt. Das Ideal einer
sündlosen Gemeinde ließ sich natürlich nicht aufrechterhalten;
man mußte sich mit einer durchschnittlichen Rechtschaffenheit der
Gemeindeglieder abfinden. Man konnte etwa die „unfreiwilligen"
Sünden (1. Klem 2, 3) im Unterschied von den „freiwilligen" (Hbr
10, 26) in Kauf nehmen und konnte darauf vertrauen, daß das allgemeine Sündenbekenntnis der Gemeinde und die Bitte um Vergebung, die ja auch (täglich) im Vater-Unser ausgesprochen
wurde, diese erwirkte. Nur notorische Irrlehre und grobe sittliche
Vergehungen mußten ein Anstoß bleiben, vor allem aber der Abfall und die Verleugnung in Zeiten der Bedrängnis. Die Ausscheidung der „Irrlehrer" erfolgte gewiß nicht immer durch den ausgesprochenen Bann, wie 1. Tim 1, 20 es voraussetzt und Apk 2, 14 f.
20 es fordern. Die „Irrlehrer" werden sich manchmal auch aus
eigenem Willen von den „rechtgläubigen" Gemeinden abgesondert
haben (vgl. 1. Joh 2, 19), indem sie die Rechtgläubigkeit für sich
in Anspruch nahmen und jene der Irrlehre bezichtigten. 3. Joh und
Ign lassen ahnen, wie es zu solchen Spaltungen kommen mußte.

Grobe Sünden, die vorläufigen Ausschluß zur Folge hatten, für
die aber nach Bekenntnis und Buße Vergebung gewährt werden
konnte, waren offenbar zunächst Ehebruch und Unzucht, wie deren
Stellung in den Lasterkatalogen und die auf sie bezüglichen Mahnungen beweisen. Daß sie in manchen Kreisen als unvergebbar
galten, dürften Hbr 12, 16 f.; 13, 4 und die spätere kirchliche Praxis
bis zu dem Edikt des Kallistos (217/18) zeigen. Vom Mord, der wie
jene später zu den Todsünden gerechnet wurde, ist zunächst kaum
die Rede; er wird nur in traditionellen Aufzählungen von Geboten
und Lastern genannt (Did 2, 2; 3, 2; 5, 1 f.; Barn 19, 5; 20, 1 f.).
Wohl aber spielt die Sünde des Abfalls eine Rolle. Sie galt offenbar
weithin als unvergebbar (Hbr 6, 4–8; 10, 26–29), und sie wurde
später als eine Todsünde angesehen, für die bis zur dezianischen

Verfolgung keine Vergebung gewährt wurde. Anders noch bei Herm, für den Verleugnung und Abfall zwar die schwerste Sünde ist (vgl. sim VIII 6, 4; IX 18, 3; 19, 1), der sie aber nur im Falle der Unbußfertigkeit für unvergebbar ansieht (vis III 7, 2; vgl. überh. vis III 5–7; sim VIII 6, 4–6). Freilich kennt Herm auch solche verstockten Sünder, denen die Möglichkeit, Buße zu tun, versagt ist (sim IX 6, 2; 19, 1). Durchweg verkündet er jedoch, wie es dem Sinn seiner Bußschrift entspricht, die Möglichkeit der Buße für alle Sünder (vgl. bes. sim VIII 11, 1–3[1]), und wenn er auch verschiedene Klassen von Sündern unterscheidet (vgl. bes. vis III; sim VIII u. IX), so kennt er doch den grundsätzlichen Unterschied zwischen leichten Sünden und Todsünden nicht. Dieser in 1. Joh 5, 16 und Hbr 10, 26 angedeutete Unterschied ist auch den andern Schriften der apostolischen und nachapostolischen Zeit noch unbekannt. Der Bußruf des 1. Klem kennt keine Begrenzung (c. 7 und c. 8), so wenig wie der des 2. Klem. Selbst Ign nimmt die Möglichkeit der Buße für die Irrlehrer an (Phld 3, 2; 8, 1; Sm 5, 1; 9, 1), mag sie auch schwer halten (Sm 4, 3).

Wie die Entwicklung laufen mußte, ist klar[2]. Die Unterscheidung von leichten und schweren Sünden gefährdet von vornherein das radikale Verständnis der Sünde, wie es von Jesus, Paulus und Joh erfaßt worden war. Grundsätzlich preisgegeben ist es aber, wenn sich mit jener Unterscheidung die Unterscheidung von zwei Arten der Buße verbindet. Wenn das auch nicht ausdrücklich geschieht, so geschieht es doch faktisch damit, daß für die schweren Sünden eine offizielle kirchliche Buße gefordert wird. Denn diese ist ja etwas anderes als die Buße, zu der alle Christen immer wieder gerufen werden (S. 558), etwas anderes als die bußfertige Gesinnung, in der die Gemeinde um die Vergebung der Sünden bittet (1. Klem 60, 1; Did 14, 1). Da nun mit dem Eindringen der Gesetzlichkeit das echte Verständnis wie der Sünde, so auch der Gnade verloren ging (§ 59, 3), so mußte der Sünder, der aus der kirchlichen Gemeinschaft ausgeschlossen wurde, als ein solcher gelten, der nicht mehr unter der vergebenden Gnade Gottes stand. Was ihm in der Taufe geschenkt worden war, hatte er verloren. Wenn ihm nun die Kirche, auf seine Buße hin, die Vergebung spendete und ihn wieder in ihre Gemeinschaft aufnahm, so mußte dieser Akt seinem Sinne

---

[1] Eine kirchliche Bußzucht kennt Herm noch nicht, so wenig wie Ign; s. v. Campenhausen a.a.O. 154–156.

[2] Darüber s. v. Campenhausen a.a.O. 234–261.

nach zu einer Wiederholung der Taufe werden. Wie die Taufe ein Sakrament war, so mußte notwendig auch das kirchliche Institut der Buße zu einem Sakrament werden. Der Charakter der Kirche als Heilsanstalt (S. 466) mußte damit vollständig werden.

EPILEGOMENA [1])

1. Aufgabe und Problematik der Neutestamentlichen Theologie [2] (das Verhältnis von Theologie und Verkündigung)

Die Wissenschaft von der Neutestamentlichen Theologie hat die Aufgabe, die Theologie des NT, d. h. die theologischen Gedanken der neutest. Schriften darzustellen, und zwar sowohl die explizit entwickelten (wie z. B. die Lehre des Paulus vom Gesetz), wie diejenigen, die implizit in Erzählung oder Mahnung, in Polemik oder Tröstung wirksam sind. Man kann die Frage aufwerfen, ob es angemessener ist, die theologischen Gedanken der neutest. Schriften als eine systematisch gegliederte Einheit darzustellen – gleichsam als eine neutestamentliche Dogmatik – oder in ihrer Verschiedenheit je nach den einzelnen Schriften oder Schriftengruppen, wobei dann die einzelnen Gestalten als Glieder eines geschichtlichen Zusammenhangs verstanden werden können.

Das zweite Verfahren ist in der hier gegebenen Darstellung gewählt worden. Es ist dadurch zum Ausdruck gebracht, daß es eine christliche Normaldogmatik nicht geben kann, daß es nämlich nicht möglich ist, die theologische Aufgabe definitiv zu lösen, – die Aufgabe, die darin besteht, das aus dem Glauben erwachsende Verständnis von Gott und damit von Welt und Mensch zu entwickeln. Denn diese Aufgabe gestattet nur immer wiederholte Lösungen oder Lösungsversuche in den jeweiligen geschichtlichen Situationen. Die Kontinuität der Theologie durch die Zeiten hindurch besteht nicht im Festhalten an einmal formulierten Sätzen, sondern in der

---

[1]) Die Epilegomena geben mit geringen Änderungen und Erweiterungen meinen Beitrag zur Festschrift für Maurice Goguel „Aux sources de la tradition Chrétienne" wieder, die 1950 im Verlag von Delachaux u. Niestlé (Neuchâtel u. Paris) erschienen ist.

[2] S. dazu Gerh. Ebeling, Die Geschichtlichkeit der Kirche und ihrer Verkündigung als theol. Problem, 1954. – Ders., The Meaning of „Biblical Theology", Journ. of Theol. Studies 1955, 210–225. – H. Schlier, Über Sinn und Aufgabe einer Theologie des NT, Bibl. Zeitschr. 1957, 6–23; jetzt in: Besinnung auf das NT, 1964, 7–24. – Herb. Braun, Die Problematik einer Theologie des NT, in: Ges. Studien zum NT und seiner Umwelt, 1962, 325–341. – Über Schnackenburg s. S. 597. – Vgl. auch J. N. Sanders, The Foundation of the Christian Faith, 1950.

ständigen Lebendigkeit, mit der der Glaube von seinem Ursprung
her die ständig neue geschichtliche Situation verstehend bewältigt.
Entscheidend ist es, daß die theologischen Gedanken als
Glaubensgedanken aufgefaßt und expliziert werden, d. h. als Gedanken, in denen sich das glaubende
Verstehen von Gott, Welt und Mensch entfaltet;
also nicht als Produkte freier Spekulation oder wissenschaftlicher
Bewältigung der Problematik von Gott, Welt und Mensch durch
das objektivierende Denken.

Theologische Sätze – auch die des NT – können nie Gegenstand des Glaubens sein, sondern nur die Explikation des
in ihm selbst angelegten Verstehens. Als solche sind sie situations-
bedingt und daher notwendig unvollständig. Diese Unvollständigkeit ist jedoch kein Mangel, dem dadurch abgeholfen werden
müßte, daß jeweils eine folgende Generation zu ergänzen hätte,
was noch fehlte, so daß durch eine immer weiter getriebene Sum-
mierung schließlich eine vollständige Dogmatik zustande käme.
Vielmehr ist die Unvollständigkeit begründet in der Unerschöpf-
lichkeit des glaubenden Verstehens, das sich jeweils neu aktualisieren muß; sie bedeutet also Aufgabe und Verheißung. So ist ja
auch das Verstehen meiner selbst in meiner Welt der Arbeit und des
Schicksals im Lichte einer mir geschenkten Liebe oder einer mir
anvertrauten Verantwortung notwendig immer unvollständig. Es
versteht sich z. B. von selbst, daß die neutest. Gedanken über den
Staat und die Gesellschaft unvollständig sind, weil den neutest.
Autoren die Möglichkeiten und Probleme der Staats- und Gesell-
schaftsformen nicht gegenwärtig sein konnten, die die Geschichte
seither gebracht hat. Ebenso ist klar, daß die Welt der modernen
Wissenschaft und Technik dem gläubigen Verstehen neue Aufgaben
stellt, an die die Zeit des NT noch nicht denken konnte. Normativ
können daher die theologischen Gedanken des NT nur insofern
sein, als sie dazu anleiten, ein Verstehen von Gott, Welt und Mensch
in der konkreten Situation aus dem Glauben heraus zu entwickeln.

Es folgt aus dem Wesen der theologischen Aussagen als der Explikation des glaubenden Verstehens aber auch, daß diese Aussagen mehr oder weniger sachgemäß sein können. Es besteht die Möglichkeit, daß in ihnen das glaubende Verstehen nicht
klar entwickelt ist, daß es – etwa gebunden durch das vorgläubige
Verstehen von Gott, Welt und Mensch und durch dessen Begrifflichkeit – gehemmt ist und also etwa vom Handeln Gottes und von

der Beziehung zwischen Gott und Mensch in juristischen Begriffen redet, oder von Gottes Verhältnis zur Welt in mythologischen oder kosmologischen Begriffen, die dem glaubenden Verstehen von Gottes Transzendenz unangemessen sind; oder auch daß es die Transzendenz Gottes in der Begrifflichkeit der Mystik oder des idealistischen Denkens zum Ausdruck bringt. Daraus ergibt sich – auch gegenüber den Schriften des NT – die Aufgabe der Sachkritik, wie Luther sie z. B. am Jakobusbrief und an der Johannesapokalypse geübt hat.

Das Wichtigste aber ist jene Grundeinsicht, daß die theologischen Gedanken des NT die Entfaltung des Glaubens selbst sind, erwachsend aus dem im Glauben geschenkten neuen Verstehen von Gott, Welt und Mensch, – oder, wie auch formuliert werden kann: aus dem neuen Selbstverständnis. Denn mit dem neuen Selbstverständnis des Glaubenden ist ja nicht das Verstehen im Sinne einer wissenschaftlichen Anthropologie gemeint, die den Menschen zu einem Phänomen der Welt objektiviert, sondern ein existentielles Verstehen meiner selbst in eins mit meinem Verstehen von Gott und Welt. Denn ich bin ja ich selbst nicht als ein isolierbares und objektivierbares Weltphänomen, sondern in je meiner von Gott und Welt nicht ablösbaren Existenz.

Wenn die wissenschaftliche Darstellung der theologischen Gedanken des NT diese als die Entfaltung des glaubenden Selbstverständnisses aufzuzeigen hat, so stellt sie nicht den Gegenstand des Glaubens dar, sondern den Glauben selbst in seiner Selbstauslegung. Aber hier erhebt sich das eigentliche Problem der Darstellung! Denn kann der Glaube in den Blick gefaßt werden, ohne daß sein Woran, sein Gegenstand, mitgesehen ist?

Der Glaube ist ja im NT nicht verstanden als ein aus dem menschlichen Dasein selbstmächtig sich erhebendes Selbstverständnis, sondern als ein durch Gott ermächtigtes, durch sein Handeln erschlossenes. Er ist nicht die Wahl zwischen allgemein für den Menschen bestehenden Möglichkeiten, sich zu verstehen, sondern die Antwort auf Gottes, ihn in der Verkündigung von Jesus Christus treffendes Wort. Er ist Glaube an das Kerygma, das von dem Handeln Gottes in dem Menschen Jesus von Nazareth redet.

Wenn also die Wissenschaft von der neutest. Theologie den Glauben als den Ursprung der theologischen Aussagen darstellen will, so muß sie offenbar das Kerygma und das durch dieses erschlossene Selbstverständnis, in dem sich der Glaube expliziert, darstellen.

Und eben darin steckt das Problem! Denn sowohl das Kerygma wie
das Selbstverständnis des Glaubens erscheinen, sofern sie in Worten und Sätzen ausgesprochen werden, immer schon in einer bestimmten Ausgelegtheit, d. h. aber in theologischen Gedanken.
Auch wenn sich im NT einzelne Sätze finden, die man als spezifisch
kerygmatisch bezeichnen darf, so sind auch sie immer in einer bestimmten theologischen Begrifflichkeit formuliert, wie z. B. der ein-
fachste Satz κύριος Ἰησοῦς (2. Kr 4,5), denn er setzt ein bestimmtes
Verständnis des Kyrios-Begriffes voraus.

Deshalb ist es **nicht möglich, im NT zwischen kerygmatischen und theologischen Sätzen einfach und
glatt zu unterscheiden** oder auch aus dem NT ein Selbstverständnis zu erheben, das nicht in theologischen Sätzen formuliert wäre. Und dennoch muß die Darstellung diese Scheidung
ständig im Sinn haben und muß die theologischen Gedanken als
Explikation des durch das Kerygma geweckten Selbstverständnisses interpretieren, wenn sie sie nicht als vom „Lebensakt" ge-
löstes objektivierendes Denken begreifen will – wobei es grundsätzlich nichts ausmacht, ob sich dieses Denken auf die Vernunft oder
auf „Offenbarung" zurückführt. Denn wenn die Offenbarung als
eine Veranstaltung zur Mitteilung von Lehren verstanden wird, so
tragen diese den Charakter des der Wissenschaft eigenen objekti-
vierenden Denkens, das den existentiellen Lebensbezug zu seinem
Gegenstand abblendet, – nur daß es dann pseudowissenschaftliche
Lehren sind. Ein solches Verfahren verleitet zu dem Mißverständnis, als sei der Gegenstand des Glaubens die Theologie als die „rechte
Lehre", während als „rechte Lehre", die der Gegenstand des Glaubens ist, nur das Kerygma gelten kann. Während die Sätze der
Philosophie als solche, sofern sie Wahrheit enthalten, „rechte Lehre"
sind, sind die Sätze der Theologie nicht selbst schon „rechte Lehre",
sondern sie lehren, sofern sie Wahrheit enthalten, was die „rechte
Lehre" ist, die nicht im Forschen gefunden wird, sondern im Kerygma gegeben ist. Aber eben das Kerygma kann die Theologie
nie in definitiver Gestalt erfassen, sondern immer nur als begriff-
lich gefaßtes und d. h. als ein schon theologisch ausgelegtes.

Dieser Sachverhalt enthüllt sich in seiner Problematik eben dann,
wenn daran festgehalten wird, daß der Glaube nichts anderes sein
kann als die Antwort auf das Kerygma, und daß dieses nichts anderes ist als das anredende Wort Gottes, als fragendes und verhei-
ßendes, als richtendes und begnadigendes Wort. Als solches bietet

es sich nicht dem kritischen Denken dar, sondern es redet in die konkrete Existenz. Daß es nie anders als in einer theologischen Ausgelegtheit erscheint, beruht darauf, daß es nie anders als in einer menschlichen Sprache, durch menschliches Denken geformt, gesprochen werden kann. Gerade das aber bestätigt seinen kerygmatischen Charakter; denn daran wird deutlich, daß die Sätze des Kerygmas nicht allgemeine Wahrheiten, sondern Anrede in einer konkreten Situation sind. Sie können also nur in einer durch ein Existenzverständnis, bzw. durch dessen Ausgelegtheit, geprägten Form erscheinen. Und entsprechend sind sie nur verständlich für denjenigen, der das Kerygma als anredendes Wort in seiner Situation verstehen kann, – zunächst nur als Frage, als Zumutung.

Anders ausgedrückt: das Kerygma ist als Kerygma nur verständlich, wenn das durch es geweckte Selbstverständnis als eine Möglichkeit menschlichen Selbstverständnisses verstanden wird und damit zum Ruf zur Entscheidung wird. Denn offenbar kann der Forscher nicht seinen Glauben als Erkenntnismittel voraussetzen und über ihn als eine Voraussetzung methodischer Arbeit verfügen. Aber was er tun kann und tun soll, ist: sich in der Bereitschaft, der Offenheit, der Freiheit halten; besser: in der Frage oder in dem Wissen um die Fraglichkeit alles menschlichen Selbstverständnisses und im Wissen, daß existentielles Selbstverständnis (im Unterschied von existentialer Auslegung menschlichen Seins) nur im Vollzug der Existenz und nicht in der isolierten denkenden Reflexion wirklich ist.

2. Die Geschichte der Wissenschaft von der Neutestamentlichen Theologie

Ein Überblick über die Geschichte der Wissenschaft von der neutest. Theologie kann das Problem verdeutlichen[1]). Ihr Ursprung liegt in den „Collegia biblica" der altlutherischen Orthodoxie, in jenen Sammlungen von Schriftworten, die als „dicta probantia" den Schriftbeweis für die Sätze der Dogmatik liefern sollten. Unterschiedslos werden hier Stellen des AT und des NT nach den Loci der Dogmatik geordnet wie z. B. in Seb. Schmidts „Collegium biblicum, in quo dicta Veteris et Novi Testamenti juxta

---

[1]) An einem Überblick über die Geschichte entwickelt die Problematik der neutestamentlichen Theologie auch Amos N. Wilder in dem von Harold R. Willoughby herausgegebenen Werk, The Study of the Bible Today and Tomorrow (Univ.-Chicago Press 1947), S. 419–436.

seriem locorum communium theologicorum explicantur" (1671,
²1689). Die selbstverständliche Voraussetzung ist dabei, daß die
Sätze der Dogmatik wie die Lehre der Schrift als „rechte Lehre"
der Gegenstand des Glaubens sind. Kerygma und Theologie werden
also naiv identifiziert. – Im Pietismus ist es nicht anders; nur
daß hier, wo der Titel „Biblische Theologie" zuerst begegnet[1]),
die Schriftlehre selbständig gegenüber der Dogmatik dargestellt
wurde[2]), – Die Theologen der Aufklärung fahren darin fort,
und ihnen gilt die der Dogmatik gegenüber verselbständigte Schriftlehre als der kritische Maßstab, an dem jene zu messen ist. Bezeichnend sind schon die Titel einiger Werke: 1771–75 veröffentlichte
G. T. Zachariae seine „Biblische Theologie oder Untersuchung
des biblischen Grundes der vornehmsten theologischen Lehren".
1787 erschien Joh. Phil. Gablers „Oratio de iusto discrimine
theologiae biblicae et dogmaticae regundisque utriusque finibus".
Wenn Lorenz Bauer die „Theologie des AT" (1796–1803) und
die „Theologie des NT" (1800-02) getrennt darstellte, so zeigt schon
diese Trennung die Lösung von der Dogmatik und die Absicht, die
Theologie der Schrift als ein historisches Phänomen darzustellen.
Nicht anders M. L. de Wettes „Biblische Dogmatik des AT und
NT, oder kritische Darstellung der Religionslehre des Hebraismus,
des Judentums und des Urchristentums" (1813). Mehr und mehr
wird es dabei zur selbstverständlichen Voraussetzung, daß das Christentum die vernünftige Religion ist, – als welche sie durch die
richtige Interpretation der Schrift erwiesen wird. Denn die Auslegung hat alles, was in der Schrift den Prinzipien von Vernunft
und Erfahrung widerspricht, als Akkommodation an „irrige Volks-
begriffe" zu erweisen.

Es ist völlig deutlich, daß hier wie in der Orthodoxie die neutest.
Theologie als die rechte Lehre gilt, nur daß diese nicht auf die Autorität der Schrift gegründet, sondern vom vernünftigen Denken
entwickelt und in der Schrift nur wiedergefunden wird, – wobei
dahingestellt bleiben kann, wieweit in dem, was man als Inhalt des
vernünftigen Denkens festzustellen meint, christliche Tradition
wirksam ist. Wie die Orthodoxie, so kennt auch die Aufklärung
nicht den Bezug der Theologie auf das Kerygma, nur daß jetzt nicht

---

[1]) In der „Biblischen Theologie" von C. Haymann 1708.

[2]) Beispiel A. F. Büsching, Epitome theologiae e solis sacris literis con-
cinnata 1756; Gedanken von der Beschaffenheit und dem Vorzug der bi-
blisch-dogmatischen Theologie vor der scholastischen 1758.

mehr von Identifizierung von Kerygma und Lehre geredet werden kann, weil die biblische Lehre als geschichtliche („symbolische") Verkörperung vernünftiger Wahrheiten gilt und also nicht Autorität für den Glauben sein kann. In Wahrheit ist die Aufklärung den Weg der Orthodoxie konsequent zu Ende gegangen. Beide stimmen darin überein, daß sie den Unterschied von Theologie und Kerygma nicht sehen und den Glauben an das Kerygma mit der Anerkennung theologischer Sätze verwechseln. Diese theologischen Sätze haben für beide den Charakter allgemeiner, zeitloser Wahrheiten. Der Unterschied ist nur der, daß für die Orthodoxie die theologischen Sätze Aussagen der als Autorität verstandenen Schrift sind, während sie für die Aufklärung in der Vernunft begründete und durch das vernünftige Denken gefundene Wahrheiten sind. Während also für die Aufklärung der kerygmatische Charakter der „rechten Lehre" überhaupt verschwunden ist, wird er von der Orthodoxie insofern festgehalten, als für sie die theologischen Sätze der Schrift Autorität sind und als Gegenstand des Glaubens gelten, – womit freilich Kerygma wie Glaube mißverstanden sind.

Mit der Aufklärung erfolgte nicht nur die Lösung von der Autorität der Schrift, sondern es vollzog sich auch noch eine andere Wendung. Soll durch die rechte Interpretation der Schrift das in ihr sich bezeugende Christentum als die vernünftige Religion erwiesen werden, so muß die Interpretation alles Lokale und Temporelle, alles Individuelle und Partikulare abstreifen, um das Zeitlos-Allgemeine zu gewinnen. Begreiflicherweise richtet sich aber das Interesse mehr und mehr auf jenes; denn die allgemeine Wahrheit kennt man ja schon im voraus, und eine historische Darstellung läßt sich ja nur von den individuellen, zeitgeschichtlich bestimmten Phänomenen geben. So entstehen denn die Darstellungen der neutest. Theologie, die 1. an den individuellen Unterschieden der neutest. Autoren interessiert sind und diese als verschiedene „Lehrbegriffe" charakterisieren, und die 2. die neutest. Gedankenbildungen in einen historischen Relationszusammenhang hineinstellen. Schließlich – und darin wirkt die Tradition der Aufklärung im 19. und 20. Jahrhundert weiter – wird die neutest. Theologie als ein Phänomen der Religionsgeschichte verstanden, und die Wissenschaft, die sie darstellt, darf, wie es scheint, als historische Wissenschaft an der Wahrheitsfrage nicht mehr interessiert sein.

Diese Entwicklung hätte verhindert werden können, wenn der Arbeit Ferd. Chr. Baurs eine entscheidende Wirkung beschieden gewesen wäre[1]). Baur unterschied nicht wie die Aufklärung zwischen den ewigen Vernunftwahrheiten, die zeitlosen Charakter haben, und ihrer unvollkommenen zeitgeschichtlichen Fassung, die ein aufgeklärter Verstand überwindet, sondern er sieht (in der Nachfolge Hegels), daß Wahrheit überhaupt nur in jeweils geschichtlicher Form erfaßt werden kann und sich als d i e Wahrheit nur in der Gesamtheit des historischen Ganges der Entwicklung entfaltet. Subjekt dieser Entwicklung ist der Geist, und die Geschichte ist „der ewig klare Spiegel, in welchem der Geist sich selbst anschaut, sein eigenes Bild betrachtet, um, was er an sich ist, auch für sich, für sein eigenes Bewußtsein, zu sein und sich als die bewegende Macht des geschichtlich Gewordenen zu wissen"[2]).

Wie daher geschichtliche Besinnung der Weg zur Erfassung der Wahrheit ist, so ist die geschichtliche Erforschung der Geschichte des Christentums, und zuerst seines Ursprungs und damit des NT's, der Weg zur Erfassung der Wahrheit des christlichen Glaubens, – wobei es für Baur keine Frage sein kann, daß diese Wahrheit keine andere ist als die Wahrheit des Geistes überhaupt. Die Interpretation des NT muß dessen Theologie also verstehen als die Explikation des christlichen Bewußtseins als einer entscheidenden Epoche in dem Zu-sich-selbst-kommen des Geistes.

Damit trifft Baur den Sinn der neutest. Theologie insofern, als diese die gedankliche Explikation des glaubenden Selbstverständnisses ist. Hatte die Orthodoxie daran festgehalten, daß durch das NT dem Menschen ein Wort gesagt wird, an das er glauben soll, hatte sie aber, indem sie an die Stelle des Kerygmas die theologische Lehre setzte, diese zum Objekt des Glaubens gemacht, so überwindet Baur diese Gefahr. Indem er freilich das Selbstverständnis des Glaubens auf das Selbstbewußtsein reduziert, das sich in der geschichtlichen Entwicklung vom Menschen aus erhebt, in dem der Geist zum Bewußtsein seiner selbst kommt, – schaltet er das Kerygma aus. Dieses jedoch nicht so wie der Rationalismus, dessen Denken keine Autorität kennt, sondern indem nun die Geschichte als solche Autorität wird und an die Stelle des Kerygmas tritt, dadurch nämlich, daß die rückgewandte Besinnung auf die Geschichte der Weg des Zu-sich-selbst-kommens des Geistes im Menschen ist.

---

[1]) B a u r s Vorlesungen über Neutest. Theologie wurden nach seinem Tode (1860) von seinem Sohne 1864 herausgegeben.

[2]) F. C. B a u r, Lehrbuch der christl. Dogmengeschichte, 1847, S. 59.

Die fruchtbare Fragestellung Baurs ging schon in seiner Schule verloren. Beibehalten wurde die Vorstellung von der Geschichte als einem Entwicklungsprozeß, und ebenso wirkte das konkrete Geschichtsbild nach, das Baur nach dem Hegelschen Schema von Thesis, Antithesis und Synthesis gezeichnet hatte: aus dem Ringen des gesetzesfreien paulinischen Evangeliums mit dem gesetzesgebundenen Judenchristentum geht schließlich in Kompromissen die altkatholische Kirche hervor. Verloren ging aber nach Baur die Frage nach dem Sinn von Geschichte und von geschichtlicher Besinnung. Die Arbeit der Forschung ging in der durch die Aufklärung eingeschlagenen Richtung weiter, nur daß der Glaube an die ewigen Vernunftwahrheiten bzw. das Bewußtsein, sie definitiv erkannt zu haben, verloren ging, und daß der christliche Glaube nicht mehr als die „vernünftige" Religion galt. Das bedeutete aber, daß die Forschung einem Historismus verfiel, der das Urchristentum und mit ihm das NT als ein Phänomen in dem durch die Verkettung von Ursache und Wirkung geschlossenen weltgeschichtlichen Relationszusammenhang auffaßte.

Die Konsequenz eines völligen Relativismus wurde freilich vermieden, indem man den Entwicklungsgang der Geschichte idealistisch als einen sinnvollen interpretierte: auch ohne daß man sich an die Hegelsche Geschichtsphilosophie band, konnte man in der Geschichte die Kraft des Geistes als wirksam wahrnehmen und an einen Fortschritt glauben, in dem die ewigen Wahrheiten und Normen immer klarer erfaßt werden. Auch konnte man unter dem Einfluß der Romantik die Persönlichkeit als geschichtsbildende Kraft verstehen. So fand man in den Lehren des NT den Ausdruck der christlichen – als einer „religiös-sittlichen" – Weltanschauung und erblickte die Bedeutung Jesu darin, daß er der Verkündiger religiös-sittlicher Wahrheiten war und sie in seiner Person einzigartig und wirkungsvoll verkörperte. Repräsentative Beispiele dieser Auffassung sind H. J. Holtzmanns Lehrbuch der Neutest. Theologie (1896–97. [2]1911), vorbildlich in seiner kritischen Gewissenhaftigkeit, und P. Wernles temperamentvolles und eindrucksvolles Buch „Die Anfänge unserer Religion" (1901, [2]1904).

Eine entscheidende Wendung, deren Bedeutung zunächst nicht abzusehen war, vollzog sich in der Arbeit der religionsgeschichtlichen Schule. Als ihre Programmschrift kann man W. Wredes Abhandlung „Über Aufgabe und Methode der sog. neutest. Theologie" (1897) ansehen. Wrede bekämpfte die Methode

der „Lehrbegriffe", weil ihr ein intellektualistisches Verständnis
vom Christentum zugrunde liege; der christliche Glaube sei doch
Religion und nicht ein System von Gedanken! Aufgabe der Wissenschaft sei daher als neutest. Theologie die lebendige Religion des
Urchristentums darzustellen. Offenbar wirkte hier eine richtige
Einsicht, indem die theologischen Lehren als Ausdruck und nicht
als Gegenstand des Glaubens verstanden wurden, – aber nun freilich nicht als die Entfaltung des glaubenden Selbstverständnisses,
sondern als nachträgliche denkende Reflexion über die Objekte des
Glaubens. Der Zusammenhang zwischen Lebens- und Denkakt ist
hier (wie sich Ad. Schlatter auszudrücken pflegte) zerrissen.

Die Ursache des Mangels liegt darin, daß es an einem klaren Begriff von Glauben und Religion fehlte. Man weiß nur, daß Religion
nicht ein theoretisches Verhalten, daß sie vielmehr ein Gefühl, daß
sie Frömmigkeit ist; und man weiß, daß sie in verschiedenen Typen
Gestalt gewinnen kann. Sie kann erscheinen als ein Gottvertrauen.
Und da Gott selbstverständlich als der heilige Wille gilt, der das
Gute setzt und fordert, so schließt das Gottvertrauen das Bewußtsein der sittlichen Verpflichtung ein, und es fließt aus ihm auch ein
positives Verhältnis zur Welt als der Stätte, in der sich der sittliche
Wille in konkreten Aufgaben zu bewähren hat. Religion kann aber
auch „Erlösungsreligion" sein. In ihr tritt der Gedanke des fordernden Willens im Gottesbegriff zurück gegenüber dem Gedanken der
Transzendenz. Ein negatives Verhältnis zur Welt ist die Folge, und
die weltflüchtige Frömmigkeit kann sich bis zur Mystik steigern.
Der Erlösungsgedanke kann jedoch auch in jene Religion des Gottvertrauens und des Pflichtgefühls aufgenommen werden als der
Gedanke der Erlösung von der Sünde. So stellt denn H. W e i n e l
in seiner „Biblischen Theologie des NT" (1911, [4] 1928) auf dem Hintergrund einer allgemeinen religionsgeschichtlichen Orientierung
die „Religion" Jesu als „sittliche Erlösungsreligion" dar im Gegensatz zur „mystischen (in der 1. Aufl.: zur „ästhetischen") Erlösungsreligion", deren Motive sich dann freilich in der „Religion" des
Urchristentums mit jener in verschiedener Weise verbinden. Auch
J u l. K a f t a n faßt in seiner knappen und geistvollen Darstellung
„Neutest. Theologie im Abriß dargestellt" (1927) die Religion des
NT als ethische Religion der Erlösung (Sündenvergebung) auf.
Dagegen erscheint in W. B o u s s e t s glänzendem „Kyrios Christos" (1913, [2]1921) die urchristliche Religion wesentlich als Kultusfrömmigkeit, die als ihre Blüte die Mystik hervortreibt. Einseitig,

aber kraftvoll ist hier der Grundgedanke durchgeführt, und indem vieles neu gesehen ist, tritt die Problematik, die in der neutest. Theologie wirksam ist, in ein neues Licht.

Die Religion war in der religionsgeschichtlichen Schule als eine selbständige Macht erkannt worden, deren Wesen nicht in der Anerkennung allgemeiner zeitloser Wahrheiten besteht, seien sie durch eine supranaturale „Offenbarung" vermittelt, seien sie durch vernünftiges Denken gefunden. Religion ist vielmehr – so kann die Intention der religionsgeschichtlichen Schule offenbar interpretiert werden – eine existentielle Haltung. Und wenn man hier den legitimen Sinn der theologischen Aussagen nicht erfaßt hat, so ist man doch offenbar auf dem rechten Wege.

Das zeigt sich daran, daß in der exegetischen Arbeit dieser Schule diejenigen Begriffe, die für die Religion als eine selbständige, von allem weltlichen Verhalten unterschiedene, auf den jenseitigen Gott bezogene Haltung charakteristisch sind, neu erfaßt wurden. Für die Entdeckung der Bedeutung, die die Eschatologie für das NT hat, war entscheidend J o h. W e i s s' „Jesu Predigt vom Reiche Gottes" (1892, [2]1902). Ferner die Erkenntnis, daß $\pi\nu\varepsilon\tilde{v}\mu\alpha$ im NT nicht den „Geist" im Sinne des griechisch-idealistischen Verständnisses bedeutet, sondern die wunderbare Wirkungskraft des jenseitigen Gottes, wie es zuerst H. G u n k e l in seiner Schrift „Die Wirkungen des hl. Geistes nach der populären Anschauung der apostolischen Zeit und nach der Lehre des Apostels Paulus" (1888, [3]1909) zeigte. Verschiedene Arbeiten W. H e i t m ü l l e r s wiesen Sinn und Bedeutung der Sakramente für das Urchristentum auf[1]), und im Zusammenhang damit wurde eine neue Erkenntnis des Sinnes von $\dot{\varepsilon}\varkappa\varkappa\lambda\eta\sigma\dot{\iota}\alpha$ gewonnen und von der Eigenart und Bedeutung des Kirchengedankens im Urchristentum[2]).

Daß neben der Arbeit der historisch-kritischen und der religionsgeschichtlichen Forschung auch die der konservativen Forscher unter dem Einfluß der orthodoxen Tradition weiterging, versteht sich von selbst, ebenso, daß sie in der Diskussion mit den anderen Richtungen weithin auch von deren Fragestellungen und Ergeb-

---

[1]) „Im Namen Jesu". Eine sprach- und religionsgeschichtliche Untersuchung zum NT, speziell zur altchristl. Taufe 1903; dazu seine Artikel „Abendmahl" und „Taufe" in RGG I u. V (1909 u. 1913).

[2]) Vgl. O l o f L i n t o n, Das Problem der Urkirche in der neueren Forschung 1932. Seitdem verschiedene Aufsätze von M. G o g u e l in der RHPhrel 1933, 1938, und N. A. D a h l, Das Volk Gottes. Eine Untersuchung zum Kirchenbewußtsein des Urchristentums 1941.

nissen beeinflußt wurde. In der Tradition der „Lehrbegriff"-Me-
thode stehen das sehr sorgfältige „Lehrbuch der Biblischen Theologie des NT" von Bernh. Weiss (1868, ⁷1903) und der knappe
„Grundriß der neutest. Theologie" von Th. Zahn (1928). Stärker
von modernen Fragestellungen beeinflußt, in seinen Ergebnissen
aber konservativ ist die „Theologie des NT" von Paul Feine
(1910, ⁸1951). Bezeichnend ist es, daß sowohl B. Weiss wie P. Feine
ihren Darstellungen der Theologie des NT eine solche der „Religion"
des NT folgen ließen¹). Daß sich hier neue Einsichten in das Problem des Verhältnisses von Theologie und Kerygma eröffnet hätten,
wird man nicht behaupten können. Das gilt auch von der „Theologie des NT" von Fr. Büchsel (1935, ²1937), obwohl sie den Untertitel trägt „Geschichte des Wortes Gottes im NT"; denn die theologischen Lehren werden nicht etwa vom Kerygma als dem Worte
Gottes unterschieden, sondern gelten eben als Gottes Wort. Auch
Eth. Stauffers originelle „Theologie des NT" (1941, ⁴1948) ist
nicht von jener Problematik bestimmt. Stauffer bricht freilich mit
der „Lehrbegriff"-Methode und mit dem Schema der Entwicklung.
Nach einem kurzen Überblick über den „Werdegang der urchristlichen Theologie" stellt er die theologische Gedankenwelt des NT
als eine Einheit dar unter dem Titel „Die Christozentrische Geschichtstheologie des NT" und verwandelt so die Theologie in eine
religiöse Geschichtsphilosophie.

Auch das zweibändige Werk von M. Albertz, Die Botschaft des NT I/1 ²,
1947; I/2, 1952; II/1, 1954; II/2, 1957) will die Einheit der theologischen
Gedankenwelt des NT darstellen, jedoch nicht als eine religiöse Geschichtsphilosophie, sondern als „Botschaft", die vom Geist Gottes getragen ist. Das
originelle Werk vereint konservative und kritische (formgeschichtliche) Motive und richtet sich polemisch gegen die Aufgabe, eine „Theologie" des NT
darzustellen, verkennt aber in seiner Entgegensetzung von Theologie und
Botschaft den Sinn, den theologische Gedanken als Interpretation der „Botschaft" haben.

Zum erstenmal ist 1950 eine katholische Darstellung der „Theologie des
NT" erschienen, die von Max Meinertz (in 2 Bänden). Ihr folgte 1951
die „Théologie du NT" von Jos. Bonsirven. Beide wollen die theologischen Gedanken des NT in ihrer Mannigfaltigkeit und Einheit darstellen,
und zwar indem sie die Mannigfaltigkeit als organische historische Entwicklung von der in Jesu Person und Verkündigung gegebenen Offenbarung verstehen. Man wird nicht sagen können, daß sie trotz der historischen Orientierung von der Lehrbegriff-Methode losgekommen sind, wenn auch Bonsirven
in vorausgeschickten methodologischen Erwägungen die neutest. Theologie
als historische Darstellung von der Dogmatik abgrenzt und das Problem der

¹) B. Weiss, Die Religion des NT 1903, ²1908. P. Feine, Die Religion
des NT 1921.

historischen Mannigfaltigkeit in der Einheit deutlich macht. Bei Meinertz fehlen methodologische Erwägungen, und er betont, daß er nicht Probleme der neutest. Theologie behandeln, sondern den theologischen Gehalt des NT positiv darstellen will. Er hat jedoch methodologische Erwägungen nachgeliefert in: Randglossen zu meiner Theologie des NT, Theol. Quartalschrift 1952, 411 ff. Zu nennen ist auch O. Kuss, Die Theologie des NT. Eine Einführung, 1937. Einen besonderen Rang nimmt die Neutestamentl. Theologie von R. Schnackenburg ein. Die deutsche Ausgabe (1963) ist gegenüber der französischen (1961) beträchtlich erweitert. Das Buch, das den Untertitel „Der Stand der Forschung" trägt, ist keine ausgestaltete Darstellung, führt aber in die Problematik einer Theologie des NT und ihre Fragen vortrefflich ein, in referierender, aber auch kritischer Darstellung der in der protestantischen wie in der katholischen Forschung vertretenen Anschauungen. Der Verf. sieht klar die Aufgabe, die Einheit des theologischen Denkens des NT in der Mannigfaltigkeit seiner Ausprägungen zu erfassen, und er geht darin über Meinertz und Bonsirven hinaus. Ebenso sieht er klar die Problematik, die in der Vereinigung historischer Darstellung und theologischer Interpretation besteht. Vor allem sieht er den Unterschied zwischen den direkten Aussagen des NT und dem in ihnen teils implizierten, teils auch formulierten theologischen Denken. Daher denn seine sachgemäße Unterscheidung zwischen Offenbarung, Kerygma, Homologie und Theologie.

1967 erschien der „Grundriß der Theologie des NT" von Hans Conzelmann, als Lehrbuch besonders für Studenten gedacht. Wenn der Verf. auch sein eigenes Verständnis der Theologie des NT nicht verkennen läßt, so gibt er doch (wie es einem solchen Lehrbuch entspricht) zugleich jeweils eine sachliche Orientierung über andere Ansichten. Ich begrüße das Buch als eine – nicht unkritische – Weiterführung und Ergänzung meiner „Theologie des NT". Sehr viel ausführlicher sind die Abschnitte über das Kerygma der Urgemeinde und der hellenistischen Gemeinde. Originell ist es, wie das Bild der Gestalt und der Verkündigung Jesu, dem ein vorausgehender eigener Abschnitt nicht gewidmet ist, indirekt zur Geltung gebracht wird durch die wiederholte Bezugnahme auf die Jesus-Tradition, die in den Synoptikern und auch in späteren Schriften nachwirkt. Ein Hauptgewicht fällt auf die Theologie des Paulus. Die Methode und die Grundbegriffe werden ausführlich dargestellt. Darauf folgt die Darstellung der paulinischen Theologie, als deren Höhepunkt man wohl den letzten Teil „De libertate Christiana" bezeichnen darf. Nach einem knapperen Kap. „Die Entwicklung nach Paulus" folgt die Darstellung der Theologie des Johannes, der ein Abschnitt über den „geschichtlichen Ort des joh. Schrifttums" vorausgeht. Eingehend charakterisiert der Verf. dann das joh. Verständnis der Offenbarung als Ärgernis wie als erhellende Anrede und den Sinn des sog. joh. Dualismus. Einig bin ich mit dem Verf. darin, daß er seine Aufgabe als die Auslegung der ursprünglichen Texte des Glaubens auffaßt; einig auch darin, daß er durchweg den Wortcharakter des Heilsgeschehens deutlich macht und die mythologischen und dogmatistischen Sätze als das die Existenz des Hörenden treffendes Wort interpretiert; einig auch darin, daß er mit Schulen rechnet, in denen die neutest. Schriften ihre Gestalt gewonnen haben. Im Gegensatz zu mir will er nicht unterscheiden zwischen der „Apostolischen" Epoche und der den „Frühkatholizismus" einleitenden Tradition, obwohl er den Wandel im Glaubensbegriff und die Ansätze zum Ausbau des Dogmas so wenig verkennt wie die Entstehung des kirchlichen Amts und damit das Werden der Kirche zur Heilsanstalt. Doch über diese Problematik mag die Diskussion aufgenommen werden, zu der der Verf. reichlich Anregung gegeben hat.

Eine Sonderstellung in der ganzen Entwicklung nimmt A d o l f S c h l a t t e r ein. Schon sein Buch ,,Der Glaube im NT'' (1885,⁴1927) kann als eine neutest. Theologie in nuce gelten. Ihm folgte seine ,,Theologie des NT'' (1909-10 ¹). Seine Auffassung von der Aufgabe legte er in der kleinen Schrift ,,Die Theologie des NT und die Dogmatik'' dar (1909). Er grenzt sich ebenso gegen die ,,statistische'' Bestandsaufnahme der neutest. Gedanken in der Orthodoxie ab, wie gegen die rationalistische Lehrbegriff-Methode und gegen die religionsgeschichtliche Schule. Ihnen allen wirft er mit Recht vor, daß sie den Denk- und Lebensakt trennen. Aber er sieht deren Einheit nun nicht wie F. C. Baur darin, daß die theologischen Gedanken die Explikation des Selbstverständnisses des Menschen als Geist (als Vernunft) sind. Denn er versteht den Menschen von seinem Willen her und sieht in seinem Wollen und Handeln den Ursprung seiner Gedanken. ,,Den Versuch, den Denkakt vom Lebensakt zu trennen, machen sie (sc. die ,,Männer'' des NT) nicht und erzeugen darum auch nicht den Schein, sie legten uns zeitlose, von geschichtlichen Bedingungen unabhängige Erkenntnisse vor. Ihre Denkarbeit steht vielmehr in einer bewußten und selbständigen Verbindung mit ihrem Wollen und Handeln; sie hat an ihren Erlebnissen ihren Grund und Stoff und dient ihnen als Mittel zur Ausrichtung ihres Berufs. Ihre Gedanken sind Bestandteile ihrer Taten und damit ihrer Geschichte. Deshalb ist die Aufgabe der neutest. Theologie mit der Statistik, die ein Verzeichnis der Gedanken Jesu und seiner Jünger herstellt, noch nicht erschöpft. So entsteht leicht ein historisches Zerrbild, eine Summe abstrakter, zeitloser ,,Lehren'', die als Inhalt eines vom Wollen und Handeln abgeschnittenen Bewußtseins vorgestellt werden. In dieser Form haben aber Jesus und seine Jünger ihre Gedanken nicht in sich getragen. Um richtig zu beobachten, müssen wir uns den Zusammenhang verdeutlichen, der ihre Gedanken erzeugt, und in den sie auch sofort wieder hineintreten als die Basis ihres Werks'' ²). Daraus folgt auch, daß die Darstellung die einzelnen ,,Lehrtropen'' unterscheiden muß, damit klar wird, daß die urchristliche Geschichte ,,ihren Grund in denjenigen Vorgängen hat, die den persönlichen Lebensstand des Einzelnen bilden'' ³).

---

¹) In 2. Aufl. erschienen die beiden Bände 1922/23 unter den Titeln ,,Die Geschichte des Christus'' und ,,Die Theologie der Apostel''.

²) Neutest. Theol. I, S. 10 f.   ³) Das NT u. die Dogmatik S. 40.

Solche Sätze könnten im Sinne des historischen Relativismus interpretiert werden, sind aber natürlich nicht so gemeint. Was Schlatter als die ,,Erlebnisse" der-,,Männer" des NT bezeichnet, die Grund und Stoff ihrer Gedankenbildung sind, oder als den ,,persönlichen Lebensstand", hat seinen Ursprung in der Begegnung mit der Person des historischen Jesus. Die urchristliche Geschichte beginnt mit dem ,,inwendigen Leben Jesu selbst"[1]), nämlich damit, daß sich Jesus als den ,,Christus" weiß und als solcher wirkt. Sofern nun die Begegnung mit Jesus und seine Anerkennung als des ,,Christus" Glaube heißt, sind demnach die theologischen Gedanken die Entfaltung des Glaubens, hervorgerufen jeweils durch konkrete geschichtliche Aufgaben. Man wird im Sinne Schlatters auch sagen dürfen: Entfaltung des neuen, mit dem Glauben geschenkten Selbstverständnisses; denn daß der Glaube ein Verstehen einschließt, in welchem der Mensch Gott, Welt und sich selbst neu versteht, dürfte für Schlatter selbstverständlich sein.

Das Problem des Verhältnisses von Theologie und Kerygma scheint mir gleichwohl nicht klar von ihm gesehen zu sein. Er sieht nämlich nicht, daß der historische Jesus erst im Kerygma als der ,,Christus" erscheint. Deshalb tritt bei ihm an Stelle des Kerygmas eben der historische Jesus, – wobei vorausgesetzt ist, daß Jesus als der ,,Christus" durch historische Forschung sichtbar gemacht werden kann, während doch höchstens ein messianisches Selbstbewußtsein auf diese Weise sichtbar gemacht werden könnte. Darin dürfte es begründet sein, daß Schlatter in allen Fragen der historischen Kritik, zumal der literarhistorischen Erforschung der Evangelien, eigentümlichen Hemmungen unterliegt, und daß er die theologische Gedankenbildung des NT einseitig aus der alttest.-jüdischen Tradition, in der Jesus selbst steht, interpretieren will und die Bedeutung des hellenistischen Synkretismus verkennt. Das Kerygma der Gemeinde wird dann im Grunde zur Weitergabe historischer Tradition, nämlich zur Weitergabe des historischen Jesusbildes (so, wie eben Schlatter es sieht), in welchem Jesus als der ,,Christus" schon wahrnehmbar sein soll. Das eigentümliche Problem, wie aus Jesus, dem Verkündiger, der ,,Christus", der Verkündigte, wird, wird dadurch verdeckt und eben damit das eigentümliche Wesen des Kerygmas.

Die in diesem Buche gegebene Darstellung der neutest. Theologie steht einerseits in der Tradition der historisch-kritischen und religionsgeschichtlichen Forschung und sucht andrerseits deren

[1]) Ebenda S. 60.

Fehler zu vermeiden, der in der Zerreißung von Denk- und Lebensakt und daher in der Verkennung des Sinnes theologischer Aussagen besteht.

Da das NT ein Dokument der Geschichte, speziell der Religionsgeschichte, ist, verlangt seine Erklärung die Arbeit historischer Forschung, deren Methode von der Zeit der Aufklärung an ausgebildet und in der Erforschung des Urchristentums und in der Erklärung des NT fruchtbar gemacht worden ist. Solche Arbeit kann nun von einem zweifachen Interesse geleitet sein, entweder von dem der Rekonstruktion oder dem der Interpretation, – nämlich der Rekonstruktion vergangener Geschichte oder der Interpretation der Schriften des NT. Es gibt freilich nicht das eine ohne das andere, und beides steht stets in Wechselwirkung. Aber es fragt sich, welches von beiden im Dienst des anderen steht. Entweder können die Schriften des NT als die „Quellen" befragt werden, die der Historiker interpretiert, um aus ihnen das Bild des Urchristentums als eines Phänomens geschichtlicher Vergangenheit zu rekonstruieren; oder die Rekonstruktion steht im Dienste der Interpretation der Schriften des NT unter der Voraussetzung, daß diese der Gegenwart etwas zu sagen haben. Diesem letzteren Interesse ist in der hier gegebenen Darstellung die historische Arbeit dienstbar gemacht worden.

Eben deshalb aber galt es, die theologischen Gedanken des NT in ihrem Zusammenhang mit dem „Lebensakt", d. h. als Explikation des glaubenden Selbstverständnisses, zu interpretieren. Denn Gegenwartsbedeutung können sie nicht als theoretische Lehren, zeitlose allgemeine Wahrheiten, beanspruchen, sondern nur als der Ausdruck eines Verständnisses menschlicher Existenz, das auch für den gegenwärtigen Menschen eine Möglichkeit seines Selbstverständnisses ist, – eine Möglichkeit, die ihm eben durch das NT erschlossen wird, sofern dieses ihm nicht nur zeigt, daß solches Selbstverständnis die Antwort auf das Kerygma, das ihn anredende Wort Gottes, ist, sondern ihm das Kerygma selbst vermittelt.

Dieses glaubende Selbstverständnis in seinem Bezuge auf das Kerygma deutlich zu machen, ist die Aufgabe einer Darstellung der neutest. Theologie. Es geschieht direkt in der Analyse der paulinischen und johanneischen Theologie, indirekt in der kritischen Darstellung der Entwicklung zur alten Kirche, weil in dieser die Problematik des glaubenden Selbstverständnisses, sowie die Problematik der durch dasselbe bedingten kerygmatischen Formulierungen sichtbar wird.

ANHANG I

Die den einzelnen Hauptteilen und Paragraphen von
RUDOLF BULTMANN
vorangestellte und ergänzte Literatur

Zu Seite 1:

ERSTER TEIL
VORAUSSETZUNGEN UND MOTIVE
DER NEUTESTAMENTLICHEN THEOLOGIE

I. DIE VERKÜNDIGUNG JESU

ALB. SCHWEITZER, Geschichte der Leben-Jesu-Forschung[6], 1951. – AD.
JÜLICHER, Die Religion Jesu und die Anfänge des Christentums bis zum
Nicaenum (Die Kultur der Gegenwart I, 4)[2], 1922. – WILH. BOUSSET, Jesus
(Religionsgeschichtl. Volksb. I, 2/3)[4], 1922. – PAUL WERNLE, Jesus[2], 1916. –
WILH. HEITMÜLLER, Jesus, 1913. – AD. SCHLATTER, Die Geschichte des
Christus[2], 1923. – RUD. BULTMANN, Jesus (Die Unsterblichen I)[4], 1964. –
KARL BORNHÄUSER, Das Wirken des Christus durch Taten und Worte[2],
1924. – KARL LUDW. SCHMIDT, Jesus Christus (RGG[2], III, 110–151). –
ARTH. C. HEADLAM, Jesus Christ in History and Faith, 1925. – F. C. BUR-
KITT, Jesus Christ, 1932. – MAUR. GOGUEL, La Vie de Jésus, 1932 (Deutsch:
Das Leben Jesu, 1934). – T. W. MANSON, The Teaching of Jesus, 1935. –
MART. DIBELIUS, Jesus (Samml. Göschen, 1130)[3], 1960, mit Nachtrag von
W. G. KÜMMEL. – RUD. OTTO, Reich Gottes und Menschensohn[3], 1954. –
WALT. GRUNDMANN, Jesus der Galiläer und das Judentum, 1940. – RUD.
MEYER, Der Prophet aus Galiläa, 1940. – A. T. CADOUX, The Theology of Je-
sus, 1940. – C. J. CADOUX, The Historic Mission of Jesus, 1943. – HENRY J.
CADBURY, Jesus. What Manner of Man? 1947. – W. MANSON, Bist du, der da
kommen soll?, 1952. – O. A. PIPER, Das Problem des Lebens Jesu seit
Schweitzer, in: Festschr. f. O. Schmitz, 1953, 73–93. – W. TAYLOR, The Life
and Ministry of Jesus, 1954. – ERNST PERCY, Die Botschaft Jesu, 1953. –
GÜNTHER BORNKAMM, Jesus von Nazareth, 1956. – T. W. MANSON, The Life
of Jesus: some tendencies in present-day research (The Background of the NT
and its Eschatology, 1956, 211—221). – E. STAUFFER, Jesus, Gestalt und Geschichte, 1957. – W. GRUNDMANN, Die Geschichte Jesu Christi, 1957. –
E. STAUFFER, Die Botschaft Jesu damals und heute, 1959. – H. CONZELMANN,
Jesus Christus (RGG[3] III, 619–653).

Katholisch: AUG. REATZ, Jesus Christus, 1924. – KARL ADAM, Jesus
Christus, 1933. – ROM. GUARDINI, Der Herr, 1937. – X. LÉON-DUFOUR, Les
Évangiles et l'histoire de Jésus, 1963.

Zu Seite 2:
§ 1. DIE ESCHATOLOGISCHE VERKÜNDIGUNG

JOH. WEISS, Die Predigt Jesu vom Reiche Gottes[3], 1964. – H. D. WEND-
LAND, Die Eschatologie des Reiches Gottes bei Jesus, 1931. – Für die reli-
gionsgeschichtl. Voraussetzungen: WILH. BOUSSET, Die Religion des Juden-
tums in der späthellenist. Zeit[3], 1926. – E. C. HOSKYNS und F. N. DAVEY,
Das Rätsel des Neuen Test., Deutsche Übers., 1938. – AMOS N. WILDER,
Eschatology and Ethics in the Teaching of Jesus[2], 1950. – W. G. KÜMMEL,
Verheißung u. Erfüllung[3], 1956. – ERICH GRÄSSER, Das Problem der Parusieverzögerung in den synopt. Evangelien u. in der Apostelgesch.[2], 1960. –
B. RIGAUX, La seconde Venue de Jésus („La Venue du Messie", 1962,
183 ff.). – E. LUNDSTRÖM, The Kingdom of God in the Teaching of Jesus,
1963. – N. PERRIN, The Kingdom of God in the Teaching of Jesus, 1963. – Dazu
die zu I S. 1 genannte Literatur.

Zu Seite 10:
§ 2. DIE AUSLEGUNG DER FORDERUNG GOTTES

Außer zu I der S. 1 und zu § 1 S. 2 genannten Literatur: E. GRIMM, Die
Ethik Jesu[2], 1917. – E. KLOSTERMANN, Jesu Stellung zum AT, 1904. –
FR. K. KARNER, Der Vergeltungsgedanke in der Ethik Jesu, 1927. – H. WIN-
DISCH, Der Sinn der Bergpredigt[2], 1937. – E. LOHMEYER, Kultus und Evan-
gelium, 1942. – Für die jüdische Ethik außer W. Bousset (zu § 1): G. F.
MOORE, Iudaism in the First Centuries of the Christian Era I. II. 1927. –
REINH. SANDER, Furcht und Liebe im palästin. Judentum, 1935. – ERIK
SJÖBERG, Gott und die Sünder im palästin. Judentum, 1939. – G. BORN-
KAMM, Der Lohngedanke im NT, Ev. Theol. 1946, 143—166. – FR. C. GRANT,
The Teaching of Jesus and First-Century Jewish Ethics (The Study of the
Bible Today and Tomorrow, ed. H. R. Willoughby, 1947, 298—313). –
AM. N. WILDER, Eschatology and Ethics in the Teaching of Jesus[2], 1950. –
HERB. BRAUN, Spätjüdisch-häretischer und frühchristlicher Radikalismus II,
1957. – W. PESCH, Der Lohngedanke in der Lehre Jesu, 1955. – H. K. MC-
ARTHUR, The Understanding of the Sermon on the Mount, 1960.

Zu Seite 22:
§ 3. DER GOTTESGEDANKE JESU

Literatur zu I S. 1. Außerdem: JOH. LEIPOLDT, Das Gotteserlebnis im
Licht der vergleichenden Religionsgeschichte, 1927. – RICH. AD. HOFFMANN,
Das Gottesbild Jesu, 1934. – WALT. GRUNDMANN, Die Gotteskindschaft in
der Geschichte Jesu und ihre religionsgeschichtl. Voraussetzungen, 1938. –
W. G. KÜMMEL, Die Gottesverkündigung Jesu und der Gottesgedanke des
Spätjudentums, Judaica 1 (1945), 40—68. – H. F. D. SPARKS, The Doctrine
of the Divine Fatherhood in the Gospels (Studies in the Gospels, Essays in
Memory of R. H. Lightfoot, 1957, 241—262). – H. SCHÜRMANN, Das hermeneutische Hauptproblem der Verkündigung Jesu (Festg. Karl Rahner I,
1964, 579—607).

Zu Seite 26:

§ 4. DIE FRAGE NACH DEM
MESSIANISCHEN SELBSTBEWUSSTSEIN JESU

WILLIAM WREDE, Das Messiasgeheimnis in den Evangelien, 1901. – H. J. HOLTZMANN, Das messianische Bewußtsein Jesu, 1907. – AD. SCHLATTER, Der Zweifel an der Messianität Jesu, 1907. – A. FRÖVIG, Das Selbstbewußtsein Jesu als Lehrer und Wundertäter, 1918. – DERS., Das Sendungsbewußtsein Jesu und der Geist, 1924. – DERS., Der Kyriosglaube des NT und der Geist, 1928. – R. BULTMANN, ZNW 19 (1919/20), 165—174; Gesch. d. synopt. Trad.[3], 1957, 263—281; dazu 147—150. – VINCENT TAYLOR, Jesus and his Sacrifice, 1933. – ROB. HENRY LIGHTFOOT, History and Interpretation in the Gospels, 1934. – HANS JÜRG. EBELING, Das Messiasgeheimnis und die Botschaft des Marcus-Evangelisten, 1939. – C. T. CRAIG, The Problem of the Messiasship of Jesus (NT Studies ed. E. P. Booth, 1942, 9 ff.). – JOACH. BIENECK, Sohn Gottes als Christusbezeichnung der Synoptiker, 1951. – RAGNAR LEIVESTAD, Christ the Conqueror, 1954. – T. W. MANSON, The Servant Messiah, 1953. – ED. SCHWEIZER, Erniedrigung und Erhöhung bei Jesus und seinen Nachfolgern, 1955. – E. SJÖBERG, Der verborgene Menschensohn in den Evangelien, 1955. – S. MOWINCKEL, He That Cometh, 1956, 346 ff. – T. W. MANSON, Realised Eschatology and the Messianic Secret (Studies in the Gospels, Essays in Memory of R. H. Lightfoot, 1957, 209—222). – OSCAR CULLMANN, Die Christologie des NT, 1957. – S. auch die zu § 5 genannte Lit.

Dazu die Lit. zu I S. 1, bes. R. OTTO, Reich Gottes und Menschensohn (dazu R. BULTMANN, ThR, NF. 9 (1937), 1—35). Speziell zur ,,Menschensohn''-Frage außerdem: H. LIETZMANN, Der Menschensohn, 1896 (dessen These L. freilich später zurückgenommen hat). – ARN. MEYER, Jesu Muttersprache, 1896, 91—100. 140—149. – GUST. DALMAN, Worte Jesu I[2], 191 bis 219. 383—397. – PAUL FIEBIG, Der Menschensohn, 1901. – JUL. WELLHAUSEN, Einleitung in die drei ersten Evangelien[2], 1911, 123—130. – WILH. BOUSSET, Kyrios Christos[2], 1921, 5—13. – CARL H. KRAELING, Anthropos and Son of Man, 1927. – JOACH. JEREMIAS, Erlösung und Erlöser im Urchristentum, 1929. – E. STAUFFER, Messias oder Menschensohn? (Novum Test. I, 1956, 81 ff.). – PH. VIELHAUER, Gottesreich und Menschensohn in der Verkündigung Jesu (Festschr. f. G. Dehn, 1957, 51—79). – ED. SCHWEIZER, Der Menschensohn, ZNW 50 (1959), 185—209. – H. E. TÖDT, Der Menschensohn in der synopt. Überlieferung, 1959. – FERD. HAHN, Christologische Hoheitstitel. Ihre Geschichte im frühen Christentum, 1963. – W. KRAMER, Christos, Kyrios, Gottessohn, 1963. – PH. VIELHAUER, Jesus und der Menschensohn, ZThK 60 (1963), 133—177. – DERS., Ein Weg zur neutest. Christologie, Ev. Theol. 25 (1965), 24—73.

Zu Seite 34:

II. DAS KERYGMA DER URGEMEINDE

CARL WEIZSÄCKER, Das apostolische Zeitalter der christlichen Kirche[3], 1901. – ERNST V. DOBSCHÜTZ, Probleme des apostol. Zeitalters, 1904. – PAUL WERNLE, Die Anfänge unserer Religion[2], 1904. – RUD. KNOPF,

Das nachapostol. Zeitalter, 1905. – AD. JÜLICHER s. zu I, S. 1. – F. J.
FOAKES JACKSON and KIRSOPP LAKE, The Beginnings of Christianity
I—V, 1920—1933. – WILH. BOUSSET, Kyrios Christos [2], 1921. – JOH.
WEISS, Das Urchristentum, 1917. – HANS ACHELIS, Das Christentum
in den ersten drei Jahrhunderten [2], 1925. – ROL. SCHÜTZ, Apostel und
Jünger, 1921. – WILH. MICHAELIS, Täufer, Jesus, Urgemeinde, 1928. –
ED. MEYER Ursprung und Anfänge des Christentums III, 1923. – KARL
KUNDSIN, Das Urchristentum im Lichte der Evangelienforschung, 1929. –
ERNST LOHMEYER, Galiläa und Jerusalem, 1936. – C. H. DODD, The
Apostolic Preaching and its Developments, 1936. – W. G. KÜMMEL,
Kirchenbegriff und Geschichtsbewußtsein in der Urgemeinde und bei
Jesus, 1943. – DERS., Futurische und präsentische Eschatologie im ältesten
Urchristentum, NTSt 5 (1958/59), 113—126; jetzt in: Heilsgeschehen und
Geschichte, Ges. Aufs., 1965, 351—363.

Zu Seite 35:
§ 5. DAS PROBLEM DES VERHÄLTNISSES DER
VERKÜNDIGUNG DER URGEMEINDE
ZUR VERKÜNDIGUNG JESU

Außer der Literatur zu II vgl. JOH. WEISS, Jesus im Glauben des Urchristentums, 1910. – C. H. DODD, The Gospels as History: A Reconsideration (Bull. of the John Rylands Library 22, No. 1, 1938). – DERS.,
History and the Gospels, 1938. – E. KÄSEMANN, Das Problem des histor.
Jesus, ZThK 51 (1954), 125—153. – N. A. DAHL, Der histor. Jesus als ge-
schichtswissenschaftl. und theolog. Problem (Kerygma und Dogma I, 1955,
104—132). – E. HEITSCH, Die Aporie des histor. Jesus als Problem theologischer Hermeneutik, ZThK 53 (1956), 196—210. – E. FUCHS, Die Frage
nach dem histor. Jesus, ZThK 53 (1956), 210—229. – P. BIEHL, Die Frage
nach dem histor. Jesus, ThR 24 (1956 57), 54—76. – E. FUCHS, Glaube
und Geschichte im Blick auf die Frage nach dem histor. Jesus, ZThK 54
(1957), 117—156. – J. JEREMIAS, Der gegenwärtige Stand der Debatte
um das Problem des histor. Jesus, Wiss. Ztschr. der Ernst Moritz Arndt-
Univ. Greifswald, Gesellsch.- u. Sprachwiss. Reihe 3, Jahrg. 6 (1956 57),
165—170. – R. BULTMANN, Allgemeine Wahrheiten und christl. Verkündigung, ZThK 54 (1957), 244—254. – ED. SCHWEIZER, Der Glaube an
Jesus den Herrn in seiner Entwicklung von den ersten Nachfolgern bis zur
hellenist. Gemeinde, Ev. Theol. 17 (1957), 7—21. – R. BULTMANN, Das Verhältnis der urchristl. Christusbotschaft zum histor. Jesus (SAHeidelb. 1960,
3) [3], 1962. – E. FUCHS, Zur Frage nach dem histor. Jesus (Ges. Aufs. II),
1960. – HERB. BRAUN, Der Sinn der neutest. Christologie, in: Ges. Studien
zum NT und seiner Umwelt, 1962, 243—282. – JAMES M. ROBINSON, Kerygma
und histor. Jesus, 1960. – Zahlreiche Beiträge zur Diskussion in: Der histor.
Jesus und der kerygmatische Christus, 1960. – Beiträge von verschiedenen
Verfassern in: Die Frage nach dem histor. Jesus, 1. Beiheft zur ZThK, 1959. –
W. SCHMITHALS, Paulus und der histor. Jesus, ZNW 53 (1962), 145—160.

Zu Seite 39:

§ 6. DIE URGEMEINDE
ALS DIE ESCHATOLOGISCHE GEMEINDE

Literatur zu § 1, 3 (S. 9) . – N. A. DAHL, Das Volk Gottes, 1941. –
GEORGE JOHNSTON, The Church in the NT, 1943. – H. v. CAMPENHAUSEN,
Kirchliches Amt und geistliche Vollmacht, 1953 (Kap. 1). – Zu 3 s. O. CULL-
MANN, Die Tauflehre des NT, 1948. – J. SCHNEIDER, Die Taufe im NT,
1952. – N. A. DAHL, The Origin of Baptism, Norsk Teol. Tidsskr. 56 (1955),
36—52. – Zu 4 JOACH. JEREMIAS, Die Abendmahlsworte Jesu[2], 1949. –
ED. SCHWEIZER, Das Herrenmahl im NT, ThLZ 79 (1954), 577—592. –
E. FUCHS, Das urchristliche Sakramentsverständnis, 1958.

Zu Seite 45:

§ 7. DIE BEDEUTUNG JESU FÜR DEN GLAUBEN
DER URGEMEINDE

Literatur s. zu II, bes. W. BOUSSET, Kyrios Christos, und zu § 5. Ferner: W. STAERK, Soter I, 1933; PAUL VOLZ, Die Eschatologie der jüdischen
Gemeinde, 1934. – JOACH. BIENECK, Sohn Gottes als Christusbezeichnung
der Synoptiker, 1951. – O. CULLMANN, Die Christologie des NT, 1957. –
ED. SCHWEIZER, Erniedrigung und Erhöhung bei Jesus und seinen Nachfolgern, 1955. – H. RIESENFELD, The mythological background of NT Christology (The Background of the NT and its Eschatology, 1956, 81—95). –
Ferner die zu § 5 genannte Lit.

Zu Seite 56:

§ 8. ANSÄTZE
ZUR AUSBILDUNG KIRCHLICHER FORMEN

Literatur zu II. Außerdem: FLOYD V. FILSON, The Separation of Christianity from Judaism, Anglic. Theol. Rev. 21 (1939), 171—185. – LYDER
BRUN und ANTON FRIDRICHSEN, Paulus und die Urgemeinde, 1921. – WAL-
TER BAUER, Der Wortgottesdienst der ältesten Christen, 1930. – JOS. MAR.
NIELEN, Gebet und Gottesdienst im NT, 1937. – ERNST LOHMEYER, Kultus und Evangelium, 1942. – OSCAR CULLMANN, Urchristentum und Gottesdienst[3], 1956. – ERNST TROELTSCH, Die Soziallehren der christlichen Kirchen und Gruppen, 1912. – R. H. LIGHTFOOT, Locality and Doctrine in the
Gospels, 1938. – H. v. CAMPENHAUSEN, Kirchliches Amt und geistliche Vollmacht in den ersten drei Jahrhunderten[2], 1963. – G. DELLING, Der Gottesdienst im NT, 1952. – Über das Verhältnis urchristlicher Gemeindeordnungen
zu den Gemeindeordnungen der Qumran-Sekte s. Bo REICKE, ThZ 10 (1954),
95—112; bzw. in: The Scrolls and the NT 1957, 143—156. – J. DANIÉLOU,
RHPhrel. 35 (1955), 104—116; O. CULLMANN, JBL 64 (1955), 213—226.

Zu Seite 66:

III. DAS KERYGMA DER HELLENISTISCHEN
GEMEINDE VOR UND NEBEN PAULUS

Literatur s. zu II. Außerdem: WALTER BAUER, Rechtgläubigkeit und
Ketzerei im ältesten Christentum[2], 1964. – B. H. STREETER, The Rise of

Christianity (The Cambridge Ancient History XI), 1936. – M. Goguel, L'église primitive, 1947. – Hier kommen natürlich auch die betreffenden Abschnitte in den Darstellungen der alten Kirchengeschichte in Betracht.

Zu Seite 68:

§ 9. DIE PREDIGT VON GOTT UND SEINEM GERICHT, VON JESUS CHRISTUS, DEM RICHTER UND RETTER, UND DIE FORDERUNG DES GLAUBENS

Ad. v. Harnack, Die Mission und Ausbreitung des Christentums in den ersten drei Jahrhunderten[3], 1915, I, 104—114. – K. Axenfeld, Die jüdische Propaganda als Vorläuferin und Wegbereiterin der urchristl. Mission. Missionswissenschaftl. Studien (Festschr. f. G. Warneck) 1904, 1—102. – Albr. Oepke, Die Missionspredigt des Apostels Paulus, 1920. – Ed. Norden, Agnostos Theos, 1913. – Mart. Dibelius, Paulus auf dem Areopag (Sitzungsber. d. Heidelb. Akad. d. Wiss., Phil.-hist. Kl. 1938, 39, 2. Abh.), 1939, bzw. in: Aufsätze zur Apostelgesch.[2], 1957, 29—70. – Wilh. Schmid, Die Rede des Apostels Paulus vor den Philosophen und Areopagiten in Athen. Philologus 95 (1942), 79—120. – C. H. Dodd, The Apostolic Preaching and its developments[6], 1950. – H. Hommel, Neue Forschungen zur Areopagrede Act. 17, ZNW 46 (1955), 145—178. – Bertil Gärtner, The Areopagus Speech and Natural Revelation, 1955. – W. Nauck, Die Tradition und Komposition der Areopagrede, ZThK 53 (1956), 11—52. – Hier sind auch die verschiedenen Untersuchungen von Alfr. Seeberg zu nennen, die zeigen, welches Material an traditionellen Formulierungen sich allmählich aus der Missionspredigt herauskristallisiert, aus denen schließlich das Glaubensbekenntnis (in verschiedenen Formen) erwächst. Nur daß S. fälschlich einen einigermaßen fest formulierten „Katechismus" an den Anfang der Entwicklung setzt. Von traditionsgeschichtlichem Standpunkt aus gelesen haben diese Untersuchungen, die auch den Zusammenhang der christlichen Predigt mit der jüdischen Tradition aufzeigen, hohen Wert: Der Katechismus der Urchristenheit, 1903. – Das Evangelium Christi, 1905. – Die beiden Wege und das Aposteldekret, 1906. – Die Didache des Judentums und der Urchristenheit, 1908. – Christi Person und Werk nach der Lehre seiner Jünger, 1910. – Wichtig für die Traditionsgeschichte auch O. Cullmann, Die ersten christl. Glaubensbekenntnisse, 1943. – Zu 5: Jul. Schniewind, Euangelion, Lief. 1 und 2, 1927. 31. – Einar Molland, Das Paulinische Euangelion, 1934. – M. Dibelius, Formgeschichte des Evangeliums[3], 1959, 16—32. – Ad. Schlatter, Der Glaube im NT[4], 1927. – R. Gyllenberg, Pistis (schwedisch), 1922. – R. Asting, Die Verkündigung des Wortes im Urchristentum, 1939. – Max Pohlenz, Paulus und die Stoa. ZNW 42 (1949), 69—104. – R. Bultmann, ThWB VI 174—213. – H. Conzelmann, Die Mitte der Zeit[5], 1964. 191—197.

Zu Seite 94:

§ 10. DAS KIRCHENBEWUSSTSEIN
UND DAS VERHÄLTNIS ZUR WELT

Literatur zu 1 u. 2: s. S. 9 zu § 1, 3; bes. N. A. DAHL, Das Volk Gottes, 1941. – Zu 2 speziell: ED. GRAFE, Das Urchristentum und das AT, 1907. – O. MICHEL, Paulus und seine Bibel, 1929. – E. E. ELLIS, Paul's Use of the Old Testament, 1957. – Zu 3 und 4: H. JACOBY, Neutestamentl. Ethik, 1899. ERNST V. DOBSCHÜTZ, Die urchristl. Gemeinden, 1902. – DERS., Probleme des apostol. Zeitalters, 1904. – MART. DIBELIUS, Exk. zu Herm sim II 5 im Ergänzungsband zum Hdb. z. NT IV, 555 f. – G. JOHNSTON s. zu S. 39. – L. BRUN, Der kirchliche Einheitsgedanke im Urchristentum. ZsystTh 14 (1937), 86 ff. – H. PREISKER, Das Ethos des Urchristentums[2], 1943. – CL. T. CRAIG, The One Church in the Light of the NT, 1946. – STIG HANSON, The Unity of the Church in the NT, 1946. – L. H. MARSHALL, The Challenge of NT Ethics, 1946. – M. GOGUEL, L'Eglise primitive, 1947. – A. M. HUNTER, Die Einheit des NT, 1952, 42—66. – GEORGE JOHNSTON, The Church and Israel: Continuity and Discontinuity in the NT Doctrine of the Church, Journ. of Rel. 34 (1954), 26—36. – JOH. SCHNEIDER, Die Gemeinde nach dem NT[3], 1955.

Zu Seite 109:

§ 11. DAS VERHÄLTNIS ZUM JUDENTUM
UND DAS PROBLEM DES ALTEN TESTAMENTS

Literatur s. zu § 8 und S. 60 zu § 8, 2. – Außerdem: RUD. KNOPF, Das nachapostolische Zeitalter, 1905, S. 346—369. – HANS WENSCHKEWITZ, Die Spiritualisierung der Kultusbegriffe. Tempel, Priester und Opfer im NT, 1932. – JOH. KLEVINGHAUS, Die theol. Stellung der Apostol. Väter zur alttest. Offenbarung, 1948. – THOMAS F. TORRANCE, The Doctrine of Grace in the Apostolic Fathers, 1948. – PH. H. MENOUD, L'Eglise naissante et le Judaism, 1952. – L. GOPPELT, Christentum und Judentum im 1. u. 2. Jahrh., 1954. – H. J. SCHOEPS, Urgemeinde, Judenchristentum, Gnosis, 1956.

Zu Seite 123:

§ 12. KYRIOS UND GOTTESSOHN

Literatur s. zu II, bes. W. BOUSSET, Kyrios Christos. - Außerdem: J. WEISS, Christus. Die Anfänge des Dogmas, 1909. – M. DIBELIUS, Christologie des Urchristentums in RGG[2] I, 1592—1607. – O. CULLMANN, Die Christologie des NT, 1957. – Zu 1: s. zu § 8: W. BAUER, J. M. NIELEN, O. CULLMANN, DELLING. – Außerdem: R. KNOPF, Das nachapostolische Zeitalter, 1905, 222—252. – ANDR. DUHM, Gottesdienst im ältesten Christentum, 1928. – Zu 2: s. zu § 7, 5, S. 55 (vgl. auch zu § 4, S. 26 f.), bes. W. GRAF BAUDISSIN, Kyrios II 257—301. – Außerdem: ED. V. D. GOLTZ, Das Gebet in der ältesten Christenheit, 1901. – A. KLAWEK, Das Gebet zu Jesus, 1921. – G. HARDER, Paulus und das Gebet, 1936. – Zu 3: G. P. WETTER, Der Sohn Gottes, 1916. – LUDW. BIELER, ΘΕΙΟΣ ΑΝΗΡ I, 1935, 134—140. – WILFRED L. KNOX, The „Divine Hero" Christology in the NT, Harv. Theol. Rev. 41 (1948), 229—249. – M. DIBELIUS, Exk. zu Kol 1, 17 im Handb. z. NT 12[3],

1953, 10—12. – ED. SCHWEIZER, Erniedrigung und Erhöhung bei Jesus und
seinen Nachfolgern, 1955, 86—88. – SIEGFR. SCHULZ, Maranatha und Kyrios
Jesus, ZNW 53 (1962), 125—144.

Zu Seite 135:

§ 13. DIE SAKRAMENTE

K. PRÜMM, Le Mystère dans la Bible, in: Suppl. au Dictionnaire de la
Bible VI, 1, 173—225. – E. FUCHS, Das urchristliche Sakramentsverständnis,
1958. – G. V. D. LEEUW, Sakramentales Denken, 1959. – Zu 1: R. KNOPF, Das
nachapostol. Zeitalter 271—290. – W. HEITMÜLLER, Im Namen Jesu, 1903. –
DERS., Taufe und Abendmahl im Urchristentum, 1911. – JOH. LEIPOLDT, Die
urchristl. Taufe im Lichte der Religionsgeschichte, 1928. – RICH. REITZEN-
STEIN, Die Vorgeschichte der christl. Taufe, 1929. – Jos. THOMAS, Le mouvement baptiste en Palestine et Syrie, 1935. – ETH. STAUFFER, Taufe im Urchristentum, in RGG² V, 1002—1010. – M. S. ENSLIN, Christian Beginnings,
1938, 186—200. – H. G. MARSH, The Origin and Significance of the NT Baptism, 1941. – PER LUNDBERG, La Typologie baptismale dans l'Ancienne
Eglise, 1942. – FR. LEENHARDT, Le Baptême Chrétien, son origin, sa signification, 1946. – O. CULLMANN, Die Tauflehre des NT, 1948. – W. F. FLEMING-
TON, The NT Doctrine of Baptism, 1948. – J. JEREMIAS, Hat die älteste
Christenheit die Kindertaufe gekannt?², 1949. – DERS., Die Kindertaufe in
den ersten vier Jahrhunderten, 1958. – DERS., Nochmals: Die Anfänge der
Kindertaufe, 1962. – H. SCHLIER, Zur kirchlichen Lehre von der Taufe, in:
Die Zeit der Kirche, 1956, 107—129. – G. SCHILLE, Katechese und Tauflitur-
gie, ZNW 51 (1960), 112—131. – NIK. ADLER, Taufe und Handauflegung,
1951. – BO REICKE, Diakonie, Festfreude und Zelos in Verbindung mit der
altchristlichen Agapefeier, 1951. – M. BARTH, Die Taufe ein Sakrament?,
1951. – JOH. SCHNEIDER, Die Taufe im NT, 1952. – ANDRÉ BENOIT, Le
Baptême Chrétien au second Siècle, 1953.
Zu 2: LIETZMANN, CULLMANN, LOHMEYER s. zu § 8, 3, S. 62. Außerdem:
R. KNOPF a. a. O. 253—271. – W. HEITMÜLLER s. o. – MAUR. GOGUEL,
L'Eucharistie des origines à Justin Martyr, 1910. – A. J. B. HIGGINS, The
Lord's Supper in the NT, 1952. – Zu 3: G. BORNKAMM, Herrenmahl und
Kirche bei Paulus, ZThK 53 (1956), 312—349; jetzt auch in: Ges. Aufs. II,
1959, 138—176. – ED. SCHWEIZER, Art. Abendmahl I, RGG I³, 65—73.

Zu Seite 155:

§ 14. DER GEIST

PAUL VOLZ, Der Geist Gottes und die verwandten Erscheinungen im AT
und im anschließenden Judentum, 1910. – HERM. GUNKEL, Die Wirkungen
des Heil. Geistes nach der populären Anschauung der apostolischen Zeit
und der Lehre des Apostels Paulus³, 1909. – HEINR. WEINEL, Die Wirkungen
des Geistes und der Geister im nachapostol. Zeitalter bis auf Irenäus, 1899. –
FRIEDR. BÜCHSEL, Der Geist Gottes im NT, 1926. – MART. DIBELIUS, Exkurs zu Herm mand V 2, 7 im Ergänzungsbd. zum Hdb. z. NT IV, 517 bis
519. – C. K. BARRETT, The Holy Spirit and the Gospel Tradition, 1947. –

ED. SCHWEIZER, Gegenwart des Geistes und eschatolog. Hoffnung bei Zarathustra, spätjüd. Gruppen, Gnostikern und den Zeugen des NT (The Background of the NT and its Eschatology, 1956, 482—508). – DERS., ThWB VI, 394—450.

Zu Seite 166:

§ 15. GNOSTISCHE MOTIVE

WILH. BOUSSET, Hauptprobleme der Gnosis, 1907. – PAUL WENDLAND, Die hellenistisch-römische Kultur in ihren Beziehungen zu Judentum und Christentum (Handb. z. NT I, 2) [2.3], 1912, 163—187. – RICH. REITZENSTEIN, Die hellenistischen Mysterienreligionen [3], 1927. – HANS JONAS, Gnosis und spätantiker Geist, I. Die mythologische Gnosis [3], 1964, II/1, Von der Mythologie zur mystischen Philosophie [3], 1964. – DERS., The Gnostic Religion, 1958. – HEINR. SCHLIER, Religionsgeschichtl. Untersuchungen zu den Ignatiusbriefen, 1929. – DERS., Christus und die Kirche im Epheserbrief, 1930. – DERS., Der Mensch im Gnostizismus, in: Besinnung auf das NT, 1964, 97—111. – ERNST KÄSEMANN, Leib und Leib Christi, 1933. – DERS., Das wandernde Gottesvolk, 1939. – HANS-WERNER BARTSCH, Gnostisches Gut und Gemeindetradition bei Ignatius von Antiochien, 1940. – WALTER BAUER, Rechtgläubigkeit und Ketzerei im ältesten Christentum, 1934. – C. H. KRAELING, Anthropos and Son of Man, 1927. – F. C. BURKITT, Church and Gnosis, 1932. – E. HAENCHEN, Gab es eine vorchristliche Gnosis? ZThK 49 (1952), 316—349. – H. J. SCHOEPS, Urgemeinde, Judenchristentum, Gnosis, 1956. – R. P. CASEY, Gnosis, Gnosticism and NT, in: The Background of the NT and its Eschatology (Festschr. f. C. H. DODD), 1956, 52—80. – G. STRECKER, Das Judenchristentum in den Pseudoklementinen, 1958. Weiteres zu § 29.

Zu Seite 187:

ZWEITER TEIL
DIE THEOLOGIE
DES PAULUS UND DES JOHANNES
I. DIE THEOLOGIE DES PAULUS

ALB. SCHWEITZER, Geschichte der Paulinischen Forschung von der Reformation bis auf die Gegenwart, 1911. – FERD. CHR. BAUR, Paulus (1845) [2] 1866/67. – ERNEST RENAN, St. Paul, 1869. – CARL HOLSTEN, Das Evangelium des Paulus, I. II, 1880, 98. – OTTO PFLEIDERER, Der Paulinismus [2], 1890. – WILLIAM WREDE, Paulus [2], 1907. – AD. DEISSMANN, Paulus [2], 1925. – ERNST LOHMEYER, Grundlagen paulinischer Theologie, 1929. – DERS., Probleme paulinischer Theologie, 1954. – ALB. SCHWEITZER, Die Mystik des Apostels Paulus, 1930. – RUD. BULTMANN, Paulus (RGG [2] IV, 1019—1045). – WILFRED L. KNOX, St. Paul and the Church of Jerusalem, 1930. – DERS., St. Paul and the Church of the Gentiles, 1939. – A. D. NOCK, St. Paul, 1938 (deutsch: Paulus, 1940). – Jos. HUBY, St. Paul, Apôtre des Nations, 1944. – W. D. DAVIES, Paul and Rabbinic Judaism, 1948. – JOHN KNOX, Chapters in a Life of Paul, 1950. – D. W. RIDDLE, Paul Man of Conflict, 1950. – M. DIBELIUS – W. G. KÜMMEL, Paulus [2], 1956. – G. BORNKAMM, Das Ende des

Gesetzes, 1952. – K. Stürmer, Auferstehung und Erwählung, 1953. – Joh. Munck, Paulus und die Heilsgeschichte, 1954. – G. Bornkamm, Paulus (RGG³ V, 166—190). – Littérature et Théologie Pauliniennes. Recherches Bibliques. – B. Rigaux, St. Paul et ses lettres, 1962, deutsch 1964.

Zu Seite 187:

§ 16. DIE GESCHICHTLICHE STELLUNG
DES PAULUS

Zur Bekehrung des Paulus: W. G. Kümmel, Römer 7 und die Bekehrung des Paulus, 1929. – Robert Steiger, Die Dialektik der paulinischen Existenz, 1931. – Ottfried Kietzig, Die Bekehrung des Paulus, 1932. – Kritischer Bericht über einzelne neuere Untersuchungen zum Werdegang und zur Bekehrung des Paulus von R. Bultmann, ThR, NF 6 (1934), 229 246. – E. Pfaff, Die Bekehrung des Paulus in der Exegese des 20. Jahrh.s, 1942. – H. Grass, Ostergeschehen und Osterberichte, 1956, 207—226. – H. G. Wood, The Conversion of St. Paul, NTSt 1 (1955/56), 276—282. – W. D. Davies, Paul and Rabbinic Judaism, 1948. – D. W. Riddle, Paul, Man of Conflict, 1940. – C. K. Barrett, From First Adam to Last, 1962. – John Knox, Chapters in a Life of Paul, o. J. – J. Cambier, Dictionnaire de la Bible, Suppl. VII, 1963, 279 ff. – O. Kuss, Die Rolle des Apostels Paulus in der theol. Entwicklung der Urkirche, Münchener Theol. Zeitschr. 14 (1963), 1—59. 109 bis 187. – W. Schmithals, Paulus und Jakobus, 1963.

Zum Problem Jesus und Paulus: Maurice Goguel, L'apôtre Paul et Jésus Christ, 1904. – Ad. Jülicher, Paulus und Jesus, 1907. – Arnold Meyer, Wer hat das Christentum gegründet, Jesus oder Paulus?, 1907. – Joh. Weiss, Paulus und Jesus, 1909. – Wilh. Heitmüller, Zum Problem Paulus und Jesus. ZNW 13 (1912), 320—337. – Ders., Jesus und Paulus. ZThK 25 (1915), 156—179. – Paul Wernle, Jesus und Paulus. ZThK 25 (1915), 1—82. – B. W. Bacon, Jesus and Paul, 1920. – R. Bultmann, Die Bedeutung des historischen Jesus für die Theologie des Paulus (in: Glauben und Verstehen, 1933, 188—213). – Ders., Jesus und Paulus (in: Jesus Christus im Zeugnis der Heil. Schrift und der Kirche, 1936, 68—90). – H. Windisch, Paulus und Jesus, ThStKr 1934/35, 432 ff. – W. G. Kümmel, Jesus und Paulus, ThBl 19 (1940), 209—231. – J. Schniewind, Die Botschaft Jesu und die Theologie des Paulus, Nachgel. Reden und Aufsätze, 1952, 16 bis 37. – A. Fridrichsen, Jesus, St. John and St. Paul, in: „The Root of the Vine", 1953, 37 ff.

Zu Seite 192:

1. Die anthropologischen Begriffe

Herm. Lüdemann, Die Anthropologie des Apostels Paulus, 1872. – Walter Gutbrod, Die paulinische Anthropologie, 1934. – P. Althaus, Paulus und Luther über den Menschen², 1951. – W. D. Stacey, The Pauline View of Man, 1956.

Zu Seite 193:

§ 17. DER BEGRIFF σῶμα

ERNST KÄSEMANN, Leib und Leib Christi, 1933. – H. WHEELER ROBIN-SON, The Christian Doctrine of Man[3], 1926. – W. G. KÜMMEL, Das Bild des Menschen im NT, 1948. – C. H. DODD, P. J. BRATSIOTIS, R. BULTMANN, H. CLAVIER, Man in God's Design, 1952. – JOHN A. T. ROBINSON, The Body, 1952. – K. GROBEL, Σῶμα as „Self, Person" in the Septuagint (Neutest Studien f. Rud. Bultmann[2], 1957, 52—59). – W. D. STACEY, The Pauline View of Man, 1956.

Zu Seite 211:

§ 19. Νοῦς und συνείδησις

Zu 4: C. A. PIERCE, Conscience in the NT, 1955. – Weitere reiche Litera-turangaben bei Bauer, Wörterb.

Zu Seite 226:

2. Fleisch, Sünde und Welt
§ 21. SCHÖPFUNG UND MENSCH

GÜNTHER BORNKAMM, Die Offenbarung des Zornes Gottes. ZNW 34 (1935), 239/252; bzw. in: Das Ende des Gesetzes, 1952, 9—33.– HEINR. SCHLIER, Über die Erkenntnis Gottes bei den Heiden. Ev. Theol. 1935, 9—26, jetzt in: Die Zeit der Kirche, 1956, 29—37. – GÖSTA LINDESKOG, Studien zum neu-testamentl. Schöpfungsgedanken, 1952. – K. G. KUHN, πειρασμός, ἁμαρτία, σάρξ im NT und die damit zusammenhängenden Vorstellungen, ZThK 49 (1952), 200—222.

Zu Seite 232:

§ 22. DER BEGRIFF σάρξ

H. LÜDEMANN und W. GUTBROD s. zu 1 (S. 192) ; E. KÄSEMANN s. zu § 17. – WILH. SCHAUF, Sarx, 1924. – K. G. KUHN, Πειρασμός - ἁμαρτία - σάρξ im NT und die damit zusammenhängenden Vorstellungen, ZThK 49 (1952), 200—222; bzw. in: The Scrolls and the NT, 94—113. – W. D. DAVIES, Paul and the Dead Sea Scrolls: Flesh and Spirit, in: The Scrolls and the NT, 157—182. – ED. SCHWEIZER, Die hellenistische Komponente im neutest. σάρξ-Begriff, ZNW 48 (1957), 237—253.

Zu Seite 246:

§ 24. SÜNDE UND TOD

WERNER GEORG KÜMMEL, Römer 7 und die Bekehrung des Paulus, 1929. – RUD. BULTMANN, Römer 7 und die Anthropologie des Paulus (Imago Dei, Festschr. f. G. Krüger 53—62), 1932; jetzt in: Der alte und der neue Mensch in der Theologie des Paulus, 1964, 28—40. – DERS., Adam und Christus nach Römer 5, ebenda 41—66. – PAUL ALTHAUS, Paulus und Luther über den Men-

schen ², 1951. – G. Bornkamm, Sünde, Gesetz und Tod, in: Das Ende des Ge-
setzes, 1952, 51—69. – E. Ellwein, Das Rätsel von Römer 7, Kerygma und
Dogma 1 (1955), 247—268. – E. Jüngel, Das Gesetz zwischen Adam und
Christus, ZThK 60 (1963), 42—74.

Zu Seite 249:

§ 25. DIE ALLGEMEINHEIT DER SÜNDE

Zu 2: J. Jeremias, *Aδάμ*, ThWB I 141—143. – Dazu die bei Bauer auf-
geführte Lit.; außerdem A. Vögtle, Die Adam-Christus-Typologie und „der
Menschensohn", Trierer Theol. Ztschr. 60 (1951), 309—328.

Zu Seite 260:

§ 27. DAS GESETZ

Ed. Grafe, Die paulinische Lehre vom Gesetz ², 1893. – Ders., Das Urchristentum und das AT, 1907. – Otto Michel, Paulus und seine Bibel,
1929. – Ad. Schlatter, Der Glaube im NT ⁴, 1927, S. 323—399. – Käte
Oltmanns, ThBl 8 (1929), 110—116. – R. Bultmann s. zu § 24. – Chr.
Maurer, Die Gesetzeslehre des Paulus, 1941. – E. E. Ellis, Paul's Use of
the Old Testament, 1957. – Vgl. auch die zu § 24 genannten Aufsätze von
Bultmann und Jüngel.

Zu Seite 271:

B. Der Mensch unter der πίστις
1. Die δικαιοσύνη θεοῦ

Aus der älteren Literatur: Th. Häring, δικαιοσύνη θεοῦ bei Paulus, 1896
– H. Cremer, Die paulinische Rechtfertigungslehre im Zusammenhang ihrer
geschichtlichen Voraussetzungen², 1910. – Die reiche neuere Literatur ist
verzeichnet zum Artikel δικαιοσύνη bei Bauer, W.B. Genannt sei E. von
Dobschütz, Über die paulinische Rechtfertigungslehre, ThStKr 85 (1912),
38—87. – W. Michaelis, Rechtfertigung aus Glauben bei Paulus, Festgabe
für Ad. Deißmann, 1927, 116—138. – Herb. Braun, Gerichtsgedanke und
Rechtfertigungslehre bei Paulus, 1930. – Floyd V. Filson, St. Paul's Conception of Recompense, 1931. – Wilh. Mundle, Der Glaubensbegriff des
Paulus, 1932. – R. Gyllenberg, Die paulinische Rechtfertigungslehre und
das AT, Studia Theologica I (1935), 35—52. – G. Schrenk, Art. δικαιοσύνη,
ThWB II 204—229. – H. Hofer, Die Rechtfertigungsverkündigung des
Paulus in der neueren Forschung, 1940. – Hans-Wolfgang Heidland, Die
Anrechnung des Glaubens zur Gerechtigkeit, 1936. – G. Bornkamm, Das
Ende des Gesetzes, Paulusstudien, 1952. – O. Kuss, Der Römerbrief I, 1957,
115—131. – E. Jüngel, Paulus und Jesus ², 1964. – E. Käsemann, Gottes-
gerechtigkeit bei Paulus, in: Exeget. Versuche und Besinnungen II, 1964,
181—193. – R. Bultmann, Journal of Bibl. Lit. 83 (1964) 12—16.

Zu Seite 275:

§ 29. DIE GEGENWÄRTIGKEIT DER δικαιοσύνη

E. DINKLER in: The Idea of History in the Ancient Near East, 1955, 181 bis 191, über das paulinische Verständnis von Zeit und Geschichte. Vgl. die zu § 28 genannte Literatur.

Zu Seite 287:

2. Die χάρις

G. P. WETTER, Charis, 1913. – J. MOFFATT, Grace in the NT, 1931. – W. T. WHITLEY, The Doctrine of Grace, 1932. – J. WOBBE, Der Charisgedanke bei Paulus, 1932.

Zu Seite 287:

§ 32. DIE χάρις ALS GESCHEHEN

G. BORNKAMM, Die Offenbarung des Zornes Gottes, ZNW 34 (1935), 239 bis 262, bzw. in: Das Ende des Gesetzes, 1942, 9—33.

Zu Seite 292:

§ 33. TOD UND AUFERSTEHUNG CHRISTI ALS HEILSGESCHEHEN

A. SEEBERG, Der Tod Christi in seiner Bedeutung für die Erlösung, 1895. – THEOD. HOPPE, Die Idee der Heilsgeschichte bei Paulus, 1926. – JOH. SCHNEIDER, Die Passionsmystik des Paulus, 1929. – KARL MITTRING, Heilswirklichkeit bei Paulus, 1929. – EMIL WEBER, Eschatologie und Mystik im NT, 1930. – W. E. WILSON, The Development of Paul's Doctrine of Dying and Rising again with Christ, Expos. Times 42 (1930–32), 562 ff. – GUSTAV WIENCKE, Paulus über Jesu Tod, 1939. – Zu 6 b: HEINR. SCHUMACHER, Christus in seiner Präexistenz und Kenose, 1914. – E. LOHMEYER, Kyrios Jesus, SA Heidelb., 1927/28, Nr. 4. – ERNST BARNIKOL, Philipper 2, 1932. – DERS., Mensch und Messias, 1932. – E. KÄSEMANN, Kritische Analyse von Phil 2, 5—11, ZThK 47 (1950), 313—360; jetzt in: Exeget. Versuche und Besinnung I, 1960, 51—95. – L. CERFAUX, Le Christ dans la Théologie de St. Paul, 1951; deutsch 1964. – HERB. BRAUN, Die Heilstatsachen im NT, in: Ges. Studien zum NT und seiner Umwelt, 1962, 299—309.

Zu Seite 306:

§ 34. DAS WORT, DIE KIRCHE, DIE SAKRAMENTE

Zu 1: OTTO SCHMITZ, Die Bedeutung des Wortes bei Paulus, 1927. – R. BULTMANN, Glauben und Verstehen, 1933, 153—187. – EINAR MOLLAND, Das paulinische Euangelion, 1934. – Zu 2: TRAUG. SCHMIDT, Der Leib Christi, 1919. – WILH. KOESTER, Die Idee der Kirche beim Apostel Paulus, 1928. – GERH. GLOEGE, Reich Gottes und Kirche im NT, 1929. – HEINR.

Schlier, Christus und die Kirche im Epheserbrief, 1930. – Ernst Käse-
mann, Leib und Leib Christi, 1933. – Alfred Wikenhauser, Die Kirche
als der mystische Leib Christi nach dem Apostel Paulus, 1940. – Franz-J.
Leenhardt, Études sur l'Église dans le NT, 1940. – Otto Michel, Das
Zeugnis des NT von der Gemeinde, 1941. – Nils A. Dahl, Das Volk Gottes,
1941. – Ernst Percy, Der Leib Christi, 1942. – Cl. T. Craig, The One
Church, 1946. – H. Schlier, Corpus Christi (RAC III, 437—453). – Ed.
Schweizer, Die Kirche als Leib Christi in den paulin. Homologumena, in:
Neotestamentica, 1963, 272—292. – H. v. Campenhausen, Zur Auslegung
von Röm. 13, in: Aus der Frühzeit des Christentums, 1963, 81—101. – Zu 3:
s. zu § 13; ferner Ad. Deissmann, Die neutest. Formel „in Christo Jesu",
1892. – Otto Schmitz, Die Christusgemeinschaft des Paulus im Lichte seines
Genetivgebrauchs, 1924. – Wilh. Weber, Christusmystik, 1924. – Erwin
Wissmann, Das Verhältnis von Πίστις und Christusfrömmigkeit bei Paulus,
1926. – Alfr. Wikenhauser, Die Christusmystik des hl. Paulus, 1928. –
H. v. Soden, Sakrament und Ethik bei Paulus, 1931; bzw. in: Urchristentum und Geschichte I, 1951, 239—275. – Wilh. Mundle, Der Glaubensbegriff des Paulus, 1932. – E. W. Wilson, The Development of Paul's
Doctrine of Dying and Rising again with Christ, Expos. Times 42 (1930/32),
562 ff. – S. Stricker, Der Mysteriengedanke des hl. Paulus nach Röm 6,
2—11, Liturg. Leben I (1934), 285—296. – Werner Schmauch, In Christus,
1935. – W. Tr. Hahn, Das Mitsterben und Mitauferstehen mit Christus bei
Paulus, 1937. – H. Schlier, Die Taufe. Nach dem 6. Kap. des Römerbriefes, Ev. Th. 1938, 335—347; bzw. in: Die Zeit der Kirche, 1956, 47—56. –
M. Dibelius, Paulus und die Mystik, 1941; bzw, in: Botschaft und Geschichte II, 1956, 134–159. – L. Cerfaux, La Théologie d'Église suivant
St. Paul, 1942. – R. Lundberg, La Typologie baptismale dans l'Ancien
Eglise, 1942. – Rud. Schnackenburg, Das Heilsgeschehen bei der Taufe
nach dem Apostel Paulus, 1950. – Jacques Dupont, Gnosis. La Connaissance religieuse dans les Épîtres de St. Paul, 1949. – H. D. Wendland, Das
Wirken des Hl. Geistes in den Gläubigen nach Paulus, ThLZ 77 (1952),
457—470. – O. Kuss, Zur paulin. und nachpaulin. Tauflehre im NT, Theologie und Glaube 1952, 401—425; jetzt in: Auslegung und Verkündigung I,
1963, 121—150. – G. Bornkamm, Taufe und neues Leben bei Paulus, in: Das
Ende des Gesetzes, 1952, 34—50. – Ph. Seidensticker, Lebendiges Opfer,
1954. – J. Jeremias, Die Kindertaufe in den ersten vier Jahrhunderten,
1958. – Ders., Nochmals: Die Anfänge der Kindertaufe, 1962. – K. Aland,
Die Säuglingstaufe im NT und in der alten Kirche, 1961. – Votum zur Kindertaufe, ThLZ 87 (1962), 867–876. – G. Bornkamm, Herrenmahl und Kirche
bei Paulus, in: Studium zu Antike und Urchristentum, 1959, 138—176. –
E. Käsemann, Anliegen und Eigenart der paulin. Abendmahlslehre, in:
Exeget. Versuche und Besinnungen I, 1960, 11—34. – P. Neuenzeit, Das
Herrenmahl, 1960. – A. Wegenaer, Das Heilswerk Christi und die Virtus
Divina in den Sakramenten, 1958.

Zu Seite 315:

3. Die πίστις

AD. SCHLATTER, Der Glaube im NT[4], 1927. – A. NAIRNE, The Faith of
the NT, 1920. – RAF. GYLLENBERG, Pistis, 1922 (schwedisch). – DERS.,
Glaube bei Paulus, ZsystTh 13 (1937), 612—630. – Außerdem die zu § 34
genannten Werke von SCHMITZ, WISSMANN, MUNDLE und WILH. MICHAELIS,
Rechtfertigung aus Glauben bei Paulus, Festgabe für Ad. Deißmann, 1927,
116—138. – E. FUCHS, Die Freiheit des Glaubens, 1949. – O. KUSS, Der
Glaube nach den paulin. Hauptbriefen (Theol. u. Glaube 1956, 1—26); jetzt
in: Auslegung und Verkündigung I, 1963, 187–212. – FR. NEUGEBAUER, Das
paulin. „in Christus" im Verhältnis zur Pistis. Diss. Halle 1957. – H. LJUNG-
MAN, Pistis, 1964. – Zu 2: JACQUES DUPONT, Gnosis. La connaissance religieuse dans les épîtres de St. Paul, 1949.

Zu Seite 324:

§ 36. DAS LEBEN IN DER πίστις

Literatur s. vor § 35. Dazu ERNST SOMMERLATH, Der Ursprung des neuen
Lebens nach Pls, 1923. – Zu 2: J. DUPONT (s. vor § 35). – H. SCHLIER,
Kerygma und Sophia, Ev. Theol. 1950/51, 481—507; bzw. in: Die Zeit der
Kirche, 1956, 206–232. – DERS., Vom Wesen der apostolischen Ermahnung,
in: Die Zeit der Kirche, 1956, 74—89. – W. SCHRAGE, Die konkreten Einzel-
gebote in der paulin. Paränese, 1961.

Zu Seite 331:

4. Die ἐλευθερία

JOH. WEISS, Die christliche Freiheit nach der Verkündigung des Apostels Pls 1902. — OTTO SCHMITZ, Der Freiheitsgedanke bei Epiktet und
das Freiheitszeugnis des Pls 1923. — MICH. MÜLLER, Freiheit, ZNW 25
(1926), 177—236. — HANS JONAS, Augustin und das paulin. Freiheitsproblem 1930. — K. DEISSNER, Autorität und Freiheit im ältesten Christentum 1931. — W. BRANDT, Freiheit im NT 1932. — HEINR. SCHLIER,
Art. ἐλεύθερος ThWB II 484—500. – E. KÄSEMANN, Der gottesdienstliche
Schrei nach der Freiheit, in: Apophoreta. Festschr. f. E. Haenchen, 1964,
142—155.

Zu Seite 332:

§ 38. DIE FREIHEIT VON DER SÜNDE
UND DER WANDEL IM GEIST

Zu 1: PAUL WERNLE, Der Christ und die Sünde bei Pls, 1897. – RUD.
BULTMANN, Das Problem der Ethik bei Pls, ZNW 23 (1924), 123—140; jetzt
in: Der alte und der neue Mensch in der Theologie des Paulus, 1964, 7—27. –
HANS WINDISCH, Das Problem des paulin. Imperativs, ZNW 23 (1924), 265
bis 281. – WILH. MUNDLE, Religion und Sittlichkeit bei Pls, ZsystTh 4
(1927), 456—482. – HANS V. SODEN, Sakrament und Ethik bei Pls (Marb.

Theol. Stud. I), 1931. – G. BORNKAMM, Die christl. Freiheit (Das Ende des Gesetzes, 1952, 133—138). – H. SCHLIER, Über das vollkommene Gesetz der Freiheit (Die Zeit der Kirche 1956, 193—206). – E. GRÄSSER, Freiheit und apostol. Wirken bei Paulus, Ev. Theol. 15 (1955), 333—342. – Zu 2 und 3: H. GUNKEL und FR. BÜCHSEL s. zu § 14. – E. SOKOLOWSKI, Die Begriffe Geist und Leben bei Pls, 1903. – ALFR. JUNCKER, Die Ethik des Ap. Pls I. II, 1904. 1919. – K. DEISSNER, Auferstehungshoffnung und Pneumagedanke bei Pls, 1912. – H. BERTRAMS, Das Wesen des Geistes nach der Anschauung des Ap. Pls, 1913. – W. REINHARD, Das Wirken des Hl. Geistes im Menschen nach den Briefen des Ap. Pls, 1918. – OTTO SCHMITZ, Der Begriff δύναμις bei Pls, Festg. f. Ad. Deißmann 1927, 139—167. – H. R. HOYLE, The Holy Spirit in St. Paul, 1928. – ALB. SCHWEITZER, Die Mystik des Ap. Pls, 1930. – HERB. PREISKER, Das Ethos des Urchristentums, 1949. – S. DJUKANOVIC, Heiligkeit und Heiligung bei Paulus. Diss. Bern 1938. – A. KIRCHGÄSSNER, Erlösung und Sünde im NT, 1950, 3—20. 147—157. – E. DINKLER, Zum Problem der Ethik bei Paulus, ZThK 49 (1952), 167—200. – G. BORNKAMM, Die christliche Freiheit, in: Das Ende des Gesetzes, 1952, 133—138. – H. SCHLIER, Über das vollkommene Gesetz der Freiheit, in: Die Zeit der Kirche, 1956, 193—206. – DERS., Der Staat nach dem NT, in: Besinnung auf das NT, 1964, 193—211. – E. KÄSEMANN, Sätze heiligen Rechtes im NT, in: Exeget. Versuche und Besinnungen II, 1964, 69—82. – DERS., Gottesdienst im Alltag der Welt, ebenda 198—204. – DERS., Grundsätzliches zur Interpretation von Röm. 13, ebenda 204-222. – H. V. CAMPENHAUSEN, Zur Auslegung von Röm. 13, in: Aus der Frühzeit des Christentums, 1963, 81—101. – O. CULLMANN, Der Staat im NT², 1961. – O. KUSS, Paulus über die staatliche Gewalt, in: Auslegung und Verkündigung I, 1963, 246—259. – Zu 4: E. G. GULIN, Die Freude im NT I, 1932. – M. GOGUEL, L'Église primitive, 1947, 450—484.

Zu Seite 341:

§ 39. DIE FREIHEIT VOM GESETZ
UND DIE STELLUNG ZU DEN MENSCHEN

Literatur s. zu B 4 (S. 331). – Zu 2: E. DINKLER, Zum Problem der Ethik bei Paulus, ZThK 49 (1952), 167—200. – Zu 3: WILH. LÜTGERT, Die Liebe im NT, 1905. – JAMES MOFFATT, Love in the NT, 1925. – HERB. PREISKER, Die Liebe im Urchristentum und in der alten Kirche, ThStKr 95 (1924), 272—294. – DERS., Die urchristliche Botschaft von der Liebe Gottes, 1930. – GÜNTHER BORNKAMM, Der köstlichere Weg (1. Kr 13), Jahrb. d. theol. Schule Bethel 1937, 131—150; bzw. in: Das Ende des Gesetzes 93—112. – H. SCHLIER, Über die Liebe. 1. Kor 13 (Die Zeit der Kirche 186—193). – V. WARNACH, Agape, 1951. – C. SPICQ, Agape dans le NT I, 1958.

Zu Seite 346:

§ 40. DIE FREIHEIT VOM TODE

Literatur s. zu § 38. Außerdem: K. L. SCHMIDT, Eschatologie und Mystik im Urchristentum, ZNW 21 (1922), 277—291. – HANS EMIL WEBER, „Escha-

tologie" und „Mystik" im NT, 1930. – Zu 1: RICH. KABISCH, Die Eschatologie des Pls, 1893. – E. TEICHMANN, Die paulin. Vorstellungen von Auferstehung und Gericht, 1896. – Zu 2: ARN. STEUBING, Der paulin. Begriff
„Christusleiden", Diss. Heidelb. 1905. – ERNST LOHMEYER, Σὺν Χριστῷ,
Festg. f. Ad. Deißmann 1927, 218–257. – JOH. SCHNEIDER, Die Passionsmystik des Pls, 1929. – M. DIBELIUS, Pls und die Mystik, 1941; bzw. in:
Botschaft und Geschichte II, 1956, 134–159. – R. LIECHTENHAN, Die Überwindung des Leidens bei Paulus usw. ZThK NF 3 (1922), 368–399. – J. DU-
PONT, σὺν χριστῷ, 1952. – H. SCHLIER, Über die Hoffnung, in: Besinnung
auf das NT, 1964, 135–145.

Zu Seite 354:

II. DIE THEOLOGIE DES JOHANNES-EVANGELIUMS
UND DER JOHANNES-BRIEFE

Außer den Kommentaren und den betr. Abschnitten der neutest. Theo-
logien vgl. zur Geschichte der Forschung: B. W. BACON, The Fourth Gospel
in Research and Debate[2], 1918. – W. FR. HOWARD, The Fourth Gospel in
Recent Criticism and Interpretation[4], revised by C. K. BARRETT, 1955. –
E. GAUGLER, Das Christuszeugnis des Johannesevg., in: Jesus Christus im
Zeugnis der Hl. Schrift und der Kirche, 1936, 34—67. – PHILIPPE-H. ME-
NOUD, L'évangile de Jean d'après les recherches récentes[2], 1947. – JOH.
BEHM, Der gegenwärt. Stand der Erforschung des Johannesevangeliums.
ThLZ 73 (1948), 21—30. – E. HAENCHEN, Aus der Literatur zum Johannes-
evg. 1929—1956, ThR, NF 23 (1955), 295—335. – DERS., Neuere Literatur
zu den Johannesbriefen, ThR, NF 26 (1960), 1—43. 267—291. – E. KÄSE-
MANN, Zur Johannes-Interpretation in England, in: Exeget. Versuche und
Besinnungen II, 1964, 131—155. – Zur Gesamtcharakteristik: J. E. CARPEN-
TER, The Johannine Writings, 1927. – ALFREDO OMODEO, La mistica Gio-
vannea, 1930. – WILLIAM WREDE, Charakter und Tendenz des Johannesevangeliums[2], 1933. – R. H. STRACHAN, The Fourth Gospel. Its Significance
and Environment[3] (ohne Jahr, [2]1943). – W. FR. HOWARD, Christianity
according to St. John[2], 1947. – WILLIAM TEMPLE, Readings in St. John's
Gospel, 1945. – H. CLAVIER, Le problème du rite et du mythe dans le quatrième Evangile, RHPhrel. 31 (1951), 275—292. – C. H. DODD, The Interpretation of the Fourth Gospel, 1953. – L'EVANGILE DE JEAN (12 Aufsätze zu einzelnen joh. Themen von 12 Verfassern), 1958. – A. C. HEADLAM, The Fourth
Gospel as History, 1948. – A. H. N. GREEN-ARMYTAGE, John Who Saw,
1952. – H. P. V. NUNN, The Authorship of the Fourth Gospel, 1952. –
R. A. EDWARDS, The Disciple who wrote these things, 1953. – DERS., The
Gospel according to St. John, 1954. – R. GYLLENBERG, Johanneska Evangelium, 1961.

Zu Seite 354:

§ 41. DIE GESCHICHTLICHE STELLUNG
DES JOHANNES

Zu 1: HANS WINDISCH, Johannes und die Synoptiker, 1926. – DERS.,
Die Absolutheit des Johannesevangeliums. ZsystTh 5 (1928), 3—54. – TIM.

SIGGE, Das Johannesevangelium und die Synoptiker, 1935. – P. GARDNER-SMITH, St. John and the Synoptic Gospels, 1938. – ERWIN R. GOODENOUGH, John a primitive Gospel. JBL 64 (1945), 145—182. – Zu 3: AD. SCHLATTER, Sprache und Heimat des vierten Evangelisten, 1902. – C. F. BURNEY, The Aramaic Origin of the Fourth Gospel, 1922. – CH. C. TORREY, The Aramaic Origin of the Gospel of John, Harvard Theol. Rev. 16 (1923), 304—344. – J. DE ZWAAN, John wrote in Aramaic, JBL 57 (1938), 155—171. – J. BONSIRVEN, Les Aramaismes de S. Jean l'évangeliste? Biblica 30 (1949), 405 bis 432. – RUD. BULTMANN, Die Bedeutung der neuerschlossenen mandäischen und manichäischen Quellen für das Verständnis des Johannesevangeliums, ZNW 24 (1925), 100—146. – FRIEDR. BÜCHSEL, Johannes und der hellenistische Synkretismus, 1928. – HUGO ODEBERG, The Fourth Gospel, 1929. – LOTHAR SCHMIDT, Johannesevangelium und Religionsgeschichte, 1933. – ERNST PERCY, Untersuchungen über den Ursprung der Johanneischen Theologie, 1939 (dazu R. BULTMANN, Orientalist. Literaturzeitung 1940, 150—175). – ED. SCHWEIZER, EGO EIMI, 1939. – K. KUNDSIN, Charakter und Ursprung der joh. Reden, 1939. – DERS., Zur Diskussion über die Ego-Eimi-Sprüche des Johannesevg. (Charisteria Joh. Köpp . . . oblata 1954, 95—107). – HEINZ BECKER, Die Reden des Johannesevg. und der Stil der gnostischen Offenbarungsrede, 1956. – W. NAUCK, Die Tradition und der Charakter des ersten Johannesbriefes, 1957. – EM. HIRSCH, Stilkritik und Literaranalyse im vierten Evangelium, ZNW 43 (1950/51), 129—143. – BENT NOACK, Zur Johanneischen Tradition, 1954. – W. GRUNDMANN, Zeugnis und Gestalt des Johannesevangeliums, 1961. – HERB. BRAUN, Literar-Analyse und theol. Schichtung im ersten Johannesbrief, in: Ges. Studien zum NT und seiner Umwelt, 1962, 210—242. – W. F. ALBRIGHT, Recent Discoveries in Palestine and the Gospel of St. John, in: The Background of the NT and its Eschatology. Festschr. f. C. H. Dodd, 1956, 153—171. – L. MOWRY, The Dead Sea Scrolls and the Background of the Gospel of John, The Bibl. Archaeologist 1954, 78 f. – F.-M. BRAUN, L'arrière-fond judaïque du quatrième Évangile et la Communauté de l'Alliance, Rev. Biblique 62 (1955), 5—44. – F. F. BRUCE, Qumran and Early Christianity, NTSt 2 (1955/56), 176—190. – R. E. Brown, The Qumran Scrolls and the Joh. Gospel and Epistles, in: The Scrolls and the NT, ed. K. STENDAHL, 1957, 183—207. – E. LOHSE, Die Texte aus Qumran, hebr. u. deutsch, 1964. – Im übrigen vgl. die kritischen Literaturberichte ,,Qumran und das NT'' von HERB. BRAUN in ThR, NF 28 (1962)—30 (1964); speziell über das Joh.-Evg. 28, 192—234, über die Joh.-Briefe 30, 101—117.

Zu Seite 367:

A. Der johanneische Dualismus

Außer der vor § 41 genannten Literatur zur Gesamtcharakteristik des Joh: ERICH V. SCHRENK, Die joh. Anschauung vom Leben, 1898. – FRIEDR. BÜCHSEL, Der Begriff der Wahrheit in dem Evangelium und in den Briefen des Johannes, 1911. – J. B. FREY, Le Concepte de ,,Vie'' dans l'Évangile de Saint Jean (Biblica I, 1920), 37 ff. – HANS PRIBNOW, Die joh. Anschauung vom ,,Leben'', 1934. – Dazu im ThWB die Artikel ἀλήθεια, ζάω, θάνατος, φῶς, ψεῦδος. – F. Mussner, ΖΩΗ. Die Anschauung vom Leben im 4. Evg., 1952. – H. Schlier, Welt und Mensch nach dem Joh.-Evg., in: Besinnung auf das NT, 1964, 242–253.

Zu Seite 385:

B. Die κρίσις der Welt

R. Bultmann, Die Eschatologie des Johannes-Evangeliums (Glauben und Verstehen, 1933, 134—152). – Doris Faulhaber, Das Johannes-Evangelium und die Kirche, 1935. – B. Aebert, Die Eschatologie des Johannes, 1937. – Alf Corell, Consummatum est. Eskatologie och Kyrka i Johannesevangeliet, 1950.

Zu Seite 385:

§ 45. DIE SENDUNG DES SOHNES

Wilh. Lütgert, Die Johanneische Christologie², 1916. – Wilh. Bousset, Kyrios Christos², 1921, 154—183. – Joh. Schneider, Die Christusschau des Johannesevg., 1935. – Ernst Gaugler, Das Christuszeugnis des Johannesevangeliums (Jesus Christus im Zeugnis der Hl. Schrift und der Kirche. 2. Beih. zur Ev. Theol. 1936, 34—67). – D. E. Holwerda, The Holy Spirit and Eschatology in the Gospel of John, 1959. – W. Thüsing, Die Erhöhung und Verherrlichung Jesu im Joh.-Evg., 1960. – Jos. Blank, Krisis. Untersuchungen zur johann. Christologie und Eschatologie, 1964. – Jacques Dupont, Essais sur la Christologie de S. Jean, 1951. – H. Schlier, Im Anfang war das Wort, in: Die Zeit der Kirche 1956, 274—287. – Siegfr. Schulz, Untersuchungen zur Menschensohn-Christologie im Johannesevg., 1957. – R. Schnackenburg, Logos Hymnus und johann. Prolog, Bibl. Ztschr. 1957, 69—109. – J. Giblet, Jésus et le „Père" dans le IVᵉ évangile, in: L'Evangile de Jean 1958, 111—130. – P. Winter, Μονογενὴς παρὰ πατρός, Zeitschrift f. Religions- u. Geistesgesch. 5 (1953), 335—365. – M.-E. Boismard, Le prologue de S. Jean, 1953. – O. Michel/O. Betz, Von Gott gezeugt, in: Judentum, Urchristentum, Kirche. Festschr. f. J. Jeremias ², 1964, 3—23. – H. Schlier, Der Offenbarer und sein Werk nach dem Joh.-Evg., in: Besinnung auf das NT, 1964, 254—263. – W. Eltester, Der Logos und sein Prophet, in: Apophoreta. Festschr. f. E. Haenchen, 1964, 109—134.

Zu Seite 392:

§ 46. DER ANSTOSS DES 'Ο ΛΟΓΟΣ ΣΑΡΞ 'ΕΓΕΝΕΤΟ

Außer der Literatur zu § 45: Zu 2: G. P. Wetter, Der Sohn Gottes, 1916. — Zu 4: Oscar Cullmann, ThZ 4 (1948, 360–372).

Zu Seite 402:

§ 47. DIE OFFENBARUNG DER ΔΟΞΑ

Hugo H. Huber, Der Begriff der Offenbarung im Johannes-Evangelium, 1934. – J. Giblet, La Glorification du Christ dans le quatrième évangile,

in L'Evangile de Jean, 1958, 131—145. – Zu 3: H. GRASS, Ostergeschehen
und Osterberichte, 1956, 51—93. – Zu 4: W. H. RANEY, The relation of
the fourth gospel to the Christian cultus, 1933. – CLARENCE T. CRAIG, Sacramental Interest in the Fourth Gospel (JBL 58, 1939, 31—41). – W. MICHAE-
LIS, Die Sakramente im Johannesevg., 1946. – OSC. CULLMANN, Urchristentum und Gottesdienst[2], 1950. – DERS., Les sacrements dans l'évangile
Johannique, 1951. – H. CLAVIER, Le Problème du rite et du mythe dans le
4. Evg. RHPhrel 1951, 275—292. – W. THÜSING, s. § 45.

Zu Seite 422:

C. Der Glaube

AD. SCHLATTER, Der Glaube im NT[4], 1927. – RAFAEL GYLLENBERG,
Pistis (schwedisch!), 1922. – J. HUBY, De la connaissance de foi chez S. Jean
(Rech. sc. rel. 21, 1931, 385—421). – THEO PREISS, La justification dans la
pensée johannique, La vie en Christ, 1952. – Artikel Πίστις im ThWB. –
H. SCHLIER, Meditationen über den Johann. Begriff der Wahrheit, in: Besinnung auf das NT, 1964, 272—278. – DERS., Glauben, Erkennen, Lieben
nach dem Joh.-Evg., ebenda 279—293.

Zu Seite 427:

§ 50. DER GLAUBE ALS ESCHATOLOGISCHE
EXISTENZ

D. FAULHABER s. zu § 45. – Zu 4: WILH. LÜTGERT, Die Liebe im NT,
1905. – J. MOFFATT, Love in the NT, 1929. – C. R. BOWEN, Love in the
Fourth Gospel (Journ. of Rel. 13, 1933, 31—41). – HERB. PREISKER, Das
Ethos des Urchristentums[3], 1949. – Zu 5: E. G. GULIN, Die Freude im NT
II, 1936. – Zu 7 s. die Lit. zu § 14; außerdem: M. GOGUEL, La notion joh.
de l'Esprit, 1902. – J. G. SIMPSON, The Holy Spirit in the Fourth Gospel
(Expos. 9, Ser. IV, 1925, 292—299). – H. WINDISCH, Jesus und der Geist im
Johannes-Evangelium (Amicitiae Corolla, R. Harris-Festschr., 1933, 303 bis
318). – C. K. BARRETT, The Holy Spirit in the Fourth Gospel, Journ. of
theol. Studies 1950, 1—15. – ANT. FRIDRICHSEN, Die Kirche im 4. Evan-
gelium, Schwed. Theol. Quartalschr. 16 (1940), 227—242. Außer den zu § 45
genannten Werken von HOLWERDA, THÜSING und BLANK vgl. M. F. BER-
ROUARD, Le Paraclet, Rev. de Sciences Philos. et Théol. 33 (1949), 361—389. –
J. G. DAVIES, The Primary Meaning of Parakletos, Journ. of Theol. Studies,
NS 4 (1953), 35—38. – ED. SCHWEIZER, Der Kirchenbegriff im Evangelium
und den Briefen des Johannes, in: Neotestamentica, 1963, 254—271. –
H. SCHLIER, Zum Begriff des Geistes nach dem Joh.-Evg., in: Besinnung auf
das NT, 1964, 264—271. – O. BETZ, Der Paraklet, 1963.

Zu Seite 446:

DRITTER TEIL
DIE ENTWICKLUNG ZUR ALTEN KIRCHE

I. ENTSTEHUNG UND ERSTE ENTWICKLUNG
DER KIRCHLICHEN ORDNUNG

Literatur zu §§ 8. 10. Über die Literatur bis 1932 s. OLOF LINTON, Das Problem der Urkirche in der neueren Forschung, 1932. — Aus der früheren Literatur s. bes. AD. v. HARNACK, Die Mission und Ausbreitung des Christentums in den ersten drei Jahrhunderten [4], 1924. — ALFR. LOISY, L'Evangile et l'Eglise [5], 1929. — ERNST TROELTSCH, Die Soziallehren der christlichen Kirchen und Gruppen (Ges. Schriften I), 1912. — RUD. KNOPF, Das nachapostolische Zeitalter, 1905, S. 147–222. — Aus der reichen Literatur seither: KARL MÜLLER-H. v. CAMPENHAUSEN, Kirchengeschichte I, 1 [3], 1941, S. 116–126. — OTTO MICHEL, Das Zeugnis des NT's von der Gemeinde, 1941. — ED. SCHWEIZER, Das Leben des Herrn in der Gemeinde und ihren Diensten, 1946. — Vor allem: MAURICE GOGUEL, L'Église primitive, 1947. — H. v. CAMPENHAUSEN, Kirchliches Amt und geistliche Vollmacht in den ersten drei Jahrhunderten, 1953. — Weiteres zu den folgenden §§.

Zu Seite 446:

§ 51. ESCHATOLOGISCHE GEMEINDE UND
KIRCHLICHE ORDNUNG

RUD. SOHM, Kirchenrecht I, 1892. — DERS., Wesen und Ursprung des Katholizismus (Abhandl. der sächs. Ges. d. Wiss., Phil.-hist. Kl. 27, 10), 1909, [2] 1912. — AD. HARNACK, Entstehung und Entwicklung der Kirchenverfassung und des Kirchenrechts in den ersten drei Jahrhunderten, 1910. — ERICH FOERSTER, Rudolf Sohms Kritik des Kirchenrechtes, 1942. — KARL HOLL, Der Kirchenbegriff des Paulus im Verhältnis zu dem der Urgemeinde, Sitzungsber. der preuß. Akad. d. Wiss., Berlin 1921, bzw. in Ges. Schriften II, 1928. — WILH. MUNDLE, Das Kirchenbewußtsein der ältesten Christenheit, ZNW 22 (1923), 20–42. – H. v. CAMPENHAUSEN, Recht und Gehorsam in der ältesten Kirche, ThBl. 20 (1941), 279—295; jetzt in: Aus der Frühzeit des Christentums, 1963, 1—29. – JOH. SCHNEIDER, Gemeinde nach dem NT [3], 1955. – E. KÄSEMANN, Sätze heiligen Rechtes im NT, in: Exeget. Versuche und Besinnungen II, 1964, 69—82.

Zu Seite 452:

§ 52. DIE KIRCHLICHEN ÄMTER

Literatur s. zu I; außerdem: K. L. SCHMIDT, Le Ministère et les ministères dans l'église du NT, RHPhR 1937, 313–336. – A. C. HEADLAM und F. GERKE, The Origin of the Christian Ministry, in: The Ministry and the Sacraments (1937), 326–367. – PH.-H. MENOUD, L'Eglise et les ministères selon le NT, 1949. – W. NAUCK, Probleme des frühchristl. Amtsverständnisses, ZNW 48

(1957), 200–220. – Zu 2: F. V. Filson, The Christian Teacher in the First
Century, JBL 60 (1941), 317–328. – Zu 3: A. Fridrichsen, The Apostle and
his Message, 1947. – H. v. Campenhausen, Der christliche Apostelbegriff,
StTh I (1948), 96–130. – Ders., Lehrerreihen und Bischofsreihen, in: In Me-
moriam Ernst Lohmeyer (1951), 240—249. – Ders., Kirchl. Amt und geistl.
Vollmacht in den ersten drei Jahrhunderten, 1953, 23—31 und speziell für
Paulus 32—58. – Joh. Munck, Paul, the Apostles and the Twelve, StTh III
(1950), 96—110. – J. Brosch, Charismen und Ämter in der Urkirche, 1951. –
H. Greeven, Propheten, Lehrer, Vorsteher bei Paulus, ZNW 44 (1952/53),
1—43. – C. K. Barrett, The Apostles in and after the NT, Svensk Exegetisk
Arsbok 21 (1956) 30—49. – H. Schlier, Die Ordnung der Kirche nach den
Pastoralbriefen, in: Die Zeit der Kirche, 1956, 129—147. – E. Käsemann, Das
Formular einer neutest. Ordinationsparänese, in: Exeget. Versuche und Besinnungen I, 1960, 101—108. – Ders., Amt und Gemeinde im NT, ebenda 109
bis 134.

Zu Seite 464:

§ 53. DIE WANDLUNG DES
SELBSTVERSTÄNDNISSES DER KIRCHE

M. Goguel, Eschatologie et apocalyptique dans le Christianisme primitif,
RHPhR 1932, 381–434. 490–524. – A. Fridrichsen, Église et Sacrament
dans le NT, RHPhR 1937, 337–356. – H. D. Wendland, Geschichtsanschau-
ung und Geschichtsbewußtsein im NT, 1938. – O. Bauernfeind, Die Ge-
schichtsauffassung des Urchristentums, ZsystTh 15 (1938), 347–378. – Martin Werner, Die Entstehung des christlichen Dogmas, 1941. – E. F. Scott,
The Nature of the Early Church, 1941. – G. Johnston, The Doctrine of
the Church in the NT, 1943. – O. Cullmann, Christus und die Zeit, 1946. –
Ph. Vielhauer, Zum Paulinismus der Apostelgeschichte, Ev.Theol. 1950/51,
1–15. – Fr. C. Grant, An Introduction to NT-Thought, 1950, 268–299. –
M. Dibelius, Aufsätze zur Apostelgeschichte, 1951 (bes. S. 108 ff.). – G.
Bornkamm, Die Verzögerung der Parusie, in: In Memoriam E. Lohmeyer
(1951), 116–126. – R. Bultmann, Der Mensch zwischen den Zeiten, in: Man
in God's Design (1952), 39–59. – Ders., The Transformation of the Idea of
the Church in the History of Early Christianity (Canadian Journ. of Theol. I,
1955, 73—81). – H. Conzelmann, Die Mitte der Zeit[5], 1964. – E. Dinkler,
in: The Idea of History in the Ancient Near East, 1955, 199—202. – E. Grässer, Das Problem der Parusieverzögerung in den synopt. Evangelien und
in der Apostelgesch.[2], 1960. – E. Lohse, Lukas als Theologe der Heilsgeschichte, Ev. Theol. 14 (1954), 256—275. – U. Luck, Kerygma, Tradition
und Geschichte Jesu bei Lukas, ZThK 57 (1960), 51—66. – U. Wilckens, Die
Missionsreden der Apostelgesch., 1961. – W. Eltester, Lukas und Paulus, in:
Eranion. Festschr. f. H. Hommel, 1961, 1—17. – Siegfr. Schulz, Gottes Vorsehung bei Lukas, ZNW 54 (1963), 104—116. – G. Braumann, Das Mittel der
Zeit, ebenda 117—145. – E. Käsemann, Paulus und der Frühkatholizismus,
in: Exeget. Versuche und Besinnungen II, 1964, 239—252. – E. Haenchen,
Die Apostelgesch. (Meyers Komm.), 12. bzw. 13. Aufl., 1959, Einl. §§ 7 und
8, S. 81—103. – Außerdem s. die Forschungsberichte von E. Grässer, Die

Apostelgesch. in der Forschung der Gegenwart, ThR, NF 26 (1960), 93—167, und von C. K. BARRETT, Luke the Historian in Recent Study, 1961.

Zu Seite 471:

II. DIE ENTWICKLUNG DER LEHRE

A. LOISY, La naissance du Christianisme, 1933. - B. H. STREETER, The Rise of Christianity, 1936. - C. H. DODD, The Apostolic Preaching and its Developments, 1936, ⁶1950. - J. LEBRETON et J. ZEILLER, L'Église primitive 1938. - R. ASTING, Die Verkündigung des Wortes im Urchristentum, 1939. - J. GEWIESS, Die urapostol. Heilsverkündigung nach der Apostelgesch. 1939. - C. T. Craig, The Beginning of Christianity, 1943. - F. V. FILSON, One Lord, One Faith, 1943. - A. M. HUNTER, The Unity of the NT, 1943. - ERNEST F. SCOTT, The Varieties of NT-Religion, 1943. - M. GOGUEL, L'Église primitive 1947. - DERS., Les premiers temps de l'Église, 1949. - HANNELORE SCHULTE, Der Begriff der Offenbarung im NT, 1949. - H. KARPF, Bischof (RAC II, 400—407). - G. KLEIN, Die zwölf Apostel, 1961. - W. SCHMITHALS, Das kirchliche Apostelamt, 1961. - G. G. BLUM, Tradition und Sukzession. Studien zum Normbegriff des Apostolischen von Paulus bis Irenäus, 1963.

Zu Seite 471:

§ 54. PARADOSIS UND HISTORISCHE TRADITION

H. V. CAMPENHAUSEN, Kirchl. Amt und geistl. Vollmacht, 1953, 163 bis 194. - Zu 1: GER. VAN DER LEEUW, Phänomenologie der Religion², 1956, § 64, 4. - G. F. MOORE, Judaism I, 1927, S. 251–262. - W. G. KÜMMEL, Jesus und der jüd. Traditionsgedanke, ZNW 33 (1934), S. 105–130. - Zu 2: H. LIETZMANN, Symbolstudien, ZNW 21 (1922), 1–34; 22 (1923), 257–279; 24 (1925), 193–202. - O. CULLMANN, Die ersten christlichen Glaubensbekenntnisse, 1943. - DERS., Tradition als exegetisches, historisches und theologisches Problem, 1954. - J. DE GHELLINCK, Les origines du symbole des apôtres, Nouvelle revue de théologie, 1945, 178 ff. - Zu 3: M. DIBELIUS, Formgeschichte des Evangeliums², 1933. - R. BULTMANN, Die Geschichte der synopt. Tradition³, 1957. - JOACH. JEREMIAS, Unbekannte Jesusworte, 1951. - H. KÖSTER, Die außerkanon. Herrenworte, ZNW 48 (1957), 220 bis 237. - DERS., Synopt. Überlieferung bei den apostol. Vätern, 1957. - Zu 4: H. CONZELMANN, Die Mitte der Zeit, 1954, 161 f.

Zu Seite 480:

§ 55. DAS PROBLEM DER RECHTEN LEHRE UND DIE ENTSTEHUNG DES NEUTESTAMENTLICHEN KANONS

WALTER BAUER, Rechtgläubigkeit und Ketzerei im ältesten Christentum, 1934. - E. FASCHER, Dogma II B (RAC III, 6—24). - E. KÄSEMANN, Die Anfänge christlicher Theologie, in: Exeget. Versuche und Besinnungen II, 1964, 82—104. - DERS., Zum Thema der urchristlichen Apokalyptik, ebenda

105—131. – R. Bultmann, Ist die Apokalyptik die Mutter der christl. Theologie?, in: Apophoreta. Festschr. f. E. Haenchen, 1964, 64—69. – M. Werner, s. zu § 53. – G. v. d. Leeuw, s. zu § 54. – Zu 5: Ad. v. Harnack, die Briefsammlung des Ap. Paulus und die anderen vorkanon. Briefsammlungen, 1926. – H. Strathmann, Die Krisis des Kanons in der Kirche, ThBl 20 (1941), 295—310. – O. Cullmann, Die Pluralität der Evangelien als theol. Problem im Altertum, ThZ I (1945), 23—42. – H. v. Campenhausen, s. zu § 52 u. 54. – W. G. Kümmel, Notwendigkeit und Grenze des neutest. Kanons, ZThK 47 (1950), 277—312. – E. Käsemann, Begründet der neutest. Kanon die Einheit der Kirche? EvTh 11 (1951/52), 13—21. – Vgl. außerdem die Darstellungen der Kanon-Geschichte, bes. in den Einleitungen in das NT.

Zu Seite 494:

§ 56. MOTIVE UND TYPEN

Zu 2: O. Michel, Grundfragen der Pastoralbriefe, in Wurm-Festschr. 1949. – Fr. Spitta, Studien zum Hirten des Hermas (Zur Gesch. und Lit. des Urchristentums II), 1896. – Arn. Meyer, Das Rätsel des Jakobusbriefes, 1930. – H. Weinel, Die spätere christliche Apokalyptik, in: Eucharisterion (Festschr. f. H. Gunkel) II, 1923, 141–173. – A. Dietrich, Nekyia, 1893. – M. Dibelius, Paulus auf dem Areopag, SA Heidelb. 1939 (bzw. in: Aufsätze zur Apostelgesch. 1951, 29—70). – H.-J. Schoeps, Ebionitische Apokalyptik im NT, ZNW 51 (1960), 101—111. – Vgl. auch die Kommentare von M. Dibelius zu Jak (Meyers Komm.) und zu den Past (Hdb. z. NT). – Zu 4: H. Schlier, Religionsgeschichtl. Untersuchungen zu den Ignatiusbriefen, 1929. – Ders., Christus und die Kirche im Epheserbrief, 1930. – E. Käsemann, Leib und Leib Christi, 1933. – Ders., Das wandernde Gottesvolk. Eine Untersuchung zum Hebräerbr., 1939. – K. L. Schmidt, Kanonische und apokryphe Evangelien und Apostelgeschichten, 1944.

Zu Seite 497:

§ 57. THEOLOGIE UND KOSMOLOGIE

Fr. C. Grant, An Introduction to NT-Thought, 1950, 99–143. – H. Schlier und E. Käsemann s. zu § 56. – G. Bornkamm, Die Häresie des Kolosser-Briefes, ThLZ 73 (1948), 11–20; bzw. in: Das Ende des Gesetzes, 1952, 139–156. – R. Bultmann, Bekenntnis- und Liedfragmente im ersten Petrusbrief, in Coniectanea Neotestamentica XI (1947), 1–14. – H. Bietenhard, Die himmlische Welt im Urchristentum und Spätjudentum, 1951. – G. Lindeskog, Studien zum neutestamentlichen Schöpfungsgedanken, I, 1952. – H. Schlier, Mächte und Gewalten nach dem NT, in: Besinnung auf das NT, 1964, 146—159. – Ders., Die Engel nach dem NT, ebenda 160—175. – E. Grässer, Das Problem der Parusieverzögerung in den synopt. Evangelien und in der Apostelgesch.², 1960. – A. Strobel, Untersuchungen zum eschatolog. Verzögerungsproblem, 1961. – E. Käsemann, Eine Apologie der urchristlichen Eschatologie, in: Exeget. Versuche und Besinnungen I, 1960, 135—157.

Zu Seite 507:
§ 58. CHRISTOLOGIE UND SOTERIOLOGIE

Lit s. zu § 57; außerdem: W. BOUSSET, Kyrios Christos [2], 1921. – H. WIN-DISCH, Taufe und Sünde im ältesten Christentum, 1908. – V. TAYLOR, Forgiveness and Reconciliation, 1946. – O. CULLMANN, Christus und die Zeit [3], 1962 – DERS., Die Christologie des NT [3], 1963. – FR. C. GRANT, An Introduction to NT-Thought, 1950, 187—267. – G. BORNKAMM, Das Bekenntnis im Hebräerbrief, in: Ges. Aufs. II, 1959, 188—203. – O. KUSS, Der theol. Grundgedanke des Hebräerbriefes, in: Auslegung und Verkündigung I, 1963, 281 – 328. – DERS., Der Verfasser des Hebräerbriefes als Seelsorger, ebenda 329 – 358. – Zu 3: ERNST PERCY, Die Probleme der Kolosser- und Epheserbriefe, 1946. – H. SCHLIER und V. WARNACH, Die Kirche im Epheserbrief, 1949. – H. SCHLIER, Die Kirche nach dem Briefe an die Epheser, in: Die Zeit der Kirche, 1956, 159—186. – G. BORNKAMM, Die Häresie des Kolosserbriefes, in: Ges. Aufs. I, 1952, 139—156. – E. LOHSE, Christologie und Ethik im Kolosserbrief, in: Apophoreta. Festschr. f. E. Haenchen, 1964, 156—168. – P. POKORNÝ, Epheserbrief und gnostische Mysterien, ZNW 53 (1962), 160—194. – O. MICHEL, Grundfragen der Past (Auf dem Grunde der Apostel und Propheten. Festschr. f. Th. Wurm 1948, 83 ff.). – WOLFG. NAUCK, Die Theologie der Pastoralbriefe I, Diss. Göttingen 1950. – H. v. CAMPENHAUSEN, Polykarp von Smyrna und die Past (SA Heidelb. 1951/52, 2). – JOH. KLEVINGHAUS, Die theol. Stellung der Apostol. Väter zur alttest. Offenbarung, 1948. – W. WREDE, Untersuchungen zum ersten Klemensbriefe, 1891. – A. HARNACK, Der erste Clemensbrief, SA Berlin 1909, 38—63. – Lit. zu Barn bei H. WINDISCH, im Hdb. z. NT, Ergänzungsband III, 1920; ferner P. MEINHOLD, Geschichte und Exegese im Barnabasbrief, ZKG 1940, 255—303. – Über die reiche Literatur zu Ignatius s. W. BAUER im Hdb. z. NT, Ergänzungsband II, 1920; ferner TH. PREISS, La Mystique de l'Imitation er de l'Unité chez Ignace d'Antioche, RHPhR 18 (1938), 197—241. – R. BULTMANN, Ignatius und Paulus (Studia Paulina, Festschr. f. J. de Zwaan 1953, 37—51). – K. H. SCHELKLE, Die Passion Jesu in der Verkündigung des NT, 1949.

Zu Seite 552:
III. DAS PROBLEM DER CHRISTLICHEN LEBENSFÜHRUNG

A. v. HARNACK, Die Mission und Ausbreitung des Christentums in den ersten drei Jahrhunderten I, [4]1924. – E. v. DOBSCHÜTZ, Die urchristlichen Gemeinden, 1902. – R. KNOPF, Das nachapostol. Zeitalter, 1905, 417–444. – R. ASTING, Die Heiligkeit im Urchristentum, 1930. – M. GOGUEL, L'Eglise primitive, 1947, 508–540. – H. PREISKER, Das Ethos des Urchristentums, 1949. – FR. C. GRANT, An Introduction to NT-Thought, 1950, 300–324. – C. H. DODD, Gospel and Law, 1951. – VINCENT TAYLOR, Forgiveness and Reconciliation, 1946. – H. SCHLIER, Vom Wesen der apostolischen Ermahnung, in: Die Zeit der Kirche, 1956, 74—89.

Zu Seite 566:

§ 60. DER INHALT DER FORDERUNG
UND DIE STELLUNG
ZU DEN VERSCHIEDENEN LEBENSGEBIETEN

Lit. zu III. Aus KNOPF auch S. 105–137, aus GOGUEL auch S. 541–600. – Außerdem: K. MÜLLER - H. v. CAMPENHAUSEN, Kirchengeschichte I, 1, ³1941, § 6, 9 und § 23. – H. v. CAMPENHAUSEN, Die Idee des Martyriums in der alten Kirche, 1936. – DERS., Die Askese im Urchristentum, 1949. – H. WINDISCH, Imperium und Evangelium, 1931. – H. SCHLIER, Die Beurteilung des Staates im NT, ZZ 10 (1932), 312–330, bzw. in: Die Zeit der Kirche, 1956, 1–16. – K. PIEPER, Urkirche und Staat, 1935. – E. STAUFFER, Gott und Kaiser im NT, 1935. – DERS., Christus und die Cäsaren, 1948. – G. KITTEL, Das Urteil des NT über den Staat, ZsystTh 14 (1937), 651–680. – K. L. SCHMIDT, Das Gegenüber von Kirche und Staat in der Gemeinde des NT, ThBl 16 (1937), 1–16. – F. J. LEENHARDT, Le Chrétien, doit-il servir l'état? 1939. – O. ECK, Urgemeinde und Imperium, 1940 – W. BIEDER, Ekklesia und Polis im NT und in der alten Kirche, 1941. – M. DIBELIUS, Rom und die Christen im ersten Jahrhundert, SBHeidelb. 1941/42, Nr. 2; bzw. in: Botschaft und Geschichte II, 1956, 177–228. – W. SCHWEITZER, Die Herrschaft Christi und der Staat im NT, 1949. – JOH. LEIPOLDT, Der soziale Gedanke in der altchristl. Kirche, 1952. – O. CULLMANN, Der Staat im NT, 1956.

Zu Seite 578:

§ 61. DIE DISZIPLIN

O. D. WATKINS, A History of Penance, 1920. – H. WINDISCH, Taufe und Sünde im ältesten Christentum, 1908. – S. HOH, Die kirchl. Buße im 2. Jhdt., 1932. – B. POSCHMANN, Paenitentia secunda. Die kirchl. Buße im ältesten Christentum, 1940. – P. BONNARD, La discipline ecclésiastique selon le NT, in: Centenaire de la Faculté de théol. de l'église évang. libre du Canton de Vaud, 1947, 115–135. – RUD. BOHREN, Das Problem der Kirchenzucht im NT, 1952. – G. BORNKAMM, Das Anathema in der urchristl. Abendmahlsliturgie, in: Das Ende des Gesetzes, 1952, 123–132. – H. v. CAMPENHAUSEN, Kirchl. Amt und geistl. Vollmacht, 1953, 135–162. – E. KÄSEMANN, Sätze Heiligen Rechts im NT, NTSt I, 1954/55, 248–260.

ANHANG II

NACHTRÄGE (1965–1983/84)

I. Rezensionen von R. Bultmann, Theologie des Neues Testaments.

1) *1. Auflage 1953* (einschl. Lieferungen 1948–1953).
   2. Auflage 1954.
   Engl.-amerik. Ausgabe: Bd. I, New York 1951, London 1952.
   Bd. II, London 1955.

BARNETT, A. E., Interpretation 6, 1952, S. 352–355.

BARRETT, C. K., Journal of Theological Studies, N. S. 5, 1954, S. 260–262.

BARTH, M., La méthode de Bultmann dans ,,la théologie du Nouveau Testament", Études théologiques et religieuses 31, 1956, S. 3–25 (= ThZ 11, 1955, S. 1–27).

BARTH, M., Journal of Religion 37, 1957, S. 46ff.

BENOIT, P., RB 58, 1951, S. 252–257; 59, 1952, S. 93–100; 61, 1954, S. 432–435.

BIERBERG, R. P., CBQ 15, 1953, S. 382–386.

BLUMENBERG, H., Marginalien zur theologischen Logik Rudolf Bultmanns, Philosophische Rundschau 2, 1954/55, S. 121–140.

BONNARD, P., RThPh 1, 1951, S. 45–52; 6, 1956, S. 59f.

BRAUN, H., VuF 1949/50, S. 49–67.

BRINKMANN, B., Scholastik 27, 1952, S. 295f.; 29, 1954, S. 104–107.

BOTTE, B., Recherches de Théologie Ancienne et Médiévale 15, 1950, S. 134f.; 21, 1954, S. 150f.

BUESS, E., ThZ 8, 1952, S. 101–106.

COLON, J.-B., Revue des Sciences Religieuses 24, 1950, S. 154–157.

CONZELMANN, H., ZKG 66, 1954/55, S. 151–157.

DAHL, N. A., Die Theologie des Neuen Testaments, ThR, N. F. 22, 1954, S. 21–49.

DE WOLF, L. H., Journal of Bible and Religion 20, 1952, S. 104–106; 25, 1957, S. 246f.

DEN BUSCHE, H. VAN, Collationes Gandavenses, Ser. II, 1, 1951, S. 355; Ser. II, 4, 1954, S. 398.

EGENDER, D. N., Irénikon 27, 1954, S. 105–108.

ELTESTER, W., ZNW 43, 1950/51, S. 275–277.

GRANT, F. C., JBL 69, 1950, S. 69–73; 71, 1952, S. 52f., 1954, S. 51–53.

GRANT, F. C., Anglican Theological Review 35, 1951, S. 196f.; 38, 1954, S. 151f.

GRANT, F. C., The Crozer Quarterly 29, 1952, S. 192f.

JENKINS, C., Erasmus 4, 1951, Sp. 609–612.

JOURNET, C., Nova et Vetera 31, 1956, S. 73.

KUSS, O., Theologie und Glaube 44, 1954, S. 290f.

LADD, G. E., Westminster Theological Journal 15, 1953, S. 147–156; 18, 1956, S. 210–215.

LANGERBECK, H., Gnomon 23, 1951, S. 1–17; 26, 1954, S. 497–504.

LEVIE, J., NRTh 73, 1951, S. 653–655; 77, 1955, S. 89f.

LINDESKOG, G., Svensk Exegetisk Årsbok 17, 1952, S. 155f.

MANSON, T. W., JThSt 50, 1949, S. 202–206; N. S. 3, 1952, S. 246–250.

MARLÉ, R., RechScRel 42, 1954, S. 434–468.

McKENZIE, J. L., CBQ 16, 1954, S. 250–253.

MICHEL, O., ThLZ 75, 1950, Sp. 29–32; 79, 1954, Sp. 146–149.

MINEAR, P. S., Theology Today 9, 1952, S. 413f.

MIZIOLEK, W., Collectanea Theologica. Cura Societatis theologorum Polonae 27, 1956, S. 115–131.

MOE, O., Tidsskrift for Teologi og Kirke 21, 1950, S. 50–53 (im Rahmen einer Sammelbesprechung S. 46–55).

MOODY, D., Review and Expositor 53, 1956, S. 229.

NEUENSCHWANDER, U., Schweizerische Theologische Umschau 19, 1949, S. 73–84.

NINEHAM, D., The Expository Times 64, 1952/53, S. 97f.; 66, 1954/55, S. 15–19; 67, 1955/56, S. 92f.

ODEBERG, H., Johannes' historiska ställning: Erevna 13, 2, 1956, S. 49f. und n. 1830.

PETRIE, S., Reformed Theological Review 15, 1956, S. 53f.

PIPER, O. A., Princeton Seminary Bulletin 49, 1956, S. 51f.

DE LA POTTERIE, I., Bijdragen 11, 1950, S. 291f.; 14, 1953, S. 91–93; 15, 1954, S. 204f.

PUZO, F., Gregorianum 35, 1954, S. 326–330.

ROBINSON, J. M., Theology Today 13, 1956, S. 261–269.

ROBINSON, N. H. G., NTSt 4, 1957/58, S. 339–343.

RYLAARSDAM, J. C., Chicago Theological Seminary Register 46, 1956, S. 79f.

SANDERS, J. N., Theology 56, 1953, S. 230; 59, 1956, S. 336ff.

SCHNACKENBURG, R., MThZ 7, 1956, S. 303–307.

SEVENSTER, J. N., Nederlandse Theologisch Tijdschrift 8, 1953, S. 65–81.

SOUČEK, J. B., Theologická Příloha, 1952, S. 16–21.

SPICQ, C., Revue des Sciences Philosophiques et Théologiques 36, 1952, S. 59. 179f.; 38, 1954, S. 162f.

STAPLETON, M. P., Theological Studies 12, 1951, S. 570f.

TAYLOR, V., Scottish Journal of Theology 6, 1953, S. 197–199.

TURNER, H. E. W., The Church Quarterly Review 154, 1953, S. 233–236; 157, 1956, S. 202ff.

UNNIK, W. C. VAN, Bibliotheca Orientalis 9, 1952, S. 200–202.

VIELHAUER, P., VuF 1951/52, S. 25–34.

WAHLSTROM, E. H., Interpretation 10, 1956, S. 351f.

WALVOORD, J. F., Bibliotheca Sacra 112, 1953, S. 174f.; 115, 1958, S. 68.
WEERDA, J., ZRGG 7, 1955, S. 177–179.
WILDER, A. N., Journal of Religion 32, 1952, S. 128–130.

2) *3. Auflage 1958:*

BENOIT, P., RB 66, 1959, S. 449f.
CHADWICK, H., Gnomon 32, 1960, S. 471f.
KAMPMANN, A. A., Bibliotheca Orientalis 17, 1960, S. 192.
KASSING, A., Archiv für Liturgiewissenschaft 6, 1959, S. 496–502.
KUSS, O., Theologie und Glaube 49, 1959, S. 465f.
MOULE, C. F. D., JThSt, N. S. 11, 1960, S. 150f.
SUBILIA, V., Protestantesimo 15, 1960, S. 108–110.
TROCMÉ, É., RHPhR 40, 1060, S. 188f.
VAWTER, B., CBQ 21, 1959, S. 399f.
VIARD, A., Revue des Sciences Philosophiques et Théologiques 44, 1960, S. 283ff.
WINTER, P., NTSt 6, 1959/60, S. 174–177.
WINTER, P., Forum 44, 1960, S. 29f.

3) *4. Auflage 1961:*

MICHEL, O., ThLZ 86, 1961, Sp. 755f.
FENTON, J. C., Recent Biblical Theologies II. R. Bultmann's..., The Expository Times 73, 1961/62, S. 8–11.
BARBAGLIO, G., Scuola Cattolica 95, 1967, S. 114* 34*.

II. Exegetische Werke Rudolf Bultmanns 1965–1976.

BULTMANN, R., Exegetica. Aufsätze zur Erforschung des Neuen Testaments, ausgewählt, eingeleitet und herausgegeben von E. DINKLER, Tübingen 1967 (dazu E. DINKLER, Einleitung, ebdt., S. IX–XXIII).
BULTMANN, R., Die drei Johannesbriefe, KEK 14. Abt., 7. Aufl. Göttingen 1967 (= 1. Aufl. dieser Neuauslegung).
BULTMANN, R., Der zweite Brief an die Korinther, hrg. v. E. DINKLER, KEK-Sonderband, Göttingen 1976 (dazu E. DINKLER, Vorwort und Einleitung des Herausgebers, ebdt., S. 9–12).

III. Neuere Gesamtdarstellungen der Theologie des Neuen Testaments (1965–1983/84).

CONZELMANN, H., Grundriß der Theologie des Neuen Testaments, Einführung in die evangelische Theologie 2, München (1967) [2]1968 (1976 erg. Studienausgabe).
SCHELKLE, K. H., Theologie des Neuen Testaments: Bd. I. Schöpfung. Welt-Zeit-Mensch (1968); Bd. II. Gott war in Christus (1973); Bd. III. Ethos (1970); Bd. IV, 1. Vollendung von Schöpfung und Erlösung (1974); Bd. IV, 2. Jüngergemeinde und Kirche (1976), Kommentare und Beiträge zum Alten und Neuen Testament, Düsseldorf 1968–1976.
KÜMMEL, W. G., Die Theologie des Neuen Testaments nach seinen Hauptzeu-

gen. Jesus. Paulus. Johannes, Grundrisse zum Neuen Testament, NTD Ergänzungsreihe 3, Göttingen (1969) [4]1980.

JEREMIAS, J., Neutestamentliche Theologie. Erster Teil: Die Verkündigung Jesu, Gütersloh 1971.

LADD, G. E., A Theology of the New Testament, Guildford. London (1974) 1975.

LOHSE, E., Grundriß der neutestamentlichen Theologie, Theologische Wissenschaft Bd. 5, Stuttgart. Berlin. Köln. Mainz 1974.

GOPPELT, L., Theologie des Neuen Testaments, hrg. v. J. ROLOFF, Bd. 1. Jesu Wirken in seiner theologischen Bedeutung; Bd. 2. Vielfalt und Einheit des apostolischen Christuszeugnisses, Göttingen 1975. 1976 (amerikanische Ausgabe: Theology of the New Testament, Transl. by J. E. ALSUP, Ed. by J. ROLOFF, Vol. I. II, Grand Rapids/Mich. 1981. 1982 [mit Umstellungen und Erweiterungen]).

NEILL, S., Jesus Through Many Eyes. Introduction to the Theology of the New Testament, Philadelphia. Guildford. London 1976.

KIEFFER, R., Nytestamentlig teologi, Lund 1979.

GUTHRIE, D., New Testament Theology, Leicester 1981.

Überblicke vermitteln:

Anspruch und Gestalt des Neuen Testaments, hrg. v. J. SCHREINER unter Mitwirkung v. G. DAUTZENBERG, Würzburg (1969) [2]1979.

ROLOFF, J., Neues Testament, Neukirchener Arbeitsbücher, Neukirchen-Vluyn (1977) [3]1982.

KÖSTER, H., Einführung in das Neue Testament im Rahmen der Religionsgeschichte und Kulturgeschichte der hellenistischen und römischen Zeit, Berlin. New York 1980.

PORSCH, F., Viele Stimmen – ein Glaube. Anfänge, Entfaltung und Grundzüge neutestamentlicher Theologie, Biblische Basis Bücher 7, Kevelaer. Stuttgart 1982.

IV. Literatur-Nachträge zu S. 1–600 für die Jahre 1965–1983/84
   (vgl. Vorwort zur 9. Auflage)

Zu S. 1 und Bultmann Lit.Verz./Nachtrag S. 601:

I. Die Verkündigung Jesu.

BETZ, O., Was wissen wir von Jesus?, Stuttgart. Berlin 1965. – LÉON-DUFOUR, X., Die Evangelien und der historische Jesus, Aschaffenburg 1966. – STROBEL, A., Die moderne Jesusforschung, Calwer Hefte 83, Stuttgart (1966) [2]1968. – BEN-CHORIN, S., Bruder Jesus. Der Nazarener in jüdischer Sicht, München 1967. – BURCHARD, C., Art. Jesus, in: Der kleine Pauly, Bd. 2, 1967, Sp. 1344–1354. – PERRIN, N., Rediscovering the Teaching of Jesus, New York. Evanston 1967 (= Was lehrte Jesus wirklich?, Göttingen 1972). – TRILLING, W., Fragen der Geschichtlichkeit Jesu, Düsseldorf [2]1967. – FLUSSER, D., Jesus in Selbstzeugnissen und Bilddokumenten, rowohlts monographien, Reinbek 1968. – NIEDERWIMMER, K., Jesus, Göttingen 1968. – BARTSCH, H.-W., Jesus. Prophet und Messias aus Galiläa, Frankfurt/M. 1970. – CULLMANN, O., Jesus und die Revolutionären seiner Zeit. Gottesdienst. Gesellschaft. Politik, Tübingen 1970. – HENGEL, M., War Jesus Revolutionär?, Calwer Hefte 110, Stuttgart 1970. – *Jesus in den Evangelien.* Ein Symposion mit J. BLINZLER, H. GEIST, P. HOFF-

MANN, H. LEROY, F. MUSSNER, R. PESCH u. G. VOSS, hrg. von W. PESCH, SBS 45, Stuttgart 1970. – LEHMANN, M., Synoptische Quellenanalyse und die Frage nach dem historischen Jesus. Kriterien der Jesusforschung untersucht in Auseinandersetzung mit Emanuel Hirschs Frühgeschichte des Evangeliums, BZNW 38, Berlin. New York 1970. – ROLOFF, J., Das Kerygma und der irdische Jesus. Historische Motive in den Jesus-Erzählungen der Evangelien, Göttingen 1970. – VÖGTLE, A., Jesus von Nazareth, in: R. KOTTJE–B. MOELLER (Hrg.), Ökumenische Kirchengeschichte I, Mainz. München 1970, S. 3–24. – FUCHS, E., Jesus. Wort und Tat. Vorlesungen zum Neuen Testament 1, Tübingen 1971. – KUSS, O., „Bruder Jesus". Zur „Heimholung" des Jesus von Nazareth in das Judentum, MThZ 22, 1971, S. 284–296. – BLANK, J., Jesus von Nazareth. Geschichte und Relevanz, Freiburg. Basel. Wien 1972. – BRAUN, H., Jesus. Der Mann aus Nazareth und seine Zeit, Themen der Theologie 1, Stuttgart. Berlin (1969) ³1972. – Jesus and Man's Hope, Pittsburgh Theological Seminary I. II. A Perspective Book, Pittsburgh/Penns. 1970. – TRILLING, W., Geschichte und Ergebnisse der historisch-kritischen Jesusforschung, in: Jesus von Nazareth, hrg. von F. J. SCHIERSE, Grünewald-Materialbücher 3, Mainz 1972, S. 187–213. – TROCMÉ, É., Quelques travaux récents sur le Jésus de l'histoire, RHPhR 52, 1972, S. 485–498. – KASPAR, W., Jesus der Christus, Mainz 1974. – DODD, C. H., Der Mann, nach dem wir Christen heißen, Gestalten und Programme 5, Limburg 1975. – GRÄSSER, E., Der Mensch Jesus als Thema der Theologie, in: Jesus und Paulus, FS. W. G. Kümmel, Göttingen 1975, S. 129–150. – GRUNDMANN, W., Jesus von Nazareth. Bürge zwischen Gott und Menschen, Persönlichkeit und Geschichte 83, Göttingen. Zürich. Frankfurt 1975. – PILLIPS, W., An Explorer's Life of Jesus, New York 1975. – SCHILLEBEECKX, E., Jesus. Die Geschichte von einem Lebenden, Freiburg. Basel. Wien 1975. – AULÉN, G., Jesus in Contemporay Historical Research, Philadelphia/Penns. 1976. – GNILKA, J. (Hrg.), Wer ist doch dieser? Die Frage nach Jesus heute, München 1976. – KÜMMEL, W. G., Ein Jahrzehnt Jesusforschung (1965–1975). II. Nicht-wissenschaftliche und wissenschaftliche Gesamtdarstellungen, ThR, N.F. 41, 1976, S. 197–258. – DERS., Ein Jahrzehnt Jesusforschung (1965–1975). III. Die Lehre Jesu (einschließlich der Arbeiten über Einzeltexte), ThR, N.F. 41, 1976, S. 295–363. – MAIER, G., Gewundene Wege der Rezeption. Zur neueren jüdischen Jesusforschung, Herderkorrespondenz 30, 1976, S. 313–319. – BAUMBACH, G., Fragen der modernen jüdischen Jesusforschung an die christliche Theologie, ThLZ 102, 1977, Sp. 625–636. – GRANT, M., Jesus, London 1977 (deutsch: Bergisch Gladbach 1979). – LEROY, H., Jesus. Überlieferung und Deutung, Erträge der Forschung Bd. 95, Darmstadt 1978 (Lit.). – MAIER, J., Jesus von Nazareth in talmudischer Überlieferung, Erträge der Forschung Bd. 82, Darmstadt 1978. – SCHOTTROFF, L.–STEGEMANN, W., Jesus von Nazareth – Hoffnung der Armen, Urban-Taschenbücher Bd. 639: T-Reihe, Stuttgart. Berlin. Köln. Mainz 1978. – STEIN, R. H., The Method and Message of Jesus' Teachings, Philadelphia 1978. – TRILLING, W., Die Botschaft Jesu. Exegetische Orientierungen, Freiburg. Basel. Wien 1978. – HENGEL, M., Jesus als messianischer Lehrer der Weisheit und die Anfänge der Christologie, in: Sagesse et Religion. Colloque de Strasbourg (oct 1976), Paris 1979, S. 147–188. – HILL, D., New Testament Prophecy, Marshalls Theological Library, London 1979 (bes. S. 48–69). – HOLTZ, T., Jesus aus Nazaret. Was wissen wir von ihm?, Berlin 1979 (Einsiedeln. Köln 1981). – BRUCE, F. F., Jesu Werk in Vergangenheit, Gegenwart und Zukunft, Marburg/L. 1980. – DEMKE,

CHR., Die Einzigartigkeit Jesu. Theologische Informationen für Nichttheologen, Neukirchen-Vluyn [2]1980. – FENEBERG, R.–FENEBERG, W., Das Leben Jesu im Evangelium. Mit einem Geleitwort v. K. RAHNER, QD 88, Freiburg. Basel. Wien 1980. – RICHES, J., Jesus and the Transformation of Judaism, London 1980. – STROBEL, A., Die Autorität des Wortes Jesu. Überlegungen zum Zeugniswert der sog. Streitgespräche, in: Lebendiger Umgang mit Schrift und Bekenntnis. Theologische Beiträge zur Beziehung von Schrift und Bekenntnis und zu ihrer Deutung für das Leben der Kirche. Im Auftrag des Dozentenkollegiums der Augustana-Hochschule hrg. v. J. TRACK, Stuttgart 1980, S. 63–84. – WANKE, J., ,Kommentarworte'. Älteste Kommentierungen von Herrenworten, BZ, N.F. 24, 1980, S. 208–233. – KAHLEFELD, H., Die Gestalt Jesu in den synoptischen Evangelien, Frankfurt/M. 1981. – RIESNER, R., Jesus als Lehrer. Eine Untersuchung zum Ursprung der Evangelien-Überlieferung, WUNT 2. Reihe Bd. 7, Tübingen 1981 ([2]1984; dazu DAUTZENBERG, G., Theologische Revue 80, 1984, Sp. 22–24). – SCHNEIDER, G., Art. Ἰησοῦς κτλ., EWNT II, 1981, Sp. 440–452. – VERMES, G., Jesus the Jew. A Historian's Reading of the Gospels, Philadelphia 1981. – VERMES, G., The Gospel of Jesus the Jew, The Riddell Memorial Lectures Forty-eight-Series delivered at the University of Newcastle upon Tyne on 17, 18 and 19 March 1981, Newcastle upon Tyne 1981. – KÜMMEL, W. G., Jesusforschung seit 1965: Nachträge 1975–1980, ThR, N.F. 46, 1981, S. 317–363. – WANKE, J., ,Bezugs- und Kommentarworte' in den synoptischen Evangelien. Beobachtungen zur Interpretationsgeschichte der Herrenworte in der vorevangelischen Überlieferung, Erfurter Theologische Studien Bd. 44, Leipzig 1981. – Aufstieg und Niedergang der römischen Welt. Geschichte und Kultur Roms im Spiegel der neueren Forschung II.25,1: Principat: Religion (Vorkonstantinisches Christentum: Leben und Umwelt Jesu; Neues Testament [Kanonische Schriften und Apokryphen]), hrg. v. W. HAASE, Berlin. New York 1982 (daraus: STAUFFER, E., Jesus, Geschichte und Verkündigung, S. 1–130; WILCOX, M., Jesus in the Light of his Environment, S. 131–195; HOLLENBACH, P. W., The Conversion of Jesus: From Jesus the Baptizer to Jesus the Healer, S. 196–219; DERRETT, J. D. M., Law and Society in Jesus's World, S. 477–564 [Lit.]). – KÜMMEL, W. G., Jesusforschung seit 1965: Nachträge 1975–1980, ThR, N.F. 47, 1982, S. 136–165 (Teil III. Die Lehre Jesu). 348–383. – LÖFBERG, J., Spiritual or Human Value? An Evaluation – Systematical Reconstruction and Analysis of the Preaching of Jesus in the Synoptical Gospels, Studia Philosophiae Religionis 10, Lund 1982. – Logia. Les Paroles de Jésus – The Sayings of Jésus, Mémorial J. Coppens, ed. by J. DELOBEL, Bibliotheca Ephemeridum Theologicarum Lovaniensium LIX, Leuven 1982. – ABERNATHY, D., Understanding the Teaching of Jesus: Based on the Lecture Series of Norman Perrin ,The Teaching of Jesus', New York 1983. – BORING, M. E., Christian Prophecy and the Sayings of Jesus: The State of the Question, NTSt 29, 1983, S. 104–112. – SCHNEIDER, G., Jesu überraschende Antworten. Beobachtungen zu den Apophthegmen des dritten Evangeliums, NTSt 29, 1983, S. 321–336. – YAMAUCHI, I., Jesus as Teacher Reconsidered, in: Die Mitte des Neuen Testaments. Einheit und Vielfalt neutestamentlicher Theologie. FS. für E. Schweizer zum 70 Geburtstag, Göttingen 1983, S. 412–426. – FORTE, B., Jesus von Nazaret: Geschichte Gottes, Gott der Geschichte. Mit einem Vorwort v. W. KASPER, Tübinger Theologische Studien 22, Mainz 1984. – MERKEL, H., The opposition between Jesus and Judaism, in: Jesus and the Politics of His Day, ed. by E. BAMMEL and C. F. D. MOULE, Cambridge. New

York 1984, S. 129–140. – SCHWEIZER, E., Jesusdarstellungen und Christologien seit Rudolf Bultmann, in: JASPERT, B. (Hrg.), Rudolf Bultmanns Werk und Wirkung, Darmstadt 1984, S. 122–148.

Zu S. 2, Z. 25 v. o.:

BULTMANN, R., Die Geschichte der synoptischen Tradition, FRLANT 29, Göttingen [9]1979 und Ergänzungsheft, Bearb. v. G. THEISSEN und P. VIELHAUER, Göttingen [4]1971. – CONZELMANN, H., Literaturbericht zu den Synoptischen Evangelien, ThR, N.F. 37, 1972, S. 220–272. – KÜMMEL, W. G., Einleitung in das Neue Testament, Heidelberg [17]1973, S. 13–120. – VIELHAUER, P., Geschichte der urchristlichen Literatur. Einleitung in das Neue Testament, die Apokryphen und die Apostolischen Väter, Berlin. New York 1975, S. 263–329. – CONZELMANN, H., Literaturbericht zu den Synoptischen Evangelien (Fortsetzung), ThR, N.F. 43, 1978, S. 3–51. 321–327. – SCHENKE, H.-M.–FISCHER, K. M., Einleitung in die Schriften des Neuen Testaments. II. Die Evangelien und die anderen neutestamentlichen Schriften, Gütersloh 1979, S. 9–136. (Lit.). – FARMER, W. R., Jesus and the Gospel. Tradition, Scripture, and Canon, Philadelphia 1982. – SCHMITHALS, W., Art. Evangelien, Synoptische, TRE, Bd. X, 1982, S. 570–626. (Lit.). – ELLIS, E. E., Gospel Criticism. A Perspective on the State of the Art, in: Das Evangelium und die Evangelien. Vorträge vom Tübinger Symposium 1982, hrg. v. P. STUHLMACHER, WUNT 28, Tübingen 1983, S. 27–54. – KELBER, W. H., The Oral and the Written Gospel. The Hermeneutics of Speaking and Writing in the Synoptic Tradition, Mark, Paul, and Q, Philadelphia 1983. – KÖSTER, H., Art. Formgeschichte/Formenkritik. II. Neues Testament, TRE, Bd. XI, 1983, S. 286–299. (Lit.). – KÜMMEL, W. G., Einleitung in das Neue Testament, Heidelberg [21]1983 (Literaturnachträge zu § 5, S. 552–557). – VORSTER, W. S., Kerygma/History and the Gospel Genre, NTSt 29, 1983, S. 87–95. – Aufstieg und Niedergang der römischen Welt. Geschichte und Kultur Roms im Spiegel der neueren Forschung II.25,2: Principat: Religion (Vorkonstantinisches Christentum: Leben und Umwelt Jesu; Neues Testament, Forts. [Kanonische Schriften und Apokryphen]), hrg. v. W. HAASE, Berlin. New York 1984 (daraus: DORMEYER, D.–FRANKEMÖLLE, H., Evangelium als literarische Gattung und als theologischer Begriff. Tendenzen und Aufgaben der Evangelienforschung im 20. Jahrhundert, mit einer Untersuchung des Markusevangeliums in seinem Verhältnis zur antiken Biographie, S. 1545–1704; REICKE, B., Die Entstehungsverhältnisse der synoptischen Evangelien, S. 1758–1791). – VORSTER, W. S., Der Ort der Gattung Evangelium in der Literaturgeschichte, VuF 29, Heft 1: Wissenschaft vom Neuen Testament, 1984, S. 2–25. – *Zu ,,Q":* LÜHRMANN, D., Die Redaktion der Logienquelle, WMANT 33, Neukirchen-Vluyn 1969. – HOFFMANN, P., Studien zur Theologie der Logienquelle, NTA, N.F. 8, Münster (1972) [2]1975. – SCHULZ, S., Q. Die Spruchquelle der Evangelisten, Zürich 1972 (dazu HOFFMANN, P., BZ, N.F. 19, 1975, S. 104–115). – EDWARDS, R. A., A Theology of Q. Eschatology, Prophecy, and Wisdom, Philadelphia 1975. – POLAG, A., Die Christologie der Logienquelle, WMANT 45, Neukirchen-Vluyn 1977. – LAUFEN, R., Die Doppelüberlieferungen der Logienquelle und des Markusevangeliums, BBB 54, Königstein-Bonn 1980. (Lit.). – POLAG, A., Die theologische Mitte der Logienquelle, in: Das Evangelium und die Evangelien. Vorträge vom Tübinger Symposium 1982, hrg. v. P. STUHLMACHER, WUNT 28, Tübingen 1983, S. 103–111. – KLOPPENBORG, J. S., Tradition and Redaction in the Synoptic Saying

Source, CBQ 46, 1984, S. 34–62. – *Zur Redaktionsgeschichte:* STRECKER, G.,
Redaktionsgeschichte als Aufgabe der Synoptikerexegese, in: *ders.*, Eschaton
und Historie. Aufsätze, Göttingen 1979, S. 9–32. – *Zur neuesten Diskussion:* a)
SCHMITHALS, W., Kritik der Formkritik, ZThK 77, 1980, S. 149–185. – BLANK,
R., Analyse und Kritik der formgeschichtlichen Arbeiten von Martin Dibelius
und Rudolf Bultmann, Theol. Diss. Bd. XVI der Theol. Fak. Basel, Basel 1981. –
SCHADEWALDT, W., Die Zuverlässigkeit der synoptischen Tradition, Theologische Beiträge 13, 1982, S. 201–223. – DIHLE, A., Die Evangelien und die griechische Biographie, in: Das Evangelium und die Evangelien. Vorträge vom Tübinger Symposium 1982, hrg. v. P. STUHLMACHER, WUNT 28, Tübingen 1983, S.
383–411 (vgl. Kurzfassung: *ders.*, Die Evangelien und die biographische Tradition der Antike, ZThK 80, 1983, S. 33–49). – b) RIESNER, R., Der Ursprung der
Jesus-Überlieferung, ThZ 38, 1982, S. 493–513. – Das Evangelium und die Evangelien. Vorträge vom Tübinger Symposium 1982, hrg. v. P. STUHLMACHER,
WUNT 28, Tübingen 1983 (daraus bes.: STUHLMACHER, P., Zum Thema: Das
Evangelium und die Evangelien, S. 1–26; GERHARDSSON, B., Der Weg der Evan-
gelientradition, S. 79–102; GUELICH, R., The Gospel Genre, S. 183–219). – ZIM-
MERMANN, A., Die urchristlichen Lehrer. Studien zum Tradentenkreis der δι-
δάσκαλοι, WUNT 2. Reihe Bd. 12, 1984.

Zu S. 2 und Bultmann Lit.Verz./Nachtrag S. 602:

§ *1: Die eschatologische Verkündigung.*

LADD, G. E., Jesus and the Kingdom. The Eschatology of Biblical Realism, New
York. Evanston. London 1964. – MAIER, F. W., Jesus – Lehrer der Gottesherrschaft, Würzburg 1965. – SCHNACKENBURG, R., Gottes Herrschaft und Reich.
Eine biblisch-theologische Studie, Freiburg [4]1965. – KUHN, H.-W., Enderwar-
tung und gegenwärtiges Heil. Untersuchungen zu den Gemeindeliedern von
Qumran, StUNT 8, Göttingen 1966. – STROBEL, A., Kerygma und Apokalyptik.
Ein religionsgeschichtlicher und theologischer Beitrag zur Christusfrage, Göttingen 1967. – FLENDER, H., Die Botschaft Jesu von der Herrschaft Gottes, München 1968. – KLEIN, G., ,,Reich Gottes" als biblischer Zentralbegriff, EvTh 30,
1970, S. 642–670. – BECKER, J., Johannes der Täufer und Jesus von Nazareth,
BSt 63, Neukirchen-Vluyn 1972. – SCHMITHALS, W., Jesus und die Weltlichkeit
des Reiches Gottes, in: *ders.*, Jesus Christus in der Verkündigung der Kirche.
Aktuelle Beiträge zum notwendigen Streit um Jesus, Neukirchen-Vluyn 1972, S.
91–117. – GRÄSSER, E., Die Naherwartung Jesu, SBS 61, Stuttgart 1973. –
HIERS, R. H., The Historical Jesus and the Kingdom of God, University of
Florida Humanities Monograph Number 38, Gainesville 1973. – HOLMAN, C. L.,
The Idea of an Imminent Parousia in the Synoptic Gospels, Studia Biblica et
Theologica. Essays by the Students of Fuller Theological Seminary 3, 1973, S.
15–31. – LORENZMEIER, T., Zum Logion Mt 12,28; Lk 11,10, in: Neues Testa-
ment und christliche Existenz, FS. H. Braun, Tübingen 1973, S. 289–304. – DIAS,
P. V., Kirche. In der Schrift und im 2. Jahrhundert, in: Handbuch der Dogmen-
geschichte, Hrsg. v. M. SCHMAUS u. a., Bd. III, Fasz. 3a, Freiburg. Basel. Wien
1974, § 6: Die Verkündigung der Gottesherrschaft durch Jesus, S. 20–27. – GRÄS-
SER, E., Zum Verständnis der Gottesherrschaft, ZNW 65, 1974, S. 3–26. – KÜM-
MEL, W. G., Jesu Antwort an Johannes den Täufer. Ein Beispiel zum Methodenproblem in der Jesusforschung, Sitzungsberichte der Wissenschaftlichen Gesell-

schaft an der Johann-Wolfgang-Goethe-Universität Frankfurt/Main Bd. XI, Nr.
4, Wiesbaden 1974. – VÖGTLE, A., ,,Theo-logie" und ,,Eschato-logie" in der
Verkündigung Jesu?, in: Neues Testament und Kirche. Für Rudolf Schnacken-
burg, Freiburg. Basel. Wien 1974, S. 371–398. – LATTKE, M., Zur jüdischen
Vorgeschichte des synoptischen Begriffs der ,,Königsherrschaft Gottes", in: Ge-
genwart und kommendes Reich, Schülergabe A. Vögtle, Stuttgarter Biblische
Beiträge, Stuttgart 1975, S. 9–25. – LINNEMANN, E., Zeitansage und Zeitvor-
stellung in der Verkündigung Jesu, in: Jesus Christus in Historie und Theologie,
Neutestamentliche Festschrift für H. Conzelmann, Tübingen 1975, S. 237–263. –
MAISCH, I., Die Botschaft Jesu von der Gottesherrschaft, in: Gegenwart und
kommendes Reich, Schülergabe A. Vögtle, Stuttgarter Biblische Beiträge,
Stuttgart 1975, S. 27–41. – OBERLINNER, L., Die Stellung der ,,Terminworte" in
der eschatologischen Verkündigung des Neuen Testaments, in: Gegenwart und
kommendes Reich, Schülergabe A. Vögtle, Stuttgarter Biblische Beiträge,
Stuttgart 1975, S. 51–66. – SCHMITHALS, W., Jesus und die Apokalyptik, in:
Jesus Christus in Historie und Theologie, Neutestamentliche Festschrift für H.
Conzelmann, Tübingen 1975, S. 59–85. – VÖGTLE, A., Der ,,eschatologische"
Bezug der Wir-Bitten des Vaterunser, in: Jesus und Paulus, FS. W. G. Kümmel,
Göttingen 1975, S. 344–362. – WENZ, H., Theologie des Reiches Gottes. Hat sich
Jesus geirrt?, Evangelische Zeitstimmen 73, Hamburg-Bergstedt 1975. – WOLF,
P., Gericht und Reich Gottes bei Johannes und Jesus, in: Gegenwart und kom-
mendes Reich, Schülergabe A. Vögtle, Stuttgarter Biblische Beiträge, Stuttgart
1975, S. 43–49. – PERRIN, N., Jesus and the Language of the Kingdom. Symbol
and Metaphor in the New Testament Interpretation, London 1976. – BEISSER,
F., Das Reich Gottes, Göttingen 1976. – RUCKSTUHL, E., Streiflichter zur
Eschatologie Jesu, in: Zukunft in der Gegenwart. Wegweisungen in Judentum
und Christentum, Judaica et Christiana Bd. 1, Bern. Frankfurt 1976, S. 79–93. –
THOMA, C., Die gegenwärtige und kommende Herrschaft Gottes als fundamenta-
les jüdisches Anliegen im Zeitalter Jesu, in: Zukunft in der Gegenwart. Wegweisungen in Judentum und Christentum, Judaica et Christiana Bd 1, Bern. Frank-
furt 1976, S. 57–77. – MÜLLER, U. B., Vision und Botschaft. Erwägungen zur
prophetischen Struktur der Verkündigung Jesu, ZThK 74, 1977, S. 416–448. –
RIEDLINGER, H., Jesus und die Zukunft, in: Wer ist Jesus Christus?, hrg. v. J.
SAUER, Freiburg. Basel. Wien 1977, S. 93–120. – FRANKEMÖLLE, H., Jüdische
Messiaserwartung und christlicher Messiasglaube. Hermeneutische Anmerkun-
gen im Kontext des Petrusbekenntnisses Mk 8,29, Kairos 20, 1978, S. 97–109. –
GRUNDMANN, W., Weisheit im Horizont des Reiches Gottes. Eine Studie zur
Verkündigung Jesu nach der Spruchüberlieferung Q, in: Die Kirche des Anfangs.
Für Heinz Schürmann, Leipzig 1978. Freiburg. Basel. Wien 1978, S. 175–199. –
STROBEL, A., Art. Apokalyptik/Apokalypsen. IV. Neues Testament, TRE, Bd.
III, 1978, S. 251–257. – CHILTON, B. D., God in Strength. Jesus' Annoucement of
the Kingdom, Studien zum Neuen Testament und seiner Umwelt (SNTU), Ser. B
Bd. 1, Freistadt 1979. – COPPENS, J., La Relève apocalyptique du Messianisme
royal I: La Royauté. Le Règne et le Royaume de Dieu. Cadre de la Relève
apocalyptique, Bibliotheca Ephemeridum Theologicarum Lovaniensium L, Leu-
ven 1979. – GRAY, J., The Biblical Doctrine of the Reign of God, Edinburgh 1979.
– RUAGER, S., Das Reich Gottes und die Person Jesu, Arbeiten zum Neuen
Testament und zum Judentum 3, Frankfurt/M. Bern. Cirencester 1979. – BRO-
WER, K., Mark 9:1 Seeing the Kingdom in Power, Journal for the Study of the

New Testament, Issue 6, 1980, S. 17–41. – LUZ, U., Art. βασιλεία κτλ., EWNT
I, 1980, Sp. 481–491. (Lit.). – NORDSIECK, R., Reich Gottes-Hoffnung der Welt.
Das Zentrum der Botschaft Jesu, Neukirchener Studienbücher Bd. 12, Neukir-
chen-Vluyn 1980. – SCHLOSSER, J., La Règne de Dieu dans les dits de Jésus,
Tom. I. II, Études Bibliques, Paris 1980. – VORGRIMLER, H., Zur Eschatologie
Jesu, in: ders., Hoffnung auf Vollendung. Aufriß der Eschatologie, QD 90, Frei-
burg. Basel. Wien 1980, S. 32–45. – BECKER, J., Zukunft und Hoffnung. B.
Zukunft und Hoffnung im Neuen Testament, in: SCHMIDT, W. H.–BECKER, J.,
Zukunft und Hoffnung, Biblische Konfrontationen, Kohlhammer-Taschenbücher
Bd. 1014, Stuttgart. Berlin. Köln. Mainz 1981, bes. S. 95–117. 194–195. – BLANK,
J., Der ‚eschatologische Ausblick‘ Mk 14,25 und seine Bedeutung, in: Kontinuität
und Einheit. Für Franz Mußner, Freiburg. Basel. Wien 1981, S. 508–518. –
MERKLEIN, H., Die Umkehrpredigt bei Johannes dem Täufer und Jesus von
Nazaret, BZ, N.F. 25, 1981, S. 29–46. – SCOTT, B. B., Jesus, Symbol-Maker for
the Kingdom, Philadelphia 1981. – KLEIN, G., Art. Eschatologie. IV. Neues
Testament, TRE, Bd. X, 1982, S. 270–299 (bes. S. 271–274). (Lit.). – STEGE-
MANN, H., Der lehrende Jesus. Der sogenannte biblische Christus und die ge-
schichtliche Botschaft Jesu von der Gottesherrschaft, NZSTh 24, 1982, S. 3–20. –
STRECKER, G., Vaterunser und Glaube, in: Glaube im Neuen Testament. Studien
zu Ehren von Hermann Binder anläßlich seines 70. Geburtstages, Biblisch-Theo-
logische Studien Bd. 7, Neukirchen-Vluyn 1982, S. 11–28. – VOGLER, W., Gib
uns, was wir heute zum Leben brauchen. Zur Auslegung der vierten Bitte des
Vaterunsers, in: Das lebendige Wort. Beiträge zur kirchlichen Verkündigung.
Festgabe für Gottfried Voigt zum 65. Geburtstag, Berlin 1982, S. 52–63. – BETZ,
O., Jesu Evangelium vom Gottesreich, in: Das Evangelium und die Evangelien.
Vorträge vom Tübinger Symposium 1982, hrg. v. P. STUHLMACHER, WUNT 28,
Tübingen 1983, S. 55–77. – GIESEN, H., Mk 9,1 – ein Wort Jesu über die nahe
Parusie?, Trierer Theologische Zeitschrift 92, 1983, S. 134–148. – MERKLEIN, H.,
Jesu Botschaft von der Gottesherrschaft. Eine Skizze, SBS 111, Stuttgart 1983.
(Lit.). – SCHÜRMANN, H., Gottes Reich – Jesu Geschick. Jesu ureigener Tod im
Licht seiner Basileia-Verkündigung, Freiburg. Basel. Wien 1983. – Vgl. auch die
zu I S. 1 und Bultmann Lit.Verz./Nachtrag S. 601 genannte Literatur.

Zu S. 8:

Gleichnisse:

BISER, E., Die Gleichnisse Jesu. Versuch einer Deutung, München 1965. –
BROWN, R. E., Parable and Allegory Reconsidered, in: *ders.*, New Testament
Essays, Milwaukee 1965, S. 254–264. – ROBINSON, J. M., Jesus' Parables as God
Happening, in: Jesus and the Historian. Written in Honor of E. C. Colwell,
Philadelphia 1968, S. 134–150. – JÖRNS, K. P., Die Gleichnisverkündigung Jesu.
Rede von Gott als Wort Gottes, in: Der Ruf Jesu und die Antwort der Gemeinde.
Exegetische Untersuchungen J. Jeremias zum 70. Geburtstag gewidmet von
seinen Schülern, Göttingen 1970, S. 157–178. – VIA, D. O., Die Gleichnisse Jesu.
Ihre literarische und existentiale Dimension. Übersetzt von E. GÜTTGEMANNS,
BevTh 57, München 1970. – EICHHOLZ, G., Gleichnisse der Evangelien. Form,
Überlieferung, Auslegung, Neukirchen-Vluyn 1971. – GÜTTGEMANNS, E., Die
linguistisch-didaktische Methodik der Gleichnisse Jesu, in: *ders.*, Studia linguisti-
ca neotestamentica. Gesammelte Aufsätze zur linguistischen Grundlage einer

Neutestamentlichen Theologie, BevTh 60, München 1971, S. 99–183. – PERRIN, N., The Modern Interpretation of the Parables of Jesus and the Problem of Hermeneutics, Interpretation 25, 1971, S. 131–148. – HARNISCH, W., Die Ironie als Stilmittel in Gleichnissen Jesu, EvTh 32, 1972, S. 421–436. – HARRINGTON, W. J., The Parables in Recent Study (1960–1971), Biblical Theology Bulletin II, 1972, S. 219–241. – BERGER, K., Materialien zur Form und Überlieferungsgeschichte neutestamentlicher Gleichnisse, NovT 15, 1973, S. 1–37. – KÜMMEL, W. G., Noch einmal: Das Gleichnis von der selbstwachsenden Saat. Bemerkungen zur neuesten Diskussion um die Auslegung der Gleichnisse Jesu, in: Orientierung an Jesus. Zur Theologie der Synoptiker. Für J. Schmid, Freiburg. Basel. Wien 1973, S. 220–237. – FUNK, R. W., Semeia 1. A Structuralist Approach to the Parables, Missoula 1974, darin: CROSSAN, J. D., A Basic Bibliography for Parables Research, S. 236–274. – HARNISCH, W., Die Sprachkraft der Analogie. Zur These vom „argumentativen Charakter" der Gleichnisse Jesu, StTh 28, 1974, S. 1–20. – BULTMANN, R., Die Interpretation von Mk 4,3–9 seit Jülicher, in: Jesus und Paulus, FS. W. G. Kümmel, Göttingen 1975, S. 30–34. – SABOURIN, L., The Parables of the Kingdom, Biblical Theology Bulletin VI, 1976, S. 115–160. – AURELIO, T., Disclosures in den Gleichnissen Jesu. Eine Anwendung der disclosure-Theorie von I. T. Ramsey, der modernen Metaphorik und der Theorie der Sprechakte auf die Gleichnisse Jesu, Regensburger Studien zur Theologie 8, Frankfurt. Bern. Las Vegas 1977. – BOUCHER, M., The Mysterious Parable. A Literary Study, CBQ Monograph Ser. 6, Washington 1977. – FRIEDRICH, J., Gott im Bruder? Eine methodenkritische Untersuchung von Redaktion, Überlieferung und Tradition in Mt 25,31–46, CThM, Reihe A Bd. 7, Stuttgart 1977. – FUNK, R. W., The Narrative Parables: The Birth of Language Tradition, in: God's Christ and His People. Studies in Honour of Nils Alstrup Dahl, Oslo. Bergen. Tromsö 1977, S. 43–50. – GEISCHER, H.-J., Verschwenderische Güte. Versuch über Markus 4,3–9, EvTh 38, 1978, S. 418–427. – HUFFMAN, N. A., Atypical Features in the Parables of Jesus, JBL 97, 1978, S. 207–220. – KLAUCK, H.-J., Allegorie und Allegorese in synoptischen Gleichnistexten, NTA, N.F. 13, Münster 1978. – KÜMMEL, W. G., Jesusforschung seit 1965. IV. Bergpredigt–Gleichnisse–Wunderberichte (mit Nachträgen), ThR, N.F. 43, 1978, S. 105–161. 233–265 (bes. S. 120–142). – MAGASS, W., Bemerkungen zur Gleichnisauslegung, Kairos 20, 1978, S. 40–52. – SATAKE, A., Zwei Typen von Menschenbildern in den Gleichnissen Jesu, Annual of the Japanese Biblical Institute 4, 1978, S. 45–84. – SELLIN, G., Allegorie und „Gleichnis". Zur Formenlehre der synoptischen Gleichnisse, ZThK 75, 1978, S. 281–335. – WEDER, H., Die Gleichnisse Jesu als Metaphern. Traditions- und redaktionsgeschichtliche Analysen und Interpretationen, FRLANT 120, Göttingen 1978. – KISSINGER, W. S., The parables of Jesus. A history of interpretation and bibliography, AILA bibliograph. Ser. Nr. 4, Metuchen/N. J. London. Philadelphia/Pa. 1979. – HARNISCH, W., Die Metapher als heuristisches Prinzip. Neuerscheinungen zur Hermeneutik der Gleichnisreden Jesu, VuF 24, Heft 1, 1979, S. 53–89. – HAHN, FERD., Das Gleichnis von der ausgestreuten Saat und seine Deutung (Mk IV. 3–8, 14–20), in: Text and Interpretation. Studies in the New Testament presented to Matthew Black, Cambridge. London. New York. Melbourne 1979, S. 133–142. – CROSSAN, J. D., Paradox Gives Rise To Metaphor: Paul Ricœur's Hermeneutics and the Parables of Jesus, Biblical Research 24/25, 1979/80, S. 20–37. – BRANDENBURGER, E., Das Recht des Weltenrichters. Untersuchungen zu Matthäus 25,31–46, SBS 99,

Stuttgart 1980. – LAUFEN, R., ΒΑΣΙΛΕΙΑ und ΕΚΚΛΗΣΙΑ. Eine traditions-
und redaktionsgeschichtliche Untersuchung des Gleichnisses vom Senfkorn, in:
Begegnung mit dem Wort, FS H. Zimmermann, BBB 53, Bonn 1980, S. 105–140.
– FLUSSER, D., Die rabbinischen Gleichnisse und der Gleichniserzähler Jesus. 1.
Teil. Das Wesen der Gleichnisse, Judaica et Christiana Bd. 4, Bern. Frankfurt/
M. Las Vegas 1981. – LAMBRECHT, J., Once More Astonished: The Parables of
Jesus, New York 1981. – MICHAELS, J. R., Servant and Son. Jesus in the Parable
and Gospel, Atlanta 1981. – PAYNE, PH. B., The Authenticity of the Parables of
Jesus, in: Gospel Perspectives. Studies in History and Tradition in Four Gospels,
Vol. II, Ed. by R. T. FRANCE and D. WENHAM, Sheffield 1981, S. 329–344. –
SCHOLZ, G., Gleichnisaussagen und Existenzstruktur. Das Gleichnis in der neueren Hermeneutik unter besonderer Berücksichtigung der christlichen Existenzstruktur in den Gleichnissen des lukanischen Sondergutes, Diss. theol. Göttingen
1981. – SIDER, J. W., The Meaning of *Parabole* in the Usage of the Synoptic
Evangelists, Biblica 62, 1981, S. 453–470. – STEINHAUSER, M. G., Doppelbild-
worte in den synoptischen Evangelien. Eine form- und traditionskritische Studie,
forschung zur bibel 44, Würzburg 1981. – ARENS, E., Kommunikative Handlungen. Die paradigmatische Bedeutung der Gleichnisse Jesu für eine Handlungstheorie, Patmos Paperback, Düsseldorf 1982. – FRANKEMÖLLE, H., Kommunika-
tives Handeln in Gleichnissen Jesu. Historisch-kritische und pragmatische Ex-
egese. Eine kritische Sichtung, NTSt 28, 1982, S. 61–90. – FUNK, R. W., Parables and Presence. Forms of the New Testament Tradition, Philadelphia 1982.
– HARNISCH, W. (Hrg.), Gleichnisse Jesu. Positionen der Auslegung von Adolf
Jülicher bis zur Formgeschichte, Wege der Forschung Bd. CCCLXVI, Darmstadt 1982. – HARNISCH, W. (Hrg.), Die neutestamentliche Gleichnisforschung
im Horizont von Hermeneutik und Literaturwissenschaft, Wege der Forschung
Bd. 575, Darmstadt 1982. – KÜMMEL, W. G., Jesusforschung seit 1965: Nachträ-
ge 1975–1980, ThR, N.F. 47, 1982, S. 348–383 (bes. ‚Gleichnisse‘, S. 353–366). –
PENTECOST, J. D., The Parables of Jesus, Grand Rapids/Mich. 1982. – BAUCK-
HAM, R., Synoptic Parousia Parables Again, NTSt 29, 1983, S. 129–143. – PAT-
TEN, P., The Form and Function of Parable in Select Apocalyptic Literature and
their Significance for Parables in the Gospel of Mark, NTSt 29, 1983, S. 246–258.
– SELLIN, G., Textlinguistische und Semiotische Erwägungen zu Mk. 4.1–34,
NTSt 29, 1983, S. 508–530. – SIDER, J. W., Rediscovering the Parables: The
Logic of the Jeremias Tradition, JBL 102, 1983, S. 61–83. – PETZOLDT, M.,
Gleichnisse Jesu und christliche Dogmatik, Göttingen. Zürich 1984.

Zu S. 9:

Mtth. 16,17–19:
BORNKAMM, G., Die Binde- und Lösegewalt in der Kirche des Matthäus, in:
ders., Geschichte und Glaube. Zweiter Teil, Ges. Aufs. IV, BevTh 53, München
1971, S. 37–50. – HAHN, FERD., Die Petrusverheißung Mt 16, 18f., Material-
dienst des Konfessionskundlichen Instituts Bensheim 21, 1970, S. 8–13. – KER-
TELGE, K., Jesus und die Gemeinde, in: Die Aktion Jesu und die Re-Aktion der
Kirche. Jesus von Nazareth und die Anfänge der Kirche, Hrg. v. K. MÜLLER,
Würzburg 1972, S. 101–117. – BLANK, J., Neutestamentliche Petrus-Typologie
und Petrusamt, Concilium 9, 1973, S. 173–179. – BROWN, R. E.–DONFRIED, K.
P.–REUMANN, J., Peter in the New Testament, New York. Paramus. Toronto

1973, S. 75–107. – VÖGTLE, A., Zum Problem der Herkunft von ,,Mt 16, 17–19",
in: Orientierung an Jesus. Zur Theologie der Synoptiker. Für J. Schmid, Freiburg. Basel. Wien 1973, S. 372–393. – DIAS, P. V., Kirche. In der Schrift und im
2. Jahrhundert (s. zu S. 2 § 1), §§ 7; 12,3 (S. 27–30; 70–77). – HOFFMANN, P.
, Der
Petrus-Primat im Matthäusevangelium, in: Neues Testament und Kirche, FS. R.
Schnackenburg, Freiburg, Basel. Wien 1974, S. 94–114. – THYEN, H., Der irdi-
sche Jesus und die Kirche, in: Jesus Christus in Historie und Theologie, Neutestamentliche Festschrift für H. Conzelmann, Tübingen 1975, S. 127–141. – MUSS-
NER, F., Petrus und Paulus – Pole der Einheit. Eine Hilfe für die Kirchen, QD
76, Freiburg. Basel. Wien 1976 (bes. S. 14–22). – KÄHLER, C., Zur Form- und
Traditionsgeschichte von Matth. XVI. 17–19, NTSt 23, 1976/77, S. 36–58. – KÜN-
ZEL, G., Studien zum Gemeindeverständnis des Matthäus-Evangeliums, CThM,
Reihe A Bd. 10, Stuttgart 1978 (bes. S. 180–201). (Lit.). – LAMPE, P., Das Spiel
mit dem Petrusnamen – Matth. XVI. 18, NTSt 25, 1978/79, S. 227–245. – GRÄS-
SER, E., Neutestamentliche Grundlagen des Papsttums? Ein Diskussionsbeitrag,
in: Papsttum als ökumenische Frage, Hrg. v. der Arbeitsgemeinschaft ökumenischer Universitätsinstitute, München. Mainz 1979, S. 33–58 (bes. S. 39ff.). –
KINGSBURY, J. D., The Figure of Peter in Matthew's Gospel as a Theological
Problem, JBL 98, 1979, S. 67–83. – PESCH, R., Simon-Petrus. Geschichte und
geschichtliche Bedeutung des ersten Jüngers Jesu Christi, Päpste und Papsttum
15, Stuttgart 1980 (bes. S. 96–104). – ROLOFF, J., Art. ἐκκλησία κτλ., EWNT I,
1980, Sp. 998–1011 (bes. Sp. 1009f.). – SCHNACKENBURG, R., Das Vollmachts-
wort vom Binden und Lösen, traditionsgeschichtlich gesehen, in: Kontinuität und
Einheit. Für Franz Mußner, Freiburg. Basel. Wien 1981, S. 141–157. – CHEVAL-
LIER, M.-A., ,Tu es Pierre, tu es le nouvel Abraham' (Mt 16/18), Études Théologiques et Religieuses Tom. 57, 1982, S. 375–388. – DERRETT, J. D. M., Binding
and Loosing (Matt 16:19; 18:18; John 20:23), JBL 102, 1983, S. 112–117. – MANNS,
F., Le Halakah dans l'évangile de Matthieu. Note sur Mt 16,16–19, Bibbia e
Oriente 25, 1983, S. 129–136. – PESCH, R., Art. Πέτρος κτλ., EWNT III, 1983,
Sp. 193–201. (Lit.).

Zu S. 10 und Bultmann Lit.Verz./Nachtrag S. 602:

§ 2: Die Auslegung der Forderung Gottes.
DUPONT, J., Les Béatitudes I–III, Paris I ²1958; II 1969; III 1973. – GOPPELT,
L., Das Problem der Bergpredigt. Jesu Gebot und die Wirklichkeit dieser Welt,
in: ders., Christologie und Ethik. Aufsätze zum Neuen Testament, Göttingen
1968, S. 28–43. – NOLL, P., Jesus und das Gesetz. Rechtliche Analyse der Nor-
menkritik in der Lehre Jesu, Sammlung gemeinverständlicher Vorträge 253,
Tübingen 1968. – BURCHARD, C., Das doppelte Liebesgebot in der frühen christlichen Überlieferung, in: Der Ruf Jesu und die Antwort der Gemeinde. Exegetische Untersuchungen J. Jeremias zum 70. Geburtstag gewidmet von seinen
Schülern, Göttingen 1970, S. 39–62. – WENDLAND, H. D., Ethik des Neuen
Testaments. Eine Einführung, Grundrisse zum Neuen Testament, NTD Ergän-
zungsreihe 4, Göttingen 1970, S. 4–33. – BORNKAMM, G., Wandlungen im alt- und
neutestamentlichen Gesetzesverständnis, in: ders., Geschichte und Glaube.
Zweiter Teil, Ges. Aufs. IV, BevTh 53, München 1971, S. 73–119. – BERGER, K.,
Die Gesetzesauslegung Jesu. Ihr historischer Hintergrund im Judentum und im
Alten Testament, Teil I: Markus und Parallelen, WMANT 40, Neukirchen-Vluyn

1972 (vgl. dazu HÜBNER, H., Mark. VII. 1–23 und das „Jüdisch-Hellenistische" Gesetzesverständnis, NTSt 22, 1975/76, S. 319–345). – FURNISH, V. P., The Love Command in the New Testament, Nashville-New York 1972, London 1973. – HÜBNER, H., Das Gesetz in der synoptischen Tradition. Studien zur These einer progressiven Qumranisierung und Judaisierung innerhalb der synoptischen Tradition, Witten 1973. – KÜMMEL, W. G., Äußere und innere Reinheit des Menschen bei Jesus, in: Das Wort und die Wörter, FS. G. Friedrich, Stuttgart. Berlin. Köln. Mainz 1973, S. 35–46. – LOHSE, E., „Ich aber sage euch", in: ders., Die Einheit des Neuen Testaments. Exegetische Studien zur Theologie des Neuen Testaments, Göttingen 1973, S. 73–87. – NISSEN, A., Gott und der Nächste im antiken Judentum. Untersuchungen zum Doppelgebot der Liebe, WUNT 15, Tübingen 1974. – BURCHARD, C., Versuch, das Thema der Bergpredigt zu finden, in: Jesus Christus in Historie und Theologie, Neutestamentliche Festschrift für Hans Conzelmann, Tübingen 1975, S. 409–432. – DIETZFELBINGER, C., Die Antithesen der Bergpredigt, ThExh 186, München 1975. – FULLER, R. H., Das Doppelgebot der Liebe. Ein Testfall für die Echtheitskriterien der Worte Jesu, in: Jesus Christus in Historie und Theologie, Neutestamentliche Festschrift für Hans Conzelmann, Tübingen 1975, S. 317–329. – GRÄSSER, E., Jesus und das Heil Gottes. Bemerkungen zur sog. „Individualisierung des Heils", in: Jesus Christus in Historie und Theologie, Neutestamentliche Festschrift für Hans Conzelmann, Tübingen 1975, S. 167–184.. – HOFFMANN, P.–EID, V., Jesus von Nazareth und eine christliche Moral. Sittliche Perspektiven der Verkündigung Jesu, QD 66, Freiburg. Basel. Wien 1975. – SANDERS, J. T., Ethics in the New Testament. Change and Development, London 1975, S. 1–46. – HUBAUT, M., Jésus et la Loi de Moïse, Revue theologique de Louvain 7, 1976, S. 401–425. – BEYSCHLAG, K., Zur Geschichte der Bergpredigt in der Alten Kirche, ZThK 74, 1977, S. 291–322. – HAHN, FERD., Neutestamentliche Grundlagen einer christlichen Ethik, TrThZ 86, 1977, S. 31–41. – HOLTZ, T., Grundzüge einer Auslegung der Bergpredigt, Die Zeichen der Zeit 31, 1977, S. 8–16. – ZELLER, D., Die weisheitlichen Mahnsprüche bei den Synoptikern, forschung zur bibel 17, Würzburg 1977. – BORNKAMM, G., Der Aufbau der Bergpredigt, NTSt 24, 1977/78, S. 419–432. – BECKER, J., Das Problem der Schriftgemäßheit der Ethik, in: Handbuch der christlichen Ethik, Bd. 1, hrg. v. A. HERTZ, W. KORFF, T. RENDTORFF, H. RINGELING, Freiburg. Basel. Wien. Gütersloh 1978, S. 243–269 (bes. S. 246–252). – HENGEL, M., Jesus und die Tora, Theologische Beiträge 9, 1978, S. 152–172. – HOFFMANN, P., „Eschatologie" und „Friedenshandeln" in der Jesusüberlieferung, in: Eschatologie und Frieden, hrg. v. G. LIEDKE, Bd. II. Eschatologie und Frieden in biblischen Texten. Texte und Materialien der Forschungsstätte der Evangelischen Studiengemeinschaft, Reihe A Nr. 7, Heidelberg 1978, S. 179–223. – KÜMMEL, W. G., Jesusforschung seit 1965. IV. Bergpredigt-–Gleichnisse–Wunderberichte (mit Nachträgen), ThR, N.F. 43, 1978, S. 105–161. 233–265 (bes. S. 109–120). – MERKLEIN, H., Die Gottesherrschaft als Handlungsprinzip. Untersuchung zur Ethik Jesu, forschung zur bibel 34, Würzburg 1978. – SCHNEIDER, G., Christusbekenntnis und christliches Handeln. Lk 6,46 und Mt 7,21 im Kontext der Evangelien, in: Die Kirche des Anfangs. Für Heinz Schürmann, Leipzig 1978, Freiburg. Basel. Wien 1978, S. 9–24. – STREKKER, G., Die Antithesen der Bergpredigt (Mt 5,21–48 par), ZNW 69, 1978, S. 36–72. – WESTERHOLM, S., Jesus and Scribal Authority, Coniectanea Biblica. NT 10, Lund 1978. – BALD, H., Eschatologie oder theozentrische Ethik? Anmerkungen zum Problem einer Verhältnisbestimmung von Eschatologie und Ethik in der Verkündigung Jesu, VuF 24, Heft 1, 1979, S. 35–52. – BERNER, U., Die Bergpredigt. Rezeption und Auslegung im 20. Jahrhundert, Göttinger Theologische Arbeiten Bd. 12, Göttingen 1979. (Lit.). – DIETZFELBINGER, C., Die Antithesen der Bergpredigt im Verständnis des Matthäus, ZNW 70, 1979, S. 1–15. – GRIMM, W., Die Hoffnung der Armen. Zu den Seligpreisungen Jesu, Theologische Beiträge 10, 1979, S. 100–113. – McELENEY, N. J., The Principles of the Sermon on the Mount, CBQ 41, 1979, S. 552–570. – PIPER, J., 'Love your enemies'. Jesus' love command in the synoptic gospels and in the early paraenesis. A history of the tradition and interpretation of its uses, SNTSMS 38, Cambridge. London. New York. New Rochelle. Melbourne. Sydney 1979. – BARTH, G., Art. Bergpredigt. I. Im Neuen Testament, TRE, Bd. V, 1980, S. 603–618. (Lit.). – HOFFMANN, P., Eschatologie und Friedenshandeln in der Jesusüberlieferung, in: Eschatologie und Friedenshandeln. Exegetische Beiträge zur Frage christlicher Friedensverantwortung von U. LUZ, J. KEGLER, P. LAMPE, P. HOFFMANN, SBS 101, Stuttgart 1981, S. 115–152 (vgl. o. ders., „Eschatologie" u. „Friedenshandeln"..., 1978). – HÜBNER, H., Art. νόμος κτλ., EWNT II, 1981, Sp. 1158–1172 (bes. Sp. 1165–1167). – JACOB, G., Die Proklamation der messianischen Gemeinde, in: Theologische Versuche Bd. XII, hrg. v. J. ROGGE und G. SCHILLE, Berlin 1981, S. 47–75. – LUZ, U., Gesetz. III. Neues Testament, in: SMEND, R.–LUZ, U., Gesetz, Biblische Konfrontationen, Kohlhammer-Taschenbücher Bd. 1015, Stuttgart. Berlin. Köln. Mainz 1981, S. 58–86. – McELENEY, N. J., The Beatitudes of the Sermon on the Mount/Plain, CBQ 43, 1981, S. 1–13. – MERKEL, H., Jesus im Widerstreit, in: Glaube und Gesellschaft, FS. W. F. Kasch, Bayreuth 1981, S. 207–217. – STRECKER, G., Art. μακάριος κτλ., EWNT II, 1981, Sp. 925–932. – STUHLMACHER, P., Die neue Gerechtigkeit in der Jesusverkündigung, in: ders., Versöhnung, Gesetz und Gerechtigkeit. Aufsätze zur biblischen Theologie, Göttingen 1981, S. 43–65. – BETZ, H. D., Die hermeneutischen Prinzipien in der Bergpredigt (Mt 5,17–20), in: Verifikationen, FS. für G. Ebeling zum 70. Geburtstag, Tübingen 1982, S. 27–41. – GUELICH, R. A., The Sermon on the Mount. A Foundation for Understanding, Waco 1982. – KANTZENBACH, F. W., Die Bergpredigt. Annäherung–Wirkungsgeschichte, Stuttgart. Berlin. Köln. Mainz 1982. – KÜMMEL, W. G., Jesusforschung seit 1965: Nachträge 1975–1980, ThR, N.F. 47, 1982, S. 348–383 (bes. ‚Zur Bergpredigt', S. 349–353). – MERK, O., Verantwortung. B. Verantwortung im Neuen Testament, in: WÜRTHWEIN, E.–MERK, O., Verantwortung. Biblische Konfrontationen, Kohlhammer-Taschenbücher Bd. 1009, Stuttgart. Berlin. Köln. Mainz 1982 (bes. S. 122–140. 170–176 [Lit.]). – SCHRAGE, W., Ethik des Neuen Testaments, Grundrisse zum Neuen Testament, NTD Ergänzungsreihe 4, Göttingen 1982 (bes. „I. Jesu eschatologische Ethik", S. 21–115). – SCHRAGE, W., Art. Ethik. IV. Neues Testament, TRE, Bd. X, 1982, S. 435–462 (bes. S. 436–443). (Lit.). – STUHLMACHER, P., Jesu vollkommenes Gesetz der Freiheit. Zum Verständnis der Bergpredigt, ZThK 79, 1982, S. 283–322. – FRANKEMÖLLE, H., Neuere Literatur zur Bergpredigt, Theologische Revue 79, 1983, Sp. 177–198. – HENGEL, M., Die Bergpredigt im Widerstreit, Theologische Beiträge 14, 1983, S. 53–67. – LOHFINK, G., Wem gilt die Bergpredigt? Eine redaktionskritische Untersuchung von Mt 4,23–5,2 und 7,28f., ThQ 163, 1983, S. 264–283. – MERKLEIN, H., Die Antithesen der Bergpredigt (Mt 5) nach der Intention Jesu, in: REIKERSDORFER, J. (Hrg.), Gesetz und Freiheit, Wien. Freiburg. Basel 1983, S. 65–84. – STALDER, K.,

Überlegungen zur Interpretation der Bergpredigt, in: Die Mitte des Neuen Testaments. Einheit und Vielfalt neutestamentlicher Theologie. FS. für E. Schweizer zum 70. Geburtstag, Göttingen 1983, S. 272–290. – BETZ, H. D., Kosmogonie und Ethik in der Bergpredigt, ZThK 81, 1984, S. 139–171. – DILLMANN, R., Das Eigentliche der Ethik Jesu. Ein exegetischer Beitrag zur moraltheologischen Diskussion um das Proprium einer christlichen Ethik, Tübinger Theologische Studien Bd. 23, Mainz 1984. – EICHHOLZ, G., Christus der Bruder, in: *ders.*, Das Rätsel des historischen Jesus und die Gegenwart Jesu Christi, hrg. v. G. SAUTER, ThB 72, München 1984, S. 15–78. – STRECKER, G., Die Bergpredigt. Ein exegetischer Kommentar, Göttingen 1984. (Lit.).

Zu S. 22 und Bultmann Lit.Verz./Nachtrag S. 602:

§ 3: Der Gottesgedanke Jesu.

JEREMIAS, J., Abba, in: *ders.*, Abba. Studien zur neutestamentlichen Theologie und Zeitgeschichte, Göttingen 1966, S. 15–67. – SCHÄFER, R., Jesus und der Gottesglaube. Ein christologischer Entwurf, Tübingen 1970. – BECKER, J., Das Gottesbild Jesu und die älteste Auslegung von Ostern, in: Jesus Christus in Historie und Theologie, Neutestamentliche Festschrift für H. Conzelmann, Tübingen 1975, S. 105–126. – SCHRAGE, W., Theologie und Christologie bei Paulus und Jesus auf dem Hintergrund der modernen Gottesfrage. EvTh 36, 1976, S. 121–154. – MERKLEIN, H., ,,Dieser ging als Gerechter nach Hause...". Das Gottesbild Jesu und die Haltung der Menschen nach Lk 18,9–14, Bibel und Kirche 32, 1977, S. 34–42. – HAMERTON-KELLY, R., God the Father. Theology and Patriarchy in the Teaching of Jesus, Philadelphia 1979. – HOFFMANN, P., ,,Er weiß, was ihr braucht..." (Mt 6,7). Jesu einfache und konkrete Rede von Gott, in: ,,Ich will euer Gott werden". Beispiele biblischen Redens von Gott. Mit Beiträgen von N. LOHFINK, J. JEREMIAS, A. DEISSLER, J. SCHREINER, P. HOFFMANN, E. GRÄSSER, H. RITT, SBS 100, Stuttgart 1981, S. 151–176. – VENETZ, H., Theologische Grundstrukturen in der Verkündigung Jesu? Ein Vergleich von Mk 10,17–22; Lk 10,25–37 und Mt 5,21–48, in: Mélanges Dominique Barthélemy, Orbis Biblicus et Orientalis 38, Fribourg. Göttingen 1981, S. 613–650. – STURCH, R. L., Can One Say ,,Jesus is God"?, in: Christ the Lord: Studies in Christology Presented to D. Guthrie, Leicester 1982, S. 326–340.

Zu S. 26 und Bultmann Lit.Verz./Nachtrag S. 603:

§ 4: Die Frage nach dem messianischen Selbstbewußtsein Jesu.

Zu S. 26, Z. 20 (Zu christologischen Fragen, ohne Menschensohn):

BROX, N., Das messianische Selbstverständnis des historischen Jesus, in: Vom Messias zum Christus (Hrg. v. K. SCHUBERT), Wien. Freiburg. Basel 1964, S. 165–201. – FULLER, R. H., The Foundations of New Testament Christology, London 1965 (bes. 102–141). – SCHWEIZER, E., Art. υἱός κτλ., ThW VIII, [1967] 1969, S. 364–395 (bes. S. 367 ff.). – SCHWEIZER, E., Jesus Christus im vielfältigen Zeugnis des Neuen Testaments, Siebensterntaschenbuch 126, München und Hamburg 1968, bes. S. 18 ff. – HORSTMANN, M., Studien zur markinischen Christologie, NTA, N.F. 6, Münster 1969. – CHRIST, F., Jesus Sophia. Die Sophia-Christologie bei den Synoptikern, AThANT 57, Zürich 1970. – COLPE, C., Traditionsüberschreitende Argumentationen zu Aussagen Jesu über sich selbst, in:

Tradition und Glaube. Das frühe Christentum in seiner Umwelt. Festgabe für K. G. Kuhn zum 65. Geburtstag, Göttingen 1971, S. 230–245. – POKORNÝ, P., Der Gottessohn. Literarische Übersicht und Fragestellung, ThSt 109, Zürich 1971. – BETZ, O., The Concept of the So-called „Divine Man" in Mark's Christology, in: Studies in New Testament and Early Christian Literature, Essays in Honor of A. P. Wikgren, SupplNovT 38, Leiden 1972, S. 229–240. – FRANKEMÖLLE, H., Hat Jesus sich selbst verkündet? Christologische Implikationen in den vormarkinischen Parabeln, BuL 13, 1972, S. 184–207. – MACK, B. L., Logos und Sophia. Untersuchungen zur Weisheitstheologie im hellenistischen Judentum, StUNT 10, Göttingen 1973. – BERGER, K., Die königlichen Messiastraditionen des Neuen Testaments, NTSt 20, 1973/74, S. 1–44. – BERGER, K., Zum Problem der Messianität Jesu, ZThK 71, 1974, S. 1–30. – PERRIN, N., A Modern Pilgrimage in New Testament Christology, Philadelphia 1974. – HENGEL, M., Der Sohn Gottes. Die Entstehung der Christologie und die jüdisch-hellenistische Religionsgeschichte, Tübingen 1975. – HOWARD, V., Das Ego Jesu in den synoptischen Evangelien. Untersuchungen zum Sprachgebrauch Jesu, MarbThSt 14, Marburg 1975. – LUZ, U., Das Jesusbild der vormarkinischen Tradition, in: Jesus Christus in Historie und Theologie, Neutestamentliche Festschrift für H. Conzelmann, Tübingen 1975, S. 347–374. – STUHLMACHER, P., Jesus als Versöhner. Überlegungen zum Problem der Darstellung Jesu im Rahmen einer Biblischen Theologie des Neuen Testaments, in: Jesus Christus in Historie und Theologie, Neutestamentliche Festschrift für H. Conzelmann, Tübingen 1975, S. 87–104. – WILKEN, R. L. (ed.), Aspects of Wisdom in Judaism and Early Christianity, Notre Dame/Ind.-London 1975. – MYRE, A., Développement d'un instantané christologique: le prophète eschatologique, in: LAFLAMME, R. et GERVAIS, M. (Éd.), Le Christ hier, aujourd'hui et demain, Laval 1976, S. 143–156. – GESE, H., Der Messias, in: ders., Zur biblischen Theologie. Alttestamentliche Vorträge, BevTh 78, München 1977, S. 128–151. – BECKERLEGGE, G., Jesus' Authority and the Problem of His Self-Consciousness, Heythrop Journal 19, 1978, S. 365–382. – KAZMIERSKI, C. R., Jesus, the Son of God. A Study of the Markan Tradition and its Redaction by the Evangelist, forschung zur bibel 33, Würzburg 1979. – KÜCHLER, M., Frühjüdische Weisheitstraditionen. Zum Fortgang weisheitlichen Denkens im Bereich des frühjüdischen Jahweglaubens, Orbis Biblicus et Orientalis 26, Freiburg/ Schw. Göttingen 1979. – O'NEILL, J. C., Messiah. Six lectures on the ministry of Jesus, The Cunningham Lectures 1975–76, Cambridge 1980. – McDERMOTT, J. M., Jesus and the Son of God Title, Gregorianum 62, 1981, S. 277–318. – DELLING, G., Art. Gotteskindschaft, RAC, Bd. XI, 1981, Sp. 1159–1185 (bes. Sp. 1164). – KÜMMEL, W. G., Jesusforschung seit 1965: Nachträge 1975–1980, ThR, N.F. 47, 1982, S. 348–383 (bes. ‚Teil V. Der persönliche Anspruch Jesu', S. 369–378). – HAHN, FERD., Art. υἱός κτλ., EWNT III, 1983, Sp. 912–937 (bes. Sp. 916–927). (Lit.). – HAHN, FERD., Art. Χριστός κτλ., EWNT III, 1983, Sp. 1147–1165. (Lit.).

Zu S. 26, Z. 20 (Zum Messiasgeheimnis):

LUZ, U., Das Geheimnismotiv und die markinische Christologie, ZNW 56, 1965, S. 9–30. – HAY, L. S., Mark's Use of the Messianic Secret, Journal of the American Academy of Religion 35, 1967, S. 16–27. – MINETTE DE TILLESSE, G., Le secret messianique dans l'Évangile de Marc, LD 47, Paris 1968. – MAURER, C.,

Das Messiasgeheimnis des Markusevangeliums, NTSt 14, 1967/68, S. 515–526. – AUNE, D. E., The problem of Messianic secret, NovT 11, 1969, S. 1–31. – SCHWEIZER, E., Zur Frage des Messiasgeheimnisses bei Markus, in: *ders.*, Beiträge zur Theologie des Neuen Testaments. Neutestamentliche Aufsätze (1955–1970), Zürich 1970, S. 11–20. – RÄISÄNEN, H., Das „Messiasgeheimnis" im Markusevangelium. Ein redaktionskritischer Versuch, Schriften der Finnischen Exegetischen Gesellschaft Bd. 28, Helsinki 1976. – PESCH, R., Exkurs: Das sogenannte Messias-Geheimnis und die markinische Christologie, in: *ders.*, Das Markusevangelium, HThK II/2, Freiburg. Basel. Wien 1977, S. 36–47. – GNILKA, J., 7. Exkurs: „Das Messiasgeheimnis", in: *ders.*, Das Evangelium nach Markus (Mk 1–8,26), EKK II/1, Zürich. Einsiedeln. Köln. Neukirchen-Vluyn 1978, S. 167–170. – BLEVINS, J. L., The Messianic Secret in Markan Research, 1901–1976, Washington 1981. – WEBER, R., Christologie und Messiasgeheimnis im Markusevangelium, Diss. theol. Fachbereich Evang. Theol. Marburg 1981. – SCHWEIZER, E., Zur Christologie des Markus, in: *ders.*, Neues Testament und Christologie im Werden. Aufsätze, Göttingen 1982, S. 86–103. – KINGSBURY, J. D., The Christology of Mark's Gospel, Philadelphia 1983 (bes. S. 1–23). – WEBER, R., Christologie und Messiasgeheimnis: ihr Zusammenhang und Stellenwert in den Darstellungsintentionen des Markus, EvTh 43, 1983, S. 108–125.

Zu S. 27, Z. 5 (Menschensohn):

MARSHALL, I. H., The Synoptic Son of Man Sayings in Recent Discussion, NTSt 12, 1965/66, S. 327–351. – HAUFE, G., Das Menschensohn-Problem in der gegenwärtigen wissenschaftlichen Diskussion, EvTh 26, 1966, S. 130–141. – MARLOW, R., The Son of Man in Recent Journal Literature, CBQ 28, 1966, S. 20–30. – BORSCH, F. H., The Son of Man in Myth and History, London 1967. – COLPE, C., Art. ὁ υἱὸς τοῦ ἀνθρώπου, ThW VIII, [1967] 1969, S. 403–481. – JEREMIAS, J., Die älteste Schicht der Menschensohn-Logien, ZNW 58, 1967, S. 159–172. – HIGGINS, A. J. B., The Son of Man Concept and the Historical Jesus, in: Studia Evangelica V, Papers . . . Part II: The New Testament Message, TU 103, Berlin 1968, S. 14–20. – LEIVESTAD, R., Der apokalyptische Menschensohn ein theologisches Phantom, Annual of the Swedish Theological Institute 6, 1968, S. 49–105. – LINDESKOG, G., Das Rätsel des Menschensohns, StTh 22, 1968, S. 149–174. – MADDOX, R., The Function of the Son of Man according to the Synoptic Gospels, NTSt 15, 1968/69, S. 45–74. – COLPE, C., Der Begriff „Menschensohn" und die Methode der Erforschung messianischer Prototypen, Kairos 11, 1969, S. 241–263; 12, 1970, S. 81–112; 13, 1971, S. 1–17; 14, 1972, S. 241–257. – BORSCH, F. H., The Christian and Gnostic Son of Man, Studies in Biblical Theology, Sec. II, Series 14, London 1970. – LEIVESTAD, R., Exit the Apocalyptic Son of Man, NTSt 18, 1971/72, S. 243–267. – MADDOX, R., Methodenfragen in der Menschensohnforschung, EvTh 32, 1972, S. 143–160. – MÜLLER, U. B., Messias und Menschensohn in jüdischen Apokalypsen und in der Offenbarung des Johannes, StNT 6, Gütersloh 1972. – MÜLLER, K., Menschensohn und Messias. Religionsgeschichtliche Vorüberlegungen zum Menschensohnproblem in den synoptischen Evangelien, BZ, N.F. 16, 1972, S. 161–187; BZ, N.F. 17, 1973, S. 52–66. – HAMERTON-KELLY, R. G., Pre-Existence Wisdom and the Son of Man. A Study of the Idea of Pre-Existence in the New Testament, SNTSMS 21, London 1973. – MOULE, C. F. D., Neglected Features in the Problem of „the Son of Man", in:

Neues Testament und Kirche. Für Rudolf Schnackenburg, Freiburg. Basel. Wien 1974, S. 413–428. – THEISOHN, J., Der auserwählte Richter. Untersuchungen zum traditionsgeschichtlichen Ort der Menschensohngestalt in den Bilderreden des Äthiopischen Henoch, StUNT 12, Göttingen 1975. – LINDARS, B., Re-Enter the Apocalyptic Son of Man, NTSt 22, 1975/76, S. 52–72. – *Jesus und der Menschensohn*. Für Anton Vögtle, Freiburg. Basel. Wien 1975 (daraus sind für § 4 folgende Arbeiten bes. heranzuziehen: MÜLLER, K., Der Menschensohn im Danielzyklus, S. 37–80; SCHWEIZER, E., Menschensohn und eschatologischer Mensch im Frühjudentum, S. 100–116; HIGGINS, A. J. B., „Menschensohn" oder „ich" in Q: Lk 12,8–9/Mt 10,32–33?, S. 117–123; SCHÜRMANN, H., Beobachtungen zum Menschensohn-Titel in der Redequelle. Sein Vorkommen in Abschluß- und Einleitungswendungen, S. 124–147; PESCH, R., Die Passion des Menschensohnes. Eine Studie zu den Menschensohnworten der vormarkinischen Passionsgeschichte, S. 166–195; GNILKA, J., Das Elend vor dem Menschensohn (Mk 2, 1–12), S. 196–209; KÜMMEL, W. G., Das Verhalten Jesus gegenüber und das Verhalten des Menschensohns. Markus 8, 38 par und Lukas 12, 8f. par Matthäus 10, 32f., S. 210–224; KERTELGE, K., Der dienende Menschensohn (Mk 10,45), S. 225–239; HAHN, FERD., Die Rede von der Parusie des Menschensohnes. Markus 13, S. 240–266). – COPPENS, J., Le Fils d'homme dans le judaïsme de l'époque néotestamentaire, in: Miscellanea in honorem Joseph Vergotte, Orientalia Lovaniensia Periodica 6/7, 1975/76 (Leuven), S. 59–73. – CASEY, P. M., The Son of Man Problem, ZNW 67, 1976, S. 147–154. – GLASSON, T. F., The Son of Man Imagery: Enoch XIV and Daniel VII, NTSt 23, 1976/77, S. 82–90. – BOWKER, J., The Son of Man, JThSt, N.S. 28, 1977, S. 19–48. – BROWN, J. P., The Son of Man: „This Fellow", Biblica 58, 1977, S. 361–387. – FRIEDRICH, J., Gott im Bruder? Eine methodenkritische Untersuchung von Redaktion, Überlieferung und Tradition in Mt 25,31–46, CThM, Reihe A Bd. 7, Stuttgart 1977, bes. 188–219. – MÜLLER, M., Über den Ausdruck „Menschensohn" in den Evangelien, StTh 31, 1977, S. 65–82. – SAHLIN, H., Zum Verständnis der christologischen Anschauungen des Markusevangeliums, StTh 31, 1977, S. 1–19. – BLACK, M., Jesus and the Son of Man, Journal for the New Testament, Issue 1, 1978, S. 4–18. – KEARNS, R., Vorfragen zur Christologie. I. Morphologische und Semasiologische Studie zur Vorgeschichte eines christologischen Hoheitstitels, Tübingen 1978. – LOADER, W. R. G., The Apocalyptic Model of Sonship: Its Origin and Development in New Testament Tradition, JBL 97, 1978, S. 525–554. – McDERMOTT, J. M., Luc, XII, 8–9: Pierre angulaire, RB 85, 1978, S. 381–401. – PESCH, R., Über die Autorität Jesu. Eine Rückfrage anhand des Bekenner- und Verleugnerspruchs Lk 12,8f. par, in: Die Kirche des Anfangs. Für Heinz Schürmann, Leipzig 1978. Freiburg. Basel. Wien 1978, S. 25–55. – VERMES, G., The „Son of Man" Debate, Journal for the Study of the New Testament, Issue 1, 1978, S. 19–32. – WILSON, F. M., The Son of Man in Jewish Apocalyptic Literature, Studia Biblica et Theologica 8, 1978, S. 28–52. – FITZMYER, J. A., Another View of the ‚Son of Man' Debate, Journal for the Study of the New Testament, Issue 4, 1979, S. 58–68. – GESE, H., Die Weisheit, der Menschensohn und die Ursprünge der Christologie als konsequente Entfaltung der biblischen Theologie, Svensk Exegetisk Årsbok 44, 1979, S. 77–114. – COPPENS, J., Où en est le problème de Jésus ‚Fils de l'homme', Ephemerides Theologicae Lovanienses 56, 1980, S. 282–302. – HIGGINS, A. J. B., The Son of Man in the Teaching of Jesus, SNTSMS 39, Cambridge. London. New York. Melbourne. Sydney 1980. – KEARNS, R., Vorfragen zur Christologie II: Überlieferungsgeschichtliche und Rezeptionsgeschichtliche Studie zur Vorgeschichte eines christologischen Hoheitstitels, Tübingen 1980. – KÜMMEL, W. G., Jesusforschung seit 1965. V. Der persönliche Anspruch Jesu, ThR, N.F. 45, 1980, S. 40–48. – MOLONEY, F. J., The End of the Son of Man?, Downside Review 98, 1980, S. 280–290. – COPPENS, J., Le fils d'homme dans les traditions juives postbibliques hormis de livre des paraboles de l'Hénoch éthiopien, Ephemerides Theologicae Lovanienses 57, 1981, S. 58–82. – COPPENS, J., La Relève apocalyptique du Messianisme royal III: Le Fils de l'homme Néotestamentaire, Bibliotheca Ephemeridum Theologicarum Lovaniensium 55, Leuven 1981. – LINDARS, B., The New Look on the Son of Man, BJRL 63, 1981, S. 437–462. – MOLONEY, F. J., The Reinterpretation of Psalm VIII and the Son of Man Debate, NTSt 27, 1981, S. 656–672. – Aufstieg und Niedergang der römischen Welt. Geschichte und Kultur Roms im Spiegel der neueren Forschung II.25,1: Principat: Religion (Vorkonstantinisches Christentum: Leben und Umwelt Jesu; Neues Testament [Kanonische Schriften und Apokryphen]), hrg. v. W. HAASE, Berlin. New York 1982 (daraus: BIETENHARD, H., „Der Menschensohn" – ὁ υἱὸς τοῦ ἀνθρώπου. Sprachliche und religionsgeschichtliche Untersuchungen zu einem Begriff der synoptischen Evangelien I. Sprachlicher und religionsgeschichtlicher Teil, S. 265–350 [Lit.]; LEIVESTAD, R., Jesus–Messias–Menschensohn, S. 220–264 [Lit.]). – BRUCE, F. F., The Background to the Son of Man Sayings, in: Christ the Lord: Studies in Christology Presented to D. Guthrie, Leicester 1982, S. 50–70. – KEARNS, R., Vorfragen zur Christologie III: Religionsgeschichtliche und Traditionsgeschichtliche Studie zur Vorgeschichte eines christologischen Hoheitstitels, Tübingen 1982. – KÜMMEL, W. G., Jesusforschung seit 1965: Nachträge 1975–1980, ThR, N.F. 47, 1982, S. 348–383 (bes. Teil V. Der persönliche Anspruch Jesu, S. 369–378). – VÖGTLE, A., Bezeugt die Logienquelle die authentische Redeweise Jesu vom ‚Menschensohn'?, in: DELOBEL, J. (ed.), Logia. Les Paroles de Jésus – The Sayings of Jesus. Mémorial J. Coppens, Bibliotheca Ephemeridum Theologicarum Lovaniensium LIX, Leuven 1982, S. 77–99. – WALKER, W. O., The Son of Man Question and the Synoptic Problem, NTSt 28, 1982, S. 374–388. – HAMPEL, V., Menschensohn und historischer Jesus, Diss. theol. Fachbereich Evang. Theol. Marburg (WS 1982/83; masch.). – COPPENS, J., La Relève apocalyptique du Messianisme royal II: Le fils d'homme vétero-et intertestamentaire, Bibliotheca Ephemeridum Theologicarum Lovaniensium LXI, Leuven 1983. – GERLEMAN, G., Der Menschensohn, Studia Biblica 1, Leiden 1983. – HAHN, FERD., Art. υἱός κτλ., EWNT III, 1983, Sp. 912–937 (bes. Sp. 927–935). – LINDARS, B., Jesus Son of Man. A Fresh Examination of the Son of Man Sayings in the Gospels, London 1983. – WALKER, W. O., The Son of Man: Some Recent Developments, CBQ 45, 1983, S. 584–607. KÜMMEL, W. G., Jesus der Menschensohn?, SbWGF XX, 3, Stuttgart 1984.

Zu S. 29 (Wunder):

KERTELGE, K., Die Wunder Jesu im Markusevangelium. Eine redaktionsgeschichtliche Untersuchung, StANT XXIII, München 1970. – KERTELGE, K., Die Überlieferung der Wunder Jesu und die Frage nach dem historischen Jesus, in: *ders.* (Hrg.), Rückfrage nach Jesus. Zur Methodik und Bedeutung der Frage nach dem historischen Jesus, QD 63, Freiburg. Basel. Wien 1974, S. 174–193. – THEISSEN, G., Urchristliche Wundergeschichten. Ein Beitrag zur formgeschichtlichen Erforschung der synoptischen Evangelien, StNT 8, Gütersloh 1974.

– KOCH, D.-A., Die Bedeutung der Wundererzählungen für die Christologie des Markusevangeliums, BZNW 42, Berlin. New York 1975. – KERTELGE, K., Die Wunder Jesu in der neueren Exegese, in: Theologische Berichte V, Einsiedeln. Köln 1976, S. 71–105. – ANNEN, F., Die Dämonenaustreibungen Jesu in den synoptischen Evangelien, in: Theologische Berichte V, Einsiedeln. Köln 1976, S. 107–146. – BETZ, O.–GRIMM, W., Wesen und Wirklichkeit der Wunder Jesu. Heilungen–Rettungen–Zeichen–Aufleuchtungen. Jes 60,5 ,,Da wirst du schauen und strahlen, dein Herz wird beben und weit werden", Arbeiten zum Neuen Testament und Judentum (ANTJ) Bd. 2, Frankfurt. Bern. Las Vegas 1977. – HOLLADAY, C. R., Theios Aner in Hellenistic Judaism: A Critique of the Use of this Category in New Testament Christology, Society of Biblical Literature, Diss. Ser. Nr. 40, Missoula/Mont. 1977. – LÉON-DUFOUR, X. (éd.), Les miracles de Jésus selon le Nouveau Testament, Parole de Dieu 16, Paris 1977. – MAILLOT, A., Les miracles de Jésus, Les Cahiers de Réveil, Tournon 1977. – DIETZFELBIN-GER, C.., Vom Sinn der Sabbatheilungen Jesu, EvTh 38, 1978, S. 281–298. – KÜMMEL, W. G., Jesusforschung seit 1965. IV. Bergpredigt–Gleichnisse–Wunderberichte (mit Nachträgen), ThR, N.F. 43, 1978, S. 105–161. 233–265 (bes. S. 142–161). – MÜLLER, U. B., Krankheit und Heilung. B. Neues Testament, in: SEYBOLD, K.–MÜLLER, U. B., Krankheit und Heilung, Biblische Konfrontationen, Kohlhammer-Taschenbücher Bd. 1008, Stuttgart. Berlin. Köln. Mainz 1978, S. 80–169. 174–176. – NIELSEN, K. H., Ein Beitrag zur Beurteilung der Tradition über die Heilungstätigkeit Jesu, in: FUCHS, A. (Hrg.), Probleme der Forschung, Studien zum Neuen Testament und seiner Umwelt (SNTU) Bd. 3, Wien. München 1978, S. 58–90. – BERG, W., Die Rezeption alttestamentlicher Motive im Neuen Testament – dargestellt an den Seewandelerzählungen, Hochschulsammlung Theologie Exegese Bd.1, Freiburg 1979. – KRATZ, R., Rettungswunder. Motiv-, traditions- und formkritische Aufarbeitung einer biblischen Gattung, Europäische Hochschulschriften, Reihe XXIII, Theologie Bd. 123, Frankfurt. Bern. Las Vegas 1979 (passim). – LOHSE, E., Glaube und Wunder. Ein Beitrag zur theologia crucis in den synoptischen Evangelien, in: Theologia crucis – signum crucis, FS. E. Dinkler, Tübingen 1979, S. 335–350. – SUHL, A. (Hrg.), Der Wunderbegriff im Neuen Testament, Wege der Forschung Bd. CCXCV, Darmstadt 1980. – TRAUTMANN, M., Zeichenhafte Handlungen Jesu. Ein Beitrag zur Frage nach dem geschichtlichen Jesus, forschung zur bibel 37, Würzburg 1980. – ANNEN, F., Die Dämonenaustreibungen Jesu in den synoptischen Evangelien, in: Theologisches Jahrbuch, Leipzig 1981, S. 94–128. – BORGEN, P., Miracles of Healing in the New Testament, StTh 35, 1981, S. 91–106. – KERTELGE, K., Die Wunder Jesu in der neueren Exegese, in: Theologisches Jahrbuch, Leipzig 1981, S. 67–93. – BÖCHER, O., Art. Exorzismus, TRE, Bd. X, 1982, S. 747–750. – KÜMMEL, W. G., Jesusforschung seit 1965: Nachträge 1975–1980, ThR, N. F. 47, 1982, S. 348–383 (bes. Teil IV. Bergpredigt–Gleichnisse–Wunderberichte, S. 366–369). – REMUS, H., Does Terminology Distinguish Early Christian from Pagan Miracles?, JBL 101, 1982, S. 531–551. – WENHAM, G. J., Christ's Healing Ministry and His Attitude to the Law, in: Christ the Lord: Studies in Christology Presented to D. Guthrie, Leicester 1982, S. 115–126. – BÜHNER, J. A., Jesus und die antike Magie. Bemerkungen zu Morton Smith, Jesus der Magier, EvTh 43, 1983, S. 156–175. – DAUTZENBERG, G., Der Glaube in der Jesusüberlieferung, in: JENDORFF, B.–SCHMALENBERG, G. (Hrg.), Anwalt des Menschen. Beiträge aus Theologie und Religionspädagogik, Gießen 1983, S. 41–62. – BORSCH, F. H.,

Power in Weakness: New Hearing for the Gospel Stories of Healing and Disci-
pleship, Philadelphia 1983. – LIPP, W., Der rettende Glaube. – Eine Untersuchung zu den Wundergeschichten im Markusevangelium, Diss. theol. Fachbereich Evang. Theol. Marburg (WS 1983/84, masch.). – WEDER, H., Wunder Jesu
und Wundergeschichten, VuF 29, Heft 1: Wissenschaft vom Neuen Testament,
1984, S. 25–49.

Zu S. 30, Z. 6 (Zur Davidsohnfrage):

LOHSE, E., Art. υἱός κτλ., Abschn. B: Δαυίδ und υἱὸς Δαυίδ im NT, ThW VIII,
[1967] 1969, S. 486–492. – BURGER, C., Jesus als Davidssohn. Eine traditionsgeschichtliche Untersuchung, FRLANT 98, Göttingen 1970. – HAHN, FERD., Art.
υἱός κτλ., EWNT III, 1983, Sp. 912–937 (bes. Sp. 935–937).

Zu S. 31 (Zu Mk 8,31):

STRECKER, G., Die Leidens- und Auferstehungsvoraussagen im Markusevangelium, ZThK 64, 1967, S. 16–39. – HOFFMANN, P., Mk 8,31. Zur Herkunft und
markinischen Rezeption einer alten Überlieferung, in: Orientierung an Jesus.
Zur Theologie der Synoptiker. Für J. Schmid, Freiburg. Basel. Wien 1973, S.
170–204. – SCHMITHALS, W., Die Worte vom leidenden Menschensohn. Ein
Schlüssel zur Lösung des Menschensohn-Problems, in: Theologia crucis – signum
crucis, FS. E. Dinkler, Tübingen 1979, S. 417–445.

Zu 32f. (Zur Deutung von Jes 53):

JEREMIAS, J., παῖς (θεοῦ) im Neuen Testament [Neubearbeitung von *ders.*,
ThW V, 1954, S. 698–713], in: *ders.*, Abba, Studien zur Neutestamentlichen
Theologie und Zeitgeschichte, Göttingen 1966, S. 191–216. – GRIMM, W., Weil ich
dich liebe. Die Verkündigung Jesu und Deuterojesaia, Arbeiten zum Neuen Testament und Judentum 1, Bern. Frankfurt/M. 1976 ([dazu: KÜMMEL, W. G.,
ThR, N.F. 43, 1978, S. 248–250] 2. Aufl. unter dem Titel: Die Verkündigung Jesu
und Deuterojesaja).

Zu S. 34 und Bultmann Lit.Verz./Nachtrag S. 603f.:

II. Das Kerygma der Urgemeinde.
BULTMANN, R., Das Urchristentum im Rahmen der antiken Religionen, Zürich.
Stuttgart 1949 (auch in: rowohlts deutsche enzyklopädie, Bd. 157/158, Reinbek
1962). – GRUNDMANN, W., Geschichte und Botschaft des Urchristentums in ihrer
religiösen Umwelt, in: LEIPOLDT, J. – GRUNDMANN, W., Umwelt des Urchristen-
tums, Bd. I, Berlin [2]1967, S. 416–475. – FILSON, V., Geschichte des Christentums
in neutestamentlicher Zeit, Düsseldorf 1968. – CONZELMANN, H., Geschichte des
Urchristentums, Grundrisse zum Neuen Testament. NTD Ergänzungsreihe 5,
Göttingen (1969) [2]1971. – KÖSTER, H. – ROBINSON, J. M., Entwicklungslinien
durch die Welt des frühen Christentums, Tübingen 1971. – LÜHRMANN, D.,
Erwägungen zur Geschichte des Urchristentums, EvTh 32, 1972, S. 452–467. –
HOLTZ, T., Überlegungen zur Geschichte des Urchristentums, ThLZ 100, 1975,
Sp. 321–332. – BRUCE, F. F., Zeitgeschichte des Neuen Testaments. Teil II. Von
Jerusalem bis Rom, Wuppertal 1976. – BRUCE, F. F., Men and Movements in the
Primitive Church. Studies in Early Non-Pauline Christianity, Exeter 1979. –

GRANT, R. M., Christen als Bürger im Römischen Reich, Sammlung Vandenhoeck, Göttingen 1981. – KRAFT, H., Die Entstehung des Christentums, Darmstadt 1981. – SCHNEEMELCHER, W., Das Urchristentum, Urban-Taschenbücher/Kohlhammer Taschenbücher Bd. 336, Stuttgart. Berlin. Köln. Mainz 1981. – FULLER, R. H., New Testament Trajectories and Biblical Authority, in: Studia Evangelica Vol. VII: Papers presented to the Fifth International Congress on Biblical Studies held at Oxford 1973, ed. by E. A. LIVINGSTONE, TU 126, Berlin 1982, S. 189–199 (zu KÖSTER, H.–ROBINSON, J. M., Entwicklungslinien, s. o.). – WALLACE-HADRILL, D. S., Christian Antioch. A study of early Christian thougt in the East, Cambridge. London. New York 1982. – BROWN, R. E.–MEIER, J. P., Antioch and Rome. New Testament Cradles of Catholic Christianity, New York. Ramsey 1983. – KÜMMEL, W. G., Das Urchristentum, ThR, N.F. 48, 1983, S. 101–128.

Zu S. 35 und Bultmann Lit.Verz./Nachtrag S. 604:

§ 5: Das Problem des Verhältnisses der Verkündigung der Urgemeinde zur Verkündigung Jesu.

ANDERSON, H., Jesus und Christian Origins. A Commentary on modern Viewpoints, New York. Oxford 1964. – FUCHS, E., Einleitung. Zur Frage nach dem historischen Jesus. Ein Nachwort, in: *ders.*, Glaube und Erfahrung. Zum christologischen Problem im Neuen Testament, Ges. Aufs. III, Tübingen 1965, S. 1–31. – KÜMMEL, W. G., Jesusforschung seit 1950, ThR, N.F. 31, 1965/66, S. 15–46. 289–315. – WILCKENS, U., Jesusüberlieferung und Christuskerygma – Zwei Wege urchristlicher Überlieferungsgeschichte, TheolViat 10, 1966, S. 310–330. – BALZ, H. R., Methodische Probleme der neutestamentlichen Christologie, WMANT 25, Neukirchen-Vluyn 1967. – ROBINSON, J. M., Kerygma und historischer Jesus, Zürich. Stuttgart ²1967. – REUMANN, J., Jesus in the Church's Gospels: Modern Scholarship and the Earliest Sources, Philadelphia 1968. – SLENCZKA, R., Geschichtlichkeit und Personsein Jesu Christi. Studien zur christologischen Problematik der historischen Jesusfrage, Forschungen zur Systematischen und Ökumenischen Theologie 18, Göttingen 1967. – SCHILLE, G., Prolegomena zur Jesusfrage, ThLZ 93, 1968, Sp. 481–488. – BOUTTIER, M., Le Christ de l'histoire au Jésus des évangiles, Avenir de la théologie 7, Paris 1969. – STRECKER, G., Die historische und theologische Problematik der Jesusfrage, EvTh 29, 1969, S. 453–476. – DELLING, G., Der „historische Jesus" und der „kerygmatische Christus", in: *ders.*, Studien zum Neuen Testament und zum hellenistischen Judentum. Gesammelte Aufsätze 1950 bis 1968, Göttingen 1970, S. 176–202. – HAHN, FERD., Methodenprobleme einer Christologie des Neuen Testaments, VuF 15, 1970, Heft 2, S. 3–41. – GNILKA, J., Jesus Christus nach frühen Zeugnissen des Glaubens, Biblische Handbibliothek VIII, München 1970. – STUHLMACHER, P., Kritische Marginalien zum gegenwärtigen Stand der Frage nach Jesus, in: Fides et communicatio, FS. M. Doerne, Göttingen 1970, S. 341–361. – VÖGTLE, A., Das Evangelium und die Evangelien. Beiträge zur Evangelienforschung, Kommentare und Beiträge zum Alten und Neuen Testament, Düsseldorf 1971. – ERNST, J., Die Anfänge der Christologie, SBS 57, Stuttgart 1972. – SCHIERSE, F. J., Christologie – Neutestamentliche Aspekte, in: Jesus von Nazareth, hrg. v. F. J. SCHIERSE., Grünewald-Materialbuch 3, Mainz 1972, S. 153–155. – HENGEL, M., Christologie und neutestamentliche Chronologie, in: Neues Testament und Geschichte. Historisches Geschehen und Deutung im

Neuen Testament, O. Cullmann zum 70. Geburtstag. Zürich. Tübingen 1972, S. 43–67. – JELLOUSCHEK, H., Zur christologischen Bedeutung der Frage nach dem historischen Jesus, ThQ 152, 1972, S. 112–123. – MÜLLER, KARLHEINZ (Hrg.), Die Aktion Jesu und die Re-Aktion der Kirche. Jesus von Nazareth und die Anfänge der Kirche, Würzburg 1972. – SCHULZ, S., Die neue Frage nach dem historischen Jesus, in: Neues Testament und Geschichte. Historisches Geschehen und Deutung im Neuen Testament, O. Cullmann zum 70. Geburtstag, Zürich. Tübingen 1972, S. 33–42. – GRÄSSER, E., Christologie und historischer Jesus. Kritische Anmerkungen zu Herbert Brauns Christologieverständnis, ZThK 70, 1973, S. 404–419. – GRÄSSER, E., Motive und Methoden der neueren Jesusliteratur. An Beispielen dargestellt, VuF 18, 1973, [1974] Heft 2, S. 3–45. – HAHN, FERD., Die Frage nach dem historischen Jesus, TrThZ 82, 1973, S. 192–205. – ROLOFF, J., Auf der Suche nach einem neuen Jesusbild. Tendenzen und Aspekte der gegenwärtigen Diskussion. ThLZ 98, 1973, Sp. 561–572. – WAGNER, F., Systematisch-theologische Erwägungen zur neuen Frage nach dem historischen Jesus, KuD 19, 1973, S. 287–304. – BIRKEL, H. F., Das Verhältnis von existentialer Interpretation und historischer Jesusfrage als Problem des Verstehens in der Theologie bei Bultmann und Ebeling, Diss. theol. Erlangen, WS 1973/74, bes. S. 86–148. – KERTELGE, K. (Hrg.), Rückfrage nach Jesus. Zur Methodik und Bedeutung der Frage nach dem historischen Jesus, QD 63, Freiburg. Basel. Wien 1974 (daraus bes.: HAHN, FERD., Methodologische Überlegungen zur Rückfrage nach Jesus, S. 11–77). – KÜMMEL, W. G., Jesu Antwort an Johannes den Täufer. Ein Beispiel zum Methodenproblem in der Jesusforschung, Sitzungsberichte der Wissenschaftlichen Gesellschaft an der Johann-Wolfgang-Goethe-Universität Frankfurt/Main Bd. XI, Nr. 4, Wiesbaden 1974 (bes. S. 5–24). – SCHWEIZER, E., Wer ist Jesus Christus?, ThLZ 99, 1974, Sp. 721–732. – STANTON, G. N., Jesus of Nazareth in New Testament Preaching, SNTSMS 27, London 1974. – DUPONT, J. (éd.), Jésus aux origines de la christologie, Bibliotheca Ephemeridum Theologicarum Lovaniensium XL, Gembloux/Louvain 1975. – KÜMMEL, W. G., Ein Jahrzehnt Jesusforschung (1965–1975), ThR, N.F. 40, 1975, S. 289–336. – LINDEMANN, A., Jesus in der Theologie des Neuen Testaments, in: Jesus Christus in Historie und Theologie, Neutestamentliche Festschrift für H. Conzelmann, Tübingen 1975, S. 27–57. – SCHULZ, S., Der historische Jesus. Bilanz der Fragen und Lösungen, in: Jesus Christus in Historie und Theologie, Neutestamentliche Festschrift für H. Conzelmann, Tübingen 1975, S. 3–25. – MARXSEN, W., Die urchristlichen Kerygmata und das Ereignis Jesus von Nazareth, ZThK 73, 1976, S. 42–64. – WALTER, N., „Historischer Jesus" und Osterglaube, ThLZ 101, 1976, Sp. 321–338. – MÜLLER, M., Der Jesus der Historiker, der historische Jesus und die Christusverkündigung der Kirche, KuD 22, 1976, S. 277–298. – GÄRTNER, B. E., Der historische Jesus und der Christus des Glaubens. Eine Reflexion über die Bultmannschule und Lukas, in: FUCHS, A. (Hrg.), Theologie aus dem Norden, Studien zum Neuen Testament und seiner Umwelt (SNTU), Ser. A Bd. 2, LinzFreistadt 1977, S. 9–18. – MARSHALL, I. H., I Believe in the Historical Jesus, London. Sydney. Auckland, Toronto 1977. – MARSHALL, I. H., The Origins of New Testament Christology, Leicester 1977. – MOULE, C. F. D., The Origin of Christology, Cambridge. London. New York. Melbourne 1977. – SCHULZE, W., Vom Kerygma zurück zu Jesus. Die Frage nach dem historischen Jesus in der Bultmannschule, Aufsätze und Vorträge zur Theologie und Religionswissenschaft H. 68, Berlin 1977. – TRILLING, W., Die Wahrheit von Jesus-Worten in der

Interpretation neutestamentlicher Autoren, KuD 23, 1977, S. 93–112. – VÖGTLE, A., Der verkündende und verkündigte Jesus ,,Christus", in: Wer ist Jesus Christus?, hrg. v. J. SAUER, Freiburg. Basel. Wien 1977, S. 27–91. – SCHNACKENBURG, R., Der Ursprung der Christologie, in: ders., Maßstab des Glaubens. Fragen heutiger Christen im Licht des Neuen Testaments, Freiburg. Basel. Wien 1978, S. 37–61. – SCHNACKENBURG, R., Der maßgebende Glaube an Jesus, den Christus und Gottessohn, ebd., S. 62–87. – HOLTZ, T., Kenntnis von Jesus und Kenntnis Jesu. Eine Skizze zum Verhältnis zwischen historisch-philologischer Erkenntnis und historisch-theologischem Verständnis, ThLZ 104, 1979, Sp. 1–12. – LATTKE, M., Neue Aspekte der Frage nach dem historischen Jesus, Kairos 21, 1979, S. 288–299. – DUNN, J. D. G., Christology in the Making: A New Testament Inquiry into the Origins of the Doctrine of the Incarnation, London 1980. – McDONALD, J. I. H., New Quest-Dead End? So What about the Historical Jesus?, in: Studia Biblica: II. Papers on The Gospels. Sixth International Congress on Biblical Studies, Oxford 3–7 April 1978, ed. by E. A. LIVINGSTONE, Journal for the Study of the New Testament, Suppl. Ser. 2, Sheffield 1980, S. 151–170. – BANKS, R. J., Setting ,,The Quest for the Historical Jesus" in a Broader Framework, in: Gospel Perspectives. Studies in History and Tradition in the Four Gospels, Vol. II, Ed. by R. T. France and D. Wenham, Sheffield 1981, S. 61–82. – KECK, L., A Future for the Historical Jesus. The Place of Jesus in Preaching and Theology, Philadelphia 1981. – KRAFT, H., Die Evangelien und die Geschichte Jesu, ThZ 37, 1981, S. 321–341. – THÜSING, W., Die neutestamentlichen Theologien und Jesus Christus. I. Kriterien aufgrund der Rückfrage nach Jesus und des Glaubens an seine Auferweckung, Bd. I, Düsseldorf 1981. – WIEFEL, W., Jesuanismus im Urchristentum, in: Theologische Versuche XII, hrg. v. J. ROGGE und G. SCHILLE, Berlin 1981, S. 11–24. – BARTNIK, C., Le Christ kérygmatique, Collectanea Theologica 52 [fasc. specialis], S. 39–52. – CHARLESWORTH, J. H., The Historical Jesus in Light of Writings Contemporaneous with Him, in: Aufstieg und Niedergang der römischen Welt. Geschichte und Kultur Roms im Spiegel der neueren Forschung II.25,1: Principat: Religion (Vorkonstantinisches Christentum: Leben und Umwelt Jesu; Neues Testament [Kanonische Schriften und Apokryphen]), hrg. v. W. HAASE, Berlin. New York 1982, S. 451–476. – MARSHALL, I. H., Incarnational Christology in the New Testament, in: Christ the Lord: Studies in Christology Presented to D. Guthrie, Leicester 1982, S. 1–16. – ROBINSON, J. M., Jesus: From Easter to Valentinus (or to the Apostels' Creed), JBL 101, 1982, S. 5–37. – HÄRING, H., Rückfrage nach Jesus. Zum Verhältnis von systematischer und neutestamentlicher Theologie, Orientierung 47, 1983, S. 110–112. – HOLLADAY, C. R., New Testament Christology: Some Considerations of Method, NovT 25, 1983, S. 257–278. – MOULE, C. F. D., Jesus of Nazareth and the Church's Lord, in: Die Mitte des Neuen Testaments. Einheit und Vielfalt neutestamentlicher Theologie. FS. für E. Schweizer zum 70. Geburtstag, Göttingen 1983, S. 176–186. – SCHULZ, S., Die Anfänge urchristlicher Verkündigung. Zur Traditions- und Theologiegeschichte der ältesten Christenheit, in: Die Mitte des Neuen Testaments. Einheit und Vielfalt neutestamentlicher Theologie. FS. für E. Schweizer zum 70. Geburtstag, Göttingen 1983, S. 254–271. – WEISS, H.-F., Kerygma und Geschichte. Erwägungen zur Frage nach Jesus im Rahmen der Theologie des Neuen Testaments, Berlin 1983. – ZELLER, D., Jesu Wort und Jesus als Wort, in: Freude am Gottesdienst. Aspekte ursprünglicher Liturgie, FS. J. G. Plöger, Stuttgart 1983, S. 145–154. – EICH-

HOLZ, G., Die Frage nach dem historischen Jesus in der gegenwärtigen Forschung, in: ders., Das Rätsel des historischen Jesus und die Gegenwart Jesu Christi, hrg. v. G. SAUTER, ThB 72, München 1984, S. 79–157. – SCHWEIZER, E., Jesusdarstellungen und Christologien seit Rudolf Bultmann, in: JASPERT, B. (Hrg.), Rudolf Bultmanns Werk und Wirkung, Darmstadt 1984, S. 122–148.

Zu S. 39 und Bultmann Lit.Verz./Nachtrag S. 605:

§ *6: Die Urgemeinde als die eschatologische Gemeinde.*

Zu § 6,1:

DIAS, P. V., Kirche. In der Schrift und im 2. Jahrhundert (s. o. zu S. 2 § 1), bes. § 8: ,,Die Kirche des Auferstandenen" (S. 31–33); § 9: ,,Die Sammlung der ersten Jünger und Zeugen Jesu und deren Selbstverständnis" (S. 36–41). – MERKLEIN, H., Die Ekklesia Gottes. Der Kirchenbegriff bei Paulus und in Jerusalem, BZ, N.F. 22, 1978, S. 48–70. – ROLOFF, J., Art. ἐκκλησία κτλ., EWNT I, 1980, Sp. 998–1011. (Lit.).

Zu § 6,2 [S. 40f.]: Zum Ekklesiabegriff:

SCHRAGE, W., ,,Ekklesia" und ,,Synagoge". Zum Ursprung des urchristlichen Kirchenbegriffs, ZThK 60, 1963, S. 178–202. – BERGER, K., Volksversammlung und Gemeinde Gottes. Zu den Anfängen der christlichen Verwendung von ,,ekklesia" ZThK 73, 1976, S. 167–207. – ROLOFF, J., [s. zu § 6,1], bes. Sp. 999–1002.

Zur Gütergemeinschaft:

BRAUN, H., Qumran und das Neue Testament I, Tübingen 1966, S. 143. – HENGEL M., Eigentum und Reichtum in der frühen Kirche, Stuttgart 1973, S. 39ff. – DAUTZENBERG, G., Biblische Perspektiven zu Arbeit und Eigentum, in: Handbuch der christlichen Ethik, Bd. 2, hrg. v. A. HERTZ, W. KORFF, T. RENDTORFF, H. RINGELING, Freiburg. Basel. Wien. Gütersloh 1978, S. 343–362. (Lit.). – KLAUCK, H. J., Gütergemeinschaft in der klassischen Antike, in Qumran und im Neuen Testament, Revue de Qumran, Tom. 11 (Nr. 41), 1982, S. 47–79.

Zu § 6,3 [S. 41f.]:

DINKLER, E., Die Taufaussagen des Neuen Testaments. Neu untersucht im Hinblick auf Karl Barths Tauflehre, in: Zu Karl Barths Lehre von der Taufe, hrg. v. F. VIERING, Gütersloh 1971, S. 60–153, bes. S. 62ff. – ALAND, K., Zur Vorgeschichte der christlichen Taufe, in: Neues Testament und Geschichte. Historisches Geschehen und Deutung im Neuen Testament, O. Cullmann zum 70. Geburtstag, Zürich. Tübingen 1972, S. 1–14. – LOHFINK, G., Der Ursprung der christlichen Taufe, ThQ 156, 1976, S. 35–54. – POKORNÝ, P., Christologie et Baptême à l'Époque du Christianisme Primitif, NTSt 27, 1981, S. 368–380. – BARTH, G., Die Taufe in frühchristlicher Zeit, Biblisch-Theologische Studien 4, Neukirchen-Vluyn 1981. – RUDOLPH, K., Antike Baptisten. Zu den Überlieferungen über frühjüdische und -christliche Taufsekten, Sitzungsberichte der Sächsischen Akademie der Wissenschaften zu Leipzig, Phil.-hist. Kl. Bd. 121, H. 4, Berlin 1981.

Zu § 6,4 [S. 42f.]:

DU TOIT, A. B., Der Aspekt der Freude im urchristlichen Abendmahl, Winterthur 1965. – SANDVIK, B., Das Kommen des Herrn beim Abendmahl im Neuen Testament, AThANT 58, Zürich 1970, bes. S. 13ff.

Zu S. 42, Z. 23 v. o.:

BRAUN, H., Qumran und das Neue Testament II, Tübingen 1966, S. 29ff.

Zu § 6,7 [S. 44] vgl. die Nachträge zu ,,Mission" S. 659f.

Zu § 6,8 [S. 44] ,,Q" vgl. die Lit. zu S. 2, Z. 25 v. o. [= Nachträge S. 633].

Zu S. 45 und Bultmann Lit.Verz./Nachtrag S. 605:

§ 7: Die Bedeutung Jesu für den Glauben der Urgemeinde.

FULLER, R. H., The Foundations of New Testament Christology, London 1965 (bes. S. 142–182). – BEARE, F. W., Sayings of the Risen Jesus in the Synoptic Tradition: An Inquiry into their Origin and Significance, in: Christian History and Interpretation: Studies presented to John Knox, London 1967, S. 161–181. – THÜSING, W., Erhöhungsvorstellung und Parusieerwartung in der ältesten nachösterlichen Christologie, SBS 42, Stuttgart o.J. (1970). – HENGEL, M., Christologie und neutestamentliche Chronologie. Zu einer Aporie in der Geschichte des Urchristentums, in: Neues Testament und Geschichte. Historisches Geschehen und Deutung im Neuen Testament, O. Cullmann zum 70. Geburtstag, Zürich. Tübingen 1972, S. 43–67. – AUNE, D. E., The Significance of the Delay of the Parousia for Early Christianity, in: Current Issues in Biblical and Patristic Interpretation. Studies in Honor of Merril C. Tenney, Grand Rapids/Mich. 1975, S. 87–109. – ARENS, E., The HΛΘON-Sayings in the Synoptic Tradition. A Historical Critical Investigation, Freiburg/Sch. Göttingen 1976. – GOURGES, M., A la droite de Dieu. Résourrection de Jésus et actualisation du Psaume 110,1 dans le Nouveau Testament, Études bibliques, Paris 1978. – DUNN, J. D. G., Christology in the Making: A New Testament Inquiry into the Origins of the Doctrine of Incarnation, London 1980. – BORING, M. E., Sayings of the Risen Jesus: Christian Prophecy in the Synoptic Tradition, SNTSMS 46, Cambridge. London. New York. Melbourne. Sydney 1982. – LINDARS, B., Christ and Salvation, BJRL 64, 1982, S. 481–500.

Zu S. 48: Osterglaube:

MARXSEN, W., DELLING, G., GEYER, H. G., Die Bedeutung der Auferstehungsbotschaft für den Glauben, Gütersloh 1966. – BRANDENBURGER, E., Die Auferstehung der Glaubenden als historisches und theologisches Problem, WuD 9, 1967, S. 16–33. – SEIDENSTICKER, P., Die Auferstehung Jesu in der Botschaft der Evangelisten, SBS 26, Stuttgart 1967. – KREMER, J., Das älteste Zeugnis von der Auferstehung Jesu Christi (I. Kor. 15,1–11), SBS 17, Stuttgart [2]1967. – BLANK, J., Paulus und Jesus. Eine theologische Grundlegung, StANT XVIII, München 1968, S. 133–183. – LEHMANN, K., Auferweckt am dritten Tag nach der Schrift. Früheste Christologie, Bekenntnisbildung und Schriftauslegung im Licht von 1. Kor 15,3–5, QD 38, Freiburg. Basel. Wien 1968. – MARXSEN, W., Die Auferstehung Jesu von Nazareth, Gütersloh 1968. – SCHENKE, L., Auferstehungsverkündigung und leeres Grab, SBS 33, Stuttgart 1968. – MUSSNER, F., Die Auferstehung Jesu, Theologische Handbibliothek VII, München 1969. – DELLING, G., Die Bedeutung der Auferstehung Jesu für den Glauben an Jesus Christus, in: *ders.*, Studien zum Neuen Testament und zum hellenistischen Judentum. Gesammelte Aufsätze 1950–1968, Göttingen 1970, S. 347–370. – EVANS, C. F.,

Resurrection and the New Testament, Studies in Biblical Theology II, 25, London 1970. – KEGEL, G., Auferstehung Jesu – Auferstehung der Toten, Gütersloh 1970. – WILCKENS, U., Auferstehung. Das biblische Auferstehungszeugnis historisch untersucht und erklärt, Themen der Theologie 4, Stuttgart. Berlin 1970. – FRIEDRICH, G., Die Auferweckung Jesu, eine Tat Gottes oder ein Interpretament der Jünger?, KuD 17, 1971, S. 153–187. – FRIEDRICH, G., Die Bedeutung der Auferweckung Jesu nach Aussagen des Neuen Testaments, ThZ 27, 1971, S. 305–324. – TEEPLE, H. M., The Historical Beginnings of the Resurrection Faith, in: Studies in New Testament and Early Christian Literature, Essays in Honor of A. P. Wikgren, Leiden 1972, S. 107–120. – PESCH, R., Zur Entstehung des Glaubens an die Auferstehung Jesu ThQ 153, 1973, S. 201–228. – RIGAUX, B., Dieu l'a ressuscité, Gembloux 1973. – STUHLMACHER, P., Das Bekenntnis zur Auferweckung Jesu von den Toten und die Biblische Theologie, ZThK 70, 1973, S. 365–403. – PALMER, D. W., The Resurrection of Jesus and the Mission of the Church, in: Reconciliation and Hope. New Testament Essays on Atonement and Eschatology, presented to L. L. Morris, Grand Rapids/Mich. 1974, S. 205–223. – LÉON-DUFOUR, X., Resurrection and the Message of Easter, London 1974. – BECKER, J., Das Gottesbild Jesu und die älteste Auslegung von Ostern, in: Jesus Christus in Historie und Theologie, Neutestamentliche Festschrift für H. Conzelmann, Tübingen 1975, S. 105–126. – VÖGTLE, A./PESCH, R., Wie kam es zum Osterglauben?, Düsseldorf 1975. – BECKER, J., Auferstehung der Toten im Urchristentum, SBS 82, Stuttgart 1976. – KIENZLER, K., Logik der Auferstehung. Eine Untersuchung zu R. Bultmann, G. Ebeling und W. Pannenberg, Freiburger theologische Studien 100, Freiburg. Basel. Wien 1976 (bes. S. 22–63. 156–159 u. ö.). – BERGER, K., Die Auferstehung des Propheten und die Erhöhung des Menschensohnes. Traditionsgeschichtliche Untersuchungen zur Deutung des Geschickes Jesu in frühchristlichen Texten, StUNT 13, Göttingen 1976. – LÉON-DUFOUR, X., Das Sprechen von Auferstehung, in: Jesus in der Verkündigung der Kirche, hrg. v. A. FUCHS, Studien zum Neuen Testament und seiner Umwelt (SNTU), Ser. A Bd. 1, Linz-Freistadt 1976, S. 26–49. – BREUSS, J., Ostern verkündigen. Entwurf einer Fundamentalkerygmatik, München 1977. – DORÉ J., La résurrection de Jésus à l'épreuve du discours théologique, Rech. sc. rel. 65, 1977, S. 279–304. – LOHSE, E., Tod und Leben. B. Tod und Leben im Neuen Testament, in: KAISER, O. – LOHSE, E., Tod und Leben, Biblische Konfrontationen, Kohlhammer-Taschenbücher Bd. 1001, Stuttgart. Berlin. Köln. Mainz 1977, S. 81–142. 157–160. – MINEAR, P. S., To Die and to Live. Christ's Resurrection and Christian Vocation, New York 1977. – CANTINAT, J., Réflexions sur la résourrection de Jésus (d'après saint Paul et saint Marc), Paris 1978. – GOURGES, M., A la droite de Dieu. Résourrection de Jésus et actualisation du Psaume 110,1 dans le Nouveau Testament, Études bibliques, Paris 1978. – GRESHAKE, G. – LOHFINK, G., Naherwartung, Auferstehung, Unsterblichkeit. Untersuchungen zur christlichen Eschatologie, QD 71, Freiburg. Basel. Wien [3]1978. – POKORNÝ, P., Die Hoffnung auf das ewige Leben im Spätjudentum und Urchristentum, Aufsätze und Vorträge zur Theologie und Religionswissenschaft H. 70, Berlin 1978. – HOFFMANN, P., Art. Auferstehung. I. Auferstehung der Toten. I/3. Neues Testament. TRE, Bd. IV, 1979, S. 450–467. – HOFFMANN, P., Art. Auferstehung. II. Auferstehung Jesu Christi. II/1. Neues Testament, TRE, Bd. IV, 1979, S. 478–513. (Lit.). – SCHILLEBEECKX, E., Die Auferstehung Jesu als Grund der Erlösung. Zwischenbericht über die Prolegomena einer Christologie, QD 78,

Freiburg. Basel. Wien 1979. – STEMBERGER, G., Art. Auferstehung. I. Auferstehung der Toten. I/2. Judentum, TRE, Bd. IV, 1979, S. 441–450. – BARTSCH, H.-W., Inhalt und Funktion des urchristlichen Osterglaubens, NTSt 26, 1979/80, S. 180–196. – LINDEMANN, A., Die Osterbotschaft des Markus. Zur theologischen Interpretation von Mark 16.1–8, NTSt 26, 1979/80, S. 298–317. – FISCHER, K. M., Das Ostergeschehen, (Berlin ¹1978) Göttingen ²1980. – JANSEN, J. F., The Resurrection of Jesus Christ in New Testament Theology, Philadelphia 1980. – KREMER, J., Art. ἀνάστασις κτλ., EWNT I, 1980, Sp. 210–221. – NEIRYNCK, F., Marc 16,1–8. Tradition et rédaction, Ephemerides Theologicae Lovanienses 56, 1980, S. 56–88. – PAULSEN, H., Mk XVI, 1–8, NovT XXII, 1980, S. 138–175. – BLANK, J., Zur Bedeutung des Osterglaubens, in: ders., Christliche Orientierungen, Düsseldorf 1981, S. 150–159. – CRAIG, W. L., The Empty Tomb of Jesus, in: Gospel Perspectives. Studies in History and Tradition in the Four Gospels, Vol. II, Ed. by R. T. FRANCE and D. WENHAM, Sheffield 1981, S. 173–200. – KIEFFER, R., Résurrection du Christ et résurrection génerale. Essai de structuration de la pensée paulinienne, Nouvelle Revue Theologique 113, 1981, S. 330–344. – LÉON-DUFOUR, X., Als der Tod seinen Schrecken verlor. Die Auseinandersetzung Jesu mit dem Tod und die Deutung des Paulus. Ein Befund, Olten. Freiburg i.Br. 1981 (frz.: Face à la mort Jésus et Paul, Éditions du Seuil, Paris 1979). – MERKLEIN, H., Die Auferweckung Jesu und die Anfänge der Christologie (Messias bzw. Sohn Gottes und Menschensohn), ZNW 72, 1981, S. 1–26. – ROCHAIS, G., Les récits de résurrection des morts dans le Nouveau Testament, SNTSMS 40, Cambridge. London. New York. New Rochelle. Melbourne. Sydney 1981. – SCHWEIZER, E., Auferstehung – Wirklichkeit oder Illusion?, EvTh 41, 1981, S. 2–19. – STUHLMACHER, P., Jesu Auferweckung und die Gerechtigkeitsanschauung der vorpaulinischen Missionsgemeinden, in: ders., Versöhnung, Gesetz und Gerechtigkeit. Aufsätze zur biblischen Theologie, Göttingen 1981, S. 66–86. – BARTSCH, H.-W., Inhalt und Funktion des urchristlichen Osterglaubens, in: Aufgang und Niedergang der römischen Welt. Geschichte und Kultur Roms im Spiegel der neueren Forschung II.25,1 Principat: Religion (Vorkonstantinisches Christentum: Leben und Umwelt Jesu; Neues Testament [Kanonische Schriften und Apokryphen]), hrg. v. W. HAASE, Berlin. New York 1982, S. 795–843 [mit Bibliographie bis 1973 (von H. RUMPELTES, Frankfurt a.M.), S. 844–873; Bibliographie bis 1980 (von TH. POLA, Tübingen), S. 873–890]. – DERRETT, J. D. M., The Anastasis: The Resurrection of Jesus as an Historical Event, Shipstone-on Stour 1982. – OBERLINNER, L., Die Verkündigung der Auferweckung Jesu im geöffneten und leeren Grab. Zu einem vernachlässigten Aspekt in der Diskussion um das Grab Jesu, ZNW 73, 1982, S. 159–182. – WINDEN, H.-W., Wie kam und wie kommt es zum Osterglauben? Darstellung, Beurteilung und Weiterführung der durch Rudolf Pesch ausgelösten Diskussion, Disputationes Theologicae Bd. 12, Frankfurt/M. Bern 1982. – PESCH, R., Zur Entstehung des Glaubens an die Auferstehung Jesu. Ein neuer Versuch, Freiburger Zeitschrift für Theologie und Philosophie 30, 1983, S. 73–98.

Zu S. 49f., bes. S. 50, Z. 7 v.o.:

ROLOFF, J., Anfänge der soteriologischen Deutung des Todes Jesu (Mk X. 45 und Lk XXII. 27), NTSt 19, 1971/72, S. 38–64. – RUPPERT, L., Jesus als der leidende Gerechte? Der Weg Jesu im Lichte eines alt- und zwischentestamentlichen Motivs, Stuttgart 1972. – GRIMM, W., Weil ich dich liebe. (s. zu S. 32f.). – STUHLMACHER, P., Zur neueren Exegese von Röm 3,24–26, in: Jesus und Paulus, FS. W. G. Kümmel, Göttingen 1975, S. 315–333. – KERTELGE, K., Der Tod Jesu. Deutungen im Neuen Testament, QD 74, Freiburg. Basel. Wien 1976 (daraus bes.: GNILKA, J., Wie urteilte Jesus über seinen Tod?, S. 13–50; VÖGTLE, A., Todesankündigungen und Todesvermächtnis Jesu, S. 51–113; PESCH, R., Das Abendmahl und Jesu Todesverständnis, S. 137–187; SCHNACKENBURG, R. (mit Teilbeiträgen von O. KNOCH und W. BREUNING), Ist der Gedanke des Sühnetodes Jesu der einzige Zugang zum Verständnis unserer Erlösung durch Jesus Christus?, S. 205–230). – GUBLER, M.-L., Die frühesten Deutungen des Todes Jesu. Eine motivgeschichtliche Darstellung aufgrund der neueren exegetischen Forschung, Orbis Biblicus et Orientalis 15, Freiburg/Schw. Göttingen 1977. (Lit.). – HOWARD, V., Did Jesus Speak about his own Death?, CBQ 39, 1977, S. 512–527. – RUPPERT, L., Das Skandalon eines gekreuzigten Messias und seine Überwindung mit Hilfe der geprägten Vorstellung vom leidenden Gerechten, in: Kirche und Bibel. Festgabe für Bischof Eduard Schick, Paderborn. München. Wien. Zürich 1979, S. 319–341. – HAHN, FERD., Das Abendmahl und Jesu Todesverständnis, Theologische Revue 76, 1980, Sp. 265–272. – OBERLINNER, L., Todeserwartung und Todesgewißheit Jesu. Zum Problem einer historischen Begründung, Stuttgarter Biblische Beiträge 10, Stuttgart 1980. – PESCH, R., Das Abendmahl und Jesu Todesverständnis, QD 80, Freiburg. Basel. Wien 1980. – SCHLIER, H., Der Tod im urchristlichen Denken, in: ders., Der Geist und die Kirche. Exegetische Aufsätze und Versuche IV, Freiburg. Basel. Wien 1980, S. 101–116. – SCHÜRMANN, H., Jesu Todesverständnis im Verstehenshorizont seiner Umwelt, ThGl 70, 1980, S. 141–160. – SCHÜRMANN, H., Jesu ureigenes Todesverständnis, in: Begegnung mit dem Wort, FS. H. Zimmermann, BBB 53, Bonn 1980, S. 273–309. – STEICHELE, H.-J., Der leidende Sohn Gottes. Eine Untersuchung einiger alttestamentlicher Motive in der Christologie des Markusevangeliums, BU 14, Regensburg 1980. – STUHLMACHER, P., Existenzstellvertretung für die Vielen: Mk 10,45 (Mt 20,28), in: Werden und Wirken des Alten Testaments, FS. C. Westermann, Göttingen. Neukirchen-Vluyn 1980, S. 412–427. – KLEINKNECHT, K. TH., Der leidende Gerechtfertigte. Untersuchungen zur alttestamentlich-jüdischen Tradition vom ‚leidenden Gerechten‘ und ihrer Rezeption bei Paulus, Diss. Evang. Theol. Fak. Tübingen 1981 (2 Bde). – LÉON-DUFOUR, X., Als der Tod seinen Schrecken verlor. Die Auseinandersetzung Jesu mit dem Tod und die Deutung des Paulus. Ein Befund, Olten. Freiburg i.Br. 1981 (frz.: Face à la mort Jésus et Paul, Éditions du Seuil, Paris 1979). – O'NEILL, J. C., Did Jesus teach that his death would be vicarious as well as typical?, in: Suffering and Martyrdom in the New Testament. Studies presented to G. M. Styler by the Cambridge New Testament Seminar, Cambridge. London. New York. New Rochelle. Melbourne. Sydney 1981, S. 9–27. – FRIEDRICH, G., Die Verkündigung des Todes Jesu im Neuen Testament, Biblisch-Theologische Studien 6, Neukirchen-Vluyn 1982. – JANOWSKI, B., Auslösung des verwirkten Lebens. Zur Geschichte und Struktur der biblischen Lösegeldvorstellung, ZThK 79, 1982, S. 25–59. – JANOWSKI, B., Sühne als Heilsgeschehen. Studien zur Sühnetheologie der Priesterschrift und zur Wurzel KPR im Alten Orient und im Alten Testament, WMANT 55, Neukirchen-Vluyn 1982. – KERTELGE, K., Die ‚reine Opfergabe‘. Zum Verständnis des ‚Opfers‘ im Neuen Testament, in: Freude am Gottesdienst. Aspekte ursprünglicher Liturgie. FS. J. G. Plöger, Stuttgart 1983, S. 347–360. – SCHÜRMANN, H., Gottes Reich – Jesu Geschick. Jesu ureigener Tod im Licht seiner Basileia-Verkündigung, Freiburg. Basel. Wien 1983.

Zu S. 51–56:

vgl. die zu S. 26 f. genannten Untersuchungen zu den christologischen Titulaturen; dazu: HENGEL, M., Erwägungen zum Sprachgebrauch von Χριστός bei Paulus und in der ‚vorpaulinischen‘ Überlieferung, in: Paul and Paulinism. Essays in honour of C. K. Barrett, London 1982, S. 135–159. – HAHN, FERD., Art. Χριστός κτλ., EWNT III, 1983, Sp. 1147–1165. (Lit.).

Zu S. 55, Z. 19 v. o.:

FITZMYER, J. A., The Contribution of Qumran Aramaic to the Study of the New Testament, NTSt 20, 1973/74, S. 382–407. – FITZMYER, J. A., Der semitische Hintergrund des neutestamentlichen Kyriostitels, in: Jesus Christus in Historie und Theologie, Neutestamentliche Festschrift für H. Conzelmann, Tübingen 1975, S. 267–298. – HENGEL, M., Der Sohn Gottes. Die Entstehung der Christologie und die jüdisch-hellenistische Religionsgeschichte, Tübingen 1975, bes. S. 120–130. – FITZMYER, J. A., Art. κύριος, EWNT II, 1981, Sp. 811–820.

Zu S. 56 und Bultmann Lit.Verz./Nachtrag S. 605:

§ 8: *Ansätze zur Ausbildung kirchlicher Formen.*
ROLOFF, J., Apostolat–Verkündigung–Kirche. Ursprung, Inhalt und Funktion des kirchlichen Apostelamtes nach Paulus, Lukas und den Pastoralbriefen, Gütersloh 1965, bes. S. 166 ff. 169 ff. 211 ff. – SCHNACKENBURG, R., Lukas als Zeuge verschiedener Gemeindestrukturen, BuL 12, 1971, S. 232–247. – KERTELGE, K., Gemeinde und Amt im Neuen Testament, Biblische Handbibliothek X, München 1972, bes. S. 55 ff. – CULVER, R. D., Apostles and Apostolate in the New Testament, Bibliotheca Sacra 134, 1977, S. 131–143. – ROLOFF, J., Art. Apostel/ Apostolat/Apostolizität. I. Neues Testament, TRE, Bd. III, 1978, S. 430–445. (Lit.). – TRILLING, W., Die Entstehung des Zwölferkreises. Eine geschichtskritische Überlegung, in: Die Kirche des Anfangs. Für Heinz Schürmann, Leipzig 1978. Freiburg. Basel. Wien 1978, S. 201–222. – BÜHNER, J.-A., Art. ἀπόστολος., EWNT I, 1980, Sp. 342–351. (Vgl. auch die Lit. zu ,,Dritter Teil: Die Entstehung der Alten Kirche" [bes. zu I (S. 718); zu § 51 (S. 718 f.); zu § 52 (S. 719 f.]).

Zum Gottesdienst:
CONZELMANN, H., Christus im Gottesdienst der neutestamentlichen Zeit, Pastoraltheologie 55, 1966, S. 355–365. – HAHN, FERD., Der urchristliche Gottesdienst, SBS 41, Stuttgart 1970. – BUCHANAN, G. W., Worship, Feasts and Ceremonies in the Early Jewish-Christian Church, NTSt 26, 1979/80, S. 279–297. (Lit.). – HENGEL, M., Hymnus und Christologie, in: Wort in der Zeit. Festgabe für K. H. Rengstorf zum 75. Geburtstag, Leiden 1980, S. 1–25 (= ders., Hymn and Christology, in: Studia Biblica 1978: III. Papers on Paul and Other New Testament Authors. Sixth International Congress on Biblical Studies, Oxford 3–7 April 1978, ed. by E. A. LIVINGSTONE, Journal for the Study of the New Testament, Suppl. Ser. 3, Sheffield 1980, S. 173–197). – FRANCE, R. T., The Worship

of Jesus: A Neglected Factor in Christological Debate?, in: Christ the Lord: Studies in Christology Presented to D. Guthrie, Leicester 1982, S. 17–36. – MARTIN, R. P., Some Reflections on New Testament Hymns, in: Christ the Lord: Studies in Christology Presented to D. Guthrie, Leicester 1982, S. 37–49. – WIMMER, J. F., Fasting in the New Testament: A Study in Biblical Theology, Theological Inquiries: Studies in Contemporary Biblical and Theological Problems, New York. Ramsay. Toronto 1982. – BECKER, H. – KARZYNSKI, R. (Hrg.), Liturgie und Dichtung, St. Ottilien 1983 (daraus bes.: GNILKA, J., Der Christushymnus des Philipperbriefes (2,6–11) und die neutestamentliche Hymnendichtung, S. 173–185; JÖRNS, K.-P., Proklamation und Akklamation. Die antiphonische Grundordnung des frühchristlichen Gottesdienstes nach der Johannesoffenbarung, S. 187–208). – DEICHGRÄBER, R. –HALL, S. G., Art. Formeln, Liturgische. II. Neues Testament und Alte Kirche, TRE, Bd. XI, 1983, S. 256–265. – FIEDLER, P., Neues Testament und Liturgie, Archiv für Liturgiewissenschaft 25, 1983, S. 207–232. (Lit.). – WEISER, A., Die betende Urgemeinde, in: Freude am Gottesdienst. Aspekte ursprünglicher Liturgie. FS. J. G. Plöger, Stuttgart 1983, S. 67–76. – BERGER, K., Art. Gebet. IV. Neues Testament, TRE, Bd. XII, 1984, S. 47–60. – SIGAL, PH., Early Christian and Rabbinic Liturgical Affinities: Exploring Liturgical Acculturation, NTSt 30, 1984, S. 63–90.

Zur Soziallehre:
GRIMM, B., Untersuchungen zur sozialen Stellung der frühen Christen in der römischen Gesellschaft. Diss. phil. München 1975. (Lit.). – THEISSEN, G., Soziologie der Jesusbewegung. Ein Beitrag zur Entstehungsgeschichte des Urchristentums, ThExh 194, München 1977. – HOCK, R. F., The Workshop as a Social Setting for Paul's Missionary Preaching, CBQ 41, 1979, S. 438–450. – MEEKS, W. A. (Hrg.), Zur Soziologie des Urchristentums. Ausgewählte Beiträge zum frühchristlichen Gemeinschaftsleben in seiner gesellschaftlichen Umwelt, ThB 62, München 1979. – THEISSEN, G., Studien zur Soziologie des Urchristentums, WUNT 19, Tübingen 1979 (2., erw. Aufl. 1983). – HOLMBERG, B., Sociological versus Theological Analysis of the Question Concerning a Pauline Church Order, in: PEDERSEN, S. (Hrg.), Die paulinische Literatur und Theologie. The Pauline Literature and Theology, Teologiske Studier 7, Århus. Göttingen 1980, S. 187–200. – SCROGGS, R., The Sociological Interpretation of the New Testament: The Present State of Research, NTSt 26, 1980, S. 164–179. – GLASSWELL, M. E., Some Issues of Church and Society in the Light of Paul's Eschatology, in: Paul and Paulinism. Essays in honour of C. K. Barrett, London 1982, S. 310–319. – KEE, H. C., Das frühe Christentum in soziologischer Sicht. Methoden und Anstöße, UTB 1219, Göttingen. Zürich 1982 (amerik.: Christian Origins in Sociological Perspective, Philadelphia 1980). – KEE, H. C., Miracle in the Early Christian World. A Study in Sociohistorical Method, New Haven. London 1983. – MEEKS, W. A., The First Urban Christians. The Social World of the Apostle Paul, New Haven. London 1983. – MEEKS, W. A., Social Functions of Apocalyptic Language in Pauline Christianity, in: Apocalypticism in the Mediterranean World and the Near East. Proceedings of the International Colloquium on Apocalypticism, Uppsala, August 12–17, 1979, ed. by D. HELLHOLM, Tübingen 1983, S. 687–706. – STOWERS, S. K., Social Status, Public Speaking and Private Teaching: The Circumstances of Paul's Preaching Activity, NovT 26, 1984, S. 59–82.

Mission:

HAHN, FERD., Das Verständnis der Mission im Neuen Testament, WMANT 13, Neukirchen-Vluyn (1963) ²1965, bes. S. 48ff. 65ff. – SCHILLE, G., Anfänge der Kirche. Erwägungen zur apostolischen Frühgeschichte, BevTh 53, München 1966. – KASTING, H., Die Anfänge der urchristlichen Mission. BevTh 55, München 1969, bes. S. 81ff. 99ff. – HENGEL, M., Die Ursprünge der christlichen Mission, NTSt 18, 1971/72, S. 15–38. – FROHNES, H., GENSICHEN, H.-W., KRETSCHMAR, G. (Hrg.), Kirchengeschichte als Missionsgeschichte, Bd. I. Die Alte Kirche, hrg. v. H. FROHNES und U. W. KNORR, München 1974 (daraus bes.: MOLLAND, E., Besaß die Alte Kirche ein Missionsprogramm und bewußte Missionsmethoden?, S. 51–67; KRETSCHMAR, G., Das christliche Leben und die Mission in der frühen Kirche, S. 94–128; Lit. ,,Mission im Neuen Testament", S. 422–425). – PAULSEN, H., Das Kergygma Petri und die urchristliche Apologetik, ZKG 88, 1977, S. 1–37 (bes. S. 33ff.). – BURCHARD, C., Formen der Vermittlung christlichen Glaubens im Neuen Testament. Beobachtungen anhand von κήρυγμα, μαρτυρία und verwandten Wörtern, EvTh 38, 1978, S. 313–357. – KÜNZEL, G., Studien zum Gemeindeverständnis des Matthäus-Evangeliums, CThM, Reihe A Bd. 10, Stuttgart 1978, S. 102–112. 211–217. – HENGEL, M., Zur urchristlichen Geschichtsschreibung, Stuttgart 1979 (bes. ,,II. Die entscheidende Epoche der urchristlichen Geschichte: Der Weg zur universalen Mission", S. 63–105). – DAUTZENBERG, G., Der Wandel der Reich-Gottes-Verkündigung in der urchristlichen Mission, in: Zur Geschichte des Urchristentums, hrg. v. G. DAUTZENBERG, H. MERKLEIN, K. MÜLLER, QD 87, Freiburg. Basel. Wien 1979, S. 11–32. – BURCHARD, C., Jesus für die Welt. Über das Verhältnis von Reich Gottes und Mission, in: Fides pro mundi vita. Missionstheologie heute. Hans-Werner Gensichen zum 65. Geburtstag, Missionswissenschaftliche Forschungen Bd. 14, Gütersloh 1980, S. 13–27. – HAHN, FERD., Der Sendungsauftrag des Auferstandenen. Matthäus 28, 16–20, in: Fides pro mundi vita [s. o.], S. 28–43. – MADDOX, R., Witnesses to the End of the Earth. The Pattern of Mission in the Book of Acts, Enfield/NSW 1980. – VINCENT, J. J., Pluralism and Mission in the New Testament, in: Studia Biblica 1978: III. Papers on Paul and Other New Testament Authors. Sixth International Congress on Biblical Studies, Oxford 3–7 April 1978, ed. by E. A. LIVINGSTONE, Journal for the Study of the New Testament, Suppl. Ser. 3, Sheffield 1980, S. 391–402. – SCHMITT, J., Les discours missionaires des Actes et l'histoire des traditions prépauliniennes, Rech. sc. rel. 69, 1981, S. 165–180. – STUHLMACHER, P., Weg, Stil und Konsequenzen urchristlicher Mission, Theologische Beiträge 12, 1981, S. 107–135. (Lit.). – BOVON, F., Pratiques missionaires et communication de l'Evangile dans le christianisme primitif, Revue de Théologie et de Philosophie 114, 1982, S. 369–381. – DUPONT, J., La Mission de Paul d'après Actes 26.16–23 et la Mission des Apôtres d'après Luc 24.44–49 et Actes 1.8, in: Paul and Paulinism. Essays in honour of C. K. Barrett, London 1982, S. 290–301. – KERTELGE, K. (Hrg.), Mission im Neuen Testament, QD 93, Freiburg. Basel. Wien 1982. – MURPHY-O'CONNOR, J., Pauline Mission before the Jerusalem Conference, RB 89, 1982, S. 71–91. – SENIOR, D. –STUHLMUELLER, C., The Biblical Foundations for Mission, New York 1983. – SENIOR, D., The Struggle to be Universal: Mission as Vantage Point for New Testament Investigation, CBQ 46, 1984, S. 63–81. – TIEDE, D. L., Religious Propaganda and the Gospel Literature of Early Christian Mission, in: Aufstieg und Niedergang der römischen Welt. Geschichte und Kultur Roms im Spiegel der neueren Forschung II.25,2: Principat: Religion (Vorkonstantinisches Christentum: Leben und Umwelt Jesu; Neues Testament, Forts. [Kanonische Schriften und Apokryphen]), hrg. v. W. HAASE, Berlin. New York 1984, S. 1705–1729.

Zu S. 60: ,,Hellenisten":

HENGEL, M., Zwischen Jesus und Paulus. Die ,,Hellenisten", die ,,Sieben" und Stephanus (Apg 6,1–15; 7,54–8,3), ZThK 72, 1975, S. 151–206 (Bibl. S. 204–206). – BRUCE, F. F., Men and Movements in Primitive Church. Studies in Early Non-Pauline Christianity, Exeter 1979 (bes. ,,Stephen and the Hellenists", S. 49–85). – HENGEL, M., Zur urchristlichen Geschichtsschreibung, Stuttgart 1979 (bes. S. 63ff.). – PESCH, R., GERHART, E., SCHILLING, F., ,,Hellenisten" und ,,Hebräer". Zu Apg 9,29 und 6,1, BZ, N.F. 23, 1979, S. 87–92. – STANTON, G., Stephen in Lucan Perspective, in: Studia Biblica 1978: III. Papers on Paul and Other New Testament Authors. Sixth International Congress on Biblical Studies, Oxford 3–7 April 1978, ed. by E. A. LIVINGSTONE, Journal for the Study of the New Testament, Suppl. Ser. 3, Sheffield 1980, S. 345–360. – NEUDORFER, H.-W., Der Stephanuskreis in der Forschungsgeschichte seit F. C. Baur, Monographien und Studienbücher in der Theologischen Verlagsgemeinschaft Bd. 309, Gießen. Basel 1983. – WALTER, N., Apostelgeschichte 6.1 und die Anfänge der Urgemeinde in Jerusalem, NTSt 29, 1983, S. 370–393. – BERGER, K., Art. Geist/Heiliger Geist/Geistesgaben III. Neues Testament, TRE, Bd. XII, 1984, S. 178–196 (bes. zu den ,Hellenisten', S. 181–183).

Zu S. 62: Herrenmahl:

KLAPPERT, B., Art. Herrenmahl, Theol. Begr. Lexikon zum NT, Bd. II/1, 1969, S. 667–768. (Lit. S. 680). – DELLING, G., Art. Abendmahl. II. Urchristliches Mahl-Verständnis, TRE, Bd. I, 1977, S. 47–58. (Lit.). – MERKLEIN, H., Erwägungen zur Überlieferungsgeschichte der neutestamentlichen Abendmahlstraditionen, BZ, N.F. 21, 1977, S. 88–101. 235–244. – KLAUCK, H.-J., Herrenmahl und hellenistischer Kult. Eine religionsgeschichtliche Untersuchung zum ersten Korintherbrief, NTA, N.F. 15, Münster 1982 (bes. S. 8–233). – LÉON-DUFOUR, X., Le partage du pain eucharistique selon le Nouveau Testament, Editions du Sueil, Paris 1982.

Zu S. 66 und Bultmann Lit.Verz./Nachtrag S. 605f.:

III. Das Kerygma der hellenistischen Gemeinde vor und neben Paulus.

DIAS, P. V., Kirche. In der Schrift und im 2. Jahrhundert (s. zu S. 2 § 1), S. 44–51. – Vgl. auch die zur Mission zu § 8 genannten Untersuchungen von HAHN, FERD.; KASTING, H.; HENGEL, M. und grundsätzlich: UNNIK, W. C. VAN, Das Urchristentum in seiner hellenistischen Umwelt, Wissenschaftliche Zeitschrift Halle 18, 1969, S. 109–126. – HENGEL, M., Judentum und Hellenismus. Studien zu ihrer Begegnung unter besonderer Berücksichtigung Palästinas bis zur Mitte des 2. Jahrhunderts vor Christus, WUNT 10, Tübingen (1969) [2]1973. – HENGEL, M., Die Begegnung von Judentum und Hellenismus im Palästina der vorchristlichen Zeit, in: Verborum Veritas, FS. G. Stählin, Wuppertal 1970, S. 329–348. – MARSHALL, I. H., Palestinian and Hellenistic Christianity: Some Critical Comments, NTSt 19, 1972/73, S. 271–287. – FISCHER, U., Eschatologie und Jenseitserwartungen im hellenistischen Diasporajudentum, BZNW 44, Berlin. New York 1978. – SIEGERT, F., Drei hellenistisch-jüdische Predigten, WUNT 20, Tübingen 1980. – CONZELMANN, H., Heiden–Juden–Christen. Auseinandersetzung in der Literatur der hellenistisch-römischen Zeit, BhTh 62, Tübingen 1981. – BARTH, G., Pistis in hellenistischer Religiosität, ZNW 73, 1982, S. 110–126.

Zu S. 68 und Bultmann Lit.Verz./Nachtrag S. 606:

§ 9: Die Predigt von Gott und seinem Gericht, von Jesus Christus, dem Richter und Retter, und die Forderung des Glaubens.
LANGEVIN, P.-É., Le Seigneur Jésus selon un texte prépaulinien I Th 1,9–10, Sciences Ecclésiastiques 17, 1965, S. 263–282. 473–512. – MINKE, H.-U., Die Schöpfung in der frühchristlichen Verkündigung nach dem ersten Clemensbrief und der Areopagrede, Diss. theol. Hamburg 1966. – LANGEVIN, P.-É., Jésus Seigneur et l'eschatologie. Exégèse de Textes prépauliniens, Studia Travaux de recherche collection dirigée par les Facultés S. J. Montréal avec la collaboration de l'Université de Sudbury 21, Bruges/Paris 1967. – BUSSMANN, C., Themen der paulinischen Missionspredigt auf dem Hintergrund der spätjüdisch-hellenistischen Missionsliteratur, Europäische Hochschulschriften Reihe XXIII, Bd. 3, Bern. Frankfurt/M. 1971. – CAMPENHAUSEN, H. V., Das Bekenntnis im Urchristentum, ZNW 63, 1972, S. 210–253. – WILCKENS, U., Die Missionsreden der Apostelgeschichte. Form- und traditionsgeschichtliche Untersuchungen, WMANT 5, Neukirchen-Vluyn (1961) ³1974. – MÜLLER, U. B., Prophetie und Predigt im Neuen Testament. Formgeschichtliche Untersuchungen zur urchristlichen Prophetie, StNT 10, Gütersloh 1975. – VIELHAUER, P., Geschichte der urchristlichen Literatur. Einleitung in das Neue Testament, die Apokryphen und die Apostolischen Väter, Berlin. New York 1975, S. 9–58. (Lit.). – LANGEVIN, P.-É., Une confession prépauline de la ,,Seigneurie" du Christ. Exégèse de Romains 1,3–4, in: LAFLAMME, R. et GERVAIS, M. (éd), Le Christ hier, aujourd'hui et demain, Laval 1976, S. 277–327. – PAULSEN, H., Das Kerygma Petri und die urchristliche Apologetik, ZKG 88, 1977, S. 1–37 (bes. S. 22ff.). – SYNOFZIK, E., Die Gerichts- und Vergeltungsaussagen bei Paulus. Eine traditionsgeschichtliche Untersuchung, Göttinger Theologische Arbeiten Bd. 8, Göttingen 1977 (bes. S. 91–95). – BOVON, F., Une formule prépaulinienne dans l'épître aux Galates (Ga 1,4–5), in: Paganisme, Judaisme, Christianisme. Influences et affrontements dans le monde antique. Melanges offerts à M. Simon, Paris 1978, S. 91–112. – HAHN, FERD., Das Bekenntnis zu dem einen Gott im Neuen Testament, in: Das Menschenbild des Nikolaus von Kues und der christliche Humanismus. Festgabe für Rudolf Haubst zum 65. Geburtstag, Mitteilungen und Forschungsbeiträge der Cusanus-Gesellschaft 13, Mainz 1978, S. 281–291. – HOLTZ, T., ,,Euer Glaube an Gott." Zu Form und Inhalt von 1 Thess 1,9f., in: Die Kirche des Anfangs. Für Heinz Schürmann, Leipzig 1978. Freiburg. Basel. Wien 1978, S. 459–488. – CONZELMANN, H., Die Schule des Paulus, in: Theologia crucis–signum crucis, FS. E. Dinkler, Tübingen 1979, S. 85–96 (bes. S. 85–87). – DUPONT, J., Le discours à l'Aréopage (Ac 17,22–31) lieu de rencontre entre christianisme et hellénisme, Biblica 60, 1979, S. 530–546. (Lit.). – BEASLEY-MURRAY, P., Romans 1:3f.: An Early Confession of Faith in the Lordship of Jesus, Tyndale Bulletin 31, 1980, S. 147–154. – HENGEL, M., Hymnus und Christologie, in: Wort in der Zeit. Festgabe für K. H. Rengstorf zum 75. Geburtstag, Leiden 1980, S. 1–25. – BETZ, H. D.,

Art. θεός κτλ., EWNT II, 1981, Sp. 346–352. – HOFIUS, O., Art. ἐξομολογέω κτλ., EWNT II, 1981, Sp. 20–23. – HOFIUS, O., Art. ὁμολογέω κτλ., EWNT II, 1981, Sp. 1255–1263. – MÜLLER, U. B., Zur Rezeption gesetzeskritischer Jesus-überlieferung im frühen Christentum, NTSt 27, 1981, S. 158–185. – THEOBALD, M., „Den Juden zuerst und auch den Heiden". Die paulinische Auslegung der Glaubensformel Röm 1,3f., in: Kontinuität und Einheit. Für Franz Mußner, Freiburg. Basel. Wien 1981, S. 376–392. – MEYER, B. F., The pre-Pauline Formula in Rom. 3.25–26a, NTSt 29, 1983, S. 198–208. – NIEDERWIMMER, K., Zur praedicatio Dei im Neuen Testament, in: Gott ohne Eigenschaften?, hrg. v. S. HEINE u. E. HEINTEL, Wien 1983, S. 107–118. – WEDDERBURN, A. J. M., Hellenistic Christian Traditions in Romans 6?, NTSt 29, 1983, S. 337–355.

Zu S. 69, „Zu 5" und S. 88:

STUHLMACHER, P., Das paulinische Evangelium I. Vorgeschichte, FRLANT 95, Göttingen 1968. – STRECKER, G., Literarische Überlegungen zum εὐαγγέλιον-Begriff im Markusevangelium, in: Neues Testament und Geschichte. Historisches Geschehen und Deutung im Neuen Testament, O. Cullmann zum 70. Geburtstag, Zürich. Tübingen 1972, S. 91–104. – SCHNACKENBURG, R., „Das Evangelium" im Verständnis des ältesten Evangelisten, in: Orientierung an Jesus. Zur Theologie der Synoptiker. Für J. Schmid, Freiburg. Basel. Wien 1973, S. 309–324. – STRECKER, G., Das Evangelium Jesu Christi, in: Jesus Christus in Historie und Theologie, Neutestamentliche Festschrift für H. Conzelmann, Tübingen 1975, S. 503–548. – DAUTZENBERG, G., Die Zeit des Evangeliums. Mk 1,1–15 und die Konzeption des Markusevangeliums, BZ, N.F. 21, 1977, S. 219–234; 22, 1978, S. 76–91. – WREGE, H.-TH., Die Gestalt des Evangeliums. Aufbau und Struktur der Synoptiker sowie der Apostelgeschichte, BET 11, Frankfurt. Bern. Las Vegas 1978 (bes. S. 161ff.). – BOUTTIER, M., Evangelium Christi, Evangelium de Christo, Revue de théologie et de philosophie 111, 1979, S. 123–139. – LUCK, U., Inwiefern ist die Botschaft von Jesus Christus „Evangelium"?, ZThK 77, 1980, S. 24–41. – STRECKER, G., Art. εὐαγγελίζω κτλ. u. Art. εὐαγγέλιον κτλ., EWNT II, 1981, Sp. 173–176. 176–186. – WREGE, H.-TH., Wirkungsgeschichte des Evangeliums. Erfahrungen, Perspektiven und Möglichkeiten, Göttingen 1981. – STUHLMACHER, P., Zum Thema: Das Evangelium und die Evangelien, in: ders. (Hrg.), Das Evangelium und die Evangelien. Vorträge zum Tübinger Symposium 1982, WUNT 28, Tübingen 1983, S. 1–26. – WEDER, H., „Evangelium Jesu Christi" (Mk 1,1) und „Evangelium Gottes" (Mk 1,14), in: Die Mitte des Neuen Testaments. Einheit und Vielfalt neutestamentlicher Theologie. FS. für E. Schweizer zum 70. Geburtstag, Göttingen 1983, S. 399–411. – KÖSTER, H., Überlieferung und Geschichte der frühchristlichen Evangelienliteratur, in: Aufstieg und Niedergang der römischen Welt. Geschichte und Kultur Roms im Spiegel der neueren Forschung II.25,2: Principat: Religion (Vorkonstantinisches Christentum: Leben und Umwelt Jesu; Neues Testament, Forts. [Kanonische Schriften und Apokryphen]), hrg. v. W. HAASE, Berlin. New York 1984, S. 1463–1542.

Zu S. 80 (zu „4"):

MARE, W. H., A Study of New Testament Concept of the Parousia, in: Current Issues in Biblical and Patristic Interpretation. Studies in Honor of Merril C.

Tenney, Grand Rapids/Mich. 1975, S. 336–345. – KLINE, M. G., Primal Parousia, The Westminster Theological Journal 40, 1977/78, S. 245–280. – PAULSEN, H., Das Kerygma Petri und die urchristliche Apologetik, ZKG 88, 1977, S. 1–37. – BAUCKHAM, R. J., The Delay of the Parousia, Tyndale Bulletin 31, 1980, S. 3–36. – SCHNACKENBURG, R. (Hrg.), Zukunft. Zur Eschatologie bei Juden und Christen, Schriften der Katholischen Akademie in Bayern Bd. 98, Düsseldorf 1980 (bes.: SCHNACKENBURG, R., Das Neue und Besondere christlicher Eschatologie, S. 51–78; TALMON, S., Eschatologie und Geschichte im biblischen Judentum, S. 13–50). – BECKER, J., Zukunft und Hoffnung. B. Zukunft und Hoffnung im Neuen Testament, in: SCHMIDT, W. H.–BECKER, J., Zukunft und Hoffnung, Biblische Konfrontationen, Kohlhammer-Taschenbücher Bd. 1014, Stuttgart. Berlin. Köln. Mainz 1981 (bes. S. 117–130. 195f.). – KÜMMEL, W. G., Ein Jahrhundert Erforschung der Eschatologie des Neuen Testaments, ThLZ 107, 1982, Sp. 81–96. – DAUTZENBERG, G., Psalm 110 im Neuen Testament, in: BECKER, H.–KACZYNSKI, R. (Hrg.), Liturgie und Dichtung, St. Ottilien 1983, S. 141–171. – GRELOT, P., Dans les angoisses: L'espérance. Enquête biblique, Parole de Dieu, Paris 1983.

Zu S. 82, Z. 18 v. o.:

BROX, N., Die Pastoralbriefe, RNT 7,2, Regensburg ⁴1969, S. 232f. (Exkurs: „Retter, Heiland"). – BECKER, J., Erwägungen zu Phil 3,20–21, ThZ 27, 1971, S. 16–29. – SCHELKLE, K. H., Art. σωτήρ κτλ., EWNT III, 1983, Sp. 781–784.

Zu S. 82, Z. 29 v. o.:

BULTMANN, R.–LÜHRMANN, D., Art. φαίνω κτλ., ThW IX, [1967] 1973, S. 1–11. – LÜHRMANN, D., Epiphaneia. Zur Bedeutungsgeschichte eines griechischen Wortes, in: Tradition und Glaube. Das frühe Christentum in seiner Umwelt. Festgabe für K. G. Kuhn zum 65. Geburtstag, Göttingen 1971, S. 185–199. – MÜLLER, P.-G., Art. ἐπιφάνεια κτλ., EWNT II, 1981, Sp. 110–112. – MÜLLER, P.-G., Art. φανερόω κτλ., EWNT III, 1983, Sp. 988–991.

Zu S. 85f.:

POPKES, W., Christus traditus. Eine Untersuchung zum Begriff der Dahingabe im Neuen Testament, AThANT 49, Zürich. Stuttgart 1967. – POPKES, W., Art. παραδίδωμι κτλ., EWNT III, 1983, Sp. 42–48.

Zu S. 90f.:

BURCHARD, C., Formen der Vermittlung christlichen Glaubens im Neuen Testament. Beobachtungen anhand von κήρυγμα, μαρτυρία und verwandten Wörtern, EvTh 38, 1978, S. 313–357. – MCDONALD, J. I. H., Kerygma and Didache. The articulation and structure of the earliest Christian message. SNTSMS 37, Cambridge. London. New York. New Rochelle. Melbourne. Sydney 1980. – MERK, O., Art. κηρύσσω κτλ., EWNT II, 1981, Sp. 711–720. – HAHN, FERD., Urchristliche Lehre und neutestamentliche Theologie. Exegetische und fundamentaltheologische Überlegungen zum Problem christlicher Lehre, in: KERN, W. (Hrg.), Die Theologie und das Lehramt, QD 91, Freiburg. Basel. Wien 1982, S. 63–115. – MCDONALD, H. D., The Kerygmatic Christology of Rudolf Bultmann, in: Christ the Lord: Studies in Christology Presented to D. Guthrie, Leicester 1982, S. 311–325. – ROLOFF, J., Volk Gottes und Lehren, in: FS. F. v. Lilienfeld, Erlangen 1982, S. 55–92. – SCHRAGE, W., Einige Beobachtungen zur Lehre im Neuen Testament, EvTh 42, 1982, S. 233–251.

Zu S. 94 und Bultmann Lit.Verz./Nachtrag S. 607:

§ 10: Das Kirchenbewußtsein und das Verhältnis zur Welt.
MCKELVEY, R. J., The New Temple. The Church in the New Testament, Oxford 1969. – KLINZING, G., Die Umdeutung des Kultus in der Qumrangemeinde und im Neuen Testament, StUNT 7, Göttingen 1971. – HAINZ, J., Ekklesia. Strukturen paulinischer Gemeinde-Theologie und Gemeinde-Ordnung, BU 9, Regensburg 1972, bes. S. 229 ff. – KERTELGE, K., Gemeinde und Amt im Neuen Testament, Biblische Handbibliothek X, München 1972, S. 66 ff. – DIAS, P. V., Kirche. In der Schrift und im 2. Jahrhundert (s. zu S. 2 § 1), S. 44 ff. 51 ff. – HAINZ, J. (Hrg.), Kirche im Werden. Studien zum Thema Amt und Gemeinde im Neuen Testament, München. Paderborn. Wien 1976 (dazu: VÖGTLE, A., Kirche und Amt im Werden, MThZ 28, 1977, S. 158–179). – JERVELL, J., Das Volk des Geistes, in: God's Christ and His People. Studies in Honour of Nils Alstrup Dahl, Oslo, Bergen. Tromsö 1977, S. 87–106. – HAHN, FERD., KERTELGE, K., SCHNACKENBURG, R., Einheit der Kirche. Grundlegung im Neuen Testament, QD 84, Freiburg. Bern. Wien 1979 (daraus im einzelnen: HAHN, FERD., Einheit der Kirche und Kirchengemeinschaft im Neuen Testament, S. 9–51; SCHNACKENBURG, R., Die Einheit der Kirche unter dem Koinonia-Gedanken, S. 52–93; KERTELGE, K., Abendmahlsgemeinschaft und Kirchengemeinschaft im Neuen Testament und in der Alten Kirche, S. 94–132). – WILCKENS, U., Eucharistie und Einheit der Kirche. Die Begründung der Abendmahlsgemeinschaft im Neuen Testament und das gegenwärtige Problem der Interkommunion, KuD 25, 1979, S. 67–85. – BANKS, R., Paul's Idea of Community. The Early House Churches in their Historical Setting, Exeter 1980. – KUHN, H.-W., Nachfolge nach Ostern, in: Kirche. FS. für Günther Bornkamm zum 75. Geburtstag, Tübingen 1980, S. 105–132. – MARTIN, R. P., The Family and the Fellowship: New Testament Images of the Church, Grand Rapids/Mich. 1980. – ROLOFF, J., Art. ἐκκλησία κτλ., EWNT I, 1980, Sp. 998–1011. – KERTELGE, K., Kerygma und Koinonia. Zur theologischen Bestimmung der Kirche des Urchristentums, in: Kontinuität und Einheit. Für Franz Mußner, Freiburg. Basel. Wien 1981, S. 327–339. – KLAUCK, H.-J., Hausgemeinde und Hauskirche im frühen Christentum, SBS 103, Stuttgart 1981. – LOHFINK, G., Hat Jesus die Kirche gestiftet?, ThQ 161, 1981, S. 81–97. – VENETZ, H.-J., So fing es mit der Kirche an. Ein Blick in das Neue Testament, Zürich. Einsiedeln. Köln 1981. – BAUMBACH, G., Die Anfänge der Kirchwerdung im Urchristentum, Kairos, N.F. 24, 1982, S. 17–30. – FRIEDRICH, G., Art. Erbauung. I. Neues Testament, TRE, Bd. X, 1982, S. 18–21. – HARRINGTON, D. J., The Light of All Nations: Essays on the Church in New Testament Research, Good New Studies Vol. 3, Wilmington. Dublin 1982. – VOGLER, W., Die Bedeutung der urchristlichen Hausgemeinden für die Ausbreitung des Evangeliums, ThLZ 107, 1982, Sp. 785–794. – GNILKA, J., Die neutestamentliche Hausgemeinde, in: Freude am Gottesdienst. Aspekte ursprünglicher Liturgie. FS. J. G. Plöger, Stuttgart 1983, S. 229–242. – LOHFINK, G., Wie hat Jesus die Gemeinde gewollt? Zur gesellschaftlichen Dimension des christlichen Glaubens, Freiburg. Basel. Wien 1983

„Zu 2 speziell":
CAMPENHAUSEN, H. v., Die Entstehung der christlichen Bibel, BhTh 39, Tübingen 1968, bes. S. 28ff. – VIELHAUER, P., Paulus und das Alte Testament, in: Studien zur Geschichte und Theologie der Reformation. FS. E. Bizer, Neukirchen-Vluyn 1969, S. 33–62. – BLACK, M., The Christological Use of the Old Testament in New Testament, NTSt 18, 1971/72, S. 1–14. – MICHEL, O., Zum Thema Paulus und seine Bibel, in: Wort Gottes in der Zeit, FS. K. H. Schelkle, Düsseldorf 1973, S. 114–126. – HOLTZ, T., Zur Interpretation des Alten Testaments im Neuen Testament, ThLZ 99, 1974, Sp. 19–32. – LINDARS, B., The Place of the Old Testament in the Formation of New Testament Theology. Prolegomena, NTSt 23, 1976/77, S. 59–66 (dazu: Borgen, P., Response, ebd., S. 67–75). – KUTSCH, E., Von der Aktualität alttestamentlicher Aussagen für das Verständnis des Neuen Testaments, ZThK 74, 1977, S. 273–290. – HÜBNER, H., Art. γραφή κτλ., EWNT I, 1980, Sp. 628–638. (Lit.). – KOCH, D.-A., Beobachtungen zum christologischen Schriftgebrauch in den vorpaulinischen Gemeinden, ZNW 71, 1980, S. 174–191. – HOOKER, M. D., Beyond the Things That are Written? St Paul's Use of the Scripture, NTSt 27, 1981, S. 295–309. – LAMBRECHT, J., Paul's Christological Use of Scripture in 1 Cor 15.20–28, NTSt 28, 1982, S. 502–527. – KOCH, D.-A., Die Schrift als Zeuge des Evangeliums. Untersuchungen zur Verwendung und zum Verständnis der Schrift bei Paulus, Habil. Schr. Fachbereich Evang. Theol. Mainz 1983 (masch.).

Zu 3 und 4:
SPICQ, C., Théologie Morale du Nouveau Testament, I. II., Ét. Bibl., Paris 1965. – GRÄSSER, E., Der Glaube im Hebräerbrief, MarbThSt 2, Marburg 1965, bes. S. 146ff. – HAUFE, G., Form und Funktion des Pneuma-Motivs in der frühchristlichen Paränese, in: Studia Evangelica V, Papers... Part II: The New Testament Message, TU 103, Berlin 1968, S. 75–80. – WENDLAND, H. D., Ethik des Neuen Testaments (s. zu S. 10: § 2). – FURNISH, V. P., The Love Command in the New Testament, Nashville. New York 1972. – SANDERS, J. T., Ethics in the New Testament. Change and Development, London 1975. – OSBORN, E., Ethical Patterns in Early Christian Thought, London. New York. Melbourne 1976. – STREKKER, G., Strukturen einer neutestamentlichen Ethik, ZThK 75, 1978, S. 117–146. – WISCHMEYER, O., Vorkommen und Bedeutung von Agape in der außerchristlichen Antike, ZNW 69, 1978, S. 212–238. – COLLANGE, J. F., De Jésus à Paul. L'éthique du Nouveau Testament, Le Champ éthique N° 3, Genève 1980. – NISSEN, J., The Problem of Suffering and Ethics in the New Testament, in: Studia Biblica 1978: III. Papers on Paul and Other New Testament Authors. Sixth International Congress on Biblical Studies, Oxford 3–7 April 1978, ed. by E. A. LIVINGSTONE, Journal for the Study of the New Testament, Suppl. Ser. 3, Sheffield 1980, S. 277–287. – BECKER, J., Art. Buße. IV. Neues Testament, TRE, Bd. VII, 1981, S. 446–451. – DAUTZENBERG, G., Neutestamentliche Ethik und autonome Moral, ThQ 161, 1981, S. 43–55. – GERHARDSSON, B., The Ethos of the Bible, Philadelphia 1981. – HAHN, FERD., Die theologische Begründung urchristlicher Paränese, ZNW 72, 1981, S. 88–99. – HÜBNER, H., Art. Dekalog. III. Neues Testament, TRE, Bd. VIII, 1981, S. 415–418. – LAUB, F., Die Begegnung des frühen Christentums mit der antiken Sklaverei, SBS 107, Stuttgart 1982. – SCHRAGE, W., Ethik des Neuen Testaments, Grundrisse zum Neuen Testament, NTD Ergänzungsreihe 4, Göttingen 1982 (bes. „II. Ethische Ansätze in den

frühen Gemeinden", S. 116–130). – HEILIGENTHAL, R., Werke der Barmherzig-
keit oder Almosen? Zur Bedeutung von ἐλεημοσύνη, NovT 25, 1983, S. 289–301.
– MAHONEY, M., Paraenesis, the Oikonomia and the Expectation of the Parousia
in the Early Church, Milltown Studies 11, 1983, S. 57–83. – SCHRAGE, W., Zur
Frage nach der Einheit und Mitte neutestamentlicher Ethik, in: Die Mitte des
Neuen Testaments. Einheit und Vielfalt neutestamentlicher Theologie. FS. für
E. Schweizer zum 70. Geburtstag, Göttingen 1983, S. 238–253.

Zu S. 97 (Kollekte):

GEORGI, D., Die Geschichte der Kollekte des Paulus für Jerusalem, ThF 38,
Hamburg-Bergstedt 1965. – NICKLE, K. F., The Collection. A Study in Paul's
Strategy, Studies in Biblical Theology N° 48, Naperville/Ill. 1966. – BULTMANN,
R., Der zweite Brief an die Korinther, hrg. v. E. DINKLER, KEK-Sonderband,
Göttingen 1976, S. 265 (Lit. zu 2 Kor 8 und 9). – BERGER, K., Almosen für Israel.
Zum historischen Kontext der paulinischen Kollekte, NTSt 23, 1976/77, S.
180–204. – HURTADO, L. W., The Jerusalem Collection and the Book of Galatians,
Journal for the Study of the New Testament, Issue 5, 1979, S. 46–62. – ECKERT,
J., Die Kollekte des Paulus für Jerusalem, in: Kontinuität und Einheit. Für Franz
Mußner, Freiburg. Basel. Wien 1981, S. 65–80.

Zu S. 99 (Heilsgeschichte):

CULLMANN, O., Heil als Geschichte. Heilsgeschichtliche Existenz im Neuen Testament, Tübingen 1965. – DIETZFELBINGER, C., Heilsgeschichte bei Paulus?,
ThExh 126, München 1965. – HESSE, F., Abschied von der Heilsgeschichte, ThSt
108, Zürich 1971. – KLEIN, G., Bibel und Heilsgeschichte. Die Fragwürdigkeit
einer Idee, ZNW 62, 1971, S. 1–47. – ELTESTER, W., Israel im lukanischen Werk
und die Nazarethperikope, in: GRÄSSER, E., STROBEL, A., TANNEHILL, R. C.,
ELTESTER, W., Jesus in Nazareth, BZNW 40, Berlin. New York 1972, S. 76–147.
– KÜMMEL, W. G., Heilsgeschichte im Neuen Testament?, in: Neues Testament
und Kirche. Für Rudolf Schnackenburg, Freiburg. Basel. Wien 1974, S. 434–457.
– GRÄSSER, E., Acta-Forschung seit 1960, ThR, N.F. 41, 1976, S. 259–290, bes.
273ff. 287ff. – BRUCE, F. F., The Time is Fulfilled. Five Aspects of the Fulfil-
ment of the Old Testament in the New, Exeter 1978. – LUZ, U., Art. Geschichte/
Geschichtsschreibung/Geschichtsphilosophie. IV. Neues Testament, TRE, Bd.
XII, 1984, S. 595–604.

Zu S. 100 („Bund"):

LUZ, U., Der alte und der neue Bund bei Paulus und im Hebräerbrief, EvTh 27,
1967, S. 318–336. – SEIB, W., Διαθήκη im Neuen Testament. Randbemerkungen
eines Juristen zu einem Theologenstreit, in: Studies in Jewish Legal History.
Essays in Honour of David Daube, London 1974, S. 183–196. – KUTSCH, E.,
Neues Testament – Neuer Bund? Eine Fehlübersetzung wird korrigiert, Neukirchen-Vluyn 1978. – HARTMAN, L., Bundesideologie in und hinter einigen paulinischen Texten, in: PEDERSEN, S. (Hrg.), Die paulinische Literatur und Theologie.
The Pauline Literature and Theology, Teologiske Studier 7, Århus. Göttingen
1980, S. 103–118. – HEGERMANN, H., Art. διαθήκη κτλ., EWNT I, 1980, Sp.
718–725. – JAUBERT, A., Art. Gottesbund, RAC, Bd. XI, 1981, Sp. 977–996 (bes.
Abschn. B. „Christlich. I. Neues Testament", Sp. 983–988).

Zu S. 104f. und S. 105 Anm. 1:

NIEDERWIMMER, K., Askese und Mysterium. Über Ehe, Ehescheidung und Eheverzicht in den Anfängen des christlichen Glaubens, FRLANT 113, Göttingen 1975. – SCHRAGE, W., B. Frau und Mann im Neuen Testament, in: GERSTENBERGER, E. S.–SCHRAGE, W., Frau und Mann, Biblische Konfrontationen, Kohlhammer Taschenbücher Bd. 1013, Stuttgart. Berlin. Köln. Mainz 1980, S. 92–188. 189–197 – *Die Frau im Urchristentum*, hrg. v. G. DAUTZENBERG, H. MERKLEIN, K. MÜLLER, QD 95, Freiburg. Basel. Wien 1983. – RINGELING, H., Art. Frau. IV. Neues Testament, TRE, Bd. XI, 1983, S. 431–436.

Zu S. 107 (Zu „Typen christlicher Predigt"):

TACHAU, P., „Einst" und „Jetzt" im Neuen Testament. Beobachtungen zu einem urchristlichen Predigtschema in der neutestamentlichen Briefliteratur und zu seiner Vorgeschichte. FLANT 105, Göttingen 1972.

Zu S. 109 und Bultmann Lit.Verz./Nachtrag S. 607:

§ 11: *Das Verhältnis zum Judentum und das Problem des Alten Testaments.*
s. die Nachträge zu S. 94 (= § 10), Abschnitt 1 und 2.
RENGSTORF, K. H., Das Neue Testament und die nachapostolische Zeit, in: RENGSTORF, K. H.–KORTZFLEISCH, S. (Hrg.), Kirche und Synagoge. Handbuch zur Geschichte von Christen und Juden, Bd. I, Stuttgart 1968, S. 23–83. – YOUNG, F. M., Temple Cult and Law in Early Christianity. A Study in the Relationship between Jews and Christians in the Early Centuries, NTSt 19, 1972/73, S. 325–338. – CONZELMANN, H., Heiden–Juden–Christen. Auseinandersetzungen in der Literatur der hellenistisch-römischen Zeit, BhTh 62, Tübingen 1981. – GRÄSSER, E., Zwei Heilswege? Zum theologischen Verhältnis von Israel und Kirche, in: Kontinuität und Einheit. Für Franz Mußner, Freiburg. Basel. Wien 1981, S. 411–429. – MÜLLER, P.-G., Altes Testament, Israel und das Judentum in der Theologie Rudolf Bultmanns, in: Kontinuität und Einheit. Für Franz Mußner, Freiburg. Basel. Wien 1981, S. 439–472.

Zu S. 110 Anm. 1:
SCHMITHALS, W., Judaisten in Galatien?, ZNW 74, 1983, S. 27–58.

Zu S. 112–114:
WENGST, K., Tradition und Theologie des Barnabasbriefes, AKG 42, Berlin 1971 (dazu K. BEYSCHLAG, ZKG 85, 1975, S. 95–97). – HAGNER, D. A., The Use of the Old and New Testament in Clement of Rome, SupplNovT XXIV, Leiden 1973. – VIELHAUER, P., Geschichte der urchristlichen Literatur, Berlin 1975, S. 599ff. (Barnabasbrief); S. 237ff. (Hebräerbrief); S. 529ff. (1. Klemensbrief) (jeweils Lit.). – WENGST, K., Art. Barnabasbrief, TRE, Bd. V, 1980, S. 238–241. (Lit.). – WENGST, K., Barnabasbrief, in: *ders.*, Didache (Apostellehre). Barnabasbrief. Zweiter Klemensbrief. Schrift an Diognet. Eingel., hrg., übers. u. erl. v. K. WENGST, Schriften des Urchristentums II. Teil, Darmstadt 1984, S. 103–136 (bes. S. 119–136).

Zu S. 123 und Bultmann Lit.Verz./Nachtrag S. 607f.:

§ 12: Kyrios und Gottessohn.

FULLER, R. H., The Foundations of New Testament Christology, London 1965, bes. S. 182ff. 203ff. – BOERS, H., Jesus and the Christian Faith. New Testament Christology since Bousset's Kyrios Christos, JBL 89, 1970, S. 450–456. – HENGEL, M., Christologie und neutestamentliche Chronologie. Zu einer Aporie in der Geschichte des Urchristentums, in: Neues Testament und Geschichte. Historisches Geschehen und Deutung im Neuen Testament, O. Cullmann zum 70. Geburtstag, Zürich. Tübingen 1972, S. 43–67. – HURTADO, L. W., Forschungen zur neutestamentlichen Christologie seit Bousset. Forschungsrichtungen und bedeutende Beiträge, Theologische Beiträge 10, 1979, S. 158–171.

Zu 1: s. Nachtrag zu S. 56 (Gottesdienst):
Dazu: RORDORF, W., Sabbat und Sonntag in der Alten Kirche, Traditio Christiana. Texte und Kommentare zur patristischen Theologie, Bd. II, Zürich 1972. – STAATS, R., Die Sonntagnachtgottesdienste der christlichen Frühzeit, ZNW 66, 1975, S. 242–263.

Zu 2: s. Nachträge zu S. 55, Z. 19 v. o.; daraus:
FITZMYER, J. A., Der semitische Hintergrund des neutestamentlichen Kyriostitels. – HENGEL, M., Der Sohn Gottes, S. 120–130.

Zu 3:
HENGEL, M., Der Sohn Gottes. (Lit.). – WÜLFING V. MARTIZ, P.; FOHRER, G.; SCHWEIZER, E.; LOHSE, E.; SCHNEEMELCHER, W., Art. υἱός, υἱοθεσία, ThW IX, [1967] 1969, S. 334–403 (passim; Lit.). POKORNÝ, P., Der Gottessohn. Literarische Übersicht und Fragestellung, ThSt 109, Zürich 1971. – LANGEVIN, Γ.-E., Quel est le ,,Fils de Dieu" de Romains 1,3–4?, Science et Esprit 29, 1977, S. 145–177. – MERKLEIN, H., Zur Entstehung der urchristlichen Aussage vom präexistenten Sohn Gottes, in: Zur Geschichte des Urchristentums, hrg. v. G. DAUTZENBERG, H. MERKLEIN, K. MÜLLER, QD 87, Freiburg. Basel. Wien 1979, S. 33–62. – SCHIMANOWSKI, G., Präexistenz und Christologie. Untersuchungen zur Präexistenz von Weisheit und Messias in der jüdischen Tradition, Diss. Evang. Theol. Fak. Tübingen 1980. – HAHN, FERD., Art. υἱός κτλ., EWNT III, 1983, Sp. 912–937.

Zu S. 135 und Bultmann Lit.Verz./Nachtrag S. 608:

§ 13: Die Sakramente.

Zu 1 (Taufe):
BIEDER, W., Die Verheißung der Taufe im Neuen Testament, Zürich 1966. – BEASLEY-MURRAY, G. R., Die christliche Taufe, Kassel 1968. – KRETSCHMAR, G., Die Geschichte des Taufgottesdienstes in der alten Kirche, in: Leiturgia. Handbuch des evangelischen Gottesdienstes, Bd. V, Kassel (1964/66) 1970, S. 2–348, bes. S. 2–58. (Lit.). – DUNN, J. G., Baptism in the Holy Spirit, Studies in Biblical Theology, II, 15. London 1970. – ALAND, K., Taufe und Kindertaufe, Gütersloh 1971. – CAMPENHAUSEN, H. v., Taufen auf den Namen Jesu?, Vig Christ 25, 1971, S. 1–16. – DINKLER, E., Die Taufaussagen des Neuen Testaments. Neu untersucht im Hinblick auf Karl Barths Tauflehre, in: Zu Karl Barths Lehre von der Taufe, hrg. v. F. VIERING, Gütersloh 1971. S. 60–153. (Lit.). –

BARTH, G., Zwei vernachlässigte Gesichtspunkte zum Verständnis der Taufe im Neuen Testament, ZThK 70, 1973, S. 137–161. – HAHN, FERD., Die Taufe im Neuen Testament, in: Calwer Predigthilfen/Taufe, Stuttgart 1976, S. 9–28. – HAUFE, G., Taufe und Heiliger Geist im Urchristentum, ThLZ 101, 1976, Sp. 561–566. – BOUTTIER, M., Complexio oppositorum. Sur les formules de ICor XII. 13; Gal III. 26–8; Col III. 10,11, NTSt 23, 1976/77, S. 1–19. – RAGER, A., Die Taufe in der Sicht Rudolf Bultmanns, Lic. Arbeit Kath. Theol. Fak. Münster 1978.

Zu 2 (Herrenmahl):

HAHN, FERD., Die alttestamentlichen Motive in der urchristlichen Abendmahlsüberlieferung, EvTh 27, 1967, S. 337–374. – BITTLINGER, A., Das Abendmahl im Neuen Testament und in der frühen Kirche, Wetzhausen 1969. – KLAPPERT, B., Art. Herrenmahl, Theol. Begr. Lexikon zum NT, Bd. II, 1, 1969, S. 667–678 (S. 680 Lit.). – ROLOFF, J., Heil als Gemeinschaft. Kommunikative Faktoren im urchristlichen Herrenmahl, in: CORNEHL, P–BAHR, H. E. (Hrg.), Gottesdienst und Öffentlichkeit. Zur Theorie und Didaktik neuer Kommunikation, Konkretionen 8, Hamburg 1970, S. 88–117. – SANDVIK, B., Das Kommen des Herrn beim Abendmahl im Neuen Testament, AThANT 58, Zürich 1970. – SCHENK, W., Die Einheit von Wortverkündigung und Herrenmahl in den urchristlichen Gemeindeversammlungen, Theologische Versuche II, Berlin 1970, S. 65–94. – SCHÜRMANN, H., Das Mahl des Herrn, in: *ders.*, Ursprung und Gestalt. Erörterungen und Besinnungen zum Neuen Testament, Düsseldorf 1970, S. 77–196. – FENEBERG, R., Christliche Passafeier und Abendmahl. Eine biblisch-hermeneutische Untersuchung der neutestamentlichen Einsetzungsberichte, StANT XXVII, München 1971. – PATSCH, H., Abendmahl und historischer Jesus, CThM, Reihe A Bd. 1, Stuttgart 1972. (Lit.). – SCHÜRMANN, H., Das Weiterleben der Sache Jesu im nachösterlichen Herrenmahl. Die Kontinuität der Zeichen in der Diskontinuität der Zeiten, BZ. N.F. 16, 1972, S. 1–23. – GOPPELT, L., Der eucharistische Gottesdienst nach dem Neuen Testament, Erbe und Auftrag 49, 1973, S. 435–447. – HAHN, FERD., Zum Stand der Erforschung des urchristlichen Herrenmahls, EvTh 35, 1975, S. 553–563. – LANG, F., Abendmahl und Bundesgedanke im Neuen Testament, EvTh 35, 1975, S. 524–538. – WAGNER, V., Der Bedeutungswandel von בְּרִית חֲדָשָׁה bei der Ausgestaltung der Abendmahlsworte, EvTh 35, 1975, S. 538–544. – FELD, H., Das Verständnis des Abendmahls, Erträge der Forschung Bd. 50, Darmstadt 1976. – RORDORF, W.–BLOND, G.–JOHANNY, R., L'eucharistie des premiers chrétiens, Paris 1976. – SCHELKLE, K. H., Das Herrenmahl, in: Rechtfertigung, FS. E. Käsemann, Tübingen. Göttingen 1976, S. 385–402. – DELLING, G., Art. Abendmahl. II. Urchristliches Mahl-Verständnis, TRE, Bd. I, 1977, S. 47–58. – GESE, H., Zur Herkunft des Herrenmahls, in: *ders.*, Zur biblischen Theologie. Alttestamentliche Vorträge, BevTh 78, München 1978, S. 107–127. – KUTSCH, E., Von der Aktualität alttestamentlicher Aussagen für das Verständnis des Neuen Testaments, ZThK 74, 1977, S. 273–290. – MERKLEIN, H., Erwägungen zur Überlieferungsgeschichte der neutestamentlichen Abendmahlstraditionen, BZ, N.F. 21, 1977, S. 88–101. 235–244. – PESCH, R., Wie Jesus das Abendmahl hielt. Der Grund der Eucharistie, Freiburg. Basel. Wien [2]1977. – SCHENKER, A., Das Abendmahl Jesu als Brennpunkt des Alten Testaments. Begegnung zwischen den beiden Testamenten – eine bibeltheologische Skizze, Biblische Beiträge 13, Fribourg 1977. – KUTSCH, E.,

Neues Testament – Neuer Bund? Eine Fehlübersetzung wird korrigiert, Neukirchen-Vluyn 1978, S. 107–135. – BETZ, J., Eucharistie. In der Schrift und Patristik, Handbuch der Dogmengeschichte Bd. IV, Fasz. 4a, Freiburg. Basel. Wien 1979, S. 1–24. – HAHN, FERD., Thesen zur Frage der einheitsstiftenden Elemente in Lehre und Praxis des urchristlichen Herrenmahls, in: Kirche. FS. für Günther Bornkamm zum 75. Geburtstag, Tübingen 1980, S. 415–424. – KERTELGE, K., Das Abendmahl Jesu im Markusevangelium, in: Begegnung mit dem Wort, FS. H. Zimmermann, BBB 53, Bonn 1980, S. 67–80. – MARSHALL, I. H., Last Supper and Lord's Supper, Exeter 1980. – RUCKSTUHL, E., Neue und alte Überlegungen zu den Abendmahlsworten Jesu, in: Studien zum Neuen Testament und seiner Umwelt 5, Freistadt. Linz 1980, S. 79–106. – BLANK, J., Der ,eschatologische Ausblick' Mk 14,25 und seine Bedeutung, in: Kontinuität und Einheit. Für Franz Mußner, Freiburg. Basel. Wien 1981, S. 508–518. – FEELY-HARNIK, G., The Lord's Table. Eucharist and Passover in Early Christianity, Symbol and Culture, Philadelphia 1981. – REUMANN, J., ,The Problem of the Lord's Supper' as Matrix for Albert Schweitzer's ,Quest of the Historical Jesus', NTSt 27, 1981, S. 475–487. – BAUMBACH, G., Zum gegenwärtigen Stand der Interpretation neutestamentlicher Abendmahlstexte, Die Zeichen der Zeit 36, 1982, S. 169–175. – FIEDLER, P., Probleme der Abendmahlsforschung, Archiv für Liturgiewissenschaft 24, 1982, S. 190–223. – LÉON-DUFOUR, X., Le partage du pain eucharistique selon le Nouveau Testament, Éditions du Seuil, Paris 1982. – FELMY, K. CHR., ,,Was unterscheidet diese Nacht von allen anderen Nächten?" Die Funktion des Stiftungsberichtes in der urchristlichen Eucharistiefeier nach Didache 9f. und dem Zeugnis Justins, Jahrbuch für Liturgik und Hymnologie 27, 1983, S. 1–15. – KNOCH, O., ,,Tut das zu meinem Gedächtnis" (Lk 22,20; 1Kor 11,24f). Die Feier der Eucharistie in den urchristlichen Gemeinden, in: Freude am Gottesdienst. Aspekte ursprünglicher Liturgie. FS. J. G. Plöger, Stuttgart 1983, S. 31–42. – MARXSEN, W., Die Geschichte des Abendmahls im Neuen Testament, Die Zeichen der Zeit 37, 1983, S. 248–252.

Zu S. 155 und Bultmann Lit.Verz./Nachtrag S. 608f.:

§ *14: Der Geist.*
KAMLAH, E., Art. Geist, Theol. Begr. Lexikon zum NT, Bd. I, 1967, S. 479–487 (S. 489 Lit.). – CONZELMANN, H., Art. χαίρω κτλ., Abschn. χάρισμα, ThW IX, [1971] 1973, S. 393–397. – DAUTZENBERG, G., Urchristliche Prophetie. Ihre Erforschung, ihre Voraussetzungen im Judentum und ihre Struktur im ersten Korintherbrief, BWANT 104, Stuttgart. Berlin. Köln. Mainz 1975. – DUNN, J. D. G., Jesus and the Spirit. A Study of the Religious and Charismatic Experience of Jesus and the First Christians as Reflected in the New Testament, London 1975. – LAMPE, G. W. H., God as Spirit, The Bampton Lectures 1976, Oxford 1977. – CHEVALLIER, M.-A., Souffle de Dieu. Le Saint-Esprit dans le Nouveau Testament, Le point théologique 26, Paris 1978. – SCHLIER, H., Über den Heiligen Geist nach dem Neuen Testament, in: ders., Der Geist und die Kirche. Exegetische Aufsätze und Vorträge IV, Freiburg. Basel. Wien 1980, S. 151–164. – TURNER, M. M. B., The Spirit of Christ and Christology, in: Christ the Lord: Studies in Christology Presented to D. Guthrie, Leicester 1982, S. 168–190. – BROWN, R. E., Diverse Views of the Spirit in the New Testament, Worship 57, 1983, S. 225–236. – KREMER, J., Art. πνεῦμα κτλ., EWNT III, 1983, Sp. 279–291. –

BERGER, K., Art. Geist/Heiliger Geist/Geistesgaben. III. Neues Testament, TRE, Bd. XII, 1984, S. 178–196.

Zu S. 166 und Bultmann Lit.Verz./Nachtrag S. 609:

§ 15: Gnostische Motive.
QUISPEL, G., WILSON, R. M., JONAS, H., Gnosticism and the New Testament, in: The Bible in Modern Scholarship..., ed. J. P. HYATT, Nashville–New York 1965, S. 252–293. – SCHENKE, H.-M., Die Gnosis, in: LEIPOLDT, J.–GRUND-MANN, W. (Hrg.), Umwelt des Urchristentums, Bd. I, Berlin ²1967, S. 371–415. – BIANCHI, U. (Hrg.), Le origini dello gnosticismo. Colloquio di Messina 13–18 Aprile 1966. Tessi e discussioni, SuppltoNumen XII, Leiden 1967. – HAARDT, R., Die Gnosis, Wesen und Zeugnisse, Salzburg 1967. – POKORNÝ, P., Der Ursprung der Gnosis, Kairos 9, 1967, S. 94–105. – RUDOLPH, K., Gnosis und Gnostizismus. Ein Forschungsbericht, ThR, N.F. 34, 1969, S. 121–175. 181–231. 258–361; 36, 1971, S. 1–61. 89–124; 37, 1972, S. 289–360; 38, 1973, S. 1–25. – WILSON, R. M., Gnosis und Neues Testament, Urban-Taschenbücher 118, Stuttgart 1971 (= ders., Gnosis and the New Testament, Oxford 1968). – COLPE, C., New Testament and Gnostic Christology, in: Religions in Antiquity. Essays in memory of E. Goodenough, ed. J. NEUSNER (= Studies in the History of Religions, SuppltoNumen XIV), Leiden 1968, S. 227–243. – BÖHLIG, A., Mysterion und Wahrheit. Gesammelte Beiträge zur spätantiken Religionsgeschichte, Arbeiten zur Geschichte des späteren Judentums und des Urchristentums VI, Leiden 1968. – ELTESTER, W. (Hrg.), Christentum und Gnosis, BZNW 37, Berlin. New York 1969. – LOHSE, E., Umwelt des Neuen Testaments, Grundrisse zum Neuen Testament, NTD Ergänzungsreihe 1, Göttingen 1971, S. 187–206. – SCHOTT-TROFF, L., Der Glaubende und die feindliche Welt. Beobachtungen zum gnostischen Dualismus und seiner Bedeutung für Paulus und das Johannesevangelium, WMANT 37, Neukirchen-Vluyn 1970 (dazu BERGMEIER, R., Entweltlichung. Verzicht auf religionsgeschichtliche Forschung?, NovT 16, 1974, S. 58–80). – BERGMEIER, R., Quellen vorchristlicher Gnosis?, in: Tradition und Glaube. Das frühe Christentum in seiner Umwelt. Festgabe für K. G. Kuhn zum 65. Geburtstag, Göttingen 1971, S. 200–220. – TRÖGER, K.-W., Mysterienglaube und Gnosis in Corpus Hermenticum XIII, TU 110, Berlin 1971. – PRÜMM, K., Gnosis an der Wurzel des Christentums? Grundlagen der Entmythologisierung, Salzburg 1972. – FISCHER, K. M., Tendenz und Absicht des Epheserbriefes, FRLANT 111, Göttingen 1973. – TRÖGER, K.-W. (Hrg.), Gnosis und Neues Testament. Studien zur Religionswissenschaft und Theologie, Berlin 1973. – YAMAUCHI, E. M., Pre-Christian Gnosticism. A Survey of the Proposed Evidences, London 1973. – BEYSCHLAG, K., Simon Magus und die christliche Gnosis, WUNT 16, Tübingen 1974. – RUDOLPH, K. (Hrg.), Gnosis und Gnostizismus, Wege der Forschung CCLXII, Darmstadt 1975 (dort ,,Ausgewählte Bibliographie zum Thema des Bandes", S. 843–847). – QUISPEL, G., Gnostic Studies I. II., Uitgaven van het Nederlands Historisch-Archeologisch Instituut te Istanbul XXXIV, 1.2, Istanbul 1974/75. – LÜDEMANN, G., Untersuchungen zur simonianischen Gnosis, Göttinger Theologische Arbeiten Bd. 1, Göttingen 1975. – BETZ, O., Das Problem der Gnosis seit der Entdeckung der Texte von Nag Hammadi, VuF 21, 1976, Heft 2, S. 46–80. – SCHMITHALS, W., Gnosis und Neues Testament, VuF 21, 1976, Heft 2, S. 22–46. – BETZ, O., Art. Adam. I. Altes Testament und Gnosis, TRE, Bd. I,

1977, S. 414–424. – MEEKS, W. A., Simon Magus in Recent Research, Religious Studies Review 3, 1977, S. 137–143. – *Proceedings of the International Colloquium on Gnosticism* (Stockholm August 20–25, 1973), Kungl. Vitterhets Historie och Antikvitets Akademiens Handlingar, Filologisk-filosofiska serien sjuttonde delen, Stockholm. Leiden 1977. – RUDOLPH, K., Simon – Magus oder Gnosticus? Zum Stand der Debatte, ThR, N.F. 42, 1977, S. 279–359. – BÖHLIG, A., Zur Struktur gnostischen Denkens. NTSt 24, 1977/78, S. 496–509. – Gnosis. FS. für Hans Jonas, In Verbindung mit U. BIANCHI, M. KRAUSE, J. M. ROBINSON und G. WIDENGREN, hrg. v. B. ALAND, Göttingen 1978. – RUDOLPH, K., Die Gnosis. Wesen und Geschichte einer spätantiken Religion, Göttingen 1978. – BAIRD, W., The Problem of the Gnostic Redeemer and Bultmann's Programm of Demythologizing, in: Theologia crucis – signum crucis, FS. E. Dinkler, Tübingen 1979, S. 39–56. – BOUSSET, W., Religionsgeschichtliche Studien. Aufsätze zur Religionsgeschichte des Hellenistischen Zeitalters, hrg. v. A. F. VERHEULE, SupplNovT L, Leiden 1979 (bes. S. 44–96. 97–191 und unveröffentlicht aus dem Nachlaß: „Der Gott Aion“, S. 192–230). – CULINAU, I. P., Erzählung und Mythos im „Lied von der Perle“, Kairos 21, 1979, S. 60–71. – GRÄSSER, E., Die Heilsbedeutung des Todes Jesu in Hebräer 2,14–18, in: Theologia crucis – signum crucis, FS. E. Dinkler, Tübingen 1979, S. 165–184 (bes. S. 180–184). – LATTKE, M., Die Oden Salomos in ihrer Bedeutung für Neues Testament und Gnosis. Bd. I. Ausführliche Handschriftenbeschreibung. Edition mit deutscher Parallel-Übersetzung. Hermeneutischer Anhang zur gnostischen Interpretation der Oden Salomos in der Pistis Sophia; Bd. II. Vollständige Wortkonkordanz zur handschriftlichen, griechischen koptischen, lateinischen und syrischen Überlieferung der Oden Salomos. Mit einem Faksimile des Kodex N; Bd. Ia. Der syrische Text der Edition in Estrangelā. Faksimile des griechischen Papyrus Bodmer XI, Orbis Biblicus et Orientalis Bd. 25, 1.2, Freiburg/Schw. Göttingen 1979; Bd. 25, 1a. ebd. 1980. – KÖSTER, H., Dialog und Spruchüberlieferung in den gnostischen Texten von Nag Hammadi, EvTh 39, 1979, S. 532–556. – MATERN, G., Die erste große Herausforderung. Dualismus und Soteriologie der Gnosis bedrohen die junge Kirche in ihrer Substanz, in: Kirche und Bibel. Festgabe für Bischof Eduard Schick, Paderborn. München. Wien. Zürich 1979, S. 261–290. – RUDOLPH, K., Gnosis – Weltreligion oder Sekte (Zur Problematik sachgemäßer Terminologie in der Religionswissenschaft), Kairos 21, 1979, S. 255–263. – *Studien zum Menschenbild in Gnosis und Manichäismus*, hrg. v. P. NAGEL. Wissenschaftliche Beiträge 1979/39 (K 5), Halle 1979. – TRÖGER, K.-W. (Hrg.), Altes Testament–Frühjudentum–Gnosis. Neue Studien zu ‚Gnosis und Bibel‘, Gütersloh 1980. – *Colloque International sur les textes de Nag Hammadi (Québec, 22–25 août 1978)*, ed. par B. BARC, Bibliothèque Copte de Nag Hammadi, Section ‚Études‘ 1, Québec. Louvain 1981. – MORTLEY, R.–COLPE, C., Art. Gnosis I (Erkenntnislehre), RAC, Bd. XI, 1981, Sp. 446–537. – COLPE, C., Art. Gnosis II (Gnostizismus), RAC, Bd. XI, 1981, Sp. 537–649. – EVANS, C. A., Jesus in Gnostic Literature, Biblica 62, 1981, S. 406–412. – *Gnosis and Gnosticism. Papers read at the Eighth International Conference on Patristic Studies (Oxford, September 3rd–8th 1979)*, ed. by M. KRAUSE, Nag Hammadi Studies XVIII, Leiden 1981. – *The Rediscovery of Gnosticism. Proceedings of the International Conference on Gnosticism at Yale New Haven, Connecticut, March 28–31*, 1978, Vol. I: The School of Valentinus, ed. by B. LAYTON; Vol. II: Sethian Gnosticism, ed. by B. LAYTON, Studies in History of Religions (Suppl. to Numen) XLI,

Leiden 1981. – *Studies in Gnosticism and Hellenistic Religions* Presented to Gilles Quispel on the Occasion of His 65th Birthday, ed. by R. VAN DEN BROECK and M. J. VERMASEREN, Etudes préliminaires aux religions orientales dans l'Empire romain 91, Leiden 1981. – LATTKE, M., The Apocryphal Odes of Salomon and New Testament Writings, ZNW 73, 1982, S. 294–301. – SIEGERT, F., Nag-Hammadi-Register, WUNT 26, Tübingen 1982. – WILSON, R. McL., Nag Hammadi and the New Testament, NTSt 28, 1982, S. 289–302. – KIPPENBERG, H. G., Ein Vergleich jüdischer, christlicher und gnostischer Apokalyptik, in: Apocalypticism in the Mediterranean World and the Near East. Proceedings of the International Colloquium on Apocalypticism, Uppsala, August 12–17, 1979, ed. by D. HELLHOLM, Tübingen 1983, S. 751–768. – MÜLLER, K., Das Judentum in der religionsgeschichtlichen Arbeit am Neuen Testament. Eine kritische Rückschau auf die Entwicklung einer Methodik bis zu den Qumranfunden, Judentum und Umwelt Bd. 6, Frankfurt/M. Bern 1983 (bes. § 14: „Das Beispiel: R. Bultmanns ‚religionsgeschichtliche' Beurteilung der Gnosis", S. 54–58). – *The New Testament and Gnosis:* Essays in honour of R. McL. Wilson, ed. by A. H. B. LONGAN and A. J. M. WEDDERBURN, Edinburgh 1983. – VAN DEN BROECK, R., The Present State of Gnostic Studies, VigChr 37, 1983, S. 41–71.

Zu S. 172 Anm. 1:

BULTMANN, R., Der zweite Brief an die Korinther, KEK-Sonderband, Göttingen 1976, S. 132–146.

Zu S. 187 und Bultmann Lit.Verz./Nachtrag S. 609f.:

Zweiter Teil. Die Theologie des Paulus und des Johannes.

I. Die Theologie des Paulus.

Das Paulusbild in der neueren deutschen Forschung, in Verbindung mit U. LUCK hrg. v. K. H. RENGSTORF, WdF XXIV, Darmstadt (1964) [2]1969. – WHITELEY, D. E. H., The Theology of St. Paul, Oxford 1964. – HOLTZ, T., Zum Selbstverständnis des Apostels Paulus, ThLZ 91, 1966, Sp. 321–330. – CONZELMANN, H., Current Problems in Pauline Research, Interpretation 22, 1968, S. 171–186. – HOSIE, J., Paul in 20th Century Thought, Diss. Glasgow 1968/69. – BORNKAMM, G., Paulus, Urban-Bücher 119 D, Stuttgart. Berlin. Köln. Mainz (1969) [5]1983. – BUCK, C.–TAYLOR, G., Saint Paul. A Study of Development in His Thought, New York 1969. – KÄSEMANN, E., Paulinische Perspektiven, Tübingen (1969) [2]1972. – BEN-CHORIN, S., Paulus. Der Völkerapostel in jüdischer Sicht, München 1970. – RIDDERBOS, H., Paulus. Ein Entwurf seiner Theologie, (holl. 1966) Wuppertal 1970. – KUSS, O., Paulus. Die Rolle des Apostels in der theologischen Entwicklung der Urkirche, Auslegung und Verkündigung III, Regensburg 1971. – EICHHOLZ, G., Die Theologie des Paulus im Umriß, Neukirchen-Vluyn 1972. (Dazu: STUHLMACHER, P., Theologische Probleme gegenwärtiger Paulusinterpretation, ThLZ 98, 1973, Sp. 721–732). [2]1977 [erw. Aufl.]. – HANSON, A. T., Studies in Paul's Technique and Theology, London 1974. – SCHÜTZ, J. H., Paul and the Anatomy of Apostolic Authority, SNTSMS 26, London 1975. – KÜMMEL, W. G., Albert Schweitzer als Paulusforscher, in: Rechtfertigung, FS. E. Käsemann, Tübingen. Göttingen 1976, S. 269–290. – GRANT, M., Saint Paul, London 1976 (deutsch: Paulus, Apostel der Völker, Bergisch Gladbach 1978). –

BRUCE, F. F., Paul: Apostle of the Free Spirit, Exeter 1977. – SANDERS, E. P., Paul and Palestinian Judaism. A Comparison of Patterns of Religion, London 1977. (Dazu: HÜBNER, H., Pauli Theologiae proprium, NTSt 26, 1980, S. 445–473; DUNN, J. D. G., The New Perspective on Paul, BJRL 65, 1983, S. 95–122). – SCHLIER, H., Grundzüge einer paulinischen Theologie, Freiburg. Basel. Wien 1978. – SIMON, M., Trente ans de recherches sur l'apôtre Paul, Ktema 3, 1978, S. 3–33. – ALETTI, J.-N., Bulletin paulinien, Rechscrel 67, 1979, S. 289–313. – DASSMANN, E., Der Stachel im Fleisch. Paulus in der frühchristlichen Literatur bis Irenäus, Münster 1979. – JEWETT, R., A Chronology of Paul's Life, Philadelphia 1979 (= Dating Paul's Life, London 1979; deutsch: Paulus-Chronologie. Ein Versuch, München 1982). – LINDEMANN, A., Paulus im ältesten Christentum. Das Bild des Apostels und die Rezeption der paulinischen Theologie in der frühchristlichen Literatur bis Marcion, BhTh 58, Tübingen 1979. – OLLROG, W.-H., Paulus und seine Mitarbeiter. Untersuchungen zu Theorie und Praxis der paulinischen Mission, WMANT 50, Neukirchen-Vluyn 1979. (Lit.). – *Paul de Tarse. Apôtre du notre temps.* La Communauté monastique de S. Paul en memoire de Pape Paul VI, ed. L. DE LORENZI, Série monographique de ,,Benedictina", Section paulinienne 1, Rome 1979. – LÜDEMANN, G., Paulus, der Heidenapostel. I. Studien zur Chronologie, FRLANT 123, Göttingen 1980. (Dazu: LINDEMANN, A., ZKG 92 [= Vierte Folge XXX], 1981, S. 344–349). – ARMOGATHE, J.-R. (avec la Colloboration de H. DUCHÉNE), Paul ou l'impossible Unité, Paris 1980. – BEKER, J. CHR., Paul the Apostle, Philadelphia 1980. – BOUWMAN, G., Paulus und die anderen. Porträt eines Apostels, Düsseldorf 1980. – *Pauline Studies. Essays presented to F. F. Bruce,* Exeter 1980 (daraus bes.: HAGNER, D. A., Paul in Modern Jewish Thought, S. 143–165. – HEMER, C. J., Observations in Pauline Chronology, S. 3–18). – HICKLING, C. J. A., Centre and Periphery in the Thought of Paul, in: Studia Biblica 1978: III. Papers on Paul and Other New Testament Authors. Sixth International Congress on Biblical Studies, Oxford 3–7 April 1978, ed. by E. A. LIVINGSTONE, Journal for the Study of the New Testament, Suppl. Ser. 3, Sheffield 1980, S. 199–214. – HOCK, R. F., The Social Context of Paul's Ministry. Tentmaking and Apostleship, Philadelphia 1980. – JERVELL, J., Der unbekannte Paulus, in: PEDERSEN, S. (Hrg.), Paulinische Literatur und Theologie. The Pauline Literature and Theology, Teologiske Studier 7, Århus. Göttingen 1980, S. 29–49. – LÜDEMANN, G., Zum Antipaulinismus im frühen Christentum, EvTh 40, 1980, S. 437–455. – SMYTH, B. T., Paul: The Man and the Missionary, London 1980. – BISER, E., Der Zeuge. Eine Paulus-Befragung, Graz. Wien. Köln 1981. – EBELING, G., Die Wahrheit des Evangeliums. Eine Lesehilfe zum Galaterbrief, Tübingen 1981. – FUNK, A., Status und Rollen in den Paulusbriefen. Eine inhaltsanalytische Untersuchung zur Religionssoziologie, Innsbrucker theologische Studien 7, Innsbruck. Wien. München 1981. – GIBERT, P., Appendre à lire saint Paul. Le Christ au fondement de tout. De le Loi à Evangile de la liberté, Paris 1981. – LAPIDE, P.–STUHLMACHER, P., Paulus – Rabbi und Apostel. Ein jüdisch-christlicher Dialog, Stuttgart. München 1981. – SCHELKLE, K. H., Paulus. Leben – Briefe – Theologie, Erträge der Forschung Bd. 152, Darmstadt 1981. – SCHNEEMELCHER, W., Das Urchristentum, Urban-Taschenbücher/Kohlhammer Taschenbücher 336, Stuttgart. Berlin. Köln. Mainz 1981 (bes. S. 134–154). – VOGT, J., Der Apostel Paulus als römischer Bürger, Universitas 36, 1981, S. 145–152. – BEKER, J. CHR., Paul's Apocalyptic Gospel. The Coming Triumph of God, Philadelphia 1982. – CASEY, M., Chronology and

Development of Pauline Christology, in: Paul and Paulinism. Essays in honour of C. K. Barrett, London 1982, S. 124–134. – JEWETT, R., Christian Tolerance. Paul's Message to the Modern Church, Biblical Perspectives on Current Issues, Philadelphia 1982. – MORGAN, R., The Significance of ‚Paulinism‘, in: Paul and Paulinism. Essays in honour of C. K. Barrett, London 1982, S. 320–338. – RE-BELL, W., Paulus – Apostel im Spannungsfeld sozialer Beziehungen. Eine sozialpsychologische Untersuchung zum Verhältnis des Paulus zu Jerusalem, seinen Mitarbeitern und Gemeinden, Diss. Abt. Evang. Theol. Bochum 1982. – RESE, M., Zur Geschichte des frühen Christentums – ein kritischer Bericht über drei neue Bücher, ThZ 38, 1982, S. 98–116. – SABOURIN, L., Paul and His Thought in Recent Research, Religious Studies Bulletin [Subury Ont.] 2, 1982, S. 62–73. 117–131; 3, 1983, S. 90–100. – SANDERS, E. P., Jesus, Paul and Judaism, in: Aufstieg und Niedergang der römischen Welt. Geschichte und Kultur Roms im Spiegel der neueren Forschung II. 25,1: Principat: Religion (Vorkonstantinisches Christentum: Leben und Umwelt Jesu; Neues Testament [Kanonische Schriften und Apokryphen]), hrg. v. W. HAASE, Berlin. New York 1982, S. 390–450 (bes. S. 429–449). – BALZ, R., Art. Παῦλος κτλ., EWNT III, 1983, Sp. 139–145. – LÜDEMANN, G., Paulus, der Heidenapostel. II. Antipaulinismus im frühen Christentum, FRLANT 130, Göttingen 1983. (Dazu: LINDEMANN, A., ZKG 95, 1984, S. 242–250). – THEISSEN, G., Psychologische Aspekte paulinischer Theologie, FRLANT 131, Göttingen 1983. – TRILLING, W., Mit Paulus im Gespräch. Das Lebenswerk des großen Völkerapostels – eine Hinführung, Graz. Köln 1983. – ZIESLER, J., Pauline Christianity, The Oxford Bible Series, Oxford. New York 1983. – KÜMMEL, W.G., Rudolf Bultmann als Paulusforscher, in: JASPERT, B. (Hrg.), Rudolf Bultmanns Werk und Wirkung, Darmstadt 1984, S. 174–193.

Zu S. 187 und Bultmann Lit.Verz./Nachtrag S. 610:

§ 16: Die geschichtliche Stellung des Paulus.

Zur Bekehrung des Paulus:

KÜMMEL, W. G., Römer 7 und das Bild des Menschen im Neuen Testament. Zwei Studien, ThB 53, München 1974, S. 225f. (= „Literatur zur Bekehrung des Paulus seit 1929“ [–1971]). – STUHLMACHER, P., Das paulinische Evangelium I. Vorgeschichte, FRLANT 95, Göttingen 1968, bes. S. 63–108. – STUHLMACHER, P., „Das Ende des Gesetzes“. Über Ursprung und Ansatz der paulinischen Theologie, ZThK 67, 1970, S. 14–39. – BORNKAMM, G., The Revelation of Christ to Paul on the Damascus Road and Paul's Doctrine of Justification and Reconciliation, in: Reconciliation and Hope. New Testament Essays on Atonement and Eschatology, presented to L. L. Morris, Grand Rapids/Mich. 1974, S. 90–104. – HAACKER, K., Die Berufung des Verfolgers und die Rechtfertigung des Gottlosen. Erwägungen zum Zusammenhang zwischen Biographie und Theologie des Apostels Paulus, Theologische Beiträge 6, 1975, S. 1–19. – STENDAHL, K., Der Jude Paulus und wir Heiden. Anfragen an das abendländische Christentum, München 1978 (zur „Bekehrung“ S. 17–37). – GAGER, J. G., Some Notes on Paul's Conversion, NTSt 27, 1981, S. 697–704. – HEDRICK, C. W., Paul's Conversion/Call: A Comparative Analysis of the Three Reports in Acts, JBL 100, 1981, S. 415–432. – SCHADE, H.-H., Apokalyptische Christologie bei Paulus. Studien zum Zusammenhang von Christologie und Eschatologie in den Paulusbriefen,

Göttinger Theologische Arbeiten 18, Göttingen 1981 (bes. S. 105–113). – DIETZ-
FELBINGER, CHR., Die Berufung des Paulus als Ursprung seiner Theologie,
Habil. Schr. Evang.-Theol. Fak. München 1982 (masch.).

Der „vorchristliche" Paulus:

JEREMIAS, J., Paulus als Hillelit, in: Neotestamentica et Semitica, Studies in
Honour of M. Black, Edinburgh 1969, S. 88–94. – HAACKER, K., War Paulus
Hillelit?, in: Das Institutum Judaicum der Universität Tübingen 1971–1972, Tü-
bingen 1972, S. 106–120. – HÜBNER, H., Gal. 3,10 und die Herkunft des Paulus,
KuD 19, 1973, S. 215–231. – HÜBNER, H., Das ganze und das eine Gesetz. Zum
Problemkreis Paulus und die Stoa, KuD 21, 1975, S. 239–256. – BETZ, O., Paulus
als Pharisäer nach dem Gesetz. Phil 3,5–6 als Beitrag zur Frage des frühen
Pharisäismus, in: Treue zur Thora. Beiträge zur Mitte des christlich-jüdischen
Gesprächs, FS. G. Harder, Veröffentlichungen aus dem Institut für Kirche und
Judentum bei der Kirchlichen Hochschule Berlin 3, Berlin 1977, S. 54–64. –
BORSE, U., Paulus in Jerusalem, in: Kontinuität und Einheit. Für Franz Mußner,
Freiburg. Basel. Wien 1981, S. 43–64. – STENGER, W., Biographisches und Ideal-
biographisches in Gal 1,11–2,14, in: Kontinuität und Einheit. Für Franz Mußner,
Freiburg. Basel. Wien 1981, S. 123–140.

Zum Problem Jesus und Paulus:

KÜMMEL, W. G., Jesus und Paulus, in: *ders.*, Heilsgeschehen und Geschichte,
Ges. Aufs. 1933–1964, MarbThSt 3, Marburg 1965, S. 439–456. – FURNISH, V. P.,
The Jesus-Paulus Debate. From Baur to Bultmann, Bulletin of the John Rylands
Library 47, 1965, S. 342–381. – LATEGAN, B. C., De Aardse Jesus in die Predi-
king van Paulus volgens sy briewe, Rotterdam 1967. – BLANK, J., Paulus und
Jesus. Eine theologische Grundlegung, StANT XVIII, München 1968. – KUHN,
H.-W., Der irdische Jesus bei Paulus als traditionsgeschichtliches und theologi-
sches Problem. ZThK 67, 1970, S. 295–320. – DUNGAN, D. L., The Sayings of
Jesus in the Church of Paul, Philadelphia 1971. – SCHMITHALS, W., Paulus und
der „historische" Jesus, in: *ders.*, Jesus Christus in der Verkündigung der Kir-
che. Aktuelle Beiträge zum notwendigen Streit um Jesus, Neukirchen-Vluyn
1972, S. 36–59. – FRASER, J. W., Jesus & Paul. Paul as Interpreter of Jesus from
Harnack to Kümmel, Abingdon. Berkshire 1974. – PESCH, R., „Christus dem
Fleische nach kennen" (2Kor. 5,16)? Zur theologischen Bedeutung der Frage
nach dem historischen Jesus, in: PESCH, R.–ZWERGEL, H. A., Kontinuität in
Jesus. Zugänge zu Leben, Tod und Auferstehung, Freiburg. Basel. Wien 1974,
S. 9–34. 125–131. – BULTMANN, R., Der zweite Brief an die Korinther, KEK-
Sonderband, Göttingen 1976, S. 155–158. – REGNER, F., „Paulus und Jesus" im
19. Jahrhundert. Beiträge zur Geschichte des Themas „Paulus und Jesus" in der
neutestamentlichen Theologie, Studien zur Theologie- und Geistesgeschichte des
Neunzehnten Jahrhunderts Bd. 30, Göttingen 1977. – NOACK, B., Teste Paulo:
Paul as the Principal Witness to Jesus and Primitive Christianity, in: PEDERSEN,
S. (Hrg.), Die Paulinische Literatur und Theologie. The Pauline Literature and
Theology, Teologiske Studier 7, Århus. Göttingen 1980, S. 9–28. – MÜLLER, P.-
G., Der Traditionsprozeß im Neuen Testament. Kommunikationsanalytische Stu-
dien zur Versprachlichung des Jesusphänomens, Freiburg. Basel. Wien 1981
(bes. S. 204–241). – WEDER, H., Das Kreuz Jesu bei Paulus. Ein Versuch, über
den Geschichtsbezug des christlichen Glaubens nachzudenken, FRLANT 125,

Göttingen 1981 (bes. S. 225–251). – WENHAM, D., Paul and the Synoptic Apocalypse, in: Gospel Perspectives. Studies in History and Tradition in Four Gospels,
Vol. II, Ed. by R. T. FRANCE and D. WENHAM, Sheffield 1981, S. 345–375. –
ALLISON, D. C., The Pauline Epistles and the Synoptic Gospels: The Pattern of
the Parallels, NTSt 28, 1982, S. 1–32. – BEN-CHORIN, S., Jesus und Paulus, in:
ders., Theologia Judaica. Gesammelte Aufsätze, Tübingen 1982, S. 28–41. – FAR-
MER, W. R., Jesus and the Gospel. Tradition, Scripture, and Canon, Philadelphia
1982, S. 48–50. – BETZ, O., Fleischliche und ,,geistliche" Christuserkenntnis nach
2. Korinther 5,16, Theologische Beiträge 14, 1983, S. 167–179. – STUHLMACHER,
P., Jesustradition im Römerbrief. Eine Skizze, Theologische Beiträge 14, 1983,
S. 241–250.

Zu S. 191f. und Bultmann Lit.Verz./Nachtrag [zu S. 192] S. 610:

A. Der Mensch vor der Offenbarung der πίστις *(und S. 192):*

I. Die anthropologischen Begriffe.

GÜTTGEMANNS, E., Der leidende Apostel und sein Herr. Studien zur paulinischen Christologie, FRLANT 90, Göttingen 1966, bes. S. 199–281. – SCROGGS,
R., The Last Adam. A Study in Pauline Anthropology, Oxford 1966. – QUINLAN,
J., The Christian Man in St. Paul, JBL 87, 1968, S. 301–308. – KÄSEMANN, E.,
Zur paulinischen Anthropologie, in: *ders.*, Paulinische Perspektiven, Tübingen
(1969) [2]1972, S. 9–60. – JEWETT, R., Paul's Anthropological Terms. A Study in
their Use in Conflict Settings, Arbeiten zur Geschichte des antiken Judentums
und des Urchristentums X, Leiden 1971. – KÜMMEL, W. G., Römer 7 und das
Bild des Menschen im Neuen Testament (s. Nachtrag zu S. 187 [§ 16]), S. 227.
(Lit.). – MURPHY-O'CONNOR, J., L'existence chrétienne selon Saint Paul, LD 80,
Paris 1974. – HAACKER, K., Wie redet die Bibel vom Menschen? Biblische Vorga-
ben zur anthropologischen Diskussion heute, Theologische Beiträge 8, 1977, S.
241–260. – KLEIN, G., Der Mensch als Thema neutestamentlicher Theologie,
ZThK 75, 1978, S. 336–349. – LICHTENBERGER, H., Studien zum Menschenbild in
Texten der Qumrangemeinde, StUNT 15, Göttingen 1980. – SAND, A., Art.
ἄνθρωπος κτλ., EWNT I, 1980, Sp. 240–249. – SCHMITHALS, W., Die theologische Anthropologie des Paulus. Auslegung von Röm. 7,17–8,39, Kohlhammer-
Taschenbücher Bd. 1021, Stuttgart. Berlin. Köln. Mainz 1980. – KIEFFER, R.,
Einige Überlegungen zum Menschenbild bei Paulus in Verbindung mit dem Heils-
ereignis, in: Studia Evangelica Vol. VII. Papers Presented to the Fifth International Congress on Biblical Studies held at Oxford, 1973, ed. by E. A. LIVINGSTO-
NE, TU 126, Berlin 1982, S. 287–292. – MURPHY-O'CONNOR, J., Becoming Human Together. The Pastoral Anthropology of St. Paul, Good News Studies 2,
Wilmington/Delaware 1982. – BOVON, F., L'homme nouveau et la loi chez l'apôtre
Paul, in: Die Mitte des Neuen Testaments. Einheit und Vielfalt neutestamentlicher Theologie. FS. für E. Schweizer zum 70. Geburtstag, Göttingen 1983, S.
22–33.

Zu S. 193 und Bultmann Lit.Verz./Nachtrag S. 611:

§ 17: Der Begriff σῶμα.

SCHWEIZER, E., Die Leiblichkeit des Menschen: Leben–Tod–Auferstehung, in:
ders., Beiträge zur Theologie des Neuen Testaments. Neutestamentliche Aufsät-

ze (1955–1970), Zürich 1970, S. 165–182. – BAUER, K.-A., Leiblichkeit – das Ende aller Werke Gottes. Die Bedeutung der Leiblichkeit des Menschen bei Paulus, StNT 4, Gütersloh 1971. – GUNDRY, R. H., Sōma in Biblical Theology with Emphasis on Pauline Anthropology, SNTSMS 29, London. New York. Melbourne 1976. – HEINE, S., Leibhafter Glaube. Ein Beitrag zum Verständnis der theologischen Konzeption des Paulus, Wien. Freiburg. Basel 1976. – (S. auch Nachtrag zu S. 192.). – SCHWEIZER, E., Art. σῶμα κτλ., EWNT III, 1983, Sp. 770–779.

Zu S. 204:

§ 18: Ψυχή, πνεῦμα *und* ζωή.

SCHWEIZER, E., in: BERTRAM, G. u. a., Art. ψυχή κτλ., ThW IX, 1973, bes. S. 647–650. – KÖBERLE, A., Das griechische Verständnis der Seele, Theologische Beiträge 14, 1983, S. 133–142. – SAND, A., Art. ψυχή κτλ., EWNT III, 1983, Sp. 1197–1203.

Zu S. 211 und Bultmann Lit.Verz./Nachtrag S. 611:

§ 19: Νοῦς *und* συνείδησις.

THRALL, M. E., The Pauline Use of Συνείδησις, NTSt 14, 1967/68, S. 118–125. – BONNARD, P., L'intelligence chez Saint Paul [ursprg. 1968], in: *ders.*, Anamnesis. Recherches sur le Nouveau Testament, Genève. Lausanne. Neuchâtel 1980, S. 133–143. – CHADWICK, H., Betrachtungen über das Gewissen in der griechischen, jüdischen und christlichen Tradition, Rheinisch-Westfälische Akademie der Wissenschaften Vorträge G 197, Opladen 1974. – HILSBERG, P., Das Gewissen im Neuen Testament. Über Anwendung und Nichtanwendung des Wortes Gewissen im Neuen Testament, Theologische Versuche IX, Berlin 1977, S. 145–160. – STEPIEN, J., Syneidesis (das Gewissen) in der Anthropologie des Apostels Paulus, Collectanea Theologica 48, 1978, S. 61–81. – WILCKENS, U., Exkurs: Das Gewissen bei Paulus (exegetisch und wirkungsgeschichtlich), in: *ders.*, Der Brief an die Römer (Röm 1–5), EKK VI/1, Zürich, Einsiedeln. Köln. Neukirchen-Vluyn 1978, S. 138–142. – SAND, A., Art. νοῦς κτλ., EWNT II, 1981, Sp. 1174–1177. – ECKSTEIN, H.-J., Der Begriff Syneidesis bei Paulus. Eine neutestamentlich-exegetische Untersuchung zum ‚Gewissensbegriff', WUNT 2. Reihe Bd. 10, Tübingen 1983. – LÜDEMANN, G., Art. συνείδησις κτλ., EWNT III, 1983, Sp. 721–725. – McCAUGHEY, T., Conscience and Decision Making in some Early Christian Communities, Irish Biblical Studies 5, 1983, S. 115–131.

Zu S. 221:

§ 20: Καρδία.

SCHLIER, H., Das Menschenherz nach dem Apostel Paulus, in: *ders.*, Das Ende der Zeit. Exegetische Aufsätze und Vorträge III, Freiburg. Basel. Wien 1971, S. 184–200. – SAND, A., Art. καρδία κτλ., EWNT II, 1981, Sp. 615–619.

Zu S. 226 und Bultmann Lit.Verz./Nachtrag S. 611:

§ 21: Schöpfung und Mensch.

§ 21,1 (S. 226–228)

CAMBIER, J.-M., Le jugement de tous les hommes par Dieu seul, selon la vérité, dans Rom 2_1–3_{20}, ZNW 67, 1976, S. 187–213. – SYNOFZIK, E., Die Gerichts- und Vergeltungsaussagen bei Paulus. Eine traditionsgeschichtliche Untersuchung, Göttinger Theologische Arbeiten Bd. 8, Göttingen 1977, S. 78–85. – WILCKENS, U., Exkurs: Das Gericht nach den Werken I. II., in: *ders.*, Der Brief an die Römer (Röm 1–5), EKK VI/1, Zürich. Einsiedeln. Köln. Neukirchen-Vluyn 1978, S. 127–131. 142–146. – KLEIN, G., Sündenverständnis und theologia crucis bei Paulus, in: Theologia crucis – signum crucis, FS. E. Dinkler, Tübingen 1979, S. 249–282 (bes. S. 251–259). – SHIELDS, B. E., Creation in Romans, Diss. Evang.-Theol. Fak. Tübingen 1981. – POPKES, W., Zum Aufbau und Charakter von Römer 1.18–32, NTSt 28, 1982, S. 490–501. – WILSON, S. G., Paul and Religion, in: Paul and Paulinism. Essays in honour of C. K. Barrett, London 1982, S. 339–354.

§ 21,2 (S. 228f.)

MOXNES, H., Theology in Conflict. Studies in Paul's Understanding of God in Romans, SupplNovT LIII, Leiden 1980. – GRÄSSER, E., „Ein einziger ist Gott" (Röm 3,30). Zum christologischen Gottesverständnis bei Paulus, in: „Ich will euer Gott werden". Beispiele biblischen Redens von Gott. Mit Beiträgen v. N. LOHFINK, J. JEREMIAS, A. DEISSLER, J. SCHREINER, P. HOFFMANN, E. GRÄSSER, H. RITT, SBS 100, Stuttgart 1981, S. 177–205. – THEOBALD, M., Das Gottesbild des Paulus nach Rm 3,21–31, in: Studien zum Neuen Testament und seiner Umwelt, Bd. 6/7, Freistadt. Linz 1981/82, S. 131–168.

§ 21,2.3 (S. 229–232)

VÖGTLE, A., Röm. 8, 19–22: Eine schöpfungstheologische oder anthropologisch-soteriologische Aussage?, in: Mélanges Bibliques en hommage au B. Rigaux, Gembloux 1970, S. 351–366. – GIBBS, J. G., Creation and Redemption. A Study in Pauline Theology, SupplNovT XXVI, Leiden 1971. – KÄSEMANN, E., An die Römer, HNT 8 a, Tübingen (1973) [3]1974, S. 30. 33. 222 (jeweils Lit.). – STECK, O. H., Exkurs: Der Einbezug der außermenschlichen Schöpfung in das Heilsgeschehen: Röm 8,19–22, in: *ders.*, Welt und Umwelt, Biblische Konfrontationen, Kohlhammer-Taschenbücher Bd. 1006, Stuttgart. Berlin. Köln. Mainz 1978, S. 187–189. – MURPHY-O'CONNOR, J., I. Cor. VIII,6: Cosmology or Soteriology?, RB 85, 1978, S. 253–267. – BAUMBACH, G., Die Schöpfung in der Theologie des Paulus, Kairos 21, 1979, S. 196–205. – HOLTZ, T., Die Hoffnung der Kreatur nach Paulus, Die Zeichen der Zeit 34, 1980, S. 96–103. – WRIGHT, N. T., The Meaning of περὶ ἁμαρτίας in Romans 8.3, in: Studia Biblica 1978, III. Papers on Paul and Other New Testament Authors. Sixth International Congress on Biblical Studies, Oxford 3–7 April 1978, ed. by E. A. LIVINGSTONE, Journal for the Study of the New Testament, Suppl. Ser. 3, Sheffield 1980, S. 453–459. – BINDEMANN, W., Die Hoffnung der Schöpfung. Römer 8,18–22 und die Frage einer Theologie der Befreiung von Mensch und Natur, Neukirchen-Vluyn 1983.

Zu S. 232 und Bultmann Lit.Verz./Nachtrag S. 611:

§ 22: Der Begriff σάρξ.

SAND, A., Der Begriff „Fleisch" in den paulinischen Hauptbriefen, BU 2, Regensburg 1967. – BRANDENBURGER, E., Fleisch und Geist. Paulus und die dualistische Weisheit, WMANT 29, Neukirchen-Vluyn 1968. – HÜBNER, H., Anthropologischer Dualismus in den Hodayoth?, NTSt 18, 1971/72, S. 268–284. – SAND, A., Art. σάρξ κτλ., EWNT III, 1983, Sp. 549–557. – S. auch Lit. zu Nachtrag S. 192 und S. 193 (§ 17).

Zu S. 239:

§ 23: Fleisch und Sünde.

MAUERHOFER, E., Der Kampf zwischen Fleisch und Geist bei Paulus. Ein Beitrag zur Klärung der Frage nach der Stellung des Gläubigen zur Sünde im paulinischen Heiligungs- und Vollkommenheitsverständnis, Diss. theol. Hochschule Kampen, Frutigen 1980. – ZMIJEWSKI, J., Art. καυχάομαι κτλ., EWNT II, 1981, Sp. 680–690. (Lit.).

Zu S. 246 und Bultmann Lit.Verz./Nachtrag S. 611f.:

§ 24: Sünde und Tod.

KÜMMEL, W. G., Römer 7 und das Bild des Menschen im Neuen Testament. Zwei Studien, ThB 53, München 1974, S. 224 (= ,,Literatur zu Römer 7 seit 1960" [bis einschl. 1973]). – SCHNACKENBURG, R., Römer 7 im Zusammenhang des Römerbriefes, in: Jesus und Paulus, FS. W. G. Kümmel, Göttingen 1975, S. 283–300. – CAMBIER, J.-M., Le ,,moi" dans Rom. 7, in: The Law of the Spirit in Rom. 7 and 8, ed. L. DE LORENZI, Monographic Series of ,,Benedictina", Biblical-Ecumenical Section 1, Rome 1976, S. 13–44 (Diskussion S. 44–72). – KRUYF, TH. DE, The Perspective of Romans VII, in: Miscellanea Neotestamentica II, SupplNovT XLVIII, Leiden 1978, S. 127–141. – ANZ, W., Zur Exegese von Römer 7 bei Bultmann, Luther, Augustin, in: Theologia crucis – signum crucis, FS. E. Dinkler, Tübingen 1979, S. 1–15. – DEUSER, H., Glaubenserfahrung und Anthropologie. Röm 7,14–25 und Luthers These: totum genus humanum carnem esse, EvTh 39, 1979, S. 409–431. – YAGI, S., Das Ich bei Paulus und Jesu – zum neutestamentlichen Denken –, Annual of the Japanese Biblical Institute V, 1979, S. 133–153. – CAMPBELL, D. H., The Identity of ἐγώ in Romans 7:7–25, in: Studia Biblica 1978, III. Papers on Paul and Other New Testament Authors. Sixth International Congress on Biblical Studies, Oxford 3–7 April 1978, ed. by E. A. LIVINGSTONE, Journal for the Study of the New Testament, Suppl. Ser. 3, Sheffield 1980, S. 57–64. – GUNDRY, R. H., The Moral Frustration of Paul Before His Conversion. Sexual Lust in Romans 7:7–25, in: Pauline Studies. Essays presented to Professor F. F. Bruce on his 70th Birthday, Exeter. Devon. Grand Rapids/ Mich. 1980. S. 228–245. – SCHMITHALS, W., Die theologische Anthropologie des Paulus. Auslegung von Röm 7,17–8,39, Kohlhammer-Taschenbücher Bd. 1021, Stuttgart. Berlin. Köln. Mainz 1980. – BADER, G., Römer 7 als Skopus einer theologischen Handlungstheorie, ZThK 78, 1981, S. 31–56. – BRICE, L. M., Some Reflections on the Identity of ego in Rom 7,14–25, Scottish Journal of Theology 34, 1981, S. 39–47.

Zu S. 249 und Bultmann Lit.Verz./Nachtrag S. 612:

§ 25: Die Allgemeinheit der Sünde.

LENGSFELD, P., Adam und Christus. Die Adam-Christus-Typologie im Neuen Testament und ihre dogmatische Verwendung bei M. J. Scheeben und K. Barth,

Koinonia. Beiträge zur ökumenischen Spiritualität und Theologie 9, Essen 1965. – SCHUNACK, G., Das hermeneutische Problem des Todes. Im Horizont von Römer 5 untersucht, HUTh 7, Tübingen 1967. – GRELOT, P., Péché originel et rédemption. Examinés à partir de l'épître aux Romains. Essai théologique, Paris 1973. – KÄSEMANN, E., An die Römer, HNT 8 a, Tübingen (1973) [3]1974, S. 131 f. (Lit.). – SCHNACKENBURG, R., Die Adam-Christus-Typologie (Röm 5,12–21) als Voraussetzung für das Taufverständnis in Röm 6,1–14, in: Battesimo e giustizia in Rom 6 e 8, ed. L. DE LORENZI, Serie Monographica di ,,Benedictina", Sezione biblico-ecumenica 2, Roma 1974, S. 37–55 (Diskussion S. 55–81). – WILCKENS, U., Christus, der ‚letzte Adam', und der Menschensohn. Theologische Überlegungen zum überlieferungsgeschichtlichen Problem der paulinischen Adam-Christus-Antithese, in: Jesus und die Menschensohn. Für A. Vögtle, Freiburg. Basel. Wien 1975, S. 387–403. – HAULOTTE, E., Péché/justice: par ‚un seul homme'. Romains 5,12–21, Lumière et vie 131, 1977, S. 91–115. – BETZ, O., Art. Adam. I. Altes Testament, Neues Testament, Gnosis, TRE, Bd. I, 1977, S. 372–382. – MILDENBERGER, F., Art. Adam. IV. Systematisch-theologisch, TRE, Bd. I, 1977, S. 431–437 (bes. ,,7. Die neuere Diskussion zu Röm 5", S. 436f. [Lit.]). – FIEDLER, P., Art. ἁμαρτία κτλ., EWNT I, 1980, Sp. 157–165 (bes. Sp. 161–163). – QUECK, S.-H., Adam and Christ According to Paul, in: Pauline Studies. Essays presented to Professor F. F. Bruce on his 70th Birthday, Exeter. Devon. Grand Rapids/Mich. 1980, S. 67–79. – WEDDERBURN, A. J. M., Adam in Paul's Letter to the Romans, in: Studia Biblica 1978, III. Papers on Paul and Other New Testament Authors. Sixth International Congress on Biblical Studies, Oxford 3–7 April 1978, ed. by E. A. LIVINGSTONE, Journal for the Study of the New Testament, Suppl. Ser. 3, Sheffield 1980, S. 413–430. – LOMBARD, H. A., The Adam-Christ Typology in Romans 5:12–21, Neotestamentica 15, 1981, S. 69–100.

Zu S. 253, Z. 14 v. u.:

GOPPELT, L., Paulus und die Heilsgeschichte. Schlußfolgerungen aus Röm. IV und I. Kor. X. 1–13, in: *ders.*, Christologie und Ethik. Aufsätze zum Neuen Testament, Göttingen 1968, S. 220–233. – KLEIN, G., Heil und Geschichte nach Römer IV, NTSt 13, 1966/67, S. 43–47. – HAHN, FERD., Genesis 15,6 im Neuen Testament, in: Probleme biblischer Theologie, G. v. Rad zum 70. Geburtstag, München 1971, S. 90–106 (bes. S. 100ff.). – KÄSEMANN, E., An die Römer, HNT 8 a, Tübingen (1973) [3]1974, S. 95. 99f. (jeweils Lit.). – MOXNES, H., Theology in Conflict. Studies in Paul's Understanding of God in Romans, SupplNovT LIII, Leiden 1980 (bes. S. 108–206). – SAND, A., Art. ἐπαγγελία κτλ., EWNT II, 1981, Sp. 34–40. – ECKERT, J., Art. Erwählung. III. Neues Testament, TRE, Bd. X, 1982, S. 192–197. – OEMING, M., Ist Genesis 15$_6$ ein Beleg für die Anrechnung des Glaubens zur Gerechtigkeit?, ZAW 95, 1983, S. 182–197. – SCHUNACK, G., Art. τύπος κτλ., EWNT III, 1983, Sp. 892–901. – LUZ, U., Art. Geschichte/Geschichtsschreibung/Geschichtsphilosophie. IV. Neues Testament, TRE, Bd. XII, 1984, S. 595–604 (bes. S. 600–603).

Zu S. 254:

§ 26. Der Begriff κόσμος.

BALZ, H., Art. κόσμος κτλ., EWNT II, 1981, Sp. 765–773 (bes. Sp. 770–772). (Lit.).

Zu S. 260 und Bultmann Lit.Verz./Nachtrag S. 612:

§ *27: Das Gesetz.*

BECK, J., Altes und neues Gesetz. Eine Untersuchung über die Kompromißlosig-
keit des paulinischen Denkens, MThZ 15, 1964, S. 127–142. – HAUFE, C., Die
Stellung des Paulus zum Gesetz, ThLZ 91, 1966, Sp. 171–178. – KUSS, O., Nomos
bei Paulus, MThZ 17, 1966, S. 173–227. – DÜLMEN, A. VAN, Die Theologie des
Gesetzes bei Paulus, SBM 5, Stuttgart 1968. – BRING, R., Christus und das
Gesetz. Die Bedeutung des Gesetzes des Alten Testaments nach Paulus und sein
Glaube an Christus, Leiden 1969. – KÄSEMANN, E., Geist und Buchstabe, in:
ders., Paulinische Perspektiven, Tübingen (1969) [2]1972, S. 237–285. – ELLISON,
H. L., Paul and the Law – „All Things to All Men", in: Apostolic History and the
Gospel, Biblical and Historical Essays, presented to F. F. Bruce, Pasadena/Cal.
1970, S. 195–202. – BORNKAMM, G., Wandlungen im alt- und neutestamentlichen
Gesetzesverständnis, in: *ders.*, Geschichte und Glaube, Zweiter Teil. Ges. Aufs.
IV, BevTh 53, München 1971, S. 73–119 (bes. S. 103–114). – STOYIANOS, B., The
Law in St. Paul's Epistle to Galatians, Bulletin of Biblical Studies, Athen 1972, S.
312–328. – BARTH, M., Die Stellung des Paulus zu Gesetz und Ordnung, EvTh 33,
1973, S. 496–526. – HÜBNER, H., Das ganze und das eine Gesetz. Zum Problem-
kreis Paulus und die Stoa, KuD 21, 1975, S. 239–256. – HAHN, FERD., Das
Gesetzesverständnis im Römer- und Galaterbrief, ZNW 67, 1976, S. 29–63. –
LANG, F., Gesetz und Bund bei Paulus, in: Rechtfertigung, FS. E. Käsemann,
Tübingen. Göttingen 1976, S. 305–320. – VIELHAUER, P., Gesetzesdienst und
Stoicheiadienst im Galaterbrief, in: Rechtfertigung, FS. E. Käsemann, Tübin-
gen. Göttingen 1976, S. 543–556. – LORENZI, L. DE (ed.), The Law of the Spirit in
Rom 7 and 8, Monographic Series of „Benedictina", Biblical-Ecumenical Section
1, Rome 1976 (daraus bes.: BLANK, J., Gesetz und Geist, S. 73–100 [Diskussion S.
100–127]). – LOHSE, E., „Wir richten das Gesetz auf". Glaube und Thora im
Römerbrief, in: Treue zur Thora. Beiträge zur Mitte des christlich-jüdischen
Gesprächs, FS. G. Harder, Veröffentlichungen aus dem Institut für Kirche und
Judentum bei der Kirchlichen Hochschule Berlin 3, Berlin 1977, S. 65–71. –
OSTEN-SACKEN, P. VON DER, Das paulinische Verständnis des Gesetzes im Span-
nungsfeld von Eschatologie und Geschichte. Erläuterungen zum Evangelium als
Faktor von theologischem Antijudaismus, EvTh 37, 1977, S. 549–587. – SAN-
DERS, J. A., Torah and Paul, in: God's Christ and His People. Studies in Honour
of Nils Alstrup Dahl, Oslo. Bergen. Tromsö 1977, S. 132–140. – YOUNG, E. M.,
„Fulfill the Law of Christ": An Examination of Galatians 6:2, Studia Biblica et
Theologica 7, 1977, S. 31–42. – HÜBNER, H., Das Gesetz bei Paulus. Ein Beitrag
zum Werden der paulinischen Theologie, FRLANT 119, Göttingen 1978. – SAN-
DERS, E. P., On the Question of Fulfilling the Law in Paul and Rabbinic Judaism,
in: Donum Gentilicium. New Testament Studies in Honour of David Daube,
Oxford 1978, S. 103–126. – STUHLMACHER, P., Das Gesetz als Thema biblischer
Theologie, ZThK 75, 1978, S. 251–280. – WUELLNER, W. H., Toposforschung und
Torahinterpretation bei Paulus und Jesus, NTSt 24, 1977/78, S. 463–483. – COS-
GROVE, C.H., The Mosaic Law Preaches Faith: A Study in Galatians 3, The
Westminster Theological Journal 41, 1978/79, S. 146–164. – RÄISÄNEN, H., Das
„Gesetz des Glaubens" (Röm 3.27) und das „Gesetz des Geistes" (Röm 8.2),
NTSt 25, 1978/79, S. 101–117. – KLEIN G., Sündenverständnis und theologia
crucis, in: Theologia crucis – signum crucis, FS. E. Dinkler, Tübingen 1979, S.

249–282. – CAMPBELL, W. S., Christ the End of the Law: Romans 10:4, in: Studia Biblica 1978, III. Papers on Paul and Other New Testament Authors. Sixth International Congress on Biblical Studies, Oxford 3–7 April 1978, ed. by E. A. LIVINGSTONE, Journal for the Study of the New Testament, Suppl. Ser. 3, Sheffield 1980, S. 73–81. – FEUILLET, A., Loi de Dieu, Loi du Christ et Loi de l'Esprit d'apres les Epîtres Pauliniennes. Les rapports de ces trois avec la Loi Mosique, NovT 22, 1980, S. 29–65. – LÜHRMANN, D., Tage, Monate, Jahreszeiten, Jahre (Gal 4,10), in: Werden und Wirken des Alten Testaments, FS. C. Westermann, Göttingen. Neukirchen-Vluyn 1980, S. 428–445. – MEYER, P. W., Romans 10:4 and the „End" of the Law, in: The Divine Helmsman. Studies on God's Control of Human Events. Presented to Lou H. Silberman, Ed. by J. L. CRENSHAW and S. SANDMEHL, New York 1980, S. 59–78. – RÄISÄNEN, H., Legalism and Salvation by the Law. Paul's portrayal of the Jewish religion as a historical and theological problem, in: PEDERSEN, S. (Hrg.), Die paulinische Literatur und Theologie. The Pauline Literature and Theology, Teologiske Studier 7, Århus. Göttingen 1980, S. 63–83. – RÄISÄNEN, H., Paul's Theological Difficulties with the Law, in: Studia Biblica 1978, III. Papers on Paul and Other New Testament Authors. Sixth International Congress on Biblical Studies, Oxford 3–7 April 1978, ed. by E. A. LIVINGSTONE, Journal for the Study of the New Testament, Suppl. Ser. 3, Sheffield 1980, S. 301–320. – WALLIS, G., Torah und Nomos. Zur Frage nach Gesetz und Heil, ThLZ 105, 1980, Sp. 321–332. – HÜBNER, H., Art. νόμος κτλ., EWNT II, 1981, Sp. 1158–1172 (bes. Sp. 1167–1170). – LUZ, U., Gesetz. III. Neues Testament, in: SMEND, R.–LUZ, U., Gesetz, Biblische Konfrontationen, Kohlhammer-Taschenbücher Bd. 1015, Stuttgart. Berlin. Köln. Mainz 1981, S. 89–112. – RHYNE, TH., Faith establishes the Law, Society of Biblical Literature Diss. Ser. 55, Chico 1981. – DAVIES, W. D., Paul and the Law. Reflections on Pittfalls in Interpretation, in: Paul and Paulinism. Essays in honour of C. K. Barrett, London 1982, S. 4–16. – HOOKER, M. D., Paul and 'Conventional Nomism', in: Paul and Paulinism. Essays in honour of C. K. Barrett, London 1982, S. 47–56. – MOO, D. J., „Law", „Works of the Law", and Legalism in Paul, The Westminster Theological Journal XLIV, 1982, S. 73–100. – WILCKENS, U., Statements on development of Paul's view of the Law, in: Paul and Paulinism. Essays in honour of C. K. Barrett, London 1982, S. 17–36. – WILCKENS, U., Zur Entwicklung des paulinischen Gesetzesverständnisses, NTSt 28, 1982, S. 154–190. – ZELLER, D., Der Zusammenhang von Gesetz und Sünde im Römerbrief. Kritischer Nachvollzug der Auslegung von Ulrich Wilckens, ThZ 38, 1982, S. 193–212. – GETTY, M. A., An Apocalyptic Perspective on Rom 10:4, Horizons in Biblical Theology Bd. 4/5, 1982/83, S. 79–132. – HOFIUS, O., Das Gesetz des Mose und das Gesetz Christi, ZThK 80, 1983, S. 262–286. – KUTSCH, E., Menschliche Weisung – Gesetz Gottes. Beobachtungen zu einem aktuellen Thema, in: Gott ohne Eigenschaften?, hrg. v. S. HEINE und E. HEINTEL, Wien 1983, S. 77–106 (bes. S. 104–106). – MUSSNER, F., Gesetz und Evangelium, paulinisch und jesuanisch gesehen, in: REIKERSDORFER, J. (Hrg.), Gesetz und Freiheit, Wien. Freiburg. Basel 1983, S. 85–97. – RÄISÄNEN, H., Paul and the Law, WUNT 29, Tübingen 1983. – SANDERS, E. P., Paul, the Law, and the Jewish People, Philadelphia 1983. (Dazu: SCHWEIZER, E., ThLZ 109, 1984, Sp. 666–668). – SCHULZ, S., Zur Gesetzestheologie des Paulus im Blick auf G. Ebelings Galaterbrief-Auslegung, in: Wirkungen hermeneutischer Theologie. Eine Zürcher Festgabe zum 70. Geburtstag Gerhard Ebelings, Zürich 1983, S. 81–98.

Zu S. 271 und Bultmann Lit.Verz./Nachtrag S. 612:

B. Der Mensch unter der πίστις.

I. Die δικαιοσύνη θεοῦ.

BECKER, J., Das Heil Gottes. Heils- und Sündenbegriffe in den Qumrantexten und im Neuen Testament, StUNT 3, Göttingen 1964, S. 238–279. – REUMANN, J., The Gospel of Righteousness of God. Pauline Reinterpretation in Rm 3,21–31, Interpretation 20, 1966, S. 432–452. – STUHLMACHER, P., Gerechtigkeit Gottes bei Paulus, FRLANT 87, Göttingen (1965) ²1966. – MATTERN, L., Das Verständnis des Gerichtes bei Paulus, AThANT 47, Zürich/Stuttgart 1966. – HILL, D., Greek Words and Hebrew Meanings: Studies in the Semantics of Soteriological Terms, SNTSMS 5, London 1967 (bes. S. 82–162). – KERTELGE, K., „Rechtfertigung" bei Paulus. Studien zur Struktur und zum Bedeutungsgehalt des paulinischen Rechtfertigungsbegriffs, NTA, N.F. 3, Münster (1967) ²1971. – WILKKENS, U., Zur Rechtfertigungslehre des Paulus, in: FOERSTER, H. (Hrg.), Reformation heute, Berlin 1967, S. 9–40. – MERK, O., Handeln aus Glauben. Die Motivierungen der paulinischen Ethik, MarbThSt 5, Marburg 1968, S. 4–41. – BLANK, J., Warum sagt Paulus „Aus Werken des Gesetzes wird niemand gerecht?", in: Evangelisch-Katholischer Kommentar zum Neuen Testament, Vorarbeiten 1, Zürich. Einsiedeln. Köln. Neukirchen-Vluyn 1969, S. 79–95. – KÄSEMANN, E., Rechtfertigung und Heilsgeschichte im Römerbrief, in: ders., Paulinische Perspektiven, Tübingen (1969) ²1972, S. 108–139. – KLEIN, G., Gottes Gerechtigkeit als Thema der neuesten Paulus-Forschung, in: ders., Rekonstruktion und Interpretation. Gesammelte Aufsätze zum Neuen Testament, BevTh 50, München 1969, S. 225–236. – CAMBIER, J., La doctrine paulinienne de la justice de Dieu, principe d'unité dans l'Église et source de paix dans le monde, in: Verborum Veritas, FS. G. Stählin, Wuppertal 1970, S. 159–169. – LÜHRMANN, D., Rechtfertigung und Versöhnung, ZThK 67, 1970, S. 437–451. – BARTH, M., Justification, Grand Rapids 1971. – GÜTTGEMANNS, E., „Gottesgerechtigkeit" und strukturale Semantik. Linguistische Analyse zu δικαιοσύνη θεοῦ, in: ders., Studia linguistica neotestamentica. Gesammelte Aufsätze zur linguistischen Grundlage einer neutestamentlichen Theologie, BevTh 60, München 1971, S. 59–98. – SCHENK, W., Die Gerechtigkeit Gottes und der Glaube Christi. Versuch einer Verhältnisbestimmung paulinischer Strukturen, ThLZ 97, 1972, Sp. 161–174. – ZIESLER, J. A., The Meaning of Righteousness in Paul. A Linguistic and Theological Enquiry, SNTSMS 20, London 1972. – GYLLENBERG, R., Rechtfertigung und Altes Testament bei Paulus, Franz Delitzsch-Vorlesungen 1966, Stuttgart. Berlin. Köln. Mainz 1973. – HEROLD, G., Zorn und Gerechtigkeit Gottes bei Paulus. Eine Untersuchung zu Röm. 1,16–18, Europäische Hochschulschriften Reihe XXIII, Bd. 14, Bern. Frankfurt/M. 1973. – KÄSEMANN, E., An die Römer, HNT 8a, Tübingen (1973) ³1974, zu den betr. Abschnitten (S. 18f. 85f. u. ö. Lit.). – LOHSE, E., Die Gerechtigkeit Gottes in der paulinischen Theologie, in: ders., Die Einheit des Neues Testaments. Exegetische Studien zur Theologie des Neuen Testaments, Göttingen 1973, S. 209–227. – LOHSE, E., Taufe und Rechtfertigung bei Paulus, in: ders., Die Einheit des Neuen Testaments. Exegetische Studien zur Theologie des Neuen Testaments, Göttingen 1973, S. 228–244. – PLUTTA-MESSERSCHMIDT, E., Gerechtigkeit Gottes bei Paulus. Eine Studie zur Auslegung von Römer 3,5, HUTh 14, Tübingen 1973. – CONZELMANN, H.,

Die Rechtfertigungslehre des Paulus: Theologie oder Anthropologie?, in: *ders.*, Theologie als Schriftauslegung. Aufsätze zum Neuen Testament, BevTh 65, München 1974, S. 191–206. – CONZELMANN, H., Rechtfertigung durch den Glauben, in: *ders.*, Theologie als Schriftauslegung. Aufsätze zum Neuen Testament, BevTh 65, München 1974, S. 215–228. – THÜSING, W., Rechtfertigungsgedanke und Christologie in den Korintherbriefen, in: Neues Testament und Kirche. Für Rudolf Schnackenburg, Freiburg. Basel. Wien 1974, S. 301–324. – WILCKENS, U., Was heißt bei Paulus: ,,Aus Werken des Gesetzes wird kein Mensch gerecht"?, in: *ders.*, Rechtfertigung als Freiheit. Paulusstudien, Neukirchen-Vluyn 1974, S. 77–109. – HÜBNER, H., Existentiale Interpretation der paulinischen ,,Gerechtigkeit Gottes". Zur Kontroverse Rudolf Bultmann – Ernst Käsemann, NTSt 21, 1974/75, S. 462–488. – DONFRIED, K. P., Justification and Last Judgment in Paul, ZNW 67, 1976, S. 90–110. – HAHN, FERD., Taufe und Rechtfertigung. Ein Beitrag zur paulinischen Theologie in ihrer Vor- und Nachgeschichte, in: Rechtfertigung, FS. E. Käsemann, Tübingen. Göttingen 1976, S. 95–124. – LÜHRMANN, D., Christologie und Rechtfertigung, in: Rechtfertigung, FS. E. Käsemann, Tübingen. Göttingen 1976, S. 351–363. – SCHMID, H. H., Rechtfertigung als Schöpfungsgeschehen. Notizen zur alttestamentlichen Vorgeschichte eines neutestamentlichen Themas, in: Rechtfertigung, FS. E. Käsemann, Tübingen. Göttingen 1976, S. 403–414. – SCHWEIZER, E., Gottesgerechtigkeit und Lasterkataloge bei Paulus (inkl. Kol. und Eph.), in: Rechtfertigung, FS. E. Käsemann, Tübingen. Göttingen 1976, S. 461–477. – STRECKER, G., Befreiung und Rechtfertigung. Zur Stellung der Rechtfertigungslehre in der Theologie des Paulus, in: Rechtfertigung, FS. E. Käsemann, Tübingen. Göttingen 1976, S. 479–508. – WILCKENS, U., Christologie und Anthropologie im Zusammenhang der paulinischen Rechtfertigungslehre, ZNW 67, 1976, S. 64–82. – BERGER, K., Neues Material zur ,,Gerechtigkeit Gottes", ZNW 68, 1977, S. 266–275. – ROMANIUK, K., La justice de Dieu dans l'Épître de saint Paul aux Romains, Collectanea Theologica 47, 1977 (Sonderheft), S. 139–148. – LAMBRECHT, J., The Line of Thought in Gal. 2.14b–21, NTSt 24, 1977/78, S. 484–495. – WOLTER, M., Rechtfertigung und zukünftiges Heil. Untersuchungen zu Röm. 5,1–11, BZNW 43, Berlin. New York 1978. – WILCKENS, U., Exkurs: ,,Gerechtigkeit Gottes", in: *ders.*, Der Brief an die Römer (Röm 1–5), EKK VI/1, Zürich. Einsiedeln. Köln. Neukirchen-Vluyn 1978, S. 202–233. – HOWARD, G., Paul: crisis in Galatia. A Study in Early Christian Theology, SNTSMS 35, Cambridge. London. New York. Melbourne 1979 (bes. S. 46–65). – KLEIN, G., Sündenverständnis und theologia crucis bei Paulus, in: Theologia crucis – signum crucis, FS. E. Dinkler, Tübingen 1979, S. 249–282. – FUNG, R. Y.-K., Justification by Faith in 1 & 2 Corinthians, in: Pauline Studies. Essays presented to Professor F. F. Bruce on his 70th Birthday, Exeter. Devon. Grand Rapids/Mich. 1980, S. 246–261. – KERTELGE, K., Art. δικαιοσύνη κτλ., EWNT I, 1980, Sp. 784–796. – *Ders.*, Art. δικαιόω κτλ., ebd., Sp. 796–807. – *Ders.*, Art. δικαίωμα κτλ., ebd., Sp. 807–810. – PIPER, J., The Demonstration of the Righteousness of God in Romans 3:25,26, Journal for the Study of the New Testament, Issue 7, 1980, S. 2–32. – SCHMID, H. H., Gerechtigkeit und Glaube. Genesis 15,1–6 und sein biblisch-theologischer Kontext, EvTh 40, 1980, S. 396–420. – VAN DAALEN, D. H., The Revelation of God's Righteousness in Romans 1:17, in: Studia Biblica 1978, III. Papers on Paul and Other New Testament Authors. Sixth International Congress on Biblical Studies, Oxford 3–7 April 1978, ed. by E. A. LIVINGSTONE, Journal for the Study

of the New Testament, Suppl. Ser. 3, Sheffield 1980, S. 383–389. – WILLIAMS, S.
K., The ,,Righteousness of God" in Romans, JBL 99, 1980, S. 241–290. – GROSS,
H., ,Rechtfertigung' im Alten Testament. Bibeltheologische Betrachtungen, in:
Kontinuität und Einheit. Für Franz Mußner, Freiburg. Basel. Wien 1981, S.
17–29. – ROBERTS, J. H., Righteousness in Romans with Special References to
Romans 3:19–31, Neotestamentica 15, 1981, S. 12–33. – STUHLMACHER, P., Die
Gerechtigkeitsanschauung des Apostels Paulus, in: ders., Versöhnung, Gesetz
und Gerechtigkeit. Aufsätze zur biblischen Theologie, Göttingen 1981, S. 87–116.
– ZELLER, D., Zur Pragmatik der paulinischen Rechtfertigungslehre, Theologie
und Philosophie 56, 1981, S. 204–217. – LINDEMANN, A., Die Gerechtigkeit aus
dem Gesetz. Erwägungen zur Auslegung und zur Textgeschichte von Römer 10_5,
ZNW 73, 1982, S. 231–250. – REUMANN, J., 'Righteousness' in the New Testa-
ment. 'Justification' in the United States. Lutheran-Roman Catholic Dialogue by
J. REUMANN with responses by J. A. FITZMYER, J. D. QUINN, Philadelphia.
New York. Ramsay 1982 (bes. S. 41–91). – THISELTON, A. C., On the Logical
Grammar of Justification in Paul, in: Studia Evangelica Vol. VIII. Papers presented to the Fifth International Congress on Biblical Studies held at Oxford,
1973, ed. by E. A. LIVINGSTONE, TU 126, Berlin 1982, S. 491–495. – DiMARCO,
A., Dikaiosynē – dikaiōma – dikaiōsis in Rm. Linguistic ed exegesi, Laurentian-
um 24, 1983, S. 46–75. – OEMING, M., Ist Genesis 15_6 ein Beleg für die Anrech-
nung des Glaubens zur Gerechtigkeit?, ZAW 95, 1983, S. 182–197. – SCHNELLE,
U., Gerechtigkeit und Christusgegenwart. Vorpaulinische und paulinische Tauftheologie, Göttinger Theologische Arbeiten 24, Göttingen 1983. – LÜHRMANN, D.,
Art. Gerechtigkeit. III. Neues Testament, TRE, Bd. XII, 1984, S. 414–420 (bes.
S. 416–418). – SCHARBERT, J., Art. Gerechtigkeit. I. Altes Testament, TRE, Bd.
XII, 1984, S. 404–411 (bes. S. 408–410). – SCHMITT, R., Gottesgerechtigkeit –
Heilsgeschichte – Israel in der Theologie des Paulus, Europäische Hochschul-
schriften, Reihe XXIII. Theologie Bd. 240, Frankfurt/M. Bern. New York. Nancy
1984 (bes. S. 14–58).

Zu S. 275 und Bultmann Lit.Verz./Nachtrag S. 613:

§ *29: Die Gegenwärtigkeit der* διϰαιοσύνη.

GONZÁLEZ ÁLVAREZ, G., Das Verständnis der Zeit und der Geschichte bei Pau-
lus, Diss. phil. München (1963), München 1966. – STUHLMACHER, P., Erwägun-
gen zum Problem von Gegenwart und Zukunft in der paulinischen Eschatologie,
ZThK 64, 1967, S. 423–450. – STUHLMACHER, P., Erwägungen zum ontologischen
Charakter der ϰαινὴ ϰτίσις bei Paulus, EvTh 27, 1967, S. 1–35. – LUZ, U., Das
Geschichtsverständnis des Paulus, BevTh 49, München 1968. – LUZ, U., Art.
Geschichte/Geschichtsschreibung/Geschichtsphilosophie. IV. Neues Testament,
TRE, Bd. XII, 1984, S. 595–604 (bes. S. 600–603).

Zu S. 276, Z. 11 v. u.:

LÜHRMANN, D., Das Offenbarungsverständnis bei Paulus und in paulinischen
Gemeinden, WMANT 16, Neukirchen-Vluyn 1965.

Zu S. 280, Z. 12 v.o.:

„*Zu dem vieldiskutierten Thema ‚Paulus und die Gnosis'*":

POKORNÝ, P., Der Epheserbrief und die Gnosis. Die Bedeutung des Haupt-Glieder-Gedankens in der entstehenden Kirche, Berlin 1965. – SCHMITHALS, W., Paulus und die Gnostiker. Untersuchungen zu den kleinen Paulusbriefen, ThF 35, Hamburg-Bergstedt 1965. – PRÜMM, K., Zur neutestamentlichen Gnosis-Problematik. Gnostischer Hintergrund und Lehreinschlag in den beiden Eingangskapiteln von I Cor.?, ZkTh 87, 1965, S. 399–442; 88, 1966, S. 1–50. – WEISS, H.-F., Paulus und die Häretiker, zum Paulusverständnis in der Gnosis, in: Christentum und Gnosis. Aufsätze, hrg. von W. ELTESTER, BZNW 37, Berlin 1968, S. 116–128. – SCHMITHALS, W., Die Gnosis in Korinth. Eine Untersuchung zu den Korintherbriefen, FRLANT 66, Göttingen ³1969. – SCHMITHALS, W., Das Verhältnis von Gnosis und Neuem Testament als methodisches Problem, NTSt 16, 1969/70, S. 373–383. – ECKERT, J., Die urchristliche Verkündigung im Streit zwischen Paulus und seinen Gegnern nach dem Galaterbrief, BU 6, Regensburg 1971. – SCHÜSSLER-FIORENZA, E., Apocalyptic and Gnosis in the Book of Revelation and Paul, JBL 92, 1973, S. 565–581. – ELLIS, E. E., „Weisheit" und „Erkenntnis" im 1. Korintherbrief, in: Jesus und Paulus. FS. W. G. Kümmel, Göttingen 1975, S. 109–128. – PAGELS, E. H., The Gnostic Paul. Gnostic Exegesis of the Pauline Letters, Philadelphia 1975. – WINTER, M., Pneumatiker und Psychiker in Korinth. Zum religionsgeschichtlichen Hintergrund von I. Kor. 2,6–3,4, MarbThSt 12, Marburg 1975. – HORSLEY, R. A., Pneumatikos vs. Psychikos: Distinction of the Spiritual Status among the Corinthians, HarvThR 69, 1976, S. 269–288. – CARR, W., The Rulers of this Age – I Corinthians II.6–8, NTSt 23, 1976/77, S. 20–35. – DAUTZENBERG, G., Botschaft und Bedeutung der urchristlichen Prophetie nach dem ersten Korintherbrief (2:6–16; 12–14), in: Prophetic Vocation in New Testament and Today, ed. J. PANAGOPOULOS, Leiden 1977, S. 131–161. – KLOSS, H., Gnostizismus und ‚Erkenntnispfad' – ihre Gemeinsamkeit angesichts des ‚Wortes vom Kreuz'. Eine religionsphänomenologische Studie, Diss. theol. Kirchl. Hochsch. Berlin 1978. – SCHENKE, H.-M., Die Tendenz der Weisheit zur Gnosis, in: Gnosis, FS. H. Jonas, Göttingen 1978, S. 351–372. – SCHMITHALS, W., Zur Herkunft der gnostischen Elemente in der Sprache des Paulus, in: Gnosis, FS. H. Jonas, Göttingen 1978. S. 385–414. – BARBOUR, R. S., Wisdom and the Cross in 1 Corinthians 1 and 2, in: Theologia crucis-signum crucis, FS. E. Dinkler, Tübingen 1979, S. 57–71. – DASSMANN, E., Paulus in der Gnosis, Jahrbuch für Antike und Christentum 22, 1979, S. 123–138. – WENGST, K., „Paulinismus" und „Gnosis" in der Schrift an Diognet, ZKG 90, 1979, S. 41–62. – WILCKENS, U., Zu 1Kor 2,1–16, in: Theologica crucis–signum crucis, FS. E. Dinkler, Tübingen 1979, S. 501–537. – HANSON, A. T., The New Testament Interpretation of Scripture, London 1980 (bes. S. 21–96 zu IKor 2,1–16). – LORENZI, L. DE (Hrg.), Paolo a una chiesa divisa (1Cor 1–4), Serie Monographica di ‚Benedictina'. Sezione biblico-ecumenica 5, Roma 1980 (daraus bes.: BEST, E., The Power and the Wisdom of God 1 Corinthians 1,18–25, S. 9–39 [Diskussion S. 39–41]; WILCKENS, U., Das Kreuz Christi als die Tiefe der Weisheit Gottes. Zu 1.Kor 2,1–16, S. 43–81 [Diskussion S. 81–108]; LÉON-DUFOUR, X., Jugement de l'homme et jugement de Dieu 1Cor 4,1–5 dans le cadre de 3,18–4,5, S. 137–153 [Diskussion S. 153–175]). – MERK, O., Art. ἄρχων κτλ., EWNT I, 1980, Sp. 401–404. – SCHMITHALS, W., Art. γινώσκω κτλ., EWNT I,

1980, Sp. 596–604. – CARR, W., Angels and Principalities. The background, meaning and development of the Pauline phrase *hai archai kai hai exousiai*, SNTSMS 42, Cambridge. New York. New Rochelle. Melbourne. Sydney 1981. – HORSLEY, R. A., Gnosis in Corinth. I Corinthians 8.1–6, NTSt 27, 1981, S. 32–51. – KOSCHORKE, K., Paulus in den Nag-Hammadi-Texten. Ein Beitrag zur Geschichte der Paulusrezeption im frühen Christentum, ZThK 78, 1981, S. 177–205. – PAPATZANAKIS, G., The Problem of Gnostic Influence in the Christological Hymn Phil 2,6–11, Bulletin of Biblical Studies. New Ser. 10, 1981, S. 27–34. – ERICKSON, R. J., Oida and Ginōskō and Verbal Aspect in Pauline Usage, The Westminster Theological Journal XLIV, 1982, S. 110–122. – PAINTER, J., Paul and the Πνευματικοί at Corinth, in: Paul and Paulinism. Essays in honour of C. K. Barrett, London 1982, S. 237–250. – PAULSEN, H., Schisma und Häresie. Untersuchungen zu 1Kor 11,18.19, ZThK 79, 1982, S. 180–211. – SCHWEIZER, E., Paul's Christology and Gnosticism, in: Paul and Paulinism. Essays in honour of C. K. Barrett, London 1982, S. 115–123. – SELLIN, G., Das ‚Geheimnis' der Weisheit und das Rätsel der ‚Christuspartei' (zu 1Kor 1–4), ZNW 73, 1982, S. 69–96. – WILSON, R. McL., Gnosis at Corinth, in: Paul and Paulinism. Essays in honour of C. K. Barrett, London 1982, S. 102–114. – (S. auch Nachtrag zu S. 166 [§ 15]).

Zu S. 285:

§ *31: Die* καταλλαγή.

KÄSEMANN, E., Erwägungen zum Stichwort „Versöhnungslehre im Neuen Testament", in: Zeit und Geschichte. Dankesgabe an R. Bultmann, Tübingen 1964, S. 47–59. – STUHLMACHER, P., Gerechtigkeit Gottes bei Paulus, FRLANT 87, Göttingen (1965) [2]1966, S. 77 Anm. 2. – FITZER, G., Der Ort der Versöhnung nach Paulus. Zu der Frage des „Sühnopfers Jesu", ThZ 22, 1966, S. 161–183. – GOPPELT, L., Versöhnung durch Christus, in: *ders.*, Christologie und Ethik. Aufsätze zum Neuen Testament, Göttingen 1968, S. 147–164. – BINDER, H., Versöhnung als die große Wende, ThZ 29, 1973, S. 305–312. – HAHN, FERD., „Siehe, jetzt ist der Tag des Heils", Neuschöpfung und Versöhnung nach II. Kor. 5,14–6,1, EvTh 33, 1973, S. 244–253. – LOHSE, E., „Das Amt, das die Versöhnung predigt", in: Rechtfertigung, FS. E. Käsemann, Tübingen. Göttingen 1976, S. 339–349. – ROMANIUK, K., La pénitence et la réconciliation dans le Nouveau Testament, Collectanea Theologica 48, 1978, S. 83–101. – WOLTER, M., Rechtfertigung und zukünftiges Heil. Untersuchungen zu Röm 5,1–11, BZNW 43, Berlin. New York 1978 (bes. S. 35–104). – HOFIUS, O., Erwägungen zur Gestalt und Herkunft des paulinischen Versöhnungsgedankens, ZThK 77, 1980, S. 186–199. – HOFIUS, O., ‚Gott hat unter uns aufgerichtet das Wort von der Versöhnung' (2Kor 5₁₉), ZNW 71, 1980, S. 3–20. – MARTIN, R. P., New Testament Theology: A Proposal. The Theme of Reconciliation, Expository Times 91, 1980, S. 364–368. – FRYER, N. S. L., Reconciliation in Paul's Epistle to the Romans, Neotestamentica 15, 1981, S. 34–68. – MARTIN, R. P., Reconciliation. A study of Paul's theology, London 1981 (= Atlanta 1981). – MERKEL, H., Art. καταλλάσσω κτλ., EWNT II, 1981, Sp. 644–650. – ROLOFF, J., Art. ἱλαστήριον κτλ., EWNT II, 1981, Sp. 455–457. – FRIEDRICH, G., Die Verkündigung des Todes Jesu im Neuen Testament, Biblisch-Theologische Studien 6, Neukirchen-Vluyn 1982 (bes. Kap. 11 „Die Versöhnung", S. 95–118). – THRALL, M. E., 2Corinthians 5[18–21], Expository Times 93, 1982, S. 227–232. – FINDEIS, H.-J.,

Versöhnung – Apostolat – Kirche. Eine exegetisch-theologische und rezeptionsgeschichtliche Studie zu den Versöhnungsaussagen des Neuen Testaments (2Kor, Röm, Kol, Eph), forschung zur bibel 40, Würzburg 1983. – HÜBNER, H., Sühne und Versöhnung. Anmerkungen zu einem umstrittenen Kapitel Biblischer Theologie, KuD 29, 1983, S. 284–305. – STUHLMACHER, P., Sühne oder Versöhnung. Randbemerkungen zu Gerhard Friedrichs Studie: ,,Die Verkündigung des Todes Jesu im Neuen Testament", in: Die Mitte des Neuen Testaments. Einheit und Vielfalt neutestamentlicher Theologie. FS. für E. Schweizer zum 70. Geburtstag, Göttingen 1983, S. 291–316.

Zu S. 287 und Bultmann Lit.Verz./Nachtrag S. 613:

2. Die χάρις.

DOUGHTY, D. J., The Priority of ΧΑΡΙΣ. An Investigation of the Theological Language of Paul, NTSt 18, 1971/72, S. 163–180. – CONZELMANN, H., in: *ders.* – ZIMMERLI, W., Art. χαίρω κτλ., ThW IX, 1973, S. 349–405, Abschnitt χάρις κτλ., D 2, S. 383–387. – POTTERIE, I. DE LA, Χάρις paulinienne et χάρις johannique, in: Jesus und Paulus, FS. W. G. Kümmel, Göttingen 1975, S. 256–282. – THEOBALD, M., Die überströmende Gnade. Studien zu einem paulinischen Motivfeld, forschung zur bibel 22, Würzburg 1982. – BERGER, K., Art. χάρις κτλ., EWNT III, 1983, Sp. 1095–1102.

Zu S. 292 und Bultmann Lit.Verz./Nachtrag S. 613:

§ 33: Tod und Auferstehung Christi als Heilsgeschehen.

THÜSING, W., Per Christum in Deum. Studien zum Verhältnis von Christozentrik und Theozentrik in den paulinischen Hauptbriefen, NTA, N.F. 1, Münster (1965) [2]1969. – FITZER, G., Der Ort der Versöhnung nach Paulus, ThZ 22, 1966, S. 161–183. – GÜTTGEMANNS, E., Der leidende Apostel und sein Herr. Studien zur paulinischen Christologie, FRLANT 90, Göttingen 1966. – TANNEHILL, R.C., Dying and Rising with Christ. A Study in Pauline Theology, BZNW 32, Berlin 1966. – ORTKEMPER, F.-J., Das Kreuz in der Verkündigung des Apostels Paulus. Dargestellt an den Texten der paulinischen Hauptbriefe, SBS 24, Stuttgart 1967. – SCHRAGE, W., Das Verständnis des Todes Jesu Christi im Neuen Testament, in: VIERING, F. (Hrg.), Das Kreuz Jesu Christi als Grund des Heils, Gütersloh 1967, S. 49–89. – BRANDENBURGER, E., Σταυρός, Kreuzigung und Kreuzestheologie, WuD, N.F. 10, 1969, S. 17–43. – KÄSEMANN, E., Die Heilsbedeutung des Todes Jesu bei Paulus, in: *ders.*, Paulinische Perspektiven, Tübingen (1969) [2]1972, S. 61–107. – SCHRAGE, W., Römer 3,24–26 und die Bedeutung des Todes Jesu Christi bei Paulus, in: RIEGER, P. (Hrg.), Das Kreuz Jesu, Forum 12, Göttingen 1969, S. 65–88. – ROLOFF, J., Kritische Überlegungen zur gegenwärtigen Diskussion um das Kreuz Jesu, in: Die Heilsbedeutung von Kreuz und Auferstehung Jesu Christi, Fuldaer Hefte 20, Berlin. Hamburg 1970, S. 51–84. – SCHWEIZER, E., Die ,,Mystik" des Sterbens und Auferstehens mit Christus bei Paulus, in: *ders.*, Beiträge zur Theologie des Neuen Testaments. Neutestamentliche Aufsätze (1955–1970), Zürich 1970, S. 183–203. – KOCH, H., Römer 3,21–31 in der Paulusinterpretation der letzten 150 Jahre, Diss. theol. Göttingen 1971. – DELLING, G., Der Kreuzestod Jesu in der urchristlichen Verkündigung, Göttingen 1972. – DIETRICH, W., Kreuzesverkündigung, Kreuzeswort und Kreuzesepigraph: Randbemerkungen zum „Kreuz Christi" bei Paulus, Theokratia II: 1970–1972, 1973, S. 214–231. – KÄSEMANN, E., An die Römer, HNT 8a, Tübingen (1973) ³1974, S. 85–95 (S. 85f. Lit.). – LUZ, U., Theologia crucis als Mitte der Theologie im Neuen Testament, EvTh 34, 1974, S. 116–141. – MARSHALL, I. H., The Development of the Concept of Redemption in the New Testament, in: Reconciliation and Hope. New Testament Essays on Atonement and Eschatology, presented to L. L. Morris, Grand Rapids/Mich. 1974, S. 153–169. – SCHRAGE, W., Leid, Kreuz und Eschaton. Die Peristasenkataloge als Merkmale paulinischer theologia crucis und Eschatologie, EvTh 34, 1974, S. 141–175. – ELWELL, W., The Deity of Christ in the Writings of Paul, in: Current Issues in Biblical and Patristic Interpretation. Studies in Honor of Merril C. Tenney, Grand Rapids/Mich. 1975, S. 297–308. – KUHN, H.-W., Jesus als Gekreuzigter in der frühchristlichen Verkündigung bis zur Mitte des 2. Jahrhunderts, ZThK 72, 1975, S. 1–46 (bes. S. 27–41). – STUHLMACHER, P., Zur neueren Exegese von Röm. 3,24–26, in: Jesus und Paulus, FS. W. G. Kümmel, Göttingen 1975, S. 315–333. – HENGEL, M., Mors turpissima crucis. Die Kreuzigung in der antiken Welt und die „Torheit" des „Wortes vom Kreuz", in: Rechtfertigung, FS. E. Käsemann, Tübingen. Göttingen 1976, S. 125–184. – KERTELGE, K., Das Verständnis des Todes Jesu bei Paulus, in: Der Tod Jesu. Deutungen im Neuen Testament, hrg. v. K. KERTELGE, QD 74, Freiburg. Basel. Wien 1976, S. 114–136. – SCHRAGE, W., Theologie und Christologie bei Paulus und Jesus auf dem Hintergrund der modernen Gottesfrage, EvTh 36, 1976, S. 121–154 (bes. S. 121–135). – STUHLMACHER, P., Achtzehn Thesen zur paulinischen Kreuzestheologie, in: Rechtfertigung, FS. E. Käsemann, Tübingen. Göttingen 1976, S. 509–527. – BRUCE, F. F., Christ and Spirit in Paul, BJRL 59, 1977, S. 259–285. – STUHLMACHER, P., Zur paulinischen Christologie, ZThK 74, 1977, S. 449–463. – KLEIN, G., Sündenverständnis und theologia crucis bei Paulus, in: Theologia crucis–signum crucis, FS. E. Dinkler, Tübingen 1979, S. 249–282. – OSTEN-SACKEN, P. VON DER, Die paulinische theologia crucis als Form apokalyptischer Theologie, EvTh 39, 1979, S. 477–496. – ECKERT, J., Der Gekreuzigte als Lebensmacht. Zur Verkündigung des Todes Jesu bei Paulus, ThGl 70, 1980, S. 193–214. – LORENZI, L. DE (Hrg.), Paolo a una chiesa divisa (1Cor 1–4), Serie Monographica di ‚Benedictina', Sezione biblico-ecumenica 5, Roma 1980 (daraus bes.: BEST, E., The Power and the Wisdom of God 1Corinthians 1,18–25, S. 9–39 [Diskussion S. 39–41]; WILCKENS, U., Das Kreuz Christi als Tiefe der Weisheit Gottes. Zu 1.Kor 2,1–16, S. 43–81 [Diskussion S. 81–108]). – NIELSEN, H. K., Paulus' Verwendung des Begriffes Δύναμις. Eine Replik zur Kreuzestheologie, in: PEDERSEN, S. (Hrg.), Die paulinische Literatur und Theologie. The Pauline Literature and Theology, Teologiske Studier 7, Århus. Göttingen 1980, S. 137–158. – ROLOFF, J., Art. ἱλαστήριον κτλ., EWNT II, 1981, Sp. 455–457. – WEDER, H., Das Kreuz Jesu bei Paulus. Ein Versuch, über den Geschichtsbezug des christlichen Glaubens nachzudenken, FRLANT 125, Göttingen 1981. – FRIEDRICH, G., Die Verkündigung des Todes Jesu im Neuen Testament, Biblisch-Theologische Studien 6, Neukirchen-Vluyn 1982 (bes. Kap. 12 „Das Kreuz", S. 119–142). – KUHN, H.-W., Die Kreuzesstrafe während der frühen Kaiserzeit. Ihre Wirklichkeit und Wertung in der Umwelt des Urchristentums, in: Aufstieg und Niedergang der römischen Welt. Geschichte und Kultur Roms im Spiegel der neueren Forschung II. 25,1: Principat: Religion (Vorkonstantinisches Christentum: Leben und Umwelt Jesu; Neues Testament [Kanonische Schriften und Apokryphen]), hrg. v. W. HAASE, Berlin. New

York 1982, S. 648–793. – KUHN, H.-W., Art. σταυρός κτλ., EWNT III, 1983, Sp. 639–645. – KUHN, H.-W., Art. σταυρόω κτλ., EWNT III, 1983, Sp. 645–649. – SCHWARTZ, D. R., Two Pauline Allusions to the Redemptive Mechanism of the Crucifixion, JBL 102, 1983, S. 259–268.

Zu 5. im besonderen:

DINKLER, E., Die Verkündigung als eschatologisch-sakramentales Geschehen. Auslegung von 2Kor 5,14–6,2, in: Die Zeit Jesu, FS. H. Schlier, Freiburg. Basel. Wien 1970, S. 169–189. – BULTMANN, R., Der zweite Brief an die Korinther, KEK-Sonderband, Göttingen 1976 (bes. S. 146–169, S. 264 Lit.), und DINKLER, E. (Hrg.), ebdt., S. 11f.

Zu 6b:

DEICHGRÄBER, R., Gotteshymnus und Christushymnus in der frühen Christenheit. Untersuchungen zu Form, Sprache und Stil der frühchristlichen Hymnen, StUNT 5, Göttingen 1967 (bes. S. 118–133). – MARTIN, R. P., Carmen Christi. Philippians II. 5–11 in Recent Interpretation and in the Setting of Early Christian Worship, SNTSMS 4, London 1967. – MOULE, C. F. D., Further Reflexions on Philippians 2:5–11, in: Apostolic History and the Gospel, Biblical and Historical Essays, presented to F. F. Bruce, Pasadena/Cal. 1970, S. 264–276. – SCHNAKKENBURG, R., Christologie des Neuen Testamentes, in: Das Christusereignis, Mysterium Salutis. Grundriß heilsgeschichtlicher Dogmatik Bd. III/1, Einsiedeln. Zürich. Köln 1970, S. 227–388 (bes. 4. Abschnitt, S. 309–337). – SANDERS, J. T., The New Testament Christological Hymns. Their Historical Religious Background, SNTSMS 15, London 1971. – WENGST, K., Christologische Formeln und Lieder des Urchristentums, StNT 7, Gütersloh (1972) ²1974. – SCHNEIDER, G., Präexistenz Christi. Der Ursprung einer neutestamentlichen Vorstellung und das Problem ihrer Auslegung, in: Neues Testament und Kirche. Für Rudolf Schnackenburg, Freiburg. Basel. Wien 1974, S. 399–412. (Lit.). – HENGEL, M., Der Sohn Gottes. Die Entstehung der Christologie und die jüdisch-hellenistische Religionsgeschichte, Tübingen 1975. – HOOKER, M. D., Philippians 2:6–11, in: Jesus und Paulus, FS. W. G. Kümmel, Göttingen 1975, S. 151–164. – HOFIUS, O., Der Christushymnus Philipper 2,6–11, WUNT 17, Tübingen 1976. – MURPHY-O'CONNOR, J., Christological Anthropology in Phil II, 2–11, RB 83, 1976, S. 25–50. – HOWARD, G., Phil 2:6–11 and the Human Christ, CBQ 40, 1978, S. 368–387. – BYRNE, B., ‚Sons of God' – ‚Seed of Abraham'. A Study of the Idea of the Sonship of God of All Christians in Paul against the Jewish Background, Analecta Biblica 83, Rome 1979. – DEMAREST, B. A., Process Theology and Pauline Doctrine of the Incarnation, in: Pauline Studies. Essays presented to Professor F. F. Bruce on his 70th Birthday, Exeter. Devon. Grand Rapids/Mich. 1980, S. 122–142. – GRUNDMANN, W., Der Weg des Kyrios Jesus Christus. Erwägungen zum Christushymnus Phil 2,6–11 und der damit verbundenen Konzeption im Neuen Testament, in: ders., Wandlungen im Verständnis des Heils, Berlin. Stuttgart 1980, S. 9–24. – HENGEL, M., Hymnus und Christologie, in: Wort in der Zeit. Festgabe für K. H. Rengstorf zum 75. Geburtstag, Leiden 1980, S. 1–25. – DELLING G., Art. Gotteskindschaft, RAC, Bd. XI, 1981, Sp. 1159–1185. – PÖHLMANN, W., Art. μορφή κτλ., EWNT II, 1981, Sp. 1089–1091. – BARTSCH, H. W., Der Christushymnus Phil. 2,6–11 und der historische Jesus, in: Studia Evangelica Vol. VII. Papers presented to the Fifth International Congress on Biblical Studies held at Oxford 1973, ed. by E. A. LIVINGSTONE, TU 126, Berlin 1982, S. 21–30. – BENOIT, P., Préexistence et Incarnation, in: *ders.*, Exégèse et Théologie IV, Paris 1982, S. 12–61 [,,Réflexions complémentaires" (1981), S. 41–61]. – COOPER, K. T., Paul and Rabbinic Soteriology: A Review Article, The Westminster Theological Journal XLIV, 1982, S. 123–139. – HENGEL, M., Erwägungen zum Sprachgebrauch von Χριστός bei Paulus und in der ,vorpaulinischen' Überlieferung, in: Paul and Paulinism. Essays in honour of C. K. Barrett, London 1982, S. 135–159. – LACEY, D. R. DE, ,,One Lord" in Pauline Christology, in: Christ the Lord: Studies in Christology Presented to D. Guthrie, Leicester 1982, S. 191–203. – GNILKA, J., Der Christushymnus des Philipperbriefes (2,6–11) und die neutestamentliche Hymnendichtung, in: BECKER, H.–KACZYNSKI, R. (Hrg.), Liturgie und Dichtung, St. Ottilien 1983, S. 173–185. – HAHN, FERD., Art. Χριστός κτλ., EWNT III, 1983, Sp. 1147–1165 (bes. Sp. 1156–1159).

Zu S. 293, Z. 5ff. v.o.:

HAHN, FERD., Das Problem ,,Schrift und Tradition" im Urchristentum, EvTh 30, 1970, S. 449–468. – VAN DER MINDE, H.-J., Schrift und Tradition bei Paulus. Ihre Bedeutung und Funktion im Römerbrief, Paderborner theologische Studien 3, München. Paderborn. Wien 1976.

Zu S. 306 und Bultmann Lit.Verz./Nachtrag S. 613f.:

§ 34: Das Wort, die Kirche, die Sakramente.

Zu 1:

BORMANN, P., Die Heilswirksamkeit der Verkündigung nach dem Apostel Paulus. Ein Beitrag zur Theologie der Verkündigung, Konfessionskundliche und kontroverstheologische Studien XIV, Paderborn 1965. – SCHUSTER, R., Evangelium das Wort. Untersuchungen zum Verständnis des Wortsinns von Evangelium bei Paulus, Diss. theol. Marburg 1967. – STUHLMACHER, P., Das paulinische Evangelium. I. Vorgeschichte, FRLANT 95, Göttingen 1968. – LOHSE, E., Wort und Sakrament in der paulinischen Theologie, in: Zu Karl Barths Lehre von der Taufe, Gütersloh 1971, S. 44–59. – SCHNEIDER, N., Die rhetorische Eigenart der paulinischen Antithese, HUTh 11, Tübingen 1970. – JOHNSON, S. L., The Gospel That Paul Preached, Bibliotheca Sacra 1971, S. 327–340. – GRÄSSER, E., Das eine Evangelium. Hermeneutische Erwägungen zu Gal. 1,6–10, in: *ders.*, Text und Situation. Gesammelte Aufsätze zum Neuen Testament, Gütersloh 1973, S. 84–122. – SCHLIER, H., Εὐαγγέλιον im Römerbrief, in: Wort Gottes in der Zeit, FS. K. H. Schelkle, Düsseldorf 1973, S. 127–142. – DELLING, G., ,,Nahe ist dir das Wort". Wort–Geist–Glaube bei Paulus, ThLZ 99, 1974, Sp. 401–412. – STRECKER, G., Das Evangelium Jesu Christi, in: Jesus Christus in Historie und Theologie, Neutestamentliche Festschrift für H. Conzelmann, Tübingen 1975, S. 503–548 (bes. S. 517–523. 524–531). – FITZMYER, J., The Gospel in the Theology of Paul, Interpretation 33, 1979, S. 339–350. – KIM, S., The Origin of Paul's Gospel, WUNT 2. Reihe Bd. 4, Tübingen 1981. – STRECKER, G., Art. εὐαγγέλιον κτλ., EWNT II, 1981, Sp. 176–186. – STUHLMACHER, P., Das paulinische Evangelium, in: Das Evangelium und die Evangelien. Vorträge vom Tübinger Symposium, hrg. v. P. STUHLMACHER, WUNT 28, Tübingen 1983, S. 157–182.

Zu 2:

KÄSEMANN, E., Das theologische Problem des Motivs vom Leibe Christi, in: *ders.*, Paulinische Perspektiven, Tübingen (1969) [2]1972, S. 178–210. – HAINZ, J., Ekklesia. Strukturen paulinischer Gemeinde-Theologie und Gemeinde-Ordnung, BU 9, Regensburg 1972. (Lit.). – ROETZEL, C. J., Judgement in the Community. A Study of the Relationship between Eschatology and Ecclesiology in Paul, Leiden 1972. – DIAS, P. V., Kirche in der Schrift und im 2. Jahrhundert, Handbuch der Dogmengeschichte Bd. III, Fasz. 3 a, Freiburg. Basel. Wien 1974, S. 77–90. (Lit.). – SAMPLEY, J. P., Societas Christi: Roman Law and Paul's Conception of Christian Community, in: God's Christ and His People. Studies in Honour of Nils Alstrup Dahl, Oslo. Bergen. Tromsö 1977, S. 158–174. – WEISS, H.-F., ,,Volk Gottes" und ,,Leib Christi". Überlegungen zur paulinischen Ekklesiologie, ThLZ 102, 1977, Sp. 411–420. – KERTELGE, K., Abendmahlsgemeinschaft und Kirchengemeinschaft im Neuen Testament und in der Alten Kirche, in: HAHN, FERD., KERTELGE, K., SCHNACKENBURG, R., Einheit der Kirche. Grundlegung im Neuen Testament, QD 84, Freiburg. Basel. Wien 1979, S. 94–132 (bes. S. 98–111). – BANKS, R., Paul's Idea of Community. The Early House Churches in their Historical Setting, Exeter 1980. – DINKLER, E., Die ekklesiologischen Aussagen des Paulus im kritischen Rückblick auf Barmen III, in: Kirche als ,,Gemeinde von Brüdern". Barmen III, 1. Bd. Vorträge aus dem Theologischen Ausschuß der Evangelischen Kirche der Union..., hrg. v. A. BURGSMÜLLER, Gütersloh 1980, S. 115–139. – JESKE, R. L., The Rock was Christ: The Ecclesiology of 1Corinthians 10, in: Kirche. FS. für Günther Bornkamm zum 75. Geburtstag, Tübingen 1980, S. 245–255. – ROLOFF, J., Art. ἐκκλησία κτλ., EWNT I, 1980, Sp. 998–1011 (bes. Sp. 1002–1005). – ALLMEN, D. V., La Famílie de Dieu. La Symbolique familiale dans le paulinisme, Orbis biblicus et Orientalis 41, Fribourg. Göttingen 1981. – HAINZ, J., Gemeinschaft (Κοινωνία) zwischen Paulus und Jerusalem (Gal 2,9f.). Zum paulinischen Verständnis von der Einheit der Kirche, in: Kontinuität und Einheit. Für Franz Mußner, Freiburg. Basel. Wien 1981, S. 30–42. – HAINZ, J., Koinonia. ,Kirche' als Gemeinschaft bei Paulus, BU 16, Regensburg 1982. – KLAIBER, W., Rechtfertigung und Gemeinde. Eine Untersuchung zum Paulinischen Kirchenverständnis, FRLANT 127, Göttingen 1982. – PAULSEN, H., Schisma und Häresie. Untersuchungen zu 1Kor 11,18.19, ZThK 79, 1982, S. 180–211. – *Le Corps et le Corps du Christ dans la première Épître aux Corinthiens*. Congrès de l'ACFEB, Tarbes (1981), Présenté par V. GUÉNEL, LD 114, Paris 1983. – SCHWEIZER, E., Art. σῶμα κτλ., EWNT III, 1983, Sp. 770–779.

Zu 3:

(siehe auch die hier nicht erneut aufgeführten Titel aus dem Nachtrag zu S. 135 (§ 13) zu Taufe und Herrenmahl).

Zur Taufe:

TANNEHILL, R. C., Dying and Rising with Christ. A Study in Pauline Theology, BZNW 32, Berlin 1966. – GÄUMANN, N., Taufe und Ethik. Studien zu Römer 6, BevTh 47, München 1967. – FRANKEMÖLLE, H., Das Taufverständnis des Paulus. Taufe, Tod und Auferstehung nach Röm. 6, SBS 47, Stuttgart 1970. – SCHWEIZER, E., Die ,,Mystik" des Sterbens und Auferstehens mit Christus bei

Paulus, in: *ders.*, Beiträge zur Theologie des Neuen Testaments. Neutestamentliche Aufsätze (1955–1970), Zürich 1970, S. 183–203. – KÄSEMANN, E., An die Römer, HNT 8 a, Tübingen (1973) [3]1974, S. 151–177 (S. 152. 163f. Lit.). – LOHSE, E., Taufe und Rechtfertigung bei Paulus, in: *ders.*, Die Einheit des Neuen Testaments. Exegetische Studien zur Theologie des Neuen Testaments, Göttingen 1973, S. 228–244. – LORENZI, L. DE (ed.), Battesimo e giustizia in Rom 6 e 8, Serie Monographica di ,,Benedictina", Sezione biblico-ecumenica 2, Roma 1974 (daraus bes.: DINKLER, E., Römer 6,1–14 und das Verhältnis von Taufe und Rechtfertigung bei Paulus, S. 83–103 [Diskussion S. 103–126]). – HAHN, FERD., Taufe und Rechtfertigung. Ein Beitrag zur paulinischen Theologie in ihrer Vor- und Nachgeschichte, in: Rechtfertigung, FS. E. Käsemann, Tübingen. Göttingen 1976, S. 95–124. – PAULSEN, H., Einheit und Freiheit der Söhne Gottes – Gal 3_{26-29}, ZNW 71, 1980, S. 74–95. – SCHLIER, H., Fragment über die Taufe, in: *ders.*, Der Geist und die Kirche. Exegetische Aufsätze und Vorträge IV, Freiburg. Basel. Wien 1980, S. 134–150. – SCHRAGE, W., Ist die Kirche das ‚Abbild seines Todes'? Zu Röm 6,5, in: Kirche. FS. für Günther Bornkamm zum 75. Geburtstag, Tübingen 1980, S. 205–219. – WILCKENS, U., Exkurs: Der traditions- und religionsgeschichtliche Hintergrund von Römer 6, in: *ders.*, Der Brief an die Römer. 2. Teilband: Röm 6–11, EKK VI/2, Zürich. Einsiedeln. Köln. Neukirchen-Vluyn 1980, S. 42–62. – PELSER, G. M. M., The Objective Reality of the Renewal of Life in Romans 6:1–11, Neotestamentica 15, 1981, S. 101–117. – SCHNELLE, U., Gerechtigkeit und Christusgegenwart. Vorpaulinische und paulinische Tauftheologie, Göttinger Theologische Arbeiten 24, Göttingen 1983.

Herrenmahl:

MERENDINO, P., ,,Das ist mein Leib – der für euch" (1. Cor. 11_{24}), Archiv für Liturgiewissenschaft 10, 1967, S. 111–124. – SCHLIER, H., Das Herrenmahl bei Paulus, in: *ders.*, Das Ende der Zeit. Exegetische Aufsätze und Vorträge III, Freiburg. Basel. Wien 1971, S. 201–215. – THEISSEN, G., Soziale Integration und sakramentales Handeln. Eine Analyse von I. Cor. XI, 17–34, NovT 16, 1974, S. 179–206. – PANIKULAM, G., Koinonia in the New Testament. A Dynamic Expression of Christian Life, Analecta Biblica 85, Rome 1979 (bes. S. 17–30). – LÜHRMANN, D., Abendmahlsgemeinschaft? Gal 2,11ff., in: Kirche. FS. für Günther Bornkamm zum 75. Geburtstag, Tübingen 1980, S. 271–286. – HAHN, FERD., Herrengedächtnis und Herrenmahl bei Paulus, Liturgisches Jahrbuch 32, 1982, S. 166–177. – KLAUCK, H.-J., Herrenmahl und hellenistischer Kult. Eine religionsgeschichtliche Untersuchung zum ersten Korintherbrief, NTA, N.F. 15, Münster 1982. – KLAUCK, H.-J., Kultische Symbolsprache bei Paulus, in: Freude am Gottesdienst. Aspekte ursprünglicher Liturgie. FS. J. G. Plöger, Stuttgart 1983, S. 107–118. – MAYER, B., ,,Tut dies zu meinem Gedächtnis!" – Das Herrenmahl unter dem Anspruch des Abendmahls (1Kor 11,17–34), in: Freude am Gottesdienst. Aspekte ursprünglicher Liturgie. FS. J. G. Plöger, Stuttgart 1983, S. 189–200. – SIGAL, PH., Another Note to 1Corinthians 10.16, NTSt 29, 1983, S. 134–139

Zu S. 315 und Bultmann Lit.Verz./Nachtrag S. 615:

3. Die πίστις.

FUCHS, E., Die Logik des paulinischen Glaubens, in: Geist und Geschichte der Reformation. Festgabe für Hanns Rückert, Berlin 1966, S. 1–14. – BINDER, H., Der Glaube bei Paulus, Berlin 1968. – SCHENK, W., Die Gerechtigkeit Gottes und der Glaube Christi. Versuch einer Verhältnisbestimmung paulinischer Strukturen, ThLZ 97, 1972, Sp. 161–174. – FUCHS, E., Der Anteil des Geistes am Glauben des Paulus. Ein Beitrag zum Verständnis von Römer 8, ZThK 72, 1975, S. 293–302. – LÜHRMANN, D., Glaube im frühen Christentum, Gütersloh 1976 (bes. S. 46–59). – LOHSE, E., Glauben. B. Glauben im Neuen Testament, in: HERMISSON, H.-J.–LOHSE, E., Glauben, Biblische Konfrontationen, Kohlhammer-Taschenbücher Bd. 1005, Stuttgart. Berlin. Köln. Mainz 1978, S. 79–132. 135–140. – LÜHRMANN, D., Art. Glaube, RAC, Bd. 11, 1979, Sp. 48–122 (bes. Sp. 64–80). – FRIEDRICH, G., Muß ὑπακοὴ πίστεως Röm 1₅ mit ‚Glaubensgehorsam' übersetzt werden?, ZNW 72, 1981, S. 118–123. – RHYNE, C. TH., Faith Establishes the Law, Society of Biblical Literature Diss. Ser. 55, Chico 1981. – FRIEDRICH, G., Glaube und Verkündigung bei Paulus, in: Glaube im Neuen Testament. Studien zu Ehren von Hermann Binder anläßlich seines 70. Geburtstages, Neukirchen-Vluyn 1982, S. 93–113. – JOHNSON, L. T., Romans 3:21–26 and the Faith of Jesus, CBQ 44, 1982, S. 77–90. – BARTH, G., Art. πίστις κτλ., EWNT III, 1983, Sp. 216–231 (bes. Sp. 224–226). – PATTE, D., Paul's Faith and the Power of the Gospel, Philadelphia 1983.

Zu S. 317, Z. 17 v. o.:

LÜHRMANN, D., Pistis im Judentum, ZNW 64, 1973, S. 19–38. – LOHSE, E., Emuna und Pistis. Jüdisches und urchristliches Verständnis des Glaubens, ZNW 68, 1977, S. 147–163. – VAN DAALEN, D. H., The 'ĕmunah/πίστις of Habakkuk 2.4 and Romans 1.17, in: Studia Evangelica Vol. VII. Papers presented to the Fifth International Congress on Biblical Studies held at Oxford 1973, ed. by E. A. LIVINGSTONE, Berlin 1982, S. 523–527.

Zu S. 320 (§ 35,3):

WOSCHITZ, K. M., Elpis–Hoffnung. Geschichte, Philosophie, Exegese, Theologie eines Schlüsselbegriffs, Wien. Freiburg. Basel 1979. – MAYER, B., Art. ἐλπίς κτλ., EWNT I, 1980, Sp. 1066–1075. – NEBE, G., ‚Hoffnung' bei Paulus. Elpis und ihre Synonyme im Zusammenhang der Eschatologie, StUNT 16, Göttingen 1983.

Zu S. 321 (§ 35,4):

BALZ, H., Art. φοβέομαι κτλ. und φόβος κτλ., EWNT III, 1983, Sp. 1026–1033. 1034–1039.

Zu S. 324 und Bultmann Lit.Verz./Nachtrag S. 615:

§ 36: Das Leben in der πίστις.

JÜNGEL, E., Erwägungen zur Grundlegung evangelischer Ethik im Anschluß an die Theologie des Paulus. Eine biblische Meditation, ZThK 63, 1966, S. 379–390.

– Furnish, V. P., Theology and Ethics in Paul, Nashville and New York 1968. – Grabner-Haider, A., Paraklese und Eschatologie bei Paulus, NTA, N.F. 4, Münster 1968. – Merk, O., Handeln aus Glauben. Die Motivierungen der paulinischen Ethik, MarbThSt 5, Marburg 1968. (Lit.). – Wendland, H. D., Ethik des Neues Testaments, Grundrisse zum Neuen Testament, NTD Ergänzungsreihe 4, Göttingen 1970 (bes. S. 49–88). – Sanders, J., Ethics in the New Testament. Change and Development, London 1975 (bes. S. 47–66). – Halter, H., Taufe und Ethos. Paulinische Kriterien für das Proprium christlicher Moral, Freiburger Theologische Studien 106, Freiburg. Basel. Wien 1977. – Hasenstab, R., Modelle paulinischer Ethik. Beiträge zu einem Autonomie-Modell aus paulinischem Geist, Tübinger Theologische Studien 11, Mainz 1977. – (Zu Halter und Hasenstab: Strecker, G., Autonome Sittlichkeit und das Proprium der christlichen Ethik bei Paulus, ThLZ 104, 1979, Sp. 865–872). – Synofzik, E., Die Gerichts- und Vergeltungsaussagen bei Paulus. Eine traditionsgeschichtliche Untersuchung, Göttinger Theologische Arbeiten 8, Göttingen 1977. – Becker, J., Das Problem der Schriftgemäßheit der Ethik, in: Handbuch der christlichen Ethik, Bd. 1, hrg. v. A. Hertz, W. Korff, T. Rendtorff, H. Ringeling, Freiburg. Basel. Wien. Gütersloh 1978, S. 243–269. – Strecker, G., Strukturen einer neutestamentlichen Ethik, ZThK 75, 1978, S. 117–146. – du Toit, A. B., Dikaiosyne in Röm. 6. Beobachtungen zur ethischen Dimension der paulinischen Gerechtigkeitsauffassung, ZThK 76, 1979, S. 261–291. – Schürmann, H., Haben die paulinischen Wertungen und Weisungen Modellcharakter? Beobachtungen und Anmerkungen zur Frage nach ihrer formalen Eigenart und inhaltlichen Verbindlichkeit, Theologisches Jahrbuch 1979, Leipzig 1980, S. 144–167. – Deidum, T. J., New Covenant Morality in Paul, Analecta Biblica 89, Rome 1981. – Gerhardsson, B., The Ethos of the Bible, Philadelphia 1981 (bes. S. 63–92). – Körtner, U. H. J., Rechtfertigung und Ethik bei Paulus. Bemerkungen zum Ansatz paulinischer Ethik, WuD, N.F. 16, 1981, S. 93–109. – Münchow, Chr., Ethik und Eschatologie. Ein Beitrag zum Verständnis der frühjüdischen Apokalyptik mit einem Ausblick auf das Neue Testament, Göttingen 1981 (bes. S. 149–178). – Schade, H.-H., Apokalyptische Christologie bei Paulus. Studien zum Zusammenhang von Christologie und Eschatologie in den Paulusbriefen, Göttinger Theologische Arbeiten 18, Göttingen 1981 (bes. S. 46–63). – Merk, O., Verantwortung. B. Verantwortung im Neuen Testament, in: Würthwein, E.–Merk, O., Verantwortung, Biblische Konfrontationen, Kohlhammer-Taschenbücher Bd. 1009, Stuttgart. Berlin. Köln. Mainz 1982, S. 143–152. 176–178. (Lit.). – Schrage, W., Ethik des Neuen Testaments, Grundrisse zum Neuen Testament. NTD Ergänzungsreihe 4, Göttingen 1982 (bes. „IV. Die christologische Ethik des Paulus", S. 155–230). – Heiligenthal, R., Untersuchungen zur Bedeutung der menschlichen Taten im Frühjudentum, Neuen Testament und Frühchristentum, WUNT 2. Reihe Bd. 9, Tübingen 1983 (bes. S. 95–113. 165–315). – Mohrlang, R., Matthew and Paul. A Comparison of Ethical Perspectives, SNTSMS 48, Cambridge. London. New York. New Rochelle. Melbourne. Sydney 1983 (bes. S. 26–42. 57–67. 81–89. 101–106. 115–123). – Watson, N. M., Justified by Faith; Judged by Works – An Antinomy?, NTSt 29, 1983, S. 209–221. – Brandenburger, E., Art. Gericht Gottes. III. Neues Testament, TRE, Bd. XII, 1984, S. 469–483 (bes. S. 475–478).

Zu S. 326, Z. 5 v. o. (§ 36,1):

DAUTZENBERG, G., Art. Glossolalie, RAC, Bd. XI, 1981, Sp. 225–246. – SCHÜTZ, J. H., Art. Charisma. IV. Neues Testament, TRE, Bd. VII, 1981, S. 688–693. (Lit.). – GRUDEN, W. A., The Gift of Prophecy in 1Corinthians, Washington 1982. – BERGER, K., Art. χάρισμα κτλ., EWNT III, 1983, Sp. 1102–1105. (Lit.). – PERROT, C., Charisme et institution chez Paul, Rech. sc. Rel. 71, 1983, S. 81–92. – PRATSCHER, W., Zum Phänomen der Glossolalie, in: Gott ohne Eigenschaften?, hrg. v. S. HEINE und E. HEINTEL, Wien 1983, S. 119–132. – WEDER, H., Die Gabe der hermeneia (1. Kor. 12 und 14), in: Wirkungen hermeneutischer Theologie. Zürcher Festgabe zum 70. Geburtstag Gerhard Ebelings, Zürich 1983, S. 99–112.

Zu S. 326, Z. 8 v. u. (§ 36,2):

BALCHIN, J. F., Paul, Wisdom and Christ, in: Christ the Lord: Studies in Christology Presented to D. Guthrie, Leicester 1982, S. 204–219. – HEGERMANN, H., Art. σοφία κτλ., EWNT III, 1983, Sp. 616–624. (Lit.).

Zu S., 328, Z. 9 v. u. (§ 36,3):

WAHLBRECHT, F., Gebrauch und Verständnis der christologischen ‚ἐν‘-Bestimmung bei Paulus, Teil I. II., Diss. theol. Jena 1982.

Zu S. 331 Anm. 1:

MAYER, B., Unter Gottes Heilsratschluß. Prädestinationsaussagen bei Paulus, forschung zur bibel 15, Würzburg 1974.

Zu S. 331 und Bultmann Lit.Verz./Nachtrag S. 615:

4. Die ἐλευθερία.

NIEDERWIMMER, K., Der Begriff der Freiheit im Neuen Testament, Theologische Bibliothek Töpelmann Bd. 11, Berlin 1966. – SCHLIER, H., Zur Freiheit gerufen. Das paulinische Freiheitsverständnis, in: *ders.*, Das Ende der Zeit. Exegetische Aufsätze und Vorträge III, Freiburg. Basel. Wien 1971, S. 216–233. – SCHÜRMANN, H., Die Freiheitsbotschaft des Paulus – Mitte des Evangeliums?, Catholica 25, 1971, S. 22–62. – NESTLE, D., Art. Freiheit, RAC, Bd. VIII, 1972, Sp. 269–306. – KÄSEMANN, E., Der Ruf der Freiheit, Tübingen [5]1972. – MUSSNER, F., Theologie der Freiheit nach Paulus, QD 75, Freiburg. Basel. Wien 1976 (S. 83 Lit.). – MURPHY-O'CONNOR, J., Freedom or the Ghetto ICor, VIII, 1–13; X, 23–XI, 1, RB 85, 1978, S. 543–574. – LORENZI, L. DE (ed.), Freedom and Love. The Guide for Christian Life (1Co 8–10; Rm 14–15), Monographic Series of ‚Benedictina‘. Biblical-Ecumenical Section 6, Rome 1981. – CAMBIER, J.-M., La Liberté du Spirituel dans Rom. 8.12–17, in: Paul and Paulinism. Essays in honour of C. K. Barrett. London 1982, S. 205–220. – WEDER, H., Eleutheria und Toleranz, in: Glaube und Toleranz. Das theologische Erbe der Aufklärung, hrg. v. T. RENDTORFF, Gütersloh 1982, S. 243–254. – SHAW, G., The Cost of Authority. Manipulation and Freedom in the New Testament, London 1983.

Zu S. 332 und Bultmann Lit.Verz./Nachtrag S. 615f.:

§ *38: Die Freiheit von der Sünde und der Wandel im Geist.*

Die im Nachtrag zu S. 324 (§ 36) genannten Arbeiten von FURNISH, V. P.; GRABNER-HAIDER, A.; KÖRTNER, U. H. J.; MERK, O.; SANDERS, J. T.; SCHRAGE, W.; WENDLAND, H. D. – MOULE, C. F. D., Obligation in the Ethic of Paul, in: Christian History and Interpretation: Studies presented to John Knox, London 1967, S. 389–406. – NIEDERWIMMER, K., Das Problem der Ethik bei Paulus, ThZ 24, 1968, S. 81–92. – NIEDERWIMMER, K., Ethik aus Taufe und Eucharistie bei Paulus, in: Kirche zwischen Planen und Hoffen, Kassel 1968, S. 15–32. – STYLER, G. M., The Basis of Obligation in Paul's Christology and Ethics, in: Christ and Spirit in the New Testament, in Honour of C. F. D. Moule, London 1973, S. 175–187. – BOUTTIER, M., La vie du chrétien en tant que service de la justice pour la sainteté, in: Battesimo e giustizia in Rom 6 e 8, ed. L. DE LORENZI, Serie Monographica di ,,Benedictina", Sezione biblico-ecumenica 2, Roma 1974, S. 127–154 (Diskussion S. 154–176). – POTTERIE, I. DE LA, Le chrétien conduit par l'Esprit dans son cheminement eschatologique (Rom 8,14), in: The Law of the Spirit in Rom 7 and 8, ed. L. DE LORENZI, Monographic Series of ,,Benedictina", Biblical-Ecumenical Section 1, Rome 1976, S. 209–241 (Diskussion S. 241–278). – PEDERSEN, S., ,,Mit Furcht und Zittern" (Phil. 2, 12–13), StTh 32, 1978, S. 1–31. – LORENZI, L. DE (ed.), Dimensions de la vie chrétienne (Rm 12–13), Série Monographique de ,,Benedictina", Section Biblico-Oecuménique 4, Rome 1979 (daraus bes.: SÁNCHEZ BOSCH, J., Le Corps du Christ et les charismes dans l'épître aux Romains, S. 51–72 [Diskussion S. 72–83]; VÖGTLE, A., Paraklese und Eschatologie nach Röm 13,11–14, S. 179–194 [Diskussion S. 195–220]). – ORTKEMPER, F.-J., Leben aus dem Glauben. Christliche Grundhaltungen nach Römer 12–13, NTA, N.F. 14, Münster 1980. – HOLTZ, T., Zur Frage der inhaltlichen Weisungen bei Paulus, ThLZ 106, 1981, Sp. 385–400. – LUZ, U., Eschatologie und Friedenshandeln bei Paulus, in: Eschatologie und Friedenshandeln. Exegetische Beiträge zur Frage christlicher Friedensverantwortung v. U. LUZ, J. KEGLER, P. LAMPE, P. HOFFMANN, SBS 101, Stuttgart 1981, S. 153–193. – REINMUTH, E., Geist und Gesetz. Studien zu Voraussetzungen und Inhalt paulinischer Paränese, Diss. theol. Halle/S. 1981. – WOLBERT, W., Vorbild und paränetische Autorität. Zum Problem der Nachahmung des Paulus, MThZ 32, 1981, S. 249–270.

Zu 2 u. 3:

DOUGHTY, D. J., Heiligkeit und Freiheit. Eine exegetische Untersuchung der Anwendung des paulinischen Freiheitsgedankens in I. Kor. 7, Diss. theol. Göttingen 1965. – STUHLMACHER, P., Christliche Verantwortung bei Paulus und seinen Schülern, EvTh 28, 1968, S. 165–186. – LOHSE, E., ὁ νόμος τοῦ πνεύματος τῆς ζωῆς. Exegetische Anmerkungen zu Röm. 8,2, in: Neues Testament und christliche Existenz, FS. H. Braun, Tübingen 1973, S. 279–287. – LLOYD-JONES, D. M., Romans. An Exposition of Chapter 8:5–17, Edinburgh 1974. – MOULE, C. F. D., ,,Justification" in its relation to the condition κατὰ πνεῦμα (Rom. 8:1–11), in: Battesimo e giustizia in Rom 6 e 8, ed L. DE LORENZI, Serie Monographica di ,,Benedictina", Sezione biblico-ecumenica 2, Roma 1974, S. 177–187 (Diskussion S. 187–201). – HODGSON, R. (jr.), Die Quellen der paulinischen Ethik, Diss. theol. Heidelberg 1976. – LOHSE, E., Zur Analyse und Interpretation von Röm 8,1–17, in: The Law of the Spirit in Rom 7 and 8, ed. L. DE LORENZI, Monographic Series of ,,Benedictina", Biblical-Ecumenical Section 1, Rome 1976, S. 129–146 (Diskussion S. 147–166). – BRUCE, F. F., Christ and Spirit in Paul, BJRL 59, 1977, S. 259–285. – LULL, D. J., The Spirit in Galatia. Paul's Interpretation of *Pneuma* as Divine Power, Society of Biblical Literature Diss. Ser. 49, Chico 1980. – KECK, L., The Law and ,,The Law of Sin and Death" (Rom 8:1–4): Reflections on the Spirit and Ethics in Paul, in: The Divine Helmsman. Studies on God's Control of Human Events. Presented to Lou H. Silberman, Ed. by J. L. CRENSHAW and S. SANDMEHL, New York 1980, S. 41–57. – RICHARDSON, P., 'I Say, not the Lord': Personal Opinion, Apostolic Authority and the Development of Early Christian Halakah, Tyndale Bulletin 31, 1980, S. 65–86. – COETZER, W. C., The Holy Spirit and the Eschatological View in Romans 8, Neotestamentica 15, 1981, S. 180–198. – WOLBERT, W., Ethische Argumentation und Paränese in 1Kor 7, Moraltheologische Studien Bd. 8, Düsseldorf 1981. – *Die Frau im Urchristentum*, hrg. v. G. DAUTZENBERG, H. MERKLEIN, K. MÜLLER, QD 95, Freiburg. Basel. Wien 1983. – BAUMERT, N., Ehelosigkeit und Ehe im Herrn. Eine Neuinterpretation von 1Kor 7, forschung zur bibel 47, Würzburg 1984.

Zu Römer 13,1–7 (vgl. Bultmann Lit.Verz./Nachtrag S. 616):

KÄSEMANN, E., An die Römer, HNT 8 a, (1973), [3]1974, S. 337–347 (S. 337 f. Lit.). – WILCKENS, U., Römer 13,1–7, in: *ders.:* Rechtfertigung als Freiheit. Paulusstudien, Neukirchen-Vluyn 1974, S. 203–245. – FRIEDRICH, J.–PÖHLMANN, W.–STUHLMACHER, P.,Zur historischen Situation und Intention von Röm. 13,1–7, ZThK 73, 1976, S. 131–166. – ALAND, K., Das Verhältnis von Kirche und Staat nach dem Neuen Testament und den Aussagen des 2. Jahrhunderts, in: *ders.*, Neutestamentliche Entwürfe, ThB 63, München 1979, S. 26–123 (bes. S. 38–50. 110–116). – RIEKKINEN, V., Römer 13. Aufzeichnung und Weiterführung der exegetischen Diskussion, Annales Academiae Scientarum Fennicae. Dissertationes Humanarum Litterarum 23, Helsinki 1980. (Lit.). – WILCKENS, U., Exkurs: Wirkungsgeschichte von Röm 13,1–7, in: *ders.*, Der Brief an die Römer. 3. Teilband: Röm 12–16, EKK VI/3, Zürich. Einsiedeln. Köln. Neukirchen-Vluyn 1982, S. 43–66. (Lit.). – HEILIGENTHAL, R., Strategien konformer Ethik im Neuen Testament am Beispiel von Röm 13.1–7, NTSt 29, 1983, S. 55–61. – HEILIGENTHAL, R., Untersuchungen zur Bedeutung der menschlichen Taten im Frühjudentum, Neuen Testament und Frühchristentum, WUNT 2. Reihe Bd 9, Tübingen 1983 (bes. S. 93–113). – POHLE, L., Die Christen und der Staat nach Römer 13. Eine typologische Untersuchung der neueren deutschsprachigen Schriftauslegung, Mainz 1984.

Zu S. 335 Anm. 1:

BERGER, K., Zu den sogenannten Sätzen heiligen Rechts, NTSt 17, 1970/71, S. 10–40.

Zu S. 340 (§ 38,4):

DU TOIT, A. B., Art. Freude. I. Neues Testament, TRE, Bd. XI, 1983, S. 584–586.

Zu S. 341 und Bultmann Lit.Verz./Nachtrag S. 616:

§ 39: *Die Freiheit vom Gesetz und die Stellung zu den Menschen.*
(vgl. Literatur und Nachträge zu S. 324 [§ 36]; S. 331 zu 4.; S. 332 [§ 38]).

SANDERS, J. T., I. Cor. 13. Its Interpretation since the First World War, Interpretation 20, 1966, S. 159–187. – SCHÜTTPELZ, O., Der höchste Weg. I. Korinther 13, Diss. theol. Heidelberg 1973. – KIEFFER, R., Le primat de l'amour. Commentaire épistémologique de 1Corinthiens 13, LD 85, Paris 1975. – GERHARDSSON, B., 1 Kor 13 – Zur Frage von Paulus' rabbinischem Hintergrund, in: Donum Gentilicium. New Testament Studies in Honour of David Daube, Oxford 1978, S. 185–209. – PEDERSEN, S., Agape – der eschatologische Hauptbegriff bei Paulus, in: PEDERSEN, S. (Hrg.), Die paulinische Literatur und Theologie. The Pauline Literature and Theology, Teologiske Studier 7, Århus. Göttingen 1980, S. 159–186. – WISCHMEYER, O., Der höchste Weg. Das 13. Kapitel des 1. Korintherbriefes, StNT 13, Gütersloh 1981 (vgl. o. SCHÜTTPELZ, O., ... 1973). – WISCHMEYER, O., Traditionsgeschichtliche Untersuchung der paulinischen Aussagen über die Liebe (ἀγάπη), ZNW 74, 1983, S. 222–236.

Zu S. 346 und Bultmann Lit.Verz./Nachtrag S. 616f.:

§ 40: *Die Freiheit vom Tode.*
GÜTTGEMANNS, E., Der leidende Apostel und sein Herr. Studien zur paulinischen Christologie, FRLANT 90, Göttingen 1966. – HOFFMANN, P., Die Toten in Christus. Eine religionsgeschichtliche und exegetische Untersuchung zur paulinischen Eschatologie, NTA, N.F. 2, Münster (1966) [2]1969. – SHIRES, H. M., The Eschatology of Paul in the Light of Modern Scholarship, Philadelphia 1966. – BOERS, H. W., Apocalyptic Eschatology in I Corinthians 15. An Essay in Contemporary Interpretation, Interpretation 21, 1967, S. 50–65. – MUSSNER, F., „Schichten" in der paulinischen Theologie. Dargetan an 1. Kor. 15, in: *ders.*, Praesentia Salutis. Gesammelte Studien zu Fragen und Themen des Neuen Testaments, Kommentare und Beiträge zum Alten und Neuen Testament, Düsseldorf 1967, S. 178–188. – WILCKE, H.-A., Das Problem eines messianischen Zwischenreiches bei Paulus, AThANT 51, Zürich/Stuttgart 1967. – HUNZINGER, C.-H., Die Hoffnung angesichts des Todes im Wandel der paulinischen Aussagen, in: Leben angesichts des Todes, FS. H. Thielicke, Tübingen 1968, S. 69–88. – LUZ, U., Das Geschichtsverständnis des Paulus, BevTh 49, München 1968 (bes. S. 301–402). – BECKER, J., Erwägungen zur apokalyptischen Tradition in der paulinischen Theologie, EvTh 30, 1970, S. 593–609. – DELLING, G., Zeit und Endzeit, BSt 58, Neukirchen-Vluyn 1970 (bes. S. 57–101). – GAGER, J. G., Functional Diversity in Paul's Use of End-time Language, JBL 89, 1970, S. 325–337. – VÖGTLE, A., Das Neue Testament und die Zukunft des Kosmos, Kommentare und Beiträge zum Alten und Neuen Testament, Düsseldorf 1970. – BAIRD, W., Pauline Eschatology in Hermeneutical Perspective, NTSt 17, 1970/71, S. 314–327. – BALZ, H. R., Heilsvertrauen und Welterfahrung. Strukturen der paulinischen Eschatologie nach Römer 8,19–39, BevTh 59, München 1971. – GIBBS, J. G., Creation and Redemption. A Study in Pauline Theology. SupplNovT XXVI, Leiden 1971. – SCHENDEL, E., Herrschaft und Unterwerfung Christi. I. Korinther 15, 24–28 in Exegese und Theologie der Väter bis zum Ausgang des 4. Jahrhunderts, Beiträge zur Geschichte der Biblischen Exegese 12, Tübingen 1971. – SCHLIER, H., Das, worauf alles wartet. Eine Auslegung von Römer

8, 18–30, in: *ders.*, Das Ende der Zeit. Exegetische Aufsätze und Vorträge III, Freiburg. Basel. Wien 1971, S. 250–270. – SIBER, P., Mit Christus leben. Eine Studie zur paulinischen Auferstehungshoffnung, AThANT 61, Zürich 1971. – SPÖRLEIN, B., Die Leugnung der Auferstehung. Eine historisch-kritische Untersuchung zu I. Kor. 15, BU 7, Regensburg 1971. – BAUMERT, N., Täglich sterben und auferstehen. Der Literalsinn von 2. Kor. 4, 12–5, 10, StANT XXXIV, München 1973. – HARNISCH, W., Eschatologische Existenz. Ein exegetischer Beitrag zum Sachanliegen von 1. Thessalonicher 4,13–5,11, FRLANT 110, Göttingen 1973. – LANG, F. G., 2. Korinther 5,1–10 in der neueren Forschung. Beiträge zur Geschichte der Biblischen Exegese 16, Tübingen 1973. – KLEIN, G., Apokalyptische Naherwartung bei Paulus, in: Neues Testament und christliche Existenz. FS. H. Braun, Tübingen 1973, S. 241–262. – DAUTZENBERG, G., Was bleibt von der Naherwartung? Zu Röm. 13, 11–14, in: Biblische Randbemerkungen, Schülerfestschrift R. Schnackenburg, Würzburg 1974, S. 361–374. – SCHRAGE, W., Leid, Kreuz und Eschaton. Die Peristasenkataloge als Merkmal paulinischer theologia crucis und Eschatologie, EvTh 34, 1974, S. 141–175. – WIEFEL, W., Die Hauptrichtung des Wandels im eschatologischen Denken des Paulus, ThZ 30, 1974, S. 65–81. – BAUMGARTEN, J., Paulus und die Apokalyptik. Die Auslegung apokalyptischer Überlieferung in den echten Paulusbriefen, WMANT 44, Neukirchen-Vluyn 1975. – GIBBS, J. G., The Cosmic Scope of Redemption According to Paul, Biblica 56, 1975, S. 13–29. – SCHWEIZER, E., 1. Korinther 15, 20–28 als Zeugnis paulinischer Eschatologie und ihre Verwandtschaft mit der Verkündigung Jesu, in: Jesus und Paulus, FS. W. G. Kümmel, Göttingen 1975, S. 301–314. – VENETZ, H.-J., Der Glaube weiß um die Zeit. Zum paulinischen Verständnis der „Letzten Dinge", Biblische Beiträge 11, Fribourg 1975. – ZEDDA, S., L'escatologia biblica. Vol. II. Nuovo Testamento, Brescia 1975 (bes. S. 15–275). – BECKER, J., Auferstehung der Toten im Urchristentum, SBS 82, Stuttgart 1976. – BULTMANN, R., Der zweite Brief an die Korinther, KEK-Sonderband, Göttingen 1976 (bes. S. 112–146. 164–176). – SANDELIN, K.-G., Die Auseinandersetzung mit der Weisheit in 1. Korinther 15, Meddelanden fran Stiftelsens för Åbo Akademi Forskningsinstitut 12, Åbo 1976. – VÖGTLE, A., Röm. 13,11–14 und die „Nah"-Erwartung, in: Rechtfertigung. FS. E. Käsemann, Tübingen. Göttingen 1976, S. 557–574. – ALTERMATH, F., Du corps psychique au corps spirituel. Interprétation de 1Cor 15,35–49 par les auteurs chrétiens des quatre premiers siècles, Beiträge zur Geschichte der biblischen Exegese 18, Tübingen 1977. – SIDER, R. J., Paul's Understanding of the Nature and Significance of the Resurrection in I Corinthians, NovT 19, 1977, S. 124–141. – BAUMBACH, G., Die Zukunftserwartung nach dem Philipperbrief, in: Die Kirche des Anfangs. Für Heinz Schürmann, Leipzig 1978. Freiburg. Basel. Wien 1978, S. 435–457. – CANTINAT, J., Réflexions sur la résurrection de Jésus (d'après saint Paul et saint Marc), Paris 1978 (bes. S. 15–77). – POKORNÝ, P., Die Hoffnung auf das ewige Leben im Spätjudentum und Urchristentum, Aufsätze und Vorträge zur Theologie und Religionswissenschaft, H. 70, Berlin 1978 (bes. S. 16–31). – FROITZHEIM, F., Christologie und Eschatologie bei Paulus, forschung zur bibel 35, Würzburg 1979. – HOFFMANN, P., Art. Auferstehung. I. Auferstehung der Toten. I/3. Neues Testament, TRE, Bd. IV, 1979, S. 450–467 (bes. S. 452–458). – HOFFMANN, P., Art. Auferstehung. II. Auferstehung Jesu Christi. II/1. Neues Testament, TRE, Bd. IV, 1979, S. 478–513 (bes. S. 490–497). – STENGER, W., Beobachtungen zur Argumentationsstruktur in 1Kor 15, Linguistica Biblica 45, 1979,

S. 71–128. – WOSCHITZ, K. M., Elpis-Hoffnung. Geschichte, Philosophie, Exegese, Theologie eines Schlüsselbegriffs, Wien. Freiburg. Basel 1979. – BINDER, H., Das Geschenk der Geborgenheit. Exegetische Studie zu II. Kor. 5,1–10, in: Bewahrung und Erneuerung. FS. für A. Klein, Beih. der ,,Kirchlichen Blätter" H. 2, Sibiu 1980, S. 9–26. – FÜGLISTER, N., Die biblische Anthropologie und die postmortale Existenz des Individuums, Kairos, N.F. 22, 1980, S. 129–145. – HOLTZ, T., Die Hoffnung der Kreatur nach Paulus, Die Zeichen der Zeit 34, 1980, S. 96–103. – HYLDAHL, N., Auferstehung Christi – Auferstehung der Toten (1Thess 4,13–18), in: PEDERSEN, S. (Hrg.), Die paulinische Literatur und Theologie. The Pauline Literature and Theology, Teologiske Studier 7, Århus. Göttingen 1980, S. 119–135. – LÜDEMANN, G., Paulus, der Heidenapostel. I. Studien zur Chronologie, FRLANT 125, Göttingen 1980 (bes. S. 213–271). – BECKER, J., Zukunft und Hoffnung. B. Zukunft und Hoffnung im Neuen Testament, in: SCHMIDT, W. H.–BECKER, J., Zukunft und Hoffnung, Biblische Konfrontationen, Kohlhammer-Taschenbücher Bd. 1014, Stuttgart. Berlin. Köln. Mainz 1981, S. 130–166. 195–197. – BIEDER, W., Art. θάνατος κτλ., EWNT II, 1981, Sp. 319–329. – LINCOLN, A. T., Paradise Now and Not Yet. Studies in the role of the heavenly dimension in Paul's thought with special reference to his eschatology, SNTSMS 43, Cambridge. London. New York. New Rochelle. Melbourne. Sydney 1981. – RADL, W., Ankunft des Herrn. Zur Bedeutung und Funktion der Parusieaussagen bei Paulus, Beiträge zur biblischen Exegese und Theologie (BET) 15, Frankfurt/M. Bern. Cirencester/U.K. 1981. – SCHADE, H.-H., Apokalyptische Christologie bei Paulus. Studien zum Zusammenhang von Christologie und Eschatologie in den Paulusbriefen, Göttinger Theologische Arbeiten 18, Göttingen 1981. – SCHOTTROFF, L., Art. ζῶ κτλ., EWNT II, 1981, Sp. 261–271 (bes. Sp. 263–267). – SELLIN, G., Der tote Adam und der lebendig machende Geist. Eine exegetische und religionsgeschichtliche Untersuchung von 1Kor 15, Habil.Schr. Evang.-Theol. Fak. Münster 1981. – COURT, J. M., Paul and the Apocalyptic Pattern, in: Paul and Paulinism. Essays in honour of C. K. Barrett, London 1982, S. 57–66. – KLEIN, G., Art. Eschatologie. IV. Neues Testament, TRE, Bd. X, 1982, S. 270–299 (bes. S. 279–286). (Lit.). – MEEKS, W. A., Social Functions of Apocalyptic Language in Pauline Christianity, in: Apocalypticism in the Mediterranean World and the Near East. Proceedings of the International Colloquium on Apocalypticism, Uppsala, August 12–17, 1979, ed. by D. HELLHOLM, Tübingen 1983, S. 687–705. – NEBE, G., ,Hoffnung' bei Paulus. Elpis und ihre Synonyme im Zusammenhang der Eschatologie, StUNT 16, Göttingen 1983. – SELLIN, G., ,,Die Auferstehung ist schon geschehen". Zur Spiritualisierung apokalyptischer Terminologie im Neuen Testament, NovT 25, 1983, S. 220–237. – LAATSCH, W., 2. Korinther 5,1–10. Analyse und Interpretation, Mag. Schr. Fachbereich Evang. Theol. Marburg, W. S. 1983/84. – ROSENTHAL, U., Die Auferstehung und die Existenz in der Gegenwart nach 1. Kor. 15, Mag.Schr. Fachbereich Evang. Theol. Marburg, W.S. 1983/84. – HASLER, V., Credo und Auferstehung in Korinth. Erwägungen zu 1Kor 15, ThZ 40, 1984, S. 12–33.

Zu S. 354 und Bultmann Lit.Verz./Nachtrag S. 617:

II. Die Theologie des Johannes-Evangeliums und der Johannes-Briefe.

BULTMANN, R., Zur Interpretation des Johannesevangeliums, ThLZ 87, 1962, Sp. 1–8. – SCHNACKENBURG, R., Das Johannesevangelium. I. Teil. Einleitung und Kommentar zu Kap. 1–4, HThK IV, 1, Freiburg. Basel. Wien (1965) ³1972, S. 1–196; II. Teil. Kommentar zu Kap. 5–12, ebdt. 1971; III. Teil. Kommentar zu Kap. 13–21, ebdt. 1975 (I. Teil, S. IX–XXIV u. 526–535 Lit.; II. Teil, S. XI–XVI Lit.; III. Teil, S. XI–XVI Lit.). – SCHNACKENBURG, R., Die Johannesbriefe, HThK XIII, 3, Freiburg. Basel. Wien (1953) ⁵1975 [zu ²1963 vgl. R. BULTMANN, ThLZ 92, 1967, Sp. 273–275]. – BULTMANN, R., Die Johannesbriefe, KEK 14. Abt., Göttingen ⁷1967 (= 1. Aufl. dieser Neuauslegung). – MALATESTA, E., St. John's Gospel 1920–1965. A cumulative and classified bibliography of books and periodical literature on the Fourth Gospel, AB 32, Rome 1967. – METZGER, H.-O., Neuere Johannes-Forschung, VuF 12, 1967, H. 2, S. 12–29. – HAENCHEN, E., Das Johannesevangelium und sein Kommentar, in: ders., Die Bibel und wir, Ges. Aufs. II, Tübingen 1968, S. 208–234 (betr. Bultmanns Joh.-Kommentar). – KÜMMEL, W. G., Das Neue Testament im 20. Jahrhundert. Ein Forschungsbericht, SBS 50, Stuttgart 1970, S. 105–123. – VAWTER, B., Some Recent Developments in Johannine Theology, Biblical Theology Bulletin I, 1971, S. 30–58. – RENGSTORF, K. H. (Hrg.), Johannes und sein Evangelium, WdF Bd. LXXXII, Darmstadt 1973. – SCHNACKENBURG, R., Zur johanneischen Forschung, BZ, N.F. 18, 1974, S. 272–287. – THYEN, H., Aus der Literatur zum Johannesevangelium, ThR, N.F. 39, 1975, S. 1–69 (darin: S. 4–44 Bibliographie), S. 222–252. 289–330. – KYSAR, R., The Fourth Evangelist and His Gospel: An examination of contemporary scholarship, Minneapolis 1975. – JONGE, M. DE (éd.), L'Évangile de Jean. Sources, rédaction, théologie, Bibliotheca Ephemeridum Theologicarum Lovaniensium XLIV, Gembloux. Leuven/Louvain 1977 (daraus bes.: SCHNAK-KENBURG, R., Entwicklung und Stand der johanneischen Forschung seit 1955, S. 19–44). – THYEN, H., Aus der Literatur zum Johannesevangelium (3. Fortsetzung), ThR, N.F. 42, 1977, S. 211–270; (4. Fortsetzung), ebd., N.F. 43, 1978, S. 328–359; (5. Fortsetzung), ebd., N.F. 44, 1979, S. 97–134. – BECKER, J., Das Evangelium nach Johannes. Kapitel 1–10, Ökumenischer Taschenbuchkommentar zum Neuen Testament Bd. 4/1, Gütersloher Taschenbücher Siebenstern Bd. 505, Gütersloh. Würzburg 1979 (bes. ,,Einleitung", S. 27–61). (Lit.). – HAENCHEN, E., Das Johannesevangelium. Ein Kommentar, aus den nachgelassenen Manuskripten hrg. v. U. BUSSE, Tübingen 1980 (Lit. S. XX–XXXIV). – LÉON-DUFOUR, X., Bulletin de littéraire johannique, Rech. sc. rel. 68, 1980, S. 271–316. – BECKER, J., Das Evangelium nach Johannes. Kapitel 11–21, Ökumenischer Taschenbuchkommentar zum Neuen Testament Bd. 4/2, Gütersloher Taschenbücher Siebenstern Bd. 506, Gütersloh. Würzburg 1981. – BECKER, J., Aus der Literatur zum Johannesevangelium (1978–1980), ThR, N.F. 47, 1982, S. 279–301. 305–347. – BROWN, R. E., The Epistles of John, The Anchor Bible 30, Garden City. New York 1982. – ONUKI, T., Zur literatursoziologischen Analyse des Johannesevangeliums – auf dem Wege zur Methodenintegration, Annual of the Japanese Biblical Institute VIII, 1982, S. 162–216. – SCHUNACK, G., Die Briefe des Johannes, Zürcher Bibelkommentare NT 17, Zürich 1982. – ZUM-STEIN, J., Chroniques Johannique, Revue de Théologie et de Philosophie 114, 1982, S. 65–77. – BONNARD, P., Les Épîtres Johanniques, CNT 2/15a, Genève 1983. – GNILKA, J., Johannesevangelium, Die neue Echterbibel. Kommentar zum Neuen Testament mit der Einheitsübersetzung Lfg. 1, Würzburg 1983. – NET-HÖFEL, W., Strukturen existentialer Interpretation. Bultmanns Johanneskommentar im Wechsel theologischer Paradigmen, Göttingen 1983. – SCHNACKEN-BURG, R., Aus der johanneischen Forschung, BZ, N.F. 27, 1983, S. 281–287; 28,

1984, S. 115–122. 267–271. – SCHNACKENBURG, R., Das Johannesevangelium. IV. Teil. Ergänzende Auslegungen und Exkurse, HThK Bd. IV/4, Freiburg. Basel. Wien 1984.

Zu S. 354f. und Bultmann Lit.Verz./Nachtrag S. 617f.:

§ *41: Die geschichtliche Stellung des Johannes.*
Zu S. 618, Z. 9 v.o.: BULTMANN, R., Die Bedeutung..., s. Nachtrag Bultmanns aus dem Jahre 1971 bei RENGSTORF, K. H. (Hrg.), Johannes und sein Evangelium (s. o. S. 703, Z. 16 v. o.).

Im Gesamtüberblick:
SCHNACKENBURG, R., s. zu S. 354 (oben). – BULTMANN, R., Die Johannesbriefe, s. zu S. 354 (oben). – THYEN, H., s. zu S. 354 (oben). – KYSAR, R., s. zu S. 354 (oben). – BULTMANN, R., Art. Johannesbriefe, RGG³, Bd. III, 1959, Sp. 836–839. – BULTMANN, R., Art. Johannesevangelium, RGG³, Bd. III, 1959, Sp. 840–850. – KÜMMEL, W. G., Einleitung in das Neue Testament, Heidelberg ¹⁷1973, S. 155–212 (S. 155–160 Lit.); S. 383–398 (S. 383f. 393 Lit.). – WIKENHAUSER, A.–SCHMID, J., Einleitung in das Neue Testament, Freiburg. Basel. Wien ⁶1973, S. 299–344. 614–626 (S. 299–303. 614 [Lit.]). – VIELHAUER, P., Geschichte der urchristlichen Literatur. Einleitung in das Neue Testament, die Apokryphen und die Apostolischen Väter, Berlin. New York 1975, S. 410–484. – BECKER, J., s. zu S. 354 (oben). – SCHENKE, H.-M.–FISCHER, K. M., Einleitung in die Schriften des Neuen Testaments. II. Die Evangelien und die anderen neutestamentlichen Schriften, Gütersloh 1979, S. 168–229. – KÜMMEL, W. G., Einleitung in das Neue Testament, Heidelberg ²¹1983, Nachträge zu § 10, S. 569–573.

Zu einigen Spezialfragen bei 1.–3.:
BLINZLER, J., Johannes und die Synoptiker. Ein Forschungsbericht, SBS 5, Stuttgart 1965. – BARRETT, C. K., Das Johannesevangelium und das Judentum, Franz Delitzsch-Vorlesungen 1967, Stuttgart 1970. – TITUS, E. L., The Fourth Gospel and the Historical Jesus, in: Jesus and the Historian. Written in Honor of E. C. Colwell, Philadelphia 1968, S. 98–113. – FASCHER, E., Christologie und Gnosis im vierten Evangelium, ThLZ 93, 1968, Sp. 721–730. – MARTYN, J. L., Source Criticism and Religionsgeschichte in the Fourth Gospel, in: *Jesus and Man's Hope* I, Pittsburgh 1970, S. 247–270. – SCHNACKENBURG, R., Zur Herkunft des Johannes-Evangeliums, BZ, N.F. 14, 1970, S. 1–23. – SCHOTTROFF, L., Der Glaubende und die feindliche Welt. Beobachtungen zum gnostischen Dualismus und seiner Bedeutung für Paulus und das Johannesevangelium, WMANT 37, Neukirchen-Vluyn 1970. – SMALLEY, S. S., Diversity and Development in John, NTSt 17, 1970/71, S. 276–292. – KLEIN, G., ,,Das wahre Licht scheint schon". Beobachtungen zur Zeit- und Geschichtserfahrung einer urchristlichen Schule, ZThK 68, 1971, S. 261–326. – ROBINSON, J. M., Die johanneische Entwicklungslinie, in: KÖSTER, H.–ROBINSON, J. M., Entwicklungslinien durch die Welt des frühen Christentums, Tübingen 1971, S. 223–251. – FEUILLET, A., Étude structurale de la première épître de saint Jean, in: Neues Testament und Geschichte. Historisches Geschehen und Deutung im Neuen Testament, O. Cullmann zum 70. Geburtstag, Zürich. Tübingen 1972, S. 307–327. – HAACKER, K., Die Stiftung des Heils. Untersuchungen zur Struktur der johanneischen Theologie, Arbeiten zur Theologie 47, Stuttgart 1972. – MEEKS, W. A., The Man from Heaven in Johanni-

ne Sectarianism, JBL 91, 1972, S. 44–72. – RUCKSTUHL, E., Das Johannesevangelium und die Gnosis, in: Neues Testament und Geschichte. Historisches Geschehen und Deutung im Neuen Testament, O. Cullmann zum 70. Geburtstag, Zürich. Tübingen 1972, S. 143–156. – FISCHER, K. M., Der johanneische Christus und der gnostische Erlöser, in: TRÖGER, K.-W. (Hrg.), Gnosis und Neues Testament. Studien aus Religionswissenschaft und Theologie, Gütersloh 1973, S. 245–266. – SCHMITHALS, W., Die gnostischen Elemente im Neuen Testament als hermeneutisches Problem, in: TRÖGER, K.-W. (Hrg.), Gnosis und Neues Testament. Studien aus Religionswissenschaft und Theologie, Gütersloh 1973, S. 359–381. – SMITH, D. M. (Jr.), Johannine Christianity: Some Reflections on its Character and Delineation, NTSt 21, 1974/75, S. 222–248. – WEISS, K., Die „Gnosis" im Hintergrund und im Spiegel der Johannesbriefe, in: TRÖGER, K.-W. (Hrg.), Gnosis und Neues Testament. Studien aus Religionswissenschaft und Theologie, Gütersloh 1973, S. 341–356. – CULLMANN, O., Der johanneische Kreis. Sein Platz im Spätjudentum, in der Jüngerschaft Jesu und im Urchristentum. Zum Ursprung des Johannesevangeliums, Tübingen 1975. – TEMPLE, S., The Core of the Fourth Gospel, London. Oxford 1975. – VORSTER, W. S., Heterodoxy in 1 John, Neotestamentica 9 (1975): Essays in the General Epistles of New Testament, Pretoria 1975, S. 87–97. – WENGST, K., Häresie und Orthodoxie im Spiegel des ersten Johannesbriefes, Gütersloh 1976. – HAHN, FERD., Die Worte vom lebendigen Wasser im Johannesevangelium. Eigenart und Vorgeschichte von Joh 4,10.13f.; 6,35; 7,37–39, in: God's Christ and His People. Studies in Honour of Nils Alstrup Dahl, Oslo. Bergen. Tromsö 1977, S. 51–70. – JONGE, M. DE (éd), L'Évangile de Jean. Sources, rédaction, théologie, Bibliotheca Ephemeridum Theologicarum Lovaniensium XLIV, Gembloux. Leuven/Louvain 1977 (daraus bes.: DONFRIED, K. P., Ecclesiastical Authority in 2–3 John, S. 325–333; GIBLET, J., Développements dans la théologie johannique, S. 45–72; LINDARS, B., Traditions behind the Fourth Gospel, S. 107–124; MARTYN, J. L., Glimpses into the History of the Johannine Community. From its Origin through the Period of Its Life in which the Fourth Gospel was Composed, S. 149–175; NEIRYNCK, F., John and the Synoptics, S. 73–106; THYEN, H., Entwicklungslinien innerhalb der johanneischen Theologie und Kirche im Spiegel von Joh. 21 und der Lieblingsjüngertexte des Evangeliums, S. 259–299). – LANGBRANDTNER, W., Weltferner Gott oder Gott der Liebe. Der Ketzerstreit in der johanneischen Kirche. Eine exegetisch-religionsgeschichtliche Untersuchung mit Berücksichtigung der koptisch-gnostischen Texte aus Nag Hammadi, BET 6, Frankfurt/M. Bern. Las Vegas 1977. (Lit.). – MALHERBE, A. J., The Inhospitality of Diotrephes, in: God's Christ and His People. Studies in Honour of Nils Alstrup Dahl, Oslo. Bergen. Tromsö 1977, S. 222–232. – ONUKI, T., Die johanneischen Abschiedsreden und die synoptische Tradition – traditionskritische und traditionsgeschichtliche Untersuchung, Annual of the Japanese Biblical Institute 3, 1977, S. 157–268. – VOUGA, F., Le cadre historique et l'intention théologique de Jean, Beauchesne Religions, Paris 1977. – BROWN, R. E., „Other Sheep not of this Fold": The Johannine Perspective on Christian Diversity in Late First Century, JBL 97, 1978, S. 5–22. – CARSON, D. A., Source Criticism of the Fourth Gospel: Some Methodological Questions, JBL 97, 1978, S. 411–429. – SMALLEY, S. S., John: Evangelist and Interpreter, Exeter 1978. – NEIRYNCK, F. avec la collaboration de DELOBEL, J., SNOY, T., VAN BELLE, G., VAN SEGBROECK, F., Jean et les Synoptiques: Examen critique de l'exégèse de M.-E. Boismard, Bibliotheca

Ephemeridum Theologicarum Lovaniensium XLIX, Gembloux. Leuven/Louvain 1979. – O'LEANY, J. S., Limits to the Understanding of John in Christian Theology, in: Studia Biblica: II. Papers on The Gospels. Sixth International Congress on Biblical Studies, Oxford 3–7 April 1978, ed. by E. A. LIVINGSTONE, Journal for the Study of the New Testament, Suppl. Ser. 2, Sheffield 1980, S. 227–241. – SCHNACKENBURG, R., Tradition and Interpretation im Spruchgut des Johannesevangeliums, in: Begegnung mit dem Wort. FS. H. Zimmermann, Bonn 1980, S. 141–159. – SMALLEY, S. S., The Christ-Christian Relationship in Paul and John, in: Pauline Studies. Essays presented to Professor F. F. Bruce on his 70th Birthday, Exeter. Devon. Grand Rapids/Mich. 1980, S. 95–105. – CARSON, D. A., Historical Tradition in the Fourth Gospel: After Dodd, What?, in: Gospel Perspectives. Studies in History and Tradition in the Four Gospels, Vol. II, Ed. by R. T. FRANCE and D. WENHAM, Sheffield 1981, S. 83–145. – LÉON-DUFOUR, X., Towards a Symbolic Reading of the Fourth Gospel, NTSt 27, 1981, S. 439–456. – SCHILLE, G., Traditionsgut im vierten Evangelium, in: Theologische Versuche XII, hrg. v. J. ROGGE u. G. SCHILLE, Berlin 1981, S. 77–89. – BRYSON, H. T., Increasing the Joy. Studies in 1 John, Nashville/Tenn. 1982. – BÜHNER, J.-A., Denkstrukturen im Johannesevangelium, Theologische Beiträge 13, 1982, S. 224–231. – NEWBIGIN, L., The Light Has Come. An Exposition of the Fourth Gospel, Grand Rapids/Mich. 1982. – WEBSTER, E. C., Pattern in the Fourth Gospel, in: Art and Meaning: Rhetoric in Biblical Literature, ed. by D. J. A. CLINES, D. M. GUNN, A. J. HAUSER, Journal for the Study of the Old Testament, Suppl. Ser. 19, Sheffield 1982, S. 230–257. – WHITACRE, R. A., Johannine Polemic. The Role of Tradition and Theology, Society of Biblical Literature, Diss. Ser. 67, Chico 1982. – CULPEPPER, R. A., Anatomy of the Fourth Gospel: A Study in Literary Design, Foundations and Facets: New Testament, Philadelphia 1983. – DUNN, J. D. G., Let John be John. A Gospel for Its Time, in: STUHLMACHER, P. (Hrg.), Das Evangelium und die Evangelien. Vorträge vom Tübinger Symposium, WUNT 28, Tübingen 1983, S. 309–339. – SCHNACKENBURG, R., Paulinische und johanneische Christologie. Ein Vergleich, in: Die Mitte des Neuen Testaments. Einheit und Vielfalt neutestamentlicher Theologie. FS. für E. Schweizer zum 70. Geburtstag, Göttingen 1983, S. 221–237. – ZELLER, D., Paulus und Johannes. Methodischer Vergleich im Interesse einer neutestamentlichen Theologie, BZ, N.F. 27, 1983, S. 167–182.

Zu S. 360, Z. 8ff. v. o.:

STENGER, W., Δικαιοσύνη in Jo. XVI 8.10, NovT 21, 1979, S. 2–12.

Zu S. 364, Z. 19 v. o.:

BÖCHER, O., Der johanneische Dualismus im Zusammenhang des nachbiblischen Judentums, Gütersloh 1965. – BERGMEIER, R., Glaube als Gabe nach Johannes. Religions- und theologiegeschichtliche Studien zum prädestinatianischen Dualismus im vierten Evangelium, BWANT, 6. F. H. 12 (= Der ganzen Sammlung 112. H.), Stuttgart. Berlin. Köln. Mainz 1980. (Lit.).

Zu S. 367 und Bultmann Lit.Verz./Nachtrag S. 618f.:

A. *Der johanneische Dualismus.*

s. Lit. und Nachträge zu S. 354f. (zu II. und § 41).

BECKER, J., Beobachtungen zum Dualismus im Johannesevangelium, ZNW 65, 1974, S. 71–87. – SCHNACKENBURG, R., Leben und Tod nach Johannes, in: *ders.*, Christliche Existenz nach dem Neuen Testament. Abhandlungen und Vorträge II, München 1968, S. 123–148. – LANGBRANDTNER, W., s. zu S. 354f.; BERGMEIER, R., s. zu S. 364, Z. 19 v. o. – ONUKI, T., Gemeinde und Welt im Johannesevangelium. Ein Beitrag zur Frage nach der theologischen und pragmatischen Funktion des johanneischen Dualismus, WMANT 56, Neukirchen-Vluyn 1984.

Zu S. 367:

§ 42: *Welt und Mensch.*

STAMM, R. T., Creation and Revelation in the Gospel of John, in: Search the Scriptures. New Testament Studies in Honor of R. T. Stamm, Leiden 1969, S. 13–33. – DULIÈRE, W. L., La haute terminologie de la rédaction johannique. Les vocables qu'elle a introduits chez les Gréco-Romains: Le Logos-Verbe, le Paraclet-Esprit-Saint et le Messias-Messie, Collection Latomus 117, Bruxelles 1970. – IBUKI, Y., Die Wahrheit im Johannesevangelium, BBB 39, Bonn 1972. – CASSEM, N. H., A Grammatical and Contextual Inventory of the Use of the Johannine Corpus with some Implications for a Johannine Cosmic Theology, NTSt 19, 1972/73, S. 81–91. – POTTERIE, I. DE LA, La vérité dans Saint Jean. Tome I. Le Christ et la vérité. L'Esprit et la vérité; Tome II. Le croyant et la vérité, AB 73.74, Rome 1977. – IBUKI, Y., Das Licht der Welt, Bulletin of Seikei University 16, 1979, S. 1–46. – BLANK, J., Der Mensch vor der radikalen Alternative. Versuch zum Grundansatz der ,,johanneischen Anthropologie", Kairos, N.F. 22, 1980, S. 146–156.

Zu S. 378:

§ 44: *Die Verkehrung der Schöpfung zur ,,Welt".*

BRAUN, F.-M., Le péché du monde selon saint Jean, Revue Thomiste 65, 1965, S. 181–201. – GRÄSSER, E., Die antijüdische Polemik im Johannesevangelium, in: *ders.*, Text und Situation. Gesammelte Aufsätze zum Neuen Testament, Gütersloh 1972, S. 50–69. – GRÄSSER, E., Die Juden als Teufelssöhne in Joh. 8,37–47, in: *ders.*, Text und Situation. Gesammelte Aufsätze zum Neuen Testament, Gütersloh 1972, S. 70–83. – SCHRAM, T. L., The Use of ΙΟΥΔΑΙΟΣ in the Fourth Gospel. An Application of Some Linguistic Insights to a New Testament Problem, Diss. Utrecht 1974. – SHEPHERD, M. H., The Jews in the Gospel of John: Another Level of Meaning, Anglican Theological Review, Suppl. Ser. 3, 1974, S. 95–112. – BOWMAN, J., The Fourth Gospel and the Jews. A Study in R. Akiba, Esther and the Gospel of John, Pittsburgh/Penns. 1975. – PANCARO, S., The Law in the Fourth Gospel. The Torah and the Gospel, Moses and Jesus, Judaism and Christianity According to John, SupplNovT XVII, Leiden 1975. – HAHN, FERD., ,,Das Heil kommt von den Juden". Erwägungen zu Joh. 4,22b, in: Wort und Wirklichkeit, FS. E. L. Rapp, Meisenheim/Glan 1976, S. 67–84. – PAINTER, J., Attitudes to Judaism in the Fourth Gospel, in: L'Évangile de Jean. Sources, rédaction, théologie, éd. M. DE JONGE, Bibliotheca Ephemeridum Theologicarum

Lovaniensium XLIV, Gembloux. Leuven/Louvain 1977, S. 347–362. – GRYGLE-
WICZ, F., Die Pharisäer und die Johanneskirche, in: Probleme der Forschung,
hrg. v. A. FUCHS, Studien zum Neuen Testament und seiner Umwelt (SNTU),
Ser. A Bd. 3, Wien. München 1978, S. 144–158. – PAINTER, J., The Church and
Israel in the Gospel of John: A Response, NTSt 25, 1978/79, S. 103–112. – TRIL-
LING, W., Gegner Jesu – Widersacher der Gemeinde – Respräsentanten der
‚Welt'. Das Johannesevangelium und die Juden, in: GOLDSTEIN, H. (Hrg.), Got-
tesverächter und Menschenfeinde? Juden zwischen Jesus und frühchristlicher
Kirche, Düsseldorf 1979, S. 190–210. – WIEFEL, W., Die Scheidung von Gemein-
de und Welt im Johannesevangelium auf dem Hintergrund der Trennung von
Kirche und Synagoge, ThZ 35, 1979, S. 213–227. – HAHN, FERD., „Die Juden" im
Johannesevangelium, in: Kontinuität und Einheit. Für Franz Mußner, Freiburg.
Basel. Wien 1981, S. 430–438. – MANNS, F., L'Evangile de Jean, réponse chré-
tiènne aux décisions de Jabne, Studium Biblicum Franciscanum XL, 1980, S.
47–92. – THYEN, H., „Das Heil kommt von den Juden", in: Kirche. FS. für
Günther Bornkamm zum 75. Geburtstag, Tübingen 1980, S. 163–184. – LUZ, U.,
Gesetz. III. Neues Testament, in: SMEND, R.–LUZ, U., Gesetz, Biblische Kon-
frontationen, Kohlhammer-Taschenbuch Bd. 1015, Stuttgart. Berlin. Köln.
Mainz 1981, S. 119–128. – WAHLDE, U. C. V., The Johannine ‚Jews': A Critical
Survey, NTSt 28, 1982, S. 33–60. – LEIBIG, J. E., John and "the Jews": Theologi-
cal Antisemitism in the Fourth Gospel, Journal of Ecumenical Studies 20, 1983,
S. 209–234. – POTTERIE, I. DE LA, „Nous adorons, nous, ce que nous connaisons,
car le salut vient des Juifs". Histoire de l'exégèse et interpretation de Jn 4,22,
Biblica 64, 1983, S. 74–115.

Zu S. 385, Z. 1–8 v. o.:

LÜHRMANN, D., Der Staat und die Verkündigung. Rudolf Bultmanns Auslegung
von Joh 18,28–19,16, in: Theologia crucis – signum crucis, FS. E. Dinkler, Tübingen 1979, S. 359–375.

Zu S. 385 und Bultmann Lit.Verz./Nachtrag S. 619:

B. Die κρίσις der Welt.
RICCA, P., Die Eschatologie des vierten Evangeliums, Zürich. Frankfurt/M.
1966. – MOULE, C. F. D., A Neglected Factor in the Interpretation of Johannine
Eschatology, in: Studies in John. Presented to Professor J. N. Sevenster on the
Occasion of His Seventieth Birthday, Leiden 1970, S. 155–160. – KYSAR, R., The
Eschatology of the Fourth Gospel – A Correction of Bultmann's Redactional
Hypothesis, Perspective 13, 1972, S. 23–33. – RICHTER, G., Präsentische und
futurische Eschatologie im 4. Evangelium, in: Gegenwart und kommendes Reich,
Schülergabe A. Vögtle, Stuttgarter Bibl. Beiträge, Stuttgart 1975, S. 117–152. –
BECKER, J., Auferstehung der Toten im Urchristentum, SBS 82, Stuttgart 1976
(bes. S. 117–148). – WANKE, J., Die Zukunft des Glaubenden. Theologische Er-
wägungen zur johanneischen Eschatologie, ThGl 71, 1981, S. 129–139. – KLEIN,
G., Art. Eschatologie. IV. Neues Testament, TRE, Bd. X, 1982, S. 270–299 (bes.
S. 288–291). – HENGEL, M., Reich Christi, Reich Gottes und das Weltreich im
vierten Evangelium, Theologische Beiträge 14, 1983, S. 201–216.

Zu S. 385 und Bultmann Lit.Verz./Nachtrag S. 619:

§ 45: Die Sendung des Sohnes.

Zum Prolog:

DEMKE, C., Der sogenannte Logos-Hymnus im Johannes-Prolog, ZNW 58, 1967, S. 45–68. – ALAND, K., Eine Untersuchung zu Joh. 1,3.4. Über die Bedeutung eines Punktes, ZNW 59, 1968, S. 174–209. – JEREMIAS, J., Zum Logos-Problem, ZNW 59, 1968, S. 82–85. – KYSAR, R., Rudolf Bultmanns interpretation of the concept of creation in John 1,3–4. A Study of Exegetical Method, CBQ 32, 1970, S. 77–85. – BARRETT, C. K., The Prologue of St John's Gospel, London 1971. – WENGST, K., Christologische Lieder und Formeln des Urchristentums, StNT 7, Gütersloh (1972) ²1974 (bes. S. 200–208). – ZIMMERMANN, H., Christushymnus und johanneischer Prolog, in: Neues Testament und Kirche. Für Rudolf Schnakkenburg, Freiburg. Basel. Wien 1974, S. 249–265. – EPP, E. J., Wisdom, Torah, Word: The Johannine Prologue and the Purpose of the Fourth Gospel, in: Current Issues in Biblical and Patristic Interpretation. Studies in Honor of Merril C. Tenney, Grand Rapids/Mich. 1975, S. 128–146. – BORGEN, P., Der Logos war das wahre Licht. Beiträge zur Deutung des Johanneischen Prologs, in: Theologie aus dem Norden, hrg. v. A. FUCHS, Studien zum Neuen Testament und seiner Umwelt (SNTU), Ser. A Bd. 2, Linz-Freistadt 1977, S. 99–117. – GESE, H., Der Johannesprolog, in: *ders.*, Zur biblischen Theologie. Alttestamentliche Vorträge, BevTh 78, 1977, S. 152–201. – IBUKI, Y., Lobhymnus und Fleischwerdung. Studie über den johanneischen Prolog, Annual of the Japanese Biblical Institute 3, 1977, S. 132–156. – VELLANICKAL, M., The Divine Sonship of Christians in the Johannine Writings, AB 72, Rome 1977 (bes. S. 105–162). – HOFRICHTER, P., Nicht aus Blut, sondern monogen aus Gott geboren. Textkritische, dogmengeschichtliche und exegetische Untersuchung zu Joh 1,13–14, forschung zur bibel 31, Würzburg 1978. – HAYWARD, C. T. R., The Holy Name of the God of Mose and the Prologue of St. John's Gospel, NTSt 25, 1978/79, S. 16–32. – HOFRICHTER, P., „Egeneto anthropos". Text und Zusätze im Johannesprolog, ZNW 70, 1979, S. 214–237. – IBUKI, Y., Offene Fragen zur Aufnahme des Logoshymnus in das vierte Evangelium, Annual of the Japanese Biblical Institute 5, 1979, S. 105–132. – KOSCHORKE, K., Eine gnostische Paraphrase des johanneischen Prologs, VigChr 33, 1979, S. 383–292. – SCHMITHALS, W., Der Prolog des Johannesevangeliums, ZNW 70, 1979, S. 16–43. – CULPEPPER, R. A., The Pivot of John's Prologue, NTSt 27, 1981, S. 1–31. – MILLER, E. L., Salvation History in the Prologue of John 1,3–4, Diss. theol. Fak. Basel 1981. – RITT, H., Art. λόγος κτλ., EWNT II, 1981, Sp. 880–887. – SIEGWALT, G., Der Prolog des Johannesevangeliums als Einführung in eine christliche Theologie der Rekapitulation. NZSTh 24, 1982, S. 150–171. – MILLER, E. L., The Logic of the Logos Hymn: A New View, NTSt 29, 1983, S. 552–561. – THEOBALD, M., Im Anfang war das Wort. Textlinguistische Studie zum Johannesprolog, SBS 106, Stuttgart 1983. (Lit.).

Zur Christologie grundsätzlich:

KÄSEMANN, E., Jesu letzter Wille nach Johannes 17, Tübingen (1966) ³1971 (dazu: BORNKAMM, G., Zur Interpretation des Johannes-Evangeliums. Eine Auseinandersetzung mit Ernst Käsemanns Schrift, 'Jesu letzter Wille nach Johannes 17', in: *ders.*, Geschichte und Glaube. Erster Teil, Ges. Aufs. III, BevTh 48, 1968, S. 104–121). – KUHL, J., Die Sendung Jesu und der Kirche nach dem Johannes-

Evangelium, Studia Instituti Missiologici Societatis Verbi Divini 11, St. Augustin-Siegburg 1967. – MEEKS, W. A., The Prophet-King. Moses Traditions and the Johannine Christology, SupplNovT XIV, Leiden 1967. – MAURER, C., Der Exklusivanspruch des Christus nach dem Johannesevangelium, in: Studies in John. Presented to Professor J. N. Sevenster on the Occasion of His Seventieth Birthday, Leiden 1970, S. 143–154. – POLLARD, T. E., Johannine Christology and the Early Church, SNTSMS 13, London. New York 1970. – SCHNACKENBURG, R., Christologie des Neuen Testaments, in: Mysterium Salutis III, 1: Das Christusereignis, Zürich. Köln 1970, Abschn. 4,3: „Johanneische Christologie...", S. 337–350. – SCHWEIZER, E., Jesus der Zeuge Gottes. Zum Problem des Doketismus im Johannesevangelium, in: Studies in John. Presented to Professor J. N. Sevenster on the Occasion of His Seventieth Birthday, Leiden 1970, S. 161–168. – SCHLIER, H., Zur Christologie des Johannesevangeliums, in: ders., Das Ende der Zeit. Exegetische Aufsätze und Vorträge III, Freiburg. Basel. Wien 1971, S. 85–101. – BRAUN, F.-M., Jean le Théologien, Vol. III. Sa Théologie, Vol. 2: Le Christ, notre Seigneur, Ét. Bibl., Paris 1972. – MIRANDA, J. P., Der Vater, der mich gesandt hat. Religionsgeschichtliche Untersuchungen zu den johanneischen Sendungsformeln. Zugleich ein Beitrag zur johanneischen Christologie und Ekklesiologie, Europäische Hochschulschriften Reihe XXIII, Bd. 7, Bern. Frankfurt/M. 1972. – RIEDL, J., Das Heilswerk Jesu nach Johannes, Freiburger Theologische Studien 93, Freiburg. Basel. Wien 1973. – BARRETT, C. K., „The Father is greater than I" (Jo 14,28): Subordinationist Christology in the New Testament, in: Neues Testament und Kirche. Für Rudolf Schnackenburg, Freiburg. Basel. Wien 1974, S. 144–159. – FORTNA, R. T., Christology in the Fourth Gospel: Redactional Critical Perspectives, NTSt 21, 1974/75, S. 489–504. – MÜLLER, U. B., Die Bedeutung des Kreuzestodes Jesu im Johannesevangelium. Erwägungen zur Kreuzestheologie im Neuen Testament, KuD 21, 1975, S. 49–71. – MÜLLER, U. B., Die Geschichte der Christologie in der johanneischen Gemeinde, SBS 77, Stuttgart 1975. – OSTEN-SACKEN, P. VON DER, Leistung und Grenze der johanneischen Kreuzestheologie, EvTh 36, 1976, S. 154–176. – BEUTLER, J., Die Heilsbedeutung des Todes Jesu im Johannesevangelium nach Joh 13,1–20, in: Der Tod Jesu. Deutungen im Neuen Testament, hrg. v. K. KERTELGE, QD 74, Freiburg. Basel. Wien 1976, S. 188–204. – SUNDBERG, A. C., Christology in the Fourth Gospel, Biblical Research 21, 1976, S. 29–37. – BÜHNER, J.-A., Der Gesandte und sein Weg im 4. Evangelium, WUNT 2. Reihe Bd. 2, Tübingen 1977. – JONGE, M. DE, Jesus: Stranger from Heaven and Son of God. Jesus Christ and the Christians in Johannine Perspective, Society of Biblical Literature, Sources for Biblical Studies Nr. 11, Missoula/Mont. 1977. – LINDARS, B., The Passion in the Fourth Gospel, in: God's Christ and His People. Studies in Honour of Nils Alstrup Dahl, Oslo. Bergen. Tromsö 1977, S. 71–86. – MIRANDA, J. P., Die Sendung Jesu im vierten Evangelium. Religions- und theologiegeschichtliche Untersuchungen zu den Sendungsformeln, SBS 87, Stuttgart 1977. – POLLARD, T. E., The Father-Son and God-Believer Relationships according to St John: a Brief Study of John's Use of Prepositions, in: L'Évangile de Jean. Sources, rédaction, théologie, éd. M. DE JONGE, Bibliotheca Ephemeridum Theologicarum Lovaniensium XLIV, Gembloux. Leuven/Louvain 1977, S. 363–369. – SMITH, D. M., The Presentation of Jesus in the Fourth Gospel, Interpretation 31, 1977, S. 367–378. – VELLANICKAL, M., The Divine Sonship of Christians in Johannine Writings, AB 72, Rome 1977. – FEMENA, D. A., Jesus and the Father in the Fourth Gospel,

Diss. phil. Duke University 1978 (masch.). – POTTERIE, I. DE LA, La notion de
,,commencement" dans les écrits johanniques, in: Die Kirche des Anfangs. Für
Heinz Schürmann, Leipzig 1978. Freiburg. Basel. Wien 1978, S. 379–403. –
THYEN, H., ,,Niemand hat größere Liebe als die, daß er sein Leben für seine
Freunde hingibt" (Joh 15,13). Das johanneische Verständnis des Kreuzes Jesu,
in: Theologia crucis – signum crucis, FS. E. Dinkler, Tübingen 1979, S. 467–481.
– GNILKA, J., Zur Christologie des Johannesevangeliums, in: KASPER, W.
(Hrg.), Christologische Schwerpunkte, Düsseldorf 1980, S. 92–107. – CARSON, D.
A., Divine Sovereignty and Human Responsibility. Biblical perspectives in ten-
sion, Atlanta 1981. – LEROY, H., ,,Kein Bein wird ihm zerbrochen werden" (Joh
19,31–37). Zur johanneischen Interpretation des Kreuzes, in: Eschatologie. Bi-
beltheologische und philosophische Studien zum Verhältnis von Erlösungswelt
und Wirklichkeitsbewältigung. FS. E. Neuhäusler, St. Ottilien 1981, S. 73–81. –
MATSUNAGA, K., The ,Theos'-Christology as the Ultimate Confession of the
Fourth Gospel, Annual of Japanese Biblical Institute VII, 1981, S. 124–145. –
PINTO, E., Jesus the Son and Giver of life in the Fourth Gospel, Diss. Pontificia
Universitas Urbania, Rome 1981 (masch.). – RITT, H., ,,So sehr hat Gott die
Welt geliebt . . ." (Joh 3,16). Gotteserfahrung bei Johannes, in: ,,Ich will euer
Gott werden". Beispiele biblischen Redens von Gott. Mit Beiträgen von N. LOH-
FINK, J. JEREMIAS, A. DEISSLER, J. SCHREINER, P. HOFFMANN,' E. GRÄSSER,
H. RITT, SBS 100, Stuttgart 1981, S. 207–226. – WALTER, N., Glaube und irdi-
scher Jesus im Johannesevangelium, in: Studia Evangelica Vol. VII. Papers
presented to the Fifth International Congress on Biblical Studies held at Oxford,
1973, ed. by E. A. LIVINGSTONE, TU 126, Berlin 1982, S. 547–552. – BECKER, J.,
Ich bin die Auferstehung und das Leben. Eine Skizze zur johanneischen Christologie, ThZ 39, 1983, S. 136–151. – HAHN, FERD., Art. Χριστός κτλ., EWNT III,
1983, Sp. 1147–1165 (bes. Sp. 1161f.). – MINEAR, P. S., Diversity and Unity: A
Johannine Case-Study, in: Die Mitte des Neuen Testaments. Einheit und Vielfalt
neutestamentlicher Theologie. FS. für E. Schweizer zum 70. Geburtstag, Göttingen 1983, S. 162–175.

Zur Menschensohn-Christologie:

RUCKSTUHL, E., Die johanneische Menschensohnforschung 1957 bis 1969, in:
Theologische Berichte I, Zürich/Köln 1972, S. 171–284. – LINDARS, B., The Son
of Man in Johannine Christology, in: Christ and Spirit in the New Testament, in
Honour of C. F. D. Moule, London 1973, S. 43–60. – MADDOX, R., The Function
of the Son of Man in the Gospel of John, in: Reconciliation and Hope. New
Testament Essays on Atonement and Eschatology, presented to L. L. Morris,
Grand Rapids/Mich. 1974, S. 186–204. – RUCKSTUHL, E., Abstieg und Erhöhung
des johanneischen Menschensohnes, in: Jesus und der Menschensohn. Für A.
Vögtle, Freiburg. Basel. Wien 1975, S. 314–341. – SMALLEY, S. S., Johannes 1,51
und die Einleitung zum vierten Evangelium, in: Jesus und der Menschensohn.
Für A. Vögtle, Freiburg. Basel. Wien 1975, S. 300–313. – COPPENS, J., Le Fils
de l'Homme dans l'Évangile johannique, Ephemerides Theologicae Lovanienses
52, 1976, S. 28–81. – MOLONEY, F. J., The Johannine Son of Man, Biblioteca di
Scienze Religiose 14, Roma (1976) ²1978. – MOLONEY, F. J., The Johannine Son of
Man, Biblical Theology Bulletin VI, 1976, S. 177–189. – BORGEN, P., Some Jewish Exegetical Traditions as Background for Son of Man Sayings in John's
Gospel (Jn 3,13–14 and context), in: L'Évangile de Jean. Sources, rédaction,

théologie, éd. M. DE JONGE, Bibliotheca Ephemeridum Theologicarum Lovanien-sium XLIV, Gembloux. Leuven/Louvain 1977, S. 234–258. – COPPENS, J., Les logia johannique du Fils de l'homme, in: L'Évangile... [s. o.], S. 311–315. – MOLONEY, F. J., A Johannine Son of Man Discussion?, Salesianum 39, 1980, S. 93–102 [betr. joh. Beiträge aus ,,Jesus und der Menschensohn. Für A. Vögtle", Freiburg. Basel. Wien 1975].

Zu S. 392:

§ 46: Der Anstoß des Ὁ ΛΟΓΟΣ ΣΑΡΞ ᾽ΕΓΕΝΕΤΟ.
s. Lit. und Nachträge zu S. 385 (§ 45).

RICHTER, G., Die Fleischwerdung des Logos im Johannesevangelium, NovT 13, 1971, S. 81–126; 14, 1972, S. 257–276. – PANIMOLLE, S. A., La ΧΑΡΙΣ negli atti e nel Quarto Vangelo, Revista Biblica 25, 1977, S. 143–158.

Zu 3. im besonderen:

HOFBECK, S., Semeion. Der Begriff des ,,Zeichens" im Johannesevangelium un-ter Berücksichtigung seiner Vorgeschichte, Münsterschwarzacher Studien 3, Münsterschwarzach 1966. – WILKENS, W., Zeichen und Werke. Ein Beitrag zur Theologie des 4. Evangeliums in Erzählungs- und Redestoff, AThANT 55, Zürich 1969. – BECKER, J., Wunder und Christologie. Zum literarkritischen und christo-logischen Problem der Wunder im Johannesevangelium, NTSt 16, 1969/70, S. 130–148. – FORTNA, R. T., The Gospel of Signs. A Reconstruction of the Narra-tive Source Underlying the Fourth Gospel, SNTSMS 11, London. New York 1970. – NICOL, W., The Sēmeia in the Fourth Gospel. Tradition and Redaction, SupplNovT XXXII, Leiden 1972. – RICHTER, G., Zur sogenannten Semeia-Quel-le des Johannesevangeliums, MThZ 25, 1974, S. 64–73. – LOHSE, E., Miracles in the Fourth Gospel, in: What about the New Testament? Essays in Honour of C. Evans, London 1975, S. 64–75. – VAN BELLE, G., De Semeia-Bron in het vierde Evangelie. Outstaan en groei van een hypothese, Leuven/Louvain 1975. – FREED, E. D. and HUNT, R. B., Fortna's Signs-Source in John, JBL 94, 1975, S. 563–579. – JONGE, M. DE, Jesus: Stranger from Heaven and Son of God. Jesus Christ and the Christians in Johannine Perspective, Society of Biblical Litera-ture, Sources for Biblical Studies Nr. 11, Missoula/Mont. 1977 (bes. S. 117–140). – JONGE, M. DE, Signs and Works in the Fourth Gospel, in: Miscellanea Neotesta-mentica II, SupplNovT XLVIII, Leiden 1978, S. 107–125. – LÉON-DUFOUR, X., Autour du sémeion johannique, in: Die Kirche des Anfangs. Für Heinz Schür-mann, Leipzig 1978. Freiburg. Basel. Wien 1978, S. 363–378. – BECKER, J., Das Evangelium nach Johannes. Kapitel 1–10, Ökumenischer Taschenbuchkommen-tar zum Neuen Testament Bd. 4/1, Gütersloher Taschenbücher/Siebenstern Bd. 505, Gütersloh. Würzburg 1979 (bes.: ,,Exkurs 1: Die Semeiaquelle", S. 112–120 [Lit.]). – HEEKERENS, H.-P., Die Zeichenquelle der johanneischen Redaktion. Ein Beitrag zur Entstehungsgeschichte des vierten Evangeliums, Diss. theol. Heidelberg 1979. – LEIDIG, E., Jesu Gespräch mit der Samaritanerin und weitere Gespräche im Johannesevangelium, Theol. Diss. Basel 15, Basel 1979 (bes. S. 1–14). – BETZ, O., Art. σημεῖον κτλ., EWNT III, 1983, Sp. 569–575. – CLARK, D. K., Sign in Wisdom and John, CBQ 45, 1983, S. 201–209.

Zu 4:
LEROY, H., Rätsel und Mißverständnis. Ein Beitrag zur Formgeschichte des Johannesevangeliums, BBB 30, Bonn 1968. – DEWEY, K. E., Paroimiai in the Gospel of John, in: Gnomic Wisdom, ed. by J. D. CROSSAN, Semeia 17, Montana/ Miss. 1980, S. 81–99. – CARSON, D. A., Understanding Misunderstandings in the Fourth Gospel, Tyndale Bulletin 33, 1982, S. 59–91.

Zu S. 402 und Bultmann Lit.Verz./Nachtrag S. 619f.:
§ 47: *Die Offenbarung der* ΔΟΞΑ.
MEES, M., Erhöhung und Verherrlichung Jesu im Johannesevangelium nach dem Zeugnis neutestamentlicher Papyri, BZ, N.F. 18, 1974, S. 32–44. – FORESTELL, J. T., The Word of the Cross. Salvation as Revelation in the Fourth Gospel, AB 57, Rome 1974. – CADMAN, W. H., The Open Heaven. The Revelation of God in the Johannine Sayings of Jesus, Ed. by G. B. CAIRD, Oxford 1969. – APPOLD, M. L., The Oneness Motif in the Fourth Gospel, WUNT, 2. Reihe Bd. 1, Tübingen 1976. – NICHOLSON, G., Death as Departure. The Johannine Descent-Ascent Schema, Society of Biblical Literature Diss. Ser. 63, Chico 1983. – PAMMENT, M., The Meaning of doxa in the Fourth Gospel, ZNW 74, 1983, S. 12–17.

Zu 4:
BORGEN, P., Bread from Heaven. An Exegetical Study of the Concept of Manna in the Gospel of John and the Writings of Philo, Leiden 1965. – RICHTER, G., Zur Formgeschichte und literarischen Einheit von Joh 6,31–58, ZNW 60, 1969, S. 21–55. – KLOS, H., Die Sakramente im Johannesevangelium, SBS 46, Stuttgart 1970. – BORNKAMM, G., Vorjohanneische Tradition oder nachjohanneische Bearbeitung in der eucharistischen Rede Johannes 6?, in: *ders.*, Geschichte und Glaube. Zweiter Teil, Ges. Aufs. IV, BevTh 53, 1971, S. 51–64. – DINKLER, E., Die Taufaussagen des Neuen Testaments. Neu untersucht im Hinblick auf Karl Barths Tauflehre, in: Zu Karl Barths Lehre von der Taufe, hrg. v. F. VIERING, Gütersloh 1971, S. 60–153 (bes. S. 124–131). – SCHLIER, H., Johannes 6 und das johanneische Verständnis der Eucharistie, in: *ders.*, Das Ende der Zeit. Exegetische Aufsätze und Vorträge III, Freiburg. Basel. Wien 1971, S. 102–123. – SCHNACKENBURG, R., Das Brot des Lebens, in: Tradition und Glaube. Das frühe Christentum in seiner Umwelt. Festgabe für K. G. Kuhn zum 65. Geburtstag, Göttingen 1971, S. 328–342. – WILCKENS, U., Der eucharistische Abschnitt der johanneischen Rede vom Lebensbrot (Joh 6, 51c–58), in: Neues Testament und Kirche. Für Rudolf Schnackenburg, Freiburg. Basel. Wien 1974, S. 220–248. – BARRETT, C. K., Das Fleisch des Menschensohnes (Joh 6,53), in: Jesus und der Menschensohn. Für A. Vögtle, Freiburg. Basel. Wien 1975, S. 342–354. – WILLIAMS, J. T., Cultic Elements in the Fourth Gospel, in: Studia biblica: II. Papers on The Gospels. Sixth International Congress on Biblical Studies, Oxford 3–7 April 1978, ed. by E. A. LIVINGSTONE, Journal for the Study of the New Testament, Suppl. Ser. 2, Sheffield 1980, S. 339–350. – GOURGUES, M., Section christologique et section eucharistique en Jean VI. Une proposition, RB 88, 1981, S. 515–531. – MATSUNAGA, K., Is John's Gospel Anti-Sacramental? – A New Solution in the Light of the Evangelist's Milieu, NTSt 27, 1981, S. 516–524. – PASCHAL, R. W. (jr.), Sacramental Symbolism and Physical Imagery in the Gospel of John, Tyndale Bulletin 32, 1981, S. 151–176.

Zu S. 403:

Z. 1–8 v. u.:
UNTERGASSMAIR, F. G., Im Namen Jesu. Der Namensbegriff im Johannes-
evangelium. Eine exegetisch-religionsgeschichtliche Studie zu den johanneischen
Namensaussagen, forschung zur bibel 13, Stuttgart. Würzburg (o.J., 1973).

Zu S. 412:

§ 48: Die Offenbarung als das Wort.
PORSCH, F., Pneuma und Wort. Ein exegetischer Beitrag zur Pneumatologie des
Johannesevangeliums, Frankfurter Theologische Studien 16, Frankfurt/M. 1974.
– LATTKE, M., Einheit im Wort. Die spezifische Bedeutung von ἀγάπη, ἀγαπᾶν
und φιλεῖν im Johannesevangelium, StANT XLI, München 1975. – POTTERIE, I.
DE LA, Parole et esprit dans S. Jean, in: L'Évangile de Jean. Sources, rédaction,
théologie, éd. M. DE JONGE, Bibliotheca Ephemeridum Theologicarum Lovaniensium XLIV, Gembloux. Leuven/Louvain 1977, S. 177–201. – RADL, W., Art.
ῥῆμα κτλ., EWNT III, 1983, Sp. 505–507.

Zu S. 417, Z. 19 v. o.:
s. Nachträge zu S. 385 (§ 45).

MACK, B. L., Logos und Sophia. Untersuchungen zur Weisheitstheologie im
hellenistischen Judentum, STUNT 10, Göttingen 1973 (dazu SCHNACKENBURG,
R., BZ N.F. 18, 1974, S. 281).

Zu S. 417, Z. 20ff. v. o.:

HARNER, P., The „I am" of the Fourth Gospel: A Study in Johannine Usage and
Thought, Facet Books, Biblical Ser. 26, Philadelphia 1970. – STEVENS, C. T., The
„I am" Formula in the Gospel of John, Studia Biblica et Theologica 7, 1977, S.
19–30. – DUNN, J. D. G., Prophetic ,I'-Sayings and the Jesus tradition: The
importance of testing prophetic utterances within early Christianity, NTSt 24,
1977/78, S. 175–198. – MORGAN-WYNNE, J. E., The Cross and the Revelation of
Jesus as ἐγώ εἰμι in the Fourth Gospel (John 8.28), in: Studia Biblica: II. Papers
on The Gospels. Sixth International Congress on Biblical Studies, Oxford 3–7
April 1978, ed. by E. A. LIVINGSTONE, Journal for the Study of the New Testament, Suppl. Ser. 2, Sheffield 1980, S. 219–226. – Vgl. auch die Nachträge zu § 45
(zu S. 385).

Zu S. 420f.:

BEUTLER, J., Martyria. Traditionsgeschichtliche Untersuchungen zum Zeugnis-
thema bei Johannes, Frankfurter Theologische Studien 10, Frankfurt/M. 1972. –
TRITES, A. A., The New Testament Concept of Witness, SNTSMS 31, Cam-
bridge. New York. Melbourne 1977 (bes. S. 78–127). – IBUKI, Y., Das Zeugnis
Jesu im Johannesevangelium, Annual of Japanese Biblical Institute VIII, 1982,
S. 123–161.

Zu S. 422 und Bultmann Lit.Verz./Nachtrag S. 620:

C. *Der Glaube.*

SCHNACKENBURG, R., Das Johannesevangelium. I. Teil (s. o. zu S. 354), Exkurs 7: Das joh. Glauben, S. 508–524. – GYLLENBERG, R., Anschauliches und Unanschauliches im vierten Evangelium, StTh 21, 1967, S. 83–109. – HEISE, J., Bleiben. Menein in den Johanneischen Schriften, HUTh 8, Tübingen 1967. – HAHN, FERD., Sehen und Glauben im Johannesevangelium, in: Neues Testament und Geschichte. Historisches Geschehen und Deutung im Neuen Testament, O. Cullmann zum 70. Geburtstag, Zürich. Tübingen 1972, S. 125–141. – IBUKI, Y., Die Wahrheit im Johannesevangelium, BBB 39, Bonn 1972. – PAINTER, J., Eschatological Faith in the Gospel of John, in: Reconciliation and Hope. New Testament Essays on Atonement and Eschatology, presented to L. L. Morris, Grand Rapids/Mich. 1974, S. 36–52. – LÜHRMANN, D., Der Glaube im frühen Christentum, Gütersloh 1976 (bes. S. 60–69). – MALATESTA, E., Interiority and Covenant. A Study of εἶναι ἐν and μένειν ἐν in the First Letter of John, AB 69, Rome 1978. – POTTERIE, I. DE LA, La vérité dans Saint Jean, Tome II. Le croyant et la vérité, AB 74, Rome 1977 (bes. S. 593–787). – HÜBNER, H., Art. μένω κτλ., EWNT II, 1981, Sp. 1002–1004. – WANKE, J., Die Zukunft des Glaubenden. Theologische Erwägungen zur johanneischen Eschatologie, ThGl 71, 1981, S. 129–139.

Zu S. 427 und Bultmann Lit.Verz./Nachtrag S. 620:

§ 50: *Der Glaube als eschatologische Existenz.*

PORSCH, F. und LATTKE, M., s. zu S. 412 (§ 48). – HEISE, J., s. Nachtrag zu S. 422. – LAZURE, N., Les valeurs morales de la Théologie Johannique, Ét. Bibl., Paris 1965. – SCHNACKENBURG, R., Der Christ und die Sünde nach Johannes, in: *ders.*, Christliche Existenz nach dem Neuen Testament. Abhandlungen und Vorträge II, München 1968, S. 97–122. – SCHLIER, H., Die Bruderliebe nach dem Evangelium und den Briefen des Johannes, in: *ders.*, Das Ende der Zeit. Exegetische Aufsätze und Vorträge III, Freiburg. Basel. Wien 1971, S. 124–135. – WENDLAND, H. D., Ethik des Neuen Testaments, Grundrisse zum Neuen Testament, NTD Ergänzungsreihe 4, Göttingen 1970, S. 109–116. – FURNISH, V. P., The Love Command in the New Testament, Nashville. New York 1972. – SANDERS, J. T., Ethics in the New Testament. Change and Development, London 1975, S. 91–100. – THYEN, H., „... denn wir lieben die Brüder" (1 Joh. 3,14), in: Rechtfertigung, FS. E. Käsemann, Tübingen. Göttingen 1976, S. 527–542. – BECKER, J., Das Evangelium nach Johannes. Kapitel 11–21, Ökumenischer Taschenbuchkommentar zum Neuen Testament Bd. 4/2, Gütersloher Taschenbücher/Siebenstern Bd. 506, Gütersloh. Würzburg 1981 („Exkurs 11: Urchristliches und joh Liebesgebot", S. 451–456 [Lit.]). – GERHARDSSON, B., The Ethos of the Bible, Philadelphia 1981 (bes. S. 93–116). – COLLANGE, J.-F., „Faire la vérité": considerations éthique sur Jean 3,21, RHPhrel. 62, 1982, S. 415–423. – MERK, O., B. Verantwortung im Neuen Testament, in: WÜRTHWEIN, E. – MERK, O., Verantwortung, Biblische Konfrontationen, Kohlhammer-Taschenbücher Bd. 1009, Stuttgart. Berlin. Köln. Mainz 1982 (bes. „VI. Die johanneischen Schriften", S. 161–163. 181 f. [Lit.]). – SCHRAGE, W., Ethik des Neuen Testaments, Grundrisse zum Neuen Testament, NTD-Ergänzungsreihe 4, Göttingen 1982 (bes. „VII. Das Gebot der Bruderliebe in den johanneischen Schriften", S. 280–301). – SEGOVIA, F. F., Love Relationships in the Johannine Traditions:

Agapē/Agapan in 1.Joh and in the Fourth Gospel, Society of Biblical Literature
Diss. Ser. 58, Chico 1982.

Zu 6. (Joh 13–17: ,,Abschiedsreden"):
Lit. bei HAENCHEN, E., Johannesevangelium. Ein Kommentar, aus den nachgelassenen Manuskripten hrg. v. U. BUSSE, Tübingen 1980, S. 452f. 467f. 471–474.
480f. 484–486. 492. 499f. – DIETZFELBINGER, CHR., Die eschatologische Freude
der Gemeinde in der Welt der Angst Joh 16,16–33, EvTh 40, 1980, S. 420–436. –
PAINTER, J., The Farewell Discourses and the History of Johannine Christianity,
NTSt 27, 1981, S. 525–543. – SIMOENS, Y., La gloire d'aimer. Structures stilisti-
ques et interprétatives dans le Discours de la Cène (Jn 13–17), AB 90, Rome
1981. – WOLL, D. B., Johannine Christianity in Conflict: Authority, Rank and
Succession in the First Farewell Discourse, Society of Biblical Literature Diss.
Ser. 60, Chico 1981. – HULTGEN, A. J., The Johannine Footwashing (13.1–11) as
Symbol of Eschatological Hospitality, NTSt 28, 1982, S. 539–546. – LÉON-DU-
FOUR, X., Situation de Jean 13, in: Die Mitte des Neuen Testaments. Einheit und
Vielfalt neutestamentlicher Theologie. FS. für E. Schweizer zum 70. Geburtstag,
Göttingen 1983, S. 131–141. – ONUKI, T., Gemeinde und Welt im Johannesevan-
gelium. Ein Beitrag zur Frage nach der theologischen und pragmatischen Funk-
tion des johanneischen Dualismus, WMANT 56, Neukirchen-Vluyn 1984.

Zu 7. (Paraklet):
BROWN, R. E., The Paraclete in the Fourth Gospel, NTSt 13, 1966/67, S.
113–132. – BORNKAMM, G., Die Zeit des Geistes, in: *ders.*, Geschichte und Glau-
be. Erster Teil, Ges. Aufs. III, BevTh 48, 1968, S. 90–103. – BORNKAMM, G., Der
Paraklet im Johannes-Evangelium, in: *ders.*, Geschichte und Glaube. Erster Teil,
Ges. Aufs. III, BevTh 48, 1968, S. 68–89. – BROWN, R. E., The ,,Paraclete" in
the Light of Modern Research, in: Studia Evangelica IV, I: The New Testament
Scriptures, TU 102, Berlin 1968, S. 158–165. – JOHNSTON, G., The Spirit-Para-
clete in the Gospel of John, SNTSMS 12, London 1970. – MÜLLER, U. B., Die
Parakletenvorstellung im Johannesevangelium, ZThK 71, 1974, S. 31–77. –
SCHNACKENBURG, R., Das Johannesevangelium. III. Teil. Kommentar zu Kap.
13–21, HThK IV/3, Freiburg. Basel. Wien 1975 (,,Exkurs 16: Der Paraklet und
die Paraklet-Sprüche", S. 156–173). – POTTERIE, I. DE LA, La vérité dans Saint
Jean. Tome I. Le Christ et la vérité. L'Esprit et la vérité, AB 73, Rome 1977
(bes. S. 329–471). – BORING, M. E., The Influence of Christian Prophecy on the
Johannine Portrayal of the Paraclete and Jesus, NTSt 25, 1978/79, S. 113–123. –
WILCKENS, U., Der Paraklet und die Kirche, in: Kirche. FS. für Günther Bornkamm zum 75. Geburtstag, Tübingen 1980, S. 185–203. – BECKER, J., Das Evangelium nach Johannes. Kapitel 11–21, Ökumenischer Taschenbuchkommentar
zum Neuen Testament Bd. 4/2, Gütersloher Taschenbücher/Siebenstern Bd. 506,
Gütersloh. Würzburg 1981 (,,Exkurs 12: Paraklet und Geistvorstellung im Joh",
S. 470–475 [Lit.]). – CASURELLA, A., The Johannine Paraclete in the Church Fathers. A Study in the History of Exegesis, Beiträge zur Geschichte der Biblischen Exegese 25, Tübingen 1983. – PORSCH, F., Art. παράκλητος κτλ., EWNT
III, 1983, Sp. 64–67.

Zu 8. (Gemeinde):
BAUMBACH, G., Die Funktion der Gemeinde in der Welt in johanneischer Sicht,
Die Zeichen der Zeit 25, 1971, S. 161–167. – HAACKER, K., Jesus und die Kirche

nach Johannes, ThZ 29, 1973, S. 179–201. – DIAS, P. V., Kirche. In der Schrift und im 2. Jahrhundert, Handbuch der Dogmengeschichte Bd. III, Fasz. 3a, Freiburg. Basel. Wien 1974, S. 99–104. (Lit.). – RICHTER, G., Zum gemeindebildenden Element in den johanneischen Schriften, in: HAINZ, J. (Hrg.), Kirche im Werden. Studien zum Thema Amt und Gemeinde im Neuen Testament, München. Paderborn. Wien 1976, S. 253–292 (S. 291f. Bibl.). – McKENZIE, S., The Church in 1 John, Restoration Quarterly 19, 1976, S. 211–216. – KYSAR, R., Community and Gospel: Vectors in Fourth Gospel Criticism, Interpretation 31, 1977, S. 355–366. – MATTILL, A. J., Johannine Communities behind the Fourth Gospel: Georg Richters Analysis, Theological Studies 38, 1977, S. 294–315. – MARZOTTO, D., L'unitá degli uomini nel Vangelo di Giovanni, Suppl. Rvista Biblica 9, Brescia 1977. – SCHNACKENBURG, R., Die johanneische Gemeinde und ihre Geisterfahrung, in: Die Kirche des Anfangs. Für Heinz Schürmann, Leipzig 1978. Freiburg. Basel. Wien 1978, S. 277–306. – BROWN, R. E., The Community of the Beloved Disciple. The Life, Loves and Hates of an Individual Church in New Testament Times, New York. Ramsey. Toronto 1979 (deutsch unter Weglassung des Anfangsteils: Ringen um die Gemeinde. Der Weg der Kirche nach den Johanneischen Schriften, Salzburg 1982). – HAHN, FERD., KERTELGE, K., SCHNACKENBURG, R., Einheit der Kirche. Grundlegung im Neuen Testament, QD 84, Freiburg. Basel. Wien 1979 (daraus: HAHN, FERD., Einheit der Kirche und Kirchengemeinschaft in neutestamentlicher Sicht, S. 9–51 [bes. S. 27–35]; SCHNACKENBURG, R., Die Einheit der Kirche unter dem Koinonia-Gedanken, S. 52–93 [bes. S. 80–90]). – HAHN, FERD., Die Hirtenrede in Joh. 10, in: Theologia crucis – signum crucis, FS. E. Dinkler, Tübingen 1979, S. 185–200. – MEEKS, W. A., Die Funktion des vom Himmel herabgestiegenen Offenbarers für das Selbstverständnis der johanneischen Gemeinde, in: ders. (Hrg.), Zur Soziologie des Urchristentums. Ausgewählte Beiträge zum frühchristlichen Gemeinschaftsleben in seiner gesellschaftlichen Umwelt, ThB 62, München 1979, S. 245–283. – WEISS, H.-F., Ut omnes unum sint. Zur Frage der Einheit der Kirche im Johannesevangelium und in den Briefen des Ignatius, in: Theologische Versuche Bd. X, hrg. v. J. ROGGE und G. SCHILLE, Berlin 1979, S. 67–81. – LINDEMANN, A., Gemeinde und Welt im Johannesevangelium, in: Kirche. FS. für Günther Bornkamm zum 75. Geburtstag, Tübingen 1980, S. 133–161. – PAINTER, J., The Farewell Discourses and the History of Johannine Christianity, NTSt 27, 1981, S. 525–543. – WOLL, D. B., Johannine Christianity in Conflict: Authority, Rank and Succession in the First Farewell Discourse, Society of Biblical Literature Diss. Ser. 60, Chico 1981. – WENGST, K., Bedrängte Gemeinde und verherrlichter Christus. Der historische Ort des Johannesevangeliums als Schlüssel zu seiner Interpretation, Biblisch-Theologische Studien 5, Neukirchen-Vluyn 1981. – PERKINS, PH., Koinōnia in 1John 1:3–7. The Social Context of Division in the Johannine Letters, CBQ 45, 1983, S. 631–641. – ONUKI, T., Gemeinde und Welt im Johannesevangelium. Ein Beitrag zur Frage nach der theologischen und pragmatischen Funktion des johanneischen Dualismus, WMANT 56, Neukirchen-Vluyn 1984.

Zu S. 446 und Bultmann Lit.Verz./Nachtrag S. 621:

Dritter Teil: Die Entwicklung zur Alten Kirche.

I. Entstehung und erste Entwicklung der kirchlichen Ordnung.
CHADWICK, H., The Early Church, London 1967, dtsch: Die Kirche in der antiken Welt, Sammlung Göschen 7002, Berlin. New York 1972. – DAUVILLIER, J., Les Temps Apostoliques. 1er siècle, Histoire du Droit et des Institutions de l'Église en Occident II, Paris 1970. – KOTTJE, R.–MOELLER, B. (Hrg.), Oekumenische Kirchengeschichte Bd. I., München. Mainz 1970. – ANDRESEN, C., Die Kirchen der alten Christenheit, Religionen der Menschheit Bd. 29, 1/2, Stuttgart. Berlin. Köln. Mainz 1971. – KÖSTER, H.–ROBINSON, J. M., Entwicklungslinien durch die Welt des frühen Christentums, Tübingen 1971 (dazu: HAHN, FERD., Neuorientierung in der Erforschung des frühen Christentums?, EvTh 33, 1973, S. 537–544; FULLER, R. H., New Testament Trajectories and Biblical Authority, in: Studia Evangelica Vol. VII. Papers presented to the Fifth International Congress on Biblical Studies held at Oxford 1973, ed. by E. A. LIVINGSTONE, TU 126, Berlin 1982, S. 189–199; KÜMMEL, W. G., Das Urchristentum, ThR, N.F. 48, 1983, S. 101–128 [bes. S. 113–115]). – MUSSNER, F., Die Ablösung des apostolischen durch das nachapostolische Zeitalter und ihre Konsequenzen, in: Wort Gottes in der Zeit, FS. K. H. Schelkle, Düsseldorf 1973, S. 166–177. – DIAS, P. V., Kirche. In der Schrift und im 2. Jahrhundert, Handbuch der Dogmengeschichte Bd. III, Fasz. 3a, Freiburg. Basel. Wien 1974, S. 107–165. (Lit.). – FROHNES, H. u. a. (Hrg.), Kirchengeschichte als Missionsgeschichte, Bd. I: Die alte Kirche, München 1974. – ANDRESEN, C., Geschichte des Christentums I. Von den Anfängen bis zur Hochscholastik, Theologische Wissenschaft Bd. 6, Stuttgart. Berlin. Köln. Mainz 1975, S. 1–21. – ANDRESEN, C., Art. Antike und Christentum, TRE, Bd. III, 1978, S. 50–99 (bes. S. 51–73). – HAHN, FERD., Das apostolische und das nachapostolische Zeitalter als ökumenisches Problem, Ökumenische Rundschau 30, 1981, S. 146–164. – KRAFT, H., Die Entstehung des Christentums, Darmstadt 1981. – ANDRESEN, C., Die Anfänge christlicher Lehrentwicklung, in: Handbuch der Dogmengeschichte Bd. 1: Die Lehrentwicklung im Rahmen der Katholizität, hrg. v. C. ANDRESEN, A. M. RITTER, K. WESSEL, E. MÜHLENBERG, M. A. SCHMIDT, Göttingen 1982, S. 1–98. – BEYSCHLAG, K., Grundriß der Dogmengeschichte. Bd. I: Gott und Welt, Grundrisse Bd. 2, Darmstadt 1982.

Zu S. 446 und Bultmann Lit.Verz./Nachtrag S. 621:

§ 51: Eschatologische Gemeinde und kirchliche Ordnung.
BÖCKENFÖRDE, W., Das Rechtsverständnis der neueren Kanonistik und die Kritik Rudolf Sohms, Diss. Münster 1969. – BROCKHAUS, U., Charisma und Amt. Die paulinische Charismenlehre auf dem Hintergrund der frühchristlichen Gemeindefunktionen, Wuppertal 1972 (S. 240–247 Lit.). – MARSHALL, I. H., "Early Catholicism" in the New Testament, in: New Dimensions in New Testament Study, ed. by R. N. LONGENECKER and M. C. TENNEY, Grand Rapids/Mich. 1974, S. 217–231. – MAURER, W., Die Auseinandersetzung zwischen Harnack und Sohm und die Begründung eines evangelischen Kirchenrechts, in: *ders.*, Die Kirche und ihr Recht. Gesammelte Aufsätze zum evangelischen Kirchenrecht, Jus Ecclesiasticum 23, Tübingen 1976, S. 364–387. – MAURER, W., R. Sohms

Ringen um den Zusammenhang zwischen Geist und Recht in der Geschichte des kirchlichen Rechts, in: *ders.*, Die Kirche und ihr Recht. Gesammelte Aufsätze zum evangelischen Kirchenrecht, Jus Ecclesiasticum 23, Tübingen 1976, S. 328–363. – SCHMITZ, H.-J., Frühkatholizismus bei Adolf von Harnack, Rudolph Sohm und Ernst Käsemann, Themen und Thesen der Theologie, Düsseldorf 1977. – HAHN, FERD., Charisma und Amt. Die Diskussion über das kirchliche Amt im Lichte der neutestamentlichen Charismenlehre, ZThK 76, 1979, S. 419–449. – BARTSCH, CHR., ,,Frühkatholizismus" als Kategorie historisch-kritischer Theologie. Eine methodische und theologiekritische Untersuchung, Studien zu jüdischem Volk und christlicher Gemeinde 3, Berlin 1980. – SCHELKLE, K. H., Charisma und Amt, in: Begegnung mit dem Wort, FS. H. Zimmermann, BBB 53, Bonn 1980, S. 311–323. – SCHÜRMANN, H., Auf der Suche nach dem ,,Evangelisch-Katholischen". Zum Thema ,,Frühkatholizismus", in: Kontinuität und Einheit. Für Franz Mußner, Freiburg. Basel. Wien 1981, S. 340–375. – TRILLING, W., Bemerkungen zum Thema ,,Frühkatholizismus". Eine Skizze, Christianesimo nella Storia II, 1981, S. 329–340. – FULLER, R. H., Early Catholicism. An Anglican Reaction to a German Debate, in: Die Mitte des Neuen Testaments. Einheit und Vielfalt neutestamentlicher Theologie. FS. für E. Schweizer zum 70. Geburtstag, Göttingen 1983, S. 34–41. – HAHN, FERD., Frühkatholizismus als ökumenisches Problem, Catholica 37, 1983, S. 17–35. – ROGGE, J.–SCHILLE, G. (Hrg.), Frühkatholizismus im ökumenischen Gespräch. Aus der Arbeit des Ökumenisch-Theologischen Arbeitskreises in der DDR, Berlin 1983.

Zu S. 452f. und Bultmann Lit.Verz./Nachtrag S. 621f.:

§ 52: Die kirchlichen Ämter.
BROCKHAUS, U., Charisma und Amt, s. zu S. 446 (§ 51). – ROLOFF, J., Apostolat – Verkündigung – Kirche. Ursprung, Inhalt und Funktion des kirchlichen Apostelamtes nach Paulus, Lukas und den Pastoralbriefen, Gütersloh 1965. – RORDORF, W., La théologie du ministère dans l'Église ancienne, Verbum Caro 18, 1965, S. 84–104. – LEENHARDT, F.-J., Les fonctions constitutives de l'Église et de l'Épiscopé selon le NT, RHPhR 47, 1967, S. 111–149. – SCHNACKENBURG, R., ,,L'apostolicité": état de la recherche, Istina 14, 1969, S. 5–32. – KERTELGE, K., Das Apostelamt des Paulus, sein Ursprung und seine Bedeutung, BZ, N.F. 14, 1970, S. 161–181. – LEMAIRE, A., Les ministères aux origines de l'église. Naissance de la triple hiérarchie: évêques, presbytres, diacres, LD 68, Paris 1971. – STUHLMACHER, P., Evangelium – Apostolat – Gemeinde, KuD 17, 1971, S. 97–112. – SCHNACKENBURG, R., Apostel vor und neben Paulus, in: *ders.*, Schriften zum Neuen Testament. Exegese in Fortschritt und Wandel, München 1971, S. 338–358. – KERTELGE, K., Gemeinde und Amt im Neuen Testament, Biblische Handbibliothek X, München 1972. – HAHN, FERD., Der Apostolat im Urchristentum. Seine Eigenart und seine Voraussetzungen, KuD 20, 1974, S. 54–77. – Le Ministère et les Ministères selon le Nouveau Testament. Dossier exégétique et réflexion théologique, par … sous le direction de J. DELORME, Paris 1974. – HERTEN, J., Charisma – Signal einer Gemeindetheologie des Paulus, in: HAINZ, J. (Hrg.), Kirche im Werden. Studien zu Amt und Gemeinde im Neuen Testament, München. Paderborn. Wien 1976, S. 57–89. – HAINZ, J., Die Anfänge des Bischofs- und Diakonenamtes, in: *ders.* (Hrg.), Kirche im Werden. Studien zu Amt und Gemeinde im Neuen Testament, München. Paderborn. Wien

1976, S. 91–107. – ROHDE, J., Urchristliche und frühkatholische Ämter. Eine Untersuchung zur frühchristlichen Amtsentwicklung im Neuen Testament und bei den apostolischen Vätern, Theologische Arbeiten Bd. XXXIII, Berlin 1976. – EMMINGHAUS, J. H., Amtsverständnis und Amtsübertragung im Judentum und in der frühen Kirche des 1. Jahrhunderts, Bibel und Liturgie 50, 1977, S. 174–186. – KERTELGE, K. (Hrg.), Das kirchliche Amt im Neuen Testament, Wege der Forschung CDXXXIX, Darmstadt 1977 (Bibliographie, S. 565–574). – LOHFINK, G., Die Normativität der Amtsvorstellungen in den Pastoralbriefen, ThQ 157, 1977, S. 93–106. – BLUM, G. G., Art. Apostel/Apostolat/Apostolizität. II. Alte Kirche, TRE, Bd. III, 1978, S. 445–466. – HANSON, R. P. C., Art. Amt/ Ämter/Amtsverständnis. V. Alte Kirche, TRE, Bd. II, 1978, S. 533–552. – KERTELGE, K., Offene Frage zum Thema „Geistliches Amt" und das neutestamentliche Verständnis von der „repraesentatio Christi", in: Die Kirche des Anfangs. Für Heinz Schürmann, Leipzig 1978. Freiburg. Basel. Wien 1978, S. 583–605. – ROLOFF, J., Art. Amt/Ämter/Amtsverständnis. IV. Im Neuen Testament, TRE, Bd. II, 1978, S. 509–533. (Lit.). – ROLOFF, J., Art. Apostel/Apostolat/Apostolizität. I. Neues Testament, TRE, Bd. III, 1978, S. 430–445 (bes. S. 440ff.). – VÖGTLE, A., Exegetische Reflexionen zur Apostolizität des Amtes und zur Amtssukzession, in: Die Kirche des Anfangs. Für Heinz Schürmann, Leipzig 1978. Freiburg. Basel. Wien 1978, S. 529–582. – HAHN, FERD., Charisma und Amt im Lichte der neutestamentlichen Charismenlehre, ZThK 76, 1979, S. 419–449. – LIPS, H. V., Glaube – Gemeinde – Amt. Zum Verständnis der Ordination in den Pastoralbriefen, FRLANT 122, Göttingen 1979. (Lit.). – LOHSE, E., Episkopos in den Pastoralbriefen, in: Kirche und Bibel. Festgabe für Bischof Eduard Schick, Paderborn. München. Wien. Zürich 1979, S. 225–231. – BROWN, R. E., Episkopē and episkopos. The New Testament Evidence, Theological Studies 41, 1980, S. 322–338. – LOHSE, E., Die Entstehung des Bischofsamtes in der frühen Christenheit, ZNW 71, 1980, S. 58–73. – SCHELKLE, K. H., Charisma und Amt, in: Begegnung mit dem Wort, FS. H. Zimmermann, BBB 53, Bonn 1980, S. 311–323. – VANHOYE, A., Prêtres anciens, prêtre nouveau selon le Nouveau Testament, Parole de Dieu 20, Paris 1980. – SCHÜTZ, J. H., Art. Charisma. IV. Neues Testament, TRE, Bd. VII, 1981, S. 688–693. (Lit.). – VOKES, F. E., The Origin and Place of Presbyters in the New Testament Church, in: Studia Evangelica Vol. VII. Papers presented to the Fifth International Congress on Biblical Studies held at Oxford 1973, ed. by E. A. LIVINGSTONE, TU 126, Berlin 1982, S. 541–545. – PERKINS, PH., Ministering in the Pauline Churches, New York. Ramsey 1982. – GRELOT, P., Eglise et ministères. Pour un dialogue critique avec Edward Schillebeeckx, Paris 1983. – HERRON, R. W. (jr.), The Origin of the New Testament Apostolate, The Westminster Theological Journal 45, 1983, S. 101–131. – HIEBERT, D. E., Behind the Word „Deacon". A New Testament Study, Bibliotheca Sacra 140, 1983, S. 151–162. – PERROT, C., Charisme et institution chez Paul, Rech. sc. rel. 71, 1983, S. 81–92. – TRILLING, W., Zum „Amt" im Neuen Testament. Eine methodologische Besinnung, in: Die Mitte des Neuen Testaments. Einheit und Vielfalt neutestamentlicher Theologie. FS. für E. Schweizer zum 70. Geburtstag, Göttingen 1983, S. 317–344. – DASSMANN, E., Hausgemeinde und Bischofsamt, in: Vivarium. FS. Th. Klauser zum 90. Geburtstag, JAC, Erg. Bd. 11, Münster 1984, S. 82–97.

Zu S. 464 und Bultmann Lit.Verz./Nachtrag S. 622f.:

§ 53: *Die Wandlung des Selbstverständnisses der Kirche.*
CULLMANN, O., Heil als Geschichte. Heilsgeschichtliche Existenz im Neuen Testament, Tübingen 1965. – SCHNACKENBURG, R., Der Christ und die Zukunft der Welt, in: *ders.*, Christliche Existenz nach dem Neuen Testament. Abhandlungen und Vorträge, Bd. II, München 1968, S. 149–185. – VÖGTLE, A., Das Neue Testament und die Zukunft des Kosmos, Kommentare und Beiträge zum Alten und Neuen Testament, Düsseldorf 1970. – SCHLIER, H., Das Ende der Zeit, in: *ders.*, Das Ende der Zeit. Exegetische Aufsätze und Vorträge III, Freiburg. Basel. Wien 1971, S. 67–84. – BALZ, H. R., Eschatologie und Christologie. Modelle apokalyptischer und urchristlicher Heilserwartung, in: Das Wort und die Wörter, FS. G. Friedrich, Stuttgart. Berlin. Köln. Mainz 1973, S. 101–112. – LOHSE, E., Apokalyptik und Christologie, in: *ders.*, Die Einheit des Neuen Testaments. Exegetische Studien zur Theologie des Neuen Testaments, Göttingen 1973, S. 125–144. – LUZ, U., Erwägungen zur Entstehung des „Frühkatholizismus", ZNW 65, 1974, S. 88–111. – MERKLEIN, H., Untergang und Neuschöpfung. Zur theologischen Bedeutung neutestamentlicher Texte vom „Ende" der Welt, in: Biblische Randbemerkungen, Schülerfestschrift R. Schnakkenburg, Würzburg 1974, S. 349–360. – LOHSE, E., Christus als der Weltenrichter, in: Jesus Christus in Historie und Theologie, Neutestamentliche Festschrift für H. Conzelmann, Tübingen 1975, S. 475–486. – SCHRAGE, W., Die Frage nach der Mitte und dem Kanon im Kanon des Neuen Testaments in der neueren Diskussion, in: Rechtfertigung, FS. E. Käsemann, Tübingen. Göttingen 1976, S. 415–442. – SCHULZ, S., Die Mitte der Schrift. Der Frühkatholizismus im Neuen Testament als Herausforderung an den Protestantismus, Stuttgart 1976 (dazu: MÜLLER, P.-G., Destruktion des Kanons – Verlust der Mitte, Theologische Revue 73, 1977, Sp. 177–186). – SCHMITZ, H.-J., Frühkatholizismus bei Adolf von Harnack, Rudolph Sohm und Ernst Käsemann, Themen und Thesen der Theologie, Düsseldorf 1977. – HAHN, FERD., Das Problem des Frühkatholizismus, EvTh 38, 1978, S. 340–357. – SCHWARTE, K.-H., Art. Apokalyptik/Apokalypsen. V. Alte Kirche, TRE, Bd. III, 1978, S. 257–275. – STROBEL, A., Art. Apokalyptik/Apokalypsen. IV. Neues Testament, TRE, Bd. III, 1978, S. 251–257. – HAUER, CH., When History Stops: Apocalypticism and Mysticism in Judaism and Christianity, in: The Divine Helmsman. Studies on God's Control of Human Events. Presented to Lou H. Silberman, Ed. by J. L. CRENSHAW and S. SANDMEHL, New York 1980, S. 207–221. – GLASSON, T. F., What is Apocalyptic?, NTSt 27, 1981, S. 98–105. – LAMPE, P., Die Apokalyptiker – ihre Situation und ihr Handeln, in: Eschatologie und Friedenshandeln. Exegetische Beiträge zur Frage christlicher Friedensverantwortung. Mit Beiträgen v. U. LUZ, J. KEGLER, P. LAMPE, P. HOFFMANN, SBS 101, Stuttgart 1981, S. 59–114. – KOCH, K.-SCHMIDT, J. M. (Hrg.), Apokalyptik, Wege der Forschung Bd. CCCLXV, Darmstadt 1982. – ROWLAND, CHR., The Open Heaven: A Study of Apocalyptic in Judaism and Christianity, New York 1982. – *Apocalypticism in the Mediterranean World and the Near East. Proceedings of the International Colloquium on Apocalypticism*, Uppsala, August 12–17, 1979, ed. by D. HELLHOLM, Tübingen 1983. – (vgl. auch die Untersuchungen von BARTSCH, CHR.; FULLER, R. H.; HAHN, FERD.; ROGGE, J. – SCHILLE, G. (Hrg.); SCHÜRMANN, H. zu § 51 [„Eschatologische Gemeinde und kirchliche Ordnung"]).

Zu 3. (Lukanische Schriften):
FLENDER, H., Heil und Geschichte in der Theologie des Lukas, BevTh 41, München 1965. – BORGEN, P., Von Paulus zu Lukas. Beobachtungen zur Erhellung der Theologie der Lukasschriften, StTh 20, 1966, S. 140–157. – *Studies in Luke-Acts*. Essays presented in honor of Paul Schubert..., (1966) London 1968. – BETZ, O., The Kerygma of Luke, Interpretation 22, 1968, S. 131–146. – REUMANN, J., Heilsgeschichte in Luke. Some Remarks on its Background and Comparison with Paul, in: Studia Evangelica IV, I: The New Testament Scriptures, TU 102, Berlin 1968, S. 86–115. – BURCHARD, C., Der dreizehnte Zeuge. Traditions- und kompositionsgeschichtliche Untersuchungen zu Lukas' Darstellung der Frühzeit des Paulus, FRLANT 103, Göttingen 1970. – MARSHALL, I. H., Luke: Historian and Theologian, Exeter 1970. – CONZELMANN, H., Die Apostelgeschichte erklärt, HNT 7, Tübingen [2]1972. – ELLIS, E. E., Eschatology in Luke, Philadelphia 1972. – ELTESTER, W., Israel im lukanischen Werk und die Nazarethperikope, in: GRÄSSER, E.–STROBEL, A.–TANNEHILL, R. C.–ELTESTER, W., Jesus in Nazareth, BZNW 40, Berlin. New York 1972, S. 76–147. – JERVELL, J., Luke and the People of God. A New Look at Luke-Acts, Minneapolis/Min. 1972. – KRÄNKL, E., Jesus der Knecht Gottes. Die heilsgeschichtliche Stellung Jesu in den Reden der Apostelgeschichte, BU 9, Regensburg 1972. – KÜMMEL, W. G., Lukas in der Anklage der heutigen Theologie, ZNW 63, 1972, S. 149–165. – PLÜMACHER, E., Lukas als hellenistischer Schriftsteller. Studien zur Apostelgeschichte, StUNT 9, Göttingen 1972. – BRAUMANN, G. (Hrg.), Das Lukas-Evangelium. Die redaktions- und kompositionsgeschichtliche Forschung, Wege der Forschung CCLXXX, Darmstadt 1974. – VÖLKEL, M., Zur Deutung des ,,Reiches Gottes'' bei Lukas, ZNW 65, 1974, S. 57–70. – WILCKENS, U., Lukas und Paulus unter dem Aspekt dialektisch-theologisch beeinflußter Exegese, in: *ders.*, Rechtfertigung als Freiheit. Paulusstudien, Neukirchen-Vluyn 1974, S. 171–202. – ZINGG, P., Das Wachsen der Kirche. Beiträge zur Frage der lukanischen Redaktion und Theologie, Orbis Biblicus et Orientialis 3, Freiburg/Schweiz. Göttingen 1974. – GASQUE, W., A History of the Criticism of the Acts of the Apostles, Beiträge zur Geschichte der Biblischen Exegese 17, Tübingen 1975. – LOHFINK, G., Die Sammlung Israels. Eine Untersuchung zur lukanischen Ekklesiologie, StANT XXXIX, München 1975. – MERK, O., Das Reich Gottes in den lukanischen Schriften, in: Jesus und Paulus, FS. W. G. Kümmel, Göttingen 1975, S. 201–220. – MICHEL, H.-J., Heilsgegenwart und Zukunft bei Lukas, in: Gegenwart und kommendes Reich, Schülergabe A. Vögtle, Stuttgarter Bibl. Beiträge, Stuttgart 1975, S. 101–115. – GLÖCKNER, R., Die Verkündigung des Heils beim Evangelisten Lukas, Walberberger Studien der Albertus-Magnus-Akademie, Theologische Reihe 9, Mainz 1976. – GRÄSSER, E., Acta-Forschung seit 1960, ThR, N.F. 41, 1976, S. 141–194. 259–290. – NELLESSEN, E., Zeugnis für Jesus und das Wort. Exegetische Untersuchungen zum lukanischen Zeugnisbegriff, BBB 43, Köln–Bonn 1976. – BUSSE, U., Die Wunder des Propheten Jesus. Die Rezeption, Komposition und Interpretation der Wundertradition im Evangelium des Lukas, forschung zur bibel 24, Stuttgart (1977) [2]1979. – GRÄSSER, E., Acta-Forschung seit 1960, ThR, N.F. 42, 1977, S. 1–68. – GRÄSSER, E., Das Problem der Parusieverzögerung in den synoptischen Evangelien und in der Apostelgeschichte. Dritte, durch eine ausführliche Einleitung und ein Literaturverzeichnis ergänzte Auflage, BZNW 22, Berlin. New York [3]1977 (bes. S. IX–XXXII). – HEMER, C. J., Luke the Historian, BJRL 60, 1977, S. 28–51. – PLÜMACHER, E.,

Wirklichkeitserfahrung und Geschichtsschreibung bei Lukas. Erwägungen zu den Wir-Stücken der Apostelgeschichte, ZNW 68, 1977, S. 2–22. – SCHNEIDER, G., Das Evangelium nach Lukas, Ökumenischer Taschenbuchkommentar zum Neuen Testament Bd. 3/1.2, Gütersloher Taschenbücher/Siebenstern Bd. 500. 501, Gütersloh. Würzburg 1977. – BOVON, F., Luc le Théologien. Vingt-cinq ans de recherches (1950–1975), Le monde de la Bible, Neuchâtel. Paris 1978. (Lit.). – BUSSE, U., Das Nazareth-Manifest Jesu. Eine Einführung in das lukanische Jesusbild nach Lk 4,16–30, SBS 91, Stuttgart 1978. – BÜCHELE, A., Der Tod Jesu im Lukasevangelium. Eine redaktionsgeschichtliche Untersuchung zu Lk 23, Frankfurter Theologische Studien 26, Frankfurt/M. 1978. – DILLON, R. J., From Eye-Witness to Ministers of the Word. Tradition and Composition in Luke 24, AB 82, Rome 1978. – DÖMER, M., Das Heil Gottes. Studien zur Theologie des lukanischen Doppelwerkes, BBB 51, Köln–Bonn 1978. (Lit.). – ERNST, J., Herr der Geschichte. Perspektiven der lukanischen Eschatologie, SBS 88, Stuttgart 1978. – TALBERT, C. (ed.), Perspectives on Luke-Acts, Edinburgh 1978. – GEORGE, A., L'Esprit saint dans l'Oeuvre de Luc, RB 85, 1978, S. 500–542. – GEORGE, A., Études sur l'oeuvre de Luc, Sources bibliques, Paris 1978. – PLÜMACHER, E., Art. Apostelgeschichte, TRE, Bd. III, 1978, S. 483–528. (Lit.). – WURM, K., Rechtfertigung und Heil. Eine Untersuchung zur Theologie des Lukas unter dem Aspekt ‚Lukas und Paulus', Diss. theol. Heidelberg 1978. – HENGEL, M., Zur urchristlichen Geschichtsschreibung, Stuttgart 1979. – KREMER, J. (éd.), Les Actes des Apôtres. Traditions, rédaction, théologie, Bibliotheca Ephemeridum Theologicarum Lovaniensium XLVIII, Gembloux. Leuven/Louvain 1979 (daraus bes.: GRÄSSER, E., Die Parusieerwartung in der Apostelgeschichte, S. 99–127; HAHN, FERD., Das Problem alter christologischer Überlieferungen in der Apostelgeschichte unter besonderer Berücksichtigung von Act 3,19–21, S. 129–154). – LINDEMANN, A., Paulus im ältesten Christentum. Das Bild des Apostels und die Rezeption der paulinischen Theologie in der frühchristlichen Literatur bis Marcion, BhTh 58, Tübingen 1979 (bes. S. 49–68. 161–173). – MATTILL, A. J. (jr.), Luke and the Last Things, a perspective for the understanding of Lukan thought, Dillsboro 1979. – PRAST, F., Presbyter und Evangelium in nachapostolischer Zeit. Die Abschiedsrede des Paulus in Milet (Apg 20,17–38) im Rahmen der lukanischen Konzeption der Evangeliumsverkündigung, forschung zur bibel 29, Stuttgart 1979. – ROLOFF, J., Die Paulus-Darstellung des Lukas. Ihre geschichtlichen Voraussetzungen und ihr theologisches Ziel, EvTh 39, 1979, S. 510–531. – SCHMITHALS, W., Die Berichte der Apostelgeschichte über die Bekehrung des Paulus und die ‚Tendenz' des Lukas, in: Theologia Viatorum XIV, Berlin 1979, S. 145–165. – KÜLLING, H., Zur Bedeutung des Agnostos Theos. Eine Exegese zur Apostelgeschichte 17, 22.23, ThZ 36, 1980, S. 56–83. – NÜTZEL, J. M., Jesus als Offenbarer Gottes nach den lukanischen Schriften, forschung zur bibel 39, Würzburg 1980. – SCHWEIZER, E., Plädoyer der Verteidigung in Sachen Moderne Theologie versus Lukas, ThLZ 105, 1980, Sp. 241–252. – TAEGER, J.-W., Paulus und Lukas über den Menschen, ZNW 71, 1980, S. 96–108. – UNTERGASSMAIR, F. G., Kreuzweg und Kreuzigung Jesu: Ein Beitrag zur lukanischen Redaktionsgeschichte und zur Frage nach der lukanischen „Kreuzestheologie", Paderborner Theologische Studien 10, Paderborn. Zürich 1980. – CALLOUD, J., Paul devant l'Aréopage d'Athènes. Actes 17,16–34, Rech. sc. rel. 69, 1981, S. 209–248. – CHILTON, B., Announcement in Nazara: An Analysis of Luke 4:16–21, in: Gospel Perspectives. Studies in History and Tradition in the Four Gospels, Vol. II, Ed.

by R. T. FRANCE and D. WENHAM, Sheffield 1981, S. 147–172. – DOWNING, F. G., Ethical Pagan Theism and the Speeches in Acts, NTSt 27, 1981, S. 544–563. – KERTELGE, K. (Hrg.), Paulus in den neutestamentlichen Spätschriften. Zur Paulusrezeption im Neuen Testament, QD 89, Freiburg. Basel. Wien 1981 (daraus: LÖNING, K., Paulinismus in der Apostelgeschichte, S. 202–234 [Lit.]; MÜLLER, P.-G., Der ,,Paulinismus" in der Apostelgeschichte. Ein forschungsgeschichtlicher Überblick, S. 157–201). – KIRCHSCHLÄGER, W., Jesu exorzistisches Wirken aus der Sicht des Lukas. Ein Beitrag zur lukanischen Redaktion, Österreichische Biblische Studien 3, Klosterneuburg 1981. – La Parole de Grâce. Études lucaniennes à la mémoire d'Augustin George, réumes par J. DELORME et J. DUPLACY, Rech. sc. rel. 69, Nº 1 et 2, Paris 1981. – PILGRIM, W. E., Good News to the Poor: Wealth and Poverty in Luke-Acts, Minneapolis 1981. – RESE, M., Neuere Lukas-Arbeiten. Bemerkungen zur gegenwärtigen Forschungslage, ThLZ 106, 1981, Sp. 225–237. – DIETZFELBINGER, CHR., Die Berufung des Paulus als Ursprung seiner Theologie, Habil. Schr. Evang. Theol. Fak. München 1982 (masch.). – HAHN, FERD., Die Bedeutung des Apostelkonvents für die Einheit der Christenheit einst und jetzt, in: Auf Wegen der Versöhnung. FS. H. Fries, Frankfurt/M. 1982, S. 15–44. – MADDOX, R., The Purpose of Luke-Acts, FRLANT 126, Göttingen 1982. – SCHENK, W., Glaube im lukanischen Doppelwerk, in: Glaube im Neuen Testament. Studien zu Ehren von Hermann Binder anläßlich seines 70. Geburtstages, Biblisch-Theologische Studien Bd. 7, Neukirchen-Vluyn 1982, S. 69–92. – SCHNEIDER, G., Anknüpfung, Kontinuität und Widerspruch in der Areopagrede Apg 17, 22–31, in: Kontinuität und Einheit. Für Franz Mußner, Freiburg. Basel. Wien 1981, S. 173–178. – SCHNIDER, F., Die Himmelfahrt Jesu – Ende oder Anfang? Zum Verständnis des lukanischen Doppelwerkes, in: Kontinuität und Einheit. Für Franz Mußner, Freiburg. Basel. Wien 1981, S. 158–172. – SCHWEIZER, E., Zur lukanischen Christologie, in: Verifikationen. FS. für G. Ebeling zum 70. Geburtstag, Tübingen 1982, S. 43–65. – SECCOMBE, D. P., Possessions and the Poor in Luke-Acts, Studien zum Neuen Testament und seiner Umwelt (SNTU), Ser. B Bd. 6, Linz 1982. – TAEGER, J.-W., Der Mensch und sein Heil. Studien zum Bild des Menschen und zur Sicht der Bekehrung bei Lukas, StNT 14, Gütersloh 1982. – STEGEMANN, W., Zwischen Synagoge und Obrigkeit. Ein Beitrag zur historischen Situation der lukanischen Christen, Habil. Schr. Theol. Fak. Heidelberg WS. 1982/83 (masch.). – BOVON, F., Chroniques du Côte de chez Luc, RThPh 115, 1983, S. 175–189. (Lit.). – BOVON, F., Israel, die Kirche und die Völker im lukanischen Doppelwerk, ThLZ 108, 1983, Sp. 403–414. – CASSIDY, R. J.–SCHARPER, PH. J. (ed.), Political Issues in Luke-Acts, New York 1983. – GÜTTGEMANNS, E., In welchem Sinne ist Lukas ,,Historiker"? Die Beziehungen von Luk 1,1–4 und Papias zur antiken Rhetorik, Linguistica Biblica Nr. 54, 1983, S. 7–26. – HENGEL, M., Der Historiker Lukas und die Geographie Palästinas in der Apostelgeschichte, ZDPV 99, 1983, S. 147–188. – HORN, F. W., Glaube und Handeln in der Theologie des Lukas, Göttinger Theologische Arbeiten 26, Göttingen 1983. – JERVELL, J., Die Mitte der Schrift. Zum lukanischen Verständnis des Alten Testaments, in: Die Mitte des Neuen Testaments. Einheit und Vielfalt neutestamentlicher Theologie. FS. für E. Schweizer zum 70. Geburtstag, Göttingen 1983, S. 79–96. – JUEL, D., Luke-Acts. The Promise of History, Atlanta 1983. – MARSHALL, I. H., Luke and his ,Gospel', in: STUHLMACHER, P. (Hrg.), Das Evangelium und die Evangelien. Vorträge vom Tübinger Symposium 1982, WUNT 28, Tübingen 1983, S. 289–308.

– PLÜMACHER, E., Acta-Forschung 1974–1982, ThR, N.F. 48, 1983, S. 1–56. – STROBEL, A., Geist-Erfahrung und Wortverkündigung im Kontext von Apg. 2. Gedanken zu einem Thema lukanischer Theologie, in: Erfahrung–Glaube –Theologie. Beiträge zu Bedeutung und Ort religiöser Erfahrung. Im Auftrag des Dozenten-Kollegiums der Augustana-Hochschule hrg. v. H. D. PREUSS, Stuttgart 1983, S. 65–84. – WILSON, S. G., Luke and the Law, SNTSMS 50, Cambridge. London. New York. New Rochelle. Melbourne. Sydney 1983. – BOVON, F., Lukas in neuer Sicht. Gesammelte Aufsätze, Biblisch-Theologische Studien Bd. 8, Neukirchen-Vluyn 1984. – JASPERT, B. (Hrg.), Rudolf Bultmanns Werk und Wirkung, Darmstadt 1984 (daraus: HAHN, FERD., Die antiochenische Quelle in der Apostelgeschichte, S. 316–331; MERK, O., Die Apostelgeschichte im Frühwerk Rudolf Bultmanns, S. 303–315). – PLÜMACHER, E., Acta-Forschung 1974–1982, ThR 49, 1984, S. 105–169.

Zu S. 471 und Bultmann Lit.Verz./Nachtrag S. 623:

II. Die Entwicklung der Lehre.
CLAVIER, H., Les variétés de la pensée biblique et le problème de son unité. Esquisse d'une Théologie de la Bible sur les textes originaux et dans leur contexte historique, SupplNovT XLIII, Leiden 1976. – DUNN, J. D. G., Unity and Diversity in the New Testament. An Inquiry into the Character of Earliest Christianity, London 1977. – LUZ, U., Einheit und Vielfalt neutestamentlicher Theologien, in: Die Mitte des Neuen Testaments. Einheit und Vielfalt neutestamentlicher Theologie. FS. für E. Schweizer zum 70. Geburtstag, Göttingen 1983, S. 142–161.

Zu S. 471 und Bultmann Lit.Verz./Nachtrag S. 623:

§ 54: Paradosis und historische Tradition.
FANNON, F., The Influence of Tradition in St. Paul, Studia Evangelica IV, 1: The New Testament Scriptures, TU 102, Berlin 1968, S. 292–307. – BLÄSER, P., Das Verhältnis von Schrift und Tradition bei Paulus, Catholica 23, 1969, S. 187–204. – HAHN, FERD., Das Problem „Schrift und Tradition" im Urchristentum, EvTh 30, 1970, S. 449–468. – SCHLIER, H., Die Anfänge des christologischen Credo, in: WELTE, B. (Hrg.), Zur Frühgeschichte der Christologie, QD 51, Freiburg. Basel. Wien 1970, S. 13–58. – CAMPENHAUSEN, H. v., Das Bekenntnis im Urchristentum, ZNW 63, 1972, S. 210–253. – KELLY, J. N. D., Altchristliche Glaubensbekenntnisse. Geschichte und Theologie, Göttingen 1972. – VÖGTLE, A., Die Schriftwerdung der apostolischen Paradosis nach 2. Petr. 1,12–15, in: Neues Testament und Geschichte. Historisches Geschehen und Deutung im Neuen Testament, O. Cullmann zum 70. Geburtstag, Zürich. Tübingen 1972, S. 297–305. – LINDESKOG, G., Autorität und Tradition im Neuen Testament, Annual of the Swedish Theological Institute 9, 1973, S. 42–63. – CONZELMANN, H., Zum Überlieferungsproblem im Neuen Testament, in: *ders.*, Theologie als Schriftauslegung. Aufsätze zum Neuen Testament, BevTh 65, München 1974, S. 142–151. – WEISS, H.-F., Bekenntnis und Überlieferung im Neuen Testament, ThLZ 99, 1974, Sp. 321–330. – CAMPENHAUSEN, H. v., Das Bekenntnis Eusebs von Caesarea (Nicaea 325), ZNW 67, 1976, S. 123–139. – VAN DER MINDE, H.-J., Schrift und Tradition bei Paulus. Ihre Bedeutung und Funktion im Römerbrief, Paderborner Theologische Studien 3, München. Paderborn. Wien 1976. – ZEILINGER,

F., Die Träger der apostolischen Tradition im Kolosserbrief, in: Jesus in der Verkündigung der Kirche, hrg. v. A. FUCHS, Studien zum Neuen Testament und seiner Umwelt (SNTU), Ser. A Bd. 1, Linz-Freistadt 1976, S. 175–190. – CONZELMANN, H., Die Schule des Paulus, in: Theologia crucis – signum crucis, FS. E. Dinkler, Tübingen 1979, S. 85–96. – KERTELGE, K. (Hrg.), Paulus in den neutestamentlichen Spätschriften. Zur Paulusrezeption im Neuen Testament, QD 89, Freiburg. Basel. Wien 1981. – ULLMANN, W., Was heißt deuteropaulinisch?, in: Studia Evangelica Vol. VII. Papers presented to the Fifth International Congress on Biblical Studies held at Oxford, 1973, ed. by E. A. LIVINGSTONE, TU 126, Berlin 1982, S. 513–522. – VÖGTLE, A., ,,Keine Prophetie der Schrift ist Sache eigenwilliger Auslegung" (2Petr 1,20b), in: Dynamik im Wort. Lehre von der Bibel. Leben aus der Bibel. FS. aus Anlaß des 50jährigen Bestehens des Katholischen Bibelwerks in Deutschland (1933–1983), hrg. v. Katholischen Bibelwerk e.V., Stuttgart 1983, S. 257–283.

Zu 3. im besonderen:

BULTMANN, R., Die Geschichte der synoptischen Tradition. Ergänzungsheft. Bearb. v. THEISSEN, G., und VIELHAUER, P., Göttingen [4]1971. – KÜMMEL, W. G., Einleitung in das Neue Testament, Heidelberg [17]1973, S. 46–49. (Lit.). – KLINE, L. L., The Sayings of Jesus in the Pseudo-Clementine Homilies, Society of Biblical Literature, Diss. Ser. Nr. 14, Missoula/Mont. 1975. – MEES, M., Außerkanonische Parallelstellen zu den Herrenworten und ihre Bedeutung, Quaderni di ,,Vetera Christianorum" 10, 1975. – HOFIUS, O., ,,Unbekannte Jesusworte", in: STUHLMACHER, P. (Hrg.), Das Evangelium und die Evangelien. Vorträge vom Tübinger Symposium 1982, WUNT 28, Tübingen 1983, S. 355–382.

Zu S. 477, Z. 1–11 v. u.:

BORNKAMM, G., Der Auferstandene und der Irdische. Mt 28,16–20, in: BORNKAMM, G.–BARTH, G.–HELD, J., Überlieferung und Auslegung im Matthäusevangelium, WMANT 1, Neukirchen-Vluyn [4]1965, S. 289–310. – VÖGTLE, A., Das christologische und ekklesiologische Anliegen von Mt 28,18–20, in: *ders.*, Das Evangelium und die Evangelien. Beiträge zur Evangelienforschung, Kommentare und Beiträge zum Alten und Neuen Testament, Düsseldorf 1971, S. 253–272. – LANGE, J., Das Erscheinen des Auferstandenen im Evangelium nach Matthäus. Eine traditions- und redaktionsgeschichtliche Untersuchung zu Mt 28,16–20, forschung zur bibel 11, Würzburg 1973. – KÜNZEL, G., Studien zum Gemeindeverständnis des Matthäus-Evangeliums, CThM, Reihe A Bd. 10, Stuttgart 1978 (bes. S. 102ff. 157ff. 167ff. 194ff. [Lit.]). – HAHN, FERD., Der Sendungsauftrag des Auferstandenen. Matthäus 28,16–20, in: Fides pro mundi vita. Missionstheologie heute. Hans Werner Gensichen zum 65. Geburtstag, Missionswissenschaftliche Forschungen Bd. 14, Gütersloh 1980, S. 28–43. (Lit.). – SCHABERG, J., The Father, the Son and the Holy Spirit: The Triadic Phrase in Matthew 28:19b, Society of Biblical Literature Diss. Ser. 61, Chico 1982. – FRIEDRICH, G., Die formale Struktur von Mt 28,18–20, ZThK 80, 1983, S. 137–183.

Zu S. 478:

VIELHAUER, P., Geschichte der urchristlichen Literatur. Einleitung in das Neue Testament, die Apokryphen und die Apostolischen Väter, Berlin. New York 1975, S. 252–355. – PESCH, R., Das Markusevangelium. I. Teil. Einleitung und

Kommentar zu Kap. 1,1–8,26, HThK II/1, Freiburg. Basel. Wien 1976, S. 1–68.
(Lit.). – GNILKA, J., Das Evangelium nach Markus (Mk 1–8,26), EKK II/1, Zürich. Einsiedeln. Köln. Neukirchen-Vluyn 1978, S. 17–35. – SCHENKE, H.-
M.–FISCHER, K. M., Einleitung in die Schriften des Neuen Testaments. II. Die
Evangelien und die anderen neutestamentlichen Schriften, Gütersloh 1979, S.
9–95. (Lit.). – KÜMMEL, W. G., Einleitung in das Neue Testament, Heidelberg
[21]1983, Nachträge zu § 6 („Das Markusevangelium"), S. 558–561 (Lit.). – BREY-
TENBACH, C., Nachfolge und Zukunftserwartung nach Markus. Eine methodenkritische Studie, AThANT 71, Zürich 1984 (bes. S. 11–132).

Zu S. 480 und Bultmann Lit.Verz./Nachtrag S. 623f.:

§ *55: Das Problem der rechten Lehre und die Entstehung des neutestamentlichen
Kanons.*
BETZ, H. D., Orthodoxy and Heresy in Primitive Christianity, Interpretation 19,
1965, S. 299–311 (zu W. BAUER, vgl. folgenden Titel). – ALTENDORF, H. D., Zum
Stichwort: Rechtgläubigkeit und Ketzerei im ältesten Christentum, ZKG 80,
1969, S. 61–74 (= Bespr. von W. BAUER, Rechtgläubigkeit und Ketzerei im
ältesten Christentum, 2., durchges. Aufl. mit einem Nachtrag von G. STRECKER,
BhTh 10, Tübingen 1964). – ELZE, M., Häresie und Einheit der Kirche im 2.
Jahrhundert, ZThK 71, 1974, S. 389–409. – KRAFT, R. A., The Development of
the Concept of „Orthodoxie" in Early Christianity, in: Current Issues in Biblical
and Patristic Interpretation. Studies in Honor of Merril C. Tenney, Grand Ra-
pids/Mich. 1975, S. 47–59. – LÜHRMANN, D., Glaube im frühen Christentum,
Gütersloh 1976 (bes. S. 70–99). – BOGART, J., Orthodox and Heretical Perfectio-
nism, Society of Biblical Literature, Diss. Ser. Nr. 33, Missoula/Mont. 1977. –
BLANK, J., Zum Problem „Häresie und Orthodoxie" im Urchristentum, in: Zur
Geschichte des Urchristentums, hrg. v. G. DAUTZENBERG, H. MERKLEIN, K.
MÜLLER, QD 87, Freiburg. Basel. Wien 1979, S. 142–160. – McCUE, J. F., Ortho-
doxy and Heresy: Walter Bauer and the Valentinians, VigChr 33, 1979, S.
118–130. – HARRINGTON, D. J., The Reception of Walter Bauer's „Orthodoxy
and Heresy in Earliest Christianity" during the Last Decade, HarvThRev 73,
1980, S. 289–298. – HARRINGTON, D. J., The Light Of All Nations. Essays on The
Church In New Testament Research, Good News Studies Vol. 3, Wilmington.
Dublin 1982 (bes. S. 162–173). – NORRIS, F. W., Asia Minor before Ignatius:
Walter Bauer Reconsidered, in: Studia Evangelica Vol. VII. Papers presented to
the Fifth International Congress on Biblical Studies held at Oxford 1973, ed. by
E. A. LIVINGSTONE, TU 126, Berlin 1982, S. 365–377. – BROX, N., Art. Häresie,
RAC, [Bd. XIII], Lfg. 98, 1984, Sp. 248–297 (bes. Sp. 255–264).

Zu 5:
CAMPENHAUSEN, H. v., Die Entstehung der christlichen Bibel, BhTh 39, Tübingen 1968. – KÄSEMANN, E. (Hrg.), Das Neue Testament als Kanon. Dokumenta-
tion und kritische Analyse zur gegenwärtigen Diskussion, Göttingen 1970. –
MERKEL, H., Die Widersprüche zwischen den Evangelien. Ihre polemische und
apologetische Behandlung in der Alten Kirche bis zu Augustin, WUNT 13, Tübingen 1971. – KÜMMEL, W. G., Einleitung in das Neue Testament, Heidelberg
[17]1973, S. 420–451. (Lit.). – SAND, A., Kanon. Von den Anfängen bis zum Frag-
mentum Muratorianum, Handbuch der Dogmengeschichte, Bd. I, Fasz. 3a (1),
Freiburg. Basel. Wien 1974. (Lit.). – MERKEL, H., Die Pluralität der Evangelien

als theologisches und exegetisches Problem in der Alten Kirche, Traditio Christiana 3, Bern. Frankfurt/M. Las Vegas 1978 (bes. S. VII–XXVII; S. 2–161 Quellen). – HAHN, FERD., Die Heilige Schrift als älteste christliche Tradition und als Kanon, EvTh 40, 1980, S. 456–466. – LÜHRMANN, D., Gal 2₉ und die katholischen Briefe. Bemerkungen zum Kanon und zur regula fidei, ZNW 72, 1981, S. 65–87. – BEYSCHLAG, K., Grundriß der Dogmengeschichte. Bd. I: Gott und Welt, Grundrisse Bd. 2, Darmstadt 1982 (bes. S. 149–172).

Zu S. 486 und Anm. 1 und 2 ebdt.:

GABATHULER, H. J., Jesus Christus. Haupt der Kirche – Haupt der Welt. Der Christushymnus Colosser 1,15–20 in der theologischen Forschung der letzten 130 Jahre, AThANT 45, Zürich/Stuttgart 1965. – LÄHNEMANN, J., Der Kolosserbrief. Komposition, Situation und Argumentation, StNT 3, Gütersloh 1971. – PÖHLMANN, W., Die hymnischen All-Prädikationen in Kol. 1₁₅₋₂₀, ZNW 64, 1973, S. 53–74. (Lit.). – BURGER, C., Schöpfung und Versöhnung. Studien zum liturgischen Gut im Kolosser- und Epheserbrief, WMANT 46, Neukirchen-Vluyn 1975. – SCHWEIZER, E., Zur neueren Forschung am Kolosserbrief (seit 1970), in: Theologische Berichte V, Zürich. Einsiedeln. Köln 1976, S. 163–191 (S. 190f. Bibliographie). – SCHWEIZER, E., Der Brief an die Kolosser, EKK, Zürich. Einsiedeln. Köln. Neukirchen-Vluyn 1976 (bes. S. 50–74). – FRANCIS, F. O., The Christological Argument of Colossians, in: God's Christ and His People. Studies in Honor of Nils Alstrup Dahl, Oslo. Bergen. Tromsö 1977, S. 192–208. – O'NEILL, J. C., The Source of the Christology in Colossians, NTSt 25, 1978/79, S. 87–100. – BEASLEY-MURRAY, P., Colossians 1:15–20: An Early Christian Hymn Celebrating the Lordship of Christ, in: Pauline Studies. Essays presented to Professor F. F. Bruce on his 70th Birthday, Exeter. Devon. Grand Rapids/Mich. 1980, S. 169–183. – ALETTI, J.-N., Colossiens 1,15–20. Genre et exégèse du texte. Fonction de la thématique sapientelle, AB 91, Rome 1981. – POLLARD, T. E., Colossians 1.12–20: A Reconsideration, NTSt 27, 1981, S. 572–575.

Zu S. 487:

FISCHER, K. M., Tendenz und Absicht des Epheserbriefes, FRLANT 111, Göttingen 1973.

Zu S. 494 und Bultmann Lit.Verz./Nachtrag S. 624:

§ 56: *Motive und Typen.*

Zu 1.:
BROX, N., Die Pastoralbriefe, RNT 7,2, Regensburg ⁴1969.

Zu 2.:
BALZ, H. R., Eschatologie und Christologie, s. zu S. 464 (§ 53). – LOHSE, E., Apokalyptik und Christologie, s. zu S. 464 (§ 53). – HARNISCH, W., Verhängnis und Verheißung der Geschichte. Untersuchungen zum Zeit- und Geschichtsverständnis im 4. Buch Esra und in der syr. Baruchapokalypse, FRLANT 97, Göttingen 1969. – KÜMMEL, W. G., Einleitung in das Neue Testament, Heidelberg ¹⁷1973, S. 398–401. (Lit.). – SCHMITHALS, W., Die Apokalyptik. Einführung und Deutung, Göttingen 1973. – Apocalypses et theologie de l'espérance. Congress de

l'Association catholique française pour l'étude de la Bible, LD 95, Paris 1977. – MÜLLER, K., Art. Apokalyptik/Apokalypsen. III. Die jüdische Apokalyptik. Anfänge und Merkmale, TRE, Bd. III, 1978, S. 202–251. – *Apocalypse. The Morphology of a Genre*, ed. by J. J. COLLINS, Semeia 14, Montana/Miss. 1979. – *Apocalypticism in the Mediterranean World and the Near East. Proceedings of the International Colloquium on Apocalypticism*, Uppsala, August 12–17, 1979, ed. by D. HELLHOLM, Tübingen 1983. – KÜMMEL, W. G., Einleitung in das Neue Testament, Heidelberg [21]1983, Nachträge zu § 33 (,,Apokalyptik und Apokalypsen"), S. 584 (Lit.).

Zu 4.:
FISCHER, K. M., Tendenz, s. zu S. 487 (in § 55). – POKORNÝ, P., Der Epheserbrief und die Gnosis. Die Bedeutung des Haupt-Glieder-Gedankens in der entstehenden Kirche, Berlin 1965.

Zu 4. (Apokryphen):
VIELHAUER, P., Geschichte der urchristlichen Literatur. Einleitung in das Neue Testament, die Apokryphen und die Apostolischen Väter, Berlin. New York 1975, S. 613–692. – *Les Actes apocryphes des apôtres: Christianisme et monde paiens*, éd. F. BOVON, Publications de la Faculté de Théologie de l'Université de Genève 4, Genève 1981. – BERGER, K., Unfehlbare Offenbarung. Petrus in der gnostischen und apokalyptischen Offenbarungsliteratur, in: Kontinuität und Einheit. Für Franz Mußner, Freiburg. Basel. Wien 1981, S. 261–326. – CAMERON, R. (ed.), The Other Gospels. Non-Canonical Gospel Texts, Philadelphia 1982. – HEDRICK, C. W., Kingdom Sayings and Parables of Jesus in the Apocryphon of Jame: Tradition and Redaction, NTSt 29, 1983, S. 1–24. – McDONALD, D. R., The Legend of the Apostle. The Battle for Paul in Story and Canon, Philadelphia 1983.

Zu S. 497 und Bultmann Lit.Verz./Nachtrag S. 624:
§ *57: Theologie und Kosmologie.*
LÄHNEMANN, J., Der Kolosserbrief, s. zu S. 486 (in § 55). – SCHWEIZER, E., s. zu S. 486 (§ 55). – ERNST, J., Die eschatologischen Gegenspieler in den Schriften des Neuen Testaments, BU 3, Regensburg 1967. – OSTEN-SACKEN, P. VON DER, Gott und Belial. Traditionsgeschichtliche Untersuchungen zum Dualismus in den Texten aus Qumran, StUNT 6, Göttingen 1969. – ERNST, J., Pleroma und Pleroma Christi. Geschichte und Deutung eines Begriffs der paulinischen Antilegomena, BU 5, Regensburg 1970. – SCHWEIZER, E., Die ,,Elemente der Welt", Gal. 4,3.9; Kol. 2,8.20, in: *ders.*, Beiträge zur Theologie des Neuen Testaments. Neutestamentliche Aufsätze (1955–1970), Zürich 1970, S. 147–163. – VÖGTLE, A., Das Neue Testament und die Zukunft des Kosmos, Kommentare und Beiträge zum Alten und Neuen Testament, Düsseldorf 1970. – GIBBS, J. G., Creation and Redemption. A Study in Pauline Theology, SupplNovT XXVI, Leiden 1971. – GIBBS, J. C., Pauline Cosmic Christology and Ecological Crisis, JBL 90, 1971, S. 466–479. – SCHWEIZER, E., Versöhnung des Alls, in: Jesus Christus in Historie und Theologie, Neutestamentliche Festschrift für H. Conzelmann, Tübingen 1975, S. 487–501. – WEISS, H.-F., Schöpfung in Christus. Zur Frage der christologischen Begründung der Schöpfungstheologie im Neuen Testament, Die Zeichen der Zeit 31, 1977, S. 431–437. – STECK, O. H., Welt und Umwelt, Biblische

Konfrontationen, Kohlhammer Taschenbücher Bd. 1006, Stuttgart. Berlin. Köln. Mainz 1978 (bes. S. 173–225). – YATES, R., Christ and the Powers of Evil in Colossians, in: Studia Biblica 1978: III. Papers on Paul and Other New Testament Authors. Sixth International Congress on Biblical Studies, Oxford 3–7 April 1978, ed. by E. A. LIVINGSTONE, Journal for the Study of the New Testament, Suppl. Ser. 3, Sheffield 1980, S. 461–468. – BENOIT, P., Pauline Angelology and Demonology. Reflexions on the Designations of the Heavenly Powers and on the Origin of Angelic Evil According to Paul, Religious Studies Bulletin [Sudbury, Ont.] 3, 1983, S. 1–18.

Zu S. 507 und Bultmann Lit.Verz./Nachtrag S. 625:

§ *58: Christologie und Soteriologie.*

Zu 3.:
vgl. die Lit.Angaben bei DIAS, P. V., Kirche. In der Schrift und im 2. Jahrhundert, Handbuch der Dogmengeschichte Bd. III, Fasz. 3 a, Freiburg. Basel. Wien 1974 (zu Kol. Eph., S. 91; Past., S. 111; I. Petr., S. 94; Hebr. Jak., S. 104; I. Klem., S. 113; Ign., S. 117; Herm. Did. Barn., S. 118); bei KÜMMEL, W. G., Einleitung in das Neue Testament, Heidelberg [17]1973 ([21]1983, Nachträge [Lit.]) und VIELHAUER, P., Geschichte der urchristlichen Literatur. Einleitung in das Neue Testament, die Apokryphen und die Apostolischen Väter, Berlin. New York 1975 zu den betr. Abschnitten.

Im übrigen:
WENDLAND, H. D., Ethik des Neuen Testaments, Grundrisse zum Neuen Testament, NTD Ergänzungsreihe 4, Göttingen 1970, S. 89–109. 116–122 („Die deutero-paulinischen Schriften" und „Die Sendschreiben der Offenbarung des Johannes"). – SANDERS, J. T., Ethics in the New Testament. Change and Development, London 1975, S. 101–128 („The later Epistles and the Apocalypse"). – STUHLMACHER, P., Christliche Verantwortung bei Paulus und seinen Schülern, EvTh 28, 1968, S. 165–186. – LUZ, U., Rechtfertigung bei den Paulusschülern, in: Rechtfertigung, FS. E. Käsemann, Tübingen. Göttingen 1976, S. 365–383. – LOHSE, E., Kirche im Alltag. Erwägungen zur theologischen Begründung der Ethik im Neuen Testament, in: Kirche. FS. für Günther Bornkamm zum 75. Geburtstag, Tübingen 1980, S. 401–414. – SCHÜRMANN, H., Christliche Weltverantwortung im Lichte des Neuen Testaments, Catholica 34, 1980, S. 87–110. – LOHSE, E., Das Evangelium für die Armen, ZNW 72, 1981, S. 51–64. – MERK, O., B. Verantwortung im Neuen Testament, in: WÜRTHWEIN, E.–MERK, O., Verantwortung, Biblische Konfrontationen, Kohlhammer Taschenbücher Bd. 1009, Stuttgart. Berlin. Köln. Mainz 1982 (bes. S. 152–164. 178–183 [Lit.]). – SCHRAGE, W., Ethik des Neuen Testaments, Grundrisse zum Neuen Testament, NTD Ergänzungsreihe 4, Göttingen 1982 (bes. „V. Die Ethik der Weltverantwortung in den Deuteropaulinen", S. 231–265).

Zu Kol., Eph.:
LOHSE, E., Die Briefe an die Kolosser und an Philemon, KEK IX/2, Göttingen [14]1968 (= 1. Aufl. dieser Neuauslegung). (Lit.). – GRÄSSER, E., Kolosser 3,1–4 als Beispiel einer Interpretation secundum homines recipientes, in: *ders.*, Text und Situation. Gesammelte Aufsätze zum Neuen Testament, Gütersloh 1973, S. 123–151. – SCHRAGE, W., Zur Ethik der ntl. Haustafeln, NTSt 21, 1974/75, S.

1–22.(Lit.). – SCHNACKENBURG, R., Der neue Mensch. Mitte christlichen Weltverständnisses. Kol. 3,9–11, in: *ders.*, Schriften zum Neuen Testament. Exegese in Fortschritt und Wandel, München 1971, S. 392–414. – SCHWEIZER, E., Gottesgerechtigkeit und Lasterkataloge bei Paulus (inkl. Kol. und Eph.), in: Rechtfertigung, FS. E. Käsemann, Tübingen. Göttingen 1976, S. 461–477. – STEINMETZ, F.-J., Protologische Heilszuversicht. Die Strukturen des soteriologischen und eschatologischen Denkens im Kolosser- und Epheserbrief, Frankfurter Theologische Studien 2, Frankfurt/M. 1969. – LINDEMANN, A., Die Aufhebung der Zeit. Geschichtsverständnis und Eschatologie im Epheserbrief, StNT 12, Gütersloh 1975. – SCHWEIZER, E., Der Brief an die Kolosser, EKK, Zürich. Einsiedeln. Köln. Neukirchen-Vluyn 1976. – CARAGOUNIS, C., The Ephesian Mysterion. Meaning and Content, Coniectanea Biblica, New Testament Ser. 8, Lund 1977. – MEEKS, W. A., In one Body: The Unity of Humankind in Colossians and Ephesians, in: God's Christ and His People. Studies in Honour of Nils Alstrup Dahl, Oslo. Bergen. Tromsö 1977, S. 209–221. – MEYER, R. P., Kirche und Mission im Epheserbrief, SBS 86, Stuttgart 1977. – SCHWEIZER, E., Die Weltlichkeit des Neuen Testaments: die Haustafeln, in: Beiträge zur alttestamentlichen Theologie, FS. W. Zimmerli, Göttingen 1977, S. 397–413. – STEGEMANN, E., Alt und Neu bei Paulus und in den Deuteropaulinen (Kol-Eph), EvTh 37, 1977, S. 508–536. – RADER, W., The Church and Racial Hostility. A History of Interpretation of Ephesians 2:11–22, Beiträge zur Geschichte der Biblischen Exegese 20, Tübingen 1978. – CONZELMANN, H., Die Schule des Paulus, in: Theologia crucissignum crucis, FS. E. Dinkler, Tübingen 1979, S. 85–96. – LÖWE, H., Bekenntnis, Apostelamt und Kirche im Kolosserbrief, in: Kirche. FS. für Günther Bornkamm zum 75. Geburtstag, Tübingen 1980, S. 299–314. – THRAEDE, K., Zum historischen Hintergrund der „Haustafeln" des NT, in: Pietas, FS. B. Kötting, Jahrbuch für Antike und Christentum, Erg. Bd. 8, Münster 1980, S. 359–368. – GNILKA, J., Das Paulusbild im Kolosser- und Epheserbrief, in: Kontinuität und Einheit. Für Franz Mußner, Freiburg. Basel. Wien 1981, S. 179–193. – LINDEMANN, A., Die Gemeinde von „Kolossä". Erwägungen zum ‚Sitz im Leben' eines pseudopaulinischen Briefes, WuD, N.F. 16, 1981, S. 111–134. – LÜHRMANN, D., Neutestamentliche Haustafeln und antike Ökonomie, NTSt 27, 1981, S. 83–97. – MERKLEIN, H., Paulinische Theologie in der Rezeption des Kolosser- und Epheserbriefes, in: KERTELGE, K. (Hrg.), Paulus in den neutestamentlichen Spätschriften. Zur Paulusrezeption im Neuen Testament, QD 89, Freiburg. Basel. Wien 1981, S. 25–69. (Lit.). – EVANS, C. A., The Colossian Mystics, Biblica 63, 1982, S. 188–205. – MUSSNER, F., Der Brief an die Epheser, Ökumenischer Taschenbuchkommentar zum Neuen Testament Bd. 10, Gütersloh. Würzburg 1982. – SCHNACKENBURG, R., Der Brief an die Epheser, EKK X, Zürich. Einsiedeln. Köln. Neukirchen-Vluyn 1982. – SCHNACKENBURG, R., Die Kirche als Bau: Epheser 2.19–22 unter ökumenischem Aspekt, in: Paul and Paulinism. Essays in honour of C. K. Barrett, London 1982, S. 258–272. – CANNON, G. E., The Use of Traditional Materials in Colossians, Macon/GA. 1983. – LINDEMANN, A., Der Kolosserbrief, Zürcher Bibelkommentare NT 10, Zürich 1983. – SCHENK, W., Christus, das Geheimnis der Welt, als dogmatisches und ethisches Grundprinzip des Kolosserbriefes, EvTh 43, 1983, S. 138–155. – BARTH, M., Traditions in Ephesians, NTSt 30, 1984, S. 3–25. – LONA, H. E., Die Eschatologie im Kolosser- und Epheserbrief, forschung zur bibel 48, Würzburg 1984.

Zu Hebr.:

GRÄSSER, E., Der Hebräerbrief 1938–1963, ThR, N.F. 30, 1964/65, S. 138–236. –
GRÄSSER, E., Der Glaube im Hebräerbrief, MarbThSt 2, Marburg 1965. –
BRAUN, H., Die Gewinnung der Gewißheit im Hebräerbrief, ThLZ 96, 1971, Sp.
321–330. – DAUTZENBERG, G., Der Glaube im Hebräerbrief, BZ, N.F. 17, 1973,
S. 161–177. – GRÄSSER, E., Zur Christologie des Hebräerbriefes. Eine Auseinan-
dersetzung mit Herbert Braun, in: Neues Testament und christliche Existenz,
FS. H. Braun, Tübingen 1973, S. 195–206. – GRÄSSER, E., Der historische Jesus
im Hebräerbrief, in: *ders.*, Text und Situation. Gesammelte Aufsätze zum Neuen
Testament, Gütersloh 1973, S. 152–181. – GREER, R. A., The Captain of our
Salvation. A Study in the Patristic Exegesis of Hebrews, Beiträge zur Geschich-
te der Biblischen Exegese 15, Tübingen 1973. – ROLOFF, J., Der mitleidende
Hohepriester. Zur Frage nach der Bedeutung des irdischen Jesus für die Christo-
logie des Hebräerbriefes, in: Jesus Christus in Historie und Theologie, Neutesta-
mentliche Festschrift für H. Conzelmann, Tübingen 1975, S. 143–166. – GRÄS-
SER, E., Rechtfertigung im Hebräerbrief, in: Rechtfertigung, FS. E. Käsemann,
Tübingen. Göttingen 1976, S. 79–94. – JOHNSSON, W. G., Issues in the Interpretation of Hebrews, Andrew University Seminary Studies 15, 1977, S. 169–187. –
SPICQ, C., L'épître aux Hébreux, Sources bibliques, Paris 1977. – ZIMMERMANN,
H., Das Bekenntnis der Hoffnung. Tradition und Redaktion im Hebräerbrief,
BBB 47, Köln-Bonn 1977. – MEES, M., Die Hohepriester-Theologie des Hebräer-
briefes im Vergleich mit dem Ersten Clemensbrief, BZ, N.F. 22, 1978, S.
115–124. – GRÄSSER, E., Die Heilsbedeutung des Todes Jesu in Hebräer 2,
14–18, in: Theologia crucis – signum crucis, FS. E. Dinkler, Tübingen 1979, S.
165–184. – HUGHES, G., Hebrews and Hermeneutics. The Epistle to the Hebrews as a New Testament example of biblical interpretation, SNTSMS 36,
Cambridge. London. New Rochelle. Melbourne. Syndney 1979. – NISSILÄ, K.,
Das Hohepriestermotiv im Hebräerbrief. Eine exegetische Untersuchung,
Schriften der Finnischen Exegetischen Gesellschaft Bd. 33, Helsinki 1979. –
LAUB, F., Bekenntnis und Auslegung. Die paränetische Funktion der Christologie im Hebräerbrief, BU 15, Regensburg 1980. – SCHLIER, H., Zur Christologie
des Hebräerbriefes, in: *ders.*, Der Geist und die Kirche. Exegetische Aufsätze
und Vorträge IV, Freiburg. Basel. Wien 1980, S. 88–100. – VANHOYE, A., Prêtres anciens, prêtre nouveau selon le Nouveau Testament, Éditions du Seuil,
Paris 1980 (bes. S. 79–263). – LOADER, W. R. G., Sohn und Hoherpriester. Eine
traditionsgeschichtliche Untersuchung zur Christologie des Hebräerbriefes,
WMANT 53, Neukirchen-Vluyn 1981. – GRÄSSER, E., Die Gemeindevorsteher
im Hebräerbrief, in: Vom Amt des Laien in Kirche und Theologie. FS. für G.
Krause, Berlin. New York 1982, S. 67–84. – HEGERMANN, H., Das Wort Gottes
als aufdeckende Macht. Zur Theologie des Wortes Gottes im Hebräerbrief, in:
Das lebendige Wort. Beiträge zur kirchlichen Verkündigung. Festgabe für G.
Voigt zum 65. Geburtstag, Berlin 1982, S. 83–98. – PETERSON, D., Hebrews and
Perfection. An Examination of the Concept of Perfection in the 'Epistle to the
Hebrews', SNTSMS 47, Cambridge. London. New York. New Rochelle. Mel-
bourne. Sydney 1982. – THOMPSON, J., The beginnings of Christian philosophy,
CBQMS 13, Washington 1982. – WALTER N., Christologie und irdischer Jesus im
Hebräerbrief, in: Das lebendige Wort. Beiträge zur kirchlichen Verkündigung.
Festgabe für G. Voigt zum 65. Geburtstag, Berlin 1982, S. 64–82. – HAACKER,

K., Der Glaube im Hebräerbrief und die hermeneutische Bedeutung des Holocaust. Bemerkungen zu einer aktuellen Kontroverse, ThZ 39, 1983, S. 152–165.

Zu Past.:

BROX, N., Die Pastoralbriefe, RNT 7,2, Regensburg [4]1969. – MERK, O., Glaube und Tat in den Pastoralbriefen, ZNW 66, 1975, S. 91–102. – FLOOR, L., Church order in the Pastoral Epistles, in: Ministry in the Pauline Letters, Neotestamentica 10 (1976), Pretoria 1976, S. 86–96. – HERR, TH., Naturrecht aus der kritischen Sicht des Neuen Testaments, Abhandlungen zur Sozialethik Bd. 11, München. Paderborn. Wien 1976 (bes. S. 73–86. 87–115). – MÜLLER, U. B., Zur frühchristlichen Theologiegeschichte. Judentum und Paulinismus in Kleinasien an der Wende vom ersten zum zweiten Jahrhundert n. Chr., Gütersloh 1976 (bes. S. 53–77). – HASLER, V., Epiphanie und Christologie in den Pastoralbriefen, ThZ 33, 1977, S. 193–209. – WANKE, J., Der verkündigte Paulus der Pastoralbriefe, in: Dienst der Vermittlung, Festschrift zum 25jährigen Bestehen des Philosophisch-Theologischen Studiums im Priesterseminar Erfurt, Erfurter Theologische Studien 37, Leipzig 1977, S. 165–189. – TRUMMER, P., Die Paulustradition der Pastoralbriefe, Beiträge zur biblischen Exegese und Theologie 8, Frankfurt/M. Bern. Las Vegas 1978. – LIPS, H. V., Glaube – Gemeinde – Amt. Zum Verständnis der Ordination in den Pastoralbriefen, FRLANT 122, Göttingen 1979. – LOHSE, E., Episkopos in den Pastoralbriefen, in: Kirche und Bibel. Festgabe für Bischof Eduard Schick, Paderborn. München. Wien. Zürich 1979, S. 225–231. – HARRIS, M. J., Titus 2:13 and the Deity of Christ, in: Pauline Studies. Essays presented to Professor F. F. Bruce on his 70th Birthday, Exeter. Devon. Grand Rapids/Mich. 1980, S. 262–277. – OBERLINNER, L., Die ,Epiphaneia' des Heilswillens Gottes in Jesus Christus. Zur Grundstruktur der Christologie der Pastoralbriefe, ZNW 71, 1980, S. 192–213. – SIMONSEN, H., Christologische Traditionselemente in den Pastoralbriefen, in: PEDERSEN, S. (Hrg.), Die paulinische Literatur und Theologie. The Pauline Literature and Theology, Teologiske Studier 7, Århus. Göttingen 1980, S. 51–62. – KERTELGE, K. (Hrg.), Paulus in den neutestamentlichen Spätschriften. Zur Paulusrezeption im Neuen Testament, QD 89, Freiburg. Basel. Wien 1981 (daraus: LOHFINK, G., Paulinische Theologie in der Rezeption der Pastoralbriefe, S. 70–121 [Lit.]. – TRUMMER, P., Corpus Paulinum – Corpus Pastorale. Zur Ortung der Paulustraditionen in den Pastoralbriefen, S. 122–145). – KRETSCHMAR, G., Der paulinische Glaube in den Pastoralbriefen, in: Glaube im Neuen Testament. Studien zu Ehren von Hermann Binder anläßlich seines 70. Geburtstages, Biblisch-Theologische Studien 7, Neukirchen-Vluyn 1982, S. 115–140. – SCHWARZ, R., Bürgerliches Christentum im Neuen Testament? Eine Studie zu Ethik, Amt und Recht in den Pastoralbriefen, Österreichische Biblische Studien 4, Klosterneuburg 1983. – VERNES, D. C., The Household of God. The Social World of the Pastoral Epistles, Society of Biblical Literature Diss. Ser. 71, Chico 1983.

Zu I. Petr.:

DELLING, G., Der Bezug der christlichen Existenz auf das Heilshandeln Gottes nach dem ersten Petrusbrief, in: Neues Testament und christliche Existenz, FS. H. Braun, Tübingen 1973, S. 95–113. – Neotestamentica 9 (1975): Essays in General Epistles of the New Testament, Pretoria 1975 (daraus: COMBRINK, H. J. B., The structure of 1Peter, S. 34–63; VILLIERS, J. DE, Joy in Suffering in 1Peter, S. 64–86). – MILLAUER, H., Leiden als Gnade. Eine traditionsgeschichtliche Untersuchung zur Leidenstheologie des ersten Petrusbriefes, Europäische Hochschulschriften, Reihe XXIII. Theologie Bd. 56, Bern. Frankfurt/M. 1976. – BAUER, J. B., Der erste Petrusbrief und die Verfolgung unter Domitian, in: Die Kirche des Anfangs. Für Heinz Schürmann, Leipzig 1978. Freiburg. Basel. Wien 1978, S. 513–527. – BROX, N., Der erste Petrusbrief in der literarischen Tradition des Urchristentums, Kairos 20, 1978, S. 182–192. – GOPPELT, L., Der Erste Petrusbrief, hrg. v. FERD. HAHN, KEK XII/1, Göttingen[(8)] [1]1978. (Lit.). – NEU-GEBAUER, F., Zur Deutung und Bedeutung des 1. Petrusbriefes, NTSt 25, 1978/ 79, S. 61–86. – BROX, N., Der erste Petrusbrief, EKK XXI, Zürich. Einsiedeln. Köln. Neukirchen-Vluyn 1979. (Lit.). – MARXSEN, W., Der Mitälteste und Zeuge der Leiden Christi. Eine martyrologische Begründung des „Romprimats" im 1. Petrus-Brief?, in: Theologia crucis – signum crucis, FS. E. Dinkler, Tübingen 1979, S. 377–393. – VANHOYE, A., Prêtres anciens, prêtre nouveau selon le Nouveau Testament, Éditions du Seuil, Paris 1980 (bes. S. 269–306). – BALCH, D. L., Let Wives Be Submissive. The Domestic Code in 1 Peter, Society of Biblical Literature Mon. Ser. 26, Chico 1981. – COTHENET, E., Le realisme de l'ésperan-ce chretienne selon 1 Pierre, NTSt 27, 1981, S. 564–572. – SCHRÖGER, F., Ansät-ze zu den modernen Menschenrechtsforderungen im 1. Petrusbrief, in: Der Dienst für den Menschen in Theologie und Verkündigung. FS. für A. Brems, Eichstädter Studien N.F. XIII, Regensburg 1981, S. 179–191. – SCHRÖGER, F., Gemeinde im 1. Petrusbrief. Untersuchungen zum Selbstverständnis einer christlichen Gemeinde an der Wende vom 1. zum 2. Jahrhundert, Schriften der Universität Passau, Kath. Reihe Bd. 1, Passau 1981. – ELLIOTT, J. H., A Home for the Homeless: A Sociological Exegesis of I Peter. Its Situation and Strategy, Philadelphia 1981 (London 1982; dazu: WOLFF, CHR., ThLZ 109, 1984, Sp. 443–445). – KOHLER, M. E., La Communauté des Chrétiens selon la première Épître de Pierre, RThPh 114, 1982, S. 1–21. – MUNRO, W., Authority in Paul and Peter. The Identification of a Pastoral Stratum in the Pauline Corpus and 1 Peter, SNTSMS 45, Cambridge. London. New York. New Rochelle. Melbourne. Sydney 1983.

Zu Jak.:
KÜMMEL, W. G., Einleitung (s. o.), S. 365–367. (Lit.). – NICOL, W., Faith and works in the Letter of James, in: Neotestamentica 9 (1975): Essays on the Gene-ral Epistles of the New Testament, Pretoria 1975, S. 7–24. – HOPPE, R., Der theologische Hintergrund des Jakobusbriefes, forschung zur bibel 28, Würzburg 1977. – SCHILLE, G., Wider die Gespaltenheit des Glaubens. Beobachtungen am Jakobusbrief, Theologische Versuche IX, Berlin 1977, S. 71–89. – WANKE, J., Die urchristlichen Lehrer nach dem Zeugnis des Jakobusbriefes, in: Die Kirche des Anfangs. Für Heinz Schürmann, Leipzig 1978. Freiburg. Basel. Wien 1978, S. 489–511. – WUELLNER, W. H., Der Jakobusbrief im Licht der Rhetorik und Textpragmatik, Linguistica Biblica Nr. 43, 1978, S. 5–66. – BLONDEL, J.-L., Le fondement théologique de la parénèse dans l'épître Jacques, RThPh 111, 1979, S. 141–152. – BURCHARD, CHR., Gemeinde in der strohernen Epistel. Mutmaßun-gen über Jakobus, in: Kirche. FS. für Günther Bornkamm zum 75. Geburtstag, Tübingen 1980, S. 315–328. – BURCHARD, CHR., Zu Jakobus 2_{14-26}, ZNW 71, 1980, S. 27–45. – ZMIJEWSKI, J., Christliche „Vollkommenheit". Erwägungen zur Theologie des Jakobusbriefes, Studien zum Neuen Testament und seiner Umwelt (SNTU), Ser. A Bd. 5, Linz 1980, S. 50–78. – PERDUE, L. G., Paraenesis

and the Epistle of James, ZNW 72, 1981, S. 241–256. – BAASLAND, E., Der Jakobusbrief als neutestamentliche Weisheitsschrift, Studia Theologica 36, 1982, S. 119–139. – LAWS, S., The Doctrinal Basis for the Ethics of James, in: Studia Evangelica Vol. VII. Papers presented to the Fifth International Congress on Biblical Studies held at Oxford, 1973, ed. by E. A. LIVINGSTONE, TU 126, Berlin 1982, S. 299–305. – SCHRAGE, W., Ethik des Neuen Testaments, Grundrisse zum Neuen Testament, NTD Ergänzungsreihe 4, Göttingen 1982 („VI. Die Paränese des Jakobusbriefes", S. 266–279). – HEILIGENTHAL, R., Untersuchungen zur Bedeutung der menschlichen Taten im Frühjudentum, Neuen Testament und Frühchristentum, WUNT 2. Reihe Bd. 9, Tübingen 1983 (bes. S. 26–52). – LUCK, U., Die Theologie des Jakobusbriefes, ZThK 81, 1984, S. 1–30.

Zu Apk.:
SATAKE, A., Die Gemeindeordnung in der Johannesapokalypse, WMANT 21, Neukirchen-Vluyn 1966. – JÖRNS, K.-P., Das hymnische Evangelium. Untersuchungen zu Aufbau, Funktion und Herkunft der hymnischen Stücke in der Johannesoffenbarung, StNT 5, Gütersloh 1971. – HAHN, FERD., Die Sendschreiben der Apokalypse. Ein Beitrag zur Bestimmung prophetischer Redeformen, in: Tradition und Glaube. Das frühe Christentum in seiner Umwelt. Festgabe K. G. Kuhn, Göttingen 1971, S. 357–394. – SCHÜSSLER-FIORENZA, E., Priester für Gott. Studien zum Herrschafts- und Priestermotiv in der Apokalypse, NTA, N.F. Bd. 7, Münster 1972. – BÖCHER, O., Die Apokalypse, Erträge der Forschung Bd. 41, Darmstadt 1975. (Lit.). – MÜLLER, U. B., Prophetie und Predigt im Neuen Testament. Formgeschichtliche Untersuchungen zur christlichen Prophetie, StNT 10, Gütersloh 1975. – MÜLLER, U. B., Zur frühchristlichen Theologiegeschichte. Judenchristentum und Paulinismus an der Wende vom ersten zum zweiten Jahrhundert n. Chr., Gütersloh 1976 (bes. S. 13–52). – SCHÜSSLER-FIORENZA, E., The Quest for the Johannine School: The Apocalypse and the Fourth Gospel, NTSt 23, 1976/77, S. 402–427. – COLLINS, J. J., Pseudonymity, Historical Reviews and the Genre of the Revelation of John, CBQ 39, 1977, S. 329–343. – GERHARDSSON, B., Die christologischen Aussagen in den Sendschreiben der Offenbarung (Kap. 2–3), in: Theologie aus dem Norden, hrg. v. A. FUCHS, Studien zum Neuen Testament und seiner Umwelt (SNTU), Ser. A Bd. 2, Linz-Freistadt 1977, S. 142–166. – PRIGENT, P., L'Héresie asiate et l'Église confessante de l'Apocalypse à Ignace, VigChr 31, 1977, S. 1–22. – SAHLIN, H., Die Bildersprache der Offenbarung, Örebro 1977. – SCHÜSSLER-FIORENZA, E., Composition and Structure of the Book of Revelation, CBQ 39, 1977, S. 344–366. – ZEILINGER, F., Das himmlische Jerusalem. Untersuchungen zur Bildsprache der Johannesapokalypse und des Hebräerbriefes, in: Memoria Jerusalem. Freundesgabe Franz Sauer zum 70. Geburtstag, Graz 1977, S. 143–165. – LÄHNEMANN, J., Die sieben Sendschreiben der Johannes-Apokalypse. Dokumente für die Konfrontation des frühen Christentums mit hellenistisch-römischer Kultur und Religion in Kleinasien, in: Studien zur Religion und Kultur Kleinasiens, FS. F. K. Dörner, Études Préliminaires aux Religions orientales dans l'empire Romain, Bd. 66, Leiden 1978, S. 516–539. – STROBEL, A., Art. Apokalypse des Johannes, TRE, Bd. III, 1978, S. 174–189. – PRIGENT, P., L'Apocalypse: Exégèse historique et analyse structurale, NTSt 25, 1978/79, S. 127–137. – HAHN, FERD., Zum Aufbau der Johannesoffenbarung, in: Kirche und Bibel. Festgabe für Bischof Eduard Schick, Paderborn. München. Wien. Zürich 1979, S. 145–154. – LAMBRECHT, J., The

Book of Revelation and Apocalyptic in the New Testament, Ephemerides Theologicae Lovanienses 55, 1979, S. 391–397. (Lit.). – SCHENKE, H.-M.–FISCHER, K. M., Einleitung in die Schriften des Neuen Testaments. II. Die Evangelien und die anderen neutestamentlichen Schriften, Gütersloh 1979 (bes. S. 301–309). – GÜNTHER, H. W., Der Nah- und Enderwartungshorizont in der Apokalypse des heiligen Johannes, forschung zur bibel 41, Würzburg 1980. – LAMBRECHT, J. (Hrg.), L'Apocalypse johannique et l'Apocalyptique dans le Nouveau Testament, Bibliotheca Ephemeridum Theologicarum Lovaniensium LIII, Gembloux. Leuven 1980 (daraus bes.: HOLTZ, T., Gott in der Apokalypse, S. 247–265; PRIGENT, P., Le temps et le Royaume dans l'Apocalypse, S. 231–245; VANNI, U., L'Apocalypse johannique. État de la question, S. 21–46). – SATAKE, A., Kirche und feindliche Welt. Zur dualistischen Auffassung der Menschenwelt in der Johannesapokalypse, in: Kirche. FS. für Günther Bornkamm zum 75. Geburtstag, Tübingen 1980, S. 329–349. – BÖCHER, O., Johanneisches in der Apokalypse des Johannes, NTSt 27, 1981, S. 310–321. – FISCHER, K. M., Die Christlichkeit der Offenbarung Johannes, ThLZ 106, 1981, Sp. 165–172. – GOULDER, D. M., The Apocalypse as an Annual Cycle of Prophecies, NTSt 27, 1981, S. 342–367. – MAIER, G., Die Johannesoffenbarung und die Kirche, WUNT 25, Tübingen 1981. – WOLFF, CHR., Die Gemeinde des Christus in der Apokalypse des Johannes, NTSt 27, 1981, S. 186–197. – CARNEGIE, D. R., Worthy is the Lamb: The Hymns in Revelation, in: Christ the Lord: Studies in Christology Presented to D. Guthrie, Leicester 1982, S. 243–256. – SCHRAGE, W., Ethik des Neuen Testaments, Grundrisse zum Neuen Testament, NTD Ergänzungsreihe 4, Göttingen 1982 (bes.: „IX. Eschatologische Mahnung in der Johannesoffenbarung", S. 307–324). – BÖCHER, O., Israel und die Kirche in der Johannesapokalypse, in: ders., Kirche in Zeit und Endzeit. Aufsätze zur Offenbarung des Johannes, Neukirchen-Vluyn 1983, S. 28–57. – JÖRNS, K.-P., Proklamation und Akklamation. Die antiphonische Grundordnung des frühchristlichen Gottesdienstes nach der Johannesoffenbarung, in: BECKER, H.–KACZYNSKI, R. (Hrg.), Liturgie und Dichtung, St. Ottilien 1983, S. 187–208. – KARRER, M., Die Johannesoffenbarung als Brief. Studien zum literarischen, historischen und theologischen Ort dieses Werkes, Diss. Theol. Fak. Erlangen 1983. – LÉON-DUFOUR, X., L'Apocalypse de Jean, Rech. sc. rel. 71, 1983, S. 309–336. – MÜLLER, U. B., Literarische und formgeschichtliche Bestimmung der Apokalypse des Johannes als einem Zeugnis frühchristlicher Apokalyptik, in: Apocalypticism in the Mediterranean World and the Near East. Proceedings of the International Colloquium on Apocalypticism, Uppsala, August 12–17, 1979, ed. by D. HELLHOLM, Tübingen 1983, S. 599–619. – POPKES, W., Die Funktion der Sendschreiben in der Johannes-Apokalypse. Zugleich ein Beitrag zur Spätgeschichte der neutestamentlichen Gleichnisse, ZNW 74, 1983, S. 90–107. – BARR, D. L., The Apocalypse as a Symbolic Transformation of the World: A Literary Analysis, Interpretation 38, 1984, S. 39–50. – MÜLLER, U. B., Die Offenbarung des Johannes, Ökumenischer Taschenbuchkommentar zum Neuen Testament Bd. 19, Gütersloher Taschenbücher/Siebenstern Bd. 510, Gütersloh. Würzburg 1984. – ROLOFF, J., Die Offenbarung des Johannes, Zürcher Bibelkommentare NT 18, Zürich 1984.

Zu I. Klem.:
KNOCH, O., Die Eigenart und Bedeutung der Eschatologie im theologischen Aufriß des ersten Clemensbriefes, Theophaneia 17, Bonn 1964. – BEYSCHLAG,

K., Clemens Romanus und der Frühkatholizismus. Untersuchungen zu I Clemens 1–7, BhTh 35, Tübingen 1966. (Lit.). – BRUNNER, G., Die theologische Mitte des Ersten Klemensbriefs. Ein Beitrag zur Hermeneutik frühchristlicher Texte, Frankfurter Theologische Studien 11, Frankfurt/M. 1972. (Lit.). – STALDER, K., Apostolische Sukzession und Eucharistie bei Clemens Romanus, Irenäus und Ignatius von Antiochien, Internationale Kirchliche Zeitschrift 62, 1972, S. 231–244; 63, 1973, S. 100–128. – HAGNER, D. A., The Use of the Old and New Testaments in Clement of Rome, SupplNovT XXXIV, Leiden 1973. – ALAND, K., Das Ende der Zeiten. Über die Naherwartung im Neuen Testament und in der Alten Kirche, in: ders., Neutestamentliche Entwürfe, ThB 63, München 1979, S. 124–197 (bes. S. 158–164). – BAUMEISTER, TH., Die Anfänge der Theologie des Martyriums, Münsterische Beiträge zur Theologie Bd. 45, Münster 1980 (bes. S. 229–248). – KNOCH, O., Petrus und Paulus in den Schriften der Apostolischen Väter, in: Kontinuität und Einheit. Für Franz Mußner, Freiburg. Basel. Wien 1981, S. 240–260 (bes. S. 243–245).

Zu Didache:
TUILIER, A., Art. Didache, TRE, Bd. VIII, 1981, S. 731–736. – WENGST, K., Didache. Literatur. Einleitung, in: ders., Didache (Apostellehre). Barnabasbrief. Zweiter Klemensbrief. Schrift an Diognet. Eingel., hrg., übertragen und erläutert v. K. WENGST, Schriften des Urchristentums II, Darmstadt 1984, S. 3–63.

Zu Barn.:
WENGST, K., Tradition und Theologie des Barnabasbriefes, AKG 42, Berlin. New York 1971. – WENGST, K., Art. Barnabasbrief, TRE, Bd. V, 1980, S. 238–241. (Lit.). – WENGST, K., Barnabasbrief. Literatur. Einleitung, in: ders., Didache (Apostellehre). Barnabasbrief. Zweiter Klemensbrief. Schrift an Diognet. Eingel., hrg., übertragen und erläutert v. K. WENGST, Schriften des Urchristentums II, Darmstadt 1984, S. 103–136.

Zu Ign.:
RATHKE, H., Ignatius von Antiochien und die Paulusbriefe, TU 99, Berlin 1967. – RICHARDSON, C. CH., The Christianity of Ignatius of Antioch, New York 1967. – TARVAEINEN, O., Glaube und Liebe bei Ignatius von Antiochien, Joensu 1967. – AUNE, D. E., The Cultic Setting of Realized Eschatology in Early Christianity, SupplNovT XXVIII, Leiden 1972 (bes. S. 136–165 [Lit.]). – STAATS, R., Die martyrologische Begründung des Romprimats bei Ignatius von Antiochien, ZThK 73, 1976, S. 461–470. – PAULSEN, H., Studien zur Theologie des Ignatius von Antiochien, Forschungen zur Kirchen- und Dogmengeschichte Bd. 29, Göttingen 1978. (Lit.). – ALAND, K., s. zu IKlem., bes. S. 164–166. – LINDEMANN, A., Paulus im ältesten Christentum. Das Bild des Apostels und die Rezeption der paulinischen Theologie in der frühchristlichen Theologie bis Markion, BhTh 58, Tübingen 1979 (bes. S. 199–221). – MEINHOLD, P., Studien zu Ignatius von Antiochien, Veröffentlichungen des Instituts für Europäische Geschichte Mainz Bd. 97, Wiesbaden 1979. – RIUS-CAMPS, J., The four authentic Letters of Ignatius the Martyr. A critical Study based on the Anomalies contained in the Textus receptus, ΧΡΙΣΤΙΑΝΙΣΜΟΣ 2, Roma 1979. – ZAÑARTU, S., Les concepts de vie et de mort chez Ignace d'Antioche, VigChr 33, 1979, S. 324–341. – KNOCH, O., Petrus und Paulus in den Schriften der Apostolischen Väter, in: Kontinuität und Einheit. Für Franz Mußner, Freiburg. Basel. Wien 1981, S. 240–260 (bes. S.

246–251). – HALLEUX, A. DE., „L'Eglise catholique" dans la Lettre ignacienne aux Smyrniotes, Ephemerides Theologicae Lovanienses 58, 1982, S. 5–24.

Zu Herm.:
PERVEDEN, L., The Concept of the Church in the Shepherd, Lund 1966. – REILING, J., Hermas and Christian Prophecy. A Study of the Eleventh Mandate, SupplNovT XXXVII, Leiden 1973. – BAUMEISTER, TH., Die Anfänge der Theologie des Martyriums, Münsterische Beiträge zur Theologie Bd. 45, Münster 1980 (bes. S. 252–257). – HELLHOLM, D., Das Visionenbuch des Hermas als Apokalypse. Formgeschichtliche und texttheoretische Studien zu einer literarischen Gattung. I. Methodologische Vorüberlegungen und makrostrukturelle Textanalyse, Coniectanea biblica, New Testament Ser. 13:1, Lund 1980. – OSIEK, C., Rich and Poor in the Shepherd of Hermas, CBQMS 15, Washington 1983.

Zu II. Petr.:
FORNBERG, T., An Early Church in a Pluralistic Society. A Study of 2 Peter, Coniectanea biblica, New Testament Ser. 9, Lund 1977. – NEYREY, J. H., The Form and Background of Polemic in 2 Peter, Diss. Yale University 1977. – VÖGTLE, A., Petrus und Paulus nach dem Zweiten Petrusbrief, in: Kontinuität und Einheit. Für Franz Mußner, Freiburg. Basel. Wien 1981, S. 223–239. – CAULLEY, TH. S., The Idea of ‚Inspiration' in 2 Peter 1:16–21, Diss. Evang.-Theol. Fak. Tübingen 1983. – SNYDER, J. I., The Promise of His Coming. The Eschatology of 2 Peter, Diss. Theol. Fak. Basel 1983. – VÖGTLE, A., „Keine Prophetie der Schrift ist Sache eigenwilliger Auslegung" (2 Petr 1,20b), in: Dynamik im Wort. Lehre von der Bibel. Leben aus der Bibel. FS. aus Anlaß des 50jährigen Bestehens des Katholischen Bibelwerks in Deutschland (1933–1983), hrg. v. Katholischen Bibelwerk e.V., Stuttgart 1983, S. 257–285.

Zu Jud.:
ROWSTON, D. J., The Most Neglected Book in the New Testament, NTSt 21, 1974/75, S. 554–563. – HAHN, FERD., Randbemerkungen zum Judasbrief, ThZ 37, 1981, S. 209–218.

Zu II. Klem.:
DONFRIED, K. P., The Theology of Second Clement, HarvThR 66, 1973, S. 487–501. – DONFRIED, K. P., The Setting of Second Clement in Early Christianity, SupplNovT XXXVIII, Leiden 1974. – STEGEMANN, C., Herkunft und Entstehung des sog. 2. Klemensbriefes, Diss. Evang.-Theol. Fak. Bonn 1974. – ÖFFNER, E., Der zweite Klemensbrief. Moralerziehung und Moralismus in der ältesten christlichen Predigt, Diss. Theol. Fak. Erlangen (1976; Fotodruck 1982). – WENGST, K., Zweiter Klemensbrief. Literatur. Einleitung, in: *ders.*, Didache (Apostellehre). Barnabasbrief. Zweiter Klemensbrief. Schrift an Diognet. Eingel., hrg., übertragen und erläutert v. K. WENGST, Schriften des Urchristentums II, Darmstadt 1984, S. 205–235.

Zu S. 552 und Bultmann Lit.Verz./Nachtrag S. 625:

III. *Das Problem der christlichen Lebensführung.*
SPICQ, C., Théologie morale du Nouveau Testament, I. II, Paris 1965. – LIPPERT, P., Leben als Zeugnis. Die werbende Kraft christlicher Lebensführung nach dem Kirchenverständnis neutestamentlicher Briefe, Stuttgarter Biblische

Monographien 4, Stuttgart 1968. – DAVIES, W. D., The Relevance of the Moral Teaching of the Early Church, in: Neotestamentica et Semitica, Studies in Honour of M. Black, Edinburgh 1969, S. 30–49. – DAVIES, W. D., The Moral Teaching of the Early Church, in: The Use of the Old Testament in the New and other Essays. Studies in Honour of W. F. Stinespring, Durham/N. C. 1972, S. 310–332. – OSBORN, E., Ethical Patterns in Early Christian Thought, London. New York. Melbourne 1976. – BEYSCHLAG, K., Zur Geschichte der Bergpredigt in der Alten Kirche, ZThK 74, 1977, S. 291–322. – STRECKER, G., Strukturen einer neutestamentlichen Ethik, ZThK 75, 1978, S. 117–146. – ÖFFNER, E., Der zweite Klemensbrief. Moralerziehung und Moralismus in der ältesten christlichen Moralpredigt, Diss. Theol. Fak. Erlangen (1976; Fotodruck 1982). – OSBORN, E., Art. Ethik. V. Alte Kirche, TRE, Bd. X, 1982, S. 463–473 (passim). – SCHRAGE, W., Art. Ethik. IV. Neues Testament, TRE, Bd. X, 1982, S. 434–462. (Lit.).

Zu S. 552:

§ 59: *Das Verständnis des Imperativs.*
s. Bultmann Lit.Verz./Nachtrag zu S. 507 (§ 58) und Nachträge 1965–1983/84 zu § 58; dazu:
BECKER, J., Art. Buße. IV. Neues Testament, TRE, Bd. VII, 1981, S. 446–451. – BENRATH, G. A., Art. Buße. V. Historisch, TRE, Bd. VII, 1981, S. 452–473 (bes. S. 452f.). – BAUMEISTER, TH., Art. Gebet. V. Alte Kirche, TRE, Bd. XII, 1984, S. 60–65 (bes. S. 60–62). – MERKEL, H., Art. Gerechtigkeit. IV. Alte Kirche, TRE, Bd. XII, 1984, S. 420–424 (bes. S. 420f.). – MERKEL, H., Art. Gericht Gottes. IV. Alte Kirche bis Reformationszeit, TRE, Bd. XII, 1984, S. 483–492 (bes. S. 483f.).

Zu S. 566 und Bultmann Lit.Verz./Nachtrag S. 626:

§ 60: *Der Inhalt der Forderung und die Stellung zu den verschiedenen Lebensgebieten.*
s. auch Nachträge 1965–1983/84 zu S. 507 (§ 58) und S. 552 („III.").
VÖLKL, R., Christ und Welt nach dem Neuen Testament, Würzburg 1961. – SCHNEEMELCHER, W., Der diakonische Dienst in der alten Kirche, in: Das Diakonische Amt der Kirche, hrg. v. H. KRIMM, Stuttgart ²1965, S. 61–105. – GÜLZOW, H., Christentum und Sklaverei in den ersten drei Jahrhunderten, Bonn 1969. – SCHRAGE, W., Die Christen und der Staat nach dem Neuen Testament, Gütersloh 1971. – GOPPELT, L., Prinzipien neutestamentlicher Sozialethik nach dem 1. Petrusbrief, in: Neues Testament und Geschichte. Historisches Geschehen und Deutung im Neuen Testament, O. Cullmann zum 70. Geburtstag, Zürich. Tübingen 1972, S. 285–296. – HENGEL, M., Eigentum und Reichtum in der frühen Kirche. Aspekte einer frühchristlichen Sozialgeschichte, Stuttgart 1973. – GRIMM, B., Untersuchungen zur sozialen Stellung der frühen Christen in der römischen Gesellschaft, Diss. phil. München 1975. – NIEDERWIMMER, K., Askese und Mysterium. Über Ehe, Ehescheidung und Eheverzicht in den Anfängen des christlichen Glaubens, FRLANT 113, Göttingen 1975. (Lit.). – GAYER, R., Die Stellung des Sklaven in den paulinischen Gemeinden und bei Paulus. Zugleich ein sozialgeschichtlich vergleichender Beitrag zur Wertung des Sklaven in der Antike, Europäische Hochschulschriften, Reihe XXIII. Theologie Bd. 78, Bern.

Frankfurt 1976. – KÜGLER, U.-R., Die Paränese an die Sklaven als Modell urchristlicher Sozialethik, Diss. Theol. Fak. Erlangen (1976; Fotodruck 1977). – BLEICKEN, J., Verfassungs- und Sozialgeschichte des Römischen Kaiserreiches, Bd. 1. 2, UTB 838. 839, Paderborn 1978 (passim). – DAUTZENBERG, G., Biblische Perspektiven zu Arbeit und Eigentum, in: Handbuch der christlichen Ethik, Bd. 2, hrg. v. A. HERTZ, W. KORFF, T. RENDTORFF, H. RINGELING, Freiburg. Basel. Wien. Gütersloh 1978, S. 343–362. – BAUMEISTER, TH., Die Anfänge der Theologie des Martyriums, Münsterische Beiträge zur Theologie Bd. 45, Münster 1980. – GRIBOMONT, J., Art. Askese. IV. Neues Testament und Alte Kirche, TRE, Bd. IV, 1979, S. 204–225 (bes. S. 205–213). – THRAEDE, K., Zum historischen Hintergrund der „Haustafeln" des NT, in: Pietas, FS. B. Kötting, Jahrbuch für Antike und Christentum, Erg. Bd. 8, Münster 1980, S. 359–368. – LÜHRMANN, D., Neutestamentliche Haustafeln und antike Ökonomie, NTSt 27, 1981, S. 83–97. – MERKEL, H., Art. Eigentum. III. Neues Testament, TRE, Bd. IX, 1982, S. 410–413. – OSBORN, E., Art. Eigentum. IV. Alte Kirche, TRE, Bd. IX, 1982, S. 414–417. – *Die Frau im Urchristentum*, hrg. v. G. DAUTZENBERG, H. MERKLEIN, K. MÜLLER, QD 95, Freiburg. Basel. Wien 1983. – RINGELING, H., Art. Frau. IV. Neues Testament, TRE, Bd. XI, 1983, S. 431–436. (Lit.). – JUDGE, E. A., Art. Gesellschaft/Gesellschaft und Christentum. III. Neues Testament, TRE, Bd. XII, 1984, S. 764–769; IV. Alte Kirche, ebd., S. 769–771. – WACHT, M., Art. Gütergemeinschaft, RAC, [Bd. XIII], Lfg. 97, 1984, Sp. 1–59 (bes. Sp. 26–28).

Zu S. 578f. und Bultmann Lit.Verz./Nachtrag S. 626:

§ 61: Die Disziplin.
AONO, T., Die Entwicklung des paulinischen Gerichtsgedankens bei den Apostolischen Vätern, Europäische Hochschulschriften, Reihe XXIII. Theologie Bd. 137, Bern. Frankfurt/M. Las Vegas 1979 – BECKER, J., Art. Buße. IV. Neues Testament, TRE, Bd. VII, 1981, S. 446–451. – BENRATH, G. A., Art. Buße. V. Historisch, TRE, Bd. VII, 1981, S. 452–473 (bes. S. 452f.). – MERKEL, H., Art. Gericht Gottes. IV. Alte Kirche bis Reformationszeit, TRE, Bd. XII, 1984, S. 483–492 (bes. S. 483f.).

Zu S. 582, Z. 5ff. v. o.:
SCHOLER, D. M., Sins Within and Sins Without: An Interpretation of 1 John 5:16–17, in: Current Issues in Biblical and Patristic Interpretation. Studies in Honor of Merril C. Tenney, Grand Rapids/Mich. 1975, S. 230–246.

Zu S. 585–601:

Epilegomena.
KÜMMEL, W. G., Das Neue Testament. Geschichte der Erforschung seiner Probleme, Orbis academicus III/3, Freiburg. München (1958) [2]1970. – BEILNER, W., Neutestamentliche Theologie, in: Dienst an der Lehre. Studien zur heutigen Philosophie und Theologie, Wiener Beiträge zur Theologie X, Wien 1965, S. 145–165. – JOEST, W., MUSSNER, F., SCHEFFCZYK, L., WILCKENS, U., Was heißt Auslegung der Heiligen Schrift?, Regensburg 1966. – KÜMMEL, W. G., Das Neue Testament im 20. Jahrhundert. Ein Forschungsbericht, SBS 50, Stuttgart 1970 (bes. S. 123–146). – KRAUS, H.-J., Die biblische Theologie. Ihre Geschichte

und Problematik, Neukirchen-Vluyn 1970 (dazu MERK, O., ThR, N.F. 37, 1972, S. 80–88). – MAUSER, U., Gottesbild und Menschwerdung. Eine Untersuchung zur Einheit des Alten und Neuen Testaments, BhTh 43, Tübingen 1971. – MERK, O., Biblische Theologie des Neuen Testaments in ihrer Anfangszeit. Ihre methodischen Probleme bei Johann Philipp Gabler und Georg Lorenz Bauer und deren Nachwirkungen, MarbThSt 9, Marburg 1972. (Lit.). – KÄSEMANN, E., The Problem of a New Testament Theology, NTSt 19, 1972/73, S. 235–245. – HARRINGTON, W. J., The Path of Biblical Theology, Dublin. London 1973. – KÜMMEL, W. G., Zur Einführung, in: BAUR, F. C., Vorlesungen über neutestamentliche Theologie, hrg. v. F. F. BAUR. Mit einer Einführung zum Neudruck von W. G. KÜMMEL, Darmstadt 1973, S. V*–XXVI*. – MORGAN, R., The Nature of New Testament Theology. The Contribution of William Wrede and Adolf Schlatter, Studies in Biblical Theology, Sec. II Ser. 25, London 1973. – ROBINSON, J. M., Die Zukunft der neutestamentlichen Theologie, in: Neues Testament und christliche Existenz, FS. H. Braun, Tübingen 1973, S. 387–400. – FREI, H. W., The Eclipse of Biblical Narrative. A Study in Eighteenth and Nineteenth Century Hermeneutics, New Haven. London 1974. – GESE, H., Vom Sinai zum Zion. Alttestamentliche Beiträge zur biblischen Theologie, BevTh 64, München 1974 (daraus bes.: ,,Erwägungen zur Einheit der biblischen Theologie"; ,,Psalm 22 und das Neue Testament"). – LOHSE, E., Die Einheit des Neuen Testaments als theologisches Problem. Überlegungen zur Aufgabe einer Theologie des Neuen Testaments, EvTh 35, 1975, S. 139–154. – STRECKER, G. (Hrg.), Das Problem der Theologie des Neuen Testaments, Wege der Forschung CCCLXVII, Darmstadt 1975. (Lit.). – STUHLMACHER, P., Schriftauslegung auf dem Wege zur biblischen Theologie, Göttingen 1975. – CLAVIER, H., Les variétés de la pensée biblique et le problème de son unité. Esquisse d'une Théologie de la Bible sur les textes originaux et dans leur contexte historique, SupplNovT XLIII, Leiden 1976. – GESE, H., Zur biblischen Theologie. Alttestamentliche Vorträge, BevTh 78, München 1977. – HAACKER, K. u. a., Biblische Theologie heute. Einführung – Beispiele – Kontroversen, Biblisch-Theologische Studien Bd. 1, Neukirchen-Vluyn 1977. – HASEL, G., New Testament Theology: Basic Issues in the Current Debate, Grand Rapids/Mich. 1978. (Lit.). – SIEGWALT, G., Biblische Theologie als Begriff und Vollzug, KuD 25, 1979, S. 254–272. – STUHLMACHER, P., Vom Verstehen des Neuen Testaments. Eine Hermeneutik, Grundrisse zum Neuen Testament, NTD Ergänzungsreihe 6, Göttingen 1979. (Lit.). – GRÄSSER, E., Offene Fragen im Umkreis einer Biblischen Theologie, ZThK 77, 1980, S. 200–221 (dazu: STUHLMACHER, P., ,,... in verrosteten Angeln", ebd., S. 222–238). – HAUSMANN, G., Biblische Theologie und kirchliches Bekenntnis, in: Lebendiger Umgang mit Schrift und Bekenntnis. Theologische Beiträge zur Beziehung von Schrift und Bekenntnis und zu ihrer Bedeutung für das Leben der Kirche, Im Auftrag des Dozentenkollegiums der Augustana-Hochschule hrg. v. J. TRACK, Stuttgart 1980, S. 41–61. – MERK, O., Art. Biblische Theologie. II. Neues Testament, TRE, Bd. VI, 1980, S. 455–477. (Lit.). – STRECKER, G., ,,Biblische Theologie". Kritische Bemerkungen zu den Entwürfen von Hartmut Gese und Peter Stuhlmacher, in: Kirche. FS. für Günther Bornkamm zum 75. Geburtstag, Tübingen 1980, S. 425–445. – BARRETT, C. K., What is New Testament Theology? Some Reflections, in: Intergerini Parietis Septum (Eph. 2:14). Essays presented to Markus Barth on his sixty-fifth birthday, Pittsburgh 1981, S. 1–22. – HOOKER, M. D., New Testament Scholarship: Its Significance and

Abiding Worth, BJRL 63, 1981, S. 419–436. – HÜBNER, H., Biblische Theologie und Theologie des Neuen Testaments. Eine programmatische Skizze, KuD 27, 1981, S. 2–19. – POKORNÝ, P., Probleme biblischer Theologie, ThLZ 106, 1981, Sp. 1–8. – SCHMITHALS, W., Art. Bultmann, Rudolf (1884–1976), TRE, Bd. VII, 1981, S. 387–396. (Lit.). – HAHN, FERD., Urchristliche Lehre und neutestamentliche Theologie. Exegetische und fundamentaltheologische Überlegungen zum Problem christlicher Lehre, in: KERN, W. (Hrg.), Die Theologie und das Lehramt, QD 91, Freiburg. Basel. Wien 1982, S. 63–115 (bes. S. 98–113). – HASEL, G., Biblical Theology: Then, Now, and Tomorrow, Horizons in Biblical Theology 4, 1982, S. 61–93. – LÖSER, W., Dimensionen der Auslegung des Neuen Testaments. Zum Gespräch Heinrich Schliers mit Rudolf Bultmann, Theologie und Philosophie 57, 1982, S. 481–497. – SEEBASS, H., Biblische Theologie, VuF, Beih. zur EvTh, 27, 1982, Heft 1/1982 (Altes Testament), S. 28–45. – STUHLMACHER, P., Exegese und Erfahrung, in: Verifikationen. FS. für G. Ebeling zum 70. Geburtstag, Tübingen 1982, S. 67–89. – HÜBNER, H., Sühne und Versöhnung. Anmerkungen zu einem umstrittenen Kapitel biblischer Theologie, KuD 29, 1983, S. 284–305. – KLEIN, H., Leben – neues Leben. Möglichkeiten und Grenzen einer gesamtbiblischen Theologie des Alten und des Neuen Testaments, EvTh 43, 1983, S. 91–107 (in leicht geänderter Fassung in: Schriftauslegung als theologische Aufklärung. Aspekte gegenwärtiger Fragestellungen in der neutestamentlichen Wissenschaft, hrg. v. O. MERK, Gütersloh 1984, S. 76–93). – MILDENBERGER, F., Theologie der Lutherischen Bekenntnisschriften, Stuttgart. Berlin. Köln. Mainz 1983 (bes. S. 178–186). – MÜLLER, K., Das Judentum in der religionsgeschichtlichen Arbeit am Neuen Testament. Eine kritische Rückschau auf die Entwicklung einer Methodik bis zu den Qumranfunden, Judentum und Umwelt Bd. 6, Frankfurt/M. Bern 1983 (bes. Kap. 3: ,,Religionsgeschichte unter den Bedingungen einer ,Existentialen Interpretation' urchristlicher Überlieferungen", S. 49–66). – REICKE, B., W. M. L. de Wette's Contribution to Biblical Theology, NTSt 29, 1983, S. 293–305. – REVENTLOW, H. GRAF, Hauptprobleme der Biblischen Theologie im 20. Jahrhundert, Erträge der Forschung Bd. 203, Darmstadt 1983 (bes. ,,III. Neuansätze einer Biblischen Theologie", S. 138–172). – SCHMID, H. H., Was heißt ,,Biblische Theologie"?, in: Wirkungen hermeneutischer Theologie. Zürcher Festgabe zum 70. Geburtstag Gerhard Ebelings, Zürich 1983, S. 35–50. – WARE, J. H., Rethinking the Possibility of a Biblical Theology, Perspectives in Religious Studies 10, 1983, S. 5–13. – LOHSE, E., Rudolf Bultmanns ,,Theologie des Neuen Testaments" und ihre Bedeutung für die Predigt der Kirche, in: JASPERT, B. (Hrg.), Rudolf Bultmanns Werk und Wirkung, Darmstadt 1984, S. 420–425. – OEMING, M., Das Alte Testament als Teil des christlichen Kanons. Eine hermeneutische Untersuchung der gesamtbiblischen Theologien der Gegenwart, Diss. Evang.-Theol. Fak. Bonn 1984. – ZIMMERLI, W., Biblische Theologie, Berliner Theologische Zeitschrift 1, 1984, S. 5–26.

SACHREGISTER

(Zur Ergänzung dient das Register der griechischen Wörter)

Abendmahl s. Herrenmahl.
Acta: 467 ff.
Allegorese: 112 ff. 116 f. 483.
Altes Testament; 15 ff. 97 f. 111 ff.
515 f. 540 f.
Amt: 62. 452 ff. 529 f. 535 f.
Angst: 243. 320 f.
Apokalyptik: 496.
Apostel: 63 f. 308 f. 457 f. 490 ff.
Apostelgesch. s. Acta.
Apostelkonvent: 60.
Arme: 41.
Askese: 10. 104. 108. 203. 521. 530.
568. 571.
Auferstehung Jesu: 45. 47 f. 83 f.
292 ff. 305 f. 346 f. 480 ff.
Auferstehung der Toten: 80. 84. 347.
537.

Barnabasbrief: 100. 112 f. 515 ff.
Bekenntnisformeln: 71 ff. 83 f. 129 f.
473 f. 508 (s. auch: ὁμολογεῖν).
Bergpredigt: 13.
Besitz; 104. 577.
Blut Christi: 49. 87. 407. 525. 538.
Bund: 100. 516 f. 518.
Buße: 21. 76 f. 105 f. 122. 514. 520 f.
523. 538. 555. 558 f. 565. 580 f. (s.
auch: μετάνοια).

Charismatiker s. Pneumatiker (s.
auch: χάρισμα).
Christologie: 35 ff. 45 ff. 81 ff. 126 ff.
172 f. 178 ff. 292 ff. 385 ff. 475 f.
507 ff. 543. 550 f.
Christus: Titel s. Messias, David-

sohn, Gottessohn, Gottesknecht
υἱὸς τ. ἀνθρώπου.
– als Gott: 131 f. 543.
– als Lehrer: 509. 539. 545.
– als Weltrichter: 81. 86. 508. 550.
– seine kosmische Rolle: 134f. 502ff.
– Tod und Auferstehung: 47 ff. 83 ff.
292 ff. 509. 549.

Dämonen: s. Exorzismus.
Dämonische Weltmächte: 181. 230.
258 f. 500. 501 ff.
Davidsohn: 29 f. 52. 85. 473.
Determinismus: 330 f. 373 ff.
Didache: 515.
Disziplin: 65. 578 ff.
Dualismus: 107 f. 175 ff. 203. 363.
367 ff. 373. 500. 505. 547.

Ehe: 15. 104 f. 203. 574 f.
Engel: 499 f. 501.
Epheserbrief: 478. 503 f. 526 ff.
Erkenntnis; 71. 183 f. 425 f. 430 f.
441. 480 ff. 528 f. (s. auch Gnosis
u. γινώσκειν).
Erlösermythos; 170. 179 f. 365 (s.
auch: Christologie).
Eschatologie: passim, bes. 2 ff. 19 ff.
39 ff. 77 ff. 105. 275 ff. 287 ff. 299.
307 ff. 330 f. 389 ff. 427 ff. 465 ff.
498 ff. 541 ff. 550.
Ethik; 10 ff. 102 ff. 120 f. 566 ff.
573 ff.
Eucharistie s. Herrenmahl.
Evangelium als literar. Form 88 f.
475 ff.

GRIECHISCHE WÖRTER

'Αγάπη: 345. 433ff. 514. 517. 520f.
528 f. 533 f. 536. 546. 569 f. (s.
auch: Liebe).
ἀγάπη Gottes oder Christi: 291 f.
387 f.
ἄγγελοι (ἀρχαί, δυνάμεις, ἐξουσίαι):
177. 230. 258. 500. 502.
ἁγιάζω (ἅγιος, ἁγιασμός): 41. 138 f.
277. 339 f. 431. 519. 538.
ἄγνοια: 70 f. 481. 554.
ἀθανασία: 541 f.
αἰδώς: 574.
αἰών (οὗτος – μέλλων): 3. 175. 256.
557.
ἀλήθεια: 71. 183 f. 368. 370 ff. 378.
541 (s. auch: Wahrheit).
ἁμαρτία: 239 ff. 521 ff. 540. 556 (s.
auch: Sünde).
ἄνθρωπος (ὁ ἔσω): 204. 213.
ἀπέχεσθαι: 106. 522. 568. 571.
ἀποκαλύπτειν: 275 f.
ἀπολύτρωσις: 87 f. 527.
ἀπόστολος: 457 f.
ἀρετή: 75. 232. 262. 573.
ἀρχαί s. ἄγγελοι.
ἄρχων (ἄρχοντες): 176. 258.
ἄφεσις (τ. ἁμαρτιῶν): 42. 87. 138 f.
287. 527. 535.
ἀφθαρσία: 79. 511 538. 541 f.

Βασιλεία (τ. θεοῦ): 3 ff. 79 ff. 190.

Γινώσκειν (γνῶσις): 326 ff. 425 f.
481 ff. 517. 540 (s. auch: Erkenntnis).
γρηγορεῖν: 79. 178.

Δικαιοσύνη: 190. 271 ff. 275 ff.
280 ff. 427. 515. 519. 521. 523.
532. 538 f. 546. 560 f. 574.
δικαιώματα: 515. 539. 555. 571.
διώκειν: 226.
δοκιμάζειν: 215. 571.
δόξα: 383. 400 ff.
δουλεία (δουλεύειν, δοῦλος): 243 f.
333. 344 f. 554. 562.
δυνάμεις s. ἄγγελοι.

'Εγκράτεια: 521 f. 538. 568 ff.
ἐγώ εἰμι: 374. 379. 417 f.
εἶναι ἐκ: 371 f. 375 f.
εἰρήνη: 435.
ἐκκλησία: 9. 40 f. 96. 182 f. 309.
360. 443. 503 f. 529. 537. 542 (s.
auch Gemeinde und Kirche).
ἔλεος: 283.
ἐλπίς: 320 f. 348. 511. 517. 518.
526. 531. 537. 540 f.
ἐλευθερία: 184 f. 331–353. 372 f.
431. 547. 554.
ἐντολή: 433 ff. 515. 525. 545. 555.
571.
ἐξουσία: 184 f. 343 f.
ἐξουσίαι s. ἄγγελοι.
ἐπίγνωσις: 71. 183.
ἐπιείκεια: 574.
ἐπιθυμεῖν (ἐπιθυμία): 106. 224 f.
227. 241 f. 246 ff. 527. 536.
ἐπικαλεῖσθαι: 128 ff.
ἐπίσκοπος: 454 f. 459. 460 f.
ἐπιστρέφειν: 76. 318.
ἐπιφάνεια: 534 f.
ἔργα: 280. 514. 516. 525. 532. 540.
546 f. 549. 560.

STELLENVERZEICHNIS

(in Auswahl)

Rudolf Bultmann
Theologische Enzyklopädie

Herausgegeben von Eberhard Jüngel und Klaus W. Müller. 1984. X, 208 Seiten. ISBN 3-16-144736-0 Ln. DM 58.–

Die einzige systematisch-theologische Vorlesung Rudolf Bultmanns aus seiner Marburger Zeit wird hier erstmals veröffentlicht. Sie erörtert Grundlagen und Grundlegung der Theologie.

J.C.B. Mohr (Paul Siebeck)
Tübingen

Rudolf Bultmann
Das verkündigte Wort

Predigten – Andachten – Ansprachen 1906 bis 1941. In Zusammenarbeit mit Martin Evang ausgewählt, eingeleitet und herausgegeben von Erich Gräßer. 1984. XIII, 347 Seiten. ISBN 3-16-144844-8 Pappbd. geb. DM 29.–

Der Band ergänzt das bisherige Bultmannbild in entscheidender Weise: Er läßt die Entwicklung der Theologie Bultmanns von ihren frühesten Anfängen an erkennen und zeigt die kirchliche Verwurzelung seiner theologischen Existenz.

Inhaltsübersicht:
Einleitung von *Erich Gräßer*
Auswahl von 34 Predigten, Andachten etc. von 1906–1941
Anhang:
1. Zur Textgestalt
2. Gesamtübersicht über Bultmanns Predigtwerk
   a) Tabellarische Übersicht
   b) Anmerkungen (Termin, Ort, Anlaß, Umstände etc. jeder einzelnen Predigt)
3. Bibelstellenregister (Predigttexte und Zitate)

J.C.B.Mohr (Paul Siebeck) Tübingen

Theologische Fachliteratur im Verlag
J.C.B. Mohr (Paul Siebeck) Tübingen

Allgemeines

Rudolf Bultmann
Glauben und Verstehen
Gesammelte Aufsätze
Band 1: 8., unveränderte Auflage
1980. V, 336 Seiten. Ln DM 68.–
Band 2: 5., erweiterte Auflage
1968. V, 300 Seiten. Ln. DM 58.–
Band 3: 3., unveränderte Auflage
1965. V, 212 Seiten. Ln. DM 48.–
Band 4: 3., durchgesehene Auflage
1975. V, 198 Seiten. Ln. DM 48.–

Erich Gräßer
Albert Schweizer als Theologe
1979. X, 279 Seiten. (Beiträge zur
historischen Theologie 60). Kart.
DM 39.–, Ln. DM 64.–

Alfred Jäger
Gott. Nochmals
Martin Heidegger
1978. X, 514 Seiten. Ln. DM 128.–

Gott. 10 Thesen
1980. 160 Seiten. Pappbd. DM 26.–

Ernst Käsemann
Der Ruf der Freiheit
5., erweiterte Auflage. Endgültige
Fassung 1972. 261 Seiten. Kart.
DM 19.80

Die Religion in Geschichte und
Gegenwart
Handwörterbuch für Theologie
und Religionswissenschaft.
In Gemeinschaft mit Hans Frhr. v.
Campenhausen, Erich Dinkler,
Gerhard Gloege und Knud E.
Løgstrup hrsg. von Kurt Galling.
3. Auflage. 6 Bände und 1 Register-
band. 1957–1965. Ln. DM 1160.–

Helmut Thielicke
Glauben und Denken
in der Neuzeit
Die großen Systeme der Theologie
und Religionsphilosophie. 1983.
XX, 619 Seiten. Kart. DM 58.–,
Ln. DM 92.–

Leben mit dem Tod
1980. XII, 346 Seiten. Ln. DM 34.–

Max Weber
Gesammelte Aufsätze zur
Religionssoziologie
Band 1: 7., photom. gedruckte
Aufl. 1978. V, 573 Seiten. Ln.
DM 98.–
Band 2: Hinduismus und Buddhis-
mus. 6., photom. gedruckte Aufl.
1978. V, 378 Seiten. Ln. DM 78.–
Band 3: Das antike Judentum.
6., photom. gedruckte Aufl. 1976.
VII, 465 Seiten. Ln. DM 88.–

Altes Testament

Schalom Ben-Chorin
Jüdische Ethik
anhand der Patristischen Perikopen.
Jerusalemer Vorlesungen. 1983.
114 Seiten. Pappbd. DM 19.–

Betendes Judentum
1980. 225 Seiten. Pappbd. DM 32.–

Jüdischer Glaube
2., durchgesehene und um Register
ergänzte Auflage 1979. 332 Seiten.
Pappbd. DM 32.–

Die Tafeln des Bundes.
Das Zehnwort vom Sinai
1979. 191 Seiten. Pappbd. DM 28.–

Theologia Judaica
Gesammelte Aufsätze. 1982.
X, 212 Seiten. Ln. DM 68.–

Biblisches Reallexikon
Herausgegeben von Kurt Galling.
2., neugestaltete Auflage 1977.
XVI, 388 Seiten. (Handbuch zum
Alten Testament I/1).
Ln. DM 136.–

Otto Eißfeldt
Einleitung in das Alte Testament
unter Einschluß der Apokryphen
und Pseudepigraphen sowie der
apokryphen- und pseudepigra-
phenartigen Qumran-Schriften.
Entstehungsgeschichte des Alten
Testaments. 4. Auflage, unveränderter Nachdruck der 3., neubearbeiteten Auflage. 1976. XVI, 1129
Seiten. (Neue Theologische Grundrisse). Ln. DM 98.–

Textbuch zur Geschichte Israels
In Verbindung mit Elmar Edel und
Riekele Borger hrsg. von Kurt
Galling. 3. Auflage 1979. XII,
109 Seiten. Kart. DM 24.–

Neues Testament

Hans Conzelmann
Die Mitte der Zeit
Studien zur Theologie des Lukas.
6. Auflage, unveränderter Nach-
druck der 4., verbesserten und
ergänzten Auflage 1977. VIII, 242
Seiten. (Beiträge zur historischen
Theologie 17).Ln. DM 48.–

Martin Dibelius
Die Formgeschichte des
Evangeliums
6. Auflage. Mit einem erweiterten
Nachtrag von Gerhard Iber. Hrsg.
von Günther Bornkamm. 1971.
V, 329 Seiten. Ln. DM 26.–

Ernst Haenchen
Das Johannesevangelium
Ein Kommentar. Aus den nachge-
lassenen Manuskripten herausge-
geben von Ulrich Busse. 1980.
XXXIV, 614 Seiten. Ln. DM 118.–

Martin Hengel
Judentum und Hellenismus
Studien zu ihrer Begegnung unter
besonderer Berücksichtigung Palästinas bis zur Mitte des 2. Jhs. v.
Chr. 2., durchgesehene und ergänzte Aufl. 1973. XI, 693 Seiten.
(Wissenschaftliche Unter-
suchungen zum Neuen Testament
10). Ln. DM 128.–

Der Sohn Gottes
Die Entstehung der Christologie
und die jüdisch-hellenistische
Religionsgeschichte. 2., durchgesehene und ergänzte Auflage
1977. 144 Seiten. Kart. DM 19.80

Edgar Hennecke
Neutestamentliche Apokryphen
In deutscher Übersetzung. Hrsg.
von Wilhelm Schneemelcher

Band 1: Evangelien. 4. Auflage,
durchgesehener Nachdruck der 3.,
völlig neubearbeiteten Auflage.
1968. VIII, 377 Seiten. Ln.
DM 58.–

Band 2: Apostolisches, Apokalypsen und Verwandtes. 4. Aufl.,
durchges. Nachdruck der 3. Auflage. 1971. VIII, 661 Seiten. Ln.
DM 78.–

Albert Huck / Heinrich Greeven
Synopse der drei ersten Evangelien
13. Auflage 1981. XLI, 298 Seiten.
Ln. DM 45.–

Ernst Käsemann
Jesu letzter Wille nach Johannes 17
4., photomechanisch gedruckte
Auflage 1980. 161 Seiten. Pappbd.
DM 26.–

Gerd Theißen
**Studien zur Soziologie des
Urchristentums**
2., erweiterte Auflage 1983.
VI, 364 Seiten. (Wissenschaftliche
Untersuchungen zum Neuen
Testament 19). Kart. DM 48.–,
Ln. DM 79.–

Systematische
Theologie

Gerhard Ebeling
Dogmatik des christlichen Glaubens
Band I: Prolegomena. Der Glaube
an Gott den Schöpfer der Welt. 2.,
durchgesehene Auflage 1982.
XXVIII, 414 Seiten. Kart. DM 48.–,
Ln. DM 68.–

Band II: Der Glaube an Gott den
Versöhner der Welt. 2., durchgese-
hene Auflage 1982. XVII, 547 Seiten.
Kart. DM 48.–, Ln. DM 68.–

Band III: Der Glaube an Gott den
Vollender der Welt. 2., durchgesehe-
ne Auflage 1982. XIX, 585 Seiten.
Kart. DM 48.–, Ln. DM 68.–

Gerhard Ebeling
Wort und Glaube
Band 1: 3. Auflage, durch ein
Register erweitert. 1967. VII,
482 Seiten. Ln. DM 48.–

Band 2: Beiträge zur Fundamental-
theologie und zur Lehre von Gott.
1969. VI, 445 Seiten. Ln. DM 48.–

Band 3: Beiträge zur Fundamental-
theologie, Soteriologie und
Ekklesiologie. 1975. XIV,
647 Seiten. Ln. DM 89.–

Martin Honecker
**Sozialethik zwischen Tradition und
Vernunft**
1977. III, 287 Seiten. Ln. DM 58.–

Eberhard Jüngel
Gottes Sein ist im Werden
Verantwortliche Rede vom Sein
Gottes bei Karl Barth. Eine
Paraphrase. 3. Auflage 1976. Um
einen Anhang erweitert. XI, 139
Seiten. Kart. DM 25.–

Gott als Geheimnis der Welt
Zur Begründung der Theologie des
Gekreuzigten im Streit zwischen
Theismus und Atheismus. 4. Auf-
lage 1982. XVIII, 564 Seiten.
Kart. DM 52.–, Ln. DM 80.–

Helmut Thielicke
Der Evangelische Glaube
Grundzüge der Dogmatik

Band 1: Prolegomena. Die
Beziehung der Theologie zu den
Denkformen der Neuzeit. 1968.

XX, 611 Seiten. Ln. DM 64.–

Band 2: Gotteslehre und Christologie. 1973. XIX, 585 Seiten. Kart.
DM 64.–, Ln. DM 72.–

Band 3: Theologie des Geistes.
1978. XXIV, 648 Seiten. Ln.
DM 98.–

Theologische Ethik
Band I: Prinzipienlehre. Dogmatische, philosophische und kontroverstheologische Grundlegung. 5.
Auflage, unveränderter Nachdruck
der 4., durchgesehenen Auflage.
1981. XIX, 746 Seiten. Ln.
DM 98.–

Band II/1: Entfaltung. 1. Teil.
Mensch und Welt. 4. A. 1973.
XXII, 644 Seiten. Ln. DM 98.–

Band II/2: Entfaltung. 2. Teil.
Ethik des Politischen. 3. A. 1974.
XXIV, 787 Seiten. Ln. DM 98.–

Band III: Entfaltung. 3. Teil. Ethik
der Gesellschaft, des Rechtes, der
Sexualität und der Kunst.2. A.
1968. XXXV, 972 Seiten. Ln.
DM 98.–

Kirchen- und Dogmengeschichte

Hans Frhr. von Campenhausen
Urchristliches und Altkirchliches
Vorträge und Aufsätze. 1979. VII,
360 Seiten. Ln. DM 98.–

Gerhard Ebeling
Umgang mit Luther
1983. 240 Seiten. Pappbd. DM 36.–

Luther
Einführung in sein Denken. 4.,
durchgesehene Auflage 1981. X,
321 Seiten. (UTB 1090) Kart.
DM 22.80

Lutherstudien
Band 1. 1971. XII, 341 Seiten.
Ln. DM 58.–

Disputatio de Homine
Erster Teil: Text und Traditions-
hintergrund. 1977. XII, 225 Seiten.
(Lutherstudien II/1). Ln. DM 69.–
Zweiter Teil: Die philosophische
Definition des Menschen. Kommentar zu These 1–19. 1982. XII, 493 Seiten. Mit 1 Einlegeblatt. (Lutherstudien II/2). Ln. DM 128.–

Karl Heussi
Kompendium der Kirchengeschichte
16. Auflage, unveränderter Nachdruck der 13. Auflage 1981. XII,

609 Seiten. Kart. DM 48.–,
Ln. DM 68.–

Andreas Lindemann
Paulus im ältesten Christentum
Das Bild des Apostels und die
Rezeption der paulinischen
Theologie in der frühchristlichen
Literatur bis Marcion. 1979. X, 449
Seiten. (Beiträge zur historischen
Theologie 58). Ln. DM 148.–

Heiko A. Oberman
Spätscholastik und Reformation
Band I: Der Herbst der Mittelalter-
lichen Theologie. 1965. XVI,
423 Seiten. Ln. DM 45.–

Band II: Werden und Wertung der
Reformation. Vom Wegestreit zum
Glaubenskampf. 2., durchgesehene
Auflage 1979. XXII, 500 Seiten.
Kart. DM 48.–

Preisänderungen vorbehalten.

J.C.B. Mohr (Paul Siebeck) Tübingen

UTB
FÜR WISSEN
SCHAFT

Auswahl Fachbereich Theologie,
Religionswissenschaft

52 Conzelmann/Lindemann:
Arbeitsbuch zum Neuen Testament
(J. C. B. Mohr). 7. Aufl. 1983.
DM 24,80

224 Maier/Schubert: Die Qumran-
Essener
(E. Reinhardt). 1973. DM 19,80

267 Fohrer u. a.: Exegese des
Alten Testaments
(Quelle & Meyer). 4. Aufl. 1983.
DM 21,80

446 Ebeling: Studium der Theologie
(J. C. B. Mohr). 2. Aufl. 1977.
DM 16,80

630 Bultmann: Theologie des
Neuen Testaments
(J. C. B. Mohr). 9. Aufl. 1984.
DM 27.80

658 Berger: Exegese des Neuen
Testaments
(Quelle & Meyer). 2. Aufl. 1984.
DM 18,80

829 Maier: Die Tempelrolle vom
Toten Meer
(E. Reinhardt). 1978. DM 15,80

850 Goppelt: Theologie des Neuen
Testaments
(Vandenhoeck). 1978. DM 28,80

885 Fohrer: Glaube und Leben
im Judentum
(Quelle & Meyer). 1979. DM 18,80

887/972 Preuß/Berger: Bibelkunde
des Alten und Neuen Testaments 1/2
(Quelle & Meyer). 2. Aufl. 1983
2. Aufl. 1984. Jeder Band DM 22,80

905 Moeller: Geschichte des
Christentums in Grundzügen
(Vandenhoeck). 3. Aufl. 1983.
DM 26,80

1046 Mühlenberg: Epochen der
Kirchengeschichte
(Quelle & Meyer). 1980. DM 26,80

1090 Ebeling: Luther
(J. C. B. Mohr). 4. Aufl. 1981.
DM 22,80

1091 Schweitzer: Die Mystik des
Apostels Paulus
(J. C. B. Mohr). 1981. DM 22,80

1096 Welzel: Programmierte
Grammatik des Hebräischen
(Quelle & Meyer). 1981. DM 16,80

1137 Altner: Tod, Ewigkeit und
Überleben
(Quelle & Meyer). 1981. DM 19,80

1152 Hubbeling: Einführung in die
Religionsphilosophie
(Vandenhoeck). 1981. DM 24,80

1180 Baudler: Einführung in
symbolisch-erzählende Theologie
(Schöningh). 1982. DM 24,80

1219 Kee: Das frühe Christentum
in soziologischer Sicht
(Vandenhoeck). 1982. DM 24,80

1237 Schlunk: Merkstoff zur
Bibelkunde
(J. C. B. Mohr). 11. Aufl. 1983.
DM 9,80

1238 Strecker (Hrsg.): Theologie
im 20. Jahrhundert
(J. C. B. Mohr). 1983. DM 29,80

1245 Nastainczyk: Katechese –
Grundfragen und Grundformen
(Schöningh). 1983. DM 17,80

1253 Strecker/Schnelle: Einführung
in die neutestamentliche Exegese
(Vandenhoeck). 1983. DM 17,80

1272 Bultmann: Jesus
(J. C. B. Mohr). 1983. DM 9,80

Preisänderungen vorbehalten.